Die RAF ist die Idee eines unbekannten Autodiebes namens Andreas Baader und der bekannten Journalistin Ulrike Meinhof: Die Vorstellung, durch Morde und Bombenanschläge die »potenziell revolutionären Teile des Volkes« zu mobilisieren, die sich zur »Revolution« in der Bundesrepublik erheben. Ein fataler Irrtum, der auch über zwei Dutzend »bewaffneten Kämpfern« das Leben kostet. Peters rekonstruiert, wie die RAF aus dem »Ideensteinbruch« der Studentenbewegung in West-Berlin entstand, und die Geschichte ihrer drei »Generationen«: Nachdem die Köpfe der ersten »Generation« Andreas Baader, Ulrike Meinhof und Gudrun Ensslin im Juni 1972 gefasst waren, ziehen andere unter dem Label »RAF« in den »bewaffneten Kampf«. Sie überfallen die deutsche Botschaft in Stockholm, ermorden Generalbundesanwalt Siegfried Buback, Dresdner Bank-Chef Jürgen Ponto und Arbeitgeberpräsident Hanns Martin Schleyer. Der »deutsche Herbst« bricht an. An der Spitze der zweiten »Generation« eine Frau: Brigitte Mohnhaupt. Erst nach fünf Jahren aufwändigster Fahndung gelingt es BKA-Beamten 1982, sie zu fassen.
Zwei Jahre später, 1984, nehmen »Baader-Meinhofs Enkel« den »bewaffneten Kampf« auf. Die dritte »Generation« ermordet zehn Menschen. Unter ihnen Deutsche Bank-Chef Alfred Herrhausen, Siemens-Vorstandsmitglied Karl Heinz Beckurts, Treuhand-Chef Detlev Karsten Rohwedder und GSG 9-Kommissar Michael Newrzella. Die Täter der dritten »Generation« sind heute noch immer weitgehend unbekannt. Nur zwei wurden verurteilt. Das letzte Strafverfahren gegen ein einst mutmaßliches RAF-Mitglied endete am 28. September 2004.
Butz Peters rekonstruierte die Geschichte der RAF aus 250 Gerichtsentscheidungen, Schilderungen ehemaliger RAF-Mitglieder und RAF-Fahnder, RAF-Papieren, Unterlagen der Ermittler von Bundeskriminalamt und Bundesanwaltschaft und des Ministeriums für Staatssicherheit.

*Butz Peters*, 1958 geb., ist Jurist, Journalist und Buchautor. Als Nachfolger von Eduard Zimmermann moderierte er die ZDF-Sendereihe »Aktenzeichen xy … ungelöst« und war Autor der ZDF-Sendereihe »Verbrechen in Deutschland – Butz Peters ermittelt«. Zuvor war er Leiter des Ressorts Rechtspolitik beim NDR. Butz Peters ist heute Rechtsanwalt in Berlin.

*Unsere Adresse im Internet: www.fischerverlage.de*

Butz Peters

# TÖDLICHER IRRTUM

## Die Geschichte der RAF

Fischer Taschenbuch Verlag

4. Auflage: Januar 2008

Veröffentlicht im Fischer Taschenbuch Verlag,
einem Unternehmen der S. Fischer Verlag GmbH,
Frankfurt am Main, Juni 2007


Druck und Bindung: CPI – Clausen & Bosse, Leck
Printed in Germany
ISBN 978-3-596-17265-8

## Inhalt

# Vorwort

Kein Thema hat die Bundesrepublik so lange in Atem gehalten wie die Rote Armee Fraktion. Fast dreißig Jahre lang. Von 1970 bis 1998. Keine Organisation ermordete nach Ende des Zweiten Weltkrieges in Deutschland so viele Menschen wie die RAF. Vierunddreißig. Keine Gruppe war Anlass für so viele neue Gesetze wie die RAF: Mehrmals schnürte der Bundestag umfangreiche »Anti-Terror-Gesetze« – die zum Teil auch ganz normale Bürger betreffen. So wie Sie und mich. Noch heute.

Auch hielt niemals eine Vereinigung in Deutschland so viele Beamte von Polizei und Verfassungsschutz auf Trab wie die RAF. Mehr als eintausend – über Jahrzehnte. Die Akten der Ermittler umfassen elf Millionen Blatt Papier. Das alles zu lesen schafft niemand. Elf Millionen Seiten DIN A4: Würde man Seite an Seite legen, ergäbe das eine Länge von 3 300 Kilometern. Die Entfernung von Flensburg bis Garmisch-Partenkirchen – mehr als zwei Mal hin und zurück.

Ebenso einmalig RAF: Niemand bekam in Deutschland eigens für sein Strafverfahren einen Gerichtssaal gebaut. Nur die RAF-Gründer Andreas Baader, Ulrike Meinhof und Gudrun Ensslin. Für sechzehn Millionen Mark.

Natürlich gibt es Themen in der deutschen Nachkriegsgeschichte, die für die Republik eine größere Bedeutung haben. Wie die drei großen zeitgeschichtlichen »W«: Wiedervereinigung, Wirtschaftswunder und Wiederaufrüstung. Über die Jahrzehnte gesehen aber ist die RAF so etwas wie das Thema Nummer eins à la longue. Nur ein Beispiel – *Der Spiegel*: Das Nachrichtenmagazin befasste sich in Titelgeschichten mehr als ein Vierteljahrhundert lang mit der Gruppe – von 1971 bis 1997. Warum dieses große Interesse? Weil die RAF versuchte, das System Bundesrepublik zu sprengen, den Nerv der Republik zu treffen – und deshalb eine Reihe ihrer Repräsentanten ermordete. Und sie hat ihr Mordgeschäft »clever« betrieben. Von einer einzigen Ausnahme abgesehen – Stockholm 1975 – wurde niemals ein Attentäter bei einem Anschlag gefasst. Bei keinem der mindestens einunddreißig RAF-Banküberfälle in Deutschland gelang es der Polizei, auch nur einen einzigen Täter festzunehmen. Und die Ermittler konnten – oftmals mit Riesenaufwand – verhaften, wen sie wollten: Stets marschierte die RAF weiter. Mit neuen »bewaffneten Kämpfern«. Achtundzwanzig Jahre lang. Das alles verlieh ihr in den Augen vieler fast etwas Mythisches: Die RAF ist nicht zu fassen …

Und tatsächlich wurde auch die letzte RAF-Crew nicht gefasst, nicht »zerschlagen«. Anders als die französische Action Directe. Anders als Italiens Rote Brigaden. Die RAF löste sich aus eigener Einsicht auf. Bis heute sind ihre letzten Kämpen nicht festgenommen.

Ob es uns gefällt oder nicht: Die RAF ist ein Kapitel unserer Geschichte. Sie ist die Idee eines unbekannten Autodiebes namens Andreas Baader und einer bekannten Journalistin, Ulrike Meinhof. Beide landeten im Gefängnis, nahmen sich dort das Leben. Nach ihrem Tod lebte und mordete die RAF weiter. Erst mehr als zwanzig Jahre später – 1998 – erklärten Baader-Meinhofs Enkel das »Projekt« RAF für »beendet«. Bis heute sind zahlreiche Verbrechen der RAF ungeklärt.

Sie halten nicht den 528. Versuch in der Hand, den deutschen »Terrorismus« abschließend zu erläutern. Auch nicht das 324. Unterfangen, das Unerklärbare zu erklären. Nämlich, was die RAF eigentlich genau wollte. Was vor Ihnen liegt, ist die Rekonstruktion dessen, was die RAF in Deutschland anrichtete. Sie beginnt bei ihrer – so O-Ton RAF – »Vorgeschichte«: Der Studentenbewegung. Und endet bei ihrer Selbstauflösung. Acht Jahre nach der deutschen Einheit.

Also: Eine Rekonstruktion. Erstellt aus Gerichtsurteilen, Schilderungen von RAF-Mitgliedern und ihren Opfern – derer, die überlebten, ihren Angehörigen sowie von Zeugen. Ebenso aus Akten der Ermittler – von Polizei und Bundesanwaltschaft –, RAF-Erklärungen und RAF-Gefängniskassibern.

Bevor es losgeht, noch zwei Hinweise: Wer, wie der Autor, Geschichte rekonstruiert, stößt auf zahlreiche Personen, die zufällig ins Geschehen geraten sind. Beispielsweise als Zeuge bei einem RAF-Mord. Um die Persönlichkeitsrechte dieser Menschen zu wahren, haben wir ihre Namen geändert und *kursiv* gedruckt. Bitte wundern Sie sich auch nicht über die Rechtschreibung in Erklärungen der RAF und einzelner Mitglieder. Wie zum Beispiel von Andreas Baader. Damit Sie genau das lesen, was die Akteure schrieben, haben wir diese Textauszüge orthographisch unverändert übernommen.

Und nun: Auf zu der Zeitreise durch drei Jahrzehnte deutscher Nachkriegsgeschichte!

Berlin, im September 2004 Butz Peters

# DAS »PROJEKT« ROTE ARMEE FRAKTION

# 1. Kapitel: »Der revolutionäre Versuch einer Minderheit«

## Das letzte Attentat

Detlev Karsten Rohwedder trägt schon seinen blauen Pyjama. Er ist barfuß und auf dem Weg ins Bett. Eine halbe Stunde vor Mitternacht: Der Achtundfünfzigjährige steht in seinem Arbeitszimmer, im schummrigen Licht: Eine Vierzig-Watt-Glühbirne beleuchtet den Raum. An der Wand flimmert der Monitor der Kameraanlage, mit der das Grundstück überwacht wird. Auf dem Bildschirm nichts Verdächtiges. Er ahnt nicht, dass ihn jemand aus der Dunkelheit durchs Fenster beobachtet. Durch ein Zielfernrohr. Aus über sechzig Meter Entfernung.

Genau davor, dass Rohwedder ins Fadenkreuz der RAF geraten könnte, hatte das Bundeskriminalamt (BKA) vier Monate zuvor gewarnt. Unter anderem aufgrund abgefangener Kassiber von RAF-Häftlingen: In einer Analyse der »Terrorismusbekämpfungs«-Abteilung[1] steht Rohwedders Name neben einunddreißig anderen »potentiell gefährdeten Personen«. Die BKA-Beamten haben Rohwedder deshalb »Gefährdungsstufe 2« verordnet – und das bedeutet: »Terroranschlag möglich«. In Berlin, dort ist er Chef der Treuhandanstalt, begleiten ihn auf Schritt und Tritt Leibwächter. Zu seinen Terminen wird er in einem gepanzerten S-Klasse-Mercedes chauffiert. In einem Begleitfahrzeug folgen seine Personenschützer. Rund um die Uhr sitzen vor seinem Hotelzimmer im »Westin Grand Hotel« in der Friedrichstraße Polizisten in Zivil.

In Düsseldorf aber, wo er zusammen mit seiner Frau wohnt, sind die für ihn getroffenen Schutzmaßnahmen geringer: Nur zu offiziellen Terminen begleiten ihn Leibwächter. Nachts gilt das »Peterwagenprinzip«: In unregelmäßigen Abständen fährt ein Streifenwagen am Grundstück Kaiser-Friedrich-Ring 71 vorbei. In die Fenster des Erdgeschosses wurde vorsichtshalber vier Zentimeter dickes schusshemmendes Glas eingesetzt, Schutzklasse »C 3«. Nicht aber in der ersten Etage seiner achtzig Jahre alten Patriziervilla.

Von hier oben aus dem Arbeitszimmer hat Detlev Karsten Rohwedder einen traumhaften Blick auf den Rhein und die Düsseldorfer Altstadt am anderen Ufer – über die gestutzten Platanen hinweg auf der gegenüberliegenden Straßenseite. Wenige Meter hinter den Bäumen

*Detlev Karsten Rohwedder*

beginnen die Rheinauen. Oberkassel ist der feinste Stadtteil Düsseldorfs. Villa neben Villa. Außer Spitzenmanagern wie Rohwedder leben hier am »Prominentenufer« vermögende Anwälte, Ärzte und Architekten: Direkt neben den Rohwedders wohnt Ex-Thyssen-Chef Dieter Spethmann. Objektschützer eines privaten Sicherheitsunternehmens bewachen ihn und sein Haus rund um die Uhr.

Detlev Karsten Rohwedder steht mit dem Rücken zum Fenster. Er will gerade das Licht ausschalten. Schlafen gehen. Ein dumpfer Knall: Eine Gewehrkugel trifft ihn durchs Fenster. Rohwedder schreit vor Schmerz. Seine Frau Hergard (57) stürzt aus dem Schlafzimmer, um zu sehen, was passiert ist. Um zu helfen. Wieder drückt der Scharfschütze ab: Der Schuss trifft die Verwaltungsrichterin in den Arm. Die dritte Kugel schlägt in einem Bücherregal ein. Rohwedder, der 1,92-Hüne, bricht zusammen – Vater von Philippe (25) und Cecilie (22): Die Gewehrkugel hat Aorta, Luft- und Speiseröhre zerfetzt. Detlev Karsten Rohwedder verblutet auf dem Boden seines Arbeitszimmers. Ostermontag 1991 – 1. April.

Der RAF ist es wieder einmal gelungen, eine Lücke im Sicherheitssystem zu entdecken – und sie auszunutzen. Ihr dreiunddreißigster Mord.

*Drei Schüsse: Rohwedders Arbeitszimmer*

Detlev Karsten Rohwedder ist das neunte Mordopfer der so genannten dritten – und letzten – RAF-»Generation«.

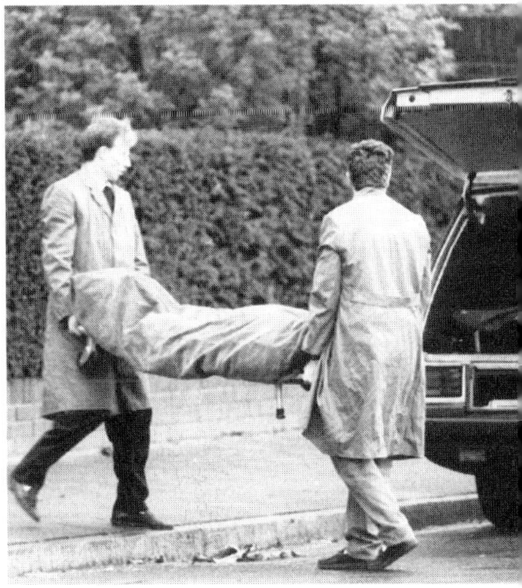

*Rohwedders Leiche wird abtransportiert*

Keine acht Monate zuvor hatte er den »schwierigsten Job, der in der Wirtschaft zu vergeben ist«, übernommen, schrieb der *Rheinische Merkur*: Im August 1990 war das SPD-Mitglied Vorstandsvorsitzender der Treuhandanstalt in Ost-Berlin geworden – und damit Deutschlands wichtigster Manager. Sein Vorgänger Reiner Gohlke hatte nach nur fünf Wochen das Handtuch geworfen. Die Aufgabe der Treuhandanstalt ist schwierig: Sie soll achttausend einst volkseigene Betriebe sanieren und privatisieren. Vier Millionen Beschäftigte: Um deren Schicksal geht es. Rohwedder soll dafür sorgen, dass aus den Ruinen des Sozialismus die Marktwirtschaft entsteht. Er ist damit Hoffnungsträger einer ganzen Nation: Für 18 Millionen Menschen in Deutschlands Osten – und für 62 Millionen Menschen in Deutschlands Westen. »Die Aufgabe hier ist anspruchsvoll, schwierig und in dieser Mittellage zwischen Industrie und Politik genau nach meinem Geschmack«, erklärte Rohwedder zwei Monate vor seinem Tod in einem *Spiegel*-Gespräch.

Doch der Wind dreht sich schnell: Für nicht wenige Ostdeutsche wandelt sich »Treuhand« zu einem Reizwort: Treuhand-Betriebe werden geschlossen, Mitarbeiter entlassen. Zehntausende demonstrieren in Berlin und Leipzig. Auf ihren Transparenten steht »Treuhand – Sterbehilfe«. »Treuhand: Kein Ausverkauf des Ostens«. Und »Enteignet die Treuhand«. In Berlin verbrennen Demonstranten eine Strohpuppe. Ihr haben sie einen Zettel angeheftet: »Rohwedder«. »Ich fühle mich als Buhmann der Nation«, sagt Rohwedder im privaten Kreis im März 1991.

Bevor sich Detlev Karsten Rohwedder auf den Chefsessel der Treuhandanstalt setzte, war er Vorstandsvorsitzender der Hoesch-AG mit 43 000 Mitarbeitern. Davor Staatssekretär im Bundeswirtschaftsministerium: 1969 hatte ihn der SPD-Wirtschaftsminister Karl Schiller geholt, auch unter dem Wirtschaftsminister Helmut Schmidt und den FDP-Wirtschaftsministern Hans Friderichs und Otto Graf Lambsdorff be-

*Spurensuche im Schrebergarten: Kripobeamte*

hielt er diese Position: Die Minister schätzten – parteiübergreifend – seine ungeheure Arbeitsdisziplin und schnelle Auffassungsgabe. Nach zehn Jahren – 1979 – wechselt er zu Hoesch. Vier Jahre später kürt ihn das *Industriemagazin* zum »Manager des Jahres«. Rohwedder versteht seinen Posten bei der Treuhand als »Aufgabe seines Lebens«: Er kam aus dem Osten – 1932 wurde er in Gotha geboren. Als Sohn eines Buchhändlers. Nun wollte er dort – nach seinen beruflichen Erfolgen im Westen – die marode Wirtschaft wieder in Schwung bringen.

Am Morgen nach Rohwedders Tod findet die Polizei in einem Schrebergartengelände in den Rheinauen zwischen Holundersträuchern und Kirschbäumen einen Gartenstuhl und ein blaues Frotteehandtuch – am Abend zuvor herrschte Nieselregen. Daneben liegt eine »Vorab-Meldung« der RAF, beschwert mit einem Fernglas: Elf Zeilen Phrasen unter der Überschrift »WER NICHT KÄMPFT, STIRBT AUF RATEN FREIHEIT IST NUR MÖGLICH IM KAMPF UM BEFREIUNG«. Genau von dieser Stelle aus schoss der Mörder, rekonstruieren BKA-Beamte mit roten Laserstrahlen in der nächsten Nacht: Aus einer Entfernung von 63 Metern. »Ein mörderisches Meisterstück«, urteilt ein BKA-Beamter am Tatort. Trotz der sofort eingeleiteten Großfahndung: keine Spur von den Tätern.

Fünf Tage nach dem Mord trägt der Postbote eine Sechs-Seiten-Erklärung in das Bonner Büro der Nachrichtenagentur Agence France Presse (AFP). Das RAF-»Kommando Ulrich Wessel«[2] erklärt, warum es Detlev Karsten Rohwedder ermordete – wie die meisten RAF-Killerkommandos hat es sich den Namen eines »gefallenen« Genossen gegeben: »die krönung von rohwedders karriere sollte seine funktion als bonner statthalter in ost-berlin sein.«: »in den 80-er jahren machte sich rohwedder als chef des hoesch-konzerns einen namen als brutaler sanierer. er hat bei hoesch in wenigen jahren mehr als 2/3 aller arbeiterInnen raus-

WER NICHT KÄMPFT, STIRBT AUF RATEN -

FREIHEIT IST NUR MÖGLICH IM KAMPF UM BEFREIUNG

wir haben am 1.4.1991 mit dem kommando ulrich wessel den chef der berliner treuhandanstalt detlev karsten rohwedder erschossen.

rohwedder saß seit 20 jahren in schlüsselfunktionen in politik und wirtschaft.

*RAF-Selbstbezichtigungsschreiben nach dem Rohwedder-Mord (Ausschnitt)*

geschmissen und den bankrotten konzern zu neuen profitraten geführt«. Die RAF hofft auf Sympathien in den neuen Ländern.

Behauptungen, durch die »die ganze politische Erbärmlichkeit der RAF illustriert wird«, kommentiert Walter Jakobs die RAF-Kommando-Erklärung in der *taz*, die gewiss nicht im Verdacht steht, einen Mann der Wirtschaft über den grünen Klee zu loben: »Tatsächlich hat Rohwedder bei Hoesch nicht einen einzigen Stahlarbeiter ›rausgeschmissen‹. ... Mit seinem Sanierungskurs rettete er Hoesch vor der Pleite, sicherte über 10 000 Arbeitsplätze und sorgte in Zusammenarbeit mit den Betriebsräten, der IG Metall und mit Unterstützung der Bundesregierung dafür, dass niemand entlassen wurde. Stattdessen schieden die älteren Arbeitnehmer Jahr für Jahr über den Sozialplan, der bis zur Rente 90 Prozent des Nettoeinkommens garantierte, frühzeitig aus. So wurde der Belegschaftsabbau geschafft, ohne dass auch nur ein einziger Hoesch-Beschäftigter in die Arbeitslosigkeit entlassen worden wäre.«

Bundeskanzler Helmut Kohl ist über den Mord »tief erschüttert« und urteilt über den SPD-Mann: »Ich selbst verdanke ihm wertvollen Rat.« Bundesjustizminister Klaus Kinkel – lange Jahre Staatssekretär im Bundesjustizministerium und dort für das »Thema RAF« federführend zuständig – erklärt resigniert: »Wir müssen klipp und klar sagen, dass es uns nicht gelungen ist, an die Täter heranzukommen.« Zur RAF-Spitze gehörten »schätzungsweise fünfzehn bis zwanzig Personen«, fährt der Bundesjustizminister fort: Er müsse aber »ganz offen einräumen, dass die uns im Einzelnen nicht bekannt sind«. So deutlich wie er hat zuvor noch kein Politiker und auch kein Strafverfolger erklärt, dass die Sicherheitsbehörden so gut wie nichts über die RAF-Leute wissen.

Ein Jahrzehnt lang konnten die Ermittler kaum mehr über den Rohwedder-Mord herausfinden als das, was sie am Tatort entdeckten. Trotz über eintausend Spuren, denen sie nachgingen: Sie wissen immer noch nicht, wie viele Täter an dem Mord beteiligt waren – »zwischen einem und fünf ist alles plausibel«, sagt ein Ermittler. Sie wissen auch nicht, wie dem Täter oder den Tätern die Flucht gelang, trotz der sofort eingeleiteten Ringfahndung – ob zu Fuß, per Fahrrad, mit einem Motorrad, in einem Auto, mit öffentlichen Verkehrsmitteln oder gar mit einem Boot über den Rhein. »Nichts können wir ausschließen«, sagt der BKA-Mann. Auch die Suche der Polizeitaucher im Rhein nach der Tatwaffe, einem Nato-Gewehr, blieb ergebnislos: Die BKA-Beamten hatten gehofft, der oder die Mörder Rohwedders hätten die Waffe in den Rhein geschmissen. Ein »perfektes Verbrechen«, fast jedenfalls – so auch noch heute die Sicht der Ermittler.

Nur in einem einzigen Punkt kamen die BKA-Beamten bislang weiter – zehn Jahre nach dem Rohwedder-Mord. Im April 2001 gelingt es ihnen, einen der mutmaßlichen Täter zu ermitteln: durch eine neue Untersuchungsmethode für den »genetischen Fingerabdruck«, die »DNA-Analyse«. Mit dieser neuen Methode können sie auch bei »telogenen« Haaren im Labor feststellen, von wem sie stammen. »Telogene« Haare sind ausgefallene Haare – im Gegensatz zu ausgerissenen: Ein solches ausgefallenes Haar klebte an dem Handtuch, das die Täter in dem Kleingarten zurückließen. Es stammt »zweifelsfrei« von Wolfgang Grams, finden Wissenschaftler des Bundeskriminalamts heraus. Der aber ist bei Vorliegen des Laborergebnisses schon seit acht Jahren tot. Er starb 1993 nach einem Feuergefecht mit GSG 9-Beamten, die ihn auf dem Bahnhof von Bad Kleinen in der Nähe von Schwerin verhaften wollten.

Der tödliche Schuss auf Detlev Karsten Rohwedder ist der vorletzte Mord der RAF: einer von vierunddreißig. Eine Blutspur, die sich über zwanzig Jahre durch Deutschland zieht. Erstes Opfer war der Zivilfahnder Norbert Schmid (31). Am 22. Oktober 1971 erschoss ihn ein RAF-Mitglied in Hamburg. Bis heute ist sein Mörder nicht überführt. Letztes Opfer der RAF ist zweiundzwanzig Jahre später der GSG 9-Kommissar Michael Newrzella (25): Wolfgang Grams erschoss ihn 1993 in Bad Kleinen.

## Die RAF verabschiedet sich mit Grüßen

Fünf Jahre nach der Schießerei in Bad Kleinen trifft am 20. April 1998 ein Schreiben bei der Nachrichtenagentur Reuters in Köln ein. Acht Seiten. Absender: »Rote Armee Fraktion«. Eine »Selbstauflösungserklärung«: »Vor fast 28 Jahren, am 14. Mai 1970, entstand in einer Befreiungsaktion die RAF. Heute beenden wir das Projekt. Die Stadtguerilla in Form der RAF ist nun Geschichte«, schreiben die Verfasser: »Die

RAF war der revolutionäre Versuch einer Minderheit – entgegen der Tendenz dieser Gesellschaft – zur Umwälzung der kapitalistischen Verhältnisse. Wir sind froh, Teil dieses Versuches gewesen zu sein. Das Ende des Projekts zeigt, dass wir auf diesem Weg nicht durchkommen konnten.« Beispiel: »Es war ein strategischer Fehler, neben der illegalen, bewaffneten keine politisch-soziale Organisation aufzubauen.« Fazit: »Das Ergebnis kritisiert uns.«

Zum Schluss der acht Seiten folgen »Grüße«: »Wir möchten in diesem Moment unserer Geschichte alle grüßen und ihnen danken, von denen wir auf dem Weg der letzten 28 Jahre Solidarität bekommen haben«, schreiben die Absender – und: »Wir wollen heute besonders an alle erinnern, die sich hier dafür entschieden, im bewaffneten Kampf alles zu geben und in ihm gestorben sind.« Es folgen die Namen von sechsundzwanzig Menschen, die den »bewaffneten Kampf« mit dem eigenen Leben bezahlten: Von Petra Schelm – die im Juli 1971 als erstes RAF-Mitglied bei einem Schusswechsel mit der Polizei in Hamburg getötet wurde. Über Ulrike Meinhof, Gudrun Ensslin und Andreas Baader – die sich in der Haftanstalt Stuttgart-Stammheim das Leben nahmen. Bis hin zu Wolfgang Grams, der zweiundzwanzig Jahre nach Petra Schelm als letztes Mitglied der RAF 1993 den Weg in den Untergrund mit dem Tod bezahlte.

Das Schreiben mit den freundlichen Grüßen: – ein schlechter Scherz? Oder tatsächlich ein – letztes – RAF-Schreiben: Hat die Rote Armee Fraktion das Morden nach fast dreißig Jahren endgültig aufgegeben?

Ein Polizeiwagen bringt das Acht-Seiten-Papier nach Meckenheim bei Bonn: Hier sitzt die Abteilung »Polizeilicher Staatsschutz (ST)« des Bundeskriminalamts in einem fünfstöckigen Hochhaus. Kriminalwissenschaftler in Wiesbaden nehmen das Schreiben unter die Lupe. Das eingescannte Logo auf der letzten Seite ist authentisch: ein roter fünfzackiger Stern, acht Zentimeter groß. Davor eine Maschinenpistole und der Schriftzug »RAF«. Dieses »Siegel« befindet sich seit Jahren am Ende aller RAF-Erklärungen: früher ein Stempel, später auf Papier gedruckt. Aus einer Druckserie. Sozusagen das Briefpapier der RAF. Der »Lordsiegelbewahrer« – wie ihn die »Terroristenfahnder« nennen – muss also das »Siegel« zur Verfügung gestellt, wenn nicht gar selbst bei der »Auflösungserklärung« mitgemacht haben. Es ist dasselbe Logo wie bei den Selbstbezichtigungsschreiben nach den Morden an von Braunmühl, Herrhausen, Rohwedder und den Anschlägen auf Innenstaatssekretär Neusel und die US-Botschaft in Bonn.

Außerdem stimmen Aufmachung und Diktion mit früheren RAF-

Schreiben überein. Keine Frage für die Beamten: Das Schreiben ist authentisch, stammt von der RAF. »Ich vermisse allerdings in den umfangreichen Ausführungen auch nur ein Wort des Bedauerns«, erklärt der Präsident des Bundeskriminalamts Ulrich Kersten, »für die über 30 Menschen, die durch Straftaten der ›RAF‹ getötet wurden«.

Also, die Selbsterkenntnis der Mörder: Das RAF-Projekt – im Ergebnis ein Irrtum. Ein tödlicher. Für einundsechzig Menschen. Vierunddreißig RAF-Opfer und siebenundzwanzig[3] »bewaffnete Kämpfer«.

Die RAF hat diese Republik verändert. Milliarden wurden für Sicherheitsvorkehrungen von Politik und Wirtschaft ausgegeben. In viele Behörden, Gerichte und große Unternehmen kommt man heute nur noch nach einer strengen Sicherheitskontrolle hinein. Spitzenpolitiker fahren in gepanzerten – »sondergeschützten« – Limousinen durchs Land. Steigen sie aus, werden sie von Leibwächtern abgeschirmt. Mehr »Bürgernähe« der Politiker, die sich viele wünschen, ist so kaum möglich. Dutzende neue Vorschriften ergingen im »gesetzgeberischen Kampf« gegen die RAF, die aber alle Bürger betreffen. Nach dem Ende der RAF-Ära wurden sie nicht gestrichen. So zum Beispiel das Verbot der »Mehrfachverteidigung« in Strafverfahren: Ein Anwalt darf danach nur einen Angeklagten verteidigen. Wird beispielsweise ein Rentnerehepaar angeklagt, im Supermarkt gemeinsam eine Tafel Schokolade gestohlen zu haben, können sich die beiden nicht denselben Verteidiger nehmen. Ebenso als Reaktion auf die RAF erging die Vorschrift, nach der in einem Strafverfahren der Angeklagte nicht mehr als drei Verteidiger haben darf. Das schränkt die Möglichkeiten des Angeklagten in komplizierten Strafverfahren erheblich ein, wenn es um mehrere diffizile Rechtsgebiete geht. Beispielsweise in umfangreichen Wirtschaftsstrafprozessen. Etwa wenn Spezialwissen im Bilanzsteuer-, Gesellschafts-, EU-Subventions-, Insolvenz- und Strafprozessrecht erforderlich ist.

Die »Abschiedserklärung« ist tatsächlich das letzte Schreiben der RAF. Seither hat sie nichts mehr von sich hören lassen. Auch ansonsten ist sie nicht mehr in Erscheinung getreten. Auf und davon. Spurlos verschwunden.

Drei Jahrzehnte lang hielt die RAF Polizei und Verfassungsschutz in Atem. Tausende Beamte fahndeten fieberhaft nach ihren Mitgliedern. Mittlerweile hat selbst das Bundeskriminalamt, das im Auftrag der Generalbundesanwälte Martin, Buback, Rebmann, von Stahl und Nehm federführend für die RAF-Fahndung war beziehungsweise ist, seine »Terrorismusfahndung-Abteilung« aufgelöst. Mit der RAF-Vergangenheitsbewältigung befassen sich heute in der »Staatsschutz-Abteilung« nur noch fünfzehn Beamte – und das auch nur zeitweise: Sie versuchen, noch rund ein Dutzend weit über ein Jahrzehnt zurückliegende RAF-Morde aufzuklären. Wie zum Beispiel die an Detlev Karsten Rohwedder und Alfred Herrhausen.

Die RAF ist Geschichte. In diesem Punkt hat die RAF Wort gehalten. Vieles von ihrer Geschichte aber liegt noch immer im Dunkeln. Wie zum Beispiel weitgehend, wer die Mörder der neun Menschen sind, die von der dritten RAF-»Generation« zwischen 1985 und 1991 umgebracht wurden. Nur der zehnte Mord ist geklärt, der Tod des GSG 9-Beamten Michael Newrzella 1993.

## Die Bilanz des Terrors

Die nackten Zahlen der Bilanz des RAF-Terrors sind ohnegleichen in der deutschen Kriminalgeschichte: Neben den einundsechzig Toten wurden zweihundertdreißig Menschen zum Teil schwer verletzt – auf beiden Seiten. Der von der RAF verursachte Sachschaden beläuft sich auf fünfhundert Millionen Mark – nach heutiger Rechenweise über zweihundertfünfzig Millionen Euro. Bei mindestens einunddreißig Banküberfällen erbeutete die RAF sieben Millionen Mark. Dreieinhalb Millionen Euro.

104 konspirative Wohnungen der RAF entdeckte die Polizei im Laufe der Jahre – und 180 von der RAF gestohlene Kraftfahrzeuge. Dabei ist zu sehen, dass eine Reihe von konspirativen Wohnungen nicht aufflog, wie sich die Ermittler sicher sind. Denn die RAF setzte stets alles daran, ihre heimlichen Wohnungen rechtzeitig zu »cleanen«, damit man ihr nicht auf die Schliche kam. Faustformel der Ermittler: Nur jede zweite Wohnung wurde von der Polizei entdeckt. Und seit 1985 tatsächlich überhaupt keine mehr. Auch viele von der RAF gestohlene Autos konnten ihr nicht zugeordnet werden, da sie die Fahrzeuge irgendwo am Straßenrand stehen ließ und diese Fälle daher – in Unkenntnis der tatsächlichen Umstände – lediglich unter »Unbefugter Gebrauch von Kraftfahrzeugen« in der Statistik erfasst wurden. Ebenso gibt es bei den Banküberfällen ein erhebliches »Dunkelfeld«, sind sich Fahnder sicher.

Im Laufe der Zeit wurden über eintausend Menschen rechtskräftig verurteilt, weil sie der RAF zur Seite standen – so die vom ehemaligen BKA-Chef Horst Herold »fortgeschriebene« Bilanz: 517 wegen Mitgliedschaft in einer terroristischen Vereinigung, 914 wegen deren Unterstützung.

In den Asservatenkammern der Polizei und Staatsanwaltschaften stapelten sich RAF-Materialien. Eine Million Gegenstände von RAF-Mitgliedern landeten dort im Laufe der Jahre: Ausweise, Geld, Gewehre und Pistolen, Munition, Sprengstoff, Briefe, Selbstbezichtigungsschreiben, Merkzettel, Stadtpläne, in denen »Angriffsziele« markiert sind, und vieles mehr.

Die Ermittlungsakten von Polizei, Staatsanwaltschaften und Bundesanwaltschaft umfassen elf Millionen Blatt Papier. Die Urteile der Gerichte gegen RAF-Täter und Mitglieder füllen Zehntausende Seiten.

## Drei »Generationen«

Geht es um das Phänomen »Rote Armee Fraktion«, ist meist von »Generationen« die Rede. Dabei ist jedoch die Einteilung – wer gehört zu welcher »Generation«? – nicht immer einheitlich. In diesem Buch wird der Begriff der »Generation« benutzt, um Phasen mit im Wesentlichen ideologischen Gemeinsamkeiten und identischen Zielen zusammenzufassen. Danach sind drei »Generationen« zu unterscheiden:

Die erste »Generation« verfolgte in den Jahren 1970 bis 1972 die Absicht, durch Anschläge die »Massen« zu mobilisieren und zu einer Revolution in Deutschland zu motivieren. An ihrer Spitze standen Andreas Baader, Gudrun Ensslin, Ulrike Meinhof und zeitweise auch Horst Mahler. Ihre Mitglieder waren 1972 verhaftet.

Die zweite »Generation« hatte zunächst im Wesentlichen das Ziel, die inhaftierten RAF-Mitglieder aus den Gefängnissen freizupressen. Ihre Aktivitäten gipfelten im »Terrorjahr« 1977: Die RAF ermordete unter anderen Generalbundesanwalt Siegfried Buback, den Vorstandssprecher der Dresdner Bank Jürgen Ponto und Arbeitgeberpräsident Hanns Martin Schleyer. Nachdem die Bundesregierung bei der Schleyer-Entführung unnachgiebig eine Freilassung von RAF-Häftlingen abgelehnt hatte und sich Baader, Ensslin und Raspe im Oktober 1977 in der Haftanstalt Stuttgart-Stammheim das Leben nahmen, ließ die zweite »Generation« das Ziel »Gefangenenbefreiung« fallen. Sie verübte noch einzelne Anschläge: Zum Beispiel auf Nato-Oberbefehlshaber Alexander Haig im Juni 1979 mit einer Bombe unter der Fahrbahn und auf US-General Frederick Kroesen im September 1981 mit einer Panzerfaust.

Schlüsselfiguren dieser zweiten »Generation« sind Brigitte Mohnhaupt, Christian Klar und Peter-Jürgen Boock. Anfang der achtziger Jahre waren ihre Mitglieder weitgehend verhaftet – mit Ausnahme der zehn, die ab 1980 in der DDR untertauchten.

1984 formierte sich die dritte »Generation«: Sie verübte gezielt Anschläge auf Topmanager, Spitzenbeamte und auf Gebäude. Wie zum Beispiel auf die Botschaft der Vereinigten Staaten in Bonn. Stets begleitet von Erklärungen, in denen sie ihre »revolutionären« politischen Ziele darlegte, in der irren Hoffnung auf Zustimmung in der Bevölkerung: gegen den »kurs des internationalen kapitals« (Selbstbezichtungsschreiben nach dem Beckurts-Mord), gegen »die politik der westeuropäischen staaten im gesamtsystem« (nach dem Von-Braunmühl-Mord), gegen die »spitze der faschistischen kapitalstruktur« (nach dem Herrhausen-Mord), für die »ZUSAMMENLEGUNG ALLER POLITISCHEN GEFANGENEN IN WESTEUROPA« (nach dem Anschlag auf die US-Botschaft in Bonn) und gegen die »reaktionäre entwicklung« in »großdeutschland« (nach dem Rohwedder-Mord).

Den ersten Mord begeht diese dritte »Generation« am 1. Februar 1985: In seinem Haus in Gauting in der Nähe des Starnberger Sees überfallen die Täter Ernst Zimmermann. Den Vorstandsvorsitzenden von MTU, der Maschinen- und Turbinen-Union. Seine Mörder bringen ihn ins Schlafzimmer und erschießen ihn. Ein gezielter Schuss in den Hinterkopf. Weitere neun Menschen werden von dieser »Generation« erschossen oder in die Luft gesprengt. Unter anderen Karl Heinz Beckurts, Siemens-Vorstandsmitglied, sein Fahrer Eckhard Groppler, Alfred Herrhausen, Vorstandssprecher der Deutschen Bank, und Treuhand-Chef Detlev Karsten Rohwedder.

Nach vierzehn Jahren, 1998, erklärt die dritte »Generation« das RAF-Projekt für beendet. Nur zwei Mitglieder, die an Anschlägen beteiligt waren, wurden bislang verurteilt, und zwei, die mutmaßlich mitmischten, bei Schusswechseln mit der Polizei getötet. Der Rest: ungeklärt. Die Mörder leben unerkannt unter uns.

Die Anfänge dieses vor der Jahrtausendwende für gescheitert erklärten »RAF-Projekts« reichen weit zurück. Bis in die sechziger Jahre – als der tödliche Irrtum begann.

# WIE ALLES BEGANN

# 2. Kapitel: Der Kaufhausbrand

## Brandbomben im Kaufhaus

Der 2. April 1968 ist ein nasstrüber Tag. Der Beginn eines neuen Kapitels der deutschen Geschichte. An diesem Dienstag ahnt allerdings niemand etwas davon. Die Welt bewegt anderes: »Nach Johnsons Verzicht Hoffnungen auf Verhandlungen«, titelt die *Frankfurter Allgemeine Zeitung* – »Eingeschränkte Bombardierung in Nordvietnam/Rückzugsangebot erneuert«. *Die Welt* vermeldet auf Seite 1: »Nach dramatischer Erklärung des amerikanischen Präsidenten: Johnsons Verzicht alarmiert die Welt – eine neue Phase im Vietnam-Krieg«. Und die *Süddeutsche Zeitung* hat die Schlagzeile: »Benda wird Innenminister – Kiesinger beruft den Parlamentarischen Staatssekretär zu Lückes Nachfolger.«

Ziemlich genau in der Mitte von Deutschland liegt die Zeil in Frankfurt: die Einkaufsstraße in der Mainmetropole. Das Kaufhaus Schneider ist eines der feinsten. Sechs Stockwerke. Feierabend. Zwei Minuten nach halb sieben. Die Rolltreppen sind schon abgestellt. In der zweiten Etage ziehen drei Verkäuferinnen ihre Handtaschen aus einem Fach. Sie wollen nach Hause. Plötzlich stutzen sie: Ein Pärchen – beide Mitte zwanzig – hastet über die stehende Rolltreppe herauf. Die beiden stürmen an den drei Damen vorbei. Keine fünf Meter entfernt – ohne sie eines Blickes zu würdigen. Mit schnellen Schritten jagen sie weiter, über die stehende Rolltreppe hinauf in den dritten Stock. »Was wollen diese Gestalten hier bloß?«, raunt *Katharina Jeschke* ihren beiden Kolleginnen zu, während sie dem Pärchen argwöhnisch hinterherblickt und zischt: »Und dann auch noch um diese Zeit ...?« Die drei rümpfen die Nasen über die Kleidung der merkwürdigen späten Besucher. Sie sehen aus wie »Gammler«. Vor allem die Frau prägt sich den Verkäuferinnen im Gedächtnis ein: »Das strähnige Haar, der maskenhafte Blick, die eingefallenen Augen und der verhältnismäßig flache Busen«, erinnern sie sich später übereinstimmend. Zudem die Hosen – selten getragen von Frauen, die im feinen Kaufhaus Schneider an der ebenso feinen Zeil verkehren.

»Die wollen wohl jetzt noch schnell etwas bei uns stehlen«, flüstert *Edith Beyer* ihren beiden Kolleginnen zu. Die Abteilungsleiterin *Anne-*

*liese Schober* nickt: »Wir können jetzt nicht weggehen. Wir müssen warten, bis die beiden wieder unten sind.«

Doch schon schnell, keine Minute später, kommen die beiden über die Rolltreppe zurückgerannt, eilen abermals an den Verkäuferinnen vorbei und verschwinden über die stehende Rolltreppe nach unten. Die drei Frauen atmen auf: Jetzt endlich können auch sie gehen und Feierabend machen.

Das hätten sie allerdings nicht getan, wenn sie geahnt hätten, was die beiden jungen Leute noch so kurz vor Geschäftsschluss in dem Kaufhaus zu erledigen hatten: In der dritten Etage, der Möbelabteilung, legten sie eine Tüte in einen altdeutschen Wohnzimmerschrank. Inhalt: zwei Flaschen, einige Drähte und ein Wecker. Auch in der ersten Etage hatten sie zuvor eine solche Tüte auf eine Holzschrankwand geschoben. Vor den Umkleidekabinen der Damenoberbekleidung.

Sieben Minuten vor Mitternacht klingelt bei der Frankfurter Feuerwehr der 112-Notruf-Apparat. »Feuer im Kaufhaus Schneider!«, ruft aufgeregt ein Mann. Er arbeitet direkt gegenüber dem Kaufhaus, in der Zentrale eines Funktaxi-Unternehmens.

Löschfahrzeuge rasen los, zur Zeil 98 bis 104. Die Feuerwehrmänner stürmen in die dritte Schneider-Etage: Flammen lodern in der Möbelabteilung – ein altdeutscher Wohnzimmerschrank brennt. Sofas, Sessel und der Holzparkettboden stehen ebenso in Flammen. Schnell bringen die Männer den Brand unter Kontrolle. Da schallt aus der ersten Etage der Schrei: »Feuer«. Die Holzdecke der dreißig Meter langen Schrankwand steht in Flammen. Auch diesen Brand löschen die Feuerwehrmänner.

Noch während sie im Kaufhaus Schneider gegen die Flammen kämpfen, geht – keine zweihundert Meter entfernt – im Kaufhof der stellvertretende Abteilungsleiter *Jörg Heck* durch die vierte Etage. Er ist unterwegs zu Arbeitern, die in dieser Nacht neue Rolltreppen montieren. Als er an der Bettenabteilung vorbeikommt, hört er wenige Meter hinter sich einen lauten Knall. Erschrocken dreht er sich um. Keine zehn Meter entfernt sieht er eine breite, lodernde Flammenwand. Sie schlägt bis an die Decke. Rauchschwaden wälzen sich auf ihn zu. Der Qualm beißt ihn in Augen und Nase. Er rennt um sein Leben. Kurz darauf sieht er, wie es auch noch in einer anderen Ecke auf dieser Etage zu brennen beginnt. Die Spielwarenabteilung! Teddybären, Stoffpuppen und Carrera-Bahnen stehen in Flammen. Das Feuer greift auf Betten und Teppiche über, verschlingt Bettgestelle und Tische. Kunststoffe verschmelzen zu Plastikballen. Bald brennt es fast überall auf dieser Etage. Die automatischen Feuerlöschanlagen an der Decke schalten sich ein. Das Wasser über-

*Kaufhof in Frankfurt: 1,6 Millionen Mark Schaden*

schwemmt die gesamte Etage. Die Wassermassen wälzen sich in die tieferen Etagen – über Treppen, Aufzugschächte und Rolltreppen. Rasch steht auch das Erdgeschoss unter Wasser. Erst nach eineinhalb Stunden hat die Feuerwehr den Brand unter Kontrolle.

Während die Feuerwehrmänner gegen die Flammen kämpfen, klingelt das Telefon im Büro der Deutschen Presseagentur in Frankfurt. Eine Dreiviertelstunde nach Mitternacht. »Im Kaufhof und beim Schneider brennt es«, sagt die Anruferin, die ihren Namen nicht nennt. »Wenn Sie sich dafür interessieren, dann kann ich Ihnen sagen, dass das ein politischer Racheakt ist.«

Auch bei der Feuerwehr melden sich in dieser Nacht anonyme Anrufer. Sie erklären, dass es auch in anderen Kaufhäusern in Frankfurt brennt. So werden Mitarbeiter von insgesamt einem Dutzend Unternehmen in dieser Nacht aus dem Bett geklingelt: Mit ihnen zusammen rasen Feuerwehrmänner und Polizisten in die Geschäfte. Aber dort ist alles ruhig.

Noch in der Nacht beginnen die Brandermittler der Kripo Frankfurt mit den Untersuchungen an den Tatorten. An den vier Stellen finden sie Reste von Brandbomben. Alle nach demselben Muster gebastelt: In einer Tasche steckten zwei eineinhalb-Liter-»Meno«-Kunststoffflaschen. Gefüllt mit Benzin, umwickelt mit Kreppband. Zwischen den beiden Flaschen: eine »selbst gemixte« Explosivladung. Gezündet wurde sie durch den Glühkopf eines Batteriegasanzünders. Der Strom kam aus einer viereinhalb-Volt-Taschenlampenbatterie. »Zünduhr« war ein Reisewecker der Firma Blessing. Die Täter hatten den Minutenzeiger von der Zeigerwelle abgezogen. Nur noch der Stundenzeiger bewegte sich: Als er auf die »Zwölf« rückte, stieß er gegen eine Messingschraube, die die Täter ins Gehäuse gedreht hatten. Über diese Schraube floss der Strom in den Glühkopf. Der erhitzte sich, entzündete das »Explosivgemisch«. Mit einem lauten Knall flogen die »Meno«-Hostalenflaschen in die Luft. Die Experten finden heraus, dass an allen »Zünduhren« einige Teile fehlen. »Aufziehknebel«, »Einstell-« und »Gehäuseschrauben«.

Der Schaden dieser Nacht: rund 300 000 Mark im Kaufhaus Schneider – damals der Preis für drei Einfamilienhäuser. Und über 1,6 Millionen Mark im Kaufhof.

## Ein »vertraulicher« Hinweis

Die Frankfurter Zeitungen berichten groß über die Anschläge. Die Bevölkerung ist bestürzt. Verunsichert: Wie kann jemand auf die Idee kommen, so etwas Schönes wie das Kaufhaus Schneider in Brand zu stecken?, fragen sich in diesen Tagen viele Menschen. Die Frankfurter sind froh, dass sie es geschafft haben, ihre Stadt aus den Ruinen des Zweiten Weltkriegs wieder aufzubauen. Moderner – wenn auch nicht schöner. Und nun hat jemand versucht, wieder etwas in Schutt und Asche zu legen … Unfassbar!

Unter Leitung des Frankfurter Kriminalrats Erich Panitz arbeiten die Beamten des 16. und 18. Kriminalkommissariats auf Hochtouren, um die Täter so schnell wie möglich zu fassen: Nach zwei Tagen erhalten sie den entscheidenden Tipp. Einen »vertraulichen Hinweis«, wie sie kurz danach der Presse mitteilen, »auf vier Personen«: Gegen 22 Uhr verhaften sie am 4. April die vier vor dem Haus, in dem *Angelika Sahm* wohnt, eine Cutterin des Hessischen Rundfunks. Keine Frankfurter, sondern Besucher. Drei stammen aus Berlin, einer aus München: Andreas Baader (24), der sich als Journalist bezeichnet, Gudrun Ensslin (27), Germanistik-Studentin, Thorwald Proll (26), Gelegenheitsarbeiter, und Horst Söhnlein (25), Schauspieler und Betreiber des Münchner »Action-Theaters«.

Die Kripobeamten durchsuchen die vier, ihr Gepäck und den Wagen, mit dem sie nach Frankfurt gekommen sind. Der Verdacht erhärtet sich: In dem grauen 1200er VW-Käfer mit dem Kennzeichen B-DD 733 stoßen sie auf Gudrun Ensslins Reisetasche. Aus ihr ziehen sie eine Plastikhülle heraus, in der zehn Teile von Blessing-Reiseweckern stecken. »Aufziehknebel«, »Einstellschrauben« und »Gehäuseschrauben«. Sie passen an die Wecker, die als Zünduhren für die Brandbomben dienten und an den Tatorten verschmort lagen. Eine Kriminalkommissarin zieht aus Ensslins Jacke einen Zettel, auf dem sie notiert hatte:

roter May-Apoth.
Phosphor 20 gr.
Schwefel 250 gr.
Kaliumchlorat 250 gr.
z. Desinfizieren
Haut
Bender + Holbein
Zw. Sendlingertorpl. und Goethepl. linke Seite
techni keine gereinigte
Holzkohle 500 gr.
Magenbeschwerden
technisch rein
4 Batterien

Bei Horst Söhnlein finden die Ermittler einen Leihschein der »Münchner Kammerspiele« für sein »Action-Theater«. Auf der Rückseite steht: »500 gr. Holzkohle, Batterien, Schwefel, Benzin, 4 Plastikflaschen, Einwickelpapier, Puderzucker«.

Und bei Thorwald Proll entdecken die Polizisten in der Gesäßtasche ein grünes Notizbuch, in das er geschrieben hatte:

»Wann brennt das Brandenburger Tor?
Wann brennen die
Berliner Kaufhäuser
Wann brennen die
Hamburger Speicher
Wann fällt der Bam-
berger Reiter
Wann pfeifen die
Ulmer Spatzen auf dem letzten Loch

Wann röten sich die Münchner
Oktoberwiesen
Wann erstickt der
Nürnberger Trichter.

Wann zerbricht der
Kölner Dom
Wann verstummen
die Bremer Stadtmusikanten
Wann verseuchen
die Banken

zerschlagen die Apperate
die Kulturapperate zerschlagt
die Syndikate das Kapital

Zerschlagt den Kapitalismus
Zerschlagt das kapitalistische
System. Es lebe die sozialistische
Weltrevolution.«

Die drei Verkäuferinnen im Kaufhaus Schneider erkennen Baader und Ensslin wieder. Sie erklären, sie seien sich absolut sicher, dass die beiden am Tattag kurz nach halb sieben an ihnen vorbeistürmten.

Aus den Haftzellen werden die vier nacheinander zur Vernehmung vorgeführt. Baader bestreitet gegenüber den Kripo-Männern, mit den Bränden etwas zu tun zu haben: »Wenn mir vorgehalten wird, dass ich gegen 18.30 Uhr (Dienstag, 2. 4.) im Kaufhaus Schneider gewesen sein soll, und zwar in Begleitung eines jungen Mädchens, so stimmt dies nicht«, gibt er zu Protokoll: »Ich bin dort auch nicht eine Rolltreppe hinaufgelaufen, die bereits zum Stillstand gebracht worden war. Ich habe mich an diesem Tage überhaupt nicht in einem Kaufhaus aufgehalten. Ich kann nicht verstehen, dass mich Angestellte des Kaufhauses Schneider bei der Gegenüberstellung erkannt haben wollen.« Die drei anderen Festgenommenen weigern sich, Angaben zum Tatvorwurf zu machen.

Für Kriminalrat Panitz sind die Dinge eindeutig. Angesichts »des vorliegenden Beweismaterials ist dringender Tatverdacht anzunehmen«, schreibt er in seinem Bericht am Tag nach der Verhaftung – er verweist auf die bei den Festgenommenen gefunden Weckerteile, die zu den Zünduhren passen, und auf ihre Notizen. Und auch darauf, dass die Verkäuferinnen Baader und Ensslin zweifelsfrei wiedererkannt haben. Unter Hinweis auf diese »Ermittlungen der Kriminalpolizei« erlässt Amtsgerichtsrat Gebhard noch am selben Tag Haftbefehl gegen die vier – wegen des Verdachts der »schweren Brandstiftung« unter den »Geschäftszeichen« 931 Gs 3387 bis 3390/68.

Die vier – so schreibt der Amtsgerichtsrat in bestem Juristendeutsch – seien »dringend verdächtig, gemeinschaftlich handelnd am 2. und 3. April 1968 in Frankfurt (Main) vorsätzlich Räumlichkeiten, welche zeitweise zum Aufenthalt von Menschen dienen und zwar zu einer Zeit, während welcher Menschen in denselben sich aufzuhalten pflegen, in Brand gesetzt zu haben«.

Bei allen bestehe »Flucht- und Verdunklungsgefahr«, befindet der Amtsgerichtsrat. Über Andreas Baader schreibt er im Haftbefehl: »Der Beschuldigte ist ohne feste persönliche Bindungen; er ist ledig. Es ist unklar, aus welcher Tätigkeit er seinen Lebensunterhalt bezieht; er will als Journalist tätig sein, hat jedoch jede Angabe über die Art seiner Tätigkeit und seinen Auftraggeber verweigert.«

Für die drei anderen Beschuldigten – Gudrun Ensslin, Thorwald Proll und Horst Söhnlein – bestehe »Verdunklungsgefahr, da sämtliche drei Beschuldigte die Aussage zur Sache verweigert haben und im Falle einer Entlassung die Gefahr besteht, dass sie auf Mitbeschuldigte und Zeugen in unlauterer Weise Einfluss nehmen werden«. Insbesondere sei auch für alle vier die »Schwere des Schuldvorwurfs von Bedeutung, da es sich um ein allein mit Zuchthaus bedrohtes Delikt handelt«.

# 3. Kapitel: Die Reise ins Abenteuer

Vor seiner Verhaftung hatte das Quartett drei Tage in Frankfurt verbracht – unorganisiert und weitgehend chaotisch. Ein Fehler, aus dem Baader und Ensslin schnell lernten. Eine Lehre für spätere Zeiten. Schon bald operieren sie wesentlich raffinierter. Exakt nach Plan.

Am Morgen der Tat waren die vier in Frankfurt angekommen. In aller Herrgottsfrühe, um fünf Uhr dreißig. Aus München. Letzte Station einer Reise durch die halbe Republik. Einer Abenteuer-Tour im wahrsten Sinne des Wortes:

Die drei Berliner – das Pärchen Baader/Ensslin und ihr gemeinsamer Freund Thorwald Proll – hatten zwei Wochen zuvor die Inselstadt über die Transitautobahn Richtung München verlassen. Am 20. März 1968: Bequem lümmeln sie in einem weißen Ford Fairlane, einem betagten amerikanischen Straßenkreuzer. Mit viel Chrom und Heckflossen. Ein typischer fünfziger-Jahre-Amischlitten. Der besondere Stolz des Autonarren Andreas Baader. Zwei Monate zuvor hatte er ihn zusammen mit einem Freund für tausend Mark von einem Autohändler in der Schlüterstraße in Berlin-Charlottenburg gekauft.

## München

In München bleiben sie zehn Tage, wohnen bei Bekannten. Mal hier, mal dort. An den Abenden und in den Nächten ziehen sie durch die Kneipen Schwabings. Andreas Baader kennt sich hier aus: Bis vor fünf Jahren lebte er in Schwabing. Seither war er immer mal wieder zu Besuch da. »Wir wollten etwas Unerhörtes tun«, fasst Thorwald Proll die Gespräche Ende März 1968 in den Cafés und verräucherten Wirtshäusern zusammen. Genaue Vorstellungen hatten sie noch nicht, wie Proll sich erinnert – aber: »Wir waren irgendwie bereit, irgendetwas zu tun, was etwas Besonderes war. Ready to go.«

Tagsüber unternehmen sie Ausflüge in die Umgebung. Am Starnberger See geraten Baader und Ensslin in Streit. Baader bekommt gerade wieder einmal einen seiner plötzlichen Schübe von »wilder Aggressivität«: Er hat eine Katze entdeckt und will sie im See ertränken. Gudrun ist dagegen, will das Leben der Katze retten. »Dann haben sie sich die ganze Zeit rumgebalgt, wer nun die Katze bekommt«, berichtet ihr Reisebegleiter Thorwald Proll – »bis die Katze dann entwischte.«

Auf dem Weg nach Salzburg verreckt der Motor des Fords. In Rosenheim lassen sie ihn stehen. Ende März ruft Baader den Freund in Berlin an, dem der Wagen mitgehört, und macht ihm die betrübliche Mitteilung: »Der Wagen ist verschrottet worden.«

Thorwald Proll, der eines Tages gerne »am Theater arbeiten« würde, besucht – zusammen mit Baader und Ensslin – Horst Söhnlein. Einen fünfundzwanzigjährigen Schauspieler, der eine Off-Bühne leitet: Das »Action-Theater«. Der hat im Augenblick die Nase von allem ziemlich voll – vom Theater und von seiner Frau. Zu viert ziehen sie abends durch die Kneipen, verstehen sich prächtig. Söhnlein schließt sich ihnen an: »Er war sofort bereit, mitzumachen«, erinnert sich Proll.

Über einen gemeinsamen Bekannten von Proll und Söhnlein kommen sie auch schnell wieder zu einem Wagen: Im Schwabinger Lokal »Chez Margot« sprechen sie eines Nachts mit dem Jung-Regisseur *Heinz Rhein*, dreiundzwanzig Jahre jung. Der hat einen grauen Käfer 1200 mit dem Kennzeichen B-DD 733 vor der Tür stehen, den er nicht braucht. Der Wagen gehört seiner Schwester in Berlin. Sie hatte ihn dem Regisseur überlassen, damit er ihn in München verkauft, weil sie ihn in Berlin nicht losgeworden war. In München hat er auch noch keinen Käufer gefunden. Und so leiht er den Wagen Baader und Co.

Eines Tages bemerkt *Rhein*, dass er die vier nicht mehr in Schwabing sieht. Kein Grund für ihn zur Sorge, erklärt er später, »weil ich wusste, dass Horst manchmal verschwand und später wieder auftauchte«.

## Stuttgart

Am Nachmittag des 1. April 1968 verlassen die vier München. Gudrun steuert den Wagen über die A 8 Richtung Stuttgart. Pause machen sie in einem Pfarrhaus in Bad Cannstatt, bei den Eltern von Gudrun Ensslin. In der Wiesbadener Straße 76. Ihr Vater ist hier Pfarrer der Lutherkirche. Die vier essen sich satt, sprechen von »notwendigen Aktionen«. Gudruns Eltern können sich keinen rechten Reim darauf machen. Die vier sind knapp bei Kasse. Und so leiert Gudrun ihrer dreizehnjährigen Schwester Ruth das »Geburtstagsgeld« aus den Rippen, das sie gerade bekommen hat. Gegen Mitternacht brechen sie gestärkt auf.

## Frankfurt

Am nächsten Morgen – Dienstag, 2. April 1968 – rollen die vier um halb sechs durch Frankfurt-Bockenheim. Vor dem Haus Beethovenstraße 3 a klettern sie müde aus dem Käfer und klingeln bei *Angelika Sahm*, einer Cutterin des Hessischen Rundfunks. Die fällt aus dem Bett, als sie aus dem Schlaf geklingelt wird – von dem Besuch hatte sie keine Ahnung –, und aus allen Wolken, als die vier ihr noch erklären, bei ihr für einige Tage wohnen zu wollen. »Das geht nicht«, entgegnet die Fünfundzwanzigjährige, »meine Wohnung ist zu klein.« Sie hat zwei Zimmer. In dem einen schläft ihr fünfjähriger Sohn.

Von den vieren kennt sie lediglich einen: Thorwald Proll. Und den auch nur flüchtig. Zwei Monate zuvor, im Februar 1968, hatte sie ihn in Berlin beim Vietnam-Kongress kennen gelernt. Eine Stunde lang sprachen sie dort miteinander. Am Ende tauschten sie ihre Adressen aus. Sie hat Proll in bester Erinnerung: »Er war elegant gekleidet und drückte sich anders aus, als ich es aus diesen Kreisen gewohnt war.« Seitdem hatte sie von ihm nichts mehr gehört. Und nun stand er ziemlich abgerissen vor ihr. In diesem Augenblick hatte sie nur einen Wunsch: »Diese vier so schnell wie möglich loszuwerden.«

Nach *Angelika Sahms* »Nein« kommt Thorwald Proll auf eine andere Idee für ein Quartier: Er erinnert sich an seinen Schulfreund *Jürgen Dahl*, mit dem er vor sechs Jahren in Kassel am Friedrichsgymnasium zusammen Abitur gemacht hatte. Jetzt studiert der in Frankfurt im vierten Semester Betriebswirtschaftslehre – und wohnt ganz in der Nähe, in der Westendstraße 79. Und so fahren sie dorthin. *Angelika Sahm* kommt mit. Um sechs klingeln sie ihn aus dem Bett. Aber auch der winkt müde ab, will die vier unerwarteten Gäste nicht in seiner Studentenbude beherbergen. Daraufhin lässt sich *Angelika Sahm* breitschlagen, sagt: »Okay, einige Tage könnt ihr bei mir wohnen.«

So sitzen alle um acht bei *Angelika Sahm* am Frühstückstisch, trinken Kaffee und essen Brötchen. Schnell kommt das Gespräch auf die Kommune I in Berlin – *Angelika Sahm* hatte einige Mitglieder vor zwei Monaten bei dem Vietnam-Kongress in Berlin kennen gelernt. »Die haben sich festgefahren«, moniert Andreas Baader abfällig: »Jetzt sind sie in der Auflösung begriffen.«

Einer der Besucher fragt *Angelika Sahm*: »Hast du etwas da, zum Rauchen?« *Angelika* versteht: Haschisch oder Marihuana? Sie nickt, kramt aus einer leeren Zigarettenschachtel einige Brocken Marihuana hervor und dreht einen Joint.

Andreas Baader zieht zufrieden und strahlt. Dann blickt er *Angelika Sahm* tief in die Augen: »Wir brauchen eine Sechszehn-Millimeter-Filmkamera. Ganz schnell. Noch heute. Kannst du uns die besorgen – mit einem Film, bis spätestens einundzwanzig Uhr?«, fragt er die Cutterin geheimnisvoll. Mehr sagt er nicht. Sie nimmt den Wunsch zur Kenntnis, fragt nicht, was er mit der Kamera machen will. Sie hat den Eindruck, dass die vier eine »politische Aktion« vorhaben und »man mich bewusst im Unklaren lassen, nicht einweihen will«. So hakt sie nicht weiter nach, antwortet Andreas Baader: »Ruf mich heute Nachmittag an. Im Funkhaus.«

Um viertel vor neun fährt sie zur Arbeit. Angekifft. Die Besucher rollen ihre Schlafsäcke auf dem Boden aus. Am Nachmittag ruft Andreas Baader sie an. Gegen vier. Sie sitzt am Schneidetisch. »Die Kamera benötigen wir nicht mehr«, erklärt er. »Und heute Abend …?«, fährt er fort. »Erst bringe ich meinen Sohn ins Bett«, antwortet sie. »Dann bin ich im Club Voltaire.«

Dort trifft sie dann ihre vier Schlafgäste wieder: nachts um eins – eine Stunde nach Ausbruch der Brände in den Kaufhäusern. *Angelika Sahm* hat davon nichts mitbekommen. Im »Club Voltaire« werden gerade die Stühle hochgestellt. Deshalb beschließen sie, einen Bekannten von *Angelika Sahm* heimzusuchen. Einen ehemaligen Praktikanten beim Hessischen Rundfunk. Und so fahren sie zu ihm, zur Zeil 13, diskutieren bis kurz vor vier über Politik. Über Vietnam, die Studentenbewegung und die »KI«, die Kommune I.

Am nächsten Tag schnappt *Angelika Sahm* im Funkhaus kurz vor Dienstschluss etwas von »Brandlegungen in Kaufhäusern« auf. Sie wird neugierig. Auf dem Heimweg kauft sie sich eine Abendzeitung, ihr Blick fällt auf die Schlagzeile: »Feuer in zwei Kaufhäusern – Polizei schließt politische Aktion nicht aus!« Sie überfliegt den Artikel. Liest von »primitiv gebastelten Brandsätzen«, der »Angst«, die jetzt in Frankfurter Kaufhäusern herrsche, und von »Brandwachdiensten«, die von den Kaufhäusern in den nächsten Nächten aufgestellt würden.

Ihre vier Besucher trifft sie am Abend im »Club Voltaire«. Die vier wirken müde. *Angelika Sahm* spricht kurz mit ihnen. Dann kommt *Alexander Neumann* auf sie zu und setzt sich. Ein neunzehnjähriger Bauzeichner. Vor zwei Tagen hatte sie ihn kennen gelernt und ihm von dem überraschenden Besuch erzählt. Auch er hat die Zeitung dabei. Er deutet auf die Schlagzeile »Feuer in zwei Kaufhäusern – Polizei schließt politische Aktion nicht aus«. Flüstert ihr zu: »Das sind doch die vier gewesen.« *Angelika Sahm* legt den Finger auf den Mund und nickt. In diesem

Augenblick geht ihr ein Licht auf, wie sie in der Rückschau erklärt: »Dies war eigentlich der Moment, in dem auch bei mir gegen die vier ein gewisser Verdacht entstand.«

Um eins verlassen sie den Club und zwängen sich zu sechst in den grauen Käfer: die vier Besucher, *Angelika Sahm* und *Alexander Neumann.* In der Beethovenstraße ziehen sich die vier Gäste in das hintere Zimmer zurück, kriechen in ihre Schlafsäcke. In dem anderen liegt schon *Angelika Sahms* Sohn im Bett. Sie und *Alexander Neumann* legen sich dazu. *Neumann* kommt noch einmal auf die Brände zu sprechen. *Angelika Sahm* bestätigt seinen Verdacht.

Dieses Gespräch führt am nächsten Tag zu dem entscheidenden Hinweis bei der Polizei, auf den die Beamten händeringend warten. »50 000 Mark Belohnung«, hatte wenige Stunden zuvor die *Abendpost* mit einer großen Schlagzeile gemeldet – für Hinweise, die »zur Ermittlung der noch unbekannten Brandstifter« führen. Kriminalkommissar Mink tippt die Aussagen von *Neumann* in die Schreibmaschine: »Im Bett fragte ich Frau *Sahm* noch einmal, ob die vier Personen die Anschläge auf die Kaufhäuser ausgeführt hätten. Jetzt sagte sie mir mit Worten, dass sie, die Personen, die Anschläge tatsächlich ausgeführt hätten. Sie sagte mir nochmals, dass ich keinesfalls darüber reden dürfte.«

Bei den vieren, so berichtet *Neumann* dem Kriminalkommissar weiter, »handelt es sich meines Beobachtens nach um Menschen mit extrem revolutionären Weltanschauungen«. Sie seien der Ansicht, »dass man mit üblichen Demonstrationen keine Veränderungen herbeiführen kann« und »nur noch durch außergewöhnliche Aktionen Aufmerksamkeit erregen könne. Durch Terror und Unruhe in der Bevölkerung sollte letztlich eine Verbesserung der gesellschaftlichen Verhältnisse herbeigeführt werden«.

Als *Angelika Sahm* am nächsten Abend in ihre Wohnung kommt, sind die vier verschwunden. Samt ihren Sachen. Sie ist sauer: Am Morgen, als sie zur Arbeit ging, pennten ihre Besucher noch. Sie wollte die Langschläfer nicht wecken. Deshalb schrieb sie ihnen einen Zettel: »Falls ihr heute wieder abfahrt, legt mir bitte das Geld hin, das ich Euch gepumpt habe.« Nun sind sie weg. Das Geld liegt nicht auf der Kommode. Aber noch immer der Zettel: Auf die Rückseite haben Andreas Baader und Horst Söhnlein ihre Adressen gekritzelt. Menschen, von denen sie als »Genossen« spricht.

Gegen halb neun schaut *Jürgen Dahl* bei ihr vorbei. Sie erzählt ihm die Geschichte von dem gepumpten Geld und flucht über die vier. Auch *Jürgen Dahl* ist sauer: »Ich fühle mich von denen ausgenutzt«, schimpft er.

Er hatte sie in Frankfurt ausgehalten. Immer und immer wieder hatten sie ihn angebettelt. Das war ihm mächtig auf die Nerven gegangen.

Auf einmal klingelt es. Die vier kommen hereingeschneit – so als ob nichts wäre. »Wir wollen bald abreisen«, sagt Gudrun Ensslin lächelnd, »vorher noch mal kurz vorbeischauen.« – »Bitte verschwindet endlich«, sagt *Angelika Sahm* stinkig. Sie ist von den vieren bitter enttäuscht und will sie nicht mehr sehen.

Die vier gehen. Vor der Haustür, auf dem Weg zu ihrem Käfer, werden sie schlagartig von Kripobeamten umringt. In der Dunkelheit haben die Beamten sie erwartet – nach dem Hinweis von *Alexander Neumann*. Handschellen klicken.

# 4. Kapitel:
# Die Reisegruppe in der Untersuchungshaft

## Andreas Baader

Am nächsten Tag verkündet Amtsgerichtsrat Gebhard Andreas Baader den Haftbefehl – 5. April 1968. Eine grüne Minna bringt ihn vom Polizeipräsidium in die Untersuchungshaftanstalt in der Hammelgasse.

Berndt Andreas Baader ist vierundzwanzig. Der Jüngste der Reisegruppe. Ein auffallend hübscher Typ. Schlank. Etwas Unverschämtes und Spitzbübisches liegt in seinen großen blauen verschmitzten Augen. Lange Wimpern geben ihm etwas Geheimnisvolles. Seine schwarzen Haare sind kurz geschnitten – untypisch für die damalige Zeit. Das Gesicht wirkt immer leicht verschlafen. Eine Art früher Marlon Brando: raubeinig, aggressiv, die zynische Pose liebend. Wenn er will, kann er aber auch unwiderstehlich charmant sein und Menschen in seinen Bann ziehen.

»Er war der Verführer«, beschreibt Thorwald Proll den Baader, mit dem er damals seit knapp einem Jahr befreundet ist: »Der konnte Leute gut verführen und überreden. Und irgendwie mitreißen.« Auch Thorwald Proll war von ihm fasziniert: »Er war anmaßender als andere. Er war unverschämter. Er fasste dich auch beim Reden an. Oder guckte dir ins Gesicht. Er war ein bisschen aufdringlich. Er kam dir auch körperlich immer sehr nah und hat die Leute beeindruckt oder manchmal auch ein bisschen beengt. Aber er war immer sehr charmant. Charme ist der richtige Ausdruck, ja. Und er war dabei eigentlich auch immer sehr freundlich. Man musste es nur rauskriegen. Sich nicht einschüchtern lassen. Was er auch eigentlich gar nicht wollte.«

Dieser Andreas Baader hat ein Schicksal, das er mit über einer Million Kindern teilt, die während des Zweiten Weltkrieges in Deutschland auf die Welt gekommen sind: Seinen Vater hat er nie kennen gelernt. Dr. Berndt Philipp Baader, Historiker, beschäftigt beim Bayerischen Staatsarchiv, Jahrgang 1913. Umfassend humanistisch gebildet und hochbegabt. Viele sagen dem »Archivreferendar« eine bedeutende akademische Laufbahn voraus. Doch daraus wird nichts: Bereits am 26. September 1939 wird er zur Deutschen Wehrmacht eingezogen. Zum Polen-

*Andreas Baader (1965)*

feldzug, den Hitler vier Wochen zuvor begann. Nach drei Jahren an der Front kommt der Neunundzwanzigjährige im Sommer 1942 auf Heimaturlaub nach München. In den drei Monaten stellt er die Druckfahnen seiner Dissertation fertig. Und zeugt seiner Frau Anneliese einen Sohn.

Als der am 6. Mai 1943 auf die Welt kommt, liegt sein Vater schon längst wieder in einem Schützengraben an der Ostfront. Auch in München herrscht Krieg: Die Alliierten bombardieren seit einem halben Jahr die »Hauptstadt der Bewegung«. Seit Herbst 1942. Deshalb flüchtet Andreas' Mutter Anneliese – sechsundzwanzig Jahre – mit dem acht Wochen alten Säugling nach Thüringen. Nach Saalfeld, eine Kleinstadt. Vierzig Kilometer südlich von Jena.

Nach Ende des Krieges kehrt Andreas' Mutter nach München zurück – als »Vorhut« für Andreas und ihre eigene Mutter. Der Zweijährige bleibt vorerst in Thüringen. Großmutter Hermine kümmert sich dort um ihn. München, das ist in diesen Tagen nicht der richtige Platz für ein Kind: Die Mutter ist entsetzt, als sie sieht, wie die Stadt in Schutt und Trümmern liegt. Fast alle Gebäude sind beschädigt. Über 97 Prozent. In der Stadt grassieren Tuberkulose, Diphtherie und Typhus. Die Menschen hungern. Die Schlangen vor den Lebensmittelgeschäften sind endlos lang. Viele warten vergeblich. Die Versorgung: eine Katastrophe. Anneliese arbeitet als Trümmerfrau.

Verzweifelt versucht sie, etwas über ihren Mann in Erfahrung zu bringen. Die große Liebe ihres Lebens. Doch sie findet nicht mehr heraus, als dass er »seit seiner in schwer kranker Verfassung erfolgten Ankunft mit einem Heimkehrertransport am 22. Oktober 1945 in Frankfurt/Oder als vermisst« gilt. Erst später erfährt sie, dass er an Ruhr elendig gestorben ist.

Mit knapp sechs Jahren kommt Andreas nach München, Anfang 1949. Kurz vor der Einschulung. Die sollte nicht in der Ostzone erfolgen. Seine Mutter hat in Schwabing als Untermieterin eine Bleibe gefunden. Bei einer Malerin. Endlich, nach dreieinhalb Jahren, sind Mutter und Sohn wieder zusammen. Durch die lange Trennung wurden sich die beiden fremd. In der Obhut der Großmutter hat sich Andreas zum Egomanen entwickelt: Der Sechsjährige ist außergewöhnlich auf sich selbst bezogen. Grenzen lässt er sich von seiner Mutter nicht stecken.

Das Leben seiner Mutter im Nachkriegs-München ist hart: Sie bekommt keine Witwenrente, weil ihr Mann – seit Kriegsende verschollen – vorerst nicht für tot erklärt wird. Erst 1960 erhält sie die Witwenrente. So ist sie auf sich gestellt, muss bis dahin für sich und Andreas das Geld allein verdienen. Zunächst macht sie das mit Schreibarbeiten. Später wird sie Schriftführerin beim Sozialgericht. Deshalb ist ihr Sohn – wie sie es später selbst formuliert – »viel sich selbst überlassen«. Ein Schlüsselkind.

In der Schule tanzt Andreas regelmäßig aus der Reihe. Er tut, was ihm in den Sinn kommt. »Disziplin ist bei ihm nicht festzustellen«, klagt die Klassenlehrerin. Seine Launen sind sprunghaft: Mal gibt er sich verschlossen: träge oder hochmütig. Mal rücksichtslos. Geradezu aggressiv. Und dann kann er sich auch wieder durch großzügige Gesten mit vielen versöhnen. Kurzum: Der Junge ist unkalkulierbar. Ein Provokateur aus Leidenschaft – schon in jungen Jahren. Er polarisiert. Es gibt nur zwei Möglichkeiten: Entweder mag man ihn. Wegen seiner Spontanität. Oder man hasst ihn. Wegen seiner Sprunghaftigkeit und Unberechenbarkeit. Außerdem ist Andreas, wie seine Mutter befindet, »sehr verspielt«. Deshalb lässt sie ihn ein Jahr länger als üblich in der Grundschule. Ein fünftes.

Typisch Andreas: ein Sonntagsausflug zum Starnberger See. Der Achtjährige turnt auf dem Ruderboot herum. Besorgt ruft ihm seine Muter zu: »Andi, pass auf, dass du nicht hineinfällst.« Andreas grinst über das ganze Gesicht. Springt in den See und schwimmt vergnügt neben dem Boot. In voller Montur. Mit Jacke und Schuhen. Seine Mutter ist entsetzt – ihm aber nicht ernsthaft böse.

Andreas wächst mitten in Schwabing auf, in der Leopoldstraße 135. Dritter Stock. Ein Drei-Frauen-Haushalt: Mutter Anneliese, Großmutter Hermine, die sich in Thüringen um ihn gekümmert hatte, und Tante Elfriede. Der Schwester seiner Mutter.

Alle drei haben ihre Männer im Krieg verloren. Alle drei in dem Frauenhaushalt sind froh, junges Leben in der Bude zu haben. Alle drei wetteifern um die Zuneigung des kleinen Wirbelwindes. So sehen sie ihm fast alles nach: Bockigkeiten, aber auch große und kleine Unverschämtheiten. Etwa, wenn er es hartnäckig ablehnt, sich zu waschen, die Zähne zu putzen oder sich zum Essen an den Tisch zu setzen. Schnell hat der kleine hübsche Kerl mit den schwarz-braunen Locken und langen schwarzen Wimpern heraus, wie er den Drei-Frauen-Haushalt um den kleinen Finger wickelt – ähnlich wie es ihm später auch bei Gudrun Ensslin und Ulrike Meinhof gelingt: Verschmitzt lächelt er die Frauen an. Seine blauen Augen funkeln. Ein Charmebolzen – wenn er will. Und so wird er nur selten mit deutlichen Worten zur Ordnung gerufen. Er macht, was er will. Jeder ernsthafte Versuch von Erziehung wird bald eingestellt.

Mit elf, im »Weltmeisterschaftsjahr« 1954, kommt Andreas auf das Max-Gymnasium in München. »Er ist hochintelligent«, stellt die Mutter bei dem Sextaner fest – »aber stinkend faul.« Zu Hause entwickelt er sich zu einer Leseratte: Er verschlingt die Märchen von Hans Christian Andersen. Mit dreizehn liest er Joseph Bernharts »Mystik des Mittelalters«, anschließend Nietzsche. Die Mutter macht dies stolz – und lässt sie hoffen.

Schon damals reizt es Andreas, seine Grenzen auszuloten. Zum Beispiel bei Zahnschmerzen, die ihn im Alter von zwölf plagen: »Ich wollte ihm Tabletten geben und mit ihm zum Zahnarzt gehen«, erinnert sich seine Mutter Anneliese. »Er lehnte es ab. Er sagte, er wollte testen, wie viel Schmerzen er ertragen könne.«

Traurig ist die Mutter darüber, dass er »seine Hausaufgaben vernachlässigt und jede Menge Schwierigkeiten mit den Lehrern« hat. Es hagelt Verweis nach Verweis – »wegen unzureichender Leistungen«, erinnert sich die Mutter. Deshalb schickt sie ihren Sohn mit vierzehn – 1957 – auf ein Internat nach Königshofen. Trotz der schmalen Kasse. Ein Verzweiflungsschritt. Sie möchte um jeden Preis, dass »Andi« das Abitur schafft und studiert. So wie sein Vater. Doch auch das Internat bringt nicht den von der Mutter erhofften Durchbruch. Andreas wird in der Schule nicht besser. Die Pubertät verstärkt seine aggressiven Neigungen. Kaum eine Woche vergeht, in der er sich nicht prügelt. Mehrfach türmt er aus dem Internat. »Erst als ich ihm versprochen habe, ihn wieder nach Hause zu holen«, berichtet die Mutter später, »hat er sich Mühe gegeben und die Versetzung geschafft.«

So kommt Andreas mit sechzehn wieder nach München. Ab Herbst 1959 besucht er die Privatschule Dr. Überreiter. Die Mutter schöpft neue Hoffnung: Dort wird er auch nachmittags beaufsichtigt. Doch es gibt wieder Probleme: Auch hier verdrischt er andere Schüler, streitet mit den Lehrern. »Andreas hat sich nie mit den Gegebenheiten abgefunden und besonders seinen Religionslehrern kritisch gegenübergestanden«, beschreibt seine Mutter den sechzehn-, siebzehnjährigen Andreas. Die Gefühle des Direktors Dr. Florian Überreiter sind zwiespältig: Einerseits attestiert er ihm das »Zeug zum Literaten«. Andererseits schreibt er der Mutter verzweifelt über die häufigen Schlägereien: »Einen zweiten Baader könnte meine Schule nicht tragen.« Zu Hause aber »habe ein sehr herzliches Verhältnis bestanden«, betont die Mutter – auch wenn er hier »immer seinen Willen durchgesetzt« habe. Nach eineinhalb Jahren ist

Schluss bei Dr. Überreiter: Weil Andreas permanent stört und seine Leistungen mangelhaft bleiben, muss er im Februar 1961 die Schule verlassen. Er ist fast achtzehn.

Dem Privatgymnasium folgt eine private Kunstschule in München: Vier Semester ist er an der Von-Parish-Schule für freie und angewandte Kunst eingeschrieben. Dort beschäftigt er sich vor allem mit Malerei und Keramikarbeiten. In »ziemlich dilettantischer Weise«, wie seine Mutter enttäuscht feststellt. Sie unternimmt einen letzten Versuch: »Zwecks Erlangung der Reifeprüfung« finanziert sie ihm ein – wie sie sagt – »teures Aufbauinternat« in München-Schwabing. Aber auch hier bringt er »die Lehrer zum Wahnsinn«, muss die Mutter entsetzt feststellen. Schon nach drei Monaten fliegt er. Entnervt gibt die Mutter ihren »Wunsch nach einem ordentlichen Schulabschluss meines Sohnes« auf.

»Andreas war immer ein Gerechtigkeitsfanatiker«, charakterisiert die Mutter ihren Sohn, der stets an die Richtigkeit seiner gewonnenen »Überzeugungen« geglaubt habe: »Auf jeden Fall war er ein Junge, der sich nie so schnell angepasst hat, der immer gefragt hat, der immer nachdenklich war«.

Mit achtzehn – 1961 – stürzt sich Andreas Baader in das Schwabinger Nachtleben. Eine illustre Mischung aus Künstlern und Schickeria. Aber auch aus Halb- und Unterwelt. Abends und nachts hockt er an den Tischen in den Cafés um die Leopoldstraße herum. Schwadroniert über ein Leben als Schriftsteller, das er vor sich habe. Er fällt vielen auf: Ein Schönling mit dunklem Teint – er könnte auch Italiener oder Südfranzose sein.

Er verfügt über blendenden Charme. Ist ebenso intelligent wie faul. Viele Frauen und Männer können ihm nicht widerstehen, verlieben sich in ihn. Oft bedenkt er sie mit beißendem Spott. Er hat keine Hemmungen. Und lebt in den Tag hinein.

Vor seiner Haustür kommt es im Juni 1962 zu den »Schwabinger Krawallen«.[4] Alles begann mit zwei Gitarrenspielern: Polizisten wollen die beiden fröhlich klampfenden Musiker festnehmen – wegen »ruhestörenden Lärms«. Doch die beiden wollen nicht mit auf die Wache. Passanten eilen ihnen zu Hilfe. Zunächst einzeln. Dann in Scharen. Der Autoverkehr kommt zum Erliegen. Die Polizei fordert die Menge auf, auseinander zu gehen. Doch die weicht keinen Deut. Erst setzen die Polizisten Schlagstöcke ein. Dann preschen sie auf Pferden in die Menschenmassen. Kein Hauch mehr von der viel gepriesenen »Münchner Gemütlichkeit«. Die gewalttätigen Auseinandersetzungen dauern mehrere Tage.

Ein Schockerlebnis für den Neunzehnjährigen, wie die Mutter berichtet: »Danach kam er nach Hause und sagte zu mir: ›Weißt du, Mutter, in einem Staat, wo Polizei mit Gummiknüppeln gegen singende junge Leute vorgeht, da ist etwas nicht in Ordnung!‹«

Ein Jahr später verlässt Andreas Baader München und zieht nach Berlin. Mit zwanzig. Im Herbst 1963. Zusammen mit seinem Vetter Peter. Dem Sohn von Elfriede, der Schwester seiner Mutter. Westberlin damals: ein magischer Anziehungspunkt für junge Männer. Eine in Deutschland einzigartige Stadt. Zum einen, weil dort keine Wehrpflicht besteht. So muss Andreas nicht zur Bundeswehr. Zum anderen kann man dort jede Menge erleben. Eine außergewöhnliche Atmosphäre: Es gibt keine Sperrstunde in den Kneipen. Immer ist irgendwo etwas los. Seit zwei Jahren steht die Mauer. 150 Kilometer Beton und Stacheldraht umgeben die einstige Reichshauptstadt. Viele Berliner ertragen die Insellage nicht lange und flüchten nach »Westdeutschland«. So gibt es – anders als in München – jede Menge großräumige Wohnungen. Peter beginnt an der Freien Universität, Germanistik zu studieren. Andreas lebt wieder in den Tag hinein.

Schnell ist er in der bunten Berliner Nachtszene zu Hause. Er zieht durch Künstler-, Jazz- und Beat-Kneipen, sitzt auch immer wieder im »Kleist-Casino«. Einer plüschigen Schwulenkneipe. In knallengen Hosen marschiert er durch die Nacht. In Seidenhemden und teuren italienischen Schuhen. Mit Lidschatten und falschen Wimpern unterstreicht er nicht selten seine »Sinnlichkeit«. Manche nennen ihn abfällig einen »parfümierten Dandy«.

»Als ich ihn 1964 traf, wollte er vor allem berühmt werden. Wie James Dean«, erinnert sich Daniel Schmid, damals Geschichtsstudent in Berlin, später einer der Regisseure des »Neuen deutschen Films«: »Ich mochte ihn nicht, er hatte so verkorkste Männlichkeitsrituale drauf. Und dann so etwas unangenehmes Vorstadt-Striezihaftes. Sein meckerndes Lachen.« Kurzum, das Auftreten eines »drittklassigen Zuhälters«.

Bei den langen nächtlichen Gesprächen Mitte der sechziger Jahre interessierte sich Baader nicht für Politik. »Ihn fesselte das ›wirkliche‹ Leben«, berichtet Peter Homann, der damals mit ihm an Wirtshaustischen hockte und für linke Blätter schrieb – »und das war zuallererst das eigene. Er prügelte sich gerne. Seine Angeberei ging so manchem schwer auf die Nerven. Der intelligente Schulabbrecher behauptete, schon im sechzehnten Lebensjahr als Hochbegabter Abitur gemacht und dann studiert zu haben und seitdem mit berühmten Philosophen zu disputieren.«

Später behauptet Andreas Baader, zum 1. April 1964 ein Volontariat beim Boulevardblatt *BZ* des Axel Springer Verlages begonnen zu haben.[5]

Wenige Wochen später hätte er wegen »politischer Meinungsverschiedenheiten ausscheiden« müssen. Der Axel Springer Verlag hält es für »mehr als unwahrscheinlich«[6], den späteren Bombenleger journalistisch ausgebildet zu haben. Tatsache ist, dass bei Springer nie eine gedruckte Zeile von Andreas Baader erschien – wenn auch Zehntausende Zeilen über ihn.

Überhaupt: der Journalismus, die Schriftstellerei. Die hatten es ihm angetan. In der Berliner Kneipenszene führte er sich als »kleiner Rimbaud« auf, berichtet Peter Homann: »Der sich Schriftsteller nannte, aber keine Zeile schrieb.« An den verräucherten Theken fabuliert Andreas Baader ungehemmt und munter drauflos. Einmal spricht er von seiner Mutter als »der Staatsanwältin« – in Wahrheit ist sie Schriftführerin beim Sozialgericht. Ein anderes Mal gibt er sich als »direkter Nachfahre des katholischen Philosophen Franz von Baader« aus. Ebenso Mumpitz.

Baader steht Modell für erotische Fotografien. Die Aufnahmen des Szene-Fotografen Herbert Tobias dokumentieren seine erotische Ausstrahlung auf Männer und auf Frauen.

Er probiert Drogen, kreuz und quer – und versucht sich 1966 auch als Dealer. Drogen aller Art sind gerade in Mode gekommen. Von Haschisch bis LSD. Märkte entstehen. Der Rausch-Vertrieb verspricht hohen Gewinn und Perspektiven. Um sich mit Stoff einzudecken, trifft sich Baader mit einem afroamerikanischen Großdealer – er hatte ihm zuvor Barzahlung versprochen. Wie verabredet, hat der Amerikaner den Stoff dabei. Baader versucht, ihm den Stoff »auf Pump« aus den Rippen zu leiern. Schnell werden dem Schwarzen Baaders Faxen zu bunt. Aus dem Hosenbund zieht er einen Revolver, drückt ihn Baader in den Magen. Dazu blickt er ihm tief in die Augen und säuselt den Satz aus dem Humphrey-Bogart-Film »The Big Sleep«: »Soll ich meinen kleinen Freund sprechen lassen – wie die Gangster im Kino?« Baader ist auf einmal ganz kleinlaut – und schwer beeindruckt. Schwer beeindruckt, weil er erlebt hat, wie eine Waffe mehr als tausend Worte sagen, jede Diskussion überflüssig machen kann. Jahre später schlägt er für eine Kampfschrift der RAF den Titel vor: »Die Knarre spricht«. Der Titel wird ein anderer.

Baader ist so etwas wie ein bunter Hund in der »Szene«. Alles andere als ein linker Student. Eher ein Zecher und Haudegen. Einer, der keinem Streit aus dem Wege geht – solange er glaubt, die Auseinandersetzung für sich entscheiden zu können.

Bei seinen Streifzügen durch die Berliner Lokale lernt er Anfang 1964 im »Kleist-Casino« ein Künstlerehepaar kennen, beide Maler: Manfred

*Andreas Baader mit zwanzig – fotografiert von Herbert Tobias (1924–1982): In den fünfziger Jahren war er Star-Fotograf der deutschen Mode, in den sechziger Jahren galt er als der »Schwulenfotograf« von Berlin*

und Ellinor Henkel. Manfred hat sich in den vergangenen Jahren in der Szene einen Namen gemacht. Ebenso – was pekuniär entscheidend ist – bei wohlbetuchten Kunstsammlern; er hat schon eine ganze Reihe Bilder verkauft. Er malt abstrakt und großflächig. Ellinor hingegen psychedelisch. Oftmals auch naiv, mit ungelenken Strichen. Ellinor, Kurzform von Elli-Leonore, ist ein rassiger Typ – mit dunklen Haaren und einer ausgesprochen sinnlichen Ausstrahlung. Vier Jahre älter als Andreas. Sie ist fünfundzwanzig, er einundzwanzig – seit wenigen Tagen. Die beiden verlieben sich. Im Mai 1964 zieht Baader bei dem Ehepaar und deren kleinem Sohn ein: in eine riesige Siebenzimmerwohnung in der Badenschen Straße 6. Vorderhaus. Vierte Etage. Direkt am Rathaus Schöneberg. Baader bekommt zwei Zimmer zur Straße hinaus.

Was sich dabei die beiden Männer und die Frau denken, lässt sich heute nicht mehr rekonstruieren. Insbesondere nicht, wieso Manfred Henkel den jungen Liebhaber seiner Frau in die Wohnung einziehen lässt.

Für Baader jedenfalls bringt der Einzug praktische Vorteile: Da er so gut wie kein eigenes Geld verdient, hält Ellinor ihn aus. Über Jahre. Und nicht nur das: Sie bügelt seine Hemden und schneidert ihm eng anliegende Hosen, die er gerne trägt. Nachts ziehen die beiden vergnügt durch die Kneipen. Zu Hause hören sie zusammen Schallplatten. Von den Rolling Stones – »You can make it if you try«. Von The Who – »My Generation«. Und auch von den Beatles – »We can work it out«. Baaders Vorstellungen in »beruflicher und auch später in politischer Hinsicht« wirken auf Ellinor, wie sie sagt, »naiv und kindlich«. Kompensiert wird dies durch Baaders wunderschöne blaue Augen, seine ungeheure Präsenz und seinen magischen Sex-Appeal.

Andreas Baader zeugt ihr ein Kind. Am 17. März 1965 kommt Suse auf die Welt. Gemeinsam warten Manfred Henkel und Andreas Baader rauchend vor dem Krankenhaus auf die Niederkunft.

Eines ignoriert Baader in Berlin und auch sonst durchgängig: die Straßenverkehrsordnung. Er ist Autonarr. Zeit seines Lebens. Regelmäßig setzt er sich ans Steuer – ohne jemals eine Fahrerlaubnis zu besitzen. Mit einundzwanzig wird er das erste Mal erwischt: ohne Führerschein, mit einem verfälschten Kennzeichen und ohne Haftpflichtversicherung. Dafür verurteilt ihn im Juni 1964 das Amtsgericht Berlin-Tiergarten (411 Cs 110/64) zu 300 Mark Geldstrafe. Ein Jahr danach schon wieder die gleiche Geschichte: 250 Mark Geldstrafe hat er dieses Mal zu zahlen (Amtsgericht Tiergarten, 292 Cs 411/64).

Keine zwei Monate später, am 13. September 1965, muss der Zweiundzwanzigjährige schon wieder beim Strafrichter im Amtsgericht Tiergarten (292 Ds 50/65) antreten. Diese Mal wurde Baader nicht ohne Führerschein erwischt. Sondern mit einem »frisierten«. Sprich: gefälschten.

»Für neunzig Mark habe ich den Schein in einem Lokal am Kurfürstendamm gekauft«, erzählt Baader Amtsgerichtsrat Petzsche – von einem Hehler, der gestohlene Führerscheine verhökert. Das Foto des Bestohlenen im Führerschein wurde gegen Baaders ausgetauscht – und der Stempel auf dem eingeklebten Foto ganz einfach »durch Nachmalen vervollständigt«, wie der Richter erstaunt in den Akten festhält. In der Verhandlung gibt sich Baader konziliant. An seiner Seite sitzt ein junger Verteidiger, der seit zwei Jahren seine Anwaltszulassung hat. Er heißt Otto Schily.

Amtsgerichtsrat Petzsche attestiert Baader, dass er »in vollem Umfang geständig gewesen ist und das Verwerfliche seines Handelns in vollem Umfange einsieht und bereut«. Dies müsse strafmildernd berücksichtigt werden, befindet der Jurist. Strafschärfend hingegen, dass Baader nun schon das dritte Mal innerhalb von fünfzehn Monaten wegen Fahrens ohne Fahrerlaubnis auf der Anklagebank sitzt. Angesichts der »einschlägigen Vorstrafen« käme dieses Mal keine Geldstrafe mehr in Betracht, entscheidet der Amtsgerichtsrat. Sondern nur eine Freiheitsstrafe. Wegen »Urkundenfälschung« und »Fahrens ohne Fahrerlaubnis« verurteilt er ihn zu drei Monaten Gefängnis. Aber zur Bewährung – mit der Begründung: »Da der Angeklagte noch sehr jung ist und durch den frühen Verlust seines Vaters im Zeitpunkt seiner wesentlichen Entwicklung ohne festen Halt war und auf Grund seiner Erziehung noch auf eine günstige zukünftige Entwicklung hoffen lässt, hat das Gericht von der Möglichkeit der Strafaussetzung zur Bewährung Gebrauch gemacht.«

Zu einem Wendepunkt im Leben des Andreas Baader wird der 2. Juni 1967 – wie bei vielen anderen seiner Generation auch: der Tag, an dem ein Polizist den Studenten Benno Ohnesorg erschoss.[7] Erst von da an, so berichtet seine damalige Lebensgefährtin Ellinor, begann Andreas Baader, »sich politisch zu interessieren und aktiv an Demonstrationen der linken Gruppen zu beteiligen«.

An diesem 2. Juni ist Baader allerdings nicht in Berlin, sondern sitzt in einem bayerischen Gefängnis. Das Amtsgericht Traunstein hatte ihn am 10. Mai 1967 zu zwei Monaten und zwei Wochen Gefängnis verurteilt. Dieses Mal aber ohne Bewährung – weil er schon wieder zweimal ohne Führerschein am Steuer von der Polizei erwischt worden war.

Ende Juli 1967 kommt Andreas Baader zurück nach Berlin. Vieles hat sich verändert: Alle reden auf einmal von Politik. Viele von »kapitalistischen Zwängen« und vom »Polizeistaat«. Der Tod Benno Ohnesorgs hat die Studenten erschüttert, steckt ihnen tief in den Knochen. An der Spitze der Bewegung steht die Kommune I – jedenfalls nach dem, was die Zeitungen schreiben. Und genau dort zieht es Baader hin – nach seiner Rückkehr in die Frontstadt. Zum Stuttgarter Platz, in die Kaiser-Friedrich-Straße 54a. Dritter Stock. Sechseinhalb Zimmer. Auf dem Klingelschild der Kommunarden steht »Der Präsident des Abgeordnetenhauses von Berlin«.

Als Baader dort das erste Mal das Treppenhaus hinaufsteigt, vorbeigeht an den abgewetzten Sesseln und dem Mao-Poster im Flur des dritten Stocks, besteht die K I schon seit über einem halben Jahr. Am Neujahrsmorgen 1967 – kurz vor sechs und nach langen Diskussionen – hatten Dieter Kunzelmann, Fritz Teufel, drei andere Männer und drei Frauen die Kommune I gegründet. Rainer Langhans stößt erst im April 1968 dazu. Worum es den acht geht, schreibt der dreiundzwanzigjährige Mitinitiator Fritz Teufel kurz und bündig seinen Eltern in Ludwigsburg: Jetzt sei er in einem »politischen Praktikum, außerhalb der bestehenden politischen Parteien«, dem »Experiment mit der Kommune, zusammenleben, zusammen wirtschaften ... mal sehen, was daraus wird«.

Die Kommunarden hecken jede Menge »provokante Aktionen« aus. Die Zeitungen berichten nur mit großen Schlagzeilen. Zum Beispiel über ihren Auftritt bei der ersten genehmigten Demonstration nach dem Tod Benno Ohnesorgs. Die Auflagen des Senats sind streng: Auf fünfzig Demonstranten müssen die Veranstalter einen Ordner stellen.

Aus Protest gegen diese Auflage ziehen am 13. Juni 1967 fünftausend Studenten durch die Straßen: In dem langen Zug marschiert jeweils mutterseelenallein ein einzelner Student mit einem großen Schild »Demonstrant«. Gefolgt von fünfzig »Ordnern« – ebenso unübersehbar zu erkennen an großen Schildern »Ordner« und Armbinden. Dem grotesken Zug voran schreiten die Kommunarden »in altkatholischer Tradition« unter einem Baldachin: Alle haben sich in weiße Büßergewänder gehüllt. Einer trägt demutsvoll ein Plakat vorneweg: »Radikalinskis aller Länder, tut Buße!« Die Weißgewandeten schreien lauthals um Vergebung: »Wir wollen Buße tun!« Einige geißeln sich mit ihren Kordeln. Kommunarden werfen sich auf den Boden. Immer und immer wieder. Dabei heulen sie laut auf, rufen: »Wir wollen nie mehr einen Polizisten erstechen«, »Wir wollen nie mehr Tomaten werfen« und: »Wir wollen auch nie wieder ein Kaufhaus anzünden«.

Die Medien machen die Kommunarden zu so etwas wie den »Popstars« der Jugendrevolte. Die pflegen die Kultur des permanenten »Happenings«. Ihre Devise, wenn Journalisten kommen – der Satz steht für die »Berichterstatter« auch groß an die Wand im Flur geschrieben, nur höchstvorsorglich für den Fall, dass es jemand noch nicht geschnallt haben sollte: »Erst blechen, dann sprechen.« So kennt sie jeder in der Republik. Landauf. Landab.

Und »Medienstar«! Das ist genau das, was auch Andreas Baader gerne wäre. Ein Star. Ein Anführer: Hat er nicht schon lang genug in langen

*»Staatsbegräbnis« am 7. August 1967: K-I-Sargträger Andreas Baader*

*»Freiheit für Teufel« – Dieter Kunzelmann: Ansprache aus dem Sarg*

*Baader (rechts im Bild) bei den Teufel-Freilassungs-feierlichkeiten*

Wirtshausnächten darüber schwadroniert, eines Tages ganz groß herauszukommen? So ist er ab August 1967 steter Gast in der K 1.

Schon nach wenigen Tagen ist er bei einer K-I-Aktion dabei: Beim Staatsbegräbnis des ehemaligen Reichstagspräsidenten Paul Löbe am 9. August 1967 in Berlin. Den Kommunarden geht es um ihren »geliebten« Fritz Teufel: Wieder einmal sitzt er in Untersuchungshaft. Ein Stein – mit ihm soll der Teufel, so der Staatsanwalt, einen Polizisten getroffen haben. Teufel bestreitet dies. Gesteht aber im *Berliner Extra-dienst*: »Hiermit gebe ich zu, dass ich ein Element bin, ein radikales« und mit der U-Haft »als Bartträger übrigens rechnen musste«. Traurig bekundet er – im Hinblick auf alles: »Still schäm' ich mich in meiner Zelle, Fritz Teufel, Ausgeburt der Hölle.«

K-I-Mitglieder und Freunde mischen sich unter die Trauergäste. Sie haben ihren eigenen Sarg mitgebracht – getragen unter anderen von Andreas Baader und Gudrun Ensslin. Urplötzlich fliegt der Sargdeckel auf. Dieter Kunzelmann schießt hoch, steht im weißen Leichenhemd kerzengerade im Holzsarg. Über den Köpfen der Trauergäste. Verdutzt blicken sie zu ihm hinauf. Mit lauter Stimme fordert der dem Sarg Entsprungene »Freiheit für Teufel« und schleudert Flugblätter in die Menge. Sodann proklamiert er die »richtigen Leichen« der Stadt: »Der Regierende Bürgermeister Heinrich Albertz, Polizeipräsident Erich Duensing, der Senat, die Polizei, die Justiz und …« Die Polizei nimmt Kunzelmann fest.

Am nächsten Tag wird Fritz Teufel tatsächlich aus der Untersuchungshaft entlassen – unter Auflagen. »Ich werde den Auflagen unter Protest nachkommen«, erklärt Teufel gegenüber Journalisten. Er macht eine Pause – und fügt hinzu: »Falls mir nichts Besseres einfällt.« Umgehend organisieren die Kommunarden ein Happening für den kommenden Sonnabend. Motto: »Man muss den Teufel feiern, solange er frei ist.« Am 12. August 1967 ist Party: Über zweihundert Teufel-Freunde tanzen, jubeln, singen und trinken ausgelassen auf dem Kurfürstendamm. Blumen und Konfetti fliegen in die Luft. Rotwein ohne Ende. Mittendrin tanzt Andreas Baader vergnügt neben Rainer Langhans.

Bald darauf posieren die beiden für einen Fotografen: Sie tragen fast

*»Man muss den Teufel feiern, solange er frei ist«: Baader tanzt mit Rainer Langhans (in Frauenkleidern)*

nichts – Baader einen geöffneten langen schwarzen Ledermantel und Teufel einen über die Schulter geworfenen Schal. Die Hände halten sie – mit schüchtern nach unten gewendetem Blick – über ihre »besten Stücke«.

Baader aber bleibt Fußvolk bei der K I. Weiter kommt er nicht. Er ist einer von vielen – von vielen Sympathisanten, die dort ein und aus gehen. Mitmachen darf er. Den Ton angeben aber nicht. Die Kommunarden behandeln den abgebrochenen Oberschüler wie einen »Nobody«. Zum einen, weil sie zu eitel sind, um ihn auf die von ihnen errichtete Bühne zu lassen. Zum anderen stößt Andreas Baader zu den »Göttern« der K I deswegen nicht vor, weil er nicht deren Talent hat: Ihm fehlt das treffsichere Gespür der Kommune-Stars, Pointen wohlplatziert zu setzen. Er besitzt weder deren hintergründigen Witz noch deren analytische Fähigkeiten. Er gewinnt keinen Einfluss in der K I, sie aber auf ihn. Fortan will auch er »Aktionen« und sich einen Namen in der Szene machen.

So taucht Andreas Baader ab August 1967 auch in anderen Politzirkeln regelmäßig auf: im SDS, im Republikanischen Club und in der Freien Universität. Dort fällt er auf – vielen unangenehm: Redner unterbricht er hemmungslos. Mault dazwischen: »Intellektuelles Geschwätz« und »Schwätzer«. »Endlich Aktionen«, fordert er lautstark.

Im August sitzt er in einer Runde von Aktivisten, die über die nächs-

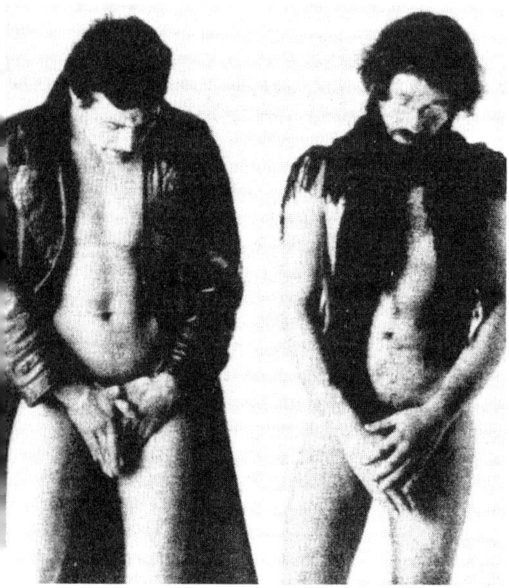

*Baader und Teufel – »Nobody« und »Star«*

te Aktion beraten: Als Ziel wird die Kaiser-Wilhelm-Gedächtniskirche auserkoren. Eines der Berliner Wahrzeichen. Jemand macht den Vorschlag: »Vom Turm der Kirche lassen wir ein riesengroßes Plakat herunter: ›Enteignet Springer!‹« – »Dann schon lieber Rauchbomben im Turm zünden«, ruft ein anderer. Da ergreift Andreas Baader das Wort: »Wir sollten gleich den ganzen Turm in die Luft sprengen«, fordert er – und meint es ernst. Die anderen schütteln die Köpfe. Einige sind entsetzt. Das geht ihnen zu weit. In Sachen Radikalität ist er allen voraus.

Unablässig und an vielen Orten fordert der Vierundzwanzigjährige in diesen Monaten »Aktionen, Aktionen, Aktionen«. Mit den theoretischen Diskussionen der Studentenbewegung hat er nichts am Hut. Ihm geht es um die Rebellion – wie auch immer geartet. Nicht die Theorie hat ihn in diese Kreise getrieben. Sondern seine antibürgerliche Lebenseinstellung und der Wunsch, eine bedeutende Rolle zu übernehmen.

Auch privat hat sich bei Andreas Baader seit der Haftentlassung einiges geändert. Kurz nach seiner Rückkehr nach Berlin ist Ellinors Mann Manfred aus der gemeinsamen Wohnung ausgezogen. Die Dreiergemeinschaft ist gescheitert. Endgültig. Manfred Henkel schleppt seine Bilder auf den Kurfürstendamm. Von zahlreichen Schaulustigen umringt, steckt er sie in Brand und ruft den Titel des eigenwilligen »Happenings«: »Der Maler schmeißt den Pinsel weg und macht Kommune«. Sein Abschied von Frau, Freunden, Kindern und Malerei. Später arbeitet er als Maurer.

Baaders politische Phrasen gehen Ellinor auf die Nerven. Sie kann mit ihnen nichts anfangen. Und Baader auch nicht mehr viel mit ihr.

Kurz nach seiner Rückkehr aus dem Gefängnis hat er Gudrun Ensslin kennen gelernt, Anfang August 1967. Gudrun ist Germanistik-Doktorandin. Von vielen wird sie wegen ihres scharfen Intellekts bewundert.

Sie ist begeistert von Andreas, der nicht lange herumschwafeln, sondern gleich zur Tat schreiten will. Und Andreas ist froh darüber, dass er mit Gudrun – anders als mit der Künstlerin Ellinor – darüber reden kann, was zu tun ist, um die Protestbewegung voranzubringen, radikaler zu gestalten. Die beiden ziehen an einem Strang.

So geht die Beziehung zwischen Andreas Baader und Ellinor Henkel in die Brüche. Nicht von heute auf morgen, sondern nach einer Reihe von Auseinandersetzungen. Den Schlussstrich zieht sie am 20. März 1968. Es ist der Tag, an dem das Pärchen Baader/Ensslin mit Thorwald Proll nach München abfährt.

Zwei Wochen später, nach Baaders Verhaftung in Frankfurt, klingeln Berliner Kripobeamte an der Wohnungstür in der Badenschen Straße 6. Andreas und Ellinor sind hier polizeilich gemeldet. Niemand öffnet. Die Tochter der Hauseigentümerin schließt den Beamten auf. Die Zimmer sind weitgehend ausgeräumt: »Die Wohnräume befanden sich in einem verwahrlosten Zustand und enthielten wenig Mobiliar«, protokolliert Kriminalobermeister Oheim. Auch Ellinor hat sich abgesetzt. Zwei Kripobeamte fahren zu ihrer neuen Adresse in der Olympischen Straße in Westend: Dort erklärt sie den Beamten, die Wohnung in Schöneberg hätte sie verlassen, weil »ich nicht noch einmal mit Andreas Baader zusammentreffen will, da ich mich vor ihm fürchte«.

## Gudrun Ensslin

Gudrun Ensslin ist drei Jahre älter als ihr Freund Andreas Baader. Siebenundzwanzig – als sie am 5. April 1968 in die Untersuchungshaftanstalt für Frauen in Frankfurt-Preungesheim eingeliefert wird.

Ihr Gesicht ist auffallend schmal. Die blauen Augen wirken eingefallen. Ihr Blick ist hohl. Maskenhaft starr. Er drückt eine kompromisslose Entschlossenheit aus. Die langen hellblonden Haare fallen ihr zottelig-strähnig tief ins Gesicht und über die Schultern. Sie ist dünn wie ein Strich und 1,70 Meter groß. Studentin im sechzehnten Semester – eingeschrieben für Germanistik und im Nebenfach Anglistik an der Freien Universität Berlin.

Anders als Andreas Baader, der sich von Kindesbeinen an als Rabauke und Rebell gebärdet hat, war sie bis vor vier Jahren ein »braves Mädchen«, entwickelte sich ganz nach den Vorstellungen ihrer Eltern. Bis zum Alter von dreiundzwanzig. Wohlbehütet wuchs sie auf.

Zwei Tage nach dem Beginn der deutschen Luftoffensive gegen Großbritannien kam Gudrun auf die Welt. Am 15. August 1940. In Bartholo-

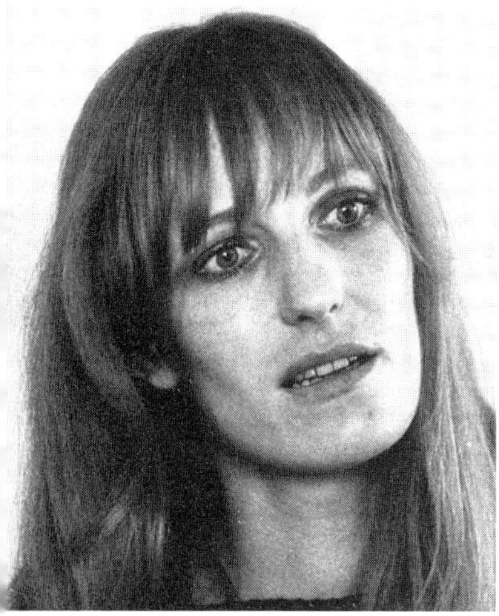

*Gudrun Ensslin (1968)*

mä, einem kleinen Ort am Ostrand der schwäbischen Alb. Rund achtzig Kilometer östlich von Stuttgart. Dort ist ihr Vater Helmut evangelischer Landpfarrer. Und so wächst Gudrun – viertes von sieben Kindern – in einer puritanisch-liberalen württembergischen Pfarrersfamilie auf. Vergnügt tollt sie im Garten des zweihundert Jahre alten Pfarrhauses unter den Bäumen mit ihren Geschwistern herum. Abends versammeln sich die Kinder zum »heiteren Singen« im Wohnzimmer. Die Eltern erziehen ihre Kinder liebevoll. Ohne großen Druck. Dabei vermitteln sie ihnen auch, wie die Mutter berichtet, dass nach ihrem Verständnis zu einem »guten Christen auch politisches und soziales Handeln gehört«.

Gudrun ist ein »liebes und harmonisches Kind«, erinnert sich ihre Mutter Ilse: für alles »sehr aufgeschlossen und künstlerisch begabt«. Besonders gern malt die Kleine – wie ihr Vater. Dessen Staffelei hat einen festen Platz in seinem Arbeitszimmer. Farbtöpfe stehen auf dem Boden. Es riecht nach Terpentin.

Die Grundschule macht Gudrun mit links. 1950 wechselt sie auf das Gymnasium in Tuttlingen – ihr Vater hat in dem Dreißigtausend-Einwohner-Ort eine Pfarrstelle übernommen. Die Lehrer halten Gudrun für »begabt«. Geprägt durch ihr Elternhaus, engagiert sie sich schon früh in der Kirche, wird Gruppenführerin beim Evangelischen Mädchenwerk: Gern ist sie Vorbild für andere. So wird sie Gemeindehelferin, leitet die Bibelarbeit. *Johanna Kahn*, eine Freundin von ihr in diesen Tagen, rühmt ihre »Einsatzfreude« sowie ihr »kirchliches und soziales Engagement«. »Gudrun war ein Mädchen, das durch seine Schönheit anzog«, erinnert sich Herbert Kreiner, damals Leiter der Evangelischen Jungschar in Tuttlingen: »Obwohl sie immer von jungen Männern umlagert war, hat sie nie etwas Unsauberes getan.«

Mit achtzehn, im Sommer 1958, geht sie als Austauschschülerin für ein Jahr in die Vereinigten Staaten – »Internationaler christlicher Jugendaustausch«. Schnell fügt sie sich in die »Warren High School« und die Methodistengemeinde in Warren, Pennsylvania, ein. Auch dort begeistert sie durch ihr soziales Engagement. Den Amerikanern bleibt sie in Erinnerung: als klug, weltoffen und hübsch. Nach ihrer Rückkehr mokiert sie sich allerdings darüber, dass in Pennsylvania die Gottesdienste den Flair von Modenschauen gehabt hätten: Sie erlebte die Amerikaner aufgedonnert, im feinen Zwirn und mit Schmuck behängt. Völlig anders als in der puritanischen Welt, aus der sie kommt. Ebenso verwundert spricht sie von der »erschreckenden politischen Naivität« der Amerikaner in der Eisenhower-Ära.

Wieder in Deutschland, zieht sie nach Stuttgart. Ihr Vater ist dort während ihres Amerikaaufenthaltes Oberpfarrer in der Luthergemeinde in Bad Cannstatt geworden. Ein Jahr später, im März 1960, macht sie im Königin-Katharina-Stift das Abitur. Mit der Durchschnittsnote »gut« und zwanzig Jahren.

*Gudrun Ensslin beim Mädchenwerk*

Gleich anschließend beginnt sie in Tübingen zu studieren. Zum Sommersemester 1960 schreibt sie sich für Germanistik, Anglistik und Philosophie ein. Ihr Philosophikum besteht sie mit einer Arbeit über Schopenhauer. Sie lernt Altgriechisch. Und so deutet damals, Anfang der sechziger Jahre, alles darauf hin, dass aus ihr eine »brave« Bildungsbürgerin wird. »Die Bibelrüste des Evangelischen Mädchenwerkes« lag »bis zum zweiundzwanzigsten Lebensjahr« auf Gudruns Nachttisch, erinnert sich ihre Mutter.

Um Männer kümmert sie sich nicht weiter, ist mit keinem intim. Bis sie »ihn« kennen lernt – im Tübinger Audimax im Februar 1962 beim großen Freitagabend-Kolloquium über neuere und neueste Literatur bei Professor Walter Jens: Bernward Vesper, Sohn des NS-Dichters Will Vesper. Er ist zwei Jahre älter und fast einen Kopf größer, trägt eine Cäsar-Frisur mit einem akkurat geschnittenen Pony auf der Stirn: So wie es in den frühen sechziger Jahren viele Intellektuelle tun. Bernward Vesper hat den Habitus des »Sohns aus gutem Haus«: Er ist von ausgesuchter, teilweise übertriebener Höflichkeit, fährt ein VW-Cabrio, gibt sich abgeklärt und als Existenzialist. Oft trägt er einen schwarzen Rollkragenpullover.

Wenige Wochen später, im Frühjahr 1962, werden die beiden ein Paar. Gerade sind sie ein halbes Jahr zusammen, da kommt es für Gudrun – wie sie später berichtet – zu ihrem ersten einschneidenden politischen Erlebnis: der »*Spiegel*-Affäre«. In dem Artikel »Bedingt abwehrbereit« im *Spiegel* vom 10. Oktober 1962 schildert Conrad Ahlers[8] Versäumnisse bei der jungen Bundeswehr – in Sachen Strategie, Taktik und Bewaffnung. Kein Ruhmesblatt für den ehrgeizigen Bundesverteidigungsminister Franz Josef Strauß, der aus der im Aufbau befindlichen Truppe eine schlagkräftige Armee machen möchte.

Die Bundesanwaltschaft wittert »Geheimnisverrat«. Beamte der Sicherungsgruppe Bonn durchsuchen unter Leitung von Bundesanwalt Siegfried Buback die *Spiegel*-Redaktion in Hamburg. Mehrere Mitarbeiter des Nachrichtenmagazins landen in der Hamburger Untersuchungshaftanstalt am Holstenglacis. Auch Chefredakteur Rudolf Augstein – erst nach über drei Monaten darf er die Haftanstalt verlassen, am 7. Februar 1963.

Viele Bundesbürger sind über das Vorgehen der Ermittler empört. Sie gehen davon aus, dass Verteidigungsminister Strauß die Polizeiaktion eingefädelt hat, um kritische Berichterstatter mundtot zu machen. Viele protestieren auf der Straße: *Der Spiegel* ist damals – neben dem Bundesverfassungsgericht – eine Art »Oppositionsersatz«. Seit dreizehn Jahren wird die Republik von der CDU regiert. Die SPD hat im Bundestag nicht viel zu vermelden. »Damals spürten wir zum ersten Mal die Ohnmacht derjenigen, die dem politischen Machtapparat ausgeliefert sind«, fasst Bernward Vesper später die Quintessenz seiner zahlreichen Gespräche mit Gudrun Ende 1962, Anfang 1963 über die »*Spiegel*-Affäre« zusammen: »Wir hatten Angst.« Gudrun und Bernward werden erklärte Gegner der Adenauer-Regierung.

Bernward Vesper grübelt viel vor sich hin, ist lebensscheu und introvertiert. Er hadert mit der Rolle, die er seinem starken Vater im eigenen Leben einräumt – vor allem wegen dessen geistigen Erbes. Soll er seinen alten Herrn in Grund und Boden verdammen oder akzeptieren? Im Dritten Reich hat sich Will Vesper als Herausgeber der Zeitschrift *Die neue Literatur* einen tiefbraunen Ruf erworben. Vor allem auch als des »Führers Poet«: Unzählige kitschige Lobpreisungen und triefende Huldigungen in Versform verfasste er auf Adolf Hitler, wie zum Beispiel im April 1939. »Dem Führer zum 50. Geburtstag« dichtete er:

»Sechs Jahre nur – und dem Wunder gleich
stieg aus dem Schutte das neue Reich,
ein Reich des Friedens, ein Reich in Waffen,
von einem gewollt und von einem geschaffen,
eine Burg der Kraft in der Mitte der Welt
auf einen guten Grund gestellt,
auf eines Volkes Vertrauen und Mut,
auf reinen Willen und reines Blut.«

Unter derartigen Gedichten leidet der Vierundzwanzigjährige in der neuen Zeit. Er ringt mit sich, welchen Lebensweg er beschreiten soll. Entweder als Verleger, am besten als Nachlassverwalter seines Vaters, mit den Werken, in denen Will nicht dem Führer gehuldigt hat? Oder aber gar selbst als Literat? Nur in einem Punkt ist er sich sicher: Groß herauskommen möchte er. Auf jeden Fall. Bernward verfolgt beide Ideen – Gudrun Ensslin wird seine Sekretärin: Hunderte Briefe Vespers aus dieser Zeit tragen ihr Diktatzeichen »Ens.«.

*Studentin Gudrun Ensslin (1963)*

Es stellt sich heraus, dass auch Will Vespers Werke ohne NS-Lobpreisungen nicht mehr gefragt sind. So gründen die beiden Studenten einen eigenen Kleinverlag mit dem perspektivischen Titel in radikaler Kleinschreibung »studio neue literatur«. Die erste Publikation heißt – im Jahr 1964 – »Gegen den Tod. Stimmen deutscher Schriftsteller gegen die Atombombe« – »herausgegeben von Gudrun Ensslin und Bernward Vesper«. Gudrun hat die Redaktion für den Einhundertneunzig-Seiten-Band übernommen, Bernward das Vorwort geschrieben: Eine Sammlung von einundvierzig Artikeln namhafter Autoren: Heinrich Böll, Bert Brecht, Walter Jens, Erich Fried, Anna Seghers, Arnold Zweig und Gabriele Wohmann. Zu dem Thema, das damals viele kritische junge Menschen bewegt. So wie Gudrun und Bernward. Schon die Titel der einzelnen Abschnitte, die die beiden formulieren, zeigen, wie sehr das Thema »Atomtod« Gudrun und Bernward besorgt: »Es wird nicht lange dauern«, »Das vorgesehene Verrecken«, »Der Christ im Atomzeitalter« und »Wettlauf mit dem Tode«.

Das Studium in Tübingen bricht Gudrun Ensslin nach sechs Semestern ab, 1963. Stattdessen macht sie einen »Schnelldurchlauf zur Lehrerin« an der Pädagogischen Hochschule in Schwäbisch-Gmünd. Ein Jahr später, im April 1964, besteht sie dort die »erste Dienstprüfung für das Lehramt an Volksschulen«. Gesamtnote: »befriedigend«. In Soziologie und Philosophie bekommt sie die Note »gut«. Nur ein »ausreichend« hingegen schafft sie bei der »Lehrfähigkeit« – entscheidend für den Unterricht an der Kinder-Front. Lehrerin möchte sie nicht mehr werden. Auf einmal packt sie der Ehrgeiz: Als Berufsziel hat sie jetzt die »Arbeit in einem Verlag« vor Augen. Dafür möchte sie den Doktor machen. Das, was sie in dem kleinen Verlag und bei Bernward in Sachen Verlagsarbeit kennen gelernt hat, macht ihr Spaß. Im zweiten Anlauf erhält sie ein Stipendium der Studienstiftung des Deutschen Volkes, der staatlichen Förderung für Hochbegabte. In den Stellungnahmen der Gutachter im Zulassungsverfahren werden lobend ihre »Intelligenz« und »Persönlichkeit« hervorgehoben.

1964 – im Alter von vierundzwanzig – zieht sie zusammen mit Bernward nach Berlin. In Kreuzberg richten sich die beiden eine Parterrewohnung in der Cuvrystraße 49 ein. Bernward ist ebenfalls Stipendiat der Studienstiftung des Deutschen Volkes. Auch ein Hochbegabter. Beide immatrikulieren sich an der Freien Universität. Gudrun im Hauptfach für Germanistik und im Nebenfach für Anglistik. Bernward für Germanistik.

Ostern 1965 sind Gudrun und Bernward seit drei Jahren ein Paar: Sie verloben sich im Kursaal von Bad Cannstadt, um – wie sie Freunden sagen – den Familien eine »Konzession« zu machen. Von Heirat spricht keiner der beiden.

Mitte der sechziger Jahre ist Gudrun Ensslin »eine etwas verträumte Germanistikstudentin mit Hang zum okkulten Kitsch«, erinnert sich ihr Weggefährte Peter Homann. Sie träumte »vom Paradies auf Erden«. Einem »Himmelreich«, wie sie es selbst nennt.

Im Bundestagswahlkampf 1965 engagieren sich Gudrun und Bernward für die SPD, als Wahlkampfhelfer. Sie arbeiten im »Wahlkontor deutscher Schriftsteller«, einer von Günter Grass mit ins Leben gerufenen SPD-Unterstützungsinitiative. Dort leisten Autoren, ein rundes Dutzend, »Formulierungshilfe« für Wahlkampfreden der Sozialdemokraten. So schreibt Bernward Vesper flammende Reden für die SPD-Kandidaten. Gudrun tippt die Manuskripte in Reinschrift und ordnet Zeitungsausschnitte. Pro Stunde bekommen sie zehn Mark. Politisches Engagement können sie mit Geldverdienen verbinden. Ihre große Hoffnung dabei: dass die CDU, die seit sechszehn Jahren am Rhein regiert, seit Bestehen der Republik, von der SPD abgelöst wird.

Doch ihre Hoffnung erfüllt sich nicht. Bei der Wahl am 19. September 1965 kommt die SPD auf 39 Prozent der Stimmen. Die CDU/CSU gewinnt mit 47 Prozent und regiert mit der FDP weiter. Gudrun und Bernward fühlen sich als Verlierer. Als im nächsten Jahr CDU und SPD die große Koalition eingehen, fühlen sie sich als Betrogene.

Die Beziehung zwischen Gudrun Ensslin und Bernward Vesper verschlechtert sich: Er schwadroniert von Großprojekten, die er alle auf die Beine stellen könnte. Doch tatsächlich ist er nicht einmal in der Lage, die einfachsten Dinge für den Kleinverlag auf die Reihe zu bekommen. Von seiner einst geplanten Dissertation spricht er schon lange nicht mehr. Er hängt dem wunderbaren »Traum von einem Manuskript« nach. Lebt von Drogenrausch zu Drogenrausch. Bernward wird zunehmend verstörter und nervöser. Schweißausbrüche plagen ihn. Im Laufe der Zeit ist Gudrun die Stärkere geworden. Sie sagt, wo es langgeht. Bernward versucht sich mit anderen Frauen darüber hinwegzutrösten, was die Beziehung weiter in eine Krise treibt.

Trotz alledem wird Gudrun im Herbst 1966 von Bernward schwanger. Ein »Wunschkind«, wie sie Freunden erzählt. Die wundern sich über dieses Wort – angesichts des brüchigen Verhältnisses.

Die beiden suchen eine größere Wohnung und finden sie: in Berlin-Charlottenburg, Fritschestraße 17 – einer Seitenstraße der Bismarckstraße. Dreieinhalb Zimmer. Dritte Etage. Am 13. Mai 1967 kommt der Sohn auf die Welt. Sie nennt ihn Felix. Der »Glückliche«. Die Beziehung mit Bernward steht kurz vor dem Nullpunkt, auch wenn sie noch zusammenwohnen. Eigentlich ist sie schon zerbrochen. Seit zwei Monaten.

Während ihrer Schwangerschaft ist es zu einem weiteren politischen

*Das »Buchstaben-Ballett«: Rechts Gudrun Ensslin – mit Ausrufezeichen*

Bruch in ihrem Leben gekommen: Im Dezember 1966 hat sich die SPD – unter der Federführung von Willy Brandt – für die große Koalition entschieden. Enttäuscht wendet sich Gudrun Ensslin von der Partei ab. Wie viele andere junge Menschen auch. Jetzt bereitet sie Demonstrationen gegen die von der großen Koalition geplanten Notstandsgesetze vor, marschiert durch die Straßen. 1967 nimmt sie an den Ostermärschen teil und am Kampf um die Mitbestimmung an der FU. Sie schließt sich dem SDS an, ohne Mitglied zu werden. Erkennt die »Ohnmacht des Einzelnen, etwas Erkanntes zu verwirklichen«, berichtet ihr Vater, Pfarrer Helmut Ensslin.

Drei Wochen nach der Geburt von Felix wird Benno Ohnesorg erschossen. Betroffen, ratlos und teilweise gerade verprügelt sitzen an diesem Abend Studenten im SDS-Zentrum am Kurfürstendamm zusammen. Völlig aufgelöst kommt Gudrun Ensslin zur Tür hereingestürmt: »Sie werden uns alle umbringen«, schreit sie verzweifelt: »Ihr wisst doch, mit was für Schweinen wir es zu tun haben. Das ist die Generation von Auschwitz, mit der wir es zu tun haben. Man kann mit Leuten, die Auschwitz gemacht haben, nicht diskutieren. Die haben Waffen, und wir haben keine. Wir müssen uns auch bewaffnen.« Sie weint hemmungslos. »Mir ist sie in ihrer Unversöhnlichkeit damals wie ein Todesengel erschienen«, erinnert sich einer der Anwesenden, der SDS-Aktivist Tilmann Fichter.

Schon am nächsten Tag protestiert sie auf dem Ku'damm gegen den Regierenden Bürgermeister Heinrich Albertz. Der Senat hat nach den Todesschüssen des Kriminalobermeisters Kurras ein Demonstrationsverbot über die Stadt verhängt. Um das Verbot zu umgehen, hat sich Peter Homann – ein ehemaliger Kunststudent aus Hamburg und der spätere Lebensgefährte von Ulrike Meinhof – das so genannte »Buchstaben-Ballett« ausgedacht: Acht Studenten stehen auf dem Mittelstreifen kurz vor der Gedächtniskirche. Auf ein Kommando hin ziehen sie sich weiße T-Shirts über, jeder hat einen Buchstaben auf der Vorderseite. Zu lesen ist: »A-L-B-E-R-T-Z-!«. Gudrun steht rechts außen und trägt das Ausrufezeichen, einen Minirock und weiße Stiefel. Dann vertauschen die acht ihre Plätze. Einige drehen sich auch um. Jetzt ergeben die Buchstaben: »A-B-T-R-E-T-E-N«. Gudrun trägt das »N« auf ihrem Rücken. Der Straßenverkehr kommt zum Erliegen. Die acht werden verhaftet und abgeführt. Zahlreiche Zeitungen berichten über die Aktion mit Fotos. Ein voller Erfolg für die Ensemblemitglieder des »Buchstaben-Balletts« und ihren Choreographen.

Tagsüber, soweit ihr Felix Zeit lässt, arbeitet sie an ihrer Dissertation über Hans Henny Jahnn, den literarischen Propheten der Anti-Atom-Bewegung. Gudrun beteiligt sich an weiteren Protesten: Mitte Juli schiebt sie bei einer Demonstration gegen eine alliierte Militärschau auf dem Flughafen Tempelhof Felix im Kinderwagen vor sich her. An den Wagen hat sie ein großes Plakat geheftet: »Wenn ich groß bin, nehm ich mein MG immer mit. Im Köpfchen, Köpfchen.«

Zwei Wochen später treffen sich die Mitglieder des Buchstaben-Balletts und einige Freunde bei ihr, in der Fritschestraße. Das Thema: Was als Nächstes? Joints kreisen. Andreas Baader ist auch dabei, jemand hat ihn mitgebracht – er kommt frisch aus der Haft in Bayern. Zwischen ihm und Ensslin funkt es. »Die quatschen, und ich bring's«, sagt Baader mit einem geringschätzigen Blick auf die Studenten. »Der hat nix geschrieben, der hat alles im Kopf«, schwärmt Gudrun bei Freunden über ihre neue Bekanntschaft. Andreas Baader strahlt eine große Attraktivität aus. Eine erotische. Nicht als politischer Kopf. »Sie war unendlich gefühlsmäßig an ihn gebunden«, blickt Gudrun Ensslins väterlicher Freund Ernst Heinitz, Juraprofessor in Berlin, zurück. Sie sei »von Andreas Baader seelisch abhängig« gewesen.

*»Bauch« und »Kopf« – 1968*

In den nächsten Wochen ziehen Gudrun Ensslin und Andreas Baader gemeinsam durch Berlin. Gudruns Bekannte können sich nicht vorstellen, dass der ungehobelte, abschätzig feixende Macho, der fortlaufend von »Aktionen« spricht, für die kluge Doktorandin etwas auf Dauer ist. Sie betrachten das Ganze als Mesalliance. Und als Episode. Nicht mehr und nicht weniger. Doch sie irren. Zehn Jahre bleiben die beiden ein Paar. Bis der Tod sie scheidet. Eine »Love Story«, die in den Untergrund führt.

»Nachdem Gudrun Ensslin sich für Andreas Baader entschieden hatte, gab es für sie kein Zurück mehr«, beschreibt ihr damaliger Weggefährte Thorwald Proll, was er erlebte. Eine Symbiose: Die beiden ergänzen sich. »Kopf und Bauch.« Andreas redet aus dem Bauch heraus. Poltert gern herum. Gudrun ist genau das Gegenteil: Sie hört zu. Wägt ab. Formuliert mit Verstand. Kurz und bündig. Bei Auseinandersetzungen sind sie ein schlagkräftiges Gespann: Während Baader oft lautstark und eruptiv rumtönt, sitzt Gudrun still neben ihm und hört aufmerksam zu. Ist es notwendig, fasst sie das, was Baader von sich gegeben hat, mit ruhigen und geordneten Worten noch einmal zusammen. Landet auf dem Punkt. Durch die Bekanntschaft mit der scharf denkenden Gudrun interessiert sich Baader immer mehr für die Studentenbewegung. Beide sind entschlossen, für die Revolution in Deutschland zu kämpfen. Gemeinsam ist ihnen der Hass auf »das System«, das Streben, etwas verändern zu wollen – ohne zu wissen, was genau an die Stelle des Bestehenden treten soll. Eine hochexplosive Verbindung. Gudrun Ensslin schreibt über diese Zeit in ihrem Zwischenbericht an die Studienstiftung des Deutschen Volkes: »Außer von Felix waren die Monate seit Juni fast völlig von den Ereignissen an der Universität und in Westberlin beansprucht.«

Sie wendet sich der Schauspielerei zu. Eine kurze Episode in ihrem Leben: In dem experimentellen Kurzfilm »Das Abonnement« eines jungen Regisseurs tritt sie nur mit einem weißen Slip bekleidet auf. Zusammen mit einem Schauspieler liegt sie über Tage im Bett. Kein typischer »Sex-Film«, wie immer wieder behauptet wird: Es passiert nicht viel mehr, als dass sich das Paar langweilt, sich züchtig liebkost und austreten geht, während durch den Briefkastenschlitz der Wohnungstür immer mehr Zeitungen und Briefe fallen und den Boden überschwemmen. Gudruns endgültiger Abschied von ihrem bisherigen Leben als Pfarrerstochter.

Im Januar, Februar 1968 vollzieht Gudrun den Bruch mit Bernward endgültig. Sie zieht aus der gemeinsamen Wohnung in der Fritschestraße aus – und in die Kurfürstenstraße 148. Eineinhalb Zimmer. Zur Untermiete.

*Ensslin (1967) in »Das Abonnement«*

Am 17. und 18. Februar 1968 besucht sie zusammen mit Andreas Baader den »Internationalen Vietnam-Kongress« in Berlin. Der SDS hat geladen, ins Audimax der Technischen Universität. Ein Großereignis, auf das viele gewartet haben. Aufgabe der Teilnehmer sei es, schrieb Ulrike Meinhof in *konkret*, »auf dieser Konferenz zu beraten, was in den Metropolen, in den reichen Ländern der kapitalistischen Welt zu geschehen hat, um den Amerikanern in Vietnam das Handwerk zu legen«: »Wir dürfen nicht durch Schweigen oder Neutralität gegenüber dem revolutionären Kampf des vietnamesischen Volkes Schuld auf uns laden.«

Draußen: ein klarer Wintertag. Blauer Himmel. Strahlender Sonnenschein. Vor der Uni: eine Polizei-»Wanne« an der nächsten. Drinnen drängen sich im völlig überfüllten Hörsaal fünftausend Zuhörer. Sie hocken in den Gängen, stehen dicht an dicht gequetscht an den Wänden. »Ho, Ho, Ho Chi Minh«, skandieren die Studenten. »Genossen, Antiautoritäre, Menschen!«, mit dieser Dreiteilung der Anwesenden beginnt Rudi Dutschke seine Rede. »Wir haben nicht mehr viel Zeit«, fährt er mit seiner schnarrenden, durch Mark und Bein gehenden Stimme fort. »Es hängt primär von unserem Willen ab, wie diese Periode der Geschichte enden wird.« Sein Fazit: »Die Revolution der Revolutionäre« ist die »entscheidende Voraussetzung für die Revolutionierung der Massen.« Er endet mit den Worten: »Es lebe die Weltrevolution und die daraus entstehende freie Gesellschaft freier Individuen!« Ein Gefühl von Stärke und Kampfeswillen erfüllt die Zuhörer. Ein bleibendes Erlebnis für alle Teilnehmer. Aus dem Slogan »Frieden für Vietnam« wird »Waffen für den Vietcong«.

Fünf Wochen später brechen Gudrun Ensslin und Andreas Baader auf. Richtung München. Gudrun, die »furchtlose Natur«, wie sie von ihrer Mutter charakterisiert wird, ist »ein Mensch des Absoluten«.

Am Tag nach ihrer Verhaftung in Frankfurt stehen Kripobeamte vor der Wohnung in der Berliner Fritschestraße 17. Hier ist sie – obwohl ausgezogen – noch immer gemeldet. Bernward Vesper öffnet. »Seit drei Monaten wohnt Gudrun hier nicht mehr«, sagt er den Zivilpolizisten. »Das Letzte, was ich von ihr gehört habe, ist, dass sie nach München gefahren ist – mit einigen anderen.« Den elf Monate alten Felix habe sie vorher kurzerhand bei Bekannten abgegeben, erklärt Vesper den Beamten. Von dort habe er den Sohn zu sich in die Wohnung geholt.

Die Kriminalisten durchsuchen die Wohnung. In einer Schublade, die oben auf dem Kleiderschrank steht, entdecken sie einen zwanzig Zentimeter langen Stab, umgeben von braunem – verklebtem – Packpapier. Ihr Verdacht: ein Brandsatz. Als sie Bernward Vesper[9] ihren Fund zeigen, zuckt er mit den Schultern: »Keine Ahnung, was das ist. Gehört Gudrun. Hat sie hier gelassen.«

Der beschlagnahmte Stab wird in einem Labor der Chemischen Untersuchungsstelle der Kriminaltechnik Berlin zerlegt. Der Polizeitechniker Dr. Helmut Gansau stellt fest, dass es sich um eine »Nebelmischung« handelt, und zwar um eine so genannte »Bergermischung« aus »metallischem Zinkpulver und Hexachloräthan«. Wird sie gezündet, entsteht Zinknebel. Es ist genau die Mischung, findet der Chemiker heraus, die in der Turmruine der Berliner Gedächtniskirche am 7. August des vergangenen Jahres hochging. Außerdem stellt der Wissenschaftler fest, dass es deutliche Parallelen zu den Brandsätzen gibt, die am 6. März 1968 im Kriminalgericht und am 21. Oktober 1967 im Amerika-Haus zündeten. Was Dr. Gansau nicht weiß: Die Bombe im Amerika-Haus war von Andreas Baader und Astrid Proll, der Schwester Thorwalds, dort in der Garderobe versteckt worden.

Bernward Vesper verrät den Beamten auch, wo Gudrun hingezogen ist: in die Kurfürstenstraße 148. Dort treffen die Kriminalbeamten im ersten Stock auf *Karla Semptin*, die Mieterin einer Dreieinhalbzimmerwohnung. »An Gudrun habe ich eineinhalb Zimmer untervermietet«, erklärt die Frau den Polizisten, »seit Mitte Februar.« Und dann verfinstert sich ihr Gesicht – sie ist auf Gudrun Ensslin nicht gut zu sprechen:

»Von ihr habe ich noch keinen Pfennig Miete bekommen – weder im Februar noch im März. Auch nicht im April.«

Die Beamten durchsuchen Ensslins Räume. Ohne Ergebnis. Sie sehen, wie es bei Gudrun Ensslin daheim aussieht: Die Räume »sind nur sehr spärlich mit einer Liege, einem alten Vertiko, einem Tisch und einem primitiven Bücherregal möbliert«, notiert Kriminalhauptmeister Nicht im Durchsuchungsbericht: »Die beiden Zimmer machten einen äußerst liederlichen Eindruck, sie waren nicht aufgeräumt, Kinderspielsachen lagen auf dem Fußboden verstreut.«

## Thorwald Proll

Etwa zur selben Zeit – am Nachmittag des Freitag, 5. April 1968 – fällt in Frankfurt laut krachend die Zellentür hinter Thorwald Proll ins Schloss. Er hört, wie sich draußen der Schlüssel dreht. Langsam kommt er zu sich. Der Berliner steht in Zelle 37 der Untersuchungshaftanstalt für Männer in der Hammelgasse: Durch die Gläser seiner braunen Hornbrille sieht er die karge Pritsche. Den alten Holzschemel, die grün getünchten Wände und das matte Licht, das durch die Milchglassteine fällt.

Er ist niedergeschlagen. Am Abend zuvor war er gerade dabei, mit den drei anderen Frankfurt zu verlassen. Da wurde er von der Polizei geschnappt. Die Vernehmungen in der vergangenen Nacht und am Vormittag, die Verkündung des Haftbefehls – das alles war ein Schock für ihn. »Da wusste ich, was die Stunde geschlagen hat«, sagt er in der Rückschau. »Das Gesetz habe ich nicht akzeptiert. Die Konsequenzen, die kannte ich nicht.«

Thorwald Proll ist an diesem 5. April 1968 sechsundzwanzig. Sein Kunststudium an der FU in Berlin hat er an den Nagel gehängt. Eingeschrieben ist er aber noch immer. Im elften Semester. Er lebt – so wie er es formuliert und später auch vor Gericht sagt – von »lumpenproletarischen Arbeiten«. Kleinen Aushilfsjobs. »Gelegenheitsarbeiter« heißt das in der Sprache der Justiz.

»Ich war Pierrot le fou«, sagt Proll über den jungen Proll Ende der sechziger Jahre – wie in dem Film »Elf Uhr nachts«[10]: »Der immer träumt und die Realität erst auf den zweiten Blick mitkriegt.« In der Zelle flüchtet er sich in Phantasien, denkt an die Memoiren Giacomo Casanovas »Geschichte meines Lebens«. Der Frauenheld schildert darin, wie er 1756 aus dem Verlies in Venedig flüchtete. Und so denkt Thorwald in seiner kargen Zelle an »die Flucht aus den Venezianischen Bleikammern«. Er sieht den Canale Grande vor sich. Die Gondeln Venedigs. Santa Maria della Salute. Den Markusplatz. Die Tauben, die gen Himmel aufsteigen ...

Auf die Welt kam Thorwald Proll 1941. Während er in Kassel aufwächst, wird sein Vater zu einem bekannten Nachkriegsarchitekten, entwirft »documenta«-Gebäude. Seine Eltern empfindet er als »autoritär«. Über viele Jahre ist er – wie er es selbst formuliert – »in starker Opposition« zu seinem Vater, hat »einen großen Autoritätskonflikt mit ihm«. Aber nicht nur der Junge versteht sich nicht mit seinen Eltern, sondern die sich untereinander auch nicht. Die Ehe wird geschieden. Die Mutter wandert nach San Francisco aus. Dort bleibt sie. Der Vater kümmert sich um Thorwalds Erziehung – auf seine Weise. »Prügelstrafe war Realität«, sagt Thorwald Proll über seine Kinder- und Jugendjahre.

Mit knapp einundzwanzig macht Thorwald Abitur, möchte am Theater arbeiten. Deshalb beginnt er 1963, Germanistik und Theaterwissenschaften zu studieren. Zunächst in der »Nachbarschaft«, in Marburg an der Lahn. Zwei Jahre später, 1965, zieht er nach Berlin. Genauso wie vor ihm Andreas Baader und später auch Gudrun Ensslin. Die ultimative Stadt für alle, die etwas erleben wollen. Er erlebt eine Menge. Nicht aber seinen Studienabschluss. »Wir haben die Professoren kritisiert wie nichts Gutes«, erinnert sich Thorwald Proll an seine Zeit an der FU. »Dafür aber gab es keine Scheine.« Er kommt in die – wie er es nennt – »gewissen Kreise«: die Kommune I. Er wird Sympathisant der K I, liest alle ihre Werke, geht dort häufig hin, in die Kaiser-Friedrich-Straße 54a: Er wohnt in derselben Straße einige Häuser weiter, in der Nummer 17. Diskutiert nächtelang mit Teufel, Langhans und Kunzelmann – über das, was man machen muss, damit sich etwas ändert.

Wenn Thorwald seinen Vater und seine Schwester Astrid in Kassel besucht, bringt er ihr Bücher mit – von Mao und Marcuse. Vater Konrad nennt das »Verführung«. Er bringt das Teufelszeug dorthin, wo es nach seiner Meinung hingehört: fährt auf eine Brücke und wirft alle Bücher in den Fluss. »Aus Angst vor den Inhalten«, bemerkt Thorwald Proll: »Bei Adolf hat er das nicht gemacht. Nehme ich an.«

Im Sommer 1967 lernt er Andreas Baader kennen, in der Wohnung von Peter Homann: Die Aktionisten des Buchstaben-Balletts hocken zusammen. Schnell haben die beiden einen Draht zueinander.

»Wir konnten uns sehr gut unterhalten«, erinnert sich Proll an Baader. »Am interessantesten war es immer, wenn man von etwas redete, das er nicht kannte. Da war er plötzlich ganz neugierig. Das hat ihn interessiert.« Schon bald zieht er mit Baader durch Kneipen. Alles erscheint in diesen Nächten möglich. »Happenings und kleine Aktionen, das liebten wir. Das wollten wir machen. Das verunsicherte die Autoritäten und die Staatsgewalt.« Eine unruhige und rebellische Zeit – »und so waren unsere Gedanken und Gespräche«, erinnert sich Thorwald Proll.

Die erste gemeinsame Aktion verüben Proll, Baader und Ensslin im Herbst 1967 in der Deutschen Oper Berlin. Inspiriert dazu wurden die drei durch ein Zeitungsinterview des Dirigenten Pierre Boulez, erinnert sich Proll: Der hätte erklärt, »dass die Opernhäuser angesteckt« gehörten – und so wollten sie ihn »beim Wort nehmen«. Die drei werfen sich ebenso wie drei andere Aktivisten in Schale, kaufen sich Karten und gehen in die Deutsche Oper. Während des Konzertes stürmen Gudrun und Andreas die Bühne. Gudrun schnappt sich das Mikrophon und fängt an, einen Text vorzulesen. »Dann wurden wir abgeräumt, kamen in die Wanne«, berichtet Proll. Boulez hätte anschließend erklärt, »dass er dem Ganzen nicht ohne Sympathie gegenüberstünde«. Dann setzte der Dirigent das Konzert fort. Eine »großartige Sache« sei das gewesen, findet Proll noch heute. Die sechs landen auf einer Wache. Ihre Personalien werden aufgenommen, sie noch in der Nacht entlassen.

Kurz danach, im Januar 1968, trennt sich Thorwald Proll von seiner Frau Heike. Im Februar hört er zusammen mit Baader und Ensslin die flammende Rede Rudi Dutschkes auf dem Vietnam-Kongress in der TU – und lernt dort auch *Angelika Sahm* kennen. Die Cutterin des Hessischen Rundfunks, die das Quartett zwei Monate später in Frankfurt heimsucht.

Thorwald will zur Tat schreiten. Dafür braucht er Geld. Er hat es nicht. So versucht er, seinen Vater anzupumpen. »Wofür brauchst du das Geld?«, will der erfolgreiche Architekt wissen. »Für die politische Untergrundarbeit«, antwortet sein Sohn – als sei selbstverständlicher nichts auf der Welt. Entsetzt schüttelt der Vater den Kopf: »Du hast nicht das Recht, die Gesellschaft zu ändern«, schimpft er, »vor allem, weil du selbst noch nie richtig gearbeitet und auch noch nie richtig Geld verdient hast!«

Einen Monat später, am 20. März 1968, steigt Thorwald zu dem grinsenden Andreas Baader und der entschlossen dreinblickenden Gudrun Ensslin in den weißen Ford Fairlane – zu der Abenteuerfahrt. »Wir hatten eine ›Aktion‹ vor«, erinnert sich Thorwald Proll an diesen Mittwoch im März: »Wir wollten auf der Fahrt etwas erreichen – in der Hoffnung, dass auch andere etwas machen.«

## Horst Söhnlein

Der Untersuchungshäftling Horst Söhnlein ist fünfundzwanzig. Von Beruf Schauspieler. Seit einiger Zeit ohne nennenswertes Einkommen.

1942 wurde er in Sonneberg in Thüringen geboren. Mit seinen Eltern zieht er nach Westdeutschland. Im Alter von neunzehn kommt er nach München, 1961. Dort arbeitet er als Schauspieler und leitet zusammen mit seiner Frau Ursula das »Action-Theater«. Eine mit Rainer Werner Fassbinder konkurrierende Off-Bühne, die später von Fassbinder übernommen wird. Horst träumt davon, dass »Arbeiter auf die Bühne kommen«, wie er Thorwald Proll begeistert erklärt: »Die Arbeiter übernehmen die Macht und übernehmen auch die Macht in dem Theater. Sie stellen ihre Probleme selber dar.«

Top oder Flop, das ist für das Ehepaar Söhnlein die Frage: »Entweder sind wir in fünf Jahren berühmt oder haben versagt«, sagt seine Frau 1967.

Für Horst kommt es zum Flop: Als ihn Ende März 1968 sein Bekannter Thorwald Proll – zusammen mit Baader und Ensslin – bei Proben im »Action-Theater« besucht, ist er ziemlich frustriert. Er hat Ärger mit dem Theater, er hat Ärger mit seiner Frau – wie er den Besuchern während einer Probenpause erzählt. Von München hat er die Nase voll, will von allem Abstand gewinnen. Aus allem erst einmal heraus. Er merkt, dass die drei voller Tatendrang stecken. »Die wollen was machen«, sagt er sich, »da fahr ich mit.«

Horst Söhnlein ist dabei, aber ohne ihn wäre es nicht wesentlich anders gelaufen. Keine treibende Kraft. Aber einer, der begeistert mitmacht und deshalb dazugehört.

Alle anderen haben klar definierte Rollen: Baader ist der Rebell von Hause aus. Die Zeit ist für ihn reif, nun endlich etwas Gewaltiges auf die Beine zu stellen. Die treibende Kraft. Ensslin: die Intellektuelle. In erster Linie zuständig für politische Analysen und Erklärungen. Proll ist eine Mischung aus beiden. Einerseits nachdenklich – romantisch, reflektierend und spitzzüngig. Andererseits jetzt aber bereit, wie er es selbst formuliert, »etwas Unerhörtes zu tun«.

# 5. Kapitel: Die Studentenbewegung

## Was die Studenten in Bewegung brachte

Geprägt ist das politische Denken von Baader, Ensslin, Proll und Söhnlein durch die Studentenbewegung – auch wenn nur eine von ihnen zum Zeitpunkt der Festnahme studiert: Gudrun Ensslin. Im sechzehnten Semester, Germanistik. Baader und Söhnlein haben nie studiert, Thorwald Proll das Studium längst an den Nagel gehängt. Die Ziele der Studentenbewegung sind für die vier das bestimmende Thema in dem Strafverfahren, das gegen sie im Sommer und Herbst 1968 der erste Staatsanwalt Griebel und seine Kollegen in Frankfurt vorbereiten.

Darüber hinaus ist die Studentenbewegung von zentraler Bedeutung für das Entstehen der RAF zwei Jahre später: In der ersten RAF-Kampfschrift – federführend von Ulrike Meinhof verfasst – bezeichnet die Gruppe die »Geschichte der Studentenbewegung« ausdrücklich als »ihre Vorgeschichte«. Dieses Papier erscheint im April 1971 und trägt den Titel »Das Konzept Stadtguerilla«. Über viele Jahre tauchen in den RAF-Ideologiepapieren zahlreiche Gedanken und Forderungen der Studentenbewegung auf. Die RAF bedient sich aus diesem »Ideensteinbruch«. Sie mausert sich zu einer Art »illegitimen Kind« der Studentenbewegung.

Die Ursachen für die Studentenbewegung reichen bis tief in die fünfziger Jahre zurück: Die nach dem Krieg aufgewachsene Generation war in einer – weitgehenden – Wohlstandsgesellschaft groß geworden. Dabei hatten viele junge Menschen für sich die »Grenzen des Wachstums« ausgemacht – in erster Linie waren es Studenten, aber nicht nur sie. Diese jungen Leute suchten nach anderen Lebenszielen als ihre Eltern, die nach 1945 Deutschland aus Schutt und Asche wieder aufgebaut und dabei ihr Lebensglück gefunden hatten. Die Segnungen des »Wirtschaftswunders« reichten ihnen nicht als Sinn des Lebens: Geld und Wohlstand ist für die Jugend nicht alles. Sie will politische Veränderungen.

Im Zentrum ihrer Kritik stehen zwei Themen: der Vietnam-Krieg und die Aufarbeitung des Dritten Reiches. Seit 1964 kämpfen die Vereinigten Staaten in Fernost gegen den Vietcong, eine kommunistisch orientierte

Rebellenbewegung in Südvietnam. Die Amerikaner gehen mit unerbittlicher Härte gegen die Vietnamesen vor – mit Flächenbombardements, Napalmbrandbomben und Entlaubungen ganzer Landstriche durch das hochgiftige »Agent Orange«: Zwei Millionen Vietnamesen sterben. Vier Millionen Vietnamesen werden verletzt, teilweise grausam verstümmelt. Durch Napalm. In Deutschland sind viele Menschen erschüttert, als sie Filme und Fotos aus Vietnam sehen, die die Folgen der US-Angriffe zeigen: Kinder, von Napalm getroffen, schreien verzweifelt vor Schmerz. Sie leiden Höllenqualen: Ihre Haut brennt, und das Fleisch gerinnt zu Klumpen. Die Studenten sind über den »im Namen der Freiheit« rücksichtslos geführten Feldzug entsetzt. Sie sprechen von »Völkermord« und fordern von den USA ein sofortiges Ende des Krieges.

Zweites zentrales Thema für die Studenten ist der Nationalsozialismus. Ihre Kritik: Die jüngste deutsche Vergangenheit ist von der Generation ihrer Eltern unter den Teppich gekehrt worden – zwei Jahrzehnte sind seit deren Ende vergangen: Auschwitz, Buchenwald, Sachsenhausen und die vielen anderen Gräueltaten des Dritten Reiches. Zu schnell sei man in Deutschland – so der Vorwurf – wieder zur Tagesordnung übergegangen. Geld verdienen und Geld ausgeben. »In der offiziellen Geschichtsrezeption galt der Faschismus als eine Art unerklärlicher, ganz sicher einmaliger Betriebsunfall der deutschen Geschichte«, bringt Irmgard Möller, engagiert in der Studentenbewegung und später in der ersten »Generation« der RAF, ihre Sicht auf den Punkt – »und genau dagegen wollten wir angehen.«

So wenden sich die Studenten mit Nachdruck dagegen, dass es keinen wirklichen personellen Neuanfang nach 1945 gegeben habe: Viele einstige Parteigenossen säßen heute wieder an den Schalthebeln der Macht: in Unternehmen, in Ministerien und in der Justiz. Dieser Aspekt taucht auch in den RAF-Erklärungen immer wieder auf. Unter anderem dient er Mitgliedern der RAF später auch als Rechtfertigung dafür, dass sie Hanns Martin Schleyer – in jungen Jahren Mitglied in der SS – entführen und ermorden.[11]

Zwischen diesen beiden großen Themen der Studentenbewegung – Vietnam und Drittes Reich – besteht ein enger innerer Zusammenhang: »Da die jugendlichen Rebellen um die Mitverantwortung ihrer Eltern am Genozid in Auschwitz wussten«, urteilt der Politikwissenschaftler Tobias Wunschik, »wollten sie keinesfalls tatenlos zusehen, wie in Vietnam abermals getötet wurde.«

Weitere Themen der Studentenbewegung waren unter anderem:

Die »Justizkampagne«: Sie hat das Ziel, die – aus Sicht der Studenten – »Borniertheit« und »reaktionäre Sichtweise« der Justiz aufzuzeigen.

Der Kampf gegen den »Konsumterror«: Das Streben nach Konsum – so die Kritik – bringe die Menschen dazu, sich immer mehr Dinge zu kaufen, die sie gar nicht brauchten. Durch diese »Tretmühle« des Geldverdienens und -ausgebens würden sie vom Nachdenken über die »tatsächliche« Situation abgehalten. Konsum als eine Art Opium für das Volk.

Die »Springer-Kampagne«: Die Zeitungen des konservativen Verlegers Axel Springer berichten kritisch über die Studentenbewegung. *Bild* aus seinem Haus ist die auflagenstärkste Boulevardzeitung der Republik. *Die Welt* wird von konservativen Intellektuellen im ganzen Land gelesen. Auf dem Berliner Zeitungsmarkt ist der Verlag markt- und meinungsführend: Durch die *Berliner Morgenpost* und das Boulevardblatt *BZ* – sowie *Bild* und *Die Welt*.

Die Vorreiterrolle für die Studentenbewegung spielt Berlin. Die Stadt, in der Baader, Ensslin und Proll leben. Für diese Rolle der eingemauerten Stadt gibt es im Wesentlichen drei Gründe: Erstens besitzt Berlin mit dem Otto-Suhr-Institut die größte Ausbildungsstätte für Politologen in der Bundesrepublik. Zum Zweiten gibt es hier keinen Wehrdienst. Das zieht zahlreiche junge Männer an, die dem Staat gegenüber kritisch eingestellt sind. Sie wollen sich der »Gewissensprüfung«, die »Wehrfähige« in Westdeutschland bestehen müssen, um als Wehrdienstverweigerer anerkannt zu werden, nicht unterziehen – oder haben sie nicht bestanden.

Und drittens herrscht in dem geteilten Berlin eine Art »Frontstadtatmosphäre«: Ein »Gemisch aus Angst, Bedrohung, Stagnation, Filzokratie, bornierter Arroganz und individueller Verklemmtheit«, konstatieren die SDS-Chronisten Tilmann Fichter und Siegward Lönnendonker. Die Insellage der Stadt treibt manche Blüten: Schon Ende der fünfziger, Anfang der sechziger Jahre entstand hier eine Gegenkultur.

So also ziehen Jahr für Jahr zigtausend junge Menschen nach Westberlin. Häufig aus bundesdeutschen Kleinstädten. Sie studieren, haben Zeit, sich umzuschauen – und viele von ihnen bekommen einen »Berlin-Schock«, wie es Dieter Claessens und Karen de Ahna in ihrer Studie »Das Milieu der Westberliner ›scene‹« formulieren: »Die Vielfalt des gesamten kulturellen Angebots in allen Facettierungen bedeutet für die meisten Studenten eine außerordentliche Provokation, der sie um so lieber folgten, als meistens die soziale Kontrolle, an die sie vorher gewöhnt waren, praktisch entfiel. Der normale Studierende, der nach Westberlin kam, hatte also bereits mit gewissen Schwierigkeiten im Hinblick auf die richtige Findung des Verhältnisses zum Leben in Berlin und zum Studieren zu kämpfen. Mit der Entwicklung der studentischen Bewegung, dem entschlosseneren, zugreifenderen Brechen von Tabus, der allgemein großen Solidarisierungswelle und dann der Politisierung der gesamten Bewegung kam für die Newcomer noch ein ›ideologischer Schock‹ hinzu: Viele Studenten wurden erstmalig mit politischen, insbesondere radikalen politischen Ideen konfrontiert, und das auch dann oder gerade dann, wenn sie nach Berlin gekommen waren wegen der Gerüchte und Informationen, die von West-Berlin ausgingen.«

In diesem einzigartigen Biotop, in dem so vieles anders ist als sonst überall in Deutschland, zählte die Verletzung von Normen, von »Spielregeln«, weniger als anderswo. Protest gegen das bestehende System wird hier im Laufe der sechziger Jahre immer lauter, immer nachhaltiger geäußert. Seit Mitte der sechziger Jahre kommt es zu stetig weiter eskalierenden Auseinandersetzungen zwischen Studenten und Staatsmacht. Ein Prozess über mehrere Jahre.

## Stationen der Eskalation

Einige Meilensteine: Zum ersten Mal kommt es zu größeren Auseinandersetzungen zwischen Studenten und Polizei beim Besuch des kongolesischen Ministerpräsidenten Moïse Tschombé am 18. Dezember 1964. Sechshundert deutsche und schwarzafrikanische Studenten durchbrechen unter der Führung des Sozialistischen Deutschen Studentenbundes[12] die Polizeiketten, dringen in die Bannmeile des Schöneberger Rathauses ein und bewerfen den Staatsgast Tschombé mit Eiern und Tomaten.

»Vietnam« wird für die Studenten zum Thema: Das Wintersemester 1965/66 erklären sie zum »Vietnam-Semester«. Die Universitätsleitung der FU untersagt Anfang 1966 ein »Vietnam-Forum«. Am 5. Februar 1966 veranstalten die Studenten in der Stadt eine Anti-Vietnam-Demonstration und fordern »Amis raus aus Vietnam«. Zweitausendfünfhundert Menschen ziehen durch die Straßen. Erstmals in der Geschichte blockieren Demonstranten mit einem Sitzstreik den Verkehr: Sie lassen sich für zwanzig Minuten auf dem Kurfürstendamm nieder. Ein Teil der Demonstranten zieht anschließend zum Amerika-Haus, veranstaltet dort ebenfalls einen Sitzstreik, holt die US-Flagge vom Mast. Gegen die Fassade des Amerika-Hauses fliegen Eier. Polizisten gehen mit Schlagstöcken gegen die Menge vor.

Teile der Öffentlichkeit und der Presse sind über das »ungehörige Verhalten« der Demonstranten empört. Universitätsleitung und Regierender Bürgermeister entschuldigen sich beim amerikanischen Stadtkommandanten. Der Akademische Senat verbietet generell politische Veranstaltungen in den Räumen der Universität. Über die Berliner Innenstadt wird ein Demonstrationsverbot verhängt. Der Regierende Bürgermeister Heinrich Albertz rechtfertigt in einer vierstündigen Debatte im Abgeordnetenhaus den – wie er sagt – »harten Einsatz der Polizei« und erklärt: »Ich habe nach den Erfahrungen des 5. Februar gegenüber der Polizeiführung keinen Zweifel daran gelassen, dass die Polizei Exzesse und Auswüchse politischen Rowdytums und strafbarer Handlungen bei öffentlichen Veranstaltungen aller Art schnell und nötigenfalls auch unter Anwendung harten polizeilichen Zwangs zu bekämpfen und bereits in den Anfängen zu verhindern hat.« Der Ton des Staates ist härter geworden. Im Zweifel »Knüppel frei«, lautet die von oben ausgegebene Devise.

Am 10. Dezember 1966 eine weitere Anti-Vietnam-Demonstration in Berlin: Die Demonstranten weichen von der genehmigten Route ab. Die Polizei setzt Schlagstöcke ein, stellt Anti-Vietnam-Plakate sicher und verhaftet 74 Personen. Als Reaktion darauf veranstalten eine Woche später zweihundert Studenten die so genannte »Spaziergangs-Demonstration« auf dem Ku'damm. »Keine Keilerei mit der Polizei«, lautet die Parole, die der SDS ausgibt – keine Schlachten, die man nicht gewinnen kann. Ein Vers macht die Runde:

> »Kommt die Polizei vorbei,
> gehen wir an ihr vorbei,
> an der nächsten Ecke dann,
> fängt das Spiel von vorne an.«

Und genau so passiert es: Studenten kommen zusammen – erscheinen Polizisten in Sichtweite, löst sich die Gruppe auf – in alle Himmelsrichtungen. Dennoch nimmt die Polizei 86 Personen fest. Nicht immer die Richtigen: Unter ihnen viele unbeteiligte Passanten, die von Beamten für Studenten gehalten werden. SPD, CDU, der Regierende Bürgermeister Albertz, die Presse – keiner hat Verständnis für die Aktion der Studenten. Die Front des Staates und der »braven« Bürger gegen die Studentenbewegung festigt sich.

Ein weiterer Schritt zur Eskalation ist die Beschlagnahme der Mitgliederkartei des SDS – wegen des »Fachidioten-Flugblatts«: Am 26. Januar 1967 durchsucht die Polizei aufgrund eines Gerichtsbeschlusses die

Räume des SDS. Anlass ist die Anzeige von vier Professoren gegen die Verfasser des so genannten »Fachidioten-Flugblatts«. In der inkriminierten Passage heißt es: »Wenn wir uns weigern, uns von professoralen Fachidioten zu Fachidioten ausbilden zu lassen, bezahlen wir mit dem Risiko, das Studium ohne Abschluss beenden zu müssen.« Einen Tag nach der Durchsuchung kommen dreitausend Studenten zu einer Protestveranstaltung in die Freie Universität. Professor Helmut Gollwitzer bezeichnet die Beschlagnahmungsaktion als »unmittelbare Bedrohung des freien Lebens der FU«. Er unterstreicht die Bedeutung der Opposition für das Funktionieren der Demokratie – gerade jetzt in Zeiten der großen Koalition. Seit einem Monat, seit Dezember 1966, wird die Republik gemeinsam von CDU und SPD regiert.

»Große Koalition bedeutet: Ausfall der parlamentarischen Opposition«, erklärt der Professor den Studenten: »Umso mehr kommt also alles auf den Freiheitsraum der außerparlamentarischen Opposition an. Jeder Professor, jeder Student ist um seiner selbst willen, um der Universität willen und um unseres Staates willen aufs Brennendste daran interessiert, dass der Freiheitsraum der Opposition unangetastet bleibt.« Mit anderen Worten: Durch das Fehlen einer ernst zu nehmenden Opposition im Bundestag hat der Protest außerhalb des Parlaments an Bedeutung gewonnen. Ein entscheidender Aspekt für das Selbstverständnis der Bewegung.

Demonstrationen gegen die Beschlagnahmung folgen, bleiben friedlich. Einige Tage später erhält der SDS seine Mitgliederkartei zurück. Angeblich ungeöffnet.

Nächster Höhepunkt sind die Vorfälle beim Besuch des amerikanischen Vizepräsidenten Hubert Horatio Humphrey am 6. April 1967. Die Auseinandersetzungen gewinnen an Härte: Bei strömendem Regen demonstrieren zweitausend Menschen vor dem Charlottenburger Schloss. Transparente und Sprechchöre gegen die Vietnam-Politik der Vereinigten Staaten. Eier und Mehltüten fliegen. In einem Flugblatt hatte der Allgemeine Studentenausschuss (ASTA) zu »einem herzlichen Empfang« Humphreys um zwanzig Uhr aufgefordert – im Schloss findet ein Empfang für den Vizepräsidenten statt. Als anschließend Humphrey das Axel-Springer-Hochhaus an der Mauer besucht, demonstrieren einige hundert. Aus der Menge fliegen Steine und Flaschen. Beschädigen parkende Cadillacs der Humphrey-Kolonne. Polizisten vertreiben die Demonstranten mit Gummiknüppeln. Greiftrupps der Polizei schnappen sich Einzelne aus der Menge heraus und schlagen – wie Augenzeugen berichten – wild auf sie ein. Bei der Abfahrt der Kolonne werden die

Fahrzeuge aus einer Gruppe von rund zweihundert Demonstranten heraus mit Murmeln »bombardiert«. Sprechchöre fordern auch die »sofortige Freilassung der festgenommenen Studenten«.

Es geht um elf Personen, die als die »Akteure« des »Pudding-Attentats« in die Geschichte der Bewegung eingehen: Am Abend zuvor waren elf Mitglieder der Kommune I verhaftet worden. Die K I ist gerade ein Vierteljahr alt.[13] Die Berliner Polizeipressestelle teilt den Medien mit, die elf seien »unter verschwörerischen Umständen zusammengekommen und hätten hierbei Anschläge gegen das Leben oder die Gesundheit des amerikanischen Vizepräsidenten Hubert Horatio Humphrey mittels Bomben, mit unbekannten Chemikalien, gefüllten Plastikbeuteln oder mit anderen gefährlichen Tatwerkzeugen wie Steine usw. geplant«.

Und so meldet *Der Abend* am Tag des Humphrey-Besuchs: »Maos Botschaft in Ost-Berlin lieferte Bomben gegen Vize-Präsident Humphrey.« Die *Berliner Morgenpost* titelt: »Attentat auf Humphrey von Kripo vereitelt – FU-Studenten fertigen Bomben mit Sprengstoff aus Peking.« – »Geplant – Berlin: Bombenanschlag auf US-Vizepräsidenten – Elf Verschwörer gefasst«, verkündet *Bild*.

Doch schon in der nächsten Nacht sind alle elf wieder auf freiem Fuß. Die Kriminaltechniker haben festgestellt, dass die von den Polizisten beschlagnahmten Plastiktüten in Wahrheit Farbstoff, Pudding und Mehl enthielten. Einige Rauchkerzen waren auch dabei. Aber harmlos. Also weder Bomben noch »unbekannte Chemikalien« – sofern man nicht Pudding und Mehl für »unbekannte Chemikalien« hält. Durch ihre Falschmeldung hat sich die Polizei maßlos blamiert – aber sie korrigiert die Meldung nicht. Die Ermittlungsverfahren gegen die elf werden eingestellt. Auf einer Pressekonferenz nach ihrer Freilassung erklären die Kommunarden, dass sie keinen aggressiven Akt gegen den amerikanischen Vizepräsidenten vorgehabt hätten. Vielmehr einen »Akt der Lächerlichmachung« nach dem Vorbild der Amsterdamer »Provobewegung«. Sie hätten sich ausgedacht – sagen sie –, mit den Rauchbomben die Polizei einzunebeln und die Absperrung zu durchbrechen, um den Vizepräsidenten mit Mehltüten, Joghurt, Pudding und Buttercremetorte zu bewerfen.

Dieser Pudding und die damit verbundene – wie die Studenten es formulieren – »Desinformation« von Polizei und Presse führen zwei Wochen später zu einer Generalabrechnung der Studenten mit Staatsmacht, Universitätsleitung und Medien. Zweitausend kommen zu der Veranstaltung des ASTA ins Auditorium maximum der Freien Universität. »Die Servilität der Berliner Presse« in Sachen »Pudding-Attentat« geißelt der Schriftsteller Reinhard Lettau am Rednerpult: »Nirgendwo in der Welt, außer in Westberlin, ist es ein Geheimnis, dass der Polizeipräsident Duensing hysterisch ist und absichtlich oder unabsichtlich falsche Statements herausgibt, die er nachträglich entweder aus Ignoranz oder aus Bosheit nicht dementieren lässt.« Lettau fasst das Selbstverständnis und die Erfahrungen der Studenten zusammen – so wie er sehen viele die Dinge in diesem Frühjahr 1967: »Seine Meinung soll man sagen dürfen, aber nur, wenn es opportun ist. Gegen Notstandsgesetze demonstrieren: das können nur ›Krakeeler‹, ›Radaubrüder‹, ›Radikalinskis‹ sein. … Wir haben jahrelang versucht, mit den Befürwortern der Notstandsgesetze, des Krieges in Vietnam und der Springerschen Pressemonopole zu diskutieren. Was passierte? Die Herren kamen nicht … Statt dessen aber seitenlange Berichte über einen Fackelmarsch der Antistalinisten. Nun sind wir zwar auch nicht Freunde von Stalin. Nur halten wir es nicht gerade für das Wichtigste, heute in West-Berlin unter Polizeischutz gegen Stalin zu demonstrieren.«

Sein Fazit: »Unsere Alternativen sind also: Diskutieren, wie man es uns empfiehlt. Dann hört allerdings niemand unsere Argumente. Oder: Provozieren, Demonstrieren. Dann schreit hysterisch Rektor Lieber, wir praktizieren ›direkte Demokratie‹… Mit den Lieber-Duensing-Springer-Rezepten wären wir heute noch in der Steinzeit.«

Reinhard Lettau greift sich Berliner Zeitungen, die er mitgebracht hat. Hält sie hoch, dass sie jeder sehen kann. Die *Berliner Morgenpost*, die *BZ*, die *Bild …* »Verzeihen Sie«, sagt er und beginnt die Blätter in Stücke zu zerfetzen, »wenn ich das Resultat meiner Berliner-Presse-Analyse dadurch mitteile, dass ich hier jetzt die Berliner Zeitungen zerreiße.« Das Audimax tobt vor Begeisterung.

Anschließend setzen sich die Studenten auf den Fußboden der Vorhalle des Henry-Ford-Baus. Ein »Sit-in« aus Protest gegen die Entscheidungen des Akademischen Senats der Universität: Der hatte gerade in demselben Gebäude getagt und beschlossen, gegen die »Humphrey-Attentäter« Disziplinarverfahren einzuleiten und Gelder für die Studentenschaft zu sperren.

Vierzig Minuten vor Mitternacht erscheint Rektor Lieber aufgebracht mit einigen Senatoren in der Vorhalle: »Ich werde die Versammlung von der Polizei auflösen lassen«, droht er den Sitzenden, wenn sie nicht sofort verschwänden. Die Masse bleibt auf dem Boden – und wartet geduldig. Tatsächlich erscheinen fünf Minuten vor Mitternacht Polizisten und beginnen damit, Studenten aus dem Gebäude herauszutragen. Nachdem sie dreißig weggeschleppt haben, wird den Ordnungshütern klar, wie hoffnungslos ihr Unterfangen ist: Über 1200 Studenten hocken noch vor ihnen auf dem Boden – und harren der Dinge. Die Polizeiführung resigniert: Nach zwanzig Minuten bricht sie die »Abräumaktion« ab. Eine Dreiviertelstunde später verlassen die Studenten von sich aus die Vorhalle. So schnell hätten die Beamten die Universitätshalle nicht studentenfrei bekommen ... Die Studenten gehen als Sieger nach Hause. Und die K I frohlockt, dass »der massive Arm des ganzen Misthaufens machtlos ist«.

## Der Wendepunkt: Freitag, 2. Juni 1967

Dann kommt der große Schock, der 2. Juni 1967. Ein Freitag: Benno Ohnesorg, ein sechsundzwanzigjähriger Romanistikstudent, wird in Berlin von einem Polizeibeamten erschossen. Der Tag, der alles schlagartig verändert:

»Schah, Schah, Scharlatan«, skandieren die Sprechchöre, »Freiheit für Persien« und »Nieder mit dem Schah«: Über dreitausend Menschen stehen an diesem lauen Sommerabend kurz vor zwanzig Uhr vor der Deutschen Oper auf der Bismarckstraße. Die meisten von ihnen sind Schaulustige. Sie wollen einen Blick auf Reza Pahlevi und seine Frau erhaschen. Seit dem Morgen ist das Kaiserpaar in Berlin. Es ist seit Jahren das Lieblingsthema von *Bunte*, *Quick* und anderen deutschen Illustrierten: Sie feiern die beiden mit farbigen Großfotos und sparen nicht mit Details aus dem Teheraner Prunkpalast.

Nur rund vierhundert vor der Oper sind Schah-Gegner. Einige von ihnen haben sich Papiertüten mit Karikaturen des Kaiserpaares über den Kopf gezogen. Sie protestieren dagegen, dass bundesdeutsche Politiker jenen Schah empfangen und ehren, der in Persien durch seinen gefürchteten Geheimdienst SAVAK jede Regung von Opposition blutig unterdrückt. Tausende von Regimegegnern wurden von den SAVAK-Agenten ermordet. Die Atmosphäre vor der Deutschen Oper heizt sich auf.

Bereits am frühen Nachmittag war es an diesem 2. Juni 1967 zu Zusammenstößen zwischen Schah-Gegnern und Schah-Anhängern gekommen. Vor dem Schöneberger Rathaus. Dort sollte sich der Schah in das Goldene Buch der Stadt eintragen. Kurz vor seiner Ankunft fahren zwei Busse vor: Einhundert »Jubelperser« steigen aus. Zum Teil SAVAK-Agenten. Sie postieren sich, wie von der Polizei vorgesehen, ganz vorn auf einer freigehaltenen Fläche vor dem Rathaus – der Schah soll seine bestellten Fans sehen. Rund acht Meter trennen sie von den Schah-Gegnern. Die stehen hinter dieser »neutralen« – für das Publikum gesperrten – Zone. Ebenfalls hinter so genannten »Hamburger Gittern«, etwas mehr als einen Meter hohen rot-weiß gestreiften Metall-Barrieren.

Auf die Schmähchöre der Schah-Gegner antworten die »Jubelperser« mit »Hochrufen« auf den Schah und die Schahbanu. Sie schwenken Transparente mit Bildern des Kaiserpaares: »Es lebe der Schah«.

Die Wagenkolonne des Schah rollt vor. Das Paar steigt aus dem Mercedes 600. Leibwächter umringen sie. Der Schah und seine Frau betreten das Schöneberger Rathaus. Die Sprechchöre der Schah-Gegner werden immer lauter. Auch die »Jubelperser« verstärken ihre Hochrufe.

Auf einmal springen Dutzende dieser »Hurra-Perser« über die Absperrung. Sie überqueren den »neutralen« Trennstreifen. Wild prügeln sie auf die Schah-Gegner ein – mit den Stangen ihrer Transparente, mit Holzknüppeln und Totschlägern. Die Polizisten schauen tatenlos zu. Minutenlang. Einige Ordnungshüter grinsen begeistert. Als sie dann endlich einschreiten, gehen sie, wie Augenzeugen berichten, nur gegen Schah-Gegner vor, verhaften einige von ihnen. Die »Jubelperser« lässt die Polizei unbehelligt. Empört und verbittert ziehen die Demonstranten ab. Unter ihnen macht die trotzige Parole die Runde: »Heute Abend vor der Oper!«

Und so versammeln sich die Schah-Gegner ab neunzehn Uhr vor der Deutschen Oper. Drinnen eine Galaaufführung: Mozarts »Zauberflöte«. Auch die hundert »Jubelperser« sind wieder da. Sie brüllen »Hurra« und preisen den Schah – während die Studenten skandieren: »Mörder, Mörder« und »Mo-Mo-Mossadegh«. Mohammed Mossadegh war der Ministerpräsident, den der Schah stürzte.

Zwischen den »Jubelpersern« und den Studenten kommt es abermals zu Auseinandersetzungen. Erst verbal. Dann handgreiflich. Die Perser schlagen kräftig zu – mit Holzknüppeln und Totschlägern. Die Studenten antworten mit Tomaten, Milchtüten, Eiern und Rauchkerzen. Polizisten greifen sich Einzelne aus der Masse der Protestierer, die ihnen auffallen. »Rädelsführer«, wie die Beamten sie nennen.

Die Wagenkolonne fährt vor. Die Stimmung ist auf dem Siedepunkt: Es fliegen Eier, Farbbeutel und ein paar Steine. Der Schah und seine Begleiter verschwinden so schnell es geht in der Oper. Unbefleckt. Nur knapp verfehlt eine Tomate Wilhelmine Lübke, die Frau des Bundespräsidenten. Die meisten Menschen vor der Oper glauben, jetzt sei alles gelaufen. Vorbei. Jedenfalls fürs Erste. Da springen plötzlich – vier Minuten nach acht – Polizisten über die Absperrgitter, schwingen ihre

Gummiknüppel und schlagen zu, treiben so einen Keil in die »kritische« Masse, die entlang der Fahrbahn und dem Bürgersteig vor der Oper steht.

Das ist die »Leberwurst-Taktik«. So nennt Polizeipräsident Duensing das Vorgehen der Beamten wenige Tage später auf einer Pressekonferenz. Freimütig und stolz erläutert er: »Nehmen wir die Demonstranten als Leberwurst, nicht wahr, dann müssen wir in die Mitte hineinstechen, damit sie an den Enden auseinander platzt.« Die Polizisten treiben die Demonstranten auf einen Polizeikordon zu. Es passiert das, was Peter Herz, der Leiter der Presse- und Informationsstelle des Senats, bereits am Mittag des 2. Juni gegenüber einem Journalisten angekündigt hatte: »Na, da können diese Burschen sich ja auf etwas gefasst machen: Heute gibt es Dresche.«

### ➤ Ein Kriminalobermeister erschießt Benno Ohnesorg

Menschentrauben flüchten vor den knüppelnden Polizisten in die Seitenstraßen – Demonstranten, Schaulustige und auch einige zufällig ins Geschehen hineingeratene Passanten. Sie rennen über die Wilmersdorfer Straße bis zum Ku'damm. Mit Hieben sind die Polizisten an diesem Abend nicht kleinlich. »Greiftrupps« der Polizei preschen vor und dreschen los. Egal, wer ihnen vor den Knüppel kommt. In der Krummen Straße, einer Seitenstraße der Bismarckstraße, drängen Polizisten in einen Hof. Dorthin haben sich einige Studenten geflüchtet. Die Beamten meinen, schon wieder einen »Rädelsführer« entdeckt zu haben: einen

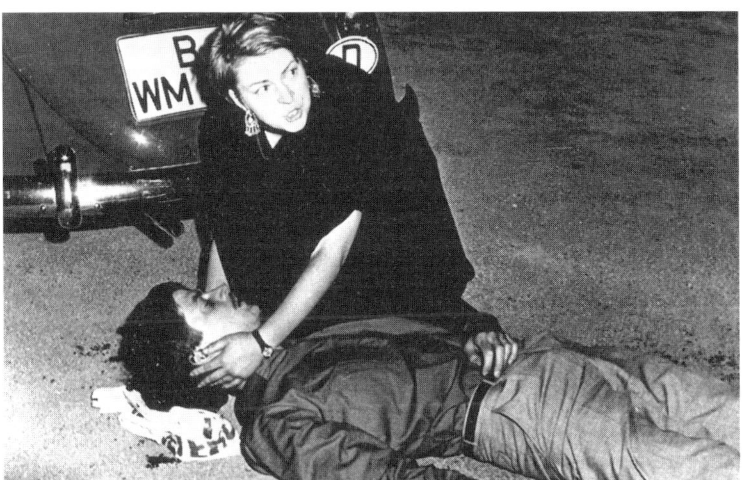

*Benno Ohnesorg: von einer Polizeikugel tödlich getroffen*

jungen Mann mit rotem Hemd und Sandalen. Ein Polizist schlägt ihm von hinten auf den Kopf. Der Mann stürzt zu Boden. Zwei weitere Beamte eilen herbei und prügeln weiter auf den Wehrlosen ein. In diesem Moment ist auch Karl-Heinz Kurras zur Stelle, Kriminalobermeister bei der Politischen Polizei. Er hält seine Dienstwaffe in der Hand. Den Finger am Abzug: Aus der Walther PPK, Kaliber 7,65 löst sich ein Schuss und dringt in den Kopf des Demonstranten. Warum um alles in der Welt der Obermeister schoss, kann später vor Gericht nicht zweifelsfrei geklärt werden. Benno Ohnesorg ist tot: sechsundzwanzig Jahre alt, Student der Romanistik, Mitglied der Evangelischen Studentengemeinde. Zum ersten Mal in seinem Leben hatte er an einer Demonstration teilgenommen.

»Es besteht leider der dringende Verdacht, dass auf Benno Ohnesorg auch dann noch eingeschlagen wurde, als er schon tödlich getroffen am Boden lag«, stellt später das Landgericht Berlin fest. Es spricht den Todesschützen frei.

Schon in der Tatnacht steht für den Regierenden Bürgermeister Heinrich Albertz fest, wer die Schuld am Tod von Benno Ohnesorg trägt – die Demonstranten: »Die Geduld der Stadt ist am Ende«, erklärt der Regierende: »Einige Dutzend Demonstranten, unter ihnen auch Studenten, haben sich das traurige Verdienst erworben, nicht nur einen Gast der Bundesrepublik Deutschland in der deutschen Hauptstadt beschimpft und beleidigt zu haben, sondern auf ihr Konto gehen auch ein Toter und zahlreiche Verletzte – Polizeibeamte und Demonstranten. Die Polizei, durch Rowdys provoziert, war gezwungen, scharf vorzugehen und von ihren Schlagstöcken Gebrauch zu machen. Ich sage ausdrücklich und mit Nachdruck, dass ich das Verhalten der Polizei billige und dass ich mich durch eigenen Augenschein davon überzeugt habe, dass sich die Polizei bis an die Grenzen des Zumutbaren zurückgehalten hat.« Am nächsten Tag erscheint die *Bild*-Zeitung mit der Schlagzeile: »Der Schah und Farah in Berlin – Blutige Krawalle: 1 Toter!«

Lange kann sich Albertz nicht mehr auf seinem Posten halten. Keine vier Monate später, am 26. September 1967, tritt er zurück – auch aus anderen Gründen. Innensenator Wolfgang Büsch und Polizeipräsident Erich Duensing räumen ebenfalls ihre Stühle. Ein Jahrzehnt später erklärt Albertz, er sei »in den 2. Juni hineingerutscht«. Nachdenklich urteilt er, als er wieder als Pfarrer in Berlin-Zehlendorf arbeitet: »Es gibt Dinge im Leben, die man nicht wegbringen kann. Es ist ein Punkt, den ich bis zum Lebensende mitschleppen muss.« Am 2. Juni hatte er – wie er sagt – »keine Ahnung« von den Forderungen der Studenten. Später liest er ihre Literatur und spricht mit ihnen, mit Rudi Dutschke und anderen. Albertz fängt an, wie er es formuliert, »nachzudenken« – »das sollte man ja gelegentlich tun«. Sein Fazit in der Rückschau: »Ich jedenfalls fühle mich aufs Tiefste beteiligt. Ich habe auch zu spät erkannt, wie ernst es diesen Leuten war, als sie mit ihrem Schlüsselerlebnis ›Vietnam‹ auf unsere Straßen gingen.«

Der Tod Benno Ohnesorgs erschüttert die Studenten. Am nächsten Vormittag drängen sich die Menschen auf dem Campus der FU. »Die Situation hatte sich schlagartig geändert«, resümiert Peter Mosler, SDS-Mitglied und Chronist der Studentenrevolte. »Es gab plötzlich eine für alle überraschende Kraft zu Begegnungen und Diskussionen. Studenten, die sich nicht kannten, richteten ohne Zögern das Wort aneinander, in allen die glühende Wut gegen die Lügen der Zeitungen und die Verdrehungen des Senats. Die ganze Universität stand voll von diskutierenden Gruppen. Überall begann eine fieberhafte Aktivität: Teach-ins, Vollversammlungen, ein Ermittlungsausschuss des SDS mit Horst Mahler, ein Öffentlichkeitsausschuss, dessen Mitglieder über eine Woche in Trauben auf dem Kurfürstendamm mit Berlinern bis spät in die Nacht hinein diskutierten. An jeder Ecke wurden Flugblätter gemacht, Dutzende lernten sie schreiben und drucken. Die ganze Uni war voll von Wandzeitungen und Plakaten. Das Gefühl großer Gemeinsamkeit und des Zusammenhalts schwappte auf alle über, es gab die Stimmung: hic Rhodus, hic salta, jetzt springe ich!«

Berlin stürzt in seine schwerste politische Krise seit dem Mauerbau 1961. Dem erschossenen Benno Ohnesorg geben fünfzehntausend Menschen am 8. Juni in Berlin das letzte Geleit. Darunter Bommi Baumann, der sich später der »Bewegung 2. Juni« anschließt: »Irgendwie hat mir das ein irres Ding gegeben damals, Benno Ohnesorg. Echt, sein Sarg, wo der an mir vorbeigefahren ist, hat's richtig kling gemacht. Da ist einfach irgendetwas abgefahren.«

Einen Tag später wird Ohnesorg in Hannover beerdigt. Auch in zahlreichen anderen Orten Deutschlands kommt es zu Trauerfeierlichkeiten – der Funke der Rebellion springt auf die anderen Universitätsstädte über.

**➤ »Wir sind eine kleine radikale Minderheit«**

Folge dieses 2. Juni: Menschen in der Protestbewegung verstehen sich auf einmal als wichtige politische Macht. Stolz ziehen sie durch die Straßen, skandieren in Sprechchören, was Vertreter des »Establishments«

kurz zuvor über sie – abfällig gemeint – gesagt hatten: »Wir sind eine kleine radikale Minderheit.« Der SDS erlebt einen Mitgliederboom.

In dieser aufgeputschten Atmosphäre erklären in den zahlreichen Diskussionszirkeln viele, »etwas tun zu müssen, bevor es zu spät ist«. Es kommt zur »Gewaltdiskussion«. Man spricht darüber, ob man als Ausdruck des Protests zur Gewalt greifen darf – und falls ja, wie: Eier gegen Fassaden, Steine gegen Autos, Pudding gegen den amerikanischen Vizepräsidenten? Gibt es stärkere Formen des Widerstandes als Demonstrationen und Sit-ins, die legitim sind und mehr bewirken? Nicht wenige sind in diesen Tagen davon überzeugt, dass sie durch die bislang praktizierten Formen des Protestes mit ihren Themen wie »Vietnam«, »Notstandsgesetze« und »Macht des Springer Verlages« in der Öffentlichkeit nicht ausreichend wahrgenommen wurden. »Wir müssen provozieren«, fordert der Studentenführer Rudi Dutschke, »damit wir uns mehr als bisher Gehör verschaffen.« Der Satz »Gewalt gegen Personen: nein, Gewalt gegen Sachen: ja« macht die Runde. Ebenso die Parole: »Macht kaputt, was euch kaputt macht.«

Dieser Protestbewegung gegenüber steht die Staatsmacht: Sie meint, die Dinge mit Härte schon in den Griff zu bekommen. Politiker und Polizisten sind aber überfordert: Die Polizeiführung hat noch wenig Erfahrung mit derartigen Demonstrationen. Sie fühlt sich in dieser heißen Phase von der Politik im Stich gelassen, wie Polizeiführer später erklären. Für große Teile der Presse sind die Studenten nichts anderes als Radaubrüder. Bürger fordern auf Transparenten: »Raus aus dieser Stadt mit Dutschke–Teufel–Kunzelmann«.

Der Tod Benno Ohnesorgs ist ein Beschleunigungsfaktor für die Studentenbewegung. Ein Katalysator: Viele Kritiker des Systems sehen sich in ihrem vernichtenden Urteil über den Staat bestätigt. Der Polizei, so ihre Sicht der Dinge, gehe es in erster Linie darum, die Interessen der Mächtigen zu schützen – und aus Spaß an der Freude Demonstranten zu verdreschen. Sie fühlen sich bestätigt, als der Todesschütze am 21. November 1967 vom Berliner Landgericht vom Vorwurf der »fahrlässigen Tötung« freigesprochen wird. Unfassbar ist für sie, dass ein Student einfach von einem Beamten erschossen wird – bei der ersten Demonstration seines Lebens, ohne im Geringsten dabei gewalttätig gewesen zu sein.

Auch für Ensslin, Baader und Proll ist dieser 2. Juni ein Wendepunkt in ihrem Leben, der zu einer Radikalisierung führt: »Wir müssen uns bewaffnen!«, fordert Gudrun Ensslin noch an diesem Abend. Bald darauf tönt Andreas Baader unter Hinweis auf dieses Ereignis von »Aktionen«, die er »militant« gestalten möchte. Und für Thorwald Proll, der am 2. Juni erst dazukam, als »alle zurückliefen«, ist der Tod Ohnesorgs »ein Schock«.

Niemand ahnt damals – im Sommer 1967 –, dass schon wenige Jahre später Extremisten unter Hinweis auf den 2. Juni bomben und morden werden. Sie machen geltend, dass die Polizei zuerst geschossen habe: Das »Kommando 2. Juni« der RAF lässt fünf Jahre später zwei Bomben im Gebäude des Axel Springer Verlages in Hamburg explodieren. Achtunddreißig Verlagsmitarbeiter werden verletzt, Arbeiter und Angestellte. Im selben Jahr – 1972 – gründet sich die »Bewegung 2. Juni« in Berlin: 1974 erschießt sie den Berliner Kammergerichtspräsidenten Günther von Drenkmann.

## Dutschke-Attentat und Springer-Kampagne

Neben all den theoretischen Diskussionen und endlosen Demonstrationen versuchen die Studenten, vor allem zwei ihrer Ziele auch praktisch anzugehen: Springer und die Justiz.

Der Verleger Axel Cäsar Springer ist für die Studenten so etwas wie der »Buhmann der Nation«. Seine Zeitungen geben den demonstrierenden Studenten mit deutlichen Worten Zunder: *Bild* nennt sie am Tag nach dem Tod Benno Ohnesorgs »politische Halbstarke«: »Sie müssen Blut sehen. ... Wir haben etwas gegen SA-Methoden.« Das Blatt schreibt begeistert von »Polizeihieben auf Krawallköpfe, um den möglicherweise noch vorhandenen Grips locker zu machen«. Und Springers *BZ* erklärt an die Adresse der Studenten: »Wer Terror produziert, muss Härte in Kauf nehmen.«

Die Dinge eskalieren nach dem Dutschke-Attentat am 11. April 1968: An diesem Morgen steigt Josef Bachmann, dreiundzwanzig Jahre alt und von Beruf Anstreicher, kurz nach neun am Bahnhof Zoo aus dem Interzonenzug. Der schmale Mann mit den kurzen Haaren und dem akkuraten Scheitel ist aus München angekommen. In sich voller »Hass«, wie er es selbst formuliert, er »hat so eine Wut« – auf die Studenten und ihren charismatischen Vordenker Rudi Dutschke: Der versteht es mit seinen Reden wie kein anderer, die Menschen auf die Straße zu bringen.

Der Anstreicher begibt sich auf die Suche nach dem Studentenführer. Am Nachmittag entdeckt er den Achtundzwanzigjährigen ganz in der Nähe seiner Wohnung Kurfürstendamm 140: Rudi Dutschke ist mit dem Fahrrad auf dem Weg zu einer Apotheke, will Nasentropfen für seinen drei Monate alten Sohn Hosea Che kaufen. Bachmann spricht ihn an:

»Sind Sie Rudi Dutschke?« – »Ja.« Bachmann schimpft: »Du dreckiges Kommunistenschwein«, und reißt einen Revolver aus seiner Jackentasche. Drei Mal drückt er ab. Trifft Dutschke in Wange, Kopf und Schulter. Schwer verletzt bricht Rudi Dutschke zusammen, richtet sich noch einmal auf. Er schreit nach Vater und Mutter. Ruft: »Ich muss zum Friseur, muss zum Friseur!« Seine letzten Worte sind »Soldaten, Soldaten«, bevor er in eine tiefe Bewusstlosigkeit fällt.[14] Kurz darauf wird Bachmann von der Polizei verhaftet.

Die Radiomeldungen des Senders Freies Berlin und des RIAS über den Anschlag auf die Symbolfigur versetzten die Stadt in Aufruhr. Die Studenten sind bestürzt: Genau vor einer Woche war der Führer der amerikanischen Bürgerrechtsbewegung Martin Luther King von einem Attentäter in Memphis (Tennessee) erschossen worden.

Für sie ist der Anschlag ein »erneuter manifester Gewaltausbruch des Systems«, resümiert Gerhard Bauß, Chronist der Studentenbewegung. Wenige Stunden nach dem Anschlag erklärt der SDS auf einem Flugblatt: »Ungeachtet der Frage, ob Rudi das Opfer einer politischen Verschwörung wurde: Man kann jetzt schon sagen, dass dieses Verbrechen nur die Konsequenz der systematischen Hetze ist, welche Springer-Konzern und Senat in zunehmendem Maße gegen die demokratischen Kräfte in dieser Stadt betrieben haben.«

Zehntausende demonstrieren in den nächsten Tagen in Berlin gegen Verlag und Verleger. Sie ziehen vors Verlagsgebäude. Sprechchöre brüllen »Springer – Mörder« und »Enteignet Springer«. Barrikaden werden errichtet. Springer-Fahrzeuge brennen.

Der Funke springt auf Westdeutschland über: In über zwanzig Städten marschieren Menschen gegen Springer. Sie versuchen, die Auslieferung der *Bild*-Zeitung zu verhindern. Springer-Gegner stecken Zeitungstransporter in Brand und zertrümmern Scheiben von Verlagsniederlassungen. Die schlimmsten Straßenschlachten seit der Weimarer Republik: In München werden bei schweren Ausschreitungen gegen den Verlag zwei Menschen getötet. Der Student Rüdiger Schreck und der Pressefotograf Klaus Frings. Viele Demonstranten sind in diesen Tagen davon überzeugt: Gegen die »Gewalt des Systems« ist Gewalt erlaubt.

## Die Justizkampagne

### ➤ Der Gerichtssaal als politische Bühne

Je mehr die Studentenbewegung an Fahrt gewinnt, desto mehr Studenten landen vor den Strafgerichten. Angeklagt vor allem wegen Ausschreitungen bei Demonstrationen und des Inhalts von Flugblättern. Für die Studenten ist die Justiz die Inkarnation der verhassten Staatsgewalt: Sie wendet deren Gesetze an. In den Gerichtssälen stehen die Revoltierenden den »Staatsdienern« unmittelbar gegenüber. Auge in Auge. Ähnlich wie den Polizisten auf der Straße. Aber vor Gericht fühlen sie sich stärker, weil nicht körperliche Gewalt zählt. Sondern Worte. Mitunter auch Gesten. So setzen die Angeklagten alles daran, der Justiz ihre geballte Missachtung deutlich zu machen und sie »zu entlarven« – als Instrument der »herrschenden Klasse«. Sie wollen die Richter bloßstellen. Ebenso ihre »überkommenen« Rituale. Wie zum Beispiel die Pflicht des Angeklagten, sich zu erheben, wenn die Richter den Saal betreten oder ein Zeuge vereidigt wird. Zu dieser Form von »Hochachtung« sind sie nicht bereit. Weder gegenüber den Richtern, die sie verurteilen, noch gegenüber den Zeugen, die sie belasten. Ihr Ziel: die Gerichtssäle zur politischen Bühne zu machen – vor den anwesenden Journalisten und den Zuhörern, überwiegend politischen Freunden. Sie nehmen die Justiz auf die Schippe, machen aus Strafverfahren »Justizhappenings« und degradieren dabei mitunter Richter und Staatsanwälte zu hilflosen Statisten. Baader und Co. nehmen sich vor, dieser Justizkampagne ein neues Kapitel hinzuzufügen – in dem Strafverfahren, das gegen sie in Frankfurt ansteht.

Einige der Protagonisten der Justizkampagne agieren brachialschlicht. Zum Beispiel Karl Heinz Pawla mit seinem legendären Sprung auf den Moabiter Richtertisch. Dort angekommen, lässt er seine Hose herunter, geht in die Hocke und setzt einen Haufen auf den Arbeitsplatz des Richters. Für den Angeklagten ist damit alles ausgedrückt, was ihm zum Thema Justiz einfällt. Mit den Akten wischt er sich den Hintern ab.

### ➤ Der Teufel im Gerichtssaal

Meistens jedoch beschränkten sich die Angeklagten auf Worte. Als ein Großmeister derer geht Fritz Teufel in die Geschichte ein. Legendär ist seine Antwort auf die Aufforderung des Vorsitzenden zu Beginn der Verhandlung, sich zu erheben: Alle im Saal waren aufgestanden, als die Richter in ihren schwarzen Roben den Saal betraten. Nur Fritz Teufel sitzt ungerührt auf seinem Platz. Vertieft in eine Zeitung. »Erheben Sie sich«, verlangt der Vorsitzende. Der Angeklagte blickt überrascht über den Rand seiner Zeitung. Im Zeitlupentempo steht er langsam auf und murmelt dabei: »Na gut, wenn's der Wahrheitsfindung dient.« Seine Art Justizrituale auf die Schippe zu nehmen.

Ein anderes Mal bleibt er wieder sitzen und erwidert auf die Aufforderung des Vorsitzenden, sich zu erheben: »Wissen Sie, ich habe so viele Verfahren, dass es eine ernsthafte Beeinträchtigung meiner Gesundheit wäre, wenn ich immer stehen würde.« Der Vorsitzende resigniert. Künftig darf Teufel sitzen bleiben.

»Es geht nicht darum, juristisch zu gewinnen – du musst politisch gewinnen, für dich«, lautet die teufelische Devise. Er will aus Prozessen eine politische Aktion machen. Die Justizautorität demontieren – vor den Augen der Öffentlichkeit.

Und das ist gar nicht so schwer. Der deutsche Strafprozess weist dem Angeklagten eine klar definierte Rolle zu: Er hat sich zu erheben, wenn das Gericht den Saal betritt. Darf nur reden, wenn er gefragt wird. Hat nicht unverschämt zu werden – zu denen, die über ihn und seine Zukunft richten. Hält sich der Angeklagte nicht daran, hilft ihm das Gericht auf die Sprünge – mit »Zuchtmitteln«. Es verhängt Ordnungsstrafen: Geldstrafe oder Haft.

Dieses System des Strafverfahrens kommt aber dann ganz schnell ins Wanken, wenn ein Angeklagter, der sich nicht in diese Rolle fügt, keine Angst vor den Ordnungsstrafen hat – weil er sie in Kauf nimmt, sie für sein Auftreten einkalkuliert hat. Und genau dieses Spiel beherrscht Fritz Teufel meisterhaft: Er erkennt die vom System den Richtern und Staatsanwälten zugedachte Autorität nicht an. Egal, was er sich dafür an Ordnungsstrafen einfängt. Seinem scharfen Witz sind die Juristen oft nicht gewachsen. Er übergießt sie mit beißendem Spott. Für viele Zuschauer und Berichterstatter ist er der Gewinner der Wortgefechte.

Sein Berufswunsch war »humoristischer Schriftsteller«, als er 1963 aus dem schwäbischen Ludwigsburg zum Studium nach Berlin zog. Die Studentenbewegung macht ihn zum »humoristischen Angeklagten«: Er studiert Publizistik und Germanistik, schließt sich dem SDS an, ist Mitbegründer der Kommune I. »Meine Aufgabe in der K I bestand darin, im Gefängnis zu sitzen«, beschreibt Teufel später seine Rolle. Seine wahre Bedeutung für die Bewegung lag jedoch in seinen Auftritten in den Gerichtssälen. Er versteht es, Sachverhalte kurz und bündig auf einen Nenner zu bringen. Stets sitzt ihm der Schalk im Nacken. Blickt man heute auf die Studentenbewegung zurück, prägte er sie neben Rudi Dutschke wie kein anderer. Fritz Teufels Umgang mit der Justiz ist auch Vorbild für Baader und Co. in dem Frankfurter Strafverfahren. »Das versteht sich von selbst«, sagt Thorwald Proll.

Baader, Ensslin und Proll verfolgten in Berlin die Teufel-Auftritte, über die auch die Zeitungen ausführlich berichteten. Der Teufel auf der Anklagebank: Da ist immer etwas los! Verfahren mit hohem Unterhaltungswert. Beispielsweise im November 1967. In Moabit geht es um die

*»Du musst politisch gewinnen«: Fritz Teufel zwischen Verteidiger Horst Mahler und Mutter Lieselotte*

Beteiligung Fritz Teufels an den Krawallen am 2. Juni 1967. Der Staatsanwalt wirft ihm vor, einen Stein auf einen Polizisten geschleudert und ihn verletzt zu haben.

Erster Verhandlungstag, 27. November 1967. Massenauflauf vor dem Kriminalgericht in Moabit. Über eintausend Studenten demonstrieren. Ihre Parole: »Treibt Moabit den Teufel aus!« Die Sprechchöre schallen in den Verhandlungssaal hoch. Einem Raum voller Ornament-Prunk aus der Zeit Kaiser Wilhelms. Dort hockt Fritz Teufel im »Happening«-Outfit auf der Anklagebank: in einem violetten, weit aufgeknöpften Hemd – mit einem viel zu knappen weißen Samtjäckchen drüber. Der Vorsitzende Richter Günter Pahl fragt ihn mit strenger Miene: »Haben Sie Handlungen gegen Polizisten begangen?« Teufel antwortet: »Als sie mich an den Haaren hochzogen und wegtrugen, habe ich ›Aua‹ geschrien.« – »Nein, ich meine: getreten«, hakt der Vorsitzende nach – »gebissen?« – »Ich werde mich hüten, einen Polizisten zu beißen«, erwidert

Teufel mit Unschuldsmiene: »Wir haben nichts gegen die Polizei: im Gegenteil. Ich glaube, ein Polizist würde viel lieber, statt Studenten zu verprügeln, seinen Vorgesetzten in den Arsch treten.«

Die Aussagen der Polizeizeugen widersprechen sich. Passen einfach nicht zusammen. Der Staatsanwalt versucht wortreich zu erklären, dass doch alles zusammenpasse und der Angeklagte des Steinwurfs überführt sei. Teufel ermahnt ihn: »Sie haben die Chance, vom Kurs der Rechtsbrechung zum Kurs der Rechtsprechung überzugehen.« Für diesen Satz kassiert Teufel vier Tage Ordnungshaft.

In der Sache allerdings folgt das Gericht Fritz Teufel: Nachdem die Richter eine Reihe von Zeugen gehört haben, die erklären, dass Teufel nicht mit Steinen geschmissen habe, heben sie am 1. Dezember 1967 den Haftbefehl auf. Eine schallende Ohrfeige für den Staatsanwalt. Hunderte Anhänger begrüßen Teufel freudig am Moabiter Gefängnisportal. Er trägt – passend zur Vorweihnachtszeit – einen Adventskranz auf dem Kopf. Drei Wochen später wird er freigesprochen: Ihm ist tatsächlich nichts nachzuweisen.

Keine drei Monate später, am 4. März 1968, muss Fritz Teufel schon wieder auf der Anklagebank im Moabiter Kriminalgericht Platz nehmen. Zusammen mit Rainer Langhans. Der Vorwurf: Gemeinsam mit anderen hätten die beiden Flugblätter verfasst, in denen zur »menschengefährdenden Brandstiftung« aufgefordert worden sei. Der zweite Anlauf der Justiz in dieser Sache – das erste Verfahren war eingestellt worden. Teufel erscheint in einem langen orangefarbenen Kittel. Oben ragt ein violetter Mao-Kragen heraus. Die »totale Schändung der abendländischen Kleiderordnung« – wie es *Der Spiegel* befindet – erreicht er dadurch, dass er das schreiende Orange durch dunkle Nadelstreifenhosen kontrastiert. An deren Ende leuchten gelbe Socken. Der Vorsitzende Schwerdtner ahnt, was auf ihn zukommt. Und so ermahnt er Teufel gleich zu Beginn der Verhandlung: »Jede Unverschämtheit wird mit einer Ordnungsstrafe geahndet!«

Doch der lässt sich davon nicht beeindrucken. Wieder einmal. Er erklärt, die Flugblätter seien eindeutig Satire gewesen. Alles andere als eine Aufforderung zu einer Straftat – und fährt fort: »Wir waren dann aber doch sehr verwundert und auch belustigt über die Anklageschrift von Oberstaatsanwalt Kuntze. Wir hielten sie für eine so großartige Satire auf die Justiz, dass wir sie und auch die zweite Anklageschrift abgedruckt haben. Ich habe sie mitgebracht: Sie können sie für zwei Mark bei mir kaufen!« Aber weder die Richter noch der Staatsanwalt wollen die Anklageschrift des Verfahrens beim Angeklagten kaufen.

Schon bald langweilt Fritz Teufel das Geschehen im Gerichtssaal. Er schlägt eine Tageszeitung auf und vertieft sich in sie. »Legen Sie die Zeitung weg«, fordert ihn der Vorsitzende auf – verärgert über die Missachtung des Gerichts. Teufel zögert. »Sonst erhalten Sie eine Ordnungsstrafe«, versucht der Vorsitzende seinen Worten Nachdruck zu verleihen. »Wieso soll ich nicht Zeitung lesen?«, fragt Teufel scheinbar überrascht: »Der Staatsanwalt Kuntze hat beim ersten Prozess sogar gepennt.« Gericht und Staatsanwalt sind sprachlos. Nicht aber Teufel, der ungerührt fortfährt: »Ich glaube, wir müssen mal eine Ordnungsstrafendebatte machen.«

Danach aber steht dem Vorsitzenden nicht der Sinn. Er verhängt Ordnungsstrafen ohne Debatte. In den ersten drei Tagen des Prozesses kassieren Teufel und Langhans sechs Tage Ordnungshaft. Für sie gehört das zum gewöhnlichen Prozessverlauf.

Munter machen sie weiter: Über die Worte des Vorsitzenden murren Studenten auf den Zuschauerbänken. Da richtet sich der Angeklagte Langhans auf, blickt die Prozessbeobachter streng an und sagt im Tonfall des Vorsitzenden: »Ich verwarne die Zuhörer ein letztes Mal.« Darüber muss selbst der Vorsitzende schmunzeln – aber jetzt knöpft Langhans sich ihn vor: »Können Sie sich solche Dinge nicht verkneifen, Herr Vorsitzender?«

Das Gericht hört einen Psychologen als Sachverständigen. Fritz Teufel meldet sich: »Eine Zusatzfrage.« Der Vorsitzende gibt ihm das Wort. »Gibt es in der Psychiatrie eine Krankheit, die man umschreiben könnte mit ›krankhaftem Verhängen von Ordnungsstrafen‹?«, fragt Teufel den Sachverständigen: »Sind Fälle bekannt, und welche Therapie würden Sie vorschlagen?« Der Vorsitzende Schwerdtner empfindet schon das Stellen dieser Frage als Unverschämtheit und greift wieder zu seinem Zuchtmittel: Ordnungshaft. Zwei Tage für Fritz Teufel. Das beeindruckt den nicht im Geringsten. Genauso wenig wie Baader & Co. demnächst.

# 6. Kapitel: Flugblätter – »Wann brennen die Berliner Kaufhäuser?«

In dem Strafverfahren gegen Fritz Teufel und Rainer Langhans geht es um die vier so genannten Kaufhausbrand-Flugblätter der Kommune I. Sie tragen die Zahlen 6 bis 9 – entsprechend der fortlaufenden Nummerierung der K-I-Flugblätter. Fritz Teufel, Rainer Langhans und andere hatten sie am 24. Mai 1967 vor der Mensa der Freien Universität verteilt. In den vier Texten geht es um den Brand zwei Tage zuvor in dem Brüsseler Kaufhaus »A l'Innovation« – zu Deutsch: »Zur Erneuerung«. In dem Flammenmeer waren 251 Menschen ums Leben gekommen. Die Ursache des Brandes ist ungeklärt, als Fritz Teufel und Rainer Langhans munter drauflostexten:

»Neue Demonstrationsformen in Brüssel erstmals erprobt«, formulieren sie die Überschrift des Flugblatts Nummer 6: »In einem Großhappening stellten Vietnamdemonstranten für einen halben Tag kriegsähnliche Zustände in der Brüssler Innenstadt her.« Dieser Brand könne dazu führen, wird in dem Text – der von den Kommunarden erfundene – »Maurice L.« wiedergegeben, »dass andere Gruppen in anderen Städten wegen der Durchschlagskraft dieses Großhappenings nicht nur in Belgien zu ähnlichen Aktionen ermuntert würden«.

Das Flugblatt 7 trägt die Überschrift »Warum brennst Du, Konsument?«. Daneben steht: »NEU! ATEMBERAUBEND! NEU! ATEMBERAUBEND! NEU! ATEMBERAUBEND!« Die Kommunarden schreiben: »Ein brennendes Kaufhaus mit brennenden Menschen vermittelte zum erstenmal in einer europäischen Großstadt jenes knisternde Vietnam-Gefühl (dabei zu sein und mitzubrennen), das wir in Berlin bislang noch missen müssen. Skeptiker mögen davor warnen, ›König Kunde‹, den Konsumenten, den in unserer Gesellschaft so eindeutig Bevorzugten und Umworbenen, einfach zu verbrennen. ... Sosehr wir den Schmerz der Hinterbliebenen in Brüssel mitempfinden: wir, die wir dem Neuen aufgeschlossen sind, können, solange das rechte Maß nicht überschritten wird, dem Kühnen und Unkonventionellen, das, bei aller menschlicher Tragik, im Brüssler Kaufhausbrand steckt, unsere Bewunderung nicht versagen.«

Die Frage »Wann brennen die Berliner Kaufhäuser?« ist die Überschrift des Flugblatts Nummer 8. »Bisher krepieren die Amis in Vietnam für Berlin. Uns gefiel es nicht, dass diese armen Schweine ihr Coca-Cola-Blut im vietnamesischen Dschungel verspritzen mussten. Deshalb trottelten wir anfangs mit Schildern durch leere Straßen und warfen ab und zu Eier ans Amerikahaus, und zuletzt hätten wir gern HHH[15] in Pudding sterben sehen. Den Schah pissen wir vielleicht an, wenn wir das Hilton stürmen, erfährt er auch einmal, wie wohltuend eine Kastration ist, falls überhaupt noch was dranhängt ... es gibt da so böse Gerüchte. Ob leere Fassaden beworfen, Repräsentanten lächerlich gemacht wurden – die Bevölkerung konnte immer nur Stellung nehmen durch die spannenden Presseberichte. Unsere belgischen Freunde haben endlich den Dreh raus, die Bevölkerung am lustigen Treiben in Vietnam wirklich zu beteiligen: sie zünden ein Kaufhaus an, zweihundert saturierte Bürger beenden ihr aufregendes Leben, und Brüssel wird Hanoi. Keiner von uns braucht mehr Tränen über das arme vietnamesische Volk bei der Frühstückszeitung zu vergießen. Ab heute geht er in die Konfektionsabteilung von KaDeWe, Hertie, Woolworth, Bilka oder Neckermann und zündet sich diskret eine Zigarette in der Ankleidekabine an. Dabei ist es nicht erforderlich, dass das betreffende Kaufhaus eine Werbekampagne für amerikanische Produkte gestartet hat, denn wer glaubt noch an das ›Made in Germany‹?

Wenn es irgendwo brennt in der nächsten Zeit, wenn irgendwo eine Kaserne in die Luft geht, wenn irgendwo in einem Stadion die Tribüne einstürzt, seid bitte nicht überrascht. Genauso wenig wie beim Überschreiten der Demarkationslinie durch die Amis, der Bombardierung des Stadtzentrums von Hanoi, dem Einmarsch der marines in China.

Brüssel hat uns die einzige Antwort darauf gegeben:

burn, ware-house[16], burn!
Kommune I (24. 5. 67)«

Über diese Flugblätter hatten die Berliner Zeitungen ausführlich berichtet. Zu Beginn der Verhandlung fragt Landgerichtsdirektor Walter Schwerdtner den Angeklagten Teufel, weshalb er das Flugblatt verfasst habe. Er antwortet: »Wir wollten den Leuten wieder mal Gelegenheit geben, die Wirrköpfe und Radikalinskis angewidert zu beobachten und nach dem Kadi zu schreien.« Oberstaatsanwalt Kuntze, ein schmaler Mann mit markantem Gesicht, fragt vorsichtig: »Wenn nun irgendjemand auf den Gedanken gekommen wäre, das zu probieren, was in den Flugblättern steht, eine Zigarette in einer Umkleidekabine eines Warenhauses anzuzünden?« Teufel reagiert auf die Frage verwundert: »Ich muss sagen, es ist keiner auf den Gedanken gekommen, dass man das tun könnte – bis auf den Herrn Staatsanwalt. Der hat es aber auch nicht getan, sondern eine Anklageschrift verfasst!«

Der Staatsanwalt fragt weiter: »Wenn man bei uns ein tieferes Verständnis für Vietnam gewinnt, würde sich in Vietnam etwas ändern?« – »Nein«, antwortet Rainer Langhans – »aber hier.«

Am zweiten Verhandlungstag stehen Kommunarden vor dem Gerichtsgebäude und verteilen Flugblätter: »Ihr Murmelgreise und Schleimscheißer des Rechts. Wir werden euch die Ohren abschneiden, ihr Rechtsdiener.« Im Verhandlungssaal 500 erklärt der Vorsitzende Schwerdtner, aufgrund des Auftretens der Angeklagten am ersten Verhandlungstag halte es die Strafkammer für notwendig, sie auf ihren Geisteszustand untersuchen zu lassen. Fritz Teufel meldet sich zu Wort: »Ich stimme der Untersuchung zu, wenn die Mitglieder des Gerichts sich ebenfalls psychiatrisch untersuchen lassen.« Tobender Applaus auf den Zuschauerbänken. Der Vorsitzende lässt den Saal räumen. Wegen der angeordneten Untersuchung der Angeklagten wird das Strafverfahren abgebrochen.

Im zweiten Anlauf, ein dreiviertel Jahr später, kommt die sechste große Strafkammer des Landgerichts Berlin zu dem Ergebnis, dass die »verbreiteten Flugblätter objektiv geeignet waren, in einem nicht unerheblichen Teil der Empfänger den Willen hervorzurufen, in Berliner Kaufhäusern Brand zu legen«. Jedoch kann die Kammer ihnen »nicht mit der für eine Verurteilung erforderlichen Sicherheit« den Vorsatz – also das Wollen im eigenen Kopf – nachweisen, dass die Leser »einen Entschluss zur Begehung von Brandstiftungen fassten«.[17]

So spricht das Landgericht Berlin am 22. März 1968 Fritz Teufel und Rainer Langhans vom Vorwurf der »Aufforderung zur menschengefährdenden Brandstiftung« frei. Auf Kosten der »Landeskasse Berlin«. Keine zwei Wochen später brennen die Kaufhäuser in Frankfurt.

# 7. Kapitel: Der Kaufhausbrandstifter-Prozess

Ein halbes Jahr nach der Verhaftung von Baader, Ensslin, Proll und Söhnlein ist es so weit: Am 14. Oktober 1968 beginnt vor der vierten großen Strafkammer des Frankfurter Landgerichts der »Kaufhausbrandstifter-Prozess«. Der Vorwurf: »Menschengefährdende Brandstiftung«. Paragraph 306 des Strafgesetzbuches.

## Tohuwabohu im Gerichtssaal

Die Angeklagten werden aus der Untersuchungshaft vorgeführt: Gudrun Ensslin ist blass und trägt eine weinrote Kunstlederjacke im Military-Look. Sie lächelt entschlossen und überlegen. Baader lümmelt lässig auf der Anklagebank, grinst über beide Backen wie ein Honigkuchenpferd und wirft mit Bonbonpapier. Horst Söhnlein und Thorwald Proll erscheinen im blauen Anstaltsdrillich. Auf eigenen Wunsch. »Als Agitation«, sagt Proll. In der einen Hand hält er eine dicke Zigarre, in der anderen eine Mao-Bibel. Auch der Schauspieler Söhnlein gefällt sich sichtlich in seiner Rolle: Entschlossen blickt er in die Kameras der Fotografen. Aus Berlin sind als Verteidiger Otto Schily und Professor Heinitz für Gudrun Ensslin angereist. Sowie Horst Mahler für Andreas Baader.

Die vier Angeklagten sind auf Klamauk gebürstet. Sie haben ein »Justizhappening« im Sinn. In der teufelischen Art. Aber auf ihre Weise. Wegen des großen Zuschauerandrangs kann der Prozess im neuen Schwurgerichtssaal nicht pünktlich um neun Uhr beginnen. Thorwald Proll schnappt sich das vor ihm stehende Mikrophon. Es ist bereits eingeschaltet. Er brüllt in den Saal: »Zoebe, Zoebe, wo bleibst du?«

Gerhard Zoebe ist der Vorsitzende der großen Strafkammer. Er erscheint mit fünfzehn Minuten Verspätung – im Gefolge seine vier Beisitzer. Der Landgerichtsdirektor ist fünfundfünfzig, könnte also der Vater eines jeden der Angeklagten sein. In Frankfurter Strafjustizkreisen gilt er als liberal. Doch locker ist er an diesem Morgen nicht. Als Erstes fordert er die Angeklagten auf, »ihre volle Geisteskraft« dem Prozess zuzuwenden. Es gehe um eine »ernste Sache«. »Jedwede Störung ist zu un-

*Die »Kaufhausbrandstifter« auf der Anklagebank – 14. Oktober 1968: Ensslin, Baader, Proll und Söhnlein*

terlassen«, ermahnt er die Angeklagten streng, »und gegebenenfalls mit entsprechenden Ordnungsmaßnahmen zu rechnen.« Die vier grinsen. Für sie ist die Verhandlung ein »Spiel«. Sie haben den Wunsch – wie es Proll formuliert –, »das Ganze spielerisch aufzulösen und die autoritären Strukturen zum Übereinanderfallen zu bringen«.

Gerhard Zoebe fragt Gudrun Ensslin nach ihrer Vergangenheit. »Warum fragen Sie, was Sie schon wissen?«, blafft sie ihn an. Ihre Nasenflügel heben sich kämpferisch und hochmütig. Der Vorsitzende wendet sich dem nächsten Angeklagten zu:

»Und Sie sind Herr Baader ...« Thorwald Proll steht auf und sagt »Ja«. Der Vorsitzende bemerkt seinen Irrtum nicht und fährt fort: »Sie sind geboren am 6. Mai 1943 ...« – »Nein«, unterbricht ihn der Angesprochene. »Ich bin geboren 1789« – dem Jahr der Französischen Revolution. Staatsanwalt Griebel greift ein. Er hat die Komödie bemerkt. Proll erklärt sich: »Wieso, zwischen uns ist doch kein Unterschied ...« Das findet der Vorsitzende aber schon. Gegen Proll und Baader verhängt er drei Tage Ordnungshaft. Proll kontert: »Ich erhöhe auf vier!«

Gegen die Ordnungshaft legt Proll später Beschwerde ein. Seine Begründung: Das Gericht habe »den Sinngehalt der Äußerung nicht verstanden«. Das finden die Richter des Oberlandesgerichts Frankfurt[18] aber nicht. Sie bestätigen die drei Tage Extra-Knast: »Mit der Angabe des unrichtigen Namens und Geburtsdatums wollte der Angeklagte seine Gleichgültigkeit gegenüber dem gegen ihn geführten Verfahren zu erkennen geben und das zur Wahrheitsermittlung verpflichtete Gericht hiermit herausfordern, um es vor den Augen der übrigen Anwesenden lächerlich zu machen. Damit hat der Angeklagte dem Gericht seine Missachtung zum Ausdruck gebracht.«

Abwegig sei auch der Einwand, urteilen die Oberlandesrichter, »der Angeklagte habe, als er auf die Frage nach seinem Geburtsjahr ›1789‹ antwortete, lediglich auf die Französische Revolution und deren Bedeutung für seinen politischen Standort hinweisen wollen. Hierzu bestand in diesem Stadium der Verhandlung weder Anlass, noch war der Angeklagte gefragt worden. Auch mit der Nennung dieses – für seine Person ersichtlich unmöglichen – Geburtsdatums wollte er sich über das Gericht lustig machen.«

Nachdem Zoebe die Ordnungshaft gegen Proll und Baader verkündet hat, weist er die Wachtmeister an, die beiden aus dem Gerichtssaal zu bringen. Sie leisten Widerstand. Vier Justizbeamte brechen ihn mit Gewalt. Kaum sind die beiden draußen, steht Söhnlein auf: »Aus Solidarität zu meinen Genossen …«, und drängt an den Wachtmeistern vorbei zur Tür. Drei Beamte stürzen sich auf ihn, ziehen ihm die Drillichjacke über den Kopf. Er wehrt sich mit Leibeskräften. Hat aber keine Chance. Sie legen ihm Handschellen an und drängen ihn hinaus. In der Tür fragt er: »Gibt es jetzt Schläge?« – »Vielleicht«, entfährt es einem wütenden Wachtmeister. Die Verteidigung lässt das zu Protokoll nehmen. Auch Söhnlein erhält drei Tage Ordnungsstrafe.

Kurz darauf lässt der Vorsitzende Horst Söhnlein wieder hereinführen, da er ihn zu seiner Person vernehmen will. Aber dem Angeklagten steht nicht der Sinn danach: »Ich werde weder zur Person noch zur Sache etwas aussagen.« – »Abführen«, befielt der Landgerichtsdirektor. »Heil Ordnung«, brüllt Söhnlein und lässt sich hinausbringen.

Als alle vier wieder auf der Anklagebank sitzen, schweigen sie zu den Vorwürfen. Die beiden ersten Verhandlungstage laufen nicht gut für sie. Zeugen belasten sie. Auch die in Gudrun Ensslins Reisetasche gefundenen Bomben-Wecker-Teile sprechen eine klare Sprache.

Der dritte Verhandlungstag bringt eine Wende: Gleich nach Beginn der Sitzung beantragt Professor Heinitz, der zusammen mit dem sechsunddreißigjährigen Otto Schily Gudrun Ensslin verteidigt, die Sitzung zu unterbrechen. »Für eine Unterredung mit den Angeklagten«, erklärt er. Der Vorsitzende Zoebe stellt ihnen das Beratungszimmer der Richter zur Verfügung. Dort berichtet Heinitz den Angeklagten und ihren Verteidigern, Zoebe habe ihm unter vier Augen gesagt, alles spräche im Augenblick gegen die Angeklagten. Wenn sie nichts zugäben, müsse das Gericht dieses »Nichtzugeben« straferhöhend berücksichtigen. Könnten sie sich aber zu einem Teilgeständnis durchringen, würde sich das strafmildernd auswirken. »So sollten wir es machen«, sind sich die Anwesenden einig.

Und so meldet sich wenige Minuten später Gudrun Ensslin im Gerichtssaal zu Wort: »Im Einverständnis mit Andreas Baader will ich etwas erklären«, beginnt sie: »Er und ich haben es im Kaufhaus Schneider getan. Keiner der anderen war es.« Niemand von den Angeklagten sei im Kaufhof gewesen. »Wir haben es getan aus Protest gegen die bewusste Gleichgültigkeit der Bevölkerung gegenüber dem Krieg in Vietnam«, fährt Gudrun Ensslin fort. Es sei nicht ihre Absicht gewesen, Menschen zu gefährden, sondern nur Sachen zu beschädigen. »Protest gegen den Krieg in Vietnam nur mit Worten: Das bedeutet nichts. Wir haben gelernt, dass Reden ohne Handeln Unrecht ist. Das Ganze mag ein Fehler gewesen sein«, räumt sie ein und blickt die fünf Richter an: »Aber darüber werde ich nicht mit Ihnen diskutieren. Sondern mit anderen.« Ihr Fazit: »Ich interessiere mich nicht für ein paar verbrannte Schaumstoffmatratzen. Ich rede von verbrannten Kindern in Vietnam.«

Nach ihr ergreift Andreas Baader das Wort: »Ich gebe zu, am 2. April nach Ladenschluss im Kaufhaus Schneider in einen altdeutschen Schrank eine Tüte gelegt zu haben, in der eine Maschine war. Sie sollte den Schrank zerstören. Aber nicht mehr. Wir hatten nicht den Vorsatz, Menschen zu gefährden oder auch nur einen wirklichen Brand zu verursachen.«

Baader kommt auf die außerparlamentarische Opposition zu sprechen: Er habe die Gefahr gesehen, dass sie vom System »gefressen und verdaut« werde, wenn man nicht zur »Aktion« überginge. Doch die Aktion der Kaufhaus-Brandstiftung sei ein »Schlag ins Wasser« gewesen. In der Öffentlichkeit sei alles ruhig geblieben, der SDS sei entsetzt gewesen, habe sich von der Tat distanziert. »Der SDS ist zu einem lahmen Verein abgesackt.« Baaders Fazit – er verkündet es resigniert: »Damit ist bewiesen, dass die revolutionäre Bewegung in der Bundesrepublik tot ist.«

Die in jeder Hinsicht ungewöhnliche Gerichtsverhandlung geht weiter: Bernward Vesper wird als Zeuge in den Saal gerufen. Gudrun Ensslins Exverlobter. Er kommt in Cowboy-Stiefeln und mit einem Strauß roter Rosen, überreicht ihn der Angeklagten und küsst sie. »Wir merkten, dass

Kriege stattfinden, an denen das deutsche Kapital beteiligt ist«, erklärt der Zeuge in seinem einstündigen flammenden »Plädoyer« für die Angeklagte. »Wir konnten uns dem nicht verschließen, was draußen politisch vorging.« Die Verbrechen in den Konzentrationslagern seien so ungeheuerlich, dass wir sie zu unseren Lebzeiten nie bewältigen würden. »Auf Auschwitz folgte Vietnam.« Und dort betrieben die USA »Völkermord«.

*Anneliese Schober,* Abteilungsleiterin im Kaufhaus Schneider, erkennt die Angeklagte Ensslin eindeutig wieder, als die Frau, die vor einem halben Jahr kurz nach halb sieben in dem Kaufhaus an ihr und ihren Kolleginnen vorbeiraste. Und fügt hinzu, mit einem kurzen Blick auf die Angeklagte: »Allerdings sieht sie jetzt besser aus als damals« – nach einem halben Jahr in der Zelle.

Der Sachverständige Dr. Redhardt, der die Verhandlung beobachtet hatte, attestiert den vier Angeklagten »uneingeschränkte Zurechnungsfähigkeit«. Nur Gudrun Ensslin hatte sich von ihm untersuchen lassen. Sein Fazit der zweitägigen Untersuchung: Sie »ist hochbegabt und eine charakterlich integre Persönlichkeit«. Die anderen drei, erklärt der Akademische Oberrat und Facharzt für Psychiatrie und Neurologie, hätten eine Untersuchung abgelehnt. Proll habe ihm aber den Vorschlag gemacht, statt seiner »die Richter auf ihre Zurechnungsfähigkeit untersuchen zu lassen«.

Die Angeklagten kassieren eine Ordnungsstrafe nach der nächsten, weil sie nicht aufstehen, wenn das Gericht den Saal betritt oder Zeugen vereidigt. Insgesamt ein Dutzend. Standardsatz: drei Tage Haft. Gleich zu Beginn der Verhandlung hatte der Vorsitzende den Angeklagten »vorsorglich« erklärt, wie einfach das Auf-nieder-Prinzip in deutschen Gerichtssälen funktioniert: »Wenn das Gericht steht, haben alle zu stehen.« Aber die Angeklagten wollen nun eben nicht »mitspielen«. Die von Zoebe verhängten Ordnungsstrafen werden später vom Oberlandesgericht Frankfurt bestätigt. Das Aufstehen der Angeklagten im Gerichtssaal sei unverzichtbar, urteilen die Richter des Oberlandesgerichts, »um auf diese Weise die Wichtigkeit der Eidesleistung augenfällig zu unterstreichen«. Durch das Sitzenbleiben werde »die sachliche Tätigkeit des Gerichts gröblich gestört«. Um sich die Arbeit möglichst einfach zu machen, hatte sich Richter Zoebe eigens für dieses Verfahren ein Ordnungsstrafen-Formular angefertigt: Nur noch Namen, Handlung, Datum, Uhrzeit und die Anzahl der Ordnungshaft-Tage muss er einsetzen. Unterschrift darunter – fertig. Trotz dieser Strafen am laufenden Band bleiben die Angeklagten sitzen. Zoebe resigniert nach einiger Zeit. Sieht ein, dass die Angeklagten ordnungsstrafenimmun sind. So entschließt er sich, fortan die »Ungehörigkeiten einfach zu übersehen«, um das Verfahren »nicht immer wieder unterbrechen zu müssen«.

Rechtsanwalt Horst Mahler zeigt sich solidarisch mit den Angeklagten. Bei Vereidigungen bleibt auch er sitzen. Zoebe gibt ihm »Gelegenheit, sich zu erklären«. »Auch in Zukunft werde ich nicht aufstehen«, antwortet der Anwalt, »weil das Gericht glaubt, ein Gehorsam der Angeklagten gegenüber einem Ritual erzwingen zu können.«

Ebenso auf die Missbilligung des Vorsitzenden stößt, dass Rechtsanwalt Mahler keine Robe trägt. »Bitte erklären Sie sich dazu«, fordert ihn Zoebe auf. Der Rechtsanwalt hat kein Verständnis für diese Frage. »Ich halte es für überflüssig, mich zu erklären«, antwortet der Zweiunddreißigjährige kämpferisch: »Ich meine, dass die Robe ein antiquiertes Requisit ist. Die Robe hat mit der Wahrheits- und Rechtsfindung nichts zu tun.« Zoebe kann nichts tun – außer den Sachverhalt der Berliner Rechtsanwaltskammer mitzuteilen. Die Strafprozessordnung sieht keine Zuchtmittel gegen Rechtsanwälte vor.

Auch einige Zuschauer bleiben bei den Vereidigungen der Zeugen sitzen. Einen lässt Zoebe von einem Wachtmeister vor den Richtertisch führen. Er muss seine Personalien angeben – und fügt hinzu: »Ich habe in der Zeitung gelesen, dass man bei Vereidigungen neuerdings nicht mehr aufstehen muss.« Baader und Ensslin feixen über diese Erklärung. Voller Begeisterung bewerfen sie den Zuhörer mit roten Nelken. Zoebe sagt dem jungen Mann, wenn er bei der nächsten Vereidigung nicht aufstehe, bekomme auch er eine Ordnungsstrafe. Daraufhin bittet Thorwald Proll den Vorsitzenden, dass man ihn bei jeder Vereidigung aus dem Saal bringt.

Rechtsanwalt Mahler beantragt, zum Zwecke der Verteidigung ein Kapitel aus dem Buch von Bertrand Russell und Jean-Paul Sartre »Das Vietnam-Tribunal in Amerika vor Gericht« zu verlesen, als »präsentes Beweismittel«. Ensslin stimmt zu, »jedoch unter der Voraussetzung, dass das Gericht mit dem gleichen Interesse zuhört wie bei der Anhörung der Sachverständigen«.

Auch Baader verweist zu seiner Rechtfertigung auf ein Buch. Er meint, daraus ergebe sich, dass ihm ein »Naturrecht auf Widerstand« zustehe – und er deshalb nicht bestraft werden könne. So liest er dem Gericht aus Herbert Marcuses Essay »Repressive Toleranz« vor: »Aber ich glaube, daß es für unterdrückte und überwältigte Minderheiten ein ›Naturrecht‹ auf Widerstand gibt, außergesetzliche Mittel anzuwenden, sobald die gesetzlichen sich als unzulänglich herausgestellt haben. Gesetz und Ordnung sind überall und immer Gesetz und Ordnung derjenigen, welche die etablierte Hierarchie schützen; es ist unsinnig, an die absolute Autorität dieses Gesetzes und dieser Ordnung denen gegenüber zu appellieren, die unter ihr leiden und gegen sie kämpfen – nicht für persönlichen Vorteil und aus persönlicher Rache, sondern weil sie Menschen sein wollen.« So möchte Baader sich verstanden wissen: Als Kämpfer für die unterdrückten Menschen.

*Gudrun Ensslin mit ihrem Verteidiger Otto Schily*

Am sechsten Verhandlungstag fordert Staatsanwalt Griebel sechs Jahre Zuchthaus für jeden der Angeklagten: »Es unterlag nicht mehr ihrer Kontrolle«, begründet er sein Verlangen, »ob dabei nicht die gesamte Innenstadt in Flammen aufgeht.« – »Freispruch« hingegen fordert Rechtsanwalt Otto Schily.

Horst Mahler, der Verteidiger Baaders, bezeichnet »das Zuchthaus als den einzigen Ort in unserer Konsumgesellschaft, worin ein anständiger Mensch leben kann, ohne schuldig zu werden«. Sicher könnten die Richter die Motive der Angeklagten nicht verstehen, fügt der Rechtsanwalt hinzu: »Denn sonst hätten sie schon längst die Robe ausgezogen.« Die Studenten auf den Zuschauerbänken klatschen begeistert.

Das letzte Wort haben die Angeklagten. »Ich will ihnen keine Gelegenheit geben, so zu tun, als hörten sie zu«, erklärt Gudrun Ensslin den Richtern. »Daher will ich auch nichts sagen.« Baader und Söhnlein wollen überhaupt nichts sagen. Was soll Baader auch schon erklären? Seine Überzeugung »Feuer unterm Arsch – verkürzt den langen Marsch«, würde Zoebe ohnehin nicht verstehen. Auch bei den Beisitzern wittert er keine Chance. Aber Thorwald Proll hat etwas zu erklären. Er spricht eine halbe Stunde lang. Sagt zwar nichts zur Sache, aber eine Menge zur Justiz und zur gesamtgesellschaftlichen Situation – und damit eine Menge über die Sicht der Angeklagten: »Die Justiz ist die Justiz der herrschenden Klasse. Gegenüber einer Justiz, die im Namen der herrschenden Klasse Recht spricht – sprich Unrecht –, verteidigen wir uns nicht.« Die Justiz sei »1933 unbeschadet in den Faschismus eingetaucht … und 1945 ebenso unbeschadet wieder aus ihm aufgetaucht«.

Er gedenkt Rosa Luxemburgs und Karl Liebknechts und fordert angesichts dessen von den Zuhörern: »Aufstehen!« Viele von ihnen lachen leise.

Dann wendet er sich Staatsanwalt Griebel zu, dem – wie er ihn später nennt – »Giftzwerg«: »Dieser Staatsanwalt in die Strafanstalt«, fordert er im Kommandoton von der Anklagebank: »Er hat sechs Jahre Zuchthaus beantragt.« Überhaupt: »Jeder Staatsanwalt in die Strafanstalt. Wo ist der Staatsanwalt, der den Staat anklagt?« Zuhörer lachen laut. Strafrecht sei »Strafunrecht«, verkündet der Angeklagte Proll munter mit pfiffigem Micky-Maus-Gesicht: »Denn Strafe ist Unrecht. Ich kann doch nur dann nicht mehr straffällig werden an der Gesellschaft, wenn sie mir keinen Anlass dazu gibt. Wie soll ich mich, zurückgekehrt in eine unveränderte Gesellschaft, verändern .... Nicht die Gesetze müssen geändert werden, die Gesellschaft muss geändert werden. Wir wollen eine sozialistische Gesellschaft.«

Er fordert die Zuhörer auf: »Steckt diese Landfriedensbruchbude in Brand!« Viele lachen lauthals. Die bürgerliche Moral sei die Unmoral, fährt Proll fort: »Wo ist der Richter, der seinen Kram hinschmeißt, der in den Generalstreik tritt, anstatt ewig in der Scheiße sitzen zu bleiben? Wo sind die antiautoritären Richter? Ich sehe sie nicht.« Da erblickt er eine Chance der Rehabilitation für den Vorsitzenden: »Noch haben Sie, Herr Zoebe, die Chance, der Erste zu sein.« Die Zuhörer schütteln sich vor Lachen.

»Gegenüber einer entarteten Justiz verteidigen wir uns nicht«, ruft der Angeklagte: »Das bürgerliche Leben ist eine einzige Untersuchungshaft.« Die Zuhörer fordert er auf: »Konzentriere dich. Du sitzt im KZ der bürgerlichen, kapitalistischen Gesellschaft.«

»Jeder Bürger ins Gefängnis, damit er die Verhältnisse richtig kennen lernt«, fordert er: »Jeder Sozialist ins Gefängnis, damit er die Verhältnisse richtig kennen lernt. Jeder Bürger ins Gefängnis, damit er ein richtiges Verhältnis zum Sozialismus bekommt.«

Auch den – von den revoltierenden Studenten gehassten – Verleger Springer lässt der Angeklagte nicht aus: »Lest keine Springer-Zeitungen. Sondern verbrennt sie!« Er endet mit den Worten: »Wir fordern die Abschaffung der Herrschaft des Menschen über den Menschen. Proletarier aller Länder, vereinigt euch! Venceremos!«

## Das Urteil

Die Entscheidung ergeht am siebten Verhandlungstag. Am 31. Oktober 1968. »Die Angeklagten sind der versuchten menschengefährdenden

Brandstiftung schuldig«, verkündet der Vorsitzende Zoebe, »und werden deshalb jeweils zu drei Jahren Zuchthaus verurteilt.« Ein Stöhnen geht durch die Zuschauerreihen. Bis auf den letzten Platz sind die Bänke besetzt. Weitgehend mit Sympathisanten der Angeklagten. »Es handelt sich in diesem Prozess nicht um das bedeutsame Rechtsproblem der Demonstration, sondern um eine menschengefährdende Brandstiftung«, beginnt der Vorsitzende Richter mit der Begründung. »Die Tat, um die es hier ging, ist in der Studentenschaft weitestgehend missbilligt worden ...«

»Das interessiert uns hier nicht mehr«, ruft Gudrun Ensslin, »wir möchten raus.« Die Angeklagten erheben sich von der Bank. Beschwichtigend fragt Richter Zoebe: »Wollen Sie sich die Begründung des Urteils nicht in aller Ruhe anhören?« Zwischenrufe ertönen aus dem Publikum: »Faschist, Faschist!« Ein roter Wuschelkopf schreit: »Die Angeklagten gehören vor ein Studentengericht.« Diesen Zwischenrufer kennt Richter Zoebe: Es ist Daniel Cohn-Bendit. Ein Studentenführer, der in diesen Tagen zwischen Frankreich und der Bundesrepublik hin und her pendelt. Der Vorsitzende befiehlt den Justizwachtmeistern: »Der Unruhestifter Cohn-Bendit ist aus dem Saal zu entfernen.«

Von da an überschlagen sich die Ereignisse: Baader und Söhnlein springen über die Barriere vor der Anklagebank. Die Zuschauer klatschen begeistert. Auch Ensslin und Proll verlassen ihre Plätze. Der Vorsitzende ruft zu den Wachtmeistern: »Räumen – den ganzen Saal!« Doch die Zuschauer gehen nicht freiwillig. Polizisten und Justizwächter versuchen, sie aus dem Saal zu drängen. Der Gerichtssaal entwickelt sich zum Hexenkessel: Es wird geschubst, gerempelt, geprügelt. Vor dem Richtertisch laufen Justizwachtmeister hinter Baader und Söhnlein her – die beiden verstehen das Ganze offenbar als riesengroßen Spaß. Als gelungenes Justizhappening. Einem Wachtmeister gelingt es schließlich, Baader zu schnappen und in den Schwitzkasten zu nehmen. Andreas Baader lacht dabei vergnügt über das ganze Gesicht. Vor der Saaltür werden Rauchbomben geworfen. Erst nach einer Viertelstunde hat die Polizei endlich den Saal geräumt.

Wegen des beißenden Qualms kann die Sitzung erst eine Dreiviertelstunde später fortgesetzt werden. Das Gericht schließt die Angeklagten von der weiteren Urteilsverkündung aus. Daniel Cohn-Bendit und zwei andere Zuhörer erhalten drei Tage Ordnungshaft. »Die Kammer ist davon überzeugt«, fährt Zoebe mit der Urteilsbegründung fort, »dass die vier Angeklagten die Kaufhaus-Schneider-Brandstifter sind.« Proll und Söhnlein hätten die geständigen Baader und Ensslin »mit Rat und Tat unterstützt«. Die Indizien seien eindeutig: An der Beteiligung Prolls und Söhnleins könne aufgrund der gemeinsamen Fahrt nach Frankfurt kein Zweifel bestehen. Zudem seien die beiden von »denselben extremistischen Gedankengängen erfüllt wie Ensslin und Baader«. Dies zeige auch der Text in Prolls grünem Notizbüchlein »Wann brennt das Brandenburger Tor?«.

Nicht nachzuweisen hingegen seien den Angeklagten die Feuer im Kaufhof in derselben Nacht. Keiner der vier sei »zu irgendeinem Zeitpunkt im Kaufhof« beobachtet worden. Auch wenn die Brandsätze bei Schneider und im Kaufhof identisch gewesen seien, sei nicht auszuschließen, dass jemand anderes sie dort deponiert habe: »Es fehlt das letzte Mosaiksteinchen«, urteilt das Gericht.

Der Rechtfertigung der Tat durch Ensslin und Baader in der Verhandlung – sie hätten durch ein Fanal auf das grausame Geschehen in Vietnam, den Völkermord der USA, aufmerksam machen wollen – können die Richter nichts abgewinnen: »Die Vorstellung, vom Boden der Bundesrepublik aus mittels inländischen Terrors gegen inländische Rechtsgüter auf die Beendigung des Krieges in Vietnam einwirken zu können, ist unrealistisch«, urteilen sie: »Mangels wirksamer Effektivität ist schon um deswillen politischer Widerstand unrechtmäßig; gleichzeitig beschwört dieser Terror im eigenen Land eine Situation herauf, gegen die gerade die Angeklagten protestieren wollen. Nicht zuletzt ist die Enthaltung von gewaltsamer Einmischung in fremde Angelegenheiten (vergleiche Artikel 2 UNO-Charta) vorläufig die einzige Möglichkeit, internationale Konflikte zu lokalisieren und ein weiteres Umsichgreifen der Inhumanität zu begrenzen.«

Gleichwohl berücksichtigen die Richter das Motiv der Angeklagten – strafmildernd. »Es wird … nicht verkannt, dass der Vietnam-Krieg für sie zu einem ›Schlüsselerlebnis‹ geworden ist, ein Erlebnis, das jeden human gesinnten Menschen berühren sollte.« Fazit der Richter: »Eine längere Freiheitsstrafe ist erforderlich, um die Angeklagten von weiteren Straftaten abzuschrecken und die Öffentlichkeit vor den Angeklagten zu sichern.« Und deshalb: drei Jahre Zuchthaus für jeden.

## Urteile über das Urteil

Die Strafe stößt in einigen Zeitungen auf nachhaltige Kritik. »Ich bezweifle«, schreibt Rudolf Walter Leonhardt im Feuilleton der *Zeit*, »dass man heute noch jemanden, der ein Feuer gelegt hat, durch das niemand verletzt worden ist, mit drei Jahren Zuchthaus bestrafen darf, während jemand, der einen Menschen in voller Absicht schwer verletzt, im Bundesdurchschnitt mit weniger als einem Jahr davonkommt.« Und Uwe Nettelbeck vermag – ebenfalls im *Zeit*-Feuilleton – nicht einzusehen, wieso »der Erste Staatsanwalt Walter Griebel die Stirn hatte, für ein paar verkohlte Sachen vierundzwanzig Jahre Zuchthaus zu fordern«. Die Schriftstellerin Luise Rinser und ihre Kollegen Hans-Hellmut Kirst sowie Jean Amery zeigen sich in einem offenen Brief an den Frankfurter Oberlandesgerichtspräsidenten Curt Staff bestürzt über die Zuchthausstrafen. Sie erklären, im historischen Rückblick habe sich oft gezeigt, »dass gerade jene Menschen, die der Gesellschaft ihrer Zeit gegenüber als Rebellen auftraten, diejenigen waren, welche die Geschichte vorantrieben, indem sie Missstände aufzeigten und den Anstoß zu wichtigen Veränderungen gaben«.

Ganz anders sieht der Verurteilte Thorwald Proll die drei Jahre Zuchthaus. »Es war noch milde«, befindet er in der Rückschau: »Es hätte das Doppelte geben können.« Er fühlte sich als »Sieger«, als er die Anklagebank verließ: »Mir hat das nichts ausgemacht.«

»In jeder Hinsicht war diese Aktion als Fanal gedacht«, berichtet Thorwald Proll: »Als ein Fanal gegen die herrschenden Zustände, den Wirtschaftswunderalltag der sechziger Jahre, Konsumverhalten, was der Bevölkerung aufgezwungen wurde ... Und eben auch ein Fanal gegen den Imperialismus in der Dritten Welt, eben in Vietnam und Persien, das eben als Fanal zu setzen, als militante Aktion dagegen.« Die Kaufhausbrand-Flugblätter der K I waren für die vier – wie Thorwald Proll sagt – »quasi die Vorbereitung« für die Brandstiftung in Frankfurt. Die Idee für die Tat. Was Proll dabei im Einzelnen gemacht hat, ist bis heute sein Geheimnis: »So wird es auch bleiben«, sagt er. Und schweigt.

Nach dem Urteil rechtfertigt Gudrun Ensslin die Brandlegung in der ARD-Sendung »Panorama« am 4. November 1970 mit dem »Selbstbetrug« der Bundesbürger, die »die schönen Lebensmittel für den Lebenszweck halten«: »Wunderbar«, fügt sie hinzu, »mir gefallen auch alle Sachen, die man in den Kaufhäusern kaufen kann. Aber wenn man sie kaufen muss, damit man nicht zu Bewusstsein kommt, dann ist der Preis, den man dafür zahlt, zu hoch.«

Bei Prozessbeobachtern hinterlässt sie den nachhaltigsten Eindruck von den jungen Leuten auf der Anklagebank. Vielen erscheint sie als der Kopf des Quartetts. »Sie ist gescheit«, befindet Gerhard Mauz im *Spiegel*: »Ihre wenigen Sätze kommen kühl, klar, affektfrei.« Ihr »Schicksal« sei exemplarisch »für eine kritische und revoltierende Jugend in

Deutschland«, schreibt der Prozessberichterstatter der *Neuen Zürcher Zeitung*. Und auch die Richter bestätigen ihr überragende Fähigkeiten. Während sie Baader, Proll und Söhnlein als »aufgeweckte, intelligente junge Männer« charakterisieren, urteilen sie, »die Angeklagte Ensslin ist von überdurchschnittlicher Intelligenz und vielseitiger Bildung«. Selbst die Direktorin der Untersuchungshaftanstalt für Frauen in Frankfurt-Preungesheim, in der Gudrun einsitzt, ist von ihr angetan: Dr. Helga Einsele nennt sie eine »pädagogisch begabte Führungspersönlichkeit«.

# 8. Kapitel: Ernuchterung nach dem Urteil

Die vier Angeklagten wollen es mit dem Urteil des Landgerichts nicht bewenden lassen. Ihre Rechtsanwälte legen Revision beim Bundesgerichtshof ein. So wird die Entscheidung des Landgerichts nicht rechtskräftig. Die Anwälte machen den Angeklagten Hoffnung, dass Karlsruhe die Strafe deutlich herabsetzt. An die Mutter von Andreas Baader schreibt Rechtsanwalt Horst Mahler am 25. November 1968 zuversichtlich: »Wenn die schriftliche Urteilsverkündung so ausfällt, wie die vom Landgerichtsdirektor Zöbel[19] vorgetragene mündliche Begründung, glaube ich, dass die Revision Erfolg haben wird. Es würde sich dann sicherlich die Möglichkeit eröffnen, eine wesentliche Reduzierung des Strafmaßes durchzusetzen.«

Im Knast sind die vier etwas Besonderes: So genannte »politische Häftlinge«. »Uns konnte man noch nicht so recht einordnen«, blickt Thorwald Proll zurück: »Das war unbekanntes Terrain für die Wärter.« Als »Politische« umgibt sie ein gewisser Mythos unter den Mitgefangenen: »Wir fühlten uns als die Fantastischen Vier der Studentenbewegung«, formuliert es Thorwald Proll heute.

Anfang Januar 1969 bekommt Andreas Baader die schriftliche Urteilsbegründung zu lesen. Viel fällt ihm dazu nicht ein. Knapp befindet er, »die Fronten sind eine Frage der Terminologie«. Auch mit der von Mahler verfassten Revisionsbegründung kann er nicht viel anfangen: »Es ist die erste, die ich lese, und sie ist in einer Sprache geschrieben, die ich nicht kenne«, erklärt er seinem Anwalt in einem Brief vom 15. Januar 1969: »Aber sie ist schön, ich meine, es ist auch Kunst drin.« Mehr interessiert ihn der Vorsitzende Richter persönlich – der Brandstifter schreibt seinem Anwalt: »Zoebe ist außerdem noch der Autor eines Buches über Tierschutz. Ist das zu fassen. Sicher hat er einen Köter, an dem sein Herz hängt. Wir werden ihn anzünden, wenn er dann noch lebt.«

Schon bald fällt Andreas Baader die Decke seiner Zelle auf den Kopf. Kämpferisch schreibt er zahlreiche Beschwerden über die Haftbedingungen. Zum Beispiel aus dem »Gerichtsgefängnis Gießen« am 12. Februar 1969 »an Elliese + Weychardt« – Kurt Elliesen und Dr. Dieter Weychardt sind Richter in der für ihn zuständigen Strafkammer des

15. FEB. 1969

Die Gefängnisse
den Gefangenen

an Wiese + [illegible]

da sich trotz Ihrer Reden in meiner Zelle nichts ändert, beschwere ich mich jetzt ausdrücklich über die Beschränkungen denen ich im Gerichtsgefängnis Giessen ausgesetzt bin obwohl weder der Haftzweck das verlangt noch Sicherheit und Ordnung der Anstalt:

1. meine Informationsfreiheit ist wesentlich beschränkt, weil ein Gefangener in Giessen nur ein Radioprogramm nur drei Stunden täglich hören kann. In den Gefängnissen in Frankfurt sind drei Programme 24 Stunden am Tag zu hören.

*Baader beschwert sich bei seinen Richtern (Auszug)*

Landgerichts Frankfurt. Kurz zuvor hatten sie ihn in seiner Zelle für drei Stunden besucht. Unter der Forderung »Die Gefängnisse den Gefangenen« erklärt er seinen Richtern: »meine Informationsfreiheit ist wesentlich beschränkt, weil ein Gefangener in Gießen nur ein Radioprogramm nur drei Stunden täglich hören kann. In den Gefängnissen in Frankfurt sind drei Programme 24 Stunden am Tag zu hören. In der UVvollz[20] steht: der Gefangene ist gerecht zu behandeln.« Und so fordert er, »mich zu verschieben« oder mehr Radioprogramme in seiner Zelle – rund um die Uhr.

Ebenso beklagt er sich bei den Richtern über Kontrollen in der Haftanstalt: »Ich muss mir gefallen lassen, dass mich ein schwitzender Beamter zehn Minuten lang betastet, was kein Spaß ist. Er sagt, er hat Weisung mich zu durchsuchen.« Baader beantragt, »dass ich nicht ohne Anlass körperlich durchsucht werde«, ein in seiner Zelle beschlagnahmter Luftballon, »der schlaff in einem Buch lag«, wieder »rausgerückt« wird, »oder mich endlich in eine andere Anstalt zu verlegen, solang Sie fürchten dass Freunde versuchen mich zu befreien, am Besten nach Butzbach«.

Unter seine Beschwerde an die Richter malt er einen großen roten Punkt und fordert die Juristen auf: »Jetzt achten Sie auf diesen Punkt. Was sehen Sie? Er wird größer und er wird Sie fressen.«

Sein Antrag hat keinen Erfolg.

Eine Spezialität des Provokateurs Baaders sind Frechheiten, die er gern am Ende seiner Briefe schreibt. Er liebt es, den »Zensurrichter« auf die Palme zu bringen: den Amtsrichter, der für die Postkontrolle zuständig ist und seine Briefe lesen muss. Zum Beispiel an die Kommunarden in

Berlin. »K I«, beginnt er den Brief, »Gruppensex, da sehe ich keinen Einfall – fällt mir nur die rote Inge ein, Skihütten u. s. w. aber ich will mir das vorstellen«. Er bittet um »Litteratur«: »ich brauche Bücher, verdammt, ihr habt doch das Zeug, rückt unbedingt was raus, bis jetzt habe ich nichts, kein Stück habe ich bekommen.«

Im letzten Absatz der engzeilig getippten DIN-A4-Seite kommt er auf ein Auto zu sprechen: »als wir es verließen, haben wir ein Kilo Tnt im Handschuhfach vergessen, das würde ich gern in guten Händen wissen. Der Haftrichter[21] fragt, kennen sie die Komune, ich sage nein, ich kenne Zundelheiner, Zundelfrieder und den roten Dieter. Noch eine Bitte, wenn Bonn gefallen ist, lasst uns die Nato übrig ...«

Dieses Schreiben erreicht die Kommunarden in Berlin nicht. Der Frankfurter Amtsgerichtsrat Dr. Pawlik ordnet die Beschlagnahme des Briefes an, »da er u. a. einen Hinweis auf 1 kg Sprengstoff enthält«. Das TNT im Handschuhfach ist eine Erfindung Baaders. Wie so vieles andere auch.

Baader schreibt an seinen Verteidiger Horst Mahler und bittet, so schnell wie möglich »einen Haftprüfungsantrag zu stellen«. Mahler hat sich schon seit Wochen nicht bei Baader im Gefängnis blicken lassen, weil er in Berlin ohne Ende Studenten vor Strafgerichten verteidigt: »Es wäre gut, ich könnte endlich mit Dir sprechen«, schreibt ihm Baader, »noch besser, du delegierst Hilfsreferendare aus Frankfurt, weil hier ohne Hilfe sehr wenig zu machen ist.« Baader unterzeichnet mit

»Grüsse
Dein A.
Common criminal power
NOW«

Aber Haftbeschwerden bringen den vieren nicht die Freiheit. Die Vierte Strafkammer unter Zoebe bleibt eisern. Die Richter attestieren ihnen »weiterhin die Fluchtgefahr«: »Das Gericht ist davon überzeugt, dass die Angeklagten bei einer etwaigen Haftentlassung« wegen ihrer »›politischen Bindungen‹ spätestens bei der Ladung zum Strafantritt den Versuch unternehmen würden, ... sich dem Zugriff der Vollstreckungsbehörde zu entziehen«, begründen die Richter am 19. Mai 1969 die »Fortdauer der Untersuchungshaft«. Auch durch Auflagen ließe sich das Fluchtrisiko nicht ausschließen: »Dass die Angeklagten zur Leistung einer angemessenen Sicherheit in der Lage wären, ist nicht ersichtlich; ebenso wenig ist ersichtlich, dass ein anderer zur Leistung einer Sicherheit bereit und in der Lage wäre, zu dem alle vier Angeklagten eine derart enge persönliche Bindung haben, dass sie sich eher zur Verfügung der

Strafverfolgungsbehörde hielten, als den Verfall der Sicherheit in Kauf zu nehmen.«

Von den vieren scheint Thorwald Proll am meisten unter der Haft zu leiden. Er fühle sich »jetzt schon als Veteran der Bewegung 22. März«, schreibt er – unter Anspielung auf den Freispruch von Fritz Teufel und Rainer Langhans an diesem Tag im Vorjahr im Berliner Flugblattprozess. Durch die spärliche Ernährung für 1,92 Mark und das Eingesperrtsein fallen ihm die Haare aus. Er hat Phantasien, schreibt in sein Tagebuch: »der hubschrauber senkt sich über die freistunde, eine strickleiter fällt vom himmel, schon hänge ich über der erde, erhole mich in höhen«. Eine andere Idee kommt ihm in den Sinn. Ein Brief: »an das frankfurter polizeipräsidium: ich grüße sie, ich sende meine abgehackten hände.« Er leidet unter der Einsamkeit, notiert in seinem Tagebuch: »WAS SOLL ICH MIT MEINEM SCHWANZ MACHEN?«

Gudrun Ensslin versucht, ihn aufzumuntern: »Herz Thorwald, was ist denn genau los, alarmierende Nachrichten«, schreibt sie ihm am 18. April 1969. »Ist es denn so schlimm? (sag mir alles). Bedenke: dem Frühjahr ist nichts näher als das Frühjahr. Und Du musst das Gedächtnis der Zukunft haben.«

Am 13. Juni 1969, nach vierzehn Monaten Untersuchungshaft, ist es so weit: Das Oberlandesgericht Frankfurt setzt die Haftbefehle außer Vollzug – der Bundesgerichtshof hat noch immer nicht über die Revision entschieden. Das Urteil ist daher noch immer nicht rechtskräftig. Da die vier mittlerweile bereits vierzehn Monate abgesessen haben, hält das Gericht die Fluchtgefahr für nur noch gering. Denn nach »herkömmlicher Praxis« würden die Gefangenen nach zwei Dritteln der Verbüßung entlassen. Es bliebe also nur noch eine Reststrafe von zehn Monaten.

Und so öffnen sich am 13. Juni 1969 die Gefängnistore für die vier.

# 9. Kapitel: Wieder in Freiheit

## Der Ausflug in die »Sozialarbeit«

### ➤ »Kleine Medienstars«

Die Wiedersehensfeier steigt im Loft des Comic-Zeichners Alfred von Meysenburg in Frankfurt. Durch sein 1968 erschienenes Buch »Das Super-Mädchen – Das Ende der Verkäuferin Jolly Boom« ist er zu einer Art »Popikone« im Rhein-Main-Gebiet geworden. Alle hocken auf Matratzen. Die liegen auf dem Boden – so wie damals in allen Wohngemeinschaften. Joints machen die Runde. Andreas Baader und Gudrun Ensslin sind eng aneinander geschmiegt und strahlen glücklich. Um die überraschend wiedergewonnene Freiheit so richtig zu genießen, setzen sie sich einen Schuss Opium-Tinktur. »Sie hatten eine schöne Explosion im Kopf«, berichtet Thorwald Proll. Und wenige Tage später eine Hepatitis. Gelbsucht. Die beiden sehen noch blasser aus als ohnehin schon durch die »Knastblässe«.

Für die erste Zeit nimmt sie eine Frankfurter Rechtsanwältin in ihrer Wohnung auf. Eine Bekannte Horst Mahlers. Die Tür eines Mitbewohners ist fast immer geschlossen. Die vier bekommen ihn kaum zu sehen. »Er steckte nur manchmal den Kopf aus der Tür«, berichtet Thorwald Proll – und wollte ansonsten nicht gestört werden: Es ist Matthias Beltz, zwanzig Jahre später einer der bekanntesten Kabarettisten Deutschlands. Nach jahrelanger »Erforschung des Skatspiels und des lockeren Biertrinkens« hat er sich in diesen Wochen in sein Zimmer zurückgezogen: Er bereitet sich auf die mündliche Prüfung seines ersten juristischen Staatsexamens vor. Will nicht gestört werden.

Überall, wo die »Brandstifter« in diesen Wochen in der Szene auftauchen, werden sie hofiert. Die umfangreiche Berichterstattung über ihren Prozess hat sie bekannt gemacht – in Zeitungen und Zeitschriften, im Radio und im Fernsehen. Schnell werden sie Szenegrößen in Frankfurt, »kleine Medienstars der radikalen Linken, wie Fritz Teufel und Rudi Dutschke«, erinnert sich Astrid Proll an diese Zeit, die Schwester von Thorwald: »Im Gegensatz zu den drogenumnebelten Kommunarden strahlten sie eine große Entschiedenheit und Klarheit aus.«

Andreas Baader und Gudrun Ensslin lassen keinen Zweifel daran, dass der Kaufhausbrand nur ein Vorspiel zu Größerem war, das schon bald auf ihrer Tagesordnung stehen wird. Sie geben sich als Avantgarde, als Vorkämpfer für eine andere Gesellschaftsordnung. Bewusst halten die beiden einen gewissen Abstand zu anderen. Viele gewinnen den Eindruck, sie gäben sich »elitär«. Thorwald Proll tritt nicht so auf, was ihm prompt einen Rüffel von Andreas Baader einbringt: »Zeige, dass du etwas Besonderes bist«, mahnt er ihn, »unterhalte dich nicht mit jedem« – und: »Übernimm nicht jede Aufgabe.«

Die vier planen, ihre Erlebnisse und Ideen für die Zukunft zu Papier zu bringen. Ein Buch bei *März*, einem Szene-Verlag. Titel: »Bau – Die Gefängnisse der Gefangenen«. Eine Variation auf die Baader-Parole »Die Gefängnisse den Gefangenen«. Bereits drei Wochen nach der Haftentlassung wird der Verlagsvertrag unterschrieben. Am 2. Juli 1969. Jeder bekommt eintausend Mark auf die Hand. Baader fälscht die Unterschrift Söhnleins – und kassiert dessen Tausender. Söhnlein hat sich bereits von der Truppe abgesetzt. Der Schauspieler schiebt in einem Theater Kulissen.

Drei Mal pro Woche müssen sich die vier bei der Polizei melden. Mit dieser Auflage setzte das Oberlandesgericht die Haftbefehle außer Vollzug. Der Auflage kommen sie – wie es ein Staatsanwalt formuliert – »manchmal etwas mit Hängen und Würgen« nach.

### ➤ Die atomisierte APO

Während der Haftzeit hat sich die politische Situation in Deutschland grundlegend gewandelt – und so muss sich das Trio Baader, Ensslin und Proll neu orientieren: Im Frühjahr 1968, als sie in der U-Haft landeten, hatten viele der demonstrierenden Studenten das euphorische Gefühl, an der Schwelle zur Revolution zu stehen. Im Sommer 1969 ist diese Euphorie längst verflogen. Der Resignation gewichen. Aus der Studentenbewegung ist die Luft raus. Sie ist an einem toten Punkt angelangt: Die Notstandsgesetze wurden verabschiedet, viele Demonstranten von den Strafgerichten verurteilt, Rudi Dutschke schwer verletzt. Dem Springer-Konzern geht es besser als zuvor. Richter mit NS-Vergangenheit sind noch immer in Amt und Würden. US-Truppen kämpfen nach wie vor in Vietnam. Kurzum: Die Ziele, die sich die Studenten auf die Fahnen geschrieben hatten, konnten sie nicht erreichen.

So zerbröselt die APO. Atomisiert sich: Die meisten Studenten verabschieden sich von der Bewegung. Ihr Rückzugsgebiet sind die Hörsäle. Sie büffeln, um möglichst schnell ihr Examen zu machen und Geld zu verdienen. Die, die weiterkämpfen wollen, laufen auseinander: Sie finden ihre neue politische Heimat in einer Reihe von linken Grüppchen. Teils in der Deutschen Kommunistischen Partei (DKP), die im September 1968 entstand. Sie folgt der ideologischen Linie der KPdSU und der SED, wird weitgehend von Ostberlin finanziert.

Die so genannten K-Gruppen folgen – allesamt Auffangbecken für enttäuschte APO-Fans: Als Erstes gründet Ernst Aust, ein Altkommunist und ehemaliges Mitglied der 1956 verbotenen KPD, Ende 1968 in Hamburg die KPD/ML (Marxisten/Leninisten), weil er die DKP zu »Moskau-hörig« findet. Zahlreiche Splittergruppen diskutieren, wie man im Sinne von Marx und Lenin die Bundesrepublik verändern kann. Die einstigen SDS-Funktionäre Christian Horlemann und Christian Semler gründen die »Kommunistische Partei Deutschlands/Aufbauorganisation« (KPD/AO). Es folgen der Kommunistische Bund (KB), dem sich später auch Jürgen Trittin in Göttingen anschließt, und der Kommunistische Bund Westdeutschlands (KBW). Daneben entstehen Hochschulgruppen, Betriebsgruppen, Aktionsbündnisse, Wohngemeinschaften und antiautoritäre Kinderläden – alle mit dem Anspruch, die Flamme der Revolution nicht erlöschen zu lassen. Auch die SPD saugt viele enttäuschte 68er in ihren Reihen auf und bietet ihnen eine »Neue Heimat«. Vor allem bei den Jusos. Den »Jungsozialisten«.

### ➤ Baaders Lehrlinge: Die »Heimzöglinge«

Angesichts dieses Zerfallsprozesses suchen sich Baader & Co. ein neues politisches Betätigungsfeld. Sie stoßen zur »Heimkampagne« in Frankfurt: Pädagogikstudenten hatten das Thema Heimerziehung als Arbeitsfeld entdeckt, mobilisierten gegen den »Erziehungsterror«. Sie suchten Erziehungsheime auf und wiegelten Heimzöglinge gegen die Verhältnisse und erst recht gegen ihre Heimleitungen auf. Die »Brandstifter«, wie sie allgemein genannt werden, springen auf den bereits rollenden Zug. Sie stürzen sich in die »Sozialarbeit«:

Zwei Wochen nach der Haftentlassung, am 28. Juni 1969, fahren Baader, Ensslin und Proll in einem Autokonvoi zu dem Erziehungsheim Staffelberg, in der Nähe des nordhessischen Städtchens Biedenkopf. Rund zwanzig Kilometer nordwestlich von Marburg. Es liegt idyllisch am Waldrand. Einhundertfünfzig Lehrlinge leben hier. Die Besucher entrollen Fahnen und Spruchbänder, holen Megaphone aus den Kofferräumen. Mit ihrem lautstarken Protest erzwingen sie eine »Vollversammlung«: So diskutieren sie mit den Heimzöglingen und der Heimleitung über Veränderungen. Es geht um die Strafen, die die Erzieher verhängen – Taschengeldentzug, Prügel und Karzer. Um Briefe und

*Vor dem Staffelberg-Erziehungsheim: Baader (mit Sonnenbrille) zwischen Ensslin (links von ihm) und Proll (1969)*

Päckchen, die von den Erziehern geöffnet werden. Um Mädchenbesuche, die verboten sind. Und um Frisuren – die Staffelberger dürfen keine »Beatles«-Frisur tragen. Folge des Besuchs: In dem Heim gründet sich eine »Basisgruppe Staffelberg« – und vierzig Staffelberger türmen ins achtzig Kilometer entfernte Frankfurt.

Baader, Ensslin und andere organisieren für über dreißig von ihnen ein Dach über dem Kopf – durch »Verhandlungen« mit dem Frankfurter Jugendamt: »Gudrun Ensslin machte auf mich keinen schlechten Eindruck«, erinnert sich der damalige Leiter des Frankfurter Jugendamts Herbert Faller. »Ich spürte echte Zuwendung zu den Jugendlichen.« Nicht so sei das hingegen bei Baader gewesen, blickt der Jugendamtsleiter zurück: Der habe sich »kaum wirklich um Fragen der Erziehung gekümmert«.

Viele der Heimzöglinge kommen so zu Wohnungen. Teilweise in »Wohnkollektiven« und »Kommunen«. Einige plündern Studentenwohnungen aus. Verschwinden auf Nimmerwiedersehen mit Lederjacken, Schallplatten und Bargeld. Manche finden Jobs. Andere gammeln. Einige gehen auf den Strich. Andere dealen. »Es war ein richtiges Chaos«, berichtet der einstige freiwillige »Sozialarbeiter« Thorwald Proll: Einige »sind in den Bahnhof gerannt und haben wieder die Schwulen geklatscht, was sie schon vorher gemacht hatten und weshalb sie auch ins

Heim gekommen waren«. Die Zöglinge jedenfalls sind von Baader und Co. begeistert.

Schnell stehen Baader und Ensslin an der Spitze der »Heimkampagne«. Mitunter ist gar von der »Baader-Gruppe« die Rede. Bei den »Baaders« ist immer was los. Abenteuerspielchen – mit täglich wechselndem Programm, Hausbesetzungen eingeschlossen: Sie besetzen das Büro des Frankfurter Jugendamtleiters. Sie gehen zu Demos, verfassen, vervielfältigen und verteilen Flugblätter, marschieren zu Go-ins und erscheinen unangemeldet auf fremder Leute Partys und schlagen sich den Bauch voll. Baader geht mit seinen Zöglingen in einen Park und liest aus der Bibel vor. Der Mao-Bibel. Mit bedeutungsschwerer Miene verteilt er das rote Büchlein im abwaschbaren Plastikeinband an seine Lehrlinge. Sie finden es todschick. Auch wenn sie der Inhalt nicht weiter interessiert. Thorwald Proll ist regelmäßig mit von der Partie. Auch seine Schwester – die zweiundzwanzigjährige Astrid – ist in Frankfurt immer häufiger mit dabei: Zusammen mit Baader hatte sie vor knapp zwei Jahren, im Oktober 1967, im Berliner Amerika-Haus eine Brandbombe deponiert. Ein nach demselben Muster gebastelter Zündsatz war nach der Kaufhausbrandstiftung von der Polizei in Gudrun Ensslins alter Wohnung in der Berliner Fritschestraße gefunden worden.

Für ihre »Kampagne« sammeln die »Pädagogen des Proletariats« Baader und Ensslin Geld bei Linken und Liberalen. Einen Teil davon zahlen sie den Jugendlichen aus – als »Handgeld«. Fünf Mark pro Tag. Von dem anderen Teil der Spenden leben sie. Einer Arbeit gehen sie nicht nach. Baader fährt, nach wie vor ohne Führerschein, einen weißen Mercedes 220 SE – mit das Feinste, was der deutsche Automarkt damals zu bieten hat. Der Wagen vermögender Fabrikanten und von Bundesministern. Baader und Ensslin ziehen in eine Westend-Villa, in der Freiherr-vom-Stein-Straße.

Für Baader und Ensslin geht es bei dem »Ausflug in die Sozialarbeit« darum, »revolutionäres Potential« zu gewinnen, Jugendliche für die politische Arbeit zu rekrutieren. »Das Ganze fußte auf der Randgruppentheorie von Marcuse«, schildert Thorwald Proll den Zweck des Projekts – unter Hinweis auf das Werk des Soziologen »Der eindimensionale Mensch« aus dem Jahr 1964: »Wenn bestimmte originäre Teile des Proletariats, die in der Produktion sind und die jetzt nicht rebellieren, weil sie zu satt sind oder sonst nicht können, dann gehen wir mit unseren Bestrebungen zu den Gruppen am Rande des Proletariats: zu den Obdachlosen, zu den Jugendlichen, zu den Gestrandeten, und versuchen, die zu mobilisieren. Und das waren eben diese Zöglinge.«

Von diesen »Zöglingen« sprechen Baader, Ensslin und Proll als »unsere Lehrlinge«. Genauso, wie sie es formulierten, meinten sie es auch: »Lehrlinge« – in Sachen Rebellion.

Zu der Gruppe gehören insgesamt rund vierzig »Lehrlinge«. Zu ihr stoßen auch Jugendliche, die von der Baader-Gruppe gehört haben und deshalb aus anderen Heimen abgehauen sind. Einer der Baader-Jünger ist Peter-Jürgen Boock: Die beiden verbindet ein besonders enges Verhältnis. Bis zu Baaders Tod. Acht Jahre später. In der zweiten RAF-»Generation« wird Boock zu einem der führenden Köpfe.

**➤ Peter-Jürgen Boock**

»Das war so etwas wie Liebe auf den ersten Blick«, schwärmt Peter-Jürgen Boock noch heute. Er war damals siebzehn – und sitzt das erste Mal Andreas Baader, Gudrun Ensslin, Thorwald und Astrid Proll gegenüber. Juni 1969: Boock ist »Fürsorgezögling« im »Burschenheim Beiserhaus« im nordhessischen Rengshausen. Ein Erziehungsheim in der Nähe von Kassel. Aus Frankfurt kommen Studenten der Pädagogischen Fakultät. Sie hatten sich bei der Heimleitung angekündigt. Einer von ihnen erklärte dem Leiter am Telefon scheinheilig: »Wir möchten uns einmal in der Praxis ansehen, was wir bislang nur in der Theorie durchgenommen haben.« Im Schlepptau der Studenten erscheinen Baader und Co. »Manche Leute kommen rein, und der Raum ist voll«, beschreibt Boock sein Gefühl, als er die vier zum ersten Mal sieht: »Ausstrahlung, Überzeugungskraft ... da kommt vieles zusammen.« Vor allem: Entschlossenheit. Der Heimzögling ist fasziniert, wie sie auftreten – völlig anders als die Pädagogikstudenten: »Sie haben zum Beispiel von Anfang an nicht versucht, uns dazu zu bringen, diesen Studentenslang zu übernehmen, sondern sich bemüht, die Sprache von uns zu reden. Im Umgang mit uns haben sie nicht darauf gewartet, dass wir nun ihre Sitten und Gebräuche übernehmen, sondern sie haben sich angepasst und sind schnodderig und manchmal eben auch aggressiv mit den Leuten umgesprungen – sie wurden deshalb aber auch anerkannt. Während es mit Studenten eher komisch war ...«

Zusammen mit den vieren sitzt Boock im Sonnenschein auf dem Rasen vor dem »Burschenheim«: Sie diskutieren über Heimerziehung. Und rauchen gemeinsam einen Joint. »So etwas verbindet«, sagt Peter-Jürgen Boock in der Rückschau.

Dieser Besuch wird zu einem Wendepunkt im Leben des Siebzehnjährigen: Peter-Jürgen Boock erblickt in Baader und Co. eine Perspektive für sein weiteres Leben. Der »Fürsorgezögling« Peter-Jürgen ist verzweifelt: Geboren wurde er am 3. September 1951 in Garding, im heutigen Kreis Nordfriesland. In der Nähe von Sankt Peter-Ording. Nicht weit vom Nordseedeich entfernt. Hier ist der Hund verfroren. Tristesse pur: flach, regnerisch und windig. Sein Vater ist dort Gastwirt und Mitte der fünfziger Jahre froh, Postbeamter in Hamburg zu werden. Die Familie zieht in die Hansestadt. Diese neue Stelle ist Teil dessen, was der Vater als Tragödie empfindet: Im Dritten Reich war er Berufssoldat und »überzeugter Nazi«, wie Boock berichtet: »Dass ihn die Bundeswehr nicht mehr genommen hat und er zur Post musste, das war für ihn der beinharte Zusammenbruch seines Lebens. Das hat er nicht verkraftet, und daraufhin hat er den Kasernenhof einfach nach Hause gebracht.« Der Vater erwartet Gehorsam von seinem Sohn. Der ist damit »nicht so ganz einverstanden«. Der Vater schlägt zu.

Mit fünfzehn geht Peter-Jürgen in Jazz-Kneipen in Hamburg. Dort lernt er Haschisch, Marihuana und Aufputschmittel aller Art kennen – über Jahrzehnte hat er Probleme mit Drogen. Auch nach seinem RAF-Ausstieg. Zu Hause kommt es immer häufiger zu Streit mit seinem Vater. Vor allem, wenn der trinkt – aus Kummer darüber, dass die Bundeswehr keine Verwendung für ihn hat. Dann verkündet er im Brustton der Überzeugung: »Der Nationalsozialismus war notwendig für Deutschland!« Peter-Jürgen hält dagegen. Der Vater wird laut. Ausfallend. Oft ist Peter-Jürgen verzweifelt. Zu Hause hält er es nicht mehr aus. Mit sechzehn versucht er, sich das Leben zu nehmen. Mit Tabletten. Er überlebt. Einige Wochen später, im August 1967, steigt er aufs Fahrrad und flüchtet: Er will zu Verwandten in die DDR radeln. Nach Dessau. Er ist davon überzeugt, dass ihm dort das Leben besser gefallen wird. Aber diese Erfahrung bleibt ihm verwehrt: Er kommt nur bis Hagenow. DDR-Posten bringen ihn in ein Ost-Aufnahmelager. Nach einigen Tagen wird er zu seinen Eltern nach Hamburg zurückgeschickt.

Ein halbes Jahr später, im März 1968, macht er die mittlere Reife und beginnt eine Lehre als Maschinenschlosser. Baut an Drehbänken mit. Schon nach wenigen Wochen wirft er das Handtuch, weil er zu Hause im Klinsch mit seinem Vater liegt. Der ist auf der Zinne und macht ihm bittere Vorwürfe, weil sein Sohn »Unerhörtes« getan hat: Er ist an linke Studenten geraten – über die Gewerkschaftsjugend der IG Metall – und hat mit ihnen zusammen demonstriert: Gegen Springer und die Notstandsgesetze. In Hamburg und Bonn. Der Vater ist entsetzt und tobt.

Wieder geht Peter-Jürgen auf die Flucht. Diesmal in die Niederlande. Nach Den Haag. Dort lebt er in einer Wohngemeinschaft. Ihn fasziniert, wie harmonisch das »bunte Völkergemisch« zusammenlebt. Bei einer Wohnungsdurchsuchung im Herbst 1968 in Leiden finden Polizisten bei ihm Haschisch. Er wird verhaftet und nach Deutschland abgeschoben. Die Hamburger Jugendbehörde nimmt sich seiner an und bringt ihn im »Landesfürsorgeheim Glückstadt« unter. Einem geschlossenen Heim für Schwererziehbare. Peter-Jürgen findet diese Entscheidung ungerecht, »weil eine annähernd sechzigjährige Sozialarbeiterin im Lexikon unter H wie Haschisch nachschlug, feststellte, dass das ein Rauschgift sei, und dann wahrscheinlich dachte, dass ich jede Nacht im Park Omas überfalle, um meine Sucht zu befriedigen«.

Die »Schwererziehbaren« veranstalten in Glückstadt, wie Boock berichtet, »einen Riesenaufstand, dabei brannte ein Flügel fast völlig ab, bei dem ich um ein Haar mitverbrannt wäre«. Um den »Rädelsführer« herauszufinden, seien die Jugendlichen von den Erziehern in den so genannten Bunker gesteckt worden – einen »halbdüsteren Raum, unterhalb des normalen Erdniveaus, also feucht«. Ein Eimer als Toilette und Seegrasmatratzen, die Einrichtung. Mehr nicht: »Aus manchen von diesen Seegrasmatratzen wuchs schon der Schimmel, kein Witz. Als sie nach vierzehn Tagen immer noch keinen Namen hatten, durften wir rauskommen. Alle Erzieher standen davor und bildeten eine Knüppelgasse, durch die wir alle einmal gejagt und anschließend wegen Widersetzlichkeit sofort wieder runtergebracht wurden. So hat man also formal dem Gesetz Genüge getan, uns verprügelt und direkt wieder reingesteckt.«

Zwei Jugendliche hätten sich infolge der Geschehnisse das Leben genommen, erzählt Boock weiter, und der schleswig-holsteinische Landtag eine Untersuchungskommission eingesetzt. Deshalb sei er nach Hessen verlegt worden. Weil er zu den Jugendlichen gehört habe, »die da ein bisschen formulieren können, was da vorgegangen war«.

Nach wenigen Wochen im »Burschenheim« im hessischen Rengshausen kommen Baader und Co. vorbei. Das Schlüsselerlebnis für sein weiteres Leben. Der Siebzehnjährige folgt der »Liebe auf den ersten Blick«. In der Nacht zum 5. August 1969 bricht er aus dem »Burschenheim« aus und trampt nach Frankfurt. Einer von rund fünfzig, die nach dem Besuch von Baader und Ensslin aus den Heimen Staffelberg und Rengshausen nach Frankfurt abhauen.

In Frankfurt kümmert sich Baader um Boock, sorgt dafür, dass er in einer Wohngemeinschaft in der Ulmenstraße unterkommt. Dort wird er schnell der »Sprecher des Kollektivs«, trifft sich häufig mit Baader und Ensslin. Nach zwei Monaten holt ihn Baader in seine Nähe, in den Kreis der von ihm »Ausgewählten«: Peter-Jürgen Boock zieht zu Baader und

Ensslin in die Wohngemeinschafts-Villa in der Freiherr-vom-Stein-Straße.

Boock ist fasziniert von Baaders Art, »gerade auf das Ziel zuzugehen und es umzusetzen und dabei eigentlich alles, was man hat, darauf abzustellen«. Durch die »Brandstifter«, wie auch Boock sie nennt, macht er neue, für ihn wichtige Erfahrungen: »Erstens kann man sich wehren, und zweitens, wenn man zusammenhält, kann man sogar durchsetzen, was man durchsetzen will. Dazu gehört auch die Erfahrung: Keine Angst vor großen Tieren! Als wir das Jugendamt in Frankfurt besetzt haben, das war für viele damals eine völlig neue Erfahrung. Wir waren etwas über hundert Jugendliche inzwischen aus diversen Heimen, die da in Frankfurt gelandet waren. Auch für Andreas, Gudrun und die war das neu, zu sehen, wie so was geht, wie man so was anpacken kann, und dass man die Grenze zur Illegalität partiell überschreitet und auch bewusst Folgen in Kauf nimmt, um etwas Bestimmtes zu erreichen. Und siehe da, auf einmal sind die Medien da, und auf einmal wird das Ganze problematisiert, auf einmal standen in den großen überregionalen Zeitungen Artikel über die Zustände in den Erziehungsheimen. Alles das, was vorher überhaupt nicht diskutiert wurde, war plötzlich Thema, und das nur wegen diesem einen Schritt, den wir gemeinsam unternommen haben.« Für Boock ein »bedeutender Effekt. Da hat jeder von uns etwas gelernt.«

Die »Lehrlinge« sind von Baaders und Ensslins Radikalität fasziniert. Diese Radikalität unterscheidet die beiden grundlegend von den Pädagogikstudenten und den Sozialarbeitern: Baader verflucht die »Ausbeutung der Fürsorgezöglinge durch die Heime«. Nennt die Heime »faschistoide Anpassungslager des Spätkapitalismus«. Und stachelt die Minderjährigen zum »Widerstand gegen Erzieher und Heimleiter« auf.

Gegen den »Tatmenschen« Baader haben die braven Studenten keine Chance bei den entlaufenen Heimzöglingen. Die träumen davon, eines Tages so zu sein wie er: Ungeheuren Eindruck schindet Baader mit seiner abgewetzten Lederjacke, der Braut an seiner Seite, der Villa in Westend, dem schicken weißen 220-SE-Mercedes und seinen radikalen Sprüchen – während die Pädagogikstudenten in selbst gestrickten Pullovern auf Fahrrädern angestrampelt kommen, in kleinen Mansarden bescheiden zur Untermiete wohnen und eine Sprache sprechen, die die Zöglinge für verquast halten.

Vor der anderen potenziellen Konkurrenz-Spezies warnt Baader seine »Lehrlinge« nachdrücklich: »Lasst die Sozialarbeiter nicht bei euch rein!«, trichtert er ihnen ein. »Die machen euch kaputt!« Er warnt seine »Zöglinge«: »Die Sozialarbeiter tragen ideologische Kleinkriege unter die Menschen und hetzen sie dadurch gegeneinander auf.« – »Und es war wirklich so«, erinnert sich Peter-Jürgen Boock an seine Erfahrungen mit den Frankfurter Sozialarbeitern: Andreas und Gudrun »hatten Recht«.

Nachdem Boock bei Baader und Ensslin in die Freiherr-vom-Stein-Straße eingezogen ist, stößt er zu einem kleinen und handverlesenen Kreis, der dort diskutiert, wie die Dinge in Sachen Weltrevolution vorangetrieben werden können. Andreas Baader schwärmt von der »Stadtguerilla-Theorie«: »Politisches Ziel müssen militante Angriffe gegen die Bourgeoisie, gegen Regierung, Kapitalisten und Imperialisten sein. Aus dem Verborgenen heraus«, predigt er, »wenn wir wirklich etwas verändern wollen.« Er meint Morde, Sprengstoffanschläge und Raubüberfälle. Baaders Traum von Freiheit ist die Illegalität. »Langsam schälte sich heraus, dass am Ende auf jeden Fall eine scharfe Form von Kampf stände«, fasst Boock die Gespräche in der Freiherr-vom-Stein-Straße zusammen. Weichen für die Zukunft werden gestellt. »*Bewaffneter Kampf* – der Begriff war damals noch nicht so gebräuchlich«, blickt Peter-Jürgen Boock zurück. »Aber dass es auf Guerilla zuging, auf lange Sicht, das war eigentlich allen da schon recht klar.«

Für Baader und Ensslin steht also schon in der zweiten Hälfte des Jahres 1969 fest, was à la longue ihr Ziel ist: nämlich das zu tun, was später in die deutsche Geschichte unter den drei Buchstaben »RAF« eingeht.

Baader, acht Jahre älter als Boock, wird für ihn in diesem zweiten Halbjahr 1969 zum Vorbild. Und sogar zu »so etwas wie einer Vaterfigur«, wie siebzehn Jahre später das Oberlandesgericht Stuttgart[22] feststellt: ein »Vater«, den er mag. Ein »Vater«, von dem sich der entwichene Fürsorgezögling verstanden fühlt. Anders als von seinem leiblichen Vater, dem »überzeugten Nazi«.

Als Baader wenige Monate später in die Illegalität abtaucht, bleiben er und Boock in Kontakt. Zweieinhalb Jahre später – im Juni 1972 – sieht Boock im Fernsehen, wie Andreas Baader verhaftet wird. Er ist entsetzt. Für ihn sind die Dinge klar: »Die haben *mich* rausgeholt, also hole ich *sie* raus. Darüber habe ich keine Sekunde nachgedacht.«

So wird Peter-Jürgen Boock acht Jahre nach den Frankfurter Monaten mit Baader zu einem der Köpfe der zweiten RAF-»Generation«. Fünfzehn Jahre später verurteilt ihn das Oberlandesgericht Stuttgart zu lebenslanger Haft. Wegen sechs Morden und vier Mordversuchen der RAF.

## Auf der Flucht

### ➤ Der Bundesgerichtshof entscheidet

Der Ausflug in die »Sozialarbeit« von Baader, Ensslin und Proll findet ein jähes Ende, als die Anwälte der Brandstifter am 10. November 1969 Post aus Karlsruhe bekommen – einen einseitigen Beschluss des Bundesgerichtshofs in der Sache 2 StR 155/69: »Die Revisionen der Angeklagten … werden als unbegründet verworfen.« Die »Begründung« für die »Verwerfung« der fünf Richter des Zweiten Strafsenats ist knapp. Einen ganzen Halbsatz lang, nämlich: »… da die Nachprüfung des Urteils auf Grund der Revisionsrechtfertigungen keinen Rechtsfehler zum Nachteil der Angeklagten ergeben hat«. Damit ist das Drei-Jahre-Zuchthaus-Urteil des Landgerichts Frankfurt rechtskräftig.

Vierzehn Monate haben sie abgesessen. Zweiundzwanzig noch vor sich. Regulär. Bei guter Führung wären es nur noch zehn Monate – nach der Zwei-Drittel-Strafen-Regelung für einsichtige Täter. Egal, wie lang: Baader, Ensslin und Proll wollen nicht in die Zelle. »Ein echter Revolutionär geht nicht freiwillig in den Knast« – das Selbstverständnis der drei.

### ➤ Über die grüne Grenze

So begeben sie sich umgehend auf die Flucht – und gestalten sie als Abenteuer. Gudrun organisiert alles. Konspirativ: In einer Tiefgarage in der Frankfurter Innenstadt steigen die drei in ein Auto. Der Fahrer steuert den Wagen Richtung Osten. Nach zwanzig Kilometern, in Hanau, wechseln sie das Fahrzeug. Es geht wieder zurück gen Westen. »Irgendwo in Rheinland-Pfalz« stoppt der Wagen an der »grünen Grenze« zu Frankreich, erinnert sich Thorwald Proll. Die drei holen ihre Rucksäcke aus dem Kofferraum und marschieren zu Fuß über Wiesen und Felder nach Frankreich. Ein Wagen mit französischen Kennzeichen erwartet sie und bringt sie nach Paris. Dort wohnen sie zunächst in der Wohnung eines »Genossen«. Die drei verändern ihr Aussehen: Gudrun Ensslin lässt ihre blonden Haare auf Pony-Länge stutzen und schwarz färben; Andreas Baader seine Haare über der Stirn kurz schneiden. Er trägt Hosen mit Bügelfalte – etwas, was er zuvor noch nie getan hatte. Thorwald Proll hat sich seine Mähne richtig kurz scheren lassen – und schaut jetzt aus wie ein Elitestudent der Sorbonne.

Das Ganze ist eine Farce. Ein richtiger Witz. Denn niemand sucht nach ihnen. Die Mühlen der Justiz mahlen langsam: Erst vier Monate später, am 10. März 1970, ergeht gegen Baader – wie gegen die anderen auch – ein »Vollstreckungshaftbefehl«, weil er seiner »Ladung« zum Strafantritt vom 13. Februar 1970 nicht nachgekommen ist. Das Schreiben kam an die Justiz zurück – mit dem Vermerk »Empfänger unbekannt verzogen«. Aber schon vier Monate vor der Fahndung nach ihnen, im November 1969, hatte das Konspirative für die drei einen ungeheuren Charme. »Wir erfanden uns die Illegalität«, sagt Thorwald Proll in der Rückschau.

### ➤ Das Gnadengesuch

Ungeachtet der – bei den Strafverfolgern zunächst unbemerkt gebliebenen – Frankreich-Flucht Ensslins bittet Verteidiger Otto Schily den hessischen Justizminister Karl Hemfler um einen »besonderen Gnadenerweis« für seine Mandantin. Eine Woche nachdem er den Bundesgerichtshof-Beschluss erhalten hat, appelliert er am 17. November 1969 an den Justizminister, Gudrun Ensslin die »verhängte Zuchthausstrafe von 3 Jahren bedingt zu erlassen«. »Besondere Umstände« würden »einen Gnadenerweis nahe legen«, schreibt Anwalt Schily und formuliert: »Gudrun Ensslin ist Überzeugungs-, ja Gewissenstäterin. Ihre Tat, deren Sinnlosigkeit sie längst erkannt hat, war Ausdruck einer Ausweglosigkeit, über die ihre Entwicklung hinausgeschritten ist. Es ist mit Sicherheit zu erwarten, dass sie keine Straftaten mehr begehen wird.« Was ihn zu dieser »Sicherheit« veranlasst, verrät er allerdings nicht.

»Auf eine weitere spezialpräventive Beeinflussung von Gudrun Ensslin ist über die durch die verbüßten 14 Monate bereits bewirkte Einwirkung nicht zu rechnen«, begründet Schily das Gnadengesuch weiter: »Es würde allen Erkenntnissen moderner Kriminalpolitik widersprechen, eine als sinnlos erkannte weitere Vollstreckung anzuordnen.«

### ➤ Paris

Während Schilys Gnadengesuch in irgendeinem Aktenschober im hessischen Justizministerium Staub fängt, lassen es sich Gudrun Ensslin und ihre beiden Begleiter in Frankreich gut gehen: »Paris ist ja nach Hemingway ein Fest fürs Leben«, erklärt Thorwald Proll, warum die Wahl auf Paris fiel: Die drei stromern durch die Seine-Metropole. Fahren mit der Metro kreuz und quer durch die Stadt. Steigen an der Porte de Clignancourt aus und schlendern über den Flohmarkt »Marché aux Puces de Saint-Quen«: Vorbei an Ständen mit Belle-Epoque-Kleidern, Uniformen aus dem Ersten Weltkrieg und Hüten aus den zwanziger Jahren. Sie kaufen sich Lederjacken. Ballern in Schießbuden. Besuchen Kinos. Fast jede Nacht gehen sie aus. Diskutieren in Bars. »Wir probieren weißen Rum«, sagt Andreas zu Thorwald. Der nickt: »Weißen Rum kannten wir beide noch nicht.« Sie nehmen einen Schluck. »Schmeckt gut«, stellt

Thorwald Proll begeistert fest. »Stimmt«, erwidert Andreas Baader. Was für Erfahrungen! Entspannte Tage und Wochen an der Seine. Durchatmen – nach zwanzig bewegten Monaten. Nach Brandstiftung, Knast und »Sozialarbeit«.

Sie ziehen um, in eine Wohnung auf der Île de la Cité, nicht weit vom Quartier Latin – mit Blick auf die gotischen Kuppeln von Notre-Dame. Feinstes Paris. Sie gehört dem französischen Schriftsteller und Revolutionstheoretiker Régis Debray, Spross einer der »vermögenden Familien« des Landes. Zwei Jahre zuvor war von ihm das Buch »Revolution in der Revolution? Bewaffneter Kampf und politischer Kampf in Lateinamerika« erschienen. Im selben Jahr – 1967 – reist Debray nach Südamerika, um Che Guevara zu treffen. In Bolivien landet er im Gefängnis und wird zu dreißig Jahren Haft verurteilt.[23] Und so steht seine Wohnung in Paris leer. Dort möchte Gudrun an dem »Bau«-Buchprojekt für den *März*-Verlag weiterarbeiten. Der Mixtur aus Knasterfahrungen, Heimkampagne und Revolutionsideen. Sie besitzt ein umfangreiches Zeitungsarchiv, vor allem mit Artikeln über den Brandstifter-Prozess. Baader und Proll steht danach aber nicht der Sinn. Das Projekt bleibt unvollendet.

*»Auf der Flucht«: Ensslin und Baader in Paris 1969 – fotografiert von Astrid Proll*

In der Wohnung hören sie Schallplatten. »Big Brother and the Holding Company« von Janis Joplin. »Through The Past, Darkly« von den Rolling Stones: Mick Jagger singt vom »Street Fighting Man«: »Hey! Think the time is right for a palace revolution!« Aber auch: »2000 Light Years From Home«. Jagger melancholisch: »It's so very lonely. You're two thousand light years from home.«

Bei Baader und Freunden trifft in Paris eine Abordnung der »Zöglinge« aus Frankfurt ein. Sie flehen die »Brandstifter« an, in die Mainmetropole zurückzukehren. »Wir brauchen euch«, sagt einer von ihnen zu Andreas Baader: »Wenn ihr nicht zurückkommt, fühlen wir uns verlassen.« Aber der winkt ab. »Sie wollten nicht einsehen«, fasst Thorwald Proll die Diskussion mit den »Lehrlingen« in Paris zusammen, »dass wir uns diese Illegalität als Ziel gesetzt hatten.« Baader und Co. wollen von der »Sozialarbeit« nichts mehr wissen. Sie haben die Zöglinge tatsächlich verlassen.

Astrid Proll, Thorwalds sechs Jahre jüngere Schwester, kommt nach Paris, bringt den weißen Mercedes mit und Geld. Vergnügt ziehen die vier zusammen durch die Stadt, fotografieren sich feixend gegenseitig in einem Café. Aufnahmen wie Urlaubsbilder.

Astrid, die Andreas Baader bereits drei Jahre zuvor in Berlin kennen gelernt hatte, tritt in der Gruppe an die Stelle ihres Bruders Thorwald. »Zu weich für ein Leben im Untergrund«, befindet Andreas Baader – »die Nerven«. Thorwald Proll selbst fühlt sich auf einem »persönlichen Nullpunkt« angekommen. Ausgelaugt. »Ich konnte nicht weiter mitmachen«, sagt Proll – »ganz einfach: Mein Akku war leer.« Baader, Ensslin und Astrid Proll packen ihre Sachen und brechen auf Richtung Italien. Thorwald Proll bleibt in der Wohnung in Paris zurück, befindet: »Das war's für mich gewesen.«

Nach seiner Trennung von der Gruppe reist er nach England. Ein Jahr später, am 21. November 1970, erscheint er unangemeldet bei dem Staatsanwalt in Berlin-Moabit, der für die Fahndung nach ihm zuständig ist. Proll betritt zusammen mit seinem Rechtsanwalt das Büro. Er sieht den Steckbrief von Ulrike Meinhof an der Wand hängen. Und einen wie vom Donner gerührten Staatsanwalt – angesichts des unerwarteten Besuches. Das »Spiel« ist aus: Thorwald Proll kommt in die Justizvollzugsanstalt Tegel. »Als ich in Tegel in der Zelle saß, tat's mir fast schon Leid«, blickt er zurück. Im Oktober 1971 wird er vorzeitig entlassen. Nach insgesamt fünfundzwanzig Monaten Haft. Als Einziger trat Horst Söhnlein seine Strafe pünktlich an. Gleich nach der Ladung, im

April 1970. Thorwald Proll und Horst Söhnlein treten im Zusammenhang mit Baader & Co. nicht mehr in Erscheinung. Beiden gelang der Absprung.

### ➤ Mailand, Rom und Sizilien

Am 13. Dezember 1969 treffen Baader, Ensslin und Astrid Proll mit dem weißen Mercedes 220 SE in Mailand ein. Was sie dort sehen, behagt ihnen nicht: Die Stadt ist voller Polizisten und Kontrollen. Am Tag zuvor war eine Bombe neofaschistischer Terroristen in der Landwirtschaftsbank an der Piazza Fontana explodiert. Sechzehn Menschen starben. Achtundachtzig wurden verletzt. Die Polizei fahndet nach den Attentätern. Das Pflaster in Mailand ist dem Trio zu heiß. So fahren sie weiter, 600 Kilometer gen Süden. Nach Rom.

Baader und Ensslin kommen in einer Wohnung von Sympathisanten in der Stadt unter. Für Astrid Proll ist dort allerdings kein Platz. Sie bezieht ein Appartement am Stadtrand. Die Vorweihnachtszeit verbringen Baader und Ensslin im Müßiggang: Die beiden turteln verliebt. Wie auf einer Hochzeitsreise. Sie leben in den Tag hinein, reden viel. Sie besuchen den Romancier Peter Chotjewitz. Eine Kneipenbekanntschaft von Andreas Baader aus vergangenen Berliner Tagen. Seit zwei Jahren lebt er in Rom. Sie treffen die Schriftstellerin Luise Rinser. In einem offenen Brief, der von vielen Zeitungen in Deutschland abgedruckt wurde, hatte die sich über die Strafen des »Kaufhausbrandstifterurteils« bestürzt geäußert und den Richterspruch heftig kritisiert. Gudrun Ensslin beeindruckt in Rom die achtundfünfzigjährige Schriftstellerin nachhaltig. Begeistert schreibt Luise Rinser an Gudruns Vater, Pfarrer Helmut Ensslin: »Gudrun hat in mir eine Freundin fürs Leben gefunden.« Der Komponist Hans Werner Henze lädt Baader und Ensslin in seine Villa ein. Die beiden erleben jede Menge Weihnachtsessen und sonstige Geselligkeiten.

### ➤ Horst Mahler kommt nach Rom

In Rom bekommen sie im Dezember 1969 auch Besuch von Horst Mahler, der Andreas Baader im Kaufhausbrandstifterprozess verteidigt hatte. Der Anwalt träumt davon, die von der Studentenbewegung verbliebene Glut wieder zu entfachen. Er wartet »auf eine Bewegung«. Eine neue. In Berlin war Mahler in mehreren Diskussionszirkeln. In einem hockte auch Rudi Dutschke. Und so reiste der tatendurstige Mahler im Herbst 1969 zu Dutschke nach London; nach dem Attentat hatte der sich dorthin zurückgezogen. Mahler und Dutschke reden lange darüber, was man in Sachen Revolution tun könnte. Sie kommen zu keinem Er-

*Horst Mahler bei SDS-Demo am 1. Mai 1968 in Berlin*

gebnis. Die beiden scheiden – so Mahler – »nicht unfreundlich«. Aber im »Dissens«.

Bald darauf reist der Rechtsanwalt nach Rom. Als Morgengabe bringt er Baader, Ensslin und Astrid Proll ein Bündel Geldscheine mit. In München hat er es Kulturschaffenden aus den Rippen geleiert. Mahler berichtet aus Berlin: Dort solle eine militante Gruppe aufgebaut werden. Eine Art »APO-Avantgarde«. Mahler schlägt den beiden vor, nach Berlin zurückzukehren und mitzumachen.

Als Gudrun Ensslin Rechtsanwalt Horst Mahler gegenübersitzt und ihm in die Augen schaut, muss sie grinsen. Ihre blaugrauen Pupillen funkeln vergnügt. Etwas mehr als ein Jahr ist es her, da hatte sie dem Anwalt prophezeit: »Horst, du wirst auch einmal die Robe ausziehen und mit der Maschinenpistole argumentieren!« Das war während des Kaufhausbrandstifterprozesses in Frankfurt. Jetzt ist es so weit. Mittlerweile hatte sich Mahler entschlossen, »selbst eine bewaffnete Gruppe aufzubauen«. Und so reden sie nun darüber – die Brandstifterin und der Verteidiger –, wie man das am besten macht: den bewaffneten Kampf aufnehmen. Die Prognose der Angeklagten über den Rechtsanwalt hat sich als richtig erwiesen.

Horst Mahler hat in Berlin einen Namen: Er ist der bekannteste Verteidiger in den Strafverfahren gegen Angehörige der außerparlamentarischen Opposition. Der Jurist ist vierunddreißig – und damit ein halbes bis ein ganzes Jahrzehnt älter als die meisten der Rebellen, die er vertritt. Sieben Jahre älter als Baader.

Ein »APO-Opa«: Horst Mahler sieht nicht nach Opposition aus. Sondern mehr wie ein Repräsentant des Establishments. So wie der beflissene Direktor einer Kreissparkasse, Anfang, Mitte vierzig. Sein Kopf ist schon weitgehend kahl. Die letzten dünnen Haare hat er mit Pomade nach hinten gekämmt. Sein Gesicht ist blass und leicht aufgedunsen. Die große schwarze Hornbrille verleiht ihm etwas Seriöses.

Auch bei den Demos, an denen er ab Sommer 1967 teilnimmt, hebt er sich von der breiten Masse augenfällig ab. Er schreitet mit einem Regenschirm am Arm – in Anzug, Krawatte und Regenmantel. Mahler gehört zum »Zentralen Ausschuss« der APO. Berät die Außerparlamentarischen. Rechtlich und auch politisch. Seine sonore Stimme hat Gewicht. Während der Osterunruhen 1968 erklärt er den Studenten kämpferisch, bei einer Revolution sei »wie im Straßenverkehr mit Opfern zu rechnen«.

Seitdem die Strafprozesswelle der Berliner Justiz gegen die Rebellen angelaufen ist, klingelt sein Kanzlei-Telefon in der Konstanzer Straße 59 unablässig – über 1800 Verfahren leiten die Staatsanwälte ein. Mahler wird zu einem gefragten Rechtsanwalt. Er verteidigt Fritz Teufel und Rainer Langhans, Beate Klarsfeld, die Bundeskanzler Kiesinger geohrfeigt hatte, und Peter Brandt, den Sohn des damaligen Bundeskanzlers. Er vertritt Rudi Dutschke und die Nebenklage in dem Strafverfahren gegen den Polizeibeamten, aus dessen Waffe Benno Ohnesorg die tödliche Kugel in den Kopf traf. Zusammen mit Christian Ströbele und Klaus Eschen gründet er 1969 das »Sozialistische Anwaltskollektiv« in Berlin.

Mit seinen Mandanten stimmt er in vielen politischen Fragen überein. In einem Punkt aber unterscheidet er sich von Baader und Ensslin, Teufel und Langhans und vielen anderen: Revolution hat für ihn nicht zwangsläufig etwas mit Kiffen zu tun. Er ist kein »Haschrebell«: »Ich habe nie gehascht«, betont Horst Mahler in der Rückschau. Mitglieder der Kommune I hätten ihn zwar »ständig ermuntert«, diese Erfahrung nun doch endlich einmal selbst zu machen. »Rauch doch mal mit«, wird er dort aufgefordert. Aber er winkt ab: »Ich kann nicht rauchen.« »Macht doch nichts«, tröstet ihn einer: »Probier es doch mal mit Plätzchen oder Tee.« Er lässt sich auf einen Versuch ein: »Rainer Langhans hat mir ganz rührend einen solchen Tee gebrüht«, blickt er zurück: »Aber es hat sich bei mir nichts abgespielt.«

Mahler als »APO-Anwalt«: Eine der zahlreichen politischen Metamorphosen in seinem Leben. Zuvor war er Wirtschaftsanwalt. Nach seiner Zulassung als Rechtsanwalt 1963 baut er sein Büro entschlossen und erfolgreich auf. Vertritt den Mittelstand – auch Bauträger und Abschreibungsunternehmen. Für große Aufmerksamkeit sorgt er 1966: Ihm gelingt es als erstem deutschen Anwalt, eine Beschwerde bei der Europäischen Menschenrechtskommission in Straßburg durchzubringen: Er vertritt einen ehemaligen KZ-Aufseher. Der saß fünf Jahre ohne Gerichtsverhandlung in Untersuchungshaft. Durch die Studentenproteste und -prozesse wandelt sich sein Geschäft 1967 grundlegend.

Horst Mahler ist Schlesier. Geboren 1936 in Haynau. Kurz vor Ende des Zweiten Weltkriegs flüchtet seine Mutter mit ihm und seinen beiden Geschwistern nach Deutschland – im kalten Februar 1945. Die Flüchtlingsfamilie lässt sich in Dessau nieder. Bereits mit dreizehn wird Horst dort Vorsitzender der neuen FDJ-Schulgruppe. Sein Vater ist Zahnarzt. Aus amerikanischer Kriegsgefangenschaft zurückgekehrt, stirbt er 1949. Die Mutter »flüchtet« mit ihren Kindern abermals. Verlässt die »Ostzone« und zieht nach Westberlin. Auch dort ist Horst bald in führender politischer Position: Dieses Mal bei den Jungsozialisten. Als Vorsitzender von Berlin-Charlottenburg.

Um seine »eigene Vergangenheit« zu verarbeiten, setzt er sich in den Kopf, »den Marxismus zu widerlegen« – wie er es später formuliert. Er scheitert. »Marx und Lenin überzeugten mich«, resümiert er Ende der neunziger Jahre: »Sie gaben mir die Möglichkeit, die jüngste deutsche Geschichte als Fäulniserscheinung des zum Untergang verurteilten Kapitalismus zu sehen.« So bleibt er bei Marx und Lenin kleben.

Abitur macht er im März 1955 in Berlin-Wilmersdorf. Zum Sommersemester 1955 beginnt er an der Freien Universität mit den Rechtswissenschaften. Die Studienstiftung des Deutschen Volkes erblickt in ihm einen Hochbegabten und zahlt ihm ein Stipendium. Er tritt in die schlagende Verbindung Thuringia ein und wird SDS-Mitglied – der revolutionäre SDS und der Fechtboden vergangener Jahrhunderte: eine eigentümliche Mischung. Nach dem SDS-Unvereinbarkeitsbeschluss der Sozialdemokraten muss er 1962 die Partei verlassen – wie alle anderen SDSler auch.

Im Juli 1963 legt Horst Mahler die zweite juristische Staatsprüfung ab. Wird Wirtschaftsanwalt und vertritt den KZ-Aufseher. Dann geht er in die vorderste Reihe zur APO, die gegen Wirtschaft und KZ-Vergangenheit mobilisiert.

In Rom diskutiert Horst Mahler mit Andreas Baader, Gudrun Ensslin und Astrid Proll nächtelang darüber, was in Sachen Revolution zu tun ist. Sie kommen zu dem Ergebnis, dass »bewaffneter Widerstand« unumgänglich ist. Mahler reist zurück nach Berlin. Um – wie er sagt – »die Vorbereitungen zu treffen, damit sie nach Berlin kommen können«.

## Die »große Herausforderung«

Baader, Ensslin und Astrid Proll fahren weiter gen Süden. Über Sorrent und Neapel bis nach Sizilien. Zum südlichsten Punkt der Insel. Sie sehen großen Schiffen nach, die vorüberziehen. Gen Afrika. An der Mittelmeerküste mischt sich Langeweile mit revolutionären Phantasien. »Andreas bastelte an unserem Auto, Gudrun beobachtete den Sonnenaufgang, ich ging einkaufen«, erinnert sich Astrid Proll: »Wir langweilten uns zu Tode und erfanden die RAF.« Sie sprechen über eine Rückkehr nach Deutschland – um endlich den bewaffneten Kampf aufzunehmen. »Wir wussten alle, dass die Sache für uns mit Gefängnis oder mit dem Tod enden konnte«, blickt Astrid Proll zurück. »Aber wir wussten es damals nicht wirklich, sondern nur in unseren Köpfen. Wir suchten eine große Herausforderung.« Astrid Proll fährt zurück nach Deutschland. Andreas Baader und Gudrun Ensslin bleiben in Italien. Vorerst.

Am 5. Februar 1970 erhält Rechtsanwalt Mahler die Mitteilung, dass der hessische Justizminister Karl Hemfler das Gnadengesuch abgelehnt hat. Er schickt ein Telegramm an Peter Chotjewitz, der die Nachricht an Baader und Ensslin weiterleiten soll. Am selben Tag schreibt er einen Brief an den Romancier: »Lieber Genosse Chotjewitz, ich hoffe, dass Dich unsere telegraphische Nachricht von der Ablehnung des Gnadengesuches erreicht hat und dass Du diese Nachricht an Andreas und Gudrun weitergeben konntest.«

Für Baader und Ensslin sind damit die Würfel gefallen – endgültig. Sie haben sich entschieden: wollen das in Angriff nehmen, was sie als »große Herausforderung« verstehen. Den »bewaffneten Kampf«. Vier Monate nach ihrer Flucht machen sie sich auf die Reise zurück nach Deutschland. Entspannt, erholt und voller Tatendrang.

# DIE ERSTE RAF-»GENERATION«

# 10. Kapitel: Die vier Köpfe finden sich

Berlin. Schöneberg: die Kufsteiner Straße. An ihrem Ende steht das RIAS-Funkhaus. Von hier aus strahlt der deutschsprachige Sender der Amerikaner sein Programm in die geteilte Stadt. Die schmale Kufsteiner kreuzt die Badensche Straße. Dort wohnte Andreas Baader bis vor zwei Jahren. Zwischen der Badenschen Straße und dem Funkhaus liegt das Haus Kufsteiner Straße Nummer 12. Auf dem Klingelbrett klebt das Schildchen: »Meinhof«. Hier klingeln am 12. Februar 1970 Andreas Baader und Gudrun Ensslin.

## Ulrike Meinhof

### ➤ Überraschender Besuch

Ulrike Meinhof lässt die beiden herein. Die bekannte Journalistin hatte über die »Warenhausbrandstiftung« der Besucher in einer ihrer Kolumnen in der Zeitschrift *konkret* geschrieben. Damals – Oktober 1968, vierzehn Monate ist es her – war sie auch zu dem Brandstifterprozess nach Frankfurt geflogen. Hatte dort mit Andreas Baader gesprochen und Gudrun Ensslin in der Zelle besucht. Die beiden Frauen verstanden sich auf Anhieb. Anschließend allerdings weigerte sich Meinhof zum Verdruss der *konkret*-Redaktion, auch nur eine einzige Zeile über die Begegnungen zu schreiben. Weil Meinhof viele Tage auf Kosten der Redaktion in Frankfurt war, führte das zu einem »Streit um die Spesen«, erinnert sich Klaus Rainer Röhl. Er war damals Chefredakteur von *konkret* und Meinhofs Exehemann: »Wir hatten die Flugreise bezahlt und forderten unseren Artikel.« Trotzdem blieb Ulrike Meinhof bei ihrer Position: »Keine Zeile.« Keine einzige. »Es wäre nicht gut«, erklärte sie Röhl, »über die Leute und ihre Ansichten zu schreiben.« Vermutlich, weil, wenn sie es getan hätte, das schwer zu Lasten der beiden in dem laufenden Strafverfahren gegangen wäre. Und das wollte sie nicht.

In der geräumigen Sechszimmerwohnung für 450 Mark lebt die Fünfunddreißigjährige mit ihren siebenjährigen Zwillingstöchtern Regine und Bettina sowie ihrem Freund Peter Homann, dreiunddreißig, Pflastermaler und ehemaliger Volontär bei *konkret*. Nach einigen Minuten

*Ulrike Meinhof*

rücken die beiden Besucher damit heraus, was sie von Ulrike Meinhof wollen: eine Weile bei ihr wohnen. »Einverstanden«, antwortet die Journalistin – »für die erste Zeit« in Berlin. Andreas und Gudrun legen sich zufrieden in Meinhofs Doppelbett und schlafen sich erst einmal aus.

»Flüsternd wurde uns erklärt«, erinnert sich Meinhof-Tochter Bettina Röhl, »dass die beiden von der Polizei gesucht würden und dass wir in der Schule und im Kinderladen nichts von ihnen erzählen dürften. Eigentlich hießen sie Andreas Baader und Gudrun Ensslin, aber wir sollten sie einfach nur Hans und Grete nennen.« Diese Tarnnamen hatten sich Baader und Ensslin nach ihrem Abtauchen zugelegt.

Schon bald bringen die beiden Mädchen eine Horde Freunde mit in die Kufsteiner Straße. Funkelnde Kinderaugen starren interessiert auf die beiden geheimnisvollen Besucher. Bettina und Regine hatten ihren Freunden im Kinderladen stolz erzählt: »Bei uns wohnen zwei Menschen, von denen wir nichts erzählen dürfen!« – »Unter dem Versprechen, dass auch sie ihren Eltern nichts weitersagten«, berichtet Bettina Röhl, »nahmen wir sie mit und zeigten auf die beiden Besucher.« Andreas Baader springt auf und flüchtet vor der neugierigen Kinderschar ins Badezimmer. Er tobt. Bekommt einen Wutanfall. »Meine Mutter konnte ihn nur mit Mühe beruhigen«, blickt Bettina zurück.

So trafen Andreas Baader und Ulrike Meinhof aufeinander – im Februar 1970. Polizisten und Publizisten fügen schon bald ihre beiden Nachnamen zusammen – zu einem Doppelnamen: Als Bezeichnung für die sich wenige Monate später formierende Truppe »Baader-Meinhof«. Sie ist noch heute für viele Menschen das Synonym für den deutschen Terrorismus. Selbst allerdings hat sich die Gruppe so nie genannt.

In diesen Tagen des »Rendezvous« – mit dem Wortsinn einer »Annäherung und Ankopplung« – im Februar 1970 ist Ulrike Meinhof eine der bekanntesten linken Journalistinnen der Bundesrepublik. Als Kolumnistin von *konkret* hat sie sich einen Namen gemacht – *konkret* ist damals ein viel gelesenes Blatt in der linken Szene. Sie arbeitet fürs Radio und fürs Fernsehen. Steht im Ruf, eine der wichtigsten Publizisten in Sachen Studentenrebellion zu sein.

Über ihre journalistische Arbeit stießen Baader und Ensslin auf Ulrike Meinhof. In der *konkret*-Kolumne bescheinigte sie der Brandlegung ein »progressives Moment«. Die Anmerkungen der prominenten Linken zu ihrer Tat hatten den beiden Brandstiftern geschmeichelt, sie mit Stolz erfüllt.

**➤ »Warenhausbrandstiftung«: Die Kolumne**

In *konkret* vom 18. November 1968 kommentierte Ulrike Meinhof unter der Überschrift »Warenhausbrandstiftung« in der ihr eigenen Diktion:

»Gegen Brandstiftung im Allgemeinen spricht, dass dabei Menschen gefährdet sein könnten, die nicht gefährdet werden sollen. Gegen Warenhausbrandstiftung im Besonderen spricht, dass dieser Angriff auf die kapitalistische Konsumwelt – und als solchen wollten ihn wohl die im Frankfurter Warenhausprozess Angeklagten verstanden wissen – eben diese Konsumwelt nicht aus den Angeln hebt, sie nicht einmal verletzt, das, was sie treibt, selbst treibt, denen, die daran verdienen, Verdienste ermöglicht. Das Prinzip, nach dem hierzulande produziert und konsumiert wird, das Prinzip des Profits und der Akkumulation von Kapital, wird durch einfache Warenvernichtung eher entsprochen, als dass es durchbrochen würde. Denn denen, die an der Produktion und dem Verkauf der in den Warenhäusern massenhaft angebotenen Güter verdienen, kann möglicherweise und gelegentlich kein größerer Gefallen getan werden als die kostenlose Vernichtung dieser Güter. Den Schaden – sprich Profit – zahlt die Versicherung. Dem Problem der Übersättigung auf dem Konsumgütermarkt inklusive stagnierender, weil nicht absetzbarer Produktion wäre damit mit einem Mittel abgeholfen, das sich so sehr nicht von den Mitteln unterscheidet, mit denen sich die Industrie bisher noch selbst zu helfen weiß.«

Was es im Kapitalismus »gibt«, gebe es im Warenhaus, konstatiert Ulrike Meinhof: »Was es im Warenhaus nicht gibt, gibt es im Kapitalismus nur schlecht, nur unzulänglich, unzureichend: Krankenhäuser, Schulen, Kindergärten, Gesundheitswesen etc. pp. ... Immerhin, die Vernichtung gesellschaftlich produzierten Reichtums durch Warenhausbrand unterscheidet sich qualitativ nicht von der systematischen Vernichtung gesellschaftlichen Reichtums durch Mode, Verpackung, Werbung, eingebauten Verschleiß. So gesehen, ist Warenhausbrandstiftung keine antikapitalistische Aktion, eher systemerhaltend, konterrevolutionär.«

»Warenhausbrandstiftung« aber habe dennoch ein »progressives Moment«, proklamiert Ulrike Meinhof: Es »liegt nicht in der Vernichtung der Waren, es liegt in der Kriminalität der Tat, im Gesetzesbruch. Das Gesetz, das da gebrochen wird, schützt ja die Menschen nicht davor, dass ihre Arbeitszeit und -kraft, der von ihnen geschaffene Mehrwert vernichtet, verdorben, vergeudet wird.«

Das Gesetz, das da gebrochen werde durch Brandstiftung, »schützt nicht die Menschen, sondern das Eigentum. Das Gesetz bestimmt, dass fremdes Eigentum nicht zerstört, nicht gefährdet, nicht beschädigt, nicht angezündet werden darf. Die da Schindluder treiben mit dem Eigentum, werden durch das Gesetz geschützt, nicht die, die Opfer dieses Schindludertreibens sind, nicht die, die den Reichtum schaffen durch Arbeit und Konsum, sondern die, die ihn sich gemäß der Gesetzgebung im kapitalistischen Staat rechtmäßig aneignen.«

Habe also eine Warenhausbrandstiftung »dieses progressive Moment«, fährt sie fort, »dass verbrechenschützende Gesetze dabei gebrochen werden, so bleibt zu fragen, ob es vermittelt werden kann, in Aufklärung umgesetzt werden kann. Was können – so bleibt zu fragen – die Leute mit einem Warenhausbrand anfangen? Sie können das Warenhaus plündern. Der Ghetto-Neger, der brennende Geschäfte plündert, erfährt, dass das System nicht zusammenbricht, wenn er sich kostenlos beschafft, was er dringend braucht, sich aber auf Grund seiner Armut und Arbeitslosigkeit nicht kaufen kann, er kann lernen, dass ein System faul ist, das ihm vorenthält, was er zum Leben braucht. Die Waren dagegen, die Frankfurter aus Frankfurter Kaufhäusern wegschleppen könnten, wären kaum die, die sie wirklich brauchten. (Ausgenommen Geschirrspülmaschinen, die in den Statistiken über Haushaltsgeräte in deutschen Haushalten noch kaum vorkommen, obwohl es fast 10 Millionen erwerbstätiger Frauen in der Bundesrepublik gibt, viereinhalb davon sind verheiratet, sie müssten sie alle haben. Die sind aber nicht nur zum Kaufen zu teuer, sondern zum Wegschleppen auch zu schwer.)

Bei einer Warenhausplünderung hierzulande würde nur der Bestand an Sachen in einigen Haushalten vergrößert, die ohnehin nur der Ersatzbefriedigung dienen, jener ›private Mikrokosmos‹ würde perfektioniert, über den einsam zu herrschen den Einzelnen über die Bedingungen hinwegtrösten soll, unter denen er als gesellschaftlicher Produzent zu arbeiten gezwungen ist (André Gorz).[24] Jene kollektiven Bedürfnisse, die in reichen kapitalistischen Ländern eklatant unbefriedigt bleiben, würden davon nicht berührt, können durch Warenhausbrandstiftung nicht bewusst gemacht werden.«

Meinhofs Fazit: »So bleibt, dass das, worum in Frankfurt prozessiert wird, eine Sache ist, für die Nachahmung – abgesehen noch von der ungeheuren Gefährdung für die Täter, wegen der Drohung schwerer Strafen – nicht empfohlen werden kann. Es bleibt aber auch, was Fritz Teufel auf der Delegiertenkonferenz des SDS gesagt hat: ›Es ist immer noch besser, ein Warenhaus anzuzünden, als ein Warenhaus zu betreiben.‹ Fritz Teufel kann manchmal wirklich sehr gut formulieren.«

Heute ist schwer verständlich, wie jemand, so wie Meinhof es tut, einer Kaufhausbrandstiftung ein »progressives Moment« abgewinnen kann – Waren verbrennen: als Fortschritt? Aber die Meinhof'sche Argumentation ist auch sonst in weiten Teilen hanebüchen. Zudem geht sie von Behauptungen aus, die schlicht falsch sind: Unzutreffend ist beispielsweise der Ausgangspunkt Meinhofs, dass der Straftatbestand, um den es vor dem Frankfurter Landgericht ging – die schwere Brandstiftung, Paragraph 306 des Strafgesetzbuchs –, »nicht die Menschen, sondern das Eigentum« schütze. Auf die Eigentumsverhältnisse kommt es bei dieser Vorschrift nicht an: Auch der Eigentümer, der sein Wohnhaus in Brand steckt, wird nach dieser Vorschrift bestraft. Eine solche Handlung ist wegen der großen Gefahr strafbar, die – egal, wer zündelt – entsteht, wenn jemand ein solches Gebäude ansteckt. Das entschied bereits so das Reichsgericht – zur Zeit der Weimarer Republik.[25]

Ebenso bar jeder Kenntnis der Realitäten ist Ulrike Meinhofs Feststellung, den durch die Brandstiftung entgangenen »Profit« des Kaufhauses »zahlt die Versicherung«. Brandversicherungen ersetzen in derartigen Fällen den Wiederbeschaffungswert. Nicht aber einen »entgangenen Gewinn«. Also gerade nicht den – nach der Meinhof'schen Diktion – »Profit«.

Geradezu grotesk wird das Ganze, wenn Ulrike Meinhof von der Nachahmung der Brandstiftung abrät – mit dem Hinweis auf die »ungeheure Gefährdung für die Täter, wegen der Drohung schwerer Strafen«. Der Brandstifter – als Opfer der Justiz!? So sieht Ulrike Meinhof die Welt.

»Ulrike Meinhof hat den Boden unter den Füßen verloren«, urteilt später über diese Phase in Meinhofs Leben ihre mütterliche Freundin Renate Riemeck. Sie kannte Ulrike so gut wie kein anderer.

Deutlich zeigt dieser Artikel eine partielle Zustimmung Meinhofs zu der Straftat von Baader und Ensslin – als politisches Mittel. Etwa durch das »progressive Moment«, das sie der »Warenhausbrandstiftung« beimisst, den »Gesetzesbruch« – das Wörtchen »progressiv« galt damals als Synonym für »richtig«. Ebenso durch ihre Feststellung, es sei »besser, ein Warenhaus anzuzünden, als ein Warenhaus zu betreiben«. Schon bald wird die Autorin gemeinsam mit Baader und Ensslin nicht nur einen »Gesetzesbruch« begehen. Sondern zahlreiche »Gesetzesbrüche«.

**➤ Die Kolumnistin**

Durch ihre Kolumnen in *konkret* ist Ulrike Meinhof eine geistige Autorität in der linken Szene geworden. Ihre Meinung hat Gewicht. *konkret* erreichte in Spitzenzeiten eine Auflage von über zweihunderttausend Exemplaren: Über eine halbe Million Menschen lesen die »Zeitung von Querköpfen für Querköpfe«, wie sie Herausgeber Klaus Rainer Röhl charakterisiert: Studenten und Schüler, Journalisten und Jungarbeiter, Lehrlinge und andere Linksorientierte. Die Wirkung aber reicht weit über die linke Szene hinaus: »Multiplikatoren«, wie Journalisten, Politiker und Funktionäre, lesen »die Meinhof«. So wie viele damals die Kolumnen von Rudolf Augstein im *Spiegel* oder von Sybille im *stern*.

Ihre erste Kolumne in *konkret* erschien mehr als zehn Jahre zuvor. Im Oktober 1959. In dem monatlich – später vierzehntägig – erscheinenden Blatt nimmt Ulrike Meinhof zu Themen der Zeit Stellung: Ihre Texte sind eine Mischung aus Leitartikel, Kommentar und mitunter auch Essay.

Einem roten Faden gleich, warnt sie in ihren Kolumnen vor »restaurativen Tendenzen« in der Bundesrepublik: Unter der Überschrift »Notstand? Notstand!« kritisiert sie beispielsweise 1960 heftig den Entwurf eines »Notstandsgesetzes« von Bundesinnenminister Gerhard Schröder (CDU). Sie zieht Vergleiche zu Bismarcks Sozialistengesetzen und Hitlers Ermächtigungsgesetz, geißelt den Entwurf als »eine Fülle von Bestimmungen, die sich selbst als Staatsstreichpläne demaskieren«.

Im Mai 1961 kommt sie unter der Überschrift »Hitler in Euch« zu dem Schluss: »So wie wir unsere Eltern nach Hitler fragen, werden wir eines Tages nach Herrn Strauß gefragt.« Ab 1962 warnt sie in zahlreichen Kolumnen vor der großen Koalition. Als die SPD sie Ende 1966 eingeht, schreibt Ulrike Meinhof über die Partei: »Sie wollte sich prostituieren, was ist dabei, dass sie es endlich tut?« Die Partei sei eingestiegen, »den Bankrott zu teilen« – mit der CDU.

1965 fordert Ulrike Meinhof eine Anerkennung der DDR – »Ende der Einheitsfront« lautet ihr Titel. Sie reflektiert über »Vietnam«, über »Vietnam und Deutschland« und über »Vietnam und die Deutschen«. Nach dem Tod Benno Ohnesorgs überschreibt sie ihre Kolumne: »Enteignet Springer«. Fünf Jahre später, 1972, geht Ulrike Meinhof noch ein Stück weiter. Sie versucht, Springers Büro in die Luft zu sprengen.

Durch ihre Kolumnen wird sie republikweit bekannt und häufig eingeladen. Auch zu den Partys der Hamburger Society. Dort parliert sie mit den Edel-Elb-Liberalen, die sich freuen, die bekannte linke Journalistin

*Klaus Rainer und Ulrike Röhl beim Derby in Hamburg-Horn 1963*

in der Runde zu haben. »Ulrike Meinhof war intelligent und gut aussehend«, erinnert sich Jürgen Manthey, damals zuständig für das Feuilleton bei *konkret*: »Sie war irgendwie integer in den Augen der anderen.« Ihre Gradlinigkeit schätzen die feinen Hanseaten – die in dunkelblauen Sakkos mit den zweireihigen Goldknöpfen und der unermesslichen Langeweile. Auch wenn sie – natürlich – nicht mit deren politischen Ansichten übereinstimmen. Bei solchen Veranstaltungen erscheint Ulrike Meinhof modisch gekleidet – im Schick der frühen sechziger Jahre: im feinen Kostüm und mit weißen Handschuhen, etwa beim Derby in Hamburg-Horn. Eine der noch wenigen beruflich erfolgreichen Frauen in dieser Zeit – damals, Anfang der Sechziger. Sie avanciert zu einem »Schoßkind der Gesellschaft«, berichtet Peter Rühmkorf, damals Kollege von ihr bei *konkret*. Sie genießt die Anerkennung, die man ihr entgegenbringt. Smalltalkt und diskutiert mit Rudolf Augstein und Gerhard Bucerius. »Ulrike belebte jede Party«, erinnert sich ihr damaliger Ehemann Klaus Rainer Röhl: Sie tanzte »wie eine Wilde, umschwärmt von männlichen Partygästen. Langsam zu ›Yesterday‹ so wie zu dem folgenden schnellen ›Dizzy Miss Lizzy‹.« In den Tanzpausen stehen alle um sie herum. Männer und Frauen. Und bewundern sie – weil sie unterhaltsam ist: Zeitungsredakteure, Journalisten, Werbetexter, Schriftsteller, Künstler aller Art, Fernsehjournalisten vom NDR und sogar Bürgerschaftsabgeordnete. Einige werfen ihr Stichwörter zu. Ulrike Meinhof nimmt sie souverän auf. Die Zuhörer lassen »sich von ihr präzise Einzelheiten über die neuen Entwürfe zum Notstandsgesetz oder über den mangelnden Unfallschutz am Arbeitsplatz, über Heimkinder und Gastarbeiter erzählen«, blickt Klaus Rainer Röhl zurück.

Auf dem Hamburger Presseball erscheint sie im langen Abendkleid mit glitzerndem Schmuck. Viele bewundern die attraktive Frau. Einige raunen ihr zu: »Ach, Ulrike, siehst du schön aus!« In ihrer Seele aber sieht es ganz anders aus: »Die Aufnahme ins Establishment«, erklärt sie 1967 einem Freund, »zerrt an mir, reißt an mir.« Sie fühlt sich als das »Revolutionskasperle«.

Diese Ulrike Meinhof ist keine »Achtundsechzigerin« im eigentlichen Sinn: Sie gehört nicht zu der Generation, aus der die Studentenbewegung hervorging. 1970, als sich Baader und Ensslin bei ihr einquartieren, ist Ulrike Meinhof eine arrivierte Journalistin und fünfunddreißig. »Trau keinem über dreißig«, lautet ein damals häufig zitierter Satz. Baader und Ensslin trauen ihr trotzdem.

### ➤ Zwei »Mütter«

Ulrike Marie Meinhof kommt im Jahr eins nach Hitlers Machtergreifung auf die Welt: Am 7. Oktober 1934 in Oldenburg. Ihr Vater ist promovierter Kunsthistoriker und wird Direktor des Stadtmuseums in Jena. So zieht Ulrike im Alter von zwei Jahren nach Thüringen. Eine schwere Zeit für das Mädchen: Als Ulrike vier ist, stirbt ihr Vater. An Krebs. Am 2. Februar 1939. Ihre Mutter Ingeborg pflegt ihn liebevoll und tapfer in den letzten Monaten seines Lebens.

Der frühe Tod ihres acht Jahre älteren Ehemannes ist für Ulrikes Mutter auch eine wirtschaftliche Katastrophe. Die Rente ist mager – 90,50 Reichsmark. Und sie hat keinen Beruf: Als Schülerin hatte sie den Lehrer kennen gelernt – und ihn gleich nach dem Abitur geheiratet. Mit neunzehn. Um Ulrike und ihre drei Jahre ältere Schwester durchbringen zu können, entschließt sie sich zu studieren, mit einunddreißig. Philologie – daneben erzieht und versorgt sie die beiden Töchter. Der Krieg erreicht Deutschland. Das Essen wird knapp. Alliierte Bomberstaffeln röhren am Himmel. Bange Nächte und Tage verbringt Ulrike als Grundschülerin im Luftschutzbunker. Sie trägt zwei lange dicke Zöpfe. Bei jedem Essen wird gebetet. Auch vor dem Einschlafen. Die Mutter erzieht ihre beiden Töchter evangelisch. Ulrike liest in der Bibel.

Ihre Jugend ist bestimmt vom »Bewusstsein der eigentlichen Wahrheit des Christentums«, wie sie es zum Ende ihrer Schulzeit formuliert. »Sie war im Protestantismus ihres Elternhauses tief verwurzelt«, blickt Renate Riemeck zurück, die Ulrike seit deren fünften Lebensjahr kennt. »Sie war ein unglaublich heiteres, lebhaftes, sehr eigensinniges kleines Wesen, kommunikativ bis zum Letzten«, erinnert sich Riemeck: »Man konnte mit ihr nirgendwo hingehen, ohne dass sie alle unterhielt.« Trotz Versorgungsengpässen und Stromsperren schließt ihre Mutter das Studium an der Universität Jena mit der Promotion ab: ein Jahr vor Ende des Krieges, 1944.

Jena wird von den Amerikanern besetzt. Nach dem Abkommen von Jalta ziehen sie sich zurück – Jena gehört zur sowjetischen Besatzungszone. Die Truppen der Roten Armee kommen in die Stadt. Ulrikes Mutter Ingeborg entschließt sich, in den Westen zurückzukehren – nach Oldensburg: Dorthin, wo sie bis Mitte der dreißiger Jahre mit ihrem Mann gelebt hatte und noch immer Freunde wohnen. Zusammen mit ihren beiden Töchtern – Ulrike ist elf, ihre Schwester Wienke vierzehn Jahre alt – und ihrer Freundin Renate Riemeck: eine Kommilitonin, die nach dem Tod des Vaters in ein leer stehendes Zimmer bei den Meinhofs in Jena eingezogen war. Die beiden Frauen – Ingeborg, vierunddreißig, und Renate, dreiundzwanzig – laden alles, was die Familie hat, auf einen kleinen Laster. Und los geht's.

1946 ziehen sie in die Ackerstraße 4 in Oldenburg. Ulrikes Mutter wird dort Studienreferendarin, später Lehrerin und SPD-Mitglied. Wie Renate Riemeck. Im Frühjahr 1946 kommt Ulrike auf das katholische Liebfrauen-Lyzeum: Schulplätze sind in diesen schwierigen Nachkriegszeiten rar – auf einer evangelischen Schule ist kein Platz frei. So wird Ulrike von katholischen Ordensschwestern unterrichtet – mit Namen wie Maria Leopolde und Maria Cordula. Schwester Maria Ambrosine fällt auf, wie sehr ihre Schülerin Ulrike fremdes Leid bewegt und mit welchem Übereifer sie jeder Not abhelfen will. Scherzhaft sagt sie zu ihr: »Ulrike, du landest mal entweder im Kloster oder in der Gosse.«

1948 stirbt auch Ulrikes Mutter – mit vierzig. Ebenfalls an Krebs. Ulrike ist vierzehn und Waise. Renate Riemeck, Jahrgang 1920, nimmt Ulrike bei sich auf. Ulrike hat sich »gut benommen«, berichtet Renate Riemeck später, habe nach dem Tod ihrer Mutter »nicht geweint«. Ulrike besitzt schon in jungen Jahren ein hohes Maß an Selbstdisziplin. Nichts anderes erwartet auch Renate Riemeck von ihr.

Sie ist mittlerweile Dozentin an der Pädagogischen Hochschule in Oldenburg. Vierzehn Jahre älter als Ulrike. Halb Schwester, halb Mutter – und prägend für die weitere Entwicklung Ulrikes: eine starke Frau, die ein großes Selbstbewusstsein ausstrahlt, entschieden pazifistisch geprägt ist, mit großer Disziplin arbeitet und ihren beruflichen und politischen Weg geht. 1952 wird sie Pädagogik-Professorin. 1958 gründet sie die Deutsche Friedens Union und kandidiert 1961 für den Bundestag – erfolglos. Sie übernimmt die »Vormundschaft« für Ulrike. Die pazifistischen und sozialistischen Ideale der Dozentin werden Leitbilder für den Teenager. In der Schule spricht Ulrike bald begeistert von einer Welt, »in der niemand mehr arm und niemand mehr reich sein wird«, berichtet eine Mitschülerin.

Die intensiven Gespräche mit dieser friedensbewegten Pädagogin, die Erinnerungen an die Nächte in den Luftschutzkellern, die grausamen Verbrechen in den KZs, die nach Kriegsende in vollem Ausmaß bekannt werden – dies alles führt Ulrike Meinhof schon in jungen Jahren zu der Frage, die sie ihr Leben lang beschäftigen wird: Wie konnte es zum Nationalsozialismus und seinen ganzen Barbareien kommen?

Kleidung, Schmuck und sonstige Äußerlichkeiten interessieren die Schülerin nicht. Geld, das sie mit Nachhilfestunden verdient, gibt sie für Bücher aus. Vor allem Geschichte und Literatur interessieren sie. Besonders gern liest sie Herrmann Hesse. Aber auch viel von Hölderlin, Thomas Mann, Franz Kafka und Jean-Paul Sartre. Nicht selten schmökert sie bis tief in die Nacht hinein, raucht eine Pfeife – und diskutiert mit Renate Riemeck, die oft bis Mitternacht am Schreibtisch sitzt und ihre Vorlesungen vorbereitet.

Durch die beruflichen Belastungen ihrer »beiden Mütter« ist Ulrike seit ihrem sechsten Lebensjahr viel auf sich allein gestellt. So entwickelt sie schon in frühen Jahren ein starkes Selbstbewusstsein. Renate Riemeck lehrt sie, ihre Meinung zu sagen – und auch dazu zu stehen. Selbst wenn das einmal nicht einfach ist. Das tut Ulrike auch in der Schule, was damals, in den frühen fünfziger Jahren, noch nicht selbstverständlich ist.

In der elften Klasse, zu Beginn der Oberstufe, besucht sie das Gymnasium Philippinum in Weilburg an der Lahn. In das verschlafene Städtchen mit seinen 6500 Einwohnern hatte es sie verschlagen, weil Renate Riemeck – eine weitere Sprosse ihrer beruflichen Karriere – dort einen Pädagogik-Lehrstuhl am Pädagogischen Seminar übernahm. Ulrikes Klasse wird von einem Studienrat gepeinigt: Er unterrichtet im Kasernenhofton, schreit gerne und hat ganz besonders die selbstbewusste Ulrike auf dem Kieker – sie ist »Vorsitzende des Schülerrates«. Alle in der Klasse fürchten sich vor ihm. Wieder einmal brüllt er Ulrike an. Ganz langsam steht sie auf und sagt: »Herr Studienrat, ich glaube, es ist nicht üblich, mit Schülerinnen in der Oberstufe so laut zu sprechen.« Der tobt »Unverfrorenheit«. Brüllt noch lauter. Als er eine kurze Pause macht, spricht Ulrike in die atemlose Stille des Klassenraums: »Herr Studienrat, ich glaube, es ist wirklich nicht üblich, mit einer Schülerin der Oberstufe so laut zu sprechen.« Der sieht das nicht so, kriegt einen regelrechten Wutanfall. Ulrike erhebt sich ein drittes Mal und sagt ganz ruhig: »Dann gehe ich jetzt.« Sie nimmt ihre Tasche und verlässt den Klassenraum.

Damit hat sie vor den Augen aller Mitschüler den Mythos zerbrochen, gegen den Gröhl-Fatzke sei man wehrlos. Man kann was machen! Diese Eigenschaft, sich vor nichts und niemandem zu fürchten und seine Position auch bei Widerspruch entschlossen zu vertreten, wenn man von einer bestimmten Erkenntnis überzeugt ist, bestimmt Ulrike ihr ganzes Leben lang. So wagt sie sich schon wenige Jahre später in die *konkret*-Redaktion. Eine Männerdomäne. Auch dort setzt sie sich durch. Als Chefin.

Mit dem Studium beginnt Ulrike Meinhof 1955 in Marburg, immatrikuliert sich für Pädagogik und Psychologie. Die »Studienstiftung des Deutschen Volkes« zahlt ihr ein Stipendium. Mit großem Ernst ist sie bei der Sache, lacht selten. Wie auch später.

Im Wintersemester 1957 wechselt sie an die Universität Münster und wird politisch: Dort schließt sie sich der Bewegung gegen die atomare Bewaffnung der Bundeswehr an, arbeitet im »Anti-Atomtod-Ausschuss« und wird zu dessen Sprecherin gewählt. Organisiert »Anti-Atomtod-Märsche« und Protestaktionen gegen die Aufrüstung der Bundeswehr. Rund um die Uhr ist sie im Einsatz, aktiv gegen den »Atom-Tod«. Ihre Kraft schöpft sie aus ihrer Empörung. Sie trägt die Haare so wie Sophie Scholl.

Genau wie Gudrun Ensslin engagiert sich Ulrike Meinhof politisch zum ersten Mal gegen den Atom-Tod. Als Gudrun Ensslin an dem Buch »Gegen den Tod« in der ersten Hälfte der Sechziger arbeitet, ist sie so alt wie die Meinhof in Münster: dreiundzwanzig, vierundzwanzig. Beide Frauen engagieren sich mit großem persönlichen und zeitlichen Einsatz in vorderster Front der Anti-Atom-Bewegung. Nach dieser Erfahrung kämpfen beide Frauen fortan mit außergewöhnlich hohem Engagement für ihre politischen Ziele. Oftmals ohne Rücksicht auf sich selbst und andere. Bis ans Lebensende.

In Marburg verlobt sich Ulrike Meinhof mit dem Physikstudenten Lothar Wallek. Als er sich mit Kernphysik beschäftigt, demonstriert sie gegen die Atombombe. Das passt nicht. Sie trennen sich.

### ➤ K 2 R

Bei einer Pressekonferenz der Atomwaffengegner in Bonn lernt Ulrike Meinhof im Mai 1958 Klaus Rainer Röhl kennen. Den Chefredakteur von *konkret*. Nach dem Gespräch beschreibt sie ihn einer Freundin gegenüber als »fies« und als »Brechmittel«. Ein Angeber. Ein richtiger. Aber auch er mag sie nicht: »Es war Abneigung auf den ersten Blick«, erinnert sich später »K 2 R« – wie Freunde Klaus Rainer Röhl nennen – an dieses Treffen: »Auf beiden Seiten. Für mich war sie der Typ vollkommen uninteressant. Der Typ, den ich auf den Tod nicht ausstehen konnte. Gradlinig, mit tiefem, ernstem Blick, das Gegenteil von oberflächlich, voll intellektueller Redlichkeit.« Aus Abneigung wird bald Zuneigung. Liebe.

Klaus Rainer Röhl ist sechs Jahre älter und das krasse Gegenteil der nachdenklich-sensiblen Pädagogikstudentin: ein charmanter Filou. Ein geistreicher Plauderer im Maßanzug. Der Sohn eines Regisseurs spricht ein wunderbares Bühnenhochdeutsch. Als sich die beiden 1958 kennen lernen, ist Röhl seit zwei Jahren heimliches Mitglied der verbotenen KPD. »Ich trat in die Kommunistische Partei ein, nachdem sie illegal geworden war«, erklärt er später – »aus Protest gegen ebendieses Parteiverbot.« Von der Partei im Untergrund erhält er seit 1955 Geldspritzen für *konkret*. Bald erfährt er, »dass diese Gelder direkt aus der DDR kamen«, wie er Jahre später freimütig zugibt. Dankbar nimmt er das Geld an. Das defizitäre Blatt kann Röhl nur durch »Spenden« am Leben halten – welcher Art und woher auch immer. Die Verkaufserlöse der damals rund 25 000 Exemplare decken nur ein Fünftel der Kosten ab.

Klaus Rainer Röhl: ein Mann voller Widersprüche. In der Redaktion des heimlichen KPD-Mitglieds hängt ein großes Transparent: »Leute genießt den Kapitalismus! Der Sozialismus wird hart!« Später regen sich Mitarbeiter von ihm darüber auf, dass der Mann, dessen Blatt den Sozialismus propagiert, mit einem Porsche ins Büro fährt. »Links sein«, erläutert Röhl sein Selbstverständnis, bedeute nicht »Armut«. Sondern auch, die Genüsse des Lebens auszukosten. Kritik ficht das Mitglied der Untergrund-KPD nicht an. Er nimmt das alles nicht so ernst. Er weiß, dass ihn andere als »bürgerlichen Hallodri, unmoralisch, zynisch und haltlos« sehen – »aber brauchbar«.

»Wie eine kostbare Beute« – so Röhl später – schleppt er Ulrike Meinhof nach Ostberlin. Zu Mitgliedern der in der Bundesrepublik verbotenen Kommunistischen Partei Deutschlands, die sich dort versammelt haben. »Die Partei war hell begeistert«, berichtet Röhl über die Brautschau.

Die KPD-Genossen prophezeien der Vierundzwanzigjährigen eine große Karriere. Eine ganz große.

Und sie erfüllt diese Erwartungen, übertrifft sie. »Sie legte los, als sei sie eine geschulte Kaderleiterin«, erinnert sich Klaus Rainer Röhl, »sie, die keine Zeile von Marx und Lenin kannte.« Schon bald – Sommer 1959 – tritt auch sie in die verbotene KPD ein. Fünf Jahre lang ist sie KPD-Mitglied. Bis Mai 1964.

Im Oktober 1959 beginnt sie für *konkret* Kolumnen zu schreiben, übernimmt beim Blatt die »Auslandsredaktion«. Im Wintersemester 1959/60 schreibt sie sich an der Universität Hamburg ein. Für Pädagogik, Philosophie und Kunstgeschichte. Aber schon bald belegt sie keine Vorlesungen mehr. Die Arbeit für *konkret* nimmt sie voll und ganz in Beschlag. Sie hängt ihr Studium an den Nagel, exmatrikuliert sich am 7. August 1962. Auf das Uni-Formular schreibt Ulrike Meinhof als künftiges Berufsziel: »Verlagsarbeit«. Das gleiche Ziel, das Gudrun Ensslin 1965 als Berufswunsch angibt.

### ➤ Die Chefredakteurin

Schon drei Monate nach ihrer ersten Kolumne macht K 2 R Ulrike Meinhof zur Chefredakteurin von *konkret*. Im Januar 1960. Bislang hatte er den Posten. Jetzt wird er »Herausgeber« des Blattes.

Die *konkret*-Redaktion in der Hamburger Kaiser-Wilhelm-Straße 76 ist eine Männertruppe. Mit all den typischen Spielchen ... Aber auch – und vor allem – vergnügt-chaotisch. Ulrike ist fünfundzwanzig. Schnell gibt sie den Ton in der bisherigen Männerwelt an, bringt Ordnung in den Laden. Sie lässt ein Archiv anlegen und führt eine systematische »Vorausplanung« für die nächsten Ausgaben ein. Aus dem Hintergrund verfolgt Klaus Rainer Röhl mit großem Interesse, wie die Chefredakteurin von seinen Gnaden in der Redaktion loslegt – und ist zufrieden.

Die Chefredakteurin Ulrike Meinhof ist autoritär, energisch, gründlich. In den Redaktionssitzungen gibt sie sich intellektuell überlegen. »Sie hat einen Gestus gehabt, der war oft unglaublich elitär«, berichtet Jürgen Manthey. »Humorlos« sei sie zudem in der Redaktion aufgetreten und habe »den typischen Apparatschik« verkörpert.

Viele *konkret*-Journalisten fürchten die junge Chefredakteurin Ulrike Meinhof: Manchmal sei sie »mit den Mitarbeitern ganz schön rüde umgesprungen«, berichtet Stefan Aust – gleich nach der Schule war der Zwanzigjährige zu *konkret* gegangen, dreißig Jahre später ist er *Spiegel*-Chefredakteur –, und habe »ihre politische und wissensmäßige Überlegenheit ausgespielt«.

*Die Chefredakteurin: Ulrike Meinhof in der* konkret-*Redaktion 1962*

Maßstab der Entscheidungen ist ihr eigenes – ebenso höchstpersönliches wie strenges – »Qualitätsgefühl«: Für viele Mitarbeiter sind ihre Entscheidungen nicht nachvollziehbar. Dafür ist sie unerbittlich: Wer ihren Vorstellungen nicht entspricht, hat keine Chance bei ihr. Mitarbeiter gehen. Einige freiwillig. Andere unfreiwillig. Kompromisse sind nicht ihre Sache. So wie später auch.

Seit 1959 sind Röhl und Meinhof ein Paar. Er nennt sie liebevoll »Rikibaby«. Am 13. September 1960 verloben sie sich. Heimlich, in »Krögers Bierstuben«. Vorher wendet sich Röhl »noch einmal der Arbeiterklasse zu«, wie er es formuliert, »diesmal in Gestalt einer hessischen Frisöse«. Am 27. Dezember 1961 heiraten Ulrike Meinhof und Klaus Rainer Röhl. Sie: die Verlässliche, die sich dem Absoluten verpflichtet fühlt. Er: der zynisch-spöttelnde Draufgänger. Gegenpole. Viele wundern sich über das ungleiche Paar. Jedem, der sie darauf anspricht, entgegnet Ulrike Meinhof selbstbewusst: »Nur Qualität kann Qualität erkennen.« Halb augenzwinkernd, halb ernst.

Der wahre Grund für die Anziehungskraft, die das »Großmaul« auf die bedächtige Ulrike ausübte, dürfte vor allem sein Habitus gewesen sein: seine unbändige Freude am Genuss, seine gelebte »Leichtigkeit des

Seins« und seine amüsante Art. Eine völlig andere Welt als ihre puritanische, in der sie vor sich hingrübelte – bis sie ihn kennen lernte. Zudem beeindruckte sie gewiss auch die Macht, die er besaß: Nicht nur, dass er sie durch seine Entscheidung von eigenen Gnaden zur Chefredakteurin machen konnte. Sondern auch, dass sie durch ihn bekannt geworden war und mit *konkret* über ein Sprachrohr für ihre politischen Ansichten verfügte.

Am 21. September 1962 bringt Ulrike die Zwillinge Regine und Bettina zur Welt. Kaiserschnitt. Während der Schwangerschaft litt sie unter höllischen Kopfschmerzen und Sehstörungen. Die Ärzte befürchten einen Tumor im Gehirn. Ihr bleibt keine andere Wahl: Schon einen Monat nach der Entbindung muss sich Ulrike Meinhof in der Neurochirurgie des Hamburger Universitätsklinikums Eppendorf einer schweren Gehirnoperation unterziehen. Eine kirschgroße Geschwulst: Professor Rudolf Kautzky kann sie nicht entfernen. Zu groß wäre das Risiko einer schweren Hirnblutung, weil die Haut sehr dünn ist. Wird sie verletzt, besteht die Gefahr, dass sich binnen einer Minute ein halber Liter Blut ins Gehirn ergießt. Dem Professor bleibt nichts anderes übrig, als das schwammartige Gebilde zu raffen – mit Hilfe einiger Silberklammern. Sie bleiben in Meinhofs Kopf. Für immer. Von da an lebt sie »immer in der Angst, dass der angeklammerte Gehirntumor wieder virulent werden könnte«, erinnert sich Renate Riemeck.

Zeit ihres Lebens leidet Ulrike Meinhof unter der geklammerten Geschwulst im Gehirn: Häufig plagen sie Kopfschmerzen. Ist sie übermüdet, sieht sie Doppelbilder. Seit der Operation hat sie panische Angst vor Schlägen und Schüssen. Deshalb scheut sie später auch Demonstrationen – für lange Zeit.

Die Gehirnoperation setzt Ulrike Meinhof viele Monate außer Gefecht: Die Wunden verheilen nur langsam. Bohrende Kopfschmerzen und Sehstörungen plagen sie. Nur sehr langsam kommt sie wieder zu Kräften. Ihr bleibt nichts anderes übrig, als die Leitung der Redaktion aufzugeben. Sie ist achtundzwanzig.

Den Chefredakteursstuhl übernimmt wieder der Mann, der sie zur Chefredakteurin gemacht hatte: K 2 R. Ihre Kolumnen schreibt sie weiter – oft von zu Hause aus.

### ➤ Ende einer Ehe

Erst Anfang 1964 kann Ulrike Meinhof wieder in der Redaktion arbeiten. Im Laufe der Zeit nehmen die Auseinandersetzungen mit ihrem Mann zu: Er vergnügt sich mit anderen Frauen. Das ist das eine. Das andere: Er will *konkret* mit »Sex and Crime« anreichern. In Wort und Bild. Mit Themen wie »Sex in der Schule«, »Sex in der Uni«, »Sex in der DDR«, »Sex in der Bundeswehr«, »Sex und Parties« sowie »Sex und Pille«. Klaus Rainer Röhl will den »Massengeschmack« treffen. Träumt davon, Bahnhofsbuchhandlungen und Kioske zu erobern. Ulrike Meinhof ist dagegen. Ihr geht es allein darum, Missstände anzuprangern und für eine bessere Gesellschaft zu kämpfen. Von solch vordergründigen Mitteln, um Leser zu gewinnen, hält sie nichts.

Es kommt zum Bruch mit Röhl. Privat: Sie trennen sich im Herbst 1967, die Scheidung folgt im März 1968. Und auch beruflich: Ihre Skepsis gegenüber dem von Röhl eingeschlagenen Weg bei *konkret* wächst. Aber Röhl sitzt am längeren Hebel. Er ist nicht nur – wie einst sie – der Chefredakteur. Sondern auch der Herausgeber. Sie ist verbittert und sucht nach anderen beruflichen Aufgaben. Ihr ganzer Zorn richtet sich gegen K 2 R – privat wie auch beruflich.

Sie packt ihre Sachen und zieht einen Schlussstrich unter diesen Abschnitt ihres Lebens. Nach acht Jahren als Journalistin in Hamburg. Das war's für sie in der Hansestadt. Sie ist vierunddreißig.

### ➤ Ein neuer Anfang

Ulrike Meinhof geht nach Berlin. Im März 1968 zieht sie mit ihren Zwillingen in eine Villa in Dahlem, Gosslerstraße 3. Die Freie Universität ist direkt um die Ecke. In ihrem klapprigen blauen R4 fährt sie Bettina und Regine zu einem der ersten Berliner Kinderläden – die »antiautoritäre« Erziehung ist der Mutter wichtig. Dort wird den beiden Mädchen erklärt, wie sich die damals fünfjährige Bettina erinnert, »worum es bei dem politischen Kampf, von dem jetzt ständig geredet wird, geht. Was ein Kapitalist ist und warum Polizisten Bullen heißen. Von Maos Revolution in China oder vom Krieg in Vietnam.«

Persönlich geht es Ulrike Meinhof nach dem Umzug nicht gut. Sie ist deprimiert. Die Scheidung hängt ihr nach. Den richtigen Anschluss findet sie in Berlin nicht. Die bewegten Studenten sind ein Jahrzehnt jünger als sie. »Mein Jahr 68 war ganz schön schwer«, resümiert sie. Und so sucht sie nach einer Perspektive für ihr weiteres Leben. Kraft schöpft sie aus ihrer Aufgabe als Journalistin – sie stürzt sich in die Arbeit: Stundenlang sitzt sie versunken in ihrem Arbeitszimmer, liest, denkt und hämmert auf die Tasten ihrer Schreibmaschine. Eine Kanne Kaffee steht vor ihr auf dem Tisch, Qualmschwaden umhüllen ihren Kopf. Sie raucht unablässig und filterlos. Nach wie vor schreibt sie die Kolumnen für *konkret*. Für eine bekommt sie 1 500 Mark. Das Blatt erscheint mittlerweile alle vierzehn Tage. Seit September 1968.

In ihre Schreibmaschine orgelt sie auch Manuskripte für den Hörfunk, berichtet über die Studentenrevolte: In den vergangenen Jahren hat sie sich auch als Radioautorin einen Namen gemacht – und so sieht sie im Radio eine Chance für ihre berufliche Neuausrichtung. Fast ein Dutzend Features verfasste sie seit 1964 fürs Radio – zumeist sechzig Minuten lang: »Der Adjutant« (1964), über den Prozess in München gegen Karl Wolff, einst General der Waffen-SS und Adjutant Himmlers – wegen Beihilfe zum Mord in mindestens 300 000 Fällen wird er zu fünfzehn Jahren Zuchthaus verurteilt; »Ausgestoßen oder aufgehoben« (1965), über Heimkinder in der Bundesrepublik; »Halb Weib, halb Mensch« (1967), das Thema: die Schwierigkeiten der Frau zwischen Beruf, Ehe und Kindererziehung; »Frauen sind billiger« (1967), über die so genannten Leichtlohngruppen: Ulrike Meinhof will nicht einsehen, dass Frauen für gleiche Arbeit weniger Geld als Männer bekommen.

Auftraggeber fast aller Radio-Arbeiten ist der Hessische Rundfunk (HR). »Das waren außerordentlich erfolgreiche Sendungen«, erinnert sich Peter Strauß, der als Redakteur die Meinhof-Produktionen beim HR betreute, »die immer gute Kritiken hatten.« Andere ARD-Anstalten übernehmen die Meinhof-Features und strahlen sie in ihren Hörfunkprogrammen aus. »Sie war die Einzige, die damals solche Themen aufgenommen und daraus eine große Sendung gemacht hat«, sagt Redakteur Strauß. Sie schreibt im Geist der Zeit: sozialkritisch, unverhohlen parteiisch und vor allem mit großer Betroffenheit. Nicht in der gekünstelten, feuilletonistischen Sprache, die damals aus den Radiolautsprechern kommt. Sondern direkter. Ihre Stücke seien »etwas absolut Neues« gewesen, urteilt Redakteur Strauß: »Ganz bewusst arbeiten und den Inhalt an die erste Stelle setzen, das war eben das Neue, eine sozialkritische Ernsthaftigkeit und ein Engagement. Sie hatte den großen Vorteil, dass sie sich in den Themen, die sie angeboten und gemacht hatte, gut auskannte, durch Vor-Recherchen.« Ihr Themenfeld: »Benachteiligte« – für Meinhof sind das vor allem Frauen und Heimkinder. Sie ist eine gefragte Hörfunkautorin, »so bekannt und begehrt, dass es fast eine Ehre war, dass sie die Sachen überhaupt für uns gemacht hat«, blickt der HR-Redakteur auf die zweite Hälfte der sechziger Jahre zurück.

### ➤ »Agitationsarbeit«

Der Duktus ihrer Texte wird 1967/1968 schärfer. So zum Beispiel in dem Feature »Student und Presse«. 1968 für den Westdeutschen Rundfunk geschrieben. Zu Studentenbewegung und Springer formuliert sie: »Wo Journalismus nur noch dazu da ist, Polizeieinsätze zu beschreiben, wo

*Ulrike Meinhof*

Polizeiknüppel, Wasserwerfer und Dienstpistole die logische Fortsetzung von Journalismus sind, wo die Unschuld des Systems dadurch bewiesen wird, dass die Argumente seiner Kritiker verschwiegen werden, wo der Oppositionelle zum Störenfried geworden ist, da hat die Demokratie aufgehört, da hat der Polizeistaat begonnen.«

Während Ulrike Meinhof Anfang, Mitte der sechziger Jahre in ihren journalistischen Arbeiten immer vor »restaurativen Tendenzen« im Staat gewarnt hat, ist sie nun der Auffassung, dass »der Polizeistaat begonnen« hat. Also das eingetreten ist, wovor sie immer gewarnt hat. Trotz schwerer Fehler der Polizei in diesen stürmischen Tagen – wie der »Leberwursttaktik« des Berliner Polizeipräsidenten und des Todesschusses auf Benno Ohnesorg – ist die Bundesrepublik gewiss kein »Polizeistaat« geworden – also ein Staat, in dem die Judikative keine Rolle mehr spielt, die Exekutive tun und lassen kann, was sie will. Und gewiss hat in diesen Tagen in Deutschland auch nicht die Demokratie »aufgehört«, wie Ulrike Meinhof verkündet. Von der ersten journalistischen Tugend, der Distanz zwischen Berichterstatter und Berichterstattungsobjekt, ist bei Ulrike Meinhof nichts mehr zu spüren. Journalismus ist für sie »Agitation«. Gezieltes Mittel, ihre politischen Ansichten zu verbreiten.

Das andere zentrale Thema, an dem Ulrike Meinhof in Berlin journalistisch arbeitet, ist die »Heimerziehung«, die – wie sie es formuliert – »katastrophale« Situation in den Erziehungsheimen. Sie berichtet über dasselbe Thema, mit dem sich Baader und Ensslin in Hessen praktisch beschäftigen: ab Mitte 1969, als »Pädagogen des Proletariats«. Für ihre Recherchen ist Ulrike Meinhof viel auf Reisen. Besucht Heime, redet mit Insassen, Erziehern und Pädagogen. Ab März 1969 schreibt sie auch an einem Fernsehdrehbuch über das Heim-Thema – im Auftrag des Südwestfunks in Baden-Baden. Ihr einziges TV-Drehbuch. Das Stück heißt »Bambule« – und das bedeutet »Aufstand, Aufruhr, Rebellion«. Ulrike Meinhof will darüber nicht nur berichten, sondern auch selbst dafür sorgen: »In unseren Hosentaschen wurden Zangen in das Heim geschmuggelt, damit die Jugendlichen den Stacheldraht durchschneiden und fliehen konnten«, berichtet ihre Tochter Bettina Röhl, die ebenfalls Journalistin wurde. Die Alleinerziehende hatte ihre Zwillinge bei den Recherchen mit ins Erziehungsheim gebracht: »Ständig horten wir, wie schrecklich alles sei und welches soziale Unrecht in der Welt geschehe.«

»Heimerziehung, das ist der Büttel des Systems, der Rohrstock, mit dem proletarischen Jugendlichen eingebläut wird, dass es keinen Zweck hat, sich zu wehren, keinen Zweck, etwas anderes zu wollen, als lebenslänglich am Fließband zu stehen«, textet Ulrike Meinhof 1969 für ein Feature: »Bambule ist Aufstand, Widerstand, Gegengewalt – Befreiungsversuche. So was passiert meist im Sommer, wenn es heiß ist, wenn das Essen noch weniger schmeckt, wenn sich die Wut mit der Hitze in den Ecken staut. So was liegt in der Luft – vergleichbar den heißen Sommern in den Negergettos der Vereinigten Staaten.«

Auch bei diesem Stück verschmelzen Berichterstattung und politisches Anliegen der Meinhof. Ähnlich wie bei »Student und Presse« im Jahr zuvor. Meinhofs Worte klingen fast so, als wolle sie den Betroffenen zurufen: Heimkinder, schlagt endlich los! Endlich! Worauf wartet ihr noch? Wehrt euch!

Ende der sechziger Jahre nimmt sich Ulrike Meinhof für die Kinder in den Heimen viel Zeit. Nicht aber für die eigenen: »Ständig war sie auf Reisen, hatte Termine«, berichtet ihre Tochter Bettina: »Wenn sie zu Hause war, fand sie wenig Zeit für uns.«

Wie sehr Ulrike Meinhof den Journalismus als Mittel der politischen Meinungsmache versteht, zeigt auch ihr Thema des Lehrauftrags, den sie für das Wintersemester 1969/1970 am Institut für Publizistik an der Freien Universität in Berlin übernimmt: »Funklabor – Möglichkeiten von Agitation und Aufklärung im Hörfunkfeature«.

Radio als besondere Form der Agitation: »Wir wollen keine Hörfunkfeatures herstellen, die für die öffentlich-rechtlichen Sendeanstalten geeignet sind«, erklärt sie ihren Studenten, »sondern Features, bestimmt für die Agitationsarbeit in den Basisgruppen der Organisationen der Linken.« Sie aber arbeitet zu dieser Zeit in keiner Basisgruppe der Linken. Und ihr Geld kassiert sie währenddessen von öffentlich-rechtlichen Sendern: Im November 1969 läuft ihr »Heim«-Feature »Guxhagen« im Hessischen Rundfunk. Außerdem textet sie für den Südwestfunk an dem Drehbuch zu »Bambule« und sucht bereits für den Film Drehorte in Berlin.

### ➤ Kampf um konkret

In dieser Zeit, während ihres Lehrauftrags an der FU, also Ende 1969, Anfang 1970, schreibt Ulrike Meinhof keine Kolumnen mehr für *konkret*. Mit ihrem Exehemann ist sie zerstritten. Heftiger als je zuvor.

Dabei begann die Entwicklung des nachehelichen Verhältnisses fast versöhnlich: Im Sommer 1968 bittet Klaus Rainer Röhl seine Exfrau, wieder die Chefredaktion von *konkret* zu übernehmen – also wenige Monate, nachdem sie aus Hamburg weggezogen war. »Wenn man mit Dir bloß reden könnte!«, schreibt sie ihm. »Ich finde, man müsste wirklich noch mal grundsätzlich über die Zeitung diskutieren ... Ich stehe nicht im Schmollwinkel. Aber ich kann mich nicht von Dir vereinnahmen lassen. Ich möchte nicht zwanghaft mit Dir zusammenarbeiten.«

Die beiden Geschiedenen diskutieren über das künftige Konzept von *konkret*. Ihre Vorstellungen liegen weit auseinander: Röhl, der linke Unternehmer, möchte eine Steigerung der Auflage, will – wie er es nennt – »Leserbedürfnisse befriedigen«: Sex als Thema und »Profijournalismus«. Also Artikel, die flott und leicht zu lesen sind. Auflagensteigerung bedeutet für ihn mehr Gewinn. Das Tripel-S zählt für ihn: Sex, Soziales und Sozialismus. In dieser Reihenfolge.

Für Ulrike Meinhof hat sich ihr Exmann mittlerweile in einen »sexistischen Salonkommunisten« verwandelt. Sie will von einer Andienung an den Markt nichts wissen. Weder von prallen Brüsten noch von rasierten Schamhaaren noch von »Profijournalisten«. Ihr geht es um die Inhalte. Nicht um die Form. Artikel von – journalistisch unerfahrenen – Kollektiven gehören für sie ebenso ins Blatt wie die von Betroffenen selbst verfasste »eigene Geschichte«. Betroffenen will sie ein Forum bieten – statt dass über sie berichtet wird.

Auf Meinhofs Vorstellungen erwidert ihr Röhl: »*konkret* ist eine links stehende Publikumszeitung mit einer Auflage von zur Zeit 230 000 Stück pro Heft, die sich auch an Leser wendet, die *Kursbuch* und *Neue Kritik*, Marcuse und Marx nicht lesen und dennoch zur APO zu zählen sind oder zur ihr stoßen werden. Wenn diese Leser später Marcuse und Che Guevara, das *Kursbuch* und die *Neue Kritik* lesen werden, dann werden sie es durch *konkret* kennen gelernt haben. Arbeitsteilung nennt man das.«

Die Geschiedenen finden nicht zusammen. Zu unterschiedlich sind ihre Positionen. Unvereinbar. Zu ernsthaften Kompromissen ist keiner bereit. Der Machtkampf um *konkret* tobt in der ganzen Redaktion.

Als Folge dieses Streits um die »richtige« Linie des Blattes beendet Ulrike Meinhof ihre Mitarbeit im April 1969. Anlass, gewiss nicht Ursache für den Schlussstrich nach zehn Jahren: Für das nächste Heft schickt Ulrike Meinhof das SDS-Papier »Zur Situation an den Hochschulen« in die Redaktion und erklärt: Das ist »meine« Kolumne. Sie findet das Papier der sozialistischen Studenten »als Produkt kollektiver Schreibe inhaltlich und formulativ genauer und verbindlicher ..., als ich allein es hätte machen können«. Der Text wird gesetzt. Kurz vor Druckbeginn aber schmeißt ihn Klaus Rainer Röhl aus dem Blatt. Für die 1 500 Mark Kolumnen-Honorar hätte er gewiss auch etwas mehr erwarten können, als dass Ulrike ein Flugblatt einsammelt und es der Redaktion zuschickt.

Ulrike Meinhof ist empört. Wieder einmal. Sie kündigt – in Gestalt einer Presseerklärung. Die *Frankfurter Rundschau* druckt sie ab. Am 26. April 1969. Drei Spalten breit: »In dem Moment, wo ich versuche, den autoritären, personengebundenen, d. h. konsumierbaren Charakter meiner Kolumne aufzulösen, wurde ich nicht mehr gedruckt«, erläutert sie ihren Schritt. Zehn Jahre lang hätte sie für die Zeitschrift gearbeitet und schreiben können, was sie für richtig gehalten habe, resümiert sie, »als eine Möglichkeit von politischer Agitation«.

Jetzt aber stelle sie ihre Mitarbeit ein, »weil das Blatt im Begriff ist, ein Instrument der Konterrevolution zu werden, was ich durch meine Mitarbeit nicht verschleiern will, was zu verhindern im Augenblick nicht möglich ist.« Ihr Fazit: »Ich gebe den Kampf um diese Zeitung auf.«

### ➤ Meinhof treibt konkret in den »Untergrund«

Ganz aber beendet sie den Kampf doch noch nicht. Zwei Wochen nach ihrer öffentlichen Kündigung kommt es zu der »Meinhof-Aktion«, wie das Geschehen später in den Akten der Staatsanwaltschaft genannt wird.

Von Ulrike Meinhof mobilisiert, reist am 7. Mai 1969 ein Trupp Berliner »Aktivisten« in Sachen *konkret* nach Hamburg. Sie wollen die Meinhof-Position unterstützen. Deshalb die beiden Redaktionsetagen am Gänsemarkt besetzen. Und bei dieser Gelegenheit auch gleich die nächste *konkret*-Ausgabe verhindern. Röhl bekommt von der Sache Wind. »Wir werden die Taktik der Guerilla anwenden«, erklärt er seinen Leuten: »Die Redaktion geht in den Untergrund!« Seine Mitarbeiter schauen verwundert. Röhl klärt sie auf: »Hat nicht Mao gesagt: ›Wenn der Feind stark ist, ziehen wir uns zurück?‹« So lässt er flugs die Redaktion räumen. Verlagert sie in zehn Ausweichquartiere. Und gibt die Order, Flugblätter zu verteilen. Schlagzeile: »*konkret* geht in den Untergrund!« Auch die aus Berlin eingetroffenen Meinhof-Sympathisanten haben Flugblätter mitgebracht. Sogar mit einem Gedicht. Für die Hamburger *konkret*-Redakteure reimten sie über deren Chefredakteur:

*Meinhof nach der »Bambule« vor der Röhl-Villa*

»Überm Schreibtisch Che Guevara
Unterm Schreibtisch McNamara[26]
Ihr fahrt mit der Straßenbahn
der Chef reist mit 'nem Porsche an.
Macht Schluss mit dem konkreten Mief
Und schafft ein APO-Kollektiv.«

So stehen rund einhundert »Aktivisten« am Vormittag um zehn vor dem Eingang zur *konkret*-Redaktion am Gänsemarkt, vor dem Gebäude in der Gerhofstraße: Auch die Polizei ist da – mit einem größeren Aufgebot. Das beeindruckt die »Aktivisten«. Sie verzichten auf »Bambule« an Ort und Stelle. Stattdessen fahren dreißig Berliner zur Röhl-Villa ins feine Blankenese, Ferdinands Höh 10.[27] Zu dem Haus, in dem Ulrike Meinhof mit K 2 R bis vor anderthalb Jahren gelebt hatte: Dort zertrümmern sie Möbel und Schallplatten, beschmieren Wände, reißen Telefonkabel aus den Wänden, klauen, was nicht niet- und nagelfest ist, werfen Bettdecken durch die Fenster in den Garten. Zum – nach ihrem Verständnis – Höhepunkt der Aktion entleeren sie kollektiv ihre Blasen und Därme im Bett des Verlegers. Als die viel beschäftigte Ulrike Meinhof mit dem Flugzeug in Hamburg eintrifft, ist schon alles gelaufen.

Noch am Nachmittag erklärt die Verlagsleitung, hinter dem Vorfall stehe »keine Aktionseinheit des antiautoritären Lagers«. Vielmehr sei er »Ergebnis einer Privatinitiative von Ulrike Maria Meinhof«.

Die Staatsanwaltschaft leitet ein Ermittlungsverfahren gegen Ulrike Meinhof ein. Aufgrund des Straffreiheitsgesetzes 1970[28] – mit dem die sozial-liberale Koalition politische Straftäter amnestierte – werden später die Ermittlungen gegen sie eingestellt.

### ➤ Meinhof daheim

In der ersten Zeit nach ihrem Umzug nach Berlin fühlt sich Ulrike Meinhof häufig einsam: Ihr bisheriger Freundeskreis sitzt 250 Kilometer entfernt, in Hamburg. Für die allein erziehende und berufstätige Frau ist es nicht leicht, sich einen neuen Kreis vertrauter Gesichter aufzubauen. In der Dahlemer Villa wohnt sie allein mit den Zwillingen. Sie ist unglücklich, möchte, dass die Kinder mit anderen Menschen zusammen aufwachsen. Gemäß ihrer Vorstellung, dass eine grundlegende Veränderung der Gesellschaft nur möglich ist, wenn sie bei den Kleinsten anfängt und diese nun eben nicht in »Kleinfamilien« heranwachsen. Zudem ist es für sie – viel auf Reisen und beruflich stark belastet – nicht leicht, den Kinderalltag auf die Reihe zu bringen.

So ist sie froh, als sie mit ihren Töchtern in eine Wohngemeinschaft in der Halberstädter Straße 7 einziehen kann. Dort leben auch die Hörfunkjournalistin Marianne Herzog und der stille Student Jan-Carl Raspe, der gerade an seiner Diplomarbeit »Zur Analyse einiger wichtiger Aspekte der Sozialisationsbedingungen proletarischer Kinder« schreibt, um sein Soziologiestudium abzuschließen. Nachdem er im Sommer 1970 sein Diplom hat, folgt er Ulrike Meinhof in den Untergrund. Ebenso Marianne Herzog.

Die Halberstädter Straße wird für die Kinder zu einer Art Ersatzfamilie: Die Mitbewohner spielen mit ihnen, lesen ihnen vor und klären sie politisch auf. Vor allem sind sie da, wenn Mutter Ulrike auf Reisen oder zu Terminen ist.

Eines Tages sieht Ulrike Meinhof die Chance, eine große Wohnung zu mieten. Mit Freunden diskutiert sie die Idee eines »Wohnprojekts«: Sie hat die Vorstellung, »dass man gemeinsam lebt und sich auch emotional für die Kinder verantwortlich fühlt«. Alle sollten sich auf die »Kinder voll einlassen«, postuliert sie. Für sich selbst allerdings macht sie eine Ausnahme: Für ihre vielfältigen journalistischen Tätigkeiten verlangt sie, »freigestellt« zu werden. Die anderen sehen das nicht ein. Auch sie sind berufstätig. Auch sie besuchen nach Feierabend politische Zirkel und Diskussionsrunden. »Ich werde sehr beschäftigt sein in der nächsten Zeit«, beharrt die »rote Ulrike«, wie sie in APO-Kreisen genannt wird, unnachgiebig auf ihrem Standpunkt. Einen Rest von »Kader-Denken«, diagnostiziert Thomas Mitscherlich bei ihr, einer ihrer Gesprächspartner – so wie es in der traditionellen Linken üblich gewesen sei. »Sie ist ein ›Kader‹, und wir sollten quasi den Kader freistellen«, fasst Mitscherlich Meinhofs Position zusammen: »Da ist sie völlig traditionalistisch geblieben, das war für sie überhaupt keine Frage, dass die anderen ihr dementsprechend zu helfen haben.«

Die wollen aber nicht. So platzt das Projekt – mit den Meinhof'schen Postulaten: Hehres Ziel für alle und Extrawurst für mich. Überraschend an ihrer unnachgiebigen Position ist vor allem, dass es um die Erziehung ihrer beiden eigenen Kinder ging – die sie auf diese Weise an andere delegieren wollte. Und die eben wollten nicht zu Ulrikes Kindertanten und -onkels werden.

Nicht anders, als Anfang der Sechziger das von Meinhof an den Tag gelegte elitäre Selbstverständnis in der *konkret*-Redaktion ihren Mitarbeitern auf den Zeiger gegangen ist, geht es ihren »Wohnprojekt«-Genossen am Ende des Jahrzehnts.

So zieht Ulrike Meinhof mit ihren Töchtern in die Kufsteiner Straße 12. Zum Jahreswechsel 1969/70 kommt die Filmemacherin Helma Sanders-Brahms zu ihr in die Wohnung, um sie zu interviewen: Ulrike Meinhof im schwarzen T-Shirt wirkt überarbeitet, qualmt eine Zigarette nach der nächsten. Ihre langen braunen Haare hängen ihr zottelig ins Gesicht. Im Hintergrund sitzt ihre siebenjährige Tochter Regine am Klavier und haut auf einzelne Tasten. Währenddessen erklärt Ulrike Meinhof in die Kamera – sie wirkt weinerlich und unkonzentriert: »Das also ist das Problem aller politisch arbeitenden Frauen – mein eigenes inklusive –, dieses, dass sie auf der einen Seite gesellschaftlich notwendige Arbeit machen, dass sie den Kopf voll wichtiger Sachen haben, dass sie eventuell auch wirklich reden und schreiben und agitieren können, aber auf der anderen Seite mit ihren Kindern genauso hilflos dasitzen wie alle anderen Frauen auch.«

Zu Beginn des Jahres 1970, wenige Wochen bevor Baader und Ensslin bei ihr aufkreuzen, ist Ulrike Meinhof schlecht drauf. Erschöpft. Am Ende ihrer Kräfte: die Kinder, die Arbeit, die allgemeine politische Situation ... Alles scheint ihr über den Kopf zu wachsen. »Immer ernster« wird Ulrike Meinhofs Gesicht in diesen Tagen, berichtet ihre Tochter Bettina.

Wenn Ulrike Meinhof in diesen Tagen zur Kur gefahren wäre, sich eine Auszeit irgendwo in einem Heim des Müttergenesungswerkes genommen hätte. Wäre, hätte ... Dann jedenfalls wären dieser Republik und auch ihr selbst wahrscheinlich eine Menge Schwierigkeiten erspart geblieben.

Aber sie fährt nicht. Sie bleibt. So »wurden die nächtelangen Diskussionen in unserer Wohnung immer länger und deprimierender«, erinnert sich die damals siebenjährige Bettina: »Wenn ich abends nicht einschlafen konnte, lag ich öfter in ihrem Arm im Kreis der Genossen, wo in den Nächten Dutzende Packungen Roth-Händle und Reval ohne Filter geraucht wurden.«

## Baader – Meinhof – Ensslin – Mahler

Schnell fühlen sich Andreas Baader und Gudrun Ensslin in der Wohnung der viel beschäftigten Journalistin wie zu Hause. »Grete schnitt sich in unserem Badezimmer die Haare und färbte sie«, erinnert sich Bettina Röhl: »Hans benahm sich bald, als sei er der Hausherr. Dass er Kinder extrem lästig fand, daraus machte er keinen Hehl.«

Gastgeberin und Gäste verstehen sich gut. Die drei ergänzen sich: An der sechs Jahre jüngeren Ensslin beeindruckt die Journalistin vor allem, dass diese Frau gehandelt hat – im Gegensatz zu ihr, die sich bislang »nur« mit Worten in Sachen Rebellion betätigt hatte. »Ich werde mich«, erklärte Gudrun Ensslin, um die Brandstiftung zu rechtfertigen, »niemals damit abfinden, dass man nichts tut.« Eine Entschlossenheit, die Meinhof fasziniert.

An Baader gefällt der neun Jahre älteren Frau das Direkte. Seine ungestüme Aggressivität. Die Bereitschaft, so schnell wie möglich tatsächlich loszuschlagen. Diese Ader fehlt der bedächtigen Ulrike Meinhof. Bislang.

Auch die beiden Brandstifter auf der Flucht sind von der Journalistin beeindruckt: Die gesellschaftliche Anerkennung, die Prominenz, die große Wohnung, die zahlreichen beruflichen Termine, zu denen Ulrike Meinhof ins Flugzeug steigt, wenn sie außerhalb Berlins zu tun hat – sie gehört zum »linken Establishment«. Eine völlig andere Welt für die beiden, die bis vor einem halben Jahr im Gefängnis saßen: für Baader, den abgebrochenen Oberschüler – den Mann ohne jegliche Ausbildung. Und auch für Gudrun Ensslin, die sechzehn Semester an verschiedenen Universitäten war – ohne den anvisierten Abschluss zu schaffen.

Sitzt Andreas Baader mit beiden Frauen zusammen, ist er der Hahn im Korb. »Beide hingen unsäglich an diesem Baader«, erinnert sich eine Freundin von Ulrike Meinhof. Der Andi ... Voller Ungestüm. Der Mann, der losschlagen will, so schnell es geht. Ein wirklicher Draufgänger in schwarzer Lederjacke. Faszinierend für die beiden studierten Frauen.

Damit hat sich das Trio gefunden, das in dem gerade begonnenen Jahrzehnt die Republik in Atem halten und in der Justizvollzugsanstalt Stammheim enden wird. In tiefster Verzweiflung – und im Sarg.

Vierter führender Kopf bei den Diskussionen in der Kufsteiner Straße 12 ist Horst Mahler. Baaders Rechtsanwalt im Brandstifterprozess. In Rom hatte er Baader und Ensslin besucht und zur Rückkehr nach Berlin bewogen, um endlich den bewaffneten Kampf aufzunehmen.

Mahler hat bei der Studentenbewegung in Sachen Strafverteidigung eine ähnlich führende Bedeutung wie Ulrike Meinhof im Journalismus. Mittlerweile laufen gegen den Anwalt mehrere Verfahren: strafrechtlicher, zivilrechtlicher und berufsrechtlicher Art, weil er sich an dem Protest der Studenten in unzulässiger Weise beteiligt haben soll. Zum Beispiel bei den Unruhen vor dem Springer-Verlagsgebäude.

So fanden sich im Februar und März 1970 die vier Köpfe der ersten RAF-»Generation« in der dritten Etage der Kufsteiner Straße. Vier Jahre später, am 26. September 1974, unterzeichnet Generalbundesanwalt Siegfried Buback die Anklageschrift für das Stammheim-Verfahren gegen Baader, Ensslin, Meinhof und andere: »Die Angeschuldigten Andreas Baader, Gudrun Ensslin und Ulrike Meinhof waren zusammen mit Horst Mahler von Anfang an die Rädelsführer der Gruppe«, stellt er fest. Das Urteil erlebt der Generalbundesanwalt nicht mehr. Genau drei Wochen vor der Entscheidung des Oberlandesgerichts Stuttgart am 28. April 1977 wird er von einem RAF-Kommando ermordet: in seinem Dienstwagen. Auf dem Weg ins Büro. Am 7. April 1977.

# 11. Kapitel: Gewalt-Gespräche

## Wie wird man »Sozialrevolutionär«?

»Wie lässt sich Gewalt als Mittel einsetzen, um ein bestimmtes politisches Bewusstsein zu erzeugen?« Diese Frage umkreisen die Gespräche in der dritten Etage der Kufsteiner Straße. »Wir sahen uns als Sozialrevolutionäre, wenn man so will, Guerilla«, fasst Horst Mahler die Überlegungen zusammen. Ein Thema: Wohnungszwangsräumungen im Märkischen Viertel, weil Bewohner die Miete nicht gezahlt haben, nicht zahlen konnten. Die Menschen in diesen Hochhäusern liegen Ulrike Meinhof besonders am Herzen: Sie ist häufig nachmittags in dem Neubaugebiet in Berlins Norden unterwegs und diskutiert mit ihnen über eine »Verbesserung der Lebensverhältnisse« – während ihre Töchter draußen »durch die Matschpfützen« laufen, erinnert sich Bettina.

»Angreifen« müsse man bei Zwangsräumungen, ist sich die Runde einig – und zwar die Wohnungsbaugesellschaften und die Justiz. Etwa, indem »man die Verantwortlichen dieser Wohnungsbaugesellschaften unter Druck setzt, bedroht«, erinnert sich Horst Mahler, »und zwar immer unter Hinweis auf das Recht des Volkes gegen das Profitinteresse, beispielsweise der Wohnungsbaugesellschaften. Auf diese Weise sollte das Bewusstsein, dass hier ein gerechter Kampf gekämpft wird gegen Macht- und Profitinteressen, in den Kreisen der Betroffenen, also im Stadtviertel, lebendig werden und eine politische Form erhalten.«

Es ist die Idee eines »bewaffneten Arms« einer sozialen Bewegung. Neben dem »Kern« Baader, Meinhof, Ensslin und Mahler beteiligen sich auch andere an den Gesprächen. Unter ihnen: Monika Berberich (27), Rechtsreferendarin und eine Vertraute Mahlers. Ihre erste juristische Staatsprüfung machte sie im September 1966 mit dem Prädikat »voll befriedigend«. Später kam sie zur Ausbildung zu Mahler.

Irene Goergens (19): ein »Heimzögling«. Ulrike Meinhof hatte sie bei ihren Recherchen im Mädchenwohnheim »Eichenhof« kennen und schätzen gelernt. Sie ist so etwas wie »Meinhofs Liebling«. Die junge Frau ist oft in Meinhofs Wohnung und beteiligt sich an den Dreharbeiten zu dem »Bambule«-Film. Ingrid Schubert (25), Medizinerin, die in diesen Tagen an der FU ihr Staatsexamen mit »gut« macht. Und Peter

Homann (33), Meinhofs Freund. Anfang der sechziger Jahre war er Pflastermaler in Berlin, später *konkret*-Volontär und -Autor. »Es gab kein politisches Programm, auf das man sich geeinigt hatte«, blickt er auf diese Gespräche zurück, »es ging ja zuerst einmal um praktische Fragen.«

## Die Gewalt-Spirale

Je länger die »Sozialrevolutionäre« in der Kufsteiner Straße debattieren, desto radikaler werden ihre Überlegungen, was zu tun ist. Auch vor dem Hintergrund, dass andere in Sachen Gewalt schon weiter sind, einiges »vorgelegt« haben. Im vergangenen Vierteljahr, seit November 1969, wurde Berlin von einem Dutzend Sprengstoff- und Brandanschlägen erschüttert: auf die Wohnungen des Landgerichtsdirektors Heinsen, des Oberstaatsanwalts Severin, des Präsidenten des Strafvollzugs Schmiedecke und auf den Wagen des Leiters des Zentralgefängnisses Tegel Glaubrecht. Sogar im KaDeWe lag ein Brandsatz: vier Tage vor Heiligabend 1969. Vom »Kommando Rote Weihnacht«.

Die Täter gehen in diesen Wochen immer rabiater vor: wie zum Beispiel gegenüber Horst Rieck[29] – wenige Tage zuvor. Der Journalist hatte für *Quick* einen Artikel über die Bombenanschläge des vergangenen Vierteljahrs geschrieben. Überschrift: »Ganz Deutschland muss brennen«. Der gefällt Bommi Baumann, einem der Gewalt-Aktivisten dieser Tage, überhaupt nicht. Ebenso wenig drei seiner Gewalt-Genossen: Sie befinden, auch »Reporter dürfen nicht mehr ungeschoren davonkommen«. Daher beschließen sie, wie es Baumann formuliert, ihm »mal tüchtig die Jacke vollzuhauen und in der ganzen Wohnung mal die Möbel gerade zu rücken«. So klingelt die »Putz-Kolonne« am helllichten Tage an der Wohnungstür des Journalisten in der Fasanenstraße 68 – an einem Februarnachmittag um halb vier. Horst Rieck öffnet ahnungslos und erlebt sein blaues Wunder: Die vier haben ihm etwas mitgebracht. Ein Schild, auf dem steht: »Ich bin Journalist und schreib nur Mist.« Rieck will sich das Schild aber nicht umhängen – und sich erst recht nicht damit fotografieren lassen. Das nun wiederum verstehen die vier nicht. Angesichts dessen prügeln sie ihn bewusstlos und krankenhausreif. Anschließend fesseln und knebeln sie ihn, durchsuchen und verwüsten die Wohnung.

Den Lärm des Spektakels bekommt ein Nachbar mit. Er alarmiert die Polizei. Die Täter werden festgenommen. Ihre letzte Tat in Freiheit: Sie legen »Sympathy for the Devil« von den Rolling Stones auf Riecks Plattenspieler und drehen die Anlage voll auf. Als die Polizisten die Wohnung stürmen, brüllen die vier den Beamten entgegen »Heil Satan« und zeigen ihnen das Teufelszeichen: Den Zeigefinger und den kleinen Finger gespreizt. Als einen »internen Genuss« empfindet das Bommi Baumann in diesem Augenblick.

## »Blues«

Diese militanten Anschläge seit November 1969 gehen weitgehend auf das Konto der »Blues«-Bewegung. Einer militanten Untergrundgruppe, die sich aus der Haschischszene entwickelt und aus der später die Bewegung 2. Juni hervorgeht. Ungefähr dreißig Personen. Unter ihnen zehn harte Gewaltaktivisten. An der Spitze stehen Bommi Baumann, Georg von Rauch und Thomas Weisbecker.

Angesichts dieser Aktionen ist Baader, Meinhof und Co. klar, dass sie schon etwas Mächtiges auf die Beine stellen müssen, wenn sie für Aufmerksamkeit sorgen wollen. Vor allem, wenn sie die verlöschende Glut der Studentenbewegung wieder entfachen und die mobilisieren wollen, die sich von der Studentenbewegung in die Hörsäle und Seminare zurückgezogen haben. An die Stelle der »Gewaltfrage« ist bei den Uni-Rückkehrern die »Examensfrage« getreten.

So ist für Baader und Co. Ende März 1970 klar, dass sie Waffen brauchen. Baader möchte damit als Erstes »die Kassen in einem Supermarkt leeren«, sagt er, um Geld für »Aktionen« zu haben. Für welche, steht noch nicht fest. Geld ist zwar vorhanden, aber nicht unbegrenzt. »Finanzieller Grundstock« der Gruppe sind die »40 000 Mark, die Ulrike Meinhof nach der Scheidung zugesprochen worden waren«, berichtet ihr damaliger Freund Peter Homann: »Davon wurden allerdings zunächst einmal teure Orientteppiche gekauft – von Baader und Ensslin zur notwendigen ›Schallisolierung‹ deklariert« und in deren Zimmern ausgelegt.

# 12. Kapitel: Waffensuche mit »S-Bahn-Peter«

Um an Waffen zu kommen, bittet Horst Mahler am 2. April 1970 »S-Bahn-Peter« zu einer »Besprechung«. Richtig heißt der Peter Urbach und arbeitet in der Redaktion der »Roten Presse-Korrespondenz«, eines Pressedienstes der Linken. Seinen Spitznamen hat er, weil er früher einmal bei der Ostberliner S-Bahn beschäftigt war. Dort sei er wegen ideologischer Differenzen gefeuert worden, erklärt er jedem, der es hören will. Einige sagen: Weil er geklaut hatte, ist er rausgeflogen.

Wie dem auch sei. »S-Bahn-Peter« gilt allgemein als etwas schräg. Steht aber – damit korrespondierend – in dem Ruf, Waffen beschaffen zu können. Schon bei den Anschlägen auf das Springer-Hochhaus nach dem Dutschke-Attentat soll er – so wird erzählt – Molotowcocktails verteilt haben, mit denen Verlagsfahrzeuge in Brand gesetzt wurden. Böse Mutmaßungen gibt es über ihn. »Der ist Spitzel«, wird über ihn unverhohlen in der Szene gemunkelt: Informant des Berliner Landesamtes für Verfassungsschutz. Davon hat auch Horst Mahler gehört. Mehrfach ist er von Bekannten sogar ausdrücklich vor Urbach gewarnt worden. Aber an diesem Abend ist ihm das nicht »so richtig klar«, wie es Mahler später formuliert.

Als Peter Urbach an diesem Abend gegen halb zehn zu der Runde in Mahlers Kanzlei in der Meierottostraße 1 stößt, ist er überrascht: Andreas Baader sitzt vor ihm! Er kennt ihn von früher, hat ihn aber schon lange nicht mehr gesehen – und weiß, dass Baader mit Haftbefehl gesucht wird. Der V-Mann des Verfassungsschutzes, das ist Urbach tatsächlich, begrüßt Baader herzlich. Der ihn ebenso. »Kannst du uns Waffen beschaffen?«, wird Urbach gefragt. »Klar«, sagt »S-Bahn-Peter« und fängt an zu erzählen. »Lasst uns doch lieber zu uns rüberfahren«, unterbricht ihn Baader auf einmal: »Da kann man sicherer sprechen. Hier in der Praxis weiß man nie wegen Abhörgeräten.« So fahren sie »rüber« – zu Ulrike Meinhof in die Kufsteiner Straße. Sie ist zu Hause. Die Besucher gehen durch den Flur der geräumigen Wohnung, vorbei an einer alten schmiedeeisernen Nähmaschine und den beiden Schulranzen der Töchter ins Wohnzimmer und setzen sich auf die Korbstühle. Urbach kommt zur Sache: »Ich weiß, dass auf dem Friedhof in Buckow-Rudow Pistolen aus dem Zweiten Weltkrieg und Bomben vergraben sind. Die müssen wir nur ausbuddeln.«

Noch in der Nacht machen sich Andreas Baader, Horst Mahler, seine Freundin *Simone Reith* – Tochter des gerade pensionierten Oberstleutnants im Generalstab der Bundeswehr Ernst Blüher –, Peter Homann und natürlich »S-Bahn-Peter« auf den Weg nach Buckow. Nur Ulrike Meinhof bleibt in der Kufsteiner Straße. Auf dem Friedhof angekommen, stehen Horst Mahler und seine Freundin Schmiere – knutschenderweise. Baader, Homann und Urbach graben im Mondschein und im Schweiße ihres Angesichts. Eine halbe Stunde lang. Aber sie finden nichts. »So eine Scheiße«, sagt Urbach: »Da muss ich mich wohl noch einmal genau erkundigen, wo hier das Zeug genau vergraben ist.« Später schreibt Peter Urbach in seinem Bericht für seinen V-Mann-Führer beim Verfassungsschutz: »Es war aber gar nichts zu finden, weil ich doch in Wirklichkeit nichts vergraben hatte.«

Noch einmal, das ist »S-Bahn-Peter« klar, kann er sich eine solche Panne nicht leisten. So verbuddeln Verfassungsschutz-Beamte am nächsten Tag »Spielmaterial« auf dem Friedhof: Alte Pistolen, die nicht mehr funktionieren. Peter Urbach weiß, dass für kommende Nacht die Polizei eine »Aktion gegen Baader« plant. Sollte sie nicht klappen, wäre dieses Mal – ist er beruhigt – die Pistolensuche auf dem Friedhof nicht vergeblich.

# 13. Kapitel: Baader wird gefasst

In der nächsten Nacht treffen sich die fünf wieder, am Nollendorfplatz. Viertel vor drei – 4. April 1970: Zum Friedhof hinaus fahren sie wieder mit zwei Autos. Vorneweg steuert Baader einen schwarzen Mercedes 220 SE. Der hat ein Frankfurter Kennzeichen – F-HC 577 – und ist auf Astrid Proll zugelassen. Bei ihm im Wagen sitzen Peter Homann und Mahlers Freundin *Simone Reith*. Hinterher fährt Urbach mit seinem Volkswagen Variant. Neben ihm sitzt Rechtsanwalt Mahler. Der trägt eine Ballonmütze und – nachts kurz vor drei – eine Sonnenbrille. Er meint, so erkenne man ihn nicht.

Unterwegs – in Neukölln – stutzt Mahler. Vom Beifahrersitz aus blickt er auf einen dunklen Ford, der neben ihnen fährt. »Mensch, das ist doch die Kripo«, sagt er überrascht zu Urbach. Aber schon einen Augenblick später beschleunigt dieses Fahrzeug und zieht nach vorne weg. Dem Mercedes hinterher. Baader jagt mal wieder mit einem Affenzahn durch die Stadt.

Die Vermutung des Rechtsanwalts ist richtig: In dem Wagen sitzen zwei Polizeibeamte in Zivil. Auf dem Beifahrersitz: *Michael Lohmann*. Sein Auftrag in dieser Nacht: Verfolgen Sie den Mercedes 220 SE mit dem Kennzeichen F-HC 577 – am Steuer sitzt vermutlich der gesuchte Andreas Baader! Die Kripo hatte vom Verfassungsschutz den Tipp bekommen – und der wiederum von Peter Urbach: dass Baader in der Nacht unterwegs sein wird. Kriminalbeamte hatten sich in der Kufsteiner Straße auf die Lauer gelegt – und waren dem Wagen gefolgt.

Als Baader Richtung Waltersdorfer Chaussee fährt, wird *Lohmann* die Sache allerdings zu riskant, wie er später erklärt: Denn am Ende der Straße ist der DDR-Grenzübergang »Waltersdorfer Chaussee«. Dort beginnt die Transitstrecke zum Ostberliner Flughafen Schönefeld. Der Beamte fürchtet, Baader könnte sich in die DDR absetzen. Entkommen. Über Funk gibt er Kollegen in einem Streifenwagen den Auftrag, den schwarzen Mercedes anzuhalten.

Und so passiert es – 3.15 Uhr: Auf der Waltersdorfer Chaussee, keine zwei Minuten vom Grenzübergang entfernt, stoppen uniformierte Beamte den schwarzen Mercedes. Hinter dem Mercedes bremst das Zivilfahrzeug der Polizei. *Lohmann* und sein Kollege springen heraus.

Peter Urbach sieht, wie der Wagen vor ihm angehalten wird. Unbehelligt können er und Mahler sich aus dem Staub machen. »Mahler sagte nur zu mir: ›Hoffentlich steht Andreas die Personalkontrolle durch, er hat doch andere Papiere!‹«, schreibt Urbach später in seinem Bericht an den Verfassungsschutz.

*Andreas Baader (1970)*

Kommissar *Lohmann* übernimmt das Kommando auf der Waltersdorfer Chaussee: »Guten Morgen, allgemeine Verkehrskontrolle«, sagt er zu dem Mann am Steuer des Mercedes: »Ihre Papiere, bitte.« Einen Fahrzeugschein hat der Fahrer nicht dabei. Aber einen Führerschein und einen Personalausweis. »Peter Chotjewitz«, liest *Lohmann* im Schein einer Taschenlampe, »geboren: 16. April 1934«. Die Lichtbilder in beiden Ausweisen, auf denen der Fahrer zu sehen ist, fallen dem Beamten auf: Sie wurden nachträglich eingeklebt.

In dem Westberliner-Ausweis liest *Lohmann* die Namen und Geburtsdaten von Chotjewitz' Kindern. »Herr Chotjewitz, wie heißen denn ihre Kinder?«, fragt er – »und wann sind die beiden geboren?« Baader muss passen und mit auf die Wache. Auch seine beiden Begleiter, Peter Homann und *Simone Reith*, werden zur »Personenüberprüfung« zum Polizeirevier 221 gebracht.

Dort erscheint nach einer Weile – aus finsterer Nacht – Ulrike Meinhof. In der Hand hält sie den Kraftfahrzeugschein für den Mercedes. Sie hofft, die Situation retten zu können – weil sie glaubt, dass es sich um eine ganz gewöhnliche Verkehrskontrolle gehandelt hat. Vor allem will sie verhindern, dass die Beamten das Fahrzeug unter die Lupe nehmen. Kriminalkommissar *Lohmann* schaut sich die Zulassung an. »Der Wagen ist auf Fräulein Astrid Proll zugelassen«, stellt er fest und fragt Ulrike Meinhof: »Haben Sie denn eine Vollmacht von Fräulein Proll, dass wir Ihnen den sichergestellten Wagen aushändigen dürfen?« Sie schüttelt den Kopf. »Dann tut es mir Leid, dann können wir Ihnen den Wagen nicht herausgeben«, erklärt der Kommissar.

Jetzt aber wird die Sache für ihn richtig interessant: »Wie haben Sie denn so schnell von der Festnahme erfahren?«, fragt der Beamte Ulrike Meinhof. »Aus der Nähe«, erwidert sie. »So, aus der Nähe«, sagt der Kommissar langsam, »wo denn?« Ulrike Meinhof weiß es nicht. Ist irritiert. Weitere Fragen von Kommissar *Lohmann* will sie nicht beantworten. »Weder Astrid Proll noch Rechtsanwalt Horst Mahler kann ich im Augenblick telefonisch erreichen«, sagt sie und verschwindet. Kopfschüttelnd blickt der Kommissar ihr nach. Diese Logik versteht er nicht.

Kurz darauf nimmt ein Streifenwagenbeamter den schwarzen Mercedes im Hof der Wache unter die Lupe. Im Kofferraum entdeckt er einen Briefumschlag mit Kopien von Fahrzeugscheinen und Leinenpapier-Bögen, aus denen Fahrzeugscheine hergestellt werden. Auf den Kopien ist ein Teil der ursprünglichen Eintragungen abgedeckt – mit einer weiteren Kopie können Blankoausweise hergestellt werden.

Noch vor dem Morgengrauen ist *Lohmann* sich ziemlich sicher: Der Mann, den er in eine Haftzelle der Wache 221 gesperrt hat, ist Andreas Baader. Absolute Sicherheit allerdings können erst dessen Fingerabdrücke bringen – am Vormittag sollen sie Baader vom Erkennungsdienst im Landeskriminalamt abgenommen werden.

Am nächsten Morgen. Viertel vor zehn. Kriminalhauptmeister *Borchert* sitzt an seinem Schreibtisch im Berliner Polizeipräsidium. Er ist ein »Popo«: ein Mitarbeiter der »Politischen Polizei« – der Abteilung I des Präsidiums. Sein Telefon klingelt. Rechtsanwalt Horst Mahler ist dran – die beiden kennen sich persönlich. Bei Demonstrationen haben sie sich unterhalten. »Heute früh ist Baader festgenommen worden«, sagt der Rechtsanwalt. »Wo ist er? Kann ich ihn sprechen?« Der Kriminalhauptmeister stutzt. Er weiß zwar, dass nach Baader gefahndet wird. Er weiß auch, dass in der vergangenen Nacht ein Mann auf der Waltersdorfer Chaussee festgenommen wurde, bei dem es sich um Andreas Baader handeln könnte. Aber er weiß noch nicht, dass es definitiv Baader ist: Durch seine Fingerabdrücke war Baader erst eine halbe Stunde zuvor, kurz nach neun, vom Erkennungsdienst identifiziert worden. Aber das nun eben weiß der Kriminalhauptmeister in diesem Augenblick noch nicht. »Wenn Sie bestätigen, dass der Mann Baader ist, wären wir Ihnen sehr dankbar«, entgegnet *Borchert* dem Anwalt freundlich. Mahler erschrickt – doch es ist zu spät: Er hat dem Beamten verraten, wer der Polizei in der vergangenen Nacht ins Netz gegangen ist. Eilig beendet Mahler das Gespräch: »Nein, nein, so ist das nicht. Ich rufe später noch mal an.« Das allerdings tut er nicht.

# 14. Kapitel: Baader wird befreit

Die Baader-Verhaftung gibt den anderen einen Kick. »Die Stimmung war fortan nicht mehr gedrückt oder depressiv, sondern freudig erregt. Spannungsgeladen«, berichtet Bettina Röhl über die Situation in der Kufsteiner Straße 12 ab dem 4. April 1970: »Plötzlich wussten alle, was zu tun war. Für meine Mutter und Gudrun Ensslin, die dieses Ereignis zusammenwachsen ließ, stand fest, dass Baader aus dem Gefängnis befreit werden musste.«

## Vorbereitungen

Baader wird in die Untersuchungshaftanstalt Moabit eingeliefert. Auf den Tag genau zwei Jahre nach seiner Festnahme in Frankfurt wegen der Kaufhausbrandstiftung. Drei Wochen später kommt er in die Strafanstalt Tegel, damit er den Rest seiner Brandstifter-Strafe absitzt. Noch zweiundzwanzig Monate.

Ensslin, Meinhof und die anderen beraten in der Kufsteiner Straße. »Der Andreas geht im Knast vor die Hunde«, sagt Gudrun Ensslin: Ihnen ist klar, dass sie keine Chance haben, Baader aus der Justizvollzugsanstalt herauszuholen. Die Mauern sind zu hoch. Die Kontrollen zu streng. So kommen sie auf die Idee der »Ausführung zum Quellenstudium«.

Es beginnt mit einem Brief, den der Verleger Klaus Wagenbach am 30. April 1970 an Justizoberinspektor *Roland Deber* in die JVA Tegel schickt – auf Bitte von Ulrike Meinhof. Wagenbach schreibt, Ulrike Meinhof und Andreas Baader verfassten für seinen Verlag ein Buch über die »Organisation randständiger Jugendlicher«. Daher bittet er den Justizoberinspektor, den Mitarbeitern seines Verlages die Gelegenheit zu geben, drei Mal pro Woche mit Baader zur Vorbereitung des Buches zu sprechen – im Beisein von Ulrike Meinhof. Justizoberinspektor *Deber* befindet, dass das Vorhaben »dem beruflichen Werdegang Baaders förderlich« ist. Deshalb genehmigt er die Besuche.

Mahler gelingt es sogar, dass die von der Polizei gesuchte Gudrun Ensslin ihren Freund Baader im Gefängnis besucht. Bei der Gefängnisverwaltung beantragt der Rechtsanwalt eine Sprecherlaubnis für Dr. Grete Weitemeier. So besucht eine Frau am 30. April 1970 Andreas Baader in der Justizvollzugsanstalt Tegel, die einen Ausweis auf den Namen Dr. Weitemeier an der Pforte vorlegt. Der Wachtmeister trägt die Personalien ins Besucherbuch der Strafanstalt Tegel ein. Er ahnt nicht, dass die Besucherin in Wahrheit Gudrun Ensslin ist – gegen die ein Vollstreckungshaftbefehl besteht. Als Baaders Tatkomplizin beim Frankfurter Kaufhausbrand. Schon eine Woche zuvor hatte sie Baader mit demselben Ausweis unerkannt besucht, damals noch in der Untersuchungshaftanstalt Moabit.

Ulrike Meinhof spricht bei einem ihrer ersten Besuche in Tegel Justizoberinspektor *Deber* an: »Könnten Sie so freundlich sein und eine Ausführung Baaders genehmigen? Andreas Baader muss Material für das Buch einsehen.« Mit keinem Wort erwähnt sie, dass in Wahrheit für dieses Werk bislang noch kein einziger Federstrich getan wurde.

Der Justizoberinspektor ist skeptisch. Er will den Autorenvertrag sehen. Auch der existiert nicht. Bislang jedenfalls. Doch schon einen Tag später, am 12. Mai, legt Meinhof dem Beamten einen Vertrag vor – unterzeichnet am 11. Mai von Klaus Wagenbach und ihr. Baader muss ihn erst noch unterschreiben. In der Zelle.

Der Justizoberinspektor bespricht Meinhofs Wunsch mit dem Anstaltsleiter Wilhelm Glaubrecht. »Das benötigte Material kann auch durch Ulrike Meinhof als Mitarbeiterin Baaders gesichtet werden«, befindet der und lehnt das Gesuch ab.

Als Mahler von dem »Nein« des Gefängnischefs bei einem Besuch Baaders im Gefängnis hört, geht er umgehend zum Direktor ins Büro. »Baader als federführender Autor muss die Kartei im Zentralinstitut für Soziale Fragen unbedingt selbst einsehen und auch das Material selbst sichten«, redet der Rechtsanwalt auf den Gefängnisdirektor ein. Aber der ist nach wie vor skeptisch. Er wiegt den Kopf hin und her. »Und das Sicherheitsrisiko?«, fragt er den Anwalt Baaders. »Ich versichere Ihnen, dass die Ausführung geordnet und ohne Zwischenfälle vonstatten geht«, erwidert Mahler. Der Gefängnisdirektor gibt nach – aufgrund der »sehr starken Eloquenz« des Anwalts, wie er später sagt. So entscheidet der Direktor: Baader darf für zwei bis drei Stunden ausgeführt werden. Ein einziges Mal.

Die Vorbereitungen der Baader-Genossen laufen auf Hochtouren. Waffen werden beschafft: Irene Goergens und Astrid Proll gehen in das schummrige Lokal »Wolfsschanze« in der Charlottenburger Grolmannstraße. Ein Treffpunkt von Nazis und Kriminellen. Von »Teddy« – einem Mann mit »nationaler Einstellung«, wie er selbst über sich sagt – kaufen sie eine Pistole, Typ Beretta, Kaliber 6,35 mm mit Schalldämpfer, für 1 000 Mark. Auch andere Gruppenmitglieder besorgen in diesen Tagen Waffen.

Als Fluchtwagen wird ein Alfa Romeo Giulia Sprint vom Gelände einer Autowerkstatt in der Charlottenburger Kantstraße gestohlen und mit gefälschten Kennzeichen versehen. Ulrike Meinhof schickt ihre beiden Töchter nach Bremen zu einem Bekannten, dem Schriftsteller Jürgen Holtkamp. In die »Pfingstferien«, sagt sie den beiden Siebenjährigen, »von denen«, wie ihre Tochter Bettina Röhl bitter bemerkt, »wir nie wieder nach Berlin zu unserer Mutter zurückkehrten«.

Irene Goergens und Ingrid Schubert – die gerade das Medizinstudium mit »gut« abgeschlossen hat – spähen den Tatort aus: Das Deutsche Zentralinstitut für Soziale Fragen befindet sich in einer zweistöckigen Villa in Dahlem, in der Miquelstraße 83. Am 13. Mai fahren die beiden dort in einem weißen VW 1200 vor, den Ulrike Meinhof zwei Wochen zuvor gekauft hatte. Mit Perücken getarnt betreten sie das Büro der Institutsleiterin *Mechthild Lang*: »Wir kommen vom Gerichtsmedizinischen Institut der FU«, sagt Ingrid Schubert, »und sind auf der Suche nach Büchern und Zeitschriften über Jugendkriminalität.« Die Institutsleiterin bittet sie, ein Anmeldeformular auszufüllen. Ingrid Schubert schreibt:

»13. 5. 1970
Monika Völker
1 Berlin 62. Berliner Straße 135,
vom Gerichtsmedizinischen Institut,
Thema: Möglichkeiten der Therapie
krimineller Jugendlicher.«

Das reicht. Einen Ausweis brauchen sie nicht vorzuzeigen. Und so bleibt unbemerkt, dass diese Angaben nicht stimmen. Die beiden setzen sich in den Lesesaal. Dort verhalten sie sich ungewöhnlich unruhig – deshalb fallen sie zwei Institutsmitarbeitern auf: Sie scheinen sich mehr für den Raum und die Umgebung zu interessieren als für die Bücher und die Karteikästen. Sie öffnen ein Fenster, schauen sich den Garten an und versuchen, die Seitentür des Lesesaals zu öffnen, müssen aber feststellen, dass sie verschlossen ist.

Gegen eins kommt Ulrike Meinhof kurz vorbei und fragt im Lesesaal die Institutsangestellte *Daniela Grau*, die sie von früheren Besuchen gut kennt: »Ist schon alles für den Besuch von Andreas Baader morgen vorbereitet?« Die nickt. Ulrike Meinhof geht zufrieden.

Gegen drei Uhr verlassen Goergens und Schubert das Institut: »Morgen kommen wir wieder«, verabschieden sie sich von Frau *Grau*, »um weiterzuarbeiten.« Die Bücher lassen sie zurücklegen.

## Der Tag der Befreiung

Und dann ist es so weit. Donnerstag, der 14. Mai 1970: Um viertel vor zehn führen zwei uniformierte Justizwachtmeister Andreas Baader in den Lesesaal des Deutschen Zentralinstituts für Soziale Fragen in Dahlem. Baader trägt Handschellen. Ulrike Meinhof erwartet ihn schon seit über einer Stunde. Als sie kam, hatte ihr die Institutsleiterin *Lang* einen Tisch im Erker zugewiesen. Sie schüttelte den Kopf und sagte: »Zu wenig Platz, zu wenig Licht.« So setzte sie sich an den anderen Tisch. Vorm Fenster.

Justizhauptwachtmeister Günter Wetter (28) schaut sich aufmerksam im Raum um, schließt die Fenster. Dann nimmt er Baader die Handschellen ab. Baader und Meinhof setzen sich an den Tisch. Auch die beiden Vollzugsbeamten nehmen Platz. Die »Literaturforscher« lesen, reden leise miteinander. Ulrike Meinhof schleppt neue Bücher und Zeitschriften heran.

*Detlef Berg*, ein Mitarbeiter des Instituts, hört, wie Andreas Baader Ulrike Meinhof zuflüstert: »... müsste auch bald kommen: Wir können ja die Sache am Montag noch einmal machen. Es kommt nur auf die Beamten an.«

Die zunächst kühle Atmosphäre entspannt sich langsam. Auf Wunsch Baaders kocht *Detlef Berg* für alle Kaffee. Ulrike Meinhof versucht, mit den Justizbeamten ins Gespräch zu kommen. »Sind Sie verheiratet, haben Sie Kinder?«, fragt sie. »Ja, Frau und Kinder«, sagt Wetter. Sichtlich überrascht murmelt Meinhof »ach ja, ach ja« und vertieft sich wieder scheinheilig in die Bücher auf ihrem Tisch. Baader raucht eine Zigarette nach der nächsten. Meinhof ebenso. Rauchschwaden hängen in der Luft. Einer der Justizbeamten öffnet das Fenster hinter Meinhofs Stuhl und verhakt die Fensterflügel ineinander. Sicher ist sicher – denkt er.

Gegen halb elf treffen auch Ingrid Schubert und Irene Goergens im Institut ein. Georg Linke, ein Mitarbeiter des Instituts, der an diesem Tag den »Pförtnerdienst« versieht, öffnet ihnen. Sie tragen Perücken, wie am Vortag. »Im Augenblick können Sie leider nicht in den Lesesaal«, erklärt ihnen die Leiterin *Lang*, »kommen Sie später noch einmal wieder.« Die beiden Frauen wollen natürlich nicht gehen. Sondern Baader befreien.

Aber Widerworte nutzen nichts. *Mechthild Lang* ist resolut, lässt sie nicht in den Lesesaal. Schließlich aber gestattet sie den beiden Frauen, sich an einen Katzentisch in der Diele zu setzen. Sie bekommen den Stapel Bücher, den sie am Vortag zurücklegen ließen.

Gegen zehn vor elf betritt Hans Joachim Schneider den Lesesaal. Ein Mitarbeiter des Instituts, der dort einige Bücher abholen will. Von einer Kollegin hatte er gehört, dass heute – zum ersten Mal in dem Institut – ein Häftling im Lesesaal sitzt. Aufregend! Diese Nachricht hatte ihn »ein wenig amüsiert«. So betrachtet er interessiert die vier außergewöhnlichen Gäste. Er sieht, wie die Wachtmeister vor sich hin blicken: »Na, langweilen Sie sich hier denn nicht?« Beide lachen. Der eine sagt »ja«. Der andere nickt. Ebenso lacht der »blasse junge Mann«, den Schneider hinter einem Bücherstapel sitzen sieht und der – so befindet Schneider – »sehr harmlos aussieht«.

*Georg Linke*

Zehn Minuten später – gegen elf – stehen in der Diele die beiden Besucherinnen von ihrem Katzentisch auf und gehen zur Eingangstür, öffnen sie einen Spalt. Dann passiert alles blitzschnell. Zwei Maskierte stürmen herein: Der eine, mit einer grauen Wollmaske mit Sehschlitzen, hält eine Pistole mit Schalldämpfer in der Hand. Vor ihm steht der zweiundsechzigjährige Georg Linke, der mitbekommen hatte, dass die Eingangstür geöffnet worden war. Er ist gekommen, um sie zu schließen. Der Maskierte treibt ihn zurück in die Diele – mit der Pistole in der Hand. Dort schaut er sich für einen Moment um, richtet dabei die Waffe von Linke weg. In diesem Augenblick versucht der Grauhaarige, in sein Zimmer zu flüchten.[30] Sofort schießt der Maskierte auf Linke – aus 75 Zentimeter Entfernung. Die Kugel durchschlägt dessen Oberarm und bleibt in der Leber stecken. Überall in der Diele sind Blutspritzer, schnell bildet sich eine Blutlache auf dem Parkettboden. Linke schleppt sich in sein Zimmer und schließt die Tür von innen ab. Schwer verletzt bricht er zusammen.

Währenddessen hat der zweite vermummte Eindringling das Haus wieder verlassen, um den Fluchtweg im Auge zu haben. Irene Goergens reißt aus ihrer Aktentasche eine Maschinenpistole. Ingrid Schubert zieht eine Pistole Reck P 8, Kaliber 6,35.

Die beiden Frauen stürzen zusammen mit dem Maskierten in den Le-

*Ratlose Kripo-Männer: Vor dem Fenster, aus dem Baader und Meinhof türmten*

sesaal und brüllen: »Überfall! Hände hoch, oder wir schießen!« Ohne eine Reaktion abzuwarten, feuern die Frauen jeweils einen Schuss über die Köpfe der Justizwachtmeister. Die Kugeln schlagen hinter ihnen in der Wand ein.

Justizhauptwachtmeister Wetter springt von seinem Stuhl auf und stürzt sich auf den Maskierten mit der Pistole. Der drückt ab. Der Beamte hat Glück: eine Ladehemmung – nach dem Schuss auf Georg Linke. So prügeln sich die beiden. Mit einer Hand zieht Wetter seine Dienstpistole. Um sie durchzuladen, tritt er einen Schritt zurück – denn dazu benötigt er beide Hände. Aber der Maskierte ist schneller. Aus seiner Manteltasche reißt er eine Gaspistole und schießt dem Justizhauptwachtmeister zwei Mal ins Gesicht – aus einer Entfernung von zehn Zentimetern. Günter Wetter brüllt vor Schmerz. Der Maskierte springt durchs Fenster ins Freie. Der Justizhauptwachtmeister feuert noch zwei Mal mit seiner Pistole dem Flüchtenden hinterher. Trifft ihn jedoch nicht – durch das Tränengas in seinen Augen kann er kaum noch etwas sehen.

Unterdessen prügeln sich auch die beiden Frauen mit Justizoberwachtmeister Karl-Heinz Wegener (27). Er kommt nicht dazu, seine gezogene Dienstwaffe zu entsichern. Ingrid Schubert schlägt ihm mit der Faust ins Gesicht und mit einem Stuhl vors Schienbein. Wegener stürzt, will die Frau an ihren langen, braunen Haaren festhalten, greift danach. In der Hand hat er eine Perücke! Er ist verdattert. Die Überraschung nutzt die Frau mit den nunmehr blonden Haaren und springt aus dem Fenster. Auch ihre Komplizin türmt.

Schon vor ihnen, während der Prügeleien, ist Andreas Baader durch das offene Fenster im Erdgeschoss gesprungen – dessen Flügel der Justizwachtmeister zuvor »sicherheitshalber« verhakt hatte. Ulrike Meinhof springt hinterher.

Baader und seine Befreier rennen über den Rasen zur hinter dem Institut verlaufenden Bernadottestraße, vorbei an dem Theaterwissenschaftlichen Institut. Dort springen einige von ihnen in den gestohlenen

Alfa Romeo Giulia Sprint mit dem Kennzeichen B-ST 92. Am Steuer sitzt eine Frau. Reifen quietschen. Der Wagen rast davon.

Georg Linkes Hemd ist vom Blut durchtränkt. Institutsmitarbeiter leisten erste Hilfe. Ein Krankenwagen bringt ihn sofort in einen Operationssaal des Martin-Luther-Krankenhauses. Seine Lage ist äußerst kritisch: Durch den Schuss in die Leber hat der Zweiundsechzigjährige so viel Blut verloren, dass sein Blutdruck nicht mehr messbar ist. Zwei Stunden benötigen die Ärzte, um ihm das Geschoss zu entfernen: Sechs Zentimeter tief ist es in den rechten Leberlappen eingedrungen. Während der Operation werden Linke fünf Liter Blut in die Adern gepumpt. Zwei Wochen lang schwebt er in Lebensgefahr. Erst dann ist er über den Berg. Bis an sein Lebensende leidet er unter Schmerzen in der Lebergegend. Er kann nur noch zeitweise arbeiten. Bis zu seiner Pensionierung 1973. Justizhauptwachtmeister Günter Wetter wird nach fünf Wochen aus dem Krankenhaus entlassen.

Juristisch ungeklärt ist bis zum heutigen Tag, wer die beiden Maskierten waren: Niemand wurde verurteilt. Als Schützen mit der grauen Wollmütze verdächtigt die Polizei zunächst Peter Homann. »Ich saß zu diesem Zeitpunkt in der Uhlandstraße und habe in einem italienischen Eis-Café einen Cappuccino getrunken«, behauptet er später – unwiderlegt. Vom Landgericht Berlin wird er wegen »Beihilfe zur Gefangenenbefreiung« verurteilt, weil er das Kennzeichen »B-ST 92« für den Fluchtwagen mitbeschaffte.

Später, im Jahr 1974, meinen die Ermittler, den Schützen ausgemacht zu haben: Die Staatsanwaltschaft Berlin klagt einen Mann aus der ersten RAF-»Generation« als Schützen vor dem Schwurgericht des Landgerichts Berlin an: Er wird von diesem Vorwurf freigesprochen – aber gleichwohl zu neun Jahren Gefängnis verurteilt, weil er einer der Bankräuber des RAF-»Dreierschlags« am 29. September 1970 war.

So, wie sich heute aus mehreren Aussagen ergibt, war der Schütze ein verdingter Krimineller, der mit den politischen Vorstellungen der Gruppe nichts am Hut hatte. Für ihn war es eine Auftragsarbeit – wie so manche andere auch. Ein »vermeintlicher Experte«, sagt beispielsweise Astrid Proll, der von den Baader-Befreiern »engagiert« wurde. Das erscheint auch plausibel. Denn Meinhof und Genossinnen wussten damals noch nicht, wie »Frau« mit Schusswaffen umgeht. Kein Vierteljahr später sollte sich das ändern.

Und die andere maskierte Person? »Gudrun Ensslin«, sagt Meinhof-

Tochter Bettina Röhl – »mit einem Kleinkalibergewehr.« Das deckt sich nicht nur mit anderen Aussagen, sondern ist ebenfalls einleuchtend: Gudrun Ensslin war seit über zwei Jahren mit Andreas Baader ein »festes Gespann« und seit sechs Monaten mit ihm gemeinsam auf der Flucht. Kaum vorstellbar, dass die stets resolute und zu allem entschlossene Gudrun Ensslin auch im Café oder anderswo unbeteiligt saß, während ihr Freund Andreas Baader befreit wurde.

Sollte es so gewesen sein, und – wie gesagt – alles spricht heute dafür, hieße dies: Andreas Baader wurde von einer Frauen-Gang befreit – abgesehen von einem Berufskriminellen, der ohne Grund losschoss und deshalb seinen Job schlecht machte.

## Reaktionen

### ➤ Ein Steckbrief und ein Justizsenator in Nöten

Elf Minuten, nachdem am 14. Mai 1970 der erste Streifenwagen mit Blaulicht vor dem Zentralinstitut für Soziale Fragen angerast kam, löst die Polizei um 11.22 Uhr eine Großfahndung in Berlin aus: An allen Grenzübergangsstellen zur DDR wird verschärft kontrolliert. Ebenso auf den beiden Berliner Flughäfen Tegel und Tempelhof. Die Fahndung nach Baader & Co. wird die Polizei mehr als zwei Jahre in Atem halten.

Noch am Abend erlässt das Amtsgericht Berlin-Tiergarten einen Haftbefehl gegen Ulrike Meinhof.[31] Schon bald hängt ihr Steckbrief des Berliner Generalstaatsanwalts an Litfaßsäulen in Berlin und Westdeutschland. 20 000 Exemplare werden gedruckt – fast jedes Kind kennt nun Ulrike Meinhof: Unter der Überschrift »Mordversuch in Berlin – 10 000 Mark Belohnung« wird »Ulrike Meinhof, geschiedene Röhl« gesucht. »Personenbeschreibung: 35 Jahre alt, 165 cm groß, schlank, längliches Gesicht, langes mittelbraunes Haar, braune Augen.«

Auf der Suche nach ihr stellt die Polizei sechzehn »Kommunen« in Berlin auf den Kopf. Dabei finden die Beamten eine Menge Haschisch. Aber weder Meinhof noch Baader. Die abenteuerliche Flucht Baaders wird in diesen Tagen zum Topthema in Deutschland. »Die Geschichte liest sich wie das Drehbuch zu einem der Wildwest-Streifen, die das Fernsehen bringt«, urteilt das *Hamburger Abendblatt* in einem großen Fünfspalter: »Doch die Kulisse lag nicht in Hollywood, sondern mitten in Berlin, im renommierten Dahlem.« Die *Süddeutsche Zeitung* fasst die Reaktionen auf die Baader-Befreiung mit der Schlagzeile zusammen: »Ruf nach mehr Härte in Berlin – Baaders gewaltsame Befreiung führt zu

*»10.000 DM Belohnung«: Der erste Meinhof-Steckbrief, Mai 1970*

scharfer Kritik am Senat«. Die Berliner *BZ* aus dem Hause Springer konstatiert, man habe es nicht mehr nur mit »wilden Phantastikern« zu tun, sondern mit »Polit-Kriminellen von größter Gefährlichkeit«. Eine »falsch verstandene Liberalität« gegenüber ihnen sei »nicht nur schädlich«, sondern »politischer Selbstmord«.

Die nackten Statistik-Zahlen zeigen: Im Jahr zuvor waren aus den Berliner Haftanstalten 1 012 Häftlinge ausgeführt worden. Neun versuchten zu fliehen. Keinem gelang es. Aber Baader schaffte es ...

Die Wogen in den Zeitungen schlagen darüber hoch: Justizsenator Hoppe (FDP) hat Schwierigkeiten, den Journalisten zu erklären, warum Baaders Flucht möglich war. Der Herr Senator hat eine verdammt schlechte Presse.

Wegen des Wirbels um den Vorfall verlassen Berlins Regierender Bürgermeister Klaus Schütz und Innensenator Kurt Neubauer vorzeitig den SPD-Parteitag in Saarbrücken. Mit einer Sondermaschine fliegen sie zurück nach Berlin. In der Stadt brodelt es. Bundeskanzler Willy Brandt ist entsetzt und spricht von »Gangstermethoden«. Der entsprungene Zuchthäusler löst eine Regierungskrise an der Spree aus.

Währenddessen sitzt der mit seinen Komplizen in irgendeiner Wohnung – irgendwo auf den 480 Quadratkilometern der 1,8-Millionen-Stadt. Trotz aller Anstrengungen entdeckt die Polizei keine Spur der Truppe. Über Wochen.

### ➤ »Bambule« findet nicht statt

Eine andere Folge des Wirbels um die Baader-Befreierin Meinhof ist, dass »Bambule« nicht stattfindet. Der Südwestfunk setzt die für zehn Tage nach der Baader-Befreiung geplante Ausstrahlung des Films »vorläufig ab«. Der Film, zu dem Ulrike Meinhof das »Rohmanuskript« für das Drehbuch geliefert hatte, sollte im SWF-Fernsehen zur besten Sendezeit laufen: um 20.15 Uhr. Am 24. Mai 1970. Der Streifen zeigt, wie Fürsorgezöglinge in einem Heim »Bambule« veranstalten. Bei den Dreharbeiten – ein Vierteljahr zuvor in Berlin – war Regisseur Eberhard Itzenplitz mehrfach mit Ulrike Meinhof aneinander geraten. Dennoch war er von der Frau beeindruckt, »wegen der seltenen Verbindung von radikalem politischen Anspruch mit auffallendem Talent zur didaktischen Argumentation«. In dem Film sagt die Schauspielerin Irene: »Heime sind Gefängnisse« – Ulrike Meinhofs Botschaft in aller Kürze. Sie hatte die Hoffnung, dass der Film eine »unmittelbar mobilisierende Wirkung« haben, ein Funke auf die Erziehungsheime überspringen könnte.

Mit den Dreharbeiten war sie aber unzufrieden: »Ein Fernsehspiel, das die Mädchen verschaukelt, man darf sagen: ein Scheißspiel«, schreibt sie in einem Bericht über die Dreharbeiten im Februar und März 1970: »Ändern wird sich nur etwas, wenn die Unterdrückten selbst handeln. Wer sie dabei unterstützen will, muss es praktisch tun, muss den Unterdrückten selbst helfen, sich zu organisieren, zu handeln, ihre Forderungen durchzusetzen. ... Es kommt darauf an, selbst mitzumachen.« Zwei Monate später entscheidet sie sich, »selbst mitzumachen«.

*Der Spiegel* hatte sich des – dann kurzfristig aus dem Programm geworfenen – Films schon in seinem »Kultur«-Teil angenommen. Am Montag vor der geplanten Ausstrahlung urteilte er anerkennend über den Film: »Er demonstriert, wie Aggressionen sich stauen und entladen.«

Und noch eine Konsequenz hat die Baader-Befreiung für Ulrike Meinhof: Am 16. Mai 1970 spricht ihr das Amtsgericht in Berlin das Sorgerecht für die Zwillinge ab – und dem Vater zu. Klaus Rainer Röhl.

### ➤ »Ein Betriebsunfall«

Entgegen den Erwartungen von Ulrike Meinhof stößt die Baader-Befreiung in der linken Szene kaum auf Zustimmung, sondern überwiegend auf Ablehnung. Heftig kritisiert wird, dass der zweiundsechzigjährige Institutsangestellte bei der Aktion lebensgefährlich verletzt wurde: Der hatte sich ja der Gruppe nun nicht in den Weg gestellt, sondern tat nichts anderes als zu flüchten – um sich in Sicherheit zu bringen. So etwas könne nicht der Auftakt für eine neue, bessere und damit menschlichere Gesellschaft sein, befinden diese Meinhof-Kritiker: Revolution schon. Aber nicht so. Zudem befürchten sie eine »Kriminalisierung« der – mittlerweile sowieso geschwächten – linken Bewegung.

Der Schuss war »nicht notwendig«, bekommen Meinhof und Co. zu hören, »es wurde nur deswegen geschossen, weil die Aktion nicht richtig vorbereitet war«. »Es hätte gar nicht geschossen werden müssen«, urteilt später sogar Meinhofs einstiger Lebensgefährte Peter Homann und Tatgehilfe: »Das hat eigentlich der ganzen Aktion den Drive genommen. Phantasie und Witz wären bessere Waffen gewesen.«

Andere Linke sind stocksauer auf Meinhof und Komplizen, weil bei der Fahndung nach den Baader-Befreiern von der Polizei ihre Wohngemeinschaften auf den Kopf gestellt und dabei Haschisch-Platten gefunden wurden. Der Polizei unbekannte Gewohnheitskiffer hatten auf einmal Strafverfahren am Hals und standen fortan unter Beobachtung der Rauschgiftfahnder.

Selbst grundsätzlich gewaltbereite Zeitgenossen fanden die Aktion kontraproduktiv: »Die gesamte Aufbauphase«, sagt Irmgard Möller aus der ersten RAF-»Generation« in der Rückschau, hätte »anders, viel ruhiger laufen können, wenn es diese Schüsse nicht gegeben hätte.« – »Es war ein Betriebsunfall«, urteilt Astrid Proll: Ulrike Meinhof »wurde plötzlich auf jeder Litfaßsäule für eine Belohnung von 10 000 Mark gesucht«.

Außerdem sind viele in der linken Szene darüber verärgert, dass die Baader-Befreier abgetaucht sind und keinen »Aktionsbericht« liefern. Sondern schweigen.

# 15. Kapitel: Die Geburtsstunde der RAF

## Existenz in der Illegalität

Mit ihrem Satz aus dem Fenster an diesem 14. Mai 1970 kurz nach elf sprang Ulrike Meinhof nicht nur anderthalb Meter tief auf den Rasen. Sondern zugleich auch von ihrem sicheren Tribünenplatz als Journalistin in die Arena des Geschehens. Das ist die Geburtsstunde der RAF[32]. In diesem Augenblick entsteht sie als »Vereinigung« im eigentlichen Sinne: Die »Baader-Meinhof-Gruppe« oder auch die »Baader-Meinhof-Bande«, wie sie andere bald nennen – je nach politischem oder juristischem Standpunkt. Von jetzt an wird nach der Gruppe gefahndet. Nicht mehr nur nach einzelnen Personen.

Das bedeutet zweierlei. Zum einen teilen von nun an alle Mitglieder dasselbe Schicksal: Jeder wird verfolgt. Das verbindet. Die »Solidarität« schweißt die Gruppe zusammen. »Es war keine politische Solidarität«, sagt in der Rückschau Beate Sturm, die der ersten »Generation« bis Januar 1971 angehörte: »Diese Solidarität wurde ausschließlich erzwungen durch die illegale Situation, die man sich zum Schicksal gemacht hatte.« Das ganze Leben des Einzelnen wird künftig von der Existenz in der Illegalität bestimmt.

Zum Zweiten ist jetzt jedem klar, der sich mit diesem Personenkreis einlässt, dass er es mit organisierten Straftätern zu tun hat. Viele Freunde und einstige Genossen gehen auf Distanz. Manch einer gibt der Polizei sogar einen Tipp, der zur Verhaftung führt. Auf diese Weise wird beispielsweise Ulrike Meinhof mehr als zwei Jahre später gefasst: Der Lehrer, bei dem sie sich einquartiert hatte, gab der Polizei den entscheidenden Hinweis. Er hatte Angst, dass, wenn er dies nicht tun würde, er – so seine Worte – »möglicherweise auch mit drinsteckt«.

Von nun an agiert die »Rote Armee Fraktion« – »entstanden aus der Konkursmasse der Studentenbewegung«, wie Ulrike Meinhof das Selbstverständnis der Akteure später formuliert.

## Und am Ende steht der Tod

Für viele Akteure endete das RAF-Abenteuer mit dem Tod: Baader, Meinhof und Ensslin sterben von eigener Hand. Warum gingen sie gemeinsam in den Untergrund?

Baader war schon immer der »Outlaw«. Vorschriften waren ihm egal. Er spielte immer Vabanque – und immer in der Erwartung zu gewinnen. Selbst als er wusste, dass nach ihm gefahndet wurde, raste er noch mit überhöhter Geschwindigkeit und mit einem offensichtlich gefälschten Führerschein durch Berlin. Die Illegalität war sein Traum von Freiheit. Sechs Monate hatte er so gelebt, anschließend sechs Wochen im Gefängnis verbracht. Nun ist er wieder frei – und kann das tun, was sein Traum ist.

Auch für Gudrun Ensslin war es kein großer Schritt – für die »Hochbegabte« unter den deutschen Studenten, wie die Studienstiftung des deutschen Volkes festgestellt hatte: Seit sechs Monaten lebte sie in der Illegalität, seit dem Italien-Aufenthalt träumte sie vom »bewaffneten Kampf« als der »großen Herausforderung«. Nach der Verhaftung Baaders lebte sie sechs Wochen allein in der Illegalität. Nun mit anderen gemeinsam. Als Gruppe.

Und Ulrike Meinhof – ebenfalls einst eine »hochbegabte« Studentin und zudem eine erfahrene Journalistin? Warum Untergrund? Bei ihr ist die Erklärung nicht so einfach. Gegen Ende der sechziger Jahre ist bei der bekannten Publizistin, der »Frau der Worte«, eine eigentümliche Radikalisierung festzustellen: nach der Gehirnoperation, deren Konsequenzen die Ärzte nicht beurteilen können. Und nach dem Verlust ihres Hamburger Freundeskreises, den sie sehr bedauerte, durch den Umzug nach Berlin.

Ihr politisches und berufliches Forum, die *konkret*-Kolumne alle zwei Wochen, hatte sie etwas mehr als ein Jahr zuvor selbst zerstört: Sie war es, die gekündigt hatte. Und sie war es auch, die ihrem Ex die »Putztruppe« in die einst gemeinsame Villa schickte.

Ähnlich kompromisslos verläuft ihre politische Entwicklung außerhalb der Röhl'schen *konkret*-Welt: Bei einem »teach-in« in der Freien Universität erklärt sie zwei Tage nach dem Attentat Bachmanns auf Dutschke am 13. April 1968: »Zündet man ein Auto an, dann ist das eine strafbare Handlung. Zündet man Hunderte von Autos an, dann ist das eine politische Aktion.«

Mit dem, was sie eine »politische Aktion« nennt, ist sie am selben Abend noch zögerlich: Vor dem Springer-Hochhaus in der Kochstraße bittet sie ein Student, ihren Renault 4 für eine Barrikade zur Verfügung zu stellen. Kein Auslieferungsfahrzeug soll in der Nacht die Druckerei verlassen. »Mein Auto, das brauch ich doch für meine Arbeit«, entgegnet sie. Die beiden einigen sich: Ulrike Meinhof parkt den Wagen ganz am Rand, auf dem Bürgersteig. Das bringt ihr später ein Strafverfahren mit dem Vorwurf der Nötigung ein: Der Staatsanwalt meint, sie habe sich an den Ausschreitungen gegen Springer beteiligt. Am 16. September 1969 wird sie aber freigesprochen.

*Ulrike Meinhof greift zum Knüppel: Polizeieinsatz am 1. Mai 1970*

Wie so mancher andere linke Intellektuelle in dieser Sturm-und-Drang-Zeit ist auch Ulrike Meinhof von politisch motivierten kriminellen Taten fasziniert. Sie meint mittlerweile, dass Schreiben allein nicht reicht. Von dem in ihren Kreisen zu dieser Zeit weit verbreiteten bloßen »Revolutionsgerede« hält Ulrike Meinhof schon lange nichts mehr: »Von Revolution reden heißt, es ernst zu meinen. Von Revolution reden heißt, mit dem Pazifismus aufgehört zu haben«, hatte sie in einem Bändchen »Revolution gegen den Staat?« im Juni 1968 befunden: »Die Zukunft der deutschen Linken wird davon abhängen, ob sie diesen notwendigen und denkbaren Bewusstseinsprozess in Gang setzen kann oder nicht. Ihr derzeitiges Revolutionsgerede ist sicherlich die Voraussetzung dafür, sich von verinnerlichter Herrschaft und ihren Skrupeln frei zu machen, um an die Arbeit gehen zu können.« Und es ist Zeit, »an die Arbeit« zu gehen, davon ist Ulrike Meinhof mittlerweile überzeugt.

Am 1. April 1970 dringt sie gewaltsam mit zwanzig Jugendlichen in das Mädchenheim Eichenhof in Berlin-Tegel ein, um über »bestehende soziale Missstände« zu diskutieren. Genau einen Monat später – am 1. Mai – besetzt sie mit einhundertfünfzig jungen Leuten eine Möbelfabrik im Märkischen Viertel. Sie fordern, dass aus dem Gebäude ein Freizeitheim für Jugendliche gemacht wird. Die Polizei räumt das Gelände. Ulrike Meinhof schlägt mit einem schweren Holzknüppel einen Polizisten. Zwei Wochen vor der Baader-Befreiung – von den politischen Worten zur »politischen Tat«.

»Ulrike Meinhof war bestimmt durch das Gefühl, hart sein zu müssen, und durch das Denken in der Kategorie des Entweder-oder«, erklärt ihren Abgang in den Untergrund Professor Jürgen Seifert in der Rückschau 1995. Der Politologe und Jurist kannte sie gut: Als SDS-Vorsitzender diskutierte er Ende der fünfziger Jahre viel mit ihr. Der Kontakt riss nicht ab.

Ähnlich sieht Meinhofs Tochter Bettina Röhl den Antrieb ihrer Mutter, in den Untergrund zu gehen, nämlich »in einer falschen Auffassung über das Helfen«: »Wie viele sozial engagierte Menschen glaubte sie, dass sie sich gleichmachen müsse mit den Unglücklichen, dass sie deren Schmerz am eigenen Körper fühlen müsse, um das Leid zu mindern. Sie lebte in der Überzeugung, dass es nicht darauf ankomme, wie es ihr selbst ginge.«

# 16. Kapitel: Erklärungen

## »Die Rote Armee aufbauen«

Erst drei Wochen nach der Baader-Befreiung erläutern die Akteure den Berliner Linken die »politische« Bedeutung der Tat. In einem Brief an *Agit 883* – *Agit 883* ist das Sprachrohr der nicht parteigebundenen antiautoritären Gruppen Westberlins, gegründet 1969. Auflage: rund zehntausend Exemplare. *Agit* ist ein Kürzel für »Agitation und soziale Politik«, *883* der Anfang der Redaktions-Telefonnummer 883 56 51 und wird »achtachtdrei« ausgesprochen. Aus heutiger Sicht ist *Agit 883* so etwas wie die »böse Großmutter« der *taz*.

»Genossen von 883«, beginnt die Erklärung der Baader-Befreier in der Ausgabe vom 5. Juni 1970,[33] »es hat keinen Zweck, den falschen Leuten das Richtige erklären zu wollen. Das haben wir lange genug gemacht. Die Baader-Befreiungs-Aktion haben wir nicht den intellektuellen Schwätzern, den Hosenscheißern, den Alles-besser-Wissern zu erklären, sondern den potentiell revolutionären Teilen des Volkes. Das heißt denen, die die Tat sofort begreifen können, weil sie selbst Gefangene sind. Die auf das Geschwätz der ›Linken‹ nichts geben können, weil es ohne Folgen und Taten geblieben ist. Die es satt haben!«

Die Autoren erklären, »dass die Befreiung Baaders nur der Anfang ist«. Klar sei, »dass die Revolution kein Osterspaziergang sein wird«. Vom Staat sei mit weiteren Eskalationen zu rechnen: »Um die Konflikte auf die Spitze treiben zu können, bauen wir die Rote Armee auf.« Das Schreiben endet mit den Parolen:

»Die Klassenkämpfe entfalten
Das Proletariat organisieren
Mit dem bewaffneten Widerstand beginnen
Die Rote Armee aufbauen!«

Es ist die erste »politische« Erklärung der Gruppe, in der sie von »Rote Armee« spricht. Bald nennt sie sich »Rote Armee Fraktion«. »Rot«, klar, bezeichnet das politische Ziel – »Kommunismus«[34]. Was die Gruppe darunter versteht, erläutert sie allerdings nicht. »Armee« steht für eine erhebliche militärische Macht – eine maßlose Übertreibung des Grüpp-

**Genossen von 883 -**

**es hat keinen Zweck, den falschen Leuten das Richtige erklären zu wollen. Das haben wir lange genug gemacht. Die Baader-Befreiungs-Aktion haben wir nicht den intellektuellen Schwätzern, den Hosenscheißern, den Alles-besser-Wissern zu erklären, sondern den potentiell revolutionären Teilen des Volkes Das heißt denen, die die Tat sofort begreifen können, weil sie selbst Gefangene sind. Die auf das Geschwatz der "Linken" nichts geben können, weil es ohne Folgen und Taten geblieben ist. Die es satt haben!**

Agit 883 *vom 5. Juni 1970 (Auszug)*

chens, das zum damaligen Zeitpunkt aus noch nicht einmal einem Dutzend Personen besteht. »Fraktion« bedeutet »Zusammenschluss einer Sondergruppe innerhalb einer Organisation«: So verstehen sich die Mitglieder – als Teil der zum Handeln entschlossenen »politischen Linken«, wie sie später erklären. Oder aber auch – wie in ihrer ersten Erklärung – als Vorkämpfer für die »potentiell revolutionären Teile des Volkes«. Das tun sie besonders gern, wenn sie von der Linken kritisiert werden. Dann verkündet die RAF, dass sie sich nicht an die Linke wende, sondern an »ganz andere Gruppen«[35] – sprich: Menschen, die noch kein revolutionares Bewusstsein haben, sondern es erst – nach Vorstellung der RAF – durch ihre Taten bekommen sollen.

Mit anderen Worten: Es ist der Gedanke, eine Art bewaffneter Arm einer Bewegung zu sein, also ein Teil von ihr – mit der besonderen »Lizenz zum Töten«. Kaum jemand allerdings will in den kommenden Jahrzehnten mit der RAF etwas zu tun haben, eine gemeinsame Bewegung mit ihr bilden. Die ablehnenden Reaktionen der Linken nach der Baader-Befreiung sind ein erstes deutliches Zeichen.

Vor allem die älteren Bundesbürger erinnert das Kürzel RAF an Furcht und Schrecken unvergessener Tage: An die Bombardements deutscher Städte während des Zweiten Weltkriegs. Durch die Luftwaffe der Briten: die Royal Air Force. Die RAF.

## »... natürlich darf geschossen werden« – Ulrike Meinhofs »Tonbanderklärung«

Flughafen Berlin-Tempelhof. Donnerstag, 4. Juni 1970. Eine hoch gewachsene Französin, im sechsten Monat schwanger, ist gerade gelandet. Michèle Ray, ein Exmodel, hat die langen braunen Haare hinterm Hals zusammengebunden. Die Einunddreißigjährige blickt suchend durch ihre große Sonnenbrille in die Flughafenhalle. Schnell erkennt sie den ihr unbekannten Kontaktmann: Er hält einen roten Lenin-Band in der Hand – wie angekündigt. Der Mann ist dunkelblond, »herkömmlicher Aufmachung, kein Beatle«, beschreibt Ray ihn später. Er stellt sich als »Lothar« vor. Dann führt er sie zu einem Taxi.

Baader und seine Befreier haben die bekannte französische Kriegs- und Revolutions-Journalistin nach Berlin gebeten, um über sie die Bedeutung ihrer Befreiungstat zu erläutern – gegenüber der deutschen Öffentlichkeit.

Zuvor hatte sich ein Anrufer auf Englisch mit deutschem Akzent bei Michèle Ray gemeldet und ihr erklärt, es ginge um »eine wichtige Sache, die die Linke betrifft«. Zunächst war Michèle Ray zögerlich. »Ein deutsches Problem«, denkt sie. Oder womöglich sogar eine »Falle«, von irgendwelchen Konservativen, die sie nicht mögen. Nach weiteren Anrufen des Mannes und einigen Recherchen findet sie die Sache dann aber doch interessant. So setzt sie sich ins Flugzeug nach Berlin.

Michèle Ray ist eine international bekannte Journalistin: Einst war sie Chanel-Mannequin. Bis 1960 führte sie die neuesten Kreationen von Coco Chanel auf den Pariser Laufstegen vor – zur Erbauung der internationalen Schickeria und Bourgeoisie. Anschließend entwickelte sie sich zu einer engagierten linken Journalistin und heiratete Constantin Costa-Gavras – den Regisseur des Film-Welterfolgs »Z«. Sie hat sich darauf spezialisiert, von »hinter der Front« zu berichten, wie die Londoner *Times* über sie schreibt. Sie liefert Reportagen aus Vietnam, wo sie am Boden einen zehnstündigen Bombenangriff der Amerikaner er- und überlebt, aus Bolivien und dem Mittleren Osten. Dort begleitete sie El-Fatah-Partisanen.

»Lothar« fährt mit ihr umständlich durch das frühsommerliche Berlin. Mehrfach wechseln sie das Verkehrsmittel: Taxi, U-Bahn, Taxi, U-Bahn. »Nach einer Stunde und fünfzehn Minuten waren wir da«, berichtet Michèle Ray: eine »moderne Wohnung, einfach eingerichtet, irgendwo in den oberen Stockwerken eines Hauses irgendwo in West-Berlin«. Dort sitzen ihr Andreas Baader, Gudrun Ensslin und Ulrike Meinhof gegenüber – nach denen die Polizei in der ganzen Stadt fieberhaft fahndet. Bei Tee und frischen Erdbeeren erklärt Ulrike Meinhof ihrer Kollegin, »dass diejenigen, die jetzt angefangen haben zu arbeiten und solche Aktionen machen zu wollen, natürlich Leute sind, die sich in gar keinem Fall gegenseitig draufgehen lassen«. Von Meinhof, Ensslin und Baader gewinnt die Reporterin den Eindruck, dass sie »in einer Atmosphäre ohne spürbare Spannung« leben: »Sie hatten Geld, Unterkunft und Freunde.«

Am Abend, so berichtet Ray weiter, habe ihr Horst Mahler ein Tonband gebracht, besprochen von Ulrike Meinhof[36] – die Erklärung, warum Andreas Baader befreit wurde: »Man kann sagen: aus drei Gründen«, spricht Ulrike Meinhof vom Band. »Erst mal natürlich deswegen, weil Andreas Baader ein Kader ist« – da ist es wieder: Meinhofs altlinkes »Kader-Denken«, über das sich schon ihr Exmann Klaus Rainer Röhl in ihrer Chefredakteurszeit Anfang der Sechziger und auch Thomas Mitscherlich Ende der Sechziger bei den Gesprächen über das Wohnprojekt mokiert hatten.

»Das Zweite ist«, verkündet Meinhof, »dass wir als erste Aktion eine Gefangenenbefreiung gemacht haben, weil wir glauben, dass diejenigen, denen wir klar machen wollen, worum es politisch heute geht, welche sind, die bei einer Gefangenenbefreiung überhaupt keine Probleme haben, sich mit dieser Sache selbst zu identifizieren ...« Und der dritte Grund: »um wirklich klar zu machen, dass wir es ernst meinen«.

Meinhof kommt auf die Kritik in der linken Szene an der Baader-Befreiung zu sprechen: »Die intellektuelle Linke hat die Aktion im Großen und Ganzen abgelehnt«, konstatiert sie – zutreffend. Man müsse aber wissen, hält sie der Kritik entgegen, »dass Bewaffnung notwendig ist und dass die Revolution nicht gemacht werden wird, ohne dass sich die Revolutionäre bewaffnen«. Ihr Resümee: »Wir sind also der Meinung, die intellektuelle linke Kritik an der Aktion ignorieren zu können, weil wir uns an ganz andere Gruppen wenden. Wir glauben, dass man zu einer politischen Zusammenarbeit kommen muss, organisierend und im Bezug auf Aktionen mit dem Teil des Proletariats, der keine Gratifikationen dafür erhält in dieser Gesellschaft, dass er sich ausbeuten lässt.« Meinhof spricht von »kinderreichen Familien«, »Frauen, die Haushalt und Kinder haben und gleichzeitig in der Fabrik arbeiten müssen« und »proletarischen Jugendlichen, die keine Perspektive haben«. Deshalb würden sie und ihre Kampfgefährten jetzt »die Rote Armee aufbauen«.

Gewaltanwendung gegenüber Polizeibeamten ist ein weiteres Thema der Meinhof auf dem Tonband: »Wir sagen natürlich, die Bullen sind

Schweine, wir sagen, der Typ in Uniform ist ein Schwein, das ist kein Mensch, und so haben wir uns mit ihm auseinander zu setzen. Das heißt, wir haben nicht mit ihm zu reden, und es ist falsch, überhaupt mit diesen Leuten zu reden, und naturlich kann geschossen werden.«

Das ist nichts anderes als die Ankündigung von Morden. Eineinviertel Jahr später erschießt zum ersten Mal ein RAF-Mitglied einen Polizisten: den dreiunddreißigjährigen Polizeimeister Norbert Schmid in Hamburg. Seine Frau wird mit Anfang dreißig Witwe. Seine beiden Töchter Carmen und Andrea sind sechs und fünf Jahre alt. Sie müssen ohne Vater aufwachsen. Nicht vorstellbar ist, dass die erfahrene Journalistin und ehemalige Chefredakteurin sich der Tragweite ihrer Worte nicht bewusst war.

»Was wir machen und gleichzeitig zeigen wollen«, lautet Ulrike Meinhofs Fazit auf dem Tonband, »das ist: dass bewaffnete Auseinandersetzungen durchführbar sind, dass es möglich ist, Aktionen zu machen, wo wir siegen, und nicht, wo die andere Seite siegt. Und wo natürlich wichtig ist, dass sie uns nicht kriegen, das gehört sozusagen zum Erfolg der Geschichte.«

Anderthalb Wochen später, am 15. Juni 1970, druckt *Der Spiegel* über vier Spalten »unredigierte Auszüge« aus Meinhofs Erklärung. So verkündet die Truppe zum ersten Mal der deutschen Öffentlichkeit, was sie sich vorgenommen hat. Aber da ist der größte Teil von ihr schon außer Landes – vorübergehend. Dreitausend Kilometer von Berlin entfernt.

# 17. Kapitel: Ausbildung für den »bewaffneten Kampf« in Jordanien

## Flucht aus Beirut

Vier Wochen nach der Baader-Befreiung: Die erste Spur des geflohenen Kaufhausbrandstifters – eine abenteuerliche Geschichte: »Baader in Syrien untergetaucht«, meldet die *Frankfurter Rundschau* am 11. Juni 1970 – »Behörden wissen von nichts«. Die Zeitung schreibt, Horst Mahler sei mit einer »Studentengruppe« am 8. Juni 1970 in »der Interflugmaschine Flugnummer 730 um 15.30 Uhr Ortszeit auf dem Flughafen von Beirut« gelandet. Die Gruppe hätte sich bei der bundesdeutschen Vertretung in Beirut telefonisch gemeldet und erklärt, drei von ihnen dürften den Flughafen nicht verlassen, »da diese drei nur über West-Berliner Personalausweise, nicht aber über Pässe verfügten.« Nach Rücksprache mit den libanesischen Behörden hätte sie ein Botschaftsmitarbeiter aufgefordert, »in die deutsche Vertretung zu kommen, um sich neue Pässe ausstellen zu lassen«. Dort jedoch seien sie nicht erschienen. Vielmehr hätten sie es geschafft, am 9. Juni gegen 22.30 Uhr »über die Autostraße nach Syrien zu gelangen« – in einem »Privatwagen« an der »libanesisch-syrischen Grenzstation Massna«.

Und tatsächlich: Die Gruppe ist zu einer Reise in den Nahen Osten aufgebrochen, um das Schießen zu lernen – in einem Camp der El Fatah. Die El Fatah ist eine militante Palästinenser-Organisation innerhalb der PLO, der Palästinensischen Befreiungsorganisation. Dass Baader tatsächlich mit einem falschen Pass an diesem Tag aus der Interflugmaschine 730 in Beirut ausgestiegen ist, erscheint heute zweifelhaft.[37] Fest steht jedenfalls, dass Horst Mahler mit seiner Reisegruppe im Flughafen in Beirut zunächst festsaß und es der Gruppe gelang, sich nach Syrien abzusetzen: mit Unterstützung von Palästinensern – trotz eines sofort von Bonn gestellten Auslieferungsersuchens.

Eingefädelt hatte die Reise zu den Waffen Said Dudin: Ein dreiundzwanzigjähriger Jordanier, der in Berlin studiert und als Verbindungsmann zur El Fatah gilt. Er besorgte neun Tickets im Reisebüro Karim, Mehringdamm 81: Acht zum »Studentenpreis« von 470 Mark. Horst

Mahler, vierunddreißig und seit elf Jahren kein Student mehr, muss voll bezahlen: 550 Mark.

## Die »Reisegruppe Mahler«

Ein Teil der konspirativen Reisegruppe fährt am Morgen des 8. Juni 1970 mit dem »Transitbus« von Westberlin über die Transitübergangsstelle »Waltersdorfer Chaussee« zum DDR-Flughafen Schönefeld, wie sich aus den Registrierungslisten des Zollamts Berlin-Hanse an diesem Übergang ergibt. Mahler selbst fährt – wie die Fahnder später herausfinden – »offensichtlich mit der S- bzw. U-Bahn« nach Ostberlin. Auf diese Weise kann man den Westteil der Stadt unkontrolliert verlassen: Horst Mahler steht auf der Fahndungsliste der Polizei, seitdem am 4. Juni 1970 das Landgericht Berlin gegen ihn einen Haftbefehl erließ, »wegen Beihilfe zur gemeinschaftlichen Gefangenenbefreiung«.[38]

Um 9.20 Uhr startet eine Interflugmaschine vom Flughafen Schönefeld nach Beirut. An Bord zehn Genossen: Neben Mahler und Dudin stehen auf der Passagierliste dieses Fluges 730 die Namen von jungen Menschen, die schon kurz darauf der ersten RAF-»Generation« angehören: Brigitte Asdonk (22), Soziologiestudentin und Tochter des Bürgermeisters von Kamp-Lintfort, und Hans-Jürgen Bäcker (31), Geschäftsführer des von Mahler gegründeten Republikanischen Clubs, früher einmal Maschinenschlosser: Die beiden beteiligen sich drei Monate später an den »Dreierschlag«-Banküberfällen der RAF in Berlin. Dafür werden sie zu zehn und neun Jahren Gefängnis verurteilt.

Der »Bundeswehrdeserteur« Manfred Grashof (23): Zwei Jahre später – 1972 – erschießt er in Hamburg den Leiter der Baader/Meinhof-Sonderkommission Hans Eckhardt. Die Friseuse Petra Schelm (19): Ein Jahr später – im Juli 1971 – wird sie bei einem Feuergefecht mit der Polizei erschossen. Der Kaufmann Heinrich – Ali – Jansen (22) wird drei Jahre später wegen eines Mordversuchs zu zehn Jahren Gefängnis verurteilt. Ebenfalls an Bord: Ein zwanzigjähriger Schüler, der sich nach Rückkehr der Gruppe von ihr abwendet. Sie alle sind bereit, sich für den »bewaffneten Kampf in den Metropolen« ausbilden zu lassen.

Um 15.30 Uhr Ortszeit landet die Maschine in Beirut. An der libanesischen Passkontrolle legen die Mitglieder der Reisegruppe Mahler ihre Ausweise vor: drei von ihnen ihre behelfsmäßigen Berliner Personalausweise. Der Grenzoffizier stutzt: Er findet in den Ausweisen keinen Platz für den Einreisestempel. So ruft er seinen Vorgesetzten. Der entscheidet kurzerhand, dass erst einmal die ganze Reisegruppe festgesetzt wird. Da kommt Rechtsanwalt Mahler die rettende Idee, wie er meint – eine juristische Lösung per Telefon: »Hier ist Rechtsanwalt Mahler«, meldet er sich bei dem Beamten der deutschen Vertretung in Beirut – aufgrund diplomatischer Verwicklungen ist sie in der französischen Botschaft untergebracht: »Ich stehe auf dem Rechtsstandpunkt, dass West-Berlin nicht zur Bundesrepublik gehört, eine selbständige politische Einheit, der einfache West-Berliner Ausweis also gültig ist.«

Der Beamte des Auswärtigen Amtes am anderen Ende der Leitung ist verdutzt – und erfreut zugleich: Nun weiß er, wo Rechtsanwalt Mahler steckt, den die deutsche Polizei fieberhaft sucht. Der Beamte des Bereitschaftsdienstes macht sofort Meldung nach Bonn. Das Auswärtige Amt schickt prompt ein Auslieferungsersuchen. Doch Mahler und seine Reisegruppe haben Glück im Unglück: Einer Palästinenser-Gruppe im Beiruter Flughafen können sie mit Hilfe von Said Dudin klar machen, dass auch sie in Sachen »Befreiung« unterwegs sind. Die Palästinenser bringen die Reisegruppe erst aus dem Flughafengebäude heraus – und dann außer Landes.

## Waffenausbildung in der Wüste

Das Camp besteht aus zwei einfachen Steinhäusern: Es liegt in der Nähe der Hauptstadt Amman. Eine knappe Autostunde entfernt, einige Kilometer von der Straße nach Jerusalem. Mitten in der Gebirgswüste. Umgeben von steinigen Hügeln.

Rechtsanwalt Horst Mahler trägt einen grünen Kampfanzug, eine Militärmütze über dem schütteren Haar sowie einen schwarzen Vollbart. Ein Hauch von Fidel Castro.

Tagsüber ist es in den jordanischen Bergen sengend heiß. Deshalb müssen die »Lehrlinge des bewaffneten Kampfes« schon morgens um vier aufstehen. Sie erhalten eine Grundausbildung in Sachen Terror-»Handwerk«: Auf dem Programm stehen Waffenkunde, Schießen, Selbstverteidigung, Handgranaten-Werfen, das Herstellen von Sprengstoff, Dauerlauf und das Durchs-Gelände-Robben. »Das machen wir nicht weiter mit, das Robben auf dem Boden«, mault Baader in den von ihm so geliebten Samthosen, die seinen flachen Hintern betonen: »Das brauchen wir als Stadtguerilla doch überhaupt nicht.«

So üben in olivgrünen Kampfanzügen knapp zwanzig Berliner Genossen den »revolutionären Kampf in Westeuropa« in der jordanischen Steinwüste – unter Anleitung der Palästinenser. Die meisten Terror-Touristen kennen sich aus der linken Berliner Szene. Unter anderen Ingrid

Schubert[39] und Irene Goergens, die sich drei Monate später als Bankräuberinnen beim »Dreierschlag« der RAF in Berlin beteiligen, Astrid Proll und ein dreiundzwanzigjähriger Chemiestudent, der bereits im August 1970 in einem von der RAF gestohlenen VW-Transporter gestellt und nach einem kurzen Schusswechsel verhaftet wird.

»Die Wortführer in diesem Camp«, erinnert sich Peter Homann, »waren Andreas Baader, genannt Andy, und Gudrun Ensslin; wenn es um Gespräche mit den Palästinensern ging, kamen noch Horst Mahler und Ulrike Meinhof hinzu, die durch den politischen Klang ihrer Namen der ganzen Truppe überhaupt den Weg nach Jordanien gebahnt hatten.«

Baader brüllt laut und viel. »Mit Gudrun hatte er ein Verhältnis des ausgewogenen Terrorismus, was Ulrike für die wahre Liebe hielt und an beiden sehr bewunderte«, berichtet Homann: »Ulrike sprach gern von grausamen Foltermethoden der deutschen Polizei, während Andy mehr für Folterungen an deutschen Politikern schwärmte.«

Nicht ohne – makabere – Komik ist, dass sich Meinhof, Ensslin und andere, die sich im Laufe ihrer politischen Sozialisation über die Gräueltaten der Nazis an den Juden empört hatten, ausgerechnet in ein Trainingslager der El Fatah begaben. Einer Organisation, die die Bewohner des Staates Israels ins Meer treiben und die Überlebenden ausrotten möchte. »Das ist die schändlichste Niedrigkeit der RAF«, befindet Horst Mahler später – nachdem er sich von der Gruppe losgesagt hat.

## Machtkämpfe in der Wüste

Der Kommandant ist ein kleiner drahtiger Algerier: Ausgebildet in der französischen Fremdenlegion, kehrte er später den Franzosen den Rücken und kämpfte auf Seiten der Revolutionäre in Algerien. Ein Kämpfer durch und durch. Er erteilt die Order – wie immer in seinem Lager –, dass Männer und Frauen getrennt zu schlafen haben. So ist das beim Militär. Die Gruppe weigert sich. Sie setzt sich durch, schläft kunterbunt – und verletzt damit die Empfindungen der Gastgeber nachhaltig.

Über das Essen, meist Konservenfleisch und Reis, motzen die Westberliner Terror-Touristen regelmäßig – nicht anders als eine Pfadfindergruppe auf Jugendherbergsfahrt. Die Revolutionäre in spe haben sich das Leben im Ausbildungscamp der El Fatah anders vorgestellt. Bequemer und aufregender.

*Peter Homann*

Am meisten Spaß macht den Deutschen noch das Schießen – mit Pistolen, Maschinengewehren, Mörsern und Kanonen. Sie können gar nicht genug davon bekommen. Den Palästinensern wird es zu viel: Sie rationieren die Munition. Auch darüber gibt es Streit zwischen Deutschen und Palästinensern. Andreas Baader droht mit »Streik« – falls es nicht mehr Geschosse für die Genossen gäbe. »Ich fand das mehr als blöde«, berichtet Peter Homann, »und es kam darüber zwischen ihm und mir zu einer richtigen Prügelei.« Schnell ziehen die Palästinenser die beiden Kampfhähne auseinander. Pfarrerstochter Ensslin kreischt entsetzt und zeigt auf Homann: »Er hat ihn geschlagen, er hat ihn geschlagen!« Auch Baader schreit – nicht minder wütend: »Ich zertret ihm die Eier, ich zertret ihm die Eier.«

Peter Homann erinnert das an die Heimat, an Berlin: »Es war wie am Stutti«, blickt er zurück. Am Stuttgarter Platz in Berlin-Charlottenburg, dem Prostituierten-Viertel.

Es kommt zum ersten offenen Machtkampf unter den »Köpfen« der Gruppe: zwischen Andreas Baader – unterstützt von Gudrun Ensslin – und Horst Mahler. Baader und Ensslin setzen alles daran, deutlich zu machen, dass sie das Sagen haben, sie die entscheidenden Leute sind. Gegen den aggressiv-hämischen Baader mit der »Praxis der Tat« hat Mahler, noch vor wenigen Monaten Rhetoriker im Gerichtssaal, kaum eine Chance. »Als sich Mahler einmal traute, eine Schrift von Engels zu erwähnen«, berichtet Homann, »setzte Hohngelächter ein; es hinderte ihn für die Zukunft, den Zusammenhang zwischen Theorie und Praxis auch nur zu erwähnen.«

Auch zwischen anderen Gruppenmitgliedern gärt es. Baader hat es vor allem auf Peter Homann abgesehen, den einstigen Geliebten von Ulrike Meinhof. Der ist zu Baader deutlich auf Distanz gegangen, erblickt in den politisch verbrämten Argumentationen nur noch »einen durchsichtigen Vorwand für Sadismus und Gewalt«. Baader schimpft ihn einen »Verräter« – und spricht von einer Maßnahme, die zur »Stärkung der Solidarität« notwendig sei. »Baader wollte einen kurzen Prozess und die Angelegenheit mit einem ›Schießunfall‹ erledigen, um die wankende Moral der Truppe wiederherzustellen«, berichtet Peter Homann, um dessen Kopf es auf einmal ging.

Aber Baader hatte die Rechnung ohne den Advokaten Horst Mahler gemacht. »Mahler als Jurist wünschte sich einen Prozess mit einem richtigen Urteil«, berichtet Homann. So wird ein »Volksgericht«, wie es die Anwesenden nennen, eingesetzt. Und das deutsche »Volksgericht« im jordanischen Gebirge fällt sein Urteil: Todesstrafe für Peter Homann. Baader ist der Wortführer. Auch Ulrike Meinhof stimmt dafür – für den Tod des Mannes, der bis vor einem Vierteljahr ihr Geliebter war. »Letztlich habe ich die Entscheidung mitgetragen«, sagt sogar der Jurist Horst Mahler, »indem ich der Gruppe weiter angehörte.«

Für die Vollstreckung des »Urteils« hat Andreas Baader auch prompt eine Idee – wieder einmal aus einem Gangsterfilm: Alle feuern gemeinsam auf Peter Homann. Baaders Kalkül dabei: Keiner wird später gegen einen anderen vor Gericht aussagen. Alle sind Mittäter. Jeder ist schuldig. Und: Keiner kann mehr aus der Gruppe aussteigen.

Peter Homann erfährt von dem »Urteil« des »Volksgerichts« in der Hütte, in der er getrennt von den anderen sitzt: Astrid Proll erscheint in der Nacht vor seinem Fenster, zeigt ihm wortlos und mit versteinertem Gesicht eine Patrone – und verschwindet in der Dunkelheit.

Aber es kommt anders. »Die Palästinenser hatten eine sehr klare Haltung«, erinnert sich Horst Mahler, »die uns sehr beschämte.« Als sie von dem Plan ihrer Gäste erfahren, sammeln sie kurzerhand deren Waffen ein. »Da konnte man sehen, dass wir alle anfällig sind für das, was wir eigentlich bekämpften«, kommentiert Horst Mahler später die Vorgänge in der Wüste mit hehren Worten. »Die Preisgabe der Menschlichkeit, nur um die eigene Machtposition als Gruppe zu sichern.«

Doch Baader lässt nicht locker – er will Peter Homann tot. In der Gebirgswüste zählt ein Leben nicht viel: Deshalb reden Baader und Ensslin – mit Meinhof und Mahler im Schlepptau – mit Abu Hassan. Der ist bei der PLO für die Ausbildungslager zuständig, und damit auch für das Camp. Eigentlich heißt der Dreißigjährige Ali Hassan Salameh. Viele nennen ihn den »roten Prinzen«: Er tritt weltmännisch auf – nachdem er in den Vereinigten Staaten und Großbritannien studierte.

»He is an Israeli spy. Shoot him«, fordert ihn Gudrun Ensslin auf – sie spricht als Einzige fließend Englisch, durch ihren Amerikaaufenthalt als Schülerin. Baader ist der Sprache kaum mächtig. Zum Beweis erklärt Gudrun Ensslin dem »roten Prinzen«, dass Homann in seinem Transistorradio den israelischen Rundfunk gehört habe. Auch andere hätten das mitbekommen. Tatsächlich hatte der in dem Camp Sendungen in jiddischer Sprache aus dem nahen Israel gehört – für ihn, wie er später sagt, »eine Sprachmelodie, die Wohlklang war im Umfeld des Terroristen-Kauderwelsch aus Politjargon und wüsten Obszönitäten«.

Abu Hassan ist gnädig: Er hält im Augenblick ein friedliches Zusammenleben von Palästinensern und Israelis für möglich. Daher will er sich in dieser Phase nicht unnütz Scherereien einhandeln.[40] Hassan macht seinen Gästen klar, dass es das Beste ist, wenn sie das Land verlassen. Auch Peter Homann kann ausreisen – mit heiler Haut.

## 18. Kapitel: Peter Homann stellt sich und berichtet

Mehr als ein Jahr versteckt sich Peter Homann in Hamburg. Am Bußtag 1971 stellt er sich der Polizei[41] – seit achtzehn Monaten fahndet sie nach ihm. Drei Tage bevor er zur »Sicherungsgruppe Bonn« fährt, gibt er dem *Spiegel* ein Interview über die »Baader-Meinhof-Gruppe«: Deren Entstehungsgeschichte und Köpfe kennt er so gut wie kein anderer – schon Jahre vor dem Abgang in den Untergrund verkehrte er mit den Vieren. Außerdem saß der ehemalige Meinhof-Freund bei den Gesprächen in der Kufsteiner Straße mit am Tisch, neben Baader im Auto, als er verhaftet wurde, leistete Hilfe für dessen Befreiung und reiste zur Ausbildung für »den bewaffneten Kampf in den Metropolen« ins Palästinenserlager. »Andreas Baader? Er ist ein Feigling«, erklärt Homann den *Spiegel*-Redakteuren: »Es gibt keinerlei politische Äußerung von ihm.« »Theoretisch« sei Baader »völlig unfähig«: »Seinen Einfluss übt er dadurch aus, dass er mit Pathos die Überschreitung bürgerlicher Gesetze propagiert und damit die schwankenden Leute in diesem Kreis zu dirigieren vermag.« Für Homann ist Baader »eine Figur aus einem schlechten Roman des 19. Jahrhunderts«.

Mahler und Meinhof, so Homann in dem vom *Spiegel* am 22. November 1971 veröffentlichten Interview, seien »keine politischen Figuren der Studentenbewegung. Aber sie wurden zu politischen Figuren dieser Bewegung aufgebaut, was sie in Wirklichkeit gar nicht waren«, sagt Homann: »Man könnte eher sagen, dass Mahler diese Bewegung juristisch kommentiert und Ulrike Meinhof diese Bewegung journalistisch begleitet hat. Die Diskrepanz, nur beschreiben zu können, ohne wirklich etwas tun zu können, wurde für beide ungeheuer groß.« Dieser starke Wunsch, endlich tatsächlich etwas zu tun, trieb die beiden mit so starker Vehemenz in den Untergrund. An die Seite von Andreas Baader. Der: völlig anders als sie. Unpolitisch. Aber – im Unterschied zu ihnen – ein Tatmensch.

# 19. Kapitel: Marighellas Terror-Fibel

Braun gebrannt – wie aus der Sommerfrische: So kehren die El-Fatah-Gäste aus Jordanien zurück. Am 9. August 1970 trifft die »Reisegruppe Mahler« wieder in Westberlin ein – über den Ostberliner Flughafen Schönefeld. Horst Mahler trägt echten Bart und falsches Kopfhaar. Auf seiner stadtbekannten Glatze ein Toupet.

Sofort beginnt die Gruppe mit den Vorbereitungen für den »bewaffneten Kampf in den Metropolen«: »Richtschnur«[42] dabei ist die Terror-Fibel von Carlos Marighella, das »Mini-Handbuch des Stadtguerilla«. Erst ein Vierteljahr zuvor ist das Achtundachtzig-Seiten-Bändchen auf Deutsch erschienen, im Mai 1970. Als Beate Sturm zur RAF stößt, erhält sie als Erstes das »Mini-Handbuch« in die Hand gedrückt. »Von allen« wird das Buch gelesen, berichtet später Irmgard Möller, Mitglied der ersten RAF-»Generation«.

Der brasilianische Guerillaführer Carlos Marighella hatte dieses Büchlein für den Kampf gegen südamerikanische Militärdiktaturen geschrieben. Keine fünf Monate nachdem er den letzten Punkt im Manuskript gesetzt hat, kommt er selbst bei einem Attentat ums Leben. Am 4. November 1969 in São Paulo. Im Alter von achtundfünfzig Jahren. »Das Mini-Handbuch des Stadtguerilla wird eines der wichtigsten Bücher sein FÜR JEDEN, der als Konsequenz der unvermeidlichen Schlacht gegen Bourgeoisie und Imperialismus den Weg der bewaffneten Rebellion einschlagen will«, schreiben die Herausgeber der deutschen Ausgabe in dem Bändchen.

## Die Logistikformel M-G-W-M-S

Wegweisend steht am Anfang des Werkes ein Zitat Maos: »Der revolutionäre Krieg ist ein Krieg der Volksmassen; man kann ihn nur führen, indem man die Volksmassen mobilisiert, indem man sich auf die Volksmassen stützt.«

Für den Stadtguerilla – Kürzel: SG –, »der mit nichts anfängt«, so wie Baader und Co., gelte die »Logistikformel M-G-W-M-S«, erklärt Marighella:

»M – Motorisierung
G – Geld
W – Waffen
M – Munition
S – Sprengstoff«.

Die »revolutionäre Logistik sieht die Motorisierung als einen Hauptpunkt«, schreibt Marighella: »Jeder gute SG muss ein guter Fahrer sein. Er muss das, was er braucht, jeweils für die Aktion enteignen, also das richtige Fahrzeug.« »Enteignung« sei der »erste Schritt bei der Organisation unserer Logistik, sie nimmt selbst einen bewaffneten und dauernd beweglichen Charakter an«.

Nach dieser »Logistikformel: M-G-W-M-S« handeln alle RAF-»Generationen«: »Motorisierung« verschafft sich die RAF, indem sie Autos stiehlt oder bei Verleihfirmen mit falschen Papieren anmietet. »Geld« holt sich die RAF bei Banküberfällen. Zeit ihres Bestehens. »Waffen« und »Munition« besorgt sie sich durch Überfälle auf Waffengeschäfte. Teilweise auch durch Käufe von Kriminellen. »Sprengstoff« mischt sie sich selbst. Oder stiehlt ihn aus Depots in Steinbrüchen.

»Radikal vom Gesetzlosen« unterscheide sich der Stadtguerilla, erläutert Marighella dessen Rolle: »Der Gesetzlose will sich mit seinen Aktionen persönlich bereichern, greift wahllos an und macht keinen Unterschied zwischen Ausgebeuteten und Ausbeutern. Deshalb sind so viele einfache Menschen unter seinen Opfern. Der SG hingegen folgt einem politischen Ziel und führt seine Angriffe nur gegen die Regierung, die großen Kapitalisten und ausländischen Imperialisten, insbesondere die US-Imperialisten.« »Terrorist« zu sein sei nicht mehr herabsetzend wie früher, befindet der Brasilianer: Derartige Anschuldigungen »beschmutzen nicht mehr die Bewegung, im Gegenteil, sie stellen den Hauptanziehungspunkt dar.« Dieser Gedanke ist prägend für das Selbstverständnis der RAF-Mitglieder, die schon bald im Gefängnis sitzen. Sie verlangen, als »politische Gefangene« anerkannt zu werden.

## Der ideale Untergrundkämpfer

An »persönlichen Eigenschaften des SG« fordert Marighella »Initiative, Beweglichkeit und Anpassungsfähigkeit« sowie »schnelle Entschlusskraft und die Kontrolle über jede Situation«: »Besonders die Initiative ist eine unerlässliche Qualität. Es ist nicht immer möglich, alles vorherzusehen. Der SG kann nicht verwirrt auf Befehle warten. Seine Pflicht ist zu handeln, eine adäquate Lösung für jedes Problem, dem er gegenübersteht, zu finden und nicht zurückzuweichen.«

Unter der Überschrift »Wie der SG lebt und besteht« rät Marighella: »Der SG muss vorsichtig sein, keinen auffälligen Eindruck machen oder sich vom normalen Stadtleben absondern. Er soll nicht anders angezogen sein als die meisten Leute, z. B. in Arbeiterwohnvierteln nicht maßgeschneiderte teure Kleidung tragen, und umgekehrt in Bourgeoisvierteln.« Dieses Kleider-wechsel-dich-Spiel lernen die RAF-Mitglieder im bundesdeutschen Alltag schnell: »Du wechselst die Rollen wie ein Berufsschauspieler«, erinnert sich Peter-Jürgen Boock an seine Maskeraden in der Illegalität: »Morgens mimst du den progressiven Manager, der jungdynamisch im IC sitzt, nachmittags hältst du mit irgendeinem Vermieter ein lockeres Gespräch über Wohnung und Design, und am Abend gehst du in irgendeine Kneipe und fragst Leute von der Uni nach irgendwelchen Informationen, die du wissen willst.«

Das auf den ersten Blick Paradoxe an der Situation des Stadtguerilla sei, erläutert Marighella, dass er als der Schwächere gegenüber der Polizei gleichwohl angreife: »Eine Niederlage kann der SG nur vermeiden, wenn er sich auf die ›Anfangs-Vorteile‹ bis zum Ende verlässt und weiß, wie er sie ausnutzt, um seine Schwäche und seinen Materialmangel auszugleichen.« Der wichtigste »Anfangs-Vorteil« bestünde darin, den Feind zu überraschen. Diese »Technik der Überraschung« habe vier Voraussetzungen:

»1. Wir kennen die Situation des Feindes, der angegriffen wird (durch genaue Informationen, durch intensive Beobachtung vorher) – der Feind hingegen weiß nichts über den Angreifer.
2. Wir kennen die Stärke des Feindes, der Feind kennt unsere Stärke nicht.
3. Beim Überraschungs-Angriff schonen wir unsere Kampfkraft – der Feind kann das nicht, er ist unbekannten Umständen ausgeliefert.
4. Wir bestimmen Zeit und Planung des Angriffs, seine Zeitdauer und die Ziele. Der Feind weiß nichts darüber.«

Und exakt so verfährt die RAF bei all ihren Anschlägen: Über Wochen, nicht selten Monate, »checkt« sie ihr Opfer »ab«: Findet Lebensgewohnheiten und Sicherheitsmaßnahmen heraus. Zumeist »getarnt« als Spaziergänger oder Jogger. Mitunter auch als Straßenbauarbeiter mit verdreckten Hosen und in schmutzigen Gummistiefeln. Nur wenn sie die Chance erblickt, mit großer Wahrscheinlichkeit entkommen zu können, schlägt sie zu. Dutzende Anschlagsziele baldowert die RAF in den folgenden Jahren aus – ohne anschließend zur Tat zu schreiten: so Hans-Dietrich Genscher im Februar 1978 in seinem Haus in Wachtberg-Pech bei Bonn. Eigens dafür »beschaffte sich die Gruppe einen Dackel aus einem Tierheim in Düsseldorf«, berichtet später Silke Maier-Witt – um möglichst wenig Verdacht zu erregen. Ohne Anschlag blieben auch die Ausspähungen des Vorstandsvorsitzenden der Deutschen Bank Wilfried Guth – Vorgänger des von der RAF ermordeten Alfred Herrhausen –, des Bankers Wilhelm Christians und des EG-Gebäudes in Brüssel. Dort, an der Rue de la Loi, spionierte Silke Maier-Witt von Ende 1976 bis zum Sommer 1977. Machte Fotos. Auch von dem Raum, in dem die Ministerratssitzungen stattfinden.[43]

Durch diese Erkundungen des »Anfangs-Vorteils« erklärt sich, warum bei keinem der sechsundzwanzig RAF-Mordanschläge auch nur ein einziger Täter am Tatort oder in dessen Nähe gefasst wird. Lediglich bei dem Überfall auf die deutsche Botschaft in Stockholm 1975 verhaftet die Polizei fünf Täter am Ort des Geschehens. Zwei bezahlen das Abenteuer mit ihrem Leben. Stockholm ist allerdings kein klassischer RAF-Anschlag, bei dem die Täter überraschend aus dem Hinterhalt zuschlagen. Vielmehr hatte eine Gruppe von Youngstern aus der zweiten RAF-»Generation« die deutsche Botschaft gestürmt, um RAF-Häftlinge freizupressen. Das Kommando ist damit für die Polizei greifbar. Und die Polizei greift zu. Angesichts dessen hat es – ganz im Sinne Marighellas – danach nie wieder eine derartige Aktion gegeben. Vielmehr gilt die Devise: Trifft der erste Streifenwagen am Tatort ein, ist die RAF längst über alle Berge.

## Sieben Sünden

»Es gibt keine perfekten SG«, resümiert Marighella: Er fordert die Kämpfer auf, alles zu tun, um »die Chancen für einen Irrtum so klein wie möglich zu halten«. Sieben Sünden könne der Stadtguerilla begehen – vor ihnen habe er sich in Acht zu nehmen:

»Die 1. Sünde des SG ist die Unerfahrenheit. Der SG, der mit dieser Sünde geschlagen ist, denkt, der Feind sei dumm, er unterschätzt dessen Gerissenheit, glaubt, es sei alles einfach. Infolgedessen hinterlässt er Spuren, die ihn auffliegen lassen. Aus der Unerfahrenheit kann er auch die feindlichen Kräfte überschätzen, er glaubt, sie sind stärker, als sie wirklich sind. Wenn er sich von dieser Vorstellung zum Narren halten lässt, wird er ängstlich, unsicher, er kann sich nicht entscheiden, wird gelähmt und verliert den Mut.

Die 2. Sünde des SG: Mit den Aktionen, die er ausführt, zu prahlen und sie jedem zu erzählen.

Die 3. Sünde des SG ist Eitelkeit. Der SG, der an dieser Sünde leidet, löst Aufgaben der Revolution, indem er Aktionen in der Stadt ausbrechen lässt, ohne sich jedoch um den Beginn oder das Überleben der Guerillas auf dem Land zu kümmern. Geblendet vom Erfolg, macht er sich daran, eine Aktion zu organisieren, die er für entscheidend hält, und wirft alle Mittel und Kräfte der Organisation hinein. Da die Stadt das strategische Zentrum ist, das wir unmöglich entbehren und aufgeben können, weil der Guerilla-Krieg auf dem Land noch nicht voll ausgebrochen, der Sieg dort noch nicht zu sehen ist, so riskieren wir dauernd, dass der Feind uns mit entscheidenden Schlägen angreift.«

Weitere Sünden des »SG« nach Marighella: »Projekte anzufangen, für die er nicht ausreichende Mittel hat«, insbesondere keine »Infrastruktur«, die »überstürzte Aktion«, den »Feind« dann anzugreifen, »wenn er besonders wütend ist«, und schließlich – siebente Sünde: »überhaupt nicht zu planen und aus der Improvisation zu handeln«.

Wer eine dieser »Sünden« begeht, dem kann es passieren, wie RAF-Aussteiger später berichten, dass er von der Gruppe abgemeiert wird – in Gestalt des Vorwurfs, ihm fehle die »richtige politische Einstellung«. Mitunter muss er dann auch im Kreis der Gruppe »Selbstkritik« üben. Ebenso kann es ihm passieren, dass er an bevorstehenden Kommandounternehmen nicht teilnehmen darf. Das ist aus RAF-Sicht eine schlimme Strafe. Dann bleiben für ihn nur noch Hilfsdienste. Etwa, ein Selbstbezichtigungsschreiben in den Briefkasten einzuwerfen.

Marighellas Fibel schildert insgesamt vierzehn »Modelle für Aktionen des SG«, sprich: Terrorvarianten. Seine Liste reicht von »Überfall«, »Besetzung« und »Hinterhalt« über »Straßentaktik« und »Befreiungen von Gefangenen« bis hin zu »Entführungen«, »Sabotage« und »Nervenkrieg«.

Die fachgerechte »Exekution« ist nach Marighella »eine Geheimaktion mit der kleinstmöglichen Zahl von SG dabei«. Auch danach verfährt die RAF. Zum Beispiel bei der Ermordung des Arbeitgeberpräsidenten Hanns Martin Schleyer im Jahr 1977: Von den zwanzig an der Entführung beteiligten Mittätern verschwinden am Ende zwei mit dem Arbeitgeberpräsidenten und ermorden ihn in einem Kiefernwald. Wer die tödlichen Schüsse abgefeuert hat, ist bis heute ungeklärt. Mangels Mitwisser. Weil die »kleinstmögliche Zahl von SG dabei« war.

Anfangs richtet sich die RAF ziemlich genau nach Marighellas Vorgaben. Später weicht sie in einzelnen Punkten deutlich ab. Zum Beispiel von seiner »Zellenstruktur«, bei der aus Gründen der »Sicherheit« keiner »mehr weiß, als was mit seiner augenblicklichen Aufgabe zu tun hat«. Nachdem im Frühsommer 1972 mehrere RAF-Mitglieder verhaftet wurden, befürchtet Gudrun Ensslin, dass im Falle weiterer Verhaftungen entscheidendes Wissen draußen fehlt. Etwa von konspirativen Wohnungen, die schleunigst zu »cleanen« sind, damit der Polizei kein Beweismaterial in die Hände fällt. Deshalb ordnet sie im Juni 1972 aus dem Gefängnis heraus an: »Jeder muss sich von allen alles Wissen (Kontakte etc.) aneignen.« Der Kassiber wird bei Ulrike Meinhof gefunden. Bei ihrer Verhaftung.

»Das sind keine wilden Anarchisten«, erklärt im Mai 1972 Bundesinnenminister Hans-Dietrich Genscher der deutschen Öffentlichkeit die RAF – nach sechs schweren Bombenanschlägen innerhalb von drei Wochen: »Das sind disziplinierte Revolutionäre. Die machen alles nach Buch.« Nach dem von Marighella.

# 20. Kapitel: Die Logistik in Berlin wird aufgebaut

»Das populärste Beispiel des Angriffs ist der auf eine Bank«, schreibt Marighella in seiner Terror-Fibel: »Heute wird diese Angriffsart weithin angewandt und dient als eine Art von Vorexamen des SG während seiner Ausbildung in der Technik der revolutionären Kriegsführung.« Die RAF-Köpfe – Baader, Meinhof, Ensslin und Mahler – beschließen, dieses »Vorexamen« umgehend abzulegen. Um ihre »Kriegskasse« zu füllen. Allerdings nicht durch einen Banküberfall. Sondern durch vier – zeitgleich. So etwas hat es in der reichen Kriminalgeschichte Berlins noch nicht gegeben.

»Wir waren fünfundzwanzig Personen, mehr Weiber als Männer«, berichtet später Karl-Heinz Ruhland, einer der Täter. »Die Männer wollten endlich loslegen«, blickt Astrid Proll zurück, ebenfalls Mitglied der ersten RAF-Truppe: »Während sie liebevoll ihre Waffen putzten, leisteten die Frauen den Großteil der Organisations- und Denkarbeit.«

So werden in der zweiten Augusthälfte 1970 vier konspirative Wohnungen angemietet – allesamt von Frauen: Ulrike Meinhof unterschreibt als »Renate Hübner« den Mietvertrag für das »Hauptquartier« in der Knesebeckstraße 89. Eine Fünfzimmerwohnung. Unter dem Falschnamen »Magda Windelen« mietet eine andere RAF-Frau zwei Wohnungen in der Martin-Luther-Straße 6–10 und am Kurfürstendamm 130. Sie stellt sich als gut verdienende Innenarchitektin vor und ist bis heute nicht identifiziert. Und Monika Berberich, die kein Vierteljahr zuvor die zweite juristische Staatsprüfung mit dem Prädikat »befriedigend« bestand, besorgt in Berlin-Schöneberg eine Wohnung, in der Hauptstraße 19. Dabei legt sie den Pass von »Birgit Wendt« vor. Einer Freundin von ihr.

Auch Marighellas »M« – Motorisierung – nimmt die Gruppe umgehend in Angriff: Sie besorgt sich achtzehn Fahrzeuge – fast alle mit starkem Motor: Mercedes 230 und 220 S, BMW 2000, Audi 100 LS, Renault 16 und Opel Admiral. Die Autos werden gestohlen oder von Autoverleihfirmen gemietet – mit gefälschten Papieren. Besonders engagiert sich eine Frau: Monika Berberich mietet innerhalb von drei Tagen, zwischen dem 9. und 11. September 1970, acht Fahrzeuge zwischen Köln und Essen von Verleihfirmen: Elegant gekleidet erscheint sie in den Büros der Autovermieter. Sie trägt eine Perücke und legt einen verfälschten Personalausweis vor – auf den Namen Heidi Martens. Der tatsächlichen Heidi Martens war ihr Ausweis kurz zuvor im Hamburger Lokal »Top Ten« gestohlen worden. Ohne mit der Wimper zu zucken, blättert sie die geforderten Kautionen auf den Tisch. Umgehend bringen Mitglieder der Gruppe die Fahrzeuge nach Berlin. Die Autos erhalten andere Kennzeichen und Papiere. Teilweise werden die Motor- und Fahrgestellnummern geändert. Die RAF beschäftigt mittlerweile zwei Kfz-Schlosser: Eric Grusdat, der in Berlin-Britz eine Kfz-Werkstatt betreibt, und »Kalle« Karl-Heinz Ruhland, der bei ihm als Autoschlosser arbeitet.

Zum »Cheffälscher« steigt Manfred Grashof auf. In einem von der Gruppe eingerichteten Fotolabor fertigt er Personalausweise, Reisepässe und Kraftfahrzeugpapiere. »Er leistete derart gute Arbeit«, stellt später die Bundesanwaltschaft[44] – fast anerkennend – fest, »dass die Papiere jeder Überprüfung standzuhalten versprachen.«

»S« wie Sprengstoff wird in der Knesebeckstraße zusammengerührt. Die Gruppe mischt Aluminiumpulver, Ammoniumnitrat, Mennige, Salpetersäure und Äthylalkohol. Das Ergebnis testet sie bei »Probeanschlägen«. Eine Rohrbombe, gebaut nach einer El-Fatah-Anleitung, stecken Ulrike Meinhof und ein – heute wieder in Freiheit lebender – Mann in einen Schaufelbagger, in der Nacht zum 9. September 1970. Es klappt – ein Riesenknall: Der massive Bagger wird zerstört. Zehntausend Mark Schaden. Unter zwei Privat-Pkw von US-Beschäftigten schieben Gruppenmitglieder Blumentöpfe mit Thermit-Brandsätzen. Einer funktioniert und lässt den Wagen in Flammen aufgehen. Der andere versagt.

Alle tragen Kampfnamen. Mit ihnen treten sie Nicht-Gruppen-Mitgliedern und neuen Mitgliedern gegenüber auf. Andreas Baader und Gudrun Ensslin bleiben bei »Hans« und »Grete« – sie sind so untrennbar wie Hänsel und Gretel im Märchen der Gebrüder Grimm. Ulrike Meinhof heißt »Anna«, ihre Freundin Irene Goergens »Peggy«. Horst Mahler nennt sich »James«. Nach »dem berühmten Buchdetektiv James Bond des Autors Ian Fleming«, wie später ein Ermittler herausfindet.

Gedränge herrscht bei der »Generalstabsbesprechung« für die Banküberfälle in der Zweizimmerwohnung von Klaus-Jürgen Bäcker. Keithstraße 15: Weit über ein Dutzend deutsche »Guerillas« kommen dort tatendurstig am 22. September 1970 zusammen. Das Wort führen Baader und Mahler. »Exakt heute in einer Woche …«, beginnt Andreas Baader und schildert den Plan: Vier Banken werden zur selben Zeit überfallen.

Um 9.41 Uhr. Neben ihm liegt eine Fünf-Seiten-Liste mit 61 Banken. Mitglieder haben sie in den vergangenen Wochen in Berlin ausgespäht: Hinter vielen Instituten steht das Wörtchen »hat«. »Hat« bedeutet, die Kassenbox hat eine Panzerglassicherung. Ausgewählt werden vier Banken ohne diesen Schutz.

Für jeden Überfall, erläutert Baader weiter, wird ein Kommando von vier bis fünf Personen gebildet.[45] Getreu den Ausführungen Marighellas zu der »Kommandogruppe« in seiner Terror-Fibel auf Seite 24: »Wenn der SG funktionieren will, muss er in kleinen Gruppen organisiert sein. Eine Gruppe von 4 oder 5 heißt ein Kommando«: »Das Kommando plant und führt die Guerillaaktion aus, beschafft und unterhält Waffen und studiert und korrigiert seine eigene Taktik.« Devise: »Die Pflicht heißt Handeln.«

Von da an bis zum Ende operiert die RAF bei ihren Aktionen mit »Kommandos«. Nur die Kommandomitglieder erfahren die Einzelheiten – getreu Marighellas Ratschlag: »Jeder sollte nur das wissen, was mit seiner Arbeit zu tun hat.« Diesem Gedanken folgt die RAF in allen Jahren: Kleine Kommandoeinheiten, von denen kein Mitglied über die anderen etwas aussagen kann, ohne sich selbst zu belasten. Deshalb ist es für die Ermittler häufig schwierig herauszufinden, wer bei welchem Anschlag beteiligt war und was er tat.

In der noch verbleibenden Woche plant jedes »Kommando« seine »Aktion« auf eigene Faust. Malt eine Skizze vom Schalterraum, schaut sich Umgebung und Fluchtwege an.

## 21. Kapitel: Der »Dreierschlag«

Kurz vor acht am Morgen des 29. September 1970: Gudrun Ensslin, Chefin der »Tatortgruppe Nonnendammallee«, fährt mit einem Mercedes 220 noch einmal bei der Sparkasse vor. Sie ist überrascht: In der Schalterhalle sieht sie mehrere Maurer, die an einem Umbau arbeiten. »Trotzdem zuschlagen oder die Aktion abblasen?«, fragt sie sich. Unschlüssig fährt sie mit ihren drei »Kommandomitgliedern« in die Keithstraße 15. Dort frühstückt das Kommando »Rheinstraße«: Andreas Baader, Horst Mahler und drei Komplizen. Gudrun Ensslin berichtet von den Bauarbeitern. »Zu gefährlich«, befindet Andreas Baader. So schließt sich Ensslins Gruppe der Baaders an. Aus dem geplanten »Viererschlag« wird der »Dreierschlag«. Er geht in die Berliner Justizgeschichte ein.

Um 9.45 Uhr stürmen Horst Mahler, Andreas Baader, Irene Goergens, Eric Grusdat und Karl-Heinz Ruhland in den Schalterraum der Dresdner Bank. Rheinstraße 1. Alle tragen Pudelmützen mit Sehschlitzen. Nur Grusdat nicht. Er bevorzugt Perücke und große Sonnenbrille. Der Kfz-Schlosser hat sich für diesen Tag in Schale geworfen: Er trägt einen dunkelblauen Nadelstreifenanzug mit dunkler Krawatte – und darüber einen blauen Perlonkittel »66 Nyltest Easy-Dress«. Mit entsicherten Gewehren beziehen er und Ruhland neben dem Eingang Stellung, halten Angestellte und Kunden in Schach. Andreas Baader und Irene Goergens – in schwarzer Knautschlederjacke – springen über den Tresen, die Pistole in der Hand. Horst Mahler schreitet in die Mitte des Schalterraums, richtet seine Pistole auf Kunden und Bankangestellte: »Überfall! Hände hoch und ruhig verhalten! Es geschieht nichts!« Beruhigend gemeint fügt der maskierte Rechtsanwalt hinzu: »Es ist nicht Ihr Geld.« Baader und Goergens raffen Geldscheine zusammen, stopfen sie in zwei Aktentaschen. Nach nicht einmal drei Minuten bläst Mahler zum Rückzug. »Bleiben Sie ruhig, was ist schon das bisschen Geld gegen Ihr Leben?«, warnt er die Anwesenden davor, sie zu verfolgen: »Wir legen draußen eine Bombe hin, die jeden Augenblick explodieren kann!« Im Windfang, vor der Eingangstür, zündet Grusdat eine Rauchbombe. Sie beginnt zu qualmen. Das Quintett flüchtet in einem 220er und einem

230er Mercedes. Am Steuer sitzen Astrid Proll und Ingrid Schubert. Sie geben Gas. Unterwegs wechseln sie die Fahrzeuge.

Treffpunkt ist anschließend die Wohnung von Hans-Jürgen Bäcker. Dort schalten sie den Polizeifunk ein und hören, dass die Ermittler im Dunkeln tappen. Die Freude ist groß. Sektkorken knallen.

Ebenfalls gegen viertel vor zehn schlagen die beiden anderen Kommandos zu: Fünf Täter überfallen die Zweigstelle 92 der Sparkasse der Stadt Berlin und rauben 55 000 Mark. In der Schalterhalle hinterlassen sie ein Flugblatt: »Enteignet die Feinde des Volkes«. Darauf eine Karikatur: Eine große Faust schlägt die Scheibe einer Bank ein – tatenlos schaut ein Polizist zu. Auch eine Anregung Marighellas an den Stadtguerillas, nämlich bei einem Banküberfall »den Angriff zu einem Agitationszweck« zu nutzen: »Dazu muss er während und nach dem Angriff Propagandamittel wie Handzettel verteilen, um auf jede mögliche Art die Gründe und Prinzipien der SG als Enteigner der Regierung, der herrschenden Klasse und des Imperialismus klar zu machen.« Auf dem Flugblatt finden die Beamten einen Fingerabdruck von Manfred Grashof. So haben auch sie eine kleine Freude.

Bei dem Überfall auf die Zweigstelle 22 der Sparkasse der Stadt Berlin erbeuten Ulrike Meinhof und drei andere Täter 8 000 Mark. Ein auf dem Boden stehendes Zahlbrett mit fast 100 000 Mark übersieht die Meinhof.

Deshalb wird sie anschließend »schwer aufgezogen«, weil sie »den Batzen liegen ließ«, berichtet »Kalle« Ruhland: »Mahler verärgerte sie mit dem Satz: ›Den Betrag hättest du dir auch mit deiner Schriftstellerei zusammenschmieren können!‹« Zwischen den »Köpfen« Mahler und Meinhof knistert es böse. Der Rechtsanwalt versucht deutlich zu machen, dass er die treibende Kraft in der Gruppe ist. Der etwas phlegmatischen Meinhof hingegen ist dieser »James« zu spontan, oft zu unberechenbar. Machtkämpfe um die geistige Vorherrschaft in der Gruppe – zwischen den beiden intellektuellen »Promis«.

Die »Kampfkasse« jedenfalls ist gefüllt: Über 217 000 Mark hat die Gruppe an diesem Vormittag in weniger als fünf Minuten erbeutet. Bezahlt werden davon der Lebensunterhalt der Mitglieder und die Miete für die vier konspirativen Wohnungen. Gudrun Ensslin verwaltet die Kasse. Alle müssen bei ihr schriftlich abrechnen. »Nelli« – Monika Berberich – stellt 590 Mark in Rechnung. Für einen Mantel, Schuhe, Strümpfe und »Fressen«. Über die Aufteilung des Geldes kommt es zu Meinungsverschiedenheiten. »Es war abgesprochen, dass jeder Tatbeteiligte aus der Gesamtbeute privat dreitausend Mark erhalten sollte«, berichtet Karl-Heinz Ruhland. Wegen dieses angekündigten Beuteanteils – »hauptsächlich wegen meiner Schulden« – hatte er mitgemacht. Aber auch, weil er Mahler »für einen bedeutenden Mann« hält und bewundert. Mit dem, was er tatsächlich von der Beute bekommt, ist Ruhland dann aber unzufrieden: »Ich selbst zum Beispiel und auch Grusdat kriegten jeder nur eintausend Mark«, mault er später. Er und »Atze« Eric Grusdat leben nicht wie andere im Untergrund, sondern arbeiten als Kfz-Schlosser in Grusdats Werkstatt.

# 22. Kapitel: Horst Mahler und vier seiner Amazonen werden gefasst

Eine Woche nach dem »Dreierschlag« klingelt ein Telefon bei der Politischen Polizei in Berlin. Die Stimme am anderen Ende der Leitung nennt zwei Adressen: »Hübner, Knesebeckstraße 89, und Wendt, Hauptstraße 19«. Der bis heute unbekannte Anrufer – jemand aus der Gruppe[46] – verabschiedet sich mit den Worten: »Die Leute, die Sie suchen, werden dort morgen Nachmittag sein.«

Am nächsten Tag – 8. Oktober 1970 – fahren sieben Kriminalbeamte in die Knesebeckstraße 89 und klingeln bei »Hübner«. Niemand öffnet. So öffnen die Beamten selbst die Tür. Auf dem Balkon der Wohnung steht Ingrid Schubert. »Ich bin Dorothea Ridder«, erklärt sie den Beamten verlegen und zeigt ihnen einen Ausweis mit diesem Namen. Mit ihrem Bild. »Der ist gefälscht«, stellt schnell einer der Polizisten fest – und noch etwas: In Schuberts Hosenbund, verdeckt durch die Bluse, steckt eine »Llama Spezial«-Pistole mit sieben Schuss Munition. Die Beamten schauen sich in der Fünfzimmerwohnung um. Sie ist spärlich möbliert. Es klingelt an der Wohnungstür. Sie öffnen. Ein Mann mit Bart und

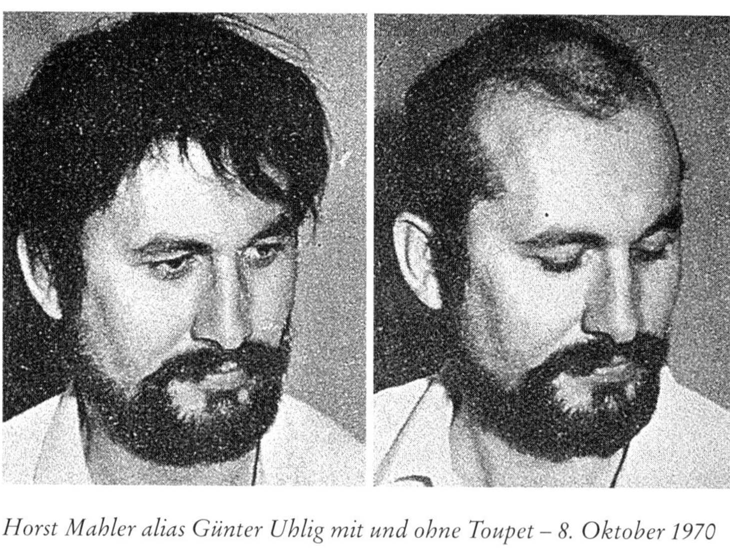

*Horst Mahler alias Günter Uhlig mit und ohne Toupet – 8. Oktober 1970*

schwarzem vollem Haar tritt ein. »Wie heißen Sie?«, fragt ihn ein Beamter. »Günter Uhlig«, antwortet er und zieht einen Personalausweis mit diesem Namen aus der Tasche. Der Kripo-Mann schüttelt den Kopf: Die tiefe Stimme kommt ihm bekannt vor. Auf einmal packt er ihn an den Haaren und zieht: In der Hand hält er ein Toupet. »Herr Mahler, glauben Sie immer noch, dass wir Sie nicht kennen?«, grinst der Beamte. »Kompliment, meine Herren«, antwortet Mahler anerkennend und fügt hinzu: »Ich gratuliere Ihnen.« Vornehmer hätte es Sean Connery alias 007-James Bond nicht formulieren können. In Mahlers Gesäßtasche finden die Polizisten ebenfalls eine »Llama Spezial«. Er hat zweiundvierzig Schuss Munition dabei.

Nun tun die Beamten nichts anderes, als in der Wohnung zu warten. Einzeln erscheinen nacheinander Monika Berberich, Brigitte Asdonk und Irene Goergens. Berberich hat eine durchgeladene »Reck P 8« bei sich – mit ihr wurde bei der Baader-Befreiung geschossen, wie sich später herausstellt. Auch Irene Goergens trägt eine Pistole. »Ihr pigs könnt zufrieden sein«, brüllt sie die Beamten an, »dass ich nicht zum Schießen gekommen bin.«

In der Wohnung entdecken die Beamten elf Seiten Rezepte für den Bau von Bomben. Fünf davon handschriftlich von Rechtsanwalt Horst Mahler. In der Küche stoßen sie auf ein kleines Sprengstofflabor – Reagenzgläser, Trichter, Messbecher und Mörser. Im Abstellraum neben der Küche lagern jede Menge Chemikalien – passend zu den gefundenen Rezepturen: Zehn Kilo Aluminiumpulver, achtzehn Kilo Bleioxyd, mehrere Kilo Ammoniumnitrat, Salpetersäure und Quecksilber. Sechs Kilogramm Thermit sind fertig gemischt. Einsatzbereit. Ein hochwirksamer Sprengstoff.

Außerdem finden die Kripobeamten Anleitungen, wie in normalen Radiogeräten die Frequenzen des Polizeifunks eingestellt werden: Durch ein Verschieben des UKW-Bereichs mit einem Schraubenzieher. Verständlich für den technischen Laien geschrieben. Als die Beamten später mehrere von der Gruppe gestohlene Fahrzeuge unter die Lupe nehmen und die Autoradios einschalten, hören sie den Polizeifunk – eingestellt nach den entdeckten Instruktionen. Ebenfalls ein Ratschlag Marighellas. Zum »Nachrichtendienst« schreibt er: »Der SG muss entscheidende Informationen über Absichten und Bewegungen der Polizei haben.«

Auch drei Exemplare des »Mini-Handbuchs des Stadtguerilla« fallen den Beamten in die Hände. Außerdem »Krähenfüße«: zusammenge-

*Horst Mahler 1972: Auf der Anklagebank – zwischen seinen Verteidigern Hans-Christian Ströbele (links) und Otto Schily*

*Horst Mahler 1987: Will wieder Anwalt werden – mit seinem Rechtsanwalt Gerhard Schröder vor dem Kammergericht in Berlin*

*Horst Mahler 2000: Rechtsextremist und NPD-Anwalt*

schweißte Metallstücke mit drei Spitzen. Wirft man sie aus dem Auto, schlitzen sie Verfolgern die Reifen auf.

Das Kripo-Einsatzkommando, das in die Wohnung »Wendt« in der Hauptstraße 19 gefahren ist, entdeckt dort niemanden. Dafür aber eine Reiseschreibmaschine. Eine »Olympia Monica« mit der Seriennummer 3 592 589. Ein Weihnachtsgeschenk: Ulrike Meinhof hatte sie zu *konkret*-Zeiten von ihrem Ehemann Klaus Rainer Röhl bekommen. Viele Manuskripte auf ihr getippt. Auch die gefälschten Kraftfahrzeugscheine der Gruppe wurden auf ihr ausgefüllt, stellen Kriminaltechniker fest.

Die Verhaftung der fünf in der Knesebeckstraße ist ein erheblicher Einbruch in die Struktur der Gruppe[47]. Die Übriggebliebenen sind sich »darüber einig, dass mit Horst Mahler der führende Kopf der Gruppe verloren gegangen ist«, berichtet Karl-Heinz Ruhland über ein Treffen zwei Tage nach der Polizeiaktion. So kommt die Runde auf die Idee, Horst Mahler zu befreien: aus dem Hof der Haftanstalt. Mit einem selbst gebauten Hubschrauber. Einem Zweisitzer – angetrieben mit einem 1500-ccm-VW-Motor.

Als der »Monteur« der Gruppe, Eric Grusdat, zwei Monate später, am 3. Dezember 1970, festgenommen wird, entdecken die Ermittler in seiner Werkstatt Teile für einen zweisitzigen Kleinhubschrauber. Unter anderem ein »handwerklich sauber gearbeitetes Rotorblatt«, wie ein Sachverständiger urteilt. Fast so lang wie Grusdats Garage, in der es versteckt wurde.

# 23. Kapitel: Auf nach Westdeutschland!

Während die Kriminalbeamten in der Knesebeckstraße einen nach dem anderen in Empfang nehmen, sitzt Ulrike Meinhof im Flugzeug und verlässt Berlin. Richtung Hannover. Brigitte Asdonk brachte sie zum Flughafen, stellen die Beamten später fest. Von dort aus fährt Asdonk in die Knesebeckstraße, um die anderen zu treffen. Hier läuft sie den Kripobeamten in die Hände.

Zwei Tage vor Meinhofs Abflug verabschiedete die Gruppe das Projekt »Let's go West«. Bei dem Treffen in der Zweizimmerwohnung von Jan-Carl Raspe im Hinterhaus der Kurfürstenstraße 161 hatte die Gruppe einhellig festgestellt, nun reif für den Sprung nach Westdeutschland zu sein. »Auf geht's«, sagt Baader. Chefin des Vorauskommandos wird Ulrike Meinhof. Ihr Auftrag: Waffen, Quartiere, Geld, Autos und Ausweise in Westdeutschland für die Gruppe zu besorgen. Als »Adjutanten« bekommt die Journalistin zwei handwerklich versierte Männer an die Seite gestellt: Karl-Heinz Ruhland und Heinrich Jansen. Ulrike Meinhof ist froh: Sie kann einen eigenen Trupp, wenn auch klein, führen und ist nicht mehr Mahlers bissigem Spott ausgesetzt. So fliegt sie frohen Herzens.

Ruhland hat noch ein kleines Problem, weil er über die Transitstrecke zu Meinhof nach Hannover fahren soll: Sein Pass ist abgelaufen. Rasch wird es gelöst: »Den Pass hab ich Gudrun Ensslin zum Verlängern gegeben«, berichtet er. Mit dem »verlängerten« Pass steuert er seinen VW-Bus über die Transitstrecke. Von Dreilinden nach Helmstedt. Ohne Probleme.

Die erste Zeit wohnen Ulrike Meinhof und Ruhland bei einem Sympathisanten in Hannover. Als erstes richtiges Quartier für die Gruppe besorgt sie einen Ferienbungalow im Weserbergland bei Hameln: In Polle mietet sie drei Zimmer mit Küche und Bad. Sie legt einen Ausweis auf den Namen von »Sabine Marckwort« mit ihrem Foto vor – geboren am 13. Februar 1942 in Cottbus. Miete: 550 Mark pro Monat. Sie bezahlt aus der »Dreierschlag«-Beute.

Am 6. November 1970 zieht sie zusammen mit Ruhland und Jansen in den Bungalow im Weserbergland – als »Forschungsteam der TU Hannover«. Dort philosophiert Ulrike Meinhof politisch: »Die Herrschenden müssen verunsichert werden«, versteht Ruhland aus ihren Monologen – und: »Die Klassen müssen abgeschafft werden, um den Werktätigen die Lebensbedingungen zu erleichtern.« Ruhland widerspricht nicht: »Ich ließ mich berieseln.«

Oft ist das Trio rund um die Uhr auf Beutezug: In der Nacht zum 16. November 1970 brechen die drei die Hintertür des Rathauses in Neustadt am Rübenberg auf. Ihnen fallen 16 ausgefüllte Reisepässe und 32 Stempel in die Hände. Fünf Tage später dringen sie in der Bürgermeisterei in Lang-Göns im Landkreis Gießen ein. Kfz-Schlosser Ruhland bricht Schreibtische, Aktenschränke und einen Wandschrank auf. 166 Blankoausweise, 50 Stempel, jede Menge Nieten und eine Ösenzange für die Ausweisbilder packen sie ein. Ruhland entdeckt auch eine Flasche Weinbrand. Er leert sie zur Hälfte. Noch im Bürgermeisteramt. »Aus lauter Angst«, wie er zu seiner Rechtfertigung sagt. Auf dem Rückweg nach Polle fährt er erst Schlangenlinien und dann beinah den Wagen in den Straßengraben. Ulrike Meinhof hält Ruhland eine Standpauke, bemängelt dessen »politisches Bewusstsein«. Wütend übernimmt sie selbst das Steuer.

Von der Neustadt-am-Rübenberg-Beute hat die Gruppe nichts: Ulrike Meinhof gibt Ruhland die Order, die Dokumente nach Berlin-Schöneberg zu schicken: An »Herrn von dem Knesbeck, Albrecht-Schiller-Straße 14«. Ruhland adressiert das Paket, wie ihm befohlen, und bringt es zum Hauptpostamt in Hannover. Es erreicht die Berliner Genossen nicht, weil es die Anschrift in Berlin nicht gibt. So landet die Sendung beim Zentralen Postamt in Bamberg, wie alle unzustellbaren Pakete. Und – gleich nachdem es dort geöffnet wurde – bei der Polizei. Später stellt sich heraus: Ulrike Meinhof hatte sich vertan, als sie die Adresse entschlüsselte. In der Code-Tabelle rutschte sie zwei Zeilen zu tief. Der richtige Straßenname wäre die Apostel-Paulus-Straße gewesen. Von der Lang-Göns-Beute hingegen – unter anderem 166 Blankoausweise – profitiert die erste RAF-»Generation« bis zu ihrem Ende.

Ulrike Meinhof organisiert zahlreiche Quartiere bei – in Anbetracht der Gesamtstrategie der Gruppe – »nützlichen Idioten«: Intellektuelle, zu denen sie Zugang hat, die sie größtenteils aus ihrer journalistischen Vergangenheit kennt, stellen ihre Wohnungen RAF-Angehörigen zur Verfügung. So wohnen sie bei einem Redakteur der Deutschen Presse-Agentur in Frankfurt, einem Kunsterzieher in Stuttgart, einem Kulturredakteur des Westdeutschen Rundfunks in Köln, einem katholischen Pfarrer in Oldenburg, bei Psychologie-Professor Peter Brückner in Hannover in der Yorkstraße 5 und bei vielen anderen. Nachdem das Quartier bei dem bekannten Psychologie-Professor aufgeflogen ist – einer republikbekannten Symbolfigur des linken Professors und einem, so er selbst, »antiautoritären Sozialisten« – gibt er zur Motivation von Meinhof & Co. im *Spiegel* zu bedenken, ob die Gesuchten »nicht der Meinung sind, wir befinden uns, sinnbildlich gesprochen, im Februar 1933 oder Dezember 1932«. Einen »gescheiten Irrtum« nennt der Psychologe diesen Gedanken.

Eine andere Erklärung, warum er RAF-Mitglieder in seiner Wohnung aufnahm, hat der Frankfurter Schriftsteller Michael Schulte, der freimütig bekennt, »ich liebe Abenteuer«: »Im Grunde habe ich es aus Gutmütigkeit getan. Leute, hinter denen die Polizei her war, standen mir noch immer näher als die Bullen.« Am 10. Dezember 1970 hatte es in seiner Zweieinhalbzimmer-Dachgeschosswohnung in der Offenbacher Landstraße 395 geklingelt. Vor der Tür steht eine blonde kurzhaarige Frau. Sie fragt nach Ror Wolf, einem Schriftsteller. »Kommen Sie doch rein«, sagt Schulte. Wolf hätte vor ihm hier gewohnt, erklärt ihr Schulte: »Ich geb ihnen seine neue Adresse.« Wolf sei in die Schweiz gezogen, fährt er fort. »Das nutzt dann ja nichts«, sagt die Frau. Die beiden kommen ins Gespräch, verstehen sich. »Was hältst du von den Baader-Leuten?«, fragt auf einmal die Frau. »Nicht viel«, antwortet der Schriftsteller. »Ich bin die Meinhof«, stellt sie sich vor. »So richtig reingeschlittert« sei er, berichtet Schulte später: Am nächsten Abend kommt Ulrike Meinhof mit Genossen. Bald tauchen bei ihm Baader, Ensslin, Meins, Raspe, Astrid Proll und Petra Schelm auf. Zwei Monate ist die RAF bei ihm zu Gast. Bis Februar 1971. Der Literat wird deshalb wegen »Unterstützung einer kriminellen Vereinigung« zu acht Monaten Gefängnis auf Bewährung verurteilt.

Auch davon abgesehen hat er keine guten Erinnerungen an die Zeit mit Meinhof & Co.: »Das Einzige, was ich in meiner Wohnung noch hatte, war das Bett«, resümiert er: »Alles andere war der Sozialisierung zum Opfer gefallen.« Und selbst auf sein Bett hatte es die RAF abgesehen, berichtet Schulte. Eines Tages sei »Rosi« zu ihm gekommen und hätte ihn aufgefordert: »Schlaf endlich woanders, ich hab es satt, immer auf der Luftmatratze zu pennen.«

»Ulrike hatte sich durch die Quartierbeschaffung, die fast ausschließlich ihr überlassen war, einen Freiraum geschaffen, in dem sie politisch quatschen konnte«, blickt Beate Sturm zurück – von November 1970 bis Januar 1971 bei der RAF –, »wie sie es in der Gruppe längst nicht mehr durfte.« Auf diese Weise seien »viele dieser linken Quartiergeber« hereingelegt worden, »weil Ulrike die Argumente dieser Leute weiterentwickelte, wie sie es von früher gewohnt war«.

Waffenbeschaffungen unter Leitung von Ulrike Meinhof klappen zunächst nicht – viele Versuche gehen schief: Als Erstes hat sie es auf das Bundeswehrdepot in Munsterlager abgesehen, den Block 32a der »Panzertruppenschule der Kampftruppenschule II«. Jansen kennt sich dort aus. Bis vor vier Jahren diente er in der Kaserne dem Vaterland. »50 bis 60 Pistolen« prognostiziert er als Beute. Zur Vorbesichtigung des Tatorts fahren die drei nach einem gemeinsamen Abendessen im Rasthof Allertal im November 1970: Mit einer Leiter klettern Jansen und Ruhland über den Zaun. Ulrike Meinhof steht Schmiere. Ruhland, der »Handwerker«, schaut sich das »Zeiss Ikon«-Sicherheitsschloss in der Tür zur Waffenkammer an. »Acht Minuten«, urteilt er, »mehr brauche ich nicht.« So beschließt das Trio den Bundeswehrwaffen-Klau für die Nacht vom 14. zum 15. November 1970. Auf dem Weg dorthin, an der Autobahnabfahrt Soltau-Ost, baut Jansen einen Unfall. Weil er »mal wieder getrunken« hat, schimpft Ruhland. Meinhof ist wütend. Ruhland noch mehr. Dermaßen, dass er Jansen ein blaues Auge schlägt. Munsterlager wird gestrichen.

Um Waffen zu beschaffen, späht das Trio als Nächstes die Zoll-Grenzaufsichsstelle Klewe an der niederländischen Grenze und die Waffenhandlung »Frankonia« in Würzburg aus. Beide Objekte werden verworfen – zu riskant: Die Zollstelle hat nur eine Zufahrtstraße. In der Waffenhandlung sind rund um die Uhr Hunde – und vor denen haben sie Angst. Nächste Idee: Der Einkauf bei einem kriminellen Waffenhändler. Zwei Mal reist das Trio im November 1970 nach Hamburg. Verhandelt im Dammtor- und im Hauptbahnhof mit dem Ganoven über zwanzig Maschinenpistolen. Die Lieferbedingungen: Sie können sich nicht einigen. Auch wieder nichts.

So reist Ulrike Meinhof im Dezember 1970 zusammen mit Ruhland nach Frankfurt, um endlich an Waffen zu kommen. Im »Schultheiss am Westend« kauft sie von zwei El-Fatah-Männern, mit denen sie seit dem Jordanien-Aufenthalt in Kontakt steht, fünfunddreißig »Firebird«-Pistolen. Preis: 15 750 Mark – 450 Mark pro Stück.

Diese »Firebird« gilt bei Fachleuten als »brillante Waffe«. Als billig, in der Handhabung gut und robust. Die Neun-Millimeter-Parabellum mit Neun-Schuss-Magazin ist beliebt, weil sie eine »hohe Auftreffenergie« hat. Das Geschoss durchschlägt auch Auto- und dicke Holztüren.

Die Pistolen aus Ungarn kamen auf einem Umweg zu den Palästinensern: In großen Stückzahlen war das Modell zunächst an Nassers Truppen in Ägypten geliefert worden – unter dem Namen »Takagyt«. Zusammengesetzt aus »Takarev«, der russischen Armeepistole, und »Egypt«. Nachdem sich die Waffe in Ägypten als durchschlagskräftig und auch als zuverlässig im feinen Wüstensand erwiesen hatte, orderten amerikanische Unternehmen die Waffe in großer Stückzahl für den US-Markt. So produzierten die Ungarn für Käufer in den Vereinigten Staaten – und stanzten als neuen Namen »Firebird« ein. Kurz vor den geplanten Lieferungen verbot Washington die Einfuhr von Handfeuerwaffen ausländischer Hersteller. Den Vertretern der ungarischen Firma blieb nichts anderes übrig, als sich nach neuen Abnehmern für die Kisten voller »Firebird« umzusehen. So gelangt ein Teil davon zu den Palästinensern: Meinhof und Genossen lernen an der »Firebird« im Camp in Jordanien. Die beiden El-Fatah-Männer in Frankfurt freuen sich, an Ulrike Meinhof die Waffen mit Gewinn zu verhökern. Im deutschen Waffenhandel kostete die Pistole 127 Mark – mit Waffenschein. Auf dem Schwarzmarkt mehr als das Dreifache.

So schleppt Ulrike Meinhof noch in der Nacht eine Reisetasche mit den ersten dreiundzwanzig »Firebird« in die Wohnung eines Frankfurter Sympathisanten, bei dem Ruhland und sie Quartier bezogen haben. Zehn Pistolen werden umgehend nach Berlin geschickt. In zwei Paketen. Diesmal klappt es mit der Deckadresse – »Wilkens«, 1 Berlin 33, Oberhaardter Weg 29 bis 31, im Grunewald. Die fünfunddreißig »Firebird« sind der erste große Waffengrundstock der RAF. Andreas Baader, Holger Meins, Beate Sturm und viele andere bekommen eine. Als etwas mehr als ein Jahr später in einer RAF-Wohnung in Hamburg der Leiter der »Baader-Meinhof-Sondergruppe« in der Hansestadt erschossen wird, finden seine Kollegen dort eine »Firebird«. Aus dem Meinhof-Einkauf.

Und dann hat Ulrike Meinhof mehr Glück als Verstand, am 5. Dezember 1970: Von Ruhland lässt sie sich zu einem roten R 16 auf einem Parkplatz in Heinsen bringen. Kurz vor Bad Pyrmont. Drei Kilometer von dem Bungalow in Polle entfernt. Ein Gruppenmitglied hatte den Wagen aus Berlin »angeliefert«. Zur Aufstockung des Wagenparks in Westdeutschland. Sie steigt aus Ruhlands Ford 17 M, geht zu dem Renault und schließt ihn auf. In diesem Augenblick biegt ein Streifenwagen auf den Parkplatz. Langsam rollt er auf sie zu. Ulrike Meinhof verliert die Nerven. Gerät in Panik, läuft weg. Die Beamten springen aus dem Polizeiwagen. Schon mit wenigen Schritten haben sie Ulrike Meinhof eingeholt – sie ist alles andere als eine schnelle Läuferin. Sie muss sich ausweisen. Zeigt ihre Papiere – gefälschte: Reisepass und Führerschein auf den Namen »Sabine Marckwort«. Die Beamten schauen sich die Ausweise an – und merken nichts! Sie geben ihr die Papiere zurück, wünschen »gute Fahrt«. So fährt Ulrike Meinhof unerkannt vom Parkplatz. »Da keine Festnahmegründe vorlagen, wurde Meinhof wieder entlassen«, fasst Kriminalkommissar Höhne in Berlin die Erkenntnisse der Beamten vor Ort in seinem Bericht (I A – KJ 3 SK) zusammen.

Ruhland, der das Geschehen auf dem Parkplatz unbehelligt aus dem 17M verfolgt, witzelt vergnügt: »Die Papiere wirkten so echt, dass nicht auffiel, dass sie gefälscht waren.« Ulrike Meinhof sitzt der Schrecken tief in den Gliedern. »Ich fürchte, dass die Polizeikontrolle Folgen haben könnte«, sagt sie zu Ruhland mit aufgeregter Stimme. Deshalb lässt sie den Renault 16 am Straßenrand stehen und gibt Anweisung, den Bungalow in Polle sofort zu räumen. Vier Tage später stellt der Vermieter fest, dass sich seine Mieter wortlos aus dem Staub gemacht haben. Er ruft die Polizei. In dem Haus finden die Beamten eine Ausgabe des »Deutschen Waffenjournals«, in dem zahlreiche Verkaufsangebote angekreuzt sind, und Meinhofs schwarze Unterwäsche in einem Waschbecken.

Am Nikolaustag 1970 erteilt Andreas Baader in Berlin die Anweisung: »Wir machen in der Bundesrepublik weiter«. Zum einen, weil es ihm in Berlin zu heiß geworden ist. Zum anderen weiß er durch Meinhofs tägliche Anrufe in einer konspirativen Wohnung in der Berliner Stresemannstraße 27, dass sie genügend Quartiere in Westdeutschland an der Hand hat. Bei »nützlichen Idioten«. So reisen alle nach Frankfurt am Main – bis auf Manfred Grashof und Petra Schelm, die vorerst in Berlin die Stellung halten. In Frankfurt trifft die Berliner Crew Meinhof und ihre beiden »Adjutanten«. Sie wohnen in drei Wohnungen. Die Meinhof hat die Mieter bequatscht. Bei der ersten gemeinsamen Besprechung erklären Baader und Meinhof, dass es jetzt an der Zeit sei, Banken auszukundschaften. »Kurz vor Weihnachten sind dort die Kassen randvoll«, ist Andreas Baader zuversichtlich. So spähen RAF-Mitglieder Banken in Gladbeck, Oberhausen und Nürnberg aus. Vier Banken sollen gleichzeitig überfallen werden. Am 21. Dezember.

In der Nacht zum 20. Dezember 1970 fahren Ruhland, Jansen und Sturm in einem Mercedes 230 S durch Oberhausen – auf der Suche nach zwei Fluchtwagen, die sie noch für den Bankraub am nächsten Tag stehlen wollen. Eine Streifenwagenbesatzung wird auf den Wagen aufmerksam, stoppt ihn. Fahrer Ruhland muss sich ausweisen. Die Beamten merken, dass mit seinem Reisepass etwas nicht stimmt. »Ich muss Sie bitten, mit in den Streifenwagen zu kommen«, fordert ihn ein Polizist auf. Entgegen der Anweisung Baaders – »Bei Festnahmeversuchen ist sofort zu schießen!« – zieht Karl-Heinz Ruhland nicht die schussbereite Pistole aus seinem Hosenbund. »Weil ich«, wie er später zu Protokoll gibt, nicht »auf Familienväter schießen« wollte. Er reicht den Beamten »zu ihrem Erstaunen meine geladene und entsicherte Pistole«. So bekommt die Polizei die erste von Meinhof gekaufte »Firebird«. »Irgendwie« fühlt sich Ruhland sogar »froh, verhaftet zu werden, um aus der ganzen Sache herauszukommen«. Die Beamten sind dermaßen erstaunt über die entsicherte Pistole, dass es Jansen und seiner Begleiterin gelingt, wegzurennen. In einem Taxi entkommen sie unerkannt.

Auch Ulrike Meinhof gerät in dieser Nacht in eine Polizeikontrolle: In Gelsenkirchen gibt sie einem Beamten Personalausweis, Führerschein und Wagenzulassung – ausgestellt auf »Sabine Marckwort«. Als er sich in aller Seelenruhe die Papiere anschaut, verliert Ulrike Meinhof die Nerven. Sie gibt Gas und rast davon – ohne Papiere. Die Polizei hat damit nicht nur ihre gefälschten Ausweise, sondern auch ein neues Fahndungsfoto von ihr: Ulrike Meinhof mit mittellangen blonden Haaren. Keine Ähnlichkeit mehr mit der bekannten Meinhof, der *konkret*-Kolumnis-

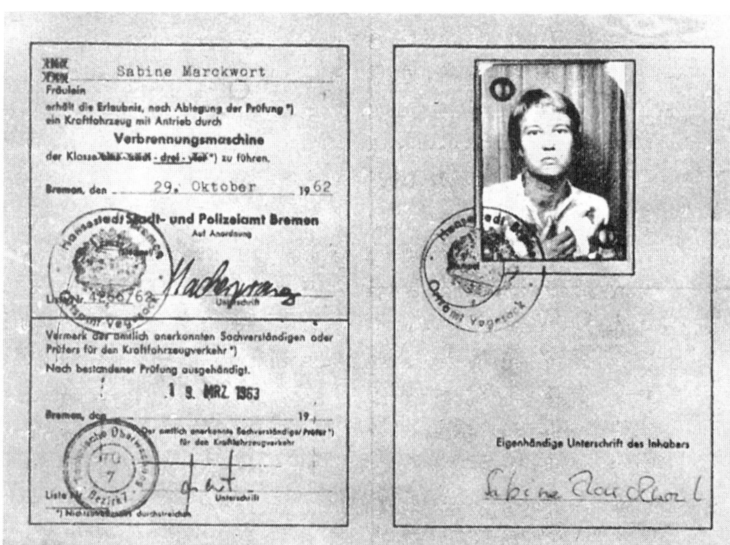
Sabine Marckwort
Fräulein
erhält die Erlaubnis, nach Ablegung der Prüfung *)
ein Kraftfahrzeug mit Antrieb durch
Verbrennungsmaschine
der Klasse - drei - *) zu führen.
Bremen, den 29. Oktober 1962
Stadt- und Polizeiamt Bremen
Auf Anordnung
Unterschrift
Vermerk des amtlich anerkannten Sachverständigen oder Prüfers für den Kraftfahrzeugverkehr *)
Nach bestandener Prüfung ausgehändigt.
19. MRZ. 1963
Bremen, den 19
Der amtlich anerkannte Sachverständige/Prüfer *) für den Kraftfahrzeugverkehr
Unterschrift
*) Nichtzutreffendes durchstreichen
Eigenhändige Unterschrift des Inhabers

*»Sabine Marckwort«: Meinhofs gefälschter Führerschein*

tin. Die Meinhof im Untergrund sieht jünger und dünner aus. Die drei geplanten Raubzüge im Ruhrgebiet werden abgeblasen.

So bleibt der RAF nur noch der geplante Raub in Nürnberg. Umgehend fährt Ulrike Meinhof dorthin. Am 21. Dezember trifft sie sich mit fünf Mitgliedern der Gruppe in Nürnberg. Sie entscheidet, dass für den Überfall noch ein zusätzlicher Fluchtwagen gestohlen werden muss. In der Nacht fahren Meinhof, Jansen und zwei weitere Gruppenmitglieder durch Nürnberg. Um eins zeigt Meinhof auf einen Mercedes in der Watzmannstraße: »Der ist es.« Ali Jansen macht sich ans Werk. Er hebelt die Tür auf und startet den Wagen. Ein Höllenlärm! Der Auspuff hat ein großes Loch. Der Eigentümer, der bei offenem Fenster schläft, wacht auf, hört seinen defekten Wagen knattern. Er springt aus dem Bett, ruft bei der Polizei an. Anschließend stürzt er auf den Balkon mit einem markerschütternden Geschrei: »Diebe! Haut ab! Die Polizei ist schon unterwegs!« Das tun sie auch: Wegen des defekten Auspuffs hat Jansen den Motor nicht richtig zum Laufen bekommen. So flüchten die vier: Meinhof und ihre Begleiterin unerkannt ins »Esso-Hotel«. Jansen und sein Komplize rasen mit dem Ford 17 M davon, mit dem sie gekommen sind. Die Polizei löst eine Großfahndung aus. Zwei Streifenwagen stellen den Ford an der Meistersingerhalle. Die Beamten wollen Jansen durchsuchen. Aus der Tasche reißt er seine »Firebird«-Pistole und schießt. Trifft aber niemanden. Jansen sieht seine Chance: Er springt in einen der Streifenwagen. Der Schlüssel steckt. Er startet den Motor. Nun feuern die Beamten auf ihr eigenes Fahrzeug. Jansen bekommt Angst und gibt auf. Die Polizei kassiert die zweite »Firebird«-Pistole aus dem Meinhof-Kauf ein. Enttäuscht verabschiedet sich die Gruppe von den Geldbeschaffungsplänen für das Jahr 1970.

# 24. Kapitel: Verstärkung

Immer wieder stoßen neue Kräfte zur RAF. Der »bewaffnete Kampf« ist tatsächlich ein »Anziehungspunkt« für manchen – so wie von Marighella prophezeit. Insgesamt neununddreißig Mitglieder zählt die Bundesanwaltschaft[48] bei der ersten »Generation« der RAF. Zu keinem Zeitpunkt waren mehr als zwanzig gleichzeitig aktiv: Ende 1970 stoßen Holger Meins und Jan-Carl Raspe zu der Gruppe. Schon bald genießen beide das volle Vertrauen von Baader und Ensslin. In der Endphase der ersten »Generation« in Freiheit, im Frühjahr 1972, arbeiten die beiden mit Baader und Ensslin in der »Bombenzentrale« in Frankfurt.

## Holger Meins

Holger Meins ist eine auffällige Erscheinung: hager und groß. 1,83 Meter. Schüchtern und zurückhaltend. Scheu wie ein Reh. Er redet nicht viel. Handelt aber entschlossen, wenn er es für richtig hält. Ohne große Worte. Ein Künstlertyp. Und Künstler – Film-Künstler – war er auch, bevor er im Dezember 1970 zur RAF stieß. »Die Autorität, die Baader dargestellt hat, die hat ihn fasziniert«, sagt Beate Sturm über ihre Zeit mit Holger Meins im Untergrund. Baader ist er stets treu ergeben. Er wird so etwas wie sein persönlicher Assistent.

Holger Meins' Tod in der Haft 1974, insbesondere das Foto von ihm auf dem Totenbett – unter anderem im *stern* veröffentlicht –, das ihn zu einem Skelett abgemagert zeigt, ist ein ganz entscheidender Grund dafür, dass später weitere Mitglieder zur zweiten RAF-»Generation« stoßen. In der zweiten Hälfte der siebziger Jahre zum Beispiel Silke Maier-Witt, Sigrid Sternebeck und Ralf Baptist Friedrich[49].

### ➤ Der Pfadfinder

Auf die Welt kam Holger Meins in Hamburg. Am 26. Oktober 1941. Sein Vater ist Kaufmann. Geschäftsführer eines Unternehmens, das Schneidetische für die Filmproduktion herstellt. »Unsere häuslichen Verhältnisse« könne man »als ›gesichert‹, ›geregelt‹ und ›harmonisch‹ bezeichnen«, schreibt Holger Meins über seine Jugend. Im Alter von zwanzig.

Mit zwölf schließt er sich der evangelischen Jugendbewegung an, tritt den »christlichen Pfadfindern« bei. Mit sechzehn wird er zum »Jamboree« delegiert: der weltweiten Fünfzig-Jahr-Feier der Pfadfinder in England. In einer Zeltstadt im Sutton-Park bei Birmingham lebt er mit dreißigtausend Jungen aus aller Welt. Nach den Prinzipien der Pfadfinder: Solidarität, Toleranz und Mitverantwortung. Er fotografiert die Queen, wie sie im offenen Landrover an Tausenden jubelnder Pfadfinder vorbeifährt. Aus den Bildern spricht der Enthusiasmus der Jungen. Sie dokumentieren aber auch, dass schon der junge Holger Meins ein großes Talent für Bilder hat. Auch zu Hause fotografiert er viel. Und malt gern. Oft sitzt er am Nachmittag oder Abend im Zeichensaal des St.-Georg-Gymnasiums in Hamburg.

*Holger Meins, Aufnahme mit Selbstauslöser*

Als Jugendgruppenleiter bringt er den christlichen Glauben »auch den Jungen meiner Gruppe in Bibelarbeit und Andachten nahe«, schreibt er später mit zwanzig – in einem »Bildungsbericht« in der dreizehnten Klasse: »Durch diese intensive Beschäftigung mit der Bibel und mit Glaubensfragen – bestärkt noch durch einen inneren Drang – wuchs in mir eine Einstellung, die innerlich das Christentum bejahte.« Doch kurz vor dem Abitur kommt es zum Bruch mit dem Protestantismus – ganz ähnlich wie bei Gudrun Ensslin Ende der Schulzeit, nach ihrem Aufenthalt bei den Mormonen in den Vereinigten Staaten. Die – wie Meins es formuliert – »Engstirnigkeit« der christlichen Pfadfinderschaft weckt in ihm einen »Zweifel an der christlichen Kirche, die mir hohl und leer erscheint«. Dieser zunehmende Zweifel endet mit dem »Austritt aus der Christlichen Pfadfinderschaft und der inneren Abkehr vom christlichen Glauben«.

Holger Meins wird Kriegsdienstverweigerer. »Ich will nicht töten«, schreibt er am 8. Juni 1961 zur Begründung an das Kreiswehrersatzamt Hamburg-Altona. Bei der »Gewissensprüfung« stellt der Ausschuss fest, »dass der Antragsteller es wirklich ernst nimmt mit seiner Kriegsdienstverweigerung und dass sie auch auf sittlichen Wertvorstellungen beruht«. Die Prüfer kommen zu dem Ergebnis, dass es sich »um einen echten Kriegsdienstverweigerer handelt«. Am 26. Oktober 1961 erkennt ihn das Kreiswehrersatzamt als Kriegsdienstverweigerer an.

### ➤ Der Filmstudent

Holger Meins studiert an der Hochschule für Bildende Künste in Hamburg. Vier Semester lang. Er belegt die Fachrichtungen Malen, Zeichnen und Fotografie[50]. Von 1962 bis 1964. Daneben tritt er als Statist im Hamburger Schauspielhaus auf, arbeitet als Bühnenbildassistent im Hamburger »Theater im Zimmer« und als Volontär für zehn Wochen in einem Filmkopierwerk. Dann will er »selbst bewegte Bilder aufnehmen«, berichtet sein Vater Wilhelm Meins. Deshalb wird Holger Kameraassistent in München bei der Apra-Film- und Fernsehproduktion – arbeitet mit an Filmen für das ZDF und den Bayerischen Rundfunk. Von September 1964 bis Februar 1966. Dort kann er aber »nicht fünf nach acht kommen, sondern musste pünktlich um acht da sein«, erinnert sich sein Vater: »Er konnte auch mit den Haaren nicht so rumlaufen, sondern musste laufend zum Friseur.« Damals ein wichtiger Aspekt für junge Männer. Für Holger Meins ist das alles ein »bisschen gepresste Schablone«, sagt sein Vater. Zu viel Zwang.

So beschließt Holger Meins, im Filmgeschäft durchzustarten. Er bewirbt sich bei der gerade gegründeten Deutschen Film- und Fernsehakademie Berlin (dffb) in Berlin. Achthundert Filmbesessene bemühen sich um einen der fünfunddreißig Plätze. Die Aufnahmeprüfung dauert eine Woche. Holger wird genommen.

Zur Eröffnung der Film- und Fernsehakademie kommt Berlins Regierender Bürgermeister Willy Brandt und wünscht: »Von der Akademie möge ein künstlerischer Impuls für das kulturelle Leben Berlins ausgehen.« Holger Meins trägt dunklen Anzug und Schlips. So wie die meisten seiner Kommilitonen.

Der Filmstudent Holger Meins ist »einer, der eher zurückhaltend war, der sehr sanft wirkte, sensibel, der hochbegabt, künstlerisch und fast ein bisschen scheu war«, erinnert sich einer seiner Kommilitonen an den jungen Filmstudenten Holger Meins: der spätere Hollywood-Regisseur Wolfgang Petersen – mit »Das Boot« landete er einen Film-Welterfolg. »Mit seinem weißen Schal: Er war ein hübscher Mann, sah schön aus«, schwärmt noch heute Claudia von Alemann von Holger Meins bei den Dreharbeiten von George Moores Verfilmung von Kleists Novelle »Der Findling« 1967. Sie war Regieassistentin – später wurde sie Professorin für Film in Dortmund – und Holger Meins der Tonmann: »Im Chaos und der Hektik der Dreharbeiten war Holger ein ›Fels in der Brandung‹ … – für mich war er ein zarter Mensch, der genau beobachtete und wenig redete.«

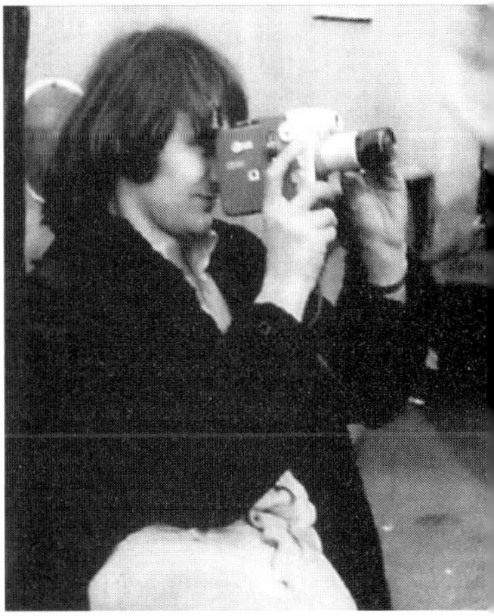

*Filmstudent Holger Meins*

Im ersten Studienjahr dreht Holger Meins »Oskar Langenfeld«. Eine feinfühlige Sozialstudie über einen obdachlosen Altstoffhändler in Berlin-Kreuzberg. Dreizehn Minuten lang. In Berlin stößt Holger Meins zur Studentenbewegung. Genauso wie Gudrun Ensslin und Thorwald Proll. Er geht zu Demonstrationen und bereitet den Vietnam-Kongress im Februar 1968 mit vor – zu dem auch Meinhof, Baader und Ensslin erscheinen. Für diesen Kongress verfasst Holger Meins – mit anderen zusammen – ein Flugblatt, erklärt: »Wir können Filmemachen nur verstehen als Teilnahme an einem Kampf um die revolutionäre Veränderung der bestehenden Gesellschaftsordnung hin auf eine sozialistische.«

Im selben Monat gelingt ihm ein »Überraschungs-Coup« beim »Springer-Tribunal« im Audimax der TU. Nach der Rede von Peter Schneider, der das »Tribunal« zusammen mit Rudi Dutschke und Hans Magnus Enzensberger organisiert hat, fährt plötzlich eine Leinwand auf dem Podium herunter. Das Licht geht aus. Ohne Absprache mit den Veranstaltern und auch ohne sonstige Vorankündigung läuft Holger Meins' Drei-Minuten-Film »Herstellung eines Molotow-Cocktails«[51]. Zu sehen ist in dem Schwarzweißstreifen, wie eine solche Bombe gebaut wird. Einschließlich des Mischungsverhältnisses. Dann erscheinen brennende Autos. Und am Ende das Springer-Hochhaus in der Kochstraße. Viele Zuschauer jubeln. Aber nicht alle: »Es war ein Agitpropfilm – eine Handlungsanweisung, die auch so verstanden wurde«, sagt Peter Schneider. Durch den Meins-Film gerät die Veranstaltung »zu einer Katastrophe für unser Projekt«, so Peter Schneider: »Diese Aktion führte dazu, dass alle, um die ich mich seit Monaten bemüht hatte, von denen ich Zusagen und Geld bekommen hatte, sofort absagten. Es war das Ende des ›legalen Arms‹ der Springer-Kampagne.«

Nach dem Attentat auf Rudi Dutschke drei Monate später geht Holger Meins noch einen Schritt weiter: Auf dem Weg zum Springer-Hochhaus in der Kochstraße verteilt er in seinem VW-Bus Molotowcocktails an Genossen.

Wenige Monate danach, am 26. August 1970, beteiligt er sich an einem »Go in« – mit Konsequenzen: Mit über einem Dutzend Kommilitonen besetzt er das Büro von Dr. Heinz Ratsack, dem Geschäftsführer der Deutschen Film- und Fernsehakademie. Die Studenten wollen mit ihm diskutieren. Der aber nicht mit ihnen. Deshalb fordert er die Studenten auf, aus seinem Büro zu verschwinden. Mehrfach. Aber die bleiben. Zwei Tage später erhält Holger Meins die »Relegation« – die fristlose Kündigung. Wegen Hausfriedensbruchs und Nötigung: »Aufgrund dieser Vorfälle betrachten wir eine weitere Zusammenarbeit mit Ihnen als unzumutbar«, teilt ihm die dffb per Einschreiben mit. Holger Meins erhält Hausverbot – und den klarstellenden Hinweis: »Ihre Teilnahme an Produktionen der dffb ist unstatthaft.« Holger Meins verlangt die »Wiederaufnahme«. Ohne Erfolg. Das juristische Hickhack um diesen Rauswurf zieht sich über mehr als ein Jahr. Es endet mit einem Vergleich im März 1970: Meins wird nicht wieder in die Akademie aufgenommen, erhält aber 15 000 Mark, um ihm »die an Stelle des Studienabschlusses tretende Produktion eines Filmes zu ermöglichen«. Dafür verzichtet er auf eine Klage. Von alledem erfährt Holgers Vater Wilhelm nichts: »Ich habe meine Ausbildung abgeschlossen«, erzählt ihm sein Sohn, »und werde freiberuflich als Kameramann arbeiten.«[52]

### ➤ Der umherschweifende Rebell

Während der juristischen Auseinandersetzungen um seinen Ausbildungsplatz stößt Holger Meins zur Kommune I. Im Juli 1969 zieht er ein, wird »Vollmitglied«. Als neue Adresse gibt er beim Einwohnermeldeamt an: »Stephanstraße 60, bei Langhans (K I)«. Wenige Monate später berichtet der *stern* in einer großen Reportage über die Kommunarden, über deren Freud und Leid. Unter der Überschrift »Das ist die Liebe der Kommune« druckt die Zeitschrift am 9. November 1969 auf einer Doppelseite ein Foto: Zehn Kommunardinnen und Kommunarden sitzen oben ohne in einem Zimmer der Stephanstraße. Hinter ihnen hockt Holger Meins, sie alle überragend. Als Einziger in einem Hemd, einem schwarzen. Überlegen grinst er vor sich hin – so, als ob er gerade einen Joint geraucht hätte. Das tut er in dieser Zeit regelmäßig – so wie andere in der Kommune I auch. Revolution und Shit-Rauchen. Das gehört für die meisten Kommunarden zusammen.

In der K I ist Holger Meins Fachmann für Filmdokumentationen. »Er hat uns beigebracht, mit Normal-8-Kameras aus der Filmakademie zu arbeiten«, erinnert sich Rainer Langhans an ihn: »Er hat uns die Kameras gegeben, Material besorgt und gezeigt, wie man damit filmt. Ich habe damit viel gedreht, zum Beispiel Fotoshootings mit Uschi[53], Demos, in der K I.« Als »lieb und weich« beschreibt Rainer Langhans den Kommunarden Holger – »mit gelegentlichen Durchdrehern«, bei denen er »unglaublich zerstörerisch sein konnte und nicht mehr zu halten war«. Er diagnostiziert bei Meins einen »wilden bösen Geist«.

In dieser Zeit besucht Holger Meins auch die öffentlichen Redaktionssitzungen bei *Agit 833*. Abends von acht bis elf. Auf ihnen wird »basisdemokratisch« festgelegt, was ins Blatt kommt. Immer geht es hoch her. Das Anbrüllen wird als gängige Art der Kommunikation gepflegt. Holger Meins ist – wie viele andere auch – ein »fliegendes Mitglied«. Mal ist er da. Mal nicht: ein »umherschweifender Rebell«. Wenn er erscheint, redet er mit. Kümmert sich mit Schere, Leim und Lineal ums Layout.

In der Ausgabe vor dem 1. Mai 1970 erscheint von ihm das Plakat »Freiheit für alle Gefangenen«. DIN A2. 60 mal 42 Zentimeter groß. Im Mittelpunkt: eine Eierhandgranate. Sternförmig umgeben von Patronenhülsen – eine Variation auf das Sonnenblumenmotiv der Ökobewegung. Dazwischen hat Meins die Namen von dreizehn Freiheitsbewegungen geschrieben: »FNL« (Vietnam), »Tupamaros« (Uruguay), »Black Panther« (USA), »El Fatah« (Palästina). »Dieses Plakat haben viele Leute auf der 1.-Mai-Demonstration vor sich hergetragen«, erinnert sich der *Agit 883*-Verleger Peter-Paul Zahl. Es hängt in vielen linken Kneipen und Wohngemeinschaften. Peter-Paul Zahl erinnert sich noch sehr gut an das Plakat: Wegen des Drucks wird er zu sechs Monaten Gefängnis auf Bewährung verurteilt – »Aufforderung zur Gefangenenbefreiung«, urteilt die Strafjustiz über Meins' Plakat.

Bei einem der »Redaktionspalaver« verlangt Holger Meins, einen Artikel über streikende Schüler an der Silbermannschule in Berlin zu kippen: »Bewaffneter Kampf ist angesagt«, lautet seine kurze Begründung. »Du bist ein arrogantes Arschloch«, brüllt ihn Peter-Paul Zahl an: »Wenn sich die Avantgarde fünfzehn Kilometer vor die Massen setzt, wird sie kaum Anhänger finden.« Die beiden geraten sich in die Haare. Am Ende prügeln sie sich. Andere gehen dazwischen. Einer sagt beschwichtigend: »Genossen sollen sich nicht verkloppen.« – »Ich war anderer Meinung«, blickt der Verleger zurück: »Wenn man sich ad hoc abreagiert, bekommt man keine Magengeschwüre.« Vehement setzt sich Holger Meins in einer Redaktionssitzung Ende Mai 1970 dafür ein, dass die RAF-Erklärung zur Befreiung von Andreas Baader gedruckt wird.

Gut zwei Monate später landet Holger Meins zum ersten Mal in Untersuchungshaft. Aus einem vorbeifahrenden Mercedes 190, den er vier

*Holger Meins (1970)*

Tage zuvor gekauft hatte, schleudert jemand eine Rohrbombe unter einen Streifenwagen – in der Nacht zum 14. August 1970 um 1.45 Uhr. Vor dem Polizeirevier 164 in der Pacelliallee 43 in Dahlem. Ein Eisenrohr mit vierhundert Gramm Sprengstoff. Die Bombe explodiert. Das Polizeiauto wird erheblich beschädigt. Auf Antrag der Staatsanwaltschaft (2 PJs 1188/70) erlässt das Amtsgericht Tiergarten noch am selben Tag Haftbefehl gegen Holger Meins. Der Vorwurf: »Herbeiführen einer Sprengstoffexplosion«. Die SFB-»Abendschau« zeigt sein Fahndungsfoto. Einen Tag später wird Holger Meins in die Untersuchungshaftanstalt Moabit eingeliefert. Am 15. August 1970.

Genau nach einem Monat, am 14. September 1970, kommt er wieder auf freien Fuß: Ihm ist nicht nachzuweisen, dass er tatsächlich in dem Auto saß. Auch den Mercedes bekommt er zurück: »Nach dem gegenwärtigen Stand der Ermittlungen steht zwar fest, dass der Pkw Mercedes 190 des Beschwerdeführers mit dem amtlichen Kennzeichen B-NP 936 von den Tätern bei der Tatausführung benutzt worden ist«, erklären die Richter der achten Strafkammer des Landgerichts Berlin (508 Qs 74/70) in ihrem Beschluss vom 12. Oktober 1970: »Jedoch gibt es keine sicheren Anhaltspunkte dafür, dass der Beschwerdeführer unmittelbar die Tat begangen hat, wenn auch ein gewisser Verdacht, dass er in irgendeiner Weise an dem Sprengstoffverbrechen beteiligt war, nicht ausgeschlossen werden kann.«

Nach der Haft äußert sich Holger Meins Freunden gegenüber noch radikaler als zuvor. Noch militanter. »Die Haft hat Holger geschockt und beeindruckt«, erinnert sich sein damaliger Anwalt Hans-Christian Ströbele: »Er fühlte sich in seiner Auffassung bestätigt, auf so etwas nicht mehr mit rechtsstaatlichen Mitteln reagieren zu können.« Gleich nach seiner Entlassung zeichnet er einen zweiseitigen Comic, der bald in vielen Studentenkneipen hängt. Der Titel: »Reißt die Mauern ein – holt die Gefangenen raus«. Deprimierende Zeichnungen über den Knast-Alltag. Einem Gefängniswärter verpasst er die Sprechblase: »Hier wird nicht gefickt, hier wird nicht gelacht. Hier wird überhaupt nichts gemacht.« Meins' Parole: »Wir haben nichts zu verlieren als unsere Zellen!«

In dieser Zeit – Herbst 1970 – stellt Holger Meins die Weichen für seinen weiteren Lebensweg: Er verschenkt seinen ganzen Besitz. Auch die zahlreichen von ihm geliebten Bücher: »Ich will nichts mehr besitzen – schon gar keine Bücher«, erklärt er Freunden: »Ihr könnt euch nehmen, was ihr wollt.« Er gibt sein Zimmer in einer »Kommune« in der Grunewaldstraße 88 auf und meldet sich wieder in der Villa seines Vaters in Hamburg an: in der Boltens-Allee 18, am 11. Dezember 1970[54].

Nach Baaders Anweisung am Nikolaustag 1970 – »Wir machen in der Bundesrepublik weiter!« – fährt Meins umgehend nach Frankfurt. Dort bekommt er von Ulrike Meinhof eine der »Firebird«-Pistolen – und den Kampfnamen »Rolf«. Bereits zwei Tage später, am 8. Dezember, ist er mit zwei RAF-Frauen in Aschaffenburg unterwegs, um Banken auszuspähen. Drei Banken ziehen sie in die engere Auswahl. Als er Andreas Baader über die Lage der Geldinstitute in Aschaffenburg berichtet, winkt der ab: Die 50 000-Einwohner-Stadt hält er für zu übersichtlich und zu klein für ein sicheres Abtauchen. Die Stadt ist nach Marighella »das strategische Zentrum« der Organisation. Nicht die Kleinstadt. Aschaffenburg wird gestrichen.

## Jan-Carl Raspe

Jan-Carl Raspe ist ähnlich schlank und groß wie Holger Meins. Nachdenklich, introvertiert – und frisch gebackener Diplomsoziologe: Wenige Monate zuvor, im Sommer 1970, hatte er seine Diplomprüfung mit der Note »gut« bestanden. Seine Diplomarbeit »Zur Analyse einiger wichtiger Aspekte der Sozialisationsbedingungen proletarischer Kinder« erhielt die Note »sehr gut« und erschien als Buch. Doch schon kurz darauf ist ihm die Arbeit peinlich: »Wenn man ihn fragte, warum hast du das gemacht, dann tat er so grübelnd: ›Ja, weißt du, das war ein Fehler‹«, erinnert sich Beate Sturm. Für sie ist er »ein typischer Intellektueller«.

Geboren wurde Jan-Carl Raspe am 24. Juli 1944 in Seefeld/Tirol. Sein Vater, Gartenbauunternehmer, war vier Monate zuvor gestorben. An Angina Pectoris, einer Erkrankung der Herzkranzgefäße. 1946 kehrt seine Mutter mit dem zweijährigen Jan-Carl und seinen beiden Schwestern, drei und acht Jahre älter als er, dorthin zurück, wo die Familie vor Kriegsende gelebt hatte: in ein Zweifamilienhaus in Berlin-Weißensee. Im Ostteil der Stadt. Dort besucht Jan-Carl Raspe die »Grundschule«. Mit der Gesamtnote »gut« schließt er sie 1958 ab. Weil er nicht bei den »Jungen Pionieren« ist, wird er »wegen mangelnder gesellschaftlicher Betätigung« nicht zur Oberschule zugelassen.

So besucht er im Westberliner Bezirk Reinickendorf ein neusprachli-

*Jan-Carl Raspe*

ches Gymnasium. Wohnt aber weiterhin bei seiner Mutter in Weißensee. Jeden Tag muss er quer durch die Großstadt fahren. Hin- und zurück. Er ist verschlossen, leicht ablenkbar, hat – wie er es selbst formuliert – eine »Neigung zum Träumen und Phantasieren« und leidet unter »Konkurrenzangst«. Oft kapselt er sich ab. Mädchen gegenüber ist er verklemmt. Einmal blickt er durch das Schlüsselloch der Tür zum Badezimmer: »Da habe ich meine jüngere Schwester nackt gesehen«, berichtet er später beeindruckt.

Als am 13. August 1961 die Mauer gebaut wird, bleibt er bei Tante und Onkel in Westberlin. 1963 macht er in Reinickendorf das Abitur.

Im Wintersemester 1963/64 beginnt er mit dem Chemiestudium an der Freien Universität. Erwirbt Grundkenntnisse in dem Fach. Darüber freut sich später Andreas Baader – beim Bombenbasteln. Nach einem Jahr hängt Jan-Carl Raspe den Laborkittel an den Nagel und wechselt das Studienfach: nun Soziologie. 1967 wird er Mitglied des SDS. Im August 1967 zieht er mit drei Männern, drei Frauen und zwei Kindern in die Kommune 2, eine Siebeneinhalbzimmerwohnung in Charlottenburg. Dort liegt er häufig lange auf dem Bett und »liebt den halb bewussten Dämmerzustand«, wie er es formuliert, »in dem die Reize von außen in der Phantasie verarbeitet werden«. Das Studium ist ihm »relativ unwichtig«: »Ich habe solch einen Nachholbedarf an subjektiven Erfahrungen«, befindet er. Eine offene Frage für ihn ist, »ob intellektuelle Leistung überhaupt die mir angemessene Ausdrucksform ist«.

Analyse-Gespräche sind in der Kommune 2 an der Tagesordnung. Langsam findet er zu sich selbst. »Ich konnte besser arbeiten als früher«, beschreibt er das Ergebnis dieses Prozesses, »wurde unabhängiger und lernte, meine Interessen deutlicher zu vertreten.« Er gewinnt das »Bewusstsein, meine Isolation durchbrochen zu haben« – und das gibt ihm »eine neue Sicherheit: Ich werde es auch wieder schaffen«. Von da an treibt ihn ein »alles betäubender Aktionismus«, berichtet sein Onkel. Er arbeitet in einem Kinderladen, in der »Uni-Projektgruppe-Sozialisation«, studiert und demonstriert. Nach zwei Jahren zieht der »stille Student« im August 1969 aus der Kommune 2 aus – und bald in die Wohngemeinschaft Halberstädter Straße 7 ein. Zusammen mit seiner Freundin Marianne Herzog, einer Radiojournalistin, die sich ebenfalls ein Jahr später der RAF anschließt. Ulrike Meinhof, der das Dach in der Dahlemer Villa auf den Kopf gefallen war, ist froh, in diese Wohngemeinschaft für einige Monate mit ihren beiden Töchtern ziehen zu können. Bis es zum Knatsch kommt – wegen ihres »Kader-Denkens«.

Am 6. Oktober 1970 empfängt Jan-Carl Raspe ein Dutzend Mitglieder der »Dreierschlag«-Truppe in seiner neuen Wohnung in Berlin, Kurfürstenstraße 161. Sieben Wochen später reist er zur Unterstützung des Meinhof-Vorauskommandos nach Westdeutschland. In dem Bungalow in Polle trifft er am 28. November 1970 ein.

Als Erstes erhält er von Ulrike Meinhof eine »Firebird«. Vier Tage später ist er bereits mit ihr und »Kalle« Ruhland in Gelsenkirchen und Umgebung unterwegs, um Banken und Autos auszuspähen. Jetzt nennt er sich »Fred«.

## Das Sozialistische Patientenkollektiv

»Mahler, Meinhof, Baader – das sind unsere Kader«, skandieren über hundert junge Menschen in einem Heidelberger Uni-Hörsaal. Im Takt dazu strecken sie die Fäuste gen Decke: Mitglieder und Sympathisanten des Sozialistischen Patientenkollektivs – SPK. Mehr als ein Dutzend von ihnen wechselt im Laufe der Zeit zur RAF.

»Das System hat uns ›krank gemacht‹. Geben wir dem kranken System den Todesstoß«, lautet die Parole ihres Vordenkers Dr. Wolfgang Huber (35), Assistenzarzt in Heidelberg. Sein »Experiment« dauert siebzehn Monate. Von Februar 1970 bis Juli 1971. Es beginnt als außergewöhnliches Heil- und endet in mehreren Strafverfahren.

Wolfgang Huber, seit 1964 Arzt an der Psychiatrischen und Neurologischen Klinik an der Universität Heidelberg, attackiert die Schulmedizin: Die »spätkapitalistische Leistungsgesellschaft der BRD« sei krank, lautet sein allgemein-politischer Befund. Die revolutionäre Veränderung ist für ihn nur noch eine Frage der Zeit. Er will die »Schranke zwischen Gesunden und Kranken« aufheben und sucht nach »neuen« Formen für die Behandlung seelisch kranker Menschen. Für ihn und seine Helfer gilt die Devise: »Wer sich krank fühlt, wird behandelt.« Huber bietet »Einzel-« und »Gruppenagitationen«.

Über sein »Experiment« hält das Sozialistische Patientenkollektiv die Öffentlichkeit mit »Patienten-Infos« auf dem Laufenden: »Genossen! Es darf keine therapeutische Tat geben, die nicht zuvor klar und eindeutig als revolutionäre Tat ausgewiesen worden ist«, erklärt das SPK im

»Patienten-Info Nr. 1« im Februar 1970: »Es darf in den befreiten Räumen nur geschehen, wovon wir sicher wissen, dass es den kämpfenden Arbeitern nützt! Es lebe der Sieg der Arbeiterklasse!«

Für den »Sieg der Arbeiterklasse« werden vier Arbeitskreise eingerichtet: Der »Arbeitskreis Sprengtechnik« beschäftigt sich mit dem Mischen und Diebstahl von Explosivstoffen. Der »Arbeitskreis Fototechnik« übt sich darin, unbemerkt Fotos zu machen – vor allem von Polizeibeamten und -fahrzeugen in Heidelberg. Der »Arbeitskreis Funktechnik« hört den Polizeifunk ab. Im »Arbeitskreis Judo/Karate« wird der Kampf ohne Waffen trainiert. Der »innere Kreis« – er trifft sich jeden Mittwoch bei Huber zu Hause – liest Marighellas Terror-Fibel und »Der totale Widerstand – Kleinkriegsanleitung für jedermann« des Schweizer Majors Hans von Dach. Die Runde ergeht sich in Plänen für einen »Untergrundkampf«.

Schnell wächst das SPK auf über dreihundert Mitglieder. »Nach wenigen Wochen fühlte ich mich im SPK zu Hause«, berichtet eine von ihnen, Margrit Schiller. Im Sommer 1971 stößt sie vom SPK zur RAF: »Ich nahm an mehreren Arbeitskreisen teil, schrieb mit anderen Flugblätter, vervielfältigte sie auf der kleinen Maschine, fühlte mich wohl und arbeitete mit voller Energie mit. Auf dem uralten Plattenspieler ließen wir immer wieder ›Macht kaputt, was euch kaputt macht‹ von ›Ton, Steine, Scherben‹ laufen und sangen aus Leibeskräften den Text mit, der zu dieser Zeit genau unser Lebensgefühl ausdrückte. Es war immer was los.« Und so grölen sie:

»Züge rollen, Dollars rollen,
Maschinen laufen, Menschen schuften,
Fabriken bauen, Maschinen bauen,
Motoren bauen, Kanonen bauen,
Für wen?«

Kritik an der »Agitationspraxis« von Klinikleitung und Medien weist Huber entschieden zurück: »Das SPK hat keine Veranlassung zu einer wissenschaftlichen Darstellung, da es sich durch die Praxis bereits legitimiert hat.« Von Flugblatt zu Flugblatt werden die Erklärungen des SPK radikaler. Das letzte »SPK-Info« erscheint am 14. Juli 1971, die Nummer 51: »Unser Lebensraum ist der Volkskrieg. Wenn kein Platz mehr ist, stocken wir auf oder tauchen unter.« Die drei Buchstaben »SPK« sind auf dem Flugblatt durchgestrichen – und durch drei andere ersetzt: »RAF«.

Das Aus für die Gruppe kommt im Juli 1971 – nach einer Schießerei bei einer Verkehrskontrolle in Wiesenbach bei Heidelberg: Mit einem Schulterdurchschuss bricht ein Polizeibeamter zusammen, die beiden Täter flüchten. Die Ermittler stellen fest, dass die vom Fahrer bei der Kontrolle vorgelegten Ausweise gefälscht sind und aus dem Meinhof-Einbruch in das Bürgermeisteramt in Lang-Göns im November 1970 stammen. Die Polizei durchsucht die Wohnungen von Wolfgang Huber und anderen SPK-Mitgliedern. Sie findet drei Gewehre, drei Pistolen, jede Menge Munition, eine komplette Ausweis-Fälscherwerkstatt – und eine »Firebird«-Pistole aus Meinhofs Frankfurter Großeinkauf. Elf Haftbefehle ergehen. Huber und seine Frau werden vom Landgericht Karlsruhe im Dezember 1972 zu jeweils viereinhalb Jahren Gefängnis verurteilt – wegen Zugehörigkeit zu einer kriminellen Vereinigung und Vorbereitung eines Sprengstoffanschlages. Für zwei Sprengstoffanschläge – auf das Finanzamt in Heidelberg und das Psychiatrische Krankenhaus in Wiesloch –, die die Ermittler dem SPK zuschreiben, werden sie nicht verurteilt: Die Beweise reichen nicht. Der dritte Angeklagte, der Schüler Siegfried Hausner, erhält drei Jahre Gefängnis. 1975 gehört er zu dem RAF-Kommando, das die deutsche Botschaft in Stockholm überfällt.

So wie Hausner schließen sich aus der Truppe des irren Arztes der ersten RAF-»Generation« unter anderen Margrit Schiller, Gerhard Müller, Klaus Jünschke und Carmen Roll an, der zweiten »Generation« unter anderen Ralf Baptist Friedrich, Sieglinde Hofmann und Hanna Krabbe.

# 25. Kapitel: Handlungsreisende in Sachen »bewaffneter Kampf«

## Weihnachten bei der RAF

Heiligabend bei den Baaders: Am 24. Dezember 1970 treffen sich Andreas Baader, Ulrike Meinhof, Gudrun Ensslin, Holger Meins, Jan-Carl Raspe und ein gutes halbes Dutzend Mitstreiter im Souterrain einer alten Villa in Stuttgart, in der Hauptmannsreute 16. Der Eigentümer ist im Urlaub. Einen Schlüssel zu der Wohnung hat *Sabine Brümmer*, eine der RAF-Weihnachtsgäste, weil einst sein Bruder mit ihr verlobt war. Damals hatte er ihr einen Schlüssel für die leer stehende Wohnung gegeben. Und ihn nach dem Ende der Beziehung nicht zurückverlangt.

Heiligabend schmoren Gänse im Ofen. Andreas Baader öffnet eine Flasche Rotwein. Die Terror-Familie sitzt friedlich beieinander. Ulrike Meinhof ist sichtlich erschöpft. Nicht nur vom vielen Rumreisen, der alltäglichen Hektik. Sondern auch von den Fehlschlägen der vergangenen Tage. Ebenso nagt an ihr, dass sie innerhalb der vergangenen drei Wochen gleich drei Mal nur haarscharf einer Festnahme entgangen ist. Auch hat sie spürbar mitgenommen, dass ihre beiden »Adjutanten« Ruhland und Jansen von der Polizei gefasst wurden.

»Jetzt sind wir einmal alle zusammen«, bricht es aus ihr heraus: »Jetzt probieren wir doch mal, das zu diskutieren: Wenn es nicht weitergeht, dann müssen wir Fehler gemacht haben.« Sie will über die Pannen der vergangenen Wochen reden. Über eine bessere Planung und erhöhte Sicherheit für kommende Aktionen – oder womöglich über ein Aufhören. Andreas Baader antwortet resolut, herunterspielend: »Fehler, klar sind Fehler gemacht worden. Aber von Einzelnen, nicht von der Gruppe. Also müssen sich die Einzelnen ändern und nicht die Gruppe ...« Er will seine Guerilla-Idee für Deutschland nicht in Frage stellen lassen. »Diese planlose Rumreiserei, dieses Hetzen«, meint Meinhof, »wenn's hier nicht klappt, dann gehen wir schnell in die nächste Stadt: Man hat nie überlegt, warum es nicht geklappt hat.« Sie möchte über Fehler von Einzelnen sprechen. Baader bekommt sichtlich Schiss. »Ihr Fotzen, eure Emanzipation besteht darin, dass ihr eure Männer anschreit«, tobt er. Gudrun Ensslin mischt sich ein, legt beruhigend die Hand auf seinen

Arm und sagt zu ihrem Freund: »Baby, das kannst du gar nicht wissen.« Baader hält die Klappe. Die Einzige, die ihm Paroli bieten kann, ist Gudrun Ensslin.

Peinliche Stille. Holger Meins schweigt. Gegen Baader, dessen Autorität ihn fasziniert, würde er nie das Wort erheben. Jan-Carl Raspe ebenso. *Sabine Brümmer*, die bislang auch wortlos dabeigesessen hat, blickt entsetzt zu Baader herüber. »Hör mal«, wendet sie sich ihm zu: »Ich halte viel aus. Ich kann viel aushalten. Aber das mache ich nicht mit. Das halte ich einfach nicht durch: Wieso kannst du nicht sachlich zu Ulrike sein?«

»Wer in dieser Gruppe ist, der muss einfach hart sein, der muss das durchhalten können«, knöpft sich Baader die Frau vor: »Wenn du nicht hart genug bist, hast du hier nichts zu suchen. Der Druck der Illegalität, der führt zum Aggressionsstau. Das muss man rauslassen. Das kann man nicht nach außen ablassen – wegen der Illegalität. Das muss man innerhalb der Gruppe ablassen, und das kracht dann natürlich. Das muss man verkraften. So hart muss man sein.« Beate Sturm folgt den Baader-Tiraden schweigend. Sie kann mit Baaders »Ausbrüchen nichts anfangen«, findet es sinnlos, »dem etwas entgegenzusetzen«, sagt sie in der Rückschau: »Man konnte nur zurückbrüllen.« Aber darauf verzichtet sie. Sie fühlt sich »unwohl«. Einen Monat später verlässt sie die Gruppe. Die anderen bleiben. Bis zu ihrer Verhaftung.

»Misserfolge sind auf das ungeschickte Verhalten Einzelner zurückzuführen«, fährt Baader entschlossen fort. Seine bisherige Gesamtplanung sei nicht zu beanstanden: »Künftig müssen wir blitzartig handeln.« Er redet von wunderschönen Banküberfällen – und fast alle sind auf einmal wieder auf seinem Kurs: Weitermachen. Zweifel an dem eingeschlagenen Weg: nein. Punktuelle Verbesserungen: ja. Eine Frau aus Kassel macht den Vorschlag, im kommenden Jahr Banken in ihrer Heimatstadt zu überfallen. Dort sei das kein Problem. Alle stimmen zu.

## Ständig unterwegs

### ➤ Banken und Pistolen

Drei Wochen später überfällt die RAF in Kassel zwei Sparkassenfilialen – nach dem Vorbild des »Dreierschlages« in Berlin vier Monate zuvor. Punkt halb zehn machen sich die beiden Kommandos, gebildet aus der neuen Kerntruppe – Baader, Ensslin, Meinhof, Raspe und Meins – und vier weiteren Mitgliedern, ans Werk: mit Warnschüssen in die Decken der beiden Schalterhallen. Alles wie gehabt: schwarze Pudelmützen mit Sehschlitzen. Neben der Eingangstür nimmt ein Täter mit gezogener Waffe Aufstellung. Seine Aufgabe: den Rückzug sichern und vor allem den Überblick behalten. Andreas Baader legt auf diese Position, zu der auch – falls notwendig – »Feuerschutz« gehört, großen Wert, berichtet Gerhard Müller. Regelmäßig setzt Baader dafür Holger Meins und einen – mittlerweile wieder aus der Haft entlassenen – Mann ein, weil Andreas Baader glaubt, so Müller, »dass sie nervlich dazu in der Lage seien und nicht bei jeder Kleinigkeit schießen würden«. Mit gestohlenen Autos jagen die Bankräuber davon, einem Mercedes und einem BMW 2000. Wenige hundert Meter vom Tatort entfernt springen sie in andere Fluchtfahrzeuge. Beute: 115 000 Mark. Die Polizei hat keine Spur von den Tätern. Es ging »blitzschnell«, wie von Baader Weihnachten gefordert.

Das ist der Auftakt zu den Vorbereitungen für die »Offensive« in Westdeutschland. Sie dauert sechzehn Monate. Dann steht die Logistik: »M-G-W-M-S«.

Weitere Banküberfälle folgen: 200 000 Mark erbeutet die RAF in Hannover am 9. August 1971. 134 000 Mark in Kaiserslautern am 22. Dezember 1971. 286 000 Mark in Ludwigshafen am 21. Februar 1972. Daneben gibt es mehrere ungeklärte Fälle, die die Polizei der RAF zuschreibt: Beispielsweise den Überfall auf eine Sparkassenfiliale in Kiel am 1. November 1971. Mit 237 000 Mark flüchten die Täter durch ein Fenster in den Hof, nachdem sie einen Fünfundsechzigjährigen mit einem Schuss in den Oberschenkel niedergestreckt haben. Der Rentner hatte mit einem Regenschirm auf einen Täter eingedroschen. Aufgrund zahlreicher Anhaltspunkte – wie beispielsweise gefundene Gegenstände in einer konspirativen RAF-Wohnung ganz in der Nähe – kommen die Ermittler zu dem Ergebnis, dass »kaum noch Zweifel«[55] an der RAF-Täterschaft bestehen. Gerichtsfeste Beweise aber haben sie nicht.

Oberster Waffenbeschaffer der Gruppe wird Rolf Pohle. Ein ehemaliger Rechtsreferendar. Mit gefälschten Waffenscheinen kauft er in Waffengeschäften mindestens 32 Pistolen und Revolver und über eintausend Schuss Munition für die RAF. Verhaftet wird er auf frischer Tat am 17. Dezember 1971: Die Polizei hatte seine Masche erkannt und Waffenhändler vor ihm gewarnt. Einer ruft die Polizei an. So wird Pohle – getarnt mit einer Perücke – in Ulm gefasst.[56] Baader, Ensslin, Meins, Raspe, Meinhof, Müller und viele andere tragen bei ihrer Festnahme Waffen aus den Einkäufen des Juristen zwischen Juli und Dezember 1971.

**➤ Konspirative Wohnungen**

In den sechzehn Monaten benutzt die RAF 46 konspirative Wohnungen, auf die die Polizei im Laufe der Zeit stößt. Das ist »vermutlich nur die Hälfte der tatsächlich unterhaltenen«, schätzt BKA-Präsident Horst Herold. Von vielen dieser Wohnungen bekommen die Ermittler deshalb nichts mit, weil die Räume rechtzeitig »gecleant«, gekündigt und vom nichts ahnenden Eigentümer weitervermietet wurden. Das Netz der RAF-Wohnungen zieht sich über die ganze Bundesrepublik. Die meisten – später bekannt gewordenen Unterkünfte – werden angemietet in Berlin (fünfzehn Wohnungen, RAF-»Statthalterin«: Brigitte Mohnhaupt), Hamburg (elf Wohnungen, RAF-»Statthalter«: Manfred Grashof), Frankfurt (sieben Wohnungen, RAF-»Statthalter«: Jan-Carl Raspe) und Stuttgart (sechs Wohnungen, RAF-»Statthalterin«: Irmgard Möller). Von RAF-Mitgliedern mit gefälschten Papieren oder von Personen, die die RAF vorschickt.

Fast alle sind gleich eingerichtet: An den Fenstern hängen undurchsichtige Filzballen. Mit schmalen Guckschlitzen in Augenhöhe. So können die Bewohner von innen sehen, was vor dem Haus passiert – ohne selbst gesehen zu werden. Auf dem Boden liegen Schaumgummimatratzen und Decken. Ein Telefon und zwei Radios: In einem ist der Polizeifunk eingestellt. Der Rest ist Materiallager: Werkzeuge, Waffen, Munition und teilweise Sprengstoff. Daneben einige Koffer und Reisetaschen.

Die meisten RAF-Mitglieder reisen in dieser Zeit zwischen den Wohnungen hin und her. Immer dorthin, wo es etwas für die RAF zu tun gibt. Im März 1971 zieht der größte Teil der Crew von Frankfurt nach Hamburg. Dort besitzt die RAF in dieser Zeit sieben Wohnungen. Ein halbes Jahr später – nach zwei Schießereien und mehreren Fahndungsaufrufen der Polizei in den Zeitungen – wird Andreas Baader das Hamburger Pflaster zu heiß. So geht es im Oktober 1971 weiter nach Berlin. Anfang 1972 reisen Baader, Ensslin, Meins und Genossen nach Stuttgart, um die Entführung des Verlegers Georg von Holtzbrinck vorzubereiten. Millionen soll sie in die Kriegskasse bringen. Gleich nach der geplanten Offensive will Baader ihn kidnappen. Drei RAF-Frauen beobachten den Verlagskönig – getarnt als Spaziergängerinnen. Baader schaut sich die Fotos an, die sie ihm mitbringen. Begeistert tippt er auf Aufnahmen der Einfahrt zu Holtzbrincks Villa. »Gut geeignet«, frohlockt Andreas Baader – um den Verleger aus dem Auto zu zerren.

### ➤ »Ein gemeinsames Feeling«

Von Monat zu Monat wird der »Fahndungsdruck« auf die RAF stärker: Steckbriefe an den Litfaßsäulen und in jedem Polizeirevier. Fahndungsaufrufe im Fernsehen. Große Fotos der Gesuchten in den Zeitungen. Trotzdem stoßen in dieser Zeit neue Mitglieder zu der Truppe. Gerhard Müller, Werner Hoppe, Bernhard Braun, Margrit Schiller und andere. RAF – so heißt ihr Traum von Zukunft.

Für Margrit Schiller ist der Weg in die RAF gar nicht so leicht. Die dreiundzwanzigjährige Psychologiestudentin war beim Sozialistischen Patientenkollektiv. Nach der Schießerei zwischen SPK-Mitgliedern und Polizisten im Juni 1971 in Wiesenbach bei Heidelberg laufen die Ermittlungen der Kripo gegen die Gruppe auf Hochtouren. Vor ihrer Wohnung entdeckt Margrit Schiller ein Observationsfahrzeug. Sie fürchtet, verhaftet zu werden. Wie bereits zahlreiche SPK-Mitglieder. Gründe für eine Festnahme gäbe es mehrere, ist ihr klar:

Anfang Februar 1971 war sie von einem Bekannten angesprochen worden: »Leute« hätten »Schwierigkeiten mit der Polizei«, sagte ihr Bernd. Ob sie für die ihren Pass zur Verfügung stellen könnte – »ohne ihn als verloren zu melden«. Margrit Schiller tut es: »Ich zögerte keine Sekunde, stellte keine Fragen.« Zehn Tage später kommt Bernd wieder, mit einer weiteren Bitte: »Die Leute, die jetzt deinen Pass haben, lassen fragen, ob sie für ein paar Tage in deine Wohnung können.« Margrit Schiller sagt wieder ja.

Und so wohnen Ulrike Meinhof, Andreas Baader, Gudrun Ensslin und Jan-Carl Raspe in ihrer Kellerwohnung in Heidelberg, Uferstraße 52. Mehrmals. Vor dem ersten Treffen studiert Margrit Schiller ein RAF-Fahndungsplakat aufmerksam. Keinen der Gesuchten erkennt sie, als sie die RAF-Spitze zum ersten Mal in ihrer Wohnung sieht. Erst nach einiger Zeit weiß sie, wer wer ist: »Gudrun hatte eine schöne Afro-Frisur, die gut zu ihrem schmalen Gesicht und den großen Augen passte«, erinnert sich Margrit Schiller an den Februar 1971: »Ulrike wirkte klein und zierlich, trug ein Kopftuch, rauchte eine Zigarette nach der anderen und fummelte ständig mit ihren Fingern herum. Andreas hatte superblond gefärbte Haare, sehr auffallend, bei denen der schwarze Haaransatz schon wieder nachwuchs. Jan, ein langer, dünner Typ, stand an die Wand gelehnt.« Alle ihre Gäste »hatten bleiche Gesichter, als ob sie nie die Sonne sähen«. Nach ihnen läuft die bislang größte Fahndung der deutschen Geschichte. Margrit Schiller fühlt sich beim ersten Treffen eingeschüchtert. Aber »plötzlich auch wichtig durch sie«.

Von Februar bis Juni 1971 erscheinen die vier und Holger Meins regelmäßig in Schillers Wohnung. Sie kommen – selten alle zusammen –, um zu lesen, zu schreiben und zu reden. Sie studieren Stadtpläne und technische Zeichnungen, reinigen ihre Waffen. »Sie diskutierten, lachten und scherzten miteinander«, erinnert sich Margrit Schiller: »Zum Beispiel darüber, dass Ulrike, die ihr Leben vorher vor allem an der Schreibmaschine zugebracht hatte, jetzt diejenige war, die am schnellsten und geschicktesten Autos knacken konnte.« Sie lachten vergnügt wie Jugendliche: »Andreas und Gudrun konnten zusammen rumalbern und gickeln wie Teenager.«

Im Laufe der Zeit faszinieren die Psychologiestudentin ihre gesuchten Gäste immer mehr: »Menschen wie sie hatte ich noch nie erlebt. Fast alles, was und wie sie es taten, war für mich neu: ihre politischen Diskussionen, ihr Umgang mit Waffen, ihre Witze … Sie schienen ein gemeinsames Feeling, eine Wellenlänge, fast einen gemeinsamen Kopf zu haben.« Das »Miteinander« bewundert sie. Eines Tages spricht Gudrun Ensslin Margrit Schiller auf ihre Freundin Gabi an – ihr war etwas aufgefallen: »Seid ihr auch zärtlich miteinander, ich meine körperlich?« Margrit Schiller ist verwirrt. Sie zögert. Sagt dann aber: »Ja.« – »Auch unter RAF-Genossinnen gibt es lesbische Beziehungen«, klärt Gudrun Ensslin sie auf – »und das ist in Ordnung.« Durch die Studentenrevolte und die Selbstorganisierung der Frauen, fährt Ensslin fort, sei auch »der Versuch zu einem anderen Leben mit neuen Werten und Vorstellungen entstanden«. Die Frauen seien oft den Männern darin voraus, ihre Gefühle zu akzeptieren und zu leben. So hätten sich neue Formen des Selbstverständnisses entwickelt. Margrit Schiller ist über Ensslins Offenheit erstaunt. Die gefällt ihr. Bestätigt fühlt sich die Dreiundzwanzigjährige: anerkannt – in ihren »Erfahrungen und Gefühlen«.

Eines Tages wird sie von ihren Besuchern gefragt, ob sie bereit sei, in einer anderen Stadt eine Wohnung für die Gruppe anzumieten. Sie ist es. So fährt sie im März 1971 mit dem Zug nach Hamburg. Am Bahnhof erwartet sie Holger Meins. Er bringt sie in ein kleines Hotel. Gemeinsam studieren sie Wohnungsanzeigen in Zeitungen. »Wohnungen in Hochhauskomplexen sind am besten«, erklärt ihr Holger Meins. Keiner wisse, was nebenan geschehe: »Dort gehen ständig Leute ein und aus, ohne dass es irgendjemanden interessiert.« Bei der Lektüre stoßen sie auf ein Einzimmerappartement im Mexikoring 27. Einem Hochhaus. »Das wär genau richtig«, grinst Holger Meins, »hier können Andreas und Ulrike ohne Schminke im Aufzug neben dem Fahndungsplakat stehen, ohne dass sie jemand erkennt.« Jeder hier denke nur an den Stress – auf der Arbeit, mit der Alten und den Gören zu Hause. »Also, ruf bei dem Büro an und sag, dass du die Wohnung besichtigen willst.«

Das tut Margrit Schiller. »Du musst unauffällig wirken, langweilig, wie eine Sekretärin«, erklärt ihr Meins für die Wohnungsbesichtigung. Und genauso macht es Schiller. Sie erscheint mit einem braven Zopf, im Rock und geschminkt – und mietet die Wohnung in der siebenten Etage. Am 17. März 1971.

Bald darauf besucht Holger Meins sie in Heidelberg. Allein. Er bleibt über Nacht. Schon als Margrit Schiller ihn das erste Mal sah, hatte sie an seinen Augen erkannt, dass sie ihm gut gefällt. »Er war ein Augenmensch mit der besonderen Fähigkeit, sich auf den Moment zu konzentrieren. Ich fühlte mit ihm eine bis dahin unbekannte Freiheit. War ich mit ihm zusammen, ging es mir gut, war er nicht da, vermisste ich ihn nicht.«

Nach alledem also kein Wunder, dass Margrit Schiller ganz flau wird, als sie das zivile Polizeifahrzeug vor ihrer Tür in Heidelberg entdeckt. Schnell, so fürchtet sie, kämen ihr die Ermittler auf die Schliche. Denn die Wohnung am Mexikoring in Hamburg hatte sie als Zweitwohnsitz angemeldet – und die wurde mittlerweile von der RAF benutzt. Margrit Schiller überdenkt ihre Lage: »Mein Studium abzuschließen erschien mir sinnlos«, blickt sie zurück: »Unter meine Vergangenheit, meine Eltern, Freunde, mein früheres Leben, hatte ich einen Schlussstrich gezogen. Jetzt gab es also nur noch die RAF.« Eine überlegte Entscheidung – für einen »neuen Weg« in ihrem Leben: »Ich wusste nicht, wohin er mich führte, er konnte mit Knast oder Tod enden, aber ich hatte erstmals das Gefühl, richtig zu leben.« Sie fährt nach Hamburg.

Holger Meins bringt sie in eine konspirative Wohnung. Andreas Baader und Gudrun Ensslin sind dort – und alles andere als begeistert, sie zu sehen. »Dann schieß doch mal los, was du jetzt willst«, donnert Baader: »Was hast du dir eigentlich dabei gedacht, hier einfach bei uns aufzukreuzen?« Margrit Schiller erzählt von dem zivilen Polizeiwagen vor ihrer Haustür und dass sie befürchtet hätte, verhaftet zu werden. Andreas Baader reicht das nicht. »Was stellst du dir denn jetzt vor, was du bei uns machen willst?«, bohrt er weiter: »Haste irgendeine Aktion, die du gut fändest?«, will er wissen. Hat sie nicht. »Was hast du denn für 'ne Analyse von der Situation? Erzähl doch mal!« Auch dazu fällt ihr nicht viel ein. Baader wird stocksauer: »Bist du 'ne blöde Tante, meinst, bei uns könnte man einfach so eintreten.« Er zieht an seiner Gauloises und läuft im Zimmer auf und ab: »Es kann doch nicht sein, dass du sonst nichts dazu im Kopf hast!« Baader tobt weiter: »Wenn's nicht real wäre, dass sie dich hochnehmen könnten, würden wir dich heute nach Heidelberg zurückschicken. Was sollen wir jetzt mit dir machen? Verdammte Scheiße!«

Schließlich darf Margrit Schiller doch bei der RAF bleiben. Nach ein paar Tagen nimmt Holger Meins sie mit nach Frankfurt. Sie wohnen bei einer RAF-Unterstützerin in einer »legalen« Wohnung. In der Nacht zieht Holger Meins mit ihr los und erklärt ihr, wie man Autos zum Klauen auswählt: »Sie mussten im Halbdunkel geparkt sein. Es durfte in der Nähe keine Wohnblocks geben, von wo aus der Diebstahl beobachtet werden konnte, und auch kein Polizeirevier, von dem aus bei einem Alarm die Polizei rasch am Tatort war.« Dann zeigt Holger Meins ihr seinen »Korkenzieher«: einen »Lenkradbohrer«, der bequem in die Jackentasche passt. Mit ihm kann jedes Zündschloss ohne großen Kraftaufwand in Sekundenschnelle herausgedreht werden. Eine seit Mitte 1971 von der RAF angewendete Methode: Die Ermittler gehen davon aus, dass von der RAF bis Juni 1972 insgesamt zweihundertachtzig Kraftfahrzeuge gestohlen wurden – auch wenn sie das nicht in allen Fällen »gerichtsfest« nachweisen konnten. Etwa, wenn ein Wagen verlassen am Straßenrand wiedergefunden wurde. Außerdem, so schätzt die Polizei, mietete die RAF in dieser Zeit achtzig Fahrzeuge bei Verleihfirmen an – zumeist mit gefälschten Papieren.

Kaum ist Margrit Schiller wieder in Hamburg, drückt ihr Ulrike Meinhof einen »Korkenzieher« in die Hand und fordert sie auf, nun selbst einen Wagen zu stehlen. Zusammen mit zwei Genossen. Ulrike Meinhof nennt ihr dafür günstige Plätze und Straßen. Das Trio bekommt von der RAF ein Auto. Im Radio läuft nicht NDR 2, sondern der Polizeifunk. Alle sind furchtbar aufgeregt. Ihre beiden Komplizen streifen sich dünne Stoffhandschuhe über, um keine Fingerabdrücke zu hinterlassen, und machen sich an der Autotür zu schaffen. »Es schien mir eine Ewigkeit zu dauern, bis sie mit dem dünnen Draht das kleine Seitenfenster geöffnet hatten.« Als sie es geschafft haben, endlich, geht alles blitzschnell mit dem Zündschloss: dank des »Korkenziehers«. Die beiden anderen fahren mit dem gestohlenen Wagen voraus. Margrit Schiller hinterher. In einer ruhigen Sackgasse tauschen sie die Kennzeichen aus. »Am nächsten Tag kauften wir ein neues Zündschloss«, berichtet Margrit Schiller: »Der Wagen wurde jeden Tag bewegt, um keine Aufmerksamkeit zu erregen.« Die RAF hat ein Auto mehr in ihrem Fuhrpark.

Margrit Schiller bekommt von der RAF eine Wohnung. Zusammen mit drei ehemaligen SPKlern, die ebenfalls zur RAF gestoßen sind. Die Wohnung ist klein: »Wir saßen eng aufeinander und wussten nicht so recht, was wir miteinander anfangen sollten«, blickt Schiller zurück: »Keiner von uns hatte klare Vorstellungen, wie es weitergehen sollte.« Ulrike Meinhof erscheint und legt einen Packen Geldscheine auf den Tisch: »Das ist Revolutionsgeld«, erklärt sie, »da will ich genau wissen, was ihr wofür ausgebt. Das ist nicht zum Verprassen.« Sie müssen bei Ulrike Meinhof abrechnen. Die Meinhof ist nicht locker, erinnert sich Schiller, sondern »streng bestimmt und ungeduldig«.

Einige Tage später erscheint Jan-Carl Raspe. »Ist ja wohl klar, dass ihr nicht ewig Kohle von uns kriegt«, erklärt er ihnen unumwunden: »Ihr müsst selber auf die Beine kommen. Habt ihr mal daran gedacht?« Gedacht haben sie daran schon. Aber noch keine richtige Idee bekommen. »Es gibt verschiedene Möglichkeiten«, fährt »Fred« fort: »Geldtransporter, Kassenbote von 'nem Supermarkt, Bank. Ihr müsst gucken, was ihr euch vorstellen könnt und wo ihr was findet, das geht.« Raspe hat eine Idee: Der Großraum Hannover. Am besten Hildesheim. Er erläutert ihnen die »ersten Grundregeln für eine Geldbeschaffungsaktion«: »Egal, was ihr entscheidet, ihr müsst immer mit dem Stadtplan arbeiten. Wo ist das nächste Bullenrevier, wie lange brauchen die, um zu euch zu kommen, wenn der Alarm losgeht. Das Wichtigste ist der Fluchtweg, wo kann während der Aktion euer Fluchtauto parken, wie kommt ihr sofort aus dem Blickfeld, wo könnt ihr das Fahrzeug wechseln, ohne aufzufallen, und wo bleibt die Kohle.«

So machen sie sich, immer zu zweit, auf den Weg nach Hildesheim, vom Bahnhof Hamburg-Harburg aus. Unterwegs wechseln sie – entsprechend den RAF-Vorsichtsregeln – mehrfach den Zug. Sofort werfen sie ihre Fahrkarten weg. Damit im Falle einer Festnahme kein Ermittler feststellen kann, woher sie gekommen sind. Margrit Schiller beobachtet den Eingang zu der Kasse eines Kaufhauses. Der Geldbote, hatte ihnen Raspe gesagt, bringe immer über eine bestimmte Treppe das Geld weg. Observieren kostet Zeit, stellt Margrit Schiller fest. Pro Tag machen sie das nie länger als eine Viertelstunde, um nicht aufzufallen. Schiller und ihre Komplizen finden nichts heraus. Deshalb fangen sie an, Banken auszukundschaften. Auch verdammt anstrengend in der Sommerhitze: »Das viele Zugfahren war mühsam. Ich fühlte mich oft müde, kaute endlos Gummibärchen, die mir die Zähne kaputtmachten«, blickt Schiller zurück: »Ich konnte kein Ziel entdecken, für das unser Handeln einen Sinn gemacht hätte. Mein Kopf war leer, ohne Phantasie. Alles blieb grau.«

Abwechslung verspricht für sie ein »Job«, der unkompliziert klingt: Andreas Baader und Ulrike Meinhof wollen eine falsche Fährte legen. Sie wissen, dass die Polizei die Fahndung nach ihnen in Hamburg verstärkt hat – weil sie mittlerweile zahlreiche Hinweise darauf hat, dass sich die beiden in der Stadt aufhalten. Der Plan von Baader & Meinhof: Ein gestohlener BMW 2002 mit Fingerabdrücken von ihnen wird in der Nähe von Freiburg abgestellt – dort ist die RAF nicht aktiv. Geparkt an einer auffälligen Stelle. Mit einer vorgetäuschten Panne. Dem BMW soll Margrit Schiller mit einem VW 1302 hinterherfahren, um den Fahrer anschließend nach Hamburg zurückzubringen. Dieser VW ist nicht in der Polizeifahndung, weil er nicht gestohlen, sondern von einem »Legalen« auf seinen Namen bei einer Autovermietung angemietet wurde.

Fünf Minuten vor Mitternacht biegt Margrit Schiller hinter dem BMW von der A 5 ab. Auf den Parkplatz Bremgarten, zwischen Freiburg und Basel. Vor ihr stoppt der BMW am linken Rand der Parkplatzfahrbahn. Margrit Schiller hält fünfzehn Meter hinter ihm. Ebenfalls am linken Rand. Sie schaltet das Licht aus. In diesem Augenblick sieht sie im Rückspiegel die Scheinwerfer eines Wagens, der genau hinter ihr hält. »Oh, Scheiße«, denkt sie – in einer Minute wären wir weg gewesen. Ihre Befürchtung stimmt: ein Streifenwagen. Ein Polizist kommt zu ihr: »Haben Sie eine Panne, oder warum stehen Sie auf der falschen Seite?« Er verlangt ihre Papiere. Sie zieht ihren Führerschein. Nicht die Pistole, die sie bei sich hat. Der andere Beamte geht währenddessen zu dem BMW, der vor ihr steht – ebenfalls entgegen den Regeln der Straßenverkehrsordnung. Auf einmal krachen Schüsse. Der Vordermann hat mit seiner »Firebird« das Feuer auf die Beamten eröffnet. Er trifft, der Polizeiobermeister stürzt auf den Asphalt. Der Schütze läuft auf den Wehrlosen zu, feuert weitere Schüsse auf ihn ab. Bis das Magazin leer ist. »Eine ungeheure Brutalität«, empfindet Schiller in diesem Augenblick. Mit vier Kugeln im Körper liegt der Beamte schwer verletzt auf dem Boden. Den anderen Beamten erwischt der Schütze mit einer Kugel. Er flüchtet in Todesangst. Schiller wird von ihrem Begleiter aus dem VW gezerrt: »Komm, wir müssen weg.« Die beiden rennen durch Gebüsch und über Felder. Sie finden ein Taxi. Dem Fahrer erzählen sie etwas von einer Autopanne. Und dass sie nach Freiburg wollen.

Die Taxe fährt zur Autobahnauffahrt. Dort sehen sie eine Straßensperre der Polizei. »Daran hatten wir nicht gedacht«, fährt es Schiller durch die Knochen. Alle Autos werden angehalten und peinlich genau kontrolliert. Die Taxe aber durchgewinkt.

Wer der Schütze gewesen ist, ist bis heute ungeklärt. Mehr als dass es ein »Genosse« war, verrät Margrit Schiller nicht. Die beiden verletzten Beamten zeigen, als ihnen eine Lichtbildmappe der »Baader-Meinhof-Bande« vorgelegt wird, auf Holger Meins – als »in Frage kommende Person«.

Am nächsten Mittag sitzt Margrit Schiller im Zug nach Hamburg. In dem Abteil dudelt ein Radio auf dem ausgeklappten Tischlein am Fenster. Fröhliche Musik. Dann eine Meldung: von der Schießerei gegen Mitternacht auf dem Autobahnparkplatz bei Bremgarten. Margrit Schiller erwartet einen Satz wie: »Gesucht werden ein Mann und eine Frau, Mitte zwanzig.« Aber es kommt anders: Der Sprecher nennt ihren Namen, ihre auffällige Körpergröße – ein Meter dreiundachtzig –, Haarlänge und -farbe. Er beschreibt die Kleidung, die Margrit Schiller trägt. In dem VW hatte sie ihre Handtasche mit allen Papieren zurückgelassen – sie ist eine so genannte »illegale Legale«. Arbeitet ohne Falschpapiere bei der RAF.

Ihr wird abwechselnd heiß und kalt: »Ich dachte, alle im Abteil müssten mich jetzt anstarren und mit dem Finger auf mich zeigen: ›Da ist sie.‹« Aber nichts dergleichen geschieht. Die anderen Fahrgäste lassen sich weiter von der Musik berieseln.

Am Abend trifft Margrit Schiller in der Wohnung in Hamburg ein: »Jetzt bist du wie wir voll in der Fahndung drin«, begrüßt sie Irmgard Möller. Schiller schaltet die »Tagesschau« ein – und ist entsetzt: »Mein Foto starrte mich vom Bildschirm an.« Sie fühlt sich, »als würde jemand aus dem Fernseher heraus auf mich zeigen. Mit einem Schlag war ich eine öffentliche Person, deren Name vom nächsten Morgen an auch in den Zeitungen stand: ›Margrit Schiller, Mitglied der RAF‹.«

## Die ersten Toten

### ➤ Petra Schelm

Petra Schelm (20), gelernte Friseuse, Tarnname: Prinz, ist eine der Jüngsten in der Gruppe. Aber schon eine »alte« Kämpferin: Bereits mit neunzehn flog sie mit der »Reisegruppe Mahler« nach Jordanien. Gehörte zur »Dreierschlag«-Gruppe in Berlin. War Weihnachten 1970 in Stuttgart ebenso mit dabei wie bei dem »Zweierschlag« in Kassel. Ihre Herkunft hört man ihrem Berliner Dialekt an. Ihr krauses Haar trägt sie schulterlang. Fast immer ist sie vergnügt. Als »noch ein richtiges Kind« erlebt sie der Schriftsteller Michael Schulte, der sie über Monate in seiner Frankfurter Wohnung beherbergt. Eine richtige Berliner Göre. Keine treibende Kraft in der Gruppe. Aber regelmäßig mit von der Partie. So auch in Hamburg, als es die Gruppe im Frühjahr 1971 dorthin zieht.

Das BKA schreibt nach ihr eine »Täterfahndung« im Bundeskriminalblatt aus, am 23. März 1971, weil sie »der Mitgliedschaft in einer kriminellen Vereinigung u. a. Straftaten dringend verdächtig« ist. »Vorsicht Schusswaffen!«, warnt das BKA alle Polizeidienststellen im Land vor ihr.

*Petra Schelm*

Den 15. Juli 1971 macht die Polizei zum »Tag der Großfahndung« in Norddeutschland. Sie besitzt zahlreiche Anhaltspunkte dafür, dass sich ein großer Teil der RAF-Truppe im Norden aufhält. So begeben sich an diesem Tag dreitausend Beamte auf die Suche nach »B/M«-Mitgliedern. Auf fünfzehn Ausfallstraßen in Hamburg errichten Polizisten »Kontrollstellen«. Ganz besonders – so die Anweisung der Einsatzleitung – sollen die Beamten auf BMW achten, da dieses Fabrikat »vorzugsweise« von RAF-Mitgliedern benutzt wird. »BMW« – spötteln Beamte: »Baader-Meinhof-Wagen«.

An diesem Tag ist Petra Schelm in Hamburg-Bahrenfeld mit einem blauen BMW 2002 ti unterwegs: Er ist gestohlen, Kennzeichen und Kfz-Schein sind gefälscht – wie bei »Baader-Meinhof« üblich. In der Stresemannallee taucht vor ihr um 14.20 Uhr eine Polizeisperre auf. Sie gibt Gas und rast davon. Streifenwagen jagen ihr mit Blaulicht hinterher. Einer überholt sie, bremst sie aus. Petra Schelm und ihr Beifahrer springen aus dem BMW, schießen mit ihren Pistolen auf die Beamten, ohne zu treffen, und rennen in den Hinterhof der Reinickestraße 17. Polizisten umstellen das Gelände, fordern die beiden auf, sich zu ergeben. Die feuern weiter. Petra Schelm versucht durch die Toreinfahrt eines Nachbargrundstückes zu flüchten – zurück auf die Straße. An der Einfahrt erwartet sie ein Beamter mit gezogener Pistole. »Stehen bleiben!«, brüllt er: »Werfen Sie die Jacke fort. Kommen Sie dann anschließend näher.« Petra Schelm geht drei Schritte auf den Beamten zu, reißt die Jacke zur Seite, die sie überm Arm trägt. In der Hand hält sie eine Pistole und feuert auf den Beamten. Der schießt zurück, ein Kollege kommt ihm zu Hilfe, schreit aus dreißig Meter Entfernung: »Geben Sie auf, werfen Sie die Waffe weg.« Petra Schelm schießt weiter, abwechselnd auf die beiden Beamten. Die erwidern das Feuer. Eine Kugel trifft Petra Schelm in den Kopf. Sie ist sofort tot.

Für die Polizeibeamten eine »zweifelsfreie Notwehrsituation«, erklärt später die Hamburger Mordkommission. Ihr Begleiter Werner Hoppe – ein Zweiundzwanzigjähriger, der beim NDR ein Praktikum als »Aufnahmeleiter« machte und sich zwei Wochen zuvor beim Sender krank gemeldet hatte – wird nach einem Schusswechsel verhaftet und flucht: »Schade, von euch Schweinen hätte ich gerne noch ein paar umgelegt!«[57]

Andreas Baader erfährt von Petra Schelms Tod in einer konspirativen Wohnung der Gruppe in Hamburg: in der Heinrich-Hertz-Straße 81 – gerade ist er vom Diebstahl eines BMW-Motorrades zurückgekehrt, zusammen mit Holger Meins und Gerhard Müller. Der Tod von »Prinz« ist für alle in der Gruppe ein Schock. Die erste Tote in der Geschichte der RAF! In dem Einzimmerappartement sinnieren Baader und andere über »Rache«. »Lass uns einen Hubschrauber in Fuhlsbüttel in die Luft sprengen«, schlägt ein RAF-Mann vor: Er habe sich auf dem Flughafen schon alles angeschaut. Der Anschlag ließe sich schnell machen. Andreas Baader winkt ab – der Plan ist damit verworfen. Kurz darauf kommt Baader auf eine andere Idee: Er will eine Sprengfalle in einer konspirativen Wohnung der RAF in Hamburg-St. Pauli einbauen. Die Bombe soll in die Luft fliegen, wenn Polizeibeamte die Räume durchsuchen. »Wegen der größeren Splitterwirkung hatte er vor, den Sprengstoff zusätzlich mit Eisenteilen zu vermengen«, berichtet Gerhard Müller über Baaders Plan: »Die Wirkung sollte die einer gerichteten Splitterbombe sein.« Die Sprengfalle wird dann aber doch nicht gebaut, weil – so Müller – »zu dieser Zeit zu wenig Sprengstoff vorhanden war«. Das sollte sich bald ändern.

### ➤ Norbert Schmid

Drei Monate nach dem Tod von Petra Schelm treffen sich zehn RAF-Mitglieder in einem Hamburger Hochhaus. Eine Zweieinhalbzimmerwohnung, Heegbarg 13. Dritte Etage. Im Radio läuft der Polizeifunk. Die blaugrauen Filzvorhänge sind vor den Fenstern zugezogen. Zigarettenqualm hängt in der Luft. Die Genossen diskutieren neue Pläne. Auch Margrit Schiller ist gekommen.

Wegen der Fahndung, die seit der Bremgarten-Schießerei nach ihr läuft, lebt sie zurückgezogen in einer anderen RAF-Wohnung in Hamburg. Ihre langen blonden Haare hat sie abgeschnitten und schwarz gefärbt. Sie wagt kaum, auf die Straße zu gehen.

Auch Ulrike Meinhof wohnt in der geräumigen Unterkunft. Zu Gesicht bekommt Schiller sie allerdings kaum. Rastlos hetzt die Meinhof von Termin zu Termin. Eines Tages kommt sie mit bunten Stoffbahnen in die Wohnung, legt sie über die Matratzen auf dem Boden und hängt sie als Gardinen auf. »Ich werd noch lange genug in hässlichen grauen Zellen leben«, erklärt sie dabei, »es muss ja nicht jetzt schon alles wie im Knast aussehen.«

Wenn sie in der Wohnung ist, hat sie anderes im Sinn, als mit Margrit Schiller lange zu reden: »Zwischen ihr und einer anderen Frau aus der Gruppe hatte vor kurzem eine Liebesbeziehung begonnen«, berichtet Schiller, »und die wenigen Stunden, die sie füreinander Zeit hatten, ver-

*Margrit Schiller*

brachten sie bei geschlossener Tür in einem Zimmer.« Eines Tages berichtet ihr Ulrike Meinhof von dem bevorstehenden Treffen im Heegbarg: »Du musst mit, weil wir auch bereden wollen, wie es mit dir weitergeht.« Und so fährt Margrit Schiller am 22. Oktober 1971 im Feierabendverkehr mit U- und S-Bahn in den Heegbarg. Die RAF-Mitglieder haben verabredet, erst am nächsten Morgen wieder die Wohnung zu verlassen – einer nach dem anderen.

Viertel vor eins sagt Ulrike Meinhof: »Ich muss noch einmal telefonieren.« Das Telefon in der Wohnung will sie nicht benutzen. Sie fürchtet, es könnte abgehört werden. »Du kommst mit«, fordert sie Gerhard Müller auf und blickt anschließend zu Margrit Schiller: »Los, du auch.« Zu dritt brechen sie zu einer Telefonzelle in der Nähe auf. Unterwegs kommen sie an einem Ford 17 M vorbei, in dem zwei Zivilfahnder sitzen. Die werden aufmerksam und fahren auf sie zu. »Scheiße, das sind Bullen«, ruft Ulrike Meinhof. Der Ford bremst vor ihr auf dem Bürgersteig. Die Beifahrertür fliegt auf, ein Zivilist springt heraus: »Halt, stehen bleiben, Polizei!« Ulrike Meinhof rennt um das Auto herum, brüllt: »Los, weg hier.« Polizeimeister Norbert Schmid (33) flitzt ihr hinterher. Er erreicht sie, packt sie am linken Arm. Mit der rechten Hand zieht Ulrike Meinhof eine Pistole aus der Tasche. Entsetzt ruft Norbert Schmid seinem Kollegen zu: »Mensch, die sind ja bewaffnet.« Meinhof reißt sich los. Ihr Begleiter[58] feuert auf Schmid, aus einer Entfernung von vier Metern – getreu der von Meinhof zwei Jahre zuvor ausgegebenen Parole: »Natürlich darf geschossen werden.« Von sechs Kugeln getroffen, bricht der Polizist zusammen. Seine Pistole steckt im Halfter. Unbenutzt. Sein Kollege, der sich hinter einer Hecke in Deckung geworfen hatte und von einer Kugel in den Fuß getroffen wird, ruft ihm zu: »Norbert, was ist denn?« Der Polizeimeister antwortet nicht.

Die Schüsse verhallen. Margrit Schiller hört Gequäke. Den Polizeifunk aus dem Streifenwagen. Beide Türen stehen offen. Der Schlüssel steckt. Sie springt in den Wagen und fährt los. »Ohne Auto«, denkt sie sich, »können sie Ulrike und Gerhard nicht verfolgen.« Einige hundert Meter weiter lässt sie den Wagen stehen, steckt den Zündschlüssel ein, läuft weg. Eine Dreiviertelstunde später steht sie in einer Telefonzelle, will in der Wohnung anrufen, um die dort versammelte RAF-Crew zu warnen.

*Norbert Schmid*

Neben der Zelle bremst ein Streifenwagen. »Polizei, Ihre Papiere!« Vor ihr stehen zwei Beamte mit gezogenen Pistolen. Sie greift in ihre Handtasche. Ein Polizist reißt sie ihr weg – und schaut hinein. Er sieht eine entsicherte Pistole und den Zündschlüssel für den Polizei-Ford. »Ich dachte schon, ihr wolltet mich ficken«, blafft Margrit Schiller die Beamten an.

Im Krankenhaus können die Ärzte nur noch den Tod von Polizeimeister Norbert Schmid feststellen. Eines der sechs Geschosse, die ihn trafen, hatte seine Oberschenkelschlagader zerfetzt. Er hinterlässt Frau und zwei Töchter im Alter von fünf und sechs Jahren.

Nach einem Hinweis aus der Bevölkerung entdecken die Fahnder drei Tage später die Wohnung im Heegbarg 13. Sie sehen, dass die Wohnung überstürzt verlassen wurde – und entdecken 2600 Schuss Munition, Sprengstoff, Material für Rohrbomben und fünf Polizeiuniformen. Gemietet wurde die Wohnung – stellen die Ermittler zu ihrer Überraschung fest – von dem Liedermacher Hannes Wader. »Ich habe nichts mit der Baader-Meinhof-Gruppe zu tun«, erklärt er: »Ich habe die Wohnung einem Mädchen namens Hella Utesch überlassen, die vorgab, freie Mitarbeiterin des Norddeutschen Rundfunks zu sein.« – »Hella Utesch« ist einer der Falschnamen von Gudrun Ensslin. Schon wenige Stunden nachdem sie sich kennen gelernt hatten, hätte er ihr den Schlüssel für die 80-Quadratmeter-Wohnung gegeben. »Das ist bei mir nichts Außergewöhnliches«, erklärt der Sänger. Die Polizei nimmt ihm die Geschichte nicht ab: »Die Einlassung des Wader ist im Wesentlichen unglaubhaft«, notiert ein BKA-Beamter in seinem Bericht. Das Gegenteil aber ist Wader nicht zu beweisen.

### ➤ Herbert Schoner

Drei Monate später der nächste RAF-Mord. Zwei Tage vor Weihnachten 1971: Dem zweiunddreißigjährigen Polizeiobermeister Herbert Schoner fällt in Kaiserslautern ein roter VW-Bus im Halteverbot auf. Er spricht den Fahrer von der Beifahrerseite an. Der antwortet nicht, sondern drückt aufs Gaspedal. Der Wagen zischt rückwärts, fährt das Halteverbotsschild um. Anschließend fährt er vorwärts, stoppt aber schon einige Meter weiter. Herbert Schoner zieht seine Dienstpistole, rennt hinterher, will die Beifahrertür aufreißen. In diesem Moment schießt der Fahrer durch die Scheibe. Der Beamte feuert zurück, dreimal. Daneben. Der Fahrer schießt noch einmal und trifft den Polizisten in die Brust. Herbert Schoner blutet stark. Er torkelt in die nächste Eingangstür, in eine Filiale der Bayerischen Hypotheken- und Wechselbank. Ausgerechnet dort ist gerade ein RAF-Kommando am Werk: Zwei Täter halten Angestellte und Kunden mit Maschinenpistolen in Schach. Zwei andere RAF-Mitglieder haben 135 000 Mark zusammengerafft. Einer von ihnen verlangt mit vorgehaltener Pistole von dem Kassierer, den Tresor zu öffnen. In diesem Augenblick wankt Schoner herein. Der Täter, der gerade die Sortenkasse geplündert hat, sieht die Uniform und denkt, der Polizist käme wegen des Überfalls in die Bank. Ohne zu zögern, schießt er ihm von hinten in den Rücken. Die Täter warten nicht mehr, bis der Tresor geöffnet ist. Sie flüchten mit den 135 000 Mark – und springen in den vor der Tür stehenden VW-Bus. Nicht weit entfernt lassen sie ihn stehen – und verschwinden spurlos.

*Herbert Schoner*

Während des Überfalls haben zwei – weitere – RAF-Mitglieder mit einem VW-Käfer und einem Alfa Romeo die Ausfahrten von zwei Polizeistationen in der Nähe blockiert – und verschwinden ebenso spurlos. Nur einer der insgesamt sieben Tatbeteiligten wird überführt: Klaus Jünschke.[59] Die anderen sechs sind bis heute unbekannt.

## ➤ Thomas Weisbecker

Der entscheidende Hinweis kam aus einer Mülltonne: Am 2. März 1972 observieren Polizeibeamte eine Wohnung in der Georgenstraße 41 in Augsburg. Seit über zwei Wochen liegen sie in einem Hotel in der Nähe auf der Lauer. Gestoßen sind sie auf das Neubau-Appartement, weil drei Wochen zuvor in Frankfurt eine andere konspirative Wohnung aufgeflogen war. Dort hatten Polizisten die Mülltonen hinter dem Haus durchwühlt. Zwischen Milchtüten und Bananenschalen entdecken sie Schnipsel des Schreibens einer Augsburger Maklerfirma. Diesem Makler legen sie eine »Baader-Meinhof«-Lichtbildermappe vor. »Den kenne ich«, sagt der Mann und tippt auf ein Foto von Thomas Weisbecker:

*Thomas Weisbecker*

»Der Begleiter der Frau, die in der Georgenstraße eine Wohnung gemietet hat.«

Diese Wohnung verlässt das Pärchen in der Mittagszeit. Beamte folgen ihnen unauffällig. Die beiden essen im Restaurant »Rimini«. Anschließend trennen sich ihre Wege. Thomas Weisbecker, Sohn eines Kieler Professors, geht zu seinem Audi 100 GL. Neben ihm stoppt ein Zivilwagen: »Kriminalpolizei, Ihren Ausweis bitte.« Zwei Beamte richten ihre Pistolen auf ihn. Weisbecker – so der Polizeibericht – »griff sofort nach seiner Pistole, die in einem am Hosenbund links befestigten Halfter unter dem geöffneten Mantel steckte.« Dreimal hätten ihn die Kripobeamten aufgefordert, die Hand von der Waffe zu nehmen: »Als er sich stattdessen duckte und – einen weiteren Schritt zurücktretend – seine Pistole aus dem Halfter zog, feuerte der Beamte aus der Hüfte in Notwehr einen Schuss auf ihn ab.« Auf dem Weg ins Krankenhaus stirbt Thomas Weisbecker.

In seiner Jacke finden die Ermittler ein Magazin mit dreizehn Patronen und fünf gefälschte Ausweise. Zwanzig Minuten später wird die Frau festgenommen. Es ist Carmen Roll. Auch sie trägt unter dem Mantel eine Pistole im Halfter. In ihrer Tasche stecken zwei gefälschte Ausweise, ein »Korkenzieher« und 9 100 Mark.[60]

## ➤ Hans Eckhardt

Seit über zweieinhalb Stunden wartet Kriminalhauptkommissar Hans Eckhardt in der Dunkelheit. In einer Dachgeschosswohnung in der Heimhuder Straße 82 in Hamburg. Stadtteil Rotherbaum: eine Gegend mit gediegenen Bürgervillen aus der Gründerzeit. Der Fünfzigjährige ist Leiter der »Sonderkommission Baader/Meinhof« in Hamburg. Am Vormittag hatte seine Sonderkommission einen Hinweis auf die Wohnung bekommen. Einem Telefonmonteur war an diesem 3. März 1972 etwas aufgefallen: Er wollte in der Wohnung ein Telefon anschließen. Der Mieter hatte es beantragt. Der Postmann klingelt. Zwei Mal. Aber niemand öffnet. Das bekommt der Vermieter mit. Er will Monteur und Mieter helfen und holt einen Zweitschlüssel für die Wohnung. Als der Telefonmonteur eintritt, sieht er eine große Reproduktionskamera – »Agva Gevaert RK 2000« – und mehrere Ausweise herumliegen. Ihm kommt es vor wie in einer »Fälscherwerkstatt Baader-Meinhof«. Von denen hatte er schon viel in den Zeitungen gelesen.

Sofort nach dem Anruf legen sich Kripobeamte in der Heimhuder Straße auf die Lauer. Um zwanzig Uhr ist Schichtwechsel: Zusammen mit zwei Kollegen nimmt der Chef in der Wohnung Platz. Ein Beamter überwacht das Treppenhaus. Ein fünfter sitzt vor der Haustür in einem Observationsfahrzeug.

Gegen 22.45 Uhr dreht sich ein Schlüssel in der Wohnungstür. Hans Eckhardt und seine beiden Kollegen entsichern ihre Waffen. Zwei Männer kommen herein. Als einer von ihnen das Licht einschaltet, blicken sie in die Läufe von zwei Pistolen und einer Maschinenpistole. »Polizei – Hände hoch!«, ruft Eckhardt. Wolfgang Grundmann hebt die Hände: »Nicht schießen, ich bin nicht bewaffnet«, lügt er – in seinem Lederhalfter am Hosenbund steckt eine Walter P 38. Eckhardt und ein Kollege gehen auf die beiden zu, um sie zu durchsuchen. In diesem Augenblick duckt sich der hinter Grundmann stehende Manfred Grashof, reißt eine Pistole hoch und feuert. Die erste Kugel trifft Eckhardt in die Brust, die zweite durchschlägt seinen Bauch. Er bricht zusammen. Seine beiden Kollegen feuern zurück. Eine Kugel trifft Grashof in den rechten Oberarm, seine Waffe fällt auf den Boden. Mit der linken Hand zieht er eine zweite Pistole. Von vier Schüssen getroffen, flüchtet er ins Treppenhaus. Dort erwartet ihn ein Polizist mit einer Maschinenpistole: »Stehen bleiben!«, schreit der ihn an. Grashof will immer noch nicht aufgeben. Der Beamte gibt einen Feuerstoß aus seiner Maschinenpistole ab. Grashof wird verhaftet.

Die beiden Verletzten werden ins Universitätskrankenhaus Eppendorf eingeliefert. Grashof kommt wieder zu Kräften. Eckhardt nicht. Seine Frau Annemarie – seit fünfundzwanzig Jahren sind die beiden verheiratet – wacht an seinem Bett: Wenn er für einige Minuten erwacht, spricht sie ihm Mut zu. Neunzehn Tage lang. Dann stirbt Hans Eckhardt. Grashof wird 1977 zu lebenslanger Haft verurteilt, 1988 begnadigt und aus der Haft entlassen.

Spätestens seit dem Tod von Petra Schelm ist den RAF-Mitgliedern klar, »dass es eine Konfrontation auf Leben und Tod ist«, blickt Irmgard Möller zurück: »In diesem Bewusstsein haben wir uns bewegt und agiert – und waren entschlossen, das weiterzumachen. Wir wussten von Anfang an, worauf wir uns eingelassen hatten. Aber als es die ersten Toten gab, hat das noch mal eine andere Situation geschaffen – plötzlich waren diese allgemeinen Überlegungen Wirklichkeit.«

## Andreas Baader flüchtet und schreibt an dpa

Um ein Haar wäre auch Andreas Baader verhaftet worden: Am 17. Januar 1972 um 19.40 Uhr. Im Hafen von Köln-Niehl. Einem Motorradpolizisten fällt auf einer Ladestraße ein dunkelbrauner BMW 2000 Tilux mit zwei Männern auf. Kennzeichen: B – MS 470. Unbeleuchtet steht er mit laufendem Motor am Straßenrand. BMW und Berliner Kennzeichen – sofort denkt der Polizeiobermeister an »Baader-Meinhof«. Er lädt seine Pistole durch. Sein Motorrad stellt er mit laufendem Motor hinter dem BMW so ab, dass der Scheinwerfer durch die Heckscheibe ins Wageninnere leuchtet. Der Polizeiobermeister geht zur Fahrerseite. Dort hört er – aus dem Wagen – seine Einsatzleitstelle »Arnold« sprechen, sieht ein Funkgerät »mit zahlreichen Drucktasten« am Armaturenbrett. »Bitte die Fahrzeugpapiere«, sagt der Beamte. »Einen Moment bitte«, antwortet Andreas Baader höflich, beugt sich nach rechts, öffnet das Handschuhfach, zieht einen langläufigen Trommelrevolver hervor und schießt sofort auf den Beamten. Der springt zurück. Die Kugel fliegt knapp an ihm vorbei. Vor Schreck lässt er seine Pistole fallen. Andreas Baader gibt Gas. Der Beamte hebt seine Waffe auf. Schießt hinterher. Und sieht, wie die Rückleuchten des BMW immer kleiner werden. Bis sie völlig verschwinden.

Wenige Tage später ist Andreas Baader ziemlich sauer auf das erfolgreichste Blatt seines publizistischen Hauptfeindes. *Bild* meldet am 22. Januar 1972: Über einen Mittelsmann hätte Baader angeboten, sich zu stellen und umfassend auszusagen – wenn ihm Straffreiheit zugesichert

Der bewaffnete Kampf entwickelt sich nicht von Schlagzeile zu Schlagzeile. Die politisch-militärische Strategie der Stadtguerrilla reicht vom Widerstand gegen die Faschisierung der parlamentarischen Demokratie bis zum Aufbau der ersten regulären Einheiten der Roten Armee im Volkskrieg.
Der Kampf hat erst begonnen.

*Baaders Brief an* dpa *(Auszug)*

würde. Wütend schreibt Baader einen Brief, der in der Nacht zum 24. Januar im Briefkasten des dpa-Büros in München eingeworfen wird: »Die Bullen werden so lange im finstern tappen, bis sie sich gezwungen sehen, die politische in die militärische Situation umzuwandeln«,[61] beginnt Baader. »Ich denke nicht daran, mich zu stellen. Kein Typ aus der RAF denkt daran, sich zu stellen«: »Erfolgsmeldungen über uns können nur heißen: verhaftet oder tot.« Die »Stärke der Guerilla« sei die »Entschlossenheit jedes einzelnen von uns«. Die »politisch-militärische Strategie der Stadtguerilla« reiche »bis zum Aufbau der ersten regulären Einheiten der Roten Armee Fraktion im Volkskrieg«, verkündet Baader und endet mit: »Der Kampf hat erst begonnen.« Er unterschreibt mit »A. Baader«. Darunter setzt er einen Abdruck seines Daumens mit Stempelfarbe.

Auch Renate Riemeck schreibt einen Brief: Einen »offenen« – an ihre einstige Pflegetochter Ulrike Meinhof. Deren ehemaliger Ehemann Klaus Rainer Röhl druckt ihn im November 1971 in *konkret* ab. Das Mitglied der Deutschen Friedensunion fordert ihr einstiges Mündel auf, die Untergrundaktionen zu beenden: »Die Bundesrepublik ist kein Pflaster für eine Stadtguerilla lateinamerikanischen Typs. Du weißt, Ulrike, dass Ihr von unserer Öffentlichkeit nichts anderes zu erwarten habt als erbitterte Feindschaft.« Riemeck redet ihr ins Gewissen: »Wer – außer einer Handvoll Sympathisanten – hat noch Verständnis für den politischen Impuls Eures Handelns? Ihr habt nicht die Rechtfertigung der Tupamaros von Uruguay für Aktionen, bei denen geschossen wird und Menschen ihr Leben verlieren. Ihr müsst Euch korrigieren.« Ulrike Meinhof will sich aber nicht korrigieren. Auch ihre Genossen nicht.

## »Ein Krieg von 6 gegen 60 000 000«

Im Laufe des Jahres 1971 ist die »Baader-Meinhof-Bande« für viele Bundesbürger zum »Staatsfeind Nummer 1« geworden. Fast jeden Morgen erscheinen neue Schlagzeilen in den Boulevardzeitungen über die Gruppe. Eine von *Bild* bringt den Schriftsteller Heinrich Böll in Rage. »Baader-Meinhof-Bande mordet weiter – Bankraub: Polizist erschossen«. So titelt *Bild* am 23. Dezember 1971 – nach dem Überfall und Mord an dem Polizisten Herbert Schoner in Kaiserslautern. Böll nimmt dazu im *Spiegel* Stellung – eine für die Zeit bezeichnende Auseinandersetzung folgt:

Böll kritisiert unter der Überschrift »Will Ulrike Gnade oder freies Geleit?« am 17. Januar 1972, dass *Bild* behauptet, die »Baader-Meinhof-

Ingridgläser
Ingridvasen
Ingridleuchter

Donnerstag, 23. Dez. 1971 · 20 Pf

Bild

UNABHÄNGIG · ÜBERPARTEILICH

Viel Geld für viel Prügel

Baader-Meinhof-Bande mordet weiter

Bankraub: Polizist erschossen

Eine Witwe und 2 kleine Kinder bleiben zurück

Niemand weiß

bekommt.
Auf jeden Fall keine Erkältung.
Dank Cebion.

Cebion

Bild *vom 23. Dezember 1971*

Bande« habe den Mord und Raub begangen, obwohl dies noch gar nicht bewiesen sei.[62] Er nennt die *Bild*-Schlagzeile »eine Aufforderung zur Lynchjustiz« und spricht von »einem Krieg von 6 gegen 60 000 000«: »Das ist tatsächlich eine äußerst bedrohliche Situation für die Bundesrepublik Deutschland. Es ist Zeit, den nationalen Notstand auszurufen. Den Notstand des öffentlichen Bewusstseins, der durch Publikationen wie *Bild* permanent gesteigert wird.« Böll fragt: »Will Ulrike Gnade oder freies Geleit?«, und fügt hinzu: »Selbst wenn sie keines von beiden will, einer muss es ihr anbieten.« Böll verweist auf die im Dritten Reich Verfolgten und fragt, ob sie »alle vergessen« hätten, »was es bedeutet, verfolgt und gehetzt zu sein«: »Waren nicht auch sie, die ehemals Verfolgten, einmal erklärte Gegner des Systems, und haben sie vergessen, was sich hinter dem reizenden Terminus ›auf der Flucht erschossen‹ verbarg?«

»Ich weigere mich anzunehmen«, erwidert ihm Diether Posser, nordrhein-westfälischer Minister für Bundesangelegenheiten, zwei Wochen später im *Spiegel*, »dass Heinrich Böll nicht die unübersteigbaren Unterschiede zwischen der nüchternen, entschiedenen, die Menschenwürde auch des Verbrechers achtenden Strafverfolgung durch den Rechtsstaat und der Menschenjagd und den Mordtaten des nationalsozialistischen Unrechtsstaates kennt. Die Böll'sche Parallele ist eine böse Entgleisung«: »Keines der bisher verhafteten Mitglieder der Gruppe ist ›auf der Flucht erschossen‹ worden, wie die Tarnformel für die ohne Gerichtsverfahren liquidierten Inhaftierten in Gewaltregimen lautet. Deutschland ist kein Land der Lynchjustiz.« Possers Fazit über Bölls Stellungnahme: »Er wollte zur Besinnung rufen und schrieb selbst unbesonnen.«

*Heinrich Böll*

In der Woche darauf nimmt Böll noch einmal im *Spiegel* Stellung: »Im Großen und Ganzen, auch in einigen Details muss ich Herrn Dr. Posser Recht geben. Die Wirkung meines Artikels entspricht nicht andeutungsweise dem, was mir vorschwebte: eine Art Entspannung herbeizuführen und die Gruppe, wenn auch versteckt, zur Aufgabe aufzufordern. Ich gebe zu, dass ich das Ausmaß der Demagogie, die ich heraufbeschwören würde, nicht ermessen habe.«[63]

Aber auch die RAF findet den Böll-Artikel »daneben«: »Wir waren ziemlich wütend«, gibt Irmgard Möller, in dieser Zeit bei der RAF, die Stimmung in der Gruppe wieder: »Wir haben nicht gegen sechzig Millionen gekämpft, sondern gegen die Regierung und den Staat. Böll hat da so eine Art Volksfront gegen uns konstruiert, die es nicht gab.«

## Der spätere »König von Deutschland« schreibt eine Hymne für Andreas Baader

In dieser Post-Achtundsechziger-Zeit träumen aber auch noch immer einige von einer revolutionären Änderung der »bestehenden Verhältnisse«. Für sie wird Andreas Baader zum – mehr oder minder – bewunderten Ober-Rebellen der Republik. Vor allem zwischen Herbst 1970 und Frühjahr 1972: Der Kopf der RAF ist nicht zu fassen – trotz aufwändigster Polizeifahndung. Eine Art Robin Hood der Gegenwart. Nach der mittelalterlichen Legende war Robin Hood nicht zu bezwingen, weil er sich in den unendlichen Wäldern des Sherwood Forest versteckt hielt. Von dort aus führte er einen »Guerillakrieg gegen die Reichen«, vor allem auch gegen Prinz John und den Sheriff – mit einer stetig wachsenden Rebellenarmee. Verarmte Menschen, deren Anzahl ständig stieg, schlossen sich ihm an. Ihren politischen Unmut verstand Robin Hood für sich zu nutzen.

Für andere ist Baader ein deutscher Ned Kelly – der Name war damals in aller Munde: 1970 hatte Stones-Sänger Mick Jagger dessen Rolle in einem vielbeachteten Kinofilm gespielt. Kelly (1855 bis 1880), australischer Volksheld und Buschbandit, überfiel Polizeistationen, erschoss Polizisten und raubte Banken aus. Auch er war über Jahre nicht zu fassen, weil er sich mit seiner Gang vor den Verfolgern in den »Wombat Ranges« versteckte. Ähnlich wie Robin Hood im Sherwood Forest und Baader nun in den bundesdeutschen »Metropolen«.

In diesen Sog der Baader-Bewunderung in links-militanten Kreise gerät auch der einundzwanzigjährige Rio Reiser. Sänger der linken Kultrockgruppe Ton Steine Scherben. Im Spätsommer 1971 war ihre erste Langspielplatte »Warum geht es mir so dreckig« erschienen. Mit Titeln wie »Macht kaputt, was Euch kaputt macht«, »Ich will nicht werden, was mein Alter ist« und »Der Kampf geht weiter« waren sie schnell zur Nummer eins des deutschen Politrocks geworden. Im Winter 1971/72 schreibt Rio Reiser den Titel »Keine Macht für Niemand« – als »Hymne für den bewaffneten Kampf«, berichtet Kai Sichtermann, Bassist der Gruppe. Einige meinen gar, Reiser habe den Titel als »Auftragsproduktion für die Rote Armee« geschrieben.[63a] Die Titelzeile »Keine Macht für Niemand« hatte Reiser in der Hamburger Anarcho-Zeitung *Germania* entdeckt. Als Refrain textet er:

»Im Süden, im Osten, im Westen, im Norden,
es sind überall dieselben, die uns ermorden.
In jeder Stadt und in jedem Land,
schreibt die Parole an die Wand.
Keine Macht für Niemand!
Keine Macht für Niemand!«

Der Titel wird zum Hit in der linken Szene. Insgesamt rund eine halbe Million Mal verkauft – über die Jahre. In vielen Wohngemeinschaften läuft er von morgens bis abends. Und auch noch bis tief in die Nacht hinein. Der Titel wird tatsächlich schnell die Hymne der RAF-Fans. So schreiben RAF-Sympathisanten bald an Tausende Häuserwände: „Keine Macht für Niemand!“

»Wir haben zu Ungehorsam, Rebellion und Umsturz aufgerufen, da war es sozusagen natürlich, dass wir in diesem ›Krieg‹ zwischen der RAF und dem Staat eher mit der RAF sympathisierten – zumal auch hier David gegen Goliath zu kämpfen schien«, erläutert Jörg Schlotterer das Engagement von Rio Reiser und seinen »Scherben« für Baader und den »bewaffneten Kampf«. Schlotterer war über SDS und Rote Hilfe zu den »Scherben« gestoßen.

Im Frühjahr 1972, Baader ist seit fast zwei Jahren auf der Flucht, besucht Schlotterer Andreas Baader und Holger Meins in Frankfurt – nach einer konspirativen Anreise: »Andreas hat mit seiner Knarre rumgespielt wie mit einem Jojo«, erinnert sich Schlotterer. Der sagt ihm, »dass ich so ein Teil noch nie in der Hand gehabt« hätte. »Och, ist ganz einfach«, meint Baader. »Musste nur so machen«, fährt er fort und vollführt allerlei Tricks mit der Knarre. Dann zeigt Baader dem Besucher aus Berlin sein ganzes Waffenarsenal. »Ich dachte, ich spinne«, erinnert sich Schlotterer an diesen Augenblick. Baader fragt: »Willst du mitmachen?« »Nein«, antwortet Schlotterer. Er sei »jetzt mit ganzer Kraft bei den Scherben«. Baader akzeptiert. Erwidert jovial: »Du bist kein Schwein.«

Vierzehn Jahre nach »Keine Macht für Niemand« landet Rio Reiser 1986 mit »König von Deutschland« einen Nummer-Eins-Hit in den deutschen Charts. Zehn Jahre später stirbt er. Im Alter von sechsundvierzig.

»Natürlich gab es auch Zweifel und Unverständnis am Vorgehen der RAF«, blickt Jörg Schlotterer auf die »Scherben« und die siebziger Jahre zurück, »die sich verstärkten, je blutiger und brutaler – von beiden Seiten – sich diese Geschichte entwickelte und verselbständigte. Aber wir haben erst spät erkannt, dass, wer auszieht, die Vampire zu besiegen, leicht selbst zum Vampir wird.«

# 26. Kapitel: Die Kampfschriften

Von der ersten »Generation« gibt es Dutzende Erklärungen, in denen sie ihr Handeln ideologisch zu begründen versucht. Allein rund vierzig größere Stellungnahmen: In Zeitschriften wie dem *Spiegel,* in Gerichtssälen, in so genannten »Zellenzirkularen« und in Selbstbezichtigungsschreiben nach Anschlägen. Die drei grundlegenden Kampfschriften sind »Das Konzept Stadtguerilla«, »Über den bewaffneten Kampf in Westeuropa« und »Stadtguerilla und Klassenkampf«. Konzepte, die in langen Gruppendiskussionen entstanden und von Ulrike Meinhof zu Papier gebracht wurden – mit Ausnahme von »Über den bewaffneten Kampf in Westeuropa«.

Es sind Agitationsschriften, in denen sich die RAF bemüht, die Guerilla-Idee für Deutschland fruchtbar zu machen. Gedanken von Mao, Carlos Marighella, Fidel Castro, Che Guevara, Vo Nguyen Giap – eines vietnamesischen Kommunisten – und anderen. Die Grundidee – einfach ausgedrückt: Wenn eine zunächst kleine Gruppe den »bewaffneten Kampf« gegen das System aufnimmt, folgen ihr bald andere Gruppen. Die unterdrückten »Massen« begrüßen diese bewaffneten Aktionen gegen das System und entdecken zunehmend ihre »eigene Macht«. Bald erheben sich die »Massen« und brechen den »Widerstand des Feindes«. Anschließend hat das »Volk« die »Macht«. Das alte System ist gestürzt. – Was dann kommt, sagt die RAF allerdings nicht.

Mit anderen Worten: die RAF als kleiner Stein, der eine Lawine ins Rollen bringt. Oder als Funke, der eine Massenrebellion auslöst. Ihren »bewaffneten Kampf« bezeichnet die RAF als »höchste Form des Klassenkampfes«. Und so sind ihre Schriften eine illustre Mischung von Zitaten kommunistischer Klassiker – wie Mao, Marx, Lenin und Rosa Luxemburg – und von Befreiungsideologen der Neuzeit. Wie Che Guevara, des Franzosen Régis Debray und Il Manifesto, einer Gruppe italienischer Linker, die 1969 aus der KPI geflogen war. Befreiungstheorie gemischt mit Marxismus-Leninismus.

## »Das Konzept Stadtguerilla«

*Die erste RAF-Kampfschrift*

Das Sechzehn-Seiten-Papier ist die erste umfassende Begründung für die Aufnahme des bewaffneten Kampfes in der Bundesrepublik. Es erscheint Mitte April 1971 und steckt in den Briefkästen von Redaktionen, linken Gruppen und einzelnen Personen. Absender: »Werbezentrale Bonn, 53 Bonn, Am Markte 39«.

Es beginnt mit einem Zitat Maos – aus dem Jahr 1939: »Zwischen uns und dem Feind einen klaren Trennstrich ziehen! Wenn wir vom Feind bekämpft werden, dann ist das gut; denn es ist ein Beweis, dass wir zwischen uns und dem Feind einen klaren Trennstrich gezogen haben.« Wenn ihnen »der Feind energisch« entgegentrete, zeuge dies davon, »dass unsere Arbeit auch glänzende Erfolge gezeitigt hat«.

Im ersten der sechs Abschnitte »Konkrete Antworten auf konkrete Fragen« rechtfertigt die Gruppe den Schuss auf den Institutsangestellten Georg Linke bei Baaders Befreiung mit der Behauptung, es habe »keinen Grund für die Annahme« gegeben, »dass ein Ziviler sich noch dazwischenwerfen könnte und würde«.[64] Bei der Baader-Befreiung hätten »die Bullen zuerst geschossen«.[65] Die Zeit sei reif für den »bewaffneten Kampf«: »Wir behaupten, dass die Organisierung von bewaffneten Widerstandsgruppen zu diesem Zeitpunkt in der Bundesrepublik und in Westberlin richtig ist, möglich ist, gerechtfertigt ist. Dass es richtig, möglich und gerechtfertigt ist, hier und jetzt Stadtguerilla zu machen.« Der »bewaffnete Kampf« sei nach Mao »die höchste Form des Marxismus-Leninismus«.

Im zweiten Abschnitt »Metropole Bundesrepublik« behauptet die Gruppe, der sozial-liberalen Koalition sei es gelungen, »die ›Unzufriedenheit‹, die sich durch die Studentenbewegung und die Außerparlamentarische Bewegung bemerkbar gemacht hatte, weitgehend zu absorbieren«. Die RAF prangert den bundesdeutschen »Imperialismus« an: »Durch die Entwicklungs- und Militärhilfe an den Aggressionskriegen der USA beteiligt, profitiert die Bundesrepublik von der Ausbeutung der Dritten Welt, ohne die Verantwortung für diese Kriege zu haben.«

Im dritten Abschnitt »Studentenrevolte« erklärt die RAF die Studentenbewegung zu ihrer »Vorgeschichte«, zu der sie sich auch bekenne: »Es ist das Verdienst der Studentenbewegung in der Bundesrepublik und West-Berlin – ihrer Straßenkämpfe, Brandstiftungen, Anwendung von Gegengewalt, ihres Pathos also auch, ihrer Übertreibungen und Ignoranz, kurz: Ihrer Praxis, den Marxismus-Leninismus im Bewusstsein wenigstens der Intelligenz als diejenige politische Theorie rekonstruiert zu haben, ohne die politische, ökonomische und ideologische Tatsachen und ihre Erscheinungsformen nicht auf den Begriff zu bringen sind, ihr innerer und äußerer Zusammenhang nicht zu beschreiben ist.« Die Studentenbewegung sei zerfallen, weil es ihr nicht gelungen sei, »eine ihren Zielen angemessene Praxis zu entwickeln« – in Betrieben, einer »funktionsfähige(n) Stadtguerilla oder durch sozialistische Massenorganisation«. Zerfallen, weil »der Funke der Studentenbewegung ... nicht zum Steppenbrand entfalteter Klassenkämpfe geworden war«. Die Studentenbewegung – als »Vorgeschichte der RAF« – habe den »Marxismus-Leninismus als Waffe im Klassenkampf rekonstruiert und den internationalen Kontext für den revolutionären Kampf in den Metropolen hergestellt«.

Im vierten Abschnitt »Primat der Praxis« erklärt die RAF, die »Klassenanalyse, die wir brauchen, ist nicht zu machen ohne revolutionäre Praxis, ohne revolutionäre Initiative«. Also: Das exakte Ziel ergebe sich beim Gehen: »Die Rote Armee redet vom Primat der Praxis. Ob es richtig ist, den bewaffneten Widerstand jetzt zu organisieren, hängt davon ab, ob es möglich ist; ob es möglich ist, ist nur praktisch zu ermitteln.«

Im fünften Abschnitt »Stadtguerilla« erklärt die RAF, dass ihr aus Lateinamerika übernommenes »Konzept Stadtguerilla« in der Bundesrepublik nicht mehr sein könne, als es dort sei: »Die revolutionäre Interventionsmethode von insgesamt schwachen revolutionären Kräften.« »Stadtguerilla zielt darauf ab, den staatlichen Herrschaftsapparat an einzelnen Punkten zu destruieren, stellenweise außer Kraft zu setzen, den Mythos von der Allgegenwart des Systems und seiner Unverletzlichkeit zu zerstören ... Wir wissen noch nicht viel, aber schon einiges.« Stadtguerilla könne linke »Agitation und Propaganda« »konkret machen«. Beispielsweise bei der »Springerkampagne« und »in bezug auf die Kritik am Strafvollzug und an der Klassenjustiz«. Unerheblich sei für die Stadtguerilla die »Öffentlichkeit«, die die »Interessen des Kapitals« wahre: »An marxistischer Kritik und Selbstkritik hat sie sich zu orientieren, an sonst nichts. ›Wer keine Angst vor Vierteilung hat, wagt es, den Kaiser vom Pferd zu zerren‹, sagt Mao dazu.«

Im sechsten Abschnitt »Legalität und Illegalität« setzt sich die RAF mit der in jenen Tagen viel zitierten Anarchisten-Parole »Macht kaputt, was euch kaputt macht« auseinander. Richtig an ihr sei, dass sie auf eine direkte Mobilisierung der Basis abziele, zum direkten Widerstand auffordere. Falsch hingegen, dass sie das »falsche Bewusstsein« vermittle, man brauche bloß zuzuschlagen. Auf eine solche Aktion folge nämlich eine verschärfte Repression, der man so schutzlos ausgesetzt sei. Man werde »legal verhaftet«. Die Folgerung daraus: »Legalität ist eine Machtfrage.«

Die Rote Armee Fraktion organisiere »die Illegalität als Offensiv-Position für revolutionäre Intervention. Stadtguerilla machen heißt, den antiimperialistischen Kampf offensiv führen.« Die RAF versteht sich als Teil eines Ganzen: »Die Rote Armee Fraktion stellt die Verbindung her zwischen legalem und illegalem Kampf, zwischen nationalem und internationalem Kampf, zwischen politischem und bewaffnetem Kampf, zwischen der strategischen und taktischen Bestimmung der internationalen kommunistischen Bewegung. Stadtguerilla heißt, trotz der Schwäche der revolutionären Kräfte in der Bundesrepublik und Westberlin hier und jetzt revolutionär intervenieren!«

Dass die RAF das Primat der Praxis betont, den Vorrang des militanten Kampfes gegenüber der Theorie, ist vor dem Hintergrund nicht enden wollender politischer Theorie-Diskussionen innerhalb der Linken Ende der sechziger, Anfang der siebziger Jahre zu sehen. Die RAF will sich deutlich von den Diskutanten in Seminarräumen und Kneipen absetzen. Auch hier also zieht die RAF einen »klaren Trennstrich«: Nicht erst die »Klassenanalyse«, sondern erst einmal losschlagen und dann analysieren, was los und an Veränderungen möglich ist. Angesichts dieser Sichtweise kommt die RAF auch darum herum zu erklären, was am Ende des Ganzen stehen soll. Nach ihrem Selbstverständnis ist die RAF treibende Kraft in Sachen Revolution in Deutschland.

## »Über den bewaffneten Kampf in Westeuropa«

Zwei Monate nach dem »Konzept Stadtguerilla« erscheint im Juni 1971 das Papier »Die Lücken der revolutionären Theorie schließen – Die Rote Armee aufbauen!«. Die siebzig Seiten hat Horst Mahler in der Haft getippt. Auf dem Einband der Broschüre steht »Verkehrsrechts- und Verkehrsaufklärungsheft – Die neue Straßenverkehrsordnung«. Eine »Tarnung«, die sich ein ganz schlauer Kopf erdacht hatte: Sinnigerweise wird sie schon einige Zentimeter tiefer wieder aufgehoben – durch ein auf dem Deckblatt abgebildetes Gewehr, das Hammer und Sichel durchkreuzt.

Schon bald erscheint die Schrift unter einem anderen Titel: »Über den bewaffneten Kampf in Westeuropa«. Die RAF beschreibt, wie sich nach ihrem Verständnis aus dem »bewaffneten Kampf« – »als höchste Form des Klassenkampfes« – die Revolution hierzulande entwickelt. Der »Masterplan« der RAF für den Umsturz in der Bundesrepublik[66]: »In der Anfangsphase bilden sich dezentralisiert und unabhängig voneinander einzelne Partisanengruppen, die Kommandoaktionen unternehmen.« Diese Gruppen müssten »Verbindungen zueinander herstellen«. Würden in dieser ersten Phase die Kommandoeinheiten »eine richtige Politik« verfolgen, »dann begreifen die Massen schnell die bewaffnete Aktion als ein erfolgreiches Mittel zur Sicherung ihrer Interessen«. Die Guerilla werde dabei »nach dem Grundsatz verfahren: ›Bestrafe einen und erziehe Hunderte‹«. Es folge ein »Prozess notwendige(r) Solidarisierung der arbeitenden Massen«: »Im Verlauf dieses Prozesses isolieren sich die Unterdrückungsstreitkräfte zunehmend.« Es gelte: »Wenn der Feind formiert und massiert auftritt, wird er die Guerilla nicht finden und deshalb auch nicht bekämpfen können. Wenn sich die Söldner des Feindes aber zerstreuen, wenn sie arglos und vereinzelt sind, in ihre Quartiere und Wohnungen zurückkehren, werden die Partisanen sie dort erwarten und zur Verantwortung ziehen.« Für »Offiziere und leitende Beamte« dürfe es »nirgends mehr ein befriedetes Gebiet, eine ›Etappe‹, eine friedliche Heimat, ein sicheres Privatleben geben.« Die bewaffneten Gruppen müssten »in den Massen schwimmen wie ein Fisch im Wasser«. In dieser pre-revolutionären Phase müssten die »Massen befähigt werden, ihre reale Macht konkret zu entfalten und dem Feind erfolgreich entgegenzusetzen«: »Hat die Auflösung der feindlichen Kräfte einen genügenden Grad erreicht, dann wird es aussichtsreich, durch koordinierte Aktionen der Massen in den Produktionsbetrieben und der bewaffneten Abteilungen des Proletariats den letzten Widerstand des Feindes zu brechen und die Macht des Volkes in allen Bereichen zu festigen.«

Falsch wäre es, so der RAF-Revolutionsfahrplan, das »Mittel des bewaffneten Kampfes ... erst einzusetzen, wenn die ›Zustimmung der Massen‹ sicher ist; denn das hieße, auf diesen Kampf gänzlich zu verzichten, weil diese ›Zustimmung der Massen‹ allein durch den Kampf erreicht werden kann«. Der Schluss aus alledem für die RAF: »Wir müssen also einen Angriff unternehmen, um das revolutionäre Bewusstsein der Massen zu wecken.«

Drei Jahre nach diesem Werk fliegt Horst Mahler aus der RAF. Seinen Rauswurf verkündet Monika Berberich der Öffentlichkeit am 27. September 1974, als Zeugin im Baader-Befreiungsprozess in Berlin. Mahler sei wegen seines »Dünkels, seiner Allüren und seines Herrschaftsanspruchs« ausgeschlossen worden. Im Gerichtssaal nennt sie den einstigen RAF-Vordenker einen »belanglosen Schwätzer und eine lächerliche Figur«.[67]

## »Stadtguerilla und Klassenkampf«

Das unter Federführung von Ulrike Meinhof verfasste Sechzig-Seiten-Traktat »Stadtguerilla und Klassenkampf« bekommen im April 1972 Redaktionen und einzelne Personen zugeschickt. Der Absender auf dem Umschlag: »RCDS, 84 Regensburg, Uni-Straße 31«. Tatsächlicher Absender: die RAF. *Der Spiegel* druckt Auszüge in seiner Ausgabe am 24. April 1972. »Stadtguerilla und Klassenkampf« ist eine Fortschreibung des »Konzepts Stadtguerilla«: Die Gruppe nimmt zu Themen Stellung, die für sie im vergangenen Jahr, seitdem »Stadtguerilla und Klassenkampf« erschienen ist, Bedeutung gewonnen haben. Kernaussage: Aufgrund der politischen und wirtschaftlichen Entwicklung sei der bewaffnete Kampf jetzt notwendiger als je zuvor.

Es beginnt mit dem Thema Tod. Seit einem Dreivierteljahr, seitdem Petra Schelm ums Leben gekommen ist, hat dieses Thema für die Gruppe und auch ihr Umfeld praktische Bedeutung erlangt. Die RAF lässt wieder Mao sprechen, stellt ein Zitat von ihm aus dem Jahr 1921 der Schrift voran: »Der Tod ist jedem beschieden, aber nicht jeder Tod hat die gleiche Bedeutung. In alten Zeiten gab es in China einen Schriftsteller namens Sima Tijän. Dieser sagte einmal: ›Es stirbt allerdings ein jeder, aber der Tod des einen ist gewichtiger als der Tai-Berg, der Tod des anderen hat weniger Gewicht als Schwanenflaum.‹ Stirbt man für die Interessen des Volkes, so ist der Tod gewichtiger als der Tai-Berg; steht man im Sold der Faschisten und stirbt für die Ausbeuter und Unterdrücker des Volkes, so hat der Tod weniger Gewicht als Schwanenflaum.«

In Deutschland seien »Exekutionskommandos der Polizei« aufgestellt worden, behauptetet die RAF, damit »falsche Ansichten der Menschen nicht von richtigen abgelöst werden«: »Petra, Georg und Thomas[68] starben im Kampf gegen das Sterben im Dienst der Ausbeuter. Sie wurden ermordet, damit das Kapital ungestört weitermorden kann und damit die Leute weiterhin denken müssen, dass man nichts dagegen machen kann. Aber der Kampf hat erst begonnen.«

In den ersten drei der vier Kapitel nimmt die Gruppe auf über vierzig Seiten zu Themen Stellung, die die Linke beschäftigen. In ihrer Interpretation der Dinge kommt sie zu dem Ergebnis, »bewaffneter Kampf« sei notwendig: Zum Beispiel angesichts des Besuchs von Bundeskanzler Brandt beim Schah in Teheran im März 1972. Unter der Überschrift »Persien und der Widerspruch der neuen Linken« erklärt die RAF, Brandt habe in Teheran einen »Kniefall vor dem Mörder-Schah« getan – wegen der wirtschaftlichen »Interessen der deutschen Kolonie in Teheran«. »Siemens, AEG-Telefunken, Bayer, BASF, Hoechst« und andere. Deutsche Konzerne würden vom »Faschismus des Schah profitieren«, weil sie dort mannigfaltige Geschäfte machten. Die »westdeutsche Linke« aber habe zu »Brandts Persien-Besuch geschwiegen«, »ihn dort schwatzen lassen«. Grund für dieses Schweigen sei die »Erkenntnis« der »intellektuellen Linken«, die Verhältnisse nicht ändern zu können: »Das ist der Dogmatismus und die Engstirnigkeit eines Teiles der Linken«, urteilt die RAF.

Der »Stand der Klassenkämpfe« erfordere »revolutionäre Interventionsmethoden«, was viele Linke noch nicht erkannt hätten. Stadtguerilla sei »eine Möglichkeit, im Bewusstsein der Menschen die Zusammenhänge imperialistischer Herrschaft herzustellen … Einen Fortschritt im Klassenkampf gibt es nur, wenn die legale Arbeit mit illegaler Arbeit verbunden wird, wenn die politisch-propagandistische Arbeit die Perspektive des bewaffneten Kampfes hat, wenn die politisch-organisatorische Arbeit die Möglichkeit der Stadtguerilla einschließt.«

Dieses Ergebnis ihrer Analyse unterstreicht die RAF mit einem Zitat der uruguayischen Stadtguerilla »Tupamaros« – und damit wieder einmal mit dem »Primat der Praxis«: »Im gegenwärtigen Stadium der Geschichte kann niemand mehr bestreiten, dass eine bewaffnete Gruppe, so klein sie auch sein mag, bessere Aussichten hat, sich in eine große Volksarmee zu verwandeln, als eine Gruppe, die sich darauf beschränkt, revolutionäre Lehrsätze zu verkünden.«

Im vierten Abschnitt »Über aktuelle Einzelfragen« befasst sich die RAF mit dem »Verrat«. Er ist für sie zum Thema geworden, nachdem die einstigen Mitglieder Karl-Heinz Ruhland, Peter Homann und Beate Sturm bei der Polizei über die RAF ausgepackt haben: »Solange Verräter noch bei Genossen landen können, nicht einmal die Fresse voll kriegen«, erklärt die RAF, »solange wird es Verräterei geben.« Eine unmissverständliche Warnung an die Verräter, auch an künftige: »Toleranz gegenüber Verrätern produziert neuen Verrat.«

Unter der Überschrift »Über Bankraub« antwortet die Gruppe auf die von vielen Linken missbilligten RAF-Überfälle. Die Täter erklären den Bankraub zur »proletarischen Aktion« – und damit als gerechtfertigt. »Manche sagen: Bankraub ist nicht politisch. Aber seit wann ist die Frage der Finanzierung einer politischen Organisation keine politische Frage. Die Stadtguerillas in Lateinamerika nennen Bankraub ›Enteignungsaktionen‹. Niemand behauptet, dass der Bankraub für sich an der Ausbeuterordnung etwas verändert. Für die revolutionäre Organisation bedeutet er erst mal nur die Lösung ihres Finanzierungsproblems. Er ist logistisch richtig, weil anders das Finanzierungsproblem gar nicht zu lösen ist. Er ist politisch richtig, weil er eine Enteignungsaktion ist. Er ist taktisch richtig, weil er eine proletarische Aktion ist. Er ist strategisch richtig, weil er der Finanzierung der Guerilla dient.«

Schließlich wendet sich die Gruppe an die Genossen, die ihr vorwerfen, sie mache »keine populären Aktionen«, sondern befasse sich lediglich mit dem Aufbau der Logistik. »Populäre Aktionen« seien nur eine Frage der Zeit, signalisiert die RAF: »Ohne die logistischen Probleme teilweise gelöst zu haben«, werde »der Ausgang von Aktionen technisch, psychisch und politisch dem Zufall überlassen«. Der Aufbau einer Logistik sichere zudem die »Kontinuität der revolutionären Organisation«.

Am Schluss appelliert die RAF an die Solidarität der Genossen: »Alle Menschen in den Reihen der Revolution müssen füreinander sorgen, müssen sich liebevoll zueinander verhalten, einander helfen.« Die RAF hatte im vergangenen Jahr erlebt, dass sich immer mehr Linke von ihr abwendeten, nachdem sie mitbekommen hatten, was die Gruppe tatsächlich trieb. Anders als in den ersten Monaten ist es für die RAF immer schwerer geworden, Helfer und Helfershelfer zu finden. Beispielsweise bei der Quartierbeschaffung. Die RAF wendet sich an ihren potenziellen Unterstützerkreis mit Parolen wie: »Dem Volke dienen!«, »Den bewaffneten Kampf unterstützen!«.

# 27. Kapitel: Das Bundeskriminalamt rüstet auf

Die Polizei ist in Nöten, seitdem die RAF im Dezember 1970 nach Westdeutschland aufgebrochen war. Ihre Mitglieder reisen kreuz und quer durch die Republik. Innerhalb weniger Stunden durch mehrere Bundesländer. Festnahmen sind Zufall. Weil »Polizei« in Deutschland »Ländersache« ist, werden ihre Erkenntnisse nicht zentral gesammelt und ausgewertet. In jedem Bundesland arbeitet die Polizei für sich. Die Schwierigkeiten, die RAF zu fassen, sind offensichtlich.

Nach den »Doppelschlag«-Banküberfällen am 15. Januar 1971 wird es Bundesinnenminister Hans-Dietrich Genscher zu bunt mit Baader, Meinhof & Co.: Am 29. Januar 1971 ordnet er an, dass das Bundeskriminalamt die Verfolgung der »Baader-Meinhof-Gruppe« zentral übernimmt. Das Bundeskriminalamts-Gesetz sieht eine solche Möglichkeit bei »schwerwiegenden Gründen« vor. Genscher erblickt sie in der »überregionalen Erscheinungsform« und der »Schwere der Delikte«.

Die »Sonderkommission Baader/Meinhof« – Kürzel: »Soko B/M« wird als Teil der »Sicherungsgruppe« am Standort Bonn des Wiesbadener Amtes eingerichtet: Diese »Sicherungsgruppe« ist zuständig für die Aufklärung von Staatsschutzdelikten und den Schutz der »Verfassungsorgane«. Sie stellt die Leibwächter für den Bundeskanzler und die Bundesminister.

Die Arbeit der »Soko B/M« fängt im Februar 1971 mit drei Kartons voller Akten an – aus Berlin: die bisherigen Erkenntnisse der Kollegen in dem »Ermittlungsverfahren gegen Horst Mahler u. a.«. Kriminaloberkommissar Alfred Klaus und seine Kollegen studieren Berge von Papier. Alles Wesentliche für die weitere Arbeit fasst Klaus in einem 61 Seiten langen »Vorbericht« zusammen: »Über die Gründung der Gruppe Baader-Mahler-Meinhof und ihre Organisationsstruktur liegen noch keine sicheren Erkenntnisse vor«, notiert der Beamte am 19. Februar 1971. »Über den Verbleib und die Verwaltung der bisher erbeuteten Geldmittel ist bisher nichts bekannt geworden ... Die Beweggründe für das strafbare Tun der Täter und die von ihnen verfolgten revolutionären Ziele haben ihren Ursprung in den gesellschaftlichen Auseinandersetzungen der letzten Jahre, die durch die antiautoritäre Studentenbewegung – repräsentiert durch den SDS – und andere Kräfte der außerparlamentarischen Opposition ausgelöst wurden.«

Die »Soko B/M« bezieht im beschaulichen Bad Godesberg, einem Vorort von Bonn, das Gebäude in der Friedrich-Ebert-Straße 1. Direkt gegenüber dem Bahnhof. Von nun an laufen hier alle Erkenntnisse über die »Baader-Meinhof-Bande« aus dem gesamten Bundesgebiet zusammen. Die BKA-Beamten arbeiten Hand in Hand mit den Beamten in den Ländern. Dort sind »Regionale Sonderkommissionen« – »Resos« – eingerichtet worden. Die »Soko B/M« steuert die Einsätze republikweit: Sie veranlasst Observationen, Wohnungsdurchsuchungen, Personenüberprüfungen und Straßensperren, etwa die, die Petra Schelm zum Verhängnis wird. Sogar ganze Eisenbahnzüge lassen die Beamten stoppen. Wie nach dem Hinweis eines Reisenden, Andreas Baader und Ulrike Meinhof säßen gemeinsam in einem Abteil. Der Zug wird in Hannover angehalten. Eine Hundertschaft durchkämmt die Waggons. Von Baader und Meinhof aber keine Spur.

Bis zu fünfzig Mal am Tag gibt es bei der Sonderkommission in Bonn »B/M«-Alarm: die Nachricht, eines der »B/M«-Mitglieder sei irgendwo in Deutschland gesichtet worden. Regelmäßig Fehlalarm. Die Fahndung nach den – so die damalige Bezeichnung der Polizei – »B/M-Mitgliedern« läuft in der ganzen Republik auf Hochtouren.

Am 1. September 1971 bekommt das Bundeskriminalamt einen neuen Präsidenten, der die »Baader-Meinhof«-Fahndung mit neuem Schwung vorantreibt: Dr. jur. Horst Herold. Er ist achtundvierzig, untersetzt und – wie er selbst sagt – linker Sozialdemokrat. Zuvor war er Polizeipräsident in Nürnberg. Davor Landgerichtsrat und – am Anfang seiner Laufbahn – Verkehrs-Staatsanwalt. In einer Zeit, in der sich viele in der Republik fragen, wieso es der Polizei nicht gelingt, die »Anarchisten« zu fassen, bringt er die Bundesbehörde zügig auf Vordermann. Herold setzt auf den Computer – in einer Zeit, in der EDV im Büro noch weitgehend unbekannt ist. Sein Credo: »Kriminalitätsbekämpfung ist Informationsverarbeitung – aufnehmen, speichern, verarbeiten.« Rasch ersetzt der Bildschirm bei der Polizei die kiloschweren Fahndungsbücher, die bereits am Tag ihres Erscheinens nicht mehr auf dem neuesten Stand sind. Herold schwört auf den – unbestechlichen – Sachbeweis, lässt seine Wissenschaftler an der »Objektivierung des Sachbeweises« arbeiten: Jede Zahnbürste, jeder Nagel, den die Fahnder in einer konspirativen Wohnung entdecken, wird analysiert und bis zum Herkunftsort zurückverfolgt – soweit möglich.

**Bekanntmachung**
**in Nr. 3800 beachten!**

**Sicher aufbewahren!**

**D 2000 A**

# BUNDESKRIMINALBLATT

**Wiesbaden, den 15. Februar 1971** **Verlagspostamt Frankfurt (Main)** **Jahrgang 21, Nummer 4082**

**SONDERAUSGABE**

## Kriminelle Tätigkeit der Gruppe BAADER-MAHLER-MEINHOF u. a.

I.

Mindestens seit Mai 1970 wurden in Berlin (West) und in verschiedenen Orten des Bundesgebietes zahlreiche Straftaten — darunter mehrere Kapitalverbrechen — verübt, zwischen denen nachweislich Zusammenhänge bestehen. Sie sind einer anarchistischen Gruppe um die Beschuldigten **Mahler**, **Baader** und Ulrike **Meinhof** zur Last zu legen, die als kriminelle Vereinigung i. S. des § 129 StGB anzusehen ist.

Die Gruppe strebt den radikalen Umsturz der gegenwärtigen Gesellschaftsordnung an. Ihre Angehörigen sind davon überzeugt, daß auch die gültige Rechtsordnung nur Ausdruck der „volksfeindlichen Gewaltverhältnisse" in der BR Deutschland sei. Sie haben sich zur Durchsetzung ihrer Ziele in den Untergrund begeben. Ihre illegale Tätigkeit und ihren Lebensunterhalt finanzieren sie aus dem Erlös der von ihnen begangenen Straftaten, insbesondere aus Raubüberfällen auf Geldinstitute. Zu deren Durchführung bedienen sie sich gestohlener oder unterschlagener Kraftfahrzeuge, illegal beschaffter Feuerwaffen sowie falscher oder verfälschter Personalpapiere, Kfz-Papiere und Kfz-Kennzeichen.

Fahndungsunterlagen des Bundeskriminalamtes zur »Baader-Mahler-Meinhof«-Gruppe

*Bundeskriminalblatt vom 15. Februar 1971*

**Bildbeilage zur Sonderbeilage im BKBl. Nr. 4108**

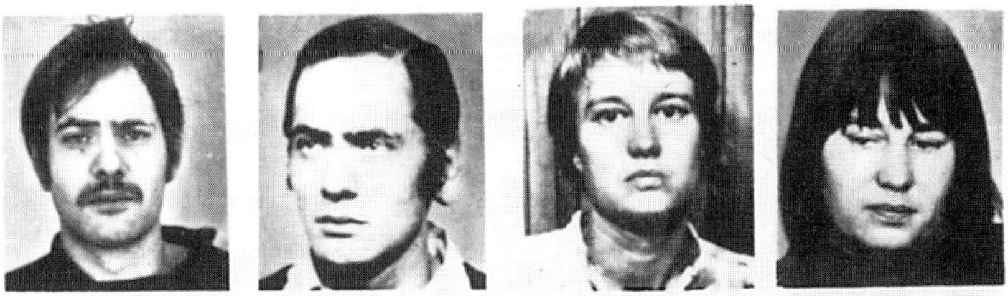

**Baader,** Andreas Bernd, 6. 5. 43
(Ziffer 1)

**Meinhof,** Ulrike, 7. 10. 34
(Ziffer 2)

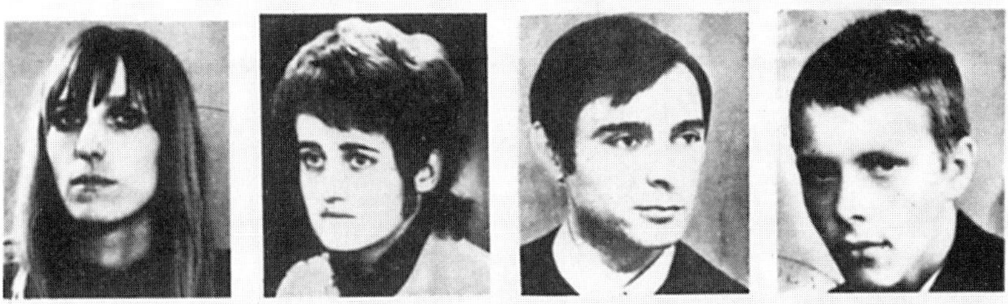

**Ensslin,** Gudrun, 15. 8. 40
(Ziffer 3)

**Proll,** Astrid, 29. 5. 47
(Ziffer 4)

**Grashof,** Manfred, 3. 10. 46
(Ziffer 5)

**Raspe,** Jan-Carl, 24. 7. 44
(Ziffer 6)

**Homann,** Peter, 17. 6. 36
(Ziffer 8)

**Meins,** Holger Klaus, 26. 8. 41
(Ziffer 9)

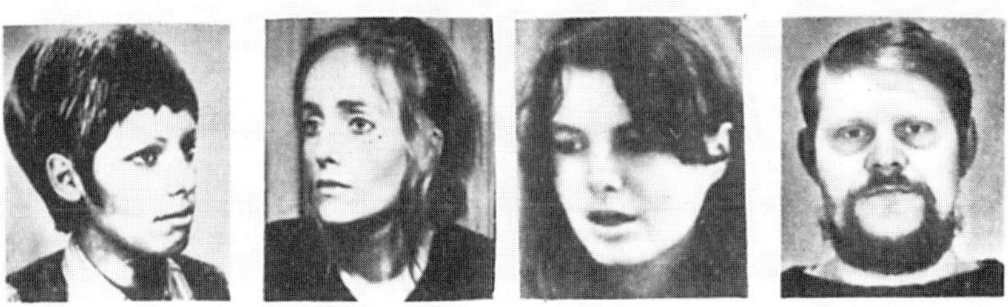

**Schelm,** Petra, 16. 8. 50
(Ziffer 7)

**Herzog,** Marianne, 10. 10. 39
(Ziffer 10)

**Stachowiak,** Ilse, 17. 5. 54
(Ziffer 11)

**Voigt,** Günther, 9. 7. 36
(Ziffer 12)

Herausgeber und Verleger: Bundeskriminalamt, 62 Wiesbaden, Postfach A, Fernruf: 3831 App. 277 — Druck: Bundesdruckerei, Betrieb Neu-Isenburg

*Horst Herold*

Schon bald gilt Horst Herold als »Wunderwaffe« im Kampf gegen »Baader-Meinhof«. Seine zentrale Aufgabe, in die er sich oft bis spät in die Nacht hinein vertieft: Andreas Baader, Ulrike Meinhof und den Rest zu fassen. So schnell es geht.

»Man muss sich gedanklich in den Gegner hineinarbeiten«, lautet eine seiner kriminalistischen Überzeugungen: »Wenn man den Katechismus der Gegenseite kennt, weiß man, dass sie so und nicht anders handeln wird.« So schickt er zwei Monate nach seinem Dienstantritt einen Politologen zur »Soko B/M« nach Bonn: Willy Terstiege (41) kommt direkt von der FU Berlin. Vom »Otto-Suhr-Institut für Politische Wissenschaften«. Der Politologe soll die oftmals schwer verständlichen und langatmigen Traktate der RAF und ihres Umfelds den Polizeibeamten verständlich erläutern. Mit solchen Papieren hatten die Beamten zuvor noch nichts zu tun gehabt. »Die Polizei hatte auch große Schwierigkeiten mit dem Tätertyp«, blickt Willy Terstiege zurück: »Die Beamten waren es gewohnt, ›richtigen‹ Kriminellen gegenüberzustehen – meist mit einer entsprechenden Vita, die oft mit einem Ladendiebstahl begann. Daneben gab es den Landesverräter. Nun aber hatte man massenhaft mit Leuten zu tun, die, von '68 ausgehend, einen hellen Verstand besaßen, nicht selten aus ›feinen‹ Wohngegenden stammten, mitunter einen Universitätsprofessor als Vater hatten. Das war eine andere gesellschaftliche Situation, die die Polizei antraf.« Auch das Motiv ist neu: »Die Polizei stieß auf Leute, die mehr oder weniger selbstlos agierten. Die wollten sich nicht selbst bereichern, wie der ungetreue Buchhalter. Sie wollten ein neues Bewusstsein schaffen – für Vietnam, für die Dritte Welt«, berichtet Terstiege. Vieles hätte nicht in das bisherige »allgemeine Bild« hineingepasst. Zum Beispiel Horst Mahler: der bekannte Rechtsanwalt, der eine gut gehende Kanzlei in Berlin besaß und dann eine Bank überfiel. Der BKA-Politologe: »Das waren zum großen Teil die aus dem Ruder gelaufenen Kinder der Bourgeoisie.«

# 28. Kapitel: In der »Bombenküche«

## Der RAF-»Chefeinkäufer« besorgt 750 Kilogramm Sprengstoffchemikalien

Das stundenlange Gesurre ist nervig – aber nur in der Wohnung zu hören: Vier Kaffeemühlen laufen ununterbrochen. Von Braun, Bosch und Krups. Deutsche Markenqualität. Andreas Baader, Gudrun Ensslin, Holger Meins und Jan-Carl Raspe hocken auf Matratzen: Jeder hält eine Maschine in den Händen – und mahlt vor sich hin: Ammonium- und Kaliumnitrat sowie Holzkohle. Der Verschleiß ist groß: Ein Dutzend Kartons mit neuen Kaffeemühlen stapelt sich in der Ecke.

Eine RAF-Wohnung in Frankfurt-Bornheim, Inheidener Straße 69, vierte Etage eines achtzehnstöckigen Hochhauses: drei Zimmer, Küche, Bad. Neben den Matratzen einige Klappstühle. Auf dem Boden stehen Brot, Käse und jede Menge Wurst feinster Qualität[69], Saft- und Mineralwasserflaschen, Eimer und Säcke voller Chemikalien. Von der Tiefgarage fährt man – wie es Andreas Baader schätzt – mit dem Fahrstuhl direkt bis vor die Wohnungstür. Hinter ihr liegt, von den Nachbarn unbemerkt, die »Bombenküche« der RAF.

Frühjahr 1972: Die vier bereiten die »Offensive« der RAF vor. Bombenanschläge in mehreren Städten der Bundesrepublik. »Populäre Aktionen« – wie sie es nennen. In »Stadtguerilla und Klassenkampf« hat die Gruppe sie alsbald angekündigt. Und dafür hat sie die Wohnung mit Bedacht ausgewählt. Sie liegt zentral, mitten in Deutschland. Kürzer könnten die Wege zu den Zielen nicht sein.

Organisiert hatte die Wohnung Thomas Weisbecker – keine zwei Monate bevor ihn eine Polizeikugel in den Kopf traf: In einer Frankfurter Mensa war er am 6. Januar 1972 mit dem Diplompsychologen *Ingo Schwarz* (31) aus Esslingen ins Gespräch gekommen. Weisbecker stellt sich als »Dieter« vor und ist in Begleitung eines Schwarzen. Der Psychologe erzählt, dass er in Frankfurt eine Stelle sucht. »Dann ist es doch gut, wenn du schon einmal hier eine Unterkunft hast«, sprudelt es aus Weisbecker heraus. »Und die Miete – vorerst?«, fragt *Ingo Schwarz* irritiert. »Um die Miete mach dir keine Sorgen, die 680 Mark werfen wir an jedem Monatsersten in den Briefkasten«, sagt »Dieter«. Überrascht fragt der Psychologe: »Woher kommt das Geld?« – »Das kommt von Spendenaktionen unseres Solidaritätskomitees für die Black-Panther-Bewegung«, erklärt ihm »Dieter« und blickt zu dem Schwarzen. Alle grinsen und zwinkern sich zu. So besichtigen am nächsten Tag *Ingo Schwarz* und »Dieter« die anonyme Wohnung in dem Hochhausblock Inheidener Straße. *Schwarz* unterschreibt den Mietvertrag. In die Wohnung zieht er nicht ein. Das Geld bekommt er pünktlich in den Briefkasten seiner Wohnung in Esslingen gesteckt.

In der Nähe mietet die RAF ein »Netz« von vier weiteren Wohnungen: in der Raimundstraße 104, in der Bergerstraße, in Offenbach in der Schloßstraße 20–22 und in Heusenstamm, nördlich von Frankfurt. Außerdem mehrere Garagen drumherum. In der Raimundstraße saß Ulrike Meinhof in der ersten Zeit und tippte die letzten Korrekturen für »Stadtguerilla und Klassenkampf«. Anschließend wird das Manuskript, berichtet Gerhard Müller, in »der Heusenstammer Wohnung von Meins, Raspe und mir mit Letraset-Buchstaben druckreif gemacht«.

Gerhard Müller wird auch zum »Chefeinkäufer« der Gruppe. Aus schalldichten Telefonhäuschen ruft er Chemikalienhändler an, damit sie »keine Rückschlüsse auf verräterische Nebengeräusche, wie etwa Straßenlärm, schließen konnten«. Er erzählt von einer gerade gegründeten Firma, ordert säckeweise Chemikalien, holt sie anschließend mit einem grauen Ford Transit ab und zahlt bar. Im ganzen Bundesgebiet. Vorsichtshalber folgt ihm Jan-Carl Raspe mit einem schnellen Fluchtwagen – falls er beim Einkauf auffliegt und türmen muss. Muss er aber nicht: »Insgesamt habe ich 500 Kilogramm Ammoniumnitrat und 250 Kilogramm Calium gekauft«, blickt Müller auf seine Einkäufe für die RAF zurück. Außerdem erbeuten einen Teil der Bombenzutaten – 187 Sprengkapseln und 64 Zünder – bis heute unbekannte RAF-Mitglieder bei einem Einbruch in den Casseler Basalt-Werken in Oberaula.

## Wie entscheidet die RAF, was sie als Nächstes macht?

Wie kommen die vier dazu, an Kaffeemühlen zu sitzen? Wie kommt die RAF auf ihre Ideen? Wie legt sie fest, was als Nächstes passiert? Es ist das »Kollektiv«, erklärt Ulrike Meinhof[70]: »kollektivität« sei das wichtigste Moment »in der struktur der guerilla«: »das kollektiv ist die gruppe, die als gruppe denkt, fühlt und handelt.«

Tatsächlich dürfte es anders gewesen sein: Zu diesem Zeitpunkt besteht die Führungscrew der RAF aus Baader, Ensslin, Meinhof, Meins und Raspe. An der Spitze steht das Pärchen Baader und Ensslin. Beide verbindet ein »subversiver Konsens«[71]. Baader besitzt – von allen unbestritten – stets das letzte Wort: Er »hatte es in der Hand, ob eine Aktion der RAF durchgeführt wurde oder nicht«, berichtet Gerhard Müller: »War er gegen eine Aktion, wurde diese auch nicht durchgeführt.« Gudrun Ensslin, die Nummer zwei, stellt Baaders Rolle nie in Frage. Im Gegenteil. Sie unterstreicht seine absolute Führung gegenüber allen anderen. Schreibt ihnen – später –, Andreas Baader stehe für »das neue: klar, stark, unversöhnlich, entschlossen«.[72] Ihre eigene Rolle: die stille und engagierte Denkerin an Baaders Seite. Die Einflüsterin. Auch ihre Position stellt niemand in Frage. Nicht nur, weil sie Baaders Freundin und von Anfang an dabei ist. Sie ist raffiniert, analytisch, machtbewusst und zurückhaltend. Von allen lebt sie schon am längsten unerkannt im Untergrund. Seit bald drei Jahren. Niemals ist sie in dieser Zeit der Polizei aufgefallen oder nur haarscharf einer Festnahme entgangen. Anders als Meinhof und Baader.

Auch Ulrike Meinhof, einer der »Köpfe« der ersten Stunde der Gruppe, akzeptiert im Laufe der Zeit Baaders Schlüsselstellung. In dem »fragment über struktur« der RAF erklärt sie, nachdem sie zunächst die »kollektivität« als das wichtigste Moment »in der struktur der guerilla« bezeichnet, Baaders Rolle in der Gruppe[73]: »er ist die führung der raf, weil er von anfang an das war, was die guerilla am meisten braucht: wille, bewußtsein des ziels, entschlossenheit, kollektivität.« Baader habe, attestiert sie ihm, »den weitesten blick« und »die meiste kraft zur koordination«.

Ulrike Meinhof selbst ist die Öffentlichkeitsarbeiterin der RAF geworden. Sie fasst in Worte, was die Gruppe für richtig befindet. Sie formuliert. Führt die Feder. Oder genauer: drückt die Tasten der Schreibmaschine. Aber nichts geht raus, das nicht das Okay des Quintetts hat, insbesondere das von Baader. Meinhof ist die »Stimme der RAF«. Nicht mehr und nicht weniger innerhalb der Führungscrew. Der Ausdruck »Baader-Meinhof«-Gruppe/Bande ist daher übertrieben. Treffender wäre, von der »Baader«-Gruppe oder der »Baader-Ensslin«-Gruppe zu sprechen. Aber das tut niemand. Meinhof ist einfach zu bekannt im Land. Auf diesen Namen will niemand verzichten.

Die beiden schlaksigen Burschen, Raspe, der Diplomsoziologe, und Meins, das einst begnadete Filmtalent, sind mittlerweile »alte Kämpfer« in der RAF. Beide waren vor eineinhalb Jahren – im Herbst 1970 – zur Gruppe gestoßen und haben im Laufe der Zeit das uneingeschränkte Vertrauen von Andreas Baader erworben. Sie sind so etwas wie seine Adjutanten. Oder Direktoren des »Generaldirektors«, wie Baader auch manchmal scherzhaft von ihnen genannt wird. Beide sind ihm treu ergeben. Stellen seinen Führungsanspruch niemals in Frage. Was Baader verlangt, machen sie. Der Rest spurt, auch bei Anweisungen von Meins und Raspe – wie zum Beispiel Margrit Schiller.

## Andreas Baaders »Bomben-Ideen«

In die »Bombenküche« Inheidener Straße sind Baader, Ensslin, Meins und Raspe im März 1972 eingezogen. Ulrike Meinhof und Gerhard Müller schauen regelmäßig vorbei. Auch andere RAF-Mitglieder. Ein häufiges Kommen und Gehen. Andreas Baader grinst zufrieden – über das, was die RAF bislang erreicht hat. Alles läuft nach Plan: Die RAF-Logistik steht. Die Gruppe hat genügend Geld, Waffen, Munition und Autos. Nur am fünften und letzten Buchstaben nach Marighellas Logistikformel muss sie noch arbeiten: »S« – Sprengstoff. »Die Anweisungen« dafür kommen von Andreas Baader, erinnert sich Gerhard Müller – »bis ins kleinste Detail«.

Andreas Baader spannt einen Schneebesen in seine Bohrmaschine. Nach seinen Kommandos – »Schütten« und »Stopp« – kippen die anderen ihre gemahlenen Zutaten in eine rote Plastikwanne. Baader quirlt, bis die Mischung stimmt. Anschließend füllt er das Gemisch mit einem Trichter in leere Elf-Kilogramm-Gasflaschen. So entstehen Bomben.

Die Gasflaschen haben Baader, Meins und Müller von einer Autobahnbaustelle in der Nähe des Autobahnkreuzes Walldorf-Wiesloch geklaut. Bei Nacht – mit einem gestohlenen VW-Pritschenwagen. Holger Meins hatte sich als Straßenbauarbeiter verkleidet: »Gummistiefel, schmutzige Hose, Anorak und Schlapphut«, berichtet Gerhard Müller von der Tour – und mit »einer roten Fahne«.

Über Tage latschen Baader & Co. in der Inheidener Straße über Fünfhundert- und Eintausend-Mark-Scheine, die sie auf dem Fußboden ausgebreitet haben. Beute aus einem Bankraub. Dadurch will Andreas Baader »Umtauschaktionen« erleichtern: Er fürchtet, die druckfrischen Scheine könnten an der Kasse auffallen – und dadurch eine Überprüfung der Seriennummer nach sich ziehen. *Silvia Behmer*, eine RAF-Unterstützerin, die geraubtes Geld vor allem in Bayern eintauscht, indem sie kleine Preise mit großen Scheinen an Kaufhauskassen bezahlt, beschwert sich bei Gerhard Müller über das abgelatschte Geld: »Es ist auffällig schmutzig. Was macht ihr bloß damit?« Einige Scheine sind so verdreckt, dass sie für einen unauffälligen Umtausch nicht mehr zu gebrauchen sind. So bleibt der RAF nichts anderes übrig, als Geld zu verbrennen.

Baader hat zwei Lieblings-Sprengstoffrezepte: Das für den roten Sprengstoff – eine Mischung aus Aluminiumnitrat, Bleimennige und Aluminiumpulver – hat er aus Jordanien mitgebracht. Die Formel ist der Polizei bereits vor anderthalb Jahren in die Hände gefallen, in der Knesebeckstraße in Berlin. Die Anleitung für den grauen – wie Baader meint: effektiveren – Sprengstoff, unter anderem Schwefel, Ammoniumnitrat und Holzmehl, stammt aus »The Anarchist Cookbook«. Einem Lieblingswerk der Terroristen weltweit. Der einstige Chemiestudent Jan-Carl Raspe hat die Rezeptur auf Deutsch übersetzt. Er ist es auch, der den Sprengstoff »optimiert«. Er reichert ihn mit Hunderten kleiner Stahlkugeln an, um eine »Schrappnellwirkung« herbeizuführen. Die Kugeln durchschlagen die Haut von Menschen. Sind oft tödlich.

Andreas Baader hat den Kopf voller »Bomben-Ideen«. Unter seiner Anleitung bastelt die RAF außer den explosiven Gasflaschen – Modelle mit elf und dreiunddreißig Kilogramm – noch sechs andere Bombentypen: die »Rohrbombe«, zwanzig Zentimeter lang und unauffällig unter der Jacke zu tragen, und die »Magnetbombe«. Eine Feldflasche gefüllt mit Sprengstoff und einem Magneten versehen. Sie lässt sich unter einem Auto anbringen und mit der Zündung verbinden. Außerdem klassische

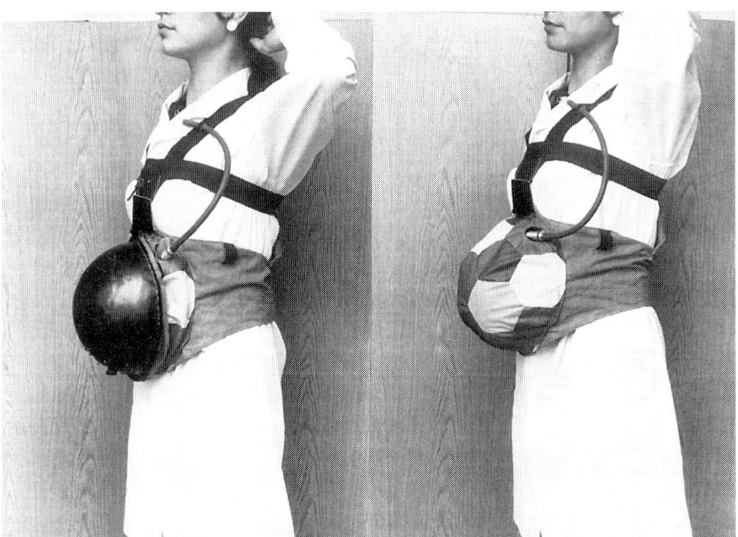

*Die »Babybombe« der RAF*

Handgranaten, »Nippelbomben«, »Kassettenbomben« – zugeschweißte Geldkassetten voller Sprengstoff – und die »Babybombe« für die RAF-Frau: Mit dem Gurt wird sie auf den Bauch geschnallt – unter einem Umstandskleid. Nachdem sie den 2,7-Kilogramm-Sprengkörper, angereichert mit tödlichen Stahlkugeln, am Tatort abgelegt hat, bläst sie mit einem Schlauch einen Plastikball auf. Das Umstandskleid ist wieder prall. So verlässt sie den Anschlagsort genau so, wie sie bekommen ist. Rechtzeitig, bevor die Bombe explodiert.

Nach zwei Monaten ist die RAF mit den Arbeiten fertig. Anfang Mai 1972: »Hunderte Kilo von Sprengstoff« liegen bereit, blickt Gerhard Müller zurück. Dutzende Bomben. In der Bombenküche und den Quartieren drum herum. Die RAF hat sich für die seit fast zwei Jahren geplante »Offensive« gerüstet.

# 29. Kapitel: Die Mai-»Offensive«

## Frankfurt: Hauptquartier des V. US-Korps

In der »Bombenküche« der RAF in Frankfurt liegen frische Zeitungen – 11. Mai 1972. »US-Präsident Richard Nixon befiehlt die Seeblockade gegen Nordvietnam und die Verminung der Häfen«, liest Gudrun Ensslin und meint: »Jetzt ist es Zeit, loszuschlagen.« Andreas Baader grinst. Ensslin blickt zu Raspe und sagt: »Na, dann gehen wir mal checken.« Die beiden fahren mit einem gestohlenen VW-Käfer zum ehemaligen IG-Farben-Hochhaus in Frankfurt. Dort, am Grünbergplatz, ist das Hauptquartier des V. US-Korps.

»Es gibt keine Kontrollen«, berichten die beiden nach ihrer Rückkehr: Baader, Ensslin, Raspe und Meins bauen Zünder in drei Bomben ein und fahren los. Um 18.59 Uhr explodieren drei Bomben im Hauptquartier des V. US-Korps – innerhalb von dreißig Sekunden: zwei Bomben in der Eingangshalle, die dritte – eine Elf-Kilogramm-Gasflasche – im Windfang zum Offizierskasino. Die Detonation ist so gewaltig, dass die meisten Fensterscheiben des hundert Meter entfernten IG-Farben-Hochhauses zerspringen. Metallsplitter zersieben zwanzig Meter vor dem Kasino den amerikanischen Oberstleutnant Paul A. Bloomquist. Er ist sofort tot. Dreizehn Verletzte liegen auf dem Boden, schreien vor Schmerzen. Sachschaden: 3,1 Millionen Mark. Der Auftakt zur RAF-Mai-»Offensive«. Der erste von sechs Anschlägen ist eine spontane Aktion: Keine sechs Stunden nach dem Entschluss, zuzuschlagen, explodieren die Bomben.

Wenige Minuten nach der Explosion sieht eine Sekretärin, wie Andreas Baader das Gelände des US-Hauptquartiers zu Fuß verlässt. Nach dem Anschlag treffen sich die Täter in der Inheidener Straße. »Alles klappte nach meinen Anweisungen«, gibt sich Andreas Baader zufrieden: »Die Bomben explodierten fast gleichzeitig.« Radio, Fernsehen und Polizeifunk laufen. Die ersten Meldungen über den toten Oberstleutnant. »Die Ensslin und Raspe gaben sich gleichmütig«, berichtet Gerhard Müller, »Meins erschien mir stiller als sonst, Baader verhielt sich wie sonst.«

*Hauptquartier des V. US-Korps in Frankfurt: Die zerstörte Eingangshalle*

Für den Sieg des Vietkong!
Die revolutionäre Guerilla aufbauen!
Habt Mut zu kämpfen - habt Mut zu siegen!
Schafft zwei drei viele Vietnam!

ROTE ARMEE FRAKTION - 14.Mai 1972

*RAF-Selbstbezichtigungsschreiben nach dem Anschlag in Frankfurt (Auszug)*

Ulrike Meinhof verfasst das Selbstbezichtigungsschreiben: Es wird auf derselben »Erika«-Schreibmaschine getippt wie der Baader-Brief vom 24. Januar. Es trägt als Datum den 14. Mai – und geht als Eilbrief bei der Deutschen Presse-Agentur in München ein: »Am Donnerstag, dem 11. Mai 1972 – dem Tag, an dem die Bombenblockade der US-Imperialisten gegen Nordvietnam begann – hat das ›Kommando Petra Schelm‹ im Frankfurter Hauptquartier des V. Armee Corps der amerikanischen Streitkräfte in Westdeutschland und West-Berlin drei Bomben mit einer Sprengkraft von 80 kg TNT zur Explosion gebracht. Für die Ausrottungsstrategen von Vietnam sollen Westdeutschland und Westberlin kein sicheres Hinterland mehr sein. Sie müssen wissen, dass ihre Verbrechen am vietnamesischen Volk ihnen neue, erbitterte Feinde geschaffen haben, dass es für sie keinen Platz mehr geben wird in der Welt, an dem sie vor den Angriffen revolutionärer Guerilla-Einheiten sicher sein können.« Das Schreiben endet: »Schafft zwei drei viele Vietnam!«

## Augsburg: Polizeidirektion

Schon einen Tag nach dem Anschlag in Frankfurt explodiert in der Polizeidirektion in Augsburg die nächste Bombe. Um 12.15 Uhr am 12. Mai 1972 – in der vierten Etage: Die Druckwelle reißt ein großes Loch in die Decke zur dritten Etage. Verletzt aber niemanden. Nach dem Knall stürzen Polizisten von ihren Schreibtischen auf die Gänge, um zu sehen, was passiert ist. Da fliegt – drei Minuten nach der ersten – eine zweite Bombe in die Luft. Versteckt war sie auf einem Schrank im Flur der dritten Etage, in einer braunen Einkaufstasche. Sie verletzt sechs Polizisten und einen Arbeiter. Die dritte RAF-Bombe ist ein Blindgänger.

Nach den Ermittlungen der Bundesanwaltschaft wurden die Bomben von Baader, Raspe und einem – heute wieder in Freiheit lebenden – Mann in das Gebäude gebracht. Zuvor hatte eine Frau aus der Gruppe die Sicherheitsvorkehrungen getestet, indem sie »mit einer Einkaufstasche voller Kartoffeln in das Polizeigebäude gegangen« ist, berichtet Gerhard Müller.

## München: Landeskriminalamt

Zwei Stunden nach den Explosionen in Augsburg ruft eine Frau bei der Landesbesoldungsstelle in München an: »In zirka sieben Minuten wird im Landeskriminalamt eine Bombe losgehen. Räumen Sie das Haus in Richtung Marsstraße.« Die Telefonistin löst Alarm aus. Beschäftigte stürzen aus dem Haus: auf den Parkplatz.

Genau dort – auf dem gemeinsamen Parkplatz von Landesbesoldungsstelle und Landeskriminalamt – explodiert im Kofferraum eines Ford 17 M um 14.20 Uhr eine Gasflaschen-Bombe der RAF. Autos werden zehn Meter weit geschleudert, Kotflügel über achtzig Meter. Der Parkplatz: ein Bild der Verwüstung. Ein großer Rauchpilz steigt auf. Zehn Menschen werden verletzt. Auch ein Junge, der auf der Straße – einhundertdreißig Meter vom Explosionszentrum – auf seinem Roller unterwegs war. Fast einhundert Fahrzeuge sind beschädigt. Zweihundert Fensterscheiben in der Nachbarschaft gingen zu Bruch. Schaden: 588 000 Mark.

Das Selbstbezichtigungsschreiben für die Anschläge in Augsburg und

*Landeskriminalamt in München*

München verfasst wieder Ulrike Meinhof – dieses Mal bombte die RAF als »Kommando Thomas Weisbecker«: »Thomas Weisbecker ist am 2. März in Augsburg im Zuge einer lange vorbereiteten Überraschungsaktion von einem Exekutivkommando aus Münchener Kripo und Augsburger Polizei ohne Anruf und ohne irgendwie reagieren zu können ermordet worden.« Die Polizei habe Weisbecker »bewusst nicht gefangen genommen, sondern erschossen«: »Die Fahndungsbehörden haben nunmehr zur Kenntnis zu nehmen, dass sie keinen von uns liquidieren können, ohne damit rechnen zu müssen, dass wir zurückschlagen werden.«

Das Schreiben endet mit Parolen: »Kampf den Exekutionskommandos der Polizei!« und »Kampf der SS-Praxis der Polizei!«. Den Umschlag an die Deutsche Presse-Agentur in Hamburg wirft Claude Meier, ein Schweizer Sympathisant, der Baader in Frankfurt besucht hatte, auf dem Rückweg in die Schweiz in Lörrach in einen Briefkasten. Baader hatte es ihm mitgegeben, um auch dort eine intensive Fahndung nach den Bombenlegern auszulösen. Je mehr Wirbel bei der Polizei, desto mehr Aufmerksamkeit, desto besser, denkt Baader.

## Karlsruhe: BGH-Richter Wolfgang Buddenberg

Drei Tage später explodiert in Karlsruhe eine Bombe, am 15. Mai 1972: Unter dem VW 1300 des Bundesrichters Wolfgang Buddenberg (60). Er ist Ermittlungsrichter und für die Baader-Meinhof-Verfahren zuständig. Normalerweise fährt ihn seine Frau zur Arbeit. An diesem Morgen geht er zu Fuß. Gegen halb eins steigt Gerta Buddenberg in den Wagen vor der Wohnung in der Klosestraße 38. Als sie den Zündschlüssel herumdreht, gibt es einen ohrenbetäubenden Knall unter dem Wagen. Der Sprengsatz reißt ein 120 mal 40 Zentimeter großes Loch ins Bodenblech, zerfetzt den Beifahrersitz. Das Schiebedach fliegt neun Meter weit. Gerta Buddenberg: schwer verletzt. Hätte der Bundesrichter wie sonst auf dem Beifahrersitz Platz genommen, wäre das sein sicherer Tod gewesen. Die Bombe – eine mit Sprengstoff gefüllte Feldflasche – haftete mit drei Magneten am Bodenblech. Den Zünder verbanden die Täter durch ein Kabel mit der Zündspule des Motors. Als die Frau den Wagen startete, zündete sie auch die Bombe.

Der Anschlag ist eine weitere »Bestrafungsaktion« der RAF: »Buddenberg, das Schwein, hat Grashof[74] zu einem Zeitpunkt vom Krankenhaus in die Zelle verlegen lassen, als der Transport und die Infektionsgefahr im Gefängnis noch lebensgefährlich für ihn waren«, erklärt das »Kommando Manfred Grashof«: »Er hat den Mordversuch an Grashof, der den Bullen nicht gelungen ist, an dem wehrlosen Grashof wiederholt.« Die RAF würde »so oft und solange Sprengstoffanschläge gegen Richter und Staatsanwälte durchführen, bis sie aufgehört haben, gegen die politischen Gefangenen Rechtsbrüche zu begehen«. Eine Aktion nach dem »Grundsatz« der »Guerilla« aus dem RAF-Papier »Über den bewaffneten Kampf in Westeuropa« verkündet: »Bestrafe einen und erziehe Hunderte.«

Das Attentat war von langer Hand vorbereitet worden: Bereits im April hatte Baader zwei RAF-Frauen in Stuttgart die Anweisung gegeben, den Bundesrichter auszuspähen. Und das taten sie. Begleitet von einem schwarzen Hund, den sie sich eigens für diesen Auftrag Baaders zugelegt hatten.

## Hamburg: Axel Springer Verlag

Nächstes Anschlagsziel der RAF ist der Axel Springer Verlag in Hamburg – ihr publizistischer Hauptfeind: In dem Verlag erscheinen unter anderem *Bild*, *Die Welt*, das *Hamburger Abendblatt* und die *Berliner Morgenpost*. Das Verlagsgebäude steht an der Kaiser-Wilhelm-Straße. Vier Tage nach dem Buddenberg-Anschlag ruft dort in der Telefonzentrale ein Mann an – am 19. Mai 1972, kurz nach halb vier: »In einer Viertelstunde geht bei ihnen eine Bombe los!« Bereits sechs Minuten später, um 15.41 Uhr, explodiert die erste Bombe in der dritten Etage: Neben einem Korrekturraum, in dem Mitarbeiter die Druckvorlagen für die Zeitungen am nächsten Tag vorbereiten. Sie verletzt fünfzehn Springer-Mitarbeiter. Vier Minuten später, um 15.45 Uhr, explodiert eine zweite Bombe – in der sechsten Etage. Vor den Büros der Verlagsleitung von *Bild*. Dort findet gerade eine Konferenz statt. Drei weitere im Haus versteckte Bomben zünden nicht: Zwei davon in der zwölften Etage. Am Gang zu dem Büro des Verlegers Axel Springer.

Achtunddreißig Arbeiter und Angestellte Springers werden durch die beiden Bomben verletzt. Einige schwer. Der Sachschaden beträgt eine Million Mark. Ganze Wände des Gebäudes hat die Druckwelle herausgerissen.

Acht Minuten nach der ersten telefonischen Warnung meldet sich eine Frau in der Telefonzentrale des Verlages: »Ist bei Ihnen eine Bombe hochgegangen?« Die Telefonistin antwortet »ja«. »Vielen Dank, das wollte ich nur wissen«, sagt die Anruferin und legt auf.

Die Bomben ins Verlagshaus brachten Ulrike Meinhof, Siegfried

Hausner und ein weiterer Mann, berichtet Gerhard Müller.[75]

Ulrike Meinhof, die in diesen Wochen in einer konspirativen Wohnung in Hamburg lebt, erschien einige Tage zuvor in Frankfurt und schilderte ihre Springer-Bomben-Idee Baader, Ensslin, Meins und Raspe. Die waren mit dem Plan einverstanden: »Ihr wurden mehrere Rohrbomben und die dazugehörigen Uhren und Batterien übergeben«, so Gerhard Müller: »Sie wurde über die Handhabung und den Zusammenbau der Teile instruiert. Auf die Frage, wer die Instruktionen erteilte, verweigere ich die Aussage.«

*38 Verletzte: Springer-Verlagsgebäude nach dem RAF-Anschlag*

Kurz nach dem Anschlag hört Andreas Baader im Radio von den vielen verletzten Arbeitern. Er ist wütend. Aus einer Telefonzelle in der Inheidener Straße ruft er Ulrike Meinhof in Hamburg an: »Unmöglich«, donnert er sie an – »aus politisch-taktischen Gründen«. Er weist sie an, in dem Schreiben zu dem Anschlag das »große Bedauern« der RAF über diese Opfer zu erklären und zu der tatsächlichen Warnzeit von fünf Minuten »aus optischen Gründen ein paar Minuten hinzuzuschwindeln«, hört Müller, der neben Baader in der Telefonzelle steht.

Und so erklärt Meinhof in dem Schreiben des »Kommando 2. Juni« – ein Hinweis auf den Todestag Benno Ohnesorgs fünf Jahre zuvor: »Um 15 Uhr 29 ist unter der Nummer 3471[76] die erste Warnung durchgegeben worden mit der Aufforderung, das Haus wegen Bombenalarms binnen 15 Minuten zu räumen. Die Antwort war: Hören Sie auf mit dem Blödsinn. Es wurde aufgelegt.« Danach hätte es zwei weitere Warnungen der Bombenleger gegeben: »Weil der Springerkonzern die Tatsache, dass er gewarnt worden ist, nicht unterschlagen kann, verdreht er die Nachricht: Es sei nur ein Anruf gewesen, und der sei zu spät gekommen. Zwei Telefonistinnen und die Bullen[77] können bestätigen, dass die Springerpresse einmal mehr lügt. Springer ging lieber das Risiko ein, dass seine Arbeiter und Angestellten durch Bomben verletzt werden, als das Risiko, ein paar Stunden Arbeitszeit, also Profit, durch Fehlalarm zu verlieren. Für den Kapitalisten ist der Profit alles, sind die Menschen, die ihn schaffen, ein Dreck.«

Die RAF fordert von Springer, »dass seine Zeitungen die antikommunistische Hetze gegen die Neue Linke, gegen solidarische Aktionen der Arbeiterklasse wie Streiks, gegen die kommunistischen Parteien hier und in anderen Ländern einstellen«.

## Heidelberg: Bombenanschlag auf das Hauptquartier der US-Streitkräfte in Europa

Die RAF-Köpfe halten Kriegsrat: Mit welchem Anschlag soll die »Offensive« weitergehen? In Frankfurt beratschlagen wieder einmal Baader, Ensslin, Meins und Raspe. Gerhard Müller sitzt dabei. Ergebnis ist, »dass wieder ein Anschlag gegen eine amerikanische Einrichtung durchgeführt werden soll«, berichtet Müller, »um Sympathisanten, die die Anschläge gegen die Polizei, Buddenberg und Springers Arbeiter verurteilen, zu neutralisieren und zu beruhigen«. So hatte beispielsweise die »rote hilfe« in Frankfurt die Anschläge in Augsburg und München als »Vergeltungsaktionen ohne politische Notwendigkeit« kritisiert. Angesichts dessen beschließt das RAF-Führungsquartett, im europäischen Hauptquartier der US-Streitkräfte in Heidelberg zu bomben. *Bettina Mehles*, bislang vor allem für die RAF in Stuttgart tätig, wird von Baader losgeschickt, das Gelände zu erkunden. Für Observationen setzt die

*Baader war »sehr stolz«: US-Hauptquartier in Heidelberg*

RAF am liebsten Frauen ein – und *Bettina Mehles* erweckt einen besonders seriösen Eindruck.

In Frankfurt trifft *Bettina Mehles* mit der Nachricht ein: »Die Soldaten an der Einfahrt kontrollieren keine Autos mit US-Kennzeichen.« Nach dieser Erkenntnis stehlen RAF-Mitglieder amerikanische Kennzeichen, die sie an zwei – ebenfalls für den Anschlag gestohlenen – Autos anschrauben. Einem Ford 17 M und einem VW-Käfer. Am 24. Mai 1972 verstauen Baader & Co. Bomben in den Kofferräumen. Eine mit 95 Kilogramm Sprengstoff, die andere mit 30 Kilo. Mit vier Autos fährt die RAF von Frankfurt nach Heidelberg. Kurz vor dem Ziel stellt Baader auf einem abgelegenen Waldweg die Zünder scharf. Den Ford parkt eine RAF-Frau vor dem Gebäude des »Secret Service«. Der VW wird in der Nähe eines Funkleitmastes abgestellt. Um 18.10 Uhr explodieren die beiden Autobomben – im Abstand von zehn Sekunden. Drei US-Soldaten sterben: Captain Clyde R. Bonner, Specialist Ronald A. Woodward und Specialist Charles Peck.

Die Detonation zerreißt Clyde R. Bonners Körper in Stücke. Sein Unterkörper – ohne Beine – fliegt vierzig Meter weit auf die Kühlerhaube eines Autos. Die Beine hängen in einem Baum. Der Oberkörper landet zwanzig Meter entfernt. Fetzen seiner Haut landen auf den Hausdächern der Umgebung. Auch Peck ist sofort tot: Sein Schädel wird durch die Explosion vollständig zertrümmert. Woodword stirbt auf dem Weg ins Krankenhaus. Fünf Menschen werden durch die Bomben verletzt.

Zurück in Frankfurt, hört das »Kommando« im Radio die Berichte über seine Tat – und ist zufrieden: Baader sei »sehr stolz« darauf gewesen, erinnert sich Gerhard Müller, »dass die Zündzeiten diesmal noch dichter beieinander gelegen haben«. Und Ensslin hätte sich über den Tod der drei Soldaten gefreut – mit den Worten: »Sie haben einer imperialistischen Armee angehört.« Deshalb sei es auch richtig gewesen, keine Warnung vorher zu geben. Anders als bei Springer.

Zur Rechtfertigung der Morde erklärt die RAF einen Tag später, dieses Mal als »Kommando 15. Juli« – an diesem Tag war Petra Schelm ein Jahr zuvor ums Leben gekommen: »Die amerikanische Luftwaffe hat in den letzten 7 Wochen mehr Bomben über Vietnam abgeworfen als im 2. Weltkrieg über Deutschland und Japan zusammen.« Die RAF fordert »die Einstellung der Bombenangriffe auf Vietnam!«. Durch eigene Bombenangriffe. Die RAF sieht den Anschlag in Frankfurt auf das V. US-Korps – zwei Wochen zuvor – und den in Heidelberg »als Einheit«.[78]

Ihr Ziel, Sympathisanten im linken Umfeld »zu beruhigen«, erreicht die RAF nicht. Fast alle gehen auf Distanz. »Die Trottel von der Bombenfront«, kommentiert die linke *Bochumer Studenten-Zeitung*.

Das war die Mai-»Offensive« der RAF – elf Bomben: vier Tote, vierundsiebzig Verletzte. Die Republik ist erschüttert und verunsichert durch die Anschläge. Die Fahndung der Polizei läuft auf Hochtouren. Polizeikontrollen allerorten: Auf Autobahnabfahrten, Landstraßen, in Groß- und Kleinstädten. In Wohngemeinschaften und Szene-Kneipen. Polizisten mit Maschinenpistolen. Nicht selten im Anschlag, den Zeigefinger am Abzug. Wohl jeder, der eine solche Kontrolle miterlebt hat, denkt noch heute an sein mulmiges Gefühl von damals zurück – auch wenn er nichts auf dem Kerbholz hatte. Bundesinnenminister Hans-Dietrich Genscher, ein Freidemokrat, setzt die höchste je von einem Ministerium ausgelobte Belohnung für Hinweise auf die Bombenleger aus: Hunderttausend Mark. Vor Ministerien und Polizeipräsidien ziehen bewaffnete Beamte auf. Vor dem Bundeskanzleramt wird das Parken verboten – nach dem Anschlag in Heidelberg. Peter Tamm, Geschäftsführer des Springer Verlags erklärt: »Bis jetzt waren wir ein offenes Haus« – und ordnet an den Eingängen der Verlagsgebäude Ausweis- und Gepäckkontrollen an und führt für alle Mitarbeiter Hausausweise ein. »Wochen der Angst«, bilanziert der *Spiegel*: »In Ministerien und Behörden, Polizeipräsidien und Industriekonzernen stellt sich genau das ein, was Terroristen erzeugen wollen: Verunsicherung«: Sein Fazit: »mit Bombenexplosionen und Bombendrohungen.« Wochen, die diese Republik veränderten.

In dem Selbstbezichtigungsschreiben nach dem Heidelberg-Anschlag erklärt die RAF – zuversichtlich: »Die Menschen in der Bundesrepublik unterstützen die Sicherheitskräfte bei der Fahndung nicht, weil sie mit den Verbrechen des amerikanischen Imperialismus hier nichts zu tun haben wollen.« Auch in diesem Punkt irrt sich die RAF.

# 30. Kapitel: Die RAF-Führer werden gefasst

## Andreas Baader, Holger Meins und Jan-Carl Raspe

Fronleichnam 1972, 5.50 Uhr – 1. Juni: Durch den Kühhornshofweg in Frankfurt heizt ein auberginfarbener Porsche Targa mit dem Kennzeichen KN-CU 90 – entgegen der Fahrtrichtung durch die Einbahnstraße. Drei Männer sitzen in dem Wagen. Er stoppt vor den Garagen im Hofeckweg 2 bis 4. Zwei Männer gehen in eine Garage, schließen hinter sich die Tür. Der dritte bleibt draußen stehen. Beobachtet die Gegend. Er selbst wird auch beobachtet – ohne es zu bemerken. Von Polizeibeamten, die einen Hinweis auf die Garage aus der Bevölkerung bekommen haben: Zwei Tage zuvor entdeckten BKA-Männer in ihr einen Fingerabdruck von Holger Meins und einen Iso Rivolta. Ein italienisches Edel-Sportcoupé. Neupreis: 55 400 Mark. Die Kennzeichen: gefälscht. Neben dem Flitzer stand ein Plastikeimer. In ihm entdeckten die Beamten acht Kilo Sprengstoff. Sie tauschten das Gemisch aus – gegen eine harmlose Substanz gleicher Farbe. Schon seit zwei Tagen liegen Beamte um diese Garage herum auf der Lauer.

Ein Zivilwagen der Polizei fährt auf den Mann zu, der die Gegend beobachtet. Der Beifahrer – eine Maschinenpistole in der Hand – fordert ihn auf, stehen zu bleiben. Er rennt weg: in den Hofeckweg. Vor einen Audi, in dem ebenfalls zwei Polizisten in Zivil sitzen. Der Beifahrer springt heraus, ruft: »Halt! Polizei! Hände hoch!« Der Mann reißt eine Smith & Wesson aus der Manteltasche und feuert auf den Beamten. Aus knapp dreißig Meter Entfernung. Drei Mal. Der Polizist springt in Deckung – hinter einen parkenden Wagen. Der Mann flüchtet und versteckt sich hinter einem Busch in einem Vorgarten. Dort entdecken ihn Polizisten und nehmen ihn fest – widerstandslos. Jan-Carl Raspe ist gefasst.

Die beiden Männer in der Garage haben die Schüsse gehört. Sie verriegeln die Tür von innen. Polizisten mit Maschinenpistolen umstellen das Gebäude. »Werfen Sie Ihre Waffen auf den Hof«, ruft ein Kriminaldirektor durch ein Megaphon, »ziehen Sie Ihre Oberbekleidung aus, und kommen Sie mit erhobenen Händen aus der Garage.« Keine Reaktion. Als die Eingeschlossenen einen Beamten vor der Garage hören, schießen sie durch die geschlossene Tür, treffen ihn aber nicht. Von der Rückseite pirschen sich Polizisten an und werfen Tränengasgranaten durch eine Luke in die Garage. Die Männer drinnen öffnen die Flügeltür einen Spalt – und schleudern einige Tränengasgranaten zurück nach draußen. Als Baader einen Beamten sieht, feuert er auf ihn. Knapp daneben.

Um 7.45 Uhr fährt ein Panzerwagen vor die Garagen. Der Fahrer hat den Auftrag, die Türen zuzudrücken – damit das Tränengas nicht entweichen kann. Ihm gelingt es aber nur, die rechte Flügeltür zuzudrücken. Die linke steht weiterhin offen. Der Panzerwagenfahrer schafft es nicht, sie mit seinem Fahrzeug so zu erwischen, dass er sie zudrücken kann. In diesem Augenblick versuchen Baader und Meins, aus der Garage zu flüchten, indem sie den Panzerwagen als Deckung nutzen. Die Beamten treiben sie mit »Sperrfeuer« aus ihren Maschinenpistolen zurück. Einen Augenblick später taucht Baader auf der linken Seite der Garage auf. Plötzlich schreit er vor Schmerz. Ein Polizei-Scharfschütze hat ihn getroffen: aus einem Küchenfenster. Fünfundsiebzig Meter entfernt. Das Geschoss durchschlägt Baaders linken Oberschenkel. Baader bricht brüllend zusammen: Seine Haare sind rot gefärbt, er trägt einen Kinnbart und ist aufgedunsen. Keine Spur von dem Andreas Baader auf den

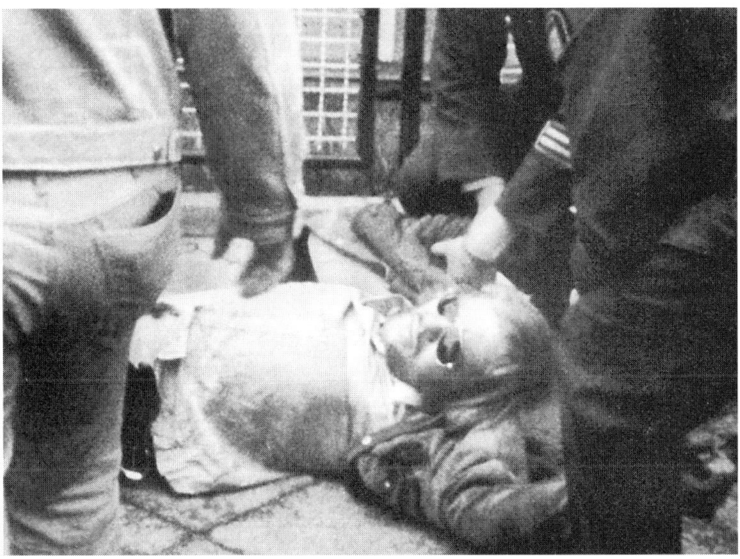

*Schuss in den Hintern: Baader nach Verhaftung*

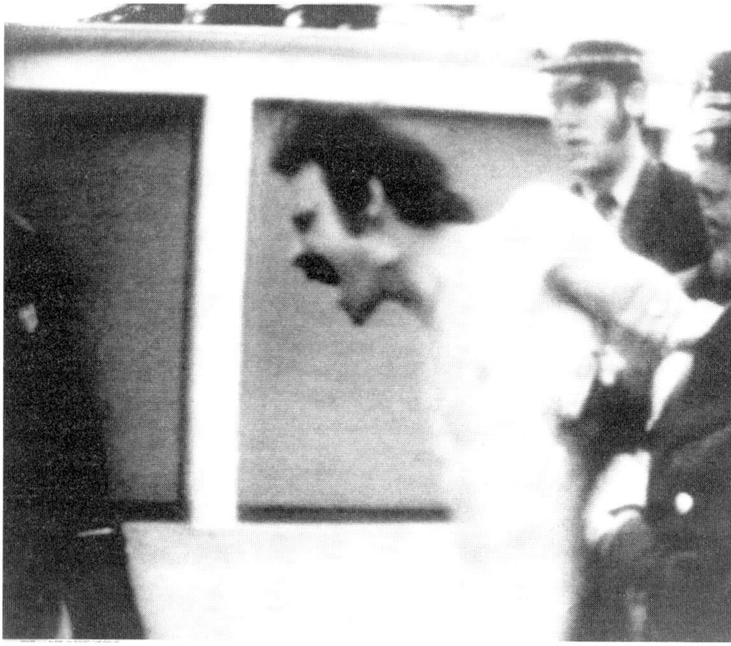

*Gefasst: Holger Meins*

Fahndungsfotos. Einen Augenblick später wirft Meins – nach einer weiteren Aufforderung der Polizei – seine Pistole aus der Garage und kommt bis auf die Unterhose entkleidet und mit erhobenen Händen heraus. Nach zwei Stunden Belagerung werden die beiden verhaftet.

Der Dreck unter den Fingernägeln der drei Festgenommenen ist aufschlussreich: Er enthält Aluminiumteilchen, in gleicher Größe und gleicher Zusammensetzung wie der – zuvor in Deutschland noch nicht verwendete – rote Sprengstoff der RAF.[79]

Am Montag darauf hat das Titelblatt des *Spiegel* nur zwei Wörter – groß gesetzt: »Gefasst: Baader«.

## Gudrun Ensslin

Eine Woche nachdem Baader verhaftet wurde, wundert sich die Geschäftsführerin der Boutique »Linette« am feinen Hamburger Jungfernstieg über eine blaue Wildlederjacke. Sie liegt auf dem Sofa in ihrer Boutique. Die Geschäftsfrau will die Jacke zur Seite legen, um für

Kundinnen Platz zu schaffen. »Die ist ja verdammt schwer«, stellt sie fest. Die Kundin in enger Cordhose und mit hohen Schnürstiefeln, die gerade in der Umkleidekabine einen weißen Shetland-Pullover anprobiert, war ihr zuvor schon aufgefallen – als »ganz dünn, wie eine Lesbierin«. Die Geschäftsführerin ruft die Polizei: »Wir haben hier eine Kundin mit einer Pistole in der Jacke!« Um 13.20 Uhr am 7. Juni 1972. Die Frau kommt aus der Umkleidekabine zurück und hängt sich ihre Jacke über die Schulter. Eine Verkäuferin an der Kasse hält sie hin: »Tut mir Leid, ich muss mich erst noch einmal um eine andere Kundin kümmern.« Die Tür fliegt auf, zwei Streifenbeamten stürzen herein: »Wo ist die Frau mit der Pistole?« Diese versucht, sich mit unbeteiligter Miene an den beiden Beamten vorbeizuschieben, Richtung Tür. Ein Polizist stellt sich ihr in den Weg. Fragt: »Was ist los?« Die Frau steckt ihre rechte Hand in die Jackentasche, der Polizist reißt ihren Arm hoch. Die beiden Beamten halten sie fest. Die Frau wehrt sich aus Leibeskräften. Erst, nachdem eine zweite Streifenwagenbesatzung eingetroffen ist, gelingt es den Beamten, sie zu überwältigen. Aus ihrer Jacke zieht ein Polizist einen Revolver Smith & Wesson, Kaliber 38 Spezial. Aus ihrer Handtasche eine Pistole FN-High Power. Der Frau werden Fingerabdrücke abgenommen. Es ist Gudrun Ensslin.

## Ulrike Meinhof

Nach der Verhaftung von Gudrun Ensslin am Jungfernstieg wird Ulrike Meinhof Hamburg zu gefährlich. Zu viele Menschen kennen sie hier. Deshalb beschließt sie, Richtung Süden abzutauchen und von dort aus neue Kräfte für die RAF zu rekrutieren. Ihre Maskerade für die Flucht: die einer Trauernden. Sie trägt schwarze Bluse und schwarzen Rock. Auf dem Hamburger Friedhof Ohlsdorf stiehlt sie einen Trauerkranz. Ein Hamburger RAF-Unterstützer bringt sie im Auto nach Hannover – mit dem Kranz im Kofferraum. Meinhofs Begleiter ist Gerhard Müller. Ein vierundzwanzigjähriger »Berufsloser« von eher schlichtem Gemüt: Er selbst nennt sich einen »einfachen Soldaten der Weltrevolution«. Weil er als »Strichjunge« anschaffen ging, wurde er zu einer Jugendstrafe verurteilt. Die erste Nacht in Hannover verbringen die beiden in einer Wohngemeinschaft in Oberricklingen, in der Steinhuder Straße 3. Am nächsten Tag kutschiert sie der Quartiergeber mit seinem Wagen zu der Straßenbahnhaltestelle am Hauptbahnhof.

Mit der »19« fahren Meinhof und Müller nach Langenhagen. Dort gehen sie zur Walsroder Straße 11. Zur Wohnung von Fritz Rodewald (33),

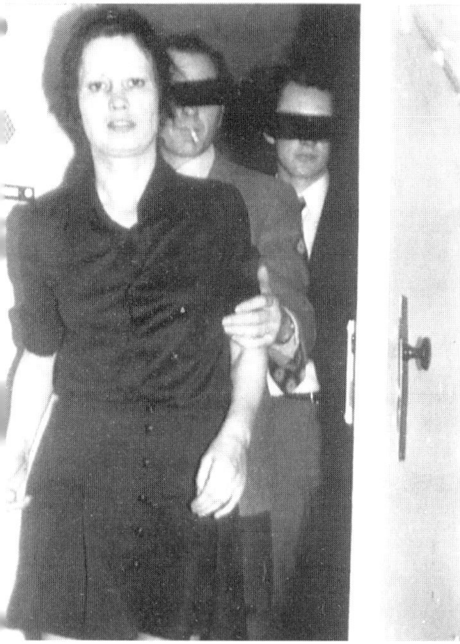

*Maskerade einer Trauernden: Ulrike Meinhof*

Grundschullehrer und Bundesvorsitzender des »Ausschusses junger Lehrer und Erzieher«. Am Abend zuvor hatte Rodewald Besuch von einer ihm unbekannten Frau bekommen – »Plattfußindianerin« nennt sie die RAF. Die Besucherin fragt den Lehrer, ob er »für zwei Leute einige Tage Quartier geben« könne. Namen nennt sie nicht. Rodewald sagt ja. Je länger der Lehrer am nächsten Tag darüber nachdenkt und mit seiner Freundin darüber spricht, desto suspekter kommt ihm die Angelegenheit vor: Er rechnet mit »Baader-Meinhof-Leuten« – und geht zur Polizei.

So observieren am 15. Juni 1972 Beamte die Walsroder Straße 11 – zwei Wochen nach der Baader- und eine Woche nach der Ensslin-Festnahme. Um 17.50 Uhr erscheint ein Pärchen, es schleppt vier schwere Taschen und einen Koffer. Rodewald ist nicht da. Die beiden drücken das Fenster der Wohnungstür ein und öffnen sich selbst – mit einem Griff zur Klinke innen. Eine Stunde spater geht der Mann zu einer Telefonzelle. Er steckt Münzen in den Apparat – und sieht durch die Glasscheiben mehrere Zivilbeamte mit Pistolen um sich herum. Gerhard Müller versucht, seine Walther P 38 aus dem Hosenbund zu ziehen. Doch die Beamten sind schneller, reißen die Tür auf und halten seine Hände fest.

Anschließend gehen vier Kripobeamte in die zweite Etage des Hauses und klingeln. Ihnen öffnet eine Frau mit struppigen Haaren, ganz in Schwarz gekleidet. Ein Beamter nimmt sie in den Polizeigriff. Sie schimpft wie ein Rohrspatz: »Schweine, Scheißbullen!«. An der erschöpft und verhärmt aussehenden Frau – sie wiegt 45 Kilo bei 1,63 Meter Größe – erinnert nichts an Ulrike Meinhof. Doch sie ist es, wie sich noch am Abend herausstellt: Da die Polizei von ihr keine Fingerabdrücke besitzt, röntgt ein Arzt ihren Kopf in der »Unfallklinik« – die Aufnahme stimmt mit der nach Meinhofs Gehirnoperation zehn Jahre zuvor überein. Meinhofs Tochter Bettina Röhl ist entsetzt, als sie Fotos sieht: »Meine Mutter sah bei ihrer Verhaftung aus wie ein Gespenst ... vom Leben im Untergrund verhärtet.«

Im Gepäck von Meinhof und Müller finden die Polizisten eine Maschinenpistole und zwei Pistolen, 266 Schuss Munition, zwei Handgranaten sowie eine 4,5-Kilo-»Feldflaschenbombe« aus der Frankfurter »Bombenküche«. Und 3 500 Mark. Der bekennende »Linke« Rodewald hatte sich seine Entscheidung – den Hinweis an die Polizei – stundenlang überlegt. Er kam zu dem Ergebnis, »unbedingt dafür« zu sein, »dass diese Geschichte ein Ende hat, nach dem, was sie alles angerichtet haben«. »Diese Leute haben der Rechten die Argumente geliefert, das gesamte Spektrum der Linken zu diffamieren.« Die einst erfolgreichste »Quartiermacherin« der RAF: gescheitert. Durch die Morde, Bomben und Banküberfälle der RAF.

## Und der Rest

Vor der Baader-Verhaftung waren von den – nach der Zählweise der Bundesanwaltschaft – 39 Mitgliedern der ersten RAF-»Generation« bereits 23 verhaftet und zwei erschossen. Durch die Verhaftungen in Frankfurt, Hamburg und Hannover sind nur noch acht auf freiem Fuß. Auch sie werden in diesen Tagen gefasst: Brigitte Mohnhaupt und Bernhard Braun am 9. Juni 1972 in Berlin – nachdem eine Woche zuvor ihr »Hauptstützpunkt« in Berlin in die Luft geflogen war, in der siebten Etage des Eden-Hochhauses in der Budapester Straße 39. Die Wohnung stand in Flammen. Nachdem die Feuerwehr sie gelöscht hatte, entdeckten Polizisten vier Zentner Chemikalien, mehrere Bomben-Rezepte und zwei 34-Kilo-Bomben mit Tragegriffen.

Siegfried Hausner wird am 19. Juni in Stuttgart verhaftet,[80] Klaus Jünschke und Irmgard Möller am 9. Juli 1972 in Offenbach: Ein RAF-Unterstützer hatte einen Treff mit den beiden der Polizei verraten. Als Einzige sind bis heute Ingeborg Barz und Angela Luther verschwunden. Die BKA-Fahnder vermuten, dass sich Ingeborg Barz in den Irak abgesetzt hat – und dort mit einer neuen Identität lebt. Als bald Sechzigjährige.

Nach zwei Jahren vergeblicher Fahndung, nach den beklemmenden Wochen der Bombenanschläge, atmen die Bundesbürger im Juni 1972 auf. Die Gruppe, die sich aus der gesellschaftlichen Ausnahmesituation der APO-Zeit heraus entwickelt hatte, war mit ihrer Idee des »bewaffneten Kampfes« und der sich daraus ergebenden Revolution in Deutschland gescheitert. »Wir wollten radikal sein, mutig sein, vorneweg sein, wir fühlten uns als Avantgarde«, blickt Astrid Proll zurück – und fügt hinzu: »Wir haben uns maßlos überschätzt.«

# 31. Kapitel: »Ensslin-Kassiber« und Ententeich

In der schwarzen Samtjacke von Ulrike Meinhof finden die Ermittler in Hannover-Langenhagen zwei eng mit Maschine beschriebene DIN-A4-Seiten. Das Papier versetzt die BKA-Beamten in Erstaunen – und in Alarm: In dem Papier erteilt Gudrun Ensslin nach ihrer Verhaftung – gerade eine Woche zuvor – Ulrike Meinhof dezidierte Weisungen, wie es nun »draußen« weiterzugehen hat. Erstaunlich an diesem Schreiben ist: Gudrun Ensslin sitzt in strenger Einzelhaft in der Justizvollzugsanstalt Essen – jeweils nur zwei JVA-Bedienstete gemeinsam dürfen ihre Zelle betreten – und hat keine Schreibmaschine. Trotzdem gelang es ihr, ihre Anweisungen aus der Haftanstalt zu schmuggeln, sie mit Schreibmaschine der Type IBM-»Dualgotic« abschreiben und Ulrike Meinhof im Untergrund zukommen zu lassen. Und das alles innerhalb weniger Tage. Ein Vorgeschmack für die Ermittler auf das, was sie mit der RAF-Spitze in Haft erleben werden.

Über ihre Verhaftung in Hamburg schreibt Gudrun Ensslin in dem Kassiber an Ulrike Meinhof: »... da war die Idee andere Klamotten, mit d. Taxi in die Innenstadt, Spur verwischen, Unsicherheit (die bei klarem Kopf nicht notwendig war) in bezug auf Ortskenntnis. Dann i. d. Laden hab ich nur noch Scheiße im Hirn gehabt, erregt, verschwitzt etc. Sonst hätte ich ticken müssen, ich hab aber gepennt; ging auch irre schnell, ... ich gepennt, sonst wäre jetzt eine Verkäuferin tot (Geisel), ich und vielleicht zwei Bullen.« Die – zutreffende – Schilderung der Umstände ihrer Verhaftung.

Ebenso berichtet Gudrun Ensslin, wie von ihr ein Foto im Hochhaus der Hamburger Polizei gemacht wurde: »4 Std später Fotos ... ich sah kein verdächtiges Loch in d. Wand ... ich immer eine Kugel ...: da entstanden die Bilder, als sie raus waren und ich die Zigarette sah und eine rauchte usw.« Tatsächlich hatte sie sich über Stunden zu einer Kugel gerollt, um ein Foto von ihrem Gesicht zu verhindern. Auf einmal hatten die Beamten das Zimmer verlassen. Auf dem Tisch lagen Zigaretten. Sie zündete sich eine an, lehnte sich zurück – in diesem Augenblick wurde das Foto von ihr gemacht: Durch ein Loch in der Wand. Sie hatte es nicht bemerkt. Gleichfalls zutreffend ist ihre Schilderung über den Flug nach der Verhaftung von Hamburg in die Justizvollzugsanstalt Essen: »... im

Hubschrauber; übrigens mitten im Wald gelandet und in Bundesgrenzhubschrauber verladen«. Der Hubschrauber der Hamburger Polizei war in einer Lichtung gelandet. Dort musste Ensslin in einen Bundesgrenzschutzhubschrauber umsteigen, der sie nach Essen brachte.

*»... ich sah kein verdächtiges Loch in d. Wand«: Ensslin im Hamburger Polizeihochhaus*

Der Kassiber enthält zahlreiche verschlüsselte Anweisungen an Ulrike Meinhof, was jetzt zu tun ist. Etwa: »Liesel d –> Sack HUT – Befehl, mach' die Fresse zu u. bleib i. Loch.« Dies bedeutet nach Überzeugung der Ermittler, dass Ulrike Meinhof – ihr Deckname war zu diesem Zeitpunkt »Liesel« – von Ensslin die Order erhielt, sich vorläufig völlig zu verkriechen und in dem Unterschlupf in Heusenstamm auszuharren. Diese Wohnung trägt RAF-intern die Tarnbezeichnung »Sack«.

Ensslin fordert Meinhof auf, dafür zu sorgen, dass dem Mieter der »Bombenzentrale« in der Inheidener Straße (RAF-Name: »Laube«) die Miete für die konspirative Wohnung weiter wie bisher in den Briefkasten geworfen wird (»... dem Mieter der Laube ... jetzt schon 680. – i. Briefkasten zu werfen für Juli«) und dass Gerhard Muller zwei Bombenanschläge in Hamburg durchführt: »Ha: noch 2 × davon 1 Mal Amerika (möglichst!) und 1 Mal wie besprochen und wäre sinnvoll in Liesels Stadt; aber erst weg, sofort; vom Fass aus ebenso machen«. »Fass« ist die RAF-interne Bezeichnung für die Wohnung in Offenbach, Schloßstraße 20, »Ha« das Kürzel für »Hardy«, den Decknamen Gerhard Müllers. »Hier werde ich beauftragt, zwei Bombenanschläge auszuführen«, erläutert er später BKA-Beamten: »Einen auf eine amerikanische Einrichtung und einen weiteren auf die Hamburger Polizei.« Der zweite Anschlag sei »zuvor zwischen Gudrun Ensslin und Ulrike Meinhof besprochen worden«: »Vorher sollte Hamburg aber sofort geräumt werden«, da die Anschläge auch von der Wohnung im Rhein-Main-Gebiet aus durchgeführt werden könnten.

Außerdem erteilt Gudrun Ensslin die Order: »Laube räumen 2 Phasen: Wichtiges wie gehabt (Sack) in d. Mühle .... 2. Phase auf jeden Fall Mitte = Reinigungsfirma, aber Vorhänge + vorcleanen selbst. Laube

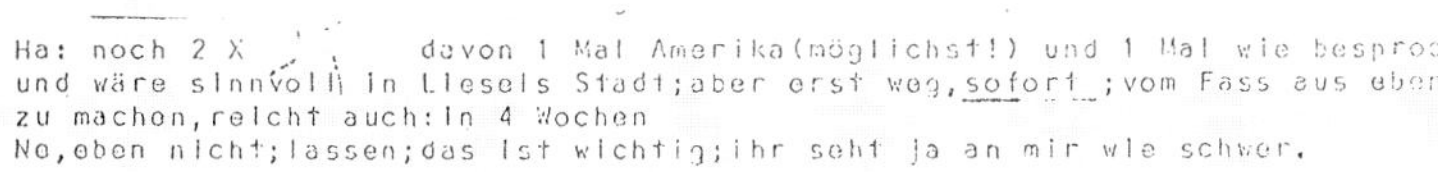

Ha: noch 2 X davon 1 Mal Amerika(möglichst!) und 1 Mal wie besproc
und wäre sinnvoll in Liesels Stadt;aber erst weg,sofort ;vom Fass aus eben
zu machen,reicht auch:in 4 Wochen
No,eben nicht;lassen;das ist wichtig;ihr seht ja an mir wie schwer.

*Ensslin-Kassiber (Auszug)*

muss aufgegeben werden …«. In diesem kryptischen Text geht es um die »Räumung der konspirativen Wohnung Inheidener Straße in Frankfurt«, entschlüsselt später Gerhard Müller: »Es wird erwähnt, dass man Wichtiges aus der Wohnung bringen soll, wie aus der Wohnung in Heusenstamm (Sack) … Die Sachen sollen nach Bad Homburg gebracht werden«: »An ›Mitte‹« – Deckname eines RAF-Unterstützers – »ist die Anweisung gerichtet, eine Firma mit den Reinigungsarbeiten zu beauftragen, die Reinigung der Vorhänge und die Vorreinigung der Wohnung selbst zu übernehmen. Gudrun Ensslin betont nochmals, dass die Wohnung Inheidener Straße aufgegeben werden muss«, weil sie befürchte, dort könnten Beweismittel gefunden werden.

Und genau so, wie von Ensslin für die erste Phase der Räumaktion angeordnet, geschieht es: Als die Beamten am 16. Juni 1972 die RAF-Wohnung in der Inheidener Straße entdecken, finden sie zwar Bomben und Sprengstoff, aber eine Menge ist offensichtlich schon weggeschafft worden. Ein Dreivierteljahr später kommen die BKA-Beamten in die Wohnung in Bad Homburg, in der Dietigheimer Straße 1 – und entdecken dort einiges aus Frankfurt. Das meiste aber holen sie aus einem Ententeich in Bad Homburg – an »insgesamt 19 Fundstellen«. Polizeitaucher bergen aus ihm unter anderem: sechs Bomben, eine Maschinenpistole und drei andere Waffen, fünfunddreißig illegal hergestellte Kfz-Kennzeichen und Anleitungen zur Herstellung von Sprengstoff. Was die Beamten der »Soko B/M« erstaunt: Einige der gefundenen Gegenstände sind in Zeitungspapier der *Bild* vom 26. Juli 1972 eingeschlagen. Die Ententeich-Aktion muss also an diesem Tag oder danach stattgefunden haben. Über zwei Wochen zuvor – am 9. Juli – waren als letzte entscheidende RAF-Mitglieder Irmgard Möller und Klaus Jünschke verhaftet worden. Den »Soko B/M«-Beamten wird klar: Zwar haben sie die RAF-Mitglieder gefasst. Nicht aber alle ihrer Unterstützer. Und daran hat sich bis heute nichts geändert.

Ungeklärt ist nach wie vor, wer diesen Kassiber Ensslins aus der Justizvollzugsanstalt in Essen schmuggelte. Der Verdacht fiel damals auf Rechtsanwalt Otto Schily. Ihren Verteidiger. Er sei der Einzige gewesen, erklären die Ermittler, der sie in der fraglichen Zeit besucht habe – nämlich am 12. Juni 1972. Zweieinhalb Stunden lang. »Ich habe nichts rausgebracht«, dementiert Schily energisch. Generalbundesanwalt Ludwig Martin glaubt ihm nicht. Auf seinen Antrag hin schließt eine Woche später der Ermittlungsrichter beim Bundesgerichtshof Rechtsanwalt Schily von der weiteren Verteidigung aus. Der Bundesgerichtshof bestätigt diese Entscheidung am 25. August 1972 – mit der Begründung, die »Gesamtheit« der »Umstände begründet gegen Rechtsanwalt Schily den dringenden Verdacht, dass er den Kassiber aus der Anstalt gebracht hat«.[81] Das Bundesverfassungsgericht hebt diesen Beschluss jedoch am 14. Februar 1973 auf. Nicht, weil das höchste deutsche Gericht Schily für unschuldig hält. Sondern weil ein Verteidigerausschluss – so die Bundesverfassungsrichter – »zur Zeit weder durch Gesetz noch Gewohnheitsrecht gedeckt ist«.[82] Drei Monate nach dieser Entscheidung schreibt BKA-Kriminalhauptkommissar Alfred Klaus[83] über Rechtsanwalt Schily: »Die Verdachtsgründe sind nicht ausgeräumt worden.« Mittlerweile hält das Bundeskriminalamt an diesem Verdacht nicht mehr fest. Heute ist Otto Schily als Bundesinnenminister oberster Dienstherr des Bundeskriminalamtes. Gerichtlich nicht geklärt ist bis heute ebenso, wer diesen Text abtippte und wer ihn zu der im Untergrund lebenden Meinhof weiterreichte.[84]

# 32. Kapitel: Die RAF im Gefängnis

## Die andere Front

Die Verhaftung ist ein Schock für die RAF-Köpfe. Auf einmal sitzen sie mutterseelenallein in Zellen. Abgeschottet von Mitgefangenen: Andreas Baader in Schwalmstadt, Gudrun Ensslin in Essen, Ulrike Meinhof in Köln-Ossendorf, Holger Meins in Wittlich und Jan-Carl Raspe in Köln. Die Justiz will kein Risiko eingehen – nach allem, was sie erlebt hat: der Baader-Befreiung, dem Hubschrauberbau, um Mahler aus dem Gefängnis zu holen, und dem Ensslin-Kassiber.

Am härtesten trifft es Ulrike Meinhof. Anders als Baader, Ensslin und Meins saß sie noch nie im Gefängnis. Das einstige »Schoßkind der feinen Hamburger Gesellschaft«, bislang ständig auf Achse, von Termin zu Termin hetzend, landet im »Toten Trakt« in Köln-Ossendorf. Einem leeren Flügel der Gefängnis-Krankenabteilung. In ihrer Zelle hört sie keine Geräusche. Weit und breit keine anderen Gefangenen. »He Mäuse!«, schreibt sie zwei Monate nach ihrer Verhaftung ihren beiden Töchtern: »Denkt nicht, dass Ihr traurig sein müsst, dass Ihr eine Mami habt, die im Gefängnis ist. Es ist überhaupt besser, wütend zu werden als traurig zu sein.«

Im Oktober 1972 besuchen Bettina und Regine ihre Mutter in Köln-Ossendorf. Vater Klaus Rainer Röhl, bei dem sie jetzt leben, bringt sie hin – er wartet in der Eingangshalle. Seit zweieinhalb Jahren haben die Mädchen ihre Mutter nicht mehr gesehen. Mittlerweile sind sie zehn und gehen in die vierte Klasse. Kurz vor Meinhofs Verhaftung war Regine mit einer langen Schürfwunde nach Hause gekommen. »Wo hast du die denn her?«, fragt ihr Vater Klaus Rainer Röhl. »Ach, wir haben Baader-Meinhof-Gruppe gespielt«, antwortet die Tochter, »und ich bin über eine Hecke gesprungen, und dabei hab ich mich geschrammt.«

Bettina hat vor dem Wiedersehen nach so langer Zeit Angst, »mich vor meiner Mutter zu erschrecken«. Als Ulrike Meinhof von zwei Beamten in die Besucherzelle geführt wird, ist die Mutter ganz aufgeregt und freut sich riesig. »Darf ich euch in den Arm nehmen?«, fragt sie unsicher, »wollt ihr das überhaupt?« Bettina erzählt von der Schule, vom

Klavierunterricht und vom Taschengeld. »50 Pfennig in der Woche!« seien »ein Skandal«, befindet Ulrike Meinhof. »Sie wollte, dass wir monatlich 100 Mark bekämen, damit wir unabhängig seien«, erinnert sich Bettina Röhl an das Gespräch in der Besucherzelle. Die »politische Art« ihrer »eingesperrten Mutter« verunsichert die Tochter.

Ulrike Meinhof verzweifelt in der Zelle, schreibt an Horst Mahler: »der politische Begriff für den toten trakt, Köln, sage ich ganz klar ist: das gas. meine auschwitzphantasien drin waren, kann ich nur sagen, realistisch.«[85] Sie ist für »den Knast völlig ungeeignet«, stellt Astrid Proll fest, die ebenfalls in Köln einsitzt und ein einziges Mal mit ihr sprechen darf. Auch Gudrun Ensslin vergleicht ihr Schicksal mit dem von KZ-Häftlingen: »Unterschied toter Trakt und Isolation: Auschwitz zu Buchenwald, Unterschied ist einfach: Buchenwald haben mehr überlebt als Auschwitz.«[86]

Alle RAF-Häftlinge hoffen darauf, schon bald befreit zu werden. Am stärksten Andreas Baader. Gleich vier Möglichkeiten, wie man ihn herausholen könnte, kassibert er an RAF-Unterstützer in Freiheit: »die beste: nachts auf das dach. Paar ziegel abheben ...« In allen Einzelheiten beschreibt er, wie ihn ein Kommando befreien soll. Bis hin zu den Fluchtfahrzeugen. In ihnen müsse guter »polfunk sein. Falls das timing platzt weil es zu früh entdeckt wird müsst ihr auf der strecke n paar plätze im wald gecheckt haben, an denen das auto zu verstecken ist. Dazu wanderkarten, richtige kleider, waffen ...«

Außerdem fordert er von den Genossen in Freiheit: »lasst euch ein paar starke aktionen« einfallen: »fangt das aber nicht an wie kinder, die kriterien (die minimalen kriterien) bringen die aktionen im mai 72.«[87] Im Klartext: Die Sprengstoffanschläge müssten zumindest der Mai-»Offensive« der RAF im Jahr 1972 gleichkommen. Attentate mit Toten.

In den ersten Monaten ihrer Haft sind die RAF-Häftlinge auf Krawall gebürstet: »Als ich hier reinkam, hatte ich nur einen Gedanken im Kopf: Widerstand leisten, wo es geht«, schreibt etwa Jan-Carl Raspe nach seiner Verhaftung. »Nicht nur, weil ich wusste, dass das politisch richtig und notwendig ist, sondern weil ich abstrakt wusste ..., dass das notwendig ist für die Identität, um nicht kaputtgemacht werden zu können.«[88] Ulrike Meinhof tritt einem Beamten in den Bauch, als er versucht, ihr einen Kassiber abzunehmen. Auch Astrid Proll tritt: eine Wärterin – »mehr aus Affekt als Wut«[89], wie sie anschließend erklärt.

Im Laufe der Zeit verändern die RAF-Häftlinge ihren Widerstand: keine Handgreiflichkeiten mehr. Ihnen ist klar geworden, dass sie bei körperlichen Auseinandersetzungen im Gefängnis den Kürzeren ziehen. Neue Verhaltensregeln entdecken die Ermittler in einem »Zellenzirkular« im Mai 1973 – von wem es stammt, können sie nicht klären[90]:

»1. kein wort (wirklich kein einziges) zu den pigs, in welcher verkleidung sie auch immer ankommen, vor allem: ärzte. KEIN EINZIGES ...
2. kein einzel-hof, kein einzel-bad.
3. kein Besuch unter bullenbewachung (müßt ihr mal sagen, weiß ich nicht genau)
4. (natürlich auch keine einzige handreichung, keinen finger für sie krumm machen, nichts nur feindschaft und verachtung)
(z. b. besuchsausziehen)
5. keine provokation, das ist wichtig. in der regel passiven widerstand. sich NIE zu irgendwas provozieren, hinreißen lassen. das ist PURE DUMMHEIT. cool gelassen heiter. aber sich unversöhnlich unerbittlich BIS ZUM ÄUSSERSTEN VERTEIDIGEN mit der methode MENSCH.«

»wir sind entwaffnet«, charakterisiert Ulrike Meinhof die Situation in den Gefängnissen im Mai 1973: »aber wessen sie uns auch jetzt nicht berauben können, wenn wir's mit zähnen und klauen verteidigen, sind bewußtsein und kollektiv.«[91] Die RAF entdeckt den Knast als »andere Front« – und organisiert sie schnell: drinnen und draußen.

## »das info«

Nach einem knappen Dreivierteljahr in Haft gibt Baader das Startzeichen: Am 9. März 1973 verlangt er in einem Kassiber von den Genossen, »sich zu organisieren, zu einer selbsteinschätzung und strategie zu kommen, ein info-system aufzubauen«.[92] Im Frühjahr 1973 entsteht »das info« – das RAF-Knast-Post-System: Es sorgt dafür, dass die Schreiben aus einer Zelle in die anderen und auch zu Unterstützern draußen kommen. So können die RAF-Häftlinge – wie einst in Freiheit – über alles diskutieren und eine gemeinsame Linie festlegen. Beispielsweise wie sie sich gegenüber Ermittlern, im Gefängnis, vor Gericht und bei den Hungerstreiks verhalten.

Die »info-Zentrale« wird im Haus des Rechtsanwalts Kurt Groenewold in der Osterstraße 120 in Hamburg eingerichtet. Drei Mitarbeiter sind mit dem Umpacken der Informationen beschäftigt: Die Papiere der Gefangenen werden sortiert, kopiert und für die anderen in »›info‹-Paketen« zusammengestellt. Diese »Pakete«, bis zu sechzig Seiten dick, werden entweder als Verteidigerpost geschickt – die damals noch nicht der Postkontrolle unterliegt – oder von den Anwälten transportiert. »Den Anwälten war lediglich eine Postbotenfunktion zugedacht«, urteilt BKA-Kriminalhauptkommissar Alfred Klaus, der alle entdeckten Papiere des »info« auswertet. Es sind Tausende.

Durch »das info« gelingt es den RAF-Köpfen, das Verhalten der RAF-Häftlinge zentral zu steuern, die in Haftanstalten über das ganze Bundesgebiet verteilt einsitzen. »KG« – Kürzel des Rechtsanwalts Kurt Groenewold – fasst die Order der RAF-Spitze für alle Häftlinge zusammen, am 11. Juli 1973 – auf dem Briefkopf seiner Kanzlei »Kurt Groenewold, Dr. Franz Josef Degenhardt, Wolf Dieter Reinhard«. »Als Befehl« teilt er den Häftlingen mit:

»keiner spricht mit den bullen. kein wort

keiner spricht mit Journalisten. Wenn sie sprechscheine haben, weigern wir uns sie zu sehen. Wenn ein Interview, läuft das so: wir suchen über das info einen aus, es wird ein vertrag über die anwälte gemacht, die fragen sind schriftlich zu stellen und werden schriftlich beantwortet. Das manuskript fragen/antworten läuft über das info. Wenn nur einer was dagegen hat, wird es nicht veröffentlicht. wie in dem letzten papier: keiner nimmt an einem prozess teil. Es gibt eine erklärung am tag zur raf, justiz, anklage, haftbedingungen. Danach bleiben wir in der kiste. Das manuskript läuft mindestens 4 wochen vorher durch das info.

keiner macht zeugenaussagen. Wenn das von den anwälten dem gericht vermittelt nicht genügt um die vorführung, den transport zu verhindern, genügt ein satz vor dem tisch. Zieht das unbeteiligt ab, es ist scheisse, denen das tier zu zeigen, das sie vorführen wollen.«[93]

Über diese Kanäle instruieren Baader & Co. auch Unterstützer draußen. So findet die Polizei in konspirativen Wohnungen in Hamburg und in Frankfurt ein sechs Seiten langes Schreiben von Baader aus der Zelle, in dem er den Genossen Weisungen für weitere Anschläge gibt. Unter anderem schildert er im Detail, wie Bomben herzustellen sind: »ammoniumnitrat ist granulat und muß zu pulver zermahlen werden. wenn du keine professionelle mühle auftreiben kannst, die das zentnerweise verarbeitet, kauf ein dutzend kleine kaffeemühlen mit mahlwerk, nicht mit schlagwerk. die befestigst du im deckel von plastiktonnen so, daß du das zeug außerhalb der tonne ungemahlen reinschütten kannst und es gemahlen in die geschlossene tonne fließt, sonst bringt dich der staub um. das pulver muß nicht zu fein sein (eher ganz feiner gries als mehl) die mühlen mußt du dauernd wechseln weil sie heißlaufen und durchbrennen. kleine kaffeemühlen sind aber nachdem was wir so raushatten, immer noch besser als die großen, wie etwa in supermärkten, die laufen sehr schnell heiß, so daß das ammoniumnitrat schmilzt.«[94] Oberstes Ziel in Baaders heimlicher Post nach draußen ist die Gefangenenbefreiung. Erforderlich sei daher, schärft er den Genossen ein, »alle Kräfte auf diesen Job zu konzentrieren«.

Das »info«-Material besteht aus drei Kategorien. Kategorie I ist für die interne RAF-Kommunikation, »also alles was die guerilla betrifft, schult«, erläutert Gudrun Ensslin, »also z. b. die offiziellen raf-papiere und was jetzt noch geschrieben werden kann, die analyse/kritik und selbstkritik«. Diese Papiere bekommen nur die RAF-Spitze und die Häftlinge, die Baader als zuverlässig einschätzt. Rund dreißig Personen. Kategorie II dient der Kommunikation und Unterrichtung eines erweiterten Kreises. Die Kategorie III enthält im Wesentlichen Schulungsmaterial und Presseausschnitte, so genanntes »objektives Material«. Dafür kümmert sich jeder Gefangene um bestimmte Themen. Gudrun Ensslin wertet beispielsweise die Zeitschriften »Kriminalistik« und »Die Polizei« aus, zwei andere amerikanische Militärzeitschriften. Artikel aus Tageszeitungen zu den bei der RAF unter Beobachtung stehenden Themen schickt ein Zeitungs-Ausschnitts-Dienst in Berlin.

Die drei Kategorien sind eine hierarchische Abstufung. An der Spitze steht »das info I«. Wer es erhält, bekommt auch II und III. Wer in der Kategorie II ist, kriegt auch III, nicht aber I. »Durch besonderes Engagement war es möglich, von einer unteren in eine höhere Kategorie zu gelangen«, berichtet Gerhard Müller. »Gleichermaßen konnte jemand in Ungnade fallen und niedriger eingestuft werden. Die Entscheidung darüber blieb Baader vorbehalten.« – »das info« dient also nicht nur der Kommunikation, sondern auch der Disziplinierung.

Besondere Bedeutung hat für die Häftlinge das »Ausbildungsprogramm«: Sie wollen die Zeit in der Haft nutzen, um sich weiter für den »bewaffneten Kampf« vorzubereiten, wenn sie wieder in Freiheit sind. »schulungsprogramm muss jetzt mal her«, fordert Gudrun Ensslin – und zwar zu drei Aspekten: zum einen politische Literatur von Marx, Engels, Lenin, Luxemburg und Mao, zum anderen »politisch-militärische« Werke wie die »guerillapraktiker und -theoretiker, che, giap, mao, debray etc.«. Und schließlich »militärische« Werke. Das sind für Ensslin »bullenliteratur, bullenorganisation, pigzeug, management, fahndungsorganisation«.

Organisiert wird das Ganze über eine »Literaturliste«. Aus ihr ordert jeder Häftling Bücher und Zeitschriften, die er für die RAF auswertet. Später entdecken Beamte insgesamt 177 »Ausbildungs«-Werke in den Zellen: Zeitschriften – wie *Der Soldat*, *Wehrtechnik*, *Waffenrevue*, *Soldat und Technik*, *Der Schweizer Soldat*, *Wehr und Technik*, *Bundesgrenzschutz* und *Funktechnik* – und Bücher: Ho Chi Minhs »Revolution und nationaler Befreiungskampf«, Guevaras »Bolivianisches Tagebuch« und »Partisanenkrieg«, Fanons »Aufzeichnung eines Guerilla-Aufstandes« ebenso wie »Der Sprengmeister – Neuzeitliche Sprengtechnik« von Wahle/Begrich und »So arbeitet der Verfassungsschutz« von Damm. Sogar auf ihr eigenes Ausbildungsmaterial – eingestuft als »Verschlusssache« – stoßen die Beamten: Das Referat »Zusammenwirken von Polizei und Verfassungsschutz, insbesondere bei polizeilichen Unruhen und politischen Spannungszeiten« entdecken sie bei einem RAF-Rechtsanwalt. Der Text eines Seminars der Polizeiführungsakademie in Hiltrup.

Außerdem schicken RAF-Anwälte die entscheidenden Auszüge aus Akten der Ermittler, die sie für die Verteidigung erhalten hatten, den RAF-Häftlingen in die Zellen. Es »bestand die groteske Situation, dass die den Beschuldigten von der Polizei abgenommenen logistischen und operativen Unterlagen (z. B. die Rezepturen der Sprengstoffgemische und die Funkfrequenzen nebst Anweisungen für den Funkbetrieb verschiedener Polizeibehörden) durch Auswertung der Akten wiedererlangt und über die Anwälte bzw. die Info-Zentrale an die in Freiheit befindlichen Bandenmitglieder weitergegeben wurden«, fasst Alfred Klaus die Dinge aus Sicht des Bundeskriminalamts zusammen.

Dieses »info«-System funktioniert nur, weil die Anwälte die ihnen von der RAF zugedachte Rolle – vor allem als Postboten – übernehmen, aus der die RAF-Gefangenen keinen Hehl machen: »wir bestimmen unser verhältnis zu den anwälten nach den kriterien proletarischer bündnispolitik. nach den kriterien – weil es bündnispolitik natürlich nicht mit den teilen des staatsapparates gibt und weil hinter den anwälten sozial oder politisch oder ideologisch nichts steht. wir bestimmen es aus unserem interesse.«[95]

Einige Anwälte schlagen sich ganz offen auf die Seite der RAF. »Zur Unterstützung ihrer eigenen Arbeit wie zur Unterstützung der Klassenauseinandersetzungen werden die Juristen ihre Kenntnisse und Fertigkeiten dafür einsetzen, die in der Form des Rechts vorgetragenen Verfolgungs- und Unterdrückungsmaßnahmen und Kampagnen des Gegners darzustellen und zu analysieren«, schreibt der Hamburger Rechtsanwalt Kurt

Groenewold im Januar 1972 über das Selbstverständnis der »linken Anwälte«. Ziel sei es, zu »lernen, ihre und aller anderen Genossen Widerstandskraft zu stärken«.[96]

Nach Durchsuchungen des Groenewold-Büros in Hamburg kommt »das info« im Sommer 1975 weitgehend zum Erliegen. Später lebt es wieder auf – über Mitarbeiter im Büro des Stuttgarter Rechtsanwalts Klaus Croissant in der Breiten Straße 3,[97] das zur »Informationszentrale der ›RAF‹«[98] wird. Über vier Jahre besteht »das info« – in unterschiedlichen Formen: von Frühjahr 1973 bis Anfang September 1977.[99]

## Die »strenge Einzelhaft« – oder Agitationsthema »Isolationsfolter«

Schon in den ersten Monaten, in denen die RAF-Führer hinter Gittern sitzen, wird ihnen klar, dass sie ein Thema brauchen, mit dem sie draußen Sympathisanten mobilisieren können. Und dazu machen sie ihre eigenen Haftbedingungen. Die sind in der bundesdeutschen Geschichte tatsächlich einmalig: Die meisten RAF-Häftlinge sitzen in der ersten Zeit in »strenger Einzelhaft«. Unter Restriktionen, die es zuvor noch nicht gegeben hat. Von den anderen Insassen werden sie abgeschottet. Die Justiz will sich nicht noch einmal blamieren. Erst nach Monaten gibt es erste Ausnahmen.

Ulrike Meinhof – acht Monate im »Toten Trakt« in Köln-Ossendorf in strenger Einzelhaft – spricht vom »Foltercharakter der Isolationshaft« und schließlich von »Folter«. Sie fühlt sich wie ein KZ-Häftling. Hat – wie sie es nennt – »Auschwitzphantasien«. Nicht anders Gudrun Ensslin, der hinter den Gitterstäben »Auschwitz« und »Buchenwald« in den Sinn kommen.

Wie diese »strenge Einzelhaft« bei Manfred Grashof aussieht, dokumentiert eine Zusammenfassung, in der der Erste Staatsanwalt Taglieber aus Kaiserslautern die von Gerichten ergangenen Anordnungen auflistet[100]:

»1. *24. 3. 1972 Ermittlungsrichter des Bundesgerichtshofes:*
a) Fesselung der Hände auf dem Rücken bei Bewegungen außerhalb des Haftraumes,
b) Einzelfreistunde,
c) Ausschluss von der Teilnahme an Gemeinschaftsveranstaltungen einschließlich des Gottesdienstes.
d) Betreten des Haftraumes nur mit zwei Beamten. Beschwerde ge-

gen Ausschluss von Gemeinschaftsveranstaltungen durch Beschluss des Landgerichts Kaiserslautern vom 6. 2. 72 verworfen.

2. *12. 4. 1972 Ermittlungsrichter des Bundesgerichtshofes:*
Beamten des Bundeskriminalamtes ist die Anwesenheit bei Gesprächen des Beschuldigten mit seinen Eltern weiterhin gestattet.
3. *12. 4. 1972 Ermittlungsrichter des Bundesgerichtshofes:*
Fesselung des Beschuldigten innerhalb der Räume der Haftanstalt Hamburg unterbleibt. Für die Freistunde Anordnung der Fesselung bis auf weiteres aufrechterhalten.
4. *12. 9. 1972 Ermittlungsrichter des Bundesgerichtshofes:*
Betrieb eines batteriegespeisten Plattenspielers mit der Auflage gestattet, dass das Gerät und die dazugehörenden Platten durch Vermittlung der Haftanstalt zu beschaffen sind.
5. *14. 12. 1972 Amtsgericht Kaiserslautern:*
Der Besuchs- und Postverkehr des Beschuldigten wird auf die Familienangehörigen beschränkt; Zeitungen, Zeitschriften, Bücher und sonstige Druckerzeugnisse dürfen nur durch Vermittlung der Justizvollzugsanstalt Zweibrücken bezogen werden.
6. *22. 12. 1972 Amtsgericht Kaiserslautern:*
Bestätigung der bereits erfolgten fernmündlichen Anordnung, aus den dem Beschuldigten – zulässigerweise – zugehenden Druckerzeugnissen die Berichte über Ermittlungsverfahren und Prozesse gegen Mitbeschuldigte herauszuschneiden.
7. *23. 1. 1973 Landgericht Kaiserslautern:*
Verwerfung der Beschwerde des Beschuldigten gegen Nr. 6.
8. *16. 1. 1973 Amtsgericht Kaiserslautern:*
Benutzung eines eigenen Fernsehgerätes nicht gestattet.
9. *1. 3. 1973 Landgericht Kaiserslautern:*
Verwerfung der Beschwerde gegen Nr. 8.
10. *5. 10. 1972 Ermittlungsrichter des Bundesgerichtshofes:*
Zustimmung zur verstärkten Durchsuchung des Gefangenen, seiner Sachen und seines Haftraumes, insbesondere seiner körperlichen Durchsuchung vor und nach jedem Besuch. Ferner wiederholte Beobachtung bei Nacht, gelegentlich verbunden mit kurzfristiger Einschaltung der Zellenbeleuchtung.
11. *29. 3. 1973 Amtsgericht Kaiserslautern:*
Vor und nach Besuchen von Rechtsanwälten ist eine Durchsuchung des Beschuldigten und der Zelle vorzunehmen, vor und nach Besuchen von Angehörigen hat sie zu entfallen.[101]
12. *28. 3. 1973 Amtsgericht Kaiserslautern:*
Der Beschuldigte darf in der täglichen Hofstunde zusammen mit je

> einem von seiten der Justizvollzugsanstalt auszuwählenden U-Gefangenen, der nicht zu den Mitbeschuldigten gehört und nicht gleicher Straftaten wie der Beschuldigte verdächtig ist, geführt werden.«

Nach der Strafprozessordnung bedeutet Untersuchungshaft grundsätzlich Einzelhaft. So bestimmt es Paragraph 119.[102] In den Zellen stehen den RAF-Häftlingen Radios, Schreibmaschinen, Zeitungen und Literatur zur Verfügung. Sie bekommen zahlreiche Besuche von Rechtsanwälten und Verwandten – mehr als bei Untersuchungshäftlingen sonst üblich: innerhalb der ersten neun Monate beispielsweise Baader 26 Besuche – vier von Angehörigen, 22 von Anwälten –, Ulrike Meinhof 48 Besuche – 18 von Angehörigen, 30 von Anwälten – und Gerhard Müller insgesamt 35 Besuche. Die meisten RAF-Häftlinge dürfen die Runden im Gefängnishof jeweils mit einem anderen Häftling drehen. Aber das lehnen sie ab.

Währenddessen teilt Ulrike Meinhof über »das info« ihren Sympathisanten in Freiheit mit: »zum trakt (toter trakt/stille abteilung) kann ich nur noch mal sagen, dass das folter äußersten, viehischen Grades ist« – eine »spurlose Folter«.[103] Offener ist sie in einem Brief an die anderen Häftlinge: »wenn folterproteste überhaupt einen sinn haben sollen, dann den, schutzfunktion für die sicherheitskisten der guerilla – der sich konspirativ organisierenden antiimperialistischen linken«.[104] Mit dem »Foltervorwurf« geht es ihr also darum, neue Kräfte für die Guerillaorganisation zu mobilisieren. Die RAF hat sich selbst als Agitationsthema entdeckt. In Gestalt ihrer Haftbedingungen.

»Jedem, der die Haftbedingungen der inhaftierten Terroristen aus eigener Anschauung kannte«, hält BKA-Kriminalkommissar Alfred Klaus dagegen, »mussten die erhobenen Vorwürfe unsinnig und böswillig erscheinen.« Ähnlich urteilt selbst Horst Mahler über seine einstige Genossin – in den ersten beiden Jahren der Foltervorwürfe gehörte der Mitbegründer der RAF noch zur Truppe. »Der Foltervorwurf – eine Propagandalüge«, blickt er 1978 zurück: »Alles schien uns davon abzuhängen, dass der Führungskern im Gefängnis wenigstens seine organisatorische und politische Handlungsfähigkeit wiedererlangt und die verbliebenen Aktionsgruppen strategisch anleiten könnte.« Sein Ratschlag an die sich als »Gefolterte« bezeichnenden Genossen von einst: »Ein Indianer weint nicht.«

## Die Komitees – Die organisierte Öffentlichkeitsarbeit

Die Saat von drinnen – der Foltervorwurf von Ulrike Meinhof über »das info« – fällt draußen auf fruchtbaren Boden. Beackert wird er von den RAF-Anwälten. Sie sorgen dafür, dass »Komitees gegen Isolationsfolter in den Gefängnissen der BRD« in 23 Städten gegründet werden. Unter anderem in Hamburg, Frankfurt, München, Stuttgart, Berlin, Heidelberg, Tübingen und Kassel. Zentraler Auftakt ist eine Veranstaltung am 11. Mai 1973 in Frankfurt: »Es ist Aufgabe aller demokratischen Kräfte«, fordert Professor Christian Sigrist in seiner Rede, »diese mit den Blutmalen des Faschismus befleckte Justiz daran zu hindern, die Vernichtungsstrategie der herrschenden Klasse zu Ende zu führen und an diesen antiimperialistischen Kämpfern ein Exempel zu statuieren, das auf Jahre hinaus zur Lähmung des Widerstandspotenzials in Westdeutschland führen könnte.«

»Wissenschaftlich« wird das Ganze untermauert von dem Amsterdamer Psychiater Sjef Teuns. Er spricht von »sensorischer Deprivation als Foltermethode«: »Unter sensorischer Deprivation verstehen wir eine drastische Einschränkung – Deprivation – der sinnlichen Wahrnehmung – des Sensoriums –, durch die der Mensch sich in seiner Umgebung orientiert.« Teuns kommt zu dem Fazit, »dass sensorische Deprivation durch das Versetzen Einzelner in eine total künstliche, gleich bleibende Umgebung wohl das zur Zeit geeignetste Mittel zur Zerstörung spezifisch menschlicher Vitalsubstanz ist.« Dies sei »in gewissem Sinne ein Gegenstück zu den neuzeitlichen Methoden bei der Mästung von Schlachtvieh«.

Im ersten Jahr der Komitees, von Mai 1973 bis Mai 1974, schließen sich ihnen 450 Menschen an: Sie verteilen Flugblätter, rufen zu Demonstrationen auf, laden zu – insgesamt 75 – »Informationsveranstaltungen« ein und sammeln Spenden. Ein »Full-time-Job«, berichtet Sigrid Sternebeck über ihre Arbeit im Hamburger Komitee. Außerdem veröffentlichen die Komitees Broschüren: »Der Tote Trakt ist ein Folterinstrument« (43 Seiten), »Die Systematik der Folter« (35 Seiten) und »Der Kampf gegen die Vernichtungshaft« (285 Seiten). »Der größte Teil des Schriftverkehrs mit den ›Folterkomitees‹ wurde über ›das info‹ geführt«, berichtet Gerhard Müller. So erhielten die Komitees von den RAF-Köpfen »Anweisungen für verstärkte propagandistische Tätigkeiten und kleinere militante Aktionen«, wie »Wandschmierereien, Sit-ins, Demonstrationen, Stürmen von Redaktionsräumen, Legen von kleinen Brandsätzen«: »Die Anwälte beziehungsweise die Komitees selbst berichteten in den Infos über durchgeführte Aktionen.«

»Ziel dieses Komitees ist die Mobilisierung einer liberalen Öffentlichkeit für die Forderung: ›Abschaffung der Isolierung der politischen Gefangenen‹«, heißt es in einem Kassiber, entdeckt in mehreren Zellen von RAF-Mitgliedern. Ideologischer Ausgangspunkt dieser Komitees ist, dass »die Folter an der antiimperialistischen Guerilla« Ausdruck der »bedrängten Lage der Bourgeoisie« sei. Ihr Ziel: »eine breite antifaschistische Öffentlichkeit herzustellen«. Die Komitees versuchen vor allem »Liberale« und »bekannte Persönlichkeiten« zu gewinnen. Zum Beispiel den Berliner Professor Helmut Gollwitzer. Er hatte Ulrike Meinhof und Gudrun Ensslin im Gefängnis besucht: »Gollwitzer weigert sich, den Aufruf zu unterschreiben«, erfahren die Häftlinge von Rechtsanwalt Ströbele, »weil er das Wort Folter für übertrieben hält.«

Für eine breite Medienberichterstattung sorgt das Hamburger Komitee: Am 30. November 1974 besetzt es die Räume von Amnesty International in der Hansestadt. 32 Personen protestieren gegen die »Vernichtungshaft« und »Sonderbehandlung« der RAF-Häftlinge. Mit dabei sind viele noch Unbekannte, die zwei, drei Jahre später in den Untergrund gehen und sich der zweiten RAF-»Generation« anschließen: Ralf Baptist Friedrich, Lutz Taufer, Volker Speitel, Roland Mayer, Günter Sonnenberg, Christian Klar, Adelheid Schulz, Knut Folkerts, Willy Peter Stoll und Monika Helbing. Auch Susanne Albrecht ist in dem Hamburger Komitee aktiv: Nachts malt sie Parolen an Häuserwände. Tagsüber geht sie zu Kundgebungen. Die »Folterkomitees« sind eine Art »Talentschuppen« der RAF, eine Durchgangsschleuse in den Untergrund. Ausgangspunkt zahlreicher terroristischer Karrieren.

## Hungerstreik

Um ihren Vorwurf »Folter in der BRD« in die Medien zu bringen, arbeiten Baader & Co. mit einer gängigen PR-Masche. Sie schaffen einen »aktuellen Aufhänger« für die Medien. Einen Anlass für sie zu berichten: Die Häftlinge hungern kollektiv – unter Hinweis auf ebendiese »Folterhaft«. Auf diese Weise erhoffen sie sich, Sympathisanten und Öffentlichkeit zu mobilisieren.

»Hungerstreik ist Kampf«, schreibt Gerhard Müller – damals noch auf RAF-Kurs – in einem Kassiber am 5. März 1973 dem hungerstreik-zögerlichen Horst Mahler: »Im Bewusstsein der Bevölkerung verschwindet nach dem Auffliegen einer kriminellen Bande diese sang- und klanglos im Knast. Der Bourgeoisie gelingt bei uns nicht, was sie vorhaben – die Sache abzuschließen. Wir sind da und kämpfen. Die Leute sagen: hoppla!«[105]

### ➤ 30 Tage – Der erste Hungerstreik

Der erste Hungerstreik – von insgesamt fünf unter Führung von Baader & Ensslin – beginnt am 17. Januar 1973. Auftakt ist eine »Hungerstreikerklärung«: »Die Existenz von Folter ist Ausdruck des schleichenden Faschismus, der sich in das Gewand der Rechtmäßigkeit zu hüllen sucht«, heißt es in dem von den Anwälten Eberhard Becker, Jörg Lang, Klaus Croissant und Kurt Groenewold verbreiteten Papier. »Unsere Forderung ist: Gegen Folter helfen Rechtsmittel nicht. Unsere Forderung ist: Aufhebung der Isolation als Folter für die politischen Häftlinge in der BRD.« Die Anwälte selbst machen eine »Hungerstreik-Demonstration« vor dem Bundesgerichtshof in Karlsruhe, vom 9. bis zum 12. Februar 1973. Die hungernden Anwälte sind für die Presse ein Thema. Mehr noch als hungernde RAF-Häftlinge. So fragt beispielsweise der Journalist Werner Hill in der NDR-1-Hörfunksendung »Auf ein Wort« am 13. Februar 1973: »Ist es so weit, dass die Rechtsanwälte in ihren Roben auf die Straße gehen, sich an das Volk wenden müssen, weil anders einem Unrecht nicht abzuhelfen ist?«

Nach 30 Tagen – am 16. Februar 1973 – brechen die Häftlinge den Hungerstreik ab – ohne nennenswerten Erfolg: Zum einen sind sie sich untereinander nicht einig, was ihnen der Hungerstreik bringt. Zum anderen genügt der RAF-Spitze die Unterstützung der Anwälte nicht. Und für Horst Mahler ist der Foltervorwurf – der Anlass für die Nahrungsverweigerung – in der Rückschau nichts anderes »als eine Propagandalüge, darauf berechnet, die Linke in der Bundesrepublik moralisch zu erpressen und Faschismus vorzutäuschen, um die brutalisierten Kampagnen der RAF zu legitimieren«.

### ➤ 52 Tage – Der zweite Hungerstreik

Über »das info« schwören Baader & Co. die Genossen in den Zellen darauf ein, dass ein weiterer Hungerstreik notwendig wird. Der beginnt am 8. Mai 1973. Vierzig Häftlinge verweigern die Nahrung – auch einige der »Bewegung 2. Juni«. Ulrike Meinhof, die »Stimme der RAF«, gibt in der »Hungerstreikerklärung« die Devise aus: »Setzt die Schweine von außen unter Druck und wir von innen.«[106] Die Verteidiger unterrichten Journalisten über den Verlauf des Hungerstreiks mit »Folterberichten«. Dorothee Sölle kommentiert im Südwestfunk und fragt: »Folter auch in der Bundesrepublik?« Ebenso spricht die Theologin über den Hungerstreik auf dem Kirchentag. »Ergebnis laut Zeitungsberichten« – teilt Rechtsanwalt Groenewold[107] den RAF-Häftlingen am 3. Juli 1973 mit: »Gebet für Baader-Meinhof«.

Das anfängliche Interesse der Medien schwindet im Laufe der Zeit:

»aus dem hungerstreik ist die hefe raus«, erklärt Gudrun Ensslin Ende Juni ihren hungernden Genossen über »das info« – »aber scheiß drauf«.[108] Am 29. Juni 1973 ist Schluss mit dem politischen Fasten. Nach 52 Tagen. Die Häftlinge haben erkannt, dass sich der Staat nicht erpressen lässt, die Haftbedingungen nicht grundlegend ändert: »Der BGH und andere Gerichte«, erklären RAF-Anwälte in ihrer Pressemitteilung,[109] »haben sich geweigert, die Isolierhaft aufzuheben.«

**➤ 145 Tage – Der dritte Hungerstreik**

Andreas Baader kündigt ein »Spiel« auf Leben und Tod an. Er bereitet seine Getreuen auf einen dritten Hungerstreik vor: »ich denke, wir werden den hungerstreik diesmal nicht abbrechen«, schreibt er im »info«: »Das heisst es werden typen dabei kaputtgehen ... denn sicher läuft das im zusammenhang mit aktionen draußen viel härter als das letzte mal.« Er verlangt von den Genossen in Freiheit – über ein halbes Jahr vor dem Start: »nehmt euch nicht zu komplizierte aktionen vor, die scheitern einfach leichter.« Als »spitze« empfiehlt er Entführungen oder Ermordungen von »biedenkopf, genscher, maihöfer, weyer«.[110] Auch Gudrun Ensslin stimmt die Genossen ein: »der nächste machtkampf, den wir gewinnen müssen, ist der hungerstreik.« – »ulrike schreibt ne rede,[111] in der sie Andreas, die raf, sich selbst auf den politischen Begriff bringt.« Diese »Rede« hält Ulrike Meinhof am Vormittag des 13. September 1974 – auf der Anklagebank des Landgerichts Berlin in dem Baader-Befreiungs-Prozess: »Das ist unser dritter Hungerstreik gegen Sonderbehandlung ... Der Hungerstreik ist in der Isolation unsere einzige Möglichkeit zu kollektivem Widerstand gegen die Counterstrategie des Imperialismus ... Die Abschaffung der Isolation ist die Bedingung, die wir uns erkämpfen müssen.« Am Mittag beginnen die Häftlinge mit dem Hungerstreik. Es ist der längste und härteste »Hungerkampf« der RAF. Er dauert 145 Tage.

Nach zwei Wochen beginnen die Zwangsernährungen: Vier Justizbeamte schnallen die Häftlinge auf einer Liege fest. Notfalls mit Gewalt. Ein Arzt schiebt ihnen einen fünf Millimeter breiten Schlauch durch die Nase – über den Rachenraum weiter bis in den Magen. Eingeflößt bekommen die Häftlinge »Astronautenkost«. Eine Mischung aus allen lebenswichtigen Stoffen – angereichert mit Milch, Traubenzucker, Eigelb und anderem. Zweitausend Kalorien. Diese Nahrung sei »zwar irrsinnig teuer, eine Tagesration kostet sechzig Mark«, erläutert der Stuttgarter Gefängnisarzt Helmut Henck seine Kost, »aber sie ist abwechslungsreicher« als der bei früheren Hungerstreiks verabreichte Brei. Mache der Häftling ein »Bäuerchen«, bekomme er sogar mit, was ihm eingeflößt wurde, erklärt der Zwangsernährungsexperte: »Heute habe ich ›Roastbeef‹ oder ›Huhn‹ gekriegt.«

Während dieser Zwangsernährung – Ende 1973, Anfang 1974 – diskutiert die Republik darüber, ob der Staat Häftlinge gegen ihren erklärten Willen ernähren soll. Im Bundestag stellt Karl Carstens, CDU/CSU-Fraktionsvorsitzender, die Frage, ob es tatsächlich richtig sei, einen Untersuchungshäftling, »der bei klarem Verstande sich durch Hungern selbst das Leben nehmen will, mit Gewalt daran zu hindern«. Richard Stücklen, Vorsitzender der CSU-Landesgruppe in Bonn, bezweifelt, dass es »dem Steuerzahler, insbesondere dem kleinen Mann, zugemutet werden kann, dass der Staat für die künstliche Ernährung selbst verschuldet leidender Staatsfeinde riesige Summen ausgibt.« Für Bundesjustizminister Hans-Jochen Vogel hingegen steht fest, dass kein Weg an der Zwangsernährung vorbeiführt. Denn der Staat habe gegenüber Häftlingen eine Fürsorgepflicht. »Auf Grund dieser Fürsorgepflicht und des Verfassungsgebotes, Leben und körperliche Unversehrtheit zu schützen, muss der Staat alle zumutbaren Maßnahmen treffen, um das Leben des Gefangenen notfalls auch gegen den Willen des Gefangenen zu erhalten ... Diese Grundsätze gebieten notfalls auch eine zwangsweise Ernährung.«

Drohen Häftlinge aus der Hungerstreikfront auszubrechen, setzt sie die RAF-Spitze über »das info« unter Druck. Wie zum Beispiel Irene Goergens, die nach einem Monat darüber nachdenkt, wieder zu essen. »der punkt ist, dass du nie wieder kämpfen wirst/kannst, wenn du jetzt ausbrichst«,[112] fordert Ulrike Meinhof ihren einstigen »Zögling« zum Weiterhungern auf: »der punkt ist, dass der kampf so ist wie der hs jetzt.« Und von Gudrun Ensslin bekommt Irene Goergens zu lesen: »das ist 'n irrtum – von wegen ›dem teufel vom messer gesprungen‹, dem lieben gott, dem doktor, der bourgeoisie an den hals. das ist die wahrheit.«[113]

Auch Anwälte bringen Häftlinge auf Baaders Kurs. Ende November 1974 besucht Rechtsanwalt *Torsten Immhof* Gerhard Müller: »Er sagte mir, er käme im Auftrag von Baader«, berichtet Müller über das »Verteidigergespräch«: »Nach dessen Meinung hätten die Hamburger RAF-Gefangenen zu wenig Gewichtsverlust zu verzeichnen.« Die »Gewichtsmeldungen« der Hungerstreikenden lässt sich Baader über Rechtsanwälte in seine Zelle melden. So hält der Rechtsanwalt Gerhard Müller »einzelne Gewichtsunterschiede« anderer Häftlinge vor und fordert ihn auf, mehr abzunehmen. Dafür hat er Tipps: zum Beispiel das »Herbeiführen eines Durchfalls durch Trinken warmen Wassers oder starken Pfefferminztees vor der Zwangsernährung«.

»Du bist zu fett«, erklärt ein anderer Anwalt – mittlerweile selbst Häftling – Müller, der sich selbst schon »sehr geschwächt« fühlt. Zügig müsse er Gewicht verlieren. Deshalb verlangt er von Müller, »dass ich mir einen Rucksack basteln, diesen mit Büchern füllen und damit während der Nacht durch die Zelle marschieren sollte. Er selbst mache das auch – mit der Vorstellung, er sei ein Vietcong-Soldat auf dem Wege nach Dien-Bien-Phu.«

Gustav Heinemann, einstiger Bundespräsident, versucht, die Hungerstreikenden zum Essen zu bewegen. Am 17. Dezember 1974 schreibt er Ulrike Meinhof, die er 1961 als Strafverteidiger in einem Beleidigungsverfahren vertreten hatte: »Die Beschwerden gegen die Haftbedingungen, die Sie mit Ihrem Hungerstreik verbunden haben, sind – jedenfalls heute – zum großen Teil gegenstandslos. Etwaige Reste werden geprüft. Es besteht von daher kein Grund mehr, den lebensgefährlichen Hungerstreik auch nur noch einen Tag fortzusetzen.« Er bittet: »Sie sollten Ihren Hungerstreik beenden.« Doch Meinhof und die anderen hungern weiter.

Erst nach insgesamt zwanzig Wochen endet der Hungerstreik – mit einem Schreiben an Nachrichtenagenturen und Zeitungen am 2. Februar 1975: »wir bitten euch, den Streik jetzt abzubrechen, obwohl ... seine Forderung, die aufhebung der isolation nicht durchgesetzt werden konnte. Versteht das als befehl«,[114] erklärt die »raf (S)«. Das »S« in Klammern steht für »die sich selbst als ›Stab‹ der RAF sehenden Rädelsführer Baader, Ensslin und Meinhof in der Haft«, erläutert BKA-Kriminalhauptkommissar Alfred Klaus. Die RAF-Häftlinge sind zu Skeletten abgemagert: Gudrun Ensslin, 1,70 Meter groß, hat sich von 66 auf 42 Kilo heruntergehungert, Andreas Baader, 1,78 Meter, von 76 auf 50 Kilo und Jan-Carl Raspe, 1,84 Meter, von 73 auf 48 Kilo. Holger Meins ist tot.

### ➤ Holger Meins stirbt

Nach zwei Monaten Hungerstreik wiegt Holger Meins nur noch 40 Kilo – bei 1,83 Meter Größe. Gudrun Ensslin gibt ihm die Order, weiter zu hungern. Sie schreibt ihm am 7. November 1974: »ji r u n t e r: ticken, das es geschichte ist – materielle prozesse, deren spuren, so oder so, g e w ä h l t, dann leicht identifizierbar geworden sind.«[115] Im Klartext: Ensslin verlangt von Meins (Deckname: »Jimmy«, Kürzel: »ji«), mit seinem Gewicht noch weiter herunterzugehen. Er möge die historische Dimension seines möglichen Todes begreifen (»ticken«): »du bestimmst, wann du stirbst. freiheit oder tod.«

Holger Meins gehört zu den Häftlingen, die durch den Hungerstreik am meisten gefährdet sind. Sein schlaksiger Körper besitzt nur wenig Fettreserven – er war schon immer hager. Zudem hungert er besonders fanatisch: Mit allen Kräften wehrt er sich in der ersten Zeit gegen die Zwangsernährung. Er habe »jeden Tag verschiedene Arten von aktivem Widerstand gemacht«, berichtet er selbst.[116] »sieg oder tod«, schreibt er nach sechs Wochen Hungerstreik an Manfred Grashof, der das Hungern »eigenmächtig« beendet hat, »das ist die sprache der guerilla«: »menschen (also wir), die sich weigern, den kampf zu beenden – sie gewinnen entweder oder sie sterben, anstatt zu verlieren und zu sterben.«[117]

Schon ein halbes Jahr zuvor hatte Holger Meins an Rechtsanwalt Croissant geschrieben, ein Hungerstreik sei »sehr gefährlich weil u. U. tödlich«: »Für den Fall, dass ich in Haft vom Leben in den Tod komme, war's Mord – gleich was die Schweine behaupten werden. Glaubt den Lügen der Mörder nicht.«[118]

Das ist auch das Verständnis von Baader und Ensslin: Wer sich zu Tode hungert, den hat das System ermordet – auch wenn sich zahlreiche Häftlinge gegen die Zwangsernährung mit Händen und Füßen wehren. Baader und Ensslin brauchen einen Toten »drinnen«, um »draußen« die Sympathisanten und die Öffentlichkeit für sich zu mobilisieren.

Am 8. November 1974 ruft Holger Meins in der Kanzlei von Siegfried Haag an, haucht ins Telefon: »Ich komme nicht mehr hoch«, und bittet um den Besuch des Rechtsanwalts. Der Neunundzwanzigjährige hat seit einem Jahr die Anwaltszulassung und ist einer von Meins' zwanzig Verteidigern. Am nächsten Tag fährt Haag in die Justizvollzugsanstalt Wittlich. Holger Meins wird auf einer Bahre ins Sprechzimmer getragen. Zum Laufen ist er zu schwach – er wiegt mittlerweile nur noch 39 Kilo. Seine schwarzen Haare sind schulterlang, er trägt einen breiten Rauschebart. Haag hockt sich zu ihm auf die Bahre, um ihn zu verstehen. Holger Meins kann nur noch flüstern. »Es war furchtbar«, erinnert sich Siegfried Haag: »Das Klopapier, das er sich in Rollen unter den Gürtel gesteckt hatte, damit die Hose nicht so sehr auf seinem Körper scheuerte.« Der Besuch dauert zwei Stunden – »auch deshalb«, berichtet Siegfried Haag, »weil mir klar geworden ist, dass das sein letztes Gespräch war und dass er das wusste«. Nach dem Besuch fährt Haag in die Croissant-Kanzlei nach Stuttgart, unterwegs schläft er vor Erschöpfung auf einem Parkplatz ein. Als er in der Kanzlei ankommt, sagt ihm eine Sekretärin: »Der Holger ist tot.« Holger Meins, das einstige Filmtalent, starb am 9. November 1974 – drei Stunden nach dem Gespräch mit Siegfried Haag. Im Alter von dreiunddreißig.

»Die Verantwortung für den Tod durch langsames Verhungernlassen trägt nicht nur der Anstaltsarzt«, erklärt Rechtsanwalt Haag am nächsten Abend in der »Tagesschau«, »sondern auch der Richter, der die Haftbedingungen bestimmt.« Gemeint ist damit Theodor Prinzing.[119] Auf derselben Pressekonferenz in Stuttgart verkündet RAF-Rechtsanwalt Otto Schily, »dass die im Hungerstreik befindlichen Gefangenen in Raten hingerichtet werden«.[120] Schily spricht von einer »Verwesung bei lebendigem Leibe« und einer »Verschleierung der Isolation«.

Die Rechnung von Baader und Ensslin geht auf – durch ein Opfer in den eigenen Reihen Sympathisanten draußen zu Aktionen zu mobilisieren: Schon am Tag nach Meins' Tod wird der Berliner Kammergerichtspräsident Günther von Drenkmann in seiner Wohnung erschossen – vor den Augen seiner Frau. Als »Fleurop-Bote« mit einem Strauß Blumen hatte ein Täter an der Wohnungstür geklingelt – von Drenkmann war am Tag zuvor vierundsechzig geworden. Zunächst sollte er entführt werden. Als dies scheitert, erschießen ihn die Täter der »Bewegung 2. Juni«. Die Solidaritätsbekundung eines Konkurrenzunternehmens: Tatsächlich allerdings hatte Günther von Drenkmann nie etwas mit einem Terroristenprozess oder Haftbedingungen zu tun. Er war Zivilrichter. Ein all-

*Nach der Meins-Beerdinung. Zweiter von links: Meins' Vater Wilhelm*

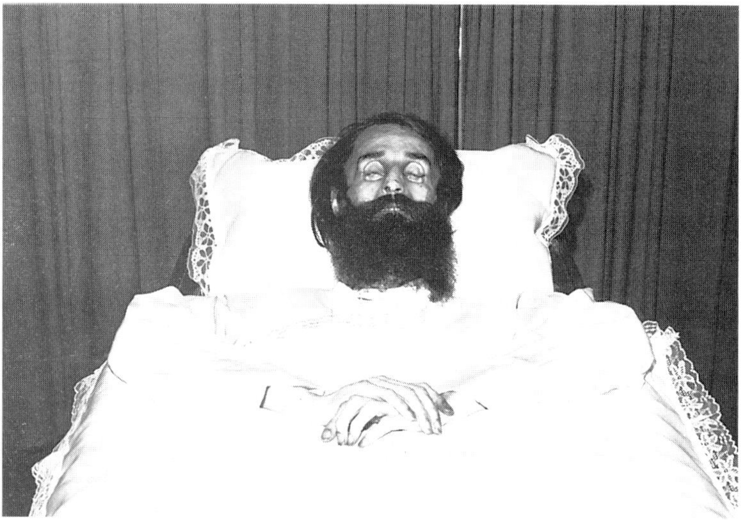

*Holger Meins aufgebahrt in der Friedhofskapelle Hamburg-Öjendorf*

seits geachteter liberaler Geist und Präsident des höchsten Berliner Gerichts. »Revolutionäre Gegengewalt ist nicht nur legitim, sie ist unsere einzige Möglichkeit«, kommentieren die Stammheim-Häftlinge den Drenkmann-Mord[121]: »Die Aktion ist stark – als Ausdruck unserer Liebe, unserer Trauer und unserer Wut über die Ermordung eines gefangenen Kämpfers. Wenn es Begräbnisse geben soll – dann auf beiden Seiten.« In den Tagen nach Meins' Tod verüben RAF-Sympathisanten neunzehn Brand- und zwei Sprengstoffanschläge.

Beerdigt wird Holger Meins am 18. November 1974 in Hamburg-Stellingen. Hunderte RAF-Sympathisanten ziehen durch den Stadtteil. Vorneweg tragen sie ein großes Transparent: »der Guerrilla Holger Meins von Staatsschutz + Justiz ermordet«. Am Grab stehen Otto Schily und Rudi Dutschke. Dutschke streckt die rechte Faust nach oben und ruft: »Holger, der Kampf geht weiter!«

Und der Kampf geht weiter. Der Tod von Holger Meins stachelt RAF-Anhänger dazu an, mehr für den »Kampf gegen die Haftbedingungen« zu tun. Sie alle haben seinen Tod vor Augen, durch ein Foto im *stern*: Es zeigt Meins zum Skelett abgemagert. Aufgebahrt in der Friedhofskapelle Hamburg-Öjendorf. Sein Tod ist für mehrere spätere Mitglieder der zweiten »Generation« ein entscheidender Meilenstein auf dem Weg in den Untergrund: für Sigrid Sternebeck und Ralf Baptist Friedrich ebenso wie für Silke Maier-Witt und Susanne Albrecht. »Wenn die Justiz die Haftbedingungen nicht ändert, müssen wir was tun«, denkt damals Susanne Albrecht – wie auch viele andere Sympathisanten: »Es kann nicht zugelassen werden, dass hier noch mehr Gefangene sterben.«

## Stuttgart-Stammheim: Siebenter Stock

28. April 1974. Sonntag in Stuttgart-Stammheim. Kurz nach acht: Horst Bubeck blickt aus einem vergitterten Fenster auf Felder. Er wartet auf einen Hubschrauber. Horst Bubeck ist einundvierzig, Schwabe und »Amtsinspektor« in Stuttgart-Stammheim, stellvertretender Chef des uniformierten Vollzugsdienstes in dem Gefängnis. Er ist kein »Schließmeister«. Eher ein Diplomat. Deswegen übertrug man ihm auch die Verantwortung für den siebenten Stock der Haftanstalt: Andreas Baader, Gudrun Ensslin, Ulrike Meinhof und Jan-Carl Raspe werden hier »einziehen«. An diesem Morgen sollen die ersten beiden kommen – aus der Luft. Im Hubschrauber: Ulrike Meinhof aus Köln-Ossendorf und Gudrun Ensslin aus Essen. In Stammheim soll den RAF-Köpfen der Prozess gemacht werden.

Stuttgart wollte nicht »Baader-Meinhof-Gerichtsstadt« werden. Vier Monate zuvor hatte der Stuttgarter Gemeinderat einstimmig eine Resolution gegen den Mammutprozess in der Landeshauptstadt verabschiedet – unter Federführung von Oberbürgermeister Arnulf Klett: »Unübersehbare Sicherheitsprobleme und -risiken für die zahlreichen Gäste aus aller Welt«, prophezeiten die Stadtväter zum von ihnen angenommenen Prozessauftakt im Juni 1974, weil dann im Neckarstadion Spiele der Fußballweltmeisterschaft anstehen. Doch der Protest hilft nichts. Die Argumente für die Stadt am Neckar überwiegen: Den schlimmsten Anschlag hatten die mutmaßlichen Täter in diesem Bundesland begangen. 1972 in Heidelberg. Drei Menschen waren durch die RAF-Bomben zerfetzt worden. Auch gibt es die »Festung Stammheim«. Das Gefängnis gilt als ausbruchssicher. Erst elf Jahre zuvor war es errichtet worden. Für 22 Millionen Mark – etwas weniger, als die Renovierung des Neckarstadions kostet. Zudem ist Stammheim auch nur eine Autostunde von Karlsruhe entfernt. Dem Sitz der Bundesanwaltschaft. Die Ankläger können morgens von zu Hause aus anreisen und abends auch wieder zurückkehren.

Und schließlich – gewiss auch ein Argument – war Anfang 1974 die Stelle des Vorsitzenden des für Terrortaten zuständigen Zweiten Strafsenats am Oberlandesgericht vakant. So konnte sie das Stuttgarter Justizministerium mit einem für das schwierige Verfahren geeigneten Juristen besetzen. Denn Senatsvorsitzende verfügen normalerweise nicht über frische Erfahrungen mit komplizierten Mammutverfahren, sondern schweben in den höheren Sphären des Revisionsrechts – nicht weit vom Ruhestand entfernt. So bekommt Theodor Prinzing (49) die Stelle – bislang Strafkammervorsitzender am Landgericht und reich an Erfahrungen mit »widerborstigen« Angeklagten in Großverfahren: Ein drahtiger Typ, der täglich »Fitness-Training« treibt. »Scharfe Intelligenz und kitzlige Schläue«, attestieren ihm Kollegen. Anerkennend fügt einer hinzu, dass »ihm in Karlsruhe noch nie ein Urteil gelupft worden ist«. Und für Prinzing ist »Pflichtgefühl nun mal nichts Negatives«.

Nachdem Stuttgart als Gerichtsort feststeht, wird der siebente Stock der Justizvollzugsanstalt Stammheim zum Hochsicherheitstrakt umgebaut. Bubeck fährt in die Haftanstalten, in denen noch seine künftigen, außergewöhnlichen Häftlinge einsitzen, um zu hören, was auf ihn und seine Kollegen zukommt. Dort erfährt er: Meinhof und Ensslin seien »unberechenbar«. Mal schwiegen sie trotzig, mal pöbelten sie laut. »Das wird nicht schön«, schwant Bubeck.

In seinem Funkgerät rauscht es. Er hört das Wort »Leonard«. Das Code-Wort, auf das er wartet. Es besagt: In zehn Minuten landet der Hubschrauber. Bubeck geht das Treppenhaus hinunter, um die beiden Frauen in Empfang zu nehmen. Der ganze Hof ist grün. Voller Polizei-

*Stammheim: siebenter Stock*

beamter mit Maschinenpistolen und Funkgeräten. Vom Hubschrauberlandeplatz bringt ein Kleinbus die beiden neuen Häftlinge. Als Erste steigt Meinhof aus. Sie ist klein und dünn und trägt Handschellen. Bubeck muss an den Satz seiner Mutter denken: »Der erste Eindruck ist der entscheidende.« Und so begrüßt er sie mit den Worten: »Guten Morgen, Frau Meinhof.« Die sagt nichts, sondern schwingt mit dem rechten Bein merkwürdig nach hinten – und tritt ihm in die Eier. Der Amtsinspektor ist völlig überrascht. Reflexartig reißt er seinen Körper zur Seite. Meinhofs Fuß trifft zunächst sein Knie. Erst dann den Hodensack.

Ein halbes Jahr später, Anfang November 1974, kommen Baader und Raspe nach Stammheim. Eigentlich sollte auch Holger Meins kommen. Aber er ist nicht transportfähig. Durch den Hungerstreik zu sehr geschwächt. Wenige Tage später stirbt er.

Und so sitzen schon bald die vier Angeklagten im Gang vor ihren Zellen im siebenten Stammheimer Stock im Schneidersitz auf dem Boden. Sie trinken Kaffee und rauchen, diskutieren über die allgemeine politische Lage und auch mal über das anstehende Verfahren. Zum Beispiel über die Frage, ob sie den Ostberliner Rechtsanwalt Friedrich K. Kaul, der auch in der Bundesrepublik vor Gericht auftreten darf, mit in ihre

*Jan-Carl Raspe und Gudrun Ensslin in Stammheim*

Verteidigerriege aufnehmen sollten. Ein DDR-Anwalt als einer ihrer Verteidiger – das hätte einen hohen Aufmerksamkeitswert in den Medien. Aus der Idee aber wird nichts.[122]

»Stühle oder Tische haben sie abgelehnt«, berichtet Bubeck über die Häftlinge im siebenten Stock. Die Beamten halten sich außer Hörweite auf. So hat es das Gericht festgelegt. »Fünfzehn bis achtzehn Meter« sind die Beamten von den Häftlingen entfernt, berichtet Bubeck. Tagsüber sind die Zellen geöffnet, sodass sich die vier in der siebenten Etage acht Stunden lang frei bewegen können. Ulrike Meinhofs Zelle ist das Stammheimer Redaktionsbüro der RAF.

Mit der Unterbringung der vier RAF-Häftlinge in Stammheim wurden zwei eiserne Grundsätze des Untersuchungshaftrechts gebrochen[123] – zum ersten und bislang letzten Mal in der Geschichte der Bundesrepublik. Zum einen, dass Angeklagte in derselben Sache bis zur Gerichtsverhandlung keinen Kontakt miteinander haben dürfen, damit sie sich nicht absprechen können. Und außerdem, dass Männer und Frauen im Gefängnis strikt voneinander getrennt werden.

Auch ansonsten sind die Bedingungen für die RAF-Häftlinge in der siebenten Stammheim-Etage einmalig: Jeder hat eine neun oder zweiundzwanzig Quadratmeter große Zelle für sich. »In der Etage drunter«, erinnert sich Bubeck, »lagen sechs Mann in einer Zelle, die genauso groß

*Der Hochsicherheitstrakt*

und für drei Mann gedacht war«. Jeder der RAF-Häftlinge hat Fernseher, Radio, Plattenspieler, Schreibmaschine und jede Menge Bücher in seiner Zelle. Die anderen Gefangenen dürfen nur einmal pro Woche vor den Fernseher – und einen aufgezeichneten Spielfilm sehen. Außerdem gibt es in der siebenten Etage – für die vier gemeinsam – eine »Fresszelle«, in der Obst, Joghurt, Quark, Fleisch und rohe Eier liegen, eine »Sportzelle« mit Rudergerät, Heimtrainer und anderen Geräten, eine »Bücherzelle« mit über 300 Werken sowie eine »Prozesszelle«, in der 300 Aktenordner stehen. Zu Baader kommt drei Mal die Woche ein Masseur und knetet ihn durch – er hatte sich über Rückenschmerzen beklagt.

Andere Häftlinge beschweren sich bei Amtsinspektor Bubeck, als Baader wieder einmal seine Stereoanlage so laut aufgedreht hat, dass die Musik noch zwei Etagen tiefer zu hören ist. »Dürfen die da oben Partys feiern?«, fragt ein Häftling. Bubeck, der Diplomat, will Zwietracht in der Anstalt vermeiden. So antwortet er, er könne nichts hören. Die Häftlinge müssten sich täuschen. Bubeck lügt – wie er in der Rückschau sagt – »für Andreas Baader«. Die Stammheimer Gefangenenvertretung beschwert sich im Namen der achthundert Häftlinge in einem Brief an das Stuttgarter Justizministerium über die »Privilegien für die RAF«. Auch Bubeck und seine Kollegen wundern sich über die zahlreichen Vergünstigungen für die RAF.

Eines Tages kommt eine neue Mülltonne in die siebente Etage – ein Baader bislang noch nicht bekanntes Modell: aus Plastik, mit einem Klappdeckel und fahrbar. Baader tobt: »Was habt ihr da schon wieder für eine neue Schweinerei ausgeheckt?«, schreit er Bubeck an. »Aber Herr Baader«, spricht Bubeck auf ihn beruhigend ein, »das ist doch bloß eine Mülltonne.« – »Was?«, fragt Baader irritiert. »Ja, eine Mülltonne«, entgegnet Bubeck und fügt ironisch-ernst hinzu: »Allerdings in einer Sonderanfertigung für die RAF, von Luigi Colani.«

Kontakt mit anderen Häftlingen lehnen die RAF-Gefangenen ab. Zum einen aus »Angst vor Spitzeln«, wie sie Bubeck erklären. Zum anderen fürchten sie: Wenn Bilder von ihnen zusammen mit anderen Häftlingen in den Zeitungen erschienen, nehme der RAF das Thema »Isolationshaft« niemand mehr ab. Trotz mehrfacher Hinweise des Gerichts auf diese Möglichkeit wollen sie nicht mit anderen zusammen an die frische Luft – wie beispielsweise in dem Beschluss vom 12. Dezember 1975[124]: »Schließlich ist den Angeklagten eingeräumt, auf Wunsch am Hofgang einer beschränkten Zahl von Mitgefangenen teilzunehmen ... Indes haben es die Angeklagten abgelehnt, solche erweiterten sozialen Kontaktmöglichkeiten wahrzunehmen. Der Senat kann sie nicht zwingen, das zu tun.«

*Baader in Stammheim*

Fünfzehn Justizbeamte sind für die Bewachung der vier Angeklagten im siebenten Stock eingeteilt. Elf Männer und vier Frauen – alle eigens für diese Aufgabe vom Verfassungsschutz überprüft. Pro Schicht drei oder vier. Sie sehen, dass die Rollen unter den vier Häftlingen klar verteilt sind: Andreas Baader hat das Sagen. Die beiden Frauen nennt er »Zofen«. Nicht selten vertauscht er das »Z« mit dem »F«. Die beiden Frauen beharken sich im Laufe der Zeit immer mehr. Raspe redet wenig – wie schon immer in seinem Leben. »Baaders Laufburschen« nennen ihn die Vollzugsbeamten.

Baader beschimpft oft die Vollzugsbeamten – bei den anderen RAF-Häftlingen ist das die Ausnahme: Als einer der Wachtmeister für einen Augenblick von seinem Stuhl aufsteht, um sich die Beine zu vertreten, sitzt, als er wiederkommt, eine Puppe ohne Kopf auf seinem Platz – gebastelt aus Zeitungspapier, einem Pullover und einer Feinstrumpfhose. Bubeck kommt hinzu. »Entschuldigung«, lacht er und fragt, »aber fehlt da nicht der Kopf?« – »Wieso?«, erwidert Baader: »Einer wie du braucht keinen Kopf.« Wenige Minuten später hängt über der »Wärterpuppe« das Foto eines Kopfes – eines Schweinskopfes. Ausgeschnitten aus einer Illustrierten. Immer wieder zu Zoff mit Baader kommt es auch bei Zellendurchsuchungen. Nachdem ein Beamter die beiden Frauenzellen inspiziert hat, brüllt Baader ihn an: »Da ist dir beim Wühlen in der Wäsche wohl einer abgegangen, he?«

Bevor die Häftlinge Töpfe und Kochplatten in den siebenten Stock bekamen, kochten die Beamten für sie außerhalb des Trakts Eier, in der »Stockwerksküche«. Zwischenmahlzeiten. Als es einmal ein Beamter ablehnt, für Baader ein Ei zu kochen – Dreieinhalb-Minuten-Eier bittet er sich aus –, weil er etwas anderes zu tun hat, kanzelt ihn Baader ab: »Und wenn ich will, dann legst du mir sogar ein Ei.«

Mit Ulrike Meinhof hatten die Gefängniswärter nur am Anfang Probleme – als sie noch mit Gudrun Ensslin allein in der siebenten Etage war: Ohne Vorwarnung schlug sie einer Gefängniswärterin eine schwere hölzerne Klobürste mehrmals auf den Kopf. Die Frau war arglos, sie hatte sich gerade gebückt, um ihr aus dem Rollwagen vor der Zelle das Mittagessen zu geben. Mit einer Platzwunde am Kopf wird die – wie Meinhof sie nennt – »Bullenfotze« ins Krankenhaus gebracht. Von der Zelle nebenan ruft Gudrun Ensslin durchs Fenster zu Ulrike Meinhof: »Was ist los, bist du geschlagen worden?« – »Nein.« – »Was dann?«, will Ensslin wissen. »Ich hab ihr eins drübergezogen.« – »Warum denn?« – »Ich hab das gebraucht«, brüllt Meinhof zurück: »Ich habe Hitler geschlagen!«

Von den Anwälten, die Bubeck im Laufe der Jahre kennen lernt, findet er Schily »am schlimmsten«. »Wenn mir damals jemand gesagt hätte: Diese Herren werden später Minister, Parlamentarier oder Staatssekretäre«, blickt er zurück, »dann hätte ich gesagt: schon möglich, aber nur in einem Staat, in dem Baader Bundeskanzler ist.«

## Jean-Paul Sartre besucht Andreas Baader

Die Berichte in den Medien über die »Foltervorwürfe« ebben mit der Zeit ab. Um das zu ändern, kommen Baader und die presseerfahrene Meinhof auf eine Idee: Ulrike Meinhof schreibt einen Brief. An Jean-Paul Sartre. Sie bittet den französischen Philosophen um einen Besuch in Stammheim: bei Andreas Baader, »weil die Bullen beabsichtigen, Andreas zu ermorden«. Mit dem Schreiben fährt Rechtsanwalt Croissant zu Sartre nach Paris. Am 4. Dezember 1974 besucht der neunundsechzigjährige Schriftsteller Andreas Baader in Stammheim. Die beiden reden eine Stunde in der Besucherzelle. Ein Dolmetscher übersetzt. Horst Bubeck sitzt daneben. Anschließend berichtet Sartre auf einer Pressekonferenz, organisiert von den RAF-Anwälten, im Hotel »Graf Zeppe-

*Sartre auf dem Weg zu Baader, rechts Verteidiger Croissant*

lin« – gegenüber dem Stuttgarter Hauptbahnhof. »Baader hat das Gesicht eines gefolterten Menschen«, sagt er den über hundert Journalisten. »Es ist nicht die Folter wie bei den Nazis. Es ist eine andere Folter. Eine Folter, die psychische Störungen herbeiführen soll.« Sartre erläutert, wie »gefoltert« würde: »Baader und die anderen leben in einer weißen Zelle. In dieser Zelle hören sie nichts außer drei Mal am Tag die Schritte der Wärter, die das Essen bringen. Vierundzwanzig Stunden brennt das Licht.« Am nächsten Tag sind die Zeitungen voll mit den Worten des Philosophen. »Sartre kritisiert Haftbedingungen für Baader-Meinhof-Häftlinge«, titelt der liberale Berliner *Tagesspiegel.*

Als Amtsinspektor Horst Bubeck die Worte des Philosophen liest, schüttelt er überrascht den Kopf: Offensichtlich hatte niemand Sartre erklärt, dass sie nicht in Baaders Zelle saßen, sondern in der Besucherzelle. »Baaders Zelle sah anders aus«, berichtet Bubeck: »In ihr hingen ein Che-Guevara-Plakat und vielfarbige Landkarten an den Wänden. Auch hatte sie ein Fenster, wie jede Zelle eines hat.« Und der Rest von Sartres Behauptungen? »Lauter Lügen, weiter nichts«, sagt Bubeck. In allen Zellen gehen nachts die Lichter aus. Im Winter um zehn, im Sommer um elf. Jeden Tag sitzen die Häftlinge über mehrere Stunden zusammen und reden – die Wachtmeister müssen außer Hörweite bleiben. Die regelmäßigen Angebote, mit anderen Gefangenen zusammenzukommen, lehnen die RAF-Häftlinge eisern ab. Das eine um das andere Mal.

## Andreas Baader: »Wir sehen das eher sportlich«

Nachdem die siebente Etage in Stammheim seit drei Jahren besteht, sprechen Andreas Baader und Kurt Rebmann das einzige Mal gemeinsam

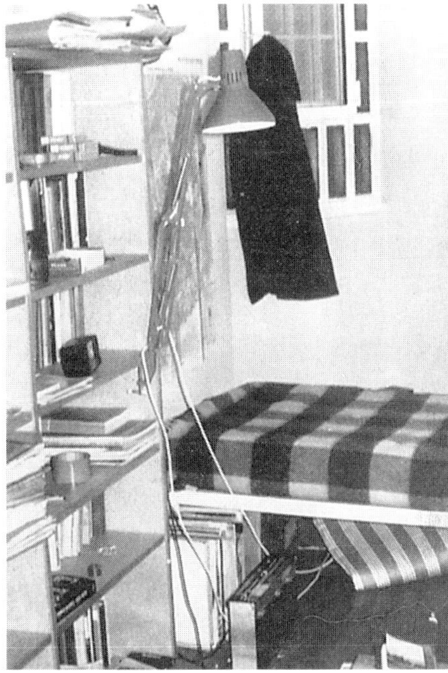

*Baaders Zelle*

über das Thema »Folterhaft« – am 21. April 1977. Rebmann ist Ministerialdirektor im baden-württembergischen Justizministerium und damit auch für die Justizvollzugsanstalt Stammheim zuständig – zwei Monate später wird er Generalbundesanwalt. Ein »Chef«-Treffen. Rebmann kommt mit einem Abteilungsleiter. Außerdem sitzt Bubeck mit im Raum. »Herr Baader, besonders in der ausländischen Presse ist häufig zu lesen, dass die Gefangenen im siebenten Stock gefoltert würden«, steuert Rebmann auf den Punkt zu: »Stimmt denn das? Sie haben jetzt die Möglichkeit, vorzutragen, ob an diesen Vorwürfen etwas richtig ist.« Baader schweigt. Horst Bubeck, der neben ihm sitzt, ist auf die Antwort gespannt – er selbst kennt die tatsächliche Lage im siebenten Stock so gut wie kein anderer Vollzugsbeamter. Auf einmal dreht sich Baader zu Bubeck und stößt ihn kumpelhaft an die Schulter: »Na, Herr Bubeck«, grinst er aufmunternd, »werden wir hier gefoltert?« Ein raffinierter Schachzug Baaders. Dem Amtsinspektor fehlen die Worte. So antwortet Baader: »Ne, ne, der Vorwurf der Folter, meine Herren, ist nicht wörtlich zu nehmen. Wir sehen das eher sportlich und raufen uns immer wieder zusammen, nicht wahr, Herr Bubeck?«

Als Bubeck anschließend Baader in seine Zelle zurückbringt, raunt er ihm zu: »Respekt, Herr Baader, jetzt steht es eins zu null für Sie.«

Zum gleichen Ergebnis – die Haftbedingungen sind keine »Folter« – führt eine Beschwerde, die im Jahr zuvor, 1976, Baader, Ensslin und Raspe bei der Europäischen Kommission für Menschenrechte in Straßburg gegen ihre Haftbedingungen eingelegt haben. Die »außergewöhnlichen Haftbedingungen« seien aus Gründen der Sicherheit geboten gewesen, weist die Kommission den Antrag als »unzulässig« zurück[125]: »Im Hinblick auf die Umstände des Falles, insbesondere ... das Verhalten der Betreffenden selbst, die bestimmte ihnen gebotene Kontaktmöglichkeiten ablehnten, kann von den Beschwerdeführern nicht gesagt werden, dass sie absichtlich einer Gesamtheit von körperlichen oder seelischen Leiden mit dem Ziel unterworfen gewesen sind, sie zu bestrafen, ihre Persönlichkeit zu zerstören oder Widerstandskraft zu brechen.« Angesichts dessen hätte die Haft »nicht den Charakter einer unmenschlichen oder erniedrigenden Behandlung«.

# 33. Kapitel: Der Gesetzgeber »rüstet auf«

Die Abgeordneten im Bundestag sind sich einig wie selten zuvor – am 11. Oktober 1974. Der CDU-Abgeordnete Carl Otto Lenz spricht über den Schily-Beschluss[126]: »In einer Entscheidung vom Februar dieses Jahres[127] hat das Bundesverfassungsgericht festgestellt, dass keine Rechtsgrundlage dafür vorhanden ist, in einem Strafverfahren einem Rechtsanwalt die Verteidigungsbefugnis zu entziehen, weil er im Verdacht der Teilnahme an der den Beschuldigten zur Last gelegten Straftaten stehe.« Diese »Lücke« im Gesetz müsse »schleunigst geschlossen werden«. Gleicher Auffassung ist die SPD: Der Beschluss mache »ein rechtliches Problem aktuell, das völlig unabhängig von dem zugrunde liegenden Einzelfall zu gesetzgeberischen Konsequenzen führen muss«, fordert Fritz-Joachim Gnädinger, ein Staatsanwalt außer Diensten. Und für die Liberalen bekundet der FDP-Rechtspolitiker Detlef Kleinert, »dass hier schnell etwas zu geschehen hat«.

In dieser Einmütigkeit beschließt der Bundestag am 18. Dezember 1974 das erste große »Anti-Terror-Paket«[128] – für das im kommenden Jahr in Stuttgart beginnende »Baader-Meinhof-Verfahren«: Die Abgeordneten befürchten, dass Verteidiger und Angeklagte die Möglichkeiten der Strafprozessordnung ausnutzen und den Prozess torpedieren.

So kommt eine Vorschrift über den Ausschluss von Verteidigern zum 1. Januar 1975 ins Gesetz. Der neue Paragraph 138a bestimmt: »Ein Verteidiger ist von der Mitwirkung in einem Verfahren auszuschließen, wenn er dringend oder in einem die Eröffnung des Hauptverfahrens rechtfertigenden Grade verdächtigt ist, an der Tat, die den Gegenstand der Untersuchung bildet, beteiligt zu sein oder eine Handlung begangen zu haben, die für den Fall der Verurteilung des Beschuldigten Begünstigung, Strafvereitelung oder Hehlerei wäre.« Ebenso ist ein Verteidiger vom Verfahren auszuschließen, »wenn er den Verkehr mit dem nicht auf freiem Fuß befindlichen Beschuldigten dazu missbraucht, die Sicherheit des Vollzugs erheblich zu gefährden«.

Neu ist auch das Verbot der Mehrfachverteidigung: Ein Anwalt darf künftig nur einen Angeklagten verteidigen. Bislang gab es keine Begrenzung. Das gilt für alle Bürger. Selbst wenn das Verfahren nichts mit Terror zu tun hat. Beispielsweise, wenn ein Rentnerehepaar vor Gericht steht, weil es im Supermarkt eine Tafel Schokolade einsteckte. Selbst wenn die Dinge eindeutig sind, die beiden gestehen, wie es tatsächlich war: Sie dürfen sich keinen Anwalt gemeinsam nehmen. Jeder muss einen eigenen haben – und bezahlen. Sofern er nicht auf einen Rechtsanwalt verzichten will.

Die Zahl der Wahlverteidiger wird durch dieses erste »Anti-Terror-Paket« auf drei beschränkt. In dem Verfahren gegen die RAF-Mitglieder Manfred Grashof, Klaus Jünschke und Wolfgang Grundmann in Kaiserslautern waren bis zu fünfzehn Anwälte für jeden der Angeklagten aufgetreten. Für das Verfahren gegen die RAF-Spitze in Stuttgart rechneten Fachleute mit »über 50 Verteidigern«, wie der liberale Strafrechtsprofessor Jürgen Baumann: »Dass auf diese Weise jedes Verfahren ›kaputtgemacht werden‹ kann, liegt auf der Hand.« Doch viele Juristen haben für diese Beschränkung auf drei Wahlverteidiger kein Verständnis. Etwa der Frankfurter Rechtsanwalt Erich Schmidt-Leichner, Vorsitzender der Vereinigung Deutscher Strafverteidiger: »In Großverfahren kann durchaus ein berechtigtes Interesse der Angeklagten bestehen, mehr als drei Verteidiger zu bestellen«, kritisiert er die neue Vorschrift – unter Hinweis auf das Contergan-Verfahren –, »weil der Umfang und die Aufgliederung des Prozessstoffes eine mehrfache ›Arbeitsteilung‹ gebieten.«

Auch reagiert der Bundestag auf die Befürchtung, die Angeklagten könnten sich durch einen Hungerstreik »verhandlungsunfähig« fasten, bevor sie zur Sache vernommen werden. Dann würde das Verfahren platzen. Angesichts dessen bestimmt der neu in die Strafprozessordnung eingefügte Paragraph 231a, dass auch ohne den Angeklagten verhandelt werden kann, wenn er sich »vorsätzlich und schuldhaft in einen seine Verhandlungsfähigkeit ausschließenden Zustand versetzt« hat.

Zwei Jahre später verabschiedet der Bundestag das zweite große »Anti-Terror-Paket« – es wird am 18. August 1976 verkündet. Mit dem Paragraphen 129a kommt der Straftatbestand der »Bildung terroristischer Vereinigungen« ins Strafgesetzbuch. Bislang gab es nur die »Bildung krimineller Vereinigungen«. Nach der neuen Vorschrift wird nicht nur bestraft, wer eine terroristische Vereinigung gründet oder unterstützt, sondern auch, wer für sie wirbt. Ein solches »Werben« nehmen die Gerichte bald darauf bereits an, wenn jemand »RAF« oder »RAF – wir werden siegen«[129] an eine Hauswand sprüht.

Außerdem erweitert der Bundestag die Vorschrift über die »Nichtanzeige geplanter Straftaten«: Von nun an muss jeder, der von einer beabsichtigten Terror-Tat »glaubhaft erfährt«, umgehend bei der Polizei Meldung machen. Dass diese Anzeigepflicht auch für Ärzte und Verteidiger gilt, kritisiert der bekannte Bonner Strafverteidiger Hans Dahs: »Diese Regelung zeigt, dass der Gesetzgeber allzu schnell bereit ist, im Interesse von erhofften größeren Ermittlungserfolgen der Strafverfolgungsbehörde Einbrüche in so erprobte und unverzichtbare Rechtsgrundsätze wie die Verschwiegenheitspflicht des Arztes und Rechtsanwaltes durchzuführen.«

Ebenso ändert das zweite »Anti-Terror-Paket« die Voraussetzungen für die Untersuchungshaft: Ist jemand »dringend verdächtig«, Mitglied in einer terroristischen Vereinigung zu sein, kann der Richter auch dann Untersuchungshaft anordnen, wenn weder »Flucht- noch Verdunklungsgefahr« besteht (Paragraph 112 Absatz 3 Strafprozessordnung).

Heftig umstritten ist die neue Regelung in der Strafprozessordnung über die Postkontrolle: Danach (Paragraphen 148 und 148a) sind Briefe zwischen Anwalt und Mandant, der wegen des Verdachts der »Bildung einer terroristischen Vereinigung« in Untersuchungshaft sitzt, durch einen am Verfahren nicht beteiligten Richter zu überprüfen, den so genannten »Leserichter«. Einen Amtsrichter, »in dessen Bezirk die Vollzugsanstalt liegt«. Stößt er auf etwas, was mit der »Förderung einer terroristischen Vereinigung« zu tun hat oder aber nichts mit der Verteidigung, muss er die Beförderung ablehnen. Rechtsanwälte kritisieren diese neue Vorschrift vehement. Erst etwas mehr als zehn Jahre zuvor, im Jahr 1965, war – nach ihrem kräftigen Drängen – der von jeder Beschränkung freie mündliche und schriftliche Verkehr zwischen Verteidiger und inhaftiertem Mandanten eingeführt worden. Die Überwachung in Terrorismusverfahren breche in das Vertrauensverhältnis zwischen Mandant und Anwalt in einem Maße ein, kritisiert der Strafverteidiger Hans Dahs, dass die rechtsstaatlich gebotene ordnungsgemäße Verteidigung unmöglich gemacht werde: »Sie beeinträchtigt das Grundrecht des Beschuldigten auf Verteidigung in so fundamentaler Weise, dass er letztlich als unverteidigt angesehen werden muss.« Jedenfalls führt die Vorschrift dazu, dass nach ihrem In-Kraft-Treten am 20. September 1976 »das info« nicht mehr als »Verteidigerpost« geschickt, sondern nur noch von den Verteidigern persönlich überbracht werden kann.[130]

Der Bundestag hat diese »Gesetzespakete« geschnürt, um dem Treiben von Baader & Genossen Einhalt zu gebieten. Bis heute – auch nach der »Auflösungserklärung« der RAF im Jahr 1998 – wurden diese Bestimmungen nicht gestrichen. Das Verbot der »Mehrfachverteidigung« und die Höchstzahl von drei Wahlverteidigern gelten weiter. Für jeden, der in Deutschland auf einer Anklagebank Platz nehmen muss.

## 34. Kapitel: »In der Strafsache gegen Baader u. a.« – der Justizalbtraum von Stammheim

Kurz nach sechs Uhr stehen die ersten Zuschauer vor dem Tor. Um halb sieben sind es schon dreißig. Vor ihnen erhebt sich Beton und Stahl, egal, wohin ihre Augen blicken: Die Justizfestung Stuttgart-Stammheim. Mittwoch, 21. Mai 1975. Das Verfahren gegen die Köpfe der ersten RAF-»Generation« beginnt: »Die Strafsache gegen Andreas Baader, Gudrun Ensslin, Ulrike Meinhof und Jan-Carl Raspe, wegen Mordes u. a.«. Das mit Abstand aufwändigste Strafverfahren der deutschen Justizgeschichte. Der Prozessstoff umfasst 50 000 Seiten. Die Anklageschrift allein 354 Seiten. Die vier Angeklagten haben zu den Vorwürfen eisern geschwiegen. Deshalb hat die Bundesanwaltschaft eintausend Zeugen aufgeboten und ebenfalls eintausend Gutachten. Vierzigtausend Asservate liegen bereit: Wohnungsschlüssel, Umzugskartons voller Papiere, die in den RAF-Wohnungen gefunden wurden, Selbstbezichtigungsschreiben, beschlagnahmte Waffen und Munition. Es geht um fünf Tote und fünf Dutzend versuchte Tötungsdelikte. Um Mord, versuchten Mord, Herbeiführen von Sprengstoffexplosionen,

*Stammheim: Prozessauftakt – 21. Mai 1975*

Bildung einer kriminellen Vereinigung, Bankraub und einiges mehr. Im Mittelpunkt der Anklage stehen die sechs Bombenanschläge im Mai 1972.

Für Baader & Co. hat der Staat weder Kosten noch Mühen gescheut: Auf einem ehemaligen schwäbischen Rübenacker, 150 Meter neben der Justizvollzugsanstalt, wurde eigens für den Prozess eine »Mehrzweckhalle« als Verhandlungssaal errichtet – für 16 Millionen Mark, einschließlich der Sicherheitsvorkehrungen. 500 Beamte bewachen das Areal – Schutz- und Kriminalpolizisten, Mitglieder von Mobilen Einsatzkommandos sowie eine Hundertschaft des Bundesgrenzschutzes. Zudem schützen hohe Betonmauern, spanische Reiter und Stacheldraht das Prozessgebäude. Seit Monaten stehen die fünf Richter unter Polizeischutz. Alle haben Pistolen erhalten und schießen gelernt.

Am Eingang filzen Justizwachtmeister die Besucher. Selbst Kugelschreiber und Geldbörsen konfiszieren sie. Der Verhandlungssaal ist so groß wie eine Turnhalle. 610 Quadratmeter. Die Wände aus Stahlbeton sind acht Meter hoch. Vor ihnen stehen Polizei- und Justizbeamte, die die Zuschauer auf den festgeschraubten Plastikschalensitzen beobachten. Von einer Empore – fünf Meter hoch im Rücken der Zuschauerreihen – hat zudem ein Dutzend Beamter alle Besucher fest im Blick. Tageslicht dringt nur durch schmale Oberlichter in den Saal. Sie wirken

*Die »Mehrzweckhalle« als Gerichtssaal*

wie Schießscharten. Neonröhren brennen den ganzen Tag. Hinter der Richterbank stehen Regale mit 150 Aktenordnern.

Kurz nach neun werden die vier Angeklagten hereingeführt – jeder an einen Justizwachtmeister gekettet: Andreas Baader (32) ist auffallend blass. Er trägt einen dunkelgrünen Pullover, braune Cordjeans und Turnschuhe. Mit großen Augen, einer Mischung aus Verwunderung und Stolz, betrachtet er die vielen Polizisten und den nagelneuen – eigens für ihn und seine Genossen gebauten – Gerichtssaal. Ulrike Meinhof (40) kommt ebenfalls in Bluejeans und im grauen Pullover. Ihre langen Haare hat sie zu Zöpfen geflochten. Sie wirkt jugendlich. Aber ihr Gesicht ist – im Vergleich zum Zeitpunkt ihrer Verhaftung vor drei Jahren – deutlich gealtert. Es sieht aus wie das einer Fünfzigjährigen. Missmutig blickt sie durch eine Nickelbrille. Gudrun Ensslin (34) erscheint ganz in Schwarz – Pullover, Jeans, Turnschuhe. Deutlich davon ab heben sich ihr blasses, hageres Gesicht und die strähnigen blonden Haare. Jan-Carl Raspe (30) kommt ebenfalls im Pullover. Er wirkt nicht so mitgenommen wie die anderen. Holger Meins, der als Fünfter neben ihnen sitzen sollte, lebt nicht mehr – ein halbes Jahr zuvor starb er an den Folgen des Hungerstreiks. Auf den schwarzen Lederstühlen – der »Anklagebank« – wirken die vier nicht wie harte Revolutionäre. Auch nicht mehr flippigspontan wie Baader und Ensslin sieben Jahre zuvor beim Kaufhausbrandstifter-Prozess. Die vier erwecken den Eindruck ernüchterter Phantasten.

Nicht in den Saal dürfen die Rechtsanwälte Klaus Croissant, Kurt Groenewold und Hans-Christian Ströbele. Das Gericht schloss sie von der Verhandlung aus: nach dem seit fünf Monaten geltenden Paragraphen 138a der Strafprozessordnung. Der Strafsenat geht davon aus, dass die drei ihre Verteidigerrechte missbraucht haben – durch den Transport von Kassibern. Darüber kommt es schnell zum Streit. Rechtsanwalt Ruppert von Plottnitz beantragt, seinen – als Verteidiger Baaders ausgeschlossenen – Kollegen Klaus Croissant, der draußen vor dem hohen Drahtzaun wartet und Einlass fordert, als Verteidiger Raspes in den Saal zu lassen. Eine entsprechende Vollmacht liege vor. Für die beiden anderen vom Gericht ausgeschlossenen Anwälte werden entsprechende Anträge gestellt. Die Wahlverteidiger argumentieren: Der Ausschluss der drei gelte allein für die Verteidigung Baaders, nicht aber für die Verteidigung anderer Angeklagter. Erstaunen auf der Richterbank. Papierrascheln. Gesetzestexte werden gewälzt.

»Wenn sich ein Verteidiger meldet und es liegt eine Vollmacht vor«, erklärt Rechtsanwalt Otto Schily, »dann hat er das Recht zum Auftritt in der Verhandlung.« Scharf fügt er hinzu: »Wenn das nicht mehr der Fall ist, dann – weiß ich –, dann machen wir den Laden zu.« Sein Kollege Ruppert von Plottnitz springt ihm zur Seite: »Diese Kollegen sind nicht ausgeschlossen worden für die Mandanten, für die sie sich jetzt gemeldet haben.« Wolle das Gericht tatsächlich die Strafprozessordnung nicht mehr als Grundlage zur Hauptverhandlung nehmen, fährt Rechtsanwalt von Plottnitz[131] fort, »würde ich empfehlen, tatsächlich einen Bundeswehrgeneral zum Vorsitzenden des Gerichts zu bestellen und einige Offiziere als Beisitzer«.

*Vorsitzender Theodor Prinzing*

Entscheidend geht es bei dem Streit um eine ganz nahe liegende Frage, die die Bundestagsabgeordneten im Eifer der Gesetzgebung nicht eindeutig geregelt hatten, nämlich wie der neue Paragraph 138a StPO zu verstehen ist: Gilt dieser Ausschluss nur für den betreffenden Angeklagten, gegenüber dem der Verdacht des Missbrauchs der Verteidigerrechte besteht – also nur gegenüber Baader –, oder auch für die übrigen Angeklagten? Nach einigem Hin und Her vertagt sich das Gericht.

Zwei Wochen später, am 5. Juni 1975, verkündet der Senatsvorsitzende Prinzing, dass die Anwaltsausschlüsse für den gesamten Prozess gelten, nicht nur für einzelne Angeklagte. »Frei geschöpftes, privat geschöpftes Stammheimer Landrecht bricht Bundesrecht«, entrüstet sich Rechtsanwalt von Plottnitz.

Im Laufe des Verfahrens verhärten sich die Fronten zwischen Wahlverteidigern und Gericht immer mehr. Zentraler Streitpunkt ist die Frage, ob die Angeklagten verhandlungsfähig sind. Die Angeklagten bestreiten dies – während des gesamten Verfahrens. Ebenso ihre Anwälte. Marieluise Becker plädiert: »Die Institutionalisierung der Isolation als Haftform zur Zerstörung der Identität der Angeklagten wurde und wird vom BKA über den Generalbundesanwalt von Karlsruhe aus zentral gesteuert.« Das Gericht hingegen hält die Angeklagten für »voll verhandlungsfähig«. Mehrfach lehnt es eine Untersuchung durch unabhängige Gutachter ab. Bis zum Sommer 1975.

Dann beauftragen die Richter vier prozesserfahrene Gutachter – Professor Wilfried Rasch vom Institut für forensische Psychiatrie der Freien Universität Berlin, seinen Münchner Kollege Professor Werner Mende, Professor W. A. Müller, Chefarzt am Zentrum für Innere Medizin im Robert-Bosch-Krankenhaus in Stuttgart, und Professor Schröder, Chefarzt im Bürgerhospital in Stuttgart. Ihr Ergebnis: Die Angeklagten sind nicht voll verhandlungsfähig. Die Professoren Müller und Schröder stellen in ihrem Gutachten fest: »Vegetative Störungen beeinflussen die Verhandlungsfähigkeit und die Fähigkeit, komplizierte Tatbestände über längere Zeit aufmerksam zu verfolgen. Auch im Hinblick auf die Formulierung und Entwicklung von eigenen Gedankengängen ist mit einer erhöhten Ermüdbarkeit zu rechnen.« Die Gutachter Mende, Müller und Schröder befinden, dass die Angeklagten nur an drei Tagen in der Woche für drei Stunden verhandlungsfähig sind. »Drei bis vier Stunden«, attestiert ihnen Rasch.

Das Gericht greift zu der für das Verfahren geschaffenen Vorschrift über die »vorsätzlich herbeigeführte Verhandlungsunfähigkeit«. Prinzing erklärt am 30. September 1975, dass die Angeklagten verhandlungsunfähig im Sinne des neuen Paragraphen 231a der Strafprozessordnung seien. »Die Hauptverhandlung wird in Abwesenheit der Angeklagten fortgesetzt«, verkündet er: Eine auf drei oder vier Stunden beschränkte Verhandlung komme nicht in Betracht. »Wer nur zeitlich beschränkt verhandlungsfähig ist, dessen Verhandlungsfähigkeit ist im Übrigen (zu den sonstigen Zeiten) ausgeschlossen«, fährt er fort: »Hierbei kann das zeitliche Verhältnis zwischen Verhandlungsfähigkeit und Verhandlungsunfähigkeit nicht unberücksichtigt bleiben, soll es nicht zu einer ungerechtfertigten Einschränkung von Paragraph 231a StPO kommen.« Der dritte Hungerstreik bis Anfang Februar 1975 sei »jedenfalls mit ursächlich« für die Verhandlungsunfähigkeit – und »das genügt für die Anwendung von Paragraph 231a StPO«. Bundesgerichtshof und Bundesverfassungsgericht bestätigen diese Entscheidung. Der Bundesgerichtshof fügt hinzu, dass die Häftlinge, falls sie es wollten, an der Verhandlung teilnehmen dürfen.

Nach zwei Monaten, am 19. August 1975 – dem 26. Verhandlungstag –, versucht der Vorsitzende Prinzing das zu tun, womit jedes Strafverfahren beginnt – noch vor Verlesung der Anklageschrift: der Vernehmung der Angeklagten zur Person. Er bittet die Justizwachtmeister, »zunächst den Angeklagten Raspe vorzuführen«, und fügt hinzu: »Notfalls mit Gewalt, das lässt sich nicht umgehen.« Kurz darauf wird Raspe von Justizwachtmeistern in den Saal geführt. »Bitte nehmen Sie Platz«, sagt

Prinzing. »Ich nehme nicht Platz«, entgegnet Raspe. Er bleibt stehen. Will nichts zu seiner Person sagen: »Ich habe hier nur zu erklären, dass ich hochgeschleppt worden bin.« Raspe drangt von seinem Platz weg. Richtung Ausgang. Justizwachtmeister halten ihn mit Gewalt fest. »Herr Raspe, was ich will, ist, dass Sie möglichst an der Verhandlung teilnehmen«, erklärt ihm der Vorsitzende väterlich. »Arschloch«, erwidert der: »Ich will jetzt ausgeschlossen werden.« Diesen Wunsch erfüllt ihm der Senat prompt.

*Meinhof in Stammheim*

Als Nächste kommt Ulrike Meinhof in den Saal – hereingetragen von vier Beamten an Händen und Füßen. »Frau Meinhof, bitte nehmen Sie Platz«, begrüßt sie der Vorsitzende. »Ich denke nicht daran«, faucht sie zurück. »Ich muss Sie zunächst darauf hinweisen«, erklärt ihr der Vorsitzende, »dass in Ihrer Abwesenheit Herr Raspe vorgeführt wurde und ihm wurde genau dasselbe gesagt, was ich Ihnen jetzt sage, so dass ...« »Ich will das gar nicht hören«, unterbricht Meinhof, »ich bin nicht in der Lage, mich zu verteidigen, und kann natürlich auch nicht verteidigt werden.« Theodor Prinzing versucht Ulrike Meinhof zu überreden dazubleiben. Doch Ulrike Meinhof drängt von der Anklagebank weg. Justizwachtmeister hindern sie daran. Halten sie an Schulter und Armen fest. »Wollen Sie sich zur Person äußern?«, fragt Prinzing und fügt hinzu, dass sie dazu verpflichtet sei. »Also, jetzt hör doch auf«, unterbricht ihn Meinhof abermals, »ich will ja wieder gehen.« – »Aber Sie haben die Pflicht, als Angeklagte hier zu bleiben. Sie müssen der Verhandlung folgen. Sie wissen ganz genau ...« – »Ich lass mich doch nicht zwingen, du Arschloch.« – »Frau Meinhof, ich stelle fest, dass Sie mich eben mit ›Arschloch‹, mit ›du Arschloch‹ angesprochen haben.« – »Nimmst du vielleicht mal zur Kenntnis ...«, schimpft Ulrike Meinhof. Die Richter beraten sich kurz. Der Vorsitzende verkündet: »Die Angeklagte wird für den heutigen Verhandlungstag ausgeschlossen, weil sie den Vorsitzenden ›du Arschloch‹ genannt hat.«

Andreas Baader wird in den Saal gebracht. Auch er weigert sich, Platz zu nehmen. Stehend fordert er vom Vorsitzenden: »Schließen Sie mich aus.« Er will zum Ausgang gehen. Justizbeamte halten ihn fest. »Sie sind verpflichtet, hier zu bleiben«, erklärt ihm Prinzing. »Na, was erwarten Sie, wollen Sie Beschimpfungen provozieren, oder was?«, erwidert Baader und fordert: »Schließen Sie mich doch aus.« – »Das ist keine Frage Ihres Wunsches und keine Frage unseres Wollens.« Es folgt ein Disput,

*Baader auf dem Weg zur Verhandlung*

der zeigt, welche Welten zwischen Theodor Prinzing und Andreas Baader liegen[132]:

»Angeklagter Baader: Ich werde die Verhandlung stören. Dass ist doch ein ganz dreckiges Manöver, was Sie hier machen.

Vorsitzender: Das ist kein dreckiges Manöver. Es legt mir die Prozessordnung die Pflicht auf, mich so zu verhalten, wie ich es tue.

Angeklagter Baader: Ja, was wollen Sie. Wollen Sie unbedingt, dass es hier zu physischer Gewalt kommt, oder was?

Vorsitzender: Sie sollen sich setzen und geordnet teilnehmen.

Angeklagter Baader: Das, was Sie provozieren ... Ich werde mich nicht setzen, ich werde nicht geordnet an der Verhandlung teilnehmen.

Vorsitzender: Gut, dann müssen Sie eben im Stehen an der Verhandlung teilnehmen.

Angeklagter Baader: Na ja, das ist doch ein ganz dreckiger, ein ganz dreckiger Versuch hier. Sie haben die anderen beiden auch ausgeschlossen, und Sie werden mich auch ausschließen müssen.

Vorsitzender: Herr Baader, wenn Sie in dieser Weise fortfahren, von ›dreckigen Versuchen‹ zu sprechen, außerdem durch Ihr Stehen und so weiter die Verhandlung zu stören ...

Angeklagter Baader: Es ist eine dreckige Manipulation, dass Sie mich hier zwingen, verdammt noch mal, fünf Minuten lang darauf zu beharren, dass Sie mich endlich ausschließen. Ich will hier raus, sehr einfach.

Vorsitzender: Es ist ... Es ist keine Frage Ihres persönlichen Wunsches. Sie haben die Pflicht, als Angeklagter hier zu bleiben.

Angeklagter Baader: Na ja schön ... Na ja, dann machen Sie eben diese lächerliche Prozedur. Ich werde stören, solange ich hier drin bin.

Vorsitzender: Bis jetzt stören Sie noch nicht.

Angeklagter Baader: Na schön ...

Vorsitzender: Sie können auch im Stehen mit solchen Erklärungen an der Verhandlung teilnehmen. Wenn's dann störend wird, dann werden wir schon weitersehen, aber jedenfalls weise ich Sie darauf hin, das wissen Sie ja, im Falle von Störungen müssten Sie erneut ausgeschlossen werden.

Angeklagter Baader: Na ja, ich weise Sie darauf hin, Prinzing, dass Sie mich jetzt ausschließen werden, sonst sehe ich mich gezwungen, Sie zu beschimpfen, so wirklich lapidar das ist.

Vorsitzender: Herr Baader …

Angeklagter Baader: Ja wollen Sie es unbedingt hören? Also Sie können das hören, Sie können das in verschiedener Form haben.

Vorsitzender: Ich will es nicht hören.

Angeklagter Baader: Na ja, Sie können auch von mir hören, dass Sie ein faschistisches Arschloch sind.

– Die Angeklagte Ensslin wurde um 14.52 Uhr in den Sitzungssaal geführt und vom Wachpersonal vor der Anklagebank festgehalten. –

Vorsitzender: Aha, ein faschistisches Arschloch.

Angeklagter Baader: Schließen Sie mich jetzt aus, ja?

Angeklagte Ensslin: Und mich gleich mit, altes Schwein.

Vorsitzender: Frau Ensslin, ich darf Sie auf Folgendes hinweisen, Moment, dass sowohl Herr Raspe wie Frau Meinhof, wie Herr Baader darüber unterrichtet worden sind, dass Sie jetzt unter Aufhebung des vorherigen Ausschlusses die Möglichkeit haben …

Angeklagter Baader: Ich stelle noch mal ausdrücklich fest, Prinzing, Sie sind ein faschistisches altes Arschloch.

Vorsitzender: Herrn Baader bitte das Wort abzustellen. (An die Angeklagte Ensslin): Dass Sie die Gelegenheit haben, sich zur Person zu äußern.

Angeklagte Ensslin: Wir sind verteidigungsunfähig, infolgedessen werden wir auch nicht teilnehmen, alte Sau.

Vorsitzender: Es haben sich die anderen Angeklagten – ja –, Frau Ensslin, es haben sich die anderen Angeklagten geäußert dahin, dass sie sich nicht zur Person einlassen wollen …

Angeklagte Ensslin: Ich habe das eben gesagt …

Vorsitzender: Sie haben gestört. Ich habe vernommen, Sie haben mich, glaube ich, eine ›alte Sau‹, habe ich es richtig gehört? Oder täusche ich mich? Ich möchte das festgestellt haben, trifft es zu? Und, Herr Baader, Sie haben mich ein ›faschistisches Arschloch‹ geheißen.

Vorsitzender: Frau Ensslin, an Sie noch das letzte Wort. Wollen Sie sich zur Person äußern?

Angeklagte Ensslin: Altes Schwein.

Vorsitzender: (nach geheimer Beratung) Gut. Der Senat hat aufgrund der Äußerungen gegenüber dem Vorsitzenden ›faschistisches Arschloch‹ …

Angeklagter Baader: Kriegen Sie das Wort noch richtig raus.

Vorsitzender: ... und ›alte Sau‹ und ›altes Schwein‹, die Angeklagten wieder von der heutigen Verhandlung ausgeschlossen. Sie sind abzuführen. Die Angeklagten können jetzt rübergebracht werden in die Haftanstalt.

– Die Angeklagten Baader und Ensslin wurden um 14.53 Uhr wieder aus dem Sitzungssaal abgeführt. –

Vorsitzender: Wollen sich die Herren Verteidiger in irgendeiner Weise zu diesem Vorgang äußern?
Ich sehe nicht. Wir können damit zur Verlesung der Anklage kommen ...«

Die Anwälte führen eine – wie sie es nennen – »politische Verteidigung«. Sie meinen, deutlich machen zu müssen und zu können, dass es sich nicht – wie es Gericht und Bundesanwaltschaft sehen – um einen normalen Strafprozess gegen Kriminelle handelt, wenn auch in einem besonderen Rahmen. So beantragt beispielsweise Rechtsanwalt Otto Schily am 4. Mai 1976, »folgende Zeugen zu vernehmen:

1. den früheren US-Präsidenten Richard M. Nixon, San Clemente (Kalifornien), USA,
2. den früheren Verteidigungsminister der US-Regierung, Melvin Laird,
3. den früheren stellvertretenden US-Verteidigungsminister Daniel James,
4. den früheren Oberbefehlshaber der US-Streitkräfte in Vietnam, General Creighton Abrams.

Die Zeugen werden bekunden«, erklärt Schily weiter, »dass sie, in der Absicht, das vietnamesische Volk ganz oder zumindest teilweise zu zerstören, zusammen mit anderen bekannten oder unbekannten Mittätern in den Jahren 1968 bis 1974 in Fortsetzung des Vorgehens der früheren US-Präsidenten Eisenhower, Kennedy und Johnson vorsätzlich Vietnamesen in großer Zahl getötet und Vietnamesen in noch größerer Zahl schwere körperliche oder seelische Schäden zugefügt haben, dass sie ferner das vietnamesische Volk unter Lebensbedingungen gestellt haben, die geeignet waren, dessen körperliche Zerstörung ganz oder teilweise herbeizuführen.«

Außerdem beantragt Schily die Vernehmung von Völkerrechtlern zur »völkerrechtlichen Beurteilung des Indochinakonflikts«. Diese Beweiserhebung sei von »prozessentscheidender Bedeutung«, erläutert Schilys Kollege Hans Heinz Heldmann: »Ihre Würdigung wird ergeben«, sagt der Anwalt dem Gericht, »dass danach die Rechtsfrage entscheidungserheblich sein kann, ob seinerzeitige Gewaltanwendung gegen bestimmte militärische Einrichtungen der USA auf dem Territorium der Bundesrepublik, so Bombenangriffe auf die US-Stützpunkte in Frankfurt und Heidelberg, gerechtfertigt waren.« Sollte dies zu bejahen sein, so Heldmanns Fazit, käme es auf »die Beweiswurdigung im Sinne der Anklage« nicht mehr an.

Das Gericht lehnt die Anträge ab. Ebenso den Antrag des Darmstädter Rechtsprofessors Axel Azzola, der Ulrike Meinhof verteidigt: Er erklärt, die Angeklagten müssten als Kriegsgefangene anerkannt und das Verfahren umgehend beendet werden. »Aus der Erklärung der Angeklagten ergibt sich«, führt der Professor aus, »dass, selbst wenn man die Anklageschrift als bewiesen unterstellt, die Angeklagten freigesprochen werden müssten, weil die in der Anklageschrift bezeichneten Taten im Kriege nicht strafbare Handlungen sind.«

Für das Verfahren haben die RAF-Häftlinge die Rolle der Verteidiger klar definiert. Bedingung ist, wie Baader erklärt,[133] dass sich der Anwalt »auf unsere konzeption der verteidigung« einlässt – »zu unseren bedingungen:

> blockverteidigung,
> die linie nach der diskussion der gefangenen,
> redaktion der pladoyers durch die gefangenen«.

## Ulrike Meinhof erhängt sich

Knapp ein Jahr nach Beginn des Verfahrens in Stammheim: Muttertag 1976. Der 9. Mai. Um 7.34 Uhr schließen zwei Justizbeamte die Tür zu Meinhofs Zelle auf – und sehen, dass sie an einem Strick am Fenster hängt, aus zusammengeknoteten Streifen des blau-weißen Anstaltshandtuchs. Neben der Leiche steht ein Schemel. Sechs Minuten später ist Anstaltsarzt Dr. Henck zur Stelle. Er untersucht die Leiche, stellt fest, dass »der Körper total ausgekühlt ist« und sich auf den Armen der Leiche »zahlreiche Totenflecke« befinden. Gerichtsmediziner finden am Mittag heraus, dass der Tod in der Nacht kurz nach zwei eingetreten ist. Bubeck hat die Aufgabe, den Tod von Ulrike Meinhof den anderen drei Häftlingen mitzuteilen. »Als ich es ihnen sagte, war ihre Überraschung nicht sehr groß«, erinnert sich der Amtsinspektor: »Auch Trauer konnte ich keine feststellen.«

Ihm und seinen Kollegen war in den Monaten zuvor aufgefallen, dass sich Ulrike Meinhof von den anderen Häftlingen immer weiter zurückzog. Den gemeinsamen Besprechungen blieb sie immer häufiger fern.

*Meinhofs Schreibtisch in ihrer Zelle in Stammheim*

Auch »ihren Hofgang hat sie immer öfter allein gemacht«, berichtet Bubeck. Ein wesentlicher Grund dafür sind die Auseinandersetzungen zwischen ihr und Gudrun Ensslin, die sich zunehmend verschärfen. Ensslin, deren Berufsziel die »Arbeit in einem Verlag« war, die dieses Ziel aber durch Gefängnis und Untergrund nie erreicht hat, schwingt sich zur Cheflektorin der RAF auf: Sie zerpflückt die Texte der einstigen Starjournalistin Meinhof, unter anderem mit der Begründung – wie sich Meinhof beklagt: »warum hast du nicht geschrieben, was Andreas gesagt hat?«[134] Ulrike Meinhof möchte mehr als die Pressesprecherin von Andreas Baader sein. Und auch nicht unter der »Lektorin« Gudrun Ensslin schreiben. Sie empfindet es als Desavouierung, dass Ensslin »mein zeug kontrolliert« – sprich: Texte verändert. So hatte Ensslin ein Schreiben von Meinhof an Rechtsanwalt Ströbele abgetippt, den Text dabei abgewandelt und abgeschickt – ohne es ihr noch einmal zu zeigen. Später berichtet Ensslin Meinhof davon und sagt ihr, dass sie auch »was weggelassen habe«. Das sei notwendig gewesen, behauptet sie, unter anderem deshalb, weil Meinhofs Brief »optisch nen kaputten eindruck« gemacht und »ihrem charakter nach luxeriöse füllwörter wie eben« enthalten habe.

»das ist nicht mystisch, wenn ich sage, ich halte das nicht mehr aus«, schreibt Meinhof über Ensslins Verhalten: »was ich nicht aushalte, ist, dass ich mich nicht wehren kann. also es laufen einfach n haufen sachen durch, ich sage nichts, aber ich knalle an die decke, über ihre gemeinheit und hinterhältigkeit.« – »projektion paranoid« kritzelt Gudrun Ensslin an den Rand, als sie diese Zeilen Meinhofs zu lesen bekommt. Sie antwortet ihr schriftlich: »ich bin keine hexe (aber ich bin inzwischen manchmal brutal.).«

Auch Baader und Raspe kritisieren Meinhof immer häufiger. Auch sie nörgeln an ihren Texten herum – mit zunehmender Intensität. Baader zerreißt ihre Manuskripte und schmeißt die Schnipsel wütend in den Zellengang, wie Amtsinspektor Bubeck erlebt, und blafft sie an: »Diese Scheiße kannst du doch vergessen!« Deutlich merkt Ulrike Meinhof, dass ihr Glanz innerhalb der Gruppe als bekannte Exkolumnistin längst verblasst ist. Dies setzt ihr stark zu. Ihr: der einstigen »Stimme der RAF«. Mehr und mehr vereinsamt sie.

Nach außen deutlich wird dieser Riss in der Gruppe im Gerichtssaal – fünf Tage vor Meinhofs Tod: Am 4. Mai 1976 geht es um den Anschlag auf das Springer-Gebäude in Hamburg. 38 Arbeiter und Angestellte waren verletzt worden. Baader, Ensslin und Raspe erklären, sie seien »sicher auch verantwortlich für Aktionen von Kommandos – zum Beispiel gegen das Springer-Hochhaus, von denen wir nichts wussten, deren Konzeption wir nicht zustimmen und die wir in ihrem Ablauf abgelehnt haben«. Als Einzige ist an diesem Tag Ulrike Meinhof nicht auf der Anklagebank erschienen. Die Ermittler des Bundeskriminalamts stellten fest, dass der Springer-Anschlag unter ihrer Federführung geschah. Diese Bomben waren seinerzeit auf heftige Kritik in der Linken gestoßen. Auch bei Andreas Baader, gleich nach der Tat.

»Sie hat Bilanz gezogen«, sagt der Stammheimer Gefängnisarzt Helmut Henck über das Motiv für Meinhofs Suizid – zwei Jahre lang war der Arzt für sie zuständig. Sie habe die »Unmöglichkeit, ihre politischen Ziele zu erreichen«, erkannt. Ihre Radikalität – »natürlich darf geschossen werden« – führte sie und andere in die Irre. »Weil die Idee, die sie verkörpert hat, kaputt war, gab sie sich auf«, sagt der Arzt.

Noch mehr aber dürfte für ihren Entschluss, mitten in der Nacht auf den Schemel in ihrer Zelle zu steigen, eine Rolle gespielt haben, dass sie, die immer so viel Wert auf Solidarität gelegt hatte, darunter litt, von den Genossen gescholten und geschnitten zu werden, und allein dastand. Einen Weg zurück sah sie nicht mehr. Und so springt sie. Am Muttertag. »Hätte meine Mutter ab und zu andere Menschen gesehen«, blickt ihre Tochter Bettina Röhl zurück, »hätte sie einen Ausstieg ohne Verrat möglicherweise geschafft.« So aber – gegen Baader und Ensslin – hatte sie keine Chance.

## Der fünfundachtzigste Ablehnungsantrag gegen den Senatsvorsitzenden

Zwei Tage nach Meinhofs Selbstmord: Der nächste Verhandlungstag. »Wir setzen das Verfahren gegen die Angeklagten Baader, Ensslin und Raspe fort«, eröffnet Theodor Prinzing die Sitzung: »Das Verfahren gegen Frau Meinhof ist infolge ihres Todes beendet.« Eine Unterbrechung der Verhandlung bis zu ihrer Beerdigung lehnt er ab. »Wir glauben, dass Ulrike hingerichtet worden ist«, erklärt Jan-Carl Raspe für die Angeklagten. »Der Mord liegt auf der strategischen Linie aller staatlichen Bewältigungsversuche seit sechs Jahren: psychische und moralische Vernichtung der RAF, und zielt auf alle Guerillagruppen in der Bundesrepublik, für die Ulrike eine wesentliche ideologische Funktion hatte.«

An den meisten Tagen bleiben die Angeklagten der Verhandlung fern. Ein Ablehnungsantrag der Verteidigung gegen den Senatsvorsitzenden Prinzing jagt den nächsten. Über achtzig werden gestellt – und jeder zurückgewiesen. Prinzing wird immer dünnhäutiger. Wirkt angezählt. Zu schaffen macht ihm vor allem die so genannte »Akten-Affäre«. Bundesrichter Albrecht Mayer, stellvertretender Vorsitzender des Dritten Strafsenat des Bundesgerichtshofs – und damit für eine mögliche Revision in dem Stammheim-Verfahren zuständig, hatte an den Chefredakteur der *Welt*, Herbert Kremp, Unterlagen aus dem Stammheim-Verfahren geschickt – für eine Veröffentlichung und mit dem freimütigen Hinweis: »Der handschriftliche Vermerk auf dem Wortprotokollauszug stammt übrigens vom Vorsitzenden.« Also von Theodor Prinzing.

Wie kommt der stellvertretende Vorsitzende des für die Überprüfung des Stammheim-Verfahrens zuständigen Bundesgerichtshof-Senats an Unterlagen aus dem laufenden Verfahren – mit handschriftlichen Anmerkungen des Vorsitzenden Prinzing?, fragen sich viele, nachdem der Vorgang aufgeflogen ist. Holt sich der Stammheim-Vorsitzende Prinzing für heikle Entscheidungen vorsorglich Rückendeckung bei einem Richter der Instanz, die seine Entscheidungen zu überprüfen hat? Das wäre unzulässig.

Auch scheint dem Bundesrichter klar gewesen zu sein, dass er etwas Verbotenes tat. Denn in dem Brief mit der Anrede »Lieber Cartellbruder Kremp«[135] schreibt er: »Es wäre mir lieb, wenn die übersandten Unterlagen, mit Ausnahme der Beschlussabschrift, falls Ihr auf sie Wert legt, nach Ausgebrauch vernichtet würden.«

Otto Schily legt nach: »In der Hauptverhandlung vor dem Zweiten Strafsenat des Oberlandesgerichts Stuttgart hat vor einiger Zeit die Verteidigung unwidersprochen vorgetragen, dass der Vorsitzende des Strafsenats, Herr Dr. Prinzing, jeweils vor wichtigen Beschlüssen des Strafsenats ... Gespräche mit Mitgliedern des Dritten (BGH-)Strafsenats geführt hat«, schreibt er in seiner Dienstaufsichtsbeschwerde gegen den Bundesrichter. In seiner »Dienstlichen Erklärung« bezeichnet Prinzing die Post an Mayer mit den Verfahrensunterlagen als »unbedenklich«. Er beteuert, »keine der vom Senat getroffenen Entscheidungen mit Richtern höherer Instanzen vorher abgesprochen« zu haben. Doch nicht alle glauben ihm. Konsequenz der Schily-Beschwerde: Bundesrichter Mayer wird umgehend vom Dritten zum Vierten Strafsenat »versetzt«. Er ist nicht mehr für »politische Delikte« zuständig. Sondern für Verkehrssachen.

Drei Tage nach dieser »Dienstlichen Erklärung« ruft Prinzing Reiner Künzel an, einen der Pflichtverteidiger Gudrun Ensslins. Am Abend des 13. Januar 1977. Mit dem Waiblinger Rechtsanwalt spricht Gudrun Ensslin kein Wort – wie bei Pflichtverteidigern üblich. Darunter leidet Künzel. Er kommt sich vor »als Ratte für sie, Verteidiger ohne Vertrauen«.

Anlass für den Anruf des Vorsitzenden nach Feierabend ist ein Ablehnungsantrag, den der Rechtsanwalt gegen ihn gestellt hatte – wegen Prinzings Kontakt mit Bundesrichter Mayer. Den Vorsitzenden Richter und den Rechtsanwalt verbindet ein besonderes Verhältnis, eine Art einstige Vater-Sohn-Beziehung: Der Rechtsanwalt war als Referendar bei Prinzing in der Ausbildung. An Prinzings Stimme merkt Künzel, wie erschöpft sein ehemaliger Ausbilder ist. Das Verfahren scheint dem Vorsitzenden über den Kopf zu wachsen: »Herr Künzel, Ihr Antrag ist für mich das Schlimmste, was ich in den zwei Jahren mitgemacht habe«, bricht es aus Prinzing heraus: »Für mich macht es einen erheblichen Unterschied, ob ein Ablehnungsantrag von einem Wahl- oder einem Pflichtverteidiger gestellt wird«, jammert er: »Jetzt wird die Presse wieder über mich herfallen.« Das Gespräch kommt auf den Verdacht gegen Prinzing, er halte zu engen Kontakt mit Bundesgerichtshof-Richter Mayer: »Bitte, Herr Dr. Prinzing, versetzen Sie sich doch einmal in die Lage der Frau Ensslin«, sagt Künzel: »Die muss sich doch nun sagen, dass eine zukünftige Revision sinnlos ist, und dass muss sie sich auch später sagen, weil ja ein Austausch zwischen den beteiligten Senaten stattgefunden hat« – der Verteidiger meint: mit dem Ziel, ein revisionssicheres Urteil zu fällen. »Das ist doch der Frau Ensslin egal«, erwidert Prinzing: »Das kommt doch alles von Rechtsanwalt Schily.«

»Wenn ich das nicht durchhalte, Herr Künzel ...«, bedauert sich der Vorsitzende selbst – mit den Nerven völlig am Ende. Dessen unbeeindruckt erklärt der Rechtsanwalt: »Ein Richter, der diese Sorge hat, sie einem anderen gegenüber äußert und dies gegenüber einem Verteidiger, der gerade einen Ablehnungsantrag gegen ihn gestellt hat, will auf die Verteidigung einwirken.«

Das Telefonat ist Anlass für den nächsten Ablehnungsantrag. Den fünfundachtzigsten. Baaders Verteidiger Hans Heinz Heidmann stellt ihn. Prinzings Richterkollegen geben ihm statt. Am 20. Januar 1977 muss der Vorsitzende seinen Stuhl räumen. Die Verhandlungsführung des neuen Vorsitzenden Eberhard Foth unterscheidet sich deutlich von der Prinzings: Foth steuert die Sitzungen moderat. Vermeidet die Schärfen seines – nicht selten dünnhäutigen – Vorgängers. War Prinzing schon ausgesprochen gereizt, wenn die Zuschauer sich beim Erscheinen des Gerichts nicht von den Plätzen erhoben, sagt Foth ruhig: »Wenn die Herrschaften sich erheben könnten.« Sie tun es. Er sagt »Danke«. Gelassenheit ist Foths Stärke.

## Wanzen in Stammheim

Der »Akten-Affäre« folgt die »Abhör-Affäre« – keine zwei Monate nach dem Wechsel des Vorsitzenden. Am 17. März 1977 treten in Stuttgart Innenminister Karl Schieß und Justizminister Traugott Bender vor die Presse und geben zu, was bislang nur Spekulation der RAF-Häftlinge, ihrer Anwälte und Sympathisanten war: dass Gespräche zwischen den Angeklagten und ihren Anwälten abgehört und aufgezeichnet wurden. Zehn Tage nach dem Anschlag auf die Deutsche Botschaft in Stockholm am 24. April 1975. Und zwölf Tage nach der Festnahme von Rechtsanwalt Siegfried Haag am 30. November 1976. »Anlass für die Entscheidung, Gespräche zwischen den führenden Köpfen der Baader-Meinhof-Bande und ihren Verteidigern abzuhören«, erklären die beiden Minister, »war die auf konkreten Tatsachen beruhende und letztlich auf andere Weise nicht abzuwendende Gefahr, dass zur Befreiung der Baader-Meinhof-Häftlinge zum Beispiel durch Geiselnahme oder Terroranschläge das Leben unschuldiger Bürger der Bundesrepublik Deutschland konkret gefährdet war.«

Die Abhöraktion – entgegen dem Wortlaut der Strafvorschrift über die »Verletzung der Vertraulichkeit des Wortes« (Paragraph 201 des Strafgesetzbuches) – rechtfertigen sie mit einem Hinweis auf den »rechtfertigenden Notstand« im Strafgesetzbuch[136]: Nur so hätte der bevorstehenden Gefahr begegnet werden können – wenn überhaupt: Die Güterabwägung »musste zugunsten der getroffenen Maßnahmen ausfallen«. Die Minister erklären, dass sie Entscheidungen »in vergleichbaren Situationen in gleicher Weise treffen« würden.[137]

Es stellt sich heraus, dass die Wanzen von Technikern des Bundesamtes für Verfassungsschutz und des Bundesnachrichtendienstes in den Zellen für die Verteidigergespräche in Stammheim eingebaut wurden – als Amtshilfe für das Landeskriminalamt Baden-Württemberg. Der Einbau erfolgte am 1., 2. und 3. März 1975. Also mehr als sieben Wochen vor dem Überfall auf die Botschaft in Stockholm. Angesichts dessen können viele die Minister-Erklärung nicht nachvollziehen. Gleich nach dieser Offenbarung beteuern Oberstaatsanwalt Zeiss für die Bundesanwaltschaft und der Vorsitzende Foth für das Gericht, dass sie von der Lauschoperation nichts gewusst hätten.

Die Wahlverteidiger sind wütend. Sie erklären, den Gerichtssaal nicht wieder zu betreten. Pflichtverteidiger Reiner Künzel – der sich als »Ratte« gegenüber Ensslin fühlte, aber gleichwohl, als er die Erklärungen Prinzings nach Feierabend unerträglich für einen Senatsvorsitzenden fand, dafür sorgte, dass er gekippt wurde – beantragt, seine Bestellung zum Pflichtverteidiger von Gudrun Ensslin aufzuheben. »Der Staat hat in Gestalt der Exekutive in schwerwiegender Weise rechtswidrig … in ein justizielles Verfahren eingegriffen, und zwar durch heimliches Abhören von Verteidigergesprächen«, erklärt er zur Begründung am 16. April 1977: »Diese Verletzung wohl auch grundrechtlich verbürgter strafprozessualer Rechte sowohl der Angeklagten als auch der Verteidigung kann nicht mehr geheilt werden.« Den Antrag lehnt das Gericht ab. Foth untersagt aber weitere Abhöraktionen in der Stammheimer Haftanstalt.

»Auf Stammheim lastet der Schatten der Abhöraffäre«, titelt die *Süddeutsche Zeitung* am 1. April 1977. Pikant an den Lauschoperationen ist, dass durch sie die Ermittler erfuhren, was die Angeklagten und Verteidiger vertraulich besprachen, und diese Erkenntnisse für ihre weiteren Ermittlungen nutzen konnten – selbst wenn Bundesanwalt Zeiss davon nichts erfuhr, wie er erklärte.

## Das Urteil

192. Verhandlungstag. 28. April 1977: Verkündung des Urteils – vor der leeren Anklagebank. Baader, Ensslin, Raspe und ihre Wahlverteidiger sind, wie schon seit einiger Zeit, nicht erschienen. »Jeder der drei Angeklagten wird zu lebenslanger Freiheitsstrafe verurteilt«, erklärt Eberhard Foth – wegen vier Morden und jeder Menge weiterer Straftaten. Die Anwälte legen Revision ein. Das Stammheim-Urteil wird nicht rechtskräftig. Niemals – weil die drei Verurteilten ein halbes Jahr später tot sind.

# DIE ZWEITE RAF-»GENERATION«

»Es gibt eine Kontinuität der Stadtguerilla in der Bundesrepublik«, verkündet Andreas Baader am 26. August 1975 im Gerichtssaal in Stuttgart-Stammheim: »sie ist durch unsere Verhaftung nicht die Spur gebrochen.« Mit dem ersten Halbsatz hat Baader Recht: Durch seine Verhaftung und die seiner Kampfgefährten der ersten »Generation« ist der RAF-Terror-Spuk in Deutschland nicht vorbei. Lange noch nicht. Auch wenn viele das zunächst annahmen. Neue Kämpfer finden sich zusammen, die unter dem Label »RAF« in den »bewaffneten Kampf« ziehen – nach dem Schema von Baader & Co. Diese eigentümliche Regenerationsfähigkeit ist der Grund, warum die Terroranschläge nicht abreißen. Haben die Ermittler RAF-Mitglieder gefasst, treten schon bald neue an ihre Stelle.

Vier Formationen machen sich zwischen 1973 und 1982 auf den Weg in den »bewaffneten Kampf«: die so genannte »Gruppe 4. 2.« – nach dem Tag ihrer gemeinsamen Verhaftung am 4. Februar 1974 benannt. Die Stockholmer »Botschaftsbesetzer«. Die so genannte »Haag-Mayer-Bande«. Und schließlich die Gruppe, die die »Offensive '77« veranstaltet, die im »Deutschen Herbst« gipfelt: Sie ermordet Generalbundesanwalt Buback, den Vorstandsvorsitzenden der Dresdner Bank Jürgen Ponto, Arbeitgeberpräsident Hanns Martin Schleyer, seine drei Leibwächter und seinen Fahrer.

Oberstes Ziel dieser zweiten »Generation« ist, Baader & Co. aus dem Gefängnis freizupressen, um gemeinsam den »bewaffneten Kampf« fortzusetzen. Nach dem Tod der Führungscrew im Oktober 1977 folgt zwangsläufig ein Paradigmenwechsel: Von da an betreibt die RAF, wie sie es formuliert, »militärische Angriffe«[138] gegen die »amerikanische Militärmaschine«.[139] Das bedeutet: Anschläge gegen Repräsentanten des – wie es die RAF nennt – »imperialistischen Systems«. Beispielsweise auf Nato-Oberbefehlshaber Alexander Haig und US-General Frederick Kroesen. In der Hoffnung, dass sich andere dem Kampf anschließen. Das Selbstverständnis der RAF: Sie macht »Politik« – mit der Waffe. Ihr Mittel zum Zweck – um Aufmerksamkeit zu erzielen: Mord.

Baader-Meinhofs »Kinder« folgen dem von ihren »Eltern« in den Kampfschriften entwickelten »Konzept Stadtguerilla« – mit verfeinerten

Methoden. Von ihnen gibt es fast ein Jahrzehnt lang keine eigene ausführliche theoretische Begründung für ihr Morden, keine »Kampfschrift«,[140] sondern nur kurze Erklärungen zu den einzelnen Anschlägen. Auch »Baader-Meinhofs« Nachfolger operieren nach der von ihren geistigen Eltern befolgten Logistikformel Marighellas: stehlen Autos oder erwerben sie gebraucht von privat, ohne sie umzumelden, überfallen Banken und Waffengeschäfte, klauen und mischen Sprengstoff.

Mit seinem zweiten Halbsatz – durch die Verhaftungen sei die Kontinuität »nicht die Spur gebrochen« – hat Baader nur zum Teil Recht: Weil so gut wie alle »alten Kämpfer« der ersten »Generation« verhaftet worden sind, brauchen ihre Nachfolger einige Zeit, um im Untergrund auf die Beine zu kommen. Im Jahr 1977 steht aber wieder eine schlagkräftige RAF-Truppe. Geschaffen von einer Frau.

# 35. Kapitel: Die »Gruppe 4. 2.«

Margrit Schiller sitzt in der Badewanne. Es hämmert an der Tür. »Frau Schiller, Sie werden entlassen«, ruft ihr eine Gefängniswärterin zu – in der Untersuchungshaftanstalt Hamburg. Damit hatte Margrit Schiller nicht gerechnet. Seit sechzehn Monaten sitzt sie in Untersuchungshaft. Seit ihrer Verhaftung am 22. Oktober 1971, als zwei RAF-Mitglieder den Polizeibeamten Norbert Schmid in Hamburg ermordeten. Heute, Montag, 5. Februar 1973, sollte das Urteil in ihrem Strafverfahren verkündet werden. Der Sitzung war Margrit Schiller ferngeblieben – wie auch an anderen Tagen. Sie sitzt lieber in der Badewanne als auf der Anklagebank. So konnte sie nicht hören, was der Vorsitzende der Strafkammer des Landgerichts Hamburg verkündete: »Zwei Jahre und drei Monate Freiheitsstrafe«, »wegen Mitgliedschaft in einer kriminellen Vereinigung, Urkundenfälschung und unerlaubtem Waffenbesitz«. Bei Abzug der Untersuchungshaft bleiben »nur« noch neun Monate Haft. Das Gericht setzt den weiteren Haftvollzug aus – bis das Urteil rechtskräftig ist. Als Margrit Schiller diese Nachricht in der Wanne hört, springt sie auf, trocknet sich schnell ab, packt ihre Sachen in der Zelle in einen großen Plastiksack und verlässt die Haftanstalt. Vor dem Tor erwartet sie ihr Anwalt Kurt Groenewold.

Wieder in der Freiheit, will sie den »bewaffneten Kampf« so schnell es geht wieder aufnehmen. »Trotz der Gefängniszeit fühlte ich keine Angst vor Konsequenzen«, blickt sie zurück. Sie ist der Überzeugung, »dass der bewaffnete Kampf gerade erst begonnen hat und die Zeit seit Beginn der RAF noch viel zu kurz war, um zu wissen, ob das Konzept Stadtguerilla in den Metropolen des Kapitalismus wirklich eine Chance hat«. Sie schaut sich um: »Neben zahlreichen losen Zusammenhängen gab es damals zwei größere politische Organisationen, die nicht zu den dogmatischen Parteigründungen zählten: in Hamburg die Proletarische Front (PF) mit Karl Heinz Roth und in Frankfurt die Gruppe Revolutionärer Kampf (RK) um Daniel Cohn-Bendit und Joschka Fischer.« Sie redet mit Roth, mit Cohn-Bendit und Fischer in Frankfurt: Schwierig ist es für sie, mit dem »Szene-Promi« Cohn-Bendit konzentriert zu sprechen, »weil er für alle, die vorbeikamen und ihn grüßten, eine kleine Show abzog«.

Cohn-Bendits Freundin will mit ihr nicht über »bewaffneten Kampf« sprechen. Sondern über etwas ganz anderes: »sein Mackerverhalten«.

Keiner dieser Gruppen schließt sie sich an. »Für viele Linke war das Konzept der Guerilla ein abgeschlossenes, ein gescheitertes Unternehmen«, erkennt sie in weiteren Gesprächen: »Mit der Verhaftung der Gründer gab es niemanden mehr, der den Kampf vorantrieb.« Um das zu ändern, beschließt sie mit sieben anderen, den »bewaffneten Kampf« fortzusetzen. Die meisten kennt sie von der ersten RAF-»Generation«:

Helmut Pohl (30), ehemaliger Germanistik- und Philosophiestudent, war wegen Mitgliedschaft in der kriminellen Vereinigung RAF zu zwei Jahren und sechs Monaten verurteilt worden. Gefasst hatte ihn die Polizei zwei Jahre zuvor, im Juni 1971 – nach dem Diebstahl eines Ford-Transit für die RAF in Stuttgart. Das letzte halbe Jahr Gefängnis wurde zur Bewährung ausgesetzt. Doch statt sich regelmäßig bei seinem Bewährungshelfer zu melden, geht er lieber in den Untergrund. Christa Eckes (23) kennt Margrit Schiller aus ihrem Strafverfahren. Als »Assistentin« ihres Anwalts Kurt Groenewold. Eberhard Becker (35), Rechtsanwalt, hatte sich als RAF-Verteidiger einen Namen gemacht. In Heidelberg arbeitete er mit Siegfried Haag zusammen in einer Kanzlei. Zwei erst Neunzehnjährige sind dabei: Ilse Stachowiak ging bereits Ulrike Meinhof in Hamburg zur Hand, und Wolfgang Beer – einst Hausbesetzer – ist sechs Jahre später an der Spitze der zweiten RAF-»Generation«.

Mit den Kampfgefährten taucht Margrit Schiller wieder in den Untergrund ab. Vier Monate nach ihrer Haftentlassung, im Juni 1973. »Was uns einte und vorantrieb, war der gemeinsame Wille, die Gefangenen herauszuholen«, blickt sie zurück: »Wir hatten keinen Zweifel, dass wir ohne sie, die Gründer der RAF, nicht viel zustande bringen würden, dass ihre Präsenz entscheidend war für das Konzept Stadtguerilla.« Rausholen – aber wie?, überlegt die Gruppe: »Eine wichtige Persönlichkeit entführen? Aber wen?«, berichtet Schiller über die Überlegungen: »Jemanden aus der Wirtschaft oder einen Politiker? Einen deutschen oder einen Amerikaner?« Eine Antwort findet die Untergund-Schar nicht. Sie beginnt mit dem Aufbau der Logistik – nach dem Schema der ersten RAF-»Generation«: Das Startkapital von 157 000 Mark holt sich die Gruppe mit Maschinenpistolen aus einer Filiale der Dresdner Bank in Hamburg-Barmbek. Fünf konspirative Wohnungen mietet die Gruppe, in Hamburg und in Frankfurt. Sie beschafft sich sieben Autos und jede Menge Waffen: vier Maschinenpistolen, dreizehn Pistolen und neunzehn Handgranaten.

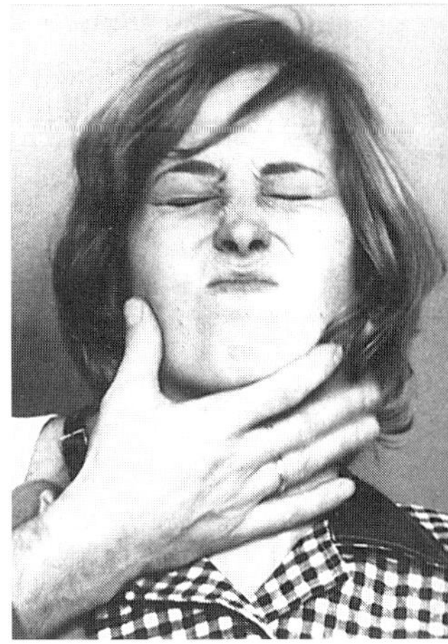

*Margrit Schiller*

Im Herbst 1973 bekommen die Ermittler einen Hinweis auf die neue Untergrundtruppe – von einem Mann, der für sie eine Wohnung angemietet hatte. Die Ermittler entschließen sich, nicht gleich loszuschlagen, sondern erst einmal zu beobachten, was diese neue Gruppe treibt. Der Verfassungsschutz setzt unter Leitung von Christian Lochte, dem späteren Leiter des Hamburger Landesamtes, eine Langzeitobservation an – über vier Monate: Die Beamten hören die Telefone in den Wohnungen und in den Telefonzellen davor ab, schießen Fotos der Verdächtigen aus Mülltonnen und folgen ihnen in Observationsfahrzeugen.

Nachdem sie alles über die »Jung-Schar« wissen, auch, dass die Mitglieder in der Nacht vom 3. zum 4. Februar 1974 in zwei konspirativen Hauptwohnungen schlafen, greift die Polizei zu. In Hamburg, Bartholomäusstraße 20, und in Frankfurt, Eleonore-Sterling-Straße 56. Morgens um vier schlagen die Beamten in Frankfurt mit einem Höllenlärm die Wohnungstür im vierten Stock ein. Margrit Schiller, Rechtsanwalt Eberhard Becker und Wolfgang Beer springen von den Matratzen hoch. Vor dem Fenster sehen sie grelles Schweinwerferlicht. Vorsichtig blicken sie nach draußen: Ein Riesen-Polizeiaufgebot hat das Haus umstellt. »Ergeben Sie sich!«, hören sie in diesem Augenblick aus einem Megaphon: »Kommen Sie ohne Waffen und unbekleidet mit erhobenen Händen aus der Wohnung!« Ihnen ist klar, dass sie gegen die Übermacht keine Chance haben. So lassen sie die Pistolen neben ihren Kopfkissen liegen und gehen – einer nach dem anderen – splitternackt und mit erhobenen Händen ins Treppenhaus. »Auf halber Treppe, umringt von jungen Polizisten, musste ich nackt stehen bleiben«, berichtet Margrit Schiller: »Es dauerte etwa eine halbe Stunde, bis mir ein Einsatzleiter einen Mantel umlegte.

In der Wohnung finden die Beamten zwei Maschinenpistolen, sechs Pistolen, zwölf Eierhandgranaten, drei Tretminen, zehn Tränengasgranaten und Berge von Munition. Ebenso gefälschte Ausweise. Zum Teil noch aus der Lang-Göns-Beute von Ulrike Meinhof drei Jahre zuvor. Besonders erstaunt sind die Ermittler über Schreiben von Andreas Baader aus der JVA Schwalmstadt. Sie lesen, dass er die Gruppe drängt, endlich mit Aktionen zu beginnen: »Überhaupt wird es absolut zeit, das man erfährt, dass es euch gibt: es ist wichtig für die komitees und die prozesse.«[141] Er fordert sie auf: »angreifen: so weit oben wie möglich – an der spitze ... baw, 3 strafsenat[142] ... die staatssekretäre/ministerialdirektoren die für den vollzug zuständig sind ... es müssen rechte schweine sein.«[143]

Baader verlangt außerdem, ihn so schnell wie möglich aus dem Gefängnis herauszuholen. Entweder durch ein Befreiungskommando – dafür hat er Skizzen und Erläuterungen geschickt. Oder durch eine Geiselnahme. Die bessere Variante – rät er: »irgendein austausch, ist einfacher zu organisieren, euer risiko ist kleiner, mit minimalen eigenen kräften.« Dafür empfiehlt er »bundestagsabgeordnete ... aber die richtige fraktion innerhalb der spd« oder »landtagsabgeordnete (mindestens 2) wie die mdb aus den richtigen ausschüssen«. Und noch etwas entdecken die Beamten in der Wohnung. Mehrere Exemplare eines rororo-Kriminalromans, zur Verschlüsselung von Nachrichten. Der Titel: »Die Mörder von morgen«.

»Für die Stammheimer Gefangenen war diese Gruppe das abschreckende Beispiel«, blickt Volker Speitel zurück, der sich zehn Monate später der zweiten »Generation« anschließt, »wie man durch Zögern und Nichthandeln der Polizei ins Netz geht.«

Margrit Schiller wird für ihren zweiten Ausflug in die RAF vom Landgericht Hamburg zu vier Jahren und acht Monaten verurteilt.[144] Im Mai 1979 kommt sie aus der Haft. Aufgrund der beiden Verurteilungen saß sie für ihr RAF-Engagement insgesamt sechs Jahre und drei Monate im Gefängnis. Im April 1985 zieht sie, mittlerweile siebenunddreißig, nach Kuba und beantragt dort »politisches Asyl«. Sie erhält es. 1993 geht sie mit ihrer Familie nach Uruguay und arbeitet dort als Deutschlehrerin. Ihren Sohn nennt sie mit zweitem Namen Holger – in Erinnerung an Holger Meins. Sie will, »dass die Geschichte nicht verloren geht«.

# 36. Kapitel: Die Stockholmer Botschaftsbesetzer

## »Nun lauft schon, ihr Schweine!«

Stockholm – vierzehn Monate nach der Verhaftung des »4. 2.«: Die deutsche Botschaft am Skarpögatan 9. Ein dreistöckiges weißes Gebäude – im schnörkellosen Stil der Sechziger. Es strahlt den Charme der Realschule einer deutschen Kreisstadt aus. Um 12.30 Uhr kommen zwei junge Männer in Regenkleidung zum Pförtner – der Tag ist kalt und regnerisch. »Ich habe meinen Pass verloren, brauche ein Ersatzdokument«, sagt der eine. »Erste Etage, die Konsularabteilung«, antwortet ihm der Mann hinter der Scheibe und drückt auf den Knopf für den elektrischen Türöffner. Fünf Minuten später kommt ein Pärchen in den Eingang. Beide haben ernste Mienen. Der Mann trägt einen schwarzen Trauerflor am Revers: »Wir brauchen Rat in einer Erbschaftsangelegenheit.« Auch sie schickt der Pförtner in die erste Etage. Ebenfalls zur Konsularabteilung. Weitere fünf Minuten später tauchen zwei Männer vor der Pförtnerloge auf. »Ich möchte etwas wegen einer Arbeits- und Aufenthaltsgenehmigung in Schweden besprechen«, erklärt einer. »Dafür sind nicht wir zuständig, sondern die schwedische Ausländerpolizei«, entgegnet der Pförtner. Dieses Mal drückt er nicht auf den Türöffner.

Irritiert bleiben die beiden am Eingang stehen. In diesem Augenblick wird die Glastür von innen geöffnet. Sozialreferent *Jens Südfeld* und sein Fahrer kommen aus dem Gebäude. Kurz bevor die Tür wieder einrastet, reißen sie die beiden Männer auf und stürmen nach drinnen. *Anton Lechner*, ein BGS-Beamter, der in der Loge neben dem Pförtner sitzt und für den »Objektschutz« zuständig ist, springt auf und rennt ihnen hinterher – schon seit Monaten wacht ein Bundesgrenzschutzbeamter am Eingang. Seine Anwesenheit ist Teil der Sicherheitsvorkehrungen, die das Auswärtige Amt in den deutschen Auslandsvertretungen »für die Zeit bis zum Beginn und während der Dauer des Prozesses gegen die Baader-Meinhof-Bande« getroffen hat. *Lechner* holt die beiden Männer ein. Bernhard Rößner, wie sich später herausstellt, schlägt seinen Mantel zurück. Der Beamte sieht eine Maschinenpistole. In Hüfthöhe richtet Rößner den Lauf auf ihn. »Alarm! Alarm!«, schreit *Anton Lechner*:

»Die sind bewaffnet!« Entsetzt stürzt er zurück in die Pförtnerloge. Der BGS-Mann hat nur eine Pistole.

Die beiden Männer stürmen zusammen mit ihren vier Komplizen durch die Gänge der Botschaft: »Überfall! Aufmachen! Rauskommen, sonst schießen wir! Wir brechen die Türen auf!« Verängstigte Botschaftsmitarbeiter kommen aus ihren Zimmern. Die Täter tragen Wollmasken mit Augen- und Mundschlitzen, feuern in Wände und Türen, treiben ihre Opfer vor sich her: »Nun lauft schon, ihr Schweine! Schneller, ihr Schweine!« Im Zimmer des Botschafters Dietrich Stoecker in der dritten Etage zwingen sie ihre zwölf Geiseln auf den Boden – mit den Gesichtern nach unten. Mit Schlipsen und Gürteln fesseln sie ihren Opfern Hände und Füße. »Wenn sich einer rührt, knallt es«, kommandieren sie ruppig und rüde: »Ruhig liegen, ihr Schweine.«

Das Ziel ihrer Aktion: Andreas Baader, Gudrun Ensslin, Ulrike Meinhof und 23 andere RAF-Häftlinge aus deutschen Gefängnissen freizupressen.

Die Aktion leitet Siegfried Hausner (23)[145]: Den »bewaffneten Kampf« gegen Staat und System begann er im Sozialistischen Patientenkollektiv (SPK) des Arztes Dr. Wolfgang Huber in Heidelberg. Anfang der siebziger Jahre gehörte er dort zum »inneren Kreis« und war deren »Sprengstoffexperte«. Später schloss er sich der ersten »Generation« der RAF an: Nach den Erkenntnissen der Ermittler war er einer derjenigen, die im Mai 1972 die Bomben ins Springer-Hochhaus in Hamburg trugen. Wegen seiner SPK-Aktivitäten verurteilte ihn das Landgericht Karlsruhe im Dezember 1972 zu drei Jahren Jugendstrafe. Zum ersten Advent 1974 wird er aus der Haft entlassen. Weihnachten feiert er mit seinen Eltern. Er findet eine Stelle als Hilfsarbeiter – eine Ausbildung hat er nicht. Der Job gefällt ihm nicht. Am Morgen des 20. Januar 1975 sagt er zu seiner Mutter: »Dann muss ich halt dahin gehen, wo man mich braucht« – und geht zur RAF.

Auch drei andere des Stockholm-Kommandos stammen aus dem SPK oder dessen Umfeld: Lutz Taufer (30) hatte während des »SPK-Prozesses« gegen das Ehepaar Huber und Siegfried Hausner für Furore gesorgt, weil er als Zuschauer im Gerichtssaal eine Erklärung verlas. Polizisten wollten ihn daran hindern. Er schlug um sich. Beamte trugen ihn aus dem Gerichtssaal. Draußen randalierte er weiter. Auch seine Freundin ist in der Botschaft mit dabei: Hanna Krabbe (29). Tochter eines Textilfabrikanten. Nach dem Studium in Tübingen, Berlin, der Pariser Sorbonne und Münster war sie zum Sommersemester 1971 nach Heidelberg gezogen, um Soziologie und Politologie zu studieren. Dort geriet sie ins

»SPK-Umfeld«. Die Staatsanwaltschaft warf ihr vor, im Juli 1972, nach der Verhaftung von Baader und Genossen, Parolen gegen die Justiz auf den Bürgersteig in Frankfurt geschmiert zu haben. Zum Prozess im Oktober 1973 erschien sie nicht. Ein Jahr später ergeht Haftbefehl. Seither wird sie gesucht.

Ulrich Wessel (29) ist Sohn eines Hamburger Kaufmanns und Millionärs. Am traditionsreichen Hamburger Johanneum begann seine Schullaufbahn. Mehrere Internate folgten, das Abitur aber nicht. Er begann eine Kaufmannslehre. Trug Maßanzüge aus der Savile Row in London und in der Freizeit teure Seidenschals. Die Kaufmannslehre brach er ab. Eine Banklehre ebenso. Ende 1971 traf er ehemalige SPK-Mitglieder.

Diesen vier »Heidelbergern« hatten sich aus Hamburg Karl-Heinz Dellwo (23) und Bernhard Rößner (28) angeschlossen: Dellwo hatte im Hamburger »Komitee gegen Isolationsfolter« gegen die RAF-Haftbedingungen protestiert und außerdem als Müllmann, Seemann und Briefträger gearbeitet. Auch Rößner hatte gegen die »Isolationsfolter« der RAF-Häftlinge demonstriert. Außerdem ließ er sich zum Pantomimen ausbilden, im »Bühnenstudio Hedi Höpfner für Pantomine, Improvisation und Etüden« in Hamburg.

Unterstützt hatte das Kommando Siegfried Haag, Baaders Anwalt. Der Tod von Holger Meins am 9. November 1974 motivierte die Gruppe. »Die grundlegende Einigung war damals, dass nicht noch mehr Gefangene im Knast sterben sollten, sondern dass man sie befreien müsste«, berichtet Volker Speitel, der von Haag angesprochen worden war, sich dann aber nicht am Stockholm-Überfall beteiligte. Baader & Co. hätten aus den Gefängnissen heraus auf »praktische Ergebnisse« gedrängt und deutlich gemacht, »dass wir nicht RAF seien, solange nicht 'ne erfolgreiche Aktion gelaufen wäre, ein ›4. 2.‹ würde genügen.« So schaut sich die Truppe die bundesdeutschen Botschaften in Bern, Wien, Stockholm und Den Haag an. Die Entscheidung fällt für Stockholm. Auch deshalb, weil sie im liberalen Schweden auf ein gewisses Maß an Sympathie in der Öffentlichkeit setzt. Die Täter haben ein Vorbild: die Lorenz-Entführung. Zwei Monate zuvor.

## »Ein wirkliches Meisterstück der Stadtguerilla«

Am 27. Februar 1975 entführt die »Bewegung 2. Juni« den Berliner CDU-Vorsitzenden Peter Lorenz.[146] Morgens, kurz vor neun, stoppen die Täter mit einem Lkw seinen schwarzen Dienst-Mercedes 200 in Berlin-Zehlendorf. Quermatenweg, Ecke Ithweg. Den Fahrer schlagen sie mit einem Knüppel nieder. Den Parteivorsitzenden verschleppen sie in einen Keller. Dort halten sie ihn eine Woche lang gefangen und erpressen die Freilassung von fünf Genossen aus dem Gefängnis: Verena Becker (22), Ingrid Siepmann (30), Gabriele Kröcher-Tiedemann (28), Rolf Pohle (33) und Rolf Heißler (26). Wie von den Entführern gefordert, erhält jeder 20 000 Mark aus der Staatskasse. Horst Mahler, der ebenfalls auf der Liste steht, lehnt dankend ab. Pastor Heinrich Albertz begleitet die fünf in der Lufthansa-Boing 707 »Afrika« nach Aden, der Hauptstadt der Volksrepublik Jemen. Den Abflug aus Frankfurt überträgt das Fernsehen, wie von den Tätern verlangt. Für Millionen von Zuschauern ein Non-Fiction-Krimi mit hohem emotionalen Wert. Als »ein wirkliches Meisterstück der europäischen Stadtguerilla«, preist Bommi Baumann, Mitglied der »Bewegung 2. Juni«, die »großartige Lorenz-Entführung«. Alle fünf Freigepressten reisen später wieder nach Deutschland ein.

Diese erste Entführung eines bundesdeutschen Politikers löst lebhafte Diskussionen in der Bevölkerung aus.[147] Die Frage: Darf der Staat in einer derartigen Situation nachgeben? »Es ist für mich keine Frage, dass Lorenz ausgetauscht werden muss«, erklärt der Schriftsteller Martin Walser. »Ich würde nicht nachgeben«, meint hingegen der bekannte Hamburger Strafverteidiger Hajo Wandschneider: »Wir provozieren nur neue Erpressungen.« »Die Rettung des Entführten ist das Wichtigste«, sagt der DGB-Vorsitzende Heinz-Oskar Vetter. Und die Schauspielerin Inge Meysel, die »Mutter der Nation«, rät: »Kein Heldentum spielen. Immer eintauschen. Jedem noch 20 000 Mark geben – mehr können wir gar nicht sparen.«

## Die RAF setzt auf eine Empfehlung von Inge Meysel

Der Staat hatte sich erpressbar gezeigt. Und warum sollte der RAF nicht auch das gelingen, was die »Bewegung 2. Juni« geschafft hatte? Andreas Baader und seine Genossen in Stammheim und anderen Gefängnissen sind schon am Morgen des 24. April 1975, Stunden vor der Besetzung in Stockholm, sonderbar freudig aufgekratzt – und reisebereit angezogen. »Sie waren fröhlich gestimmt wie kleine Kinder«, erinnert sich der Stuttgarter Gefängnisarzt Helmut Henck an diesen Tag, an dem er zunächst nicht verstand, wieso. Die Häftlinge hatte das Reisefieber gepackt.

Im Raum 328 der Stockholmer Botschaft – einem Sekretariat neben dem Zimmer des Botschafters – zieht einer der maskierten Täter einen

Zettel aus seiner Brusttasche. Der Sekretärin *Hanna Christinsen* befiehlt er: »Schreib gefälligst alles klein!« Und so tippt sie:

»an die regierungen der bundesrepublik deutschland und des königreichs schweden

am 24. 4. 1975 um 11.50 uhr haben wir die botschaft der bundesrepublik deutschland in stockholm besetzt und 12 botschaftsangehörige darunter botschafter dieter stoecker, militaerattache andreas von mirbach, wirtschaftsreferent heinz hillegaart, und kultureferent arno elfgen gefangengenommen, um 26 politische gefangene in der bundesrepublik deutschland zu befreien.«

Der Maskierte diktiert die Namen von 26 RAF-Mitgliedern. Alle von Rang und Namen. Währenddessen spitzt sich die Lage im Treppenhaus der Botschaft zu: Die Täter haben sich mit ihren Opfern in der dritten Etage verbarrikadiert. Hinter umgekippten Schreibtischen und Aktenregalen lauern die Besetzer im Gang. In den Stockwerken darunter: die Polizei. Von ihr verlangen die Täter unablässig, dass sie aus dem Gebäude verschwindet. Aber sie bleibt. Um ihrer Forderung Nachdruck zu verleihen, holen zwei Maskierte um 13.40 Uhr Militärattaché Andreas Baron von Mirbach aus dem Botschafterzimmer und führen ihn zum Treppenhaus. Mit vorgehaltenen Waffen zwingen sie ihn, ans Treppengeländer zu treten und den Polizisten in den unteren Etagen zuzurufen: »Ich bin der Militärattaché, bitte ziehen Sie sich zurück, sonst werde ich in fünfzehn Minuten erschossen.« – »Wir sind die schwedische Polizei, und wir weichen nicht«, antwortet Polizeikommissar Bertil Ledel. Er leitet den Einsatz im Gebäude.

Die Minuten verrinnen. Fünf vor zwei flüstert ein Maskierter dem Militärattaché etwas ins Ohr. Wieder tritt er ans Treppengeländer und ruft mit angsterfüllter Stimme nach unten: »Ich werde in zwei Minuten erschossen, wenn die Polizei nicht verschwunden ist!« Die Beamten bewegen sich nicht vom Fleck. Im Treppenhaus sieht von Mirbach seinen Kollegen Konsul von Schweinitz. Den Tod vor Augen, ruft er ihm zu: »Herr von Schweinitz, hinter mir stehen bewaffnete Leute, die mich ausdrücklich beauftragt haben zu sagen, dass ich erschossen werde, wenn die Botschaft nicht bis 14 Uhr geräumt ist.« Von Schweinitz erkennt den Ernst der Lage und eilt zur Einsatzleitung der schwedischen Polizei in der ersten Etage. Dem Stockholmer Polizeipräsidenten und seinen vier Führungsbeamten schildert er Mirbachs Worte und bittet: »Räumen Sie sofort das Gebäude.« »Aus polizeitaktischen Gründen ist es besser, dem Räumungsverlangen nicht stattzugeben«, antwortet ihm einer der Beamten. Beruhigend fügt er hinzu: »Sie werden sehen, die machen ihre Drohung nicht wahr.«

»innerhalb von 6 stunden, bis 21 uhr, werden die gefangenen genossen auf dem rhein-main-flughafen frankfurt zusammengebracht«, diktiert der Maskierte *Hanna Christinsen* weiter in die Schreibmaschine. Dort sei eine Boing 707 bereitzustellen: »das ziel werden wir ihnen während des fluges mitteilen.« Die Bundesregierung habe jedem Gefangenen 20 000 Dollar zu überlassen. »der abflug der genossen wird vom brd fernsehen und vom schwedischen fernsehen direkt übertragen«, fährt er fort: »versucht die bundesrepublik, die freilassung der gefangenen zu verzögern, werden wir zu jeder vollen stunde ... einen beamten des auswärtigen amtes der brd erschießen. der versuch, die botschaft zu stürmen, bedeutet den tod aller im haus. bei einem angriff werden wir in den räumen der botschaft 15 kg tnt zur explosion bringen.«

In diesem Augenblick fliegt die Tür auf, Bernhard Rößner kommt herein und tuschelt mit dem Maskierten. »Jetzt reicht es mir aber«, flucht der und geht mit Rößner hinaus. »Ihnen passiert nichts«, beruhigt Lutz Taufer die Sekretärin, »wenn die Polizei nicht stürmt.« Durch den Flur hallen fünf Schüsse. Der Maskierte kehrt in den Raum 328 zurück. »Schreib weiter«, befielt er *Hanna Christinsen* – und die tippt: »die verantwortung für die erschiessung des militärattaches andreas von mirbach trägt die polizei trotz verlängertem ultimatum hat sie das botschaftsgebäude nicht verlassen.

stockholm, den 24.4.1975
kommando holger meins«

Eine Viertelstunde nach den Schüssen stoßen die Täter Andreas von Mirbach die Treppe hinunter. Auf dem Absatz zwischen dem dritten und zweiten Stock bleibt er liegen. Er blutet stark – fünf Kugeln haben ihn getroffen – und atmet schwer. Sein Kopf hängt nach unten. Polizisten trauen sich nicht, ihn zu bergen. Die Stelle liegt im Schussfeld der Täter. Nach 48 Minuten »gestattet« das RAF-Kommando, dass zwei Polizisten den Schwerverletzten abholen – in Unterhose und ohne Bahre. Zwei Stunden später stirbt er im Krankenhaus. Oberstleutnant Andreas von Mirbach wurde vierundvierzig Jahre alt. Er hinterlässt Frau und zwölfjährige Zwillinge. Einen Jungen und ein Mädchen.

Kurz vor drei erfüllen die Polizisten der RAF ihren Wunsch: Sie ziehen sich aus dem Gebäude zurück. Die auffällige Nervosität der sechs Geiselnehmer schwindet. Dellwo und Hausner verlegen Kabel im Botschafterzimmer und im Gang davor. Mit Klebeband befestigen die beiden die Leitungen auf dem Boden und verbinden sie mit den mitgebrachten Sprengladungen. »Bewegt euch vorsichtig«, warnen sie ihre Geiseln, »sonst gehen alle in die Luft.«

*Andreas von Mirbach*

Im Bonner Kanzleramt tritt um 16.45 Uhr ein Krisenstab unter Leitung von Bundeskanzler Helmut Schmidt zusammen. »Ganz gleich, wie unsere Entscheidung ausfällt, sie wird unser Land tief spalten«, erklärt der rheinland-pfälzische Ministerpräsident der Runde. Er heißt Helmut Kohl: »Die einen wollen, dass wir hart bleiben. Die anderen, dass wir nachgeben, um Menschenleben zu retten.« Ein klares »Nein zum Ultimatum« verkündet Herbert Wehner rigoros, der SPD-Fraktionsvorsitzende. Der Kreis ist sich einig – nur zwei Teilnehmer enthalten sich der Stimme: Es wird nicht ausgetauscht.

Für den Krisenstab stellt sich die Situation in Stockholm völlig anders dar als im Fall Lorenz[148]: Zum einen ist beim Stockholm-Überfall bekannt, wo sich Täter und Opfer aufhalten. Ein Zugriff für die Polizei also möglich. Bei der Lorenz-Entführung tappten die Fahnder im Dunkeln. Zum Zweiten verlangen die Täter die Freilassung aller hochkarätigen RAF-Häftlinge. Käme die Regierung der Forderung nach, wäre die Fahndung der Polizei über Jahre hinweg umsonst gewesen. Bei Lorenz hingegen ging es »nur« um fünf Häftlinge. Hinzu kommt: Die Politiker wollen sich nicht noch einmal erpressen, den Rechtsstaat weiter ramponieren lassen. »Denen musste doch mal gezeigt werden, dass es einen Willen gibt, der stärker ist als ihrer«, kommentiert Schmidt die unter seiner Leitung gefällte Entscheidung.

## »Wir haben mit Ihnen nichts zu verhandeln«

Nachdem in Bonn die Würfel gefallen sind, lässt sich Bundeskanzler Schmidt mit dem schwedischen Ministerpräsidenten Olof Palme verbinden: »Regierung und Opposition sind sich einig. Wir liefern nicht aus«, erklärt der Bundeskanzler dem Ministerpräsidenten, der fließend Deutsch spricht: »Wir können nicht nachgeben. Das hätte unermessliche Folgen.« Palme schickt seinen Justizminister Lennart Geijer zum Tatort. Um einundzwanzig Uhr trifft er in der Residenz des Botschaf-

*Heinz Hillegaart*

ters ein, dem Wohnhaus des Diplomaten. Es steht direkt neben der Botschaft. Die Einsatzleitung hat hier Quartier bezogen. Alles ist verdunkelt, die Residenz liegt im Schussfeld der Täter. So hockt sich der Minister in einen finsteren Raum auf den Boden. Hinter einen Schreibtisch. Über das Haustelefon ruft er in der dritten Etage an. »Hier Kommando Holger Meins«, meldet sich Lutz Taufer. »Die Bundesregierung hat das Ultimatum abgelehnt. Der Beschluss ist endgültig«, erklärt der Minister in gebrochenem Deutsch: »Sie können nur noch mit der schwedischen Regierung verhandeln.« Und er deutet eine Lösung an: »Ein Flugzeug könnte Ihnen zur Verfügung gestellt werden …« Taufer unterbricht ihn: »Wir haben mit Ihnen nichts zu verhandeln« – und legt auf.

Er berichtet seinen Genossen von dem Telefonat. Aufgeregt tuscheln sie. Ihnen wird klar: Es läuft nicht nach Plan. »Okay, dann ist jetzt Hillegaart dran«, sagt einer der Maskierten. Zwanzig vor zehn geht er ins Botschafterbüro, in dem die Geiseln noch immer auf dem Boden liegen: »Wer ist Dr. Hillegaart?« Der Wirtschaftsattaché reagiert nicht. Wie andere Geiseln ist er erschöpft eingenickt. Als sein Name zum zweiten Mal gerufen wird, schreckt Heinz Hillegaart (64) hoch und versucht aufzustehen. Doch er kann nicht. Seine Füße sind gefesselt. Ein Maskierter befreit ihn. Sie führen ihn aus dem Raum nach nebenan. Ins Zimmer 328, dem Sekretariat. »Los, öffne das Fenster«, verlangt einer der Maskierten mit vorgehaltener Waffe: »Und ruf was nach draußen!« Der Wirtschaftsattaché tut, wie ihm befohlen: »Hier ist Hillegaart, hört ihr mich?«, brüllt er in die Nacht hinein – zu den Polizisten, Reportern und Schaulustigen auf der Straße: »Hallo, ich habe euch etwas mitzuteilen.« Überrascht blicken die Menschen vor der Botschaft auf den Mann, der wild mit den Armen gestikuliert. Sie sehen, wie er auf einmal nach hinten kippt. Einer aus dem Kommando hat ihm in den Kopf geschossen. Er stirbt.

Alle im Botschafterbüro hören die Schüsse und auch, wie Hillegaarts Körper auf den Boden knallt. »Scheiß-Bullen«, fluchen die maskierten Bewacher, »Schweinehunde.« Lutz Taufer telefoniert gerade mit Ministerialdirigent Dr. Heuer aus dem Bonner Innenministerium – mit einer Sondermaschine ist er nach Stockholm gekommen. Als die Schüsse verhallt sind, sagt Taufer dem Ministerialdirigenten: »Wir haben eben den

*Am Morgen danach: Die deutsche Botschaft in Stockholm*

Botschaftsangehörigen Hillegaart erschossen« – um nochmals zu unterstreichen, dass nun jede Stunde eine Geisel erschossen wird. Als nächsten Delinquenten wählen die Täter Dr. Arno Elfgen aus, den Kulturreferenten. Er darf noch eine Zigarette rauchen. Nachdenklich zieht er an ihr – sagt sich: Mein Leben wird wohl nach der Zigarette erlöschen.

»Das werden wir nicht überleben«, denkt auch Botschafter Dietrich Stoecker. Aus diesen trüben Gedanken reißt ihn eine ohrenbetäubende Explosion in seinem Vorzimmer. Es ist 23.46 Uhr: Das ganze Gebäude bebt. Wände brechen ein. Fenster bersten. Greller Lichtschein. Fünf Sekunden später folgt eine zweite Explosion. Rasch greifen Flammen um sich. Akten fangen Feuer. Schreibtische und Schränke brennen lichterloh. »Ich sah bunte Sterne. Es brannte links und rechts von mir«, erinnert sich Botschafter Stoecker an diesen Augenblick: »Ich brannte selbst am ganzen Leib.« Entsetzt stürzt er aus seinem Zimmer. Er trifft einen Maskierten. »Wo kommen Sie denn her?«, fährt ihn der Mann an. »Ich bin rein zufällig hier«, entgegnet Stoecker sarkastisch und fragt: »Sind Sie verrückt geworden, den Sprengstoff zu zünden?« – »Das ist aus Versehen passiert«, erklärt ihm der Mann kleinlaut. Bis heute ist ungeklärt, wie es zu den beiden Explosionen gekommen ist.[149]

Nach den Explosionen stehen die Maskierten ratlos vor den Trümmern ihres Werkes. Ihre Opfer flüchten aus dem brennenden Bot-

*Botschafter Dietrich Stoecker auf dem Weg zur Trauerfeier*

schaftsgebäude. Alle sind verletzt, haben Brand- und Splitterwunden. Das RAF-Kommando lässt sie ziehen. Schließlich laufen auch fünf der Maskierten aus dem Gebäude – und auf einem Parkplatz nebenan der Polizei direkt in die Arme. Den sechsten Täter finden die Beamten, die das Gebäude durchsuchen. Er ist schwer verletzt, um halb zwei in der Nacht stirbt er. Erst nach Tagen finden die Ermittler heraus, um wen es sich handelt: Es ist der Hamburger Millionärssohn Ulrich Wessel. Seine Fingerabdrücke hatte die Polizei noch nicht.

So schnell es geht, ordnet die schwedische Regierung die Abschiebung der fünf an. Sie fürchtet eine weitere Befreiungsaktion. Vierundzwanzig Stunden nach ihrer Verhaftung werden sie nach Köln-Wahn geflogen.[150] Justizminister Lennart Geijer atmet auf und sagt: »Wer will diese Menschen schon im Land haben.«

Am schwersten von ihnen hat es Siegfried Hausner erwischt, den »Sprengstoffexperten« des Kommandos. Vierzig Prozent seiner Haut sind verbrannt, die Haare versengt, das Gesicht verkohlt. Von oben bis unten ist sein Körper schwarz und rot. Er kommt in die Justizvollzugsanstalt Stuttgart-Stammheim, in die intensivmedizinische Abteilung. Sie hatte das baden-württembergische Justizministerium eingerichtet – für Hungerstreiks der RAF-Häftlinge. Hausner hat keine Chance. Er stirbt am 4. Mai 1975.[151]

»Ulrich Wessel, im Kampf gefallen am Donnerstag, den 24. April 1975«, schreibt Karl-Heinz Dellwo an die Wand seiner Zelle – und: »Siegfried Hausner, in Kriegsgefangenschaft ermordet, am Samstag, den 3. Mai 1975«.

# 37. Kapitel: Die »Haag-Mayer-Bande«

Das blutige Ende von Stockholm bedeutet das Aus von Baaders Traum, aus dem Gefängnis freigepresst zu werden – fürs Erste. Er hat draußen keine Kämpfer mehr. So beginnt im Frühjahr 1975 eine Phase, in der »einfach niemand RAF war«, blickt Peter-Jürgen Boock zurück.

Das ändert sich aber schon bald. Baaders bester Mann in Freiheit geht in den Untergrund, um eine neue Truppe aufzubauen: Siegfried Haag, einer seiner Vertrauensanwälte. Siegfried Haag ist dreißig, schlank, trägt Halbglatze und Strickjacke unter der Lederjacke. Er studierte in Heidelberg, Berlin und Frankfurt, den Zentren der APO. Wird Mitglied im SDS. »Enttäuschend« ist für ihn das »Ende der außerparlamentarischen Opposition«. Er hat den »Gedanken, die Auflösung der APO sollte aufgehalten werden, man sollte den Impuls, den revolutionären Impuls weitertragen«. Im Dezember 1970 beginnt er das Referendariat im Amtsgericht Heidelberg. Letzte Ausbildungsstation ist die Anwaltspraxis Laubscher, Dr. Eberhard Becker und Marieluise Becker. Eine Kanzlei, die RAF-Mitglieder vertritt. Im Oktober 1973 – mit achtundzwanzig – erhält er seine Anwaltszulassung. Er wird Verteidiger von Andreas Baader, Gudrun Ensslin, Ulrike Meinhof, Holger Meins und Jan-Carl Raspe im Stammheim-Verfahren. Schnell gewinnt er das Vertrauen der RAF-Spitze. Er ist der Letzte, den Holger Meins kurz vor seinem Tod zu sich in die Haftanstalt bittet.

Nach dem Stockholm-Überfall gerät Haag ins Visier der BKA-Fahnder: Ein in Zürich gefasster Unterstützer berichtete ihnen, Haag habe in der Schweiz Waffen besorgt und sie an die Stockholmer Botschaftsbesetzer weitergegeben. BKA-Beamte nehmen Haag am 9. Mai 1975 fest. Durchsuchen seine Kanzlei und Wohnung in Heidelberg. Finden aber keine Beweise. Am nächsten Tag lehnt der Ermittlungsrichter des Bundesgerichtshofs ab, einen Haftbefehl zu erlassen – »aus Mangel an Haftgründen«. So kommt Haag am 10. Mai 1975 wieder auf freien Fuß. Einen Tag später geht er in den Untergrund. »In einem Staat, der die Vernichtung von Revolutionären durch Gleichschaltung von Gesetzgebung, Verwaltung und Justiz zu seinem Programm erhoben hat«, erklärt er am 11. Mai 1975 seinen Abgang, »in einem Staat, dessen Funktionsträger Holger

*Siegfried Haag*

Meins und Siegfried Hausner hingerichtet haben … werde ich meine Freiheit nicht bedrohen lassen, meinen Beruf als Rechtsanwalt nicht länger ausüben.« Sein Fazit: »Es ist an der Zeit, im Kampf gegen den Imperialismus wichtigere Aufgaben in Angriff zu nehmen.« Er hat die »Vorstellung, es wäre gut, wenn die Gefangenen frei wären, und dazu wollte ich beitragen«.

Erst anderthalb Jahre später sieht ihn die Polizei wieder. Am 30. November 1976. Auf der A5 zwischen Kassel und Frankfurt wird er bei Butzbach gefasst. Einem Zivilwagen der Autobahnpolizei war ein Opel Admiral aufgefallen. Die Beamten überholen das Auto, halten die Polizeikelle heraus. Der Wagen versucht, links an ihnen vorbeizuziehen. Der Versuch scheitert. Mit gezogenen Pistolen umstellen fünf Beamte den Wagen. Auf dem Fahrersitz hockt Roland Mayer, neben ihm Siegfried Haag mit Toupet auf dem Kopf und Pistole am Gürtel. Auf dem Rücksitz liegt ein Gewehr. Haag lässt sich widerstandslos festnehmen.[152] Der Wagen ist gestohlen und hat Falschkennzeichen.

In einer Kunstleder-Umhängetasche im Kofferraum stecken 132 Blätter mit handschriftlichen Notizen. Als sie BKA-Beamte unter die Lupe nehmen, sind sie erstaunt: Sie lesen, dass Haag – zusammen mit seinem Adlatus Mayer – ein Dutzend Personen um sich geschart hat, um neue RAF-Aktionen vorzubereiten. Einem verschlüsselten »Arbeitsplan« entnehmen sie, dass er elf – nur unter Tarnnamen genannte – Mitglieder »disponiert«: Er legt fest, wer an welchem Tag was zu tun hat. So sollten beispielsweise am Freitag, dem 26. November 1976, »Inge« und »Tim« einen »Schießplatz« abklären, »Anton« »rüber«gehen – ins Ausland, vermuten die Ermittler. Nur bei drei Tarnnamen kommen sie dahinter, um wen es sich handelt. »Egon« ist Siegfried Haag, »Michael« Roland Mayer und »Inge« Waltraut Boock. Bei den acht anderen Namen blicken die BKA-Beamten nicht durch.

In den Geldbörsen der beiden stecken mehrere Hundert- und Fünfhundert-Mark-Scheine, die aus zwei Banküberfällen stammen. Sie wurden von Mitgliedern der »Haag-Mayer-Bande«, wie die Beamten sie nennen, am 20. September in Köln und 15. November 1976 in Hamburg verübt. Beute: über 210 000 Mark. Aus den Papieren entschlüsseln die Ermittler auch, dass ein weiterer Banküberfall geplant ist – nur nicht wo. Zwei Wochen später wissen sie es: Am 13. Dezember 1976 rauben mindestens drei Personen eine Bank in Wien aus, in der Kärntner Straße 53.

Beute: Zwei Millionen Schillinge. Rund 300 000 Mark. Waltraut Boock wird nach einem Schusswechsel verhaftet. Die anderen entkommen.

Am meisten aber geben den BKA-Männern die Seiten der »Haag-Mayer-Papiere« zu rätseln, aus denen sie schließen, dass die RAF dabei ist, weitere Aktionen vorzubereiten. Sie lesen:

> »Margarine ...
> operationelle Planung
> spontane Operation möglich? Beim Checken.«
>
> »fortlaufende Arbeit
> a) Big Money → H. M. auschecken
> mit Marie diskutieren, wo den
> Typen bunkern → vorbereiten a
> b) Raushole: mit W + P diskutieren
> Druck machen«
> »Big Raushole – Rache!«

Daraus folgern die Beamten, dass das Dutzend um Haag drei große Aktionen vorbereitet: »Margarine«, »Big Money« und »Big Raushole«.

»Big Raushole«, ist den Beamten klar, bedeutet, dass die Haag-Leute daran arbeiten, die RAF-Häftlinge aus den Gefängnissen zu befreien – wie, können sie nicht erkennen. »Margarine« lässt sie rätseln: »Bei der Operation ›Margarine‹ sollte es sich offenbar um eine spektakuläre Operation mit politischer Brisanz handeln«, schreibt der BKA-Beamte Alfred Klaus in seinem Auswertungsbericht am 12. Dezember 1976. Aus den Notizen »kann geschlossen werden, dass der Plan bestand, eine prominente Persönlichkeit zu ermorden oder als Geisel zu nehmen und dies ggf. schon bei der Abklärung der Lebensumstände zu tun.« Auch bei »H. M.« tappen die Ermittler im Dunkeln: »Entweder war eine Person mit den Anfangsbuchstaben ›H. M.‹ beauftragt, die Geldbeschaffungsaktion vorzubereiten, oder es handelt sich dabei um die in Aussicht genommene Geisel, deren Lebensgewohnheiten ›ausgecheckt‹, d. h. abgeklärt werden sollten.« Durch den Bankraub in Wien zwei Wochen nach der Festnahme von Haag und Mayer ist den Beamten klar, dass deren Leute weiter daran arbeiten, ihre Pläne in die Tat umzusetzen. Und so zermartern sie sich die Köpfe in ihren Büros: Wer könnte »Margarine« sein? Und wer »H. M.«? Innerhalb des nächsten Dreivierteljahres erfahren die Ermittler der Rätsel Lösungen – von der RAF.[153]

# 38. Kapitel: Vorbereitungen für die »Offensive '77«

## Brigitte Mohnhaupt wird »Generalbevollmächtigte« von Andreas Baader

»Das ist doch ein klarer Mangel an Loyalität uns gegenüber«, flucht Andreas Baader im siebenten Stock, als er hört, dass Siegfried Haag verhaftet wurde. Vor allem erzürnt ihn, dass sein einstiger Vertrauensanwalt nicht seine Pistole zog. Er schimpft ihn einen »Oberbullen«. »Überhaupt, die da draußen«, zetert er, »denen fehlt doch die erforderliche Härte für Aktionen, die uns hier herausholen.« Auch die anderen Stammheimer sind sauer auf die »draußen«: ein versprengter Haufen, ohne Führung.

Andreas Baader berät sich mit Gudrun Ensslin. Er entschließt sich, einer Frau im Gefängnis den Auftrag zu erteilen, die Genossen draußen auf Vordermann zu bringen – damit er und die anderen endlich, nach über vier Jahren Haft, befreit werden: Brigitte Mohnhaupt. In zwei Monaten wird sie entlassen, im Februar 1977. Seit einem halben Jahr – seit dem 3. Juni 1976 – ist auch sie in der siebenten Etage von Stammheim. Nach dem Tod von Ulrike Meinhof[154] war sie dorthin verlegt worden, ebenso wie Irmgard Möller und Ingrid Schubert. Die Justizverwaltung hatte die Stammheim-Gruppe vergrößert, vor allem um dem Vorwurf der »Isolationsfolter« den Wind aus den Segeln zu nehmen. Baader ist von Mohnhaupt begeistert: von ihrem Engagement für die gemeinsame Sache, von ihrer Entschlusskraft und ihrer unnachgiebigen Härte.

Brigitte Mohnhaupt ist die Tochter eines Verlagskaufmannes. Geboren wurde sie am 24. Juni 1948 im niederrheinischen Rheinsberg. Nach dem Abitur 1967 in Bruchsal beginnt sie im Wintersemester 1967/68 an der Philosophischen Fakultät in München zu studieren. Ihr Ziel: »Journalistin«. Mit ihrem Freund Rolf Heißler – der sich später ebenfalls der zweiten RAF-»Generation« anschließt – lebt sie in einer »Kommune« in der Münchner Metzstraße 15. In den Räumen testen sie »sozialistische Wohnformen« und erklären das Privateigentum für abgeschafft. Bei ihnen zu Besuch ist häufig die Prominenz der politischen Szene Schwabings: Fritz Teufel, Rolf Pohle, Irmgard Möller und Ulrich Enzensberger. Schon bald gehört Brigitte Mohnhaupt selbst zur politisch linken Prominenz an der Isar. Ende 1969 trennt sie sich von Heißler. Bald darauf hat sie Kontakt mit Baader und Ensslin. Im Frühjahr 1971 schließt sie sich der ersten RAF-»Generation« an. Schnell wird sie – so die Erkenntnisse der Ermittler – deren Statthalterin in Berlin. Dort wird sie, nach etwas mehr als einem Jahr im Untergrund, am 9. Juni 1972 verhaftet. In der Nähe des U-Bahnhofs Hansaplatz. Zwei Tage nach Gudrun Ensslin und sechs Tage vor Ulrike Meinhof. In ihrer Handtasche steckt eine Pistole. Es geht so blitzschnell, dass sie und ihr Begleiter – er trägt ebenfalls eine Pistole und außerdem eine Handgranate in der Jacke – nicht zu ihren Waffen greifen können.

*Brigitte Mohnhaupt*

Das Landgericht Berlin[155] verurteilt Brigitte Mohnhaupt am 30. August 1974 zu vier Jahren und sechs Monaten – wegen Beteiligung in einer kriminellen Vereinigung, Urkundenfälschung und unerlaubten Waffenbesitzes. In der Frauenhaftanstalt Lehrter Straße kämpft sie weiter: Im April 1973 schlägt sie einer »Schließerin« ins Gesicht. Deswegen muss sie noch zwei Monate länger sitzen. Da sie keinen Funken von Einsicht zeigt, hat sie ihre Haft bis zum letzten Tag abzubrummen. Die vier Jahre und acht Monate sind am 8. Februar 1977 um. Bis dahin sitzt sie »Tag für Tag zusammen mit Baader und den anderen beim Umschluss im siebenten Stock«, berichtet Amtsinspektor Bubeck – jeden Tag für vier Stunden. Baader instruiert sie für die Freiheit und macht sie zu seiner »Generalbevollmächtigten«.

Für die letzten zwölf Tage ihrer Haft kommt sie in die Justizvollzugsanstalt im badischen Bühl. Die Justizverwaltung hat die irrwitzige Vorstellung, dass sie dort vom Stammheimer Gedankengut »desinfiziert« werden könnte.

## Brigitte Mohnhaupt räumt das Büro auf

In Bühl öffnet sich für Brigitte Mohnhaupt das Gefängnistor am 8. Februar 1977. Vor ihr steht ein kleines »Empfangskomitee«: Elisabeth von Dyck und Volker Speitel. Beide aus der Croissant-Kanzlei in Stuttgart.

Sie fahren in die Lange Straße 3 in Stuttgart, ins »Büro«, die Kanzlei der Rechtsanwälte Croissant, Müller und Newerla. Die Kanzlei organisiert den Nachrichtenaustausch zwischen den RAF-Häftlingen und den in Freiheit lebenden Aktivisten. Außer den drei Anwälten arbeiten hier mehrere »freie Mitarbeiter«: Sie kümmern sich um das »info« der RAF – unter anderem Volker und Angelika Speitel, Ralf Baptist Friedrich, Christof Wackernagel, Elisabeth von Dyck, Gisela Pohl, Willy-Peter Stoll, Silke Maier-Witt und ab Mai 1977 auch Hans-Joachim Dellwo, der Bruder des Stockholm-Attentäters.

Der »Büro«-Mannschaft hatten die RAF-Häftlinge zuvor in einem Kassiber geschrieben, »dass die Mohnhaupt jetzt 'ne Art ›Befehlsgewalt‹ ausübt«, berichtet Volker Speitel, »und dass sie ›einiges‹ neu organisieren würde«. Sie will den, wie sie meint, »mit Bullen durchsetzten, zu Aktionen unfähigen Verein ausmisten«. Sofort legt sie los: »Wir hatten einzeln ›anzutreten‹, um dann nach entsprechender Durchleuchtung einem ›Job‹ zugewiesen zu werden«, erinnert sich Volker Speitel an die gerade aus der Haft Entlassene: »Unklare Personen wurden rausgeschmissen. Die meisten Büromitglieder und vor allem Croissant waren sichtlich genervt und verstört von dieser Reorganisation, deren Ziel wir anfangs noch überhaupt nicht mitbekamen.« Die Mohnhaupt habe nicht mehr verraten, als dass das Büro weiterhin »als legale Residenz« der RAF bestehen bleibe.

Umgehend führt sie eine »neuen Ordnung« in der Kanzlei ein: »Legaler Öffentlichkeitstyp« ist Klaus Croissant, zuständig für Pressekonferenzen und Fernsehinterviews. Die »Postanwälte« Arndt Müller und Armin Newerla haben die Schreiben ins und aus dem Stammheimer Gefängnis zu transportieren. »Betreuer« der »Postanwälte« werden Volker Speitel und Elisabeth von Dyck, die schon bald den »Kurierdienst« zu den Illegalen übernehmen – wie auch Ralf Baptist Friedrich, Christof Wackernagel und Hans-Joachim Dellwo. Und schließlich arbeiten dort auch noch einige »Uneingeweihte«: Sekretärinnen, die keine Einzelheiten erfahren.

»Das Schlimmste an der Mohnhaupt war ihre riesige Paranoia«, erinnert sich Volker Speitel: »Wenn sie Berichte an die Gefangenen schrieb, dann grundsätzlich nur neben dem Reißwolf, und es kam mehr als einmal vor, dass sie im fahrenden Auto auf der Bodenmatte Feuer machte, um ihre Papiere, die sie bei sich hatte, zu verbrennen, weil sie glaubte, wir würden verfolgt. Das Ergebnis war dann, dass die Karre fast anfing zu brennen und unsere vermeintlichen Verfolger anhielten und fragten, ob sie die Feuerwehr schicken sollten.«

Brigitte Mohnhaupt gelingt es, aus der Rechtsanwaltskanzlei einen effizient arbeitenden Nachrichtenumschlagplatz der RAF zu machen: Bei Besuchen in Stammheim bekommen die Rechtsanwälte Arndt Müller und Armin Newerla von den Häftlingen Kassiber – codierte und mit Tesafilm verklebte Schreiben. Häufig noch durch ein eingeklebtes Haar gesichert. So erfahren die Rechtsanwälte nicht, was in der »Post« steht, die sie in ihren Handakten, in ihren Unterhosen oder anderswo aus der Anstalt herausschmuggeln. Im »Büro«, der Kanzlei, übernehmen Volker Speitel und Hans-Joachim Dellwo die Kassiber und leiten sie an die »Illegalen« weiter. Auf umgekehrtem Weg kommt die Post der Illegalen zu den Häftlingen.

Die Kuriere rechnen damit, dass sich Polizisten oder Verfassungsschützer an ihre Fersen heften – nicht zu Unrecht. Deshalb reisen sie umständlich: »Der erste Schritt war, Observanten 'ne Story aufzubinden«, berichtet Volker Speitel, der etwa zwanzigmal auf »Kurierfahrt« ging, »sie glauben zu machen, dass wir nun was ›Normales‹ unternehmen. Also keine Reisevorbereitungen zeigen, nicht die Kleider wechseln und so weiter, sondern stattdessen Essen einkaufen und nach Hause fahren. Nur wählte man für diesen ›Nachhauseweg‹ eines der zahlreichen Waldgebiete um Stuttgart, in dem dann der Kurier in 'ner Kurve zum Beispiel, in der kein hinterherfahrendes Auto zu sehen war, aus dem Auto ausstieg und sich im Wald verbirgt, während das Auto sofort weiterfährt. Eventuelle Verfolger, die ja nur das Auto verfolgen können, bemerken, wenn überhaupt, erst am Ankunftsort, dass eine Person fehlt. Der oder die hängt in der Zwischenzeit im Wald herum und macht ›Toilette‹, das heißt eine andere Frisur hinkämmen, teilweise andere Klamotten anziehen, schminken, halt sein Aussehen, so gut es geht, verändern. Wenn das so gelaufen war, marschierte man quer durch den Wald zu einem Ortsausgang, von dem aus man zum nächstgelegenen Vorortbahnhof ging, um per Bundesbahn zum Treffort zu gelangen. Am Treffort beobachteten die Illegalen zuerst eine Weile noch den Kurier, um herauszufinden, ob er wirklich ›clean‹ war. Erst danach wurde der Kurier angesprochen.«

Schon nach wenigen Tagen in Freiheit nimmt Brigitte Mohnhaupt Kontakt mit den »Illegalen« auf, den versprengten Kämpfern Haags. Zu ihnen gehören damals – im Februar 1977 – Christian Klar, Knut Folkerts, Adelheid Schulz, Peter-Jürgen Boock, Günter Sonnenberg und Stefan Wisniewski. Bereits Ende Februar taucht sie zu ihnen ab, nachdem sie das »Büro« auf Zack gebracht hat – im Sinne von Andreas Baader.

Schnell wird sie zu einer Autorität im Untergrund – sie bringt alle Voraussetzungen dafür mit: Renommee als Aktivistin der RAF-Urzeit und breite Untergrunderfahrungen, bei »Baader-Meinhof« gesammelt. Sie verfügt über die »Legitimation« des »siebenten Stocks«. Außerdem sprudelt sie vor Tatendrang und Ideen. Zudem ist sie »knallhart«. Versteht es, sich durchzusetzen: Ihre Stimme hat großes Gewicht, wenn zu entscheiden ist, wer in den Untergrund geht, wofür das Geld ausgegeben wird und wer eine Waffe erhält. Ein weibliches Energiebündel von 1,62 Meter, dem gestandene Kerle bereitwillig folgen.

So ist Baader mit seiner Emissärin Mohnhaupt hochzufrieden: Durch sie kommt wieder alles ins Laufen. Vor allem die Kommunikation zwischen Häftlingen, Illegalen, Legalen und dem »Umfeld«: Die »Illegalen« bereiten im Untergrund Aktionen vor. »Legale« unterstützen sie durch Kurierfahrten, das Stehlen von Ausweisen und andere Hilfsdienste. Und die »RAF-Häftlinge« haben wieder einen gut funktionierenden Draht nach draußen: zu den Illegalen und zu ihrem »Umfeld« – einigen hundert Sympathisanten.

## Die »Offensive '77«

Unter dem Wirbelwind Brigitte Mohnhaupt machen sich die Illegalen daran, die unter Haag ersonnenen und teilweise schon vorbereiteten »Aktionen« anzupacken. Durch diese »Offensive '77«[156] wollen sie nun endlich die einsitzenden RAF-Mitglieder befreien, um mit ihnen gemeinsam den »antiimperialistischen Kampf« fortzusetzen und zum Ziel zu bringen: einer »sozialen Revolution« in Deutschland. Was das bedeutet, sagt auch die zweite RAF-»Generation« nicht.

Die »Offensive '77« ist nach Vorstellungen der RAF mehr als die bloße Abfolge einzelner Taten. Sie sieht in den aufeinander folgenden Angriffen eine »Aktionseinheit«: Durch sie soll der Staat immer weiter weich geklopft werden. Die Wirkung, so kalkulieren Baader & Co. sowie die Akteure draußen, potenziere sich durch die nicht abreißende Kette von Taten. Dadurch würde, so die Hoffnung, der Boden für die Befreiung der Gefangenen bereitet. Die Befreiung selbst soll durch eine Geiselnahme erfolgen – nach dem Vorbild der Lorenz-Entführer 1975. Den Weg zum Ziel bringt Andreas Baader auf vier Wörter: »Der Schlüssel ist Krieg.«[157]

# 39. Kapitel: Das Attentat auf Generalbundesanwalt Buback

In den bald fünf Jahren Haft hat Andreas Baader für sich und seine Genossen zwei Todfeinde auserkoren: der eine ist Horst Herold, Präsident des Bundeskriminalamts. »Seine Aufsätze oder Reden, die wir aus den Polizeizeitungen hatten, waren Pflichtlektüre«, erinnert sich Volker Speitel: »An seinen Thesen und Analysen maß sich besonders Baader gern.« Zum anderen Todfeind Baaders avancierte Siegfried Buback, der Generalbundesanwalt. Er ist der Chef der Behörde, die das Verfahren gegen ihn und die anderen RAF-Häftlinge führt. Persönlich hat er die Anklageschrift gegen Baader & Co. am 26. September 1974 unterschrieben. Für Baader ist der »General« die Symbolfigur des verhassten Rechtsstaats. Deshalb beschließt er, dass sein Kontrahent das Ende des Stammheim-Verfahrens nicht mehr erleben soll. Er gibt den Auftrag, den Generalbundesanwalt zu ermorden.[158]

## Der »Spezialist für schwierige Fälle«

Siegfried Buback ist siebenundfünfzig und hat noch sieben Jahre bis zum Ruhestand. Er freut sich schon, dann mehr Zeit für seine Hobbys zu haben: das Kraxeln in den Bergen, das »sportliche Bridge«-Spiel und die Arbeit in seinem Garten. Er züchtet Lilien. Ein gemütlicher Sachse: Er lächelt oft – vergnügt oder verschmitzt. Lebensfroh, rundlich, umgänglich, so schätzen seine Kollegen den »schlauen Fuchs«, der stets mit Fliege im Büro erscheint.

Bundesweit hatte sich der Strafverfolger als »Spezialist für schwierige Fälle« einen Namen gemacht: Er dirigierte 1962 die Ermittlungen gegen das Hamburger Nachrichtenmagazin *Der Spiegel*. Später leitete er bei der Bundesanwaltschaft die Untersuchungen nach dem Diebstahl einer Sidewinder-Rakete 1967 vom Fliegerhorst Neuburg an der Donau und dem vierfachen »Soldatenmord von Lebach« – in beiden Fällen wurden die Täter gefasst.

Siegfried Buback wurde am 3. Januar 1920 in Wilsdruff bei Meißen an der Elbe geboren. Bereits mit einundzwanzig macht er das Erste Juristi-

*Siegfried Buback*

sche Staatsexamen in Leipzig, 1941. Nach der Kriegsgefangenschaft wird er mit dreiunddreißig Staatsanwalt, zehn Jahre später Erster Staatsanwalt und zur Bundesanwaltschaft nach Karlsruhe abgeordnet. Dort kümmert er sich um Landesverrat und Revisionssachen. Mit einundfünfzig ist er Bundesanwalt und drei Jahre später, am 1. Mai 1974, Generalbundesanwalt. Der Nachfolger von Ludwig Martin.

Gleich nach seinem Amtsantritt warnt er vor weiteren Terroranschlägen. Er spricht von einer »zweiten Phase des revolutionären Kampfes«. Viele wollen ihm das nicht glauben. Baader & Co. greifen ihn öffentlich an: »Noch glaubt Buback, durch Mord und Zwangspsychiatrisierung … uns zu vernichten«, erklären Baader, Meinhof, Ensslin und Raspe im *Spiegel* im Januar 1975[159] über die »Vernichtungsstrategie der Bundesanwaltschaft«.

Siegfried Buback weiß, dass er für die RAF eine Zielscheibe ist. »Ich kann aber mein Leben nicht so einrichten, dass ein Attentat auf meine Person von vornherein zur Unmöglichkeit wird«, räumt er freimütig in vertrauter Runde ein: »Dann ist es nicht mehr lebenswert.« Die Gefahr trägt er mit scheinbarer Gelassenheit. Seine Devise: »Angst kann ich mir nicht erlauben.«

## Fünfzehn Schüsse vom Motorrad

Am Morgen des Gründonnerstags 1977 ist Siegfried Buback seit fast drei Jahren Generalbundesanwalt. Er sitzt in seinem dunkelblauen Dienst-Mercedes auf dem Weg ins Büro. Neben ihm am Steuer Wolfgang Göbel (30). Auf der Rückbank sitzt Georg Wurster (33), Leiter der Fahrbereitschaft der Bundesanwaltschaft.

Auf der Linkenheimer Straße ist die Ampel an der Moltkestraße Rot. Göbel hält. Rechts neben dem Wagen stoppt ein Motorrad. Langsam kam es vom Gelände einer Esso-Tankstelle gerollt. Auf der Suzuki 750 GS, der – damals – schnellsten Serienmaschine der Welt, sitzen zwei Männer mit olivgrünen Integralhelmen. Der Sozius zieht aus einer braunen Reisetasche ein verkürztes Selbstladegewehr. Fünfzehnmal feuert er auf den Mercedes des Generalbundesanwalts, ohne von der Sitzbank ab-

*Fünfzehn Schüsse: Links Bubacks Leiche, im Hintergrund die Leiche des Fahrers Wolfgang Göbel*

zusteigen – ganze siebzig Zentimeter vom Wagen entfernt. Langsam rollt der Mercedes an. Das Motorrad folgt ihm im Schritttempo, wechselt auf die linke Seite: Der Sozius schaut in aller Ruhe in den Wagen, vergewissert sich, dass er sein Ziel erreicht hat. So, als ob nichts geschehen wäre, brausen die Täter auf dem Motorrad davon. Einen Augenblick später kommen zufällig zwei Polizeibeamte am Ort des Geschehens vorbei. Sie sehen den Wagen und glauben, es handle sich um einen Verkehrsunfall mit Fahrerflucht. Sie fordern Verstärkung an. Erst ihre Kollegen erkennen, was passiert ist. Generalbundesanwalt Buback und sein Fahrer Göbel sterben am Tatort. Justizhauptwachtmeister Wurster erliegt seinen schweren Verletzungen eine Woche später im Krankenhaus.

Das Motorrad und ihre Helme verstecken die beiden Männer an einer Autobahnbrücke bei Wolfartsweier hinter einem Brückenpfeiler. Sie steigen in einen silbermetallicfarbenen Alfa Romeo Giulia Super, in dem sie ein Mann erwartet, und fahren davon: Christian Klar, Knut Folkerts und Günter Sonnenberg. Wer von ihnen auf dem Motorrad saß, bleibt ungeklärt.[160]

Zur RAF gestoßen waren die drei über das »Komitee gegen Folter an politischen Gefangenen in der BRD«. Sie gehörten zu den zweiunddreißig, die das Büro von Amnesty International in Hamburg im Oktober

1974 besetzt hatten, um gegen die »Isolationshaft« der RAF-Häftlinge zu protestieren: Christian Klar, Student der Philosophie und Geschichte, Günter Sonnenberg, ebenfalls Student der Philosophie und Geschichte, sowie Knut Folkerts. Er war durch die Aufnahmeprüfung der Hochschule in Karlsruhe gerasselt und arbeitete als Taxifahrer. In Karlsruhe lebten sie in einer Wohngemeinschaft in der Luisenstraße 2a und engagierten sich in der linken Szene. Dort lernten sie auch Roland Mayer kennen und entschlossen sich 1976, in den Untergrund zu gehen, unter Federführung des Gespanns Haag-Mayer. Die drei kappen den Kontakt zu ihren Familien. Günter Sonnenbergs Eltern bekommen die letzte Nachricht von ihrem Sohn im November 1976: Aus Mühlhausen im Elsass schreibt er, er beabsichtige, mit Freunden auf »Weltreise« zu gehen.

Als die ersten Meldungen von dem Buback-Attentat im Bundeskriminalamt eintreffen, löst sich für Alfred Klaus und seine Kollegen ein Rätsel, das sie seit über vier Monaten beschäftigte: Nämlich, wer mit »Margarine« in den Haag-Mayer-Papieren gemeint ist: S. B., die Initialen von Siegfried Buback, sind die Buchstaben der Margarinemarke »SB«.

Eine Woche nach dem Attentat[161] erhalten zehn Redaktionen ein Schreiben des »Kommando Ulrike Meinhof Rote Armee Fraktion« – mit einer Kopie des Mietvertrags für das Motorrad, das Günter Sonnenberg in Düsseldorf gemietet hatte: »für ›akteure des systems selbst‹ wie buback findet die geschichte immer einen weg«, beginnt die Erklärung. Buback habe man »hingerichtet«, weil er »direkt verantwortlich für die ermordung von holger meins, siegfried hausner und ulrike meinhof« gewesen sei. Holger Meins sei »unter bubacks regie ... durch systematische unterernährung ... gezielt ermordet« worden. Genau dies hatten zwei Jahre zuvor Andreas Baader und seine Stammheim-Genossen fast wortwörtlich im *Spiegel* erklärt – nämlich: »Holger Meins ist durch systematische Unterernährung gezielt hingerichtet worden«.[162] Dies hätten »Buback und die Sicherungsgruppe arrangiert«.

Das Selbstbezichtigungsschreiben der Buback-Mörder endet mit der Aufforderung: »DEN KRIEG IN DEN METROPOLEN IM RAHMEN DES INTERNATIONALEN BEFREIUNGSKAMPFES FÜHREN«. »Krieg« – auch wieder ein Schlüsselwort Baaders.

Die Republik ist über den Buback-Mord erschüttert. War Generalbundesanwalt Buback doch der oberste Terroristenjäger der Landes: Wenn es der RAF gelingt, ihn zu ermorden, wozu wird diese Gruppe noch in der Lage sein?, fragen sich viele Menschen.

»Die Schüsse hier in Karlsruhe zielten nicht nur gegen den Generalbundesanwalt, der die zusammengeschmolzene Truppe der Terroristen nicht zur Ruhe kommen ließ, sondern sie sollten dem Rechtsstaat überhaupt gelten«, erklärt Bundeskanzler Helmut Schmidt beim Staatsbegräbnis für Buback in der Evangelischen Stadtkirche in Karlsruhe[163]: »Die Mörder wollten ein allgemeines Gefühl der Ohnmacht erzeugen.«

Horst Herold tritt ans Grab von Siegfried Buback und ruft ihm nach: »Ich bringe sie dir alle!«[164]

## Der Buback-Nachruf

Kein »allgemeines Gefühl der Ohnmacht« empfindet ein Student in Göttingen. Seine »Betroffenheit« formuliert er in dem Artikel »Buback. Ein Nachruf« in den *Göttinger Nachrichten,* der Zeitung des »ASTA«: »Ich konnte und wollte (und will) eine klammheimliche Freude nicht verhehlen. Ich habe diesen Typen oft hetzen gehört, ich weiß, was er bei der Verfolgung, Kriminalisierung, Folter von Linken für eine herausragende Rolle spielte. Wer sich in den letzten Tagen nur einmal genau genug sein Konterfei angesehen hat, der kann erkennen, welche Züge dieser Rechtsstaat trägt, den er in so hervorragender Weise verkörpert. Und der kennt dann auch schon ein paar Züge von den Gesichtern dieser aufrechten Demokraten, die jetzt wie ein Mann empört und betroffen aufschreien.

Ehrlich, ich bedaure es nur wenig, dass wir dieses Gesicht nun nicht mehr in das kleine rot-schwarze Verbrecheralbum aufnehmen können, das wir nach der Revolution herausgeben werden, um der meistgesuchten und meistgehassten Verbrecher der Welt habhaft zu werden und sie zu öffentlichen Vernehmungen vorzuführen. Ihn nun nicht mehr – enfant perdu ...«

Zur »Gewaltfrage« äußert sich dieser »Mescalero« – wie er sich selbst als Mitglied der Sponti-Anarcho-»Bewegung Undogmatischer Frühling« bezeichnet – differenziert: Der Zweck, eine andere Gesellschaft zu errichten, heilige »nicht jedes Mittel, sondern nur manches. Unser Weg zum Sozialismus (wegen mir: zur Anarchie) kann nicht mit Leichen gepflastert werden. Warum liquidieren ...? Um der Machtfrage willen (O Gott!) dürfen Linke keine Killer sein, keine Brutalos, keine Vergewaltiger, aber sicher auch keine Heiligen, keine Unschuldslämmer.«

Bestürzt über diese »klammheimliche Freude« kündigt der Rektor der Universität Göttingen Hans-Jürgen Beug einen Strafantrag an – vor rund zweitausend Teilnehmern der Studentischen Vollversammlung.

»Der Text ist eindeutig rechtswidrig«, erklärt er ihnen, Bundesjustizminister Vogel und andere sähen die Dinge ebenso. »Das sind deine Freunde, nicht unsere«, tönt es ihm aus dem Auditorium entgegen. Rektor Beug fragt, wo denn wohl der geistige Standort dieses Anonymus liege. »Dein geistiger Standort ist das Klo«, brüllt ihm ein Student entgegen. Der Saal tobt, applaudiert dem Zwischenrufer minutenlang.

Schockiert äußern sich in diesen Tagen viele über den Buback-Nachruf. Zum Beispiel der Berliner Wissenschaftssenator Peter Glotz (SPD). Dieser Artikel gebe »einen tiefen Einblick in die psychologische Situation von nicht nur ein paar hundert, sondern Tausenden Studenten«, meint er. Wer die Anwendung von Gewalt in der Gesellschaft wirklich ablehnen wolle, »der darf dies auch nicht in einer Sprache tun, in der das Gesicht dessen, den man als politischen Gegner treffen will, zur ›Verbrechervisage‹ gemacht wird und in der der Mord in der Terminologie des Schlachthauses als ›Abschuss‹ bezeichnet wird.« Enno von Loewenstern kommentiert über die »unheimliche Freude am Mord« in der *Welt*: »Wer Terroristen unterstützt, gehört an keine deutsche Hochschule.« Ebenso wenig begeistert von dem »Buback-Nachruf« sind Andreas Baader und die anderen RAF-Häftlinge in Stammheim. »Wir fanden ihn politisch ärgerlich«, berichtet Irmgard Möller über die Meinung im siebenten Stock: »Der hatte so was verquält Lustiges, wenn er seinen Text als ›Rülpser‹ bezeichnet.«

Lebhafte Diskussionen über diesen Nachruf folgen. Es mag makaber klingen – aber es ist die Wahrheit: Die deutschen Zeitungen veröffentlichen mindestens dreimal mehr Artikel über den Nachruf des »Mescalero«-Studenten als über das Wirken und die Ermordung des Generalbundesanwalts zusammen. In vielen Städten wird der Nachruf des »Mescalero« nachgedruckt, meist mit einigen Anmerkungen, nach denen die Veröffentlichung ausschließlich als »Diskussionsgrundlage« dienen solle. Von Studentenzeitungen, linken Zirkeln und auch den Jungdemokraten in Berlin – zur Strafe dürfen die fünf Verantwortlichen bei den Jungdemokraten zwei Jahre lang keine Parteiämter übernehmen.

Die Kontroverse um diesen Nachruf treibt auf ihren Höhepunkt zu, als 43 Professoren die Dokumentation »Buback – ein Nachruf« herausgeben, in der der inkriminierte Text wortwörtlich abgedruckt ist. Mit der Veröffentlichung – erklären die Hochschullehrer in der Dokumentation – beabsichtigten sie, eine »öffentliche Diskussion des gesamten Artikels« zu ermöglichen, der einen »Denkprozess über die Gewaltverhältnisse in unserer Gesellschaft in Gang setzen« soll.

Die Reaktionen erfolgen prompt: Als »Lobredner des Terrors und Beschöniger terroristischer Ergüsse« geißelt Niedersachsens CDU-Vorsitzender Wilfried Hasselmann die Professoren. Sein Parteifreund Hans

Beckmann, Bundesvorsitzender der Arbeitsgemeinschaft christlich-demokratischer Gewerkschafter, verlangt die »unverzügliche Einleitung von Disziplinarmaßnahmen und die vorläufige Dienstenthebung der Hochschullehrer in Berlin und Bremen, die den Mord an Generalbundesanwalt Siegfried Buback immer noch als eine ›diskutable Sache‹ ansehen«. Und der Hochschulverband wirft den Kollegen Professoren vor, dass sie einen »geistigen Schlupfwinkel« für Umstürzler geschaffen hätten.

Zahlreiche Staatsanwälte leiten Ermittlungsverfahren gegen die Buback-Nachruf-Verbreiter ein – mindestens 140. Ihr Verdacht: »Billigung von Straftaten« (Paragraph 140 des Strafgesetzbuchs – StGB –), »Verunglimpfung des Andenkens Verstorbener« (Paragraph 189 StGB), »Verunglimpfung des Staates« (Paragraph 90a StGB) und »Volksverhetzung« (Paragraph 130 StGB). In 69 Fällen kommt es zum Hauptverfahren, das bedeutet: Ein Strafgericht befasst sich mit dem Nachruf-Nachdrucker oder -Verteiler. Die meisten Verfahren enden mit einem Freispruch. Das Landgericht Oldenburg beispielsweise spricht dreizehn niedersächsische Professoren frei, das Landgericht Berlin zwölf Professoren und zwei Rechtsanwälte. Das Landgericht Bremen lehnt bereits die Eröffnung des Hauptverfahrens gegen sechzehn Professoren ab. Nach Meinung dieser Gerichte erfüllt die Veröffentlichung keinen Straftatbestand.

Doch nicht alle Richter sehen die Dinge so. In Augsburg beispielsweise verurteilt das Schöffengericht einen Neunundzwanzigährigen zu sechs Monaten Gefängnis ohne Bewährung, weil er Flugblätter mit einem Nachdruck des Nachrufs verteilt hatte. Zwei Redakteure der Studentenzeitung *Göttinger Nachrichten* werden ebenfalls für die Veröffentlichung verurteilt – vom Landgericht Göttingen zu jeweils 1 800 Mark Geldstrafe wegen »Verunglimpfung des Staates« und »Verunglimpfung des Andenkens Verstorbener«.

Allein an Gerichts- und Anwaltsgebühren kostet die »Mescalero-Affäre« die Staatskasse über drei Millionen Mark. Hinzu kommen Tausende Stunden, die Polizeibeamte, Staatsanwälte und Richter mit den »Nachruf-Ermittlungen« verbringen. Für Rudolf Wassermann (SPD), den Präsidenten des Braunschweiger Oberlandesgerichts, ist das Resultat der Nachruf-Strafverfolgung »vertaner Aufwand und eine Blamage, die keiner von denen wahrhaben wollte, als sie die ganze Lawine unnötig lostraten«. Wassermann legt Wert darauf, zwischen »moralischer Entrüstung und rechtsstaatlicher Äußerungsfreiheit« zu trennen.

Drei Jahre nach der Veröffentlichung des Nachrufs schreibt der anonyme »Mescalero« seine Memoiren: »Als ich einmal Staatsfeind Nr. 2 war …«

# 40. Kapitel: Der Tod des Vorstandssprechers Jürgen Ponto

## Susanne Albrecht und »Onkel Jürgen«

Dem Kind fehlt es an nichts – meinen die Eltern: Susanne Albrecht, Jahrgang 1950, wächst in einer großbürgerlichen Villa im feinen Hamburger Vorort Othmarschen auf, besucht die Waldorfschule, lernt Geige, Klavier und Tennis. Der Vater ist ein angesehener Seerechtsanwalt und CDU-Bürgerschaftsabgeordneter. Er möchte das Beste für seine Tochter – und das sind zunächst gute Schulnoten. Aber die bringt Susanne nicht nach Hause. Oft sitzt sie allein in ihrem Zimmer, grübelt vor sich hin und findet es ungerecht, dass andere Kinder arm sind und sie im Wohlstand lebt – ohne eigenes Verdienst. Ihr Herz schlägt für die Benachteiligten. »So geht das mit dir nicht weiter«, befindet eines Tages ihre Mutter. Und so kommt Susanne auf ein Internat nach Holzminden. Aber sie ändert sich nicht. Nach dem Abitur 1971 arbeitet sie mehrere Monate als Aushilfe in einem Krankenhaus, studiert vom Wintersemester 1971/72 an Pädagogik und Soziologie in Hamburg und legt Anfang 1976 die erste Staatsprüfung für das Lehramt an Volks- und Realschulen ab. Sie beginnt ein sozialpädagogisches Zusatzstudium. Wirtschaftliche Sorgen hat sie keine. Der Vater zahlt alles. Mit ihrem Elternhaus hat sie aber nicht mehr viel am Hut, erklärt: »Ich habe die Kaviarfresserei satt.«

Neben ihrem Studium betreut sie milieugeschädigte Kinder und Jugendliche im »Problemgebiet Osdorfer Baum«. Sie spielt mit ihnen und spricht mit deren Eltern. Der Lebensweg, den sie vor Augen hat, ist völlig anders als der ihrer Eltern: Sie will für mehr Gerechtigkeit in der Gesellschaft kämpfen. Das Projekt »Osdorfer Baum« scheitert, weil Jugendliche ihren Pavillon kurz und klein schlagen.

Sozial benachteiligt sind aus ihrer Sicht auch die Hausbesetzer in der Hamburger Ekhofstraße 39. Als bekannt wird, dass das Haus geräumt werden soll, geht sie hin – und wird von der Polizei festgenommen. Beamte fesseln ihr die Hände auf dem Rücken, die Handschellen schneiden »sich ein Stück in die Haut ein«, berichtet sie. Anschließend werden von ihr Fingerabdrücke genommen und Fotos gemacht. »Dieses Ereignis war für mich ein totaler Schock«, blickt sie zurück: »Niemals hätte ich gedacht, dass die Polizei gegen friedliche Menschen so brutal vorgehen würde.« Bei der Hausbesetzung sind Karl-Heinz Dellwo, Bernhard Rößner, Wolfgang Beer, Christine Dümlein und Christa Eckes mit dabei – ebenso wie später in der zweiten RAF-»Generation«. Susanne Albrecht ist entsetzt über das »brutale Vorgehen der Polizei gegen friedliche Hausbesetzer« und macht beim »Komitee gegen Folter an politischen Gefangenen in der BRD« mit. Dort wird der Aufsatz des niederländischen Psychiaters Sjef Teuns »Isolation/Sensorische Deprivation: Die programmierte Folter« aus dem *Kursbuch* diskutiert: Der Wissenschaftler behauptet, in der Bundesrepublik würden politische Gefangene gefoltert. Sie glaubt daran und will die »unmenschliche Isolationsfolter« öffentlich machen, geht zu Demonstrationen und sprüht nachts an Häuserwände: »Freilassung der Gefangenen aus der RAF«.

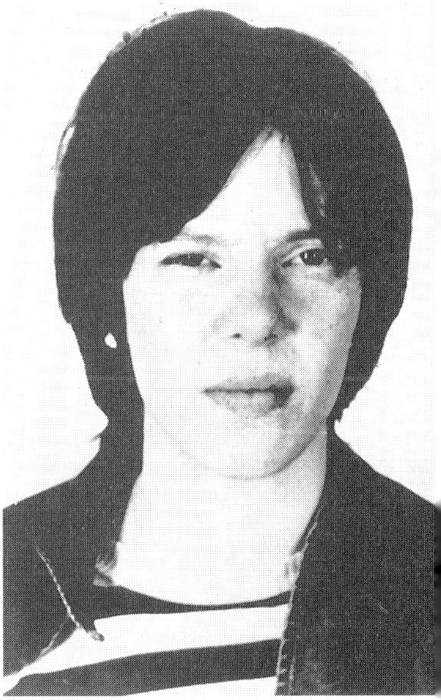

*Susanne Albrecht*

Gespräche mit den RAF-Anwälten – sie nennt die Namen Groenewold und Croissant – bringen sie dazu, nicht nur mit Worten, sondern auch mit Taten

*Susanne Albrecht (zweite von rechts) demonstriert 1974 in Hamburg für die RAF-Häftlinge*

die RAF zu unterstützen. Ihren Ausweis gibt sie einem Michael aus dem Folterkomitee. Ilse Stachowiak, Mitglied der RAF-Formation »Gruppe 4. 2.«, zeigt ihn bei einer Kontrolle vor – mit einem ausgetauschten Foto. Mit fünf Sprengzündern für Handgranaten im Gepäck wird Susanne Albrecht bei der Einreise aus den Niederlanden im November 1973 erwischt. Nach dem Tod von Holger Meins empfindet sie »ohnmächtige Wut«. Sie lebt in einer Wohngemeinschaft am Steindamm 26, zusammen mit ihrem Freund Karl-Heinz Dellwo. Bernhard Rößner schaut regelmäßig vorbei. Eines Tages tauchen die beiden Männer ab – und dann wieder auf: in dem RAF-»Kommando Holger Meins«, das im April 1975 die deutsche Botschaft in Stockholm überfällt und zwei Botschaftsattachés erschießt. Susanne Albrecht besucht Dellwo in der Untersuchungshaft: Gibt sich als dessen Verlobte aus – was nicht stimmt. Sogar an dem Prozess gegen Dellwo und die anderen Botschaftsbesetzer nimmt sie vor dem Oberlandesgericht Düsseldorf 1976 teil – als »Sekretärin« von Rechtsanwalt Croissant.

Ende Mai 1977 kommt Susanne Albrecht von einem Besuch in der Schweiz zurück. Auf halber Strecke übernachtet sie in Frankfurt, bei »Onkel Jürgen«. Jürgen Ponto ist Vorstandssprecher der Dresdner Bank und einer der mächtigsten Manager der Republik. Er und ihr Vater sind seit gemeinsamen Studientagen befreundet und kreuzten die Patenschaften ihrer Kinder: Ponto wird Patenonkel von Susannes jüngerer Schwester, ihr Vater Patenonkel von Pontos Tochter Corinna.

Von der Übernachtung im Hause Pontos erzählt Susanne Albrecht wenige Tage später Volker Speitel, der mit den Illegalen Kontakt hält. Als Speitel ihnen – die an »Big Money« arbeiten – von dem »Onkel Jürgen« der Susanne Albrecht erzählt, schlagen die sich vor Begeisterung auf die Schenkel. »Die Frau wäre ein wunderbarer Türöffner«, sagen sie sich. Umgehend vereinbaren zwei Illegale einen Treff mit ihr: Sieglinde Hofmann, ehemalige Drogenberaterin der Erzdiözese Freiburg, und Stefan Wiesnewski, einstiger Lagerarbeiter. Susanne Albrecht kennt beide aus der »Komitee-Arbeit«.

»Ponto wird entführt«, erklären ihr die beiden bei dem Treffen in Köln: »Mach mit!« Das Ziel der Entführung, die Befreiung der Gefangenen, findet Susanne Albrecht richtig, sagt sich aber: »Illegale unterstützen ist für mich eine Sache, abtauchen eine andere.« Und dann auch noch ausgerechnet ihr »Onkel Jürgen«! Beim dritten Treffen sagen ihr die beiden Illegalen: »So oder so, Ponto wird entführt« – und fügen hinzu: »Machst du nicht mit, wird's brutal – mit Blutvergießen auf der Straße. Oder du machst mit ...« Noch ein Gespräch, und sie lässt sich breitschlagen, ist bereit mitzumachen. So zieht sie Ende Juni 1977 in eine konspirative Wohnung in der Birminghamstraße 93 in Frankfurt. Sie erhält einen gefälschten Ausweis und eine Pistole – wie jeder, der zur RAF stößt. Christian Klar fährt mit ihr in den Wald und zeigt ihr, wie man schießt. In Frankfurt hat die RAF zwei weitere konspirative Wohnungen angemietet. Die letzten Vorbereitungen für die Entführung laufen.

Wenige Tage später, am 1. Juli, besucht Susanne Albrecht Pontos Tochter Corinna. Beiläufig erkundigt sie sich nach den Sicherheitsvorkehrungen: »Alarmanlagen, Hauspersonal und Hunde?«

## »Hier ist Susanne«

Jürgen Ponto sitzt mit seiner Frau Ignes auf der Terrasse seiner Villa in Oberursel bei Frankfurt, Oberhöchstädter Straße 69. Strahlender Sonnenschein. Samstagnachmittag. 30. Juli 1977: Langsam nimmt er einen Schluck Tee und blickt in seinen großen Garten. Er freut sich – auf Südamerika. Am Abend fliegt er mit seiner Frau los. Sein Privatsekretär *Klaus Naumann* packt die Sachen für die Reise. Jürgen Ponto erwartet Susanne Albrecht. Er weiß, dass die Tochter seines Studienfreundes politisch »ganz weit links« steht, behandelt sie aber »einem Patenkind gleich«. Sie hat ihren Besuch für halb fünf angekündigt.

Jürgen Ponto ist Vorstandssprecher der zweitgrößten Bank in der Bundesrepublik. Der hoch gewachsene Jurist hatte acht Jahre zuvor, 1969, im Alter von vierundvierzig Jahren, den »Grandseigneur der deutschen Kreditwirtschaft« Erich Vierhub an der Spitze des Unternehmens abgelöst. Ponto brachte die Großbank auf Expansionskurs, machte aus ihr eine erfolgreiche Geschäftsbank. *Der Spiegel* handelte den Banker bereits als Nachfolger von Hermann Josef Abs. Das amerikanische Magazin *Time* lobte ihn als Mann, der »Europas neuen Führungsstil repräsentiert«.

Es klingelt. *Klaus Naumann* drückt auf den Knopf der Gegensprechanlage. »Hier ist Susanne«, tönt es ihm entgegen. »Einen Moment bitte«, antwortet der Privatsekretär, geht auf die Terrasse und meldet Jürgen Ponto die Besucherin vor dem Tor. Ponto sagt ihm, er möge sie reinlassen, und blickt auf die Uhr. Sie zeigt kurz nach fünf. Susanne ist über eine halbe Stunde zu spät. *Klaus Naumann* drückt in der Küche auf den elektrischen Öffner. Er sieht, wie Susanne Albrecht, die er von früheren Besuchen her kennt, zusammen mit einem Mann und einer Frau durch den Park auf die Villa zukommt. Wieder eilt *Naumann* auf die

*»Onkel Jürgen«: Dresdner Bank-Chef Ponto*

Terrasse: »Susanne Albrecht kommt in Begleitung von zwei Herrschaften!« »Wer ist denn das?«, fragt Ignes Ponto überrascht. »Wie sehen die denn aus?« – »Sehr manierlich«, antwortet *Naumann*. »Sehr manierlich.« Die drei haben sich in Schale geschmissen – Susanne Albrecht hatte ihnen gesagt, dass im Hause Ponto »Wert auf Kleidung« gelegt wird. Sie trägt einen braunen Rock, Blümchenbluse und Jacke. Ihre Begleiterin ein gelbes Kostüm und der Mann einen grauen Cordanzug, weißes Hemd und Krawatte.

»Na ja, das ist ja ein großes Komitee«, begrüßt Jürgen Ponto die drei Besucher im Herrenzimmer. Dabei schüttelt er Susanne und den beiden gesuchten RAF-Mitgliedern Brigitte Mohnhaupt und Christian Klar herzlich und nichts ahnend die Hand. Anschließend bittet er sie auf die Terrasse. Dort fällt Pontos Blick auf den Strauß Rosen, den Susanne Albrecht in der Hand hält. »Ach, da wollen wir mal eine Vase holen!«, sagt er und verschwindet im Haus. Der Mann im Feincord-Anzug folgt ihm. Im Speisezimmer zieht er auf einmal eine Pistole. »Sie sind wohl wahnsinnig«, herrscht ihn Ponto an und drückt dessen Arm weg, damit die Mündung nicht auf ihn gerichtet ist. Klar schießt. Brigitte Mohnhaupt stürzt hinzu. Sie hält nun ebenfalls eine Pistole in der Hand. Feuert fünf Mal auf Ponto. Tödlich getroffen, bricht der Chef der Dresdner Bank zusammen. Vor den Augen seiner Frau Ignes. Sie sitzt im Wohnzimmer und telefoniert mit ihrer Schwester – die Verbindungstür steht offen. Ihr bleibt – so sagt sie später – »das Herz stehen«.

An dem Sterbenden vorbei stürzen die drei aus dem Haus. Vor der Einfahrt erwartet sie Peter-Jürgen Boock in einem gestohlenen Ford Granada. Ihnen jagt Willy-Peter Stoll in einem ebenfalls gestohlenen VW-Bus mit Blümchen-Vorhängen hinterher – in ihm sollte Ponto abtransportiert werden.[165]

Anschließend trifft sich das Kommando in Frankfurt-Hattersheim, im Südring 3a: In der Dreizimmerwohnung eines Hochhauskomplexes, in die Ponto entführt werden sollte. Achte Etage: Der Fahrstuhl fährt von der Tiefgarage fast direkt bis vor die Wohnungstür. In einem Zimmer

*Nach dem Mord: Einfahrt zur Ponto-Villa*

steht ein zwei Meter hoher Schrank mit Schaumstoffmatten. In ihm sollte Ponto jetzt eigentlich hocken. Weil er dort jetzt aber nicht im »Volksgefängnis« sitzt, muss sich Christian Klar von den Kommando-Mitgliedern harsche Kritik anhören: Sie werfen ihm vor, dass er auf Ponto schoss, obwohl sich dieser »körperlich nicht zur Wehr gesetzt hat«, berichtet Albrecht später: »Es gab kein Gerangel[166] mit Herrn Ponto, die tödlichen Schüsse waren also völlig unnötig. Es ist auch nicht so, dass Klar den Schuss unabsichtlich abgegeben hatte, es war vielmehr ein absichtlicher Schuss.« Deshalb sei die geplante Entführung »nicht planmäßig gelaufen«. Um die RAF vor Kritik aus den eigenen Reihen und der linken Szene zu schützen, erteilt das Kommando Susanne Albrecht die Weisung: »Das Geschehen im Hause Ponto musste unter uns unmittelbar Beteiligten bleiben.« Das – so Albrecht – »erste Geheimnis«[167] innerhalb der zweiten RAF-»Generation«. Sie wird vergattert, mit niemandem darüber zu sprechen.

Im Zuge der Fahndung nach den Ponto-Mördern strahlt die »Tagesschau« ein Foto von Willy-Peter Stoll aus. *Anke Freitag* trifft der Schlag. Sie arbeitet im Hamburger Welt-Wirtschafts-Archiv und kennt das Gesicht. Der Mann lieh bei ihr die Akte »Ponto« aus und kopierte sie. Am nächsten Morgen blättert *Anke Freitag* die Ausleihscheine durch. Sie stellt fest: Der Mann war am 6. und 7. Juli bei ihr im Neuen Jungfernstieg 21 erschienen und hatte als Adresse auf den Leihschein geschrieben: »HH 63, Beisser Straße 61«. Diese Adresse gibt es nicht, stellt die Polizei fest. Die Beisser Straße endet mit der Hausnummer 55. Außerdem finden die Beamten heraus, dass er in Begleitung von Knut Folkerts gekommen war und noch eine weitere Akte kopierte: die von Arbeitgeberpräsident Hanns Martin Schleyer. Sofort – am 2. August 1977 – wird der Schutz für den Arbeitgeberpräsidenten verstärkt. Auf Schritt und Tritt begleiten ihn drei Leibwächter.

## »Susanne Albrecht aus einem Kommando der RAF«

Die Manöverkritik dauert Tage – und die Formulierung des Selbstbezichtigungsschreibens angesichts des für die RAF unerwarteten Ausgangs über zwei Wochen: Fünfzehn Tage nach dem Ponto-Mord treffen in fünf Redaktionen – unter anderem bei dpa, *Bild* und dem NDR in Hamburg – Selbstbezichtigungsschreiben ein, eigenhändig unterzeichnet von Susanne Albrecht, »aus einem kommando der RAF«: »wir haben in der situation, in der bundesanwaltschaft und staatsschutz zum massaker an den gefangenen ausgeholt haben, nichts für lange erklärungen übrig«, beginnt das Papier: »zu ponto und den schüssen, die ihn jetzt in oberursel trafen, sagen wir, dass uns nicht klar genug war, dass diese typen, die in der dritten welt kriege auslösen und völker ausrotten, vor der gewalt wenn sie ihnen im eigenen haus gegenüber tritt, fassungslos stehen.«

Susanne Albrecht bleibt drei Jahre lang bei der RAF im Untergrund.

das staatsschutzgeschmier vom 'big money' ist dreck wie alles,
was zu der aktion gesagt worden ist.
es geht natürlich immer zuerst darum, das neue gegen das alte
zu stellen und das heisst hier : den kampf, für den es keine
gefängnisse gibt gegen das universum der kohle, in dem alles
gefängnis ist.

Susanne Albrecht

14.8.77

aus einem kommando der RAF

*Ponto-Mord:*
*Das einzige RAF-Selbstbezeichnungsschreiben mit Unterschrift*

»Die gefährlichste Terroristin Deutschlands«, wie sie in Boulevardzeitungen genannt wird, ist sie nie. Zu keinem Zeitpunkt hat sie einen nennenswerten Einfluss auf die RAF. Sie gehört – zusammen mit Silke Maier-Witt und Sigrid Sternebeck – zu den »Hamburger Tanten«, die als labil und wenig zuverlässig gelten und deshalb nur zu Hilfstätigkeiten eingesetzt werden. Der harte RAF-Kern nimmt die »Hamburger Tanten« nie ernst. Sie sind für die RAF – wie sich im Laufe der Zeit zeigen sollte – mehr Ballast als Gewinn.

Susanne Albrecht ist praktisch das Gegenstück zu Brigitte Mohnhaupt, die an der Spitze der RAF-Hierarchie steht und zu denen gehört, »die das Konzept erarbeiteten, die Entscheidungen trafen, Vorbereitungen, Plan und Durchführung der ›Aktionen‹ bestimmten«, wie es Susanne Albrecht formuliert. Sie selbst gehört zum »Fußvolk innerhalb der RAF«, zu denen – wie sie sagt –, die »auf Entscheidungen keinerlei Einfluss hatten« und »zumeist auch in die Diskussionen um Ziel, Planung und Durchführung nicht einbezogen« waren. Bei Ponto setzte die RAF Susanne Albrecht als »Türöffner« ein – wegen ihres Zugangs zu dem Vorstandssprecher. Und gerade deswegen avanciert sie in den Medien zu einer ganz besonders gefährlichen Terroristin: Weil sie die Infamie beging, ihrem »Onkel Jürgen«, der sie als Freund ihres Vaters empfing, die RAF-Mörder ins Haus zu bringen. Sie ist Täterin und Opfer der RAF zugleich.

Vierzehn Jahre nach dem Ponto-Mord urteilte das Oberlandesgericht Stuttgart[168] über Susanne Albrecht: »Der Werdegang von Susanne Albrecht zeigt, dass sie sich langsam, aber stetig, Schritt für Schritt von der Sympathisantenszene über die Unterstützerszene bis zu dem Bereich bewegt hat, wo sie schließlich anlangte: der Illegalität. Von einem Hineinschlittern kann keine Rede sein.«

## 41. Kapitel: Eine Stalinorgel für die Bundesanwaltschaft

Nach Jürgen Ponto bekommt als Nächstes ein Rentnerehepaar Hausbesuch von der RAF. Drei Wochen nach dem Ponto-Mord erscheint ein Pärchen bei Kunstmaler Theodor Sand (68) und dessen Ehefrau Paula (74), in der Karlsruher Blumenstraße 9. Am 25. August 1977, zehn Uhr: Am Tag zuvor hatte sich das »Ehepaar Ellwanger«[169] angemeldet. »Wir suchen ein Wandbild für den neuen Bungalow in Bergzabern«, sagt die Frau. Und so gehen sie zu viert durch die Wohnung, betrachten die Bilder von Theodor Sand, die überall an den Wänden hängen. Sie unterhalten sich angeregt über Kunst im Allgemeinen und Malerei im Besonderen. Gegen Mittag betreten sie das Atelier des Künstlers. Herr »Ellwanger« blickt aus dem Fenster – und sieht achtzehn Meter entfernt die Nordseite der Bundesanwaltschaft. Er erkennt Staatsanwälte, die an ihren Schreibtischen Akten lesen, und einen Geschäftsstellenbeamten, der gerade die Eingangsstempel auf die Post haut. Schlagartig werden die bislang so netten Ellwangers unfreundlich: Sie ziehen Pistolen, zwingen des Rentnerehepaar ins Wohnzimmer und fesseln es an die Armlehnen der Sessel – mit Schnüren und breiten Klebebändern. Dann schieben sie die Sessel zusammen und binden die Oberkörper der beiden zusammen. So, dass sie sich nicht mehr von der Stelle rühren können. Die Sands hören, dass andere Personen in die Wohnung kommen, schwere Gegenstände hereinschleppen und sich im Atelier zu schaffen machen.

Einer der ungebetenen Gäste ist Peter-Jürgen Boock. Der Freund von Brigitte Mohnhaupt. Seit acht Jahren ist er mit Andreas Baader befreundet. Einer von Baaders »Heimzöglingen«. 1969 hatte ihn Baader zu seinem »Lieblings-Lehrling« auserkoren und bei sich in der Freiherr-vom-Stein-Straße in Frankfurt aufgenommen. 1976 stieß Boock zusammen mit seiner Ehefrau Waltraut[170] zur RAF. Er will dafür sorgen, »dass die rauskommen«, wie er in der Rückschau sagt. Alles andere ist ihm »scheißegal«. Ein »Scharfmacher« in der Gruppe. Kein großer Ideologe. Er ist der »Techniker« und der »rastlos tätige Vollstrecker«[171]: Für die »praktische Seite« des Kampfes zuständig.

Boock und seine Komplizen schleppen mehrere Kartons aus einem Renault 4 in die Wohnung, den sie im Hinterhof des Hauses geparkt und mit der Aufschrift versehen haben: »A. KRIEG, SOFORT-KUNDENDIENST«. Im Atelier des Malers schraubt Boock auf dem Eichentisch eine Stalinorgel zusammen – 80 mal 70 Zentimeter groß und 150 Kilo schwer. Jedes der Geschosse aus den 42 Abschussrohren explodiert beim Aufprall in ungefähr hundert Splitter. Bereits einer kann tödlich sein. Drei Monate nachdem die RAF Generalbundesanwalt Buback ermordet hat, will sie jetzt das Gebäude der Bundesanwaltschaft in Trümmer legen. Das ist nicht so einfach. Denn das Haus in der Karlsruher Herrenstraße 45a wird rund um die Uhr von Polizeibeamten bewacht. Und deshalb ist die RAF auf die Idee gekommen, aus der Wohnung der Sands in der zweiten Etage auf die Bundesanwaltschaft zu feuern.

Während Peter-Jürgen Boock schraubt und die Geschossrohre auf die

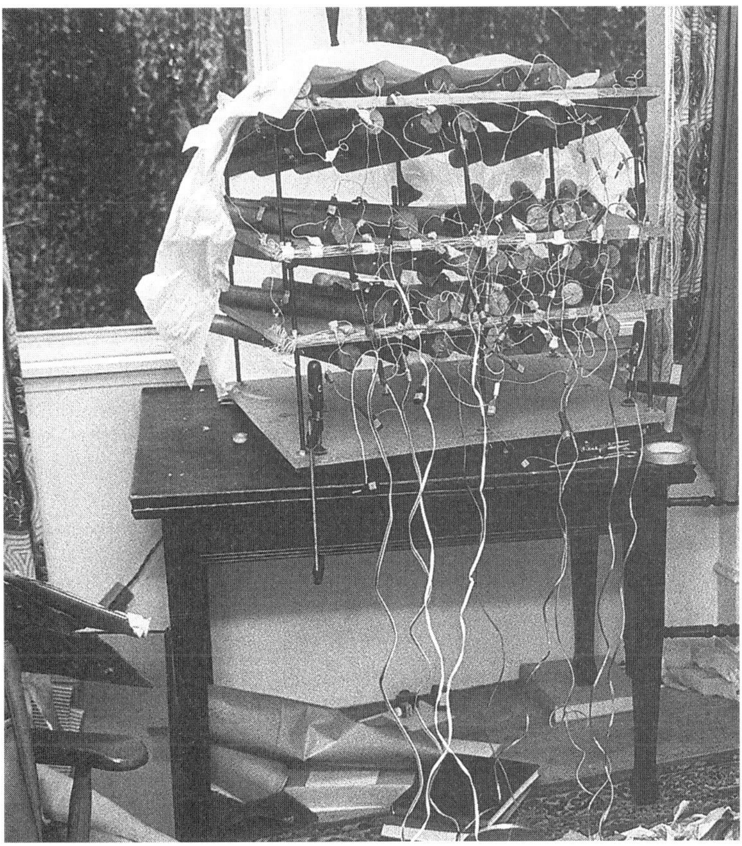

*RAF-Raketenwerfer: Achtzehn Meter neben der Bundesanstalt*

Bundesanwaltschaft ausrichtet, sitzen die beiden Rentner gefesselt in ihrem Wohnzimmer, bewacht von den »Ellwangers«. »Wir haben eine hohe Aufgabe zu erfüllen«, erklären die dem Ehepaar: »Ein Signal für die gefangenen Genossen in Stammheim.« Nach drei Stunden ist Boock fertig. Er stellt den Zeitzünder so ein, dass die Höllenmaschine in einer halben Stunde losgeht, um sechzehn Uhr. Dann ist die RAF über alle Berge.[172] Die Täter verdecken die Stalinorgel zum Fenster hin mit Papier, damit sie nicht von der Bundesanwaltschaft aus gesehen werden kann – und öffnen die beiden Fensterflügel.

Die »Ellwangers« verkleben Theodor Sand und seiner Frau mit Plastikstreifen den Mund. Dann verschwinden sie – mit allen Wohnungsschlüsseln, die sie entdecken. Das Letzte, was die Sands von ihnen hören, ist, dass sie die Eingangstür von außen absperren.

Theodor Sand schließt mit seinem Leben ab. Ebenso seine Frau. Und es passiert – nichts. Gegen neunzehn Uhr, nach sieben Stunden in Fesseln, gelingt es den Rentnern, sich zu befreien und die Wohnungstür zu öffnen – mit einem Schlüssel, den die Täter nicht gefunden hatten.

Sprengstoffexperten finden heraus, warum der Höllenapparat nicht losging: Weil Boock vergessen hatte, den Wecker aufzuziehen, der die Zündung auslösen sollte.[173] Die Ermittler stellen fest, dass die Stalinorgel in einer konspirativen Wohnung der RAF in Hannover zusammengebaut worden war, in der Ihmepassage 10. An der Schießanlage entdecken sie einen Fingerabdruck von Susanne Albrecht. Auf der Verpackung Fingerabdrücke von Christian Klar und von Silke Maier-Witt.

Bei Explosionstests finden Sachverständige heraus, dass es Tote und Verletzte gegeben hätte, wenn das »Flächenschussgerät« losgegangen wäre. Einer Panne, entstanden in der Hektik am Tatort, haben die Mitarbeiter der Bundesanwaltschaft zu verdanken, dass sie überlebten. Die RAF demonstrierte einmal mehr ihre Gefährlichkeit – im Rahmen des Aktionsbündels »Offensive '77«. In ihrem Selbstbezichtigungsschreiben, neun Tage später – an Redaktionen und auch die Eheleute Sand – spricht sie allerdings nicht von einem gescheiterten Anschlag, sondern erklärt, die »maschine« sei »eine warnung« gewesen. Viel sagend fügt sie hinzu: »wir fordern jetzt noch nichts, und kontinuität und solidarität der raf werden auch nicht gegenstand von erklärungen sein.«

# 42. Kapitel: Die Aktion »Spindy« – Arbeitgeberpräsident Schleyer wird entführt

## Geschichten aus dem »Wienerwald«

Zehn Tage nach der RAF-Aktion in Karlsruhe. Sonntagabend in Wuppertal-Elberfeld. Kurz nach acht: Brathendel und Pommes stehen auf dem Tisch. Fünf Männer und eine Frau essen und reden leise im »Wienerwald« – ein Treffen von »Legalen« und »Illegalen« der RAF im Jahr 1977. Eines von Dutzenden. Volker Speitel, Ralf Baptist Friedrich und zwei andere »Legale« aus der Croissant-Kanzlei sind aus Stuttgart angereist. Von den »Illegalen« hocken Peter-Jürgen Boock und Stefan Wisniewski am Tisch. »So kann es nicht mehr weitergehen«, sagt Ralf Baptist Friedrich an diesem 4. September 1977, »über kurz oder lang werden auch wir, die Kuriere, verhaftet.« Der erste Mann der Kanzlei, Rechtsanwalt Klaus Croissant, ist bereits nach Frankreich getürmt, weil er fürchtete, in Deutschland festgenommen zu werden. Vor zwei Monaten, im Juli.[174]

Das Gespräch in Wuppertal-Elberfeld kreist um die Frage, ob die Legalen besser in den Untergrund als ins Gefängnis gehen sollten. Peter-Jürgen Boock und Stefan Wisniewski hören mit angespannten Gesichtern zu – schon seit über einem Jahr sind sie bei den Illegalen. »Ab morgen«, sagt Wisniewski mit bedeutungsschwerer Miene, stehe eine »harte Kiste an, härter als das, was bisher gelaufen ist.« Davor habe er »Schiss«. Und das will etwas heißen – Wisniewski ist einer der »Härtesten« in der RAF. Peter-Jürgen Boock nickt. »Was meint ihr, wie uns zumute ist, wenn wir an morgen denken«, fügt er geheimnisvoll hinzu: »Dann geht mir der Arsch auf Grundeis.« Die Stuttgarter haben kapiert: Ab Morgen sollen sie Köln und Umgebung meiden. Um 23.21 Uhr steigen sie in den letzten durchgehenden Zug und reisen zurück nach Stuttgart.

Boock und Wisniewski fahren in die konspirative RAF-Wohnung in Köln-Junkersdorf. Kurz vor Mitternacht hocken sie auf einem großen Teppich im Wiener Weg 1b mit Rolf Heißler, Adelheid Schulz, Sieglinde Hofmann und Willy-Peter Stoll. Eine Nachttischlampe im Hintergrund wirft ein schwaches Licht. Der Raum ist kahl, unmöbliert. In der Mitte des Teppichs liegt ein Deckel, den alle als Aschenbecher benutzen.

Zigarettenqualm umnebelt die sechs Gesichter. Sie sind nicht zu erkennen, liegen alle im Schatten des gespenstischen Lichts. Peter-Jürgen Boock hat einen Kassiber der RAF-Häftlinge mitgebracht. Ein »definitives Ultimatum«, sagt er: Wenn die Illegalen nicht innerhalb von vierzehn Tagen handelten, sprächen ihnen Baader & Co. das Recht ab, sich noch »RAF nennen zu dürfen«. Anschließend, so kündigen die Häftlinge an, nähmen sie »ihr Schicksal selber in die Hand«. Boock versteht das als Ankündigung eines »kollektiven Selbstmordes«. Allen auf dem Teppich ist klar: Sie müssen »handeln«.

Das halbe Dutzend bespricht die letzten Einzelheiten für die Entführung von Hanns Martin Schleyer. »Wir müssen es hart durchziehen«, fasst Peter Jürgen Boock das Ergebnis zusammen: »Hart bedeutet, wir müssen die Begleiter erschießen, um an Schleyer heranzukommen.« Auch über Schleyers Schicksal ist sich die Gruppe einig: »Wir wollten Leben gegen Leben, einen schnellen Austausch der Gefangenen«, blickt Stefan Wisniewski auf die gespenstische Mitternachtsdiskussion zurück: »Wenn das nicht läuft, sollte Schleyer erschossen werden.«

Ob sie an dem gerade begonnenen Tag tatsächlich zuschlagen, hängt davon ab, ob sie ihr Opfer zu fassen kriegen. Alles ist vorbereitet: Das Kommando hat in Köln vier Wohnungen angemietet und fünf Autos besorgt. RAF-intern heißt die Aktion »Spindy«. Weil Hanns Martin Schleyer in einen Schrank (»Spind«) eingesperrt werden sollte, meint später das Oberlandesgericht Stuttgart[175]. »Die Bezeichnung ›Spindy‹ war vom Wort Spindel abgeleitet«, widerspricht Monika Helbing nach ihrer Verhaftung 1990[176]: »Er sollte der Gegensatz zu spindeldürr sein, was er nicht war.«

## Der »Boss der Bosse«

Während sich bis in den Morgen hinein Peter-Jürgen Boock und seine Genossen viele Gedanken um Hanns Martin Schleyer machen, schläft der tief. Über vierhundert Kilometer entfernt. In seinem Haus im Ginsterweg 17 in Stuttgart-Gablenberg. Keine bombastische Villa. Anders, als sich viele das Heim des Wirtschaftsbosses vorstellen: ein schlichtes Einfamilienhaus mit zwei Stockwerken. Schleyer muss um fünf aufstehen. Um sechs steht ein Mercedes vor der Tür, der ihn zum Flughafen bringt.

Der Zweiundsechzigjährige ist ein Wirtschaftsführer wie aus dem Bilderbuch: bullig, tatkräftig und entschlossen. Sein breites Gesicht signalisiert Durchsetzungskraft und Freude am Genuss. »Boss der Bosse«

nennt ihn der *stern*. Für die Industriegewerkschaft Metall ist er ein »absoluter Scharfmacher« und Buhmann, weil er gegen den »gewerkschaftlichen Nebenstaat« wettert. Für andere ist er die Symbolfigur der Marktwirtschaft. Der engagierte Unternehmer. Viele, die mit ihm persönlich zu tun haben, schätzen ihn als »richtig liebenswürdigen Menschen«.

*Hanns Martin Schleyer*

Bekannt ist er in Deutschland seit knapp fünfzehn Jahren. 1963 sorgte er erstmals für Schlagzeilen – als Vorsitzender des Verbandes Württembergisch-Badischer Metallindustrieller: Der Verband reagierte auf einen Streik der Gewerkschaft mit der Aussperrung von dreihunderttausend Arbeitern. Später sorgt er als erbitterter Gegner der paritätischen Mitbestimmung für Schlagzeilen. »Wenn die Bundesregierung mit der Mitbestimmung und der Vermögensbildung durchkommt und vielleicht auch noch eine Investitionskontrolle versucht«, sagt er, »dann – ja dann ist das mit Sicherheit das Ende der Demokratie.« Sein sozialpolitisches Credo, niedergeschrieben in seinem 1973 erschienenen Buch »Das soziale Modell«, ist die Überzeugung, »dass unser gesamtes politisches Handeln bestimmt wird durch die Begriffe Freiheit, Toleranz, Leistung«.

Ein Mann, der den Gewerkschaften Paroli bietet: »Wenn Sie die Aussperrung für radikal halten, kann ich nur sagen, der Streik ist es nicht weniger«, erklärt er im Mai 1976 in einem *Spiegel*-Interview zum Konflikt in der Druckindustrie: »Bislang ging noch jeder Aussperrung ein Streik voraus.« Vor allem dürfe »man nicht vergessen, dass unter all den Abkommen, die wir in den letzten Jahren geschlossen haben, die Vierzig-Stunden-Woche oder der freie Samstag, das Urlaubsgeld oder was auch immer, stets zwei Unterschriften standen. Dabei haben auch wir den Fortschritt in Gang gesetzt«, sagt der Arbeitgeberpräsident.

Schleyer, 1915 in Offenburg geboren, studiert Rechts- und Staatswissenschaften in Heidelberg. Im Dritten Reich glaubt er an den Führer. Im Juli 1933 tritt er in die SS und im Mai 1937 in die NSDAP ein – und macht Karriere: 1938 wird er Leiter des Studentenwerkes in Innsbruck, 1942 des Studentenwerkes in Prag – Vorgesetzter von 130 Mitarbeitern. Im Mai 1942 schreibt er dem Reichsinnenminister: »Ich bin alter Nationalsozialist und SS-Führer ...« 1943 wird er Leiter des Präsidialbüros des »Zentralverbandes der Industrie für Böhmen und Mähren«. Nach

Kriegsende sitzt er knapp drei Jahre in französischen Internierungslagern in Baden-Württemberg. In Konstanz, Hüflingen und Freiburg. Auch dort macht er »Karriere«, steigt zum »Chef einer Baustelle« auf. Im April 1948 wird er aus dem Internierungslager Freiburg-Betzenhausen entlassen und von der Spruchkammer als »Mitläufer ohne Sühnemaßnahmen«[177] eingestuft. Die gegen ihn verhängte Geldbuße von 300 Mark ist durch die Internierungshaft abgegolten. Hanns Martin Schleyer macht seinen Weg im langsam erblühenden Wirtschaftswunder: 1951 fängt er beim Automobilkonzern Daimler-Benz in Stuttgart an. Als Sachbearbeiter. 1959 wird er stellvertretendes, 1963 ordentliches Vorstandsmitglied.

Neben seiner Aufgabe im Daimler-Benz-Vorstand übernimmt er Spitzenpositionen in Arbeitgeberorganisationen, zunächst in Baden-Württemberg. 1973 wird er zum Präsidenten der Bundesvereinigung Deutscher Arbeitgeberverbände (BDA) gewählt. Sein Kontrahent im Tarifbezirk Württemberg, der legendäre IG-Metall-Funktionär Willy Bleicher, einst Kommunist und KZ-Häftling, trauert ihm nach, als er sich in die »Bundesliga« verabschiedet: »Sein Weggang ist aus Gewerkschaftssicht unbedingt ein Verlust für die Tarifverhandlungen.« – »Aus dem vergleichsweise harmlosen Arbeitgeberverband« macht er – urteilt *Der Spiegel* im Dezember 1975 – »binnen weniger Monate eine wirksame Unternehmerlobby.« Ein halbes Jahr später – im Juni 1976 – wählt

*Hanns Martin Schleyer mit Bundeskanzler Helmut Schmidt und DGB-Vorsitzendem Heinz Oskar Vetter bei einem Ball in Berlin 1977*

ihn der Bundesverband der Industrie (BDI) zu seinem Präsidenten. Damit gibt es zum ersten Mal einen »Doppelpräsidenten« der Unternehmerverbände, die nun mit einer Stimme sprechen können.

Für die RAF: Ein idealer Entführungskandidat. »Schleyer, so wie er sich präsentierte in der Öffentlichkeit, in Interviews und all seinen Auftritten, war einfach ein Magnet«, beschreibt Stefan Wisniewski die »Begeisterung« der RAF für Schleyer. »Es kamen nicht viele in Frage«, blickt Silke Maier-Witt zurück, »die die politische Bedeutung wie Schleyer hatten.« Für die RAF ist er der »Frankenstein« des deutschen Kapitalismus.

## Ende einer Dienstfahrt

Polizeihauptmeister Reinhold Brändle sieht, wie die zweistrahlige »Falcon« langsam auf der Landebahn des Flughafens Köln aufsetzt. Halb acht, Montag, der 5. September 1977. Kurz darauf steigt Hanns Martin Schleyer aus dem Daimler-Benz Firmenjet, begrüßt seine Leibwächter und steigt vor ihnen in den blauen 450 SEL-Mercedes zu seinem Fahrer Heinz Marcisz. Reinhold Brändle fährt in einem weißen 280 E-Mercedes dem Schleyer-Wagen hinterher.

Der Hauptmeister ist einundvierzig und seit einundzwanzig Jahren bei der Polizei. Seit 1956. Die letzten elf Jahre war er bei der Motorradstaffel. Seit einem Monat gehört er zu den Personenschützern von Hanns Martin Schleyer. Das Dutzend Männer war in Windeseile zusammengestellt worden, als nach dem Ponto-Mord *Anke Freitag* aus dem Hamburger Welt-Wirtschafts-Archiv der Polizei berichtete, dass zwei Männer Anfang Juli bei ihr gewesen waren und sich die Ponto- und Schleyer-Akten kopiert hatten. Auf Fotos hatte sie ihre Besucher wieder erkannt: Willy-Peter Stoll und Knut Folkerts. In diesem Augenblick löst sich für die »Terroristenfahnder« im BKA ein weiteres Rätsel. Sie wissen, wer mit »H. M.« in den Haag-Mayer-Papieren gemeint ist, der »ausgecheckt« werden sollte: Hanns Martin Schleyer. Sofort, am 2. August, ordnet das baden-württembergische Innenministerium »Sicherheitsstufe 1« für Schleyer an. Die höchste Gefährdungsstufe. Sie bedeutet: »erheblich gefährdet; mit einem Anschlag ist zu rechnen«. Seitdem wird Schleyer auf Schritt und Tritt von mindestens drei Leibwächtern des Landeskriminalamts Baden-Württemberg bewacht. Ein Begleitschutzkommando ist für Stuttgart und Umgebung zuständig, ein anderes für Schleyers Ferienort Meersburg am Bodensee. Ein drittes für Köln, wo der Arbeitgeberpräsident jede Woche Termine hat. Außerdem stehen vor seinen drei Wohnungen rund um die Uhr zwei Schutzpolizisten.

Vor Köln wird der Verkehr auf der Autobahn dichter. Brändle fährt langsamer. Vorbereitet auf seine neue Aufgabe als Leibwächter wurde der Motorradpolizist in einem Sieben-Tage-Schnellkurs in der Polizeischule Freiburg. Trainierte Schießen und Selbstverteidigung. Wie seine beiden Kollegen, die mit ihm im Wagen sitzen. Neben ihm ein Hüne: Polizeimeister Helmut Ulmer. Vierundzwanzig, 1,89 Meter groß und 96 Kilo schwer. Wie immer, wenn Schleyer vor ihm fährt, liegt seine Pistole griffbereit auf seinem Schoß und die Maschinenpistole vor ihm auf dem Boden.

Rechts hinten sitzt Polizeimeister Roland Pieler. Er ist der Benjamin in der Leibwächtertruppe: Gerade zwanzig Jahre alt. Mit dem Gesicht eines großen Jungen. Nach dem Realschulabschluss ging er zur Polizei. Während seiner Ausbildung bei der Bereitschaftspolizei in Göppingen nahm er privat Judostunden und entwickelte sich schnell zu einem Meisterschützen. Erst vor einem halben Jahr wurde er zum Polizeimeister befördert. Einen Tag nach seinem zwanzigsten Geburtstag. Stolz fragte er daheim: »Mama, bischt net stolz auf dei Polizeimeischter?« Doch Elisabeth Pieler ist nicht stolz: »Wie kann ich stolz sein, wenn du so einen Beruf hast!« Sie versteht nicht, »wieso der zur Polizei ist«, sagt sie, »weil mein Roland eigentlich kein Gewalttäter oder kei ..., ich weiß net ...«

In den langen Pausen, in denen Roland Pieler bei Schleyer-Terminen wartet, liest er am liebsten Mickymaus-Hefte und Motorradzeitschriften. Sein ganzer Stolz ist eine 500er Honda. Auch von Schleyer ist Polizeimeister Pieler begeistert: »Der ist ein Pfundskerl«, berichtet er seiner Mutter, nachdem er eines Abends von ihm in das Haus im Ginsterweg eingeladen wurde und mit ihm bis ein Uhr zusammenhockte: »Jetzt mache ich einen Benimm-dich-Kurs, damit ich mit den Herren umgehen kann.«

In Köln wird es zähflüssig. Der morgendliche Berufsverkehr. Am Tag zuvor hatten sich Brändle und seine Kollegen um halb vier in der Wache Stuttgart-Bad Cannstadt getroffen, um mit dem Dienst-Mercedes ihrem Schützling vorauszufahren. Alle kamen direkt aus ihrem Wochenende: Pieler vom Sportplatz in Waiblingen. Dort hatte er seiner Schwester Petra bei einem Handballspiel zugeschaut. Ulmer von Kaninchen. Er ist Schriftführer im Kleintierzüchter-Verein. Und Reinhold Brändle hatte Sonnabend und den halben Sonntag mit seinem zwölfjährigen Sohn Oliver verbracht. Wann immer es ihm möglich ist, holt er Oliver zu sich. Von seiner Frau Inge ist er seit anderthalb Jahren geschieden. Am frühen Sonntagnachmittag brachte er Oliver zu seiner Ex zurück. Strahlend erzählt er, dass ihm die neue Aufgabe nach elf Jahren Motorradstreife richtig Spaß mache, »weil ich auf diese Weise etwas herumkomme«: »Jetzt geht es mit Schleyer erst nach Köln«, sagt er ihr zum Abschied: »Dann Dienstag weiter nach Schweden.« Oliver streicht er über das Haar: »Von dort bringe ich dir was Schönes mit.«

Die beiden Wagen fahren am Oberländer Ufer 72 vor, der BDA-Zentrale. Dort hat Schleyer, wie immer, einen straff durchorganisierten Tag: Erst eine Tasse Kaffee. Dann die Post. Anschließend das »Morgengebet«, die Lagebesprechung am Wochenanfang. Nach dem Mittagessen um vierzehn Uhr eine Sitzung mit Arbeitgebervertretern von Gesamtmetall. Die nächste Tarifrunde wird vorbereitet. Um 17.10 Uhr bricht Schleyer auf. Vergnügt kommt er aus dem Gebäude, will noch einige Akten in seiner Wohnung lesen und am Abend nach Düsseldorf fahren: zu einem Vortrag der Demoskopin Elisabeth Noelle-Neumann. Am nächsten Morgen soll es nach Schweden weitergehen. Eine Veranstaltung schwedischer Unternehmer in Stockholm.

Kurz vor halb sechs lenkt Brändle den Wagen über den Raderthalgürtel zur Friedrich-Schmidt-Straße. Wieder starker Berufsverkehr. Nur langsam kommen sie voran. Brändle fährt – wie üblich – dicht hinter dem Fahrzeug der »Schutzperson«. Polizeimeister Ulmer greift zum Funkgerät, meldet der Leitstelle auf Kanal 454: »Uran, Zweig 17.30 Uhr«. Bedeutet: das Schleyer-Begleitfahrzeug meldet, dass Schleyer gegen halb sechs seine Kölner Wohnung in der Raschdorffstraße 10 erreicht. Drei Zimmer, in denen Hanns Martin Schleyer regelmäßig von Montag auf Dienstag übernachtet.

Rechts sieht Brändle das Ziel: die Raschdorffstraße. Eine Einbahnstraße, in die sie nicht einbiegen können. Sie müssen eine Straße weiter abbiegen, in die Vincenz-Statz-Straße, um in einem Bogen über die Aachener Straße von der anderen Seite in die Raschdorffstraße zu kommen. Die Fahrbahn der Vincenz-Statz-Straße ist schmal, ganze fünf Meter breit. Brändle sieht, wie vorn plötzlich ein gelber Mercedes von rechts zwischen zwei Bäumen rückwärts auf die Straße geschossen kommt. Im selben Augenblick rollt vom linken Bürgersteig ein blauer Kinderwagen auf die Fahrbahn. Kippt um. Es sieht aus wie ein Unfall. Schleyers Fahrer Marcisz hat keine Chance, dem gelben Mercedes nach links auszuweichen. Dort liegt der Kinderwagen. Er macht eine Vollbremsung. Brändle geling es nicht, das Leibwächterfahrzeug rechtzeitig zum Stehen zu bringen. Es fährt auf den 450er Mercedes auf und schiebt ihn in den gelben Wagen, der jetzt quer auf der Straße steht. In diesem Augenblick beginnt ein Höllenlärm. Gewehrschüsse. Brändle sieht, wie Helmut Ulmer neben ihm die Maschinenpistole hochreißt, die Tür öffnet und zurückfeuert – acht Schüsse. Hinter ihnen springt Pieler auf die Straße und schießt mit seiner Pistole. Drei Mal. Keiner von ihnen trifft. Reinhold Brändle bekommt fast zwei Dutzend Schüsse ab. Sekunden später ist er tot. Auch Helmut Ulmer, Roland Pieler und der unbewaffnete Heinz Marcisz sterben in diesem Augenblick: 17.29 Uhr, Montag, der 5. September 1977.

## Schleyer im Kofferraum

Was in diesem Augenblick in der Vincenz-Statz-Straße passiert, sieht der zehnjährige *Bernd Holm*. Begeistert ruft er Nachbarn zu: »Kommt schnell, die drehen hier einen Film!« Die Anwohner öffnen ihre Fenster und hören Gewehrschüsse. Von vorn und von der linken Fahrbahnseite nehmen vier Personen die beiden Mercedes unter Dauerfeuer: Über hundert Schüsse. Aus der Deckung hinter dem gelben Mercedes schießt Willy-Peter Stoll mit einer polnischen Maschinenpistole 50-mal. Vom Fußweg feuern mit Schnellfeuergewehren Sieglinde Hofmann – 39-mal –, Peter Jürgen Boock – 11-mal – und Stefan Wisniewski aus einer Repetierflinte – 17-mal – auf die neben ihnen stehenden Autos. Aus drei Metern Entfernung. Sie durchsieben die Schleyer-Begleiter. Regelrechte Hinrichtungen: Der Beifahrer des Begleitfahrzeugs, Polizeimeis-

*Köln, Vincenz-Statz-Straße: Quer zur Fahrbahn das »Sperrfahrzeug«, davor Schleyers Wagen, hinter ihm das Leibwächterfahrzeug; auf dem Boden Schleyers erschossene Begleiter*

ter Ulmer, wird von vierundzwanzig Projektilen getroffen, sein Kollege Pieler von zwanzig, Fahrer Brändle von dreiundzwanzig und der Fahrer des Schleyer-Fahrzeugs Marcisz von fünf.

Als die Schüsse verhallt sind, rennen Wisniewski und Hofmann um den 450er Mercedes herum, reißen die rechte Hintertür auf und zerren Schleyer heraus. Er ist unverletzt. Sie packen ihn unter die Arme und schleppen ihn Richtung Friedrich-Schmidt-Straße. Von dort kommt ihnen Boock mit einem weißen VW-Bus im Rückwärtsgang entgegen. Die Schiebetür fliegt auf. Durch den Einstieg stoßen sie Schleyer auf die Ladefläche. Hofmann und Wisniewski hinterher. Die Tür knallt zu. Als Letzter springt Stoll auf den Beifahrersitz. Boock jagt los. Keine zwei Minuten, nachdem der Spuk begann.

Nach rechts biegt er in die Friedrich-Schmidt-Straße. Richtung Westen, Junkersdorf. Dort staut sich der Feierabendverkehr. Vor sich sieht Boock eine lange Schlange. Wie von den letzten guten Geistern verlassen, zieht er auf die freie Gegenfahrbahn und rast an der Schlange vorbei. Vier Autofahrer im Stau, die mitbekommen haben, was passiert ist, nehmen die Verfolgung auf. Einen Kilometer weiter – auf der Junkersdorfer Straße, Höhe Schwimmbad, kurz vorm Müngersdorfer Stadion – kommt der Verkehr völlig zum Erliegen. Ein Laster des Deutschen Roten Kreuzes rangiert. Boock erspäht eine schmale Lücke, gibt Vollgas – und schießt hindurch. Der Lkw setzt weiter zurück, schließt die Lücke. Die Verfolger kommen nicht mehr durch. Boock hat sie abgeschüttelt.

Sieglinde Hofmann holt eine Spritze heraus. »Das tut doch nicht nötig«, wehrt Schleyer ab. »Was hier nötig ist, bestimmen wir«, raunzt ihn Boock an – um dem mächtigen Präsidenten deutlich zu machen, wer von jetzt an das Sagen hat. Und so spritzt ihm Hofmann, gelernte Arzthel-

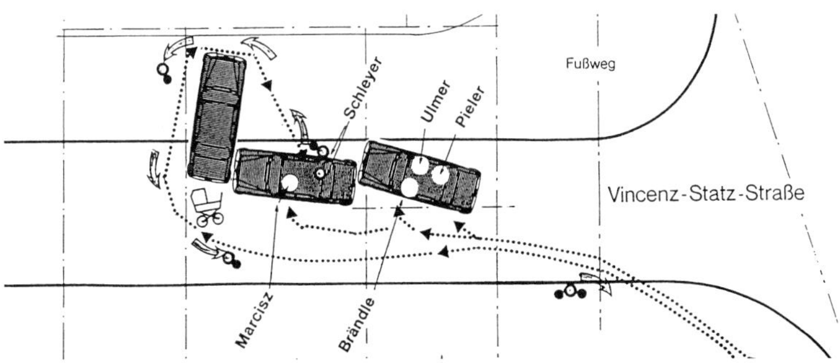


*BKA-Tatortskizze*

*Reinhold Brändle*

*Helmut Ulmer*

*Roland Pieler*

*Heinz Marcizs*

ferin für innere Medizin, ein Kurzzeit-Narkotikum. Durch die Jacke hindurch. Schleyer ist völlig apathisch. Aber nicht bewusstlos.

Boock steuert den VW-Bus in die Tiefgarage des Wiener Weg 1b. Das Haus der »Mitternachtsdiskussion«. Dort hat die RAF auch einen Abstellplatz gemietet, Nummer 108. Wisniewski und Hofmann ziehen Schleyer aus dem Bus und schieben ihn in den Kofferraum eines grauen Mercedes 230. Den hatte Willy-Peter Stoll einen Monat zuvor gekauft, aber – natürlich – nicht umgemeldet. Wisniewski legt sich zu Schleyer in den Kofferraum. Er ist mit Schaumstoffmatten ausgepolstert. Luft bekommen die beiden durch ein 26 mal 40 Zentimeter großes Loch, das zur Ausbuchtung der Armlehne in der Rückbank führt. Boock und Hofmann nehmen vorn Platz. Stoll legt sich auf die Rückbank. Von außen sieht es aus, als wären nur zwei in dem Mercedes. Kurz nach achtehn Uhr erreicht der Wagen Erftstadt-Liblar. Hier unterhält die RAF in dem Hochhaus Zum Renngraben 8, einem Koloss mit fünfzehn Stockwerken, eine weitere konspirative Wohnung. Schleyers erstes Gefängnis. Für die nächsten dreizehn Tage.

Eine Dreiviertelstunde später erfährt die Öffentlichkeit von der Tat. Im »Echo des Tages«, ausgestrahlt vom Westdeutschen und Norddeutschen Rundfunk: »Meine Damen und Herren, aus Köln wird soeben gemeldet«, beginnt der Sprecher, »dass auf den Vorsitzenden der Bundesvereinigung der Deutschen Arbeitgeberverbände, Hanns Martin Schleyer, heute Abend ein Attentat verübt worden ist. Bei dem Anschlag in Köln gab es nach ersten Angaben von Polizei und Feuerwehr vier Tote. Die Schüsse wurden aus einem VW-Kombi heraus abgegeben.« Noch stehe nicht fest – fährt der Sprecher fort – »ob Schleyer sich unter den Opfern befindet«. Um 19.23 Uhr meldet das ZDF in »heute«, dass die Polizei nach einem VW-Bus mit dem Kennzeichen K-C 3849 sucht. »Den kenne ich doch«, sagt sich der Hausmeister im Wiener

Weg. Ihm war der Wagen in den vergangenen Tagen in der Tiefgarage aufgefallen. Er hatte sich das Kennzeichen notiert, um festzustellen, ob der Wagen dort stehen darf. Er wählt die »110«. Bereits zwei Minuten später ist der erste Streifenwagen da. Über den Stellplatz stößt die Polizei auch auf die erste konspirative Wohnung der RAF in Köln. Das Appartement 2065 in der sechsten Etage. Zweieinhalb Stunden nach dem Überfall. In der Wohnung ist niemand. In dem VW-Bus findet die Polizei einen Zettel, den die Täter zurückgelassen haben:

»an die bundesregierung
sie werden dafür sorgen, dass alle öffentlichen fahndungsmaßnahmen unterbleiben oder wir erschiessen schleyer sofort ohne dass es zu verhandlungen über seine freilassung kommt. raf.«

Bundeskanzler Helmut Schmidt erfährt kurz nach achtzehn Uhr von dem Überfall. Er sitzt gerade mit Bundesinnenminister Maihofer und Bundesaußenminister Genscher zusammen. Schmidt macht den Fall sofort zur »Chefsache«. Eine »Fernsehansprache«, schnell, bittet er seinen Pressestaatssekretär Klaus Bölling. Um 21.20 Uhr betritt der Kanzler das ARD-Studio in Bonn. Eine Aufzeichnung, die in der ARD um 21.55 Uhr und im ZDF um 22.30 Uhr ausgestrahlt wird. Helmut Schmidt setzt sich an den Tisch vor der Kamera. »Macht doch mal die zwei Schweinwerfer weg«, moniert er das Licht. »Ich kann überhaupt nicht geradeaus sehen. Ich muss die Leute doch auch mal angucken können, zu denen ich spreche.« Um halb zehn beginnt die Aufzeichnung. »Die Nachricht von dem Mordanschlag auf Hanns Martin Schleyer und die ihn begleitenden Beamten und Mitarbeiter hat mich tief betroffen«, beginnt er, »nicht anders als die Nachricht, die erst wenige Wochen zurückliegt, vom Mord an Jürgen Ponto, nicht anders als die Morde an Buback, Wurster und Göbel.« Die vier Toten verlängerten »die Reihe der Opfer von blindwütigen Terroristen, die, wir waren uns darüber stets im Klaren, noch nicht am Ende ihrer kriminellen Energie sind.«[178] Schmidt macht eine kurze Pause, blickt in die Kamera, eindringlich die Zuschauer an – die Scheinwerfer stehen jetzt richtig: »Während ich hier spreche, hören irgendwo sicher auch die schuldigen Terroristen zu. Sie mögen in diesem Augenblick ein triumphierendes Machtgefühl empfinden. Aber sie sollten sich nicht täuschen. Der Terrorismus hat auf Dauer keine Chance. Denn gegen den Terrorismus steht nicht nur der Wille der staatlichen Organe, gegen den Terrorismus steht der Wille des ganzen Volkes.«

Peter-Jürgen Boock, Sieglinde Hofmann und Willy-Peter Stoll hören ihm tatsächlich zu. Sie sitzen im Wohnzimmer in Erftstadt-Liblar. Ununterbrochen läuft der Fernseher. Kurz vor zweiundzwanzig Uhr sehen sie, wie der Kanzler seinen Blick in die Kamera fokussiert und sie direkt anspricht: »Der Staat muss darauf mit aller notwendigen Härte antworten.« Sie ahnen, dass ein schneller Austausch nicht klappen wird. Währenddessen liegt der narkotisierte Schleyer noch im Kofferraum des Mercedes 230 in der Tiefgarage, bewacht von Stefan Wisniewski. Erst nachdem alle Lichter im Hochhaus ausgegangen sind, weit nach Mitternacht, öffnen zwei Kommandomitglieder die Klappe. Noch im Kofferraum muss sich Schleyer eine Schweißerbrille aufsetzen, mit undurchsichtigen Gläsern. Damit er nicht mitbekommt, wo er ist. Mit dem Lift wird er in den »Bunker« in der dritten Etage gebracht.

In der Nacht durchsuchen Polizeibeamte die Zellen der RAF-Häftlinge in Stammheim und anderswo. Ebenso die Croissant-Kanzlei in Stuttgart. Generalbundesanwalt Rebmann bittet – auf Weisung von Bundesjustizminister Hans-Jochen Vogel – die Landesinnenminister, die unverzügliche Isolation der RAF-Häftlinge anzuordnen. Ab sofort dürfen sie keinen Kontakt mehr zueinander haben und auch keinen Besuch mehr empfangen. Nicht einmal von ihren Anwälten.

## Die Wunschliste der RAF

Die RAF meldet sich am Tag nach der Entführung: Um 15.20 Uhr findet die Tochter des evangelischen Dekans Helmut Neuschäfer in Wiesbaden einen Umschlag im Briefkasten. Adressiert »an die bundesregierung«. Ungeöffnet legt sie den Brief ihrem Vater auf den Schreibtisch. Als er um 15.40 Uhr nach Hause kommt, reißt er den Umschlag auf. In diesem Augenblick klingelt sein Telefon. »Hier ist die Rote Armee Fraktion«, meldet sich eine Frau: »In Ihrem Briefkasten liegt ein Brief an die Bundesregierung. Leiten Sie ihn weiter.« Der Kirchendekan schaut sich die merkwürdige Sendung an. Drei DIN-A4-Seiten und ein Polaroidfoto. Es zeigt Schleyer in einer dunkelroten Trainingsjacke unter dem RAF-Emblem. Er hält ein Schild »6. 9. 1977 Gefangener der RAF« in der Hand. Auf zwei Seiten steht mit Schreibmaschine getippt[179]:

»am montag, den 5. 9. 77 hat das kommando siegfried hausner den präsidenten des arbeitgeberverbands und des

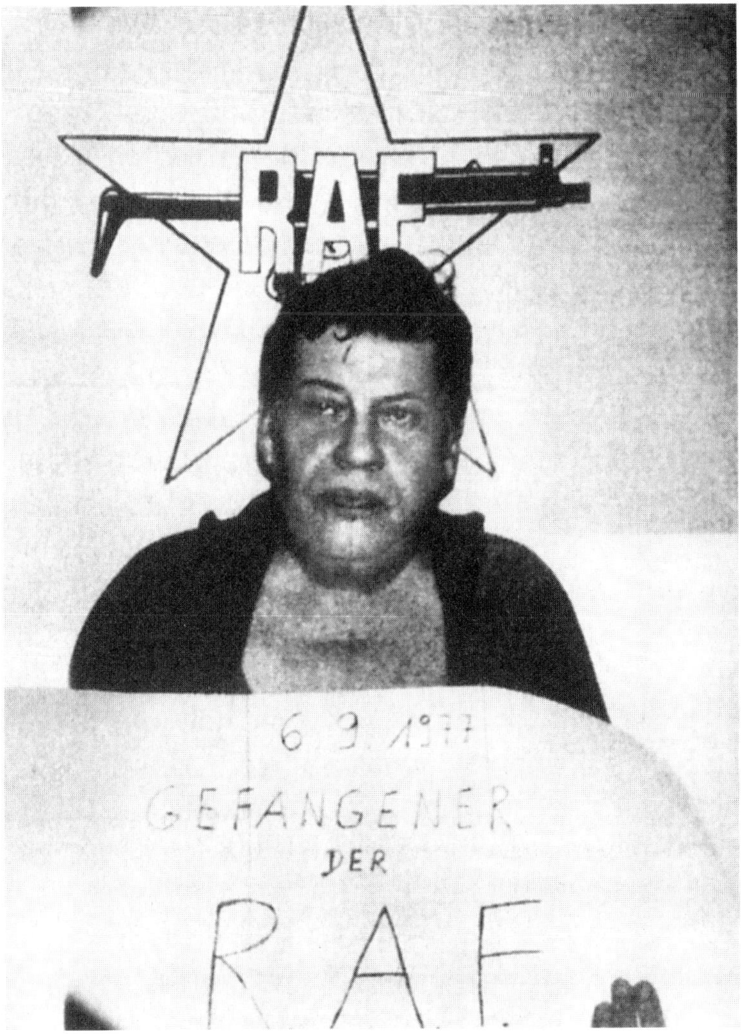


*Schleyer am Tag nach seiner Entführung*

bundesverbands der deutschen industrie, hanns-martin schleyer, gefangengenommen.
zu den bedingungen seiner freilassung wiederholen wir noch mal unsere erste mitteilung an die bundesregierung, die seit gestern von den sicherheitsstäben wie wir das inzwischen kennen unterschlagen wird.

das ist die sofortige einstellung aller fahndungsmaßnahmen - oder schleyer wird sofort erschossen. sobald die fahndung gestoppt wird, läuft schleyers freilassung unter folgenden bedingungen:

1. die gefangenen aus der raf - Andreas baader
gudrun ensslin
jan-carl raspe
verena becker
werner hoppe
karl-heinz dellwo
hanna krabbe
bernd rößner
ingrid schubert
irmgard möller

werden im austausch gegen schleyer freigelassen und reisen aus in ein land ihrer wahl. günter sonnenberg, der seit seiner festnahme wegen seiner schussverletzung haftunfähig ist, wird sofort freigelassen. sein haftbefehl wird aufgehoben. günter wird zusammen mit den 10 gefangenen, mit denen er sofort zusammengebracht wird und sprechen kann, ausreisen.

2. die gefangenen sind bis mittwoch, 8 uhr früh, auf dem flughafen frankfurt zusammenzubringen. sie haben bis zu ihrem abflug um 12 uhr mittags jederzeit und uneingeschränkt die möglichkeit, miteinander zu sprechen. um 10 uhr vormittags wird einer der gefangenen das kommando in direktübertragung durch das deutsche fernsehen über den korrekten ablauf ihres abflugs informieren.

3. in der funktion öffentlicher kontrolle und garantie für das leben der gefangenen während des transports bis zur landung und aufnahme sollen die gefangenen - wie wir vorschlagen würden - von payot, dem generalsekretär der internationalen föderation für menschenrechte bei der uno, und pfarrer niemöller[180] begleitet werden. wir bitten sie, sich in dieser funktion dafür einzusetzen, dass die gefangenen dort, wo sie hinwollen, lebend ankommen.

natürlich sind wir auch mit einem alternativvorschlag der gefangenen einverstanden.

4. jedem gefangenen werden 100 000 dm mitgegeben.

5. die erklärung, die durch schleyers foto und seinen brief als authentisch identifizierbar ist, wird heute abend um 20.00 uhr in der tagesschau veröffentlicht, und zwar ungekürzt und unverfälscht.

6. den konkreten ablauf von schleyers freilassung legen wir fest sowie wir die bestätigung der freigelassenen gefangenen haben, dass sie nicht ausgeliefert werden, und die erklärung der bundesregierung vorliegt, dass sie keine auslieferung betreiben wird.

wir gehen davon aus, dass schmidt, nachdem er in stockholm demonstriert hat, wie schnell er seine entscheidungen fällt, sich bemühen wird, sein verhältnis zu diesem fetten magnaten der nationalen wirtschaftscreme ebenso schnell zu erklären.

am 6. 9. 77

KOMMANDO SIEGFRIED HAUSNER
RAF«

Auf dem dritten Blatt befindet sich eine handschriftliche Erklärung von Hanns Martin Schleyer:

»Mir wird erklärt, daß die Fortführung der Fahndung mein Leben gefährde. Das gleiche gelte, wenn die Forderungen nicht erfüllt und die Ultimaten nicht eingehalten würden.

Mir geht es soweit gut, ich bin unverletzt und glaube, daß ich freigelassen werde, wenn die Forderungen erfüllt werden. Das ist jedoch nicht meine Entscheidung.

6. 9. 77 Hanns Martin Schleyer«

Diese Schreiben hat das Kommando in Wiesbaden eingeworfen, weil dort das Bundeskriminalamt seinen Sitz hat: »Wir wollten ihnen zeigen, dass wir keine Angst und keinen Respekt vor ihrer Fahndung haben«, sagt Peter-Jürgen Boock in der Rückschau. Um den Entführern deutlich zu machen, dass das weitere Geschehen für sie kein Wunschkonzert ist, erfüllt die Regierung das Ultimatum nicht: Die Erklärung in der Zwanzig-Uhr-»Tagesschau« – genauso wenig wie die noch folgenden acht Ultimaten. Stattdessen verliest an diesem Abend kurz nach acht der »Tagesschau«-Sprecher eine Mitteilung des Bundeskriminalamts an die Entführer: »Ihr Brief ist der örtlichen Polizei erst am späten Nachmittag zugegangen. Von dort wurde er dem Bundeskriminalamt übergeben. Das Bundeskriminalamt hat den Brief unverzüglich an die Bundesregierung weitergeleitet. Bei der Bundesregierung wird der Brief erst am späten Abend vorliegen. Der Termin für die von Ihnen gewünschte Veröffentlichung kann deshalb nicht eingehalten werden.«

## Die Ziele des Kanzlers

An diesem Abend stürmt Bundeskanzler Schmidt ins Büro von Oppositionsführer Helmut Kohl: »Herr Kohl, ich muss Sie mal unter vier Augen sprechen.« Kohls Mitarbeiter verlassen den Raum. Schmidt schildert den Inhalt des Entführerschreibens. Die beiden sind sich einig: Einen Austausch wird es nicht geben. Damit hat der Kanzler die entscheidende politische Weiche gestellt. Die Opposition wird aus einer harten Linie des Kanzlers kein Kapital schlagen.

Um 23.33 Uhr treten das Bundeskabinett und der »Große Politische Beraterkreis« zusammen. Zu ihm gehören – unter Leitung von Bundeskanzler Schmidt – die Vorsitzenden der im Bundestag vertretenen Parteien. Willy Brandt (SPD), Helmut Kohl (CDU) und Franz Josef Strauß (CSU). Hans-Dietrich Genscher (FDP) sitzt bereits als Außenminister in der Runde. Außerdem die Fraktionsvorsitzenden des Bundestages: Herbert Wehner (SPD) und Wolfgang Mischnik (FDP). Zu dem Kreis gehören auch Vertreter der vier Bundesländer, in denen die RAF-Häftlinge einsitzen, um deren Freilassung es geht: Hamburg, Nordrhein-Westfalen, Baden-Württemberg und Bayern. Denn Strafvollzug ist grundsätzlich Ländersache. Die Landesregierungen sind »Herrscher« ihrer Gefängnisse. Eine Freilassung wäre nur mit ihrem Einverständnis möglich.

Bundesjustizminister Vogel referiert die Rechtslage: Würden die Häftlinge freigelassen, sei dies keine »normative Entscheidung«, durch die die verhängten Haftstrafen entfielen. Sondern »eine rein tatsächliche Handlung«, die angesichts der bestehenden Situation rechtlich zulässig sei. Deshalb gehe es um eine »politische Ermessensentscheidung«. Kurz vor eins sind sich die Teilnehmer einig – Kanzler Schmidt fasst das Ergebnis zusammen:

»– die Geisel Hanns Martin Schleyer lebend zu befreien;
– die Entführer zu ergreifen und vor Gericht zu stellen;
– die Handlungsfähigkeit des Staates und das Vertrauen in ihn im In- und Ausland nicht zu gefährden, das bedeutet auch: die Gefangenen, deren Freilassung erpresst werden sollte, nicht freizugeben.«

Ebenso sind sich die Teilnehmer der Runde darüber einig, »dass diese Ziele gleichzeitig und nebeneinander verfolgt werden sollten«. Die Entscheidung, welchem dieser »Ziele im Falle ihres Widerstreits der Vorrang gebühren soll, soll erst dann getroffen werden, wenn sie unausweichlich gefordert« wird. Für den Kanzler steht die Entscheidung im Herzen wohl schon fest. In der Rückschau sagt er über seine Haltung im »Fall Schleyer«: »Gegenüber Erpressung gibt man nicht nach.«

Mit diesem Gremium, das während der gesamten Zeit der Entführung Schleyers ein- oder zweimal pro Woche zusammentritt, schafft sich Schmidt ein »Sicherheitsnetz«. Er bindet Oppositionschef Helmut Kohl genauso wie CSU-Chef Franz Josef Strauß mit in die Entscheidungen ein. Nimmt sie in die Verantwortung. Solange sie mit am Tisch sitzen, kann niemand in der Opposition später – egal wie die Sache ausgeht – öffentlich erklären, Schmidt hätte Fehler gemacht.

Berater des Bundeskriminalamts ist der Münchner Psychologe Wolfgang Salewski. Seine Devise: Solange kommuniziert wird, passiert nichts Schlimmeres. Seine Strategie: Um das Leben der Geisel zu retten, muss man die Täter stabilisieren, damit »die nicht irgendeinen Scheiß machen«. Also: Niemals kategorisch nein sagen. Auch wenn man tatsächlich so handelt.

Die größte Fahndung der deutschen Geschichte rollt an: Die oberste Einsatzleitung übernimmt der Leiter der »Terrorismusbekämpfungs«-Abteilung des Bundeskriminalamts, Gerhard Boeden. Im Kölner Polizeipräsidium am Waidmarkt wird die »Soko 77« einquartiert. 150 Beamte sind rund um die Uhr im Einsatz. Beamte des Bundeskriminalamts, des Landeskriminalamts Nordrhein-Westfalen und der Kripo Köln. Hinweise werden an Fenstervorhänge mit Stecknadeln geheftet – Pinnborde fehlen. Der Flur des Präsidiums gleicht einem Feldlager. Auf dem Gang stehen Schreibtische, Feldtelefone und zusammengeklappte Schlafpritschen. 3 826 Hinweise gehen insgesamt ein. 3 000 Beamte im ganzen Land unterstützen die Beamten in der Zentrale.

## Im »Volksgefängnis« in Erftstadt-Liblar

Keine zwanzig Kilometer von der Kölner Einsatzzentrale entfernt halten Boock & Co. den Arbeitgeberpräsidenten gefangen, in Erftstadt-Liblar. Ein Neubaugebiet. Hochhäuser mit bis zu zwanzig Stockwerken. Schleyers Versteck liegt in der dritten Etage des Fünfzehnstöckers Zum Renngraben 8. Drei Zimmer, 78 Quadratmeter: ein Wohn-, Schlaf- und Kinderzimmer. Flur, Küche und Bad. Die Einrichtung ist brav-bürgerlich. In der Diele ein roter Läufer. Über dem Schuhschrank ein Holzbild. Motiv: Jäger mit Gewehr und Hund. Angemietet hatte die Wohnung Monika Helbing knapp zwei Monate zuvor, am 18. Juli 1977. Ein Quartier nach dem Geschmack der RAF: »Entscheidend war, dass die Wohnung anonym war«, sagt Helbing in der Rückschau: »Der Entführte sollte unauffällig in das Haus beziehungsweise in die Wohnung gebracht werden können.« Die Entführer haben für ihr Opfer vorgesorgt. Im Kühlschrank lagert »Alete«-Babynahrung. »Die verträgt jeder«, erläutert Boock später den Kleinkinder-Brei, »auch wenn er einen kaputten Magen hat oder vor Aufregung noch so kotzt.«

In der Nacht nach der Entführung wird Schleyer ins Schlafzimmer geführt. Dort darf er die Schweißerbrille abnehmen: Ein 24 Quadratmeter

*Schleyers erstes Versteck: Erftstadt-Liblar, dritte Etage, links*

großer Raum. In der Mitte steht ein Doppelbett. Daneben Nachttische. An den Fenstern hängen dunkle Filzvorhänge. Auf dem Boden liegt eine Matratze – mit einem Stapel für den Arbeitgeberpräsidenten: Decke, Kopfkissen, eine frische Unterhose und ein frisches Unterhemd. Schleyer muss sich auf die Matratze hocken. Später darf er sich in dem Zimmer die Beine vertreten. Wenige Schritte entfernt ist das Bad. Blau gekachelt. Mit der Bewachung lösen sich die Entführer ab: Brigitte Mohnhaupt, Peter-Jürgen Boock, Christian Klar, Stefan Wisniewski, zunächst auch Willy-Peter Stoll, später Angelika Speitel.

Mit der Pistole in der Hand führt Peter-Jürgen Boock Schleyer in den Flur. Er deutet auf einen dunkelbraunen Wandschrank und öffnet ihn: ein kleines Verließ. 1,60 Meter breit. 71 Zentimeter tief. 2,50 Meter hoch. Eine Grundfläche von 1,10 Quadratmetern. Die Zelle von Andreas Baader ist zwanzigmal so groß. 22 Quadratmeter. Auf den Innenwänden sieht Schleyer zehn Zentimeter dicke Schaumgummimatten. Geräuschschluckend. An der Rückseite baumelt eine Kette mit einer Handschelle, einen halben Meter über dem Boden in der Wand festgeschraubt. »Da hört dich niemand«, erklärt Boock seinem Opfer – das sechsunddreißig Jahre älter ist als er und sein Vater sein könnte: »Wenn du dich normal verhältst, setzen wir dich nicht da rein.« Der Arbeitgeberpräsident habe ihm gehorcht, erklärt Boock später – vor seinem Eintritt in die RAF war er Sozialhilfeempfänger, Zeitungsausträger und Dealer. Schleyer habe niemals im Schrank gehockt, sagt Boock. Das Oberlandesgericht Düsseldorf[181] stellt acht Jahre später das Gegenteil fest. Nämlich dass »die Täter ihr Opfer zumindest zeitweise im Wandschrank angekettet haben«. Ein Sachverständiger entdeckte an einer Schaumstoffmatte im Schrank 108 Haare, die denen Schleyers »nach Stärke, Struktur und Farbe« entsprachen. Die Richter urteilen: »Die sichergestellten Haaranhaftungen haben sich an jener Stelle der Schaumstoffmatte befunden, an der sich der Kopf eines im Schrank angekettet sitzenden Opfers befindet.«

Schleyer versucht, das Beste aus seiner Situation zu machen. Er, der Kumpeltyp, duzt schnell seine Entführer, gibt sich sichtlich gelassen und erklärt, dass er »ja nicht das erste Mal gefangen ist« – fast drei Jahre hatten ihn die Franzosen nach dem Krieg inhaftiert.

Adelheid Schulz trifft in der Wohnung ein. Brennend interessiert fragt sie: »Wo ist er denn?« Brigitte Mohnhaupt deutet auf die Schlafzimmertür. Adelheid Schulz öffnet sie, erblickt den Arbeitgeberpräsidenten und begrüßt den Landsmann: »Geh, desch hättsche net gedacht, dass de disch mal in 'nem Volksgefängnis wieder findescht.« Schleyer schaut verdutzt. Boock kann sich vor Lachen kaum mehr halten.

Am zweiten Tag Schleyers in der Wohnung, am 7. September 1977, hört Peter-Jürgen Boock um zehn Uhr auf SWF 3 die Nachrichten: »Das Bundeskriminalamt ist beauftragt zu prüfen«, verliest der Sprecher, »ob Herr Schleyer noch lebt. Die übersandten Unterlagen belegen nur, dass Dr. Schleyer in die Hände von Entführern geraten ist. Es muss daher ein Lebenszeichen erbracht werden.« Boock hört, dass die Polizei ein »untrügliches Lebenszeichen« haben will und »entsprechende Fragen in den Nachmittagssendungen« stellen wird. Er geht zu Schleyer ins Schlafzimmer: »Die wollen nachher – das ist wohl Teil der Verzögerungstaktik – die Frage stellen, die du beantworten sollst, damit's eindeutig ist, dass du noch existent bist.« »Ist das durchgegeben worden?«, fragt Schleyer. »Ja, ja, durchs Radio«, antwortet Boock: »Das haben sie beim Lorenz genauso gemacht, das war dasselbe Spiel ... Und die Frage ist, wie wir jetzt überlegen, ob wir uns darauf so rum einlassen sollen oder ihnen andersrum, diesen eindeutigen Beweis – ... zum Beispiel über den Südwestfunk-Reiseruf an irgendeinen Herrn Sowieso einlassen sollen.«[182]

Die RAF will die Verzögerungstaktik durchkreuzen, die Dinge beschleunigen. Im Raum nebenan, im »Kinderzimmer«, baut Peter-Jürgen Boock eine Videokamera auf. An der Wand hängt das RAF-Symbol. Schleyer muss davor Platz nehmen und aus einer Zeitung vorlesen: »Zur Bestätigung, dass ich noch lebe, lese ich einen Artikel aus der *Stuttgarter Zeitung*[183] von heute, 7. September 1977, Seite 5, vor. Überschrift: ›Senegal bricht Kontakte mit Südafrika ab. – Johannisburg (dpa/Reuters-Meldung): Der westafrikanische Staat Senegal hat alle inoffiziellen Verbindungen zu Südafrika abgebrochen ...«

Anschließend wendet sich Schleyer eindringlich an Helmut Schmidt und sein Kabinett, bittet um sein Leben: »Wenn die Bundesregierung, was ich hoffe, sich entschließt, auf die Bedingungen einzugehen und damit für meine Freilassung einzutreten, dann verbinde ich damit die dringende Bitte, von weiteren Verzögerungen Abstand zu nehmen und insbesondere keine Maßnahmen einzuleiten, die als so genannte militärische Lösung gelten können. Denn ich bin nach all meinen Beobachtungen überzeugt, dass diese unweigerlich meinen Tod zur Folge hätten.«

Um 17.25 Uhr klingelt bei dem evangelischen Pfarrer Friedrich Schuster in Mainz das Telefon: »Hier ist die Rote Armee Fraktion«, meldet sich eine Frau. »In Ihrem Briefkasten ist ein braunes, unbeschriebenes Kuvert. Geben Sie es sofort an die Bundesregierung weiter.« Der Umschlag enthält die Videokassette, zwei handschriftliche Schreiben Schleyers sowie einen getippten Brief der RAF: »wir verstehen die nichtveröffentlichung unserer forderung und des ultimatums, die gestern 20 uhr, in der tagesschau bekannt gegeben werden sollten«, erklärt das »Kommando Siegfried Hausner«, »nur als den versuch der bundesregierung, die militärische loesung durchzuziehen. ...

wir haben nicht mehr lange lust, uns zu wiederholen:

1. die fahndung wird sofort gestoppt.
2. die gefangenen werden sofort zusammengebracht.
3. die bestaetigung dafuer wird von einem der gefangenen heute abend ueber das deutsche fernsehen abgegeben.

als sichtbares zeichen verlangen wir, dass die video-aufnahme, in der schleyer den beiliegenden brief vorliest, heute ab 18.00 uhr in allen nachrichtensendungen des fernsehens abgespielt wird.«

In »heute« verliest der Sprecher kurz nach einundzwanzig Uhr eine kurze Mitteilung aus Wiesbaden: »Das Bundeskriminalamt hat die Nachricht erst vor wenigen Minuten erhalten. Eine weitere Erklärung folgt.«

## »Exotische Lösungen«: Das »Undenkbare denken«

Trotz der erneuten Forderung bleibt Kanzler Helmut Schmidt auf dem eingeschlagenen Kurs. Spielt weiter auf Zeit. Bestärkt von BKA-Präsident Herold. Der meint, es sei nur eine Frage der Zeit, bis seine Leute Schleyers Versteck finden. Daneben lässt der Kanzler über alternative Lösungen nachdenken. Er schickt Innenstaatssekretär Siegfried Fröhlich in Klausur – gemeinsam mit Beamten des Innenministeriums und der Geheimdienste. Des Kanzlers Auftrag: »Das Undenkbare denken«. Die in der »Spinnstube« ausgebrüteten Ideen trägt Fröhlich am 8. September ab 18.39 Uhr in der Kleinen Lage vor, in der der Kanzler seine wichtigsten Berater versammelt hat – Innenminister Maihofer, Justizminister Vogel und Außenminister Genscher, Staatsminister Wischnewski, Staatssekretär Schüler, BKA-Präsident Herold, Generalbundesanwalt Rebmann und andere. Der Kanzler ruft den Tagesordnungspunkt auf: »Exotische Vorschläge«. Neun Alternativ-»Modelle« verzeichnet das Protokoll am Ende der Diskussion. »Nr. 5« sieht eine »Kronzeugenlösung« vor: »Mitwisser oder Beteiligte« bekommen eine »Strafmilderung und eine neue Identität angeboten, wenn sie zur Aussage bereit sind«.[184] Ein anderes protokolliertes »Modell«: »Drohung gegenüber Terroristen mit ›Repressalien‹ auch gegen nahe Angehörige«, so der Vorschlag »Nr. 3«, »wenn Schleyer nicht freigelassen werde. Der Bundespräsident könne dafür gewonnen werden.« Kanzler Schmidt schüttelt den Kopf:

»Ich verantworte das nicht.« Ebenso sind andere in der Runde dagegen. Erklären, eine Sippenhaft wie zu NS-Zeiten dürfe es in der Bundesrepublik nicht geben. »Eine gefährliche Sache«, meint Bundesjustizminister Hans-Jochen Vogel: »Die Welt würde sagen, die Deutschen sind irrsinnig geworden.«

Ganz besonders exotisch – im wahrsten Sinne des Wortes – ist Vorschlag »Nr. 6: Der Bundestag ändert unverzüglich Artikel 102 des Grundgesetzes, der lautet: ›Die Todesstrafe ist abgeschafft.‹ Stattdessen können nach der Grundgesetzänderung solche Personen erschossen werden, die von Terroristen durch menschenerpresserische Geiselnahme befreit werden sollen. Durch höchstrichterlichen Spruch wird das Todesurteil gefällt. Keine Berufung möglich.« Schnell ist der Mehrheit in der Runde klar, dass auch dieses Modell schon deswegen Mumpitz ist, weil Artikel 103 Absatz 2 des Grundgesetzes festlegt – als eine der unverrückbaren Säulen der Verfassung: »Eine Tat kann nur bestraft werden, wenn die Strafbarkeit gesetzlich bestimmt ist, bevor die Tat begangen wurde.« Keinem dieser »Modelle« aus der Rubrik »exotische Lösungen« folgt die Kleine Lage.

Währenddessen führen Peter-Jürgen Boock, Stefan Wisniewski und Angelika Speitel »Verhöre« mit Schleyer durch. Sie wollen von ihm möglichst viele Interna aus Wirtschaft und Politik herausbekommen. Unterm Bett in Schleyers Zimmer hat Boock ein Mikrophon versteckt. Die Kabel führen in die Küche nebenan. Dort werden die Gespräche aufgezeichnet. Schleyers Aussagen sollen später »zur Agitation« verwendet werden, um – wie es Silke Maier-Witt formuliert – »die Machenschaften und den Einfluss des Unternehmerverbandes aufzudecken«. Stets »vernehmen« zwei RAF-Mitglieder Schleyer. Einer führt das Gespräch. Der andere hört im Hintergrund zu und hakt gelegentlich nach. Aus Schleyer bekommen sie nicht viel heraus. Mehrfach schüttelt er überrascht den Kopf: »Also Leute, die Vorstellungen, die ihr da habt, die sind ja nun sehr geprägt von eurer Einstellung.« Boock ist überrascht: Schleyer entsprach »in keiner Weise unseren Klischees und unseren Vorstellungen über ihn«. Er ist jovial, macht Witze. Kommt die Rede auf seine NS-Vergangenheit, wirkt er auf seine »Vernehmer« selbstkritisch und aufrichtig.

Als Silke Maier-Witt zwei Jahre später die Bänder abhört, um sie abzuschreiben, ist sie »schockiert«, wie sie berichtet, »weil sich die Fragen recht konzeptionslos anhörten und deshalb die ganze Befragung eher unbeholfen klang. Ich hatte das Gefühl, als wäre versucht worden, Herrn Schleyer mit den Fragen Äußerungen zu entlocken, die in das gängige

Bild vom Imperialisten passen.« Der »Inhalt der Gespräche«: »kein Ruhmesblatt« für die RAF, befindet Silke Maier-Witt, »weil wir als Gruppe da ziemlich dumm dastanden.« Sie findet die »›Verhöre‹ nutzlos, ja peinlich« und hört auf, die Bänder abzutippen.[185]

## Maitre Payot und die Telefonleitungen

Die Verhandlungen zwischen dem Kommando und der Bundesregierung schleppen sich dahin: Die Regierung erklärt, Fristen nicht einhalten zu können, weil sie die Nachrichten der Entführer zu spät erhalten habe. Oder aber erst antworten könne, wenn es ein neues Lebenszeichen von Schleyer gäbe. Der Weg über die Medien kostet Zeit, ruft außerdem Trittbrettfahrer auf den Plan. BKA-Chef Herold kommt auf eine Idee: Wenn seine Beamten wüssten, wo sich das Kommando das nächste Mal meldet, wären die Ermittlungen einfacher. Sie könnten sich auf die Lauer legen. Deshalb schlägt er als Vermittler der RAF den Genfer Rechtsanwalt Denis Payot vor. Er ist eine Entdeckung der RAF: Seinen Namen hatte das »Kommando Siegfried Hausner« selbst genannt, gleich in seiner Erklärung vom 6. September – als »generalsekretär der internationalen föderation für menschenrechte bei der uno«. Er sollte den Gefangenen-Flug begleiten, forderte das Kommando, »in der funktion öffentlicher kontrolle«.

Und so wird in den Hörfunknachrichten am 9. September 1977 um fünfzehn Uhr, nach dem Hinweis, dass wieder einmal von den Entführern gesetzte Termine nicht »zeitlich einhaltbar waren«, die neunte Mitteilung des Bundeskriminalamts verlesen: »Der Ablauf belegt erneut die Notwendigkeit der Einschaltung einer Kontaktperson zwecks Entgegennahme und Weiterleitung von Nachrichten. Hierfür akzeptiert das Bundeskriminalamt Herrn Rechtsanwalt Payot, Genf, der sich grundsätzlich dazu bereit erklärt hat. Das Bundeskriminalamt teilt mit, dass der als Kontaktperson akzeptierte Rechtsanwalt Payot heute ab achtzehn Uhr in Genf für die Entgegennahme und Übermittlung von Nachrichten erreichbar ist.«

Was Herold weiß – anders als die RAF: Der fünfunddreißigjährige Krauskopf mit der dicken Hornbrille ist nicht, wie die Entführer geschrieben hatten, ein Offizieller der UNO, sondern Präsident der »Schweizerischen Liga für Menschenrechte«. Das »Kommando Siegfried Hausner« hatte mit seinem Namen die Vorstellung verbunden, einen Offiziellen der Vereinten Nationen einzuschalten und damit die RAF-These zu unterstreichen, bei den einsitzenden RAF-Mitgliedern handle es sich um Kriegsgefangene. Als gehe es darum, ein völkerrechtliches Problem zu lösen. Auch ist der Jurist nicht ein – wie so mancher in der Bundesrepublik zunächst meint – Staranwalt. Er lebt von Asylverfahren chilenischer und bulgarischer Flüchtlinge. Seine Einnahmen sind bescheiden. Payots Kanzlei liegt am Boulevard Georges Favon in dem alten Genfer Uhrmacherviertel. »Als Anwalt fiel er durch kämpferische bis ungestüme Plädoyers auf«, berichtet der Genfer Korrespondent der *Neuen Zürcher Zeitung* über Payots Auftritte im Gerichtssaal, »wobei ihm gelegentlich ein Mangel an formaler Strenge vorgeworfen wurde«.

Gleich nachdem Payot den Auftrag von BKA-Chef Herold bekommen hat, bittet der »Maitre« die Journalisten zu sich: »Ich werde das Mandat akzeptieren«, erklärt er im Scheinwerferlicht vor laufenden Fernsehkameras. Eine wunderbare PR-Veranstaltung für ihn. Die Tätigkeit bringt ihm – was damals nicht bekannt ist – 180 000 Schweizer Franken, einschließlich Spesen. Von nun an laufen die Verhandlungen weitgehend über ihn.

Dieser Schritt zu Payot bringt dem Strategen Herold einen großen Vorteil, er »kann eine TÜ-Glocke[186] über ihn hängen«: Der BKA-Chef startet die größte Telefonabhöraktion der deutschen Geschichte – unter dem Decknamen »Alaska«: Ab sofort laufen alle Telefonate aus dem Raum Köln und von vielen anderen Gegenden Deutschlands über den »Stern« im Frankfurter Fernmeldehochhaus. 15 000 Telefonate täglich. Wird Payots Nummer von einem Anschluss aus gewählt, leuchtet im Frankfurter Hochhaus eine Lampe auf. Herolds Männer hören und schneiden mit. Von dort aus lässt sich auch der Apparat zurückverfolgen, von dem aus angerufen wurde. In Köln stehen Hunderte Polizisten bereit, die bei einem Anruf sofort zu der Telefonzelle rasen.

Aber nicht nur die Leitungen aus Deutschland in die Schweiz werden überwacht, sondern auch in Genf der Anschluss von Payot. Der Schweizer Bundesrat für das Justiz- und Polizeidepartement Kurt Furgler hat Bonn den Wunsch erfüllt: Wenn Payot zum Telefonhörer greift, wird das Gespräch in ein Büro der Bonner BKA-Männer durchgeschaltet. Auf diese Weise erfahren sie stets im selben Moment, was Payot am Telefon bespricht – bevor er ihnen anschließend berichtet, was ihm das »Kommando Siegfried Hausner« durchgegeben hat. Als beispielsweise Payot am 11. September 1977 – Sonntag – um 00.45 Uhr im BKA anruft und die letzte Meldung der Entführer durchgibt, wissen die Beamten schon längst alles, weil sie die RAF-Sprecherin eine Stunde zuvor über die angezapften Leitungen hörten: »Ich bin Mitglied der RAF«, meldete sie sich: »Bis Sonntag Abend, 18.00 Uhr, hat einer der Gefangenen im Deutschen Fernsehen aufzutreten und zu erklären, dass die Vorbereitungen für den Abflug im Gange sind.« Sobald dies geschehen sei, werde das Kommando ein »Lebenszeichen« Schleyers bekannt geben. Am Ziel werde »Andreas Baader ... einen Satz sagen, der ein Wort enthält, der dem Kommando überbracht wird«. Dann werde »Schleyer freigelassen«.

Auch dieses dritte Ultimatum der Entführer – Auftritt eines RAF-Gefangenen im »Deutschen Fernsehen« – erfüllt die Bundesregierung nicht. Eine halbe Stunde nach Ablauf erklärt das Bundeskriminalamt den Entführern via Payot: »Ohne Kenntnis von Flugziel und Flugweg und der tatsächlichen Gewährleistung von Überflug- und Landerechten wäre eine Besatzung – aufgrund der fliegerischen Erfahrung im Entführungsfall Lorenz – für diese womöglich lebensgefährliche Aufgabe nicht zu finden.«

## Andreas Baader macht dem Bundeskanzler eine Freude

Durch die »Kontaktsperre« sitzen die RAF-Häftlinge jetzt tatsächlich in der »Isolation«. In der siebenten Etage stellt Amtsinspektor Bubeck eine »unerträgliche Ruhe« fest. Baader ist »fahrig und noch aggressiver als sonst«, fällt dem Amtsinspektor auf, Gudrun Ensslin »gereizt und flatterhaft«, Raspe »depressiv«. Zeitweise hat er Tränen in den Augen. Im siebenten Stock bricht dieses Mal kein Reisefieber aus. Anders als beim RAF-Überfall auf die Botschaft in Stockholm zwei Jahre zuvor.

Um Aktivitäten zu demonstrieren, fahren BKA-Kommissar Alfred Klaus und Bundesanwalt Gerhard Löchner am 13. September 1977 zu Andreas Baader in den siebenten Stammheimer Stock. Um neun Uhr wird er in die Besucherzelle geführt – sichtlich »nervös«, wie Alfred Klaus bemerkt. Baader will von dem Beamten Einzelheiten erfahren. Durch die Kontaktsperre scheint es ihm an Informationen zu mangeln. Baader erklärt – wie Klaus notiert: »Wenn ein Austausch erfolge, dann könne die Bundesregierung damit rechnen, dass die Freigelassenen nicht in die Bundesrepublik zurückkehrten. Die Wiederauffüllung des (terroristischen) Potenzials sei nicht beabsichtigt.« Baader sagt dem Beamten – an die Adresse des Kanzlers gerichtet: »Die Bundesregierung habe nur die Wahl, die Gefangenen umzubringen oder sie irgendwann zu entlassen. Ihr Ausfliegen würde eine Entspannung für längere Zeit bedeuten.« Daher müsse sich die Bundesregierung »um ein Aufnahmeland für diejenigen Gefangenen bemühen, deren Freilassung gefordert werde«.

Alfred Klaus hakt nach: »Sind Sie bereit, sich ausfliegen zu lassen?« Er legt ihm einen Fragebogen auf den Tisch, auf dem diese Frage steht. »ja«, schreibt Baader darunter. Über die Antwort auf die andere Frage denkt Baader einen Augenblick nach: »In einer Erklärung der Entführer vom 12. 9. 1977 wird gesagt: ›Die möglichen Zielländer können der Bundesregierung nur von den Gefangenen selbst genannt werden.‹ Können Sie dieses Flugziel nennen?« Baader will darauf nicht antworten, er erklärt Klaus, »keine Informationen liefern zu wollen«. Mit einigem Zureden gelingt es Klaus jedoch, Baader zu einer schriftlichen Antwort zu kriegen. »Algerien/Vietnam«, schreibt er und fügt hinzu: »Wir meinen, dass die Bundesregierung die Länder, die in Frage kommen, um die Aufnahme ersuchen muss.« Anschließend fügt er noch drei weitere Länder hinzu: »Lybien/VR Jemen/Irak«.

Auch die anderen RAF-Häftlinge bekommen den Fragebogen vorgelegt. Die meisten erklären, ein Flugziel erst nach einer gemeinsamen Besprechung mit den übrigen Gefangenen nennen zu können.

Die zweite Antwort Baaders findet die Bundesregierung wunderbar, weil sie ihr die Möglichkeit gibt, weiter auf Zeit zu spielen. Sie nimmt Kontakte mit den Regierungen dieser Länder auf. Verhandelt zum Schein. Hans-Jürgen Wischnewski, Staatsminister im Bundeskanzleramt, packt seine Koffer: »Ich war zuständig für den Außendienst«, sagt er in der Rückschau. Er fliegt nach Algier. Nach Tripolis. Nach Aden. Nach Bagdad. Und nach Vietnam. Das kostet Zeit. Der »Big Raushole« setzen Schmidt und Herold die »Big Hinhalte« entgegen.

## Präsident im Korb

Währenddessen läuft die Fahndung nach Schleyers Versteck auf Hochtouren. Polizeibeamte durchsuchen Hunderte Wohnungen und überprüfen Tausende verdächtige Personen. Schwerpunkt sind Köln und Umgebung. Angesichts des »enormen Fahndungsdrucks im Kölner Raum« glaubt BKA-Chef Herold, dass sich Schleyer »noch in nicht allzu großer Entfernung vom Tatort befinden« müsse. Die Aktivitäten der Polizei bleiben den Entführern nicht verborgen. Bei der Fahrt durch Köln sieht einer der Bewacher, dass Polizisten Haus für Haus abklappern und die Bewohner befragen. Die Schleyer-Crew befürchtet, wie Peter-Jürgen Boock berichtet, dass »sie auch irgendwann auf unsere Wohnung« kommen. Deshalb beschließt sie, sich mit ihrem Opfer in die Niederlande abzusetzen. Nach Den Haag. Peter-Jürgen Boock und Angelika Speitel fahren voraus und bereiten den Umzug vor.

Die Niederlande waren bislang ein sicheres Rückzugsgebiet für die RAF. Dort verübten sie bislang keine Straftaten, um nicht die Polizei auf sich aufmerksam zu machen – abgesehen von der Benutzung gefälschter Ausweise. In Amsterdam besitzt die RAF zwei konspirative Wohnungen. Die eine liegt im Baden-Powell-Weg 217, angemietet von Rolf Klemens Wagner am 16. Dezember 1976 als »Othmar Fehr«. Eine Maisonette unterm Dach über zwei Etagen. Vom 10. September 1977 an erfolgt in ihr die »Koordination des weiteren Verlaufs der Schleyer-Entführung«, berichtet Peter-Jürgen Boock, einschließlich der »Vergabe von Aufträgen an ... subalterne Mitglieder«. Die neue Zentrale der Schleyer-Entführer. Die zweite Unterkunft liegt in der Eastonstraat 227 und heißt RAF-intern »Doku-Wohnung«, weil sie vor allem dazu genutzt wird, Dokumente zu fälschen. Das Bad ist Dunkelkammer.

Nach elf Tagen in Erftstadt-Liblar muss Hanns Martin Schleyer in einen riesigen Weidenkorb steigen. Die RAF klappt den Deckel zu und schleppt die Kiste zum Lift. In der Tiefgarage wird sie in einen Kombi geschoben. Die Reise beginnt. An der grünen Grenze bei Aachen stoppt der Wagen: in einer zwei Meter tiefen Senke. Früher lagen hier Gleise einer Lorenbahn. Auch von der niederländischen Seite aus fährt ein Wagen in die Senke, mit NL-Kennzeichen. In Windeseile wird der Weidenkorb umgeladen. Einen Moment später verlassen die beiden Fahrzeuge wieder die Senke. Jedes in die Richtung, aus der es gekommen ist.

Schleyers zweites Versteck ist ein Einfamilienhaus in der Den Haager Stevinstraat 266. Drei Stockwerke mit zehn Zimmern. Erst drei Tage zuvor mietete es Angelika Speitel an, am 13. September 1977, unter dem Namen »Karola Stöhr«. Für 2 500 Gulden im Monat. 2 800 Mark. 1977 eine Monatsmiete, die nur Spitzenmanager oder vermögende Erben zahlen können. Und die RAF. Die Möbel kaufte Peter-Jürgen Boock, Bedingung: Lieferung prompt.

Schleyer – noch immer im Korb – wird in einen Raum in der zweiten Etage geschleppt. Seine neue Zelle. Seine Situation ist kaum anders als in Erftstadt-Liblar: Rund um die Uhr bewacht ihn mindestens ein RAF-Mitglied. In den übrigen neun Räumen des »Hauses Etna« – so die RAF-interne Bezeichnung nach dem Tarnnamen »Etna« der Anmieterin Angelika Speitel – sind Peter-Jürgen Boock, Stefan Wisniewski, Brigitte Mohnhaupt, Angelika Speitel und Elisabeth von Dyck. Auch wird Schleyer wieder »verhört«. Von Peter-Jürgen Boock, Brigitte Mohnhaupt und Angelika Speitel.

Um sich die Zeit in der Nacht bei der Schleyer-Wache zu vertreiben, kommt eine Bewacherin auf die Idee, mit dem entführten Arbeitgeberpräsidenten Monopoly zu spielen. Die Frau gewinnt haushoch. Schleyer muss lachen und findet es urkomisch, dass die Radikal-Sozialistin ihn, den Arbeitgeberpräsidenten, ausgerechnet bei dem Kapitalistenspiel besiegt. Darüber kommen beide ins Erzählen. Reden über Kindheit und Kunst. Als davon die anderen in der Stevinstraat erfahren, sind sie empört, befinden, dass der Kontakt zwischen der Bewacherin und dem Opfer zu eng geworden sind. Die Frau fliegt aus dem Bewacherkommando.

Kurz darauf läuft bei der RAF schon wieder etwas nicht nach Plan – bereits drei Tage nach Schleyers Ankunft in Den Haag: Angelika Speitel fährt dort mit einem Ford Granada zur Autovermietung »Trompgarage Autoverhuur« in der Trompstraat, um den Vertrag zu verlängern. Den Wagen hatte sie eine Woche zuvor gemietet und wenige Tage später, zum vereinbarten Rückgabetermin, den Vermieter angerufen und darum gebeten, den Wagen später zurückgeben zu dürfen. Der sagt zwar ja, wird aber misstrauisch. Sorgt sich um Karosse und Gulden. Vorsichtshalber fragt er bei der Polizei nach, ob denn etwas gegen seine Kundin vorläge. Die Polizei überprüft die Angaben der Frau: »Ursula Dietrich, Paulinenallee 50, 2000 Hamburg«. Und findet heraus, dass der Ausweis gefälscht ist.

Als Angelika Speitel drei Tage später die Autovermietung betritt, verständigt der Vermieter die Polizei. Wie verabredet. Er hält sie hin, bis ein Streifenwagen da ist. Angelika Speitel stürzt aus dem Geschäft. Der einundzwanzigjährige Polizist Randy Siersema sprintet hinter ihr her, erwischt sie an der Schulter. In diesem Augenblick taucht hinter den beiden ein Mann auf. Mit einer Pistole schießt er ohne Vorwarnung. Getroffen in Schulter und Leiste bricht der Polizist zusammen. Angelika Speitel und der Schütze flüchten.

Weiter hilft den Beamten der Hinweis eines Gastwirts: Kurz vor der Schießerei saß Knut Folkerts in der »Cactus-Bar«, ebenfalls in der Trompstraat. Er bat den Kellner, auf seine schwarze Reisetasche einen Moment aufzupassen, weil er für einige Minuten etwas zu erledigen hätte. Knut Folkerts aber kommt nicht zurück. Als der Kellner von der Schießerei in der Straße hört, meldet er sich bei der Polizei. Die Beamten schauen in die Tasche – und entdecken ein »Uher 4000 Reporter IC«-Tonbandgerät, ein Sennheiser-Mikrophon, Tonbänder und Lebensmittel aus Deutschland.

Als Schleyers Bewacher im »Haus Etna« von alledem erfahren, ergreift sie Panik. Für sie ist es brenzlig geworden. Die Polizei braucht nur eins und eins zusammenzuzählen: Die gefälschten Papiere bei der Autovermietung, die Schießerei und der Inhalt der zurückgelassenen Tasche. Und heraus kommt, dass Schleyer ganz in der Nähe stecken dürfte. Tatsächlich wird er keine drei Kilometer von der Autovermietung entfernt im »Haus Etna« gefangen gehalten. Zudem ist der Wagen nicht gecleant worden. Er sollte ja nicht zurückgegeben, sondern nur die Mietzeit verlängert werden. Und so entdeckt die Tatortgruppe der Haager Polizei in dem Granada zwei Fingerabdrücke von Brigitte Mohnhaupt, in der Reisetasche einen von Sigrid Sternebeck. Für Schleyers Bewacher ist es nur noch eine Frage der Zeit, bis die Polizei auf das »Haus Etna« stößt.

Deshalb muss Schleyer wenige Stunden nach der Schießerei wieder in den Korb. Noch in der Nacht vom 19. zum 20. September 1977 schleppen die Entführer den Weidenkorb aus dem Haus in ein Auto vor der Tür.

Und tatsächlich erfährt die Polizei, dass die RAF die Wohnung in der Stevinstraat gemietet hat – allerdings erst eine Woche später, nach einer weiteren Schießerei: Aufgrund des Vorfalls in der Den Haager Trompstraat erkundigen sich die Fahnder bei anderen Autovermietern nach Mietern aus Deutschland. Von Budget Rent A Car in Utrecht erfahren sie, dass eine Frau einen roten Taunus 1600 L mietete. Der Ausweis, den sie vorlegte – »Astrid Winter, Waldorfstraße 234, 2000 Hamburg« –, ist gefälscht, stellen die Beamten fest. Tatsächlich war es Sigrid Sternebeck, die den Taunus anmietete. Mit diesem Wagen fährt Knut Folkerts am 22. September 1977 bei der Autovermietung in Utrecht vor. Hinterm Tresen erwarten ihn zwei Polizisten in Zivil. »Polizei, Hände hoch«, fordert ihn Hauptwachtmeister Arie Kranenburg (46) auf. Die Pistole des Beamten steckt unter seiner Jacke. Knut Folkerts schießt sofort, rennt aus dem Geschäft – und Polizeibeamten in die Arme, die ihn vor der Tür überwältigen. Im Laden liegen ihre beiden Kollegen: Arie Kranenburg ist tot, Leendert Cornelius Pieterse durch zwei Bauchschüsse schwer verletzt.[187] Elisabeth von Dyck, die in der Nähe auf Folkerts gewartet hatte, entkommt.

Über die beiden Schießereien bei den Autovermietern berichtet am 26. September 1977 *Der Haagsche Kurant* – mit einem Foto von Angelika Speitel. »Die kennen wir doch«, sagt *Frederic van Effen* zu seiner Frau. Die ist sich ebenso sicher: Es ist das Bild von »Karola Stöhr«, der die beiden das Haus in der Stevinstraat 266 vermietet hatten. Noch am selben Tag gehen die Vermieter zur Polizei – eine Woche nachdem die RAF mit Schleyer das Haus überstürzt verlassen hatte. Beamte legen sich auf die Lauer. Aber die RAF kehrt nicht mehr in die Stevinstraat zurück. Warum, wird den Ermittlern auch bald klar: Bei Knut Folkerts entdeckten sie in einer Tasche einen kleinen »Merkzettel«, auf dem er sich unter

Arie Kranenburg

anderem notiert hatte: »D H cleanen«. Die Ermittler schließen daraus, dass er vorhatte, das Haus in der Stevinstraat 266 in Den Haag zu cleanen, also die letzten Spuren in dem Schleyer-Versteck drei Tage nach dem überstürzten Aufbruch zu beseitigen.

Währenddessen hält die RAF Schleyer in einem Hochhaus in Brüssel gefangen. Vermutlich in einem Vorort. Vermutlich in einer Dreizimmerwohnung – vermutlich zwischen dem siebenten und zehnten Stock. Bis heute ist diese Wohnung nicht gefunden.[188] Schleyers drittes und letztes Versteck. Dort bewachen ihn nach den Erkenntnissen der Bundesanwaltschaft Rolf Klemens Wagner, Stefan Wisniewski, Rolf Heißler, Sieglinde Hofmann und Angelika Speitel. Bis zum 18. Oktober 1977 bleibt Schleyer in diesem Versteck. Vier Wochen lang.

## Beim Puppenspieler in Bagdad

Der Rest der RAF macht sich in diesen Tagen aus dem Staub: Ein Teil der Gruppe setzt sich nach Hamburg ab. Unter ihnen Adelheid Schulz, Willy-Peter Stoll und Christian Klar. Dort verfügt die RAF über zwei Wohnungen, im Eilbecker Weg 14 und in der Breiten Straße 159. Der größte Teil aber fliegt mit gefälschten Ausweisen nach Bagdad – Brigitte Mohnhaupt, Peter-Jürgen Boock, Susanne Albrecht, Elisabeth von Dyck, Gert Schneider, Christine Kuby, Monika Helbing und Friederike Krabbe. Sie sind Gäste der PFLP-SC, des militärischen Zweigs der »Volksfront für die Befreiung Palästinas« (»Popular Front for the Liberation of Palestine« – PFLP). Das »SC« steht für »Special Command«.[189] Das Kommando unterhält im Südjemen mehrere Camps, in denen Kämpfer ausgebildet werden. Auch für den Kampf über den Wolken. Flugzeugentführungen. Die El Fatah, bei der Baader und Genossen 1970 in der Ausbildung waren, wollte Mitte der siebziger Jahre nicht mehr mit »Terrorgruppen« in Verbindung gebracht werden und hatte deshalb die RAF an die PFLP-SC verwiesen.

Zu ihr waren zum ersten Mal im August und September 1976 acht Mitglieder der zweiten »Generation« nach Aden zur Terrorausbildung gereist. Damals noch unter der Leitung von Siegfried Haag. »Die fünf Männer und drei Frauen waren hierher gekommen, um sich als Rote Armee Fraktion neu zu formieren«, erinnert sich einer von ihnen, Peter-Jürgen Boock, der keine Namen verrät. Das Treffen ein Jahr vor der »Aktion Spindy« »war von den in Stammheim Inhaftierten Gründungsmitgliedern der RAF initiiert worden«, berichtet Boock. An einem Spätnachmittag sei auf dem Dach eines palästinensischen Camps in einem ehemaligen britischen Militärposten der Name »Schleyer« zum ersten Mal gefallen, neben anderen. Jetzt, ein Jahr später, wohnen die RAF-Mitglieder in zwei Häusern in Bagdad.

*Wadi Haddad*

Der Chef der PFLP-SC, Wadi Haddad,[190] empfängt Brigitte Mohnhaupt und Peter-Jürgen Boock mit ausgebreiteten Armen und Bruderküssen in seinem Konferenzzimmer. »Old man«, so nennt ihn die RAF, ist klein und rundlich. Ein Kinderarzt mit einem Faible für Flugzeugentführungen. Er trägt den Decknamen »Abu Hani« und auf seinem lichten Haar eine Kappe. »Meine Genossen, es ist gut, euch zu sehen«, begrüßt er die beiden in einem altertümlichen Englisch und gratuliert ihnen zur Schleyer-Aktion: »Sie wird bestimmt Eingang finden in die Liste der großen revolutionären Taten dieser Epoche.« Nach einigen höflichen Worten kommt er schnell zum Thema: »Als euer Verbündeter möchte ich euch anbieten, eurer Aktion mit einem weiteren, von uns durchgeführten Kommandounternehmen zu helfen.«

Die beiden Deutschen blicken Wadi Haddad gespannt an. Er guckt zurück. Wie ein Puppenspieler, in dessen Händen alle Fäden zusammenlaufen: »Es gibt zwei Aktionen, die ich euch anbieten kann«, fährt er einen Augenblick später fort. »Beide haben wir bereits vor einiger Zeit und aus ursprünglich ganz anderen Gründen vorbereitet, was uns jetzt in die Lage versetzt, relativ schnell zu handeln. Die erste Aktion wäre eine Besetzung der deutschen Botschaft in Kuwait durch eines unserer Kommandos. Die zweite wäre die Entführung einer Lufthansa-Maschine.« Die beiden Deutschen bedanken sich höflich und gehen. Sie überlegen, was sie davon halten sollen. »In mir sah es ziemlich widersprüchlich aus«, erinnert sich Peter-Jürgen Boock an seine Gedanken nach dem Gespräch: »Einerseits hätte ich gegen beide vorgeschlagenen Aktionen sofort eine ganze Reihe von Einwänden geltend machen können, angefangen mit dem gewichtigsten, dass wir Flugzeugentführungen als Aktionsform für uns bisher immer abgelehnt hatten. Anderseits hatte ich das Gefühl, dass dieses Angebot die letzte Chance war, die Gefangenenbefreiung durchzusetzen.«

Gegen die Botschaftsbesetzung spricht für die RAF, dass zwei Jahre zuvor ihre Vorgänger sie in Stockholm ausprobiert hatten – das Unternehmen endete ebenso blutig wie erfolglos. So wünscht sich die RAF von den Freunden die Flugzeugentführung. Alle in Bagdad anwesenden RAF-Mitglieder sind damit einverstanden.[191]

## »Die Ungewissheit ist die größte Belastung«

Die Entführung Schleyers geht in die sechste Woche – Montag, 10. Oktober 1977: Die Verhandlungen kommen überhaupt nicht mehr voran. Das Bundeskriminalamt hat den Entführern die dreiundzwanzigste Mitteilung über Payot zukommen lassen. Die Entführer schickten einundzwanzigmal Nachrichten. Die letzte ist zehn Tage alt. »Zusammenfassend stellt das Kommando fest«, erklärte die RAF am 1. Oktober 1977 Rechtsanwalt Payot am Telefon, »dass das BKA offensichtlich auch in Kürze die gestellten Forderungen nicht erfüllen will und dass auf dieser Basis keine Verhandlungen mehr geführt werden können. Solange auf diese Forderungen nicht eingegangen wird, wird das Kommando auch kein neues Lebenszeichen von Herrn Schleyer geben.«

Das Bundeskriminalamt fordert ein neues Lebenszeichen Schleyers. Daraufhin kommt am 8. Oktober bei Payot ein Brief an, einen Tag zuvor in Paris abgeschickt. Er enthält ein Polaroidfoto Schleyers – wieder unter dem RAF-Logo und mit dem Schild vor sich »SEIT 31 TAGEN GEFANGENER« – und einen Brief von ihm: »Ich kann meiner Frau versichern, daß es mir physisch und psychisch gut geht, soweit dies unter den gegebenen Umständen möglich ist.« Aber: »Die Ungewißheit ist die größte Belastung. Ich habe in der ersten Erklärung nach der Entführung zum Ausdruck gebracht, daß die Entscheidung über mein Leben in der Hand der Bundesregierung liegt, und habe damit diese Entscheidung akzeptiert. Aber ich sprach von Entscheidung und dachte nicht an ein jetzt über einen Monat dauerndes Dahinvegetieren in ständiger Ungewißheit.« Auch wenn er über eine »robuste Gesundheit« verfüge, fährt er fort, sei »dieser Zustand … von mir nicht mehr lange zu verkraften«: »Man muß schließlich die Umstände berücksichtigen, unter denen ich lebe. Deshalb ist eine Entscheidung der Bundesregierung – wie ich sie am

*Schleyer: 6. Oktober 1977*

ersten Tag gefordert habe – dringend geworden.« Die »Entschlossenheit« seiner Entführer könne »nach der Ermordung Bubacks und Pontos nicht in Zweifel gezogen werden«.

Die Kleine Lage – in der Bundeskanzler Helmut Schmidt mit seinen Vertrauten tagtäglich beratschlagt – trifft sich an diesem Montag um 16.10 Uhr im Kanzleramt. Die Männer sind von Schleyers deutlichen Worten betroffen. Aber sie sehen keine andere Möglichkeit, als den bisherigen Kurs beizubehalten: keine Freilassung der Geiseln. Alle befürchten, dass sich die Situation durch eine zweite Aktion der RAF weiter zuspitzen könnte. Sie rechnen damit, dass noch ein »Repräsentant des Systems« entführt oder gar ermordet wird. Das Regierungsviertel in Bonn befindet sich deshalb im Belagerungszustand: Panzerspähwagen des Bundesgrenzschutzes und Polizisten mit Maschinenpistolen hinter Sandsäcken beherrschen das Bild. Alle Spitzenpolitiker werden auf Schritt und Tritt von Leibwächtern bewacht. Die befürchtete Eskalation tritt ein. Drei Tage später. Aber anders als erwartet. Noch schlimmer.

# 43. Kapitel: Die »Landshut« wird entführt

Die erste Meldung kommt um 14.38 Uhr. Siebenunddreißigster Tag der Schleyer-Entführung. Donnerstag, der 13. Oktober. Die Flugsicherung in Aix-en-Provence in Südfrankreich meldet: Die Lufthansa-Boing 737 »Landshut« ist auf dem Flug von Mallorca nach Frankfurt »von der Route abgewichen«. An Bord sind 86 Passagiere und fünf Besatzungsmitglieder.

Keine Stunde später berichtet Bundesinnenminister Maihofer dem Kanzler, dass es sich »um eine Flugzeugentführung handeln könnte«. Über eintausend Kilometer weiter südlich empfängt der Tower von Rom-Fiumicino einen Funkspruch aus der Maschine – auf Englisch: »Das ist die Operation Kofre Kaddum. Kapitän Martyr Mahmud spricht«, gibt ein Mann durch: »Dieses Flugzeug ist ganz in unserer Gewalt. Wir verlangen die Freilassung unserer Kameraden in den deutschen Gefängnissen. Das ist ein Tiger gegen die imperialistische Weltorganisation.«

Das Hijacking geschah eine halbe Stunde nach dem Start in Mallorca: Copilot Jürgen Vietor sitzt am Steuerknüppel. Unter sich sieht er Marseille verschwinden. Auf einmal reißt ein Mann die Cockpittür auf. »Alles geht furchtbar schnell«, berichtet der Copilot: »Ich sehe nur eine Pistole, die auf den Kapitän gerichtet wird. Dann kriege ich Fußtritte in die Seite.« »Out, out of the cockpit«, brüllt der Luftpirat. Copilot Vietor steht auf. Der Entführer tritt ihn in den Rücken. Vietor stolpert durch den Gang, vorbei an den Sitzreihen. Er sieht alle Passagiere mit erhobenen Händen. Und er sieht, dass das Kommando aus zwei Männern und zwei Frauen besteht. Alle Anfang zwanzig. Das Sagen hat Captain Mahmud. Schnell merkt der Copilot, dass die anderen drei – wie er es formuliert – »reine Befehlsempfänger« sind: Der »Junge« (Nabil Harb, 23), »die Kleine« (Hind Alameh, 22) und »die Dicke« (Souhaila Andrawes Sayeh, 22).

Was keiner in der Maschine weiß: Der Kopf der Entführer – Captain Mahmud – heißt tatsächlich Zohair Yousif Akache, ist dreiundzwanzig und in einem Flüchtlingslager in Beirut aufgewachsen. Später studierte er Flugzeugtechnik in London. Dort bestand der Vollstrecker Wadi

*»Captain Mahmud«: Zohair Yousif Akache*

Haddads auch seine »Bluttaufe« vor einem halben Jahr – aus Sicht der PFLP-SC »bravourös«. Am Ostersonntag 1977 erschoss er drei Menschen: den früheren Ministerpräsidenten des Nordjemen, den fünfundsechzigjährigen Abdullah bin Ahmed, dessen Frau sowie einen jemenitischen Diplomaten. Wenige Stunden nach dem Dreifachmord flog er über Heathrow mit der »Iraki Airlines« nach Bagdad. Achtzig Kilometer von Bagdad entfernt wurde er auf seine nächste Aufgabe vorbereitet. Im Palästinenserlager Habanija, von der Abteilung »Special Command« der PFLP.

Auch die anderen drei Entführer trainierten für den Einsatz in PFLP-Camps. PFLP-SC-Chef Wadi Haddad hatte sie gleich nach der Absprache mit Mohnhaupt und Boock zu sich gerufen: »Es ist eine große Ehre für euch, für diese Aktion auserwählt worden zu sein«, sagte er ihnen mit gönnerhafter Miene. Die vier fühlten sich geehrt – im hohen Maße. »Die internationale Welt sieht tatenlos zu, wie die Palästinenser in Lagern leben, als Flüchtlinge wie Menschen zweiter Klasse behandelt werden und zu einem Volk ohne eigene Identität verkommen«, fuhr der kleine Mann mit den magischen Augen fort: »Im Gegensatz dazu zollt alle Welt Israel Beifall für sein Vorgehen gegen die Palästinenser und überschüttet Israel mit Geld und Waffen. Damit entpuppen sich diese Staaten als Feinde der Palästinenser. Auch Deutschland gehört dazu.« Wadi Haddad machte eine Pause – und schilderte ihnen seinen Plan. Am Ende trichterte er den vieren ein: »Ihr müsst hart gegenüber der Besatzung und den Passagieren auftreten. Nur so könnt ihr jeden Widerstand ersticken. Schon im Keim. Nur so könnt ihr unseren Forderungen den entscheidenden Nachdruck verleihen.«

Und genau so handeln die vier an Bord. Über Stunden darf kein Passagier von seinem Platz aufstehen – auch nicht zur Toilette gehen. »Viele waren alsbald gezwungen, ihre Notdurft auf ihrem Sitzplatz zu verrichten und dort in eingenässter und stinkender Kleidung auf nassen und stinkenden Sitzen zu verharren«, fassen später die Richter des Oberlandesgerichts Frankfurt[192] die Situation zusammen: »Passagiere wurden von Zohair Akache ohne besonderen Grund geschlagen. Die Stewardess Gabriele von Lutzau *(damals: Dillmann)* zwang er, sich vor ihm auf dem

Boden niederzuknien, um sie dann zu fragen, ob sie Jüdin sei. Als sie das verneinte, schlug er ihr ins Gesicht.«

Zohair Akache alias Captain Mahmud – 1,70 Meter groß und in einem groß karierten Jackett – schreit seine Kommandos wild und laut ins Bordmikrophon. Fuchtelt dabei mit seiner Pistole herum. Seine Worte sind verzerrt und kaum zu verstehen. Abgesehen davon, dass die meisten deutschen Passagiere ohnehin kein Englisch verstehen. »So einen irren, nervösen Menschen wie den Anführer der Terroristen habe ich noch nie erlebt«, stellt Copilot Vietor fest.

Für Zohair Akache und seine drei Kommandomitglieder war es kein Problem, auf dem Flughafen Mallorca Pistolen und Handgranaten an Bord zu bringen. Die steckten in den Kosmetikkoffern der beiden Frauen – beide mit doppeltem Boden, einer rosa, der andere blau – und in einem Transistorradio, das Zohair Akache in seinem Handgepäck hatte. Die Kontrollen auf dem Flughafen sind lax.

Die vier Entführer waren ohne Waffen nach Palma de Mallorca geflogen, um bei der Anreise kein Risiko einzugehen. Die Waffen nach Mallorca zu schaffen hatte eine Deutsche übernommen – knapp eine Woche vor dem Start der »Landshut«[193]: Monika Haas, Jahrgang 1948. Einst Schreibkraft und Telefonistin – beim Suhrkamp Verlag, der Dresdner Bank, der Chase Manhattan Bank und den amerikanischen Streitkräften in Frankfurt. Anfang der siebziger Jahre engagierte sie sich in der Frankfurter Hausbesetzerszene. So wie Joschka Fischer. Mit vierundzwanzig, nach dem – wie sie sagt – »völlig überzogenen Urteil gegen Werner Hoppe«,[194] arbeitet sie im »Komitee gegen Folter an politischen Gefangenen in der Bundesrepublik« und als RAF-Häftlingsbetreuerin. Ganz besonders betreut sie Werner Hoppe – mit dem sie sich schließlich verlobt. Die RAF-Sympathisantin meint, »ständig mit einem Bein im Knast« zu stehen. Von der Bundesanwaltschaft erhält sie die Aufforderung, sich zu melden. Tut es aber nicht. Fürchtet, bald verhaftet zu werden.[195] Ende 1975 setzt sie sich in die Volksrepublik Südjemen ab. In einem PFLP-Camp bei Aden macht sie einen Schießkurs, erhält den Namen »Amal« und verliebt sich in den Leiter des Camps, Zaki el Helou. Die beiden heiraten, nach jemenitischem Recht. So bleibt sie in Aden, an der Seite des PFLP-»Stationmanagers« und Vertreters von Wadi Haddad.

Anfang Oktober 1977 erhält sie von PFLP-Chef Wadi Haddad einen besonderen Auftrag, nachdem sich Mohnhaupt und Boock von ihm die Flugzeugentführung gewünscht hatten: Er beauftragt die aus Deutsch-

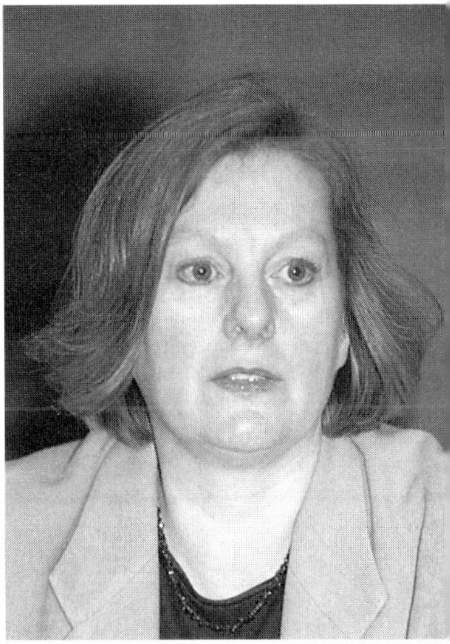

*Monika Haas 1998*

land abgetauchte RAF-Sympathisantin, die Waffen für die RAF-Unterstützungsaktion der PFLP nach Mallorca zu schmuggeln.

So steigt sie zusammen mit dem PFLP-Mann Said Slim am 7. Oktober 1977 um 18.45 Uhr in Algier in eine Air-Algerie-Maschine. Ziel: Palma de Mallorca. Bei der Ausweiskontrolle legt sie einen niederländischen Reisepass auf den Namen »Cornelia Trubendorffer, geboren am 4. August 1942, verheiratete Vermaessen« vor – der Pass war der wahren Vermaessen am 8. Januar 1977 in Amsterdam gestohlen worden. Während des Fluges hält die Neunundzwanzigjährige ihre knapp drei Monate alte Tochter Hanna im Arm. In ihrem Handgepäck Bonbondosen und ein Radiogerät. Darin stecken die Waffen für die Landshut-Entführer: zwei Pistolen, drei gefüllte Pistolenmagazine, vier Handgranaten und ein Kilo Plastiksprengstoff.

Auf dem Flughafen von Palma de Mallorca werden sie von Jamel erwartet. Einem PFLP-Mann. Mit dem Auto bringt er sie ins Hotel Java. Eine Fünfhundert-Betten-Burg in der Nähe des Flughafens. Monika Haas übergibt Jamel die Waffen und den Sprengstoff.[196] Sie übernachtet im Zimmer 902. Ein Raum weiter schläft Said Slim. Am nächsten Morgen, 8. Oktober 1977, steigen die beiden in eine Iberia-Maschine in Palma. Um 9.55 Uhr startet sie nach Paris-Orly. Von dort aus fliegen sie weiter nach Bagdad. So sind die Waffenkurierin mit Säugling und der PFLP-Mann schon seit fünf Tagen über alle Berge, als die vier Entführer mit den Waffen, die ihnen Jamel weiterreichte, in die Landshut einsteigen.[197]

Bonn, Kanzleramt. Am selben Tag – 13. Oktober 1977. 18.15 Uhr. »Kleine Lage«. Keine vier Stunden nach der ersten Meldung über die »Routenabweichung« der »Landshut«. Der Kanzler und seine Vertrauten mit betretenen Gesichtern. Voller Sorgenfalten. Grund ist die Vermutung, dass es einen Zusammenhang zwischen der Schleyer- und der »Landshut«-Entführung gibt. Häufiger als sonst hallt das Klopfen des Kanzlers durch das Schmidt-Rottluff-Zimmer: wieder einmal häuft er aus seiner Schnupftabakdose eine Prise »Export Snuff« an.

In der Nacht wird die Vermutung Gewissheit: Nach zwei Uhr übermittelt Rechtsanwalt Payot vier Mitteilungen, die er von der »Organisation für den Kampf gegen den Weltimperialismus« und dem »Kommando Siegfried Hausner« erhalten hat. In einem »Ultimatum an den Kanzler der Bundesrepublik Deutschland« fordern die Palästinenser, dass neben der bisherigen Forderung der RAF – Freilassung von elf Häftlingen mit jeweils 100 000 Mark – zusätzlich die »palästinensischen Genossen« Mahadi und Hussein aus dem »Gefängnis in Istanbul« freizulassen sind und 15 Millionen Dollar (35 Millionen Mark) »gemäß beigefügten Anweisungen« zu zahlen sind. Und zwar jeweils 7 Millionen Mark in US-Dollar, Schweizer Franken und D-Mark. Außerdem holländische Gulden. Das Geld ist von Schleyers ältestem Sohn Hanns Eberhard (34) zu überbringen, verlangt das Kommando: in »3 schwarzen Koffern der Marke ›Samsonite‹«, die Schlösser »auf die Zahlenkombination 000« justiert. Mit dem Lösegeld habe er – so die Forderung – am 15. Oktober 1977 um zwölf Uhr im Frankfurter Intercontinental zu erscheinen, »wo er auf genaue Anweisungen für seine Aufgabe warten soll«: »Er soll einen beigen Anzug tragen, Sonnenbrille in der obersten Tasche der Jacke. Das Gestell der Brille sollte von außen auf der Tasche deutlich erkennbar sein. Er sollte die letzte Ausgabe von *Der Spiegel* in der Hand führen.« An »einem Punkt seiner Reise« werde er angesprochen mit den Worten: »Let's save your father.« Er habe zu antworten: »We shall save my father.«

»Wenn nicht alle Gefangenen entlassen werden und ihr Ziel erreichen und das Geld nicht gemäß den Anweisungen innerhalb der angegebenen Zeit übergeben wird«, erklärt die »Organisation für den Kampf gegen den Weltimperialismus«, »werden Hanns Martin Schleyer und alle Pas sagiere sowie die Besatzung der Lufthansa-Maschine 737, Flug LH 181, augenblicklich getötet.«

Die umgerechnet 35 Millionen Mark soll, haben RAF und PFLP verabredet, die Volksfront für die Befreiung Palästinas kassieren – für ihren »Freundschaftsdienst« gegenüber der RAF. Terror muss sich lohnen – so die Devise von Wadi Haddad schon immer.

Die Erklärung der RAF ist vergleichsweise kurz: Sie habe »helmut schmidt jetzt genug zeit gelassen, um sich in seiner entscheidung zu winden«: »Das ultimatum der operation kofre kaddum des kommandos ›martyr halimeh‹ und das ultimatum des ›kommando siegfried hausner‹ der RAF sind identisch.« Es ende in zwei Tagen, um neun Uhr, »am sonntag, den 16. okt. 1977«.

»Kofre Kaddum« ist, finden die BKA-Experten heraus, ein von den Israelis zerstörtes Palästinenserdorf in der Nähe von Nablus – und »Halimeh« der Deckname der Deutschen Brigitte Kuhlmann. Sie war ein

Jahr zuvor bei der Entführung einer El-Al-Maschine in Entebbe von einem israelischen Befreiungskommando getötet worden.

In der Nacht landet die »Landshut« in Bahrein. Der Sprit ist alle. Copilot Vietor versucht, über Funk dem Tower die Situation zu erläutern. Auf Englisch sagt er, dass es sich um eine entführte Maschine handle und es um die Freilassung mehrerer deutscher »Terroristen« gehe. Mahmud hört das Wort »Terroristen« und wird fuchsteufelswild. »Wir sind keine Terroristen, wir sind Friedenskämpfer«, brüllt er aufgeregt den Copiloten an: »Ich werde dich erschießen.« Er schlägt Vietor ins Gesicht. Dann beruhigt sich Captain Mahmud wieder. Und der Tankwagen kommt.

Um 5.51 Uhr landet die »Landshut« im Scheichtum Dubai. Captain Mahmud hält den Passagieren einen Vortrag über die Lage in Palästina. Fürs brave Zuhören hat er sich etwas ausgedacht: Jeder Passagier bekommt als Erinnerung eine Postkarte der »Landshut« – über schneebedeckten Bergen. Auf die Rückseite jeder Karte müssen zwei Stewardessen schreiben: »With compliments from the S. A. W. I. O.«[198]

Pilot Schumann gibt derweil dem Tower in Dubai heimliche Signale: Er bestellt vier Zeitungen, wirft vier nicht gerauchte Zigaretten in den Abfall – um zu signalisieren, dass vier Entführer an Bord sind. Wie von ihm erhofft, wird der Müll durchsucht. Der Tower versteht. Und Scheich Mohammed, der neunundzwanzigährige Verteidigungsminister der Arabischen Emirate, lobt vor Journalisten den »klugen deutschen Kapitän, der Informationen über die Anzahl der Terroristen herausgeschmuggelt hat«. Captain Mahmud bekommt das mit, als er die Nachrichten in seinem Melba-Radio hört. Wutschnaubend erscheint er im Cockpit und schreit Jürgen Schumann an. Zur Strafe muss der Flugkapitän im Gang exerzieren. Vor allen Passagieren. »Yes, Captain Martyr Mahmud, yes Captain«, zwingt ihn Mahmud dabei zu rufen. »Jürgen musste strammstehen, dann musste er Kehrtwendungen machen, immer 180 Grad im Gang«, erinnert sich Vietor, der das erniedrigende Schauspiel auf einem Passagiersitz miterlebt.

Die Situation an Bord wird in Dubai immer unerträglicher. Die sengende Sonne des Scheichtums heizt die Kabine auf über fünfzig Grad auf. Alle Passagiere: schweißgebadet. Es stinkt bestialisch. Die Toiletten sind verstopft und laufen über. Von Hitze und Gestank brechen mehrere Passagiere ohnmächtig zusammen. Die Schiebeplatten an den Fenstern sind unten. Nur die Bordbeleuchtung sorgt für Licht – bis das Aggregat für vierundzwanzig Stunden ausfällt, weil kein Treibstoff mehr da ist. Weder Licht noch Klimaanlage funktionieren. Das Thermometer steigt auf

*Die entführte »Landshut« in Dubai*

über sechzig Grad. Ein Zweiundachtzigjähriger fleht verwirrt seine Frau an: »Oma, wo ist die Taschenlampe, ich will jetzt endlich Licht.«

Nachdem die »Landshut« mehr als vierundzwanzig Stunden in Dubai steht, gibt Flugkapitän Schumann an Bundeskanzler Schmidt ein verzweifeltes Telegramm durch: »Das Leben von 91 Männern, Frauen, Kindern an Bord des Flugzeuges hängt von Ihrer Entscheidung ab. Sie sind unsere letzte und einzige Hoffnung. Im Namen der Besatzung und der Passagiere. Schumann.«

Zwei Stunden später – Sonnabend, 15. Oktober, 9.20 Uhr – versammelt sich im Kanzleramt der »Große Politische Beraterkreis«. Er beschließt unter Leitung von Schmidt: »Es soll auf eine – notfalls gewaltsame – Befreiung der Geiseln in der entführten Lufthansa-Maschine hingearbeitet werden.«

# 44. Kapitel: Die vermasselte Übergabe von 35 Millionen Mark

Hanns Eberhard Schleyer ist bereit, auf die weite, unbekannte Reise zu gehen – um das Leben seines Vaters zu retten. Er ist der älteste der vier Söhne Schleyers, vierunddreißig und Rechtsanwalt in einer Stuttgarter Wirtschaftskanzlei. Ihm ist klar, dass »die Reise schließlich in einem Land enden wird, wo für die deutschen Behörden keine Zugriffsmöglichkeiten bestehen«. Er weiß: Der Trip mit dem unbekannten Ziel ist für ihn nicht ungefährlich. »Aber das Risiko muss ich für meinen Vater eingehen«, sagt er sich.

Wie in dem Ultimatum zwei Tage zuvor gefordert, will Hanns Eberhard Schleyer am Sonnabend – 15. Oktober – um zwölf Uhr im Frankfurter Intercontinental sein, die Anweisungen der Entführer entgegennehmen und losfliegen. Mit den 35 Millionen Mark im Gepäck – aus der Bundeskasse. Am Abend zuvor war er mit einem BKA-Beamten zur Bundesbank in Frankfurt gefahren. Die 35 Millionen Mark wurden in Hundert-Dollar-, Tausend-Mark-Scheinen, großen Noten Schweizer Franken und niederländischen Gulden in drei Koffer gepackt. Sie wiegen 130 Pfund.

Was Hanns Eberhard Schleyer an diesem Samstagmorgen nicht weiß: Ein Ticket liegt für ihn seit zwei Tagen im Frankfurter Lufthansa-Büro bereit. Abflug an diesem Abend von Frankfurt um 20.55 Uhr. Über Paris, Algier, Damaskus und Karatschi zurück nach Frankfurt. Es ist ausgestellt auf »E. Schlier, Frankfurt, Kaiserstraße 56a«. Die RAF hat es für ihn besorgt, Rolf Klemens Wagner von Paris aus – und bezahlt: 6 075 Franc. Rund 3 000 Mark. Der Plan der Entführer: Irgendwo unterwegs auf der Reise werden Haddads Leute, während Schleyer die Maschine wechselt, das Geld aus den drei Koffern nehmen, in einer Ladehalle oder sonstwo.

Alles Pläne. Es kommt ganz anders: Um 9.40 Uhr meldet die Deutsche Presse-Agentur an diesem Sonnabend: »schleyer-sohn eberhard soll 15 millionen dollar übergeben.« Aus »diplomatischen kreisen« sei bekannt geworden, dass er »das geforderte geld um 12.00 uhr im hotel intercontinental auf dem frankfurter flughafen übergeben soll.« Eine gezielte Indiskretion der Bundesregierung. So sind um zwölf Uhr über einhundert

Journalisten in der Hotelhalle. Aber der entscheidende Mann fehlt, Hanns Eberhard Schleyer. Zuvor – bereits zehn Minuten vor der dpa-Meldung – hatte er von Bundesjustizminister Vogel am Telefon erfahren: »Meldungen über die geplante Mission sind an die Öffentlichkeit gelangt.« Das Risiko der Reise sei daher für ihn zu groß, erklärt ihm der Justizminister. Deswegen könne er das Geld nicht bekommen. Angesichts der neuen Situation werde die Bundesregierung den Entführern mitteilen, dass für sie eine weitere Meldung bei Payot liege. Nämlich: »Machen Sie sofort Vorschläge für eine Übergabe der geforderten 15 Millionen Dollar unter Bedingungen, deren Einhaltung möglich ist.« Die Bundesregierung will verhindern, dass ihr das Geld abhanden kommt – und vielleicht auch noch der Schleyer-Sohn.

Erst in der Nacht zuvor waren beim BKA neue Video-Aufnahmen von Vater Schleyer eingetroffen. Seine Nerven haben sichtlich gelitten: »Ich frage mich in meiner jetzigen Situation wirklich, muss denn nun etwas geschehen, damit Bonn endlich zur Entscheidung kommt?«, fragt der Arbeitgeberpräsident Bundeskanzler Schmidt vom Monitor im Kanzleramt: »Schließlich bin ich nun fünfeinhalb Wochen in der Haft der Terroristen und das alles nur, weil ich mich jahrelang für diesen Staat und seine freiheitlich-demokratische Ordnung eingesetzt und exponiert habe. Manchmal kommt mir ein Ausspruch – auch von politischen Stellen – wie eine Verhöhnung dieser Tätigkeit vor.«

Nach dem geplatzten Termin im Intercontinental wird die RAF nervös. Rolf Klemens Wagner ruft mehrfach am Nachmittag im Intercontinental an, um Schleyer doch noch zu dem Flug zu überreden. Aber er ist nicht da. Sondern sitzt in einem Bundesgrenzschutzhubschrauber auf dem Weg zurück nach Stuttgart. Kurz bevor die Maschine im Neckarstadion aufsetzt, kommt über Funk die Nachricht, dass die RAF Hanns Eberhard Schleyer sprechen möchte. Der Pilot zieht die Maschine wieder hoch und fliegt zurück nach Frankfurt. Dort erreicht Wagner um 17.59 Uhr Schleyer im Intercontinental. Er beschwört ihn, das hinterlegte Ticket abzuholen und zu fliegen. »Wegen der Haltung der Bundesregierung bin ich mir nicht sicher«, erwidert Schleyer, »den Flugtermin einhalten zu können.« Der Erpresser spricht ruhig und geschäftsmäßig höflich – Wagner ist ein routinierter Telefonist: Einst hatte er in einem »g-u-t«-Reisebüro in Eschborn gearbeitet und oft mit Geschäftsleuten telefoniert. Diese Höflichkeit empfindet Hanns Eberhard Schleyer als »geradezu makaber«.

Eine halbe Stunde später meldet sich Wagner abermals bei ihm im Hotel: »Ja. Guten Abend Herr Schleyer, noch mal das Kommando Siegfried Hausner.« – »Ich habe gerade mit Bonn telefoniert«, entgegnet Schleyer. »Ich möchte Ihnen Folgendes in aller Ernsthaftigkeit und Deutlichkeit sagen: Die Bundesregierung ist bereit, die 15 Millionen Dollar zu bezahlen. Die Bundesregierung hat es mir gegenüber abgelehnt, dass ich heute Abend diesen von Ihnen angegebenen Flug benutze. Ich sage Ihnen auch warum. Die Bundesregierung hat durch die Veröffentlichung dieser Meldung heute, sieht die ganz große Gefahr, dass es mir nicht gelingen wird, diese 15 Millionen an den richtigen Adressaten zu bringen. Ich hab versucht, dagegen anzugehen. Die Bundesregierung ist stur geblieben. ... Ich muss Sie dringend darum bitten, dass Sie sich andere Modalitäten überlegen, so schnell wie möglich, die eine solche konkrete Gefährdung meiner Person ausschließen ....«

*Rolf Klemens Wagner*

»Herr Schleyer, wenn ich Sie mal unterbrechen darf, äh, es gibt für uns keine andere Möglichkeit. Ich wiederhole: keine. ... Wir sind absolut fixiert auf diesen Weg ... Worin soll diese Gefährdung für Sie persönlich bestehen?«

»Äh, die Gefährdung ...«

»Ich betrachte, ich betrachte diese Demarche der Bundesregierung als einen erneuten Versuch irgendeiner Verzögerungstaktik. Wir werden uns nicht darauf einlassen.«

»Ich glaube nicht, dass Sie da im Recht sind.«

»Herr Schleyer, jetzt hören Sie mir bitte zu!«

»Ja.«

»Da die Lieferung des Lösegelds ein fester Bestandteil des Ihnen bekannten Ultimatums ist, weisen Sie die Bundesregierung nochmals darauf hin, dass sie die Konsequenzen bei Nichterfüllung voll und ganz zu tragen hat.« Wenig später beendet Wagner das Gespräch: »Herr Schleyer, wir werden keine Änderung vornehmen, und das ist auch mein letztes Wort. Das werden Sie bitte der Bundesregierung genauso mitteilen. Ich darf mich von Ihnen verabschieden.«

Doch es ist tatsächlich noch nicht das letzte Wort von Rolf Klemens Wagner: Am Abend, acht Minuten nach elf, klingelt bei Hanns Eberhard Schleyer in Stuttgart das Telefon. »Ich habe Ihnen folgende Mitteilung zu machen«, meldet sich Wagner: »Aufgrund des Gespräches mit Ihnen sind wir nun damit einverstanden, wenn den Gefangenen das Lösegeld mitgegeben wird.« Das vierte und letzte Telefonat Hanns Eberhard Schleyers mit einem der Entführer seines Vaters.

# 45. Kapitel: Das Bundesverfassungsgericht entscheidet über das Schicksal von Hanns Martin Schleyer

Hanns Eberhard Schleyer »will alle Möglichkeiten ausschöpfen, meinem Vater zu helfen«: Nachdem ihm an diesem Samstagvormittag klar geworden war, dass aus dem Geldkoffer-Flug wohl nichts wird, bittet er Kollegen seiner Stuttgarter Kanzlei, beim Bundesverfassungsgericht eine einstweilige Anordnung für seinen Vater zu beantragen. Um dreizehn Uhr geht der Antrag in Karlsruhe ein. Hanns Eberhard Schleyer verlangt, als Vertreter seines Vaters, dass das höchste deutsche Gericht die Bundesregierung und die beteiligten Landesregierungen verpflichtet, »den Forderungen der Entführer des Dr. Hanns Martin Schleyer auf Freilassung und Gewährung freier Ausreise aus der Bundesrepublik Deutschland von namentlich von den Entführern benannten Häftlingen« nachzukommen – »als unabdingbare Voraussetzung zur Abwendung gegenwärtiger drohender Gefahr für das Leben des Antragstellers«. »Das Leben des Antragstellers«, schreiben die Anwälte in ihrer Begründung, »wird vernichtet werden, falls die Antragsgegner sich nicht zur antragsgemäßen Freilassung und Gestattung der Ausreise der bezeichneten Gefangenen bekennen. Die Antragsgegner nehmen die Ermordung des Antragstellers dann wissentlich hin, obwohl sie in der Lage wären, diesen Mord abzuwehren.«

Die Bundesregierung hält den Antrag für »nicht begründet«. »Die elf inhaftierten Terroristen, deren Freilassung gefordert wird, sind gefährliche Verbrecher«, schreibt Justiz-Ministerialdirektor Kai Bahlmann dem Bundesverfassungsgericht, »und wie die Erfahrungen nach dem Entführungsfall Lorenz gezeigt haben, ist damit zu rechnen, dass sie nach ihrer Freilassung ... in die Bundesrepublik zurückkehren, um ihr verbrecherisches Tun fortzusetzen.« Würden die Gefangenen freigelassen, sei »das Leben weiterer Unbeteiligter in höchstem Maße gefährdet«. Zudem: »Wird den Forderungen der Terroristen nachgegeben, so wird damit der abwehrbereite Staat in seinen ureigensten Funktionen auf das Empfindlichste gelähmt.« Angesichts dessen hätte die Bundesregierung »einen Spielraum für pflichtgemäßes Ermessen«. Es ist dieselbe rechtliche Beurteilung, die auch schon Bundesjustizminister Vogel am Tag nach der Schleyer-Entführung im »Großen Politischen Beratungskreis« vorgetragen hat: Ob die Häftlinge entlassen werden oder nicht, um das Leben Schleyers zu retten, ist eine politische Frage. Keine rechtliche.

Um 21.30 Uhr beginnt an diesem Abend die mündliche Verhandlung im Bundesverfassungsgericht in Karlsruhe. Sie dauert bis Mitternacht. Die sechs Richter – zwei konnten so kurzfristig nicht ins Gericht kommen – beraten die Nacht über. Sonntag früh, um 5.45 Uhr, verkündet der Präsident des Bundesverfassungsgerichts Ernst Benda das Urteil mit roten Augen: »Der Antrag auf Erlass einer einstweiligen Anordnung wird abgelehnt.«

Der Schutz des Einzelnen wie aber auch aller Bürger gegenüber derartigen Angriffen setze voraus, erklärt Benda zur Begründung, »dass die zuständigen staatlichen Organe in der Lage sind, auf die jeweiligen Umstände des Einzelfalls angemessen zu reagieren; schon dies schließt eine Festlegung auf ein bestimmtes Mittel aus«. Aus der Verfassung ergebe sich nicht, wie der Staat zu handeln habe, weil ansonsten »die Reaktion des Staates für die Terroristen von vornherein kalkulierbar würde«. Deshalb könne das »Bundesverfassungsgericht den zuständigen staatlichen Organen keine bestimmte Entschließung vorschreiben«. Damit haben Bundeskanzler Schmidt und seine Berater freie Hand für ihre Entscheidung.

# 46. Kapitel: Die Odyssee der »Landshut«

## »Sei still oder ich erschieß dich auch!«

Zwei Stunden nach Ende der Urteilsverkündung, Sonntagmorgen – Bonn, Adenauerallee 139: Über ein Dutzend schwarze Mercedes-Limousinen rollen am Eingang des Bonner Kanzleramts vor, begleitet von Dutzenden Leibwächterautos. Die Minister Schmidts eilen an den Kabinettstisch. Um 8.30 Uhr beginnt die Sondersitzung. Justizminister Vogel referiert die Entscheidung aus Karlsruhe. Alle am Tisch nicken zufrieden und beschließen: Es gibt »keine Zusammenführung der Gefangenen«, und die »Bemühungen um eine polizeiliche Befreiung der Geiseln in Dubai« werden fortgesetzt.

In Dubai steht die »Landshut« seit mittlerweile zwei Tagen auf dem Rollfeld. Dramatische Szenen haben sich abgespielt. Bei *Christina Torberg* hat Captain Mahmud einen Montblanc-Füllhalter entdeckt. Sie muss zu ihm in die erste Klasse kommen. »Auf die Knie«, brüllt er – mit vorgehaltener Pistole. »Was ist das?«, schreit er und fuchtelt mit dem Füller vor ihrer Nase herum. »Das ist ein Füllfederhalter«, antwortet die verängstigte Frau. Mahmud schlägt ihr ins Gesicht. »Nein«, tobt er – und deutet auf den weißen Montblanc-Stern: »Das ist der Beweis, dass du Jüdin bist.« Mahmud ohrfeigt die Frau, zertritt den Füller und befiehlt ihr: »Du meldest dich morgen früh. Dann wirst du erschossen.« Er schickt *Christina Torberg* zurück auf ihren Platz. Sie heult hemmungslos. Ihr zehnjähriger Sohn tröstet sie. Anschließend müssen zwei andere Frauen zu Captain Mahmud in die erste Klasse, bei denen ebenfalls Montblanc-Schreiber gefunden wurden. Auch sie bekommen Mahmuds Sonderbehandlung: Er beschimpft sie als »Jüdinnen«, schlägt ihnen ins Gesicht und befiehlt: »Melde dich morgen früh. Dann wirst du erschossen.« Fassungslos weinend kehren sie auf ihre Plätze zurück. Nachdem die drei wieder sitzen, greift Captain Mahmud zum Bordmikrophon und teilt allen mit: »Morgen früh werden die drei Jüdinnen erschossen!«

Flugkapitän Schumann gelingt es, Mahmud über die Bedeutung des weißen Sterns auf dem Montblanc-Schreiber aufzuklären und ihn von seinem Mordentschluss abzubringen. Abermals greift Mahmud zum Mikrophon für die Bordlautsprecher: »Die jüdischen Hexen brauchen sich morgen nicht zu melden.«

Der Tower weigert sich, die Maschine auftanken zu lassen. Captain Mahmud verteilt an seine Geiseln Nummern – für die Reihenfolge ihrer Exekution. Erster ist Flugkapitän Schumann. Nummer zwei die neunzehnjährige Diana aus den Niederlanden. Dritter ihr vierundzwanzigjähriger Freund. Neun weitere Nummern vergibt er. Mahmud greift zum Funkgerät und fordert zum x-ten Mal »Fuel«. Treibstoff für die Maschine. Und zwar »randvoll«. »Negativ«, antwortet der Tower. »Ultimatum neun Uhr«, funkt Mahmud zurück: »Falls bis dahin kein Fuel geliefert, werden der Kapitän und dann zunächst zwei Passagiere unter dreißig Jahren erschossen. Alle fünf Minuten der Nächste.« »Lassen Sie zuerst die Kranken frei«, verlangt der Tower, »dann erhalten sie Fuel.« Nach einigen Minuten meldet sich Mahmud wieder: »Noch einundzwanzig Minuten. Die Leichen werden links in Richtung Gangway hinausgeworfen.«

Stewardess Gaby Dillmann muss den Geiseln die Nylonstrümpfe abnehmen, mit denen sie gefesselt sind. Sie ist entsetzt über die Kaltblütigkeit Mahmuds und fürchtet mit einem Blick auf den Berg von Nylonstrümpfen neben ihm: »Er wird mich erdrosseln und mein letztes Röcheln über Mikrophon die anderen Geiseln mithören lassen.« Auf einmal holt der »Junge« Diana von ihrem Sitzplatz und führt sie zur geöffneten Tür links vorne. Captain Mahmud setzt ihr die Pistole an die Schläfe. Sie rechnet damit, erschossen zu werden. Und fällt in Ohnmacht. »Fuel genehmigt«, quäkt es auf einmal aus dem Funkgerät. Der Tankwagen kommt tatsächlich. Die Lage entspannt sich.

Um 12.19 Uhr hebt die »Landshut« in Dubai ab, nimmt Kurs auf Oman. Das Sultanat aber will die entführte Maschine nicht, sperrt den Flughafen Massira. Jürgen Schumann steuert Richtung Aden. Auch die Südjemeniten wollen die »Landshut« nicht bei sich haben, funken »Airport is closed, no landing«. Jürgen Schumann blickt aus tausend Meter Höhe auf die Landebahn: Panzer sind auf sie gerollt. Keine Chance, dort heil herunterzugehen. Der Treibstoffzeiger ist schon lange im roten Bereich. Schumann sieht, dass der Sprit für keine zehn Minuten mehr reicht. Captain Mahmud sitzt hinter ihm auf dem Observer-Seat. Der Kommandochef hat den Ernst der Lage erkannt. Schweiß läuft über sein Gesicht. Er befielt: »Wir werden in Aden landen.« Vor Todesangst kann Captain Mahmud keinen Finger mehr bewegen. Copilot Vietor muss ihn anschnallen. Jürgen Schumann hat keine andere Wahl als eine Crash-Landung – er verabschiedet sich von seinem Copiloten Vietor mit Handschlag. Um 15.55 Uhr setzt er die Boing 737 in Aden auf – neben der Rollbahn auf der Sandpiste. Ohne einen einzigen Verletzten. Eine fliegerische Meisterleisung.

Jemeniten erscheinen und fordern Schumann auf: »Sofort wieder starten!« »Ich muss sehen, ob die Maschine noch flugfähig ist«, entgegnet der Lufthansa-Kapitän. Mahmud nickt, lässt Schumann aussteigen. Mit einer Taschenlampe leuchtet der Pilot ins Fahrwerksgehäuse und ruft zu seinem Copiloten hoch: »Die Fahrwerke sehen so weit noch ganz gut aus!« Auf einmal ist Schumann verschwunden – wohin und warum ist bis heute nicht bekannt. Mahmud rast vor Wut: »Ich werde ein Revolutionstribunal abhalten«, brüllt er in der Kabine, »und den verdammten Verräter dann vor aller Augen erschießen.« Den Passagieren droht er: »Wer schreit oder weint, wird ebenfalls sofort erschossen.« Er und seine drei Komplizen sind sichtlich nervös. Sie haben gemerkt, dass die Entführung nicht nach Plan läuft. Wadi Haddad hatte ihnen bei der Einsatzbesprechung gesagt: »Die Entführung endet in Aden im Südjemen. Dort erwarte ich euch mit anderen PFLP-Mitgliedern. In Aden werden die Passagiere gegen die Häftlinge ausgetauscht.«[199] Nun ist Mahmud und seinen drei Komplizen klar – nachdem der Tower die Landung verboten hatte –, dass Wadi Haddad die Fäden entglitten sind und der Austausch in Aden nicht stattfinden wird. So sind die vier bitter enttäuscht, ratlos und aggressiv.

Auf einmal ist der Kapitän wieder da. Nach zwanzig Minuten. Jürgen Schumann kommt durch die hintere Tür. Aufrecht geht er durch den Gang, vorbei an den Passagieren. Es ist mucksmäuschenstill. An der Trennwand zur ersten Klasse erwartet ihn Mahmud – seinen rechten Fuß hat er lässig auf einen freien Sitz gelümmelt, in der Hand die Pistole. Er zwingt den Piloten, sich vor ihm niederzuknien. Die Hände muss er hinterm Kopf verschränken. »Das ist ein Revolutionstribunal«, brüllt Mahmud los: »Du hast mich bereits einmal verraten. Dieses zweite Mal verzeihe ich dir nicht. Bist du schuldig oder nicht schuldig?« (»guilty or not guilty?«) »Es gab Schwierigkeiten, zur Maschine zurückzukommen«, antwortet Schumann leise. Mahmud schlägt den Kapitän ins Gesicht. Schreit: »Schuldig oder nicht schuldig?« »Verzeihen Sie bitte, Sir«, setzt Schumann abermals an, »darf ich erklären, es gab Schwierigkeiten ...« Mahmud schlägt wieder zu. Schumanns Kopf fliegt zur Seite. Dann drückt Mahmud ab. Die Kugel trifft Schumann in den Kopf. Er ist sofort tot. Die vier Entführer ziehen sich in die erste Klasse und das Cockpit zurück – fröhlich kichernd und lachend. Captain Mahmud schlägt sich vor Begeisterung über seine Tat auf die Oberschenkel. Die Leiche

*Jürgen Schumann*

Schumanns lassen sie im Mittelgang liegen. Über Stunden. Die Passagiere in den Reihen drum herum sind entsetzt. Mehrere werden ohnmächtig. Schnell steigt Verwesungsgeruch auf – in der Maschine herrschen sechzig Grad. Der Gestank ist bestialisch. Die Purserette *Rosemarie Siegler* muss auf Armlehnen über den toten Flugkapitän steigen, um Wasser auszuteilen. Gaby Dillmann heult hemmungslos – unter einem Jackett, das sie sich über den Kopf gezogen hat. Auf einmal spürt sie einen Pistolenlauf an ihrer Schläfe. Mahmud steht neben ihr: »Sei still oder ich erschieß dich auch!«

Zehn Stunden später hebt die »Landshut« in Aden ab. Um zwei in der Nacht zu Montag. Copilot Jürgen Vietor fliegt die 737 allein. Die Leiche des Kapitäns haben die Entführer aufrecht in den schmalen Garderobenschrank gestellt. Neben der Toilette. Nach zweieinhalb Stunden landet die »Landshut« in Mogadischu. Wieder steht die Maschine den ganzen Tag über in der prallen Sonne. Bei fünfundneunzig Prozent Luftfeuchtigkeit. Der Gestank an Bord ist unerträglich: Eine Mischung aus Schweiß und Erbrochenem, aus verstopften Toiletten und – zunehmend mehr – dem süßlichen Geruch der verwesenden Leiche. Erst nach Stunden werfen die Entführer die Leiche des Kapitäns über eine Notrutsche aus der Maschine.

Captain Mahmud stellt ein Ultimatum. Die Zeit verrinnt. Anderthalb Stunden vor Ablauf fesseln die Entführer ihre Geiseln mit den Damenstrümpfen. Anschließend leeren sie Alkohol- und Parfümflaschen über ihren Köpfen aus und erklären ihnen wieso: »Damit ihr bei der Sprengung besser brennt!«

Gaby Dillmann bittet Mahmud, eine Botschaft an Bonn über das Mikrophon in der Kanzel absetzen zu dürfen – er lässt sie: »Ich möchte der deutschen Regierung sagen, dass es ihr Fehler ist, wir werden sterben«, sagt die Dreiundzwanzigjährige an die Adresse von Helmut Schmidt: »Aber die deutsche Regierung schert sich kein bisschen um unser Leben. Wir werden jetzt sterben. Ich werde versuchen, es so leicht wie möglich zu nehmen. Wir alle sind zu jung zum Sterben. Auch die Alten unter uns«, sagt sie mit tränenerstickter Stimme. »Mein Name ist Gaby Dillmann ... und sagen Sie bitte meinem Freund, sein Name ist Rüdeger von Lutzau, dass ich ihn sehr liebe.«

In diesem Augenblick stockt dem Copiloten in einer deutschen Boing 707 der Atem, die kurz zuvor in Mogadischu gelandet ist. Er hat den Auftrag, den Funkverkehr zwischen »Landshut« und Tower mitzuschreiben und nach Deutschland durchzugeben. Es ist Rüdeger von Lutzau, Gabys Freund. Der Lufthansa-Pilot hatte sich sofort gemeldet, als die Kanzlerrunde beschloss, der entführten »Landshut« eine Maschine mit Kanzleramtsminister Wischnewski und einer Verhandlungsdelegation hinterherzuschicken. Mit zittriger Hand kritzelt er, was seine Freundin sagt: »Mein Gott, ich kann das nicht verstehen, ich kann das wirklich nicht verstehen. Können Sie dies bis zum Ende Ihrer Tage mit Ihrem Gewissen vereinbaren? ... Bitte, falls irgendeine Möglichkeit besteht, helft uns, helft uns, bitte helft uns.« Benommen wankt Rüdeger von Lutzau mit dem Notizzettel in die Kabine. Ein Lufthansa-Arzt muss ihm eine Spritze geben – und legt ihn auf eine Sitzreihe.

Kanzleramtsminister Hans-Jürgen Wischnewski hat bereits die Maschine verlassen und verhandelt mit den Somalis über eine Lösung. »Ben Wisch« – sein Spitzname in Bonn wegen seiner guten Kontakte zu den Arabern – wird zu Staatspräsident Siad Barre gefahren. Ihm verspricht er: »Wenn Sie uns helfen, wird sich das auf unsere Beziehungen auswirken.« Der Staatspräsident lächelt erfreut. »Ben Wisch« fügt hinzu: »Wenn wir Gefangene machen, sind das Ihre Gefangenen!« Nun ist Barre überrascht. Erstaunt fragt er: »Gefangene wollen Sie auch machen?«

Um 19.30 Uhr Ortszeit landet in Mogadischu eine dritte Lufthansa-Maschine – es ist zwei Stunden später als in Deutschland und bereits dunkel. An Bord: sechzig Beamte der GSG 9. Ihr Chef Ulrich Wegener ist schon da. Er saß in der Wischnewski-Maschine. Der Kommandeur der Eliteeinheit hat bereits das Terrain um die »Landshut« herum erkundet.

## »Aktion Feuerzauber«

Sechs Stunden später – zwei Stunden nach Mitternacht in Mogadischu: Captain Mahmud hockt im Cockpit und verhandelt mit dem Tower über eine Verlängerung des Ultimatums. Die »Landshut« steht seit neunzehn Stunden auf dem Flugfeld. »Ich habe eine wichtige Nachricht für Sie«, meldet sich Michael Libal, bundesdeutscher Geschäftsträger in Somalia, und flunkert vom Tower: »Wir haben gerade die Nachricht bekommen, dass die Häftlinge in deutschen Gefängnissen, die Sie freigelassen haben möchten, hier nach Mogadischu geflogen werden sollen. Aber wegen der

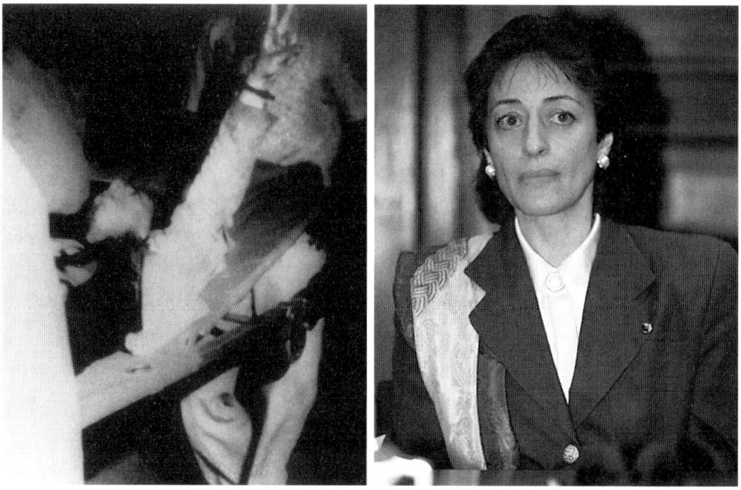

*Souhaila Andrawes Sayeh: Schwer verletzt nach der Erstürmung der »Landshut« und neunzehn Jahre später während ihres Strafprozesses 1996 in Hamburg*

großen Entfernung zwischen der Bundesrepublik und Mogadischu können sie nicht vor dem Morgen hier sein.« »Hier spricht Captain Martyr Mahmud. Ich spreche Sie an, Vertreter des faschistischen imperialistischen westdeutschen Regimes. Sie wagten, mich um eine Verlängerung des Ultimatums bis zum Morgen zu fragen – stimmt das, Herr Vertreter des deutschen Regimes?« Einen Augenblick später kann Libal den Entführer-Chef über Funk nicht verstehen und bittet: »Wiederholen Sie, denn ich habe das nicht ganz verstanden.« »Reinigen Sie gefälligst Ihre Ohren und hören Sie genau zu«, befielt Mahmud: »Wir haben nur noch siebeneinhalb Minuten.« »Ja, das ist okay«, erwidert Libal: »Bitte warten Sie. Herr Martyr Mahmud, hören Sie mich noch?« Der hört ihn – und tobt. »Ich bin nicht Martyr Mahmud«, zischt der Dreiundzwanzigjährige ins Mikrophon, »ich bin Captain Martyr Mahmud.«

»Nach unseren Informationen ist die Lufthansa-Maschine um 20.20 Uhr MEZ in Deutschland gestartet«, funkt Libal. »Die Maschine soll nach unseren Berechnungen um 7.08 Uhr Ortszeit in Mogadischu landen.« Mahmud lehnt sich zufrieden zurück. Er verlängert das Ultimatum bis dahin und erklärt dem Tower, wie er sich den Geisel-Austausch im Einzelnen vorstellt: »Weiterhin soll das Flugzeug, das die Genossen bringt, den Flugplatz sofort nach unserer Aufforderung verlassen, hier abhauen ...« Als er das sagt, fällt sein Blick auf ein Feuer, das somalische Soldaten dreihundert Meter von der Maschine entfernt entfacht haben. Ein Ablenkungsmanöver.

In diesem Moment – es ist 2.05 Uhr somalischer Zeit – gibt GSG 9-Kommandant Ulrich Wegener das Zeichen für die Aktion »Feuerzauber«. Über Leitern stürmen GSG 9-Männer durch die sechs Türen in die Maschine, zünden Blendgranaten, brüllen »Köppe runter, Köppe runter« und »Wo sind die Schweine?«.

Um 00.12 Uhr deutscher Zeit meldet sich Wischnewski bei Bundeskanzler Schmidt im Kanzleramt: »Das Flugzeug ist geknackt.« »Nicht verstanden«, erwidert der Bundeskanzler. Er rechnet »mit Toten«. Sein Rücktrittsschreiben hat er »im Kopf« – und zwar, wie er in der Rückschau sagt, »für den Fall, dass es eine unverhältnismäßig hohe Zahl von Toten gegeben hätte«, beispielsweise »fünfzig«: »Dann hätte jemand für diesen Fehlschlag die Verantwortung übernehmen müssen. Und das musste ich sein.« Einen Augenblick später kann er Wischnewski verstehen: »Die Arbeit ist erledigt«, vermeldet die Stimme aus Mogadischu. »Wie viele Tote habt ihr?«, fragt der Kanzler mit banger Stimme. »Keine«, antwortet Ben Wisch.[200] Der Kanzler fängt an zu heulen – vor Glück. Er geht aus dem Raum, damit die Runde nicht sieht, dass ihm die Tränen gekommen sind. Für ihn ist es »wohl der dramatischste Augenblick meines Lebens seit dem Krieg«. Ein paar Minuten später umarmt er seine Sekretärin Lieselotte Schmarsow. So überschwänglich hat sie den kühlen Norddeutschen noch nie erlebt.

Drei Mitglieder des Kommandos wurden von den GSG 9-Beamten in der Maschine erschossen. Nur »die Dicke« – Souhaila Andrawes Sayeh – überlebt schwer verletzt.[201] Auf einer Bahre bringen sie Sanitäter zum Krankenwagen. Sie spreizt die Finger zum »Victory«-Zeichen und brüllt: »Tötet mich, bitte tötet mich! Lang lebe Palästina!«

Um 00.38 Uhr unterbricht der Deutschlandfunk sein Programm. Eine Eilmeldung: »Die von Terroristen in einer Lufthansa-Boing entführten 86 Geiseln sind alle glücklich befreit worden.«

Knapp fünf Stunden nach Ende des »Feuerzaubers« startet die »Landshut« in Mogadischu. Ziel: Deutschland. Nach 106 Stunden ist die Odyssee zu Ende. Die Stimmung an Bord: wie beim Ausflug eines Kegelvereins. Alle sind überglücklich und aufgekratzt. Aus dem Lautsprecher kommt eine Durchsage: »Hier spricht Captain Martyr Mahmud ...« Mehr hören die Passagiere allerdings nicht. Der neue Flugkapitän hat Copilot Vietor das Mikrophon aus der Hand gerissen – entsetzt über den »Ulk«.

# 47. Kapitel: Die Todesnacht in Stammheim

## »Da hängt sie!«

Noch während die befreiten Geiseln in der Luft Richtung Deutschland sind, keine acht Stunden nach ihrer Befreiung, stehen in Stuttgart-Stammheim vier Beamte vor der Zelle 716. Der von Jan-Carl Raspe. Mit Kaffee, Graubrot und einem gekochten Ei auf dem Servierwagen. Um 7.41 Uhr schließt Justizobersekretär *Heiner Tauber* die Tür auf. Er erschrickt: Vor ihm sitzt Raspe schwer verletzt auf seiner Schaumgummimatratze – »und zwar so, dass er mit dem Oberkörper und dem Kopf an die Wand gelehnt war«, wie *Tauber* wenige Stunden später zu Protokoll gibt: »An der Stelle, wo der Oberkörper und der Kopf an die Wand gelehnt waren, sah ich einen Blutfleck oberhalb des Kopfes. Auch die linke Gesichtshälfte von Raspe war blutig.« Jan-Carl Raspe atmet schwach. Neben ihm liegt eine Pistole. Ein Notarztwagen bringt ihn ins Katharinenhospital. Den Ärzten gelingt es nicht mehr, sein Leben zu retten: Jan-Carl Raspe stirbt um 9.40 Uhr.

Nachdem Raspe abtransportiert worden ist, schließen die Beamten

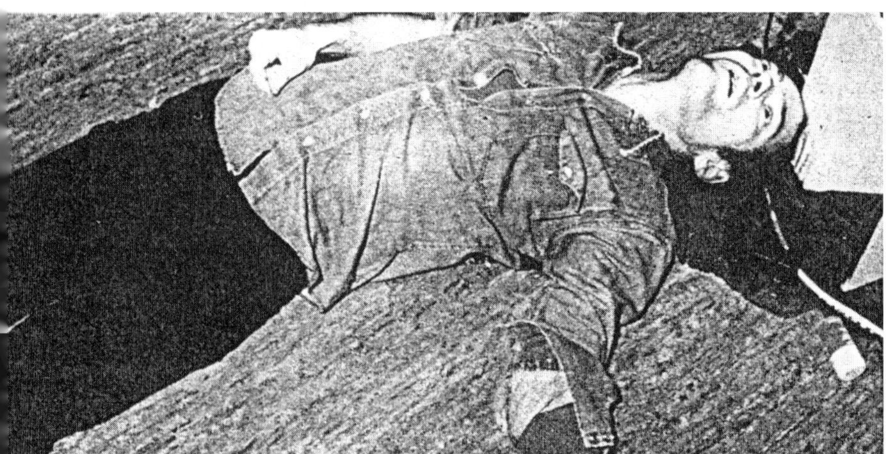

*Erschossen: Andreas Baader*

Baaders Zellentür auf. 8.07 Uhr – noch ein Schock: Baader liegt auf dem Fußboden. Seine Augen sind starr. Der Mund ist weit geöffnet. Unter seinem Kopf eine große Blutlache. Der Gefängnissanitäter *Sigmund Traut* versucht, den Puls zu fühlen. Baaders Hand ist kalt und leichenstarr. Vierzig Zentimeter neben seinem Kopf sehen die Beamten eine Pistole. Es ist dieselbe Zelle, in der sich Ulrike Meinhof im Jahr zuvor am Fenstergitter aufgeknüpft hat.

Anschließend öffnen die Beamten Gudrun Ensslins Zelle. »Da hängt sie!«, ruft erschrocken Gefängnissanitäter *Anton Rieder* und deutet auf eine Decke, die das Fenster verdeckt. Unter ihr ragen zwei Turnschuhe hervor. Zwanzig Zentimeter über dem Fußboden. Der Sanitäter hebt die Decke an, schaut Ensslin ins Gesicht und schüttelt den Kopf: »Da ist nichts mehr zu machen.« Gudrun Ensslin hat sich am Fenstergitter aufgehängt.

*Erhängt: Gudrun Ensslin*

Entsetzt stürzen die Beamten zur Zelle von Irmgard Möller. Sie liegt gekrümmt auf ihrer Matratze. An ihren Händen klebt Blut. Sanitäter *Sigmund Traut* fühlt, dass ihr schwarzblaues T-Shirt blutdurchtränkt ist, und schiebt es nach oben. Darunter trägt sie nichts. Er sieht mehrere Stichverletzungen in der Herzgegend. »Nach meiner Feststellung war sie nicht bewusstlos«, gibt er später zu Protokoll: »Dies deshalb, weil sie bei dem Versuch, mit der Taschenlampe in die Augen zu leuchten, diese zukniff.« *Traut* fühlt ihren Puls – achtzig Schläge pro Minute. Normal. Einen halben Meter neben ihr liegt ein Anstalts-Besteckmesser. Ein Notarztwagen bringt sie ins Robert-Bosch-Krankenhaus. Die Verletzungen sind nicht lebensgefährlich, die vier Stiche anderthalb bis vier Zentimeter tief. Irmgard Möller ist die Einzige, die diese Nacht in der siebenten Etage in Stammheim überlebt.

»Ich war wie von einer Keule getroffen, empört, entsetzt«, erinnert sich Bundeskanzler Helmut Schmidt an den Augenblick, als er die Nachricht aus Stammheim erhält: In wenigen Minuten, kurz nach neun, beginnt die Sondersitzung des Kabinetts. Auf der Tagesordnung steht die erfolgreiche Befreiung der »Landshut«-Geiseln wenige Stunden zuvor: »Jetzt hatten wir gerade einen großen Erfolg errungen, und nun dieser Tritt in den Unterleib«, blickt Helmut Schmidt zurück: »Wir waren völlig von den Socken.«

## Das »größte Tabu« der RAF

Auch die Nachricht vom Tod der Stammheim-Häftlinge empfangen die RAF-Mitglieder über ihren Weltempfänger in Bagdad. Alle sind zunächst wie betäubt. Sprachlos. Keiner sagt etwas. Dann beginnen einige zu schimpfen. Andere weinen, wie Sigrid Sternebeck – »die halbe Nacht«. Sie ist – wie sie sagt – »fix und fertig« und hat das Gefühl: »Jetzt ist alles kaputt.«

Brigitte Mohnhaupt »machte sich Vorwürfe, dass es nicht gelungen war, die Gefangenen zu befreien«, berichtet Monika Helbing. Die RAF-Kämpfer beginnen, vor Wut und Verzweiflung zu schreien, kriegen sich nicht mehr ein. Mitten in das Geschrei hinein haut auf einmal Brigitte Mohnhaupt mit einem Tablett auf den Tisch. »Schnauze, haltet verdammt noch mal für einen Augenblick die Fresse«, brüllt sie. »Was wird das hier, eine Trauerfeier mit Klageweibern? Könnt ihr die Stammheimer wirklich nur als Opfer sehen? Das war eine Aktion, habt ihr verstanden, eine Aktion! Ihr könnt aufhören zu flennen, ihr Arschlöcher!«

Von ihr erfährt Monika Helbing, »dass die Gefangenen in Stammheim keinen anderen Weg sahen, als sich selbst umzubringen, und zwar nicht aus Verzweiflung, sondern um die Politik der RAF weiter voranzutreiben«. Mohnhaupt spricht von einer »suicide action«, mit der die »Gefangenen die Ziele der RAF durch ihren eigenen Tod vorantreiben wollten«. Peter-Jürgen Boock neben ihr weiß durch Kassiber, die er aus Stammheim erhalten hatte, dass die Häftlinge »fertig« waren, »aber nicht als gedemütigte und kaputte Opfer einen Abgang machen wollten«.

Der »kollektive Selbstmord« war »sogar innerhalb der RAF ein Geheimnis«, sagt Susanne Albrecht: »Hinter der Lüge stand ein entsprechendes politisches Kalkül.« Nämlich: »Es wird nur das nach außen getragen, was zum theoretischen Selbstverständnis passt, nicht aber das, was der Realität entspricht.« Susanne Albrecht berichtet, dass die Selbstmorde der Stammheimer das »größte Tabu«-Thema in der Gruppe gewesen seien. Und zwar deshalb, »weil sich an der Behauptung des Mordes eine ganze politische Bewegung gebildet hatte, woraus die RAF einerseits ihre Legitimation bezog und andererseits Unterstützung«. Die

Selbstmord-Lüge als Agitationsmittel. Eine Legende zu Propagandazwecken.[202]

Was tatsächlich in Stammheim passiert war, wussten innerhalb der RAF wegen des »Tabus« nur das knappe Dutzend in Bagdad und die Mitglieder des »harten Kerns«, die sich woanders versteckt hielten. Nichts davon erfuhren Subalterne, die sich damals in Westeuropa aufhielten. Wie beispielsweise Silke Maier-Witt, die sich in einer Wohnung in Hattersheim versteckte: »Ich habe weder vor dem Tod der Stammheimer noch danach erfahren, dass es einen solchen Plan gegeben haben soll.« Ebenso nicht aufgeklärt wurden die, die erst später zur RAF stießen. Etwa Werner Lotze, RAF-Einsteiger im folgenden Jahr, 1978: »Bei den Gesprächen innerhalb der Gruppe, an denen ich beteiligt war, war es eine Selbstverständlichkeit, dass Baader, Ensslin und Raspe in Stammheim genauso ermordet wurden wie Ulrike Meinhof.«

## Waffen im »sichersten Gefängnis der Welt«

Wie konnten Pistolen ins – wie es einst der Stuttgarter Justizminister Traugott Bender gepriesen hatte – »sicherste Gefängnis der Welt« gelangen? Das fragen sich nach der Todesnachricht aus Stammheim Millionen Menschen im In- und Ausland.

Ebenso schleierhaft ist für sie, wie trotz der »Kontaktsperre« die Häftlinge von der »Landshut«-Befreiung erfahren konnten: Sechs Wochen zuvor, noch in der Nacht nach der Schleyer-Entführung, war jeglicher Kontakt von ihnen zur Außenwelt und auch untereinander gekappt worden – auf Anweisung des baden-württembergischen Innenministeriums.[203] Radio- und Fernsehgeräte: konfisziert. Zeitungen: gestrichen. Sogar Besuch von ihren Anwälten: verboten. Baader, Ensslin, Raspe und Möller saßen in auseinander liegenden Zellen im siebenten Stock. Wie konnte trotzdem die Nachricht aus Mogadischu zu ihnen gelangen?, wundert sich die Republik: Und wie konnten sich die seit über sechs Wochen in strenger Isolation einsitzenden Häftlinge absprechen? Oder war es doch kein Selbstmord, wie beispielsweise Dänemarks auflagenstärkste Tageszeitung *Ekstra-Bladet* titelte: »Baader, Ensslin und Raspe wurden ermordet«.

Der Rätsel Auflösung ist eine lange Geschichte: Sie beginnt über ein Jahr zuvor. Im Herbst 1976. Und zwar mit einem »Probelauf«, einer Minox-Kamera. Dreh- und Angelpunkt für die heimlichen Kontakte der Häftlinge nach draußen ist die Kanzlei Croissant, Newerla, Müller in Stuttgart, Lange Straße 3. Die Anwälte Müller und Newerla schmuggeln Kassiber aus dem Gefängnis. Zettel aus dünnem Durchschlagpapier. Klein gefaltet und mit Tesafilm verklebt. Damit die Anwälte nicht erfahren, welche Nachrichten sie transportieren. In der Kanzlei übernehmen die Kuriere die verschlossenen Kassiber, schaffen sie zu den Illegalen und bringen neue Nachrichten für die Stammheimer nach Stuttgart zurück. Von dort schaffen sie die beiden Anwälte heimlich in den Knast.

Im Herbst 1976 bittet Gudrun Ensslin den Kassiber-Koordinator in der Kanzlei, Volker Speitel, ihr eine Minox-Kamera in den Knast zu schaffen. Mit dem Apparat wollen die Häftlinge – so erklärt Ensslin – Fotos von sich machen, für die von Baader und Ensslin zusammengestellte Materialsammlung »texte: der RAF«.[204] Deshalb schnipselt Volker Speitel in den Innenrand einer Rechtsanwalts-Handakte einen Hohlraum, legt eine Minox hinein und verklebt das Loch mit Buchbinderleim. Als der Leim trocken ist, fasst er die Akte mit der einen Hand am Rand an und blättert sie mit der anderen zügig durch. Nichts fällt auf. Arndt Müller nimmt die Akte mit ins Stammheimer Prozessgebäude. Die beiden Beamten, die ihn am Eingang kontrollierten, merken nichts. So bekommt Gudrun Ensslin die Minox in der Akte und trägt sie unbehelligt in ihre Zelle. Der Probelauf hat geklappt.[205]

Kurz darauf bekommt Volker Speitel einen Kassiber aus dem siebenten Stock: »ein dicker Hund«, befindet er – als konspirativer RAF-Häftlingsbetreuer ist er einiges gewohnt: Jetzt verlangen die »da oben« eine »Knarre«. Speitel rätselt, ob die Häftlinge nicht »vielleicht etwas ganz anderes meinten«. Irritiert berät er sich mit Elisabeth von Dyck. Sie entschließen sich nachzufragen. Im nächsten Kassiber. Die Antwort ist hämisch, berichtet Speitel: Die Häftlinge fragen, »ob unser Pazifismus schon so das Gehirn angegriffen hätte, dass wir nicht einmal mehr wüssten, was 'ne Knarre sei«. So schneidet er wieder einen Hohlraum in eine Handakte, legt eine von Peter-Jürgen Boock besorgte Pistole hinein, stopft ein paar Papiertaschentücher hinzu und verklebt das Loch. Unentdeckt passiert Rechtsanwalt Müller auch dieses Mal die Kontrolle im Prozessgebäude.

Weiter geht es, als Brigitte Mohnhaupt am 8. Februar 1977 aus dem Gefängnis entlassen wird: Sie bringt, so Speitel, »die Bestellung von zwei weiteren Pistolen und Sprengstoff mit«. Auch die trägt Rechtsanwalt Müller zu den Häftlingen, und ebenso – zusammen mit seinem Kollegen Newerla –, was ansonsten noch ihre Herzen begehren: »Heizspiralen in großer Zahl, mehrere wärmeisolierende Glimmer- und Asbestplatten, die man zuvor aus Toastern entnommen hatte, eine größere und eine

*Heimliche Aufnahmen mit der Minox: Ensslin und Raspe in Stammheim*

kleinere Kochplatte von Elektrokochern, ein Bügeleisenunterteil, einige ganz kleine Werberadios sowie ein leistungsstarkes Transistorradio von ebenfalls kleiner Größe«, stellt später das Oberlandesgericht Stuttgart[206] fest – sowie »diverse sonstige elektrische oder elektronische Kleinteile«.

Erwischt bei seinen Schmuggeltouren wird Rechtsanwalt Newerla nur ein einziges Mal. Am 16. Februar 1977 entdecken die Kontrolleure bei ihm drei Glimmerplatten. Elf mal dreizehn Zentimeter groß. In seiner Handakte. Unter Zeitungsausschnitten, die auf DIN-A4-Blätter geklebt worden waren. Alles andere bleibt unentdeckt.

Die RAF-Anwälte hatten eine Sicherheitslücke im »sichersten Gefängnis der Welt« gefunden. Bei Häftlingsbesuchen in der Vollzugsanstalt kontrollieren erfahrene Justizwachtmeister – streng. Nicht aber, wenn die Anwälte 150 Meter weiter das Prozessgebäude betreten, in dem sie ihre Mandanten an Sitzungstagen treffen. Für die Kontrollen dort sind Polizisten abgestellt, jeweils nur für einige Wochen – der »Grabbeldienst« ist nicht sonderlich beliebt. Durch den häufigen Wechsel fehlt den Polizisten »eine ausreichende Routine«.[207] Zudem sind sie angewiesen, bei der Kontrolle von Verteidigerakten alles zu vermeiden, was auch nur den Anschein erwecken könnte, sie hätten in ihnen etwas gelesen – angewiesen vom Senatsvorsitzenden Prinzing. Der hatte in einer »sitzungspolizeilichen Verfügung« am 17. April 1975 für die Kontrolle der Verteidiger befohlen: »Soweit dabei mitgeführte Akten kontrolliert werden, ist strengstens darauf zu achten, dass von ihrem Inhalt keine Kenntnis genommen werden kann. (Z. B. ist eilig durchzublättern und dabei die Schrift möglichst auf den Kopf zu stellen; bei Leitz-Ordnern kann es u. U. genügen, sie zu schütteln usw.)«

Und so schütteln einige Beamten die Akten – eine Pistole fällt bei keinem heraus. Andere betrachten die Akten in den Taschen der Verteidiger und sagen »in Ordnung«. Andere lassen die Seiten der Akten zügig durch ihre Finger gleiten oder sich die Akten vom Verteidiger vorblättern.[208] Zudem gibt die Hälfte der eingesetzten Polizeibeamten später an, nicht oder nicht regelmäßig – wie vorgesehen – die Metallsonde bei den Kontrollen benutzt zu haben.[209]

Noch leichter ist es, Sprengstoff oder andere nichtmetallische Gegenstände ins Prozessgebäude zu schmuggeln. Anwaltsunterhosen sind für die Beamten »absolut tabu«, wie sie später über ihre Einweisung berichten. Zwar machen sich Kontrollbeamte, wie sie vor Gericht erklären, »gelegentlich Gedanken über eine zuweilen festgestellte auffällige Ausformung an der Hose des Rechtsanwalts Müller im Genitalbereich«.[210] Mehr als sich Gedanken machen sie aber nicht. Sondern lassen den Anwalt zu Gudrun Ensslin. Volker Speitel hatte den Anwälten passende Unterhosen-Sprengstoff-Portionspakete gepackt. So tragen die Juristen die verformbaren Sprengstoffstangen – zwanzig Zentimeter lang und drei Zentimeter breit – in ihrer Büx ins Stammheimer Prozessgebäude.[211]

Ein weiterer Fehler im Kontrollsystem: Auf dem Weg vom Prozessgebäude zurück in die Haftanstalt werden die Häftlinge nicht durchsucht.[212] So schaffen sie die Mitbringsel ihrer Anwälte Stück für Stück in ihre Zellen. Unbehelligt. Auch bei den drei Zellenkontrollen pro Woche entdecken die Justizvollzugsbeamten nichts. Die Durchsuchungen sind alles andere als einfach, weil die Häftlinge ihre Räume grundsätzlich nicht aufräumen. Bücher und Zeitschriften stapeln sich überall: In Baaders Zelle 470 Bücher sowie 400 Zeitschriften und Broschüren, bei Gudrun Ensslin 450 Bücher sowie 400 Zeitschriften und Broschüren. Bei Raspe sind es 550 Bücher sowie 280 Zeitschriften und Broschüren. Kein Beamter schreitet gegen die Papierstapel ein. Und aufräumen wollen die Justizbeamten die Zellen der RAF-Köpfe auch nicht.

Selbst ein »Zellensturz« durch Beamte des Landeskriminalamts – gleich in der Nacht nach der Schleyer-Entführung – fördert nichts zu Tage. Erst eine Woche später gibt es einen Zufallsfund: Am Abend, nachdem Baader von Zelle 719 in Zelle 715 verlegt wurde, bittet er Justizobersekretär *Bernd Hubmann*, ihm aus der alten Zelle seine »Kaffeesachen« zu bringen. Als der Obersekretär die Sachen holt, rutscht aus einer Packung Kaffeefilter die schwarze Minox. An ihr klebt mit Tesa eine Filmkassette. *Hubmann* nimmt es gelassen-sportlich und denkt sich, »dass der vergessen hat, das Ding wegzuräumen«. Als der stellvertretende Anstaltsleiter Ulrich Schreitmüller, der »Sicherheitsbeauftragte« der Anstalt, von dem Fund erfährt, kommt in ihm sogar – wie er es formuliert – »eine gewisse Schadenfreude« auf: »Aha, auch das Landeskriminalamt mit seinen genauen Durchsuchungen hat dieses Mal irgendwo die kleine Minox-Kamera übersehen.« Für den »Sicherheitsbeauftragten« kein Anlass, einen »Zellensturz« anzuordnen. Auch deshalb, weil Andreas Baader ihm »versichert« habe – wie der »Sicherheitsbeauftragte« später allen Ernstes erklärt: »Wir sind doch nicht so dumm und bringen hier irgendwelche Waffen herein, um Sie oder Herrn Nusser[213] als Geiseln zu nehmen. Sie sind doch viel zu klein. Sie würden von der Bundesregierung nie ausgetauscht.« Baader grinst den Beamten an: »Wir machen euch doch nicht die Freude, dass wir hier eine Waffe haben. Der Staatsschutz wartet doch nur darauf, uns abzuknallen.«

Ebenso schwer verständlich ist, was bei der Landeskriminalamt-Kontrolle mit Baaders Plattenspieler geschah – nach Baaders Tod wurde in dem Gerät eine Haltevorrichtung aus Büroklammern für die FEG-Pistole entdeckt, mit der er sich erschoss: Der »Sicherheitsbeauftragte« Schreitmüller und fünfzehn Beamte sind am Tag nach der Schleyer-Entführung in der siebenten Etage im Nachteinsatz, um alles penibelst unter die Lupe zu nehmen. Baaders Plattenspieler, Fernseher und Radio bringen sie aus seiner Zelle in die Besucherzelle 712. Ein Kriminalbeamter macht, ähnlich wie seine Kollegen im Mehrzweckgebäude, den »Schütteltest« mit dem Plattenspieler – wenn auch nur »etwas«, wie er später sagt. Da nichts herausfällt, ist die Sache für ihn erledigt. Am nächsten Tag – 7. September 1977 – trägt auf Baaders Wunsch hin ein Beamter den Plattenspieler zurück in seine Zelle – mutmaßlich[214] mit der FEG-Pistole drin. Der Senatsvorsitzende Foth – Prinzings Nachfolger – hatte es so angeordnet: »Auf telefonische Anfrage erklärte Dr. Foth, dass Plattenspieler auszuhändigen sind«, notierte Amtsinspektor Horst Bubeck nach dem Telefonat mit Foth am 7. September 1977.

Wie unzureichend die Kontrollen in der siebenten Etage gewesen sind, zeigt sich im vollen Umfang aber erst nach dem Tod der drei Häftlinge: Alle nicht tragenden Wände werden in dem RAF-Trakt eingerissen. An den verbleibenden Zellenwänden wird der Putz abgeschlagen: Staunend entdecken die Beamten insgesamt zehn Verstecke im »Hochsicherheitstrakt« – hinter Putzleisten, in Wänden und in zuvor unerkannten Hohlräumen unter Waschbecken. Darin finden sie eine weitere Pistole, insgesamt 650 Gramm Sprengstoff, Rasierklingen und Kabel.

Das Werkzeug für die Verstecke in den Wänden hatte die Gefängnisverwaltung den Häftlingen in die siebente Etage schaffen lassen: Vier Monate vor der Todesnacht wurde im Juni der RAF-Trakt umgebaut, weil weitere RAF-Häftlinge nach Stammheim verlegt werden sollten. Die Arbeiten dauerten zwei Wochen: Im Flur vor den Zellen standen Gips, Holz, Farbeimer, Pinsel, Füllmasse und Werkzeuge. Es sah aus »wie auf einer Großbaustelle«, berichtet Amtsinspektor Bubeck. Während zehn Knast-Arbeiter und einige Anstaltshandwerker an den neuen RAF-Zellen arbeiteten, trafen sich die RAF-Häftlinge mitten in dem Tohuwabou jeden Tag für vier Stunden, schauten zu – und bedienten sich: Raspe schaffte unbemerkt einen Hammer und zwei Schraubenzieher in seine Zelle. Nachdem der Leiter der Anstaltsschlosserei feststellte, dass die Werkzeuge fehlten, rückte Raspe den Hammer freiwillig heraus, die beiden Schraubenzieher aber erst, nachdem ihm Amtsinspektor Bubeck eine »Zellenkontrolle durch das LKA« androhte. Andere Werkzeuge blieben verschwunden. Nach Baaders Tod finden die Beamten in seiner Zelle eine 500-Gramm-Packung Jacobs-Kaffee voller Gips. Auch in Irmgard Möllers Zelle finden sie Gips – in einer Plastikfolie.

Außerdem hatten die Zellen eine Reihe »baulicher Mängel«, wie später der Untersuchungsausschuss feststellt[215]: Der Wandputz konnte »mit bloßer Hand weggekratzt werden«. So hatten die Häftlinge die Möglichkeit, die Verstecke in den Zellenwänden anzulegen und sie anschließend fachmännisch wieder zu verschließen. Nichts fiel auf.

Wie konnten sich die RAF-Häftlinge trotz der Kontaktsperre verständigen? Die Gefängnisleitung hatte die vier im siebenten Stock auseinander gelegt – so gut es ging: Baaders Zelle 719 war die letzte auf der linken Seite des Gangs. Davor zwei leere Räume. Dann Raspes Zelle, 716. Auf der anderen Seite des Flurs, der rechten Seite, saß in der hintersten Zelle – 720 – Gudrun Ensslin. Genau gegenüber Baaders Zelle. Vier unbelegte Zellen trennten sie von Irmgard Möllers Zelle, der 725, die vorn rechts vom Gang abging. Nachts wurden als Schallschutz dicke Schaumgummimatten vor die Zellentüren gestellt. Damit sich die Häftlinge nichts zurufen konnten. Trotz dieser Vorkehrungen müssen sie sich verständigt haben – nur wie?

Der Untersuchungsausschuss des baden-württembergischen Landtags kam zu dem Ergebnis, dass die vier eine »Wechselsprechanlage benutzt«[216] hatten, und zwar über die Leitungen des hausinternen Rundfunknetzes: In jeder Zelle gab es eine Buchse, über die Häftlinge Radioprogramme empfangen konnten – mit Hilfe eines Lautsprechers oder Kopfhörers. Von diesen Wanddosen hatten die RAF-Häftlinge im siebenten Stock nichts, weil jeder von ihnen ein eigenes Radio besaß. Im Sommer 1977 machte Baader diese Anschlüsse zum Thema. »Wir werden abgehört«, erklärte er Amtsinspektor Horst Bubeck: »Wir verlangen, dass diese Anlage sofort bei uns abgehängt wird!« Baaders Wunsch wurde erfüllt: Ein Anstaltstechniker hängte den RAF-Zellentrakt von der Hausleitung ab. Anschließend hätten – so der U-Ausschuss – die RAF-Häftlinge dann das Netz als »Wechselsprechanlage«[217] benutzt und als Verstärker in den Zellen ihre Schallplattenspieler verwendet, als Mikrophone ihre Kopfhörer und Lautsprecher. Technisch ist so etwas möglich – mit einigen Handgriffen. Entsprechende Manipulationen an den Geräten stellte später ein Sachverständiger fest. Staunend hören die Mitglieder des Untersuchungsausschusses von Diplomingenieur Otto Bohner, dass »der Umbau Stereoanlage – Gegensprechanlage mit einiger Übung in 10 bis 60 Sekunden« möglich ist: »Zur Errichtung dieses Kommunikationssystems reichten Schulbuchkenntnisse über die Funktionsweise des Bell'schen Telefons aus.«[218]

Das ist eine Erklärung. Eine andere, wesentlich einfachere: »Ein Zurufen zwischen den Häftlingen war auch möglich – und das gar nicht einmal laut«, sagt Amtsinspektor Horst Bubeck – trotz der Schallschutzmatten. Denn Baaders und Ensslins Zellen waren nur durch den 4,60 Meter breiten Gang getrennt. Raspes Zelle lag ebenso nah gegenüber Möllers – und von Baaders zu Raspes Zelle waren es ungefähr elf Meter. Genauso weit lagen auf der anderen Seite Ensslin und Möller auseinander. Eine Verständigung durch Rufen war demnach also ebenso möglich – nicht nur über den Flur, sondern auch von außen über die geöffneten Fenster zwischen Baader und Raspe auf der linken und Ensslin und Möller auf der rechten Seite. Und regelrechte Unterhaltungen in der Nacht zwischen den Zellen hatten die Beamten nach der Kontaktsperre wahrgenommen.[219] Die Schallschutzmatten brachten jedenfalls nicht das, was sich die Justiz von ihnen versprochen hatte.

Der Beamte, der nachts für die Überwachung des siebenten Stocks zuständig war, »konnte die Rufe nicht hören«, sagt Horst Bubeck: Der Posten saß in einem Raum außerhalb des Zellentraktes »hinter drei geschlossenen Türen«: »Seine Aufgabe war es, die Abteilung über die Monitore zu überwachen«, auf denen die Aufnahmen vom Gang vor den Zellen zu sehen waren – aber eben ohne Ton. Und den Zellenflur sollte der Beamte gar nicht betreten. Hätte er das getan, hätten Bewegungsmelder Alarm ausgelöst.

In Raspes Zelle wird nach seinem Tod ein – bei den zahlreichen Zellenkontrollen ebenfalls nicht entdecktes – handtellergroßes »Sanyo«-Radio gefunden. Eingestellt auf SDR1. Dort lief in der Todesnacht das »Gemeinsame Nachtprogramm der ARD« vom Sender Freies Berlin. Um 00.40 Uhr strahlte er die erste Sondermeldung über die Befreiung der »Landshut«-Geiseln aus. Anschließend muss Raspe die anderen drei von der Nachricht informiert haben: Über die Anstaltsleitung oder per Zuruf – es gibt keine andere plausible Erklärung. Die Chance, befreit zu werden, ist nach dieser Meldung für sie auf null gesunken. Die »suicide action« nimmt ihren Lauf.

## Todesandeutungen

Den eigenen Tod hatten die Häftlinge in den Wochen zuvor mehrfach gegenüber Beamten angesprochen. Mal mehr, mal weniger deutlich. Baader das erste Mal zehn Tage vor seinem Tod: Am 8. Oktober 1977 hatte er um einen Besuch von BKA-Kommissar Alfred Klaus gebeten. Der Beamte wurde mit einem Hubschrauber in Stammheim eingeflogen. »Haben Sie mir etwas zu sagen?«, fragt Baader ihn im Besucherzimmer. »Nein«, antwortet Alfred Klaus überrascht – nicht er, sondern Baader hatte um den Besuch gebeten. Nervös und unzusammenhängend erklärt Baader daraufhin – der Beamte fasst dessen Worte anschließend zusammen: »Wenn das ›jämmerliche Spiel‹ und die ›Potenzierung der Isolation seit sechs Wochen‹ nicht bald ein Ende finde, dann würden die Gefangenen entscheiden. Das ›polizeiliche Kalkül werde nicht aufgehen‹. Die Sicherheitsorgane würden dann mit einer ›Dialektik der politischen Entwicklung konfrontiert‹ werden, die sie zu ›betrogenen Betrügern‹ mache. Die Gefangenen beabsichtigten nicht, die gegenwärtige Situation länger hinzunehmen. Die Bundesregierung werde künftig nicht mehr über die Gefangenen verfügen können.«

»In welcher Welt leben Sie eigentlich, Herr Baader?«, fragt der Erste Kriminalhauptkommissar. »Das ist eine Drohung«, antwortet Baader und spricht von einer »irreversiblen Entscheidung« der Häftlinge in »Stunden oder Tagen«. Nach sieben Minuten ist das Gespräch beendet. Klaus hat den Eindruck gewonnen, dass Baader »mit den Nerven am Ende ist«, und schreibt in seinem Bericht: »Mit der von ihm genannten Entscheidung der Gefangenen kann nach Sachlage nur ihre Selbsttötung gemeint sein. Ob dies ernst gemeint ist und ob die Gefangenen sich darüber haben verständigen können, ist nicht sicher.«

Zwei Tage später, am Montag, dem 10. Oktober 1977, geht beim Oberlandesgericht Stuttgart ein Schreiben von Andreas Baader ein – vom 7.

Oktober: »aus dem zusammenhang aller maßnahmen seit 6 Wochen und ein paar bemerkungen von beamten, lässt sich der schluss ziehen, dass die administration oder der staatsschutz ... die hoffnung haben, hier einen oder mehrere selbstmorde zu provozieren, sie jedenfalls als plausibel erscheinen zu lassen.

ich stelle hierzu fest: keiner von uns ... hat die absicht, sich umzubringen. Sollten wir ... hier ›tot aufgefunden werden‹, sind wir in der guten tradition justizieller und politischer massnahmen dieses verfahrens getötet worden.

Andreas Baader«

Einen Tag nach der Sieben-Minuten-Visite bei Baader bittet Gudrun Ensslin um einen Besuch von Alfred Klaus. Noch an diesem Sonntag. 9. Oktober 1977. Um 14.30 Uhr ist er bei ihr. Ruhig und gefasst – völlig anders als Baader – sagt sie ihm: »Wenn diese Bestialität hier, die ja auch nach Schleyers Tod nicht beendet sein wird, andauert – die Repressalien im sechsten Jahr in der U-Haft und Isolation – und da geht es um Stunden, Tage, das heißt nicht mal 'ne Woche –, dann werden wir, die Gefangenen in Stammheim, Schmidt die Entscheidung aus der Hand nehmen, indem wir entscheiden, und zwar wie es jetzt noch möglich ist, als Entscheidung über uns.« »Die Alternative«, die sie aufzeigt: »Schleyer wird freigelassen« – wenn die Häftlinge sicher vor der Bundesregierung im Ausland sind. »Die Regierung kann davon ausgehen«, fährt sie fort, »dass wir, das heißt die Gruppe, um deren Befreiung es geht, nicht in die Bundesrepublik zurückkommen, weder legal noch illegal.«

»Welcher Art ist die Entscheidung, die Sie dem Kanzler abnehmen wollen?«, hakt Alfred Klaus nach. »Das geht ja wohl aus meiner Erklärung unmissverständlich hervor«, antwortet Ensslin. Sie wird in ihre Zelle zurückgebracht. Alfred Klaus notiert in seinem Besuchsbericht: »Nach den Umständen ist anzunehmen, dass die Selbsttötung gemeint ist.« Und noch einen bemerkenswerten Satz schreibt Klaus in seinen Bericht – angesichts der seit über fünf Wochen bestehenden »Kontaktsperre«: »Frau Ensslin gab zu, von meinem gestrigen Gespräch mit Baader erfahren zu haben.« Weil ihn das überrascht, geht der BKA-Mann zu den RAF-Wachtmeistern. Sie erklären ihm, die Isolation sei »keineswegs total«. Tagsüber könnten sich die Häftlinge von Zellentür zu Zellentür etwas zurufen. Ein Justizbeamter klärt den BKA-Mann auf: »Die Vorrichtungen zur Abdichtung der Zellentüren können nur nachts angebracht werden.« Sonst sei die Belüftung der Zellen unzureichend.

Acht Tage später ist Alfred Klaus wieder in Stammheim, bei Andreas Baader. Montag, der 17. Oktober 1977, 14.20 Uhr – am nächsten Morgen ist Baader tot. Der BKA-Beamte kommt mit Hans-Joachim Hegelau, Ministerialdirigent im Bundeskanzleramt. Anlass ist der Wunsch Baaders, mit Kanzleramtsstaatssekretär Manfred Schüler zu sprechen. Der aber will nicht, und so kommt ein Ministerialdirigent des Kanzlers. Sein Auftrag: zu erfahren, was der RAF-Führer dem Kanzleramtsstaatssekretär sagen möchte. Baader wird in die Besucherzelle geführt. Er ist auffallend blass. »Gegenüber Fotografien, die mir in Erinnerung waren«, erscheint er Hegelau »sehr gealtert«. Alfred Klaus beginnt das Gespräch: »Herr Ministerialdirigent Dr. Hegelau ist in Vertretung von Herrn Staatssekretär Schüler gekommen.« Baader zögert einen Augenblick, er hatte mit dem Staatssekretär persönlich gerechnet.[220] Dann aber nimmt er Platz und spricht hastig. »Terrorismus im Sinne der jetzigen brutalen Aktionen gegen unbeteiligte Zivilisten hätten sie, die Häftlinge, nie gebilligt und billigten sie auch jetzt nicht«, fasst Hegelau Baaders Worte bei der Rückfahrt nach Bonn zusammen: »Den damaligen Anlass für ihre eigenen Aktionen, die deutsche Unterstützung der Amerikaner im Vietnamkrieg, sehe er auch heute noch rückblickend als zwingenden Grund für diese Aktionen an. Allerdings habe seine Gruppe auch Fehler gemacht.«

Während des Gespräches bietet Alfred Klaus Andreas Baader eine Zigarette an. Der lehnt ab, dreht sich lieber selbst »Roth-Händles Schwarze Hand« und fragt, »wem die vom Staat verschuldete Eskalation des Terrors und der Brutalität nütze«, wie Hegelau notiert: »Sie werde jedenfalls eine breite illegale Bewegung hervorrufen, die der RAF zur Macht verhelfe. Wären sie, die Häftlinge, schon früher freigelassen worden, hätten sie mit Sicherheit die jetzige brutale Entwicklung verhindern können. Jetzt sei es zu spät, vielleicht zu spät; er glaube aber doch, dass ihr ideologischer Einfluss auf die jetzigen Terroristen ausreiche, um sie von dem falschen Weg abzubringen.« Hegelau kann Baader akustisch nur schwer verstehen. »Psychische Artikulationsschwierigkeiten« vermutet der Ministerialdirigent. Baader erscheint ihm »innerlich erregt, nervös«. »Nach ihrer Freilassung«, fährt Baader nach dem Hegelau-Gedächtnisprotokoll fort, »würden sie ihre Zusage, in der Bundesrepublik Deutschland keine Anschläge mehr zu verüben, selbstverständlich einhalten.«

»Der Gedanke, dass Häftlinge in den Strafanstalten sterben könnten, wurde von ihm eher beiläufig erwähnt«, berichtet Hegelau. Baader macht eine Pause. Plötzlich deutet er auf Amtsinspektor Bubeck: »Und der ist hier drin das größte Schwein!« Der hat – keine vierundzwanzig Stunden später – das Gefühl, dass Baader auf ihn »den Schatten eines Mordverdachts« fallen lassen wollte.

Quintessenz des siebzigminütigen Gesprächs mit Baader ist für Hegelau, »dass seine gesamte Argumentation fast ausschließlich auf den Gedanken einer Freilassung fixiert war«. Das dürfte auch der Grund für Baaders erstes und einziges Friedensgelübde in seinem Leben gewesen sein. Wenige Stunden vor seinem Tod.

Als Hegelau und Klaus gegen sechszehn Uhr die Haftanstalt verlassen, sitzt Gudrun Ensslin mit dem katholischen und dem evangelischen Anstaltsgeistlichen zusammen. Sie hatte Pfarrer Dr. Hans Peter Rieder und Oberpfarrer Erwin Kurmann kurzfristig um eine Unterredung gebeten. Noch drei Tage zuvor wollte sie von einem Gesprächsvorschlag der beiden nichts wissen. Dann aber bat sie doch um das Gespräch – und zwar am Montagnachmittag um 15.30 Uhr. Da Kurmann eine andere Verabredung hatte, schlug er Ensslin vor, den Termin um vierundzwanzig Stunden zu verschieben. Da sie aber auf Montagnachmittag bestand, sagte er die andere Verabredung ab und kam.

»Jetzt ist mir doch noch etwas eingefallen«, beginnt Gudrun Ensslin die Unterredung, »was ich mit Ihnen zu bereden hätte.« Sie und ihre Mitgefangenen würden »hier vernichtet«. »Vernichtet?«, fragen die Geistlichen erstaunt. »Nicht irgendwie von hier aus dem Haus«, nickt sie: »Die Aktion kommt von außerhalb. Wenn wir hier nicht rauskommen, geschehen schreckliche Dinge.« Für diesen Fall habe sie drei Briefe geschrieben: An das Bundeskanzleramt, ihren Anwalt und ihre Eltern. »Die Briefe liegen in einer roten Mappe mit der Aufschrift ›Anwalt‹ in meiner Zelle: Bitte tragen Sie dafür Sorge, dass die Schreiben ihre Adressaten erreichen« – falls ihr etwas zustoße. Denn sie fürchte, die Bundesanwaltschaft werde diese Briefe »vernichten«, wenn sie ihr in die Hände fielen.

Als am nächsten Tag nach ihrem Tod Kriminalbeamte in Gegenwart einer Richterin ihre Zelle durchsuchen, sehen sie die rote Mappe neben der Matratze liegen. Kriminaloberrat Textor hebt sie sofort auf und schaut hinein. Sie enthält Notizen von Ensslin – aber keine Briefe.

Nach dem Gespräch mit den beiden Geistlichen wird Gudrun Ensslin gegen halb fünf von zwei Justizbeamten zurück in ihre Zelle gebracht. Sie sind die Letzten, die Gudrun Ensslin lebend sehen.

## Die letzten Stunden vor dem Tod

Gegen dreiundzwanzig Uhr betreten fünf Justizbeamte den Flur vor den Zellen in der siebenten Etage. Die letzte Medikamentenrunde. Als Erster bekommt Jan-Carl Raspe durch die »Essensklappe« eine Rolle Klopapier, Hustensaft und eine Dolviran-Schlaftablette. Wie von ihm erbeten. »Danke schön«, antwortet er höflich. Die Beamten verriegeln die Klappe und rücken das Schaumgummipolster wieder vor die Tür. »Sani«, meldet sich *Xaver Leonhard* bei Baader. Der sitzt auf dem Boden und kaut. Vor ihm steht ein Teller mit Eierschalen. Baader bekommt – wie vom Gefängnisarzt verordnet – eine Adalin-Tablette. Ein Schlafmittel. Er schluckt sie und trinkt einen Schluck Wasser hinterher, sagt kein einziges Wort. Die Beamten verschließen die Klappe und stellen die Schaumgummimatte wieder vor die Zellentür. Da sich Ensslin und Möller nicht mit Arznei-Wünschen gemeldet haben, verlassen die fünf Beamten den RAF-Trakt. Justizassistent *Ingo Thalbilt* schließt die eiserne Gittertür zu dem Flur hinter sich zu. Die »Nacht von Stammheim« beginnt.

*Thalbilt* setzt sich in die Wachkabine in der siebenten Etage und beobachtet die Monitore, auf denen er den Gang und die Zellentüren der RAF-Häftlinge sieht. Nichts Besonderes erblickt er in dieser Nacht. Auch hört er keine ungewöhnlichen Geräusche – auch nicht, als er an dem Gitter zum Zellentrakt lauscht. Um 6.30 Uhr hat er Feierabend und geht nach Hause.

Anderen Beamten fällt etwas auf. Gegen halb zwei hören zwei Justizsekretäre im zweiten Stock, die gerade einem Häftling Medikamente bringen, einen dumpfen Knall. »Da hat mal wieder einer sein Zellenfenster zugeschmissen«, sagt der eine. Und der andere nickt. Das passiert in Stammheim häufiger. Deswegen schenken sie dem Geräusch keine weitere Beachtung. Ebenfalls einen Knall hört ein Beamter kurz vor sieben – gerade ist er zur Tagesschicht in die siebente Etage gekommen. »Ein Schuss«, ist er sich sicher und vermutet: Aus Versehen von einem Grenzschutzbeamten vor dem Gefängnis abgegeben. So macht auch er sich keine weiteren Gedanken. Fünfzig Minuten später finden seine Kollegen den schwer verletzten Jan-Carl Raspe in seiner Zelle.

Raspe setzte sich, wie die Gutachter ermitteln, eine Pistole an die rechte Schläfe und drückte ab. Ein »Kopfdurchschuss«. An der linken Schläfe trat das Geschoss aus seinem Kopf aus und landete in der Wand seines Bücherregals. Festzustellen, wann Raspe den Schuss abgab, ist für den Neuropathologen Professor Jürgen Pfeiffer in seinem Gutachten vom 10. Februar 1978 »nicht möglich« – weil »zu viele Variable« die Gewebeveränderungen »vor und nach dem Tod beeinflussen«.

Bei Baader stellen Gerichtsmediziner als »frühestmöglichen Todeszeitpunkt« 00.15 Uhr bis 2.15 Uhr fest – und dass er sich mit einem »aufgesetzten Nackenschuss« tötete. Andreas Baader hatte sich – wie die Rekonstruktion aufgrund des Schusskanals in seinem Kopf ergibt – auf einen Stuhl gesetzt, den Kopf nach vorne gebeugt, den Pistolenlauf seiner FEG auf den Nacken »oberhalb der Haargrenze« gesetzt und abgedrückt. Ebenfalls ein Schädeldurchschuss. Das Geschoss trat »oberhalb der Stirnhaargrenze« wieder aus. Das Projektil verletzte den Hirnstamm. Baader war sofort bewusstlos. »Diese Lokalisation wird vermutlich gewählt«, erläutert der Züricher Rechtsmediziner Prof. Schwarz in seinem Standardwerk »Der außergewöhnliche Todesfall« über »Selbstschüsse« im Nackenbereich, »um den Tod möglichst rasch herbeizuführen.« Ungewöhnlich ist, dass der Linkshänder Baader mit der rechten Hand abdrückte. Im »Spurenauswertebericht Zelle 719 – Baader –«, erklärt Kriminalhauptkommissar Ziegler: »Die Art der erfolgten tödlichen Schussabgabe lässt den Schluss zu, dass Baader versucht haben könnte, den Gesamtvorgang so darzustellen, als wäre er durch eine andere Person verursacht.« Argumentationsfutter für die RAF-Freunde – mehr als ein Jahrzehnt lang.

Bei Gudrun Ensslin ermitteln die Gerichtsmediziner als »frühestmöglichen Todeszeitpunkt« 1.15 Uhr bis 1.25 Uhr. Sie erhängte sich mit den beiden Lautsprecherkabeln ihrer Stereoanlage. Der Tod trat »mit hoher Wahrscheinlichkeit innerhalb von 1 bis 2 Minuten nach der Strangulation, wenn nicht mittelbar dabei ein«, stellt Professor Jürgen Pfeiffer fest, Direktor des Instituts für Hirnforschung der Universität Tübingen. Die beiden abgeschnittenen Stecker der Kabel lagen auf dem Zellenboden. Mit den Steckern hätte das Kabel nicht durch die engmaschigen Fenstergitter gepasst.

Bei keinem der drei Toten entdecken die Gerichtsmediziner »Anhaltspunkte, die einen Selbstmord in Zweifel ziehen könnten«.

Ein Jahr nach Ulrike Meinhof und drei Jahre nach Holger Meins sind damit alle Köpfe der ersten RAF-»Generation« in ihrer Endphase tot. Baader starb mit vierunddreißig. Über die Hälfte seines volljährigen Lebens saß er im Gefängnis. Die Pfarrerstochter Gudrun Ensslin, seine Geliebte seit zehn Jahren, erhängte sich mit siebenunddreißig. Jan-Carl

Raspe erschoss sich mit dreiunddreißig. Der Diplomsoziologe war sieben Jahre zuvor in den Untergrund zu Baader & Ensslin gegangen, weil er glaubte, nur so für eine gerechte Gesellschaft sorgen zu können. Sie alle zogen den Schlussstrich. Das blutige Ende eines Traums. Eines Irrtums.

## Streit ums Grab

Auch um die Leichen von Baader, Ensslin und Raspe gibt es noch Zank. Pfarrer Ensslin, der in Stuttgart wohnt, möchte, dass seine Tochter Gudrun zusammen mit Andreas Baader und Jan-Carl Raspe dort beerdigt wird. Auf dem Dornhaldenfriedhof. Aber zahlreiche Stuttgarter protestieren wütend dagegen. Verlangen, dass die Stadt die erforderliche Ausnahmegenehmigung für die Beisetzung von Baader und Raspe versagt und die beiden Leichen in die Wohnorte ihrer Angehörigen geschafft werden. So wie die Stuttgarter vier Jahre zuvor darauf pochten, dass ihre Stadt nicht RAF-Gerichtsstätte wird, so fordern sie jetzt, dass Stuttgart nicht RAF-Grabstätte werden darf. CDU-Oberbürgermeister Manfred Rommel fällt einen Machtspruch gegen die herrschende Meinung in seiner Stadt: Er ordnet drei nebeneinander liegende Gräber an. Er will verhindern, so sagt er, dass »drei Särge in der ganzen Republik herumgeschoben werden und niemand sie haben will«. Durch »eine gewisse Großzügigkeit« möchte er »sichtbar machen, dass mit dem Tod die Feindschaft endet«. Zur Beerdigung kommen über eintausend Menschen, überwiegend RAF-Freunde. Seither hat sich die Befürchtung vieler Stuttgarter nicht bestätigt, die drei Gräber würden zu einem »Wallfahrtsort«.

Das Ende von Baader, Ensslin und Raspe hat Bedeutung weit über ihren Tod hinaus: Mit dem »Mord an den Gefangenen« hat die extreme Linke in der Bundesrepublik ein Agitationsthema, das sie eifrig nutzt. Bis in die Neunziger. Schon immer waren die RAF-Köpfe Großmeister bei der maßlosen Verdrehung des eigenen Schicksals, um Sympathisanten zu mobilisieren. Es begann mit der Erklärung 1972, Kampfgefährten wie »Petra, Georg und Thomas … wurden ermordet«.[221] Dann die Behauptung, sie würden in den Haftanstalten gefoltert – verbunden mit einem Hilferuf nach draußen: »Wir verlangen von euch, dass ihr unsere Forderungen unterstützt, durchsetzt – jetzt«, forderten sie beispielsweise zum Auftakt ihres zweiten Hungerstreiks 1973: »Und nur von Folter reden, Genossen, statt sie zu bekämpfen, kann schon nicht mehr unser/euer Interesse sein.«[222] Später die Erklärung nach dem Meinhof-Tod 1975: »Wir glauben, dass Ulrike hingerichtet worden ist«, verkündet Jan-Carl Raspe im Stammheim-Verfahren zwei Tage nach ihrem Selbstmord: »Es war eine kalt konzipierte Hinrichtung.«[223] Auch der Tod von Baader, Ensslin und Raspe bringt junge Menschen dazu, sich der RAF anzuschließen. Wie zum Beispiel Werner Lotze. Kein halbes Jahr später geht er in den Untergrund zu Mohnhaupt & Co. »Weil das eine Niederlage für die RAF gewesen ist«, sagt er in der Rückschau, »habe ich gesagt, dass es notwendig ist, in die RAF zu gehen und weiterzumachen.«

# 48. Kapitel: Hanns Martin Schleyer wird ermordet

Der Tag nach dem kollektiven Selbstmord in Stammheim. Mittwoch, der 19. Oktober 1977. Das Stuttgarter Büro der Deutschen Presse-Agentur. Um 16.21 Uhr klingelt das Telefon. »Hier RAF«, meldet sich eine Anruferin: »Wir haben nach 43 Tagen Hanns Martin Schleyers klägliche und korrupte Existenz beendet. Herr Schmidt, der in seinem Machtkalkül von Anfang an mit Schleyers Tod spekulierte, kann ihn in der Rue Charles Péguy in Mülhausen in einem grünen Audi 100 mit Bad Homburger Kennzeichen abholen. Für unseren Schmerz und unsere Wut über die Massaker von Mogadischu und Stammheim ist sein Tod bedeutungslos.« Es ist die fünfundzwanzigste und letzte Nachricht des »Kommando Siegfried Hausner«.

*Mülhausen, Rue Charles Péguy:*
*Der Audi 100 mit Schleyers Leiche im Kofferraum*

In der Rue Charles Péguy entdeckt die französische Polizei einen Audi 100 mit dem Kennzeichen HG-AN 460.[224] Sprengstoffexperten untersuchen ihn behutsam auf Bomben. Sie befürchten eine Sprengfalle. Um 20.40 Uhr öffnen sie den Kofferraum. Vor ihnen liegt die eingepferchte Leiche Schleyers. Das Gesicht ist entstellt. Die grauen Haare sind kurzgeschoren. Die Gerichtsmediziner finden heraus, dass ihn seine Mörder mit drei Kugeln in den Hinterkopf töteten – zwischen dem 18. Oktober, 13 Uhr und dem 19. Oktober, 1 Uhr. Aus einer Entfernung von zwanzig bis fünfzig Zentimetern.

Den Audi 100 hatte Christian Klar, wie die Fahnder herausfinden, am 15. Oktober 1977 in Neu-Anspach bei Frankfurt gekauft. Für 2900 Mark. In ihm fuhren RAF-Mitglieder mit Schleyer im Kofferraum von seinem letzten Versteck in Brüssel über die belgisch-französische Grenze. In einem Wald, möglicherweise im Elsass, erschossen sie Schleyer. Dafür sprechen Gras, Baumrinde und Fichtennadeln, die in seinem Mund gefunden wurden. Vermutlich im Todeskrampf auf dem Boden biss er darauf.

Ungeklärt ist bis heute, wer Schleyer erschoss.[225] Fest steht nur, dass sich der größte Teil der Schleyer-Entführer in den Wochen vor seiner Ermordung nach und nach abgesetzt hat. Die meisten nach Bagdad. Andere in konspirative Wohnungen in Deutschland und in Frankreich. Zuletzt bewachten ihn in Brüssel – so die Erkenntnisse der Ermittler – Rolf Klemens Wagner, Stefan Wisniewski, Rolf Heißler, Sieglinde Hofmann und Angelika Speitel.

Nach den Feststellungen der Bundesanwaltschaft waren zwanzig Personen an der Schleyer-Entführung beteiligt. Die Köpfe: Brigitte Mohnhaupt, Peter-Jürgen Boock, Rolf Klemens Wagner, Stefan Wisniewski, Willy-Peter Stoll, Sieglinde Hofmann und Adelheid Schulz. Siebzehn der zwanzig wurden verurteilt. Zehn[226] von ihnen wegen des Schleyer-Mordes. Sieben[227] aufgrund anderer RAF-Taten: Bei ihnen wurde das Schleyer-Verfahren angesichts der zu erwartenden beziehungsweise erfolgten Verurteilung für andere RAF-Taten eingestellt. Zwei weitere Verdächtige starben durch Polizeikugeln: Willy-Peter Stoll am 6. September 1978 in Düsseldorf und Elisabeth von Dyck am 4. Mai 1979 in Nürnberg. Lediglich eine Frau konnte bislang nicht gefasst werden: Friederike Krabbe, die Schwester der Stockholmer Botschaftsstürmerin Hanna. Nach dem Bagdad-Aufenthalt der RAF 1977 blieb sie im Irak. Seither ist sie wie vom Erdboden verschwunden. Ihr Haftbefehl besteht noch. Mittlerweile ist sie Mitte fünfzig. So sie noch lebt.

Bei ihren Ermittlungen stoßen die BKA-Beamten auf neun Wohnungen, die die RAF während der Schleyer-Entführung benutzte. Aber nicht auf sein letztes Versteck in Brüssel. Außerdem entdecken sie zehn Autos, die die RAF während der Entführung einsetzte. Auch die bei dem Anschlag auf Schleyer und seine Begleiter benutzten Schusswaffen konnten sie sicherstellen. Nur nicht die Smith & Wesson, mit der Hanns Martin Schleyer ermordet wurde.[228]

# 49. Kapitel: Pannen und sonstige Irrtümer

Ohne eine Reihe von dummen Zufällen und regelrechten Pannen wäre die Schleyer-Entführung nicht so gelaufen, wie sie gelaufen ist:

Nach dem Mord an Generalbundesanwalt Buback und seinen Begleitern mit fünfzehn Schüssen auf ihren Mercedes war klar, dass es zum RAF-Repertoire gehört, ein Auto mit einem Gewehr zu zersieben. Ebenso unübersehbar war für die Polizei, dass die RAF Schleyer ins Visier genommen hatte – als ihr nach dem Ponto-Mord eine Mitarbeiterin des Hamburger Welt-Wirtschafts-Archivs mitteilte, dass die RAF-Mitglieder Knut Folkerts und Willy-Peter Stoll nicht nur Pontos, sondern auch Schleyers Akte kopiert hatten. Unverständlich ist angesichts all dessen, dass Schleyer und seine Begleiter keine gepanzerten Fahrzeuge erhielten. Schleyer war Vorstandsmitglied der Daimler-Benz AG – des Unternehmens, das »sondergeschützte« Personenwagen für gefährdete Menschen in aller Welt baut.

Drei Tage vor dem Überfall auf die Schleyer-Kolonne ging ein Anruf bei der Einsatzzentrale der Kölner Polizei ein: »Zwei verdächtige Frauen«, meldet ein Mann um 17.30 Uhr, »möglicherweise Terroristinnen, auf dem Parkplatz vor den Hochhäusern Raderthalgürtel 5 bis 9 – in einem auberginefarbenen Alfa Romeo Giulia Super.« Die Frauen hatten seinen Verdacht erregt, weil sie am Tag zuvor um dieselbe Zeit auch schon dort im Auto hockten und auffällig den Verkehr beobachteten – Schleyers Fahrstrecke. Die Funkzentrale gibt dem Streifenwagen »Arnold 12/20« den Auftrag: »Verdächtige Person am Kfz, Raderthalgürtel gegenüber Schwimmbad.« Kein Wort von »Terroristenverdacht«. Einer der Beamten lässt sich die Papiere der beiden Frauen zeigen. Über Funk gibt er das Kennzeichen durch: K-XY 847. »Negativ«, funkt die Zentrale zurück. Kein Wunder: Der Alfa ist ein so genanntes »Dublettenfahrzeug«. Rolf Heißler hatte den Wagen anderthalb Monate zuvor über eine Zeitungsanzeige im *Kölner Stadt-Anzeiger* gekauft. Anschließend wurden gefälschte Kennzeichen angeschraubt – die gleichen, die ein ordnungsgemäß angemeldeter Giulia Super hat. Wäre einem der beiden Schupos die »Dubletten-Nummer« bekannt gewesen, hätte er sich die Fahrgestellnummer angeschaut. Alles wäre aufgeflogen.

Nach dem Kennzeichen will der Beamte die Angaben aus den Personalausweisen der beiden Frauen an die Funkzentrale durchgeben. »Geht im Moment nicht«, erwidert ihm sein Kollege – der Computer ist gerade ausgefallen. So reicht der Schupo die Papiere den Frauen zurück – und merkt nicht, dass sie gefälscht sind. Er merkt auch nicht, dass Brigitte Mohnhaupt und Adelheid Schulz vor ihm stehen. Beide werden seit dem Ponto-Mord gesucht, ihre Fotos gingen an alle Polizeidienststellen.

Fortan handeln die beiden Beamten nach dem Motto »Die Polizei: dein Freund und Helfer«. Weil ein Wasserschlauch tropft – die beiden Frauen haben eine Panne vorgetäuscht –, lotsen die Polizisten den Alfa zu einer Werkstätte in der Nähe. Auch bemerken sie auf der Fahrt nicht, dass dem Alfa ein Mercedes folgt. Bis auf das Werkstattgelände. In ihm sitzen vier junge Männer. Stefan Wisniewski, Rolf Klemens Wagner, Rolf Heißler und Peter-Jürgen Boock. »Unsere Maschinenpistolen waren schussbereit«, blickt Boock zurück: »Ich begreife bis heute nicht, dass die Bullen nichts schnallten. Eigentlich hätte dem Dümmsten auffallen müssen, dass hier irgendwas abgeht. Die halbe Gruppe samt Führungsspitze«, hämt Boock in der Rückschau, »hätte abgeräumt werden können.« »Hätten die Brüder von der Funkstreife besser aufgepasst«, schüttelt später ein BKA-Mann den Kopf, wäre wohl »der Fall Schleyer in Köln gar nicht gelaufen«.

Ebenfalls am Tage drei vor dem Überfall auf Schleyer, wenige Straßen weiter: Ein Arzt ärgert sich über einen gelben Mercedes, weil er mit laufendem Motor auf dem Bürgersteig steht. Er vermutet ein Polizeifahrzeug – und wieder einmal eine Geschwindigkeitskontrolle. Über die ärgert sich der Mann hier schon seit einiger Zeit. Er spricht den Fahrer an: »Polizei?« Der nickt. Der Arzt schimpft – Tempokontrollen mit einem solch großen Auto hält er für Steuerverschwendung. Der Fahrer bleibt gelassen und erwidert achselzuckend: »Wir müssen für Ordnung sorgen!« Es ist Willy-Peter Stoll.

Während die Verhandlungen zwischen Bundeskriminalamt und Entführern über Rechtsanwalt Payot in Genf laufen, zerstört ein Beamter aus Schusseligkeit einen viel versprechenden Fahndungsansatz – in zwei Sekunden: Vom Frankfurter Fernmeldehochhaus aus verfolgt die Polizei alle Gespräche zurück, die aus dem Kölner Raum kommen. Dort vermutet das BKA die Entführer. Über die ganze Stadt sind Hunderte Polizisten verteilt. Sie lauern darauf, über Funk die entscheidende Telefonzelle genannt zu bekommen und zu ihr zu rasen. Silke Maier-Witt steht in einer Telefonzelle im Kölner Hauptbahnhof. Sie leistet Hilfsdienste für das »Kommando Siegfried Hausner«, tütet RAF-Erklärungen an Redaktionen ein, beschriftet die Umschläge und wirft sie in Briefkästen. Nun soll sie bei Payot anrufen und eine Erklärung durchgeben. Die Telefonzelle liegt neben dem Aufgang zu einem Bahnsteig, von dem in wenigen Minuten ein Zug abfährt. Mit ihm will sie sofort nach dem Telefonat verschwinden. Sie wählt Payots Nummer in Genf. Noch bevor sie von der Sekretärin mit dem Anwalt verbunden wird, hört sie in der Leitung eine Männerstimme: »Jetzt hab ich's. Da spricht 'ne Frau.« Ein Polizist frohlockt gegenüber einem Kollegen, ist sie sich sicher. »Die Polizei hört mit«, ruft sie der Sekretärin am anderen Ende zu, »ich lege auf.« Silke Maier-Witt rennt zu dem Zug. Als die Polizisten einen Augenblick später die Zelle erreichen, ist sie leer. Danach ruft die RAF nicht mehr aus Deutschland bei Payot an. Ein wichtiger Fahndungsansatz ist zerstört.

Die allergrößte Panne aber: Schon zwei Tage nach der Entführung hat die Polizei die Adresse des Verstecks Schleyers, in dem ihn die RAF noch elf weitere Tage gefangen hält. Aber der Hinweis eines Polizeihauptmeisters versandet in der Datenflut: In Köln und Umgebung waren am 7. September 1977 alle verfügbaren Polizisten losgeschickt worden, um nach möglichen Verstecken Schleyers Ausschau zu halten. Polizeihauptmeister Ferdinand Schmitt ist in Erftstadt-Liblar unterwegs. Die Vorgabe vom Revier: verdächtige Mieter in Hochhäusern mit Tiefgarage in der Nähe eines Autobahnanschlusses ermitteln. In dem Hochhaus Zum Renngraben 8 stößt er auf die Wohnung 104. Die Mieterin erscheint Bewohnern suspekt. Von einer Maklerin erfährt der Polizeihauptmeister, dass auch ihr die Mieterin »Annerose Lottmann-Bücklers« zwei Monate zuvor merkwürdig vorkam: Aus ihrer Handtasche nahm sie »ein Bündel mit Fünfzig-, Hundert- und Fünfhundertmarkscheinen«, um die Kaution von 800 Mark zu zahlen. Polizeihauptmeister Schmitt macht Meldung auf seinem Revier. Seine Erkenntnisse gehen von der Polizeistation Erftstadt-Liblar per Fernschreiben um fünfzehn Uhr an die vorgesetzte Dienststelle, zum Oberkreisdirektor in Bergheim. Dort wird diese Nachricht – zusammen mit anderen – über zwei Tage »ausgewertet« und »erörtert«. Nicht aber überprüft.

Wäre die Adresse, die die Frau bei Abschluss des Mietvertrages angegeben hatte – Wuppertal, Bismarckstraße 8 –, abgeklärt worden, beispielsweise durch einen Anruf beim Einwohnermeldeamt oder den Kollegen am Ort, hätte sich gezeigt, dass es diese Anschrift gar nicht gibt. Und hätten die Beamten den Namen »Annerose Lottmann-Bücklers« in den Computer eingegeben, wären sie geradezu elektrisiert gewesen: Zweimal hatte sie ihren Personalausweis als verloren, einmal als gestohlen gemeldet. Der Pios[229]-Polizeicomputer hätte »positiv« angezeigt und Kontakte von ihr zu vier Personen der RAF-Szene ausgespuckt. Sie steht bei der Polizei im Verdacht, RAF-Unterstützerin zu sein.[230]

Nach zwei Tagen geben die Beamten in Bergheim den Hinweis weiter – aber ohne Hausnummer und ohne das »s« von »Bücklers«: »Erftstadt-Liblar, Zum Renngraben, 3. Etage, Wohnung 104, angeblich hat eine Frau Annerose Lottmann-Bückler am 21. 7. 1977 die Wohnung bezogen«, rattert aus einem Fernschreiber des Polizeipräsidiums in Köln – auf einer Liste mit acht in der Gegend als verdächtig gemeldeten Objekten: »Eine Kaution von 800,– DM wurde sofort bar bezahlt. Frau Lottmann-Bückler nahm das Geld aus ihrer Handtasche, in der sich angeblich noch ein ganzes Bündel von Geldscheinen befand.« Ein Beamter legt das Fernschreiben in einen falschen Kasten. Der heiße Tipp landet in einer kalten Kiste.

Polizeihauptmeister Schmitt wundert sich, dass trotz seines Hinweises nichts passiert. Fährt er an dem Hochhaus im Streifenwagen vorbei, zeigt er frustriert auf die dritte Etage und sagt seinem Kollegen: »Da sitzt er.« Ferdinand Schmitt will nicht weiter tatenlos zusehen. »Ich zieh jetzt Zivil an«, erklärt er entschlossen seinem Vorgesetzten, »nehm mir ein paar Zeitschriften und klingle in der dritten Etage an der Wohnung.« Irgendetwas werde sich dann »schon tun«. Aber der Vorgesetzte untersagt ihm den Zivilgang.

Auch Kriminaloberrat Breuer, Leiter der Kripo in Bergheim, wundert sich, dass nichts passiert. Er hakt bei der Sonderkommission in Köln nach. Ein leitender Soko-Beamter bittet ihn, »von weiteren Fragen abzusehen, weil sie zeitlich und organisatorisch nicht zu bewältigen sind«. Den Hinweis des Schupos Schmitt haben in den nächsten Tagen noch einige Kriminalbeamte auf dem Tisch. Aber keiner kommt auf die Idee, auf die wohl jeder »Derrick«-Zuschauer gekommen wäre: die Wohnung unter die Lupe zu nehmen. So bleibt Schleyer in seinem Versteck unentdeckt.

Bis zum 8. November 1977. Da ist alles gelaufen, Schleyer seit drei Wochen tot. An diesem Tag bekommt die Soko in Köln direkt von Schmitts Wache in Erftstadt-Liblar ein Fernschreiben mit einem erneuten Hinweis auf die Wohnung. Die Hausverwaltung hatte sich noch einmal gemeldet. Neue Erkenntnis: Die Wohnung wird seit fast zwei Monaten nicht mehr genutzt, »trotz pünktlicher Zahlungen der Monatsmieten«. Grund für diese Erkenntnis: der Stromzähler. Seit dem 16. September, dem letzten Ablesetag, steht er unverändert auf 8 790,4 Kilowattstunden. Nun kommt tatsächlich die Polizei – mit zwanzig

Mann – und observiert. Ein Rentnerehepaar, das in der dritten Etage wohnt, darf auf Staatskosten nach Mallorca fliegen. Statt einer Schraube sitzt in ihrer Wohnungstür eine kleine Kamera. Rund um die Uhr hocken Beamte in der Rentnerwohnung und beobachten auf einem Bildschirm, was sich im Etagenflur tut. Auch in einem Hochhaus nebenan quartieren sich Polizisten ein und verfolgen über einen Bildschirm, wer ins Haus geht. Beamte der GSG 9 und des Mobilen Einsatzkommandos liegen auf der Lauer. Doch keiner von der RAF kommt vorbei.

Am 2. Februar 1978, knapp drei Monate nach dem erneuten Hinweis, öffnen Polizisten die Wohnungstür. Im Schlafzimmer finden sie unterm Doppelbett einen viereckigen goldenen Manschettenknopf Schleyers. Den anderen haben die Ermittler schon, seit vier Monaten. Schleyer hatte ihn in der Radmulde des Mercedes 230 versteckt, mit dem er nach Erftstadt-Liblar gebracht wurde. Die Beamten stellen fest, dass die Wohnung fachmännisch »gecleant« worden ist. Im »Kinderzimmer« entdecken sie Tesafilm-Spuren und Nadeleinstiche in der Raufasertapete. Dort hing das RAF-Logo hinter Hanns Martin Schleyer bei den Videoaufnahmen, stellen Kriminaltechniker fest. Das Kinderzimmer nutzte die RAF als »Aufnahmestudio« für den Arbeitgeberpräsidenten.

»Alles war in Pios«, jammert später BKA-Präsident Herold über die Riesenpanne, »die Infrastruktur bis ins letzte Detail geregelt.« Nur eben kam keiner seiner Beamten auf die Idee, Pios auch zu befragen.

# 50. Kapitel: Nach der »Offensive '77«

## Der Scherbenhaufen

Als die französischen Polizisten in Mülhausen den Kofferraum öffnen, in dem Schleyers Leiche liegt, kennen die BKA-Beamten in Bonn bereits alle seine Entführer. Sie haben genügend Beweise zusammengetragen: Fingerabdrücke auf Briefen, in Autos und Wohnungen, eindeutige Zeugenaussagen über die Mieter von konspirativen Wohnungen, mitgeschnittene Telefonate. So viel Material über die Täter, »dass sie, wenn wir sie greifen, in einem Prozess nie mehr davonkommen«, sagt BKA-Chef Herold: Aber da ist nun eben »das Ergreifungsdefizit«, wie er es nennt. Nur ein Einziger der zwanzig ist bislang »gegriffen«. Knut Folkerts nach der Schießerei in Utrecht am 22. September 1977. Deutschland wird mit Steckbriefen der mutmaßlichen Schleyer-Entführer plakatiert. Allerdings ist ein großer Teil der Truppe gar nicht im Land – sondern 3 500 Kilometer entfernt. Um dem »Fahndungsdruck« zu entgehen, bleiben die RAF-Mitglieder erst einmal in Bagdad.

Dort ist die Stimmung schlecht. Alle sind niedergeschlagen. Verunsicherung und Ernüchterung mischen sich mit Resignation: Die »Offensive '77« ist gescheitert. Das Ziel, die »RAF-Gefangenen« herauszuholen, nicht erreicht. Mehr noch: Die für die RAF wichtigsten Häftlinge sind tot. Gerade deren Schicksal hatte die RAF geeint. Von der »Offensive« hatte sich die Gruppe versprochen, »den revolutionären Prozess in Gang zu setzen«, erklärt Christian Klar später, einer ihrer Köpfe: »Dieses Ziel der Neuformierung der Guerilla '77 haben wir mit dem Kampf um die Gefangenen verbunden.« Weil das nicht geklappt hat, empfindet Stefan Wisniewski »Schmerz«, sagt er in der Rückschau: »Damals dachten wir, wenn wir die Gefangenen befreit haben, dann können wir wieder auf die ursprünglichen Ziele der RAF zurückkommen – die Ziele, die schon während der 68er Revolution entstanden.« Für Peter-Jürgen Boock ist das Jahr 1977 eine Zäsur in der RAF-Geschichte: Die Frage, die die RAF klären wollte, »ob es möglich ist, diese Gesellschaft mit den Mitteln des bewaffneten Kampfes zu verändern«, ist für ihn »allerspätestens 1977 beantwortet worden«.

Von vielen Linken, die sie mit der »Offensive '77« gewinnen und mobilisieren wollte, bekommt die RAF die Leviten gelesen: »Genossen« seien zu »Killern« geworden, wirft ihr die Frankfurter Alternativzeitung *Pflasterstrand* vor. Auf besondere Ablehnung stößt die Entführung des Touristenfliegers: »Wir halten diese und ähnliche Aktionen prinzipiell für falsch«, schreibt die *Rote Hilfe Westberlin* an die Adresse der RAF, »weil sie gegen zufällig betroffene Menschen gerichtet sind.« Selbst Karl-Heinz Dellwo, Mitglied des RAF-Kommandos in Stockholm, rügt die »Landshut«-Kaperung als einen taktisch unklugen Verstoß gegen den Grundsatz, dass sich Aktionen der Rote Armee Fraktion »niemals gegen das Volk« richten dürften. Die Gruppe ist isolierter denn je. Mohnhaupt, Klar, Wisniewski, Boock und die anderen stehen vor dem Scherbenhaufen ihrer Politik, der »Offensive '77«. Aber die Gruppe will trotz alledem weitermachen und weiterhin versuchen, »den revolutionären Prozess in Gang zu setzen«.

## Die »Blutbad-Diskussion«

Um die Jahreswende 1977/78 fliegen die RAF-Mitglieder aus Bagdad zurück, pärchenweise nach Paris. Dort besitzt die Gruppe zwei konspirative Wohnungen. Die Seine-Metropole ist fortan ihr »Rückzugsgebiet« und »Ruheraum«.

Neuen Aufgaben entgegen reist im Januar 1978 ein RAF-Spähtrupp nach Düsseldorf, wohnt dort in der Witzelstraße: Silke Maier-Witt, Willy-Peter Stoll, Stefan Wisniewski, Adelheid Schulz und Angelika Speitel. Fünf Wochen lang steigen dort fast jeden Morgen einige von ihnen kurz nach vier in den Zug nach Bonn, um die nächsten Opfer auszuspähen: Ganz oben auf der Liste: Bundesaußenminister Hans-Dietrich Genscher. Auf den Straßen und im Wald um dessen Privathaus in Wachtberg-Pech geht die RAF »spazieren«. »Wir haben uns Mühe gegeben, zum Beispiel morgens auszusehen wie eine Hausfrau oder wie jemand, der zur Arbeit geht«, berichtet Silke Maier-Witt: »Sonntags sind wir auch schon mal zu zweit gegangen.« Um möglichst unverdächtig in dem kleinen Vorort zu erscheinen, holt sich die Gruppe einen Dackel: aus einem Tierheim in Düsseldorf. Häufig rennen auch RAF-Mitglieder als Jogger an Genschers Villa vorbei. Die RAF will das Entführen nicht lassen: »Die Aktion mit Genscher sollte so wie die Schleyer-Aktion laufen«, blickt Silke Maier-Witt zurück.

Ebenso spaziert sie mit Genossen durch die amerikanische Siedlung bei Bonn: »Es ging darum, die Absicherung dieser Siedlung sowie mögliche Kontrollen auszuspähen.« Sie diskutiert mit Willy-Peter Stoll, Stefan Wisniewski und Angelika Speitel: »Lasst uns einen US-Lastwagen mit Soldaten in die Luft sprengen«, schlägt jemand vor. »Besser ist es, einen hohen amerikanischen Offizier in seinem Haus zu überfallen«, entgegnet einer der Männer: »Dabei muss man alles umlegen, was sich einem in den Weg stellt.« »Das ist ja ein Blutbad!«, rutscht es Silke Maier-Witt heraus. Sechs Augen richten sich irritiert auf sie. »Das ist eine politische Aktion und hat nichts mit einem Blutbad zu tun«, blafft sie der Mann an: »Du stellst alles in Frage, was bisher an Aktionen gelaufen ist.« Keiner ihrer Genossen kann verstehen, was dieser »Blutbad«-Einwurf soll. Und ihr wird klar, »dass ich innerhalb der Gruppe solche Gedanken nicht zu haben habe«. Sie beschließt, künftig nicht mehr »an Dingen zu rühren, die besser nicht angesprochen werden«.

Ebenso spähen im Jahr 1978 RAF-Mitglieder in Frankfurt und Umgebung die beiden Vorstandssprecher der Deutschen Bank aus, Wilhelm Christians und Wilfried Guth. Aber schon bald verwirft die Gruppe die drei Deutschen als RAF-Ziel. Die »Zielrichtung Amerikaner« hält sie für wichtiger.

## Peter-Jürgen Boocks Süchte und acht Festnahmen

Die RAF hat mittlerweile ein Problem in den eigenen Reihen: Peter-Jürgen Boock hat sich seit Spätherbst 1977 zu einem Junkie entwickelt, ist drogen- und medikamentenabhängig. Pro Tag spritzt er sich vier Ampullen Dolantin, ein Morphium-Ersatzpräparat, nimmt Tabletten und Zäpfchen in großen Mengen. Täglich bekommt er mehrere Anfälle: seine Bauchdecke verkrampft sich völlig. Er zittert. Schweiß rinnt ihm über den ganzen Körper. Manchmal wird er ohnmächtig. »Ich leide vermutlich an Darmkrebs«, erzählt er RAF-Genossen, die ihn nicht so gut kennen. Die Gruppe legt »großen Wert darauf«, wie er später berichtet, »dass mein Zustand nach außen hin nicht bekannt« wird. Denn für Mohnhaupts Kämpfer besteht Drogenverbot. So mancher vermutet, dass Boocks Befürchtung, an Krebs zu leiden, nur ein Vorwand ist, um sich Dolantin reinzupfeifen. Zutritt zu ihm hat schließlich nur noch Brigitte Mohnhaupt – seine Freundin und Pflegerin.

Weil es die Boock-Nahrung – bestimmte Lebensmittel, Medikamente und Drogen – in Bagdad nicht gibt, schickt Brigitte Mohnhaupt die beiden RAF-Neuzugänge Christof Wackernagel (26) und Gert Schneider (28) nach Amsterdam, um für Boock Nachschub zu holen. Am Abend des 10. November 1977 fahren die beiden in die »Hauptwohnung« der

RAF in den Niederlanden, in den Baden-Powell-Weg 217 in Amsterdam. Mittlerweile hat die Polizei das RAF-Quartier entdeckt. Sie observiert es von einem Nachbarhaus aus – und hört das Telefon ab. Wenige Minuten nach 23 Uhr sehen die Beamten von gegenüber, wie in der Wohnung das Licht ausgeht. Kurz darauf kommen die beiden Männer aus dem Haus und schlendern zu einer Telefonzelle. Beamte in Zivil reißen die Tür auf – mit gezogenen Pistolen: »Hände hoch, Polizei!« Wackernagel und Schneider greifen zu ihren Waffen und eröffnen das Feuer. Schneider schmeißt eine sowjetische Eierhandgranate. Anschließend liegen die Polizisten van Hoogen, Zoet und Serno verletzt auf dem Asphalt. Ihre Kollegen verhaften Wackernagel und Schneider. Bei Schneider finden sie einen Zettel von Brigitte Mohnhaupt: »das Zeug für Saki (Shit + K) ist nicht zum Vergnügen, d. h., es ist verdammt notwendig + dringend.« »Saki« ist der Deckname von Peter-Jürgen Boock. »Shit« heißt Marihuana. Und »K« steht für Kokain. Auf einen anderen Zettel hat Mohnhaupt geschrieben: »Haferflocken – mindestens Kindergries ... = einziges Saki-Fressen.«

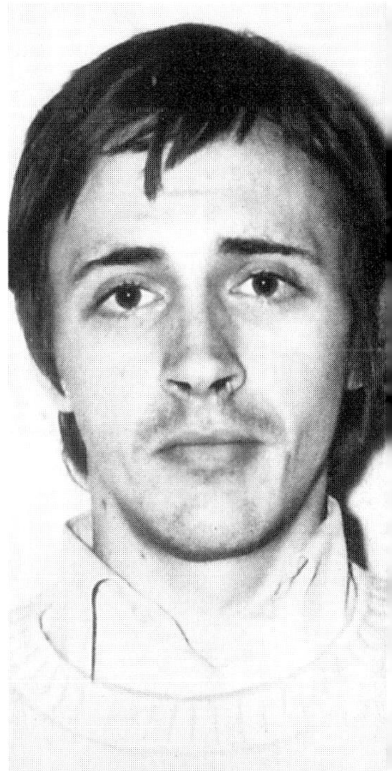

*Peter-Jürgen Boock*

Zwei Monate später ist Christine Kuby, ebenfalls RAF-Mitglied, auf Boock-Beschaffungstour. In einer Hamburger Apotheke legt sie ein Rezept für »Fortral« auf den Tresen. Ein Schmerzmittel. Das Formular wurde einem Arzt in Kaiserslautern gestohlen und anschließend ausgefüllt. Dem Apotheker kommt das Rezept suspekt vor. Über »110« ruft er die Polizei. Die beiden Streifenwagenbeamten halten es für einen täglichen Einsatz. Sie bitten die Frau mit auf die Wache. In diesem Augenblick reißt Christine Kuby eine Pistole hoch und schießt. Einen Beamten trifft sie in die Brust. Sein Glück: Die Kugel durchschlägt sein Notizbuch in der Jacke und verliert dadurch einen erheblichen Teil ihrer Wucht. Die Beamten schießen zurück. Von zwei Kugeln getroffen, bricht Christine Kuby zusammen, wird verhaftet.

Durch Boocks Süchte hat die RAF drei Kampfgefährten in zwei Monaten verloren. Er ist wieder im sicheren Bagdad, begleitet von einigen Genossen. Allen ist klar: So kann es nicht weitergehen. »Saki« braucht ein gründliches »Check-up« in einem guten Krankenhaus. Erste Idee der RAF ist ein Militärkrankenhaus in Algerien. Der Gedanke wird verworfen, weil die Bagdad-Truppe meint, Boock könne nicht allein reisen: Mehrere Europäer in Algier aber würden auffallen, fürchtet sie, und könnten das Interesse der Nachrichtendienste wecken. Wieder einmal helfen die Palästinenser der RAF: Sie organisieren eine gründliche Untersuchung für Boock in Ostberlin, in der Charité. Seine Freundin Brigitte Mohnhaupt und Sieglinde Hofmann fliegen mit. Rolf Klemens Wagner stößt – aus Paris mit dem Flugzeug – am 10. Mai 1978 in Zagreb dazu. Dort haben Boock und Begleiterinnen einen Zwischenstopp eingelegt.

Wie üblich, um ihre Fährte zu verwischen, fliegen Boock und Freunde nicht mit einer Direktmaschine nach Westeuropa zurück, sondern über den Ostblock. Sie seien »im Auftrag der PLO unterwegs« gewesen, berichtet Boock später, und hätten dadurch dort »faktisch diplomatischen Status« gehabt. Er geht davon aus, »dass die uns nicht ausliefern würden, jedenfalls nicht so ohne weiteres«. Bisher waren sie bei ihren zahlreichen Flügen im Ostblock stets unbehelligt geblieben. Dieses Mal aber werden Boock und seine drei Begleiter am 11. Mai 1978 in Zagreb von der jugoslawischen Polizei verhaftet. Im Gepäck entdecken die Beamten Boocks »Reiseapotheke«: 32 Spritzen und 19 verschiedene Medikamente – schmerzstillende, krampflösende und beruhigende. Darunter Dolantin.

Die Festnahme erfolgte – was die vier nicht wissen – durch eine Intervention aus Deutschland, vom BKA: Die Beamten in Wiesbaden vermuteten, dass RAF-Mitglieder häufig von Paris, Brüssel und Amsterdam aus flogen, mit gefälschten Papieren. Deshalb baten sie ihre Kollegen in den Nachbarstaaten um Mithilfe. Und dadurch erhielt der Leitende Kriminaldirektor *Konrad Igel* im BKA von der französischen Polizei die Mitteilung, »Andreas Risch«, ein Liechtensteiner, sei am 10. Mai 1978 von Paris nach Zagreb geflogen. »Risch« steht ganz oben auf einer BKA-Liste, weil Rolf Klemens Wagner mit dessen Ausweis reist. Der Kriminaldirektor sitzt in der nächsten Maschine nach Belgrad, spricht dort sofort mit seinen Kollegen. Am nächsten Tag werden die vier verhaftet.

Ebenfalls an diesem 11. Mai 1978 steht ein Mann auf dem Flughafen Paris-Orly – in einer Schlange vor der Ausweiskontrolle für die Air-France-Maschine, die um 14.15 Uhr nach Zagreb startet. Dem Grenzbeamten legt der Mann einen österreichischen Reisepass auf den Namen Karl Lagger vor – und eine von ihm ausgefüllte Ausreisekarte. »Un instant«, sagt der Beamte. Wie aus heiterem Himmel stehen mehrere Polizisten neben dem Mann und führen ihn in einen Raum: Dort sitzen zwanzig Polizisten, die sich riesig über sein Erscheinen freuen. Auch Beamte des BKA. Es ist Stefan Wisniewski, der zur Boock-Truppe stoßen wollte. »Sie haben mich erwartet«, ist ihm klar. Warum, weiß er aber nicht.

Was er nicht weiß: Horst Herold hatte »den gesamten Handschriften-Erkennungsdienst« des BKA zu Flughäfen in Westeuropa geschickt, um die Einreise- und Ausreisekarten durchzuschauen: Damals mussten diese Karten von den Passagieren bei Flügen über Ländergrenzen hinweg ausgefüllt werden. In Orly entdecken die Beamten auf einer »Einreisekarte« von »Karl Lagger« die Handschrift Wisniewskis: Am 4. Mai 1978 war er aus Belgrad kommend in Paris gelandet. Und wer nach Paris fliegt, der könnte von dort aus auch wieder wegfliegen, vermuten Herolds Männer – und bekommen Recht: Dieser Karl Lagger bucht eine Woche später einen Flug nach Zagreb. Die Beamten ahnen, wer tatsächlich erscheinen wird – und erwarten ihn. In Wisniewskis Gepäck finden sie 44 Ampullen Dolosal. Mitbringsel für Peter-Jürgen Boock. Aber so wird aus dem Treffen mit Boock und Begleitern im sonnigen Zagreb nichts.

Fünf Festnahmen an einem einzigen Tag – 11. Mai 1978. Damit »waren fast alle weg, die schon länger bei der Gruppe waren«, blickt Silke Maier-Witt zurück. »Die Folge dieser Verhaftungen war, dass sich die Gruppe in einem desolaten Zustand befand«, berichtet Sigrid Sternebeck. Die RAF ist wie gelähmt.

## »Familientreffen« im Seebad Ostende

Bei den verbliebenen Untergrundkämpfern entsteht »Untergangsstimmung«, stellt Silke Maier-Witt fest. Ändern soll die düstere Stimmung ein »Familientreffen« der »Illegalen«. Sigrid Sternebeck mietet ein Ferienhaus im belgischen Seebad Ostende. Am Strand. Alle kommen aus ihren Verstecken – in Frankreich, Belgien und Deutschland. Für drei Tage, Anfang Juni 1978.

Anstelle der verhafteten Brigitte Mohnhaupt geben nun Christian Klar und Adelheid Schulz den Ton an. Beide gehören zur »Förstergruppe« – RAF-intern so genannt, weil ihre Mitglieder aus dem Schwarzwald und Umgebung stammen, wie auch Monika Helbing (geboren in Flein/Kreis Heilbronn) und der – mittlerweile verhaftete – Günter Sonnenberg (geboren in Karlsruhe). Bei Nordseeluft und Sonnenschein entwickelt der RAF-Rest unter Klar und Schulz neue Perspektiven.

Drei Ziele sind das Ergebnis der drei Tage: Da Mohnhaupt, Boock & Co. in Jugoslawien für die Gruppe unerreichbar einsitzen, soll geklärt werden, ob Stefan Wisniewski aus der Haftanstalt Frankenthal befreit werden kann. »Wisniewski war einer derjenigen, die am meisten Erfahrungen hatten, weil er mit am längsten dabei war«, erläutert Silke Maier-Witt die Entscheidung: »Das hat auch etwas mit seiner persönlichen Ausstrahlung zu tun. Er war eine echte ›Führungspersönlichkeit‹, er war bestimmend und konnte andere mitreißen.« »Von ihm«, so Sigrid Sternebeck, »erwartete man neue Impulse.«

Außerdem beschließt die Gruppe, »in der Sache Haig weiter ›am Mann‹ zu bleiben«, wie es Sternebeck formuliert. Seit Monaten sind RAF-Mitglieder in Brüssel dabei, den US-General auszuspähen. Offen ist noch, »ob eine Entführung oder ein Mordanschlag«, sagt Silke Maier-Witt. Nach der Verhaftung ihrer obersten Kämpfer hält sich der RAF-Rest zu schwach für eine Entführung. Er hofft auf »Hilfe der ›Roten Brigaden‹« aus Italien, berichtet Maier-Witt. Falls eine Entführung aber nicht zu »realisieren« sei, sind sich – so Maier-Witt – alle einig, »dass ein Mordanschlag auf Haig verübt werden sollte«. Um aus der Schwäche – es mangelt an »Kämpfern« und Kohle – herauszukommen, beschließt die Gruppe außerdem, die Gespräche mit den »Roten Brigaden« in Italien und der »Bewegung 2. Juni« zu intensivieren. Ziel: herausfinden, ob man künftig zusammenarbeiten kann. Der »2. Juni« hat etwas, was in der RAF schon wieder einmal zur Neige geht: Geld. Ein Dreivierteljahr zuvor kassierte der »2. Juni« 4,5 Millionen Mark – das Lösegeld für den von ihr in Wien entführten Wäschekönig Walter Palmers.

Nach den drei Tagen am Strand teilt sich die »Familie« in drei Gruppen auf: Christian Klar, Willy-Peter Stoll und Adelheid Schulz, die Zuverlässigsten des Rests, reisen in die Bundesrepublik, um die Wisniewski-Befreiung auszuloten. Gruppe zwei, unter ihnen Sigrid Sternebeck, Rolf Heißler, Susanne Albrecht und Elisabeth von Dyck, fahren nach Brüssel, die Fahrtrouten Haigs auszukundschaften. Eine dritte Gruppe reist nach Paris: Silke Maier-Witt und andere schauen, wo man dort Haig am besten verstecken kann. Aus der Entführung Schleyers hat die RAF gelernt: Es vereinfacht die Dinge ungemein und nimmt einen erheblichen Teil des »Fahndungsdrucks« von der Gruppe, wenn man das Entführungsopfer in einem anderen Land »bunkert«.

## »Fury« und der Hubschrauber

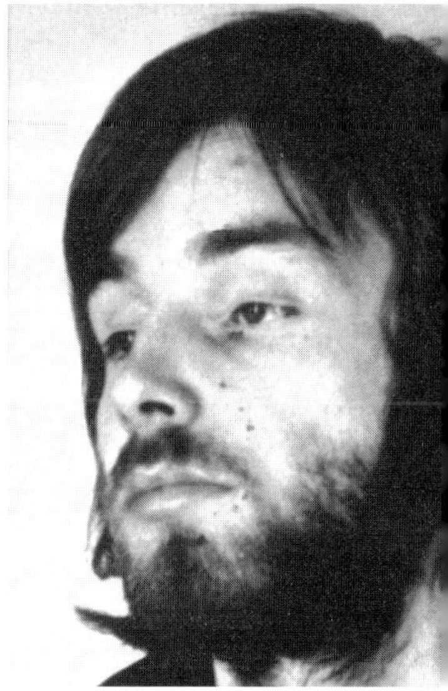

*»Fury«: Stefan Wisniewski*

»Fury« ist Stefan Wisniewski. Sein Tarnname in der RAF. Der Name passt zu ihm, befindet Silke Maier-Witt, »weil der immer ein bisschen ungestüm war«. Einer der entschlossensten »Fighter« der RAF. Zudem einer der »Untergrund-Ältesten«. Seit dreieinhalb Jahren, seit Anfang 1975, lebt er »abgetaucht«. Kein Intellektueller. Nie an einer Uni. Aber ein entschlossener Macher.

Geboren wurde er 1953 in der Nähe von Freudenstadt im Schwarzwald. Nach der Volksschule beginnt er eine Lehre als Elektroinstallateur. Bricht sie ab und landet in einem Heim für schwer erziehbare Jungs. Haut dort siebenmal ab. Die Polizei fängt ihn wieder ein. Anschließend Gelegenheitsarbeiter – in Lagern und als Kraftfahrer. Mit achtzehn fährt er drei Monate zur See, als »Motorenhelfer«. »Das war gar nicht romantisch«, erzählt er später von der Seefahrt und den fernen Häfen: »Ich hab dabei das Elend in der Dritten Welt kennen gelernt, wenn in afrikanischen Häfen ältere Männer an Bord kamen und im Tausch für Essensreste ihre Ehefrauen anboten. Wer sich da nicht schämt, sollte den Haifischen zum Fraß vorgeworfen werden.«

Wieder an Land, wohnt er in Hamburg und Berlin und erlebt die »antiautoritäre Bewegung: die neuen Lebensformen, Wohngemeinschaften, Stones-Musik, lange Haare, das hatte für mich eine enorme Anziehung«, blickt er auf sein Leben mit um die zwanzig zurück. In Hamburg wohnt er mit Karl-Heinz Dellwo zusammen, der später zum Stockholm-Kommando der RAF gehört. »Fury« demonstriert gegen »Isolationsfolter« und beteiligt sich an der Besetzung des Büros von Amnesty International 1974 in Hamburg. Sein Arbeitslosengeld lässt er direkt auf das Konto des »Komitees gegen Folter an politischen Gefangenen in der BRD« überweisen.

Auslöser für ihn, in den Untergrund zu gehen, ist der Tod von Holger Meins im November 1974: »Wenn die anfangen, die Gefangenen umzubringen oder verrecken zu lassen, dann muss etwas anderes geschehen«, denkt er sich: »Die Beerdigung von Holger Meins mit zu organisieren war meine letzte legale Tätigkeit.« Als der Stockholm-Überfall geplant wird, ist er bereits »Reservist«. Kommt aber nicht zum Einsatz.

Im Mittelpunkt der Diskussionen, die er im Untergrund führt, steht die Frage: »Wie kriegen wir die Leute aus dem Knast?« Auch wird darüber geredet, »was es an anderen Möglichkeiten gibt«: »Aber wir haben es so gesehen, dass wir, als relativ kleine Gruppe, auf anderen Gebieten nur stärker werden, wenn wir in diesem Punkt etwas erreichen können.« Auf diesen »anderen Gebieten« erspähen sie nicht viel Potenzial, um die Bevölkerung zu mobilisieren – weil sie glauben, dass von der '68-Bewegung »nichts mehr« übrig geblieben ist. Deshalb sehen er und seine Genossen nur eine Chance: »Über die Gefangenenfrage wollten wir etwas vom Staat vermitteln. Seinen Charakter. Seine Geschichte.« Devise: »Jeder, der kämpft, kann Revolutionär sein.«

Noch am Tag seiner Verhaftung in Paris-Orly fliegen BKA-Beamte mit Wisniewski nach Deutschland. Endstation: die Justizvollzugsanstalt Frankenthal in der Pfalz. Am nächsten Tag bekommt der Untersuchungshäftling Wisniewski Besuch aus Karlsruhe: Ermittlungsrichter Kuhn vom Bundesgerichtshof ist angereist, um ihm den Haftbefehl zu eröffnen. Wisniewski, auch im Knast ganz der »Fighter«, schlägt dem Bundesrichter zur Begrüßung auf die Nase. Das bringt ihm vorab eine Freiheitsstrafe von acht Monaten.[231]

Um aus dem Gefängnis herauszukommen, schickt Wisniewski den Genossen einen Plan aus seiner Zelle: »von oben mit dem hubschrauber«, schreibt er und erklärt, dass man ihn im Gefängnishof abholen könne. Knapp drei Wochen nach Ostende, sechs Wochen nach »Furys« Festnahme, beginnen Willy-Peter Stoll, Christian Klar und Adelheid Schulz mit den Vorbereitungen für die Aktion »Familienausflug«, so der RAF-Deckname für die »Fury«-Befreiung: Am 19. Juni 1978 mietet Adelheid Schulz eine konspirative Wohnung in Mannheim, in der Schwetzinger Straße 158. Die drei chartern Hubschrauber, geben sich als Filmteam aus und heben viermal zu Erkundungsflügen ab. Christian Klar mimt den Kameramann und filmt mit einer Videokamera. In Hubschraubern schweben sie über Schlösser und Burgen – und auch über die Justizvollzugsanstalt Frankenthal. »Ist es flugtechnisch möglich«, fragt Willy-Peter Stoll den Piloten *Jürgen Behler*, »in einem Film mit einem Hubschrauber im Innenhof eines Kastells zu landen, um, wie es im Drehbuch steht, eine dreiköpfige Familie zu befreien?« »Schwierig, aber möglich«, antwortet *Behler*. Er kommt auf eine andere Idee – eine bessere, wie er findet: »Ich würde Trickaufnahmen empfehlen. Die sind auf jeden Fall billiger.«

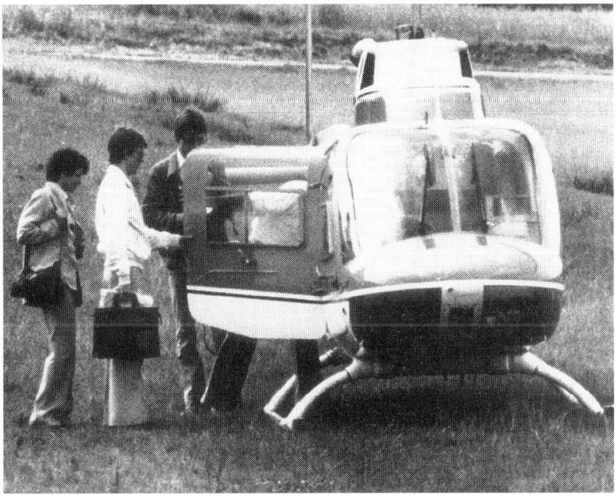

*BKA-Observationsfoto: Adelheid Schulz, Willy-Peter Stoll und Christian Klar am 6. August 1978*

Einem der Piloten kommt das Trio merkwürdig vor. Er meldet sich bei der Polizei. Beim nächsten Flug, am 6. August 1978, liegt ein BKA-Observationsteam am Flugplatz Michelstadt im Odenwald auf der Lauer und fotografiert die »Jungfilmer«. Wieder am Boden, steigen die drei in einen 230er Mercedes und fahren los. Ein Dublettenfahrzeug, Kennzeichen: »LU-JX 499«. Deshalb ergibt die Funkabfrage der Beobachter »negativ«. Die drei bemerken den Observationstrupp hinter sich. Urplötzlich, auf freier Strecke, biegen sie nach links in einen kleinen Weg ab. Die BKA-Späher haben keine andere Chance, als geradeaus weiterzufahren, um nicht zu »verbrennen«. Nachdem die Fotos entwickelt sind, trifft Beamte der Abteilung »Terrorismusbekämpfung« (TE) im Bundeskriminalamt der Schlag: Sie entdecken, wen ihre Kollegen vor sich hatten. Vor allem, dass es dem Trio gelang, den BKA-Trupp mit einem simplen Trick abzuschütteln, bringt einen Vorgesetzten zum Toben: »Wie bei Louis de Funès!« »Ärgerlich, sehr ärgerlich war das«, sagt BKA-Chef Herold in der Rückschau, »aber den Beamten kann man keinen Vorwurf machen, weil die drei völlig anders als auf den Fahndungsfotos aussahen.« Die RAF streicht den »Familienausflug«.

*Willy-Peter Stoll (BKA-Observationsfoto)*

## Schießereien

Auch ansonsten läuft im Jahr 1978 bei der RAF vieles anders als erwartet. Am 6. September erhält die Polizei in Düsseldorf den Hinweis: Im China-Restaurant »Shanghai« sitzt ein »Terrorist«. Zwei Streifenwagenbeamte wollen den Mann überprüfen. Er greift, wie die beiden anschließend erklären, zu seiner Pistole. Ein Polizist ist schneller – und erschießt ihn: Willy-Peter Stoll. Die Gruppe ist über Stolls Tod geschockt. Sie macht sich Vorwürfe, es zugelassen zu haben, dass er »wie ein wandelndes Fahndungsplakat herumlief«, berichtet Monika Helbing: »Jedenfalls achteten wir in der Folgezeit auf unser Aussehen.«

Zwei Wochen nach Stolls Tod, am 24. September 1978, hören Anwohner aus einem Wald in Dortmund-Löttringhausen Schüsse und rufen die Polizei. Als Erstes ist der Streifenwagen »Union 14/27« in der Gegend. »Eindeutig Schüsse«, stellen die beiden Beamten fest. Sie steigen aus und gehen in die Richtung. Vorneweg der Beamte mit der Maschinenpistole. Er stellt den Sicherungshebel auf »F« – Dauerfeuer.

Während sich die Polizisten durchs Unterholz anpirschen, beenden Angelika Speitel und die beiden RAF-Neuzugänge Michael Knoll und Werner Lotze ihr Übungsschießen auf einer Lichtung. Die Zeitungsseiten, die sie als Zielscheiben an zwei Bäume geheftet hatten, nehmen sie wieder ab. Wenige Sekunden nachdem sie ihre Waffen weggesteckt haben, erscheinen die beiden Beamten zwischen Bäumen. »Wir müssen doch etwas machen«, ruft Werner Lotze den beiden anderen zu, »wir müssen doch etwas machen!« Die drei reißen ihre Waffen hervor und beginnen zu schießen. Nach dem Schusswechsel liegen vier Menschen verletzt auf dem Boden: Polizeimeister Hans-Wilhelm Hansen (26) stirbt noch am Tatort, Michael Knoll (27) zwei Wochen später. Polizeiobermeister Schneider (45) ist von zwei Kugeln getroffen – die RAF-Schützen stellen das Feuer auf ihn erst ein, als sie glauben, er sei tot. Er überlebt. Angelika Speitel (26) liegt mit einem Trümmerbruch im Oberschenkel im Laub. Die Polizisten, die kurz darauf eintreffen, verhaften sie. Nur einer ist unverletzt geblieben und entkommt: Werner Lotze (26).

Fünf Wochen später, die »grüne Grenze« zwischen Deutschland und den Niederlanden, bei Kerkrade. 1. November 1978. Kurz vor zwölf Uhr mittags: Vier niederländische Zollbeamte stehen mit ihrem Wagen auf einer Anhöhe und halten nach illegalen Grenzgängern Ausschau. Sie erspähen einen einsamen Wanderer. Fahren zu ihm. »Ihren Ausweis bitte«, sagt einer der Beamten. Den Beamten fällt nicht auf, dass er gefälscht ist. »Einsteigen«, verlangt einer der Zöllner – sie wollen den Mann zur Zollstation mitnehmen, um ein Protokoll aufzunehmen und eine Geldstrafe wegen des verbotenen Grenzübertritts zu kassieren. Vor dem Auto zieht Rolf Heißler einen Revolver aus dem Hosenbund und schießt auf die Beamten. Von hinten taucht Adelheid Schulz auf und feuert aus einer Maschinenpistole mehrere Salven auf die Zöllner ab. Dionysius de Jong (19) ist sofort tot. Sein Kollege Johannes Goemans (24) stirbt zwei Wochen später. Heißler und Schulz verschwinden.[232]

## »Eine politische Neubestimmung«: Die Reise nach Aden

Ein halbes Jahr lang halten die jugoslawischen Behörden Mohnhaupt, Boock, Hofmann und Wagner in Zagreb fest. Peter-Jürgen Boock kommt in ein Militärkrankenhaus: Die Ärzte entdecken in seinem Darm eine Geschwulst und entfernen sie – kein Krebs, wie von Boock zuvor erklärt. Im November 1978 dürfen die vier ausreisen, in ein »Land ihrer Wahl«. Belgrad erklärt Bonn, dass für eine Auslieferung »das Beweismaterial nicht ausreicht«.[233] Das Quartett entscheidet sich für den Südjemen.

Dort angekommen, bittet Brigitte Mohnhaupt die Kampfgefährten in Europa zu sich »nach unten«. Die Restgruppe steht »vor dem Ruin«, blickt Silke Maier-Witt zurück: »Viele waren verhaftet oder tot, einige wollten die Gruppe verlassen.« Das Ziel der Jemen-Reise daher – so Ralf Baptist Friedrich – »eine politische Neubestimmung«. Plus Schießen. Mitte Dezember kommen mehrere Genossen aus Europa in Aden an. Zwei Stunden dauert die Fahrt im Auto gen Norden: Das PFLP-Camp liegt auf dem Plateau eines Tafelberges. Es ist knapp so groß wie ein Fußballfeld. Drei Soldaten bewachen das Gelände. Ihr Blick reicht weit über die kargen Felder. Die Gäste beziehen Quartier in der oberen Etage des Hauptgebäudes. Im Erdgeschoss ist der Gemeinschaftsraum, in dem sie auch gemeinsam essen. Nebenan ein Stall mit Kaninchen und Tauben. Die Vorratskammer. In einem verschlossenen Anbau lagern Pistolen und Kalaschnikows, »die wir zuerst auseinander nehmen und putzen mussten«, berichtet Silke Maier-Witt.

»Zu Beginn wurden alle neu Angekommenen kritisiert«, blickt sie zurück: »Das machte im Wesentlichen Brigitte Mohnhaupt und in milderer Form Sieglinde Hofmann. Die Kritik war schonungslos und erfolgte mit sehr drastischen Worten. Klar und Schulz wurde Aktionismus vorgeworfen.« Unter anderem, Zeit mit den riskanten Hubschrauberausspähungen der »Fury«-Haftanstalt verschwendet und nicht die »Vorbereitung der Aktion Haig« vorangetrieben zu haben. »Du hast dich dem Aktionismus der anderen unterworfen«, tadelt Brigitte Mohnhaupt Silke Maier-Witt, »hast nicht verhindert, dass die ›politische Linie‹ verlassen wurde.« »Ich hatte doch keine Chance«, erwidert sie kleinlaut – und hat das »Gefühl, dass mir die wichtigsten Personen der Gruppe das nicht glauben wollten«.

Die »wichtigsten Personen der Gruppe« sind im Jahr eins nach Schleyer Brigitte Mohnhaupt, Sieglinde Hofmann, Adelheid Schulz und Christian Klar. Ungekrönte Königin ist Brigitte Mohnhaupt. »Absolut dominant«, nennt sie Susanne Albrecht. Mohnhaupt ist nicht nur ein gestandener RAF-Oldie, sondern besitzt auch als einzige Stammheimer Zellengeruch. Zudem »vorbildliches« Engagement. Gepaart mit hoher Entschlusskraft. »Brigitte hatte so 'ne Art, die Dinge so deutlich zu sagen, dass Widerspruch kaum möglich war«, beschreibt Peter-Jürgen Boock die Überzeugungskraft seiner einstigen Lebensgefährtin. Mitunter passierte es, »dass sie sehr laut geworden ist, dass sie zum Beispiel kreischte und andere beschimpfte«, schildert Susanne Albrecht ihr Auftreten: »Dann konnte sie wieder ganz normal und natürlich sein, manchmal wie ein Kind, ausgelassen, war lustig, lachte viel.« Die RAF sei Mohnhaupt »heilig« gewesen: »Das war ihr Leben, ihre Überzeugung.« Brigitte Mohnhaupt – kurz gesagt, so Susanne Albrecht: »Sie war RAF.«

Der Glanz Mohnhaupts strahlt auf ihre Freundin Sieglinde Hofmann ab. Die ist deutlich weniger emotional: »Sie war ruhiger und besonnen«, blickt Susanne Albrecht zurück, »ihre Art war immer gefragt.« Für den damaligen BKA-Chef Horst Herold ist Sieglinde Hofmann »die Adjutantin, sozusagen die Stabschefin der Mohnhaupt«.

Adelheid Schulz ist ebenfalls eine enge Vertraute von Brigitte Mohnhaupt. Sie gilt als eine der Zuverlässigsten in der RAF. Die gelernte Schwesternhelferin stieß über die »Rote Hilfe« in Karlsruhe zur RAF. In Aden ist das Verhältnis zwischen ihr und Mohnhaupt anfangs getrübt, weil ihr die Terror-Queen »blinden Aktionismus« vorwirft. Das legt sich, als Brigitte Mohnhaupt – nachdem sie ein halbes Jahr nicht das Kommando bei der RAF führte – Schulz und auch anderen durch ihre heftige Kritik klargemacht hat, wer das Sagen hat. Ähnlich wie knapp zwei Jahre zuvor, als Brigitte Mohnhaupt das Croissant-Büro »aufräumte«, sich alle Mitarbeiter zur Brust nahm und dadurch für »klare Verhältnisse« sorgte. Nachdem Mohnhaupt die Machtfrage geklärt hat, renkt sich zwischen beiden wieder alles ein.

Der Vierte an der Spitze und einzige Mann ist Christian Klar. Adelheid Schulz' früherer Freund. Ein eiskalter Macher. Immer die nächste »Aktion« im Sinn.

Peter-Jürgen Boock, bis kurz vor Aden noch in der Führungsmannschaft, hat seine Spitzenstellung verloren. Der »Absteiger« der Truppe. Alle sind auf ihn sauer: Ein Jahr zuvor gaukelte der »Techniker« seinen Kampfgefährten vor, an Darmkrebs zu leiden: In Wahrheit nichts als ein Vorwand – wie jetzt seine Genossen nach der Operation in Zagreb die Dinge interpretieren –, um seine Drogen- und Medikamentensucht zu kaschieren. Sie fühlen sich gelinkt: Ein halbes Jahr lang, ab Oktober 1977, waren seine Mitstreiter im Wesentlichen damit beschäftigt, für ihn Drogen, Medikamente und ärztliche Versorgung zu organisieren. Acht RAF-Mitglieder landeten dabei im Gefängnis – vier sind wieder draußen. Er ist regelrecht in Verschiss geraten. Aber rauswerfen kann man ihn auch nicht. Wie denn? So ist er noch immer mit dabei.

Eine Stufe unter der Führungsmannschaft stehen Rolf Klemens Wagner, ein eiskalter Vollstrecker und »ingeniöser Typ«, wie ihn die BKA-Fahnder bezeichnen, und Rolf Heißler. Auch ein ehemaliger Lebensgefährte Mohnhaupts. Einer der fünf, den die »Bewegung 2. Juni« für den Berliner CDU-Vorsitzenden Peter Lorenz aus dem Gefängnis freigepresst hatte. Aus dem Südjemen kehrte er nach Deutschland zurück und schloss sich der RAF an. Er besitzt beste Verbindungen in den Nahen Osten. Ein Mann mit Herrschaftswissen.

Eine nicht ganz so starke Position ebenfalls direkt unter der Führungscrew hat Elisabeth von Dyck: Auch sie hatte eine besondere Nähe zu den Stammheim-Häftlingen. Zusammen mit Volker Speitel bildete sie in der Croissant-Kanzlei die »Betreuungsmannschaft« für Baader & Co., organisierte deren Kassiber-Wesen. Schon seit zwei Jahren ist sie nicht mehr »Schreibtischmaus«, sondern die »Aufsteigerin« in der Gruppe: Rhetorisch versiert, in Diskussionen ungemein eloquent und vermag »unsere Positionen sehr gut« zu vertreten, charakterisiert sie Peter-Jürgen Boock rückblickend.

Auf der nächsten Stufe stehen drei RAF-Neueinsteiger, die nach der Schleyer-Entführung dazukamen. Sie müssen sich erst noch bei »Aktionen« bewähren: »RAF-Dienstältester« unter ihnen ist Ralf Baptist Friedrich, seit einem Jahr dabei. Erst »Folterkomitee«-Mitglied. Dann, Ende 1975, beginnt er im Rechtsanwaltsbüro Croissant, wird »Legaler«: geht für die RAF auf Kurierfahrten und leistet andere Hilfsdienste. Ende Oktober 1977 fragten ihn Heißler und Wisniewski in Leyden: »Wie lange eigentlich willst du noch als ›Legaler‹ herumlaufen?« Lange will er nicht mehr. Anfang November 1977 bekommt er in Paris einen gefälschten Ausweis und eine Pistole. Die Insignien der RAF-Mitgliedschaft. Seitdem gehört er dazu. Wegen seiner perfekten Französischkenntnisse wird er der Statthalter der RAF in Paris. Rückzugsgebiet der Gruppe seit Anfang 1978.

Werner Lotze ist seit vier Monaten bei der RAF, seit August 1978. »Beamter« nennen ihn die anderen – weil er so gewissenhaft ist. Die Kritik nach der Dortmund-Schießerei, sieben Wochen nach seinem RAF-Beitritt, nahm er sich zu Herzen. Beim nächsten Mal will er alles »besser machen«.

Jüngster Neuzugang – seit zwei Monaten – ist Henning Beer, »Mini« gerufen. Nicht nur wegen seiner erst zwanzig Jahre. Sondern auch, weil er der kleine Bruder des RAF-Mitglieds Wolfgang Beer[234] ist. Sein Weg zur RAF begann anderthalb Jahre zuvor, als ihn im Juni 1977 Susanne Albrecht bat, Ausweise für die RAF zu stehlen. Ein halbes Jahr später erschien er bei Rolf Heißler, Stefan Wisniewski und Willy-Peter Stoll und bat um Aufnahme in die RAF. Ein ungewöhnlicher Weg. In die RAF kann man nicht eintreten wie in einen Verein. Man wird gebeten, wie vom »Rotary«-Club. »Warum willst du zur RAF?«, bohren die drei nach. »Ich konnte diese Frage eigentlich gar nicht richtig beantworten«, blickt er zurück, »konnte auch keine einleuchtende politische Erklärung dafür abgeben.« Die alten RAF-Hasen halten ihn für unreif und schicken ihn wieder weg. Ein Gespräch mit seinem Bruder Wolfgang, im August 1978 aus der Haft entlassen, bringt ihn dazu, im Oktober 1978 noch einmal bei der RAF anzuklopfen. Dieses Mal mit Erfolg. »Der Schwung meines Bruders hat mich regelrecht mitgerissen«, blickt Henning Beer zurück: »Ich bekam eine Vorstellung von einer militanten Bewegung, wie sie sich in Europa entwickeln könnte, und fühlte mich auch zu eigenen Aktivitäten motiviert.« Das Gespräch »mit meinem Bruder hat den Ausschlag gegeben, dass ich zur RAF gegangen bin«.

Am unteren Ende der RAF-Hierarchie stehen die »Hamburger Tanten«. Nach Meinung der anderen RAF-Mitglieder sind sie »zu wenig zu gebrauchen«: Susanne Albrecht, Silke Maier-Witt und Sigrid Sternebeck.

Allesamt abgebrochene Studentinnen. Über ihre soziale Ader kamen sie zu den Folterkomitees – und von dort zur RAF. Sie stehen für das »Doppel-Z«: »Zögern und Zaudern«. Susanne Albrecht plagen in der RAF lange Zeit Skrupel, weil sie seine Mörder zu Jürgen Ponto geführt hatte. Man traut ihr kein »eigenes Handeln« zu. Deshalb wird sie nur zu Hilfsdiensten herangezogen. Wie »Depot-Gängen« – in Erddepots verwahrt die RAF Waffen, Munition, Geld, Ausweise und sonstige Papiere. Schon bald hat sie den Spitznamen »Depot-Tante«.

Ebenso wie Albrecht wurde Silke Maier-Witt im Zuge der »Offensive '77« schnell rekrutiert – am 7. April 1977 erhielt sie eine Pistole von Peter-Jürgen Boock und war damit RAF-Mitglied. Auch sie wird nur für »einfache Dienste« eingesetzt: Anschlagsziele ausbaldowern, Wohnungen anmieten und »cleanen«, Banküberweisungen vornehmen und Briefe zum Postkasten tragen. In Aden geht ihre Beziehung zu Rolf Heißler in die Brüche: »Er gab nämlich Frau von Dyck den Vorzug«, blickt sie zurück, »weil sie in der Gruppenhierarchie ein höheres Ansehen hatte als ich.« Ihr »Blutbad«-Einwand, ein knappes Jahr zuvor, klebt noch immer an ihr. Ähnlich geht es der dritten »RAF-Tante« Sigrid Sternebeck. Als sie von den Ausspähungen für den geplanten Mord an Deutsche-Bank-Chef Christians erfuhr, sagte sie spontan: »Das riecht für mich nach Rache.« Immer wieder bekommt sie aufs Brot geschmiert: »Du warst dir ja sogar für Christians zu fein.«

Eine ähnliche Rolle wie die »Hamburger Tanten« spielt Monika Helbing. Ihr hängt nach, dass sie beim Ausspähen der Fahrstrecke von Schleyer dessen Wagen übersehen hatte, wie ihr Willy-Peter Stoll fassungslos vorhielt. Von der Gruppe war sie dafür heftig kritisiert und – so Helbing – »aus dieser ganzen Aktion herausgenommen« worden. Das empfand sie als »einen starken Einschnitt« in ihrer Untergrund-Laufbahn. Also logistische Aufgaben, »Vorfeldarbeit« – wie Anmieten von Wohnungen und Auschecken von Opfern: ja. Aber keinen Einsatz direkt bei Anschlägen.

Vereinfacht ausgedrückt, hat die RAF-Hierarchie vier Stufen: die Spitze, die »mit den Hüten«, wie sie auch weiter unten in der RAF genannt werden. Das Quartett gibt den Takt vor, bestimmt die Ziele der RAF. Unter ihnen ist Brigitte Mohnhaupt die »Vorstandsvorsitzende«, die das letzte Wort hat und von drei »Getreuen« umgeben ist. Darunter drei erfahrene Kämpfer, ideologisch nicht ganz so stark. Aber für alles einzusetzen. Nach ihnen die »bewaffneten Jung-Kämpfer«: Blut- und ebenso tatendurstige RAF-Einsteiger, denen man einiges zutraut, die aber erst noch zeigen müssen, was tatsächlich in ihnen steckt. Am Ende der Hierarchie: die Hiwis – »Depot-Tanten«, Briefträgerinnen und Putzfrauen fürs »Cleanen« der Wohnungen.

## Das »kollektive Prinzip«

Entscheidungen in diesem Gefüge werden »kollektiv« bei »Diskussionen« gefällt: Das »kollektive Prinzip« ist ein oft zitierter Anspruch in den Gesprächen der Gruppe. Das »kollektive Prinzip hat funktioniert«, sagt Christian Klar in der Rückschau. Andere widersprechen: »Die Kollektivität war ein theoretisches Postulat der RAF«, meint Werner Lotze, »aber in der Gruppe, in der ich war, war es nie real.« Sigrid Sternebeck spricht von »Propaganda«: »Das war ein Anspruch, hinter dem nicht viel gesteckt hat.« »Es gab da kein demokratisches Verfahren«, urteilt Silke Maier-Witt. Für Susanne Albrecht entspricht das »Wesen dieser Struktur« in der Rückschau dem »Wesen des Stalinismus« – man widerspricht nicht, damit es einem nicht selbst an den Kragen geht.

Trotz des offensichtlichen Widerspruchs auf den ersten Blick dürften sie alle fünf recht haben – weil sie unter dem »kollektiven Prinzip« Unterschiedliches verstehen: Klar aus Sicht der RAF-Spitze, Lotze, Sternebeck, Maier-Witt und Albrecht aus dem Blickwinkel von weiter unten: In den Diskussionen gab es niemals eine Abstimmung – »das war undenkbar«, sagt Sigrid Sternebeck. Bei den Gesprächen hatten »politische Begründungen« der Führungscrew wesentlich mehr Gewicht als vom »Fußvolk«. Im Laufe der Gespräche kristallisierte sich heraus, wohin der Hase läuft – niemals gegen die Meinung derer »mit den Hüten«. Sie bestimmten die Debatten. Bemerkten Mitglieder weiter unten, dass die Meinung »oben« eine andere als ihre war, verstummten sie regelmäßig – oder sagten erst gar nichts. Wer sich dennoch einmal nachhaltig gegen die Meinung der Spitze äußerte, riskierte, noch lange vorgehalten zu bekommen, ihm fehle die »richtige Einstellung« – er hätte nicht kapiert, worum es gehe. So wie Silke Maier-Witt nach ihrem »Blutbad«-Einwurf oder Sigrid Sternebeck nach ihrem »Rache«-Einwurf.

Versteht man unter dem »kollektiven Prinzip«, dass in der Gruppe etwas als beschlossen gilt, wenn niemand mehr Widerspruch erhebt, ist dieser Begriff richtig. Denn von außen betrachtet sind alle »einer Meinung«. Versteht man den Begriff hingegen so, dass auch innerlich alle Mitglieder von dem Ergebnis der Diskussion überzeugt sind, trifft er für die RAF-Entscheidungsfindungen nicht zu. Viele hielten lieber den Mund, weil sie fürchteten, vor versammelter Mannschaft fürchterlich was auf die Mütze zu bekommen. »Der Einzelne wurde oft durch erniedrigende Diffamierungen dazu gebracht, sich unterzuordnen«, blickt Susanne Albrecht zurück. Werner Lotze nicht anders: »Solche Diskussionen sind oft in verletzender und erniedrigender Weise geführt worden.« Angesichts seiner Position einleuchtend, wenn er davon spricht, dass es in der Gruppe »fast unmöglich« war, »seine Ängste und Widersprüche zu klären«.[235]

Ergebnis der Diskussion in Aden ist, dass als Nächstes die Aktion »Hengst« auf dem RAF-Programm steht. Der Mord an US-General Alexander Haig – seit über einem halben Jahr laufen die Ausspähungen. Auf dieses Ziel bereitet sich die Reisegruppe im Camp vor: Der Tag beginnt mit einer halben Stunde Dauerlauf in der Morgendämmerung. Anschließend Gymnastik. Nach dem Frühstück trainieren alle den Nahkampf. Mit Messern und Knüppeln. Dem Mittagessen folgt die Mittagsruhe, wegen der großen Hitze. Am Nachmittag stehen Schießen und Sprengen auf dem Programm. »Wir haben dabei den Umgang mit jeder Art von Waffen gelernt, von uralten bis zu ganz modernen«, berichtet Werner Lotze. Die Gruppe schießt mit Pistolen, Gewehren, Kalaschnikows und Maschinengewehren. »Teil dieses Unterrichts war das Zerlegen der Waffen sowie die Information über Mündungsgeschwindigkeit, Reichweite und Schussverlauf der jeweiligen Waffen«, erinnert sich Lotze. Dutzende Sprengsätze werden auf dem »Battlefield« gezündet. Christian Klar und Ralf Baptist Friedrich üben sich an der Panzerfaust. Von einem palästinensischen Ausbilder lassen sich RAF-Mitglieder eingehend über den Anschlag mit einer Panzerfaust auf einen fahrenden Wagen beraten. »Von der Seite ist das schwierig«, sagt der PFLP-Mann. »Von vorne trifft man besser. Aber bei einem Begleitschutz ist das eine Kamikazeaktion.« Der Fachmann plädiert für Sprengstoff: »Zehn Kilo Plastiksprengstoff reichen aus.« Die RAF weiß Bescheid – für ihr nächstes Opfer.

Im Camp wird die Munition knapp und die Freizeit reichlich. Die RAF-Frauen bekommen mit Arabern »engere Kontakte« als von den Gastgebern »erwünscht«, berichtet Silke Maier-Witt – »mit Ausnahme von Frau Albrecht«: Sieglinde Hofmann mit Yussuf, dem Leiter des Camps, Brigitte Mohnhaupt, Adelheid Schulz und sie selbst mit anderen Arabern. Nach zwei Monaten ist alles vorbei. Die RAF-Crew fliegt zurück nach Europa – neuen Anschlägen entgegen.

# 51. Kapitel: Die »Aktion Hengst« – der Anschlag auf General Alexander Haig

## Die RAF füllt ihre Kriegskasse

Stützpunkt nach der Rückkehr wird zunächst Brüssel. Dort hat die RAF drei Wohnungen gemietet. Die Ausspähungen von Haig gehen weiter. Parallel dazu soll ein anderes Problem gelöst werden. Die RAF ist mal wieder klamm: Am 19. März 1979 überfallen Christian Klar, Adelheid Schulz, Elisabeth von Dyck und Werner Lotze in Darmstadt eine Filiale der »Bank für Gemeinwirtschaft«. Von Dyck richtet ihre Pistole auf einen Kassierer, der ihr verängstigt Geldbündel zuwirft – 49 000 Mark. An der Kassenbox nebenan richtet Adelheid Schulz die Pistole auf den zweiten Kassierer. Der aber ist nicht so schnell mit dem Geldherausgeben wie sein Kollege. Adelheid Schulz fährt ihn an: »Schnell, schnell, oder wollen Sie totgeschossen werden?« In diesem Augenblick betritt nichts ahnend der Bankkunde *Klaus Jürges* die Schalterhalle. Christian Klar befielt ihm: »Hände hoch! Das ist ein Überfall!« *Jürges* greift sich einen Ständer mit Prospekten und schleudert ihn Klar ins Gesicht. Der stürzt zu Boden. *Jürges* springt hinterher, um ihm die Pistole abzunehmen. Die beiden ringen. Für Klar sieht es nicht gut aus. Das ändert sich erst, als ihm Adelheid Schulz zur Seite springt und *Jurges* ins Bein schießt. Ein glatter Durchschuss. Das RAF-Kommando flüchtet mit den 49 000 Mark – ohne die 350 000 Mark, die noch in den beiden Kassenboxen liegen.

Weil das nicht reicht, überfällt das Kommando einen Monat später die Schmidtbank in Nürnberg. Christian Klar wurde gegen Rolf Heißler ausgetauscht, der jetzt die »Enteignungsaktion« anführt. Werner Lotze und Adelheid Schulz kassieren ab und stopfen die Geldscheinbündel in Einkaufstaschen. Rolf Heißler steht an der Tür, ebenfalls mit gezogener Pistole. »Fertig machen!«, ruft er, als 45 Sekunden rum sind. Das Rückzugskommando. Nach 50 Sekunden wollen sie wieder draußen sein. Mit 211 000 Mark in drei Beuteln flüchten sie in einem Peugeot 204. Nach wenigen hundert Metern lassen sie den Wagen stehen und gehen zu Fuß in die Stephanstraße 40. Eine konspirative Wohnung.

Nun hat die RAF genügend Geld für das »Hengst«-Projekt, verliert aber zwei ihrer Mitglieder: Nach dem Überfall in Nürnberg hatte das Kommando die Wohnung in der Stephanstraße 40 »gecleant« und sich nach Frankfurt abgesetzt. Dort kommen die Mitglieder zu der Erkenntnis, dass sie die Wohnung in Nürnberg doch weiter nutzen könnten. Elisabeth von Dyck erhält den Auftrag, dorthin zu fahren und zu schauen, ob die Luft rein ist. Etwas mehr als zwei Wochen nach dem Raub in Nürnberg geht sie in die Stephanstraße 40. Was sie nicht bemerkt: Auf der gegenüberliegenden Straßenseite steht ein Bauwagen. Kriminalbeamte beobachten von dort den Hauseingang. Elisabeth von Dyck betritt die Wohnung. Polizisten erwarten sie. Sie greift, wie die Beamten später berichten, zu ihrer Waffe – und wird erschossen.

Als Rolf Heißler, Adelheid Schulz, Monika Helbing und Sigrid Sternebeck im Radio von ihrem Tod hören, geraten sie in Panik: In Windeseile räumen sie die Wohnung im Sachsenlager 11 in Frankfurt, aus der Elisabeth von Dyck nach Nürnberg aufgebrochen war, und ziehen in die Textorstraße 79. »Es wurde nicht mehr viel geredet an diesem Abend«, berichtet Sigrid Sternebeck: »Der Tod von Elisabeth von Dyck hat alle sehr mitgenommen.«

Einige Wochen später klingelt in der Textorstraße das Telefon: »Ist die Wohnung schon vermietet?« – »Ja«, antwortet ein RAF-Mitglied. Die Anwesenden rätseln über den merkwürdigen Anruf. Er »war völlig widersinnig, da die Wohnung bereits seit Monaten vermietet war«, sagen sie sich, wie Sigrid Sternebeck berichtet. Sie fürchten, dass die Polizei ihnen auf die Schliche gekommen ist, und flüchten zurück ins Sachsenlager.

Tatsächlich sind die Ermittler der RAF-Wohnung auf die Spur gekommen – durch die »Rasterfahndung«. Bei ihr werden Datenbestände per Computer abgeglichen, nach so genannten »Rastern«: Von den Ermittlern zusammengestellte Kriterien, von denen sie meinen, dass ihr gesuchtes Ziel sie aufweist. Ein Computerprogramm trennt die Spreu vom Weizen, reduziert die Gesamtmenge der Daten auf einen Bodensatz. Nur noch um ihn haben sich die Ermittler zu kümmern.

Für das Raster zum Aufspüren von konspirativen RAF-Wohnungen gehen die Fahnder davon aus, dass die RAF ihre Quartiere nicht beim Einwohnermeldeamt anmeldet und die Strom- und Gasrechnungen nicht von einem Konto beglichen werden, sondern durch Bareinzahlung. Außerdem – so ihre Annahme – ist unter dieser Adresse kein Auto angemeldet. Ebenso wenig wird dort Kindergeld kassiert.

So filtert »Kommissar Computer« unter den 16 000 Stromkunden, die in Frankfurt die Rechnung per Bareinzahlung begleichen, die heraus, die beim Einwohneramt nicht gemeldet sind. Das reduziert die Zahl auf 2000 Wohnungen. Die Hälfte davon entfällt, weil auf den Wohnungsinhaber oder einen gemeldeten Mitbewohner ein Kfz zugelassen ist. Weitere Datenabgleiche folgen. Unter anderem fallen die Kindergeld-Adressen heraus. Von über 100000 Wohnungen in ganz Frankfurt bleiben nur zwei verdächtige Wohnungen übrig. Die eine in der Textorstraße 79.[236]

Nach der überstürzten Flucht aus dieser Wohnung will Rolf Heißler noch einige Sachen aus ihr holen. Vier Beamte eines Sondereinsatzkommandos erwarten ihn. Heißler wird von einem Steckschuss in die Schläfe getroffen und festgenommen.[237]

Auf den Fehler, der am Telefon gemacht wurde, stoßen die RAF-Mitglieder schnell: »Heißler hätte also die Frage verneinen müssen, um eine Gefährdung zu verhindern«, blickt Werner Lotze zurück: »Der Umstand, dass eine Ummeldung nicht erfolgt war, konnte ein Hinweis auf uns sein.«

## »Charlie, un – deux – trois, orange«

Montagmorgen. 25. Juni 1979. 8.30 Uhr. NATO-Oberbefehlshaber Alexander Haig[238] steigt in den Fond seines Mercedes 600 vor Schloss Gendebien bei Mons, seiner Wohnung. Ziel: Sein Büro im NATO-Hauptquartier Maisieres. Der Fünfundfünfzigjährige ist Oberkommandierender der NATO-Truppen in Westeuropa. Seine letzte Woche bei der Armee. Nächsten Sonnabend geht er in den Ruhestand. Die RAF hat sich beeilt, weil sie ihn vorher noch erwischen und ins Jenseits befördern will. Sie meint, die NATO sei »Kriegstreiber Nummer eins«.

Fünf Leibwächter begleiten Haig. Vor seinem Fahrzeug fährt ein Opel der belgischen Gendarmerie, hinter ihm ein Mercedes 250 mit zwei belgischen Polizisten und einem US-Sergeanten. Die Kolonne kommt an einem Motorradfahrer auf einer 500er Honda vorbei, der neben der Fahrbahn steht. Als die Wagen außer Sichtweite sind, greift Werner Lotze zu seinem Funkgerät.

»Charlie, un – deux – trois, orange«, plärrt es neben Rolf Klemens Wagner. Er hockt einige Kilometer entfernt auf einer Böschung. Hinter Büschen. Getarnt mit Blaumann und Bauarbeiterhelm. Von hier oben hat er einen weiten Blick über die Rue de l'Empire bei Obourg, Höhe Zementwerk. Durch die fünf Wörter weiß Wagner alles, was er wissen will. Haigs Kolonne rollt auf ihn zu: Sie besteht aus drei Fahrzeugen. Das erste ist orange. Im mittleren sitzt Haig. Als die Autos mit Tempo siebzig die Stelle passieren, drückt Wagner um 8.32 Uhr auf den Knopf des Zündgeräts. Die Fahrbahn hinter Haigs Wagen fliegt in die Luft.[239] Es regnet Asphalt und Steine. Die Explosionswelle schleudert das Heck des Mercedes 600 hoch. Der General wird einmal kräftig durchgeschüttelt. Mehr aber nicht. Hinter Haigs Wagen hat sich in Sekundenbruchteilen ein tiefer Krater in der Fahrbahn aufgetan: Drei mal drei Meter groß. Zwei Meter tief. Die Leibwächter hinter Haig sehen dieses Loch vor sich. Steine prasseln auf ihren Wagen. Mit einer Vollbremsung schafft es der Fahrer haarscharf: Nur die Vorderräder rutschen über den Rand des Kraters. Der Mercedes aber stürzt nicht hinein. Totalschaden. Die beiden belgischen Polizisten und der US-Sergeant erleiden Schnittwunden, Hautabschürfungen und Prellungen.

*Alexander Haig*

Hätte Wagner einen Sekundenbruchteil früher auf den Knopf gedrückt, wäre der NATO-Oberbefehlshaber jetzt tot. So aber fährt Haig weiter. Ins Hauptquartier.

Wagner rennt die Böschung hinunter und springt auf die Honda, mit der Lotze über einen Nebenweg gekommen ist. Jeder hat zwei Handgranaten und zwei Pistolen dabei, außerdem steckt eine Maschinenpistole in einer Tasche, um mögliche Verfolger abzuschütteln. Aber sie verfolgt keiner. In einer Tiefgarage in La Louvière stellen sie das Motorrad ab und fahren mit dem Zug nach Brüssel.

Ihre Kampfgefährten haben Brüssel bereits verlassen, alle drei Wohnungen geräumt. Für den Fall eines geglückten Anschlags hatten sie mit einem »enormen Fahndungsdruck« gerechnet, berichtet Werner Lotze. So erfahren die übrigen RAF-Mitglieder in Paris von dem gescheiterten Anschlag. Alle sind enttäuscht: Haig sollte nach Schleyer »die zentrale Aktion« werden, blickt Silke Maier-Witt zurück. Zwei Jahre nach der Ermordung des Arbeitgeberpräsidenten wollte sich die RAF mit einem erfolgreichen Anschlag zurückmelden – und zeigen, wozu sie in der Lage ist.

Deshalb wollte auch jeder mit dabei sein, als es darum ging, das Kommando zusammenzustellen. Fast alle meldeten sich. Sogar die beiden »Hamburger Tanten« Silke Maier-Witt und Susanne Albrecht. Zu gern

*Haigs Leibwächterwagen: Totalschaden*

hätten sie Mohnhaupt und ihren Getreuen gezeigt, dass sie richtig mit dazugehören. Als Susanne Albrecht erläutert, warum sie auf jeden Fall mitmachen möchte, wird Rolf Klemens Wagner scharf: »Nicht mit Susanne!« Auch die anderen schütteln die Köpfe und erklären, nicht mit ihr bomben gehen zu wollen. Sie alle halten Albrechts Nerven für zu schwach – für einen Mord oder gar mehrere. Zum Trost darf Susanne Albrecht den Sprengstoff, den die Gruppe von den Palästinensern bekommen hat, von San Remo nach Paris bringen. Sie ist stolz auf diese Aufgabe, beschließt, auf »schwangere Frau« zu machen. Für den Transport im Juni kauft sie sich eigens ein weites zweiteiliges Umstandssommerkleid. In San Remo. Silke Maier-Witt gesteht freimütig, dass sie Albrecht »um diese Aufgabe beneidet«.

Vier Nächte lang graben Wagner, Lotze, Beer, Klar, Mohnhaupt und Hofmann einen Stollen unter die Fahrbahn, in dem der Plastiksprengstoff deponiert wird.

Nach dem Anschlag fällt es der Gruppe schwer, ihr Scheitern für die Erklärung des »Kommando Andreas Baader« in Worte zu fassen. Drei Tage lang diskutiert sie, ringt um Formulierungen. Dann verkündet sie, warum es ihr mit der »Ladung (20 kg plastik)« nicht gelang, Alexander Haig zu ermorden: »wir hatten uns vorher ausgerechnet, dass sich der wagen zwei meter in der zehntelsekunde bewegt. unser fehler war, dass wir dachten, die explosion auch bei einer so hohen geschwindigkeit noch exakt genug mit der hand auslösen zu können.« Die RAF macht sich ein bisschen gefährlicher, als sie ist. Es waren nicht – wie sie schreibt – zwanzig Kilo Plastiksprengstoff. Sondern nur zehn, wie Untersuchungen ergeben.[240]

»wir haben die aktion gemacht«, begründet die RAF ihren Mordversuch, »weil haig in einer besonderen präzision den ›neuen kurs‹ oder den ›modified style‹ der amerikanischen strategie repräsentiert und exekutiert.« Und dann erzählt sie noch einmal etwas vom Stammheim-Märchen – aus Sicht der RAF noch immer ein taugliches Agitationsthema, um Unterstützer zu gewinnen: »gegen den bewaffneten widerstand der RAF entwickelt die NATO, seit es uns gibt, ihre programme. nach ihren richtlinien werden die gefangenen kader in den westeuropäischen gefängnissen hingerichtet, wie es für die, die draußen kämpfen, jetzt den befehl zum präventiven kopfschuss gibt.«

In diesem Sommer – 1979 – laufen auch Verhandlungen zwischen RAF und den Roten Brigaden über »künftige gemeinsame Aktionen«. Brigitte Mohnhaupt, Sieglinde Hofmann und Werner Lotze treffen sich mit einem Abgesandten der Roten Brigaden in Paris. Im August 1979 in einer kleinen Wohnung in der Nähe der Porte Clichy. Der Italiener erwartete »von uns konkrete Angaben über die Perspektiven und die künftige Taktik der RAF«, erinnert sich Werner Lotze, »außerdem verlangte er neue Strukturen, nämlich Parteistrukturen. Hierzu konnten wir so gut wie nichts bieten.« In dem auf Französisch geführten Gespräch, Werner Lotze ist der Wortführer auf deutscher Seite, pocht der BR-Mann auf diesen Punkt. »Solche Strukturen sind bei den Roten Brigaden bereits vorhanden«, verkündet er: »Eine Zusammenarbeit mit der RAF kommt für uns nur in Betracht, wenn es diese Strukturen auch bei euch gibt.« »Parteistrukturen« – ein für die RAF unbekannter Gedanke. Er passt schlicht nicht zu ihrer Avantgarde-Vorstellung. Und so verläuft die Unterredung für die RAF »katastrophal«, befindet Lotze. Rote Brigaden und RAF finden nicht zusammen. Auch nicht zu einer »gemeinsamen Erklärung«. Noch nicht. Neun Jahre später ist das anders, 1988.

# 52. Kapitel: Banküberfall mit Fahrrädern

Schon bald nach der »Hengst«-Aktion ist die RAF wieder klamm. Die Viertelmillion, gerade erst im Frühjahr in Darmstadt und Nürnberg geraubt, ist so gut wie ausgegeben: Mieten für drei Wohnungen in Brüssel, drei in Paris und einige anderswo, Essen, Kleidung, Reisen für das RAF-Dutzend ...

Nach Haig ist »zunächst kein neuer Anschlag ins Auge gefasst«, berichtet Werner Lotze. Denn – mal wieder – muss als Erstes die Kriegskasse gefüllt werden. Dieses Mal in der Schweiz, beschließen Mohnhaupt & Co. Der Vorteil aus ihrer Sicht: Bei den Eidgenossen ist die Polizei noch nicht auf die RAF eingestellt, weil sie dort noch nicht war. Anders als in den Benelux-Staaten und Österreich. Und Frankreich ist für »Aktionen« tabu, weil das Land seit Anfang 1978 das wichtigste Rückzugsgebiet ist. Und so soll es bleiben.

Also Geld aus der Schweiz. Erste RAF-Idee: Dort einen Unternehmer entführen und ein stattliches Lösegeld erpressen. Das Opfer soll »zu den Topleuten der Schweizer Wirtschaft gehören«, berichtet Werner Lotze über die RAF-Überlegungen: »Zu ihnen gehörte auch Herr Bührle[241] vom größten Waffenkonzern in der Schweiz, nämlich Oerlikon-Bührle.« Lotze selbst studiert »in der Nähe des Opernplatzes in Paris Informationsschriften über Schweizer Industrielle«.

Wie man durch eine Lösegelderpressung über Jahre aller finanzieller Sorgen enthoben ist, hatte die »Bewegung 2. Juni« der RAF vorgemacht: Zwei Jahre zuvor, in November 1977, entführte der »2. Juni« den österreichischen Wäschekönig Walter Palmers, Eigentümer einer Kette von österreichischen Strumpf- und Dessousgeschäften. Gegen ein Lösegeld von umgerechnet viereinhalb Millionen Mark ließ sie ihn wieder laufen. Seitdem ging es dem »2. Juni« finanziell blendend. Die RAF hingegen musste alle paar Monate losziehen, um überhaupt weitermachen zu können. Jedes Mal mit all den unkalkulierbaren Risiken eines Banküberfalls. Dreizehn[242] Banken hatte die RAF in den vergangenen drei Jahren überfallen – zwischen Bremen und Wien. Seit August 1976. Nun träumt sie davon, nicht mehr alle paar Monate aufs Neue anschaffen gehen zu müssen.

Aber aus dem finanziell entspannten Leben mit dem Millionen-Polster wird nichts. Bei ihren Planspielen stellt die RAF fest, dass sie für eine Entführung nicht genügend Leute hat. Bei ihr gibt es mittlerweile nur noch acht, die an der vordersten Front des »bewaffneten Kampfes« eingesetzt werden können: Mohnhaupt, Hofmann, Schulz, Klar, Wagner, Beer, Lotze und den – wieder cleanen – Boock. Das reicht nicht für ein Kidnapping, stellt die RAF enttäuscht fest. Vor allem nicht für die heikle Lösegeldübergabe. So entschließt sie sich – wie gehabt – für einen Banküberfall. Dafür reichen vier Täter – nach den »praktischen« Erfahrungen der RAF.

Drei Spähtrupps reisen in die Schweiz. Sieglinde Hofmann und Werner Lotze mieten sich in Bern für den Rest der Semesterferien zwei Studentenzimmer und fahren – so Lotze – durch »die ganze Schweiz, um geeignete Banken für einen Überfall zu finden«. Peter-Jürgen Boock und Christian Klar suchen ebenso bei den Eidgenossen und entdecken eine Filiale der »Schweizerischen Volksbank« in Zürich. Bahnhofstraße 53. Mitten im Bankenviertel. »Die ist es«, sind sie sich einig: Hier, mitten im schweizerischen Finanzzentrum, dürfte mehr Geld zu holen sein als in Darmstadt.

Silke Maier-Witt und Rolf Klemens Wagner fahren ebenfalls mit den Schweizerischen Bundesbahnen durchs Land. Maier-Witt mietet zwei Wohnungen. Sie hat sich zur Quartierbeschafferin der RAF gemausert. Für diese Aufgabe ist sie, wie sie selber sagt, »gut geeignet« – aufgrund ihrer verbindlichen Art und weil sie blendend Französisch spricht. Schon in Paris hatte sie zwei Wohnungen gemietet. In der französischsprachigen Schweiz besorgt sie zwei weitere: eine in Fribourg, in der Avenue Jean Bourgknecht – aufgrund eines Aushangs vor der Uni-Mensa. Ein Dreißig-Quadratmeter-Appartement für 300 Schweizer Franken. Als Untermieterin einer Schweizer Studentin, die ein Urlaubssemester einlegen will. Die Wohnung ist eine ideale »Basis« für den im 150 Kilometer entfernten Zürich geplanten Banküberfall – getreu der RAF-Devise: In der einen Stadt eine Bank ausrauben und sofort in eine andere Stadt abhauen. Möglichst weit weg.

Die zweite Wohnung mietet Silke Maier-Witt möbliert in Lausanne, in der Avenue Louis Ruchonnet, in der Nähe des Bahnhofs – von einer Frau, die für drei Monate nach Amerika fliegt. Ebenfalls als Untermieterin und ebenfalls aufgrund eines Aushanges – dieses Mal in einem Supermarkt. Silke Maier-Witt bezahlt die Miete im Voraus. Eine »Fluchtburg« mit zwei Zimmern. Für den Fall der Fälle.

Auch sie hatte zuvor Banken in der Schweiz abgecheckt, als »Geldwechslerin«: »Dabei achteten wir auf die Sicherheitsmaßnahmen, auf die Erreichbarkeit der Bank und darauf, wie hoch die Geldpacken waren.« Der Schweizer Raubzug ist nach dem gescheiterten Haig-Mord die »zentrale Aktion« der RAF, blickt Silke Maier-Witt zurück: »Es war also klar, dass der Überfall unbedingt klappen müsste, und zwar auch, weil wir unbedingt Geld brauchten.«

Das RAF-Überfallkommando versammelt sich in der Wohnung in Fribourg: Von dort aus fahren Christian Klar, Rolf Klemens Wagner, Peter-Jürgen Boock und Henning Beer – sein erster Einsatz an der »Front« – los: Am 19. November 1979 steigen sie noch vor sechs in den Zug nach Zürich. Dort schwingen sie sich auf Fahrräder, die sie wenige Tage zuvor gestohlen und in der Nähe des Hauptbahnhofs versteckt hatten. Die vier strampeln durchs Bankenviertel, vorbei an Angestellten auf dem Weg zur Arbeit, bis zur Füsslistraße. Gleich um die Ecke die »Schweizerische Volksbank« in der Bahnhofstraße.

Um 8.15 Uhr betritt das Quartett die Schalterhalle. Wagner springt auf den Tresen, brüllt »Überfall«. In der einen Hand hält er eine Pistole, mit der er Kunden und Bankangestellte bedroht. In der anderen die Stoppuhr – auch hier gilt wieder die Fünfzig-Sekunden-Regel der RAF. Boock sichert den Eingang, Beer und Klar springen in die Kassenboxen und raffen die Geldscheine zusammen. Hauptkassierer *Norbert Ungern* stellt sich Beer in den Weg. Er ist der festen Überzeugung, dass es sich um eine von »der Generaldirektion veranstaltete Übung handelt«: »Lass den Blödsinn«, blafft er deshalb Beer an. Der schlägt mit seinem Revolver auf das Kinn des Hauptkassierers und stößt ihn zur Seite: »Weg da, Überfall!« Nach fünfzig Sekunden brüllt Wagner: »Fertig!« Mit 548 028 Schweizer Franken (650 000 Mark) in Plastiktüten verlassen sie die Schalterhalle. Wie gewöhnliche Passanten gehen sie zu ihren Fahrrädern und radeln davon.

Mehrere Männer aus der Bank nehmen die Verfolgung auf. Einer von ihnen, der Bankangestellte *Maurice Haber*, sieht, wie sie sich auf die »Velos« schwingen. Er stoppt einen Opel Rekord, berichtet dem Fahrer, was passiert ist, und springt auf den Beifahrersitz. Schon einen Augenblick später haben sie die Radler vor sich. Des Kassierers Idee: Durch das geöffnete Fenster will er dem hintersten Radler die Plastiktüte mit einem Teil der seinem Arbeitgeber geraubten Beute entreißen. *Maurice Haber* hat die Tüte zum Greifen nah, da macht der Opel-Fahrer eine Vollbremsung – die Ampel ist auf Rot gesprungen. »Wir müssen warten, bis wieder Grün ist«, erklärt der gesetzestreue Eidgenosse dem Banker. *Haber* fleht und bettelt, doch bitte weiterzufahren. Aber der Fahrer lehnt es ab, bei Rot über die Ampel zu fahren. Nach einigem Hin und Her entschließt er sich schweren Herzens, langsam über die Kreuzung zu rollen und dabei - sicher ist sicher – auf die Hupe zu drücken. Christian Klar hört den Lärm. Er dreht sich um. Entdeckt seine Verfolger. Er zieht mit dem Rad einen Halbkreis und dann seine Pistole, lässt den Wagen noch etwas näher kommen und schießt aus zwölf Metern Entfernung. *Haber* merkt, dass der Fahrer um sein Leben und sein Blechle fürchtet. Er beruhigt ihn: »Das ist eine Schreckschusspistole!« Der nickt und entspannt sich. Drei Sekunden später durchschlägt eine Kugel die Windschutzscheibe und fliegt zwischen den Köpfen der beiden durch. Die Scheibe ist zersplittert, die Verfolgung mit dem Auto beendet.

Die vier Radler flüchten in den Hof der Lintheschergasse 13 bis 15, einer kleinen Parallelstraße zur Bahnhofstraße. Dort stellen sie die Fahrräder ab und werfen ihre Jacken auf den Boden. Jeder trägt eine zweite Jacke in einer anderen Farbe darunter. Durch die Löwengasse laufen sie Richtung Hauptbahnhof. Dort wollen sie in eine Straßenbahn steigen. Über eine Rolltreppe rennen sie ins »Shop Ville«, eine unterirdische Ladenpassage.

Ihnen hinterher flitzt der Züricher Stadtpolizist *Martin Genz.* Er hat einen Tipp bekommen, bei seiner »Patrouillenfahrt am Limmatquai«. Aufgeregt hatte ein Bankangestellter an die Fensterscheibe des Streifenwagens geklopft: »Dort laufen die Räuber« und auf die Rolltreppe gezeigt. *Genz,* der von dem Überfall über Funk gehört hat, springt aus dem Wagen und rennt los. Allein, weil sein Kollege den Streifenwagen auf dem Bürgersteig parken will.

Christian Klar erwartet den Beamten. Vor einer Uhrensäule – mit gezogener Pistole. Ohne jede Vorwarnung schießt er. Auch Wagner und Beer – dieser breitbeinig und geduckt in der lange vor dem Spiegel geübten »Combatstellung« – nehmen *Martin Genz* unter Feuer. Der Beamte schießt zurück. Gegen die drei, die aus verschiedenen Richtungen auf ihn zielen, hat er aber keine Chance. Zwei Kugeln treffen ihn. Eine in die Schulter, die andere durchschlägt seinen Fuß. Bewusstlos bricht *Martin Genz* zusammen. Über hundert Menschen liegen mittlerweile auf dem Boden des »Shop Ville«. Gleich nach den ersten Schüssen warfen sie sich hin, um nicht getroffen zu werden. Eine sechsundfünfzigjährige Dame, Edith Kletzhändler, bekam von alledem nichts mit. Verträumt blickt sie in die Schaufensterauslage des Bekleidungshauses »Fein-Kaller« – auf Kostüme. Auf einmal zuckt sie zusammen. Blut läuft aus ihrem Mund. Sie stürzt zu Boden. Einer der Schüsse, den die drei RAF-Mitglieder auf den Polizisten abgaben, traf sie seitlich in den Hals und zerfetzte ihre Halsarterie[243]. Noch an Ort und Stelle stirbt sie.

Das RAF-Quartett rennt aus dem »Shop Ville« hinaus. Wagner kann nicht mehr. Er hat Tbc. Erschöpft setzt er sich auf eine Bank. Kurz darauf wird er verhaftet. Mit 335 000 Schweizer Franken im Beutel.

Boock und Klar rennen zur Rückseite des Bahnhofs. Vor dem Restaurant »Küchli-Wirtschaft« sehen sie einen weißen Opel Commodore, der gerade auf einem Parkplatz rangiert. Zwei Frauen sitzen drin. Christian Klar reißt die Fahrertür auf: »Raus, raus, aussteigen«, brüllt er mit gezogener Pistole. *Waltraud Taucher,* eine resolute Geschäftsfrau, denkt sich: »Da kann doch nicht jemand daherkommen und einfach über mich verfügen.« Und so antwortet sie ihm mit einer kurze Frage: »Spinnst du?« Klar schlägt der Frau so lange mit seiner Pistole auf den Kopf, bis sie bewusstlos zusammenbricht. Er zerrt sie aus dem Wagen, wirft sie auf den Boden und setzt sich selbst ans Steuer. Findet aber nicht den richtigen Gang. Automatik. Boock reißt die Beifahrertür auf und verlangt von der anderen Frau – *Waltraud Taubers* Tochter *Natalie* – ebenfalls mit gezogener Pistole: »Aussteigen«. Sie tut es. Währenddessen kommt ihre Mutter wieder zu Bewusstsein. Sie rappelt sich auf und umklammert Christian Klars Bein. Der hebt seine Pistole und schießt der Frau aus anderthalb Meter Entfernung in die Brust. Die Kugel durchschlägt die Lunge, kurz neben dem Herzen. *Natalie* rennt um den Commodore herum und schleppt ihre Mutter zu einem Getränkekasten vor der »Küchli-Wirtschaft«. Dort bricht *Waltraud Tauber* zusammen. Sie schwebt mehrere Tage in Lebensgefahr. Überlebt.

Christian Klar sucht weiter nach dem richtigen Gang. Durch den Schuss alarmiert, rennt der Polizist *Wilhelm Zuber* zur »Küchli-Wirtschaft«. Dreißig Meter vor sich sieht er den Wagen und Peter-Jürgen Boock mit einer Pistole im Fond. Neben dem Wagen erblickt er einige ratlose Personen, erkennt weiß gekleidete Köche der »Küchli-Wirtschaft«. »Zu riskant zu schießen«, sagt er sich. Um eine bessere Gelegenheit abzuwarten, stellt er sich hinter eine Säule der Arkadenpassage. Peter-Jürgen Boock entdeckt ihn. Sofort feuert er durch die Heckscheibe auf den Polizisten. Krachend geht die Scheibe zu Bruch. Der Schuss verfehlt den Beamten.

Henning Beer taucht auf und schwingt sich auf den Beifahrersitz. Klar sucht noch immer den Vorwärtsgang. Er findet den Rückwärtsgang. Der Commodore setzt zurück, rollt direkt auf *Zuber* zu. Der Beamte feuert mehrere Schüsse ab, trifft den linken Hinterreifen. Boock schießt zurück. Eine Kugel durchschlägt *Zubers* rechten Oberarm und bleibt in seinem Schulterblatt stecken. Klar findet den Vorwärtsgang. Mit einem platten Reifen und zerschossener Heckscheibe jagt er durch eine Einbahnstraße davon. Entgegen der Fahrtrichtung. Aber darauf kommt es ihm jetzt auch nicht mehr an. Einige Kilometer entfernt, in der Imfeldstraße, lassen die drei den Wagen stehen. Per Straßenbahn rattern sie zu einem Vorortbahnhof. Dort erwartet Brigitte Mohnhaupt ihre »bewaffneten Kämpfer«. Zu viert nehmen sie den Zug nach Fribourg.

Als sie in der Wohnung in der Avenue Jean Bourgknecht ankommen, ist Silke Maier-Witt gerade dabei, alles zu cleanen. Im Radio hat sie gehört, dass eine Frau bei dem Überfall getötet wurde. Seither plagt sie der »Widerspruch, dass die Frau allein für die Geldbeschaffung erschossen wurde«. Als Mohnhaupt und ihre Männer eintreffen, platzt es aus ihr heraus: »Ich finde es schlimm, dass eine unbeteiligte Frau erschossen wurde.« Die Heimkehrer lassen sie links liegen, wollen nur eins wissen: »Hat sich Arthur gemeldet?« »Arthur« ist der Deckname von Rolf Klemens Wagner. »Nein«, entgegnet sie – aus dem Radio weiß sie, dass er festgenommen wurde.

Die Bankräuber kippen den Inhalt der Plastiktüte auf den Tisch und zählen: 213 000 Franken. Umgerechnet 255 000 Mark. Das reicht erst wieder einmal für eine Weile. Schnell wird die Wohnung zu Ende »gecleant«. Noch am Nachmittag verlassen sie das Appartement und fahren mit dem Zug nach Lausanne, weil, so Maier-Witt, »Lausanne weiter weg von Zürich war als Fribourg«. Die Nacht verbringen sie in der Zweizimmerwohnung in der Avenue Louis Ruchonnet. Nachdem auch diese Wohnung gecleant ist, wirft Silke Maier-Witt den Schlüssel in den Briefkasten: In der Schweiz »wollten wir ja keine weitere Aktion machen, sondern nur den Banküberfall«. Mit dem Zug geht es nach Genf. Ziel ist Paris. Zu zweit und zu dritt marschieren sie samt der Beute »zu Fuß über eine Spaziergängergrenze bei Annemasse«, blickt Silke Maier-Witt zurück – kurz hinter Genf, im Knick des Lac Leman: »Die Grenze war von anderen ausgecheckt worden. Wir hatten eine genaue Beschreibung und sogar eine Zeichnung.«

# 53. Kapitel: Zwei Strassenverkehrstote und viele Fragen

Zunächst sah es aus wie ein Straßenverkehrsunfall von Touristen – acht Monate nach dem Bankraub in Zürich. Die Landstraße 1130, dreißig Kilometer nördlich vom Stuttgart. Zwischen Bietigheim-Bissingen und Vaihingen. 25. Juli 1980. Um 7.10 Uhr geriet ein Golf mit französischem Kennzeichen in einer Kurve auf die Gegenfahrbahn. Frontal raste er in einen entgegenkommenden Sattelschlepper mit Kies. Die erste Polizeimeldung ist alltäglich: »Die Golf-Lenkerin sowie ihr Beifahrer erlitten tödliche Verletzungen. Der Sachschaden wird auf zirka 15 000 Mark geschätzt.«

In dem braunen Golf GLS finden Polizisten ungewöhnliche Reiseutensilien: eine Maschinenpistole,[244] ein Schnellfeuergewehr und eine Pistole. Außerdem mehrere gefälschte Ausweise sowie RAF-Papiere. Schnell stellt sich heraus: Das Auto ist gestohlen. Die Kennzeichen »665 BLB 75« sind gefälscht. Die Ausweise der Toten ebenso. Anhand ihrer Fingerabdrücke werden die beiden Leichen neben dem Golf identifiziert: Wolfgang Beer und Juliane Plambeck.

*Der Unfall-Golf bei Bietigheim-Bissingen*

*Henning Beer*

*Juliane Plambeck*

Beifahrer Wolfgang Beer war sechs Jahre zuvor als Mitglied der RAF-Gruppe »4. 2.« verhaftet worden. Das Landgericht Hamburg verurteilte ihn zu vier Jahren und sechs Monaten Gefängnis. Bis vor zwei Jahren saß er. Bis August 1978.

Auch über Fahrerin Juliane Plambeck hat die Kripo dicke Ermittlungsakten. Der Verdacht: Mitglied der »Bewegung 2. Juni«, Banküberfälle, Lorenz-Entführung. Gefasst hatte sie die Polizei vor fünf Jahren, im September 1975. Ein Dreivierteljahr später ist sie wieder in Freiheit: Sie flüchtet aus dem Berliner Frauengefängnis Lehrter Straße – gemeinsam mit Inge Viett, Monika Berberich und Gabriele Rollnik. Ein Jahr später beteiligt sie sich, so die Akten, an der Entführung des Wiener Wäschekönigs Palmers. Drei Tausendmarkscheine aus dem Lösegeld, das dessen Familie zahlte, liegen in dem schrottplatzreifen Golf.

Zwei Straßenverkehrstote – und viele Fragen für die Ermittler: Was hatten Beer und Plambeck vor?, rätseln sie. Seit drei Jahren gehen die BKA-Beamten davon aus, dass die RAF nur dann Autos benutzt, wenn ein Anschlag unmittelbar bevorsteht. Sonst fährt sie mit öffentlichen Verkehrsmitteln. Eine richtige Vermutung – wie ein Jahrzehnt später Werner Lotze bestätigte: »Aus den Erfahrungen in der ›Haag-Mayer-Zeit‹ hatte man gelernt, dass die Beschaffung und Umrüstung von Fahrzeugen unverhältnismäßig viel Zeit beanspruchte. Fahrzeuge wurden deshalb nur bei der Durchführung eines Anschlags verwendet.«

Also, wenn ein Anschlag bevorstand: auf wen? »In Stuttgart hält man es für möglich, dass Generalbundesanwalt Rebmann überfallen werden sollte«, schreibt *Die Welt* am Tag nach dem Unfall in der Kurve: »Rebmann arbeitet in Karlsruhe, wohnt aber im achtzig Kilometer entfernten Stuttgart.« Ständig wechsele er die Strecken: »Einer dieser Wege ist die B 10, die durch Vaihingen führt.«

Nächste Frage: Was hat es mit dem roten BMW auf sich? Ein Zeuge berichtete den Beamten, ein solcher Wagen hätte an der Unfallstelle gehalten. Die beiden Insassen hätten sich die Toten angeschaut und auch einem etwas abgenommen. Dann sei der BMW davongebraust – bevor der erste Streifenwagen eintraf. Eine weitere Frage für die Ermittler: Warum saßen ein RAF-Mann und eine »2. Juni«-Frau in einem Wagen? Bislang arbeiteten RAF und »2. Juni« getrennt. Beer und Plambeck aber trugen sogar Eheringe.

Und schließlich bringen ofenfrische Brötchen die BKA-Beamten ins Grübeln: Sie lagen in einer Tüte auf der Rückbank des Golf. Gekauft fünf Minuten vor dem Unfall, in einer Bäckerei am Bahnhof in Bietigheim-Bissingen. Das Frühstück der beiden, vermuten die Beamten – besorgt kurz nach der Abfahrt. Wenn es so wäre, müssten sie in der Nähe übernachtet haben. Hat die RAF in der Gegend eine Wohnung?, überlegen die Beamten weiter. Um das herauszufinden, verteilt die Polizei über einhunderttausend Handzettel weit und breit: »Wer kann Angaben über abgebildete Personen und Pkw machen?« Einen brauchbaren Hinweis bekommen die Beamten nicht. Zwei Tote und viele Fragen.

## Neue Ziele und ein BMW 520

Rückblende: Alles begann ein halbes Jahr zuvor. In einer konspirativen RAF-Wohnung am Montmartre in Paris, 63, Rue de la Jonquière. Anfang 1980 hielt dort Brigitte Mohnhaupt Kriegsrat mit ihren Getreuen: Sieglinde Hofmann, Adelheid Schulz, Christian Klar und Henning Beer. Neu in der Runde sind Helmut Pohl, Juliane Plambeck und Wolfgang Beer, der fünf Jahre ältere Bruder von Henning.

Helmut Pohl und Wolfgang Beer sind RAF-Veteranen – aus dem Gefängnis zur RAF zurückgekehrt: Vor sechs Jahren, 1974, waren beide als Mitglied der RAF-Formation »4. 2.« verhaftet worden. Pohl musste für fünf Jahre ins Gefängnis – und sie bis zum letzten Tag absitzen. Erst ein Vierteljahr zuvor, am 25. September 1979, war er entlassen worden. Bald darauf stieß er zu Brigitte Mohnhaupts RAF.

Die Frage, um die sich alles in der Rue de la Jonquière dreht – nachdem durch Zürich wieder Geld in der Kasse ist: »Was als Nächstes?« »Wir müssen eine westeuropäische antiimperialistische Front aufbauen«, fordert Wolfgang Beer – nach viereinhalb Jahren Gefängnis voller Tatendrang: »Deshalb müssen wir als Erstes die amerikanische Militärmaschine angreifen.« Helmut Pohl nickt, er und Wolfgang Beer machen Vorschläge: »General Kroesen« und »Ramstein«.

Frederick Kroesen ist Oberkommandierender der US-Streitkräfte in Europa und kommandierender General des NATO-Bereichs Mitte. Die Begründung für das RAF-Todesurteil: Er ist einer der maßgeblichen Verfechter der »aggressiven NATO-Strategie«. Und der Flughafen Ramstein in der Pfalz, westlich von Kaiserslautern, ist der größte US-Luftstützpunkt in Europa: eine eigene Stadt mit 25 000 Einwohnern und Schulen, Kirchen, Krankenhäusern. Die Mohnhaupt-Truppe besitzt bereits einen maßstabsgerechten Plan des Geländes. Eine Hinterlassenschaft des vor zwei Monaten in Zürich verhafteten Rolf Klemens Wagner. Bei einem »Flugtag« zum 30. Jahrestag der NATO schaute er sich das Gelände am 5. August 1979 an und kehrte mit dem Plan zurück. So beschließt die Runde: »Ramstein« und »Kroesen« sind die nächsten »Angriffe« – und zwar kurz hintereinander, um das »einheitliche Konzept der RAF« deutlich zu machen.

Im Frühjahr 1980 beginnen die Vorbereitungen. General Kroesen wohnt und arbeitet in Heidelberg. Im Juni mietet dort Juliane Plambeck eine Wohnung, in der Karlsruher Straße 65. Um dem General auf seinen Fahrten folgen zu können, benötigt der Spähtrupp Autos. RAF-Mitglieder stehlen am 13. Juni 1980 in der Nähe von Paris zwei Golf und montieren gefälschte französische Kennzeichen – weil Nummernschilder aus Frankreich nicht in den deutschen Fahndungscomputern gespeichert sind. Der braune Golf bekommt das Kennzeichen »665 BLB 75«. Im Juli 1980 beginnt die Ausspähung der Fahrstrecken Kroesens. Die RAF hat den Plan, ihn – ebenso wie Haig – vom Weg zum Büro ins Jenseits zu befördern. Vier Wochen lang beobachten Henning Beer und andere jeden Tag die Wege des Generals. Ein weiterer Wagen wäre hilfreich, stellen die RAF-Beobachter fest. Sie beschließen, einen zu stehlen. Einen BMW.

In der Nacht zum 25. Juli 1980 brechen sie auf – mit dem braunen Golf: Juliane Plambeck, Henning und Wolfgang Beer sowie Adelheid Schulz. Siebzig Kilometer entfernt, in Flein, südlich von Heilbronn, knacken sie einen roten BMW 520. Anschließend fährt Henning Beer vorneweg mit dem Beutestück. Neben ihm sitzt Adelheid Schulz. Juliane Plambeck und Wolfgang Beer folgen in dem Golf. In der Kurve bei Bietigheim-Bissingen verliert Juliane Plambeck, vermutlich übermüdet, die Gewalt über den Golf und rast auf der Gegenfahrbahn gegen den Kies-Lkw.

Als Henning Beer im Rückspiegel den Unfall sieht, bremst er und fährt entsetzt zurück. Er und Adelheid Schulz springen aus dem Wagen: Seinem Bruder und dessen Freundin ist nicht mehr zu helfen. Adelheid Schulz steckt Wolfgang Beers Pistole in ihre Tasche. Dann verschwinden sie, bevor die Polizei eintrifft.

Henning Beer hat der Anblick seines sterbenden Bruders schwer geschockt. Wolfgang war zeit seines Lebens immer sein Vorbild. Auch in Sachen RAF. Über Monate verfällt »Mini« in schwere Depressionen. Für die Ausspähungen Kroesens ist er nicht mehr zu gebrauchen. Um ihn auf andere Gedanken zu bringen, fährt Brigitte Mohnhaupt mit ihm nach Paris. Aber auch in der Seine-Metropole verfliegen seine Depressionen nicht.

## Die »Fusion« von RAF und »2. Juni«

Vier Tage nach dem Unfall geht eine Erklärung der RAF bei der *Frankfurter Rundschau* ein: »Wolfgang und Juliane – ihr Tod ist für uns schwer, besonders in diesem absurden Unfall.« Drei Sätze in dem Papier lassen die Ermittler besonders aufhorchen: »Juliane wollte, dass die Guerilla in der BRD zusammenkommt, darüber sind wir mit ihr zusammengekommen. Sie war diejenige, durch deren Offenheit und politische Radikalität der Mist, der im Weg lag, beiseite geräumt werden konnte. Die Entschiedenheit und ihre Lust, den neuen Abschnitt anzupacken, waren stark für uns.«[245] Was meint die RAF, wenn sie erklärt, sie sei mit einer »2. Juni«-Frau zusammengekommen – für einen »neuen Abschnitt«?, überlegen die »Terrorismusexperten« im Bundeskriminalamt. »Neuer Abschnitt«: Das heißt in der Terminologie der RAF neue Attentate.

Seit zwei Monaten beobachten die Beamten im BKA, dass die »Bewegung 2. Juni« an die RAF heranrückt. Bislang arbeitete jede Gruppe für sich. Gelegentlich sprach man miteinander, tauschte Gedanken aus. Ließ sich aber nicht in die Karten blicken. Einzelne Mitglieder des »2. Juni«, wie Rolf Heißler und Verena Becker, waren zur RAF übergelaufen. »Aktionen« aber machte jede Gruppe für sich allein.[246]

Die »Bewegung 2. Juni« war in den siebziger Jahren neben der Rote Armee Fraktion die zweite Gruppe von Bedeutung, die in der Bundesrepublik den »bewaffneten Kampf« gegen den Staat aufgenommen hatte. Der »2. Juni« entstand auf demselben Humus wie die RAF: den Nachwirren des Jahres 1968 in Berlin. Seine Keimzelle war der »Zentralrat der umherschweifenden Haschrebellen«.[247] Eine lockere Vereinigung von Kiffern, die nach dem Motto lebten »Werdet wild und tut schöne Sachen«. Später nennen sich einige von ihnen »Tupamaros Westberlin« und verüben Brandanschläge. Mitglieder der »Haschrebellen« und der »Schwarzen Hilfe« – »Anarchos«, die unter anderem Häuser besetzen und Gefangene betreuen – kommen zusammen und nennen sich »Blues«. Nach der Musik, die Ausdruck ihres Lebensgefühls ist. Aus alledem entsteht im Januar 1972 die Gruppe »Bewegung 2. Juni«. Unter anderem nennt sie sich so, weil – so Bommi Baumann – »bei Meldungen dann immer gesagt werden muss, der 2. Juni war der Tag, an dem der Student Ohnesorg von dem Bullen Kurras erschossen worden ist«. Ein genialer PR-Coup.

Die »Bewegung 2. Juni« tötet durch einen Bombenanschlag auf den Britischen Yachtclub in Berlin-Gatow 1972 einen Bootsbauer, erschießt 1974 den Berliner Kammergerichtspräsidenten von Drenkmann, entführt 1975 Peter Lorenz und wird zum Schrecken der Berliner Bankkassierer, weil sie bei zehn Überfällen 860 000 Mark erbeutet. Im Juni 1974 ermordet die »Bewegung« einen Mann aus den eigenen Reihen: Ihr »Kommando Schwarzer Juni« erschießt den Studenten Ulrich Schmücker. Er war in den Verdacht geraten, »Verräter« zu sein, an den Verfassungsschutz Informationen geliefert zu haben.

Im Unterschied zur RAF bleibt der »2. Juni« ein Berliner Gewächs. Seine Aktionen sind weitgehend auf die Stadt beschränkt. »In Berlin wird keine Politik entschieden, was versteckt ihr euch in der politischen Provinz?«, hält die RAF dem »2. Juni« vor, berichtet Inge Viett. Und der antwortet: »Hier haben die Kämpfe begonnen, hier ist unsere Basis, hier kennen wir uns aus.« In Berlin hat die »Bewegung 2. Juni« eine breite Sympathisantenszene. Ihre Mitglieder bewegen sich wie »Fische im Wasser« – getreu dem Mao-Wort.

Der »2. Juni« hat keine alles dominierenden Personen wie die RAF – erst Baader. Dann Haag. Anschließend Mohnhaupt. Der »2. Juni« ist wesentlich lockerer organisiert, agiert nicht aufgrund von Vorgaben einer zentralen Spitze, sondern besteht aus »Zellen«: mehreren Gruppen, die sich »etwas« einfallen lassen. »Bei uns gab es keinen Häuptling«, blickt die »2. Juni«-Frau Gabriele Rollnik zurück.

»Beim 2. Juni unterdrücken die Frauen die Männer und die Proleten die Studenten …«,[248] antworten Fritz Teufel und drei andere »2. Juni«-Männer in einem Interview. Ein Scherz sollte es sein – er hatte aber mehr als ein Fünkchen Wahrheit in sich: Die Männer sahen sich beim

»2. Juni« einer »Übermacht entscheidungsfreudiger Frauen« gegenüber, blickt Inge Viett zurück. Den Männern sei »nirgendwo ein Rollenvorsprung« zuerkannt worden. Das hätte »diesen oder jenen Genossen einschüchtern« können, jedenfalls »wenn er neu in die Gruppe kam«. Auch waren beim »2. Juni« wesentlich weniger ehemalige Studenten als bei der RAF.

Mit der Theorie in Sachen Revolution befasst sich der »2. Juni« kaum – im Gegensatz zur RAF. Große programmatische »Kampfschriften«, wie die von Meinhof und Mahler, gibt es beim »2. Juni« nicht. Er fasst sich kurz und lapidar – beispielsweise in seinem Programm vom Juni 1972: »Das ziel ist die errichtung einer räte-demokratie.«[249]

In der Praxis gibt sich die »Bewegung 2. Juni« betont populistisch. So verteilen ihre Mitglieder bei einem Banküberfall 1975 in Berlin »Negerküsse« an Kunden und Angestellte – und auch ein Flugblatt mit dem »Konjunkturprogramm der Bewegung 2. Juni«: »Hoffentlich geht's gut, also: Her mit der Kohle. Revolutionäre Negerküsse von den Stadt-Guerilleros der Bewegung 2. Juni.« Die RAF wirft dem »2. Juni« »Populismus« vor. Damals ein schlimmes Schimpfwort. Der »2. Juni« kontert: Seid ihr doch selbst nicht minder – durch euer ständiges Schielen auf das »Metropolenproletariat«. Die RAF schätzt die Aktionen des »2. Juni« für die Entwicklung einer »revolutionären Bewegung« als »gering und bedeutungslos« ein. Der »2. Juni« hingegen sieht der RAF mit »ihren dramatischen Machtproben mit dem Staat kopfschüttelnd« zu, erinnert sich Inge Viett, »den Show-down erwartend«.

Während in der Bundesrepublik die Fahndung nach Mitgliedern von RAF und »2. Juni« auf Hochtouren läuft, hat sich ein großer Teil von ihnen nach Paris abgesetzt. Die Fluchtburg der deutschen »bewaffneten Kämpfer« Ende der Siebziger. »Paris, das ist« für Inge Viett »eine Stadt, in der es sich illegal wunderbar leben lässt, wenn die Wohn- und Finanzverhältnisse gesichert sind. Die Stadt der revolutionären historischen Mythen.« Sie ist in Paris vom »2. Juni« die »Älteste, Erfahrenste, und das hatte eine zentrale Funktion in der Gruppe«, charakterisiert sie ihre Rolle. Zutreffend. In Begleitung von anderen »2. Juni«-Frauen diskutiert sie 1980 auf einem Hängeboden unterm Dach ihrer Wohnung in Clichy mit Brigitte Mohnhaupt und deren RAF-Gefolgschaft. »Es geht darum, glasklar die Widersprüche aufzudecken«, kritisiert scharf Henning Beer das, was die »Bewegung 2. Juni« bislang gemacht hat – seine graublauen Augen werden ganz starr: »Es geht um die Kritik an euren kollektiven Strukturen. Sie sind nicht revolutionär, sondern familiär.« Inge Viett staunt über »den zwanzigjährigen Jungen, der fast keine Erfahrungen hat«. Beers RAF-Genossen schauen dem Pöks wohlwollend zu. Für Inge Viett ist Beer »ein Robespierre! Von Kopf bis Fuß jeder Zoll: RAF.« Sie diagnostiziert bei ihm »ein Super-RAF-Bewusstsein«, »ein aufgeblähtes Selbstbewusstsein und chaotisches politisches Bewusstsein ohne jede Eigenständigkeit«.

Seit zwei Jahren, seit 1978, sind RAF und »2. Juni« in Gesprächen. Als Erstes, gleich 1978, beschlossen sie eine »Waffenkooperation«. Sie helfen sich gegenseitig mit Schießgerät aus. Inge Viett übergibt Ende 1978 eine polnische Maschinenpistole in einem Pariser Restaurant an die RAF. Sie bekommt aus RAF-Beständen einen »Colt«. Ein Jahr später, 1979, rückt die »Verwandtschaft« im Exil weiter zusammen: Jetzt wird auch offen über geplante Anschläge geredet. Als die RAF von dem geplanten Haig-Anschlag erzählt, nennt Viett das Vorhaben eine »grandiose Selbstüberschätzung«. RAF-Mitglieder werfen ihr »Kapitulantentum« vor.

Nach dem gescheiterten Haig-Attentat werden die Gespräche noch enger. Zwei Themen stehen im Mittelpunkt: Wie kann man eine Lösung für die Aussteiger finden? – in beiden Gruppen gibt es Mitglieder, die des Kampfes müde geworden sind und aus dem Untergrund herauswollen. Und wie können die zwei Gruppen, beide durch Verhaftete und Aussteiger geschwächt, ihre Kräfte bündeln? Sollte man eine gemeinsame Linie finden, das ist Konsens, wäre es unsinnig, die Trennung beizubehalten.

In dieser Phase der Annäherung trifft – so Viett – »wie ein Schlag aus heiterem Himmel« eine Polizeiaktion beide Gruppen. Am 5. Mai 1980, keine zwei Monate vor dem tödlichen Plambeck-Unfall, verhaftet die Pariser Polizei, zusammen mit dem BKA, fünf Frauen in einer Dreizimmerwohnung in der Rue Flatters 4: Sieglinde Hofmann von der RAF – »die Stabschefin der Mohnhaupt«, wie BKA-Chef Herold sie nennt, der eigens für den Zugriff an die Seine gereist ist – und vier Frauen der »Bewegung 2. Juni«. Der Tipp eines Arabers. Sieglinde Hofmann telefonierte regelmäßig mit den »palästinensischen Freunden«. Einer der »Freunde« hatte der Polizei die Telefonnummer verraten.

Die Ermittler sind über die gemischte Damenriege erstaunt: Bislang gingen sie davon aus, dass RAF und die »Bewegung 2. Juni« ihr Geschäft getrennt betreiben und nicht die Wohnung teilen.

Für beide Gruppen bedeuten die Festnahmen nicht nur den Verlust von Mitgliedern, sondern vor allem auch Verunsicherung, wie lange das »wunderbare« illegale Leben in der Seine-Metropole noch möglich ist. Seit über zwei Jahren tummelten sich hier die »bewaffneten Kämpfer«

von RAF und »2. Juni« – und noch nie war jemand von ihnen in der 2,1-Millionen-Stadt verhaftet worden.[250] Hier konnten sie sich in aller Ruhe erholen und Neues planen. Das bislang »sichere« Versteck erscheint ihnen jetzt nicht mehr sicher. Die »stillen Tage in Clichy« und anderswo sind vorbei.

Durch die Verhaftung in der Rue Flatters ist Inge Vietts »Unentschlossenheit beendet«. »Ich gehe zur RAF«, entscheidet sie: »Eine Alternative sehe ich nicht.« Einen Monat nach den fünf Festnahmen steckt im Briefkasten der *Frankfurter Rundschau* eine »Letzte Erklärung der Bewegung 2. 6.«. »Nach 10 Jahren bewaffnetem Kampf« schreibt die »Bewegung« – mit Datum vom 2. Juni 1980: »Wir lösen die Bewegung 2. Juni als Organisationsform auf und führen in der RAF – als RAF – den antiimperialistischen Kampf weiter.« Das Papier liest sich so, als ohrfeige sich der »2. Juni« zum Abschied begeistert selbst – für all das, was er in den vergangenen Jahren tat. Die »Bewegung 2. Juni« habe mit einer »unklaren Bestimmung ›spontane proletarische Politik‹« gemacht und »›drauflosgekämpft‹, mit dem Ziel, die Jugendlichen anzutörnen«. Die »Praxis« habe man »nach der Frage – was törnt an – bestimmt«, nicht aber »nach der Frage, wo sind die wirklichen Widersprüche«: »Die Bewegung war eine vermeintliche Alternative zur RAF als eine Möglichkeit derjenigen Genossen, denen der kompromisslose Kampf zu weit ging.« Das Verhalten des »2. Juni« habe »10 Jahre lang Spaltung, Konkurrenz und Desorientierung unter den Linken und auch in der Guerilla produziert«. Fazit – ab sofort: »Einheit im antiimperialistischen Kampf«.

Tatsächlich allerdings wurde das Papier nur von einem einzigen »2. Juni«-Mitglied verfasst, nämlich Juliane Plambeck[251] – und im Übrigen von der RAF. Juliane Plambeck ist zu dieser Zeit schwer verliebt in den RAF-Mann Wolfgang Beer, und für sie ist sonnenklar, dass sie zur RAF geht. Fühlt sich schon dort. Das Papier ist deutlich im Duktus der RAF geschrieben, in der Diktion von Henning Beer und seinem Bruder Wolfgang: Der »2. Juni« sei nicht mehr als »eine vermeintliche Alternative« zur RAF gewesen und habe zu Zwietracht in der Szene geführt. Das Schreiben liest sich wie die Presseerklärung eines Wirtschaftsunternehmens nach der »feindlichen Übernahme« durch ein anderes, bei der der Sieger noch einmal kräftig nachtritt. Mit anderen Worten: Die RAF hat die »Auflösungserklärung« des »2. Juni« geschrieben.

Als Inge Viett das Papier nach seiner Veröffentlichung zum ersten Mal liest, steigt ihr »die Schamröte ins Gesicht«: »Was für Phrasen der Selbstverleugnung!«

So richtig klar aber ist das Verhältnis zwischen RAF und »2. Juni« für die Ermittler im Bundeskriminalamt noch nicht. Denn mehrere »2. Juni«-Mitglieder meldeten sich kurz nach dem Erscheinen des »Auflösungspapiers« zu Wort und erklärten, alles sei Quatsch: Der »2. Juni« habe sich gar nicht aufgelöst. Zum Beispiel Klaus Viehmann, der zusammen mit anderen »2. Juni«-Mitgliedern in Berlin vor Gericht steht.[252] Nachdem Gabriele Rollnik am 10. Juni 1980 auf der Anklagebank die Auflösungserklärung verlesen hat, ergreift er wutschnaubend das Wort: »Durch die Verlesung eines Flugblattes kann die Bewegung 2. Juni nicht aufgelöst worden sein.« Man werde weiter »entscheidende Aktionen« machen, um »das Volk auf unsere Seite zu bringen«. Zehn Tage nach der Auflösungserklärung erfolgt ein Sprengstoffanschlag auf das Bezirksamt Berlin-Kreuzberg – Selbstbezichtigungsschreiben: »Bewegung 2. Juni«.

Offensichtlich – so die Einschätzung der Ermittler – sind sich die Mitglieder des »2. Juni« nicht einig, ob sich ihre »Bewegung« aufgelöst hat oder nicht. Vorerst wird das Ganze im BKA als »Teilauflösungserklärung« des »2. Juni« interpretiert.[253]

Wie in einer Ehe legen die beiden Partner RAF und »2. Juni« – Sektion Paris – ihren »Hausstand« zusammen: Die Depots in den Wäldern um Paris, in denen der »2. Juni« gestohlene und gefälschte Ausweise, Stempel, Munition und Waffen gebunkert hat, werden aufgelöst. Der Inhalt kommt in die Depots der RAF. Ebenso wird eine gemeinsame Kasse eingerichtet – wie eben in einer guten Ehe: Inge Viett und Juliane Plambeck erklären sich bereit, den Rest vom Palmers-Lösegeld des »2. Juni« zu holen und damit die RAF-Kasse aufzufüllen.

Mit dem Nachtzug fahren die beiden nach Italien. An einem heißen Frühsommertag klettern sie wie Bergtouristen auf einen Hügel bei Ventimiglia, um das Geld des Wäschekönigs auszubuddeln. Im Gepäck haben sie eine Skizze vom Versteck in der Erde. Juliane Plambeck hatte das Geld vor Jahren dort vergraben, zusammen mit einem Komplizen. Viett und Plambeck holen ihre Klappspaten heraus und fangen an zu graben. Die Stunden vergehen. Aber nichts. Kein Geld im Boden. Die Sonne brennt. Unter ihr buddeln und buddeln die beiden mit nackten und verstaubten Oberkörpern. Irgendwann hat Inge Viett die Nase voll und wendet sich zu Juliane: »Du hast es vergraben, du musst dich doch erinnern, denk nach.« »Es muss hier sein, es muss hier irgendwo sein«, antwortet Plambeck unsicher. Nach Stunden hören sie erschöpft auf. Zeit, den Rückweg anzutreten. Sie packen ihre Sachen zusammen. Ausgelaugt und resigniert sitzen sie noch einen Moment auf dem Boden, betrachten den zerbuddelten Hügel. Sie sind sich sicher, dass ihnen irgendjemand zuvorgekommen ist und das Geld längst ausgegraben hat. In einem Anflug überdrehter Ausgelassenheit steht Juliane Plambeck auf, greift sich eine verdörrte Astgabel und geht – wie eine Wünschelrutengängerin – einige Schritte. Sie stoppt. Schlägt mit der Rute auf den Boden: »Hier liegt es!« Inge Viett macht »zwei Spatenstiche«, wie sie sich voller Glückseligkeit erinnert – und stößt »auf die Million«. Die RAF ist damit ihrer Geldsorgen ledig.

Der Plambeck-Unfall zeigt den BKA-Ermittlern, dass – entsprechend der »letzten Erklärung« des »2. Juni« – jedenfalls ein Mitglied des »2. Juni« tatsächlich zur RAF übergetreten ist.[254] Was die Ermittler aber noch nicht wissen: Nach Verhaftung der vier vom »2. Juni« in der Rue Flatters gab es beim »2. Juni« nur noch zwei Frauen, die weiter im Untergrund mit der Waffe leben wollen: Juliane Plambeck – mittlerweile tot – und Inge Viett. Viett ist wertvoll für die RAF. Nicht nur, weil sie die siebenstellige Mitgift mitbrachte. Sondern auch, weil sie exzellente Kontakte zum Ministerium für Staatssicherheit in Ostberlin besitzt.

## Das neue »Wohnungswesen« der RAF

Der Verkehrsunfall auf der Landstraße bei Bietigheim-Bissingen bringt den Ermittlern noch eine weitere Erkenntnis – drei Monate danach: Am 16. Oktober 1980 meldet sich eine verärgerte Studentin bei der Polizei in Heidelberg. Gerade von einem fünfzehnwöchigen Südamerika-Trip zurückgekehrt, hat sie ihr Einzimmerappartement in der Karlsruher Straße 65 in einem heillosen Chaos vorgefunden. Für die Zeit ihrer Reise, berichtet sie dem Beamten, hätte sie die Wohnung an »Andrea Heim« untervermietet. Vom 1. Juli bis zum 30. September 1980. Und die hatte nun alles stehen und liegen lassen: Die Wohnung ist unaufgeräumt. Obst, Gemüse, Milch und andere Lebensmittel sind verschimmelt. Im Kühlschrank steht ranziger Joghurt. Und »Andrea Heim« ist spurlos verschwunden.

Ein Polizeibeamter schaut sich die Bescherung an: Klamotten und alte Zeitungen liegen herum. Im Schrank unter der Spüle stecken in einer Plastiktüte 34 000 Mark und jede Menge Blätter mir kryptischen Notizen. »Eindeutig Terroristengepäck«, urteilt der Beamte und alarmiert die Kollegen vom Bundeskriminalamt. Die stellen fest, dass vier Tausend- und fünf Fünfhundertmarkscheine aus dem Palmers-Lösegeld stammen.

Die Eintragungen in einem Notizbuch enden am 24. Juli 1980. Am Tag vor dem Tod Juliane Plambecks. Ein Handschriftenvergleich und Fingerabdrücke bestätigen: Es ist ihr Notizbuch. Außerdem entdecken die Ermittler in der Wohnung Fingerabdrücke von Wolfgang Beer, Christian Klar und Adelheid Schulz. Kein Zweifel für sie: Juliane Plambeck und Wolfgang Beer wohnten hier bis zu ihrem Tod – und andere RAF-Mitglieder waren zu Besuch.

In einem Vierseitenpapier, verfasst von Adelheid Schulz, gefunden in der Plastiktüte neben der Spüle, lesen die Ermittler das neue Prinzip des »Wohnungswesens« der RAF: »Nur die, die cool sind, können z. B. Buden zur Verfügung stellen, was notwendiger denn je erscheint.« Im Klartext: Wohnungen sind nicht mehr von RAF-Mitgliedern unter Falschnamen anzumieten. Sondern von der RAF nur noch von Personen zu übernehmen, die »cool« sind, also nicht in den Fahndungscomputern registriert.

Jetzt ist den BKA-Fahndern auch klar, warum sie – nach anfänglichen Erfolgen – seit über einem Jahr mit der Rasterfahndung nicht mehr auf konspirative RAF-Wohnungen gestoßen sind[255]: Seitdem die RAF das BKA-Raster kennt, mietet sie ihre Quartiere nicht mehr von Vermietern, sondern »schlüpft« in bestehende Mietverhältnisse. Befristet. Als »Untermieter«, durch eine Vereinbarung mit dem Mieter. Das RAF-Mitglied, das in die Wohnung zieht, meldet sich weder beim Einwohnermeldeamt noch bei den Strom- und Gaswerken. Die Wohnung läuft weiter auf den Namen des Vorgängers – und fällt damit durch das Computerraster des BKA.

## Neue Strategie neben der Spüle

In dem Adelheid-Schulz-Schreiben lesen die BKA-Auswerter auch über neue Angriffsziele der RAF – sie stufen es als »Strategiepapier« ein. Schulz spricht von einer Offensive »auf verschiedenen Ebenen: auf der mil. gegen US-Armee und BUWE (Basen) und Typen auf der pol. gegen die SPD (Zwerg), Wischn.,[256] Apel, Ehmke, usw. usw., nicht zu vergessen die zweite Linie wie Bölling oder Corterier usw. ... auf der Oec. gegen Multis, Figuren wie Moeller oder Schiller die auf einer anderen ebene an demselben projekt arbeiten: die liquidierung antiimp. Bewegungen und die aufrechterhaltung der bestehenden Ausbeutungsverhältnisse, in diesen Rahmen gehören auch Op. gegen den aufgebauten Repressionsapparat (Herold BKA, GSG – der Zerstörung von Computer usw. ...).«

Von einer RAF-Befreiungsaktion (»Befr. Akt.«) hingegen hält sie zurzeit nichts: »Angesichts der derzeitigen pol. sit., wird eine Befr. Akt. erfolglos bleiben, jede Besetzung würde in einem Massaker enden. Eine Entf. dürfte nicht drin sein. D. h. die Etappe jetzt muss die pol. voraussetzung dafür schaffen.«

Die neue Strategie der RAF, an die sie sich bis zu ihrem Ende hält, bedeutet also: Anschläge auf einzelne Personen oder Einrichtungen: ja. Gefangenenbefreiung: nein – derzeit jedenfalls.

Das Spektrum ihrer möglichen Angriffsziele hat die RAF erweitert: Militär, Politik, Wirtschaft und »Sicherheitsapparat« – vor allem durch die »zweite Linie«, die künftig auch angegriffen werden soll, hat sich die Zahl der Gefährdeten potenziert. Eine Abkehr von Andreas Baaders Postulat acht Jahre zuvor, 1974: »angreifen: so weit oben wie möglich – an der spitze.«[257]

# 54. Kapitel: »Krieg dem imperialistischen Krieg«

Durch die Ereignisse im Mai und Juli 1980 sind Mohnhaupts »bewaffnete Kämpfer« auf die Hälfte zusammengeschmolzen: Wolfgang Beer und Juliane Plambeck sind tot. Sieglinde Hofmann ist verhaftet, Henning Beer wegen des Todes seines Bruders depressiv und nicht einsetzbar.

Die Mutter der zweiten »Generation« hat nur noch drei kampfesbereite »Krieger«: Adelheid Schulz, Christian Klar und Helmut Pohl. Wegen des momentanen Personalmangels werden die Vorbereitungen in Heidelberg abgeblasen. Stattdessen Aus- und Fortbildung: Zu einem »Auffrischungskurs« in Sachen Schießen, Bomben und Morden fliegen Mohnhaupt und der Rest Ende des Jahres 1980 in den Jemen. Ingrid Jakobsmeier ist zur Verstärkung dazugestoßen. Henning Beer wird in dem Camp von Mohnhaupt und Klar wieder aufgerichtet. Am Ende – nach den Schießübungen – kommt er zu der Erkenntnis, seinem Bruder Wolfgang »schuldig zu sein, in der RAF zu bleiben«. Er ist wieder bereit, den »bewaffneten Kampf« aufzunehmen.

Anfang März 1981 fliegen die sechs nach Europa zurück, paarweise. Neue RAF-Zentrale ist ein Einfamilienhaus im belgischen Leuven, zwanzig Kilometer östlich von Brüssel: Von dort aus werden die im Vorjahr unterbrochenen Vorbereitungen für die beiden NATO-Ziele wieder aufgenommen. Die neue Kampfparole: »Krieg dem imperialistischen Krieg«. Die RAF meint damit Angriffe gegen »die Zentren, die Basen und die Strategen der amerikanischen Militärmaschine«. Als schwierigeres Projekt erscheint es dem Sextett, General Kroesen zu ermorden. Deshalb übernehmen es vier von ihnen, Kroesen in Heidelberg auszuspähen: Mohnhaupt, Schulz, Klar und Henning Beer. Die erste Zeit übernachten sie in Darmstadt, im Studentenwohnheim Karlshof. *Rolf Vogel,* ein Sympathisant, stellt ihnen seine Bude zur Verfügung. Schon bald haben sie zwei Wohnungen: eine am Ort des geplanten Geschehens – in Heidelberg. Die andere als Ausweichquartier achtzig Kilometer entfernt, in Offenbach.

Den Anschlag in Ramstein bereiten Helmut Pohl und Ingrid Jakobsmeier vor. Den US-Luftstützpunkt in der Pfalz kundschaften sie von einem in der Nähe angemieteten Appartement aus, oft auf einer Honda XL 500 S Enduro – umlackiert in Militärgrün. Getarnt mit einem grünen US-Kennzeichen. Ebenfalls gestohlen. Das Motorrad ist eines von insgesamt sieben Fahrzeugen, das die RAF zwischen April und August 1981 für die beiden Anschläge entwendet. Die »bewaffneten Kämpfer« fahren in unauffälligen Mittelklassewagen – Golf, Audi 80 und Passat. Weil die Polizei an dem Plambeck-Golf gefälschte französische Kennzeichen entdeckt hat, ist die RAF zur »Legende Österreich« umgeschwenkt: Henning Beer presst mit einem Prägegerät österreichische Dublettenkennzeichen – im belgischen Leuven. Fahrzeugscheine werden ebenso gefälscht.

Eigens für den Tod von General Kroesen hat sich die RAF etwas ganz Neues einfallen lassen. Sie präpariert einen roten VW-Transporter: An beiden Seiten schneiden die »bewaffneten Kämpfer« die Plane auf, bringen Druckknöpfe an den Rändern an und schließen sie so wieder. Außerdem ritzen sie kleine Sehschlitze in die Plane. Nichts fällt auf. Den Transporter wollen sie am Straßenrand in der Schlierbacher Straße in Heidelberg parken, Höhe Wolfsbrunnensteige. Wenn Kroesens Limousine an der Ampel hält, so die teuflische Idee, fliegt die Plane mit einem Stoß hoch. An der Panzerfaust: Christian Klar. Von der Ladefläche feuert er zwei Granaten auf Kroesens Limousine. Neben ihm an den Maschinenpistolen – auf der Pritsche: Brigitte Mohnhaupt und Adelheid Schulz. Die beiden Frauen erschießen jeden, der zu flüchten versucht oder zurückballert.

Henning Beer erhält die Aufgabe, den präparierten Transporter an den Tatort zu fahren. Bei einer Probetour durch den Heidelberger Stadtwald bekommt er am Steuer wieder einen Nervenzusammenbruch. Er stoppt auf einem Parkplatz. Der Zweiundzwanzigjährige zittert am ganzen Körper, »weil mit klar geworden war, was hier eigentlich geplant war«: »Es wurde mir so richtig bewusst, dass auf Menschen gezielt geschossen werden sollte. Christian Klar kam auf mich zu und fragte, was los sei. Ich sagte ihm, ich könne das nicht machen, das übersteige meine Kräfte.«

Beer wird in die konspirative Wohnung in Heidelberg gebracht. Die anderen wollen wissen, was genau mit ihm los ist. Er erklärt, »dass ich das nicht machen kann, dass ich mich einfach nicht dazu in der Lage fühle«. Schon seit längerem plagt ihn die Erkenntnis, wie er in der Rückschau sagt, »dass wir doch nur ein ganz kleines Häufchen ohne jede Massenwirkung waren«. Er fragt sich, »welchen Sinn die ganze Sache denn überhaupt haben solle«. Er ist zu der Einsicht gekommen, nicht zum »bewaffneten Kampf« berufen zu sein. Die Gruppe lässt ihn ziehen.

Zwei Tage später bringt ihn Brigitte Mohnhaupt in das Haus nach Leuven. Dort angekommen, verlangt sie von Henning Beer dessen Pistole. Er gibt sie ihr. Sein Ende als RAF-Mitglied.

## Ramstein

Vier Wochen später. Am Morgen des 31. August 1981 explodiert um 7.25 Uhr ein orangefarbener VW 411 LE auf einem Parkplatz des Luftwaffenstützpunktes Ramstein. Direkt vor den Hauptquartieren der US-Luftwaffe in Europa und der NATO-Streitkräfte Europa-Mitte. Im Umkreis von hundert Metern wirft die Druckwelle Menschen und Autos um. »Ein Flugzeugabsturz«, denkt Sonja Jarvis, Bedienung in einer Cafeteria auf dem Gelände, als sie »die dunklen Rauchwolken aufsteigen« sieht. Aber es war kein »plane crash«, sondern die RAF: 17 Menschen sind verletzt. Zum Teil lebensgefährlich. Die Häuser drum herum: zerstört. Gebäudeschaden: 7,2 Millionen Mark – erst ein Jahr später können sie wieder genutzt werden. 65 Autos auf dem Parkplatz sind schrottplatzreif oder fast. Sein Ziel aber hat das RAF-Kommando nicht erreicht: die Computeranlage des Flughafens in die Luft zu jagen. Aber es entkommt unerkannt.

Die Sprengstoffexperten des Bundeskriminalamts finden heraus, dass in dem VW 411 zwei Bomben hochgingen – Propangasflaschen mit jeweils einem 31-Kilo-Natriumchloratgemisch. Gezündet über eine Zeitschaltuhr mit dem Strom der Autobatterie. Und noch eine dritte 31-Kilo-Bombe finden die Ermittler. Der Zünder funktionierte nicht. Hätte er es getan, »wäre die Explosionswirkung um ein Vielfaches höher gewesen«.[258] Nur diesem Umstand ist es zu verdanken, dass es keine Toten gab.

Ein Anschlag ganz nach dem Vorbild Baaders: Neun Jahre zuvor bombte er auf dieselbe Weise bei der »Mai-Offensive« 1972 – auf einem Parkplatz der US-Streitkräfte in Heidelberg.

Den Bombenwagen hatte die RAF einen Monat zuvor, in der Nacht zum 28. Juli 1981, in Karlsruhe gestohlen und mit dem grünen amerikanischen Kennzeichen »PN-2135« versehen. Ebenfalls geklaut, vom Privatwagen eines US-Soldaten. Nur so war es dem Kommando möglich, unkontrolliert an den Wachposten in Ramstein vorbeizufahren. Denn von ihnen wurden, wie die RAF erspäht hatte, morgens ab sechs alle Autos mit amerikanischen Kennzeichen durchgewinkt. Hunderte US-Soldaten mit amerikanischen Kennzeichen rollen zum Dienst an. Kurz nach sieben passierte der VW 411 die Kontrolle.[259] Vermutlich türmten die Täter mit der Honda 500. Sie wurde in der Nähe des Flughafengeländes gefunden. Mit einem Fingerabdruck von Christian Klar.

Nach der Tat geht das obligatorische Selbstbezichtigungsschreiben im Büro der Deutschen Presse-Agentur in Gießen ein. Das »Kommando Sigurd Debus« erklärt – benannt nach einem fünf Monate zuvor bei einem RAF-Hungerstreik ums Leben gekommenen Achtundzwanzigjährigen aus dem Umfeld der RAF[260]: Ramstein sei »die zentrale für den atomkrieg in europa. hier sitzt der stab für die nukleare kriegsführung, von hier sollen cruise missiles gestartet und der abschuss der pershing 2 ausgelöst werden«. Die RAF hofft, mit diesen Worten Sympathien in der »Friedensbewegung« zu gewinnen. Sie war in Deutschland entstanden, nachdem der neue US-Präsident Ronald Reagan eine verstärkte Aufrüstung und die Stationierung neuer Atomraketen in Westeuropa angekündigt hatte. Vor US-Basen und Depots demonstrieren Anhänger der Bewegung friedlich. Motto: »Entweder wir schaffen die Rüstung ab, oder die Rüstung schafft uns ab.« Der Protest richtete sich auch gegen die – von der RAF angesprochene – Pershing 2. Ab 1983 soll sie in Deutschland stationiert werden.

Den Mitgliedern der »Friedensbewegung« erklärt das »Kommando Sigurd Debus«: »gegen alle resignativen fluchtphantasien vom atomaren inferno und den komplementären hilflosen pazifistischen wünschen sagen wir, dass dieses monster zu besiegen ist, wenn wir hier im zentrum den widerstand zur schärfe der wirklichen situation bringen.« Anhänger aus der »Friedensbewegung« gewinnt die RAF damit aber nicht. Die Pazifisten bleiben, was sie sind: Pazifisten.

## Vier-Sterne-General Kroesen

### ➤ Raketen vom Heidelberger Schlossberg

Zwei Wochen nach dem Ramstein-Anschlag ist Frederick Kroesen in seine Akten vertieft. Neben ihm im Fond des gepanzerten Mercedes 350 SE sitzt seine Frau Rowine. Der Vier-Sterne-General ist auf dem Weg zu seiner Dienststelle in Heidelberg, in den Keyes Buildings in der Römerstraße 166. Rowine fährt an diesem Morgen mit, weil sie einen Arzttermin hat. Am Steuer: der deutsche Polizeimeister *Walter Zastrow*. Neben ihm sitzt Kroesens Adjutant Major Bodine.

Kroesen weiß, dass er ins Fadenkreuz der RAF geraten ist. In dem Strategiepapier von Adelheid Schulz, das dem BKA ein knappes Jahr zuvor in der Heidelberger Wohnung in die Hände fiel, hatte sie geschrieben: »... bei den derzeitigen Kräften wird man das Mittel so unkompliziert wie moglich halten müssen, wie bei Krö. oder technisch verfeinert ....« Aus den ebenfalls in der Wohnung gefundenen topographischen Karten von Heidelberg, dem Wohn- und Dienstort Kroesens, schlossen die Ermittler, dass mit »Krö« der Vier-Sterne-General gemeint sein könnte – Oberbefehlshaber der 200 000 Mann starken US-Armee in Europa. Er ist einer – in der Diktion des Ramstein-Selbstbezichtigungsschreibens – der »Strategen der amerikanischen Militärmaschine«, die die RAF »angreifen« will. Sogar die Regionalzeitung hatte schon über einen geplanten Anschlag geschrieben. Am 14. Juni 1981 berichtete die *Rhein-Neckar-Zeitung*, dass »auf einen oder mehrere ranghohe Offiziere des Hauptquartiers der amerikanischen Landstreitkräfte in Europa« in Heidelberg »ein terroristischer Anschlag« geplant sei, »dessen Vorbereitungen bereits konkrete Formen angenommen haben«. »Sicheren Informationen zufolge« solle »ein US-Offizier auf dem Weg von seiner Wohnung zum Hauptquartier ... überfallen werden. Anzeichen sprechen dafür, dass die Tat vor Dienstbeginn ausgeführt werden soll.«

*Frederick Kroesen*

Selbst Kroesen war nicht verborgen geblieben, dass sich Dunkelmänner für ihn interessierten. Einige Wochen zuvor stoppte während seiner Fahrt zum Hauptquartier eine rote Honda neben seinem Dienstwagen an einer Ampel. Die beiden auf der Maschine schauten auffallend neugierig durch die getönten Visiere zu Kroesen in den Wagen. Der General notierte sich vorsichtshalber das Kennzeichen: HD – LD 291. Eine Dublette, stellte das Landeskriminalamt Baden-Württemberg fest. Kein Zweifel: Die RAF ist ihm auf den Fersen.

So schnell es geht, wird für ihn ein gepanzerter Mercedes organisiert. An diesem Morgen – 15. September 1981 – sitzt der General zum ersten Mal drin. Mehrere Männer wurden zusätzlich abgestellt, um sein Leben zu schützen: Vor ihm fährt ein »Vorausfahrzeug«, in dem ein Militärpolizist die Strecke nach Auffälligkeiten absucht. Hinter Kroesen fährt ein Zivil-Plymouth mit zwei Leibwächtern, amerikanischen Militärpolizisten. Auch Polizeimeister *Walter Zastrow* gehört zu seinem Schutz. Vor dem Karlstor hält er an einer roten Ampel auf der Schlier-

*Kroesens gepanzerter Mercedes:*
*Eine Panzerfaust-Rakete schoss durch den Wagen*

bacher Landstraße. Für einen kurzen Augenblick schaut der General nach rechts auf den Neckar, der neben der Straße entlangfließt. Links erhebt sich der Heidelberger Schlossberg. Er wendet den Blick zurück in die Akten.

Plötzlich, aus heiterem Himmel: ein dumpfer Knall. Das Glas der Heckscheibe splittert. Eine Panzerfaust-Rakete flog durch den S-Klasse-Mercedes. Von oben auf dem Schlossberg abgefeuert, durchschlug sie das dicke Schutzglas und sauste neben dem Tankdeckel wieder aus dem gepanzerten Wagen hinaus. Wenige Sekunden später rast eine zweite Rakete auf den Mercedes zu. Sie verfehlt ihn knapp, bohrt sich sechzig Zentimeter tief in den Bürgersteig. Die Detonation erschüttert den Wagen, reißt die Heckscheibe aus der Verankerung. Granatsplitter und Steine fliegen vierzig Meter weit, prasseln auf die Panzerung. Schüsse aus einem Schnellfeuergewehr folgen, treffen den Wagen, bleiben aber in der Panzerung stecken. Kroesen blutet im Gesicht und aus beiden Ohren. Sein Trommelfell ist zerrissen – für den Rest seines Lebens hat er einen Gehörschaden. Auch seine Frau blutet aus den Ohren.

Der weltkriegs- und vietnamerfahrene General schaut als Erstes, wie er später berichtet, »nach, ob bei allen Begleitern Arme und Beine noch dran sind«. Fahrer *Zastrow* und Beifahrer Bodine sind unverletzt. *Zastrow* stellt fest, dass er weder nach vorn noch nach hinten abhauen kann: Vor ihm steht ein Golf an der noch immer roten Ampel. Direkt hinter dem Mercedes das Leibwächterauto. Die Militärpolizisten sind herausgesprungen und mit gezogenen Waffen hinter dem Fahrzeug in Deckung gegangen. Der Beifahrer visiert mit einer Schrotflinte den Schlossberg hinauf. Aber die beiden Leibwächter können die Schützen nicht erspähen.

Die Ampel springt auf Grün. Der Golf fährt an. »Mister General, die Maschine arbeitet noch«, ruft *Zastrow.* »Vollgas«, befiehlt der General. Der Mercedes rast los. Direkt ins Militärhospital.

Polizisten entdecken die kleine Lichtung, von der aus die Attentäter feuerten. Drei mal fünf Meter groß. Sie sind über alle Berge. Die Lichtung liegt 126 Meter Luftlinie von der Stelle entfernt, an der Kroesens Wagen stand. Von hier aus liegt die Ampel direkt im Schussfeld. 13 Meter weiter oben sehen die Beamten ein Iglu-Zelt auf einem Felsplateau. In ihm finden sie vier Schlafsäcke. Zwischen zwei Felsbrocken liegt die Panzerfaust. Eine sowjetische RPG7. Sie ist vergleichsweise leicht, wiegt nur sechseinhalb Kilo. Von ihr abgefeuerte Raketen schweißen sich durch Panzerstahl bis zu einer Stärke von dreißig Zentimetern. Mit diesem Waffentyp sind seit 1965 alle Armeen des Warschauer Paktes ausgerüstet.

Mit ihr feuerte Christian Klar[261] die beiden Raketen auf Kroesen ab. Aufgegeben hatte die RAF den ursprünglichen Plan, den General von der Ladefläche des VW-Transporters aus zu ermorden, aus wenigen Metern Entfernung. Das Kommando hatte mitbekommen, dass Kroesens Wagen seit einiger Zeit ein Leibwächterauto folgte. Es fürchtete, von dort aus unter Feuer genommen zu werden. Schon ihr Ausbilder in Aden hatte der RAF zwei Jahre zuvor zum Thema Einsatz einer Panzerfaust aus wenigen Metern mit auf den Weg gegeben: »Bei einem Begleitschutz ist das eine Kamikazeaktion.« So entschied sich die RAF, die Panzerfaust vom Schlossberg aus abzufeuern. Klar flüchtet mit seinen drei Komplizen durch den Schlosswald. In einem gestohlenen VW-Passat brausen sie davon.

### ➤ Der RAF-Müll und die »Legale«

In der Nähe des Zeltes entdeckt die Polizei RAF-Müll: fünf leere Flaschen »Kakao-Gold«, Konserven- und Getränkedosen[262] sowie Käse-Plastikverpackungen. Die Hinterlassenschaften zeigen, dass die

Kroesen-Attentäter über Tage auf der Lauer lagen. Gleiches berichten Schlosswald-Spaziergänger. Was Klar & Komplizen nicht wussten: Kroesen war bis zum Tag zuvor auf Auslandsreise.

Die Polizei folgt der Spur des RAF-Drecks: Anhand der orangefarbenen Preisetiketten auf den Kakaoflaschen stellt sie fest, dass die Flaschen in einer »Billich-Filiale« in Heidelberg-Neuenheim gekauft wurden. Der Filialleiter erinnert sich an eine Frau, die bei ihm achtzehn Flaschen »Kakao-Gold« und große Mengen Lebensmittel erwarb. Er kann sich deswegen noch gut an sie erinnern, weil sie mehr als die achtzehn Flaschen »Kakao-Gold« haben wollte, die im Regal standen: »Im Befehlston« hatte sie ihn aufgefordert, »im Lager weiteren Kakao zu holen«. »Ich bin mir sicher«, antwortete er, »dass dort kein Kakao mehr ist«. »Sie sind nur zu faul, aus dem Lager zusätzlichen Kakao zu holen«, fuhr sie den Filialleiter an. Das unfreundliche Wesen ist ihm im Gedächtnis geblieben: »Untersetzt und kräftig, aber nicht dick«, »30 Jahre alt und etwa 1,60 Meter groß«.

Die Kripobeamten zeigen ihm Mappen mit achtzig Fotos von »Frauen aus dem Terrorismusbereich und dessen Umfeld«. Er erkennt *Ingrid Scheller* wieder. Eine siebenundzwanzigjährige »Diplom-Sozialarbeiterin« und Soziologiestudentin. Vorbestraft wegen »gemeinschaftlicher Werbung für eine terroristische Vereinigung«: 1978 hatte sie zusammen mit Wolfgang Beer, Ingrid Jakobsmeier und über einem Dutzend Maskierter die Redaktion der »Deutschen Presse-Agentur« in Frankfurt besetzt. *Ingrid Scheller* gehörte zu dem Fünfertrupp, der die Telefonzentrale stürmte, abgesägte Besenstiele schwang und die Telefonistinnen mit Hanfschnüren fesselte. Die Besetzer hatten vor, eine Solidaritätserklärung für die RAF-Häftlinge über dpa in alle deutschen Redaktionsstuben zu senden, weil – so der mitgebrachte Text – »mit der exemplarischen liquidierung der gefangenen aus der raf die spitze des widerstands gebrochen werden soll«. Der Text der RAF-Freunde lief aber nicht über dpa, weil zuvor die Polizei kam – ein Redakteur hatte unter seinem Schreibtisch einen versteckten Alarmknopf gedrückt. Einigen Besetzern gelang die Flucht. Elf wurden verhaftet. Unter ihnen Wolfgang Beer und *Ingrid Scheller.*

Sie ist eine »Legale«. Eine von über zwei Dutzend »Legalen« in Deutschland, die die RAF unterstützen: mit Einkäufen, Kurierfahrten und sonstigen Hilfsdiensten. Auch das Stehlen von Ausweisen – RAF-Jargon: »Pappen« – für RAF-Mitglieder gehört dazu, da »wir in der Illegalität die Pappen nicht mehr selbst klauten, weil das zu gefährlich war«, berichtet Silke Maier-Witt: »Wir bekamen die Pappen von Legalen.« – »Auch im westeuropäischen Ausland gab es mehrere Gruppen von Legalen«, blickt Werner Lotze zurück. Beispielsweise in Paris und Amsterdam.

*Ingrid Scheller* reiste von Frankfurt nach Heidelberg, um für die RAF einzukaufen. Damit enthob sie Christian Klar und Genossen davon, »unter dem bestehenden Fahndungsdruck Einkäufe zu machen«, urteilte das Oberlandesgericht Stuttgart[263] später. Ersparte ihnen also das Risiko, im Supermarkt erkannt und womöglich verhaftet zu werden.

### ➤ Eine »verblüffende Planungstreue«

Noch am Tag des Kroesen-Anschlags kommt bei der *Frankfurter Rundschau* ein Schreiben des »Kommando Gudrun Ensslin« an – mit derselben Überschrift wie im Ramstein-Tatbekenntnis: »DIE ZENTREN, DIE BASEN UND DIE STRATEGEN DER AMERIKANISCHEN MILITÄRMASCHINE ANGREIFEN«. Kroesen sei »einer der us-generäle, die die imperialistische politik in westeuropa bis zum golf real in der hand haben, weil er über den einsatz und mittel in der konfrontation entscheidet. er bestimmt über die konventionelle verwüstung und legt fest, wann und wo die neutronensprengköpfe abgefeuert werden.«

Die »Terrorismusbekämpfer« im Bundeskriminalamt staunen wieder einmal über die »verblüffende Planungstreue« der RAF. Obwohl offensichtlich für sie war, dass die Polizei von dem Projekt »Kroesen« wusste – unter anderem durch die in Heidelberg-Rohrbach gefundenen Papiere und die für den General getroffenen Sicherheitsmaßnahmen – hielt sie an ihrem Ziel fest. Trotz aller Risiken, erwischt zu werden.

Der gerade erst verstärkte Schutz bewahrte den General vor dem Tod. »Ich kann nicht erklären, warum ich gerade heute zum ersten Mal in dieses Auto stieg,« sagt er, als er kurz nach dem Anschlag den zerschossenen Wagen betrachtet, »aber das hat uns ohne Frage das Leben gerettet.« Stunden nach dem Anschlag erfährt der General, dass er mit einer sowjetischen RPG und einer deutschen Heckler & Koch unter Beschuss genommen wurde. Der Kriegsveteran hat bereits seinen Humor wiedergefunden, grinst: »Ich bin froh, dass die keine amerikanischen Waffen benutzt haben.«

# 55. Kapitel: Das »Mai-Papier«

Nach der »Praxis« des bewaffneten Kampfes beschäftigt sich die RAF mit der »Theorie«. In den ersten Monaten des Jahres 1982 zieht sie sich in Klausur zurück. Ergebnis ist die erste und einzige »Kampfschrift« der zweiten RAF-»Generation«: »Guerilla, Widerstand und antiimperialistische Front«.[264] Sie trägt das Datum »mai 1982« – und wird deshalb auch als »Mai-Papier« bezeichnet. Die ersten vierzehn Exemplare liegen am 23. Juni 1982 in einem Klo-Trakt des »Hauses der Jugend« in Ludwigshafen. Der linken Öffentlichkeit wird das Mai-Papier bekannt, als es die *taz* am 2. Juli 1982 druckt – mit »geringfügigen Kürzungen«.[265] Die erste ausführliche Erklärung dafür, was die RAF mit ihrem Morden erreichen will – seit zehn Jahren: »wir reden von dem, was wir in den letzten jahren erfahren haben, und was wir daraus machen wollen«, beginnt das Zwanzig-Seiten-Papier. Eine Rück- und eine Vorausschau:

»wir haben 77 fehler gemacht«, blickt die RAF zurück, »und die offensive wurde unsere härteste niederlage«: »unser gedanke war, der spd die frage des austausches an den beiden wichtigsten figuren zu stellen, die die ökonomische weltmacht des brd-kapitals direkt verkörpern wie höchstens zehn andere: ponto für die internationale finanzpolitik ... und schleyer für die nationale wirtschaftspolitik.« Die Entführung Pontos sei schief gegangen und so die »politische eskalation der aktion« erst einmal »entschärft« worden. Als »entscheidenden fehler« bezeichnet es die RAF bei der Entführung Schleyers, »die aktion nicht nochmal von grund auf neuzubestimmen, nachdem die bundesregierung das erste ultimatum hatte verfallen lassen, also klar war, daß sie schleyer aufgegeben hatten und so auf seinen tod warteten.« Erst zu spät hätte sie erkannt, »daß seine connections und sein einfluß einen dreck wert waren gegen die macht der geschlossenen imperialistischen strategie.« Warum sie angesichts dieser Erkenntnis ihr wehrloses Opfer dennoch ermordete, sagt die RAF allerdings nicht – mit keinem Wort auf den zwanzig Seiten.

Zu der, wie sie es formuliert, »taktisch und strategisch falschen bestimmung« der »Landshut«-Entführung, für die sie einhellig von der Linken kritisiert worden war, weil ein Jet voller harmloser Urlauber gekapert und in tagelange Todesangst versetzt worden war, schreibt die RAF lapidar: »die verantwortung dafür liegt bei uns. es war ein fehler.«

Für die Zukunft träumt die RAF von der »ENTWICKLUNG DER REVOLUTIONÄREN FRONT IN DER METROPOLE«. Das RAF-Zukunftsmodell heißt »antiimperialistische front in der brd«. Darunter versteht sie das Zusammenwirken von drei Kräften: »militärische angriffe« – Anschläge der RAF. »militante projekte, die darauf aus sind, die imperialistische strategie zu durchkreuzen« – meint: Anschläge, bei denen Sachschäden beabsichtigt sind, beispielsweise auf Strommasten und Unternehmen.[266] Und drittens »politische initiativen zur vermittlung der politik, die im aktuellen widerstand eingreifen« – sprich: legale Kräfte, die der Öffentlichkeit erklären, warum die Anschläge »legitim« seien.

Ihre Aufgabe in Westeuropa und vor allem in der Bundesrepublik versteht die RAF als Kampf an einem von vielen Abschnitten einer weltweiten »antiimperialistischen« Front: »es sind verschiedene abschnitte einer einzigen front.«

Ihre Vision von der »Front« bedeutet nicht, betont die RAF, »die erweiterung der guerilla um eine struktur aus der legalität«: »wir haben gesagt, daß es einen ›legalen arm der raf‹ nicht gibt und nicht geben kann.« »Militante« und »Initiativen« – die beiden anderen Ebenen – sind deshalb nach der RAF-Terminologie der »Widerstand«. Die seit Jahren zunehmend isolierte RAF sieht sich an der Spitze der »Front«-Bewegung – mit der »Lizenz zum Töten« und die Angriffsziele vorgebend. Also: Kampf auf drei Ebenen für ein und dasselbe Ziel. Die RAF versteht sich als Teil eines revolutionären Ganzen – aber eben vorneweg. Der alte Avantgarde-Gedanke von Ulrike Meinhof.[267] Das ist die Idee von der »antiimperialistischen Front« der – zusammengeschrumpften – RAF im Jahr 1982.

Das Zwanzig-Seiten-Papier ist voller Wiederholungen und hohler Phrasen wie: »des auf den äußeren linien zurückgedrängten und im inneren in der gesamtkrise sich zersetzenden imperialismus«, »entfaltung der authentischen revolutionären strategie im imperialistischen zentrum« und »den sich entwickelnden objektiven widersprüchen und bedingungen«.

Die Linke ist von dem Mai-Papier alles andere als begeistert. »Realitätsferne« und »peinliche Avantgarde-Arroganz« bekommt die RAF zu hören – von denen, die sie eigentlich mit dem Elaborat gewinnen wollte. »Wo bitte geht's zur antiimperialistischen Front?«, witzelt die Szene –

und: »Wer das Widerstandspapier verstanden hat, der gehört wirklich in den Untergrund!«.

Eine Woche nach der Veröffentlichung druckt die *taz* einen Leserbrief, in dem steht, was viele der Adressaten über das Papier denken. Freimütig bekennt Karl-Heinz Lutz, sich »mit großem Unwillen durch das Manifest der RAF gequält« zu haben: »Seine Sprache ist so phrasenhaft wie die von Helmut Kohl und so kompliziert wie die von Ernst Bloch und entzieht sich einer kritischen Auseinandersetzung. Ich glaube, nur ein winziger Bruchteil der taz-Leser, dafür aber eine ganze Menge ›Experten‹ beim Verfassungsschutz dürften sich der Mühe unterzogen haben, Sätze zu entschlüsseln wie, ›wenn der Kampf der Guerilla die eigene Sache ist, kann die Verwirklichung davon nur sein, sich selbst – auf welcher Ebene auch immer politisch und praktisch in den Zusammenhang der Strategie der Guerilla zu stellen‹, was wohl ungefähr so viel bedeuten soll wie: wer dafür ist, soll sich doch solidarisieren. Wofür genau, lässt sich jedoch aus diesem Positionspapier nicht entnehmen, es stehen da nur ein paar abgedroschene Phrasen gegen den internationalen Imperialismus.«

Der *taz*-Leser wirft der RAF vor, »wortgewaltig die eigene Perspektivlosigkeit« zu vertuschen: »Gewaltig im wahrsten Sinne des Wortes: die Sprache strotzt nur so von militärischen Ausdrücken wie Front, Offensive, Mobilisierung, dass mir bei der Vorstellung, diese Herrschaften könnten wirklich einmal Macht erlangen, Angst und Bange wird.« Mit Nachdruck verwehrt sich Leserbrief-Schreiber Lutz gegen »die Bevormundung von ein paar Polit-Intellektuellen, die sich besonders revolutionär vorkommen, weil sie ein Maschinengewehr im Schrank haben«.

Sein Fazit: »RAF – verpisst Euch!«

# 56. Kapitel: Die Pilzsammler und das Ende der zweiten RAF-»Generation«

Schon bald nach dieser publizistischen Schlappe beginnt das Ende der zweiten RAF-»Generation« – mit einem Fund von zwei Pilzsammlern. Am 26. Oktober 1982: In einem Wald bei Heusenstamm, südlich von Frankfurt, entdecken sie unter Tannen eine vergrabene Plastikkiste. In der nächsten Nacht rücken ein BKA-Kriminaloberrat und Kollegen mit Spaten an. Sie buddeln zwei Plastikkisten aus – voller RAF-Utensilien: Mehrere Waffen – darunter das Heckler & Koch-Schnellfeuergewehr, mit dem die RAF auf Schleyers Begleiter und General Kroesen geschossen hatte. 91 Personalausweise und 15 Pässe. 55 000 Mark in Scheinen. Fälschungsutensilien – und jede Menge RAF-Reliquien: Originale mehrerer Schreiben Schleyers, Polaroid-Fotos von ihm während seiner RAF-Gefangenschaft und auch von der Raketenwerferanlage für die Bundesanwaltschaft. Außerdem zahlreiche verschlüsselte Papiere. Insgesamt über eintausend Gegenstände. Die BKA-Beamten sind auf das Zentraldepot der RAF gestoßen.

Eines von achtzehn Depots zwischen Schleswig-Holstein und Baden-Württemberg, in denen die RAF ihren Hausrat vergraben hat: Sechs Maschinenpistolen, fünf Gewehre, siebzehn Pistolen, fünf Handgranaten. Über fünftausend Schuss Munition, 3,6 Kilogramm Sprengstoff. Über zweitausend Ausweise, Fälschungsutensilien und Skizzen von zweiundzwanzig Pfaden über die »grüne Grenze« ins Ausland.

Dieses RAF-Zentrallager bei Heusenstamm (»Depot I«) ist für die Beamten des Bundeskriminalamts ein »Pharaonengrab«. Ihnen sind dort Inhaltslisten und verschlüsselte Wegbeschreibungen anderer Erddepots in die Hände gefallen – mit Namen wie »Rotkehlchen«, »neue 5-Zimmer-Wohnung«, »Daphne« und »Künstler«. »Tage und Nächte schuften«, berichtet BKA-Vizepräsident Herbert Tolksdorf, die »Terrorismusbekämpfer« in seinem Haus – und entschlüsseln die Lage von elf Depots. Bei sechs gelingt es ihnen nicht. »Wir konnten die ganze Depotkette abräumen«, berichtet Martin Tuffner, einst Leiter des Stabs der TE-Abteilung im Bundeskriminalamt.

*Das Depot »neue 5-Zimmer-Wohnung«: Entdeckt am 2. November 1982 in der Nähe von Heidelberg*

Die Kenntnis von der Lage der Depots ist die Riesenchance für das BKA, den Rest der RAF zu fassen. Seit dem »neuen Wohnungswesen« der RAF sind die Beamten mit ihrer systematischen »Rasterfahndung« nicht mehr auf ihre Quartiere gestoßen. Nun kennen sie fast ein Dutzend »Anlaufstellen« der RAF.

Die Operation »Eichhörnchen« beginnt – und bedeutet für die zweitausend eingesetzten Beamten Bibbern und Zittern in den nächsten Wochen. Sie beobachten alle elf Depots rund um die Uhr. Teilweise bei Temperaturen um den Gefrierpunkt: Sie graben sich in den Waldboden ein, verstecken sich hinter Sträuchern und Bäumen, marschieren als Spaziergänger getarnt durch den Wald.

Am Zentraldepot bei Heusenstamm tauchen am 11. November 1982 zwei Frauen mit einem Klappspaten auf. Um 15.16 Uhr springen GSG 9-Beamte aus ihren Verstecken und nehmen sie fest – so schnell, dass sie keine Chance haben, ihre entsicherten Pistolen zu ziehen: Die Blonde mit den kurzen Haaren und hellgrauer Lammfelljacke ist Brigitte Mohnhaupt. Mittlerweile dreiunddreißig und mit dicken Rändern unter den Augen. Die Schwarzhaarige in einem blauen Dufflecoat mit Kapuze ist Adelheid Schulz (27). Die beiden haben – in Plastik wasserdicht verpackt – eine polnische Maschinenpistole WZ 63 dabei. Die, mit der in

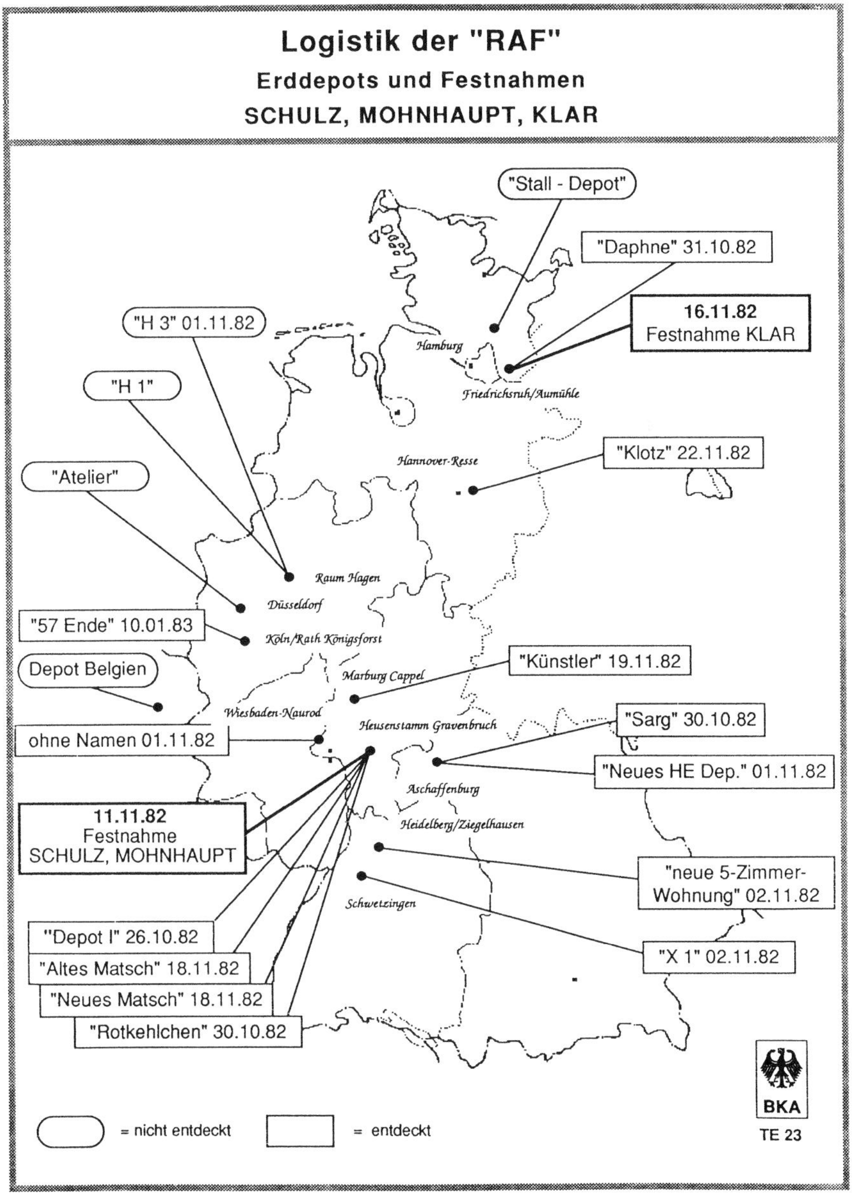


*BKA-Skizze: Entdeckte RAF-Logistik 1982/83*

*Brigitte Mohnaupt nach ihrer Festnahme*

Kerkrade zwei Jahre zuvor zwei niederländische Zöllner erschossen wurden. Außerdem stecken in ihren Umhängetaschen jede Menge Ausweise und Kfz-Zulassungsplaketten. Aus Münster, Darmstadt, Herford und Düsseldorf.

Die beiden wirken auf die Beamten – so einer von ihnen – »ziemlich verwahrlost und ausgehungert«. Die Polizisten haben den Eindruck, dass die beiden Frauen in der Nacht zuvor im Freien übernachtet haben. »Die Chefin kam persönlich«, sagt ein Beamter angenehm überrascht. Bisher war »Depot-Arbeit« Sache der zweiten Reihe. Aber die existiert kaum mehr.

Fünf Tage später fährt ein Mann in einem Jogginganzug auf einem Damenfahrrad zum Bahnhof Friedrichsruh bei Aumühle, östlich von Hamburg. Von dort aus läuft er »ziellos und im Zickzack« durch den Sachsenwald, beobachtet ein »spazieren gehender« Beamter. Das tut er drei Stunden lang. 350 Polizisten liegen weiträumig um das Depot »Daphne« auf der Lauer. Mit Maschinenpistolen im Anschlag springen Polizisten hinter Tannen hervor: »Halt! Polizei!« »Nicht schießen«, ruft der Jogger ängstlich. »Christian Klar sah mich mit ganz großen Augen an«, erinnert sich ein Beamter des Sondereinsatzkommandos: »Dann fiel er zu Boden und streckte alle viere von sich.« Die SEK-Beamten ziehen einen durchgeladenen »Colt Commander« aus seinem Holster und anschließend ihn aus. Vor sich sehen sie einen »völlig erschöpften Mann«: »total abgemagert und ungepflegt«.

Mit Klars Festnahme ist der letzte Kopf[268] der zweiten RAF-»Generation« gefasst.[269] Achtundreißig Mitglieder zählte die Bundesanwaltschaft[270] in den fünf Jahren, nachdem Brigitte Mohnhaupt das Kommando übernommen hatte. Die meisten sind verhaftet. Fünf kamen ums Leben: Willy-Peter Stoll, Elisabeth von Dyck, Michael Knoll, Wolfgang Beer und Juliane Plambeck. Einige gaben von sich aus den »bewaffneten Kampf« auf. Wie beispielsweise Henning Beer.

Ihre »militärischen« Ziele hat Mohnhaupts RAF nicht erreicht: zunächst die Gefangenenbefreiung. Nach 1977 die Ermordung von »Strategen der amerikanischen Militärmaschine«. Ebenso wenig ihr »politisches« Ziel – der Zweck des Ganzen –, durch »die realen Schritte der Revolution«, also die Anschläge, zu einer »Entwicklung des revolutionären Widerstands«[271] zu kommen. Die »Massen«, wie von ihr erhofft, konnte sie nicht mobilisieren. Im Gegenteil: Seit der Schleyer- und »Landshut«-Entführung hat sie fast alle ihrer letzten Fans unter den Linken verloren – bei denen einst der Buback-Mord noch eine »klammheimliche Freude« auslöste. Ihr Umfeld besteht aus vereinzelten »RAF-Sprengseln« ohne Rückhalt. Vielleicht hundert Personen. Bundesweit.

»Die alte RAF ist 1982 zu Ende gegangen«, sagt Horst Herold nach der Festnahme von Christian Klar, »aber eine neue Terroristenorganisation wird sie ablösen.« Auch der einstige BKA-Chef ist mittlerweile im Ruhestand. Seit anderthalb Jahren.

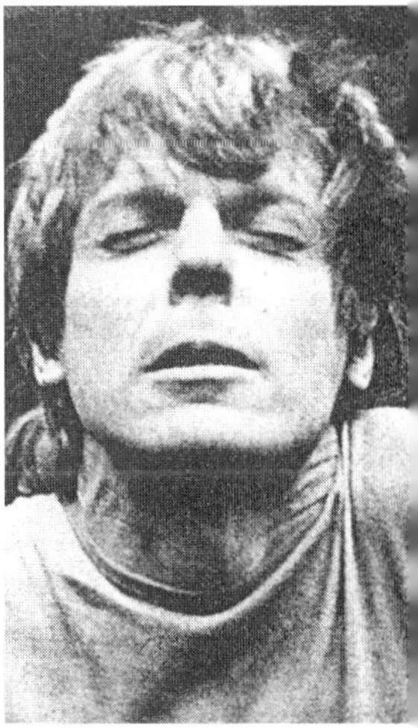

*Christian Klar nach seiner Festnahme im Sachsenwald*

# RAF UND STAATSSICHERHEIT

# 57. Kapitel: Flucht in die sozialistische Biederkeit – »Stern 2«

## »Frau Becker, wir müssen einen Sachverhalt klären« – Eine Lawine kommt ins Rollen

Acht Jahre nach der Verhaftung von Mohnhaupt und Klar. Dreizehn Jahre nach den Morden an Schleyer und Ponto: Frühsommer 1990. Seit über einem halben Jahr ist die Mauer offen. In Riesenschritten eilen die beiden deutschen Staaten der Einheit entgegen. Mittwoch nach Pfingsten – 6. Juni. Ein heißer Tag.

Berlin-Mahrzahn. Kilometerlange Neubau-Beton-Silos im Ostteil der Stadt. Plattenhochhaus an Plattenhochhaus. »Arbeiterschließfächer« – des Volkes Spott. Eine unscheinbare Frau kommt um die Ecke in die Rosenbecker Straße gebogen. Schlank, Ende dreißig, schwarze Haare, Pagenschnitt. In der Hand eine Einkaufstasche. Sie verschwindet im Hauseingang – neben den Verzierungen mit bunten Seepferdchen und Schwänen. Elf Stockwerke. Sie bemerkt nicht, dass sie beobachtet wird. Polizisten des Zentralen Kriminalamts der DDR sitzen in zwei Zivil-Ladas vor dem Haus. Wenige Sekunden nachdem die Frau verschwunden ist, fliegen die Autotüren auf. Fünf Männer folgen ihr, eilen ins Haus. Vorbei an einer Wasserpfütze im Erdgeschoss. Vorbei an der abblätternden Tapete im Treppenhaus. In der ersten Etage klingeln sie an der Tür links, Wohnungsnummer 0201. Auf dem Türschild steht »Becker«. Die Frau öffnet. Blickt verdutzt – aber nicht völlig überrascht. »Frau Becker, wir müssen einen Sachverhalt klären, bitte kommen Sie mit«, fordert sie einer der Kriminalisten auf. Sie stellt keine weiteren Fragen, packt rasch einige Dinge zusammen. Ihr Mann erscheint: »Worum bitte geht es?« »Wir müssen uns mit Ihrer Frau unterhalten«, erwidert einer der Kriminalisten, »es geht um die Klärung eines Sachverhaltes.« Der Mann möchte mehr erfahren. Hat keine Ahnung, worum es geht – anders als seine Frau. »Das können wir Ihnen nicht sagen«, antwortet einer der Fahnder. »Dann komme ich auch mit«, sagt der Ehemann. Und so steigt das Ehepaar Becker kurz vor drei in die Polizei-Ladas.

Zehn vor sechs beginnt die Vernehmung von Ingrid Becker im Zentralen Kriminalamt der DDR – Berlin-Hohenschönhausen, Freienwalder Straße. »Ich möchte gleich zu Beginn meiner Befragung erklären,

*Susanne Albrecht ist wieder da*

dass meine eigentliche Identität nicht die der Becker, geborene Jäger, Ingrid ist«, gibt die Frau zu Protokoll. »Zu meiner wahren Identität gebe ich folgende Erklärung ab: Mein Name ist Susanne Albrecht. Ich wurde am 1. 3. 1951 in Hamburg geboren …« Als ihr Mann, der auf dem Gang warten musste, von diesen Worten erfährt, fällt er aus allen Wolken: Er hatte keine Ahnung, dass er seit sieben Jahren mit Susanne Albrecht verheiratet ist.

Das ist eine der größten Überraschungen in der an Überraschungen reichen Wendezeit: Susanne Albrecht, seit dreizehn Jahren, seit dem Mord an Jürgen Ponto, mit Haftbefehl und zahlreichen Steckbriefen gesucht, ist wieder da. An allen möglichen Enden der Welt vermuteten sie Fahnder und Medien – aber nicht in der DDR. »Sie wurde jetzt in den USA aufgespürt«, schrieb beispielsweise *Die Welt* Jahre zuvor[272]: »Zuletzt hielt sie sich in Florida unter dem Namen ›Susanna Heuser‹ als Hausmädchen bei einer deutschstämmigen Kaufmannsfamilie versteckt.« Ebenso war sie von Zeitungen »im arabischen Raum«, der Türkei[273] oder Stockholm[274] gewähnt worden.

So ist die Festnahme in Ostberlin für die Medien eine Sensation: »Deutschlands gefährlichste Terroristin ist gefasst«, meldet *Bild* am 8. Juni 1990. Und es gibt noch mehr Überraschungen – eine Lawine kommt ins Rollen: In den nächsten zwei Wochen werden neun weitere

*Berlin Marzahn, Rosenbecker Straße*

ehemalige RAF-Mitglieder in der DDR verhaftet. Von B bis V – von Beer, Henning bis Viett, Inge. Deutschland rätselt: Wie schafften es die zehn ehemaligen RAF-Mitglieder, unerkannt in der DDR unterzutauchen?

## Die RAF mit acht »Fehlern« in Paris

Die Geschichte begann über ein Jahrzehnt zuvor. 1979 in Paris: Der Zustand der RAF ist desolat. Acht Mitglieder haben die Nase vom bewaffneten Kampf voll und wollen die Gruppe verlassen. Die halbe Mannschaft. Eine Belastung für die, die vorhaben weiterzukämpfen. Sie nennen die Aussteiger »Fehler«. Für Helmut Pohl, einen der RAF-Vordenker dieser Zeit, war es »von anfang an ein fehler, dass die 8 ... zur raf gekommen waren. ein fehler der raf.«[275] Alle acht waren von der RAF mehr oder minder überstürzt für die »Offensive '77« rekrutiert worden – oder kurz danach. Die RAF brauchte dringend Verstärkung im Untergrund. Und diese »Schnellzugänge« hatten nun nach zwei, drei Jahren in der Illegalität erkannt, dass der »bewaffnete Kampf« doch nichts für sie ist.

Susanne Albrecht war einen Monat vor der Ponto-Aktion von der RAF aufgenommen worden. Einzig und allein deshalb, weil die Gruppe sie als »Türöffner« zu »Onkel Jürgen« benutzen wollte – für die geplante Entführung. Nachdem Ponto bei der Aktion erschossen worden war und Susanne Albrecht kapierte, was sie angerichtet hatte, ist sie für viele Monate paralysiert. Mit den Nerven völlig am Ende. »Die Alte kann man nicht mal mehr zum Brötchenholen gebrauchen«, urteilt man in der Gruppe über sie. Susanne Albrecht weiß, dass sie ohne die RAF der Fahndung nicht entgehen kann, die nach ihr auf Hochtouren läuft. Und so beschließt sie zwei Jahre nach Ponto, als die RAF den Haig-Anschlag plant, durchzustarten. Der Gruppe zu zeigen, was sie kann: Unbedingt will sie bei der Aktion mit dabei sein. Aber sie merkt, dass die anderen kein großes Vertrauen zu ihr haben. Mehrere Mitglieder erklären: Völlig ausgeschlossen, dass sie an dem geplanten Mord teilnimmt. Als »Trostpflaster« bekommt sie den Auftrag, den Sprengstoff von San Remo nach Paris zu schmuggeln. Noch in diesem Jahr – 1979 – erkennt sie endgültig, dass die RAF nichts für sie ist, und verabschiedet sich vom »bewaffneten Kampf«. »Die wichtigste Frage« für sie fortan, »wie ich aus der Gruppe wieder herauskomme, ohne von der Polizei festgenommen zu werden«.

Für Silke Maier-Witt, beteiligt an der Schleyer-Entführung, dem Haig-Anschlag und dem Züricher Bankraub, kam der Bruch Ende November 1979. Auslöser ist der Überfall auf die Schweizerische Volksbank in Zürich, bei dem eine RAF-Kugel die Passantin Edith Kletzhändler (56) tötete. Sie empfindet es als »Widerspruch, dass die Frau allein für eine Geldbeschaffung erschossen wurde«. Sie fühlt sich »schuldig«. Erklärt den anderen, dass »ich es schlimm finde, dass eine unbeteiligte Frau erschossen worden ist«. Zwei Tage später, am 21. November 1979, erwarten sie Brigitte Mohnhaupt, Sieglinde Hofmann, Christian Klar und andere in Paris zu einer Aussprache. Silke Maier-Witt muss eine Weile vor der Tür warten. Dann wird sie hereingerufen. Die RAF-Korona hockt in einem großen Zimmer. »Wie meinst du, dass es jetzt mit dir weitergeht?«, fragt einer. Sie heult hemmungslos. In ihr »herrscht Aussichtslosigkeit und Verzweiflung«. Ihr ist »klar, dass ich gehen muss«. Es gibt keine lange Diskussion. Alle im Raum wissen: Mit der ist kein »bewaffneter Kampf« mehr zu machen. »Gib uns deine Pistole«, sagt einer. »Ich habe die Waffe dann samt Magazin und Munition sowie Holster auf den Tisch gelegt«, blickt sie zurück: »Damit war symbolisch vollzogen, dass ich aus der Gruppe raus war.« Die Rückgabe der Waffe ist das Zeichen dafür, dass jemand nicht mehr zur RAF gehört – umgekehrt gilt die Übergabe einer Schusswaffe als Symbol der Aufnahme in die Gruppe.

Ähnlich die Entwicklung von Werner Lotze: Ende August 1978 war er zur RAF gestoßen. Einen Monat später erschoss er in Dortmund-Löttringhausen einen Polizeibeamten, der ihn und zwei andere nach einem RAF-Übungsschießen im Wald überrascht hatte. Ein Dreivierteljahr später, im März und April 1979, beteiligte er sich an zwei RAF-Banküberfällen in Darmstadt und Nürnberg. Beim Haig-Attentat holte er den RAF-»Sprengmeister« Wagner auf einem Motorrad ab, nachdem der die Bombe gezündet hatte. »Das, was die Gruppe macht, kann ich nicht aushalten«, erkennt Werner Lotze. Ein »Schlüsselerlebnis« auf dem Weg zu dieser Erkenntnis ist für ihn der Banküberfall in Nürnberg. Zum einen die Reaktion der Kassiererin, die er mit seiner Pistole bedrohte: »Ihr Verhalten, insbesondere ihre erkennbar panische Angst und auch der Umstand, dass sie sofort das Geld herausgegeben hat, haben mir gezeigt, welche Reaktionen wir mit einem derartigen Überfall bei den Betroffenen hervorrufen.« Zum anderen beschäftigte ihn das »angstvolle« Verhalten des Bankkunden, den er an der Kassenbox zur Seite geschoben hatte. Der nahm seinen Sohn schützend in den Arm. Lotze kapiert, »dass der Überfall gerade für das Kind schreckliche und bleibende Eindrücke hinterlassen hat«. Ihm wird klar, »dass alle unsere Aktionen Folgen haben, die moralisch nicht zu verantworten sind«. Ende September 1979 gibt er die Waffe zurück, die er dreizehn Monate ununterbrochen bei sich trug. Auch seine Lebensgefährtin Christine Dümlein, die bei der Gruppe in Paris war, will mit der RAF nichts mehr zu tun haben.

Ralf Baptist Friedrich hatte nach zwei Jahren in der Illegalität Ende 1979 erkannt: »Ich kann das nicht mehr mitmachen, körperlich und geistig nicht durchhalten.« Friedrich, einst Juso-Vorsitzender in seinem Heimatort im Saarland, näherte sich der RAF als Kurier in der Croissant-Kanzlei. Die Bundesrepublik sah er als »Polizeistaat, so ähnlich wie Chile«. Im November 1977, also nach Schleyer, stößt er zu ihr – er fand »den Anschlag damals gut«. Er beteiligt sich an dem Attentat auf Alexander Haig. Danach stellt er fest: »Ich war einfach nicht mehr in der Lage, diese Art lebensgefährlichen Kampf zu führen. Ich hatte zu viel Angst, um irgendetwas zu machen.« Ende 1979 gibt auch er seine Waffe zurück.

Ebenso liefert seine damalige Lebensgefährtin und spätere Ehefrau Sigrid Sternebeck Ende 1979 ihre Waffe wieder bei der RAF ab. Knapp zweieinhalb Jahre hatte die Offizierstochter aus Bad Pyrmont bei der RAF mitgemacht. »Entscheidender Wendepunkt« für ihren Einstieg in die RAF war, sagt sie, der Tod von Ulrike Meinhof am 9. Mai 1976: »Für mich stand die Frage: Mord oder Selbstmord? Ich sagte mir: Wie lange willst du noch warten – wenn es so weitergeht, sind bald alle tot. Ich suchte den Kontakt zu den Illegalen, um sie zu unterstützen in dem Ziel, die Gefangenen zu befreien.« Im Auftrag der RAF späht sie im Frühsommer 1977 EG-Gebäude in Luxemburg und Brüssel für mögliche RAF-Anschläge aus. Nach einem Treffen im Juli 1977 mit Brigitte Mohnhaupt und Sieglinde Hofmann in Brüssel bekommt sie einen Revolver und gefälschte Papiere. Taucht in die Illegalität ab. Sie hilft bei der Schleyer-Entführung und beteiligt sich am Haig-Anschlag. Dann reift in ihr »der Entschluss auszusteigen: Die Politik der Gruppe war mir fremd geworden.« Auch ihr erscheint der »politische Kampf« als »sinnlos«: »Er hatte nur zerstört, nichts Positives bewirkt.« Ihre Einsicht: »Unter dem Strich gab es zu viele Tote auf beiden Seiten und volle Knäste. Ich konnte und wollte damit nichts mehr zu tun haben.« Ihr Fazit: »Das ›Konzept Stadtguerilla‹ ist gescheitert, weil es von falschen Grundvoraussetzungen ausging: Wir leben in Mitteleuropa nicht unter einer faschistischen Diktatur mit einer Bevölkerung am Existenzminimum, die bereit ist zum Aufstand.«

Ebenso fand Monika Helbing »den Kampf solch einer kleinen bewaffneten Gruppe« mittlerweile »sinnlos«: »Er rief immer nur mehr Tote auf ›unserer Seite‹ hervor.« Sie denkt an Willy-Peter Stoll, Michael Knoll und Elisabeth von Dyck. Knapp zwei Jahre lang war sie in der RAF: Ihre Arbeitsstelle als Krankenpflegerin hatte sie im Frühjahr 1977 »aus politischen Gründen« gekündigt. Über die Rechtsanwaltskanzlei Croissant stößt sie zur RAF. Beteiligt sich an der Schleyer-Entführung – mietet unter anderem die Wohnung in Erftstadt-Liblar, Schleyers erstes Versteck – und den Ausspähungen für den Haig-Anschlag. Im Laufe der Monate aber stellt sie fest, »dass die Politik der RAF entweder unmittelbar Tote auf unserer Seite zur Folge hatte oder zu Inhaftierungen führte, die dann zur Folge hatten, dass die Gefangenen quasi ›lebendig begraben‹ waren oder sich schließlich selbst umbrachten«. Sie sieht »kein Land mehr«. Hat für sich das Gefühl, »aus der Gruppe herauszumüssen«. Darüber spricht sie mit Christian Klar. Ihrem damaligen Freund. Der erblickt in ihren Gedanken einen »Verrat an der Ideologie der Gruppe«, so ihr Eindruck. Andere verstehen sie, wie Elisabeth von Dyck und Rolf Heißler. Sie kann »keine Perspektive« mehr für sich erkennen und gibt deshalb im Mai 1979 ihre Waffe der Gruppe in Paris zurück.

Auch Monika Helbings Freund – und späterer Ehemann – Ekkehard Freiherr von Seckendorff-Gudent will sich von der RAF absetzen. Der promovierte Arzt, mittlerweile neununddreißig, ist ein Fossil aus dem Umfeld der ersten RAF-Generation: Das medizinische Staatsexamen machte er im Januar 1968 mit »sehr gut«. Ein Jahr später veröffentlicht *Der Spiegel* einen viel beachteten Artikel von ihm über die »Mängel der Mediziner-Ausbildung in Deutschland«.[276] Fünf Seiten. 1972 stellt er seinen Ausweis, mit dem er als Arzt die Untersuchungshaftanstalt in Hamburg betreten darf, der ersten RAF-»Generation« zur Verfügung. Dafür verurteilt ihn das Landgericht Hamburg zu einem Jahr Gefängnis auf Bewährung. 1977 verschwindet er aus Deutschland. Er lebt in Paris und wird der RAF-Arzt. Er kümmert sich um Willy-Peter Stoll und Rolf Klemens Wagner, die an Tbc erkrankt sind, und um den Junkie Peter-Jürgen Boock.

## Die RAF will ihre »Fehler« ins Exil schicken

Das ist die Situation in Paris Ende 1979, Anfang 1980: Acht einstige RAF-Kämpfer haben dem »bewaffneten Kampf« endgültig ade gesagt. Das akzeptieren die RAF-Köpfe Brigitte Mohnhaupt, Christian Klar, Sieglinde Hofmann und Adelheid Schulz. Keinen der Aussteiger versuchen sie umzustimmen. Für sie gilt die Devise: »Wer aussteigen will, der soll jetzt aussteigen«, berichtet Ralf Baptist Friedrich über »eine Grundsatzdiskussion«: »Dahinter stand die Idee: Ob jetzt fünf oder zehn, der Aufwand ist der gleiche.« Mohnhaupt & Co. halten nach einem »organisierten Exil« Ausschau. »für die, die weggingen, suchten wir einen zusammenhang, der mehr ist als sicheres versteck, der vielmehr leben und perspektive wird«, berichten Mohnhaupt und andere aus der RAF-Spitze in der Rückschau.[277] Ziel also eine »Konsens-Lösung«[278] – im gemeinsamen Interesse der Aussteiger und auch der, die weiter»kämpfen« wollen: Für die RAF waren die Kampfesmüden ein Klotz am Bein, den sie loswerden musste. Aber so, dass keiner der Aussteiger über kurz oder lang zu einem Kronzeugen wird. Jeder, der die RAF verlässt, birgt für die Gruppe die Gefahr, dass er eines Tage bei der Polizei zu reden anfängt – und damit zum Schlüssel für die Aufklärung der RAF-Verbrechen wird. Die acht »Fehler« sind für die RAF Risikokandidaten. Ihre Achillesferse. Mohnhaupt & Co. haben ein Entsorgungsproblem.

Auch will die RAF-Führung einen zweiten Fall Boock vermeiden: Peter-Jürgen Boock war im Dezember 1979 aus dem Jemen zur RAF zurückgekehrt. Auf Dauer konnte er dort nicht bleiben. In Paris steht er unter besonderer Beobachtung, wird – so sagt er – »Tag und Nacht« bewacht, »manchmal von einem, manchmal von zwei«. Er gilt als »unsicherer Kandidat«, berichtet Silke Maier-Witt, weil seine »Drogengeschichte« nicht »von der Gruppe vergessen« worden war. Er ist bei der Gruppe in Ungnade gefallen. Eine »Ratte« – für seine ehemalige Freundin Brigitte Mohnhaupt und andere in der RAF.[279] In einem günstigen Augenblick springt er – so Boocks Schilderung – aus dem Fenster im Hochparterre und verschwindet von der RAF auf Nimmerwiedersehen.[280] Einen weiteren solch unkontrollierten Abgang will die RAF auf jeden Fall vermeiden. Sie weiß, dass ihr das nur gelingen wird, wenn sie für die Aussteiger ein Exil organisiert – mit einer Perspektive für das weitere Leben.

Ein von der RAF organisiertes Exil mit Perspektive – diese Vorstellung haben auch die acht, die sich in Paris vom bewaffneten Kampf verabschiedet haben. Jedem ist klar: Allein, auf eigene Faust, käme er nicht weit. Würde vermutlich relativ schnell gefasst und im Gefängnis landen. Für viele Jahre. Nach allen acht fahndet das BKA. Ihre Fotos sind auf den Fahndungsplakaten – auf Bahnhöfen, Flughäfen und Polizeistationen.

So sind die acht einstigen RAF-Mitglieder in Wartestellung. »Es war klar, dass die Gruppe für die ›Unterbringung‹ der Aussteiger in einem anderen Land sorgen würde«, berichtet Silke Maier-Witt: »Es wurde uns gesagt, dass dies länger dauern würde.« »An der Lösung für die Aussteiger arbeiteten die Aktiven, wir erfuhren nichts über Details«, blickt Sigrid Sternebeck zurück. Die Aussteiger wohnen in drei RAF-Wohnungen in Paris, in 16 Rue Jacob, der 41 Rue de Chaillot und in der Rue des Petits Champs. »Geld für unseren Unterhalt bekamen wir von der Gruppe«, sagt Silke Maier-Witt, »wir durften aber nur möglichst wenig ausgeben. Daran haben wir uns auch gehalten.« »Aus Sicherheitsgründen« darf keiner arbeiten, berichtet Werner Lotze. Für einige Wochen mietet er – »getarnt« als Engländer – eine Fischerhütte am Ortseingang von Larmor Baden und ein Ferienhaus in Quiberon in der Bretagne, am Atlantik. Dort wohnt er mit Christine Dümlein und Susanne Albrecht. Andere Aussteiger kommen dazu.

Als »organisiertes Exil« sind Mosambik und Angola im Gespräch. Frühere portugiesische Kolonien. »Wir lernten schon mal die Sprache und bereiteten uns auf unsere künftigen Berufe vor«, erinnert sich Sigrid Sternebeck. Die beiden Länder im fernen Afrika lösen bei den Aussteigern nur begrenzte Freude aus. Irgendwo in Afrika. Irgendwo zwischen Bantustämmen und Buschmännern. Eine völlig andere Welt. Keine reizvolle Perspektive für das weitere Leben der Aussteiger Ende zwanzig, Anfang dreißig. Allen ist auch klar: In Afrika fallen Westeuropäer, zumal mehrere beieinander, sofort auf. Das Entdeckungsrisiko ist nicht gering. Aber die Perspektive Afrika erscheint allen besser als viele Jahre in bundesdeutschen Haftanstalten. Dann kommt alles anders. Völlig anders.

## Schlüsselfigur Inge Viett

In dieser Zeit des Wartens und Suchens, Ende 1979, erstes Halbjahr 1980, laufen in Paris die Gespräche zwischen RAF und »2. Juni« über ein Zusammengehen. Schon seit rund einem Jahr. Federführend beim »2. Juni« ist Inge Viett, an ihrer Seite ausschließlich Frauen. »Furien« und »Hexen« werden sie in der RAF genannt, berichtet Werner Lotze – wegen ihres »emanzipatorischen Gehabes«. Inge Viett hört, dass die RAF händeringend ein »organisiertes Exil« für ihre acht Aussteiger braucht. Und sie hat eine Idee: Sie könnte mit dem Ministerium für Staatssicherheit in Ostberlin sprechen. Die wüssten bestimmt weiter. Seit zwei Jahren hat sie einen guten Draht dorthin – eine »gewachsene Beziehung«.

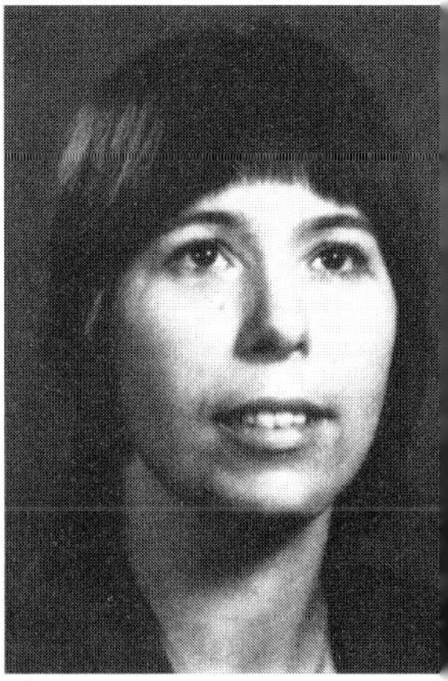

*Inge Viett*

**➤ Die examinierte Kinderpflegerin mit der »orientierenden Funktion« im Untergrund**

Inge Viett ist sechsunddreißig – Jahrgang 1944 – burschikos, 1,63 Meter groß. Ein Energiebündel. Nie um eine Idee verlegen. Schon eine Menge hat sie in ihrem Leben gemacht: Gelernte Kinderpflegerin mit Examen. Sportlehrerin. Stripteasetänzerin in einem »Tanzkabarett« in Hamburg-St. Pauli. Haushälterin auf Sylt. Kraftfahrerin. Repro-Fotografin. Nach Berlin kam sie im Herbst 1968. Zog in eine Wohngemeinschaft in Kreuzberg. Die Endphase der Studentenbewegung: Sie geht zu Demonstrationen. Zu »Go ins« und »Sit ins«. Mit der Uni hat sie nichts am Hut, verdient ihr Geld als Kraftfahrerin in einem Pharmabetrieb. Nachdem die Studentenbewegung abgeflaut ist, gehört sie zu denen, die in Sachen Revolution weitermachen möchten. Etliche Diskussionen. Sie denkt über den »bewaffneten Kampf« nach. Nicht anders als Baader, Meinhof und Ensslin in dieser Zeit. Ergebnis für Inge Viett: Sie schließt sich Anfang 1972 der »Bewegung 2. Juni« an. Die examinierte Kinderpflegerin tritt selbstbewusst auf: Schnell hat sie eine – wie sie es nennt – »orientierende Funktion« in der Gruppe. Schon am 7. Mai 1972 wird sie verhaftet. Der Staatsanwalt in Berlin wirft ihr einen Banküberfall und zwei versuchte Sprengstoffanschläge vor. An die Wand ihrer Zelle in der Frauenhaftanstalt Lehrter Straße schreibt sie: »Die Pflicht eines jeden Gefangenen ist die Flucht«. Ihr »Credo«, wie sie sagt.

Eines Abends zeigt ihr eine andere Gefangene im Fernsehraum etwas, was ihr »fast die Augen aus dem Kopf fallen« lässt: Eine Feile. Besetzt mit Diamantsplittern. »Der Traum aller Gefangenen«, frohlockt sie, hockt sich auf die Fensterbank und durchsägt einen Gitterstab vor dem Fernsehraum in der ersten Etage. Die anderen Frauen schauen ihr fasziniert zu – während auf dem Bildschirm »Mannix« läuft. Ein Krimi. Ein Vorhang wird heruntergerissen. Sie knotet ihn ans Gitter, seilt sich ab und landet direkt auf der Straße. Im Dauerlauf rennt sie zum Tiergarten. Steigt dort in ein Taxi: »Ins Zentrum bitte.« Das war am 23. Juli 1973.

Im Jahr darauf beteiligt sie sich an der Entführung von Peter Lorenz. Zwei Jahre später, am 9. September 1975, wird sie wieder festgenommen – zusammen mit Juliane Plambeck und Ralf Reinders. Im »Hauptstützpunkt« der »Bewegung 2. Juni«: einer Ladenwohnung in der Birkbuschstraße 48. Inge Viett kommt zurück in die Frauenhaftanstalt Lehrter Straße.

Zehn Monate später folgt sie wieder ihrem Credo. Mit einem Nachschlüssel türmt sie in der Nacht zum 7. Juli 1976 zusammen mit Juliane Plambeck, Gabriele Rollnik und Monika Berberich aus den Zellen. Die vier fesseln zwei Wärterinnen an Händen und Füßen, klettern über das Oberlicht der Gefängnisbibliothek aufs Dach, hangeln sich an Zellengittern an der Außenwand des Gefängnisses entlang und seilen sich an vier zusammengeknoteten Bettlaken auf die Lehrter Straße ab. Im Halbschatten einer Laterne steht ein silberner Mercedes. Am Steuer eine Frau. Der bestellte Fluchtwagen. Sie fahren in eine Wohnung und verfolgen dort vergnügt im Polizeifunk, so Viett, »das Chaos vor dem Lehrter Knast«. Inge Viett wird, schreibt der *stern* nach dem Ausbruch, »von Fachleuten der Polizei als derzeit gefährlichste Frau Deutschlands eingeschätzt«. Zum zweiten Mal ist sie aus derselben Haftanstalt geflüchtet. Ein riesiger Polit-Skandal. Dem Berliner Justizsenator Hermann Oxfort (FDP) bleibt nichts anderes als der Rücktritt. Den »ersten politischen Erfolg für die Anarchoszene«, konstatiert Hans Schueler in der *Zeit.* In Windeseile verteilt die Polizei 18 000 Steckbriefe und rollt mit Mannschaftswagen durch die Stadt, an denen ein Meter große Porträtfotos von Inge Viett und ihren Fluchtkumpaninnen hängen. Aber die Polizei bekommt Inge Viett nicht zu fassen. Die nächsten vierzehn Jahre nicht.

»Jeder Neuanfang in der Illegalität verlangt zuerst die Sicherung der ökonomischen Grundlage«, sagt sie. Und die will sich der »2. Juni« »für lange Zeit sichern« – durch die Entführung eines »Kapitalbesitzers«. Vietts Erkenntnis: »Banküberfälle waren im Verhältnis von Aufwand und Risiko nicht mehr vernünftig.« So reist sie nach Wien und beteiligt sich an der Entführung des österreichischen Wäschekönigs Palmers. Der »2. Juni« kassiert viereinhalb Millionen Mark. Nächste Station ist Italien, wo »es sich gut als Illegale« für Inge Viett lebt: »Viel angenehmer als unter den spießigen staatshörigen Deutschen.« Sie unternimmt »ausgedehnte Touren an die französische Mittelmeerküste, um in den Domänen der Reichen das Lösegeld zu wechseln«.

### ➤ Stasi-Harry

Zwei Jahre nach Vietts Flucht aus dem Gefängnis: 1978 beschließt die »Bewegung 2. Juni«, ihre Kampfgefährten Till Meyer und Andreas Vogel aus dem Gefängnis in Berlin-Moabit zu befreien. Dafür fliegt die »Ausbrecherkönigin« des »2. Juni«, Inge Viett, nach Berlin. Über Prag nach Berlin-Schönefeld. Nach Berlin reisen die Mitglieder des »2. Juni« immer durch die sozialistischen Länder, um die westdeutschen und Berliner Kontrollen zu umgehen. Bisher sind alle, so Viett, »immer unbehelligt durch die Kontrollen der sozialistischen Länder geglitten«. Die Grenzkontrollen im Ostblock erscheinen ihr relativ ungefährlich, weil »es dort keinen Zugriff auf die Computer des BKA gab«. Doch dieses Mal läuft es auf dem Flughafen Schönefeld nicht glatt: »Bitte warten Sie«, befiehlt ihr der DDR-Grenzer. Ebenso kühl wie knapp. Sie wird in ein kleines kahles Zimmer geführt – und harrt der Dinge, die da kommen werden.

Plötzlich fliegt die Tür auf: »Guten Tag, Genossin!« »Genossin?«, schießt es ihr durch den Kopf. In diesem Moment ist ihr klar: So schlimm wird es dann wohl doch nicht. »Harry«, stellt sich der dicke Mann vor. Er ist Ende vierzig, bäuerlich-derb, kumpelhaft, jovial und von der DDR-Staatssicherheit. Er sagt Inge Viett auf den Kopf zu, wer sie ist und dass er sie »schon lange kennt«. Sie ist erstaunt. Harry versichert ihr, dass sie nichts zu befürchten habe. Zwar fände die DDR die »terroristische Praxis nicht in Ordnung«, aber es entspräche nicht seinem »kommunistischen Verständnis«, sie an »den Gegner, der ja auch unserer ist, zu verraten«. Entspannt plaudern die beiden miteinander. Er bemüht sich vorsichtig darum, von Inge Viett zu erfahren, was die »Bewegung 2. Juni« genau im Schilde führt. Sie antwortet zurückhaltend. »Es gibt keine Zusammenarbeit mit dem BRD-Polizeiapparat, der eure Sicherheit bedrohen würde«, verspricht er. Die »Bewegung 2. Juni« könne die Transitwege der DDR ungehindert benutzen. Einzige Bedingung: »Keine terroristischen Gewalttaten auf unserem Territorium.« Zwei Stunden dauert das Gespräch. Der Beginn einer langen Freundschaft. Inge Viett kann unbehelligt ausreisen. Darf sogar ihre Pistole mitnehmen. Über das Ergebnis des Gesprächs freut sie sich – mit Blick auf die geplante Gefangenenbefreiung: »Wir können jetzt einen sicheren Fluchtweg mit der S-Bahn zur Friedrichstraße planen.«

Am 27. Mai 1978 ist es so weit: Zwei Frauen der »Bewegung 2. Juni« befreien Till Meyer aus der Moabiter Haftanstalt – bewaffnet mit einer Maschinenpistole und einer Pistole. Der Zeitpunkt ist gut gewählt: Meyer sitzt gerade mit seinem Rechtsanwalt in einer Sprechzelle. Andreas Vogel aus dem Gefängnis zu holen klappt aber nicht, weil sich ein Wärter geistesgegenwärtig mit ihm in einer Zelle einschließt. Bei der Flucht aus dem Gefängnis gibt eine der Frauen mit der Maschinenpistole einen

Feuerstoß ab. Ein Beamter wird verletzt. Vor der Haftanstalt springen sie in einen VW-Transporter. Er bringt sie zur S-Bahn-Station Lehrter Stadtbahnhof. Nächste Station ist schon Friedrichstraße. Ostberlin. Bei der DDR-Einreisekontrolle läuft zunächst alles glatt. Vier kommen durch. Auch Inge Viett. Bei der Fünften – und Letzten – entdecken die Grenzer eine Pistole. Inge Viett kehrt zurück. Auch sie wird nun durchsucht – und bei ihr wird ebenfalls eine Pistole gefunden. »Nur kein großes Palaver mit den Zollbeamten«, denkt sie sich und verlangt, den verantwortlichen Offizier zu sprechen. Den fordert sie auf, »Harry« von der Stasi anzurufen und bittet »um schnelle, diskrete Weiterreise«. Der Offizier verschwindet. Telefoniert. Kommt rasch zurück. Händigt die Pistolen und Papiere aus und wünscht: »Gute Reise«. Am Ostbahnhof holen Viett und Komplizen das Gepäck ab, das sie dort verstaut hatten. Weiter geht die Reise nach Bulgarien.[281]

Am Sonnenstrand, in der Nähe von Burgas, mieten sie sich einen Bungalow und machen Urlaub. Die heiße Schwarzmeer-Sonne brennt auf ihre Haut. Sie fühlen sich, so Viett, »sicher und weit weg vom imperialistischen Sicherheitsapparat«. Meyers Knastblässe verschwindet schnell. Und Inge Viett stellt »peinlich berührt fest, dass uns die einheimische Bevölkerung verludert und schamlos um Westgeld anbettelt. Das ist ein Schock und begegnet mir zum ersten Mal.« Sie fragt sich: »Ist das der sozialistische neue Mensch?«

Knapp vier Wochen nach der Meyer-Befreiung – 21. Juni 1978: Ein Vier-Mann-Zielfahndungskommando des BKA entdeckt am Sonnenstrand Till Meyer, Gabriele Rollnik, Gudrun Stürmer und Angelika Goder – der Tipp kam von einem bundesdeutschen Urlauber. Sie werden verhaftet, in einem Café in der Nähe des Flughafens Burgas. Gudrun Stürmer war gerade mit neuen Papieren angekommen. Für die Weiterreise. Bei den Festgenommenen entdecken die Beamten 18 000 Mark aus dem Palmers-Lösegeld des »2. Juni«.

Inge Viett, Regina Nikolai und Ingrid Siepmann haben davon nichts mitbekommen. Am Abend sitzen sie vor dem Bungalow und wundern sich, warum die vier nicht kommen. Eine schaltet das Radio ein. Findet einen deutschen Sender. Um zweiundzwanzig Uhr hören sie die Nachricht: Die vier wurden verhaftet. Die drei Frauen beschließen, so schnell wie möglich das Land zu verlassen. Dazu aber brauchen sie ihre Pässe. Die liegen bei der bulgarischen Polizei. Nach einer bangen Nacht fahren sie am nächsten Tag ins Polizeipräsidium, um die Ausweise abzuholen. »Wir zitterten wie die Tiere vor der Schlachtbank«, berichtet Inge Viett. Aber der

Polizeioffizier händigt ihnen die Pässe aus und sagt: »Sie können abreisen oder bleiben. Solange Sie noch auf bulgarischem Boden sind, haben Sie nichts zu befürchten.« Sie verstehen: Weil Meyer und die drei Frauen von den BKA-Zielfahndern entdeckt worden waren, konnten die bulgarischen Polizisten nicht anders, als sie zu verhaften. Von den drei anderen im Land verraten die bulgarischen Polizisten ihren deutschen Kollegen aber nichts – obwohl sie genau wissen, wo die Frauen wohnen. Denn alle hatten sich bei der Polizei in dem Bungalow angemeldet. »In Bulgarien sind unsere Beamten geblockt worden«, blickt der frühere Leiter des Stabes Terrorismusbekämpfung im BKA auf den Zielfahndereinsatz an der Sonnenküste zurück: »Sie konnten nur die vier mitnehmen.«

Von Stund an folgen den drei Frauen Schatten der bulgarischen »Sicherheit«. Weil Inge Viett und ihre Genossinnen BKA-Zielfahnder am Flughafen Burgas vermuten, fahren sie mit ihrem Mietwagen nach Sofia. Über Prag wollen sie nach Bagdad fliegen. Kommen aber nur bis Prag. Dort empfangen sie Männer des tschechischen Geheimdienstes. Die drei landen im Gefängnis. Am Ende des Zellentraktes hängt ein übergroßes Wandgemälde von Lenin. »Blasphemie«, denkt Inge Viett.

Am dritten Tag wendet Inge Viett die Situation. »Es ist in Ordnung, liefern Sie uns aus«, sagt sie ihrem Vernehmer, »aber an das sozialistische Deutschland.« Die Geheimdienstleute sind verblüfft. »Wenden Sie sich an die entsprechenden Stellen in der DDR und fragen Sie nach Möglichkeiten zur Realisierung meines Ersuchens.« Sie fügt hinzu: »Mein Name ist Inge Viett.«

Schon am Abend werden sie von drei Stasi-Männern aus dem Prager Gefängnis geholt. Harry ist persönlich an die Moldau gereist. »Na, na Mädel, ihr macht ja Sachen«, brummt er im Auto zu Inge Viett: »Aber jetzt seid ihr in Sicherheit.« Schon wieder hat sie der »Genosse Harry« herausgepaukt. Zuvor hatte er sich den Segen von Staatssicherheitsminister Erich Mielke geholt. »Er entschied: Die Festgenommenen sind in die DDR zu holen«, berichtet Mielkes damaliger Stellvertreter Gerhard Neiber.

Es ist dunkel, als sie am Ziel in der DDR ankommen. Einem Stasi-Haus irgendwo im Wald. »Das Schild am Ortseingang war zugehängt«, registrierte Inge Viett. Zwei Wochen verbringen dort die drei »2. Juni«-Frauen. Sie werden, so Viett, »bestens bedient, gehen in die Sauna, schwimmen und machen Fitness«. Zwischen Stasi-Harry und Inge Viett sowie den beiden anderen »2. Juni«-Frauen findet ein reger Gedankenaustausch statt. Inge Viett bedankt sich »für die Hilfe der DDR«. »Genossinnen, wir kämpfen doch auf derselben Seite«, sagt Harry mit der

Cognac-Nase jovial. Inge Viett gibt ihm Recht. Sie »weiß aber nicht, ob er das wirklich so sieht und begreift oder ob ich nur das Objekt seiner Informationsbeschaffung bin«. Die Stasi schneidet alle Gespräche über versteckte Mikrophone mit. Am Ende der zwei Wochen in der DDR kutschiert die Staatssicherheit die drei Frauen am 12. Juli 1978 zum Flughafen Schönefeld. Sie steigen in eine Maschine nach Bagdad.

In der irakischen Hauptstadt wohnen sie in einem kleinen Haus von palästinensischen Genossen. Vietts einzige Tätigkeiten im Irak: »schwitzen, duschen, Wasser trinken und den Sonnenuntergang herbeiwarten«. Sie wird »ungeduldig und nervös vom Herumhängen in der Hitze, die zur Mittagszeit auf fünfzig Grad Celsius klettert«. Nach drei Monaten hat sie genug von »der orientalischen Geruhsamkeit«. Nun »drängt es sie wieder zurück nach Europa«. In »geschmähte, aber heimische Gefilde«. Juliane Plambeck kommt mit neuen Ausweisen und Geld eingeflogen. So kann Inge Viett zurückreisen. Zuversichtlich blickt sie in die Zukunft. Meint, »dass der massenhafte Anti-Atom-Widerstand und die vehemente Ablehnung der Atomraketenaufrüstung neue Chancen für eine fundamentale und militante Oppositionsbewegung bieten«. Und sagt sich: »Erst wenn wir aufgeben, sind wir besiegt, nicht wenn unsere Angriffe misslingen.« Mit Juliane Plambeck fliegt sie zurück nach Paris.

### ➤ Wie versteckt man am besten Weiße in Schwarzafrika?

An der Seine sprechen Monate später[282] RAF und »2. Juni« über eine Fusion. Die RAF-Leute berichten von ihrem größten Problem: Den Aussteigern und der Suche nach einem »organisierten Exil«. Inge Viett denkt an ihren Freund bei der Stasi. An den »Genossen Harry«. Vielleicht kann er ja auch dieses Mal helfen …? Sie will einen Rat von ihm. Wissen, wie man am besten das »Exil« für die acht im südlichen Afrika organisiert – dort ist das Ministerium für Staatssicherheit in mehreren Ländern aktiv. Die zentrale Frage: Wie versteckt man über ein halbes Dutzend Weiße in Schwarzafrika – so dass sie nicht auffallen, bis an ihr Lebensende? Ende Mai 1980 reist Inge Viett nach Ostberlin.

»Na, mein Mädel, wo hast du denn die ganze Zeit gesteckt?«, begrüßt Harry die Sechsunddreißigjährige freudestrahlend und väterlich – als sei sie gestern erst aus der DDR ausgereist. Fast zwei Jahre haben sich die beiden nicht gesehen. »So, so, du bist jetzt also in der RAF«: »Na, wie gefällt es dir denn in der RAF?«, will er wissen. »Passte da überhaupt rein?« Zur Begrüßung trinken sie ein paar Cognac. Inge Viett schildert die Situation, und fragt, wie man die Aussteiger am besten in Afrika versteckt. »Acht Leute … hm, hm. Ist ja kein Pappenstiel«, befindet Harry, »na da wollen wir doch mal sehen.« Er nimmt einen Schluck. »Solidarität ist doch unsere erste Pflicht«, sinniert er. »Ja, wer sind wir denn, wenn wir das nicht in den Griff kriegen würden!« Er schenkt die Gläser nach und klopft Inge Viett auf die Schulter: »Prost, Genossin, das kriegen wir hin, das wäre doch gelacht ...«

Am nächsten Tag spricht sie mit Günter, Harrys Vize. Eher ein Diplomat und Politiker als ein Geheimdienstmann. Auf der Suche nach dem idealen Land reden sie über die politische Situation in den jungen afrikanischen Staaten. Günter sieht eine Reihe von Problemen: Die politischen Verhältnisse in den gerade unabhängig gewordenen Staaten seien labil. Die konterrevolutionären Kräfte noch stark. Die westlichen Geheimdienste hoch aktiv. Acht Weiße werden früher oder später ihre Aufmerksamkeit erregen, befürchtet Günter. Sein Fazit: »Es wird für die Leute keine dauerhafte Sicherheit in Schwarzafrika geben.« Einen Augenblick schweigt er. Dann kommt er mit einer anderen Idee: »Habt ihr nicht mal daran gedacht, die demobilisierten Kämpfer zu uns zu bringen?« Inge Viett ist überrascht. Daran hatte sie noch nicht gedacht. Sie findet »die Idee sofort gut«. Ihr scheint, »so eine Lösung würde alle Probleme minimieren«. Harry will von ihr wissen: »Was haben die acht denn ausgefressen?« Inge Viett kann keine Einzelheiten nennen. So vereinbaren sie ein weiteres Treffen, bei dem »Auskunftsberichte« über das Leben der RAF-Aussteiger übergeben werden.

Zehn Tage bleibt Inge Viett in der DDR, wird – wie sie berichtet – »aufmerksam und respektvoll behandelt wie ein Staatsgast«. Nicht ohne Komik angesichts der Zehntausenden Fahndungsplakate mit ihrem Konterfei in der Bundesrepublik. Als sie zurückreist, weiß sie: »Der Grundstein für eine Beziehung« ist gelegt.

In Paris berichtet Inge Viett den RAF-Köpfen von dem Stasi-Angebot. Die freuen sich. Wenige Wochen später – im Juli 1980 – reisen Christian Klar und Wolfgang Beer zu Harry. Die Besprechung findet südlich von Berlin statt, in einem Stasi-Haus bei Königs Wusterhausen, im »Objekt 75« der Staatssicherheit. Die beiden RAF-Emissäre übergeben die von den Aussteigern verfassten »Auskunftsberichte«: Susanne Albrecht und die anderen haben ihren Lebenslauf aufgeschrieben. Außerdem an welchen RAF-Taten sie beteiligt waren und wie sie sich ihr künftiges Leben vorstellen – alle ohne »bewaffneten Kampf«. Harry nennt die Bedingungen der Staatssicherheit für die Aufnahme der Aussteiger: »Die endgültige Abwendung vom Terrorismus« und das »Verschweigen der Beteiligung des MfS an der Einbürgerung«. Christian Klar und Wolfgang Beer nicken. RAF und Stasi sind sich einig.

## Die »Terrorabwehr« des Ministeriums für Staatssicherheit

*Helmut Voigt*

Wenige Tage später. Berlin-Hohenschönhausen, Ferdinand-Schulze-Straße 55: Stasi-Offizier Gerd Zaumseil sitzt an seinem Schreibtisch und schaut aus dem Fenster in der dritten Etage des DDR-typischen Verwaltungsbetonbaus: Er blickt auf die hohe graue Betonmauer mit Stacheldraht, die das Gelände umgibt. Oben auf der Mauer stehen kleine Holzhäuschen mit uniformierten Stasi-Wachposten. »Abschottung« und »Sicherheit« werden in der Abteilung XXII des Ministeriums für Staatssicherheit ganz besonders groß geschrieben. Ihre Aufgabe: »Terrorabwehr«. Gerd Zaumseil ist »Hauptsachbearbeiter« für die Rote Armee Fraktion. Zweiunddreißig. Gelernter Kraftfahrzeugschlosser. Diplomingenieur für Landtechnik. Vor sechs Jahren fing er bei der Stasi an. Er ist untersetzt – mit einem auffallend gutmütigen Blick. Einer, der mit jedem kann. Das Referat 1, in dem er arbeitet, ist zuständig für den »Linksextremismus in der BRD«. Er und seine zwanzig Kollegen sammeln alle Informationen, die sie über die RAF, den »2. Juni« und die Revolutionären Zellen bekommen können. Zeitungsausschnitte, abgehörte Telefongespräche und auch Erkenntnisse aus Gesprächen, wie sie Harry mit Inge Viett führte. Über alle gesuchten RAF-Mitglieder erstellen Zaumseil und seine Kollegen Dossiers – gegliedert nach »Wesentliche bekannte Fakten zur Person«, »Markante Aktivitäten«, »Bedeutsame Verbindungen«, »Chronologie der terroristischen Aktivitäten« und zusammenfassender »Auskunftsbericht«.

Gerd Zaumseil wird zu seinem Vorgesetzten gerufen, Stasi-Major Helmut Voigt. Achtunddreißig, Diplomingenieur und Diplomjurist. Voigts wache Augen funkeln – wie die einer Eule, die auf der Lauer liegt und ihr Ziel genau anvisiert. Gerd Zaumseil spürt: Eine hochsensible Angelegenheit. Ein Spezialauftrag. »Es geht um die Eingliederung von acht Personen bei uns«, beginnt der Chef, »linke Kräfte aus der BRD, die sich bei uns ein neues Leben aufbauen wollen.« Um wen es sich handelt, verrät er nicht. Schon bald kämen die acht. Gerd solle ein Objekt für sie in der ersten Zeit finden. Dann müssten Personaldokumente für sie erstellt werden. Die Formulare dafür bekäme er von ihm. Anschließend habe Gerd Zaumseil Arbeitsplätze und Wohnungen für die acht zu organisieren. Es ist die erste von Dutzenden Anweisungen, die Zaumseil von

Vorgesetzten in dieser Sache erhält – stets mündlich. Niemals schriftlich. Stasi-Offizier Gerd Zaumseil ahnt an diesem Tag: Eine Aufgabe, die ihn lange Zeit beschäftigen wird. Über viele Jahre.

Die Abteilung XXII, in der die Offiziere Zaumseil und Voigt arbeiten, ist eine vergleichsweise junge Abteilung im Ministerium für Staatssicherheit: Sie besteht erst seit fünf Jahren. Seit 1975. Alles begann mit der Angst von Stasi-Minister Erich Mielke nach dem Überfall des palästinensischen »Schwarzen September« auf israelische Sportler bei der Olympiade in München 1972. Der Stasi-Chef fürchtet, es könne einen ähnlichen Anschlag bei den X. Weltjugendspielen in Ostberlin 1973 geben. Um das zu verhindern, beauftragt er seinen ersten Stellvertreter, Stasi-Generalleutnant Bruno Beater, eine Zentrale Einsatzgruppe (ZEG) auf die Beine zu stellen. Sie soll recherchieren, von welchen Gruppen eine Gefahr bei den Weltjugendspielen ausgehen könnte – und im Falle eines Falles sofort einschreiten. Schon bei der Einreise in die DDR. Am besten noch eher. Ostberlin soll nicht München werden. Einer von Beaters wichtigsten Mitarbeitern in der ZEG ist Major Harry Dahl. Jener Mann, den Inge Viett fünf Jahre später als »Genossen Harry« kennen lernt: Einer der ganz alten Hasen bei der Staatssicherheit und einer der besten Strippenzieher: Dahl, Jahrgang 1929, einst Offizier bei der Volkspolizei, kam 1956 zum Ministerium für Staatssicherheit. Sechs Jahre nach dessen Gründung. Von 1966 bis 1968 macht er ein Fernstudium an der Juristischen Hochschule in Potsdam-Eiche, der Stasi-Juristen-Ausbildungsstätte. Er schließt als »Diplomjurist« ab, wird dort später zum »Doktor der Rechtswissenschaft« promoviert.

Die Weltjugendspiele 1973 verlaufen friedlich. Aber Mielkes Angst vor »Terroristen« in der DDR bleibt. Harry Dahl bekommt den Auftrag, sich um die »Koordination« der »Terrorabwehr« im Ministerium für Staatssicherheit zu kümmern. Am 1. August 1975 übernimmt er die Leitung der neu eingerichteten Abteilung XXII.[283]

1980 arbeiten in der »Terrorabwehr« des Ministeriums für Staatssicherheit rund 140 Mitarbeiter.[284] Eine hohe Zahl angesichts der Tatsache, dass es in der DDR niemals »Terrorismus« wie in der Bundesrepublik gab – keine Gruppen vergleichbar der RAF, dem »2. Juni« oder den Revolutionären Zellen. Die große Personalstärke der »Terrorabwehr« – die in den folgenden Jahren weiter stetig steigt – entspringt dem Sicherheitsdenken der beiden Erichs, Mielke und Honecker. Sie wollen wissen, was anderswo an »Terror« läuft, um im MfS prognostizieren zu lassen, was auf die DDR zukommen könnte.[285] Eine Art von Prophylaxe.

Deshalb beschäftigen sich die 140 Mann der »Terrorabwehr« überwiegend mit der Beobachtung des Terrorismus im Ausland: »Wir haben Terrorabwehr gemacht, indem wir uns um alle Terrorgruppen gekümmert haben, bei denen nicht auszuschließen war, dass sie die DDR betreten«, blickt Helmut Voigt zurück, Zaumseils Vorgesetzter.

## Schluss »mit dem Lotterleben« – Acht erfundene Lebensläufe

Als erste RAF-Aussteiger reisen Ralf Baptist Friedrich und Sigrid Sternebeck in die DDR ein – die »Fehler«-Vorhut: Am 18. August 1980 landet das Pärchen auf dem Flughafen Schönefeld, in einer »Interflug«-Maschine aus Prag.

Vor Beginn ihrer Reise war ihnen in Paris von der RAF lediglich gesagt worden: »Ihr fahrt jetzt nach Prag. Dort erfahrt ihr, wo es hingeht.« So reisen sie von Paris über Italien nach Österreich. In Wien besorgen sie sich ein Visum für die ČSSR. Auf den Familiennamen »Eildberg« – »Ulrike Martina« und »Jürgen Hans«. Die bundesdeutschen Pässe, die sie für das Visum vorlegen, sind gefälscht. Die Papiere hatten sie von der RAF bekommen. Ebenso 4000 Mark »Starthilfe«. RAF-Abschiedsgeschenke. Von Wien fliegen sie nach Prag. Dort wohnen sie einige Tage in einem Hotel und erfahren von Inge Viett, wie es weitergeht: In die DDR. »Wir sollten als ganz normale BRD-Bürger eingebürgert werden«, erinnert sich Sigrid Sternebeck an das, was sie erstmals in Prag hörte – »mit einigen flankierenden Maßnahmen.« Für sie »eine freudige Überraschung, die Sprache würde vieles erleichtern«.

Vom Flughafen in Berlin-Schönefeld holt sie ein MfS-Mann ab und bringt sie ins Zentrale Aufnahmeheim der DDR in Röntgental, in der Nähe von Zepernick im Bezirk Frankfurt (Oder). Jeder, der in die DDR übersiedelt, muss hier durch. Gerd Zaumseil erwartet sie – die für die Einbürgerung der »Eildbergs« notwendigen Geburtsurkunden kommen von der Stasi. Gefälscht. Im Aufnahmeheim müssen sie dem – nicht eingeweihten – Sachbearbeiter ihre Lebensgeschichte erzählen. Die haben sich die beiden »BRD-Übersiedler« komplett ausgedacht – Ralf Baptist Friedrich unterläuft dabei eine Panne: »Ich konnte mich nicht mehr genau an mein erfundenes Geburtsdatum erinnern und machte falsche Angaben. Der Sachbearbeiter wurde misstrauisch, es gab Rückfragen und Verzögerungen. Einer der Oberen musste erklären, dass alles in Ordnung geht.«

*Briesen:*
*»Forsthaus an der Flut«*

Eine solche Panne will Gerd Zaumseil nicht noch einmal erleben. Deshalb richtet die Stasi ein »DDR-Übersiedler-Trainingscamp« ein. Im Forsthaus »An der Flut« bei Briesen, in der Nähe der Autobahn zwischen Ostberlin und Frankfurt (Oder). Mitten im Wald. Nur ein schmaler Sandweg führt dorthin.

Im September 1980 – wenige Wochen nach Friedrich und Sternebeck – kommen Susanne Albrecht, Silke Maier-Witt und Monika Helbing im Berliner Ostbahnhof an. Auch sie haben erst in Prag von Inge Viett erfahren, berichtet Susanne Albrecht, »dass unser nächstes Reiseziel die DDR ist«.[286] Vor dem Postamt am Ostbahnhof erwartet die drei Gerd Zaumseil und fährt sie nach Briesen. Eine Woche später treffen Werner Lotze und Christine Dümlein in Ostberlin ein. Ekkehard von Seckendorff reist als Letzter in die DDR. So sitzen die Aussteiger im »Objekt 74« des Ministeriums für Staatssicherheit. Ein eingezäuntes und von Posten bewachtes Gelände. Neben dem Forsthaus einige flache Gebäude, Garagen und Schuppen. Eingerichtet ist das angebliche »Ferienheim« für Stasi-Mitarbeiter mit Schrankwand und Sesseln im biederen DDR-Stil. In der holzgetäfelten Kellerbar steht nicht nur der einheimische »Nordhäuser Doppelkorn«, sondern auch »Johnny Walker«-Whisky. In der DDR eine Intershop-Rarität. Im Regal von der Stasi ausgesuchte Bücher. »Dr. Sorge funkt aus Tokyo – Das Porträt eines heldenhaften Kundschafters« und »Schild und Flamme – Erzählungen und Berichte aus der Arbeit der Tscheka«.

In der neuen Umgebung fühlen sich die RAF-Aussteiger unsicher, berichtet Silke Maier-Witt. Aber Gerd Zaumseil ist von »rücksichtsvoller Freundlichkeit«: »Wir wurden nicht ausgefragt«, sagt sie, »Gerd gab uns zu verstehen, dass wir als ›zurückgezogene Kämpfer‹ angesehen werden. Die Politik der RAF werde von ihnen für falsch gehalten, sie achteten aber den Mut der Kämpfer gegen den gemeinsamen Feind, den Imperialismus.« Das empfindet Silke Maier-Witt als »sehr schmeichelhaft, weil ich mein eigenes Ausscheiden aus der Gruppe eher als Niederlage und persönliches Versagen empfand«.

Günter Jäckel, Harry Dahls Vertreter, reist an: »Wir begrüßen es, dass ihr aus der RAF raus seid und Schluss machen wollt mit dem Lotterleben. Ihr werdet in der DDR eine neue Heimat finden.« Gerd verteilt Bücher über die DDR-Geschichte: »Damit ihr gute DDR-Bürger werden könnt.« Zweck der Zeit im Wald bei Briesen ist, neben einem gegenseitigen »Beschnuppern«, eine »glaubhafte Legende« für die DDR-Einsteiger zu erarbeiten. Die »Übersiedlung« aus der Bundesrepublik in die DDR – für DDR-Bürger nur schwer nachzuvollziehen – soll von den RAF-Aussteigern überzeugend geschildert werden. Gerd bespricht mit ihnen die erfundenen Lebensgeschichten. Seine Aufgabe, wie er in der Rückschau berichtet: »Ihren Lebenslauf ins DDR-Deutsch zu bringen«, damit »sie als ganz normal Zuziehende aus der BRD in die DDR eingegliedert werden«. Alle müssen die ausgedachten Lebensläufe zu Papier bringen. Susanne Albrecht schreibt, »Berlin, den 8.10.1980: Ich, Ingrid Jäger, wurde am 10. 4. 1951 als erstes Kind meiner Mutter Ruth Jäger, geborene Walther, und meines Vaters, Ernst Jäger, in Madrid geboren. Mein Vater wurde am 18. 10. 1924 in München geboren, er ist Textilkaufmann. Und meine Mutter wurde am 7. 7. 1928 geboren. Sie ist Hausfrau ...« Vier Seiten Märchen-Lebenslauf pinselt sie und unterschreibt am Ende mit »Ingrid Jäger«. Anschließend muss sie den Lebenslauf auswendig lernen.

Wenige Tage später erhalten die RAF-Aussteiger die Staatsbürgerschaft der DDR. Die Urkunden überreicht ihnen Stasi-Offizier Günter Jäckel während einer festlichen Feierstunde in Briesen. Bei Kerzenschein und süßlichem Rotkäppchen-Sekt. Er spricht über die RAF, die Weltlage und das, was die Anwesenden zu tun haben: »Eure revolutionäre Aufgabe ist es nun, euch in das normale DDR-Leben zu integrieren.«

Nun sind die RAF-Aussteiger flügge für das Leben im real existierenden Sozialismus. In den nächsten Tagen werden sie in den DDR-Alltag entlassen und in der DDR verteilt. Die RAF atmet auf. Mit der Ankunft der acht sei für sie ein »umfassender praktischer Umbruch abgeschlossen« gewesen, sagt Helmut Pohl in der Rückschau[287]. Der einstige Irrweg der RAF sei »definitiv beendet« worden. Die RAF hat sich von ihren »Fehlern« befreit.

## Die RAF-Aussteiger als Einsteiger in den »real existierenden Sozialismus«

Gerd Zaumseil fährt Susanne Albrecht nach Cottbus und stellt sie als »Ingrid Jäger« dem Kaderleiter der Ingenieurhochschule vor. Sie bekommt eine Stelle als wissenschaftliche Mitarbeiterin und ein Zimmer von der Hochschule. Um beruflich voranzukommen, beginnt sie 1981 ein Fernstudium an der Karl-Marx-Universität Leipzig für das Lehramt

*Kaffeekränzchen: Susanne Albrecht mit Kolleginnen aus Köthen 1986*

Englisch. Im Februar 1983 macht sie den Abschluss »Diplomlehrer Englisch (extern)«. In Cottbus lernt sie ihren zukünftigen Ehemann kennen und lieben. Er ist knapp ein Jahr älter als sie. Sie fragt Gerd, ob sie ihn heiraten darf. Die Stasi hat keine Einwände. »Im Gegenteil«, blickt Susanne Albrecht zurück, »es wurde begrüßt, dass durch Heirat die Situation insgesamt besser werden würde.« Hochzeit ist am 4. November 1983. »Über meine wahre Vergangenheit« sagt sie ihrem Mann nichts – bis zu ihrer Festnahme sieben Jahre später. 1984 kommt ihr Sohn zur Welt. Beide Eheleute arbeiten an der Ingenieurhochschule in Köthen, zwischen Halle und Magdeburg. Susanne alias Ingrid unterrichtet »Deutsch für Ausländer«.

Ihre Freundin seit Hamburger Tagen, Silke Maier-Witt, die jetzt Angelika Gerlach heißt, bezieht ein möbliertes Zimmer in Hoyerswerda und fängt als Hilfskrankenschwester an. Sie macht den »Facharbeiter Krankenpfleger« und zieht nach Erfurt. Arbeitet dort in der medizinischen Akademie. Die mit großem Aufwand in der Bundesrepublik Gesuchte lebt in einem DDR-Schwesternwohnheim. Alle paar Wochen trifft sie Stasi-Hauptmann Gerd Zaumseil. Stets fürchtet er, sie könnte erkannt werden. Immer wieder ermahnt er sie, »nicht durch Kritik und Ähnliches aufzufallen«. Silke Maier-Witt ist davon überzeugt, »dass in der

DDR Sozialismus verwirklicht« wird. Sie hält »die DDR für das menschlichere System, das auf der Seite des Friedens steht«. Vieles von der Kritik, die sie in dieser Zeit von DDR-Bürgern hört, tut sie als »antikommunistische Propaganda« ab.

Die »Eildbergs« – Ralf Baptist Friedrich und Sigrid Sternebeck – ziehen nach Schwedt an der Oder. Wohnen wenige hundert Meter von der polnischen Grenze entfernt. Friedrich, der fünf Jahre lang in Saarbrücken Betriebswirtschaft studierte, fängt als Gabelstapler-Fahrer an. In der Schwedter Papierfabrik. Sigrid bekommt einen Job in der »Annahme« des »Dienstleistungskombinats«. Jeden Tag nimmt sie achtdreiviertel Stunden lang Wäsche, Schuhe, Strümpfe, Schirme, Uhren, Radios entgegen und gibt sie heraus – für 450 Mark netto im Monat. »Wir hatten beide fast kein Geld«, blickt Ralf Baptist Friedrich auf den Start in der DDR zurück, »verdienten zusammen gerade tausend Mark. Das war für DDR-Verhältnisse wenig.« Das heimliche Exil im Sozialismus nennt er für sich und Sigrid Sternebeck »eine heilsame Alternative«: »Wir mussten jeden Morgen um 6.30 Uhr zur Arbeit und bekamen jede Menge Kontakt zu den arbeitenden Massen, für die wir drüben die Revolution herbeiführen wollten. Das hat uns auf den Boden der Realitäten zurückgebracht.« Sigrid Sternebeck muss sich in der DDR »dauernd erkundigen: Ich wusste ja nichts über ›Neuerer‹, ›Brigaden‹, die ganzen Abkürzungen. Ich lernte die unbefriedigten Konsumwünsche der Bevölkerung kennen und eine starke Ausländerfeindlichkeit.«

Zweieinhalb Jahre nach Ankunft in der DDR wird die Tochter Nina geboren, am 8. Januar 1983. Nach dem Gesetz sind die Eltern nicht verheiratet. Denn die DDR-Papiere, nach denen sie ein Ehepaar sind, stammen von der Staatssicherheit – die Stasi-Fälscher übernahmen dabei die Angaben aus den von der RAF ebenfalls gefälschten beiden bundesdeutschen Ausweisen. Und so muss die Staatssicherheit bei der Geburt von Nina nachlegen, damit das Mädchen als »ehelich« vom Standesbeamten ins Geburtenregister eingetragen werden kann. »Die Ehepapiere erhielten wir kurz vor der Geburt unserer Tochter«, blickt Sigrid Sternebeck zurück, »um mögliche Schwierigkeiten beim Standesamt zu vermeiden«: »Die Dokumente waren von der Stasi ausgestellt.«[288] Eine Heiratsurkunde aus Mielkes Fälscherwerkstatt.

Beide krempeln die Ärmel hoch, um sich zu qualifizieren: Ralf Baptist Friedrich beginnt – nach zehn Semestern »kapitalistischer« Betriebswirtschaft – 1983 mit den »sozialistischen« Wirtschaftswissenschaften an der Ingenieurhochschule Altenburg. Im April 1988 macht er den

Fachhochschulabschluss »Diplomökonom«. Im Betrieb steigt er über den Gruppenleiter zum »Abteilungsleiter Materialwirtschaft« auf. Sigrid Sternebeck arbeitet als Fotografin und beginnt 1988 mit dem Meisterlehrgang für Repro-Technik.[289] »Meine DDR-Identität«, empfindet Sigrid Sternebeck, ist »mein Leben«.

Werner Lotze und Christine Dümlein ziehen als »Manfred« und »Katharina Janssen« nach Senftenberg. Ein 30 000-Einwohner-Ort im Braunkohlerevier in der Niederlausitz. Schon zwei Tage nach der Ankunft fangen beide im VEB Synthesewerk Schwarzheide an. Er arbeitet als Kraftfahrer. Sie als Sekretärin in der Betriebsberufsschule. Im April 1982 kommt Tochter Jenny auf die Welt. Werner Lotze wird »Ofenfahrer« im Dreischichtsystem. Erst macht er den Facharbeiter, dann ein Ingenieurstudium. Fachrichtung: »Technologie für organische und unorganische Chemie«. Anschließend steigt er zum Schichtleiter im VEB auf. Werner Lotze – seit seiner Jugend ein begeisterter Ruderer – wird Übungsleiter bei der Sportgemeinschaft Dynamo Senftenberg. Besucht auch »Übungsleiterfortbildungskurse«. Lotze findet es positiv, in »einem Land zu leben, das auf der richtigen Seite steht«. »Es gab große soziale Gerechtigkeit, das Recht auf Arbeit, Volksbildung«, blickt er zurück: »Das Leben in der DDR entsprach in vielem dem, wie ich es mir vorgestellt hatte, bevor ich zur RAF ging.« Sein Fazit nach der Festnahme: »Die zehn Jahre in der DDR betrachte ich als die besten Jahre meines Lebens.«

Monika Helbing wird Mitte Oktober 1980 von Gerd Zaumseil nach Eisenhüttenstadt gebracht. Jetzt heißt sie »Elke Johanna Köhler«. Arbeitet als Krankenschwester und zieht ins Schwesternwohnheim. Ihr Lebensgefährte Ekkehard Freiherr von Seckendorff-Gudent – nun: Horst Winter – lebt in einer eigenen Wohnung. Beide arbeiten im selben Krankenhaus. Im Dezember 1980 zieht sie zu ihm. Im März 1981 ist Hochzeit. Trauzeugen sind die Stasi-Offiziere Günter Jäckel und Gerd Zaumseil. Fünf Monate später, am 27. August 1981, wird Sohn Ralf geboren.

Nach fünf Jahren in der DDR gibt es Zoff zwischen den »Winters« und der Stasi. Anlass ist *Monika Spelling*, die in Wahrheit *Johanna* heißt und die Tochter von Carola Magg ist. Einer Frau des »2. Juni«, die im Mai 1980 zusammen mit vier anderen Frauen in der Rue Flatters in Paris verhaftet wurde. Seckendorff hatte sich des Mädchens angenommen und sie im Alter von zehn Jahren mit in die DDR gebracht, als neunten »Neubürger«. Die Stasi sorgt dafür, dass das Kind unter Vormundschaft der DDR steht. Von Seckendorff übernimmt die Pflegschaft. *Johanna* kommt in ein DDR-Kinderheim und ist nur an den Wochenenden bei den »Winters«. Das Kind ist für die Stasi-Leute »das heikelste Problem«, sagt Monika Helbing, an dem für die Stasi »die ganze Aussteigerproblematik« hängt. Nach der Legende der kleinen »Gudrun« ist ihre Mutter tot. In Wahrheit lebt sie – nach ihrer Haftentlassung – in Westberlin. Die Stasi verlangt deshalb von von Seckendorff, berichtet Monika Helbing, dem Mädchen »klarzumachen, dass seine Mutter tatsächlich tot sei«. Von Monika Helbing alias Elke Winter erwartet die »Terrorabwehr«, die »Mutterrolle« zu übernehmen. Dazu aber ist sie nicht bereit, »weil *Monika* sehr an ihrer leiblichen Mutter hing«. Von Seckendorff wird von der Stasi nach Berlin zitiert. Günter und Gerd knöpfen sich den Freiherrn vor: »Man drohte meinem Mann mit dem Hinweis, *Monika* sei der schwächste Punkt der ganzen Aktion, uns ›in die Kohle zu schicken‹, falls wir uns nicht arrangieren würden«, berichtet Monika Helbing: »Man hat uns also offen mit Zwangsarbeit gedroht.« Ekkehard von Seckendorff, der ruhige Diplomat, schreibt anschließend einen Bericht für die Staatssicherheit, in dem er alle Probleme mit dem Mädchen umgeht. Anschließend ist *Monika* kein Thema mehr. 1986 zieht *Monika* aus dem Heim zu den Winters.

In diesem Jahr wird von Seckendorff Leiter der Beratungsstelle für Suchtkranke in Frankfurt an der Oder, in der Gubener Straße. Betreut zweihundert Alkoholkranke. Eindrucksvolle und beachtliche Erfolge bei der Suchtbehandlung attestieren ihm Kollegen. In seiner Kaderakte (auf Westdeutsch: Personalakte) steht, dass er zunächst in der Bundesrepublik Medizin studierte, dann als Arzt bei der PLO war und anschließend in Eisenhuttenstadt Facharzt wurde. Der Ärztliche Direktor in Frankfurt an der Oder, Eberhard Kotlarski, macht ihm den Vorschlag zu promovieren. Aber der »Kollege Winter« will nicht. Woher sollte der Ärztliche Direktor auch wissen, dass sein Mitarbeiter schon längst promoviert hatte: An der Freien Universität Berlin über das Thema Milz-Entnahmen, freilich unter seinem ursprünglichen Namen. 1988 wechselt auch seine Frau an die Poliklinik in Frankfurt und arbeitet als Gesundheitsfürsorgerin.

Einmal im Jahr treffen sich die ehemaligen »RAF«-Mitglieder in Briesen und feiern den »Jahrestag ihrer Einbürgerung«, im Oktober. Die Rede hält Günter Jäckel. Er spricht über die weltpolitische Lage im Allgemeinen, die Sicherheitslage der RAF-Aussteiger im Besonderen und schließlich über die Integration der »DDR-Neubürger«. Beim fünften – und letzten – »RAF-Ehemaligentreffen« 1985 unterzeichnen die Neubürger »Verpflichtungserklärungen«, berichtet Monika Helbing – im nächsten

Frühjahr steht ein SED-Parteitag an. Aus diesem Grund geben über Monate überall in der DDR Kollektive Verpflichtungserklärungen ab. Die RAF-Aussteiger erklären schriftlich, so Helbing, dass »wir uns jederzeit für die Sicherheit der DDR einsetzen wollten«. Alle acht sind der DDR dankbar für die Chance, die ihnen der Staat geboten hat – Sozialismus ist besser als Stammheim oder eine Zelle anderswo.

»Im Laufe der Zeit spielte sich unser Leben in der DDR ein«, blickt Silke Maier-Witt zurück, »die meisten hatten Kinder« – sie hatte als Einzige der acht kein in der DDR geborenes Kind: »Das MfS wollte solche Zusammenkünfte nicht mehr weiter veranstalten. Die Kontakte wurden spärlicher.« Keiner der acht weiß: Noch zwei weitere RAF-Aussteiger sind nach ihnen in der DDR untergetaucht.

## Zwei Nachzügler

Heidelberg – ein Jahr nach der Einreise der acht in die DDR: Bei den Vorbereitungen der RAF für den Kroesen-Anschlag bekommt Henning Beer einen Nervenzusammenbruch. Er entschließt sich, die RAF zu verlassen und gibt Brigitte Mohnhaupt seine Pistole zurück. Seinen geordneten Rückzug ins Exil organisieren wieder Inge Viett und dieses Mal auch Christian Klar. Sieben Monate nach seinem RAF-Austritt fliegt Henning Beer am 1. April 1982 von Brüssel über Kopenhagen nach Berlin-Schönefeld. Der Vierundzwanzigjährige fühlt sich »erleichtert, endlich rauszukommen«. Er fragt nicht, »warum die DDR mich aufnehmen würde«. Dort heißt Henning Beer »Dieter Lenz«. Geboren »am 5. Mai 1960 in Madrid«. Die Staatssicherheit besorgt ihm eine Arbeitsstelle im VEB-Nahrungsgütermaschinenbau in Neubrandenburg. Er zieht ins betriebseigene Arbeiterwohnheim. Das Zimmer teilt er sich mit einem Kollegen. Das – wie ihn Inge Viett zwei Jahre zuvor erlebte – einstige Großmaul der RAF macht seinen »Hauptschulabschluss« an der Volkshochschule und die Facharbeiterausbildung zum Montageschlosser. Er arbeitet in der Produktionskontrolle des VEB-Geothermie Neubrandenburg. 1986 heiratet er Susanne. Eine DDR-Bürgerin.

Auch Inge Viett, die RAF-DDR-Ausstiegskoordinatorin, sieht 1981 keine Perspektive mehr im »bewaffneten Kampf«. Die Anschläge, die die RAF in diesem Sommer auf General Kroesen und den US-Luftwaffenstützpunkt Ramstein vorbereitet, sind für sie »Angriffe zum Zweck der Selbstverwirklichung und Selbstbestätigung«. Es gehe – so empfindet sie die RAF ein Jahr, nachdem sie zu ihr gestoßen ist – »nicht mehr darum, die Revolution zu machen, was ja nur mit der Masse, der Klasse möglich wird, es geht nur noch um das ›RAF-Sein‹«. Sie hängt »fürchterlich durch«. Ist »froh, allein zu sein«. Empfindet »Zukunftslosigkeit«. Außerdem plagen sie chronische Bandscheibenschmerzen. Mal ist sie in Brüssel, mal in Paris, »um dies und das zu besorgen«. Gelegentlich reist sie nach Amsterdam, um Tausendmarkscheine aus dem Palmers-Lösegeld zu wechseln.

In Paris lebt sie in der Wohnung eines »legalen Sympathisanten«. Ein dreiundachtzigjähriger Franzose. Veteran des Spanischen Bürgerkriegs. Inge Viett ist dabei, die Depots des »2. Juni« in den Wäldern um Paris auszuräumen. Waffen, Munition, Fälschungsutensilien und Geldbündel müssen neu verpackt werden – modersicher. Nach dem »Anschluss« des »2. Juni« sollen sie nun in RAF-Depots kommen.

Sie macht sich auf die Suche nach wasserdichtem und reißfestem Verpackungsmaterial. Auf einem Yamaha-Kleinkraftrad düst sie am Nachmittag des 4. August 1981 durch das Künstlerviertel Montparnasse: Warme Augustsonne. Sie fährt im T-Shirt und ohne Helm. Vorbei an Cafés, Restaurants und Galerien. Zehn Minuten nach halb fünf hält sie an einer roten Ampel, Rue de Rennes, Ecke Boulevard du Montparnasse. Auf der anderen Straßenseite stehen zwei Polizisten mit Mopeds. Denen fällt sie auf, weil sie keinen Helm trägt. Das ist in Frankreich verboten. Aber Viett weiß es nicht. Ein Polizist trillert mit seiner Pfeife, damit sie stehenbleibt. Sie denkt sich: »Nicht hingucken, so tun, als wärst du nicht gemeint. Die müssen erst einmal über die breite Straße, bis dahin ist Grün.« Das Pfeifen wird schriller. Inge Viett fährt bei Rot los. Reißt den Gashebel so weit es geht nach hinten und heizt den Boulevard du Montparnasse runter, Richtung Place Leon Fargue. Ein Polizist jagt ihr hinterher. Der andere bleibt zurück – sein Moped springt nicht an. Inge Viett fürchtet eine Kontrolle, weil ihre Yamaha weder angemeldet noch versichert ist – die Maschine hat sie erst vor fünf Tagen gekauft. Und bei einer Kontrolle könnte auch rauskommen, wer sie ist.

Beide Maschinen sind etwa gleich schnell. Um die 65 km/h. Den Beamten im Rückspiegel, hundert Meter hinter sich, flucht sie in sich hinein, warum sie den Motor »nicht gleich nach dem Kauf entdrosselt« hat. Um den Verfolger abzuschütteln, entschließt sich Inge Viett zu einem halsbrecherischen Manöver: Entgegen der Fahrtrichtung biegt sie in den Boulevard Raspail ein. Eine breite, viel befahrene Straße. Sie jagt den Autos entgegen. Wildes Gehupe. Sie hofft, dass sich der Moped-

Polizist das nicht traut. Aber der traut sich. Bleibt hinter ihr. Die Autos kommen von vorne immer bedrohlicher auf sie zu. Rauschen haarscharf an ihr vorbei: »Das überlebst du nicht«, schwant ihr. »Welch ein banales Ende, jetzt stirbst du genau wie Biene im Schrott auf der Straße.« »Biene« ist der Spitzname ihrer Freundin Juliane Plambeck. Mit ihr zusammen war sie vor etwas mehr als einem Jahr vom »2. Juni« zur RAF gekommen. Kurz darauf, am 25. Juli 1980, geriet Juliane Plambeck mit einem gestohlenen Golf auf die Gegenfahrbahn und raste in einen Lkw. Sie und ihr Begleiter Wolfgang Beer waren sofort tot.

Von Todesangst gepackt, biegt Inge Viett nach etwas mehr als hundert Metern nach links in die Rue Chomel ein. Sie lässt die Maschine stehen. Rennt in eine schmale Straße, in die Rue de la Chaise. Dort läuft sie in die Parkgarage des Hauses Nummer 7b – in der Hoffnung auf einen Hinterausgang. Den aber gibt es nicht. So kommt Inge Viett aus der Mausefalle nicht wieder heraus. Vor der Einfahrt sitzt ihr Verfolger Francis Violleau (31) auf seinem Moped und fordert über Funk Verstärkung an. Sie zieht ihren Colt, den sie von der RAF bekommen hatte. Wie tausendmal geprobt, springt sie in die »Combatstellung«: die Füße schulterbreit auseinander. Den Colt in beiden Händen, streckt sie die Arme nach vorne aus, visiert den Polizisten kurz an – und drückt ab. Aus vier Metern Entfernung. Der Beamte schafft es nicht mehr, seine Dienstwaffe zu ziehen. Vietts Kugel durchschlägt seine Luft- und Speiseröhre, die Wirbelsäule und anschließend die Fensterscheibe einer Wohnung. Der Beamte stürzt auf die Straße. Viett läuft davon. Springt in ein Taxi. Lässt sich zu einer Metro-Station fahren. Sie fühlt sich befreit, weil ihr die Flucht gelungen ist. Sie kann »nicht das geringste Bedauern für den niedergeschossenen Polizisten« empfinden.[290]

Wieder in ihrem Quartier bei dem alten Herrn, schaltet sie das Radio ein. In den Nachrichten hört sie, dass der Polizist schwer verletzt wurde. Eine Notoperation rettet ihm das Leben. Aber: Er ist querschnittsgelähmt. Erst nach zwei Jahren kommt er wieder nach Hause. Einundzwanzig Stunden am Tag liegt er im Bett. Seine Frau Yolaine muss ihn alle zwei Stunden wenden, damit er sich nicht wund liegt. Nach drei Monaten hält Yolaine das nicht mehr durch, muss selbst ins Krankenhaus. Die beiden Kinder kommen in ein Polizeiwaisenhaus, für ein Jahr. Mit ihrem Schuss hat Inge Viett Francis Violleau im Alter von 31 zu einem Pflegefall für den Rest seines Lebens gemacht. Heute lebt er in einem Heim.

Noch am Abend nach dem Schuss packt Inge Viett ihren Rucksack und verschwindet aus Paris. Für mehrere Monate fliegt sie in den Jemen.

Zwischenstopp in Bombay. Sie wohnt im Sheraton, macht auf »englische Lady«. Ihr werden – berichtet sie – »aus kostbaren Kristallschalen erlesene indische Früchte gereicht«. Und vor der Tür prügeln sich hungernde Kinder um Abfallreste. Im Jemen denkt sie über ihre Situation nach. »Wir erreichten mit der bewaffneten Politik selbst in der Linken nur noch marginale Bereiche«, stellt sie fest: »Der bewaffnete Kampf hatte keine Perspektive mehr, und damit hatte ich auch keine.«

Nach dem Schuss von Paris erhöht das Bundeskriminalamt die Belohnung für Hinweise, die zu ihrer Festnahme führen. Von 50 000 auf 100 000 Mark. »Die Gesuchte« – fahndet das BKA – »könnte durch ihre kurzen X-Beine sowie durch relativ große und ungepflegte Hände auffallen.« Für die Hamburger *Morgenpost* ist Inge Viett »Deutschlands Terroristin Nr. 1«[291].

Vietts Selbstdiagnose, nachdem sie wieder nach Westeuropa zurückgekehrt ist: »Politische und persönliche Sackgasse«. So setzt sie sich als Letzte aus der RAF im Spätsommer 1982 in die DDR ab – nachdem sie zuvor die halbe Gruppe ins heimliche Exil im »Arbeiter-und-Bauern-Staat« gelotst hatte.

Die ersten Monate lebt sie in einer konspirativen Wohnung des Ministeriums für Staatssicherheit in Berlin-Marzahn, bis Januar 1983. Auch sie wählt die Legende »Übersiedlerin aus der BRD« und paukt die wichtigsten Abkürzungen für ihr neues Leben: »EOS, POS, NSW, SW, AWG, KWV ...«[292]

»Was willst du machen bei uns?«, fragt sie ihr Stasi-Betreuer. »Welcher Beruf würde dir Spaß machen, in welcher Stadt möchtest du leben, und wie möchtest du heißen? Mal sehen, ob wir alle Wünsche zu einer Geschichte machen können.« »Repro-Technik«, antwortet sie, weil sie aus ihrer Untergrundzeit Erfahrungen damit hat – und: »Bloß nicht in die Provinz, wenn Berlin wegen der Sicherheit schon nicht in Frage kommt, dann wenigstens die zweit- oder drittgrößte Stadt.«

So reist sie als »Eva-Maria Sommer« nach Dresden, beginnt als Reprofotografin im grafischen Betrieb »Völkerfreundschaft«. Um 6.45 Uhr fängt die Tagesschicht an. Von den Kollegen wird sie mit freundlicher Distanziertheit aufgenommen. Eine Übersiedlerin aus der Bundesrepublik – für die ein Novum. »Übersiedeln« von Ost nach West kennen sie. Aber umgekehrt? »Eine Ost-West-Heirat wäre noch ein plausibler Grund gewesen«, denkt sich Inge Viett, »aber eine Single-Frau Ende dreißig?« Freundlich erklären ihr Kollegen, was im Kollektiv zu tun ist. Geduldig machen sie mit ihr die ersten Aufnahmen mit einer Kamera.

Am ersten Arbeitstag geht sie nach Feierabend ins Zentrum von Dresden. Zum Altmarkt. Setzt sich in ein Café und bestellt »Kaffee und Cognac«. Sie will entspannen. »Cognac?«, fragt die Kellnerin mit einem Gesichtsausdruck, als wolle sie der Gast auf den Arm nehmen – »haben wir nicht.« »Was denn dann?« »Na Weinbrand«, sagt die Kellnerin spitz. Den nimmt sie. »Jeder DDR-Bürger wusste«, blickt Inge Viett zurück, »dass es Cognac höchstens in der Palast-Hotel-Klasse und im Intershop gab.« Am Abend fährt sie in ihre neue Unterkunft. Ein karges Zimmer in einem Bauarbeiter-Wohnheim.

Erschrocken ist Inge Viett über die verkommene Ausstattung der Foto-Abteilung: Von Chemikalien zernagte Becken und Schalen. Schäbige Möbel. Der abgelatschte Fußboden. Und der triste Pausenraum. Aber trotzdem: Sie fühlt sich »äußerst wohl«. Schnell macht sie ihren Facharbeiterabschluss. Nicht so schnell geht es mit einer eigenen Wohnung. Aber dann bekommt sie doch eine. In Prohlis, einem Dresdner Neubauviertel. Alles Platte. 34 Quadratmeter: ein Zimmer, Küche, Bad. Für 36 Mark. Sie verdient 800. Ein »tägliches Ärgernis« ist für sie das *Neue Deutschland*: »Kein Inhalt, keine Analyse«, stellt sie fest. Nur wer wo wann wen getroffen hat. Aber nicht, was tatsächlich besprochen wurde. »Die Redaktion ist nicht bei Trost oder unverschämt«, urteilt sie.

Für Inge Viett wird es im Osten schwerer als erwartet. Oft macht sie wütend, dass ihre neuen Bekannten nicht verstehen, warum sie aus dem Westen rübergekommen ist: »Die Diskussionen in meinem Arbeitskollektiv endeten in der Regel mit Vergleichen äußerer Erscheinungen«, blickt sie zurück: »Trabi gegen Audi, Rügen gegen Mallorca, Westberlin gegen Ostberlin, da ging die DDR natürlich immer nach Punkten k. o.«

## Umtopfungen

Die ersten fünf Jahre läuft das »RAF-Aussteigerprogramm« von Stasi und Rote Armee Fraktion nach Plan. Niemandem in der DDR fällt auf, wer die »Umsiedler aus der BRD« tatsächlich sind. Dann gibt es Probleme. 1986 wird das schwarze Jahr im »Aussteigerprogramm«.

### ➤ »Angelika Gerlach« verwandelt sich in »Sylvia Bayer«

Als Erstes trifft es Silke Maier-Witt. Mit dem Namen »Angelika Gerlach« arbeitet sie als Hilfskrankenschwester in der Augenstation der medizinischen Akademie in Erfurt. Nebenher macht sie eine Ausbildung zur Krankenschwester an der Fachschule »Walter Krämer« in Weimar. Einen Tag pro Woche ist sie in der Goethe-Stadt.

Im Februar 1986 steht eines Abends Stasi-Hauptmann Gerd Zaumseil vor ihrer Wohnungstür in der Moskauer Straße 18. Das Gesicht voller Sorgenfalten. »Es gibt konkrete Hinweise auf dich mit deiner wahren Identität als Silke Maier-Witt in der DDR«, eröffnet er ihr: »Du musst sofort aus Erfurt verschwinden.« Noch an diesem Abend und in der Nacht entfernen Gerd und Silke Maier-Witt alle verräterischen Spuren von ihr in der Wohnung: Alles Handschriftliche packen sie zusammen und »cleanen« die Wohnung von Fingerabdrücken – wie in Silke Maier-Witts alten RAF-Zeiten. Am nächsten Morgen nimmt sie Urlaub, kündigt kurz darauf Arbeitsstelle und Ausbildungsplatz. Verschwindet aus Erfurt. In Berlin geht sie mit Gerd ihren bisherigen Lebensweg in der DDR durch. Station für Station. Um herauszufinden, wie ihre tatsächliche Identität entdeckt worden sein konnte – von bundesdeutschen Staatsschützern, wie Gerd behauptet. Silke Maier-Witt meint, »dass dies nur durch einen gewissen *Christian* geschehen sein konnte, der nach einem gescheiterten Fluchtversuch in die BRD abgeschoben worden war«.

Ihre Vermutung ist richtig: Ein gutes Jahr zuvor, am 23. Januar 1985, war *Christian Xander* (24) aus der DDR in die Bundesrepublik gekommen. Ein halbes Jahr später erscheint der Altenpfleger beim Polizeiposten in Möglingen, in der Nähe von Ludwigsburg, und erklärt: »Mit der gesuchten RAF-Terroristin Silke Maier-Witt habe ich 1983/84 in Weimar an der Fachhochschule ›Walter Krämer‹ studiert.« Kein Zweifel, sagt er. Ihr Fahndungsfoto vor sich. Einen Monat später vernehmen ihn BKA-Beamte. Er beschreibt sie. »Größe: 170–171 cm«, »Gestalt: untersetzte kräftige Statur, stabiles Becken, kräftige Oberschenkel«, »Nase: schief, seitlich verzogen«. Die Beamten staunen. Alles deckt sich exakt mit den Angaben, die das BKA über Silke Maier-Witt gesammelt hat. Vor allem eine von *Xander* geschilderte »Eigenart« der Frau ist frappierend – »bei Erregung (politische Diskussion): Gesicht wurde rot, am Hals rote Flecken«. Auch das passt exakt zu dem BKA-Personagramm: »Schon bei geringer Erregung rote Flecken im Halsbereich«. Fazit des BKA-Sachbearbeiters: Es »wird an der Glaubwürdigkeit des Hinweisgebers nicht gezweifelt«.

Für das BKA ist die DDR rechtlich Ausland. Deshalb dürfen dort die Beamten nicht ermitteln. So beauftragten die »Terroristen-Jäger« den Bundesnachrichtendienst, nach der Frau in der DDR zu recherchieren. Ein halbes Jahr später, am 28. Januar 1986, kommt aus Pullach die Antwort: Die Ermittlungen sind »ergebnislos« verlaufen. Zwei Wochen darauf, am 12. Februar 1986, besprechen drei BKA-Beamte mit Bundesanwalt Pfaff, wie es weitergeht. »Eine offizielle Anfrage bei

DDR-Behörden?«, überlegen sie. Den Gedanken verwerfen sie als »nicht erfolgversprechend«. Stattdessen, so das Ergebnis der Runde, sollen zunächst weitere Erkenntnismöglichkeiten im Westen ausgeschöpft werden. Die BKA-Männer bitten die Kollegen vom Bundesamt für Verfassungsschutz um Namen und Adressen von DDR-Übersiedlern, die zwischen 1983 und 1986 an der Medizinischen Akademie in Erfurt oder an der Fachschule »Walter Krämer« in Weimar waren. Dreizehn Personen bekommen sie aus Köln genannt. Alle werden vernommen. Ohne nennenswertes Ergebnis. Die BKA-Männer bitten die Landeskriminalämter und auch andere Behörden, alle Dateien nach einer »Angelika Gerlach« zu durchforsten, die nach 1977 verschwunden ist. Ergebnis: null. »Die Fahndungs- und Ermittlungsmöglichkeiten in der Bundesrepublik Deutschland sind in dieser Sache ausgeschöpft«, resümiert der Sachbearbeiter im Bundeskriminalamt am 25. September 1986 zur »Spur-Nr. 663«. Letzte Hoffnung: Die amerikanischen Nachrichtendienste. Nach fast einem Jahr, am 1. September 1987, kommt die Antwort aus der US-Botschaft in Bonn: »keine Überprüfungsmöglichkeiten vorhanden«.

Weil jetzt alle Möglichkeiten im Westen ausgeschöpft sind, beschließen die Fahnder, direkt bei DDR-Behörden nachzufragen. Am 10. Dezember 1987 bitten BKA-Beamte in der »Ständigen Vertretung« der DDR in Bonn einen leitenden Mitarbeiter, den Verbleib von »Angelika Gerlach« zu klären. Sie übergeben eine kurze Zusammenfassung ihrer Erkenntnisse. Parallel dazu ein Vorstoß über die »ministerielle Schiene«: Beamte des Bundesjustizministeriums sind im Frühjahr 1988 bei einem Besuch in Ostberlin. Sie sprechen die zuständigen Abteilungsleiter im DDR-Justizministerium und bei der DDR-Generalstaatsanwaltschaft auf die ominöse »Angelika Gerlach« an. Schon kurz darauf trifft die Antwort aus Ostberlin bei den Kollegen in Bonn ein: »Die Überprüfung der von Ihnen benannten Person hat bestätigt, dass sie sich nicht in der DDR aufhält.«

Zu diesem Zeitpunkt war »Angelika Gerlach« schon seit zwei Jahren aus Erfurt weg. Die Stasi hatte frühzeitig Wind von den BKA-Recherchen bekommen und sie durch Hauptmann Zaumseils Nachtaktion spurlos verschwinden lassen. Wodurch die BKA-Nachforschungen der Stasi bekannt geworden sind, ist unklar. Vermutlich weil jemand, der von den BKA-Ermittlungen erfuhr, dies nach Ostberlin meldete. Eine »Quelle« des Ministeriums für Staatssicherheit.

So hatte die Stasi-»Terrorabwehr« sämtliche Spuren von »Angelika Gerlach« also bereits zwei Jahre vor der Anfrage aus Bonn beseitigt.

Höchstvorsorglich legte sie sogar eine falsche Fährte, die ins Nichts führte – indem sie der Volkspolizei einen Bären aufband: Nachdem Angelika Gerlach aus Erfurt verschwunden war, erstatteten die Stasi-Leute Anzeige bei der Polizei gegen sie, wegen »ungesetzlichen Verlassens der DDR«. Von einem Ungarn-Urlaub – so die Lüge der Staatssicherheit gegenüber der Polizei – sei sie nicht zurückgekehrt.

Nach ihrem Verschwinden aus Erfurt versteckt die Staatssicherheit Silke Maier-Witt anderthalb Jahre lang in konspirativen Unterkünften. Mehrfach muss sie umziehen: Zunächst lebt sie in einer Berliner Ein raumwohnung im Prenzlauer Berg, in der Chodowieckistraße. Dann zeitweise in Briesen, in einem Gartenhaus in Lübben, in der Christburger Straße im Prenzlauer Berg, bei einer »alten Genossin« in Berlin und in Zeuthen, einem kleinen Ort südlich vor den Toren Ostberlins. Die Stasi zahlt ihr monatlich 600 Mark und beschäftigt sie: Mit der Übersetzung von Zeitschriftenartikeln. Ebenso mit dem Zusammenstellen von Zitaten über den Terrorismus aus den Werken von Marx/Engels und Lenin. In diesen achtzehn Monaten fühlt sich Silke Maier-Witt »sehr isoliert und teilweise sehr niedergeschlagen«. Kontakt zu anderen Menschen hat sie nur wenig, bis auf die Genossen von der Staatssicherheit. Sie merkt, dass Gerd Zaumseil »aufgrund der Ereignisse äußerst angespannt« ist.

Dem ist klar: Noch einmal darf es eine Panne wie in Erfurt nicht geben – der internationale Ruf der DDR steht auf dem Spiel. In einer Zeit, in der ihre Wirtschaft auf Finanzspritzen aus dem Westen angewiesen ist. So tut der Betreuungsoffizier alles, damit Silke Maier-Witt künftig unerkannt bleibt. Auf Weisung der Staatssicherheit muss sie sich einer Gesichtsoperation im MfS-Krankenhaus Berlin-Buch unterziehen und ihre »ausgebogene« Nase begradigen lassen – »um dem Fahndungsfoto weniger zu entsprechen«, wie ihr gesagt wird. Sie bekommt einen neuen Namen und einen neuen Ausweis: Sylvia Beyer, geboren am 18. Oktober 1948 in Moskau. So gesehen war jedenfalls die Antwort aus dem DDR-Justizministerium an das Bonner Justizministerium nicht ganz verkehrt: Eine Angelika Gerlach gab es tatsächlich nicht mehr in der DDR – seit über zwei Jahren. Die Frau heißt jetzt Sylvia Beyer.

»Aus Sicherheitsgründen kannst du nicht mehr als Krankenschwester arbeiten«, sagt ihr Gerd Zaumseil. Er macht mehrere Vorschläge für einen neuen Beruf. Sie entscheidet sich für »die Richtung Information/ Dokumentation«.

Anderthalb Jahre nach ihrem Abtauchen wird sie für ihr Wiederauftauchen vorbereitet. Gerd Zaumseil bespricht mit ihr Punkt für Punkt des neuen »Lebenslaufs«: Dieses Mal nicht die Legende als »BRD-Übersiedlerin«, sondern als DDR-Bürgerin. In den sechs Jahren hat sie alles über die DDR gelernt, was sie wissen muss, um nicht aufzufallen.

Ihr neuer Arbeitsplatz: »Leiterin der Informationsstelle« im VEB Pharma Neubrandenburg. Der Betrieb bekommt die »Kaderakte« der neuen Mitarbeiterin zugeschickt. Absender: ein Altenheim in Cottbus. In Wahrheit stammen die Papiere aus einer Stasi-Fälscherwerkstatt. »Die Unterlagen waren tadellos in Ordnung«, erinnert sich Ulrich Heinicke, damals Kaderleiter des Neubrandenburger Betriebes: »Beurteilungen, Arbeitsverträge, Änderungsverträge, Leistungseinschätzungen, Betriebsstempel ... – alles, wie es zu sein hatte.«

Im Oktober 1987 zieht Silke Maier-Witt nach Neubrandenburg, in die Ernst-Alban-Straße 22. Die Staatssicherheit bezahlt ihr die Wohnungseinrichtung. Und stattet sie mit einem Stapel gefälschter DDR-Dokumente aus: Eine Urkunde, nach der sie die Berufsbezeichnung »Dokumentarist« führen darf, die »Facharbeiterqualifikation Wirtschaftskaufmann« und ein »Zeugnis über das Bibliothekswesen« – keinen dieser Abschlüsse hat sie tatsächlich gemacht. Ebenso gefälscht: Das »Reifezeugnis der DDR« und die »Sprachkundigenprüfung Französisch«.

Nach anderthalb Jahren in der »Isolation« ist sie »sehr froh, endlich wieder unter Menschen sein zu können«. Niemandem in Neubrandenburg kommen Zweifel an ihrer Identität. Der Neuanfang klappt ohne Probleme. Auch die Integration: Sie schließt sich der »Laufsportgruppe« des VEB Pharma an, flitzt beim Rennsteiglauf mit. »Auf eigene Initiative« hin, wie sie betont, wird sie Mitglied der SED – von einem MfS-Mitarbeiter aber »gewarnt, mich nicht zu exponieren«. Die Stasi-Operation hat geklappt. Aus Angelika Gerlach wurde Sylvia Beyer, die in Wahrheit Silke Maier-Witt heißt.

### ➤ Endstation Dubna

Auch Susanne Albrecht holen in der DDR die Schatten ihrer Vergangenheit ein. Jetzt heißt sie Ingrid Becker – nach ihrer Hochzeit mit dem ahnungslosen DDR-Mann. Als sie eines Abends im September 1986 in Köthen nach Hause kommt, steckt ein anonymer Brief im Postkasten: »Wie kann man nur mit so einer Vergangenheit leben?«, liest sie in Druckbuchstaben. Sie wählt die Telefonnummer, die ihr Gerd Zaumseil für den Fall der Fälle gegeben hat. »Morgen früh bin ich bei dir«, sagt er.

Auch ihrem Mann zeigt sie den Brief. Sagt ihm aber nur die halbe Wahrheit. Nämlich dass »ich in der linken Szene gelebt habe und oft Ärger mit der Polizei hatte«. Am nächsten Morgen ist Stasi-Hauptmann Zaumseil da. »Geh zur Arbeit, als sei nichts gewesen«, sagt er ihr. Dann muss sie nach Berlin kommen. Gerd Zaumseil und Günter Jäckel sitzen ihr gegenüber. »Es gibt keine andere Möglichkeit«, hört sie von den Stasi-Männern, »du musst mit deinem Sohn innerhalb weniger Tage Köthen verlassen.« Kurz darauf erscheint in ihrer Wohnung in Köthen »Helmut«. Er stellt sich ihrem Ehemann als Mitarbeiter der Staatssicherheit vor – und spricht mit ihm »offen«: »Es ist notwendig, dass die Familie aus Köthen verzieht. Denn wir vermuten, dass es sich bei dem anonymen Brief um den möglichen Beginn einer Erpressung durch einen Nachrichtendienst der BRD im Zusammenhang mit deiner wissenschaftlichen Tätigkeit handeln könnte.« Ingrid alias Susanne bekommt mit, wie die Staatssicherheit ihren Mann belügt: »Ich glaube, dass mein Ehemann zum damaligen Zeitpunkt diese Begründung akzeptiert hat«, sagt sie in der Rückschau.

Die Staatssicherheit bringt sie und ihren Sohn nach Berlin, in eine konspirative Wohnung. Der Ingenieurhochschule in Köthen teilt sie mit: »Mein Sohn ist krank, ich muss mich um ihn kümmern, bin mit ihm zur Erholung gefahren. Deshalb kann ich nicht kommen.«

Auslöser für den anonymen Brief war eine Fernsehsendung in der ARD. Am 14. September 1986, 22.15 Uhr: »Baader-Meinhof – und am Schluss sie selbst«. Auf dem Bildschirm ist ein Foto von Susanne Albrecht zu sehen. Autor Stefan Aust sagt dazu: »Die Nachfolgegruppe der in Stammheim inhaftierten früheren Generation bestand im Wesentlichen aus Susanne Albrecht, Peter-Jürgen Boock ...« Einige Mitarbeiter der Ingenieurhochschule meinen, dass dieses Foto eine frappierende Ähnlichkeit mit der Kollegin Becker hat. Kurz darauf reißt bei einer Westreise eine Frau aus Köthen Susanne Albrechts Bild aus einem BKA-Fahndungsplakat. Das Foto macht die Runde im Kollegenkreis. »Verblüffend ähnlich«, urteilen alle. Nun ist ihnen klar, wieso die Frau aus dem Westen zu ihnen in die DDR gekommen ist.

Die Kollegen, die sich am lautesten über die »Terroristin aus der BRD« mokierten, bekommen Besuch von Stasi-Männern. »Sie haben sich fraglos geirrt«, wird ihnen gesagt, »in Zukunft sollten Sie derartige unwahre Behauptungen unterlassen.« Aber das Getuschel an der Fachhochschule hört nicht auf. Winfred Lang, Leiter der Abteilung Fremdsprachen in Köthen, bekommt eine dienstliche Weisung von seinem Vorgesetzten, der zu einem Gespräch von der Staatssicherheit gebeten worden war. »Bei der Kollegin handelt es sich nicht um die besagte Terroristin«, erklärt Lang Stasi-weisungsgemäß in einer Runde von zwanzig Fachhochschul-Mitarbeitern: »Susanne Albrecht ist derzeit im arabischen Raum. Das haben internationale Recherchen ergeben.« Das verordnete Dementi ist aber nur Wasser auf die Mühlen derjenigen, die glauben, Bescheid zu wissen. »Meine verordnete Rede hat die Gerüchte damals nicht verstummen lassen«, blickt der einstige Abteilungsleiter zurück.

Von Berlin bringt die Staatssicherheit Susanne Albrecht nach Wandlitz in ein Einfamilienhaus. Für Gerd Zaumseil und seine Stasi-Kollegen ist der »Fall Ingrid Becker« schwierig, weil sie, anders als Silke Maier-Witt, eine Familie hat und deshalb für sie nicht einfach eine neue Legende gestrickt werden kann – solange ihr Mann nicht eingeweiht ist. Aber der darf auf keinen Fall die Wahrheit erfahren, entscheiden die Stasi-Männer. Die aus Sicht der Staatssicherheit beste Lösung – ganz einfach: »Lass dich doch von deinem Mann scheiden«, schlägt ihr einer von der »Terrorabwehr« vor. »Das kommt gar nicht in Frage«, antwortet Susanne Albrecht.

Und so muss sich die »Terrorabwehr« etwas anderes einfallen lassen. Sie besorgt ihm einen neuen Arbeitsplatz in der Nähe von Dresden – die Elbestadt liegt im »Tal der Ahnungslosen«. Westfernsehen ist dort nicht zu empfangen.

In Berlin organisiert die Staatssicherheit für die Familie Becker eine Wohnung in der Rosenbeckerstraße. Drei Zimmer, 72 Quadratmeter für 124,10 Mark. Die Eheleute sehen sich nur am Wochenende. Susanne Albrecht arbeitet nicht mehr. Das wäre zu gefährlich, meint die Staatssicherheit. Der nächste »Sicherheitsschritt« der Staatssicherheit: Im Februar 1988 delegiert die Firma den Ehemann nach Dubna, rund hundert Kilometer nördlich von Moskau. Ingrid-Susanne und ihr Sohn kommen mit. Sie arbeitet als angelernte Chemielaborantin im »Vereinigten Institut für Kernforschung«. »Es war üblich, dass Ehefrauen, die nicht delegiert waren, entsprechende Tätigkeiten ungelernt übernommen haben«, blickt Susanne Albrecht zurück. Dubna liegt 1 700 Kilometer von Berlin entfernt. Die »Terrorabwehr« der Staatssicherheit hat das zweite Problem gelöst: Susanne Albrecht ist von der Bildfläche in der DDR verschwunden.

### ➤ »Dresden vergessen«

Als Dritte trifft es im Herbst 1986 Inge Viett – Eva-Maria Sommer, wie sie jetzt heißt. Nach dreieinhalb Jahren in Dresden. Dort fühlt sie sich wohl. Hat Wurzeln geschlagen. Im Betrieb. In der Stadt. Und privat. Mit einer Kleinanzeige in der *Sächsischen Zeitung* im Herbst 1983 – »Suche Wanderfreundin für gemeinsame Stunden« – hatte sie *Sabine* kennen gelernt, eine Eisenbahnerin. Sie wird ihre Lebensgefährtin, zeigt ihr »die schönsten Ecken von dem kleinen Land«, blickt Inge Viett zurück: »Das Bilatal, die Sächsische Schweiz, die uralten Kiefern der Boddenlandschaften im Norden, den einsamen melancholischen Darß.«

Ein Abendessen bei dem Paar: *Christine* kommt. Eine Bekannte. Inge Viett spürt, wie die Frau ihr auf die Hände starrt. Betont unauffällig. *Christine* war zu einem Besuch in der Bundesrepublik. Was Inge Viett nicht weiß: Auf dem Frankfurter Hauptbahnhof musste *Christine* auf einen Zug warten. Zunächst schaute sie sich die Reklametafeln an. Dann ein RAF-Fahndungsplakat. »Das ist doch Eva«, durchzuckt es sie – Eva-Maria Sommer. Als besonderes »Identifizierungsmerkmal« der Gesuchten Inge Viett steht dort: »Narbe am rechten Zeigefinger (1 cm lang, 3. Glied, Fingerunterseite)«.

Während des Abendessens in Dresden entdeckt *Christine* die Narbe. Sagt aber nichts. Einige Tage später erzählt sie Vietts Lebensgefährtin *Sabine,* was sie festgestellt hat: »Damit du weißt, mit wem du es zu tun hast.« Als *Sabine* Inge Viett berichtet, was sie gehört hat, ist Viett klar, was das bedeutet: »Dresden vergessen, alles vergessen, was jetzt ist, verschwinden.« Sie sagt sich: »Ein Fehler kann unübersehbaren Schaden für die DDR bedeuten« und ruft umgehend bei der Staatssicherheit an. Dresden ade, entscheiden die »Genossen«. Und sagen ihr auch gleich, wie sie Freunden und Kollegen den schnellen Abgang zu erklären hat: Sie erzählt ihnen, sie werde nach Berlin gehen und von dort in den Jemen auswandern. Viett fährt auch nach Berlin. Fliegt aber nicht in den Jemen. Sondern bleibt dort. Im Plattenbaughetto von Marzahn. In einer Stasi-Wohnung.

Rund ein Dreivierteljahr hält die »Terrorabwehr« sie in der Versenkung versteckt. Inge Viett trauert Dresden nach. Der Abschied von Elbflorenz fällt ihr »unsagbar schwer«. *Sabine,* Semper Oper, Zwinger, Brühlsche Terrasse, Altmarkt und Elbsandsteingebirge. Aus und vorbei. Ihr ist klar: Sie muss wieder ganz neu beginnen. In der Versenkung in Marzahn wird sie von der Stasi »umlegendiert« – ähnlich wie Silke Maier-Witt: Ihren DDR-Vornamen »Eva-Maria« darf Inge Viett behalten. Der Rest – geändert. Aus dem Nachnamen »Sommer« wird »Schnell«. Aus dem Geburtsdatum »15. Januar 1947« der »15. Januar 1945«. Aus dem Geburtsort »Harden/Niederlande« (den es in Wahrheit gar nicht gibt) »Moskau/UdSSR«. Außerdem macht sie die Stasi zur »Witwe«. Nun gibt sie sich – wie Maier-Witt – als DDR-Bürgerin aus. Die »Terrorabwehr« besorgt ihr einen neuen Ausweis und eine neue Arbeitsstelle im Schwermaschinenkombinat »Karl Liebknecht« in Magdeburg. Im Sozialwesen. Oktober 1987 zieht sie dorthin. In die »Provinz«, wie sie empfindet. Das Kombinat baut Dieselmotoren und Industrieanlagen. Sie leitet den Bereich »Kinderferienaustausch, Kinderferienlager«. Ist Vorgesetzte von drei Mitarbeiterinnen. Hat ein Budget von über einer Million DDR-Mark und tausend Ferienplätze im Sommer zu vergeben. Im Harz, in der Altmark, an der Ostsee, in Polen und der ČSSR. Sie lebt sich schnell ein und wird gewerkschaftliche Vertrauensfrau. In Magdeburg ahnt niemand, wer die neue Kinderverschickerin in Wahrheit ist. Damit hat die Stasi auch ihr drittes im Jahr 1986 aufgetretenes – und letztes – »Aussteiger-Problem« gelöst. Auch diese Umtopfung ist ihr geglückt.

## Eines der größten Staatsgeheimnisse der DDR

»Vertrauen ist gut, Kontrolle ist besser«: Nach dem Lenin'schen Grundsatz hält das MfS die zehn Neubürger unter ständiger Kontrolle. Zehn Jahre lang. Ende 1982 bekommt Stasi-Offizier Walter Lindner von Oberst Günter Jäckel, dem Vertreter des »Terrorabwehr«-Chefs Harry Dahl, die Aufgabe übertragen, diesen »Personenkreis umfassend abzusichern«. Lindner erfährt nur die DDR-Namen. »Meine Aufgabe war«, blickt er zurück, »eine umfassende ständige Kontrolle sowie die quartalsmäßige Einschätzung der Einbürgerungs- und Sicherheitslage.« Die Überwachung »erfolgte im privaten und beruflichen Bereich. Die Maßnahmen liefen unter anderem über Einsatz von IM bis hin zum Lauschangriff.« Insgesamt zwanzig Inoffizielle Mitarbeiter bespitzeln die Neubürger nach Auffälligkeiten – ohne zu wissen, dass sie RAF-Aussteiger vor sich haben. Die Wohnungen der zehn sind von der Stasi verwanzt, damit sie mitkriegt, was die in ihren vier Wänden bereden. Außerdem unterliegen sie der »Post- und Telefonkontrolle«: Briefe, die sie bekommen, liest zuvor die Staatssicherheit. Ihre Telefonate schneidet die Stasi auf Tonband mit.

Einige der Aussteiger werden – in ihrer großen Dankbarkeit dem MfS gegenüber – als Spitzel in der DDR tätig. Inge Viett arbeitete bis zum Ende der DDR als IM »Maria« für die Staatssicherheit. Silke Maier-Witt erhält 1983/1984 den Status als »Inoffizielle Mitarbeiterin« und den Decknamen »Anja Weber«. Sie schreibt Berichte über ihr persönliches Umfeld, auch über »Angehörige meines Parteikollektivs«. Ab 1987 liefert Werner Lotze unter dem Decknamen »Friedrich« Berichte über Bekannte, über die Stimmung im Allgemeinen und über DDR-Bürger im Besonderen, die durch Westkontakte aufgefallen sind. Sigrid Sternebeck verfasst »Stimmungsberichte« für die Staatssicherheit aus ihrem Umfeld, unter anderem – wie sie sagt – über »das schlechte Ansehen der SED bei der Bevölkerung«.

Die Betreuung der zehn RAF-Aussteiger läuft bei der Staatssicherheit als »Operativvorgang« unter dem Decknamen »Stern 2«. Er ist eines der größten Staatsgeheimnisse der DDR. Außer den zehn RAF-Aussteigern und den RAF-Köpfen wissen davon nur ein knappes Dutzend Männer im Ministerium für Staatssicherheit. Andere, die bei der Stasi mit den Aussteigern zu tun haben, erfahren nicht, um wen es sich tatsächlich handelt. Das knappe Dutzend: Jene, die die Aussteiger betreuen, und einige Hierarchen – Mielkes Stellvertreter Generalleutnant Gerhard Neiber, zu dessen »Anleitungsbereich« die Terrorabwehr gehört, Staatssicherheitsminister Erich Mielke und Staatsratsvorsitzender Erich Honecker – auch wenn er es später bestreitet.[293]

Die strenge Abschottung – auch innerhalb der eigenen Stasi-Abteilung XXII/8 – treibt skurrile Blüten. Wie beim »Fahndungsersuchen zur Einleitung aktionsbezogener Reisesperren« des Stasi-Offiziers Redlich vom 11. September 1984. Deckname: »Jubiläum«. Für den 35. Jahrestag der DDR stellte er eine Liste mit 620 Personen zusammen: Denen ist, so die Anweisung der Stasi an die Grenzstellen, vom 5. bis zum 8. Oktober 1984 die Einreise in die DDR an der Grenze zu versagen, »aus sicherheitspolitischen Erfordernissen«, da es sich »um Mitglieder, Unterstützer und Sympathisanten von linksextremistischen und terroristischen Organisationen und Gruppierungen« handle. Unter den 620 Namen befinden sich auch die zehn von denen, die die Kollegen aus Redlichs Abteilung seit Jahren in der DDR verstecken. Von »Albrecht, Susanne« bis »Viett, Inge«. Unterzeichnet ist das »Fahndungsersuchen« von Major Voigt, dem Leiter der Hauptabteilung XXII/8. So halten an den Grenzübergängen bei der Einreise NVA-Grenzsoldaten und Stasi-Leute nach ihnen Ausschau – obwohl sie schon seit Jahren in der DDR leben. Hätte Major Helmut Voigt seinen Kollegen Redlich angewiesen, die Namen zu streichen, hätte der ins Grübeln kommen können. Vielleicht sogar Fragen gestellt. Und das genau wollte Voigt unter keinen Umständen. So unterschrieb der Stasi-Major ein »Fahndungsersuchen« nach den zehn, die er bereits vor Jahren in der DDR versteckt hatte.

Und das Motiv für diese historisch einmalige Aktion? Der Zweck der unheiligen Allianz von Stasi und RAF? »In der BRD wurde immer davon gesprochen, dass man den RAF-Leuten einen Weg zum Ausstieg aufzeigen muss«, erläutert Helmut Voigt, Chef der XXII/8: »So – und da haben wir gedacht, es wäre doch eine Möglichkeit, die Leute vom Terrorismus wegzubringen und sie aus dem Teufelskreis ›Untergrund – Aktion – Untergrund – Aktion‹ herauszuholen.« Nicht zu glauben, dass das der wahre Grund gewesen ist: Aus altruistischen Motiven wurden bei der Stasi keine Entscheidungen getroffen.

Vielmehr gab es mehrere Motive – Mielke hatte andere als die »Terrorabwehr«-Offiziere. Für die Staatsspitze war es ein Akt von Solidarität: Eine Reminiszenz der beiden grauhaarigen Erichs – Mielke und Honecker – an ihre eigene Jugend, in der auch sie in der Illegalität lebten. Mielke, Mitglied der KPD und des Partei-Selbstschutzes, musste untertauchen, weil er an den »Todesschüssen vom Bülowplatz« im Berliner Wedding am 9. August 1931 beteiligt war, mit denen die beiden Polizeibeamten Peter Anlauf – Spitzname bei Mielke und anderen Jungkommunisten: »Schweinebacke« – und Franz Lenck ermordet worden waren.[294] Mielke ging ins Exil in der Sowjetunion. »Der Minister für Staatssicherheit war in jungen Jahren selbst Terrorist«, urteilt MfS-Experte Karl Wilhelm Fricke,[295] »wenn auch sozusagen im Parteiauftrag.« Eine deutliche Parallele also zwischen Mielkes Lebensweg und dem der Aussteiger. Davon abgesehen, gefiel vermutlich den beiden älteren Herren auch der Kampf der Revoluzzer gegen die ihnen verhasste Bonner Republik. Eine Art »individuelles Hobby« der beiden Erichs, wie es DDR-Innenminister Peter-Michael Diestel später nennt.

Für die Mitarbeiter der »Terrorabwehr« gab es andere Gründe: Zum einen ging es ihnen darum, ihren ungeheuren Wissensdurst zu stillen. Über die Verbindung zu Inge Viett bot sich für sie die verlockende Chance, von den RAF-Aussteigern zu erfahren, was sie im Westen gemacht hatten, wie dort der »Terror« aus der Innensicht funktionierte. Also ein Akt der »Aufklärung«. Hinzu kam eine Art »diebischer Freude« – typische Geheimdienst-Denke, für den Normalsterblichen nur schwer nachzuvollziehen: Nämlich die Möglichkeit für die Stasi-»Terrorabwehr«-Männer, die mit großem Aufwand im Westen Gesuchten bei sich unterzubringen – und damit dem »Klassenfeind« eins auszuwischen. Ein Coup, der sie unendlich stolz machte.

# 58. Kapitel: Die RAF erschiesst mit einer sowjetischen Panzerfaust einen deutschen Schäferhund – »Stern 1«

Die MfS-»Terrorabwehr« half nicht nur den RAF-Aussteigern, sondern auch der aktiven RAF. Eine andere Baustelle. Aber nebenan:

19. September 1980 – die Zeit zwischen den RAF-Anschlägen auf die US-Generäle Kroesen und Haig. In Ostberlin ruft Abteilungsleiter Major Helmut Voigt Stasi-Offizier Walter Lindner zu sich: »Klamotten packen für eine Betreuungsmaßnahme«, befielt er, »die längere Zeit dauern soll.« Mehr sagt er nicht. Am Abend fährt Lindner mit »Terrorabwehr«-Kollegen in zwei Stasi-Lada über die Autobahn – am Flughafen Schönefeld vorbei. Kurz vor Königs Wusterhausen stoppen die Wagen auf einem Parkplatz und nehmen fünf Personen auf, die Lindner nicht kennt. Aus »Gründen der Konspiration« waren sie von anderen Stasi-Leuten vom Flughafen abgeholt und dorthin kutschiert worden. Die fünf stellen sich Stasi-Offizier Lindner als Georg, Iris, Hans, Holger und Maria vor. In Wahrheit Christian Klar, Adelheid Schulz, Helmut Pohl, Henning Beer und Inge Viett – Beer und Viett folgen zwei Jahre später den acht Aussteigern ins heimliche DDR-Exil.

Die beiden Lada biegen von der Autobahn Richtung Frankfurt an der Oder ab. Die Fahrt endet vor einem getarnten Stasi-Haus im Wald. Am späteren Abend diskutiert die RAF-Delegation mit den »Terrorabwehr«-Offizieren Jäckel, Voigt und Zaumseil. Die RAF bittet das MfS um »logistische Unterstützung« – Geld, Sprengstoff und ein paar Schießübungen. Die Stasi-Offiziere hören interessiert zu. Versprechen aber nichts. Sie wollen erst einmal möglichst viel über die RAF herauskriegen. »Informationsabschöpfung« nennen sie das. Die RAF-Mitglieder schildern Details zum Anschlag auf General Haig. »Und was habt ihr als Nächstes vor?«, will einer der Stasi-Männer wissen. Die fünf Besucher schweigen. »Das ist unsere Sache«, antwortet einer.

Stasi-Major Helmut Voigt, Chef der für die RAF zuständigen MfS-Abteilung XXII/1, beobachtet die Subjekte seines Dienstauftrags genau. In Christian Klar erblickt er den unentbehrlichen Praktiker der RAF, mit einem gewissen Charisma. Helmut Pohl – erst vor einem Jahr nach fünf Jahren Haft wegen seiner RAF-»4. 2.«-Beteiligung aus dem Gefängnis entlassen – erscheint ihm als »Chefideologe«. Der politische Theoretiker in der RAF-Delegation. Ohne Konkurrenz. Die Stasi-Männer hören über Stunden RAF-O-Ton. Auge in Auge mit den Akteuren. Jeder westdeutsche Verfassungsschützer wäre vor Neid erblasst.

Eingefädelt worden war auch dieser Kontakt von Inge Viett. Die fünf »aus der BRD« machen auf Stasi-Offizier Walter Lindner »einen nervlich und körperlich zerschlagenen Eindruck«. Der »Fahndungsdruck« im Westen, denkt er sich. Zwei Wochen lang machen die RAF-Mitglieder Urlaub in der DDR bei der Stasi. »Die körperliche und seelische Verfassung der RAF-Leute verbesserte sich im Laufe der zwei Wochen«, merkt Lindner, »sie wurden quasi hochgepäppelt.« Das Ministerium für Staatssicherheit entscheidet: Geld bekommt die RAF nicht, aber Schießübungen – bestätigt von Stasi-Minister Mielke. Und so erfüllen die Stasi-Männer den Wunscht der RAF-Gäste: »Judoübungen und Pistolenschießen«.

Dieses Treffen im September 1980 ist der Beginn der Zusammenarbeit von aktiver RAF und MfS. Das »RAF-Aussteigerprogramm« ist gerade unter Dach und Fach. Nun wollen beide Seiten ausloten, wie sie ansonsten gegen den gemeinsamen »Feind BRD« zusammenarbeiten können. Aus der »Unterbringung der acht Leute« ergab »es sich weiterzureden«, sagt Helmut Pohl, Wortführer auf RAF-Seite. Das Projekt läuft bei der »Terrorabwehr« als »Operativvorgang Stern 1«. Davon erfahren die acht in der DDR untergeschlüpften Ex-RAF-Mitglieder aber nichts. In den nächsten vier Jahren kommen aktive RAF-Mitglieder ein- bis zweimal pro Jahr in die DDR, um sich zu erholen und ihre Treffsicherheit im »bewaffneten Kampf« zu verbessern.

Die Deutsche Demokratische Republik für die RAF: Exil für die Aussteiger und Trainingscamp für die Aktiven.

Im Frühjahr[296] reisen Helmut Pohl, Adelheid Schulz, Inge Viett und Christian Klar zu einem Spreng- und Schießkurs in die DDR. Die RAF hatte, so Helmut Pohl, »ein paar konkrete, ganz begrenzte Fragen zur Spreng- und Schießtechnik«. Daraus wurde eine »umfassende Ausbildung« – auf »Vorschlag« der Stasi, sagt Helmut Pohl[297]. Zwei MfS-Ausbilder unterrichten die RAF-Leute im »Herstellen von Zünd- und Sprengmitteln aus handelsüblichen Rohstoffen«, berichtet Stasi-Oberst Günter Jäckel. Außerdem lernen die RAF-Kämpfer von ihren Ausbildern alles über gewerblichen und militärischen Sprengstoff, optimale Mischungsverhältnisse und wie man die Sprengwirkung berechnet. »Die Sprengtechnik, was industriellen und selbst hergestellten Sprengstoff betrifft, war für uns natürlich wichtig«, blickt Helmut Pohl zurück: »Was wir da lernten, konnten wir dann an die anderen weitergeben.«

Nach einer theoretischen Einführung in die Waffenkunde – die Stasi-Ausbilder erläutern Einzelheiten der Ballistik, insbesondere von Geschosswirkungen – geht es auf einen Truppenübungsplatz der Nationalen Volksarmee mit Schießkino. Um nicht aufzufallen, tragen alle Uniformen der Nationalen Volksarmee: Die RAF in NVA-Kampfanzügen! Die beiden MfS-Ausbilder unterrichten ihre Gäste im »Schießen mit Pistole und Armeekarabiner sowjetischer Bauart sowie mit Kalaschnikow-Maschinenpistole«, berichtet Stasi-Oberst Jäckel. »Inge Viett hat gut geschossen«, blickt Stasi-Offizier Lindner zurück, »Pohl hat schlecht geschossen und Klar normal.«

Höhepunkt der Stasi-Ausbildung: Das Schießen mit einer Panzerfaust. Einer sowjetischen RPG 7. Die Stasi-Männer haben sich etwas einfallen lassen, um unter möglichst realistischen Anschlagsbedingungen die RAF zu trainieren. Auf den Schießplatz haben sie einen alten Mercedes 200 geschafft und vier »Puppen« hineingesetzt – mit Sägemehl ausgestopfte Arbeitsanzüge. Als Letztes führen sie einen volkseigenen deutschen Schäferhund in den Wagen. Einer der RAF-Auszubildenden feuert die Panzerfaust ab. Ein Volltreffer. »Bei der Detonation der Hohlladungsgranate wurden sämtliche Türen des Pkw aufgerissen, die Front- und Heckscheibe herausgedrückt«, berichtet MfS-Waffenexperte Norbert Wetzel über die Schießübung mit den vier Besuchern, die ihm »nur mit Decknamen vorgestellt wurden«: »Die Puppen auf dem Fahrersitz und Beifahrersitz wurden nach vorn gedrückt auf das Armaturenbrett, die hinteren Puppen saßen unverändert auf dem Rücksitz. Der im Fahrzeug angebundene Schäferhund war von dem Gasstrahl getroffen und am Verenden.« Einer der Ausbilder gibt ihm den Gnadenschuss.

Zweck der Übungen für Stasi-Oberst Jäckel: »Um das Vertrauensverhältnis zur Gruppe auszubauen, ›Vertrauensbeweise‹ zu schaffen und ihre tatsächlichen Fähigkeiten und Fertigkeiten zu testen.« Inge Viett und den drei anderen gefällt das Training in der DDR – sie alle hatten schon »die eine oder andere Ausbildung in den palästinensischen Camps« hinter sich: Die »Professionalität in der DDR war außerordentlich attraktiv«.

Nach den Verhaftungen von Adelheid Schulz und Christian Klar im November 1982 tritt bei den RAF-Abenteuerurlauben in der DDR Ingrid Jakobsmeier an deren Stelle. Nachdem Inge Viett in die DDR übergesiedelt ist, reist statt ihrer Christa Eckes. Auch wenn RAF und MfS dieselben Hauptfeinde haben, »BRD« und USA, auch wenn beide von einem revolutionären Umsturz in der Bundesrepublik träumen: Je länger der

Kontakt zwischen RAF und MfS besteht, desto schwieriger wird es zwischen den Partnern. Beide merken, dass sie keine gemeinsame Basis finden. »Mit dem realen Sozialismus hatten wir nichts am Hut«, blickt Helmut Pohl zurück[298]: »Das Aufgesetzte, Formelhafte – da gab es Reibungen an allen Ecken und Enden. Wir waren wahrscheinlich für sie manchmal so unerträglich wie sie für uns.«

Das Kapitel Zusammenarbeit von aktiver RAF und Stasi endet im Frühjahr 1984. Der Kontakt wurde »von uns aus beendet«, sagt Helmut Pohl. Schon ein Vierteljahr später werden auch die Letzten aus der aktiven RAF, die Dirty-Harry und seine Stasi-Kollegen persönlich kennen, in der Bundesrepublik verhaftet: Pohl, Jakobsmeier und Eckes. Am 2. Juli 1984 in der Berger Straße in Frankfurt/Main. Eine neue RAF-»Generation« formiert sich in der Bundesrepublik. Die dritte. Von Stasi-Kontakten ist nichts bekannt.

Paradox: Die DDR-»Terrorabwehr« hat die RAF über mehr als drei Jahre lang in Sachen »Terror« ausgebildet.

# 59. Kapitel: Die Wahrheit kommt ans Tageslicht

## Zehn Enttarnungen

Die Nacht vom 9. zum 10. November 1989: Unter dem Ansturm der Volksmassen öffnet die DDR ihre Grenzen. Eine neue Ära bricht an. Die beiden deutschen Staaten eilen der Einheit entgegen. »Mir war klar, dass die DDR am Ende war«, blickt Silke Maier-Witt zurück: »Ich war mir auch der Tatsache bewusst, dass ich über kurz oder lang verhaftet werde.« Den anderen neun geht es ähnlich. Monika Helbing wartet »ab dem Winter 89/90 auf meine Verhaftung«. Für Ralf Baptist Friedrich ist es »es nur noch eine Frage der Zeit, bis wir auffliegen«.

Das Ministerium für Staatssicherheit wird zum Amt für Nationale Sicherheit und das bald aufgelöst. Die Stasi-Betreuer verabschieden sich von den Aussteigern – teilweise sind sie dabei schon außer Diensten. »Wir können nichts mehr für euch tun«, hört Sigrid Sternebeck von ihrem Stasi-Betreuer. »Nun müsst ihr alleine weiterschwimmen«, sagt ein anderer. Stasi-Offizier Uwe, Betreuer von Werner Lotze, versucht ihn zu beruhigen: »Sämtliche Unterlagen beim MfS über euch sind vernichtet worden.« Zu Silke Maier-Witt nach Neubrandenburg kommt Hans, ihr letzter Stasi-Betreuer, schon als Privatmann. »Er war von den Ereignissen erschüttert«, berichtet Silke Maier-Witt. Er rät ihr, »im Falle einer Entdeckung zu erklären, dass wir über Vermittlung der Palästinenser in die DDR gekommen seien«. Ein letzter Versuch des Stasi-Offiziers a. D., die Machenschaften seines Ministeriums zu verwischen.

### ➤ Oberst Pauleit und seine »Frettchen«

Ein Vierteljahr nach dem Mauerfall. Mittwoch, 14. Februar 1990. Bundeskriminalamt, Wiesbaden, Thaerstraße 11: Oberst Pauleit kommt mit Kollegen aus dem Ostberliner Zentralen Kriminalamt zu einem Besuch. Die Ermittler aus Deutschland-Ost und -West sprechen über die künftige Zusammenarbeit. Ein BKA-Mann schiebt dem Oberst einen Aktendeckel herüber: »Schon was Konkretes zur Abklärung für Sie. Es geht um Susanne Albrecht.« Seit drei Jahren hatten die BKA-Beamten eine Spur von Susanne Albrecht in der DDR – bislang aber waren sie keinen

Deut vorangekommen. Gleich drei übereinstimmende Hinweise liegen ihnen vor:

Am 7. November 1986 hatte sich ein DDR-Bürger beim Kriminalpolizeiamt in Saarbrücken gemeldet: »An der Fachhochschule in Köthen ist eine Frau, bei der es sich vermutlich um Susanne Albrecht handelt.« Später liefert der Mann den Vornamen nach: »Ingrid«. Kein halbes Jahr später trudelt im BKA ein ganz ähnlicher Hinweis aus dem Polizeipräsidium in Berlin ein. Dort ist, so teilen die Kollegen mit, am 24. April 1987 »dienstlich bekannt« geworden – was heißt: durch den Mitarbeiter eines Nachrichtendienstes – dass in Köthen/Halle aufgrund »einer Fernsehsendung, in der Fotos von mutmaßlichen ›RAF‹-Mitgliedern gezeigt wurden, Unruhe im Kollegium entstanden sei«. Denn eine Kollegin habe »große Ähnlichkeit mit Albrecht«. Die Frau habe ein Kleinkind, sei mit einem DDR-Bürger verheiratet und angesichts der Unruhe im Kollegenkreis »kurzfristig versetzt worden«. Ihr Familienname: »Becker.«

Sechzehn Monate später der dritte Hinweis – am 15. August 1988: Ein ehemaliger DDR-Bürger berichtet den Beamten von der »Unruhe« im Köthner »Kollegium« nach der Fernsehsendung. Die Frau heiße »Ingrid Becker«, notiert der Beamte, und hätte »Deutsch für Ausländer« an der Fachhochschule unterrichtet. Von dem sofort angetretenen Urlaub »sei die Familie Becker nicht wieder nach Köthen zurückgekehrt. Private Ermittlungen des Hinweisgebers« hätten erbracht, »dass der Ehemann seit Ende 1987 in einer Firma in der Nähe von Dresden tätig sei«. Alle Versuche des Bundeskriminalamts, über den Verfassungsschutz und den Bundesnachrichtendienst mehr über diese »Ingrid Becker« herauszubekommen, verlaufen im Sande.[299]

So wittern die BKA-Beamten nach Öffnung der Mauer eine neue Chance, die sie sofort nutzen wollen: Gleich beim ersten Besuch der DDR-Kriminalisten packen sie im Februar 1990 ihre Karten auf den Tisch. Mit einer Fülle von Ansatzpunkten: Den Namen – Ingrid Becker. Die frühere Arbeitsstelle – Ingenieurhochschule Köthen. Und die spätere Arbeitsstelle des Ehemannes. In den nächsten Wochen legen die BKA-Fahnder nach. Sie schicken ein offizielles »Fahndungsmithilfeersuchen« nach Ostberlin sowie weitere Erkenntnisse für die Recherchen: Ein »Personagramm« – eine Zusammenstellung von Eigenheiten Susanne Albrechts –, ihre Fingerabdrücke und Handgeschriebenes von ihr für einen Schriftvergleich.

Die Papiere aus Wiesbaden bekommt Kriminalrat Jürgen Oelsner im Zentralen Kriminalamt (ZKA) in der Freienwalder Straße in Berlin-Hohenschönhausen auf den Tisch. Nachdem er sich alles angeschaut hat, sagt er sich: »Ich glaube nicht, dass so etwas sein kann.« Gleichwohl beauftragt er zwei Kriminalkommissare mit den Ermittlungen – »streng geheim«. Auch im eigenen Haus. Denn mittlerweile arbeiten einstige Mitarbeiter der »Terrorabwehr« im ZKA. Also jener Abteilung, die das Abtauchen der RAF-Aussteiger in der DDR organisierte. Eine der Kuriositäten vor dem endgültigen Untergang der DDR.

Die beiden Kriminalkommissare jagen kreuz und quer durch die DDR. Suchen ehemalige Arbeitskollegen des Ehepaars auf. Schauen sich bei Behörden Unterlagen an. Zeigen DDR-Bürgern Fahndungsfotos von Susanne Albrecht. »Wie die Frettchen haben die gearbeitet«, staunt ein gestandener Fahnder der »Terrorismusbekämpfung« im Bundeskriminalamt: »Die haben richtig Biss gehabt.« Ergebnis der Frettchen-Arbeit: Ingrid Becker ist kein Hirngespinst. Sie existiert – und war tatsächlich der Anlass für die Unruhe in Köthen. Nur ist sie zurzeit nicht in der DDR, sondern in Dubna. Einhundert Kilometer nördlich von Moskau. Das sind die Erkenntnisse Mitte Mai 1990 in Ostberlin – ebenso, dass die Beckers einen Heimaturlaub planen. »Jetzt müssen wir warten«, sagt Kriminalrat Oelsner zu seinen Ermittlern. Drei Wochen später kommt vom Flughafen Leipzig die Nachricht: Die Familie ist gelandet, am 3. Juni 1990. Pfingstsonntag. Am 6. Juni, Mittwoch nach Pfingsten, fährt der ZKA-Zugriffstrupp zur Rosenbecker Straße in Berlin-Marzahn. Die fünf Männer sehen ein Fenster der Becker-Wohnung angekippt. Das Ehepaar muss aus Dubna angekommen sein. Und wie bestellt, kommt Ingrid-Susanne Becker-Albrecht um die Straßenecke gebogen. Die Ermittler lassen sie in die Wohnung gehen, folgen ihr und nehmen sie fest. Die Nachricht schlägt ein wie eine Bombe – in Ost und West.

Sechs Tage später wird Inge Viett alias Eva-Maria Schnell in Magdeburg verhaftet. Kurz vor Mitternacht, nachdem sie aus ihrem roten Lada vor ihrer Wohnung in der Hans-Grundig-Straße 7 gestiegen ist. Ein zehnstöckiger Plattenbau, in dem sie über Jahre unerkannt lebte. Keine fünf Minuten von der Transitstrecke Berlin–Hannover entfernt.

Der entscheidende Tipp kam von einer Nachbarin. Nach der Verhaftung von Susanne Albrecht hatte sie in der Zeitung ein Bild von Inge Viett gesehen. Sie macht einen Sonntagsausflug nach Braunschweig. Am 10. Juni 1990. Dort meldet sie auf dem 1. Polizeirevier: »Inge Viett lebt unter dem Namen Eva Schnell in der Hans-Grundig-Straße 7 in Magdeburg.« 50 000 Mark Belohnung sind für ihre Festnahme ausgelobt. Am nächsten Tag geht der Hinweis im BKA ein. Der Sachbearbeiter greift zum Telefon und ruft im Zentralen Kriminalamt in Ostberlin an. Einen

*Inge Viett nach ihrer Überstellung in die Bundesrepublik*

Tag später fahren die Kriminalisten nach Magdeburg und nehmen Eva-Maria Schnell alias Inge Viett fest.

Aus der Haft schreibt Eva-Maria Schnell einen langen Brief an ihr »Liebes Kollektiv!« Sie schildert ihr Leben und warum »ich mich für die DDR entschied«. »Ein Land, das sich die Werte, für die ich lebte, auf seine Fahnen, seine Verfassung und Gesetze geschrieben hat: Antifaschismus, Solidarität, Völkerfreundschaft, soziale Gerechtigkeit und Kollektivität. Für diese gesellschaftlichen Ziele hab ich all die Jahre in der DDR mit großer Kraft gelebt und gearbeitet. Es sind die wichtigsten Jahre in meinem Leben.«

»Wer in den Wald geht zum Pilzesuchen und dabei zwei Pilze findet, der kann damit rechnen, dass es dort noch weitere Pilze gibt«, sagt nach dieser zweiten Festnahme eines ehemaligen RAF-Mitglieds in Ostdeutschland Peter-Michael Diestel, Innenminister der DDR. Der letzte. Seine Kriminalisten wissen längst, wie sie weitere »Pilze« finden. Der Fall Ingrid Becker alias Susanne Albrecht hat sie auf die Fährte gebracht. Ergänzt durch den Fall Angelika Gerlach. Unter diesem Namen war Silke Maier-Witt in die DDR eingebürgert worden und anschließend spurlos verschwunden. Auch diesen Namen hatten die BKA-Leute nach Ostberlin gereicht – mit dem Hinweis auf ihre Arbeit in der medizinischen Akademie in Erfurt und ihre Ausbildung an der Fachhochschule in Weimar.

Nachdem die ZKA-Ermittler festgestellt haben, dass beide Frauen unter diesen Alias-Namen in die DDR eingebürgert wurden, fahren sie ins Zentrale Aufnahmeheim (ZAH) der DDR in Röntgental und ziehen sich die beiden Akten. Sie sind auffallend dünn. Üblicherweise hat ein »Einbürgerungs-Vorgang« im ZAH um die dreißig Seiten. Der von Ingrid Jäger, verheiratete Becker, ganze acht. Vier davon Lebenslauf. Die Einbürgerung, bei der zwischen Antrag und Aushändigung der Staatsbürgerschaftsurkunde normalerweise mehrere Wochen vergehen, erfolgte überraschend schnell. Ingrid Jägers Antrag datiert vom 8. Oktober 1980. Bereits zwei Tage später erhielt sie ihren Personalausweis. Außerdem stoßen die Ermittler darauf, dass in beiden Fällen die biographischen Daten so gewählt wurden, dass sie praktisch kaum Ansatzpunkte für eine Überprüfung bieten: Geburtsort im Ausland. Die Eltern sind tot oder haben ihr Kind verstoßen. Und es gibt keine Angehörigen in der DDR.

Diese Besonderheiten werden zum Raster: Unter den 30 000 Akten des Zentralen Aufnahmeheims ziehen sich die ZKA-Ermittler nur die dünnen heraus. Alle von vor 1979 schieben sie gleich wieder zurück. Ebenso, wenn es um jüngere oder ältere Menschen geht. Am Ende bleiben zwanzig Akten übrig, die sie sich genauer anschauen: Fast jede zweite ist ein Treffer. Die zehn DDR-Einsteiger aus der RAF sind aufgespürt.

Von da an geht es Schlag auf Schlag: Zwei Tage nach Viett verhaften am 14. Juni 1990 die Kriminalisten in Frankfurt an der Oder den Arzt Horst Winter und seine Frau Elke, Gesundheitsfürsorgerin – in Wahrheit Ekkehard von Seckendorff-Gudent und Monika Helbing. Eine Stunde später klicken die Handschellen in Senftenberg, im Braunkohlenrevier in der Niederlausitz, bei den Eheleuten Jansen – bei Schichtleiter Manfred und der Sekretärin Katharina. Werner Lotze und Christine Dümlein. Am nächsten Tag landen Jürgen und Ulrike Eildberg in Untersuchungshaft. Er: Diplomökonom und Einkaufsleiter. Sie: Fotografin. Es sind Ralf Baptist Friedrich und Sigrid Sternebeck. Drei Tage später werden Silke Maier-Witt und Henning Beer in Neubrandenburg verhaftet, 130 Kilometer nördlich von Berlin. Sie waren sich in dem 85 000-Einwohner-Ort nicht über den Weg gelaufen, wussten nichts voneinander. Silke Maier-Witt ist erstaunt, dass sie sich nicht begegnet sind. »Da ist der Stasi wohl ein Fehler unterlaufen«, vermutet ein BKA-Mann, »dass sie die zwei in dem überschaubaren Örtchen unterbrachte, die voneinander nichts wissen sollten.«

Erstaunt sind alle acht RAF-Erstaussteiger aus dem Jahr 1980, als sie hören, in der DDR seien auch Inge Viett und Henning Beer gefasst wurden. Von den beiden Nachzüglern hatte ihnen niemand etwas verraten.

### ➤ Der Generalbundesanwalt lockt

Von Seckendorff und Dümlein dürfen schon bald die Zellen wieder verlassen: Bei beiden bleibt »nur« der Verdacht, Mitglied »einer terroristischen Vereinigung« gewesen zu sein – und diese Tat wäre verjährt. Die anderen acht kommen in die Bundesrepublik und werden über Monate vernommen. Generalbundesanwalt Alexander von Stahl lockt mit einem Strafrabatt nach der Kronzeugenregelung: »Sie setzt voraus, dass der Betreffende Aussagen macht, und zwar über seine eigene Tatbeteiligung hinaus, sein gesamtes Wissen über das Tatgeschehen offenbart«, erklärt der neue Generalbundesanwalt, gerade fünf Wochen im Amt: »Auch bei einem Mörder lässt die Kronzeugenregelung einen Strafnachlass zu.« Bei allen acht steht der Mordvorwurf im Raum. Sie greifen des Generalbundesanwalts Fingerzeig auf. Einige mehr – wie Lotze, Maier-Witt und Albrecht. Andere weniger – wie Inge Viett.

So erklärt Werner Lotze seinem Vernehmer Klaus Pflieger, einem der Oberstaatsanwälte von Alexander von Stahl, er habe sich »entschlossen, alles zu sagen«. Er sei zu der Erkenntnis gekommen, »dass eine vollständige Offenlegung meiner Taten und die juristische Aufarbeitung die einzige Möglichkeit beinhalten, mit der Gesellschaft wieder ins Reine zu kommen, soweit dies möglich ist.« Er halte das auch »für mich persönlich nötig, um mit der Vergangenheit fertig zu werden, quasi einen Schlussstrich zu ziehen«. Silke Maier-Witt ist der Meinung, »dass es nicht reicht, wenn man nur sagt, dass man ausgestiegen ist«. Für sie gehe es darum, »Aussagen zu machen«. Nicht nur über das, was sie tat, »weil die Tatbeiträge irgendwo nicht auseinander zu dividieren sind.« Sie weiß um welchen Preis: »Ich muss jetzt damit leben, als Verräter angesehen zu werden, und das nicht nur in RAF-Kreisen.«

Für die acht RAF-DDR-Aussteiger bietet die Kronzeugenregelung, die erst im Jahr zuvor in der Bundesrepublik für »terroristische Straftaten« eingeführt worden war,[300] eine reizvolle Perspektive für das weitere Leben: Spricht das Gericht einen Angeklagten wegen Mordes schuldig, hat es nach dem Strafgesetzbuch gar keine andere Wahl als »lebenslänglich« zu verhängen. Frühestens nach fünfzehn Jahren kann der Verurteilte wieder aus dem Gefängnis entlassen werden. Völlig anders die rechtliche Lage nach der »Kronzeugenregelung«: Mildert das Gericht nach ihr die Strafe, ist bei der Strafvollstreckung der Zugriff auf die »Halbstrafenregelung« möglich. Das bedeutet: Wird ein Mörder nach der Kronzeugenregelung statt zu »lebenslänglich« zu acht Jahren Freiheitsstrafe verurteilt, kann er bei »guter Führung« und positiver Zukunftsprognose das Gefängnis bereits nach der Hälfte verlassen. Also nach vier Jahren –

»garniert« mit großzügigen »Freigänger-Regelungen« am Ende der Haftzeit: Dann braucht er nur noch zum Schlafen ins Gefängnis zu kommen. So besteht also die Möglichkeit, dass sich die Haftzeit auf fast ein Viertel reduziert. Eine verlockende Aussicht für die RAF-Aussteiger, die seit einem Jahrzehnt kleinbürgerlich lebten – und nichts anderes im Sinn haben, als so schnell wie möglich zu ihren Familien zurückzukehren. Und so plappern die RAF-Aussteiger in ihren Vernehmungen fast wie die Kaffeetanten, mit Ausnahme von Inge Viett. Der Generalbundesanwalt ist über die Aussagen so erfreut, dass er bereits fünf Monate nach den Festnahmen öffentlich erklärt, in sechs Fällen[301] – nur nicht bei Viett – von sich aus einen Bonus nach der Kronzeugenregelung für die Angeklagten vor Gericht zu beantragen.

Die letzte große[302] strafrechtliche Aufarbeitung der zweiten RAF-»Generation« – mehr als ein Jahrzehnt nach den Taten – beginnt im Januar 1991 mit dem Strafverfahren gegen Werner Lotze und endet im August 1992 mit dem Urteil gegen Inge Viett: Alle bekommen einen Strafrabatt nach der Kronzeugenregelung, auch Inge Viett. Die Urteile: zwischen sechs Jahren Jugendstrafe (Henning Beer) und dreizehn Jahren Freiheitsstrafe (Inge Viett).[303] Anschließend macht die Justiz großzügig Gebrauch von der Halbstrafenregelung: So werden Monika Helbing am 12. Dezember 1993, Sigrid Sternebeck am 14. September 1994, Silke Maier-Witt am 16. Juni 1995 und Susanne Albrecht am 7. Juni 1996 aus dem Gefängnis entlassen – und die zweite Halbzeit der Strafe zur Bewährung ausgesetzt. Als Letzte kommt Inge Viett im Januar 1997 auf freien Fuß, nachdem sie die Hälfte der dreizehn Jahre abgebrummt hat. Sie ist dreiundfünfzig.

## Die beiden »Sterne« und die Strafjustiz

Nachdem die Bundesanwaltschaft die ostdeutschen Drahtzieher der RAF-Stasi-Verbindung bei »Stern 1« und »Stern 2« ermittelt hat, erlässt der Ermittlungsrichter des Bundesgerichtshofs sieben Haftbefehle gegen einstige Stasi-Mitarbeiter: Fünf Männer werden am 26. März 1991 in Ostberlin verhaftet und im Hubschrauber zur Bundesanwaltschaft nach Karlsruhe geflogen: Mielkes Stellvertreter Gerhard Neiber, der in seinem Büro tätige Ex-Oberstleutnant Gerhard Plomann, Oberst Harry Dahl, einstiger Leiter der MfS-Abteilung XXII und Einfädler der RAF-Stasi-Verbindung, sein Vertreter Günter Jäckel sowie Ex-Stasi-Hauptmann Gerd Zaumseil, über Jahre das »Mädchen für alles« der

RAF-Aussteiger. Der Haftbefehl gegen den einstigen Leiter der MfS-Abteilung XXII/8 Helmut Voigt konnte nicht vollstreckt werden: Er ist rechtzeitig getürmt. Ins sonnige Griechenland. Der siebente im RAF-Stasi-Bund sitzt bereits in anderer Sache seit neun Monaten in Untersuchungshaft in Berlin-Plötzensee: Erich Mielke. Anderthalb Jahre zuvor noch mächtiger Stasi-Minister.

Der Vorwurf von Generalbundesanwalt von Stahl gegen die sieben von der Stasi: »Beihilfe zum versuchten Mord« und »Beihilfe zur Herbeiführung einer Sprengstoffexplosion«. Sie hätten die »aktiven Mitglieder« der RAF durch die »Stern 1«-Schießausbildung unterstützt, und zwar vor den Anschlägen auf US-General Kroesen am 15. September 1981 und den US-Luftwaffenstützpunkt Ramstein am 31. August 1981. Die Beweislage ist schwierig. Nicht sicher lässt sich klären, ob die Stasi-RAF-Schulung 1981 oder 1982 stattfand. Strafrechtlich ein himmelweiter Unterschied: Wäre es 1981 gewesen, könnte dies eine Beihilfe zu den Anschlägen im September und Oktober 1981 gewesen sein. Wäre die Ausbildung hingegen erst nach den Anschlägen erfolgt, also 1982, käme strafrechtlich »nur« die »Unterstützung einer terroristischen Vereinigung« in Betracht. Und die wäre verjährt. Die fünf Jahre sind rum.

Fünf Monate nach der Verhaftung der Ex-Stasi-Männer hebt der Ermittlungsrichter des Bundesgerichtshofs den Haftbefehl auf und lässt sie laufen, da er angesichts der widersprüchlichen Zeugenaussagen und sonstigen Beweismittel keinen »dringenden Tatverdacht« mehr sieht.

Für die gerichtliche Klärung dieser Frage – RAF-Ausbildung 1981 oder 1982? – betrachtet die Bundesanwaltschaft das Strafverfahren gegen Inge Viett als »Pilotverfahren«. Viett – selbst an der Ausbildung beteiligt – hatte erklärt, sie sei sich sicher: Die Stasi-Schulung hätte in der ersten Jahreshälfte 1981 stattgefunden. In dem Viett-Prozess sagen fünf Zeugen ebenso: 1981 war's. Sieben andere Zeugen hingegen bekunden, es sei im Jahr 1982 gewesen – alle sieben waren damals daran beteiligt: zwei Ausbilder und zwei Offiziere von der Stasi sowie Klar, Pohl und Schulz von der RAF.[304]

Aus den sich widersprechenden Angaben können die Richter des Oberlandesgerichts Koblenz »keine hinreichende Gewissheit darüber« gewinnen, »welchen Zeugen die größere Glaubwürdigkeit beizumessen ist«. Nach diesem Ergebnis des Viett-Strafverfahrens im August 1992 ermittelt die Bundesanwaltschaft weiter. Gewinnt aber keine grundlegend neuen Erkenntnisse. Und so bleibt dem neuen Generalbundesanwalt Kay Nehm nichts anderes übrig, als das Ermittlungsverfahren gegen die Stasi-Männer am 25. August 1994 einzustellen, weil angesichts einer »Vielzahl widersprüchlicher Aussagen« nicht »geklärt werden konnte, ob diese Ausbildung in der Zeit vor den Anschlägen in Ramstein und Heidelberg oder erst danach erfolgte«. In dubio pro reo.

Drei Jahre, nachdem das »Stern 1«-Ermittlungsverfahren eingestellt wurde: Ein zweiter Anlauf der Strafverfolger, die Stasi-Strippenzieher der RAF-MfS-Verbindung an den juristischen Kanthaken zu bekommen. Dieses Mal wegen »Stern 2«. Der Aufnahme der RAF-Aussteiger in der DDR. Der Vorwurf der Berliner Staatsanwaltschaft: Strafvereitelung. Das Verfahren beginnt am 19. Februar 1997 – alle RAF-Aussteiger sind bereits aus den bundesdeutschen Gefängnissen entlassen. Auf der Anklagebank im Kriminalgericht Moabit: Harry Dahl, mittlerweile siebenundsechzig und seit zwölf Jahren Rentner. Sein ehemaliger Vertreter Günter Jäckel, zweiundsechzig und arbeitslos. Dahls Mitarbeiter Herman Petzold, zweiundfünfzig. Und »RAF-Aussteiger-Betreuer« Gerd Zaumseil, achtundvierzig und »Projektingenieur« dank einer Arbeitsbeschaffungsmaßnahme.

Der Angeklagte Harry Dahl, promovierter Diplomjurist, versteht den Vorwurf der Strafvereitelung überhaupt nicht – im Gegenteil: »Ich bin noch heute der Auffassung, auch der BRD genützt zu haben.« Die von ihnen beabsichtigte »Resozialisierung« der Aussteiger sei »erfolgreich« gewesen, erklären die Angeklagten: ein »Beitrag zur Befriedung und Bekämpfung des Terrorismus«. Maßgeblich für sie seien die Gesetze der DDR gewesen. Nicht die der Bundesrepublik. Deshalb könnten sie auch nicht nach bundesdeutschem Recht verurteilt werden.

Das Landgericht Berlin sieht das anders: Am 7. März 1997 verurteilen die drei Berufsrichter und zwei Schöffen die Angeklagten Dahl, Jäckel und Zaumseil wegen »versuchter Strafvereitelung«. Begründung: »Sie haben durch aktives Tun verhindert, dass die Bundesrepublik Deutschland ihre Strafansprüche gegenüber den ›RAF‹-Aussteigern wie beabsichtigt durchsetzen konnte«.[305] Bundesdeutsches Recht sei anwendbar. Denn »Tatort« sei nicht nur die DDR gewesen, sondern auch die alte Bundesrepublik, weil dort »die Bestrafung der ehemaligen ›RAF‹-Mitglieder durch bundesdeutsche Gerichte verhindert werden sollte«.

Die Richter der 22. großen Strafkammer des Landgerichts Berlin sind milde: Sie sprechen lediglich »Verwarnungen unter Strafvorbehalt« aus. Die geringste Rechtsfolge einer Straftat, die das Strafgesetzbuch in derartigen Fällen bietet. Außerdem behalten sie sich – für den Fall künftiger Straftaten der Verwarnten – Geldstrafen zwischen 40 und 150 Tagessätzen (2 400 bis 5 000 Mark) vor. Die besondere Milde erklären die Richter damit, dass sich die Angeklagten »in einer besonderen Ausnahmesituation befanden, der eine historisch einmalige Konstellation – die Möglichkeit des Versteckens von Terroristen in einem deutschen Staat, die vom anderen deutschen Staat steckbrieflich gesucht wurden – zugrunde lag.«[306] »Knöllchen für Ex-Stasi-Offiziere«, titelt am nächsten Tag die *Berliner Zeitung*.

Diese »Knöllchen« kassiert ein Jahr später der Bundesgerichtshof[307] und spricht die drei Ex-Stasi-Offiziere frei – »auf Kosten der Staatskasse«. Außer Spesen nichts gewesen. Begründung des BGH-Strafsenats: Angesichts »der schwierigen, von schwer zu konstruierenden völkerrechtlichen Grundsätzen beeinflussten Rechtslage« könne den Angeklagten nicht widerlegt werden, dass sie sich »bezüglich einer nach dem Recht der Bundesrepublik Deutschland strafbaren Strafvereitelung in einem unvermeidbaren Verbotsirrtum« befunden hätten. Mit anderen Worten: Den dreien habe die Einsicht gefehlt, Unrecht zu tun – angesichts der komplizierten Rechtslage. Wer auf Weisung von Stasi-Chef Mielke im staatlichen Auftrag die RAF-Aussteiger in der DDR unterbringe und betreue, dem müsse nicht klar gewesen sein, dass er damit gegen das Recht der Bundesrepublik verstoße.

So kommt es, dass keiner der Stasi-Akteure wegen der RAF-MfS-Zusammenarbeit letztlich verurteilt wird. Der einst massive Vorwurf der »Beihilfe zum Mord« schmolz über die Jahre dahin. Über eine »versuchte Strafvereitelung« bis hin zum Freispruch. Wie ein Schneemann nach einem Wärmeeinbruch im März. Am Ende: nichts mehr übrig.

Für die RAF-Aussteiger lohnte sich der Ausflug in die DDR jedenfalls unter dem Gesichtspunkt Haftdauer. Wären die acht, die erst Anfang der neunziger Jahre verurteilt wurden, schon bald nach ihren Taten gefasst worden, hätten sie alle mit »lebenslänglich« oder kurz darunter rechnen müssen – mit Ausnahme von Henning Beer, für den noch Jugendstrafrecht galt. Denn die Kronzeugenregelung gab es damals noch nicht – Ende der siebziger, Anfang der achtziger Jahre. Sie wurde erst 1989 Gesetz. Aber so, dank Mielkes Hilfe, kamen sie alle nach einigen Jahren – zwischen drei und sechseinhalb – wieder auf freien Fuß. Und die beiden Aussteiger, denen der Generalbundesanwalt »nur« »Mitgliedschaft in einer terroristischen Vereinigung« vorwarf, gingen gar völlig straffrei aus. Als sie in Mielkes einstigem Reich gefasst wurden, waren die Vorwürfe längst verjährt. So gesehen: Ein Ausflug in den Sozialismus, der sich gelohnt hat.

# DIE DRITTE RAF-»GENERATION«

»Dritte ›Generation‹«: Ein Sammelbegriff – man könnte auch sagen: eine Schublade – für alle, die zwischen Ende 1984 und 1998 in der RAF waren. Die Post-Mohnhaupt-Ära. Vierzehn Jahre dauert sie. Bis zur »Auflösungserklärung« im März 1998. Die Mitglieder dieser »Generation« sind bis heute kaum bekannt. Ganze zwei Verurteilungen gab es: Jeweils »lebenslänglich« erhielten Eva Haule und Birgit Hogefeld. Zwei Männer sind tot, die nach Einschätzung der Ermittler mutmaßlich mit von der Partie waren. Wolfgang Grams – von der GSG9 in Bad Kleinen erschossen, nachdem er das Feuer auf die Beamten eröffnet hatte. Und der einst hoch verdächtige Horst Meyer. Sein Foto prangte auf zahlreichen RAF-Fahndungsplakaten der achtziger und neunziger Jahre. Seine Rolle ist bis heute ungeklärt – und wird es auch bleiben. Nach seinem Tod 1999 wurde das seit fünfzehn Jahren gegen ihn laufende Ermittlungsverfahren vom Generalbundesanwalt eingestellt.

Die »Enkel« von Baader und Meinhof ermordeten zehn Menschen, in den Jahren 1985 bis 1993. Nur eine dieser Taten ist geklärt – der Tod des GSG 9-Kommissars Newrzella. Bei allen anderen liegt bis zum heutigen Tag weitgehend im Dunkeln, wer die Täter waren. Beispielsweise die Mörder von Alfred Herrhausen und Karl Heinz Beckurts. Nur eines scheint gewiss: Keiner aus der zweiten »Generation« ist mehr mit dabei.

Die dritte »Generation« arbeitete kriminalistisch geradezu perfekt, hatte aus den Fehlern ihrer Vorgänger gelernt: Sie hinterließ kaum Spuren. Keine Fingerabdrücke an Tatorten und in Fluchtwagen. Auch keinen »RAF-Müll« wie beim Anschlag auf Kroesen. Auf den letzten konspirativen Unterschlupf stießen die Beamten 1985. Dreizehn Jahre vor dem »offiziellen« Ende der RAF.

Politisch versucht die dritte »Generation«, die in dem »Mai-Papier« von 1982 von der zweiten »Generation« entworfene Strategie in die Tat umzusetzen: Die »Front« in Deutschland aufzubauen. Also Verbündete des »Widerstands« zu gewinnen, um aus der politischen Isolation herauszukommen. Außerdem bemüht sie sich – anders als ihre Vorgänger – nachhaltig um eine »Internationalisierung« des »bewaffneten

Kampfes«. Die dritte »Generation« verfasst gemeinsame Erklärungen mit französischen und italienischen »Genossen« und stimmt auch einige Anschläge ab. Sie begeht – wie sie es nennt – »Angriffe auf führende Repräsentanten aus Wirtschaft und Staat« und auf US-amerikanische Einrichtungen. In der Vorstellung, Menschen dadurch zu mobilisieren und einer Revolution näher zu kommen. Von einer »Big Raushole« ist bei der dritten »Generation« keine Rede mehr. Also der gewaltsamen Befreiung von RAF-Häftlingen.

Nach fast einem Jahrzehnt erkennt die dritte »Generation« die Sinnlosigkeit des Mordens: Im April 1992 erklärt sie, keine »Angriffe auf führende Repräsentanten« mehr verüben zu wollen. Die »Zeitenwende« in der RAF-Geschichte. Die Rote Armee Fraktion hält sich daran. Sechs Jahre später – 1998 – erklärt die RAF »dieses Projekt« für beendet: »Die Stadtguerilla in Form der RAF ist nun Geschichte.« Seither hat sich die RAF nie wieder gemeldet.

# 60. Kapitel:
## »... wieder einmal restrukturiert«

Nach der Verhaftung von Mohnhaupt, Schulz und Klar im November 1982 gibt es zwei Jahre lang keine RAF-Anschläge. Nicht nur ihre führenden Köpfe hatte die RAF verloren. Sondern auch ihre Logistik wie Waffen, Ausweise, Geld – durch die entdeckten Depots. Doch 1984 merken BKA-Beamte, dass sich im Untergrund wieder etwas tut, neue Anschläge vorbereitet werden:

Bei einem Überfall am 26. März 1984 erbeuten RAF-Mitglieder in Würzburg 171 000 Mark. »Erste Hinweise auf Aktivitäten nach einer scheinbaren Ruhe«, sagt BKA-Abteilungspräsident Klaus-Herbert Becker. Wenn die RAF ihre Kasse füllt, dann für neue Anschläge.

Drei Monate später, am 22. Juni 1984, fällt Polizisten in Deizisau in der Nähe von Esslingen eine Frau auf, die das Haus eines Richters beobachtet: Klaus Knospe ist Vorsitzender Richter des Fünften Strafsenats des Oberlandesgerichts Stuttgart. Seit vier Monaten leitet er das Strafverfahren gegen Brigitte Mohnhaupt und Christian Klar. Die Beamten wollen den Ausweis der Frau sehen. Den zeigt sie aber nicht, sondern ihren Revolver und feuert fünf Schüsse ab. Sie verfehlt die Beamten. In einem Getreidefeld wird Manuela Happe (28) verhaftet.[308]

Anfang Juli 1984 entdecken Ermittler in Karlsruhe eine konspirative Wohnung der RAF. In ihr liegen Aufzeichnungen über die Fahrzeiten und Fahrstrecken von Bundesanwalt Peter Zeiss, dem Leiter der Anklage in dem Mohnhaupt/Klar-Verfahren. Alarm bei der Polizei: Die RAF hat den Chef-Ankläger und den Vorsitzenden Richter des Strafverfahrens gegen die beiden letzten Köpfe der zweiten RAF-»Generation« ins Visier genommen. Die »Personenschutzmaßnahmen« werden verstärkt. Beiden passiert nichts.

Die nächsten Erkenntnisse verdankt die Polizei einem sechzigjährigen Elektromeister: Am 2. Juli 1984 sitzt *Friedrich Hentze* bei einem Bier auf seiner Couch und schaut die »Tagesschau« – in der zweiten Etage der Berger Straße 344 in Frankfurt. Auf einmal ein merkwürdiges Geräusch. Tschschaschk. *Hentze* denkt, »wie wenn in meinem Schlafzimmer ein Stuhl umfiele«. Er guckt weiter Karl-Heinz Köpke. Um halb neun klingelt es an der Tür. Eine schmächtige Blondine, die er nicht kennt, steht vor ihm – es ist Ingrid Jakobsmeier: »Ich kümmere mich um die Katzen in der Wohnung über Ihnen«, sagt sie. »Dabei ist mir ein Malheur passiert, Wasser umgekippt. Ich wollt nur wissen: Sickert bei Ihnen was durch?« Der Elektromeister schaut nach und kommt kopfschüttelnd zurück: »Nein, kein Wasser.« Nachdem die Frau gegangen ist, beschließt *Friedrich Hentze* »vorsichtshalber«, noch einmal nachzuschauen. Dabei sieht er im Linoleumfußboden ein Projektil. Und oben in der Decke ein Loch. Er ruft die Polizei.

Um Viertel nach zehn stürmen sieben Streifenbeamte die Wohnung in der dritten Etage: »Polizei, kein Widerstand!« Im Wohnzimmer brennt Licht. Aber niemand ist da. Ein Beamter richtet seine Pistole auf die Tür zu einer kleinen Kammer: »Einzeln herauskommen, Hände hinter den Kopf!« – »Wir kommen schon, nicht schießen«, ruft eine Stimme aus der Kammer. Heraus kommen drei Männer und drei Frauen – einer nach dem anderen. Sie waren dorthin geflüchtet, als sie die Polizei an der Wohnungstür hörten. Die sechs müssen sich auf den Boden legen.

Mit so vielen Personen hatten die Beamten nicht gerechnet – nicht einmal genügend Handschellen haben sie dabei. Auch ist ihnen noch nicht klar, wer vor ihnen auf dem Teppich liegt. Einer der Streifenpolizisten schaut in die Kammer. Blass kommt er zurück. Er hat sechs Pistolen, über 250 Schuss Munition und eine sowjetische Handgranate gesehen. »Als wir dann noch die vielen Ausweise, Führerscheine, die Pläne von Flugplätzen und NATO-Einrichtungen, das viele Bargeld entdeckten, da wurden unsere Schwitzflecken immer größer, uns ging die Muffe eins zu tausend«, erinnert sich ein Beamter an den Einsatz. Insgesamt rund 20 000 Mark finden die Beamten in verschiedenen Währungen.

Verhaftet sind: Helmut Pohl (40), Ingrid Jakobsmeier (31), Christa Eckes (34), Stefan Frey (24), – sie alle wurden mit Haftbefehl gesucht – sowie Barbara Ernst (29), und Ernst-Volker Staub (29). Pohl hatte nach der Verhaftung von Mohnhaupt und Klar neue Kräfte um sich geschart. Von der »Pohl-Gruppe« spricht später das Oberlandesgericht Stuttgart.[309]

In der Dreizimmerwohnung stapeln sich Berge von Papier. Ganz besonders interessant finden die Ermittler zwei Seiten, auf einem Matrix-Drucker erstellt, mit dem Datum »22. 4.« 1984. Die BKA-Auswerter stufen es als »Aktionspapier« ein, als »Konzept der operativen Umsetzung des ›Maipapiers 82‹«. Ein Dokument, das zeigt, was die RAF vorhat und wie sie Verbündete gewinnen will: »WIR WOLLEN MIT EUCH GEMEINSAM EINE AUSEINANDERSETZUNG ANFANGEN«, erklärt die RAF an die Adresse des »Widerstandes«. Sie spricht von einem »GEMEINSAMEN PROZESS« und dem »ANFANG EINER ORGANISIERUNG UNTEREINANDER«. Das Schlüsselwort für die RAF: »FRONT«, weil so die »GRÖSSTMÖGLICHE WIRKUNG« zu erreichen sei. Und darunter versteht sie: »DER GEMEINSAME KAMPF: GUERILLA – WIDERSTAND – GEFANGENE«, nämlich, »DASS WIR FÜR DAS GLEICHE ZIEL UND FÜREINANDER KÄMPFEN«. Also Kampf auf drei Feldern – RAF, »Widerstand« und RAF-Häftlinge – für ein und dasselbe Ziel. Welches, sagt die RAF in dem Papier aber nicht. Schon wieder nicht.

Frankfurt, Berger Straße 344

Diese »Front«-Bildung ist für die RAF »EIN ERSTER SCHRITT – EINE ERSTE OFFENSIVE IN EINEM GANZEN ABSCHNITT, DEN WIR ZUSAMMEN MIT EUCH UND MIT DEN GEFANGENEN ANPACKEN WOLLEN«. Einfach gesagt: Die RAF bietet eine langfristige Zusammenarbeit an – und will die Details besprechen: »UNSERE NÄCHSTEN SCHRITTE« möchte sie »MIT EUCH ZUSAMMEN ÜBERLEGEN«. Sie will »DIE MACHTFRAGE« stellen – und hat demnächst vor: »DER HS[310] LÄUFT UND WIR WOLLEN, DASS UNSERE NÄCHSTEN SCHRITTE DIE ZUSAMMENLEGUNG DURCHSETZEN, ALS WICHTIGSTES NAHZIEL.« Heißt: Die Häftlinge beginnen mit einem weiteren Hungerstreik, und die RAF begeht Anschläge, um das Ziel der RAF-Häftlinge zu unterstützen, zusammengelegt zu werden.

Die Auswerter im BKA kommen zu dem Ergebnis, dass »es sich bei dem Verfasser des Textes um Helmut Pohl handeln könnte oder aber dieser maßgeblich an der Entstehung beteiligt gewesen sein dürfte«.

8 400 Papiere schleppen die Beamten aus der Berger Straße 344. Diverse »Ausspähungsunterlagen«. Unter anderem von Ernst Zimmermann, dem Geschäftsführer der MTU Motoren- und Turbinenunion München, der NATO-Schule in Oberammergau und auch einen Zeitungsartikel über Karl Heinz Beckurts, Siemens-Vorstandsmitglied. Die Polizisten stoßen auf »Inhaltslisten« von sechs Depots, die sie allerdings nicht finden. Die Wohnung, mal wieder neu-klassisch RAF: Von einer Frau, die

vom 28. Juni bis 13. Juli 1984 in die Vereinigten Staaten flog und froh war, dass jemand die drei Zimmer hütet – sich um Katze und Blumen kümmert.

Durch das Werk der Streifenpolizisten ist dem Chef der BKA-»Terrorismusbekämpfung« Becker klar, dass sich »der ›RAF‹-Kernbereich« nach den Festnahmen von Mohnhaupt, Schulz und Klar »wieder einmal restrukturiert« hat.

Vier Monate nach den Festnahmen in der Berger Straße. 5. November 1984 kurz nach fünfzehn Uhr. Zwei Personen – vermutlich zwei Männer – betreten das Waffengeschäft Walla in Maxdorf bei Ludwigshafen. Dem Inhaber erklären sie, dass sie sich für eine »Ithaca«-Flinte interessieren. Der Mann holt die Büchse aus dem Regal – seine beiden Interessenten ziehen Pistolen, fesseln und knebeln ihn mit Plastikbändern. Dann packen sie zusammen: 22 Pistolen, zwei Reptierflinten und 2 800 Schuss Munition. Wert: 25 000 Mark. 70 Kilo wiegt die Beute. Die beiden RAF-Räuber schleppen sie zu einem roten Golf. Drei Kilometer entfernt lassen sie den Wagen stehen und fahren mit einem weißen Opel Rekord nach Bad Kreuznach. Dort verliert sich ihre Spur.

Die dritte RAF-»Generation« hat ihren Waffenstock[311]: Beschafft nach althergebrachter Methode ihrer Vorgänger. Fahrzeugwechsel nach kurzer Strecke, beide Autos wurden mit Falschpapieren einer »Petra Höschele« angemietet. Die Ausweise waren der Frau gestohlen worden. Ende 1983 in einem Studentenwohnheim in Karlsruhe.

Den »Terrorismusbekämpfern« im Bundeskriminalamt ist klar: Es liegt was in der Luft. Die RAF brütet etwas aus. Innerhalb von sieben Monaten: sieben Festnahmen von aktionsbereiten RAF-Mitgliedern und zwei »Logistikstraftaten«. Der Waffenklau in Maxdorf zeigt ihnen, dass in der Berger Straße nicht die ganze RAF-Crew gefasst wurde. Sondern andere weiter an der »Front« arbeiten.

# 61. Kapitel: Die »Offensive 1984/85«

Stuttgart-Stammheim. 61. Verhandlungstag »In der Strafsache gegen Mohnhaupt und Klar«. Der Fünfte Strafsenat des Oberlandesgerichts Stuttgart tagt. 4. Dezember 1984. Brigitte Mohnhaupt verkündet von der Anklagebank – vor 182 Zuschauern: »Wir gehen also heute, jetzt in den Hungerstreik.« Schlagartig fangen 39 RAF-Häftlinge an zu hungern – der neunte Hungerstreik in der Geschichte der RAF. In der »Hungerstreikerklärung« fordern sie einmal mehr die »zusammenlegung aller revolutionären gefangenen in großen gruppen«. Worauf es den Häftlingen aber letztendlich ankommt, steht ein bisschen weiter unten in der achtseitigen »Hungerstreikerklärung«: »zusammenkommen mit allen, die den bruch mit diesem system gemacht haben« nämlich »im gemeinsamen angriff jetzt«. Der Hungerstreik als Agitationsmittel. Medien und Öffentlichkeit nehmen ihn kaum zur Kenntnis. Die ersten beiden Wochen.

## Die Kofferraum-Bombe in Oberammergau

Genau zwei Wochen nach Mohnhaupts Hungerstreikerklärung von der Anklagebank – 18. Dezember 1984. Kurz vor acht: Oberst *Taller* geht zum Dienst in die NATO-Schule in Oberammergau. Er ist stellvertretender Leiter der Schule, in der die Verbündeten Offiziere ausbilden. *Taller* hat gerade den Wachposten am Haupttor der Schulgeländes passiert – am Fuße des Berges Laber im beschaulichen 5 000-Seelen-Ort Oberammergau. Zwanzig Kilometer nördlich von Garmisch-Partenkirchen. *Taller* wundert sich: Ein eigentümlicher Mann, der ihm auf dem Weg zum Schulgebäude entgegenkommt. »Wie unsoldatisch«, denkt der Oberst: Die US-Marineuniform sitzt nicht richtig. Auch ist der Gruß nicht so, wie er sein sollte. Der Vize-Ausbildungschef blickt dem »merkwürdigen Soldaten« hinterher: Der Mann geht am Wachposten vorbei und verlässt das Gelände. *Taller* eilt zu dem Posten: »Kennen Sie den, hat der sich ausgewiesen?« – »Der ist vorhin reingefahren.« Ausgewiesen habe er sich mit einer amerikanischen ID-Karte. Der Oberst bekommt einen Verdacht, einen schrecklichen: Sofort gibt er Anweisung, alle Kennzeichen der Fahrzeuge zu überprüfen, die auf dem Parkplatz vor dem Schulgebäude stehen. Um 10.20 Uhr erhält er die Nachricht: »Das Kennzeichen TA-0564 ist gestohlen, vom Fahrzeug eines Angestellten der US-Army in Augsburg.« Mit diesem Nummernschild steht ein Audi 80 zehn Meter vor dem Eingang des Schulgebäudes. *Taller* lässt sofort das Gelände räumen – 43 Menschen bringen sich in Sicherheit. Das Stammpersonal der Schule. Noch vier Tage zuvor wären es 140 Personen mehr gewesen. Die Lehrgangsteilnehmer. Aber die sind seit dem 15. Dezember in der Weihnachtspause.

Um 15.15 Uhr öffnen Sprengstoffexperten den Audi 80: Im Kofferraum liegt eine 25-Kilo-Bombe. Sie stellen fest, dass die Zündung wegen eines kleinen technischen Fehlers nicht funktionierte – der Zeitzünder ist auf 9.20 Uhr eingestellt. Auf der Bombe stecken in einer Aktentasche 96 schwere Gleisbauschrauben, die als Schrapnells die tödliche Wirkung erhöhen sollten. Der Sprengstoff war ein halbes Jahr zuvor, in der Nacht zum 4. Juni 1984, von einem Steinbruch bei Ecaussines in Belgien gestohlen worden. Von der Action Directe. Einem französischen Pendant zur RAF.[312]

Einen Tag nach dem Bombenfund klingelt in der Wohnung des Chefredakteurs der *Süddeutschen Zeitung*, Hugo Dering, das Telefon. »Hier ist die Rote Armee Fraktion«, meldet sich eine Anruferin: »Ziel der Aktion war, die Militärs dort direkt auszuschalten. Es ist, wie die IRA sagt: ›Sie müssen immer Glück haben, wir nur einmal.‹« Mit den Worten »Kommando Jan Raspe« beendet die Frau das Gespräch.

Am Heiligabend bringt der Postbote die schriftliche Erklärung der RAF zur *Süddeutschen Zeitung*: »das kalkül der bundesanwaltschaft, die aktion gegen den hungerstreik der gefangenen zu drehen wird nicht aufgehen. es zerbricht am kollektiven kampf der gefangenen und an der offensive der westeuropäischen guerilla, der perspektive der revolutionären front in westeuropa, die jetzt real wird.«

Das Kommando erklärt auch, warum der Anschlag nicht geklappt habe: »sie hatten 1 1/2 stunden zeit, um das auto zu identifizieren (was bei den 10 autos, die auf dem parkplatz standen, kein problem war) und die bombe zu entschärfen.« Wie es tatsächlich gewesen war, hatte das RAF-Kommando nicht mitbekommen – weil es getürmt war: Nachdem der bis heute unbekannte Bombenbringer das Gelände verlassen hatte, ging er durch Oberammergau. Richtung Ortsmitte. Unterwegs nahm ihn ein Auto auf. Mehrere RAF-Mitglieder, die sich in einem Wäldchen vor der NATO-Schule versteckt hielten, um notfalls ihren Komplizen freizuschießen, fuhren ebenfalls weg – in der sicheren Erwartung, dass es in anderthalb Stunden tödlich kracht. So entging der RAF, dass der Anschlag nicht deswegen scheiterte, weil der Sprengsatz rechtzeitig entschärft wurde, sondern weil der Zünder nicht funktionierte.

Den Worten in dem RAF-Papier von »der perspektive der revolutionären front in westeuropa, die jetzt real wird«, entnehmen die Analysten im Bundeskriminalamt, dass die RAF ihren Schulterschluss mit Verbündeten ausbauen will, weil sie sich selbst als Kämpfer an einem Abschnitt einer breiten »Front« versteht. Deshalb hat sie vor – einfach gesprochen –, die »internationale und nationale Zusammenarbeit« zu forcieren. Zum einen mit »der westeuropäischen guerilla«. Zum anderen an der »antiimperialistischen front in der brd«. Also mit den RAF-Verbündeten, die sie »Widerstand« nennt – wie im »Mai-Papier« und im »Aktionspapier« aus der Berger Straße dargelegt. Und dass dies keine hohlen Worte sind, zeigt den Ermittlern, dass die RAF bereits im Ausland Kontakte geknüpft hat: Die französische Action Directe hatte 813 Kilo Sprengstoff in dem Steinbruch in Belgien geklaut. Und davon sollten 25 Kilo in Oberammergau in die Luft fliegen. Dem Ort der heiligen Passionsspiele.

## Der »Widerstand« marschiert

Die Bombe in Oberammergau ist der Auftakt für insgesamt 71 Brand- und Sprengstoffanschläge sowie unzählige Schmier-, Sprüh- und Farbaktionen, die »Militante« und andere Gruppen in den nächsten Wochen verüben. Eben jene »koordinierten militanten projekte« aus dem »Mai-Papier« des Jahres 1982, die zu Sachschäden führen sollen: Am 31. Dezember 1984 fliegt das Gebäude der Wehrtechnischen Abteilung der französischen Botschaft in Bonn-Bad Godesberg in die Luft. Die Bombe lag unter einem Treppenaufgang. Sprengstoffanschläge auf eine Kaserne der britischen Rhein-Armee in Osnabrück, die Führungsakademie der Bundeswehr in Hamburg und die NATO-Pipeline bei Hohenahr in Hessen folgen.

In Stuttgart schiebt am 20. Januar 1985 ein Pärchen einen Kinderwagen durch Möhringen – ihr Ziel ist die Forschungs- und Versuchsanstalt für Luft- und Raumfahrt. Unter der Babydecke: eine Bombe. Sie explodiert zu früh. In den Trümmern findet die Polizei einen abgerissenen Kopf und Hände. Sie stammen von Johannes Thimme (28). Einst Mitläufer bei Siegfried Haag. Claudia Wannersdorfer (23), ist schwer verletzt: Mit Splittern in Bauch und Beinen sowie geplatztem Trommelfell verhaftet sie die Polizei. Der Gebäudeschaden beträgt über eine halbe Million Mark.

Zwischen Kopenhagen und Wien malen in diesen Tagen RAF-Anhänger an über 150 Hauswände Parolen: »Zusammenlegung der Gefangenen aus RAF und Widerstand jetzt sofort« und »Solidarität mit den hungerstreikenden Gefangenen der RAF«. Der »Widerstand« schmiert nicht nur, er marschiert auch gegen die Haftbedingungen der RAF-Häftlinge: In Hamburg demonstrieren 1 000 Menschen, in Berlin 1 700 und in Karlsruhe 1 600. In Freiburg sprengen RAF-Anhänger im »Haus der Jugend« eine Livesendung von SWF3: Die RAF-Freunde reiben den Freiburger Oberbürgermeister Rolf Böhme mit frischen Mohrenköpfen ein – und auch den SWF-Moderator. Der Redaktion bleibt nichts anderes übrig, als die Übertragung abzubrechen.

## »Deutsch-französische Freundschaft«

Paris. Drei Wochen nach dem versuchten Bombenanschlag in Oberammergau. Bei der französischen Nachrichtenagentur Agence France-Presse kommt ein »gemeinsames Kommuniqué« von RAF und Action Directe (AD) an. Die Action Directe hatte sich 1978 nach dem Vorbild der RAF in Frankreich gebildet. Titel des zehnseitigen Papiers: »FÜR DIE EINHEIT DER REVOLUTIONÄRE IN WESTEUROPA«. Es ist auf Deutsch und Französisch abgefasst. Beide Gruppen verkünden, dass es »jetzt notwendig und möglich« sei, eine »revolutionäre strategie in den imperialistischen zentren zu eröffnen«.

Ziel der westeuropäischen Politiker sei es, erklären RAF und AD unisono, »die westeuropäischen staaten zur homogenen struktur zusammenzuschweißen«. Vor allem in der NATO. »strategie der westeuropäischen guerilla« sei daher, »im internationalen klassenkrieg« den »proletarischen internationalismus« umzusetzen. Politischer Ausblick: »DIE WESTEUROPÄISCHE GUERILLA ERSCHÜTTERT DAS IMPERIALISTISCHE ZENTRUM!«

Dieses »gemeinsame Kommuniqué« zweier nationaler Organisationen »bewaffneter Kämpfer« ist ein Novum. RAF und AD schwebt letzten Endes nichts anderes vor als das, was auch die westeuropäischen Staaten längst tun. Die internationale Zusammenarbeit ausbauen. RAF und AD erklären NATO und EG den Krieg.

Einige Auswerter bei den Sicherheitsbehörden lächeln über diese Worte. Ziemlich großspurig finden sie sie: 25 Kilo Sprengstoff sind für sie noch lange keine »Einheit der Revolutionäre in Westeuropa«. Zwei Wochen später lächeln sie nicht mehr: Am 25. Januar 1985 erschießt die

Action Directe den französischen General René Audran vor seinem Haus in La Celle Saint Cloud bei Paris. Audran war Direktor im französischen Verteidigungsministerium. Zuständig für staatliche Waffenexporte. Wenige Stunden vor dem Staatsbegräbnis für den General bekommt das Büro der Deutschen Presse-Agentur in Paris Post. Das »Kommando Elisabeth von Dyck«[313] der Action Directe erklärt – auf Französisch und Deutsch: Audran habe man »hingerichtet«, »weil er in seiner Funktion im Verteidigungsministerium zentral war: verantwortlich für die Konzeption der Programme für Rüstungskooperation, ihre industrielle Realisierung und ihre Kommerzialisierung«. Beweis der neuen blutigen Verbundenheit.

## Die falsche Briefbotin – Der Mord an MTU-Chef Zimmermann

Genau eine Woche nach dem Audran-Mord bei Paris: Gauting am Starnberger See. 1. Februar 1985. Um 7.20 Uhr klingelt eine Botin vor dem schmiedeeisernen Gartentor eines weißen Bungalows. Wessobrunner Straße 3. Ingrid Zimmermann geht zur Tür und sieht eine zierliche Frau mit Wollmütze. Sie hält einen Umschlag in der Hand. Ingrid Zimmermann drückt auf den Toröffner. Die Botin kommt zur Haustür: »Ein Brief für Herrn Zimmermann«, sagt sie – und dass sie eine »Empfangsbestätigung« von ihm brauche. Frau Zimmermann bittet die junge Frau zu warten, holt ihren Mann, der kurz davor ist, ins Büro aufzubrechen. Wie vom Himmel gefallen, steht plötzlich ein junger Mann im Windfang – mit einer Maschinenpistole. Um die fünfundzwanzig. Im Trenchcoat und mit rot-gelb-grüner Wollmütze. Ungefähr 1,70 Meter groß. Das Wollmützen-Duo fesselt die Zimmermanns mit Hanfschnüren. Ingrid Zimmermann kleben sie den Mund zu, mit Paketband. Lassen sie in der Diele liegen. Ernst Zimmermann (55) führen sie ins Schlafzimmer. Er muss sich auf einen Stuhl zu setzen. Ingrid Zimmermann hört einen Schuss: Mit einer Kugel im Hinterkopf bricht ihr Mann zusammen – eine regelrechte Hinrichtung. Nach acht Jahren hat die RAF zum ersten Mal wieder einen Menschen ermordet und eine Schusswaffe aus nächster Nähe eingesetzt.[314]

Ernst Zimmermann, Jahrgang 1929, promovierter Betriebswirt, war Vorstandsvorsitzender von MTU, der Maschinen- und Turbinen-Union. Außerdem Präsident des Bundesverbandes der Deutschen Luftfahrt-, Raumfahrt- und Ausrüstungsindustrie (BDLI). MTU, ein Unternehmen

*Ernst Zimmermann*

mit 2,2 Milliarden Mark Jahresumsatz, stellt das Triebwerk für das »Tornado«-Kampfflugzeug her. Ebenso die Motoren für den »Leopard«-Panzer. Daneben produziert MTU aber auch Ziviles. Zum Beispiel Teile des Triebwerks für das europäische Gemeinschaftsflugzeug »Airbus«.

Den Namen Zimmermanns hatten BKA-Beamte schon in RAF-Papieren in der Berger Straße entdeckt – auf rund eintausend Namen waren sie in den dort sichergestellten Unterlagen gestoßen. Fünfzig Namen filtern sie unter dem »Gesichtspunkt einer erhöhten Gefährdung« heraus: Ernst Zimmermann ist dabei. Das Bayerische Landeskriminalamt informiert ihn. Der MTU-Chef unterrichtet mehrere Personen im Unternehmen und in seiner Umgebung, dass es die RAF auf ihn abgesehen haben könnte. Nur seine Frau nicht. Er will sie nicht unnütz in Angst versetzen. »Das war sein Fehler«, sagt ein BKA-Mann – so öffnete Ingrid Zimmermann ahnungslos den Mördern ihres Mannes die Tür.

Für den Mord verantwortlich erklärt sich das RAF-»Kommando Patsy O'Hara«. Patrick O'Hara war Mitglied der »Irish National Liberation Army«. Eine radikale, rund zwanzig Personen starke Gruppe, die sich von der nordirischen IRA abgespaltet hatte. Im Mai 1981 kam O'Hara bei einem Hungerstreik im Maze-Gefängnis in Belfast ums Leben. Die RAF benutzt seinen Namen, um die »antiimperialistische Front in Westeuropa« zu unterstreichen. Die Action Directe konnte der RAF beim Kommandonamen nicht dienen: Sie verfügt über keinen toten »Märtyrer«.

Den Zimmermann-Mord erklärt die RAF in ihrem Selbstbezichtigungsschreiben so: »die ›neue nato-doktrin‹« sei »präzise die manifestation der planung des kapitals«: Elektronische Kriegsführung, »intelligente« Waffensysteme, Weltraumwaffen und anderes sollten »dem multinationalen kapital zugleich ›milliardenmärkte‹ eröffnen – wie der bdli das sagt«, also der Luftfahrt-Verband, dessen Präsident Zimmermann war. Diese Entwicklung bedeute »für das in der brd operierende kapital«, sich daran »auszurichten« und »den militärisch-industriellen komplex zu organisieren«. Der »bdli« habe »die funktion, die interessen des militärisch-industriellen komplexes« durchzusetzen – in Deutschland, auf westeuropäischer Ebene ebenso wie »in der »internationalen politik«.

*Tatort Gauting: Zimmermanns Haus*

Die Beamten suchen vergeblich nach Fingerabdrücken von der RAF – und wundern sich: Auf dem Brief – Absender: »P. O'Hara« –, der am Tatort zurückblieb und den die Botin in der Hand hielt: Nichts. Keine Spur. Ebenso wenig an dem Wasserkessel, der während des Überfalls in der Küche zu pfeifen anfing. Die Täterin stellte ihn auf eine andere Herdplatte. Frau Zimmermann ist sich aber absolut sicher: Keiner der beiden Täter trug Handschuhe.

Nicht anders erging es den Spurensuchern drei Monate zuvor nach dem RAF-Überfall auf das Waffengeschäft Walla in Maxdorf. Einer der Räuber war bei dem Überfall über eine Glasvitrine »geflankt«. Dabei hatte er sich mit einer Handfläche auf der Glasplatte abgestützt. Anschließend öffnete er noch zahlreiche Glastüren und Schubladen in dem Geschäft. Aber kein einziger Fingerabdruck. So ist es künftig bei allen weiteren RAF-Taten.

Wie es die Täter genau machten, keine Fingerabdrücke zu hinterlassen, steht nicht fest. Klar ist aber, wie sich solche Spuren vermeiden lassen: Durch das Auftragen eines Wundsprays (»flüssiges Pflaster«) oder eines »flüssigen Handschuhs«, mit dem sich Handwerker vor schmutzigen Fingern schützen. Völlig anders mit den Spuren war das bei den beiden vorangegangenen »Generationen«: Von Christian Klar hatten die Ermittler mehrfach Fingerabdrücke auf der Rückseite von RAF-Kfz-Kennzeichen gefunden. Zahlreiche Mitglieder der zweiten »Generation« wurden durch ihre Fingerabdrücke überführt. Andreas Baader setzte seinen Fingerabdruck gar mit Stempelfarbe unter einen Brief. Um keinen Zweifel daran aufkommen zu lassen, dass tatsächlich er ihn geschrieben hatte.

»Audran – Zimmermann«: Der erste »deutsch-französische« Doppelschlag gegen den militärisch-industriellen Komplex: Audran verkörperte die militärische Seite. Zimmermann die industrielle. Keine drei Wochen nach der Vorlage des »gemeinsamen Kommuniqués« haben RAF und AD blutig demonstriert, was sie unter der »Einheit der Revolutionäre in Westeuropa« praktisch verstehen.

Zur neuen RAF-Strategie gehört auch, dass die angegriffene Person nicht mehr »Galionsfigur« ist, also als Symbol für eine Institution einen hohen Bekanntheitsgrad in der Öffentlichkeit besitzt. Wie etwa einst Buback, Ponto und Schleyer. Vielmehr geht es der RAF jetzt um so genannte »Funktionsträger«. Menschen, die an einer entscheidenden Stelle sitzen, den meisten Bundesbürgern aber namentlich nicht bekannt sind – wie Ernst Zimmermann. Dieser Schritt macht der Polizei den Schutz potenzieller RAF-Opfer schwieriger: Ein paar Dutzend »Symbolträger« im Staat kann sie schützen. Nicht aber Hunderte oder gar Tausende, von denen jeder eine »wichtige Funktion« ausübt.

## Essen und Geld holen

Noch am Abend des Tages, an dem Zimmermann ermordet wurde, brechen die RAF-Häftlinge ihren Hungerstreik ab. Das Zeichen dafür gibt – ebenso wie beim Beginn – Brigitte Mohnhaupt: Nach einem Gespräch mit Christian Klar, um das sie gebeten hatte. Anschließend lässt die Justiz die Häftlinge miteinander telefonieren, damit das Hungern möglichst schnell aufhört. Nach fast zwei Monaten. Bei den – von Beamten mitgehörten – Telefonaten »wurde besonders der Einfluss von Mohnhaupt erkennbar«, hält ein BKA-Beamter in seinem Bericht fest.

Bald darauf – Mitte Februar 1985 – erklären »die gefangenen aus der raf und dem widerstand« die Beendigung des Hungerstreiks all jenen, »die unsere forderung zu ihrer Sache gemacht haben«: »der qualitative sprung der revolutionären kräfte in den nato-staaten in der westeuropäischen dimension hat den streik überholt.« Jetzt aufzuhören habe »den politischen sieg festgehalten, ein sieg in der einheit guerilla, widerstand, gefangene.«

Vier Monate nach dem Zimmermann-Mord geht die RAF wieder Geld holen: Am 3. Juni 1985 schießen zwei RAF-Männer einem Geldboten in den Hals. Ohne Vorwarnung. Vor dem »Esbella«-Markt in Kirchentellinsfurt bei Tübingen. Die Täter flüchten mit 157 000 Mark. Der Bote ist schwer verletzt. Im BKA wird der Geldbotenüberfall als Reaktion der RAF darauf verstanden, dass die Banken »aufgerüstet« haben: Panzerglas in den Kassenboxen, weniger Bargeld in den Kassen und Kameras.

Ebenso brutal wie in Kirchentellinsfurt schlagen zwei männliche RAF-Geldbeschaffer drei Monate später – am 27. September 1985 – zwei Botinnen eines Einzelhandelsgeschäftes in Ludwigsburg nieder: Vor dem Nachttresor der Landesgirokasse – mit in Zeitungspapier eingewickelten Meißeln. Beide Frauen erleiden erhebliche Kopfverletzungen. Beute: 16 000 Mark. Passanten gelingt es, einen der RAF-Geldbeschaffer und Frauen-Prügler zu überwältigen: Karl-Friedrich Grosser. Die Polizei nimmt ihn fest.[315]

## Edward Pimental und die Rhein-Main-Airbase

### ➤ Schöne Augen und drei Tote

Ein halbes Jahr nach dem Zimmermann-Mord: Edward Pimental sucht nach Dienstschluss etwas Abwechslung. Er ist zwanzig und US-Soldat. Seit drei Monaten in Deutschland. In einer Kaserne des »Camp Pieri« in Wiesbaden stationiert. Seinen Dienst verrichtet er auf der Rhein-Main-Airbase in Frankfurt. Am Abend des 7. August 1985 geht er mit sechs GIs in den »Western Saloon« in Wiesbaden. Eine Kneipe mit Disco, die sich auf den Geschmack der in der Nähe stationierten Soldaten eingestellt hat: Musik, Bier und Atmosphäre wie in Texas. Für Pimental ein ganz normaler Abend mit Kameraden. Bis gegen 22 Uhr eine Frau im »Western Saloon« auftaucht.

Sie mustert die anwesenden Soldaten. Einem macht sie schöne Augen: Edward Pimental. Ihre Augen sind wirklich wunderschön: Auffallend groß und rehbraun. Die beiden reden, trinken und tuscheln. Ein Flirt. Edward Pimental fühlt sich wohl. Er geht austreten. Am Pissoir trifft er seinen GI-Kameraden *Dick Sawyer*. »Ich komme heute Nacht nicht in die Kaserne«, sagt Pimental *Sawyer* – auf englisch und zuversichtlich: »Ich gehe mit dem Mädchen weg.« – »Sei vorsichtig«, warnt ihn *Sawyer*: »Die kommt mir komisch vor, verdammt seltsam.« *Sawyer* hat sich die Frau mit den großen brauen Augen genau angeschaut. Ihm fiel auf, dass »sie nur die Menschen angestarrt und nicht gelächelt« hat. Pimental aber interessiert das Bauchgefühl seines Kameraden in diesem

*Rhein-Main-Airbase nach dem RAF-Anschlag*

Augenblick nicht. Er hat anderes im Kopf. So gehen er und die Frau mit den Rehaugen zusammen aus der Disco. Eine halbe Stunde vor Mitternacht. Beide sind voller Erwartungen. Allerdings völlig unterschiedlicher.

Am nächsten Morgen – 8. August 1985 – explodiert um 7.19 Uhr eine Autobombe auf dem Parkplatz der Rhein-Main-Airbase in Frankfurt. Dem »Gateway to Europe«. Dem Tor nach Europa, wie die Amerikaner die Drehscheibe für den Nachschub zwischen Atlantik und Eisernem Vorhang nennen. Die Wucht von 126 Kilo Sprengstoff schleudert schwere Limousinen wie Spielzeugautos durch die Luft und die Menschen auf den Boden – die Bombe lag im Kofferraum eines VW-Passat. Frank Scarton (20), ein US-Soldat, wird von Metallsplittern zersiebt und stirbt an Ort und Stelle. Ein Metallsplitter reißt Becky Bristol (25) die linke Seite des Kopfes auf. Eine US-Zivilangestellte, die im Personalbüro der Airbase arbeitet und gerade aus ihrem Wagen gestiegen war. Ein Hubschrauber fliegt sie zum amerikanischen Militärhospital in Landstuhl. Als er dort landet, ist sie tot.

Nach der Explosion liegen 23 weitere Menschen verletzt auf dem Parkplatz. Alle waren auf dem Weg zur Arbeit. Sachschaden: eine Million Mark. Der nächste RAF-Anschlag.

Die Ermittler des Bundeskriminalamts finden heraus: Den in die Luft geflogenen VW-Passat hatte zehn Tage zuvor eine Frau auf einem privaten Automarkt in Gravenbruch bei Frankfurt gekauft. Anschließend wurden die gefälschten US-Kennzeichen DN 4544 angeschraubt. Offensichtlich war es der RAF nach dem, was sie vom gescheiterten Oberammergau-Anschlag mitbekommen hatte, zu riskant, mit einem gestohlenen amerikanischen Kennzeichen auf das Gelände zu fahren. Deshalb die Heimarbeit. Mit dem Wagen war ein – bis heute unbekannter – Mann an diesem Morgen kurz nach sieben an dem Wachposten am Tor vorbei auf das Gelände gefahren.

Noch während die Tatortgruppe des Bundeskriminalamts auf dem Trümmerfeld Spuren sichert, stellt sich heraus, was Edward Pimental in der Nacht erlebte: Am Morgen wurde er gegen sieben im Wiesbadener Stadtwald gefunden – von Waldarbeitern auf dem »Kurweg 6«. Ermordet mit einem aufgesetzten Schuss in den Hinterkopf. Tatzeit: zwischen Mitternacht und drei Uhr. Die Identifizierung dauerte einige Stunden, weil ihm seine Mörder alle Papiere abnahmen. Auch die ID-Card, die »Identification-Card«, seinen Armeeausweis. Wenige Stunden später zeigt der RAF-Mann in dem Passat ihn dem Wachposten.

Die Frau mit den rehbraunen Augen, die Edward Pimental vom »Western Saloon« in den Tod führte, hat einen Namen: Birgit Hogefeld.[316]

Ein Schreiben des »Kommando George Jackson«[317] geht bei mehreren Redaktionen ein. Dem Schreiben an die Nachrichtenagentur Reuters ist die ID-Card Edward Pimentals beigefügt.

»Die Rhein Main Air Base – größter Militärfrachtflughafen der US-Streitkräfte ausserhalb der USA – ist eine Drehscheibe für Kriege in der 3. Welt von Westeuropa aus«, steht in der gemeinsam von RAF und Action Directe unterzeichneten Erklärung: »konkret läuft der Transport von US-Interventionstruppen und ihrem militärischen Gerät in den Mittleren/Nahen Osten und nach Afrika darüber.« Die Airbase sei ein »Geheimdienstnest«, behauptet die RAF, über sie erfolge der Nachschub für alle in Westeuropa, Mittel- und Nahost sowie Afrika stationierten US-Truppen: »Zugleich soll sie ›Einfallstor nach Europa‹ für den Krieg gegen die sozialistischen Staaten im Osten sein.« Abschlussparole: »EINHEIT IM KAMPF FÜR DIE WELTREVOLUTION!«

Die RAF hat sich gedanklich weiterentwickelt: Nun geht es ihr nicht mehr nur um die »politische einheit der kommunisten in westeuropa«, wie noch ein halbes Jahr zuvor in der ersten gemeinsamen Erklärung

*Wegen dieser ID-Card ermordete die RAF Edward Pimental*

mit der Action Directe, im Januar 1985. Sondern um die »Weltrevolution«.

Der Mord an dem Soldaten Pimental ist für die Beamten im Bundeskriminalamt überraschend: Erst wenige Monate zuvor hatte die RAF durch den Zimmermann-Mord erstmals mit ihrem Prinzip gebrochen, nur »Symbolträger« zu ermorden – und andere Personen nur ausnahmsweise dann, wenn es unumgänglich war, um an die »Symbolfigur« heranzukommen. Wie beispielsweise die Begleiter von Schleyer und Buback. Mit dem Pimental-Mord hatte die RAF aber auch die Stufe der »Funktionsträger« verlassen, indem sie den »kleinen GI« Edward Pimental erschoss. Einzig und allein, um in den Besitz seiner ID-Card zu kommen. So als ob es keine anderen Wege gegeben hätte, sich eine solche Karte zu verschaffen.

Verurteilt für den Pimental-Mord und den Airbase-Anschlag werden Birgit Hogefeld[318] und Eva Haule.[319] Nach den Feststellungen des Oberlandesgerichts Frankfurt[320] gehörte Wolfgang Grams ebenfalls dem »Kommando George Jackson« an.

### ➤ Die »Genickschuss«-Kritik

Als das Schreiben des »Kommando George Jackson« bekannt wird, halten es Irmgard Möller und andere RAF-Frauen, mit denen sie in Lübeck im Gefängnis sitzt, glatt für »eine Fälschung«. »Ausgeschlossen« für sie, dass die RAF den GI erschossen hat. »Das war eine Counter-

Aktion!«, rufen die Frauen empört aus ihren Zellenfenstern in Lübeck-Lauerhof – und meinen, der Pimental-Mord sei »eine Geheimdienstaktion«, um der RAF etwas in die Schuhe zu schieben. Als dann herauskommt, dass tatsächlich die RAF den Mord am kleinen Soldaten beging, »konnten wir das erst gar nicht fassen«, blickt Irmgard Möller auf die Gespräche mit anderen RAF-Häftlingen im Sommer 1985 zurück: »Das hat uns zutiefst erschreckt.« Ein »einfacher GI« sei »funktionalisiert« worden, kritisieren sie in ihren Knast-Gesprächen: »Er wurde einfach umgelegt, nur weil man seine ID-Karte brauchte. Das war willkürlich und beliebig und verwischte auch die Grenze, die deutlich machte, gegen wen wir kämpfen und gegen wen nicht. Es war eine brutale Vorgehensweise.«

Ebenso stößt der Mord in der linken Szene auf massive Kritik. Der Genickschuss sei nicht notwendig gewesen, wirft man der RAF vor, sondern »Ausdruck fehlender revolutionärer Moral«: »Die so viel gerühmte RAF-Logistik« liege – kommentiert Mathias Bröckers in der *taz*[321] – »unter dem Niveau eines beliebigen Frankfurter Eierdiebs«. Neu bei der RAF sei »die moralische Verworfenheit«: »Von einem solchen Häuflein Deppen droht dieser Republik keine große Gefahr.«

Knapp drei Wochen nach der Tat reicht die RAF eine gesonderte Erklärung für den Pimental-Mord nach – an die *Frankfurter Rundschau*: »Wir haben Edward Pimental erschossen, den Spezialisten für Flugabwehr, Freiwilliger bei der US-Army und seit drei Monaten in der BRD, der seinen früheren Job an den Nagel gehängt hat, weil er schneller und lockerer Kohle machen wollte, weil wir seine ID-Card gebraucht haben, um auf die Airbase zu fahren. Für uns sind die US-Soldaten in der BRD nicht Täter und Opfer zugleich, wir haben nicht diesen verklärten, sozialarbeiterischen Blick auf sie.«

Aber diese Erklärung kann die Wogen bei der Linken nicht glätten. Im Gegenteil. Karl-Dietrich Wolff, einst Bundesvorsitzender des SDS und mittlerweile Verleger in Frankfurt, antwortet am 11. September 1985 in der *taz*: »An die RAF«: »Alles wäre besser, als so weiterzumachen.« Er attestiert den »Aktionen« der Gruppe »den Verlust von aktuellem politischen Bezug«: »Ihr macht, um Eure mörderische Dummheit zu kaschieren, Edward Pimental, den Ihr ganz im Tscheka-Stil[322] mit Genickschuss getötet habt, nachträglich zu einem ›Spezialisten für Flugabwehr, Freiwilliger bei der US-Army‹. Die US-Army hat im Augenblick nur ›Freiwillige‹ – das ändert nichts daran, dass armen Weißen und farbigen Ghetto-Bewohnern oft die ›freiwillige‹ Meldung zur Armee als einziger Ausweg erscheint. Erst der abgebrühte Mord an Pimental macht

Euch und Euren Verein für diese Soldaten zu Feinden.« Fazit des linken Vordenkers: »Euer ›Krieg‹ enthält kein Bild einer noch so zukünftigen Befreiung. Eure Gewalt ist zum ›Teil des Problems‹, nicht seiner Lösung geworden.«

Die RAF erklärt sich einsichtig und übt Selbstkritik[323] – allerdings erst fünf Monate später: »wir sagen heute, dass die erschießung des gi in der konkreten situation im sommer ein fehler war, der die wirkung des angriffs gegen die air-base und so die auseinandersetzungen um die politisch-militärische bestimmung der aktion, wie der offensive überhaupt, blockiert hat.« Aber ansonsten will die RAF nichts anders machen, sondern – wie sie erklärt – weiter »DEN REVOLUTIONÄREN KRIEG FÜHREN«. Denn, so das erklärte Selbstverständnis: »KÄMPFEN HEISST LEBEN.«

## Planerfüllung: Die RAF hat sich ihr Umfeld geschaffen

Von der »Genickschuss«-Kritik abgesehen: Die »Offensive 1984/85« lief für die RAF weitgehend nach Plan. Das Konzept aus dem 82er »Mai-Papier« ist umgesetzt: Der RAF ist es gelungen, sich ein Umfeld zu schaffen. Die Militanten bombten: Während des Hungerstreiks verübten sie 36 Sprengstoff- und Brandanschläge. Die »politischen Initiativen« rödelten wie irre, warben für die RAF-Politik in mehr als 120 Veranstaltungen.

Die RAF ist zufrieden: »sicher kann man sagen, dass es jetzt einen festen Boden gibt, von dem wir weiter ausgehen können«, erklären – namentlich nicht bekannte – RAF-Mitglieder in einem Interview in ihrer Fanpostille *Zusammen Kämpfen* im April 1985[324]: »es war die erste offensive von gefangenen, widerstand und westeuropäischer guerilla.« Diese Erfahrungen müssten jetzt weiterentwickelt werden, »als bewusster schritt auf die westeuropäische front zu«. Als Erfolg werten die RAF-Interviewten den deutsch-französischen Doppelmord an Audran und Zimmermann: Ihnen ging es darum, »den motor des imperialistischen europaprojekts anzugreifen: die achse paris–bonn«.

Die – wie sie sich nennen – »gefangenen aus der raf und dem widerstand« spielten bei der »Offensive« eine wichtige Rolle. Der von Brigitte Mohnhaupt im Gerichtssaal ausgerufene Hungerstreik war der Startschuss für den Beginn der »Offensive«. Und die Häftlinge selbst bewerten ihren Hungerstreik als »politischen sieg ... in der einheit der guerilla, widerstand, gefangene«.[325] Die RAF zeigt sich begeistert über den Hungerstreik »ihrer« Häftlinge: »die forderungen der gefangenen sind ausdruck ihres authentischen kampfes und das ist das starke«, erklären die RAF-Kämpfer in dem Interview.

Die »neue Strategie der RAF« außerhalb der Gefängnisse erläutert aus Staatsschutzsicht Bundesanwalt Gerhard Löchner: »Der Kampf soll auf drei Ebenen geführt werden.« Oberste ist die »Kommandoebene«. Also die »Illegalen« der RAF.[326] Auf der zweiten Stufe die »Militanten«, die sich, so der Verfassungsschutz, als »eine neue Ebene entwickelt« haben. Und zwar aus »Personen des engeren Umfelds der ›Rote Armee Fraktion‹«, die »aus der ›Legalität‹ heraus Anschläge gegen Objekte durchführen«.[327] Auch »Feierabendterroristen« genannt. Manche sprechen von »RZ-Mustern«, einem Vorgehen nach der Methode der »Revolutionären Zellen«, die ihren strategischen Vorteil gegenüber der RAF gerade darin sahen, nicht aus der Illegalität, sondern aus der Legalität heraus zu operieren.[328]

Dritte Ebene ist das »Umfeld«. Personen, die die RAF-Politik in der Öffentlichkeit vertreten. Die »Sicherheitsbehörden« sprechen von »um die 2 000 Personen«. Dem engeren Umfeld rechnen sie »etwa 200 Personen«[329] zu. Aufgabe des »Umfeldes« aus Staatsschutzsicht: »die ›Öffentlichkeitsarbeit‹ für die ›Rote Armee Fraktion‹ und das Werben für deren Ziele« sowie die Gefangenenbetreuung.[330] Spezialaufgabe eines Teils des »engeren Umfeldes« sei zudem, den »Informationsaustausch zwischen den Häftlingen und den im Untergrund lebenden terroristischen Gewalttätern« zu bewerkstelligen. Einschließlich der Aufgabe, »deren Aufträge zu erfüllen«. Die »Erwartungen« der RAF »hat das engere Umfeld während der Hungerstreikphase voll erfüllt«, konstatiert das Bundesamt für Verfassungsschutz für das Jahr 1985.[331]

Noch nicht so richtig durchblicken die Staatsschützer das Beziehungsgeflecht zwischen den in dieser Phase neu entstandenen »Militanten« und der RAF: Die RAF behauptet, diese seien in »selbstbestimmung« tätig. Also nicht Handlanger oder gar Teil der RAF: sie »organisieren sich so, wie sie es brauchen«[331a]. BKA-Abeilungspräsident Klaus-Herbert Becker hingegen vermutetet »Personenidentitäten« zwischen beiden. Bedeutet: RAF-Mitglieder bomben auch als »Illegale Militante«. Dies würde die »Front« breiter erscheinen lassen als sie tatsächlich ist. Becker geht davon aus, dass die RAF ihre Mitglieder »aus dem Kreis der militanten Anhänger heraus rekrutiert«.

Die »personell neu formierte« RAF ist für Becker und seine Kollegen »schwerer zu berechnen als bisher«: »die Auswahl der angegriffenen Personen richtet sich nicht mehr nach ihrem allgemeinen Bekanntheitsgrad, vielmehr sind auch Anschläge gegen solche Personen möglich, die ihren Symbolwert auf einer niedrigeren gesellschaftlichen oder politischen Ebene haben«.

Besonders gefährlich erscheint ihm die »Internationalisierung des Terrorismus«: »Der Aufbau einer so genannten antiimperialistischen Front in Westeuropa«. Und exakt daran arbeitet die RAF, als der BKA-Abteilungspräsident diese Sätze vor leitenden Beamten in der Polizeiführungsakademie in Hiltrup im Mai 1985 spricht.

# 62. Kapitel: Die »Offensive '86«[332]

## Leichen »wie blutverschmierte schwarze Puppen« – Der Doppelmord von Straßlach

Elf Monate nach dem Pimental-Mord und dem Anschlag auf die Rhein-Main-Airbase: 9. Juli 1986. Mittwochmorgen. Straßlach. Ein kleiner Ort südlich vor den Toren Münchens. Ländliche Ruhe. Sie wird durch einen ohrenbetäubenden Knall zerrissen. Zwei Minuten vor halb acht. Lauter, als wenn ein Düsenflugzeug die Schallmauer durchbricht. Eine Rentnerin im über fünf Kilometer entfernten Hohenschäftlarn ist erbost: »Ich dachte, jetzt fangen die mit ihren Überschallflugzeugen schon in aller Früh an.« Alle in einem Umkreis von mehreren Kilometern bekommen einen Mordsschreck – viele sehen einen Rauchpilz aufsteigen.

Die Stichflamme schießt dreißig Meter hinter dem Ortsausgangsschild »Straßlach« in den Himmel. Staatsstraße 2072, Richtung Grünwald und München. Die Detonation hat einen blaugrauen BMW 735 i regelrecht über die Straße gefegt, in den Straßengraben und weiter in eine Fichtenhecke. Der Wagen ist von Metallteilen durchsiebt. Ein beigefarbener BMW 520 bremst mit quietschenden Reifen. Seine Windschutzscheibe ist durch die Explosion zertrümmert. Heraus springen zwei Männer mit Pistolen. Leibwächter. Aber sie können nichts mehr machen: Karl Heinz Beckurts (56) und sein Fahrer Eckhard Groppler (42) sind tot. »Die beiden sahen aus wie blutverschmierte schwarze Puppen«, berichtet ein Polizist vom Tatort. Beckurts und Groppler hinterlassen jeder Frau und drei Kinder.

Als am Abend die »Tagesschau« über den Anschlag berichtet, fragen sich viele Bundesbürger: »Bekkurts«, »Bekurtz«, »Bäkhurts«, »Beckurts« – wer? Nicht anders als nach dem Mord an Ernst Zimmermann im vergangenen Jahr. Zeitgenossen, die sich in Sachen Energie auskennen, sagt der Name eine Menge: Karl Heinz Beckurts war Siemens-Vorstandsmitglied und einer der einflussreichsten Industriemanager und Atomphysiker der Republik. Entschiedener Verfechter der Kernenergie. Der Verzicht auf sie käme der »Selbstverstümmelung einer Industrienation« gleich, hatte er gewarnt. Die Ablehnung der Wiederaufbereitungsanlage in Gorleben

Karl Heinz Beckurts

könnte dazu führen, erklärte er, dass die Bundesrepublik in puncto Kernenergie hinter anderen Nationen wie Frankreich, Großbritannien und die Vereinigten Staaten zurückfalle.

Geprägt worden war dieser Mann von den nuklearen Gründerjahren in der Bundesrepublik. Jahrgang 1930. Er studierte und promovierte in Göttingen. Dem Zentrum der deutschen Kernforschung in den fünfziger Jahren. So war er von Anfang mit dabei, als in der Bundesrepublik die Grundlagen für die Nutzung der Kernenergie gelegt wurden. Er macht eine steile Karriere in der Atomwirtschaft: Mit achtundzwanzig, 1958, wechselt er zum Kernforschungszentrum Karlsruhe. Mit vierunddreißig wird er Professor. Mit vierzig wissenschaftlich-technischer Geschäftsführer der Kernforschungsanlage Jülich. 1980, er ist gerade fünfzig, holt ihn Siemens nach München. Schon ein Jahr später übernimmt er bei den »Göttern des Olymps« im Vorstand den zentralen Bereich »Forschung und Entwicklung«. Vorgesetzter von 36 000 Menschen. »Er war der Prototyp des sympathischen Managers«, sagt Ministerialdirektor Professor Fritz-Rudolf Güntsch im Bonner Forschungsministerium.

Die Ermittler des Bundeskriminalamts stellen fest, dass die RAF einen 50-Kilo-Sprengsatz in sechs Gasflaschen zündete. Abgestellt auf einem »Retix«-Fahrrad- und Mofaanhänger. Angelehnt an einem Baum neben der Straße. Getarnt mit einem gelben Plastik-Torfsack. Die Zündung erfolgte über eine 60 Meter lange Litze. Die Mörder drückten im entscheidenden Augenblick auf den Knopf – anders als Rolf Klemens Wagner bei dem Haig-Anschlag. Sieben Jahre zuvor. »Da waren absolute Profis am Werk«, staunt ein leitender BKA-Beamter, als er den Wagen mit den beiden Leichen in der Fichtenhecke betrachtet.

Vom Tatort verschwanden die Täter in einem VW-Passat. Einem Dublettenfahrzeug. Den Wagen findet die Polizei an der S-Bahn-Station Oberharching in München. Versehen mit einem typischen RAF-Trick aus dieser Zeit: Der Verriegelungsknopf an einer Tür wurde so verkürzt, dass der Eindruck entsteht, das Fahrzeug sei verschlossen. So kann der Wagen irgendwo abgestellt werden: Egal, wer von der RAF vorbeikommt, kann einsteigen. Der Zündschlüssel ist irgendwo innen versteckt. Und mal wieder staunt die BKA-Tatortgruppe: Obwohl die Beamten den

*Beckurts-BMW: Das Siemens-Vorstandsmitglied starb auf dem Beifahrersitz*

Wagen genauestens unter die Lupe nahmen, »konnten keine auswertbaren Fingerspuren gesichert werden«, berichtet ein BKA-Beamter. Die Kriminaltechniker stellen fest, dass die gefälschten Kennzeichen »M-EL 5830« »identische Prägespuren im Bördelungsbereich« haben wie die Dublettenkennzeichen beim Raubüberfall auf das Waffengeschäft in Maxdorf zwei Jahre zuvor und auch das Dublettenkennzeichen bei dem Mord an Ernst Zimmermann. Zimmermanns Name stand genauso wie der Beckurts' in den RAF-Unterlagen, die zwei Jahre zuvor in der Frankfurter Berger Straße 344 gefunden wurden. Vor dem Anschlag fiel Zeugen in Nähe des späteren Tatorts ein »weißer Kastenwagen« auf, mit drei Personen. Einer von ihnen habe wie Horst Ludwig Meyer ausgesehen, berichten sie übereinstimmend. Der Generalbundesanwalt erwirkt auch wegen dieses Mordes Haftbefehl gegen Meyer.

Unter der Batterie des Zündschalters am Tatort: Das Schreiben des RAF-»Kommando Mara Cagol«. Mara Cagol war die Ehefrau von Renato Curcio. Einem der führenden Mitglieder der italienischen »Brigate Rosse«. Am 18. Februar 1975 befreite sie ihren Mann aus dem Gefängnis in Turin. Eine Riesengeschichte in Italien. Vier Monate später kam sie bei einer Schießerei mit Carabinieri ums Leben. Am 5. Juni 1975. Eine noch größere Geschichte in Italien. Nach den Erkenntnissen der deutschen Sicherheitsbehörden besteht zu diesem Zeitpunkt keine Zusammenarbeit zwischen RAF und Brigate Rosse – anders als zur Action Directe. Die RAF entschied sich für den Namen der Frau, um – wie Fahnder vermuten – den Brigate Rosse zu signalisieren, dass sie an einer Zusammenarbeit interessiert sei.

»beckurts repräsentierte präzise den kurs des internationalen kapitals in der aktuellen phase der politischen, ökonomischen und militärischen strategie des imperialistischen gesamtsystems und treibt ihn voran«, verkünden die Ankläger, Richter und Vollstrecker in einem: »schon in den 70er jahren stand er an der spitze der strategischen ausrichtung des kapitals: er war chef des kernforschungszentrums jülich in der zeit, als es für die bourgeoisie – hier mit der spd an der macht – um die realisierung des atomprogramms ging, das als kriegsmittel auf dem weltmarkt gegen die jungen nationalstaaten, ihre forderung nach einer neuen welt-wirtschaftsordnung konzipiert war um ihnen die festsetzung des öl-preises aus der hand zu schlagen und damit die politische macht, die sie durch das öl als bis dahin wichtigsten energieträger hatten.« Siemens sei »der größte high-tech-konzern in westeuropa und weltweit ... drittgrößter atomkonzern. er steht wie kaum ein anderer konzern in der brd für die geballte macht und aggression der in den miks organisierten reaktionären fraktionen der bourgeoisie.« »miks« ist bei der RAF das Kürzel des »militärisch-industriellen Komplexes« – dessen Kenntnis des Lesers für die RAF-Autoren so selbstverständlich ist, dass sie »miks« nicht erklären. Und Beckurts sei nun eben »bei siemens eine zentrale figur« gewesen. Deshalb der Mord an ihm und seinem Fahrer.

Im Übrigen wolle die »brd« den »sprung zur atommacht«, meint die RAF. Dazu gehörten »angriffe auf das streikrecht« und »die kalkulierte massenarbeitslosigkeit«. Und wieder viele hohle Phrasen wie: »es gibt für die bourgeoisie keinen anderen weg, als die restrukturierung in den metropolen jetzt gewaltsam durchzusetzen und den widerstand faschistisch zu unterdrücken.«

Bei der Linken in der Bundesrepublik stößt auch der Beckurts-Mord ganz überwiegend auf Ablehnung und Erschütterung. »Einen Dienst hat sie der Anti-AKW-Bewegung damit bestimmt nicht erwiesen«, urteilt »Ruth aus Berlin« in einem Leserbrief an die *taz* – in der »Anti-Atomkraft-Bewegung« sammelten sich seit Ende der Siebziger viele linke und ökologisch besorgte Menschen. »Durch Mord lässt sich nichts in der Gesellschaft verbessern«, sagt Otto Schily, einst RAF-Anwalt. Mittlerweile Politiker bei den Grünen – auf dem Weg zur SPD: »Es ist ein unerträglicher Gedanke, dass sich eine kleine Gruppe von Menschen das Recht anmaßt, über Leben und Tod anderer zu entscheiden. Das Einzige, was die RAF erreicht hat, ist ein verstärkter Ausbau der Polizei und des Verfassungsschutzes. Die Anschläge haben zu mehr restriktiven Gesetzen geführt.«[333]

Bei der Auswertung des Doppelmords aus dem Bomben-Hinterhalts stößt das Bundeskriminalamt in einer vertraulichen »Schwachstellenanalyse« auf »signifikante Schwachstellen«: So fuhr Beckurts Fahrer Groppler immer dieselbe Strecke mit demselben Fahrzeug – ohne »Sicherheitsschleifen« . Zudem legte er regelmäßig auf einem Parkplatz in der Nähe von Beckurts' Haus eine Pause ein und las Zeitung, um pünktlich vorzufahren. »Hier bestand für die Täter eine gute Möglichkeit, sich zu vergewissern, dass das Opfer anwesend war«, urteilten die BKA-Analytiker. Zwar wurde Beckurts unterwegs stets von zwei Leibwächtern des Siemens-Werkschutzes begleitet, nachdem sein Name in der Berger Straße gefunden worden war. Aber, so wundern sich die Beamten, er hatte kein »sondergeschütztes Fahrzeug« bekommen. Sprich: einen gepanzerten Wagen. Kroesen hat ein solches Auto das Leben gerettet.

## Die drei in der Eisdiele

Vier Wochen nach dem Beckurts-Mord. 2. August 1986. Sonnabendnachmittag. Halb vier. Das Eiscafé »Dolomiti« in der Grün-Passage in Rüsselsheim: »Coup Danmark« und ein »Schwarzwaldbecher« werden serviert. Einem Mann fallen zwei Frauen und ein Mann auf. Immer, wenn die Bedienung oder sonst jemand in die Nähe ihres Tisches kommt, verdecken sie hastig die Papiere auf ihrem Tisch. »Verdächtig«, sagt sich der Mann und ruft bei der Polizei an. Die aber ist skeptisch. Der Anrufer ist bei ihr als »Oberverdachtsschöpfer« bekannt. Schon häufiger hatte er den Beamten Tipps gegeben. Allesamt Flops. So kommen zwei ganz gewöhnliche Kriminalbeamte vom Schichtdienst in die Eisdiele, Eis essen. Die beiden sehen das Gleiche wie der Anrufer: Immer, wenn jemand in die Nähe des Tisches kommt, verdecken die drei geheimnistuerisch ihre Zettelwirtschaft.

Die beiden Beamten entschließen sich zum »Zugriff«. Sie sind schnell. So schnell, dass die dunkelhaarige Frau keine Chance hat, zu ihrer SIG-Sauer-Pistole zu greifen, die sie unterm Jeansrock trägt. Auch aus der Waffenstube in Maxdorf. Die beiden anderen sind unbewaffnet. Die Unterlagen auf dem Tisch entpuppen sich als Skizzen vom Bundesministerium für wirtschaftliche Zusammenarbeit. Bonn, Karl-Marx-Straße.

Erst nach einem Vergleich der Fingerabdrücke sind die Beamten sich

*Eva Haule-Frimpong*

sicher, wer die Knarre unterm Rock trug: Eva Haule-Frimpong (32). Seit zwei Jahren per Steckbrief gesucht. Ihr Aussehen hat sie völlig verändert. Das Fahndungsfoto: strähnig lange Haare mit Mittelscheitel und großer Hornbrille. Jetzt trägt sie eine Kurzhaarfrisur mit Seitenscheitel und keine Brille mehr. Sieht aus wie eine Jungmanagerin. Die beiden anderen, Christian Kluth (27) und Luitgard Hornstein (23) – ein Pärchen aus Düsseldorf –, kommen von einer »Kämpfenden Einheit«. So nennen sich die »Militanten« mittlerweile.

Durch die Festnahme des Trios in der Eisdiele und die Beobachtungen der beiden Kriminalbeamten nur wenige Tische entfernt – alles dank des »Oberverdachtsschöpfers« – bestätigt sich für die Ermittler, was sie schon seit dem Auftreten der »Militanten« vermuteten, seit anderthalb Jahren: dass sie von der RAF angeleitet werden. Die drei besprachen Einzelheiten für den Anschlag auf das Entwicklungshilfeministerium in Bonn. Sogar der Name für das Kommando stand schon fest: »Kämpfende Einheit Ernesto Flores«.[334] Ernesto Flores war ein salvadorianischer Guerillaführer. 1986 kam er ums Leben.

Eva Haule-Frimpong gehörte seit zweieinhalb Jahren zum »Kernbereich« der RAF, urteilt später das Oberlandesgericht Stuttgart.[335] Seit Februar 1984.

1954 kam Eva Haule in Tübingen zur Welt. Abitur 1974. Auf einer Karteikarte des John-F.-Kennedy-Wirtschaftsgymnasiums in Esslingen notiert einer ihrer Lehrer ihren Berufswunsch: »Journalistin«. Nach dem Abi studiert sie sechs Jahre vor sich hin. Ohne Abschluss. Pädagogik in Esslingen. Sozialwesen in Reutlingen. Sozialpädagogik in Berlin. Mit vierundzwanzig, Anfang 1979, zieht sie nach Berlin. Dort lernt sie die »Hardcore-Linke« kennen. Auch Manuela Happe, mit der sie später in den Untergrund geht. Schon bald nach ihrer Ankunft in der geteilten Stadt wird sie Häftlingsbetreuerin. Für zwei Mitglieder der »Bewegung 2. Juni«.

Mit sechsundzwanzig, im Dezember 1980, heiratet sie einen Asylbewerber aus Ghana namens Frimpong. Dass sie »mit ihrem Ehemann jemals zusammengelebt hätte, ließ sich nicht feststellen«, urteilen später ihre Richter.[336] Im Mai 1982, mit siebenundzwanzig, übernimmt sie die Betreuung von Lutz Taufer in der Justizvollzugsanstalt Celle. Einem aus dem RAF-Stockholm-Sextett. Das Oberlandesgericht Düsseldorf[337] verurteilte ihn zu »lebenslanger Freiheitsstrafe«. Wegen »gemeinschaftlichen Mordes in zwei Fällen« und anderer Straftaten.[338] Nachdem Christian Klar im November 1982 festgenommen wurde, übernimmt sie auch dessen Betreuung. Sie selbst lebt von Sozialhilfe.

Wenige Tage nachdem die Hauptverhandlung gegen Klar begonnen hat, geht Eva Haule-Frimpong in den Untergrund. Zu der Gruppe um Helmut Pohl. Februar 1984. Fünf Monate später wohnt auch sie in der Berger Straße in Frankfurt. Entgeht aber »durch einen bisher nicht geklärten Zufall der Festnahme«.[339] Das »Waffengeschäft Walla«, in dem die dritte »RAF-Generation« sich ihren Waffenstock besorgt – zweiundzwanzig Pistolen und zwei Flinten – und »Oberammergau« sind ihre Projekte. Ebenso der Pimental-Mord und der Anschlag auf die Airbase in Frankfurt. Außerdem wird sie »Verbindungsperson« der RAF zur französischen Action Directe (AD). Im Rahmen der »internationalen Zusammenarbeit« bekommen die Freunde in Frankreich von der RAF Schusswaffen aus der Walla-Beute.[340] Umgekehrt erhält Haule-Frimpong von der AD zwei gefälschte belgische Ausweise.[341] Mit der Eisenbahn fährt sie zu den diversen Treffs. Bei ihrer Festnahme finden die Ermittler einen gefälschten »Juniorpass« der Deutschen Bahn. Wo sie wohnt, bleibt im Dunkeln.

Christian Kluth und seine Freundin Luitgart Hornstein[342] gehören zu einer Gruppe des von der RAF koordinierten militanten »Widerstands« in Düsseldorf. Auf das Konto der Aktivisten geht unter anderem der Sprengstoffanschlag auf die Firma Dornier in Immenstaad am Bodensee eine Woche zuvor: In der Nacht zum 25. Juli 1986 flog dort eine im Kofferraum eines Golfs versteckte Bombe in die Luft. 1,3 Millionen Mark Schaden. Die Tat der »Kämpfenden Einheit Maria Luisa Aronez«. Aronez war eine peruanische Untergrundkämpferin. Bei einem Attentat kam sie selbst ums Leben.

Kluth ist ein ehemaliger Kindergarten-Praktikant. Dann Zivildienst. In einem Heim für spastisch gelähmte Kinder. Anschließend Uni Düsseldorf. Philosophie und Erziehungswissenschaften. Er wechselt nach Duisburg und zu den Sozialwissenschaften. Prüfungen macht er keine. Das Studium finanziert sein Vater. Schriftsetzer. Als Christian Kluth in der Eisdiele verhaftet wird, ist er Student im sechsten Semester.

Auch Luitgard Hornstein, Jahrgang 1963, kommt vom »Sozial-Fach«: Bei ihrer Festnahme ist sie im achten Semester. Sozialwissenschaften. Universität Duisburg.

Kluth und Hornstein haben »astreine bürgerliche Cover«, die für die Ermittler bei den »Militanten« typisch sind. Beide sind ordentlich polizeilich gemeldet. Nicht vorbestraft. Und machen brav ihre Ausbildung – so scheint es.

Durch die Festnahme fällt der Anschlag auf das Bundesministerium für wirtschaftliche Zusammenarbeit ins Wasser. Für den »Oberverdachtsschöpfer« zahlen sich die zwanzig Pfennige für den Anruf bei der Polizei aus: Er erhält 100 000 Mark »Kopfgeld«: 50 000 Mark für Haule-Frimpong, jeweils 25 000 Mark für die beiden anderen. Bereits vier Tage nach der Festnahme – und steuerfrei. Aus dem »Sonderfonds für Terroristen-Fahndung« des Bundeskriminalamts. Eine neue Zahlpraxis der »RAF-Jäger«. Früher gab es die Belohnung für Tippgeber erst, wenn der Gefasste rechtskräftig verurteilt worden war – weil die Belohnung »für die Aufklärung eines Verbrechens« ausgesetzt worden war. Und das kann viele Jahre dauern. In den Zeitungen hatte es einige unschöne Artikel gegeben, weil die Hinweisgeber so lange auf »ihr« Geld warten mussten. Da es für die Polizei immer schwieriger geworden war, RAF-Mitglieder zu fassen, und sie deshalb verstärkt auf Hinweise aus der Bevölkerung setzte, sollte die »Sofortkasse« einen besonderen Anreiz für »Kommissar Bürger« bieten. Melde. Und kassiere. Die entscheidenden Verhaftungen in den vergangenen Jahren gingen allesamt auf Hinweise aus der Bevölkerung zurück: Mohnhaupt, Schulz und Klar im November 1982, Pohl und seine fünf Freunde in der Berger Straße 1984. Und nun die drei in der Eisdiele.

Die »Kämpfenden Einheiten« begleiten die RAF-»Offensive '86« mit neun Anschlägen. Mit denselben Zielen wie die RAF: Fünfmal gegen den »mik«, den »militärisch-industriellen Komplex«. Und viermal gegen den politisch-staatlichen Bereich. Am 24. Juli 1986 gehen zwei Propangas-Flaschen-Bomben vor dem Fraunhofer-Institut für Lasertechnik in Aachen hoch. Mehrere Millionen Mark Sachschaden. Am 11. August 1986 sprengt eine »Kämpfende Einheit« beim Bundesgrenzschutz in Swisttal-Heimerzheim einen Antennenmast und ein Fernmeldegebäude. Und am 8. September 1986 explodiert eine Bombe in einem Golf vor dem Bundesamt für Verfassungsschutz in Köln. Dutzende Fensterscheiben des Amtes gehen zu Bruch. Räume werden verwüstet. Jedoch nichts getroffen, »was zum zentralen Nervensystem« des Bundesamtes gehört, erklärt umgehend der Amtssprecher. Sachschaden in Millionenhöhe. Splitter verletzten *Jochen Müller* (26). Einen Auslieferungsfahrer, der bei seinem Job an dem Golf vorbei kam, den die »Kämpfende Einheit« in die Luft jagte.

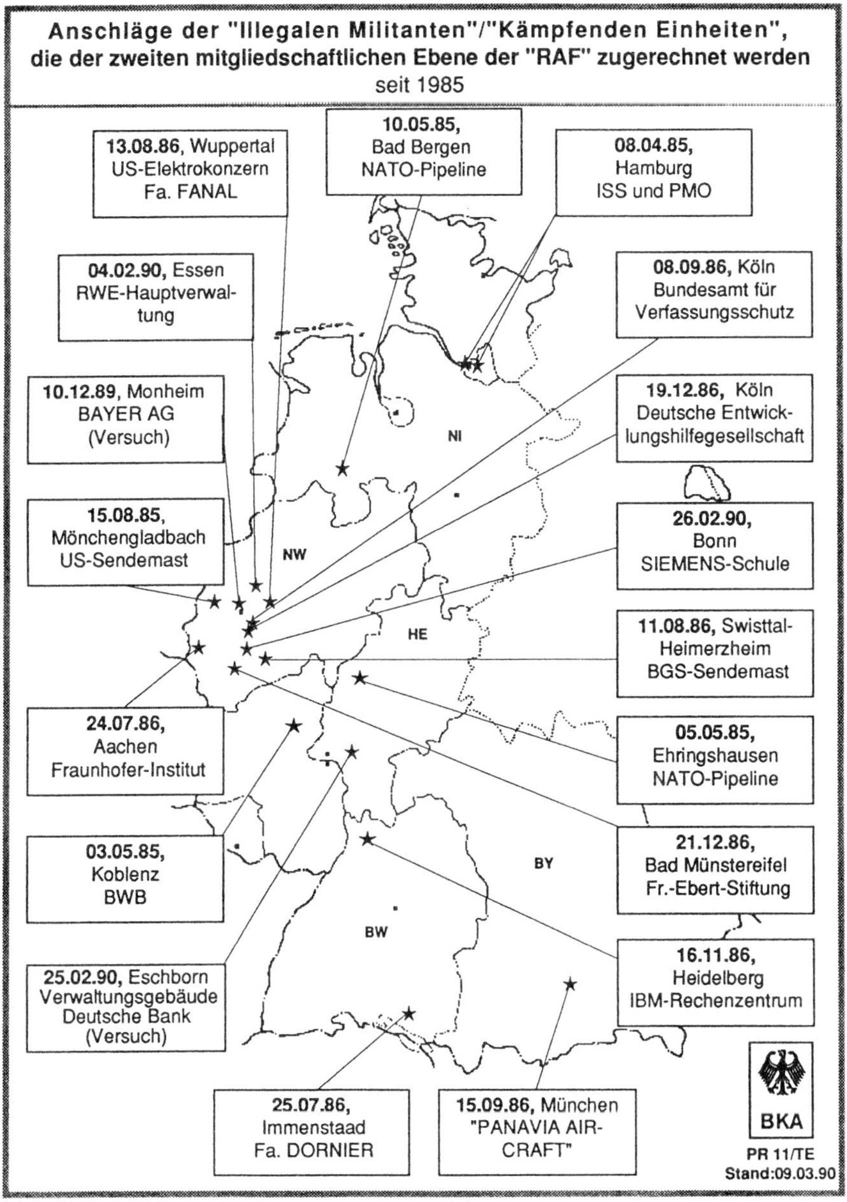


*BKA-Skizze: Anschläge der »Illegalen Militanten«/»Kämpfenden Einheiten« zwischen 1986 und 1990*

Mittlerweile operieren die »Kämpfenden Einheiten« zum Teil genauso wie die RAF in Oberammergau und auf der Rhein-Main-Airbase: mit Kofferraum-Bomben. Bei einigen Anschlägen verwenden sie die gleichen Signal-Propangasflaschen wie die RAF beim Beckurts-Anschlag. In den Selbstbezichtigungsschreiben der »Kämpfenden Einheiten« finden sich oft Parolen und Phrasen aus RAF-Erklärungen wieder.

Außer den neun Anschlägen, bei denen sich die Täter »Kämpfende Einheiten« nennen, erfolgen 1986 acht weitere Sprengstoff- und Brandanschläge des RAF-Umfeldes, wie die Polizei durch die »Begleitschreiben« feststellt.

## »'ne politische diskussion entwickeln« – Der Frankfurter Kongress

1986. Das ist das Jahr, in dem die RAF offensiv neue Freunde sucht. Händeringend. Um die »Front« für die »Offensive '86« zu verbreitern, lädt Anfang 1986 das RAF-Umfeld zu einem »Internationalen Kongress« nach Frankfurt. Eine solche Veranstaltung hatte es zuvor nicht gegeben: Rund eintausend Menschen kommen vom 31. Januar bis 4. Februar 1986 in die Fachhochschule am Nibelungenplatz. Diskutierten über das Thema »Antiimperialistischer und antikapitalistischer Widerstand in Westeuropa«.

Am Eingang stehen »Genossen« und filzen »Genossen« – um zu verhindern, dass Staatsschutz-Mikrophone ins Gebäude getragen werden. Nicht nur der Staatsschutz muss draußen bleiben. Auch die Presse. »Weil sie eh nichts Authentisches über uns schreibt«, erläutert einer der Ordner den Journalisten.

Ziel der Initiatoren für das Brainstorming der tausend: »zusammenzukommen, zusammen zu kämpfen, bewegung zu sein und hier die einheit des revolutionären widerstandes zu entwickeln«. Ausgangspunkt für die Veranstalter ist die »einheit von guerilla, widerstand und gefangenen« und ein »zusammenwirken der kämpfe in westeuropa«, von ihnen verstanden »als bewußter prozeß der revolutionären umwälzung, der sich im aufbau der westeuropäischen front konkretisiert«. Das ist exakt die »Front«-Vorstellung der RAF. Die »Trichotomie«: »Guerilla, Widerstand und Gefangene«. Den Veranstaltern geht es darum, »'ne politische diskussion zu entwickeln«, nach den »erfahrungen der letzten zeit«: »nach der offensive von raf und ad und von militanten gegen die rhein-main-infrastruktur der nato und der us-armee im sommer«.[343] Kurzum: Die Front soll verbreitert und gestärkt werden.

Die RAF-Freunde möchten in Frankfurt auch die so genannten »Autonomen« für die »Front«-Idee gewinnen. Seit Anfang der achtziger Jahre gibt es sie in vielen deutschen Städten. Bei Demonstrationen marschieren sie in geschlossenen »schwarzen Blocks«. Tragen »Hasskappen«: schwarze Masken, unter denen nur die Augen hervorgucken. Demo-Hardcore-Typen. Rund zweitausend »Autonome« gibt es 1986 bundesweit. Sie haben kein gemeinsames einheitliches ideologisches Konzept. Wollen eben gerade »autonom« sein. Gemeinsam ist ihnen der »Hass gegen den Staat«: »Was uns von anderen Linken unterscheidet, ist der Stein in der Hand und der Knüppel im Nacken«, erklären sie in einem 1986 in Berlin verteilten Flugblatt: »Im Tränengasnebel fühlen wir uns immer noch am autonomsten und was uns darüber hinaus zusammenhält, wissen wir auch nicht so genau zu sagen.« Und die sollen nun in den »Widerstand«, wie einige aus dem RAF-Umfeld in Frankfurt signalisieren. Aber die kritisieren den RAF-Mord an dem US-Soldaten Pimental. Durch ihn seien »Gemeinsamkeiten« schon im Ansatz erstickt worden. Keine Basis. Die »Autonomen« bleiben das, was sie sind: autonom.

Und auch Terror-Kleingruppen, die sich mit Namen wie »Kommando hau weg den Scheiß«, »Marmor, Stein und Eisen bricht« und »Revolutionäre Heimwerker« mittels Sachschaden-Anschlägen Öko-Themen widmen, wollen mit der mordenden RAF nichts zu tun haben.

Auch davon abgesehen, erreicht der Frankfurter Kongress sein Ziel nicht: die Kräfte an der »antiimperialistischen Front in Westeuropa« zu sammeln. Und so marschiert die RAF mit ihren alten Freunden aus dem »Widerstand« in die »Offensive '86«. Den »politischen Initiativen« und den »Kämpfenden Einheiten« – wie das Treffen in der Eisdiele zeigt.

## Der »Geheimdiplomat« Gerold von Braunmühl

### ➤ Tod auf dem Weg ins Wochenende

Ein Vierteljahr nach den Morden an Karl Heinz Beckurts und seinem Fahrer Eckhard Groppler. Bonn, 10. Oktober 1986: Das Bundesaußenministerium in der Adenauerallee 99–103. Seit Stunden ist es draußen finster. Wie jeden Abend brennt lange Licht hinter dem Fenster von Gerold von Braunmühls Büro. Der Ministerialdirektor hält es nicht anders als sein Chef Hans-Dietrich Genscher: Erst die Akten. Dann die Familie. Irgendwann nach neun ruft er ein Taxi. Schaltet das Licht aus, geht runter und steigt in den Wagen.

Gerold von Braunmühl ist einundfünfzig. Seit einem Jahr Leiter der

Gerold von Braunmühl

Abteilung 2. Eine der wichtigsten politischen Abteilungen im Auswärtigen Amt. Er ist zuständig für »Europäische Einigung und Europäische Zusammenarbeit« (EPZ), den Europarat, die Westeuropäische Union, die NATO, die Beziehungen zu den westeuropäischen Staaten, Amerika und Kanada, die Ost-West-Beziehungen und das Verhältnis zur Sowjetunion. In der nächsten Woche muss er wieder einmal zum sowjetischen Außenminister Schewardnadse nach Moskau fliegen. Dieses Mal, um mit ihm die KSZE-Konferenz in Wien vorzubereiten.

Seit zwanzig Jahren ist Gerold von Braunmühl im Auswärtigen Dienst. Seit 1966. Als Attaché an der deutschen Botschaft in Washington fing er an. Mittlerweile gilt er als aussichtsreicher Anwärter für den nächsten freien Staatssekretärsposten im Auswärtigen Amt. Ein enger Vertrauter des Ministers: »Mein Ziehsohn«, sagt Hans-Dietrich Genscher über Gerold von Braunmühl: »Alles, was der Mann vorlegt, ist so astrein, das könnte ich blind übernehmen.«

Über den Venusberg fährt das Taxi nach Ippendorf, einem beschaulichen Vorort oberhalb Bonns. Vor seiner Wohnung in der Buchholzstraße 34a zahlt Gerold von Braunmühl und steigt aus. Zwei Minuten nach halb zehn. Der Taxifahrer öffnet den Kofferraum, um von Braunmühl seine beiden Aktentaschen zu geben. In diesem Moment taucht aus der Dunkelheit eine kleine Gestalt auf. Ganz in Schwarz gekleidet. Vermummt mit einer Wollmütze. Kaum größer als 1,65 Meter. Untersetzt und forsch in der Bewegung. Der wortlose Wicht schießt mit einer Pistole auf Gerold von Braunmühl. Zwei Kugeln treffen den Beamten in den Oberkörper. Fassungslos springt der Taxifahrer hinter eine Hecke, in Sicherheit. Ein Vierundzwanzigjähriger, der sich sein Studium verdient. Von Braunmühl versucht zu flüchten. Schleppt sich auf die andere Straßenseite. Kommt zwanzig Meter weit. Dann stürzt er, sucht Schutz hinter einem VW-Scirocco. Verzweifelt schiebt er seine Aktentasche unter den Kopf. Ein zweiter Vermummter taucht auf. Feuert ihm aus nächster Nähe zweimal in den Kopf – »regelrechte ›Fangschüsse‹«, sagt ein BKA-Ermittler wenig später am Tatort.

Der Schütze greift sich die Aktentasche des Sterbenden und rennt mit seinem Komplizen weg. In einem dunkelroten Kadett GL1,3 S verschwinden die beiden Mörder in der Dunkelheit. Ein Dublettenfahrzeug.

*RAF-»Tatort Bonn«: Gerold von Braunmühl*

Hilde von Braunmühl, die im Wohnzimmer ihren Mann erwartete, stürzt aus dem Haus. Sieht ihren sterbenden Mann. Ein Notarztwagen kommt. Zu spät. Mit einem weißen Tuch wird die Leiche abgedeckt. Die Spurensicherung erscheint, taucht den Tatort mit ihren Scheinwerfern in gleißendes Licht. Polizeibeamte sperren die Stelle weiträumig ab. Im Schein der Lampen steht die Witwe starr und fassungslos vor dem weißen Tuch. Auf einmal drängt durch die Polizeiabsperrung ein junger Mann mit einem Fahrrad. Es ist Dirk, von Braunmühls zweitältester Sohn. Er kommt gerade nach Hause.

Einhundert Meter vom Tatort entfernt, vor der Botschaft der ČSSR, findet ein Radfahrer das Selbstbezichtigungsschreiben des RAF-»Kommando Ingrid Schubert« – Ingrid Schubert gehörte zur ersten RAF-»Generation«: Eine der Frauen aus der Amazonen-Truppe, die Andreas Baader 1970 befreite. 1977 erhängte sie sich in ihrer Zelle in München-Stadelheim. Drei Wochen nach dem kollektiven Selbstmord in Stammheim.

»heute haben wir mit dem kommando ingrid schubert den geheimdiplomaten braunmühl, politischer direktor im außenministerium und eine der zentralen figuren in der formierung westeuropäischer politik im imperialistischen gesamtsystem, erschossen«, beginnt die RAF-Erklärung: »er saß als vertreter der bundesregierung im politischen komitee der ›europäischen politischen zusammenarbeit‹ (EPZ), das zum wichtigsten instrument der politischen formierung und durchschaltung der staatsapparate in westeuropa geworden ist.« Zusammen mit Regierungsvertretern aus anderen Ländern erarbeite er »die sicherheitspolitischen linien für die europäische nato-säule, um die politisch-militärische macht westeuropas und so die der nato insgesamt zu stärken.« RAF-Parole am Ende des Schreibens: »DIE OFFENSIVE AUFGREIFEN UND WEITERENTWICKELN!«[344]

Für die »Terrorismusbekämpfer« des Bundeskriminalamts belegt das Schreiben, »dass sich die Täter sehr ausführlich mit Person und beruflichem Umfeld ihres Opfers befasst haben«. Alarmierend für sie die Mitteilung in dem Papier: von Braunmühl habe sich zu »vertraulichen viererkonsultationen« mit »politischen direktoren der amerikanischen, britischen und französischen außenministerien« getroffen. Das wussten selbst unter Bonner Insidern nur wenige.

Mit der Tat dokumentiert die Rote Armee Fraktion die – wie Andreas Baader schon elf Jahre zuvor im Stammheimer Gerichtssaal formulierte – »Kontinuität in der Stadtguerilla in der Bundesrepublik«: Die dritte RAF-Generation erschoss von Braunmühl mit derselben Smith & Wesson, mit der die zweite »Generation« neun Jahre zuvor Arbeitgeberpräsident Schleyer ermordet hatte. Das Kommando der »Enkel-Generation« benannte sich nach einem Mitglied der ersten RAF-»Generation«. Die andere Pistole beim Braunmühl-Mord stammt aus Maxdorf. Der Raub bei Waffen-Walla.

Die Kriminaltechniker stellen fest: Das von den Tätern für den Dubletten-Kadett gefertigte Kennzeichen wurde mit demselben Prägewerkzeug gefälscht wie die Kennzeichen der Fluchtfahrzeuge nach den Morden an Zimmermann und Beckurts sowie dem Raubüberfall auf das Waffengeschäft Walla in Maxdorf. Und das Selbstbezichtigungsschreiben stammt aus derselben Schreibmaschine wie die Erklärungen zu den Morden an Zimmermann, Pimental und Beckurts sowie nach dem Doppelmord durch den Sprengstoffanschlag auf die Rhein-Main-Airbase in Frankfurt.

RAF-Tatort Bonn: Das ist eine neue Dimension. Das hat es noch nicht gegeben. In der Stadt, in der das Thema Sicherheit so groß geschrieben wird wie in keinem anderen Ort im Land. Rund um die Uhr sind Hunderte von Sicherheitskräften im Einsatz. Ganze fünf Kilometer vom Tatort entfernt sitzt die Sicherungsgruppe Bonn, in Meckenheim. In der Bundeshauptstadt geht die Angst um. »Unsere Namen und Funktionen stehen in jedem Handbuch«, sorgt sich ein Bonner Ministerialdirektor: »Da brauchen die Terroristen nur auszuspionieren: ›Wann geht der

Mann nach Hause?‹, da kommt aus dem Gebüsch ein Mann mit einer Maske und schießt. Zack, und dann ist alles aus. Davor ist keiner sicher.« Im öffentlichen Telefonbuch stehen von Braunmühls Telefonnummer und Privatadresse – die von fast allen anderen Ministerialen auch. Und in jeder Buchhandlung gibt es Porträts der gesamten Bonner Führungsriege der Ministerialbürokratie zu kaufen: Im »Handbuch der Bundesregierung« – mit Adresse, Foto und Lebenslauf. Darunter von Gerold von Braunmühl.

Von Braunmühls Chef Hans-Dietrich Genscher stand ganz oben im Schutzprogramm des BKA. Niemand wäre auf die Idee gekommen, dass ein Mann zwei Stufen tiefer – nach den Staatssekretären – ins RAF-Visier geraten könnte.

Ermittler vermuten, dass die RAF, nachdem sie alles ausgespäht hatte, nichts anderes tat, als den Bonner Taxifunk abzuhören. Als Gerold von Braunmühl Feierabend machte und die Taxe rief, hörten die Täter im Funk den Auftrag an den Fahrer und wussten: In einer Viertelstunde ist unser Opfer da.

Mit diesem Anschlag eröffnete die RAF ein neues Aktionsfeld: Nach dem »militärischen« (Haig, Kroesen) und »militärisch-industriellen« Komplex (Zimmermann, Beckurts) nun auch noch den »politisch-staatlichen« Bereich.

Fünf Tage später. Bonn. Kanzleramt. Kabinettssitzung bei Bundeskanzler Kohl. Eines der Themen: Der Von-Braunmühl-Mord. Helmut Kohl schaut betreten. Allen ist ein wenig flau. Zum ersten Mal hat sich die RAF ein Opfer aus einem Bundesministerium herausgepickt. »Tatort ist Bonn«, sagt Bundesaußenminister Genscher: »Eine Trauerfeier reicht nicht.« Wenn er abends nach Hause fahre, habe er das Gefühl, nichts habe sich geändert. Der Ernst der Lage sei nicht erkannt worden. Der Bundesaußenminister und frühere – zu Zeiten Baader-Meinhofs – Bundesinnenminister blickt in die Runde und fragt: Warum wurden nicht gleich nach dem Attentat die Autobahnauffahrten gesperrt? Und warum denn nicht Bundesgrenzschutzeinheiten von der DDR-Grenze nach Bonn verlegt würden? Er macht eine der typischen Genscher-Pausen – fährt süffisant fort: Er habe »nicht das Gefühl, dass aus der DDR ein Angriff geplant ist«. Die Länderinnenminister müssten zusammengetrommelt werden, verlangt Genscher. Das Reden von neuen Gesetzen helfe nicht weiter: »Schon heute gibt es viele Möglichkeiten.«

Alle nicken. Sind von Genschers Worten beeindruckt. Siegfried Lengl, CSU-Staatssekretär im Entwicklungshilfeministerium, beugt sich über den Tisch und raunt dem FDP-Bundesaußenminister anerkennend zu:

»Das war die Rede, die der Innenminister hätte halten müssen.« Der aber hat die Kabinettssitzung schon verlassen. Er heißt Friedrich Zimmermann (CSU).

### ➤ »Ihr habt unseren Bruder ermordet«

Dem Mord an Gerold von Braunmühl folgt eine lebhafte Diskussion innerhalb der Linken: Darüber, ob Kopfschüsse ein Mittel »revolutionärer« Politik sein können.

Die Kontroverse beginnt mit einem Brief der fünf Brüder des Getöteten: »An die Mörder unseres Bruders«. Die *taz* druckt das Schreiben auf Seite 1 als Aufmacher. Vier Wochen nach dem Mord: »Ihr habt unseren Bruder ermordet. Ihr habt Euren Mord begründet. Wir wollen Euch auf diese Begründung antworten«, beginnen die Von-Braunmühl-Brüder. »Eure Begründung ist eine Art Abhandlung: Fünf Seiten Weltpolitik, wie Ihr sie seht, eine halbe Seite, die wie ein schlecht passender Einschub wirkt – Aufzählung einiger Funktionen unseres Bruders und ein paar Worte zu dem, wovon Ihr meint, dass es sein Ziel gewesen sei.

Eure Sprache ist wie Beton. Fest verbarrikadiert gegen kritisches Denken, gegen Gefühle und gegen jede Wirklichkeit, die sich ihren erstarrten Begriffen nicht fügen will. Sie gibt dem, der sie spricht, immer Recht. Sie ist schwer verständlich, obwohl sie alles so einfach macht …«

Die Von-Braunmühl-Brüder stellen der RAF eine Reihe von Fragen – bohrende Fragen: »Fragt Euch niemand, wie Ihr Eure Theorien überprüft und Eure Behauptungen beweist? Und wie legitimiert Ihr das, was Ihr tut? Macht es Euch keine Schwierigkeiten zu erklären, wie eine zwanzig- oder zweihundertköpfige Gruppe, die sich kommunistisch nennt, das macht, ›als internationales proletariat zu denken und zu handeln‹? Dass ›der prozeß der front hier und jetzt nicht massenhaft verläuft‹, ist Euch nicht entgangen. Auf die Zustimmung der Menschen, für die Ihr denken und handeln wollt, habt Ihr verzichtet. – Wer erleuchtet Euch? Wer macht Euch zu Auserwählten Eurer elitären Wahrheit? Wer gibt Euch das Recht zu morden? Gibt es irgendetwas außerhalb Eurer grandiosen Ideen, was Euch erlaubt, einem Menschen Eure Kugeln in den Leib zu schießen?

Glaubt Ihr wirklich, jemanden davon überzeugen zu können, dass Ihr ausgerechnet mit dem Mord an unserem Bruder den ›strategischen plan der imperialistischen bourgeoisie, weltherrschaft zu erreichen, in seinen konkreten aktuellen projekten angegriffen‹ habt? Vielleicht habt Ihr deshalb den ›Geheimdiplomaten‹ erfunden, weil das so schön verrucht klingt und ein wenig über die Verlegenheit hinweghelfen soll, die es Euch bereitet, gerade diesen Mord ›politisch vermitteln‹ zu müssen.«

Fazit der fünf Brüder: »Ihr setzt die mörderische Tradition derer fort, die sich für Auserwählte der Wahrheit halten, in deren Namen sie die schlimmsten Verbrechen begehen. Ihr seid auf dem schlechtesten Weg. Gegen Unrecht und Gewalt, die von Staaten und Regierungen ausgehen, werdet Ihr mit Eurem Terror am wenigsten ausrichten. Einer menschenwürdigen Welt werdet Ihr uns mit Euren Morden kein Stück näher bringen. Hört auf. Kommt zurück. Habt den Mut, Euer geistiges Mordwerkzeug zu überprüfen. Es hält der Prüfung nicht stand. Treffend sind nicht Eure Argumente, treffend sind nur Eure Kugeln. Ihr habt das Abscheulichste und Sinnloseste getan.«

Der Brief löst eine wochenlange Diskussion in der Linken aus: Wie steht man zur RAF und ihren Taten? Es geht ans Eingemachte. Die einen meinen, was die RAF mache, sei notwendig. »Eine Linke, die Gewalt als Mittel der Politik ausschließt und sich freiwillig der bürgerlichen Moral und ihren Spielregeln unterwirft, hat aufgehört, revolutionär zu sein«, erklärt »Der Autonome vom Dienst« den *taz*-Lesern. Ihm stehe »trotz allem weltfremden Gefasel, trotz Stalinismus und Genickschuss, trotz ermüdender Streitereien mit Anti-Imps, die RAF immer noch sehr viel näher als die Friedens- und Moralapostel, die heute über die Gewalt jammern«. Ein »vollkommen geschichtsloses Rangehen an das Problem« hält »Peter Pan aus Berlin« dem Teil der Linken vor, der sich »einfach ans Katheder stellt und fordert, die RAF möge doch bitte gefälligst mit dem Morden aufhören«. Es müsse doch begriffen werden, »dass die Gewalt gegen Funktionsträger in diesem Staat ein geschichtlich gewachsener Teil des linken Widerstandes ist und zu ihm gehört – überall in der Welt«. Und die »Besetzerin vom Dienst« erklärt die Dinge damit, dass von Braunmühls »Tod schon so was wie sein Berufsrisiko gewesen« sei.

Ganz überwiegend aber stößt das Morden der RAF bei den Linken auf Ablehnung. Vor allem drei Argumente tauchen bei den RAF-Gegnern auf: Zum einen eine prinzipielle Ablehnung des Mordens. Insbesondere die Erkenntnis, dass – wie es Antonin aus Paris formuliert – »mit den Schüssen auf jemanden wie Beckurts oder Braunmühl allein die Angehörigen und Freunde der Ermordeten getroffen werden, nicht aber der Staat«. Zum Zweiten eine schlicht »funktionale« Betrachtung nach dem Motto: Morde beseitigen die Probleme nicht. »Das Erschießen von Schleyer, ... Braunmühl konnte Tschernobyl und die Vergiftung des Rheins nicht verhindern«, schreibt eine *taz*-Leserin, die ihren »Namen nicht dem Staatsschutz preisgeben will«. Und zum Dritten die Befürchtung, dass die Linke als Konsequenz aus den Morden selbst Nachteile erleiden könnte. So schaden die RAF-Mörder, wie Kai aus Lauterbach schreibt, »uns vor allem durch schärfere Gesetze, die im Gefolge solcher Anschläge durchgesetzt werden«.

Die, an die der »Offene Brief« der Von-Braunmühl-Brüder[345] gerichtet war, antworten nicht: Die RAF schweigt.

## Die Action Directe zieht nach – und wird gefasst

Auch diesmal gibt es ein blutiges Wechselspiel zwischen RAF und AD. Ähnlich wie bei den Morden an Audran und Zimmermann: Fünf Wochen nachdem von Braunmühl auf der Straße von der RAF ermordet wurde, erschießen am 17. November 1986 zwei Frauen der Action Directe in Paris Georges Besse. Den Chef des Autokonzerns Renault. Ebenfalls auf offener Straße.

Mit den Morden an Gerold von Braunmühl und Georges Besse endet die »Offensive '86«. Kurz danach auch die »deutsch-französische Zusammenarbeit«. Die französische Gendarmerie verhaftet am 21. Februar 1987 die vier AD-Köpfe auf einem Bauernhof in Vitry-aux-Loges bei Orléans: Jean-Marc Rouillan, Nathalie Ménigon, Joelle Aubron und Georges Cipriani. In dem AD-Bauernhaus im Loire-Tal stoßen die Fahnder auf Papiere, die die Zusammenarbeit der beiden Gruppen belegen. Außerdem auf drei Pistolen aus dem Walla-Waffenraub und Sprengstoff, den die AD 1984 aus einem Steinbruch im belgischen Eccaussines gestohlen hatte. Einen Teil der Beute schenkte die AD der RAF für den Anschlag in Oberammergau. Schließlich finden die Ermittler eindeutige Spuren »von unseren Leuten« wie Fingerabdrücke, berichtet ein BKA-Mann. Von Eva Haule und Birgit Hogefeld.

Durch die Festnahmen in Vitry-aux-Loges ist die AD und damit auch die Achse RAF-AD zerschlagen. Die AD war ein Grundpfeiler für die »westeuropäische Front« nach dem Verständnis der RAF.

Die nächsten anderthalb Jahre, bis Juni 1988: RAF-Ruhe in Deutschland. Keine Anschläge. Weder Morde der RAF noch Bomben der »Kämpfenden Einheiten«.

# 63. Kapitel: Partnersuche

## Rota: Starkstrom-Meyer und die Moby

Frühsommer 1988. Seit über drei Jahren fahndet Generalbundesanwalt Kurt Rebmann nach Horst Ludwig Meyer. Er hat ihn im Verdacht, einer der schlimmsten Finger der neuen RAF-»Generation« zu sein. Gleich nach der Autobombe in Oberammergau beantragte Professor Rebmann den Haftbefehl beim Ermittlungsrichter des Bundesgerichtshofs gegen »den Starkstromelektriker Horst Meyer aus Fellbach bei Stuttgart, geboren am 18. Februar 1956 in Schwenningen«. Rebmann bekam ihn prompt. Die Fahnder im Bundeskriminalamt verdächtigen Meyer, beim Zimmermann-Mord, beim Doppelmord Beckurts/Groppler und auch beim Walla-Waffenraub beteiligt gewesen zu sein.

Horst Ludwig Meyers Foto kam auf die RAF-Fahndungsplakate. Beschreibung: »ca. 175 cm groß, schlank, hat graubraune Augen, deutlich hervortretende Schläfenadern und eine ca. 1 cm lange Narbe auf der Stirn.« Während sein Bild auf jedem deutschen Bahnhof hängt und Rebmanns BKA-Fahnder ihn im ganzen Land suchen, lässt sich Horst Ludwig Meyer Spaniens Sonne aufs mittlerweile gelichtete Haupt scheinen. In den ersten beiden Wochen des Juni 1988 blickt er auf das weite Meer vor der spanischen Costa de la Luz. Der Küste des Lichts. Der Streifen zwischen der Algarve Portugals und der Straße von Gibraltar. Dort weht immer eine leichte Prise. Sie ist angenehm in der warmen Sonne. Am 17. Juni 1988 hockt Horst Ludwig Meyer am Strand. In einem Pinienwald, der fast bis zum Wasser reicht. Freitagabend. Kurz vor acht.

In der milden Abendsonne schraubt Meyer an einer Mobylette. Das Moped ist frisch geklaut. Keine zwanzig Stunden zuvor hat es Meyer einem armen Spanier in Sanlucar de Barrameda gestohlen. Der gelernte Starkstromtechniker ist dabei, zwei Bomben an das Moped zu montieren. Zehn Kilo Sprengstoff. Seine Freundin Andrea Klump (31), ehemalige Soziologiestudentin, schaut ihm zu. Und ein Mann – bis heute unbekannt.

Rota heißt der kleine Ort hinter dem Pinienwald in der spanischen Provinz Cadiz. Dort steht ein US-Militärstützpunkt. Und auf den ha-

*Horst Ludwig Meyer*

ben es die drei im Strand-Wald abgesehen. Auf dem Gelände wollen sie das Bomben-Moped in der nächsten Nacht in die Luft fliegen lassen und Radar- und Funkanlagen in Trümmer legen.[346]

Bei Meyers Montage geht etwas schief: Eine der drei Zündkapseln explodiert. Ein lauter Knall hallt durch den Pinienwald. Sprengstoff fliegt auf den feinen Sand. Keinem ist etwas passiert. Aber der Knall war so ohrenbetäubend, dass ihn Strandspaziergänger oder andere in der Nähe gehört haben müssen, befürchten die drei. Sie schultern ihre Rucksäcke und nehmen Reißaus durch den Wald. Die Moby lassen sie zurück.

Ihre Vermutung ist richtig. Jemand hat die Polizei alarmiert. Eine Dreiviertelstunde nach der Explosion läuft das Rucksack-Trio einer Streifenwagenbesatzung in die Arme. Horst Ludwig Meyer zeigt einem der Beamten einen gefälschten Ausweis. Der andere Polizist beginnt, einen der Rucksäcke unter die Lupe zu nehmen. Jetzt wird es eng für Meyer und Freunde. Denn in dem Sack stecken eine Paketbombe und außerdem zwei Kilo Sprengstoff. Meyer zieht seine Pistole und schießt auf die Beamten. Die feuern zurück. Gehen in Deckung. Niemand wird getroffen. Dem Trio gelingt die Flucht. Auf dem Campingplatz »Punta Candor«, direkt am Strand, rennen die drei zu einem Wohnmobil. Drin sitzen britische Touristen. Ein Ehepaar, beide einundsechzig, und ihr Sohn. Er ist neunzehn und geistig behindert.

*Kevin Usher* schaut zur Tür hinaus. Horst Ludwig Meyer verlangt von ihm, dass seine Familie aussteigt. *Usher* weigert sich. Versteht nicht, warum. Meyer ändert seinen Plan und wird rabiat: Er packt den Herrn am Hemd und setzt ihm seine geladene Pistole an den Kopf. »Ich bring euch alle um, wenn ihr uns nicht hereinlasst«, zischt er. Von da an gehorcht *Usher* den Deutschen. Er kutschiert das Trio im Wohnmobil Richtung Jerez de la Frontera. Horst Ludwig Meyer sitzt hinten und richtet seine Pistole auf die Frau, neben ihr kauert ihr verängstigter geistig behinderter Sohn. Andrea Klump hat sich auf den Boden neben Meyer gehockt. Der zweite Mann sitzt vorne auf dem Beifahrersitz neben *Kevin Usher* und gibt ihm Order für den Fall der Fälle: »Sollte uns die Polizei anhalten, sagst du, dass wir deine Kinder sind.« Nach zwei Stunden steigt das Trio in Sevilla aus. Und ward nicht mehr gesehen.

Bislang wurde in dieser Geschichte aus dem Pinienwald ein vorzeitig gescheiterter RAF-Anschlag auf Soldaten des NATO-Stützpunktes Rota gesehen[347]. Das Oberlandesgericht Stuttgart urteilte am 15. Mai 2001 in dem Strafverfahren gegen Andrea Klump, aber anders. Die fünf Richter kamen zu dem Ergebnis, dass Meyer, Klump und der unbekannte Mann von – nicht weiter geklärten – »palästinensischen Auftraggebern für die ›Aktion‹ gewonnen worden« waren.[348] Also die Gerichtserkenntnis: Rota – keine RAF-Geschichte. Genaueres über die »Auftraggeber« konnte das Gericht nicht feststellen.[348a]

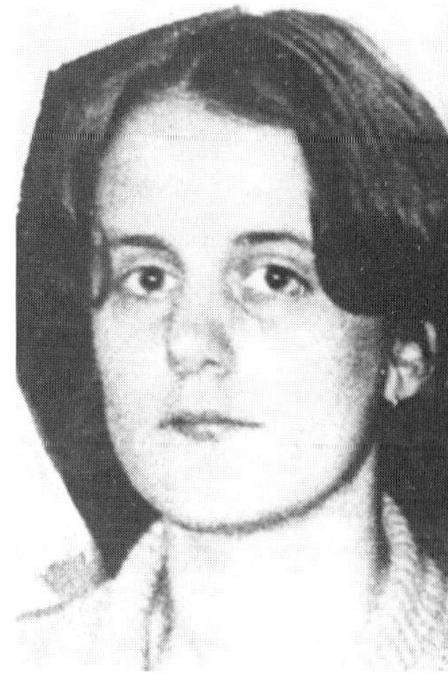

*Andrea Klump*

## Die verklemmte Maschinenpistole – Der Anschlag auf Finanzstaatssekretär Tietmeyer

Er ist der »wichtigste und erfahrenste wirtschaftspolitische Berater« von Finanzminister Gerhard Stoltenberg, schrieb die *Frankfurter Allgemeine Zeitung* kurz nach seinem Amtsantritt im November 1982. Seit sechs Jahren ist Hans Tietmeyer[349] Staatssekretär im Bonner Finanzministerium. Wie jeden Morgen holt ihn auch am 20. September 1988 ein Mercedes des Bonner Finanzministeriums vor seinem Haus in Bonn-Bad Godesberg ab. Keine hundert Meter weiter passiert der ungepanzerte Wagen gegen 8.35 Uhr ein Gebüsch. Dahinter hocken zwei RAF-Mitglieder und nehmen den Wagen unter Beschuss. Der Staatssekretär sieht das Mündungsfeuer zwischen den Zweigen. »Schnell wegfahren«, ruft er seinem Fahrer zu. Vier Kugeln durchschlagen das Fahrzeug. Eine Kugel trifft den rechten Vorderreifen. Tietmeyers Chauffeur *Lothar Mantzke* gibt Gas – und jagt mit dem zerschossenen Vorderreifen zum nächsten Polizeirevier. Staatssekretär und Fahrer kommen mit einem Schrecken davon.

Als der erste Streifenwagen am Tatort eintrifft, sind die Täter über alle Berge. Im Laub liegt eine »Ithaca 37 military and police«. Eine »Vorderschaftrepetierflinte«. Auch sie stammt aus der Walla-Beute vor vier Jahren. Außerdem finden die Polizisten ein mit dreißig Patronen gefülltes Maschinenpistolen-Magazin.

Am nächsten Tag erklärt die RAF, an diesem Morgen sei bei ihr nicht alles nach Plan gelaufen: »wir haben das ziel des angriffs, tietmeyer zu

*Staatssekretär Hans Tietmeyer neben Bundesfinanzminister Stoltenberg (links)*

erschiessen nicht erreicht, weil die maschinenpistole, mit der zuerst gezielt der fahrer ausgeschaltet werden sollte um den wagen zum stehn zu bringen, sich verklemmt hat.« Das Geständnis eines Doppelmordversuchs.

Dieses Mal tritt die RAF als »Kommando Khaled Aker« auf. Der Kampfname des PFLP-Mitglieds[350] Abu Rani. Der Mann war im November des vergangenen Jahres mit einem Hängegleiter zu einem Anschlag nach Israel eingeschwebt. Dabei hatten ihn israelische Sicherheitskräfte erschossen. Die Wahl dieses Namens beurteilt ein BKA-Auswerter als »Grußadresse« an die Palästinenser, unterstrichen durch die Parole am Ende des Schreibens: »Solidarität mit dem Aufstand des palästinensischen Volkes!« Auch die PFLP ist aus RAF-Sicht ein Kandidat für die »internationale Zusammenarbeit«. Und die will sie weiter forcieren.

»tietmeyer ist stratege und einer der hauptakteure im internationalen krisenmanagement«, begründet die RAF ihr Todesurteil, »der auf nationaler, europäischer und internationaler ebene die ökonomische krise des imperialistischen systems beherrschbar machen und den zusammenbruch des wirtschafts- und finanzsystems verhindern will.« Er habe »zentrale funktionen in der formulierung, koordinierung und durchsetzung imperialistischer wirtschaftspolitik – es gab in den letzten jahren keine wichtigen wirtschafts- oder wahrungspolitischen entscheidungen, an denen er nicht maßgeblich beteiligt war«: »als delegierter bei iwf und weltbank, g5- und g7-treffen, weltwirtschaftsgipfeln« habe er eine Politik entwickelt und forciert, »die für die mehrheit der menschen tod oder elend bedeutet, um dem internationalen kapital profit und macht zu sichern«. Die Tagung von IWF und Weltbank ist in diesen Tagen das beherrschende Thema in der Bundesrepublik. Ganz besonders bei der Linken, die dagegen mobilisiert: Das Treffen in Berlin beginnt eine Woche nach den Schüssen in Bonn.

Das Tietmeyer-Attentat ist nach dem Von-Braunmühl-Mord der zweite Anschlag gegen eine Person »in der zweiten Reihe« aus dem »politisch-staatlichen« Bereich in der Bundeshauptstadt Bonn. Völlig unbehelligt konnte die RAF – wie die Ermittler mit Entsetzen feststellen – den Finanzstaatssekretär ausspionieren. Dieses Mal getarnt als Landvermesser. Mindestens drei Männer. In orange-weißen Schutzwesten. Mit einer Kamera auf einem Dreibein, die wie ein Theodolit aussah. Und rot-weiß angestrichenen Stangen sowie einem Maßband. Mindestens eine Woche lang tummelten sich die RAF-Mitglieder um das Haus des Staatssekretärs herum. Sie hatten sogar einen Trampelpfad angelegt und Gucklöcher in einen Busch geschnitten, um ihr Opfer besser beobachten zu können.

Zwei Tage nach der Tat findet die Polizei den dunkelbraunen Flucht-Fiesta. Sechs Kilometer vom Tatort entfernt. Auf dem Dachgepäckträger vier Landvermessungsstangen. Im Kofferraum eine orange-weiße Schutzweste. Den Wagen hatte eine Frau fünf Tage zuvor bei einer Autovermietung gemietet, mit einem gestohlenen Personalausweis und einem gefälschten Führerschein. Sie unterschrieb mit »Daniela Orgolik«. Es war Birgit Hogefeld.[351]

## Rote Brigaden: Die »deutsch-italienische Zusammenarbeit«

Der Kommando-Erklärung nach dem Tietmeyer-Anschlag ist ein gemeinsames Kommuniqué von RAF und »Brigate Rosse PCC« beigefügt – auf Deutsch und Italienisch: »DIE EINHEIT DER KÄMPFENDEN REVOLUTIONÄREN KRÄEFTE IM ANGRIFF AUFBAUEN: DIE FRONT ORGANISIEREN. ZUSAMMEN KÄMPFEN«.

Die drei Buchstaben »PCC« stehen für: »per la Costruzione del Partito Comunisti combattenti«. Zu Deutsch: »Rote Brigaden – für den Aufbau der kämpfenden kommunistischen Partei«. Dieser Zusatz resultiert aus einer Spaltung der Roten Brigaden im September 1984: Der eine Flügel verstand sich fortan als »proletarisch, klassenkämpferisch« und nannte sich »Vereinigung kämpfender Kommunisten«. Der andere Flügel, die späteren RAF-Freunde, empfand sich mehr »internationalistisch« und »antiimperialistisch«. Er nennt sich »Rote Brigaden – für den Aufbau der kämpfenden kommunistischen Partei«. Und mit diesem Flügel hatten RAF-Emissäre nach der Verhaftung der Köpfe der französischen Action Directe die Gespräche intensiviert. Die RAF versucht einen ähnlichen Schulterschluss wie drei Jahre zuvor mit der Action Directe, 1985. Von dieser sich entwickelnden »deutsch-italienischen Zusammenarbeit« bekamen die Ermittler Wind: Zwei Wochen vor dem Tietmeyer-Anschlag hatte die Polizei in Rom Papiere mit einem gemeinsamen Briefkopf von RAF und Brigate Rosse gefunden, als sie Unterschlüpfe der PCC-»Roten Brigaden« aushob.

Die erste gemeinsame Erklärung der beiden Gruppen: Ganz ähnlich wie das drei Jahre zuvor, im Januar 1985, von RAF und Action Directe verfasste Kommuniqué. RAF und die Roten Brigaden verkünden im September 1988, für die »revolutionären kräfte« sei es nun »notwendig und möglich«, »die konfrontation zur adäquaten schärfe zu bringen«. »unterschiede in der analyse« dürften »kein hindernis für die notwendige vereinheitlichung der vielfältigen kämpfe« sein. Es gehe nicht »um die verschmelzung der einzelnen organisationen zu einer einzigen«. Also nicht Fusion. Sondern Kooperation. Die »gemeinsame erfahrung« zeige, dass es »trotz existierender unterschiede und widersprüche möglich ist, die front weiterzuentwickeln«. Als die beiden Hauptziele nennen RAF und ihre italienischen Freunde: Den Kampf gegen »die formierung der westeuropäischen wirtschafts- und geldpolitiken« sowie gegen »die politiken der westeuropäischen formierung, die auf die stärkung der imperialistischen positionen zielen«. Deshalb Fazit: »DER VEREINHEITLICHTE ANGRIFF«, um die »IMPERIALISTISCHE MACHT« zu erschüttern.

Zu dem »vereinheitlichten Angriff« von RAF und Roten Brigaden kommt es aber nicht – also abgestimmten Attentaten wie zwischen RAF und AD in den Jahren 1984 bis 1986. Italiens Polizei ist schneller: Vor den »Angriffen« verhaftet sie 33 Mitglieder der Roten Brigaden. Schon bald nach der Veröffentlichung des RAF/BR-Kommuniqués. Zwar gibt es später noch einige Erklärungen von Rote-Brigaden-Mitgliedern zur

RAF. Beispielsweise nach dem Herrhausen-Mord. Aber sie erfolgen allesamt in italienischen Gerichtssälen. Die Roten Brigaden sitzen hinter Schloss und Riegel.

## Gespräche europaweit: Die RAF träumt weiter von der »westeuropäischen Front«

Um sich ihren Traum von der »westeuropäischen Front« zur erfüllen, spricht die RAF in dieser Zeit verstärkt mit anderen »bewaffneten Kämpfern« im Ausland. Polizei und Verfassungsschutz merken dies unter anderem an »Reisebewegungen« im RAF-Umfeld. Sie stellen Kontakte fest zu den belgischen »Cellules Communistes Combattantes (C. C. C.)« – den »Kämpfenden Kommunistischen Zellen«, zur »Bewegung 17. November« in Griechenland und zur GRAPO in Spanien, den »Grupos de Resistencia Antifascista Primero de Octubre«, den »Gruppen des antifaschistischen Widerstandes 1. Oktober«.

Die GRAPO macht keinen Hehl daraus, dass sie den »bewaffneten Kämpfern« in Deutschland skeptisch gegenübersteht. Den Spaniern ist die RAF zu »undogmatisch«. Unfreundlich ausgedrückt: der RAF mangelt es an der geistigen Reife für eine Zusammenarbeit. Die Spanier kritisieren 1987 in der niederländischen Postille *De Knipselkrant*[352]: Der RAF fehle »fester leninistischer Geist«, sie besäße kein kommunistisches Programm und verfüge auch nicht über die Fähigkeit, eine Partei aufzubauen.

Aus all diesen Gesprächen entwickelt sich keine »praktische Zusammenarbeit« in Westeuropa. RAF-Träume. Nicht mehr. Trotz aller »Internationalisierungsbestrebungen« in den Jahren 1984 bis 1988, um die Idee von der »westeuropäischen Front« Wirklichkeit werden zu lassen, findet die RAF keinen Partner auf Dauer.

# 64. Kapitel: Die Republik diskutiert – Der zehnte Hungerstreik

## Helmut Pohl: »wir werden ... einen lang gezogenen kampf führen«

Knapp fünf Monate nach dem Tietmeyer-Anschlag melden sich die Häftlinge der RAF zu Wort. »wir sind seit heute im hungerstreik. jetzt lassen wir nicht mehr los, die zusammenlegung muss jetzt erreicht werden«, erklärt am 1. Februar 1989 Helmut Pohl[353] »für die gefangenen aus der raf«. Auftakt zum zehnten Hungerstreik. Er dauert vierzehn Wochen. Vom 1. Februar bis zum 12. Mai 1989.

»neun hungerstreiks haben wir gemacht, zwei gefangene[354] sind darin gestorben, viele von uns haben gesundheitsschäden. jetzt muss schluss sein mit dieser achtzehn jahre langen tortur. das ist unser definitiver entschluss, so werden wir kämpfen.« Die Häftlinge fordern: »zusammenlegung aller gefangenen aus guerilla und widerstand in ein oder zwei große gruppen« sowie »freilassung der gefangenen, deren wiederherstellung ... unter gefängnisbedingungen ausgeschlossen ist«, und zwar von »günter sonnenberg, claudia wannersdorfer, bernd rössner, angelika goder«.

Die Forderung nach Zusammenlegung ist für die RAF-Häftlinge allerdings nur Zwischenziel, betont Helmut Pohl. Letztlich geht es ihnen um ihre Freilassung: »die zusammenlegung ist für uns das erste. dann wollen wir in die diskussion. zur gesamten situation – und für unsere freiheit. darauf spitzt es sich für uns praktisch zu. denn freiheit ist natürlich unser ziel. wir wollen ja nicht ein stück politischer organisation im gefängnis etablieren, eine gegenstruktur als gefangene ist wirklich nicht unser höchstes glück.« Die geforderte Zusammenlegung verstünden sie als »übergang«.

Weitere Forderung des RAF-Häftlingssprechers Helmut Pohl – neben Zusammenlegung und »Kranken«-Freilassung: »freie politische information und kommunikation der gefangenen mit allen gesellschaftlichen gruppen«. Denn: »wir wollen jetzt an der gesamten politischen diskussion teilnehmen.« Die Häftlinge wollen ihr Schicksal selbst in die Hand nehmen.

»wir werden ... einen lang gezogenen kampf führen«, verspricht Helmut Pohl. Die RAF wendet bei diesem Hungerstreik zum ersten Mal die so genannte Staffelmethode an – nach dem Vorbild der IRA, der Irisch-Republikanischen Armee.[355] Zunächst treten 44 Häftlinge aus RAF und ihrem Umfeld für vierzehn Tage in den Hungerstreik – »generations«-übergreifend: Irmgard Möller aus der ersten, Brigitte Mohnhaupt, Christian Klar, Adelheid Schulz, Sieglinde Hofmann, Rolf Klemens Wagner, Rolf Heißler, Lutz Taufer, Christine Kuby, Knut Folkerts, Hanna Krabbe, Ingrid Jakobsmeier aus der zweiten und Eva Haule aus der dritten RAF-»Generation«. Nach diesen zwei Wochen essen schlagartig alle wieder – bis auf zwei, die plangemäß weiterhungern: Karl-Heinz Dellwo in der Justizvollzugsanstalt (JVA) Celle und Christa Eckes in der JVA Köln. Im Abstand von zwei Wochen beginnen von nun an jeweils zwei weitere Häftlinge mit dem Hungern.

Diese »Staffel« bietet aus Sicht der RAF-Häftlinge strategische Vorteile: Zum einen befinden sich nicht alle zur selben Zeit in medizinisch kritischem Zustand. So können Häftlinge die Verhandlungen führen, die noch bei Kräften sind. Zum Zweiten gäbe es bei konsequenter Aufrechterhaltung einer solchen Kette über viele Monate einen Toten nach dem anderen. Das wäre ein nicht nur lang andauernder Druck auf die Politik, sondern auch ein ständig wachsender. Und drittens würde durch ein solches Vorgehen jeder einzelne Häftling moralisch in »die Pflicht genommen«: Der Nachrücker handelt nicht zuletzt auch aus Solidarität zu denen, die vor ihm begonnen haben.

»Die Gefangenen sind im Gebäude der RAF eine wichtige Säule«, sagt Hamburgs Verfassungsschutzchef Christian Lochte: »Würde sie wegbrechen, bräche die RAF zusammen.«

Auch dieses Mal marschiert der »Widerstand«. Das Bundeskriminalamt registriert im Verlauf der vierzehn Wochen 625 Farbschmierereien, 317 Veranstaltungen, 23 Brandanschläge, 41 mit Schnellkleber verklebte Schlösser, 13 Sachbeschädigungen durch verschüttete Buttersäure und 25 Besetzungen von Parteibüros, Kirchen und Amtsgebäuden: In Frankfurt, Karlsruhe und Nürnberg beispielsweise okkupieren RAF-Anhänger die Büros der Grünen, in Berlin das der Alternativen Liste, in Mainz die Christuskirche, in Lübeck die Marienkirche, in Duisburg die St.-Michaelis-Kirche und in Hamburg die CDU-Geschäftsstelle. In Berlin stürmen Hungerstreik-Unterstützer die Redaktionsräume der *taz* und fordern, dass ihnen pro Tag eine Zeitungsseite überlassen wird, auf der sie aus ihrer Sicht über den Verlauf des Hungerstreiks berichten können. Die *taz*-Belegschaft lehnt ab. In 26 Städten errichten die RAF-Sympathisanten »Hungerstreikbüros«. Unter anderem in den Büros der Grünen in Tübingen, Frankfurt, Gießen, Karlsruhe und im GAL-Büro in Hamburg. Über die Entwicklung berichtet das Umfeld in »Infos«, von Nummer 1 am 16. Februar bis zu Nummer 15 am 25. Mai 1989. Für die Forderungen der Häftlinge gehen in Hamburg 5 000 Menschen auf die Straße. In Berlin 3 500. In Bremen 1 000. Und in Bonn 7 000.

Die Straftaten während dieses Hungerstreiks beurteilt das Bundesamt für Verfassungsschutz gegenüber früheren Hungerstreiks »in der Zahl wie auch in der Schwere« als »auf einem eher niedrigen Niveau«. Sprengstoffanschläge gibt es keine. Anders als bei dem Hungerstreik vier Jahre zuvor. Auch die »Kommandoebene« hält still. Ebenfalls anders als beim vorigen Hungerstreik. Damals, 1984/85, erfolgten der – gescheiterte – Anschlag auf die NATO-Schule in Oberammergau und der Mord an MTU-Chef Zimmermann. Grund für diese deutlich zurückhaltendere »Begleitung« des »Umfelds«, vermuten Verfassungsschutz und Bundeskriminalamt: Dem RAF-Umfeld ist klar, dass es mit massiven Anschlägen den Häftlingen in den Rücken fallen würde, die diesmal ihre Forderungen »politisch« durchsetzen wollen.

## Gibt es »Isolationsfolter« in bundesdeutschen Gefängnissen?

Und tatsächlich entwickelt sich in der Bundesrepublik während des Hungerstreiks im ersten Halbjahr 1989 eine breite Diskussion über die RAF-Haftbedingungen. Minister, Staatssekretäre und Politiker aller Parteien beteiligen sich. Im Kern geht es um zwei Fragen. Erstens: Existiert – wie von den Häftlingen und ihren Anwälten behauptet – so etwas wie Isolation der RAF-Gefangenen oder gar »folter durch isolation« in bundesdeutschen Gefängnissen? Und zweitens: Sollte der Staat der Forderung der Häftlinge nach Zusammenlegung nachgeben?

»Isolationshaft oder sogar -folter und unmenschliche Haftbedingungen gibt es in der Bundesrepublik nicht«, steht für Generalbundesanwalt Kurt Rebmann fest: »Alle Inhaftierten werden vielmehr nach den gesetzlichen Vorschriften behandelt.«

Die Bedingungen, unter denen die RAF-Häftlinge einsitzen, sind nicht einheitlich. Strafvollzug ist Ländersache. So sind beispielsweise in der niedersächsischen Justizvollzugsanstalt Celle Dellwo, Folkerts und Taufer zusammen untergebracht. Jeden Tag verbringen sie mehrere Stunden gemeinsam. Bei den in Bayern einsitzenden Häftlingen Mohnhaupt, Wannersdorfer, Rößner und Heißler ist es völlig anders. Jeder Kontakt unter ihnen ist verboten. Mohnhaupt befände sich – so behaupten ihre Anwälte – seit über sechs Jahren isoliert in einer Zelle.

*Generalbundesanwalt Kurt Rebmann*

Um der Öffentlichkeit zu zeigen, dass trotz der unterschiedlichen Situationen im Einzelfall alles rechtens ist, legt Generalbundesanwalt Rebmann eine 21-Seiten-Dokumentation[356] vor, in der er die Situation von 25 Häftlingen im Einzelnen auflistet. Über die Haft von Karl-Heinz Dellwo, einem der beiden »Vorreiter« dieser »Hungerstreik-Staffel«, in der JVA Celle berichtet der Generalbundesanwalt:

»1. Dellwo verfügt in seinem Haftraum u. a. über ein Radiogerät, einen Schallplattenspieler, zahlreiche Bücher und eine Schreibmaschine. Er bezieht neun Zeitungen und Zeitschriften. Ein Austausch mit den von Knut Folkerts und Lutz Taufer bezogenen Zeitungen und Zeitschriften ist gestattet. Dellwo hat täglich Bade- und Duschmöglichkeiten. Es ist ihm gestattet, eigene Kleidung zu tragen.
2. Dellwo hat täglich vier Stunden 45 Minuten, an Wochenenden und Feiertagen täglich sieben Stunden Aufschluss[357] mit Knut Folkerts und Lutz Taufer. Während der Aufschlusszeiten kann er Folkerts und Taufer in ihren Hafträumen besuchen oder einen gemeinsamen Freizeitraum benutzen. Dieser Raum ist u. a. mit Fernsehapparat, Kühlschrank, Kochherd, Gymnastikmatte sowie über ca. 200 Büchern ausgestattet. Außerdem kann Dellwo die Anstaltsbibliothek benutzen. Eine Tischtennisplatte steht ebenfalls zur Verfügung. Dellwo hat täglich eine Stunde Hofgang zusammen mit Folkerts und Taufer und eine weitere mit diesen beiden und anderen Gefangenen.
3. Dellwo hatte im Jahr 1988 folgende Außenkontakte: 94 Besuche, davon zehn Verteidigerbesuche. Er erhielt 307 und verschickte 332 Briefe.
4. Dellwo lehnt das Angebot, mit anderen Häftlingen zusammenzukommen, ab.«

Weniger Möglichkeiten zu Kontakten besitzt beispielsweise Christian Klar in Stuttgart-Stammheim. Mit anderen RAF-Häftlingen darf er überhaupt nicht zusammenkommen. Über dessen Haftbedingungen berichtet der Generalbundesanwalt:

»1. Klar verfügt in seinem Haftraum über ein Radiogerät, einen Kassettenrecorder, eine Schreibmaschine und zahlreiche Bücher. Er bezieht sieben Zeitungen und Zeitschriften.
2. Der Gefangene hat täglich Hofgang mit anderen Gefangenen. Umschluss[358] mit anderen Gefangenen findet nicht statt.
3. Klar hatte im Jahr 1988 folgende Außenkontakte: 79 Besuche, davon 53 von Verteidigern. Er erhielt 695 Briefe und verschickte 359.[359]
4. Das Angebot, mit anderen Gefangenen zusammenzukommen, z. B. bei Gemeinschaftsveranstaltungen wie Sport, Fernsehen, Gesprächsgruppen, Gottesdienst, lehnt der Gefangene ab.[360] An der Arbeit nimmt der Gefangene ebenfalls nicht teil. Möglichkeiten zur Fortbildung werden von ihm nicht wahrgenommen.«

Völlig in Ordnung findet die bayerische Justizministerin Mathilde Berghofer-Weichner (CSU) die Unterbringung der RAF-Häftlinge. »In Bayern werden diese Gefangenen behandelt wie alle anderen auch«, sagt sie in einem *Spiegel*-Streitgespräch[361] mit Jutta Limbach (SPD), seit wenigen Wochen Justizsenatorin im rot-grünen Senat von Berlin. Die Haftbedingungen der beiden in Berlin am Hungerstreik beteiligten Häftlinge, Gabriele Rollnik und Angelika Goder, nennt Jutta Limbach[362] als »sicherlich privilegiert«: »Materiell betrachtet, leben sie ganz kommod«, berichtet sie – gleich in ihrer ersten Amtswoche hat sie sich den Zellentrakt angeschaut: »Das Studentenzimmer meiner Tochter ist nicht besser eingerichtet als die Zelle der beiden Frauen«. Darum allein gehe es jedoch nicht. »Stellen Sie sich einmal vor«, gibt die Justizsenatorin zu bedenken, »Sie wären mit einem Menschen über Jahre hinweg dort allein. Sie könnten sich gar nicht, was ja wünschenswert wäre, mit dem über die Ziele auseinander setzen, die Sie einmal hatten und in denen Sie immer wieder durch die Art und Weise der Behandlung bestärkt werden. Und da setzen wir an.« Jutta Limbach plädiert dafür, die Häftlinge in größeren Gruppen zusammenzulegen, um dadurch den Hungerstreik zu beenden – denn: »Hier geht es schließlich vielleicht bald um Tote.« Die »schwarze Mathilde«, wie sie anerkennend in bayerischen Wirtshäusern genannt wird, hält dagegen, von hungerstreikenden »Terroristen« dürfe sich der Staat »nicht erpressen« lassen. »Wenn die beisammen sind, richten die so viel Unfug an und bestärken sich in ihrer verbrecherischen Gesinnung«, erklärt Bayerns Justizministerin: »Prinzipiell sollen Komplizen nicht zusammen inhaftiert werden, weil sie dann nur weiter konspirieren.« Viele Grüne hingegen meinen, es müsse sich dringend etwas ändern. Deren Stuttgarter Fraktionsgeschäftsführerin Birgit Bender spricht von »unmenschlichen Haftbedingungen«.

Einigkeit gibt es bei dieser Debatte nur in einem Punkt: Bei den RAF-Häftlingen ist eine Menge anders als sonst im Knast. Die meisten RAF-Häftlinge lehnen es ab, sich in den Gefängnisalltag einzufügen. Etwa bei Gemeinschaftsveranstaltungen wie Sport-, Bastel- und Gesprächsrunden. Einige von ihnen sagen, sie befürchteten, von anderen Häftlingen ausgehorcht zu werden. Andere erklären, sie wollten sich nach derartigen Kontakten nicht – wie teilweise von ihnen verlangt – vorher und nachher aus- und umziehen. Sie nennen diese aus »Sicherheitsgründen« angeordnete Maßnahme »Nacktkontrolle« und »Striptease«. Für normale Häftlinge gibt es beim Besuch von Gemeinschaftsveranstaltungen keine »Nacktkontrollen«.

Auch das Angebot, im Gefängnis zu arbeiten wie andere Häftlinge, lehnen die RAF- und »Widerstands«-Häftlinge ab. »Wir versuchen, die Herrschaftsstrukturen anzugreifen«, lässt Luitgard Hornstein dem *Spiegel* ausrichten, »dann unterstützen wir doch nicht den Sanktionsapparat Knast, indem wir darin auch noch arbeiten.« Bei Besuchen werden die RAF-Häftlinge strenger überwacht als gewöhnliche Häftlinge – Konsequenz der Vollzugsverwaltung aus den Erfahrungen der Vergangenheit à la Stammheim. Gespräche zwischen RAF-Häftlingen und Besuchern sind oft nur durch eine so genannte Trennscheibe möglich. Bei Bekannten und Verwandten werden die Gespräche häufig protokolliert. Das Thema RAF darf bei vielen nicht zur Sprache kommen.

## Parteienstreit um die RAF

Neben der unterschiedlichen Beurteilung des Ist-Zustandes geht es bei der politischen Kontroverse auch um die Frage, wie der Staat reagieren soll auf die Forderung der Häftlinge nach »Zusammenlegung«. Walter Momper (SPD), Regierender Bürgermeister von Berlin, plädiert dafür, die Häftlinge in größeren Gruppen unterzubringen. Es müsse, erklärt er, aus der Spirale von Gewalt und Gegengewalt ausgestiegen werden. Völlig anders Niedersachsens Ministerpräsident Ernst Albrecht: »Der Staat darf sich nicht erpressen lassen.«

Unterstützung erhalten die RAF-Häftlinge von einer Seite, von der sie damit am allerwenigsten gerechnet hätten: Das Bundesamt für Verfassungsschutz (BfV) spricht sich in einem Geheimpapier – unterzeichnet von BfV-Präsident Gerhard Boeden – dafür aus, »auf die Hungerstreikforderungen in begrenztem Umfang, nämlich durch das Anbieten von Teilzugeständnissen, einzugehen«. Die Haftbedingungen seien, so erklären die Verfassungsschützer in ihren »Überlegungen zum Hungerstreik der RAF« unter Hinweis auf ihre Informationen, »der zentrale Punkt zur Lösung des Terrorismusproblems in der Bundesrepublik«. Durch »geschickte Agitation gegen die ›unmenschlichen Haftbedingungen‹ und angebliche ›Isolationsfolter‹« sei es der RAF in den vergangenen Jahren gelungen, »immer wieder junge Menschen für ihre politischen Ziele« zu gewinnen.

Um der RAF den Wind aus den Segeln zu nehmen, schlagen die Verfassungsschützer eine »Zusammenlegung der Häftlinge in kleineren, nach sozialpsychologischen Kriterien zusammengestellten Gruppen« vor. Beispielsweise, so eine der »Überlegung« in dem Verfassungsschutzpapier: »Die Zahl der Strafhäftlinge aus der RAF oder dem Kreis ihrer Anhänger, die sich am HS[363] beteiligt haben, beträgt 27.[364] In der Vergangenheit hat es schon Kleingruppen von vier und fünf Häftlingen gegeben. Die Bildung von vier Gruppen mit im Schnitt etwa sieben Inhaftierten wäre einerseits aus der Sicht der RAF ein Fortschritt gegenüber früheren Kleingruppen, würde aber im Vergleich zu diesen kaum höhere Sicherheitsprobleme bringen. Es ist zu bezweifeln, dass die hungerstreikenden Häftlinge für den Unterschied zwischen den von ihnen geforderten zwei Großgruppen und vier etwas kleineren Gruppen bereit sind, sich zu Tode zu hungern. Ihnen müsste dann klar sein, dass dies von den meisten Personen, auf deren Solidarität sie bauen, nicht verstanden würde. Der Staat würde dagegen mit einem derartigen Angebot der RAF den Wind aus den Segeln nehmen, ohne selbst, da er die Maximalforderung nicht akzeptiert hat, sein Gesicht zu verlieren.«

»Langfristig« regt der Verfassungsschutz an »zu prüfen, inwieweit durch eine schrittweise Integration der inhaftierten Terroristen in den Normalvollzug der RAF weiterer Boden für ihre Agitation gegen die Haftbedingungen entzogen werden könnte. Dadurch würden diese Häftlinge subjektiv wie objektiv den besonderen Status, den sie durch ihre Haftbedingungen erhalten haben, und ihre Symbolkraft für das Umfeld der RAF verlieren. Der Zusammenschluss mit ›normalen‹ Häftlingen könnte ihnen auch bei der Rückgewinnung realistischer Lebensperspektiven behilflich sein.«

Durch »gezielte Öffentlichkeitsarbeit« sei klarzustellen, dass »Teilzugeständnisse nicht ein Nachgeben gegenüber berechtigten Forderungen, sondern eine großzügige Geste der Bundesrepublik verbunden mit der

Aufforderung an die Hungerstreikenden darstellen, auch ihrerseits ihre feindliche Haltung gegenüber dem Staat zu überdenken. Dabei könnte mit aller Deutlichkeit herausgestellt werden, dass der Vorwurf der Isolationsfolter einer realistischen Grundlage entbehrt und dass die von denen anderer Gefangener abweichenden besonderen Haftbedingungen durch das Verhalten der RAF-Häftlinge – und dies schon seit Anfang der siebziger Jahre – ausgelöst worden sind.« Bei einem derartigen Vorgehen müsse sich »verdeutlichen lassen, dass jedes Teilzugeständnis als politische Entscheidung und als Signal im Sinne einer schrittweisen und langfristig anzugehenden Lösung des Terrorismusproblems insgesamt zu sehen ist«.

Klaus Kinkel, Staatssekretär im Bundesjustizministerium,[365] macht sich für fünf Gruppen von jeweils fünf Häftlingen stark, reist zu Brigitte Mohnhaupt und Helmut Pohl in die Gefängnisse und redet mit ihnen über diese Idee. Die SPD spricht sich dafür aus, die RAF-Häftlinge in »größeren Gruppen« zusammenzulegen. Dagegen sind die CDU-regierten Bundesländer Bayern, Baden-Württemberg, Hessen und Niedersachsen.

Nach einigen Wochen des allgemeinen Gedankenaustausches werden am 9. Mai 1989 die Gespräche zwischen Kinkel und den Inhaftierten abgebrochen: Bayern und Baden-Württemberg lehnen es endgültig ab, die in ihren Haftanstalten untergebrachten RAF-Insassen in SPD-Länder zu verlegen. Damit ist der vom Verfassungsschutz angestoßene Plan der »kleineren Gruppen« vom Tisch. Politische Voraussetzung wäre ein Konsens zwischen den Bundesländern gewesen, in denen RAF-Mitglieder einsitzen.

Einig sind sich hingegen die Häftlinge: Drei Tage nach dem Ende der Gespräche mit Kinkel beenden sie am 12. Mai 1989 ihren Hungerstreik – die SPD-Länder haben versprochen, an ihrem Angebot festzuhalten.

In den nächsten Wochen kommt die Justiz den Häftlingen mit einigen Erleichterungen entgegen, auch wenn sie nicht die Forderung nach »Zusammenlegung« aller in ein oder zwei Gruppen erfüllt: Christa Eckes und Adelheid Schulz werden von Bielefeld nach Köln-Ossendorf zu Sieglinde Hofmann und Ingrid Jakobsmeier verlegt. Gabriele Rollnik aus Berlin kommt zu Irmgard Möller, Christine Kuby und Hanna Krabbe nach Lübeck. »Zusammenführung« nennen das die Behörden. Im Unterschied zur »Zusammenlegung«, die die Häftlinge fordern. Häufiger als zuvor werden nun auch in den Gefängnissen Verwandtenbesuche ohne Überwachung gestattet und die Kontrollen der Häftlinge nach Besuchen reduziert. Teilweise wird auf die Trennscheiben verzichtet. Auch müssen sich die Stammheim-Häftlinge nun nicht mehr vor jedem Hofgang vollständig umziehen. Später wird Rolf Klemens Wagner aus Bielefeld zu Helmut Pohl nach Schwalmstadt verlegt, Christian Klar und Karl-Friedrich Grosser kommen in die Vollzugsanstalt Bruchsal zu Günter Sonnenberg.

Auch wenn die Häftlinge ihre zentrale Forderung nach Zusammenlegung nicht durchsetzen konnten, so haben sie durch den Hungerstreik einiges erreicht: Nicht nur partielle Verbesserungen für sich, wie die Zusammenlegung einiger – im normalen Strafvollzug praktisch unvorstellbar durch einen Hungerstreik, sondern auch etwas, wovon gewöhnliche Häftlinge nur träumen: mit einem Staatssekretär aus dem Bundesjustizministerium über die Haftbedingungen zu verhandeln.

Verhandlungen zwischen RAF-Häftlingen und einem Staatssekretär: Das war der Traum von Andreas Baader – im Herbst 1977.

Das Bundeskriminalamt stellte bei den überwachten Gefangenen-Gesprächen während des Hungerstreiks fest, dass ein Quintett ihn koordinierte: »Die wichtigsten Entscheidungen wurden im Kreis der Inhaftierten Helmut Pohl, Brigitte Mohnhaupt, Karl-Heinz Dellwo, Christa Eckes und Adelheid Schulz getroffen oder zumindest abgesprochen«, heißt es in einer BKA-Dokumentation über den »10. Hungerstreik«.

## Helmut Pohl: »eine neue phase des kampfs«

Das RAF-Umfeld ist über den plötzlichen Hungerstreikabbruch irritiert. Fünf Monate nach Streikende erklärt Helmut Pohl seinen Anhängern den Stand der Dinge, nachdem er sich mit »ein paar gefangenen verständigt« hat. Seine Erläuterungen druckt das *Angehörigen Info* am 10. November 1989[366]: Nach dem, was er gehört habe, schreibt Pohl, empfänden viele die augenblickliche Situation als »offen«. Doch es sei »nichts mehr offen, es tut sich nichts, wir sind mit unserem projekt nicht weitergekommen«. Sein Fazit: »wir müssen uns auf eine neue phase des kampfs orientieren.«

»Das war ein sehr deutliches Signal an die RAF draußen«, wertet Gerhard Boeden, Präsident des Bundesamtes für Verfassungsschutz, die Pohl-Worte: »Ihr habt jetzt wieder freie Hand.« Drei Wochen nachdem der Brief von Helmut Pohl im *Angehörigen Info* erschien, begeht die RAF den nächsten Mord.

# 65. Kapitel: Ein »neuer Abschnitt«

## Die Bombe auf dem Fahrrad – Deutsche-Bank-Chef Herrhausen stirbt in der RAF-Sprengfalle

»Führung muss man auch wollen«, lautet das Credo des Mannes. Und er will sie. In der zweiten Hälfte der achtziger Jahre wird er für viele der Manager Nummer eins in der Bundesrepublik. Die erste charismatische Banker-Persönlichkeit, die sich von dem Einheitsdunkelgrau abhebt – seit Jürgen Ponto, dem Susanne Albrecht seine RAF-Mörder ins Haus führte. Eine elegante Erscheinung: Hoch gewachsen. Dunkler Teint. Volles schwarzes Haar. Er spricht ruhig und pointiert. Ihm fällt es leicht, andere zu überzeugen. Der *Spiegel* widmet ihm im März 1989 eine Titelgeschichte – »Der Herr des Geldes«: »Er führt Deutschlands größte Bank, er kontrolliert den dominierenden Industrie-Komplex des Landes, und er zählt den Kanzler zu seinen Freunden: Wohl noch nie beherrschte einer die Wirtschaftsszene so souverän wie derzeit der Deutsche-Bank-Sprecher Alfred Herrhausen.«

Er verkörpert den Inbegriff von Macht in der deutschen Wirtschaft wie kein anderer: Vorstandssprecher der größten deutschen Bank. Vorgesetzter von 56 000 Beschäftigten. 1 600 Filialen. 6,2 Millionen Menschen und Firmen haben ihre Konten dort. Als Aufsichtsratsvorsitzender steuert er die Geschicke der Großunternehmen Daimler-Benz, Continental Gummi-Werke, Philipp Holzmann und Deutsche Texaco. Er sitzt in den Aufsichtsräten von Lufthansa, der Vereinigten Elektrizitätswerke Westfalen und der Münchner Rückversicherungs-Gesellschaft. Die Strippen zu zahlreichen deutschen Großunternehmen laufen in seinem Frankfurter Büro zusammen. An ihnen zieht er mitunter kräftig, wenn er es für erforderlich hält. So sorgt er dafür, dass im Hause Daimler Benz der glücklose Werner Breitschwerdt vom Sessel des Vorstandsvorsitzenden in die Wüste geschickt wird. Herrhausen holt Edzard Reuter an die Spitze des Unternehmens.

Er duzt sich mit Kanzler Kohl und wird schnell zu dessen wichtigstem wirtschaftspolitischen Ratgeber. »Don Alfredo« nennt ihn der Kanzler scherzhaft, aber auch ein bisschen ehrfurchtsvoll, wenn er ihn

*Alfred Herrhausen*

anruft, um dessen Einschätzung zu hören. Auch Michail Gorbatschow holt sich bei Herrhausen Rat.

Der schlanke Neunundfünfzigjährige ist eine markante Erscheinung. Acht europäische Wirtschaftsmagazine wählen ihn 1988 zum »Europäischen Manager des Jahres«. Und die »Männer-Vogue« kürt ihn gar zu einem der zehn bestangezogenen Männer Deutschlands. »Ein Herr, der sogar zu Hoffnungen im kinematographischen Gewerbe berechtigte«, schwärmt das Blatt über den »Augenschmaus« Herrhausen. »Ein überzeugender Mann, ein feiner Kerl«, urteilt die Chefredakteurin einer ARD-Anstalt nach einer Tour d'Horizon bei ihm durch die Volkswirtschaft. Ex-SPD-Bundeskanzler Helmut Schmidt ist beeindruckt vom »politischen Weitblick« des Volkswirts. Der *Spiegel* spricht von der »Allgegenwart des Alfred Herrhausen« in der deutschen Wirtschaft.

Kein Dreivierteljahr nach dem *Spiegel*-Titel »Der Herr des Geldes« ist der »Herr des Geldes« tot. Ermordet von der RAF: Am Morgen des 30. November 1989 wird Alfred Herrhausen von einer Bombe zerrissen. In Bad Homburg. Vier Minuten nach halb neun. Drei Wochen nach dem Fall der Mauer. Einen Augenblick bevor er von Metallsplittern zersiebt wurde, war er in seinen gepanzerten Mercedes 500 gestiegen, vor seinem Haus im Ellerhöhweg 18. Fünfhundert Meter vom Tatort entfernt. Vor seiner anthrazitgrauen Limousine fährt ein Wagen mit zwei Leibwächtern der Deutschen Bank. Ihm folgt ein weiterer gepanzerter S-Klasse-Mercedes, ebenfalls mit zwei Leibwächtern. Herrhausen gilt als besonders gefährdet. »Er stand als Nummer eins auf unserer Liste«, berichtet ein BKA-Mann. Im Bundeskriminalamt galt er deshalb als »der am besten geschützte Mann der bundesdeutschen Wirtschaft«. Der Anschlag macht viele BKA-Beamte sprachlos. »Es sieht so aus«, urteilt BKA-Abteilungspräsident Wolfgang Steinke am Abend nach der Tat, »als wollten die uns beweisen: Wir können, wenn wir wollen, uns ausnahmslos jeden herausgreifen und erledigen.«

Am Morgen waren die drei gepanzerten Fahrzeuge im Konvoi durch den schmalen Seedammweg in Bad Homburg gefahren. Vorbei an Kastanien mit Tempo fünfzig. Herrhausens Mercedes passiert die Einfahrt zum Parkplatz des Freizeitbades »Taunustherme«. Ein Mega-Knall: Von einer Lichtschranke ausgelöst, explodieren sieben Kilogramm Sprengstoff. Die RAF hatte ihn in einer weißen Plastik-Sporttasche versteckt. Abgestellt auf einem silberfarbenen Jugendfahrrad »Globus 2000«. Es lehnte an einem Begrenzungspfahl der Straße.

Durch die Wucht der Detonation wird trotz der Panzerung die Tür rechts hinten aufgesprengt. Hinter ihr sitzt Herrhausen. Vierzig Meter weiter kommt das Fahrzeug zum Stehen. Herrhausens Leibwächter springen mit gezogenen Waffen aus ihren Fahrzeugen.

»Erste Hilfe gab es nicht mehr, Alfred Herrhausen war sofort tot«, berichtet ein Arzt, der kurz darauf als einer der Ersten zu dem aufgesprengten Wagen kam. Herrhausens Fahrer Jacob Nix wankt blutend auf die Straße. Metallsplitter haben ihn getroffen. Im Gesicht, an der Schulter und im Brustkorb. Außerdem erleidet er Augenverletzungen, eine Gehörschwäche und ein Explosionstrauma.

Am Tatort entdecken BKA-Beamte einen teuflischen High-Tech-Mechanismus: Zwischen zwei Begrenzungspfosten – links und rechts neben der Straße – hatten die Täter eine Infrarot-Lichtschranke montiert. Rechts die Lichtquelle, am linken Pfosten der Reflektor. Mit einer Schelle festgeschraubt.

Die Lichtschranke MG 101 der japanischen Firma Maruei Electric gibt es im Elektro-Bastelladen zu kaufen. 130 Mark. Sekunden bevor

*»Erste Hilfe gab es nicht mehr«: Herrhausen-Mercedes*

Herrhausen die Stelle passiert, legt ein Kommandomitglied einen Kippschalter um, versteckt hinter einem Busch. Damit ist die Anlage scharf geschaltet – über eine 88 Meter lange zweiadrige Litze. In dem Augenblick, in dem der 500er Mercedes den mit bloßem Auge nicht wahrnehmbaren Strahl durchbricht, fliegt die Sprengladung auf dem Gepäckträger in die Luft. Die BKA-Techniker stellen fest, dass die RAF mit einer Art Trichter, einer gewölbten Kupferplatte, den Explosionsdruck exakt auf die Stelle des Fahrzeugs lenkte, an der Herrhausen saß. Die Panzerung der 2,8-Tonnen-Limousine nützte nichts. »Das hätte auch einen Panzer umgeworfen«, urteilt der hessische Verfassungsschutz-Chef Günter Scheicher über die Wucht der fokussierten Sprengladung. »Die Tatmodalitäten«, resümiert das BKA in einem Bericht, »zeugen von einem hohen technischen Know-how der Attentäter.«

Den braunen Draht, über den die Täter die Anlage auf »Tod« schalteten, hatten sie bereits sechs Wochen zuvor verlegt: Als Bauarbeiter getarnt meißelten sie den Asphaltbürgersteig auf, gossen ihn anschließend wieder zu – und pinselten die Farbe des Bürgersteigs drüber. Wochen vor dem Anschlag entdeckte ein Mitarbeiter der »Taunustherme« einen Teil des Drahts. Er entfernte ihn. Nichts ahnend. Die RAF legte eine neue Leitung.

Mit dieser Lichtschrankenanlage hat die RAF ihre Technik ein Stück weiter verfeinert: Das Perfide daran ist, dass das Opfer selbst mit seinem Fahrzeug den Impuls für die tödliche Sprengung auslöst. Die Mörder müssen also nicht mehr den richtigen Moment für den Knopfdruck mit den Augen abpassen, wie noch bei den Anschlägen auf Beckurts und Haig.

Im Jahr vor der Tat hatten BKA-Beamte mitbekommen, dass sich die RAF nach »panzerbrechenden« Waffen umhörte. In einer konspirativen Wohnung der Brigate Rosse in Mailand, in der Via Dogali, hatte die italienische Polizei am 15. Juni 1988 ein Papier über Gespräche zwischen RAF und BR entdeckt: »zur frage der panzerung – falls ihr den versuch bis zum nächsten treffen nicht gemacht habt, würden wir gern alle notwendigen informationen haben, um diesen versuch machen zu können. wir haben gelesen, dass die ira bei ihrem versuchten anschlag in gibraltar, gleichzeitig mit dem sprengstoff grosskalibrige munition zünden wollte, falls ihr einen ›spezialisten‹ habt, soll der mal sagen, ob das eventuell eine möglichkeit/methode zur panzerbrechung sein kann.«

Unter dem Gerät mit dem Todesschalter in Bad Homburg liegt ein DIN-A4-Blatt. Eingeschweißt in eine Plastikhülle: Das RAF-Symbol, »kommando wolfgang beer«. Beer war bei einem Autounfall neun Jahre zuvor ums Leben gekommen.[367]

Fünf Tage nach dem Herrhausen-Mord erhält Agence France-Presse in der Bonner Friedrich-Ebert-Allee 13 ein Schreiben von der RAF: »mit einer selbstgebauten hohlladungsmine haben wir seinen gepanzerten mercedes gesprengt.« Der anderthalb Seiten lange Text[368] ist ähnlich aufgebaut wie alle Selbstbezichtigungsschreiben seit dem Zimmermann-Mord 1985. Zunächst erläutert die RAF, wieso sie gerade Herrhausen als Opfer ausgewählt hat. Anschließend kommt sie auf die allgemeine politische Lage zu sprechen: Durch die Geschichte der Deutschen Bank ziehe sich »die blutspur zweier weltkriege«. Herrhausen sei »der mächtigste wirtschaftsführer in europa gewesen«. Die Deutsche Bank habe »ihr netz über ganz westeuropa geworfen und steht an der spitze der faschistischen kapitalstruktur, gegen die sich jeder widerstand durchsetzen muß«. Seit Jahren bereite sie »den einbruch in die länder osteuropas vor, jetzt steht sie lauernd in den startlöchern, um auch die menschen dort wieder dem diktat und der logik kapitalistischer ausbeutung zu unterwerfen«.

In einem Interview, zehn Tage vor seinem Tod im *Spiegel*[369] veröffentlicht, hatte Herrhausen zu den sich überschlagenden Ereignissen im November 1989 in der DDR erklärt: »Ich möchte gerne, dass die Bundesrepublik und die DDR wiedervereinigt werden. Dann stellt sich für mich die Investitionspolitik von westdeutschen Unternehmern auch aus der Sicht der jetzigen DDR ganz anders dar.« Und hinzugefügt: »Ich gebe der DDR große Chancen, wenn sie den Umbau in eine freie Marktwirtschaft wirklich will.« Er warnt davor, »zu früh zu großzügig unser Geld nach drüben zu tragen«.

Zur allgemeinen politischen Lage schreibt die RAF, dass »die gesamte revolutionäre bewegung in westeuropa« vor »einem neuen abschnitt« stehe: »neuer abschnitt, das heißt für hier vor allem auch die neuzusammensetzung der revolutionären bewegung, was möglich ist, weil viele es wollen«. Dies stellt sich die RAF als einen Prozess vor »von gemeinsamer diskussion und praxis, in dem offen über die verschiedenen erfahrungen, vorstellungen und kritiken geredet wird, um die gesamte entwicklung zusammen zu begreifen und um zu politischen bestimmungen und konkreten greifbaren vorstellungen für den umwälzungsprozeß zu kommen«. Bei dieser Diskussion müssten die »gefangenen teil« sein. Jetzt müsse »ihre zusammenlegung und damit die perspektive für ihre freiheit erkämpft werden.« Kurzum: Der revolutionäre Prozess brauche neue Dynamik.

Das Papier zeigt das Bemühen der RAF, weitere Kräfte des »Widerstandes« anzusprechen, hinter sich zu bringen und in die »eine front gegen den imperialismus« einzugliedern. Das alte Lied. Neu ist der vergleichsweise leicht lesbare Stil der Erklärung, der nichts mehr von der verquasten Sprache der bisherigen Verlautbarungen hat. »Es ist anzunehmen«, urteilt das BKA in der Bewertung des RAF-Papiers, »dass die Autoren des Schreibens nicht mit denen früherer ›RAF‹-Taterklärungen identisch sind.« Die Verfasser knüpfen gedanklich, analysieren BKA-Auswerter, an eine Erklärung von Eva Haule an, die sie in einem Strafverfahren als Zeugin im November 1988[370] abgegeben hatte. Ebenso an dem drei Wochen zuvor von Helmut Pohl veröffentlichten Brief zur »neue(n) phase des kampfs«. Fazit der BKA-Analytiker: »Das bedeutet, dass erstmals Vorstellungen von Inhaftierten maßgeblich den Inhalt einer Tatbekennung der ›RAF‹ bestimmt haben.« »Die RAF-Köpfe« – sagt einer von ihnen – »sitzen alle ›drinnen‹.«[371]

Sechs Stunden nach dem Anschlag findet die Polizei das Fluchtfahrzeug: Einen Lancia Fire. Im Frankfurter Stadtteil Bonames, am Ben-Gurion-Ring. Sieben Minuten Fahrzeit vom Tatort, in der Nähe einer Bus- und einer U-Bahn-Haltestelle.

Der Lancia Fire war sechs Wochen zuvor bei einer Autovermietung in Frankfurt angemietet worden. Von einem – bis heute unbekannten – schlanken Mann, Anfang dreißig, mit dunkelblondem, im Nacken längerem Haar. Er wirkte – so erinnert sich ein Angestellter der Firma – »von der äußeren Erscheinung her ungepflegt«. Der Personalausweis, den er vorlegte, war gestohlen. Der Führerschein komplett gefälscht. Zurückgegeben werden sollte der Wagen am 21. Oktober 1989. Da dies nicht passierte, erstattete das Unternehmen vier Tage später Strafanzeige wegen Unterschlagung. Die RAF versah den Wagen mit »Dubletten-Kennzeichen«. Die Schilder weisen dieselben Prägemerkmale auf wie die gefälschten Kennzeichen der Fluchtfahrzeuge bei dem Überfall auf das Waffengeschäft in Maxdorf und bei den Attentaten auf Zimmermann, Beckurts, von Braunmühl und Tietmeyer.

Augenzeugen fielen insgesamt fünf Personen in der Nähe des Tatorts auf, die nach Meinung der Ermittler zum RAF-Kommando gehören könnten. Zwei von ihnen waren als Jogger unterwegs und trugen »Walkman«-Kopfhörer. So konnten sie – vermuten Ermittler – »Funkkontakt untereinander« halten.

Ein Aufatmen sei in der militanten Szene nicht zu überhören, berichtet über die Stimmung in der Szene nach dem Anschlag Gerd Rosenkranz in der *taz*: »Die Phase der Verunsicherung scheint vorbei, die Zeit der klammheimlichen Freude wieder da. Der erste Mann der deutschen

Wirtschaft: immerhin. Und so perfekt gemacht.« Auch die Militanten schreiten nun wieder zur Tat, viermal innerhalb eines Vierteljahres: Ein Anschlag auf das Pflanzenschutzzentrum der Firma Bayer in Mohnheim bei Leverkusen wird am 10. Dezember 1989 im letzten Augenblick vereitelt. Die Täter haben etwas gegen die Forschungen des Unternehmens in Sachen Bio- und Gentechnologie. Bei einem Sprengstoffanschlag auf die Hauptverwaltung der Rheinisch-Westfälischen Elektrizitätswerke (RWE) in Essen werden am 4. Februar 1990 zwei Menschen verletzt. Anlass: das Engagement der RWE in Sachen Atomenergie. Schaden: eine Million Mark. Vor dem Verwaltungsgebäude der Deutschen Bank in Eschborn entdeckt die Polizei am 25. Februar 1990 einen VW-Golf mit einer Autobombe. Der Zünder versagte. Zwei Molotow-Cocktails fliegen am 26. Februar 1990 durch Fensterscheiben in der Siemens-Schule für Kommunikations- und Datentechnik in Bonn. 80 000 Mark Schaden.

Bis zum heutigen Tag sind die Mörder Alfred Herrhausens unbekannt. »Tiefstes Dunkel«, sagt einer der Ermittler. Es gibt keinen konkreten Verdacht. Nur die für diese RAF-Phase »gewöhnlichen Verdächtigen«, wie beispielsweise Horst Meyer und Wolfgang Grams. Keinem der zehn anschließend – 1990 – auf einem Fahndungsplakat Gesuchten kann nachgewiesen werden, dass er am Herrhausen-Mord beteiligt war.

## Die merkwürdige Geschichte vom »agrar-wurm«

Vier Monate nach dem Herrhausen Mord – 5. März 1990: Im Büro der Deutschen Presse-Agentur in Bonn kommt eine Selbstbezichtigungserklärung an, vom »2. 3. 1990«: »heute haben wir mit dem kommando ›juliane plambeck‹[372] den bundeslandwirtschaftsminister ignaz kiechle angegriffen«, beginnt die anderthalb Seiten lange Erklärung mit dem RAF-Logo am Ende: »kiechle steht für die kontinuierliche destruktive bundespolitik innerhalb der westeuropäischen formierung.« Kiechle? Kiechle? Der lebt doch! Von einem RAF-Angriff habe er nichts mitbekommen, sagt er überrascht. Am angeblichen Tattag feierte der Bundesminister für Landwirtschaft, Ernährung und Forsten vergnügt mit 350 Freunden seinen sechzigsten Geburtstag. Im »Goldenen Kreuz« in Wiggensbach bei Kempten im Allgäu – nach der von ihm für das Fest ausgegebenen Devise: »Freude, Lachen und Fröhlichkeit sind Trümpfe an diesem Tag«. Eine Bombe gab es zwar bei dem Fest – und die war sehr begehrt: eine Eisbombe mit Namen »Ignatius«.

Noch ein zweiter Brief dieser Art geht an diesem Montag bei dpa in Bonn ein: »wir haben das ziel des angriffs gegen kiechle nicht erreicht. wir haben die aktion abgebrochen«, steht dort mit dem Datum »3. 3. 1990«: »durch ein nicht kalkulierbares ereignis wäre es bei der geplanten durchführung zu einer gefährdung unbeteiligter gekommen.«

Um herauszufinden, was es mit dieser komischen Geschichte auf sich hat, richtet das BKA die Sonderkommission »EG 1« ein. Die Fahnder begeben sich auf Spurensuche: Sie überprüfen die Umgebung von Kiechles Haus in Kempten und seiner Unterkunft in Bonn. Nehmen die Fahrtstrecken des Ministers unter die Lupe. Sprechen mit seiner Familie und den Geburtstagsgratulanten. Alles vergeblich. Kein Anhaltspunkt für ein geplantes Verbrechen. Kein einziger.

Die BKA-Analysten stoßen bei den beiden Schreiben auf einige Merkwürdigkeiten: So ist das RAF-Emblem nur kopiert und nicht wie sonst üblich ein mit roter Farbe gedruckter Stern. Bei beiden Schreiben handelt es sich zudem um eine verkleinerte Kopie in schlechter Qualität – auch dies ist nicht RAF-gemäß. Für »nur schwer nachvollziehbar« halten die BKA-Beamten in einem Bericht vom 16. Juli 1990,[373] dass – wie von den Verfassern behauptet – »durch einen abstimmungsfehler« die Selbstbezichtigung »bereits vor der aktion abgesandt worden war«. Kommandoerklärungen schickte die RAF bislang stets erst nach der Tat ab. Niemals vorher. Und schließlich lässt ein Satz in dem ersten Schreiben die Beamten stutzen: »es ist für den gesamten widerstand unabdingbar notwendig, die veränderte situation zu analysieren und zu einem forcierten aktionismus gegen das system überzugehen, ...« Die Formulierung »›forcierter aktionismus‹ entspricht nicht dem bekannten ›RAF-Jargon‹«, urteilen die BKA-Beamten, »sondern erscheint eher als eine Art konstruiertes Reizwort.« »Aktionismus« ist bei der RAF gera-

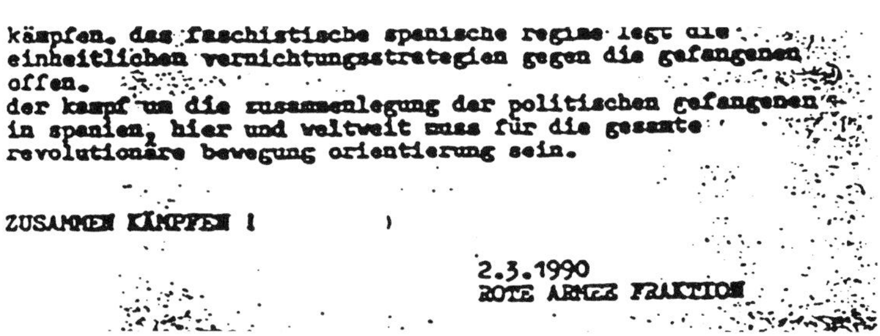
kämpfen. das faschistische spanische regime legt die einheitlichen vernichtungsstrategien gegen die gefangenen offen.
der kampf um die zusammenlegung der politischen gefangenen in spanien, hier und weltweit muss für die gesamte revolutionäre bewegung orientierung sein.

ZUSAMMEN KÄMPFEN !

2.3.1990
ROTE ARMEE FRAKTION

*Wer spielte RAF? Fingierte RAF-Erklärung*

dezu ein Schimpfwort: Für überstürztes, unüberlegtes Handeln. Und gerade dies meidet die Rote Armee Fraktion. Ansonsten aber, so die Feststellungen im Amt, schließe sich das Schreiben »von der Argumentationslinie an die Herrhausen-Taterklärung« an – einige Formulierungen stammen aus Erklärungen von RAF-Mitgliedern.

Acht Wochen später meldet sich die RAF zu Wort. Die wahre RAF, wie die BKA-Beamten sich sicher sind: Nicht nur wegen des Originallogos auf dem Schreiben, sondern auch, weil das Papier das gleiche ist, auf dem auch die RAF-Erklärungen nach den Von Braunmühl- und Herrhausen-Morden erfolgten – mit dem Wasserzeichen »Römerturm Klanghart« der Firma Poensgen und Heyer: »wir haben uns entschlossen, jetzt doch auf diese vs-kiste,[374] wir hätten einen anschlag auf kiechle geplant und abgebrochen, zu reagieren«, erklärt die wirkliche RAF, »weil wir mitgekriegt haben, daß nach der veröffentlichung und breiten verteilung der vs-erklärung in vielen städten und scenes genossinnen und genossen angefangen haben, sich mit diesem quatsch auseinanderzusetzen.« Das Ziel »dieser geheimdienst-aktion ist es, verunsicherung, spaltung und desorientierung zu produzieren«. Die RAF ist sauer auf die Verfasser der Kiechle-Selbstbezichtigung: Diese versuchten, »mit einem völlig nichtnachvollziehbaren angriffsziel wie diesem agrar-wurm und entpolitisierenden parolen wie ›forciertem aktionismus‹« die RAF in der »revolutionären linken« zu diskreditieren.

Heute ist einhellige Meinung bei Bundesanwaltschaft, Bundeskriminalamt und Bundesamt für Verfassungsschutz: Das Kiechle-Tatbekenntnis für die Nicht-Tat stammt definitiv nicht von der RAF.

Aber wenn dem so ist: Wer hat dann RAF gespielt? Es war mehr als ein »Dumme-Jungen-Streich«: Trotz des von RAF und BKA übereinstimmend gerügten Ausdrucks »forcierter aktionismus« verstanden die Verfasser etwas von der RAF-Materie, wenn auch nicht genug. Gedanklich ist das Papier nicht nur eine Fortschreibung der Herrhausen-Erklärung. Auch müssen die Verfasser Zugang zum RAF-Umfeld gehabt haben: Passagen des Textes stammen, wie das BKA feststellt, aus insgesamt vier Stellungnahmen von RAF und ihrem Umfeld aus den beiden vergangenen Jahren, zum Beispiel aus einer von Eva Haule in einem Prozess abgegebenen Erklärung.

Könnte es eine »vs-kiste« gewesen sein, wie die RAF behauptet? Also eine Aktion des Verfassungsschutzes? Völlig aus der Luft gegriffen ist eine solche Überlegung gewiss nicht: Das Celler Loch[375] hat gezeigt, dass es nicht ausgeschlossen ist, dass der Verfassungsschutz sein Handeln als das von »Terroristen« ausgibt. Ein solches Vorgehen würde der aus den Vereinigten Staaten stammenden – und von der RAF immer wieder angeführten – »counterinsurgency«-Strategie[376] entsprechen. Das vermutete auch jetzt die Szene. Nach dieser Strategie ist – einfach gesagt – eine Gruppe, die man nicht zu fassen kriegt, durch Desinformation zu destabilisieren. Hinter dem Vorgehen im Fall Kiechle könnte demnach also – viele Linke sind sich dessen sicher – das Bestreben stecken, die RAF in ihrem Umfeld unglaubwürdig zu machen. Sollte das gelingen, wäre es das Ende der RAF. Denn Triebfeder für all ihr Handeln war ja stets der Wunsch, als »Avantgarde« – Vorreiter für eine revolutionäre Situation zu kämpfen und andere mitzureißen. Glaubwürdigkeit ist dafür unverzichtbar.

Der Verfassungsschutz bestreitet, dass es sich bei Kiechle um eine »vs-kiste« handelt. Dies hätte er wohl auch getan, falls er tatsächlich hinter der Geschichte steckte – wie abermals der Blick auf das Celler Loch zeigt. Allerdings kamen auch BKA-Beamte, die den Verfassungsschützern in dieser Sache auf den Zahn fühlten, zu der Überzeugung, dass definitiv nicht ihre Kollegen die beiden »RAF-Briefe« schrieben. Nicht so einfach vorstellbar ist jedenfalls, dass nach dem Debakel von Celle, einem Untersuchungsausschuss im niedersächsischen Landtag und dem politischen Megawirbel, den das »Loch« ausgelöst hatte, der Verfassungsschutz gewillt war, erneut eine solch merkwürdige Aktion zu starten. Entscheidend aber dürfte gegen eine »vs-kiste« der Umstand sprechen, dass es bei der in den Verfassungsschutzämtern versammelten Sachkenntnis wohl ein Leichtes gewesen wäre, eine solche Erklärung ohne die plumpen Stolpersteine zu produzieren, die den BKA-Auswertern geradezu ins Auge sprangen.

Wenn nicht der Verfassungsschutz, wer könnte dann gefingert haben? Ist es möglich, dass jemand auf eigene Faust RAF spielt? Etwa um sie in ihrem Umfeld zu diskreditieren – exakt so hatte die RAF die beiden angeblich von ihr stammenden Schreiben zu Kiechle empfunden, wie ihre Erklärung vom 26. April 1990 zeigt: Mit dem Ziel, ihr das Umfeld abspenstig zu machen? Gut denkbar, sagen Staatsschützer – eine andere plausible Erklärung haben sie nicht. Es wäre jedenfalls nicht die erste Aktion von bis heute unbekannter Hand, der RAF das Wasser abzugraben. So bot in großen Anzeigen in überregionalen Zeitungen, unter anderem in der *Süddeutschen Zeitung* am 8. Oktober 1987, ein »Internationales Konsortium von Privatunternehmen und Stiftungen gegen weltweiten Terror« im Herbst 1987 »bis zu einer Million Schweizer Franken Belohnung« (1,2 Millionen Mark) »für Informationen, die zur Ergreifung von Terroristen führen«, die unter anderem an der »Ermordung des US-Soldaten PIMENTAL und dem Bombenattentat auf die Rhein-Main-Airbase – August 1985« beteiligt waren. Die für die Bundesrepublik angegebene Rufnummer 0228/48 52 21 hatte ganz offensichtlich eine Strohperson beantragt, wie die Polizei herausfand. Wer hinter dieser Aktion steckte, konnte sie nicht feststellen. Auf die ganze Aktion können sich BKA-Beamte, so einer von ihnen, »keinen rechten Vers machen«. Trotz der Belohnung von einer Million Schweizer Franken ging kein Hinweis ein, der zu einer »Ergreifung« eines RAF-Mitgliedes führte. »Gut denkbar«, sagt der BKA-Mann, »dass, nachdem klar war, dass die RAF mit einer Million Fränklis nicht zu fassen ist, jemand mit ein bisschen RAF-Know-how auf die Idee kam zu versuchen, ihr so den Garaus zu machen.«

Vier Monate nach der dubiosen Kiechle-Nummer. Es ist Sommer und es gibt eine Ansage von Antje Vollmer,[377] Sprecherin der Bundestagsfraktion der Grünen: »Die Zeit des Terrorismus als einer politisch motivierten mörderischen Kriminalität von illegalen Gruppen ist vorbei«, verkündet sie am 17. Juli 1990 in Bonn: »was bleibt, ist ›normale‹ Gewaltkriminalität, die bekämpft und geahndet werden muss wie andere Morde und Verbrechen auch.« Aus »dieser Einschätzung« heraus fordert Antje Vollmer in zehn Thesen, »Konsequenzen aus dem Ende des Terrorismus«.[378] Unter anderem, »dass sämtliche Sondergesetze für den Terrorismus abgeschafft werden können und müssen: der § 129a, die Einschränkung der Verteidigerrechte, die Kontaktsperre, die Sonderhaftbedingungen für inhaftierte RAF-Mitglieder«.

Zehn Tage nach den Worten der Theologin bombt die RAF das nächste Mal. Um Haaresbreite entgeht Hans Neusel, Staatssekretär im Bundesinnenministerium, dem Tod.

## Innenstaatssekretär Neusel überlebt die RAF-Sprengfalle

Freitagmorgen. 27. Juli 1990. Im Autoradio die Nachricht: »Bonn. Die gemeinsam tagenden Parlamentsausschüsse Deutsche Einheit und Volkskammer haben sich gestern Abend darauf verständigt, dass die erste gesamtdeutsche Wahl nach der Wiedervereinigung am 2. Dezember stattfinden soll.« Hans Neusel (62) steuert seinen Dienst-BMW 730 kurz vor Bonn über die Autobahn 565. Er ist auf dem Weg ins Büro. Der Wa-

*Hans Neusel*

gen hat kein Behördenkennzeichen, sondern ein ziviles Tarnkennzeichen. BN-YJ 561. Der Grauhaarige ist Staatssekretär im Bonner Innenministerium unter Bundesinnenminister Wolfgang Schäuble. Fleißig, loyal und absolut korrekt, beschreiben ihn seine Kollegen. Zuständig ist er im Bundesinnenministerium für die »Innere Sicherheit«. Das Thema »RAF« gehört dazu. Beim letzten, dem zehnten Hungerstreik der RAF-Häftlinge im Jahr zuvor galt er als Hardliner. Anders als Justizstaatssekretär Klaus Kinkel.

Normalerweise wird Neusel von einem Chauffeur gefahren. Heute aber sitzt er selbst am Steuer. Sein Fahrer hat Urlaub. Sieben Minuten nach halb acht biegt Neusel von der Autobahn an der Abfahrt Bonn-Auerberg ab. Vor sich sieht er die Graurheindorfer Straße. Bis zum Innenministerium sind es noch dreihundert Meter. Als er über die Ausfahrt rollt, gibt es einen Riesenknall: Direkt rechts neben seinem BMW explodiert eine Bombe. Es klirrt. Die Druckwelle fegt die Seitenfenster aus dem Wagen. Die Windschutzscheibe zerspringt. Verwandelt sich in Milchglas. Der Druck von rechts verbeult Türen und Kotflügel, reißt Teile der Innenverkleidung heraus und hebt das Schiebedach aus der Halterung.

Neusel hat großes Glück. Das Leben rettet ihm sein Fahrer, weil er im Urlaub ist. Denn deswegen sitzt der Staatssekretär nicht wie sonst üblich rechts hinten im Wagen, sondern vorn links. Am Steuer. Er kommt mit einigen Schnittverletzungen davon. Und dem größten Schrecken seines Lebens.

Nach der Explosion lässt Neusel den Wagen ausrollen. Passanten helfen ihm, den Totalschaden auf den Bürgersteig zu schieben. »Damit der Verkehr nicht behindert wird«, erklärt er anschließend. Der Spitzenbeamte ist immer akkurat. Fünfundzwanzig Kilo Sprengstoff explodierten rechts neben der Abfahrt unter der Leitplanke. Eine Wahnsinnswucht: Sie riss die Eisenplanke auf einer Länge von zwanzig Metern aus den Halterungen. Nun liegt sie völlig verbeult auf dem Boden. Die Bombe hat einen Krater von über vier Metern Durchmesser in die Erde gefegt. Gezündet durch eine Lichtschranke. Wie bei Herrhausen.

Schon wieder ein Schock für das politische Bonn. Keine dreihundert Meter vom Ort des Anschlags entfernt liegt die Einfahrt zum Bonner Innenministerium. In dem Gebäude halten sich rund um die Uhr über ein Dutzend Beamte des Bundesgrenzschutzes auf. Die Rote Armee Fraktion wird immer dreister: Bei ihren beiden früheren Anschlägen in Bonn – von Braunmühl und Tietmeyer – hatte sie in Vororten zugeschlagen. Nun bombt sie in Sichtweite des bestgeschützten Ministeriums der Bundeshauptstadt. Und traf dort auch die Vorbereitungen für den Anschlag auf den Staatssekretär. Ungestört.

*Innenstaatssekretär Neusel wenige Minuten nach dem RAF-Anschlag*

Fast auf den Tag genau fünf Jahre zuvor trat Neusel seinen Dienst als beamteter Staatssekretär im Bundesinnenministerium an. Davor machte er eine Beamten-Bilderbuchkarriere: Persönlicher Referent von Bundeskanzler Kurt Kiesinger, später Bürochef von Bundestagspräsident Karl Carstens und anschließend Chef des Bundespräsidialamtes unter Bundespräsident Carstens. Staatssekretär Neusel steht im Ruf, ein fleißiger und kenntnisreicher Macher im Hintergrund zu sein. Er weiß, dass das Bomben-Interesse der RAF auch ihm gilt. Er hat es sogar schriftlich. In seinem Büro liegt seit vergangener Woche die druckfrische »Struktur und Gefährdungsanalyse ›Rote Armee Fraktion‹« des Bundeskriminalamts vom 16. Juli 1990. Im Kapitel »Gefährdung des Bereichs der Sicherheitsbehörden« steht auf Seite 42: »Ein besonderer Gefährdungsaspekt dürfte sich für die Sicherheitsbehörden und politisch Verantwortlichen ergeben, die mit der Situation der ›Gefangenen‹ in Verbindung gebracht werden.« Über Neusel wurde während des Tauziehens um die Forderungen der Häftlinge berichtet, dass er die ablehnende Position des Bundesinnenministeriums verfechte. Trotz der deutlichen Warnung des BKA, für das er im Ministerium zuständig ist, fuhr er weder ein gepanzertes Fahrzeug noch begleiteten ihn Leibwächter. Sogar seine Privatadresse ist frei zugänglich: Das Munzinger-Archiv, ein Standard-Nachschlagewerk für Journalisten und andere Neugierige, nennt Straße und Hausnummer seines Hauses im Bonner Villen-Vorort Röttgen. Die Täter oder ihre Helfer müssen, sind sich Sicherheitsexperten einig, Neusel observiert haben. Über mehrere Tage. Vermutlich Wochen. Auch unbemerkt.

Wenige Stunden nach dem Anschlag, kurz vor Mittag, tritt Neusel vor die Bonner Bundespressekonferenz. »Sie werden sich vorstellen können, dass ich mich heute ganz besonders freue, bei Ihnen sein zu können«, begrüßt Neusel die Journalisten in der für ihn typischen bescheidenen Art. Die klopfen Beifall – so etwas passiert sonst nicht in der Bundespressekonferenz. »Lasst ab von eurem Tun«, fordert Neusel die RAF vor laufenden Fernsehkameras auf. »In einer Zeit, da in Europa die Menschen zueinander finden, sollte auch die ideologische Verblendung kein Mittel mehr sein, um sich auf tödliche Weise mit Menschen auseinander zu setzen.«

Am Tatort entdeckt die Polizei ein Kabel. 76 Meter lang. Es führt zu der Stelle, an der die Lichtschranke scharf geschaltet wurde. Fünf Zentimeter tief im Boden. Anhand des nachgewachsenen Grases stellen die Ermittler fest, dass das Kabel »mindestens drei Wochen vor dem Anschlag am Tatort eingegraben worden war«. In Sichtweite des Bundesinnenministeriums.

Das 25 Kilogramm schwere Selbstlaborat aus einem Chlorat-Zucker-Gemisch hatte das Kommando in Gasflaschen am Fahrbahnrand deponiert. Zwei Meter davor stand die Lichtschranke. Auf eine Holzplatte montiert, mit einer 4,5-Volt-Flachbatterie. Der Lichtstrahl gerichtet auf einen 20 Zentimeter langen Reflektor auf der gegenüberliegenden Seite der Autobahnabfahrt. »Die Markierungen für die Anbringung des Reflektors und die Anhaltspunkte für die Positionierung der Lichtschranke dürften einige Zeit vor dem Anschlag angebracht worden, die Montage von Reflektor und Lichtschranke kurz vor dem Anschlag erfolgt sein«, urteilt Wolfgang Steinke, Leiter des Kriminaltechnischen Instituts des Bundeskriminalamts.

Neben der Autobahnabfahrt finden die Beamten eine RAF-Kurzmitteilung: »DEN ANGRIFF DER FASCHISTISCHEN BESTIE WESTEUROPA – DEN NEUSEL IN TREVI[379] UND NATO MITORGANISIERT HAT – AUF DAS GEFANGENENKOLLEKTIV VON PCE(R) UND GRAPO GEMEINSAM ZURÜCKSCHLAGEN UND IHRE WIEDERZUSAMMENLEGUNG DURCHSETZEN!« Die Forderung der RAF: »ZUSAMMENLEGUNG ALLER REVOLUTIONÄREN GEFANGENEN«. Das RAF-Schreiben ist vom »KOMMANDO JOSÉ MANUEL SEVILLANO«.

Sevillano war Mitglied der spanischen GRAPO[380] und zwei Monate zuvor gestorben. Nach 177 Tagen Hungerstreik. Dreißig Jahre alt. Er hatte sich an einem Hungerstreik von 63 GRAPO-Häftlingen beteiligt. Die spanische Justiz hatte sie aus Sicherheitsgründen auf 22 Gefängnisse verteilt. Und nun forderten sie eine »Zusammenlegung«. Nicht anders als die RAF-Häftlinge bei ihrem Hungerstreik im Jahr zuvor.

Der GRAPO gelang es im Gegensatz zur spanischen Separatistenorganisation ETA nie, nennenswerten Rückhalt in der Bevölkerung zu finden. Bei den GRAPO-Anschlägen kamen 75 Menschen ums Leben. Erst vier Monate zuvor, im März 1990, hatten Mitglieder einen Krankenhausarzt in Saragossa erschossen. Er hatte Häftlinge zwangsernährt. Auf Anordnung eines Gerichts.

Eine Annäherung des RAF-Umfeldes an die spanische Gruppe und ihre Sympathisanten hatte das Bundeskriminalamt seit einem Jahr beobachtet: »Im Umfeld der RAF lernte man ab 1983 Französisch und fuhr nach Frankreich, später lernte man Italienisch und reiste nach Italien, und seit 1989 ist man dabei, Spanisch zu lernen und nach Spanien zu reisen«, berichtet nach dem Neusel-Anschlag Martin Tuffner, Referatsleiter in der TE-Abteilung des BKA.

Vier Tage nach dem Anschlag trifft ein ausführliches, fünf Seiten langes Selbstbezichtigungsschreiben bei mehreren Nachrichtenagenturen ein – unerklärlicherweise in radikaler Kleinschreibung, nachdem die RAF-Neusel-Kurzmitteilung am Tatort in ebenso radikaler Großschreibung erfolgte: »wir haben das militärische ziel der aktion verfehlt«, erläutert die RAF den gescheiterten Mord, »die explosion sollte seinen sicheren tod, aber auch den hundertprozentigen Schutz unbeteiligter gewährleisten. in dieser spanne haben wir die sprengstoffmenge zu niedrig berechnet.« Die RAF habe »neusel für seine verbrechen zur verantwortung ziehen« wollen. Verbrechen? Neusel? Der akkurate Beamte? Ja, na klar, sagt die RAF: »er organisiert und führt den krieg gegen alle, die für befreiung, selbstbestimmung und ein menschenwürdiges leben und gegen die zerstörung, die von diesem system ausgeht, kämpfen.« Seit 1985 sei Neusel »treibende kraft bei vielen trevi-treffen« gewesen, von ihm seien »zahlreiche initiativen zur intensivierung und vereinheitlichung der westeuropäischen aufstandsbekämpfung« ausgegangen. Und vor allem: »im frühjahr 89, als die gefangenen hier im hungerstreik waren, um ihre zusammenlegung zu erkämpfen, war neusel (vor der ernennung von schäuble zum innenminister) faktisch chef des ministeriums.« Schäubles Vorgänger Zimmermann hätte sich seinerzeit »inoffiziell aus dieser funktion verabschiedet«: »in dieser zeit puschte das innenministerium offensiv die parole: ›der staat darf sich nicht von diesen gefangenen erpressen lassen‹.«

Der Anschlag: eine »persönliche Bestrafungsaktion«. Das hat es seit dreizehn Jahren bei der RAF nicht mehr gegeben. Seit dem Buback-Mord.

Acht Monate nach der Wende in der DDR, zwei Monate vor der deutschen Einheit erklärt die RAF die politische Lage: »der imperialismus hat den kalten krieg gewonnen. die auflösung des sozialistischen blocks ... hat zu einer neuen stabilisierung des imperialistischen machtblocks geführt. die rasante entwicklung der letzten monate und die einverleibung der ddr hat die brd innerhalb westeuropas zu uneingeschränkter vormacht und den ganzen westeuropäischen block zur weltmacht gebracht.«

Der Angriff jetzt, erklärt die RAF, solle in zwei Richtungen wirken: zum einen gehe es darum, die Forderungen der Gefangenen und den »aufbau revolutionärer gegenmacht in westeuropa« durchzusetzen. Zum anderen wolle die RAF eine »lange kampfphase gegen die neuentstandene großdeutsche/westeuropäische weltmacht« einleiten. Mit dem »schritt zum großdeutschland«, erklärt die Rote Armee Fraktion, verfolgten die »brd und neuen machteliten der ddr dieselben ziele und imperialen pläne wie der nazi-faschismus. der dritte überfall, den das deutsche kapital in diesem jahrhundert auf die völker europas führt, wird nicht mit militärischen mitteln, sondern mit den mitteln der wirtschaft und politik geführt.«

Anders als bei der französischen Action Directe 1985, anders als bei den italienischen Roten Brigaden 1988, handelt es sich diesmal aber nicht um ein gemeinsames Kommuniqué. Vielmehr tat die RAF in beiden Neusel-Erklärungen nichts anderes, als die Forderungen der spanischen Truppe nach einer »Wiederzusammenlegung« aufzugreifen. Die GRAPO-Mitglieder sitzen zu dieser Zeit im Gefängnis, von wenigen Ausnahmen abgesehen. Keine Spur von einer tatsächlichen »Front« RAF-GRAPO. Ebenso gibt es keine Spur von den Neusel-Attentätern. Bis heute.

## Die RAF nimmt die US-Botschaft in Bonn unter Beschuss und macht den Falschen zum Märtyrer

Ein halbes Jahr später – Februar 1991. Die Welt hat sich verändert. Deutschland ist wieder geeint. Seit vier Monaten. Und: der Golfkrieg I tobt. In den frühen Morgenstunden des 16. Januar 1991 begannen die multinationalen Truppen mit ihren Luftangriffen auf den Irak. Das Oberkommando haben die US-Amerikaner. Oberster »Kriegsherr« ist General Norman Schwarzkopf. Ziel des Einsatzes: die irakischen Truppen aus Kuwait zu vertreiben. Im August 1990 waren sie in das Scheichtum einmarschiert. Gegen diesen Krieg protestieren in den westlichen

Hauptstädten Millionen Menschen. Sie glauben, die Kämpfe am Golf könnten sich zu einem Weltkrieg ausweiten. Sie meinen, die Vereinigten Staaten engagierten sich nur am Golf, um weiterhin Erdöl möglichst günstig zu bekommen.

Ihre Parole: »Kein Blut für Öl«. Zehntausende demonstrieren am 26. Januar 1991 auf der Hofgartenwiese in Bonn. Vor der Botschaft der Vereinigten Staaten in Bonn-Bad Godesberg am Rheinufer halten Kriegsgegner eine Mahnwache.

Auf der anderen Rheinseite, in Königswinter, pirschen am 13. Februar 1991 gegen 19 Uhr mindestens drei Gestalten durch die Dunkelheit. Auf eine Mauer an der Uferpromenade packen sie Säcke mit Katzenstreu. Direkt neben dem Hotel »Loreley«. Dann knien sie nieder und legen an. Das Katzenstreu ist ihre »Schießunterlage«. Salve um Salve jagen sie über den Rhein auf die Botschaft der Vereinigten Staaten von Amerika, aus einer Kalaschnikow und zwei NATO-Gewehren. 250 Schuss. 62 Projektile treffen das Botschaftsgebäude. Fensterscheiben gehen zu Bruch. Eine Putzfrau kommt mit einem Schrecken davon. Auch in Häuser nebenan schlagen Kugeln ein. Nach getanem Werk steigen die Schützen aus der Finsternis in einen blauen Passat und verschwinden. Als die Polizei den Schießplatz an der Uferpromenade entdeckt, erkennt sie schnell, dass hier nicht ein Saddam-Hussein-Kommando im Einsatz war. Sondern die deutsche RAF. Ein Blatt mit dem acht mal acht Zentimeter großen RAF-Logo liegt dort. Versehen mit einen Datumsstempel: »13. 02. 91«. Darüber elf Zeilen Parolen wie »KRIEG DEM IMPERIALISTISCHEN KRIEG!« und »US-NATO RAUS AUS DEM NAHEN OSTEN!«.

Drei Tage später bekommt die Agence France-Presse in Bonn wieder einmal RAF-Post. Auf dem Umschlag ist als Absender getippt: »schneider, pappelstr. 3, königswinter«: »wir haben heute mit dem kommando vincenzo spano die botschaft der usa in bonn beschossen, weil die usa im vernichtungskrieg gegen das irakische volk von anfang an die führungsrolle übernommen haben«: »mit unserer aktion stellen wir uns in eine reihe mit all denen, die rund um den globus gegen diesen us-nato-völkermord aufgestanden sind.« Für die »imperialistischen staaten« sei »dieser krieg der erste schritt zur durchsetzung ihrer neuen weltordnung für die zeit nach dem kalten krieg«. Die »westlichen öl-konzerne« seien von der Golfregion abhängig, deshalb solle dort »keine macht entstehen, die nicht unter absoluter kontrolle des imperialistischen blocks steht«. Der Golfkrieg sei »der ›krieg der reichen gegen die armen‹«.

Die RAF wendet sich an die, »die in den vergangenen wochen gegen diesen krieg – ›für den frieden‹ – auf die straße gegangen sind«. Denen »wollen wir sagen: ihr müßt euch damit auseinandersetzen, daß imperialistischer krieg in der logik des imperialistischen systems liegt.« Und: »ein selbstbestimmtes leben für alle in würde, ohne ausbeutung und unterdrückung, wird es erst dann geben, wenn wir die macht des imperialistischen systems gebrochen haben.«

Mit dem für die RAF ungewöhnlichen Anschlag auf die US-Botschaft ging es der Rote Armee Fraktion darum, sich »nach nicht allzu langer Vorbereitung in das Thema Golfkrieg einzuklinken, um auch hier ihre Vorreiterrolle zu reklamieren«, urteilt Hans-Jürgen Hessel, damals Leiter der Gruppe »Fahndung« in der Abteilung »Terrorismusbekämpfung« des BKA. Die RAF wollte also einem großen Teil der Linken und den Friedensbewegten, die in diesen Tagen friedlich gegen das militärische Vorgehen der Amerikaner und ihrer Verbündeten demonstrierten, einmal mehr zeigen, dass sie der Bewegung als Avantgarde vorauseilt – und weiter geht als die friedliche Masse. Anders als von der RAF erhofft, bringt ihr die Botschaftsbeballerung nach Büroschluss keine neuen Freunde. Die Golfkriegsgegner schütteln die Köpfe: Sie wollen Frieden. Aber nicht noch mehr Geschieße. »Die Zahl der Personen, die dem engeren Umfeld zuzurechnen sind«, stellt das Bundesamt für Verfassungsschutz für das Jahr 1991 fest, bleibt »mit etwa 250 konstant«.

Den Leiter der »Terroristenfahndung« im Bundeskriminalamt, Hans-Jürgen Hessel, und seine Kollegen überrascht der Name, den die RAF für die Botschaftsbeschießung ausgewählt hat: »Kommando Vincenzo Spano«. Denn Vincenzo Spano lebt. Er ist nicht tot, wie sonst die Personen, nach denen sich die RAF-Kommandos benennen. Spano, Mitglied der Action Directe, sitzt in Frankreich im Gefängnis. Auch der RAF dämmert irgendwann, dass Vincenzo Spano gar nicht, wie von ihr gewähnt, bereits unter der Erde liegt. Elf Tage nach der Kommandoerklärung räumt sie kleinlaut ein, sie habe sich beim Namen vertan. In Wahrheit jemand ganz anderen gemeint. Also den Falschen zum Märtyrer gemacht. Das ist der RAF in zwei Jahrzehnten noch nie passiert: »viele haben sich bestimmt schon über den kommando-namen: vincenzo spano, den wir für die aktion gegen die us-botschaft gewählt haben, gewundert«, schreibt die RAF in einer Erklärung vom 24. Februar 1991 an die *Frankfurter Rundschau*. »wir wollten mit dem kommando-namen die verbindung zu unseren gefangenen freundinnen und freunden von der action directe herstellen.« Und dabei habe man sich mit dem Namen vertan: Tatsächlich sollte das Kommando nicht »Vincenzo Spano«, son-

zusammen zu kämpfen; und ciro rizatto war einer von ihnen.
deshalb wollten wir seinen namen im gedächtnis der revolutionären bewegung bewahren und wollten das kommando nach ihm benennen.
wir hatten aber keine unterlagen mehr darüber und weil wir die aktion gegen die us-botschaft nicht noch weiter rausschieben wollten, haben wir uns beim kommando-namen darauf verlassen, was einige von uns in ihrem gedächtnis zusammen gesucht hatten. so kam es zu der verwechslung von ciro rizatto mit vincenzo spano - sorry vincenzo.

24.2.1991
rote armee fraktion

*RAF-Erklärung (Auszug): Den Falschen zum Märtyrer gemacht*

dern »Ciro Rizatto« heißen, »ein genosse aus italien, der bei einem banküberfall in frankreich erschossen« wurde, 1983. Denn »anfang der 80-er jahre« hätte »es in frankreich die ersten ansätze von genossInnen aus verschiedenen ländern« gegeben, »zusammen zu kämpfen: und ciro rizatto war einer von ihnen«. Um »seinen namen im gedächtnis der revolutionären bewegung« zu bewahren, hätte die RAF »das kommando nach ihm benennen« wollen: »wir hatten aber keine unterlagen mehr darüber und weil wir die aktion gegen die us-botschaft nicht noch weiter rausschieben wollten, haben wir uns beim kommando-namen darauf verlassen, was einige von uns in ihrem gedächtnis zusammen gesucht hatten. so kam es zu der verwechslung von ciro rizatto mit vincenzo spano – sorry vincenzo.«

Die Zeiten eines gepflegten Archivs, das die RAF früher hatte, sind vorbei. Zehn Tage nach der Tat entdeckt die Polizei den Flucht-Passat in einem Wald bei Herborn. 120 Kilometer von Königswinter entfernt. Ohne Kennzeichen. Verwertbare Spuren: keine. Mal wieder. Auf dem Beifahrersitz entdecken die Beamten ein Haar und asservieren es. Zehn Jahre später hilft es ihnen weiter. Nachdem die Wissenschaftler im Bundeskriminalamt ein neues Verfahren entwickelt haben, mit dem sie »telogene« Haare – das sind ausgefallene, nicht ausgerissene – mit der DNA-Analyse untersuchen können. Ein Quantensprung der BKA-Wissenschaftler. Im Oktober 2001 finden sie heraus, dass es von Daniela Klette stammt. Sie ist bis heute verschwunden.

In der Kommandoerklärung mit dem falschen Märtyrer steht auch schon das Thema für den nächsten Anschlag: »großdeutschland« und die »ökonomische potenz des brd-kapitals«. Sechs Wochen später ermordet die RAF Treuhand-Chef Detlev Karsten Rohwedder.[381]

**VS - Nur für den Dienstgebrauch**

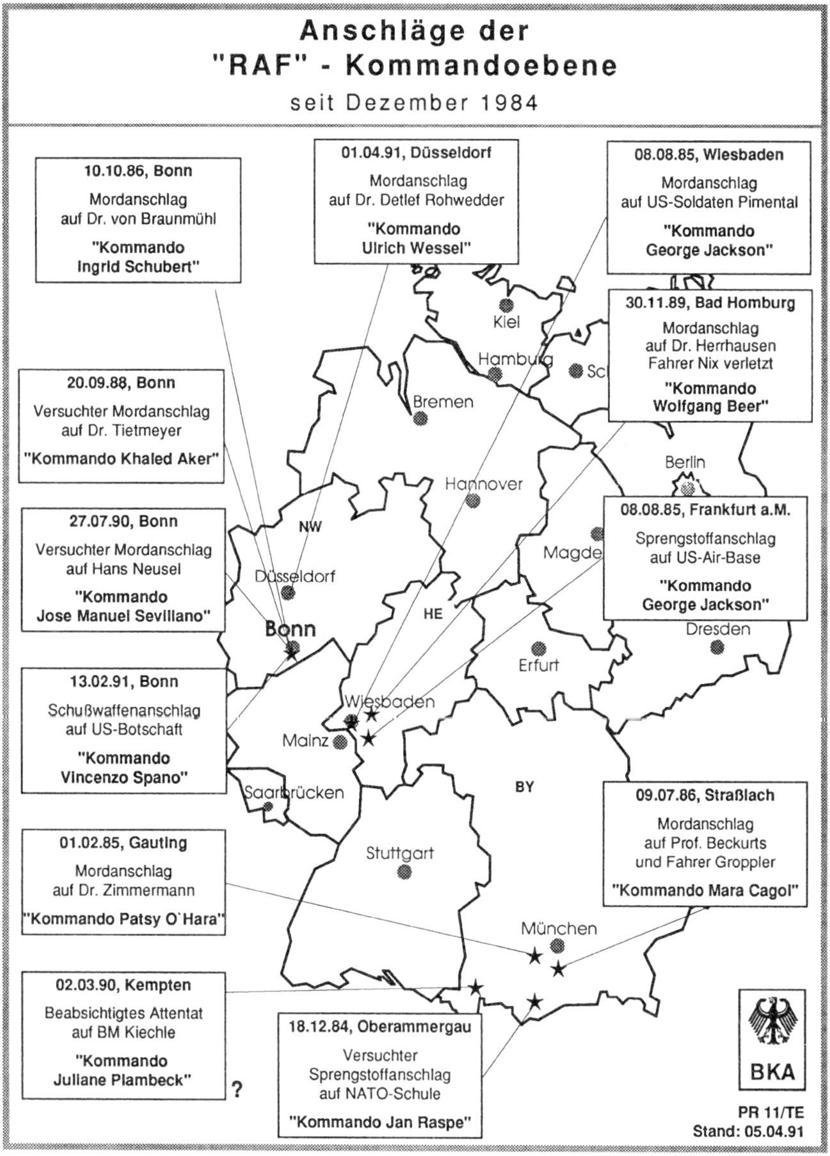


*BKA-Skizze: Anschläge der dritten RAF-»Generation« von 1984–1991*

## Die »Kinkel-Initiative«

*Bundesjustizminister Klaus Kinkel*

### ➤ Eine »schwere rechtsstaatliche Verwirrung«

Aufschreie hallen durch die Republik. Wenige Tage, nachdem das Jahr 1992 begonnen hat: »Unverantwortlich«, sagt Bayerns Innenminister Edmund Stoiber. »In der Wortwahl vergriffen«, urteilt CSU-Landesgruppenchef Wolfgang Bötsch. »Schwerwiegende rechtsstaatliche Verwirrung«, diagnostiziert Erwin Teufel, Baden-Württembergs Regierungschef.

Anlass ist eine Rede von Bundesjustizminister Klaus Kinkel auf dem Dreikönigstreffen der FDP in Stuttgart. Zum Thema »vorzeitige Entlassung von RAF-Häftlingen« hatte er erklärt, der Staat müsse »dort, wo es angebracht ist, zur Versöhnung bereit sein«. Nach wie vor bestehe eine Bedrohung durch die RAF. Von ihr werde versucht, einen »unbegründeten Zusammenhang« zwischen den Gewalttaten und der Situation ihres inhaftierten Kerns herzustellen. Die Lösung des »gordischen Knotens« könne nur darin liegen, dass die RAF von ihrem »schrecklichen Tun« ablasse.

Für CSU-Chef Theo Waigel ist es »eine trügerische Hoffnung« zu glauben, mit einer Haftverkürzung von RAF-Häftlingen weitere Terrortaten verhindern zu können.

Kinkel nimmt die Anwürfe seiner Kritiker gelassen: »Was daran unverantwortlich sein soll, weiß ich nicht.« Was so mancher Kinkel-Kritiker in diesen Tagen im Eifer der lebhaften Diskussion übersieht: Der Justizminister hatte nicht mehr getan, als von dem zu reden, was im Gesetz steht. Denn nicht der Justizminister, nicht der Generalbundesanwalt, nicht der Bundeskanzler, nicht der Bundestag entscheidet darüber, ob ein Häftling vorzeitig aus dem Gefängnis entlassen wird, sondern grundsätzlich das zuständige Gericht. Voraussetzung für eine vorzeitige Entlassung ist unter anderem – so die Paragraphen 57 und 57a des Strafgesetzbuchs –, dass »verantwortet werden kann zu erproben, ob der Verurteilte außerhalb des Strafvollzugs keine Straftaten mehr begehen wird«. Erforderlich zudem – in der Regel: Zwei Drittel der Strafe muss der Verurteilte abgesessen haben, zu »lebenslänglich« Verurteilte mindestens fünfzehn Jahre. Liegen diese Vorraussetzungen vor, ist das Gericht verpflichtet, die Strafe auszusetzen. »Ein Ermessensspielraum ist ihm nicht eingeräumt«, schreibt Herbert Tröndle in dem Standardkommentar zum Strafgesetzbuch, dem »Dreher-Tröndle«. Das dicke graue Buch steht auf jedem Strafrichtertisch.

Und noch etwas wissen viele Kinkel-Kritiker in diesen wortgewaltigen Januartagen nicht: Er hat sich vor seinem Vorstoß Rückendeckung geholt. Nicht nur bei Bundeskanzler Helmut Kohl und Wolfgang Schäuble, dem CDU/CSU-Fraktionschef. Sondern auch bei den Staatsschützern: der Bundesanwaltschaft, dem Bundesamt für Verfassungsschutz und vor allem auch von der Koordinierungsgruppe Terrorismusbekämpfung im Bundeskriminalamt. Dort war dieser Gedanke ursprünglich entwickelt worden.

Diese Koordinierungsgruppe war nach dem Rohwedder-Mord entstanden: Bundesanwalt Wolfgang Pfaff, Egon Bauer, Leiter der für die RAF zuständigen Abteilung 7 des Bundesamtes für Verfassungsschutz, und Rainer Hofmeyer, Chef der »Terrorismusbekämpfung« im BKA, hatten sich in die Gedankenwelt der RAF eingedacht. Deren Schriften studiert und diskutiert. Pfaff besuchte RAF-Häftlinge im Gefängnis und deren Eltern zu Hause. Sprach mit RAF-Anwälten. Das Staatsschützer-Trio kam zu dem Ergebnis, dass sich die Rote Armee Fraktion im Laufe der Jahre ideologisch »mehr und mehr zu einem Gefangenenbefreiungsverein entwickelt« habe. Angesichts dessen, so seine Überlegung, sei die RAF am ehesten über die »Gefangenenfrage« zu einem Gewaltverzicht zu bewegen. In der Ära von Generalbundesanwalt Rebmann ergingen, so hatte der Bundesanwalt in seiner Behörde erlebt, immer nur »Einzelfallentscheidungen« über vorzeitige Haftentlassung ehemaliger RAF-Mitglieder. So kamen zum Beispiel Siegfried Haag, Gert Schneider und Christof Wackernagel nach zwei Dritteln der Haft aus dem Gefängnis. Doch solche Einzelfallregelungen können nicht die erforderliche Bewegung in die »Gefangenenfrage« bringen, sagen sich die Beamten. Es müsse mehr sein. Deutlich mehr. Deshalb denken sie über ein Gesamtkonzept nach. Pfaff, Bauer und Hofmeyer kommen zu dem Ergebnis, dass es erfolgsversprechend wäre, »eine zweite Linie« zur Überwindung der RAF aufzubauen. Nämlich die »Gefangenenfrage« offensiv mit einem Konzept anzugehen.

Und so treffen sich an einem Nachmittag im November 1991 am Rande einer BKA-Tagung in Wiesbaden Bundesanwalt Wolfgang Pfaff aus Karlsruhe und Verfassungsschützer Egon Bauer aus Köln. Um in Ruhe reden zu können, setzen sie sich ins Café Blum in der Wilhelmstraße 44. Sie sprechen bei Kaffee und Kuchen über den »Stand der Auseinandersetzung RAF–Staat« und darüber, dass der Staat nun offensiv handeln müsse. »Das bedeutet«, sagt Bundesanwalt Pfaff, »alle RAF-Häftlinge rauszulassen, die nach der Lage des Gesetzes und einem bisschen guten Willen rausgelassen werden könnten«. Er spricht von der »Big Rausschmeiße« – und grinst. Als »Big Raushole« hatte die zweite RAF-»Generation« den Plan bezeichnet, mit einem Schlag die RAF-Häftlinge zu befreien – 1976 in den »Haag-Mayer-Papieren«. Das ist fünfzehn Jahre her.

Die Beamten bringen ihre Gedanken zu Papier – und das Papier »auf den Weg«. Bundesinnenminister Schäuble, Innenstaatssekretär Neusel und Bundesjustizminister Kinkel teilen den Gedanken, der im Kern nichts anderes besagt als: wohlwollende Betrachtung der Gesetzeslage.

Nachdem Kinkel davon auf dem FDP-Parteitag sprach, stehen schnell die Namen von sechs ehemaligen RAF-Mitgliedern in den Zeitungen, die »lebenslänglich« bekamen und bei denen die Fünfzehn-Jahres-Frist schon oder aber bald um ist: Günter Sonnenberg, Bernhard Rößner, Lutz Taufer, Karl-Heinz Dellwo und Christine Kuby aus der zweiten »Generation«. Und Irmgard Möller aus der ersten. Das RAF-Fossil. Seit zwanzig Jahren sitzt sie im Gefängnis. Seit 1972. Alle dürfen vorzeitig raus: Sonnenberg 1992, Rössner und Möller 1994, Kuby, Taufer und Dellwo 1995.

### ➤ Die RAF antwortet dem Bundesjustizminister

Drei Monate nach dem Kinkel-Vorstoß antwortet die RAF. Am 13. April 1992 trifft ein RAF-Brief vom 10. April im Büro der Nachrichtenagentur Agence France-Presse (AFP) in Bonn ein. Gerichtet – so die Überschrift – »AN ALLE, DIE AUF DER SUCHE NACH WEGEN SIND, WIE MENSCHENWÜRDIGES LEBEN HIER UND WELTWEIT AN GANZ KONKRETEN FRAGEN ORGANISIERT UND DURCHGESETZT WERDEN KANN«: »justizminister kinkel hat mit seiner ankündigung im januar, einige haftunfähige gefangene und einige von denen, die am längsten im knast sind, freizulassen, das erste mal von staatlicher seite offen gemacht, dass es fraktionen im apparat gibt, die begriffen haben, dass sie widerstand und gesellschaftliche widersprüche nicht mit polizeilich-militärischen mitteln in den griff kriegen.«

Die RAF ist ins Grübeln geraten: »wir, die raf, haben seit 89 angefangen, verstärkt darüber nachzudenken und zu reden, dass es für uns ... nicht mehr so weitergehen kann wie bisher.« Für sie sei es notwendig, »darüber nachzudenken, was wir falsch gemacht haben«. Sie gesteht, dass ihr Weltbild zersprungen ist: »ausgangspunkt« für die neue Nachdenklichkeit sei »die tatsache, dass wir alle vor einer völlig veränderten situation im weltweiten kräfteverhältnis standen – die auflösung des sozialistischen staatensystems, das ende des kalten krieges«. Ihre »vorstellung, im gemeinsamen internationalen kampf einen durchbruch für die befreiung zu schaffen«, sei – wie die RAF bilanziert – »nicht aufgegangen«. Und, zweiter Punkt der Selbstzweifel in dem Fünf-Seiten-Schreiben, die Erkenntnis, »dass wir so, wie wir in den jahren vor 89 politik gemacht haben, politisch nicht stärker, sondern schwächer geworden sind. wir haben ... keine anziehungskraft mehr für die menschen hier entwickelt«.

Konsequenz dieser Erkenntnis für die RAF: »WIR HABEN UNS ENTSCHIEDEN, DASS WIR VON UNS AUS DIE ESKALATION ZURÜCKNEHMEN: DAS HEISST, WIR WERDEN ANGRIFFE AUF FÜHRENDE REPRÄSENTANTEN AUS WIRTSCHAFT UND STAAT FÜR DEN JETZT NOTWENDIGEN PROZESS EINSTELLEN.«

Das ist die Zeitenwende in der RAF-Geschichte. Eine neue Epoche beginnt. Was bis gestern galt, dass Morde zum Zwecke der »Revolution« notwendig sind, gilt ab heute nicht mehr. Eine späte Einsicht. Aber sie ist da.

»Unsere Zäsurerklärung«, sagt Birgit Hogefeld vier Jahre später.[382] »Das war längst überfällig und Ergebnis intensiver Diskussionen in der Gruppe«, erklärt sie in der Rückschau.[383] Sie ist die bis heute einzige bekannte Teilnehmerin der RAF-Gespräche.

Allerdings hält sich die RAF in dem Papier vom April 1992 ein Hintertürchen offen, um zum Morden zurückzukehren: Setze die »staatliche seite ... auf den krieg gegen unten« – was sie damit meint, sagt die RAF nicht –, »dann ist für uns die phase des zurücknehmens der eskalation vorbei«.

Außerdem kündigt die RAF ausführliche Post zu ihren neuen Gedanken an: »das hier ist auch nur ein anfang und wir werden demnächst über alles genauer reden.«

Von diesem RAF-Papier ist Klaus Kinkel »positiv überrascht« – weil die Erklärung direkt von der RAF komme. Und nicht aus dem Gefängnis. Kinkel appelliert »dringend an die inhaftierten RAF-Mitglieder, ebenfalls Gewalt abzulehnen, sich auf die neue Situation einzustellen und sich auf die politische Auseinandersetzung zu verlegen. Dies würde den gesamten Weg der Versöhnung erheblich erleichtern.«

Einige wollen die Schraube viel weiter gedreht sehen: »Es geht nicht nur um die Gefangenen«, schreibt Klaus Jünschke, Mann der ersten »Generation«, im *Spiegel*: »Auch denen aus der so genannten Kommandoebene der RAF, also denen, die jetzt die Erklärung abgaben, muss die

Amnestie angeboten werden. Für die Menschenrechte, für die Demokratie.« Darüber aber denkt in Bonn niemand ernsthaft nach.

Die Staatsschützer gehen davon aus, dass diese vorläufige Mord-Verzichterklärung zwischen »Kommandoebene« und Inhaftierten zuvor abgestimmt wurde. Deshalb lesen die Beamten mit besonderem dienstlichen Interesse ein *Spiegel*-Interview, in dem Irmgard Möller am 18. Mai 1992 erläutert, was die RAF nun vorhat – sie ist RAF-Haft-Älteste. Mittlerweile sogar die am längsten inhaftierte Frau Westdeutschlands: »Die RAF will ihre Politik auf ganz andere Füße stellen«, sagt sie in der Justizvollzugsanstalt Lübeck-Lauerhof an ihrem fünfundvierzigsten Geburtstag: »Wir wollen eine ganz neue politische Basis schaffen und nicht gleichzeitig die Menschen mit Eskalation konfrontieren.« Mit dem Begriff »Aussöhnung«, den Kinkel gebraucht hat, könne sie nicht viel anfangen: »Wir nehmen das jedenfalls nicht wörtlich. Kinkel kann uns nicht mit den Inhalten und Formen des Systems, das wir bekämpft haben, versöhnen. Er muss akzeptieren, dass wir Opposition sind und bleiben werden«.

Die RAF-Anschläge der vergangenen Jahre hält sie »für legitim«: »Wenn die RAF diese Angriffe heute nicht mehr führt, dann nicht, weil sie nicht legitim wären, sondern weil sie den politischen Prozess, den wir im Auge haben, nicht weiterbringen.« Was die RAF erklärt habe, sei »ja für den Staat wichtig: dass er jetzt keine Angriffe zu befürchten hat«. Als Konsequenz aus der RAF-Erklärung erwartet sie »die Freilassung von uns allen – egal ob jemand vor fünf Jahren gefangen wurde oder vor zwanzig und unabhängig von Bewertungen wie etwa Schwere der Schuld. Das greift sowieso nicht. Denn wir haben die Aktionen kollektiv bestimmt und gemeinsam gemacht.«

## Die RAF zieht Zwischenbilanz – Das »August-Papier«

Vier Monate nach der Ankündigung vom April kommt die ausführliche Stellungnahme. Im August 1992. Und so erhält die Erklärung den Namen »August-Papier«. Titel: »RAF: Wir müssen das Neue suchen«.[384] Der Text erscheint als Sonderdruck von *konkret*. Der Zeitschrift, bei der Ulrike Meinhof drei Jahrzehnte zuvor Chefredakteurin war. Acht DIN-A3-Seiten ist die Zehn-Jahres-Bilanz der RAF lang. Preis des *konkret*-Sonderdrucks: zwei Mark.

Seit der letzten Grundsatzschrift der RAF, dem »Mai-Papier« 1982, sind zehn Jahre vergangen. Die RAF erklärt, dass sie das im »Mai-Papier« niedergeschriebene Konzept nicht in die Tat umsetzen konnte:

»Der Grundgedanke des Mai-Papiers von 82 – zu einer gemeinsamen Front von Guerilla und Widerstand zu kommen – war ein Schritt in die richtige Richtung, aber wir haben es nicht geschafft, eine produktive Verbindung zwischen dem Kampf der Guerilla und den Kämpfen der GenossInnen, die aus anderen Lebenszusammenhängen eine andere Praxis entwickelten, herzustellen und den revolutionären Prozess zu stärken und weiterzubringen.«

Andere zentrale Erkenntnis: »Ein Durchkommen der Befreiungsbewegungen war nirgends absehbar. Stattdessen stieg die Zahl der Opfer immer weiter.«

Fazit: »Wir sehen es heute als einen Fehler von uns, dass wir die Bestimmungen unserer GenossInnen bis 84 einfach in groben Zügen übernommen und nicht hinterfragt haben, was an den alten Bestimmungen des ›Front-Papiers‹ noch richtig ist bzw. was wir verändern oder neu entwickeln müssen.« Dieses Papier sei vor ihrer Zeit im Untergrund geschrieben worden, räumen die Autoren ein: »Niemand von uns, die heute in der RAF sind, war vor 84 schon dabei.« Dieser Satz bestätigt die RAF-Analytiker im Bundeskriminalamt. Seit Jahren gehen sie davon aus, dass sie es seit 1984 mit einer komplett neuen RAF-Mannschaft zu tun haben.

Immer mehr Sympathisanten seien ihnen nach der »Offensive '86« davongelaufen, berichtet die RAF: »In manchen Städten ging das so weit, dass nicht einmal mehr die Forderung nach Zusammenlegung der politischen Gefangenen offen vertreten wurde.«

Ebenso schildern die – bis heute unbekannten – Autoren des »August«-Papiers, was sie »84 und in der drauf folgenden Zeit zur Guerilla« getrieben hat. Also ihre Motive, in den Untergrund zu gehen und das Morden zu beginnen. Ausschlaggebend: Die »ersten Jahre der 80er«: »Es war die Zeit vieler Kämpfe an unterschiedlichen Fragen: Anti-Nato-Bewegung; 81 der Hungerstreik der politischen Gefangenen, in dem Sigurd Debus ermordet worden ist; Kämpfe gegen AKWs; gegen die Startbahn West; Hausbesetzungen und natürlich die Massenmobilisierung gegen die Stationierung der Mittelstreckenraketen. Wir haben selbst in manchem dieser Kämpfe dringesteckt und haben dabei dieselben Erfahrungen gemacht wie alle anderen auch: Wir kommen gegen diese Macht nicht durch.«

Der »bewaffnete Kampf« sei ständig »ein Rennen gegen die Zeit« gewesen, berichten die unbekannten Wesen aus dem Untergrund: »Auch daher kam unser Denken, dass, wenn wir jetzt nicht schnell handeln, es danach zu spät ist, dass es dann möglicherweise der Imperialismus schon geschafft hat, die ganze Epoche zu entscheiden.«

Die Aktionen »gegen verantwortliche Militärs, Wirtschaftsführer oder Verantwortliche aus dem politischen Apparat waren für viele Menschen nachvollziehbar und moralisch legitim«, bilanziert die dritte RAF-»Generation« ihre Geschichte weiter. Sie meint ihre Morde an Ernst Zimmermann, an Karl Heinz Beckurts und dessen Fahrer Eckhard Groppler, an Gerold von Braunmühl, an Alfred Herrhausen und an Detlev Karsten Rohwedder. Anders sei »das aber mit der Air Base-Aktion und dem GI, den wir erschossen haben«, gewesen: »Für die Weiterentwicklung des revolutionären Kampfes hier und seine Verankerung in der Gesellschaft war beides ein großer Fehler.«

1989 sei auch für die RAF das »Wendejahr« gewesen. Zum einen der Verlauf des Hungerstreiks: »Hätten die Gefangenen den Streik 89 nicht abgebrochen ..., dann wäre es hier draußen zu einer weiteren Eskalation gekommen. ... Aber die Gefangenen haben es damals anders bestimmt[385]: weg von der Eskalation, weil es sinnlos gewesen wäre. ... Als die eigentliche Schwäche sehen wir es an, dass viele in der Resignation vor der Macht den Kampf um die Forderung losgelassen haben«, also die Zusammenlegung aller RAF-Häftlinge in ein oder zwei Gruppen. Zweiter Grund für die »Wende« bei der RAF: »Die rasanten Umbrüche 89, mit dem Zusammenbruch der DDR und dem bevorstehenden Zusammenbruch des sozialistischen Staatensystems hatten die Macht des BRD-Staats auf eine neue Stufe gebracht.« Angesichts dessen, so die RAF in ihrer Retrospektive, folgte eine Phase des Nachdenkens: »89/90 war für uns die Zeit, in der wir anfingen, die letzten Jahre unserer Geschichte zu hinterfragen und alte Rangehensweisen ... daraufhin zu überprüfen, ob wir sie noch richtig finden.«

Die RAF-Erkenntnis: »Wir konnten den Herrschenden zwar immer wieder Schläge versetzen, aber so kamen wir unseren Zielen nicht näher.« Schlussfolgerung – der Rohwedder-Mord liegt sechzehn Monate zurück: »Die Aktion gegen Rohwedder war unsere vorläufig letzte Aktion. Gerade an ihr ist uns deutlich geworden, dass wir den Prozess, der hier notwendig ist, heute mit Aktionen nicht voranbringen können.« Die neue Perspektive der RAF: »Unsere Orientierung ist heute in erster Linie, einen gesellschaftlichen Prozess zu entwickeln, in dem sich Gegenmacht von unten organisiert, die auch dieser repressiven Walze Grenzen setzt und sie zurückdrängt.« Fazit: Keine Anschläge mehr auf Personen, sondern »Gegenmacht von unten organisieren«. Es sei denn, die RAF kommt eines Tages – was sie sich ausdrücklich vorbehält – doch wieder zu der Erkenntnis, dass es Sinn macht, Menschen zu ermorden.

Dieses fünfte Grundsatzpapier der RAF aus dem Untergrund – nach den drei Schriften aus den Jahren 1971 und 1972 sowie dem »Mai-Papier« aus dem Jahr 1982[386] – gewährt den tiefsten Einblick in das Denken und Befinden der RAF. Überraschend offen ist die Selbstkritik. Einschließlich der Erklärung, dass ab 1988 »die bis dahin entwickelte Politik von einem immer kleiner werdenden Kreis von entschlossenen GenossInnen getragen« wurde »und keinen weiteren Politisierungs- und Organisierungsprozess mehr in Gang gesetzt« hat. Da in den Jahren 1987 bis 1989 keine RAF-Mitglieder verhaftet wurden, lässt das nur den Schluss zu, dass der RAF die bewaffneten Kämpfer davonliefen. Weil sie eben merkten, dass sie durch die RAF-Taten nicht den ursprünglich erhofften »Politisierungsprozess« in der Gesellschaft erreichen konnten.

Gemeinsam ist dem »Mai-» und dem »August-Papier« die Selbsterkenntnis, dass der bislang eingeschlagene Weg nicht zum Erfolg geführt hat. Neu in dem »August«-Papier ist die Erkenntnis, dass Mordanschläge den von der RAF erhofften Prozess »nicht voranbringen können«, und die daraus gezogene Konsequenz – erstmals in einem Grundsatzpapier in der »Geschichte von 22 Jahren Kampf«: künftig auf Mordanschläge zu verzichten. Sowohl 1982 wie 1992 lautet das Fazit der RAF: Sie hat es nicht geschafft, aus der Isolation herauszukommen.

## Der demolierte Knast

Acht Monate, nachdem das »August-Papier« der RAF erschienen ist: Drei Männer sitzen entspannt beim Fernsehen. Die Nacht vom 26. zum 27. März 1993 – gegen halb zwei: Justizwachtmeister *Michael Tantz* in Uniform sowie *Jürgen Oberg* und *Friedrich Enger*, Mitarbeiter eines privaten Wachunternehmens. Eine ruhige Nacht – im Pfortenhaus der Justizvollzugsanstalt Weiterstadt bei Darmstadt. Ein Gefängnis ohne Gefangene. In fünf Tagen soll es eingeweiht werden. Mit einem Festakt. »Deutschlands modernste Haftanstalt«, sagen Experten – mit 25-Meter-Hallenschwimmbad, Sporthalle, Fitnesscenter und Kirche. »Kunst am Bau« ist ein Brunnen aus Taubertaler Muschelkalk. Die »Musteranstalt des humanen und sicheren Strafvollzugs«, schwärmen Resozialisierungsexperten. Sie hat 250 Millionen Mark gekostet. Entstanden ist ein Designer-Knast mit viel Aluminium und eleganten Rundungen. Sechs Jahre Bauzeit. In einem Monat sollen hier 500 Häftlinge sitzen. Aber noch sind die Handwerker bei den letzten Feinarbeiten. Vor einer halben Stunde, um eins, sind die beiden allerletzten Monteure gegangen.

Sieben Zellen sind belegt. Von Justizvollzugsanwärtern. Sie schlafen tief und fest. Um Geld zu sparen, übernachten sie in der künftigen Vollzugsanstalt. Zurzeit werden sie in anderen Gefängnissen ausgebildet.

Die drei vor dem Fernseher im Pfortengebäude sind entspannt wie selten im Dienst. Ein vorbildlich gesichertes Gefängnis und kein einziger Häftling, der ausbrechen könnte. Eine sechseinhalb Meter hohe Betonmauer umgibt das Gelände. »Kein Stabhochspringer kommt da rüber«, hatte Harald Clausen vom hessischen Staatsbauamt bei Baubeginn vor drei Jahren erklärt. Vor ihrem Fenster sehen die drei Wächter des leeren Knasts die beiden Rolltore der Einfahrt. Eine Schleuse. Auch da kommt niemand drüber. Eine gemütliche Runde. Chips und Bierflaschen stehen auf dem Tisch. Die Nachtwächter fühlen sich so sicher, dass sie den Eingang zum Pfortenhaus offen lassen.

Mitten in die Pförtner-Gemütlichkeit hinein fliegt plötzlich die Tür auf – es ist 1.30 Uhr. Vier vermummte Gestalten stürmen herein. Sie tragen schwarze »Sturmhauben«: Nur ihre Augen sind zu sehen. Und die verraten nichts Gutes. Drei Männer und eine Frau mit Pistolen und einer Maschinenpistole. »Hände hoch. Auf den Boden, auf den Bauch«, befiehlt einer der Männer. Die drei Wachleute gehorchen. »Hände auf den Rücken«, kommandiert der Maskierte. Das Überfallkommando legt den Wachmännern Handschellen an. »Was soll das?«, fragt *Jürgen Oberg* ängstlich. »Wir sind von der RAF«, antwortet ihm der Maskenmann mit ruhiger Stimme, »vom Kommando Katharina Hammerschmidt.[387] Wir haben 200 Kilogramm Sprengstoff mitgebracht.[388] Heute Nacht wird der Knast gesprengt. Aber: Wir sind da, um euch vorher zu evakuieren.« Die Wachmänner blicken ängstlich. »Euch wird nichts passieren«, beruhigt sie die schwarze Frau, »wenn ihr alles so macht, wie wir es verlangen.«

»Wie konnten die hier bloß reinkommen?«, rätselt *Jürgen Oberg* – und denkt an die Worte des Mannes vom Staatsbauamt: Über die mehr als sechs Meter hohe Mauer käme »kein Stabhochspringer«. Aber die RAF schaffte es. Mit zwei Aluleitern auf die Mauerkrone. Und mit einer selbst gebastelten Strickleiter wieder runter, in den Gefängnishof. Die Sprossen der Strickleiter sind mit Teppichboden umwickelt, um unnötigen Lärm zu vermeiden. »Eine ordentliche Heimarbeit«, lobt später ein BKA-Mann die RAF, als er die Strickleiter sieht. In der Nähe des – noch unbesetzten – Wachturms Nummer 4 überkletterte das RAF-Kommando die sechs Meter hohe Mauer, während die drei Wachmänner gemütlich zusammen saßen. Bei Fernsehen, Chips und Bier.

»Wer ist noch auf dem Gelände?«, will die maskierte Frau von Justizwachtmeister *Michael Tantz* wissen.

»Einige Vollzugsdienstanwärter schlafen im Gebäude 11«, antwortet er, »die gehören aber nicht zum Wachpersonal der Anstalt.«

»Wie viele?«

»Weiß ich nicht.«

»Haben die Funk oder Telefon?«

»Nein«.

»Na gut, dann gehen wir die doch mal besuchen«, entscheidet die vermummte Frau.

Und so machen sie sich auf den Weg. Justizwachtmeister *Tantz* führt die RAF-Frau und zwei ihrer Komplizen zu den Zellen seiner schlafenden Kollegen. Gebäude 11. Zweite Etage. Die Maskierte hämmert mit ihrer Pistole an die sieben Zellentüren. Und der Justizwachtmeister ruft – wie ihm befohlen: »Ich bin Kollege *Tantz* von der Justizvollzugsanstalt Weiterstadt, kommt heraus!« Die verschlafenen Beamtenanwärter öffnen ihre Zellentüren und erscheinen auf dem Gang. Einer nach dem anderen. Teils in Schlafanzügen. Teils barfuß. »Auf den Boden!« befiehlt einer der Vermummten. Dort werden den Justizwächtern Handschellen angelegt. Hände auf dem Rücken. Sieben auf einen Streich. »Von welchem Verein seid ihr?«, will einer der gefesselten Anwärter wissen. »Wir sind von der RAF!«, antwortet ihm der Maskierte, »und wir werden jetzt die Anstalt in die Luft sprengen!« Seine Stimme klingt voller Vorfreude. Dem Anwärter kommen die Tränen. Auch den anderen Wachtmeistern in spe wird Angst und Bange. Bislang hatten sie sich vorstellen können, als besonderes Erlebnis ihrer Laufbahn eines Tages einem RAF-Mitglied Handschellen anzulegen. Aber dass sie selbst schon während ihrer Ausbildung von der RAF gefesselt werden ... Auf diese blöde Idee wäre keiner von ihnen gekommen.

Nächster Teil des RAF-Nachtprogramms: Mit Ketten und Vorhängeschlössern schließen die Schwarz-Maskierten die Anwärter in Zweier-Gruppen zusammen. Im Gänsemarsch geht es über den Gefängnishof ins Pfortengebäude. Alle müssen sich auf den Boden legen. Gesicht nach unten. Mittlerweile bedient souverän ein Maskierter die Schalter der beiden Rolltore der »Sicherheitsschleuse«. Der schlotternde und leicht alkoholisierte Justizwachtmeister *Tantz* hatte ihm alle Knöpfe erklärt. Hereingefahren kommt ein *Tantz* unbekannter grüner Transporter LT 35. Ein »Hochdach-Kastenwagen«. Und ein ihm sehr bekannter Pkw. Sein eigener Mercedes. Einer der Sturmhauben-Männer hatte ihm zuvor die Autoschlüssel aus der Hosentasche gezogen. Die Maskierten führen die Wächter der Justiz zur Seitentür des »Hochdach-Kastenwagens« – zu zweit oder zu dritt. Mit Ketten fest zusammengeschlossen. »Einsteigen«, verlangt ein Maskierter. An dem Dachholm der Ladefläche werden die Männer angekettet. Justizwachtmeister *Tantz* hat einen »letzten Wunsch« an die RAF: »Bitte räumt die beiden Bierflaschen weg aus dem Wachraum«, fleht er. Er rechnet mit dem Schlimmsten und möchte nicht, dass seine Bierchen während des Dienstes bekannt werden. Er fürchtet, seiner Witwe könnte die Hinterbliebenenrente gestrichen werden.

Die Fahrt im VW-Transporter beginnt und ist nicht weit: Von der Justizvollzugsanstalt führt eine 1,2 Kilometer lange Stichstraße zur Bundesstraße 42. Nach einigen hundert Metern biegt der Fahrer in einen Querweg ab. Stoppt hinter einem Erdwall. Mehrere Meter hoch. Die Vermummten ziehen durch die Außengriffe von Lade- und Beifahrertür eine Eisenkette. Mit einem Vorhängeschloss schließen sie die Griffe so eng zusammen, dass es keine Möglichkeit gibt, die Tür des Laderaums zu öffnen. Den zehn drinnen festgeketteten Wachtmeistern wird in der kalten Märznacht immer ängstlicher zumute. Ein Maskierter verrät ihnen, wie es weitergeht: »Die Anstalt wird in einer halben Stunde gesprengt. Danach werdet ihr befreit.« Die Maskierten steigen in einen Wagen, der dem VW-Transporter gefolgt ist, und verschwinden. Die Stichstraße zur Vollzugsanstalt sperren sie mit einem rot-weißen Plastikband. An ihm baumelt das Schild:

Um 5.10 Uhr zünden sechs Sprengsätze in der Justizvollzugsanstalt. Das Kommando hatte einen Bombenwagen voller Sprengstoff in die Anstalt gefahren und fünf Sprengsätze in dem Gebäude angebracht. Betonpfeiler und Wände fliegen heraus wie Pappwände einer Puppenstube bei Windstärke zwölf. 22 Zentimeter dicke Betondecken stürzen ein. Fenster, Jalousien, Türen, ganze Türrahmen, Heizkörper, Deckenverkleidungen – alles wird weggepustet. Die Druckwelle ist so stark, dass sie ein zweihundert Meter entferntes Tor in der Mauer aus den Angeln hebt.[389]

Fünfzig Minuten später, gegen sechs, gelingt es im VW-Transporter zwei Anwärtern, sich von den Fesseln zu befreien. Sie flüchten durch die Fahrertür und laufen zu der Stichstraße zurück. Dort treffen sie den Vollzugsbeamten *Johann Taumich.* Der hat gerade eine Nervenkrise. Er wollte seinen Frühdienst in dem nagelneuen Gefängnis antreten – und sah es in Schutt und Asche liegen. Es qualmte noch. Gerade hatte er die Polizei angerufen und ist auf dem Rückweg zum demolierten Knast. Der erste Streifenwagen kommt. Die Polizisten befreien ihre gefesselten Kollegen von der Justiz aus dem VW-Transporter. Mehrere reiben sich die geröteten Handgelenke. Sie schmerzen von den Fesseln.

Justizwachtmeisters *Tantz'* Daimler wird fünf Stunden nach der »Knastsprengung« gefunden. Fünfzehn Kilometer weiter nördlich. In Mörfelden-Walldorf. Auf der Hutablage liegt eine RAF-Kurzmitteilung. Sechs Parolen. »FREIHEIT FÜR ALLE POLITISCHEN GEFANGENEN!«, fordert die RAF und: »FÜR EINE GESELLSCHAFT OHNE KNÄSTE!«.

Die Knast-Einweihungsfeier fällt aus. Der Schaden beträgt 123 Millionen Mark. Erst vier Jahre später findet die Feier statt, 1997. So lange dauert es, bis die Vollzugsanstalt restauriert ist. Bis dahin müssen die südhessischen Untersuchungshäftlinge in der überfüllten Haftanstalt Frankfurt-Preungesheim bleiben.

123 Millionen Mark. Das ist nicht nur der größte Sachschaden, den die RAF bei einem Anschlag angerichtet hat. Sondern auch der größte Schaden, der durch eine vorsätzliche Sprengstoffexplosion in der Geschichte der Bundesrepublik verursacht wurde. Mindestens 200 Kilo Sprengstoff haben die Täter in die Luft gejagt – woher stammt er? »Wenn wir das wüssten, wären wir ein Stück weiter«, sagt einer der BKA-Ermittler.

Am Tag der ins Wasser gefallenen Einweihungsfeier, 1. April 1993, trifft ein Schreiben der RAF bei der *Frankfurter Rundschau* ein. Sieben Seiten. Engzeilig getippt. Sechzig Zeilen pro Seite. Bleiwüsten. Ohne eine

*Der demolierte Knast: Justizvollzugsanstalt Weiterstadt nach RAF-Anschlag*

Überschrift oder Zwischenüberschrift: »wir haben mit dem kommando katharina hammerschmidt den knast in weiterstadt gesprengt und damit verhindert, dass dort menschen eingesperrt werden. Wir wollen mit dieser aktion zu dem politischen druck beitragen, der die harte haltung gegen unsere gefangenen genossInnen aufbrechen und den staat an dieser frage zurückdrängen kann.« Weiterstadt ist für die RAF Symbol: »der weiterstädter knast steht exemplarisch dafür, wie der staat mit den aufbrechenden und sich zuspitzenden widersprüchen umgeht: gegen immer mehr menschen knast, knast, knast.«

Zweiter Schwerpunkt des Papiers: »Rassismus«. Ausländerfeindlichkeit in Deutschland. Ein Thema, das in diesen Tagen – März, April 1993 – viele Menschen bewegt. Nach Angriffen von Rechtsextremisten auf Ausländer und Asylantenheime in Rostock, Hoyerswerda und anderswo. Deutschland ist bestürzt über die blindwütigen Ausbrüche von Hass und Gewalt.

Die RAF erklärt, dass sie über dieses Thema mit anderen Linken ins Gespräch kommen möchte, um die »phase der neubestimmung« voranzutreiben: »die auseinandersetzung über rassismus wird also sicher ein wichtiger teil beim aufbau der gegenmacht von unten sein.« Dies sei eine Frage »ans eigene bewußtsein, wie jede/r sein will und welche gesellschaftliche entwicklung man/frau will«. Damit versucht die RAF das voranzutreiben, was sie sich in dem »August-Papier« ein Dreivierteljahr zuvor vorgenommen hatte. Den »Aufbau von Gegenmacht« auf möglichst breiter Basis: »die frage nach dem aufbau von gegenmacht von unten ist nicht ausschließlich eine frage an weiße, deutsche linke, sondern eine frage danach, wie menschen, die hier leben, sich gemeinsam organisieren können.« Einmal mehr versucht die RAF mit einem frischen, aktuellen Thema der politischen Diskussion neue Freunde zu gewinnen.

Die Bilanz, die die RAF für die neun Monate seit dem »August-Papier« mit den »überlegungen für die zukunft« für sich zieht, fällt nicht gut für sie aus: Sie habe »nicht viel resonanz auf unser papier bekommen«. Es sei »unser bedürfnis, die diskussion weiter und genauer zu entwickeln«. Auch im Übrigen geht es den RAF-Mitgliedern offenbar nicht gut: »die situation auf unserer seite« sei »nach wie vor von vereinzelung und desorganisation geprägt«. Die RAF möchte mit den Linken reden. Die Linken aber nicht mit ihr. Die RAF in der politischen Isolation. Mitleid mit ihr bekundet keiner.

Das Motiv für die RAF-»Knastsprengung«: »Da ging es erklärtermaßen nicht um eine militärische Eskalation«, sagt Ex-RAF-Frau Birgit Hogefeld in der Rückschau.[390] »Es wurde im Gegenteil sehr genau darauf geachtet, dass Menschen nicht gefährdet werden. Nachdem der Staat ein Jahr lang auf die Zäsurerklärung nicht reagiert hatte, wollte die RAF die fortbestehende Gefährdungsmöglichkeit demonstrieren, ohne zu eskalieren.«

Die Explosion trifft auch die Kinkel-Initiative: »Ein solcher Anschlag fördere nicht die vorzeitige Entlassung von RAF-Häftlingen«, erklärt Regierungssprecher Dieter Vogel. Und der CSU-Landesgruppenvorsitzende Michael Glos meint, der Anschlag habe jene widerlegt, die wie Kinkel »einen Kurs der Aussöhnung zwischen Staat und RAF« gefordert hätten.

Nach der Kinkel-Initiative Anfang 1992 werden bis September 1993 neun Häftlinge vorzeitig aus der Haft entlassen, zwei von ihnen stammen aus den »höheren Etagen« der RAF: Günter Sonnenberg lässt das Oberlandesgericht Stuttgart nach fünfzehn Jahren laufen. Er hat eine schwere Hirnverletzung. Vier Splitter einer Revolverkugel stecken in seinem Kopf. Er leidet unter epileptischen Anfällen, Gedächtnis- und Konzentrationsstörungen. Für diese Entlassung hatte sich Generalbundesanwalt Alexander von Stahl eingesetzt. Maßgeblich sei für ihn gewesen, so der Generalbundesanwalt, dass Sonnenberg bei der Anhörung durch das Oberlandesgericht Stuttgart »ohne Vorbehalt erklärt hat, sich nach einer bedingten Entlassung weder an bewaffneten Auseinandersetzungen beteiligen noch überhaupt Gewalt zur Durchsetzung politischer Ziele einsetzen zu wollen«. Ebenfalls aus dem Gefängnis kommt Bernhard Rößner. Er erhält eine befristete Strafverschonung von achtzehn Monaten, um sich einer Therapie zu unterziehen. Und sieben »kleinere Fische« dürfen vorzeitig aus ihren Zellen heraus. Unter anderem Karl-Friedrich Grosser, Claudia Wannersdorfer, Luitgard Hornstein und Christian Kluth.

Die übrigen Anträge auf vorzeitige Haftentlassung lehnen die Gerichte ab: So zum Beispiel das Oberlandesgericht Düsseldorf den Antrag von Karl-Heinz Dellwo, Lutz Taufer und Hanna Krabbe am 2. Februar 1993. Begründung: Sie seien nicht bereit gewesen seien, sich der Begutachtung durch einen Psychiater zu unterziehen. Die Häftlinge und ihre Anwälte lehnten eine solche – wie sie es nennen – »Psychiatrisierung« ab. Sie seien politische Häftlinge und nicht Verrückte. Mit der Begutachtung durch einen Sozialwissenschaftler seien sie einverstanden, sagen sie. Aber nicht einem Arzt für Geisteskrankheiten. Der Bundesgerichtshof bestätigt am 7. April 1993 die Entscheidung des Düsseldorfer Oberlandesgerichts: »Die Einschaltung eines erfahrenen Psychiaters« sei geboten, »weil zu prüfen ist, ob die zahlreichen und ausgedehnten Hungerstreiks der Verurteilten zu dystrophisch bedingten Hirnschädigungen und zu den von den Verurteilten behaupteten sensorischen Deprivationen während der langjährigen Freiheitsentziehung geführt haben und ob gegebenenfalls solche psychischen Auffälligkeiten trotz des geltend gemachten Gewaltverzichts einen erneuten Anschluss der Verurteilten an politisch motivierte Gewalttäter begünstigen können.« Die Entlassungen laufen nicht so schnell, wie es sich die Häftlinge wünschen. Aber sie laufen: Zwei Jahre später, 1995, werden Taufer und Dellwo entlassen, 1996 Hanna Krabbe.

# 66. Kapitel: Das Desaster von Bad Kleinen

## V-Mann Klaus bei der RAF

Den Beamten der »Landesbehörde für Verfassungsschutz Rheinland-Pfalz« war etwas gelungen – 1992. Etwas, wovon ihre Kollegen in allen Dienststellen träumen, die mit der RAF zu tun haben. Bislang hatte es noch keiner geschafft: einen V-Mann an die Kommandoebene der RAF heranzubringen. Das Juwel heißt Klaus Steinmetz. Dreiunddreißig. Vollbart und zottelige Haare. Eine schillernde Figur. Ein V-Mann wie aus dem Bilderbuch des Verfassungsschutzes: Seit bald einem Jahrzehnt, seit 1984, tummelt er sich in der Szene. Ist überall mit dabei. Demonstriert gegen Bundespräsident Karl Carstens und den amerikanischen Präsidenten Ronald Reagan. Gegen den NATO-Doppelbeschluss und die Volkszählung. In Kaiserslautern mischt er – neben seinem Studium der Lebensmittelchemie – bei undogmatischen Sponti-Gruppen mit. Zur Autonomenszene hat er beste Kontakte. Nicht nur in Kaiserslautern. Sondern auch im Rhein-Main-Gebiet, in Saarbrücken, Heidelberg und Hamburg. Ein bunter Hund. Und ein schräger Vogel.

Im Mai 1989 bricht er in ein VAG-Autohaus in Ingelheim ein und nimmt einen PC mit. Noch am Tatort wird er geschnappt. Das Amtsgericht Bingen verurteilt ihn zu achtzehn Monaten Gefängnis. Ohne Bewährung. Zusammen mit seinem Komplizen schreibt er dem Autohändler *Albert Mellert*: »Betr. Einbruchdiebstahl in Ihrer Firma«: »Wie Sie wissen, haben wir den Einbruch verübt und sind zu 18 Monaten Haft ohne Bewährung verurteilt worden; wir wissen nicht, ob Ihre Firma zivilrechtliche Schritte (Schadensersatzforderungen) gegen uns geltend machen wird. Jetzt, bevor wir in Haft kommen, können wir vielleicht noch etwas tun, den Ihnen entstandenen Schaden wiedergutzumachen. Bitte teilen Sie uns Ihre Forderungen mit, wir versuchen dann entsprechend unseren finanziellen Möglichkeiten zu einer für beide Seiten akzeptablen Lösung zu kommen.« Mit »Hochachtungsvoll« unterzeichnet der PC-Dieb den Brief an sein Opfer. Einbrecher und Verfassungsschutz haben Glück: Das Landgericht Mainz hebt das Urteil des Amtsgerichts Bingen auf und verurteilt Steinmetz zu zwölf Monaten Haft auf Bewährung. Er muss also nicht ins Gefängnis – und kann dem Staat weiter dienen.

Seit 1984 versorgt Steinmetz die Beamten mit Informationen aus der »autonomen/antiimperialistischen Szene«. Eine »Spitzenquelle« – so O-Ton Verfassungsschutz: »wegen der guten Arbeitsergebnisse«. Ein- bis zweimal pro Monat trifft sich Klaus Steinmetz mit einem Verfassungsschützer in einer Kneipe und plaudert aus der Szene. Er sei »kein Spitzel« gewesen, sagt er in der Rückschau. Er versteht seine »Rolle als Mittler. Mein Interesse war«, erklärt er sein Selbstverständnis, »den Behörden einen Einblick in die Szene zu ermöglichen und dort für diese Verständnis zu entwickeln.« Über eines redet er nicht. Die Höhe seiner Vergütung.

Im Februar 1992 erhält Steinmetz von einem Bekannten aus der Szene eine Einladung. Nach Paris. Dieser »jemand« kündigt ihm eine »interessante Person« an. Wen, verrät er nicht. Klaus Steinmetz ist neugierig. Am 26. Februar 1992 reist er an die Seine. Er trifft eine schmale Frau mit großen braunen Rehaugen und kurzen dunklen Haaren. 1,64 Meter groß. Aufgeschlossen. Kommunikativ. Verständnisvoll. Drei Tage lang reden die beiden über die Stimmung in der Szene und die Kinkel-Initiative. Sie hocken in Cafés und Kneipen. Gehen in Parks spazieren. Steinmetz stellt bei der Frau »einen großen Diskussionsbedarf« fest.[391] Schnell merkt er, zu wem die Frau gehört: zur RAF. Er stellt fest: »Die Illegalen wissen, dass sie mit ihrer Politik des bewaffneten Kampfes nicht mehr weiterkommen.« Er merkt, dass die RAF aus der Isolation herauswill. Und so debattiert er mit der Frau »sogar über die Kalikumpel in Bischofferode«.

Aus Paris zurück, berichtet Steinmetz den Verfassungsschützern von den Gesprächen. »Wir sind müde«, gibt er eine Einschätzung der Frau an seinen V-Mann-Führer weiter. Sie seien nur »noch wenige«, aber »wollen ja auch nicht mehr rekrutieren«. Steinmetz' Schilderungen entnehmen die Verfassungsschützer »Anzeichen dafür, dass es sich bei der getroffenen Person um HOGEFELD handeln könnte«. Sicher ist sich aber keiner. Weder Steinmetz noch die Beamten.

Ein Kontakt zu Hogefeld – das wäre für die Verfassungsschützer in Mainz »irre«, wie einer von ihnen sagt. Ein Hit: Seit über sieben Jahren fahndet der Generalbundesanwalt nach der ehemaligen Jurastudentin und Orgellehrerin. Der Haftbefehl ist schon leicht angegilbt. Der Ermittlungsrichter des Bundesgerichtshofs erließ ihn am 21. Dezember 1984. Birgit Hogefeld soll – so vermuten die Ermittler – am Pimental-Mord und dem Anschlag auf die US-Airbase beteiligt gewesen sein.

## Birgit Hogefeld

*Birgit Hogefeld*

1984 war Birgit Hogefeld verschwunden. Spurlos. Aus ihrer Wohnung in der Wellritzstraße 37 in Wiesbaden. Die letzte Adresse, unter der sie gemeldet war – zusammen mit ihrem Freund Wolfgang Grams. Ihr Vermieter *Ronald Martens* wunderte sich im Juni 1984, warum er die beiden schon seit etlichen Wochen nicht mehr gesehen hatte. Besorgt ruft er Birgit Hogefelds Mutter an. »Birgit ist im Urlaub«, sagt sie. Von ihrer Tochter habe sie seit zwei Monaten nichts mehr gehört. Dem Vermieter kommt die Sache merkwürdig vor. Er erzählt davon einem Streifenpolizisten. Danach kommt gleich das Bundeskriminalamt ins Haus. Mit einem Durchsuchungsbefehl vom Ermittlungsrichter des Bundesgerichtshofs. Grams steht beim BKA im Verdacht, »RAF-Gehilfe« zu sein. Am 20. Juli 1984 durchsuchen BKA-Männer die Wohnung in der Wellritzstraße. Trostlos sieht es aus. Alle Topfpflanzen: verdörrt. Zwiebeln und Obst in der Küche: restlos ausgetrocknet. Im Mülleimer ein Becher vergammelter Joghurt: »Verfallsdatum: 9. 2.« Auf dem Zeitungsstapel liegt eine Ausgabe des *Wiesbadener Wochenblatts* vom 9. Februar 1984. Das letzte Zeichen, wann jemand in der Wohnung war. Fünf Monate ist das her.[392]

Birgit Hogefeld ist Jahrgang 1956. Wiesbadenerin. Eine hagere Frau mit sinnlichen Augen und vorspringendem Kinn. In ihrer Schulzeit ist sie in »vielen sehr verschiedenen Bewegungen aktiv«, blickt sie zurück: »Das ging von Arbeit in einem sozialen Brennpunkt mit überwiegend türkischen Kids über Initiativen für selbstverwaltete Jugendzentren oder für die Durchsetzung von mehr Selbstbestimmung in der Schule, über Fahrpreiskämpfe bis zu Demos gegen den Vietnamkrieg oder das Folterregime in Spanien.« Schlüsselerlebnis ihrer »eigenen Politisierung« ist die – wie sie es nennt – »Ermordung von Holger Meins«. Als Meins im November 1974 in der Justizvollzugsanstalt Wittlich stirbt, ist sie achtzehn und geht in die dreizehnte Klasse der Helene-Lange-Schule in Wiesbaden. »Das Bild des toten Holger Meins werden die meisten, die es kennen, ihr Leben lang nicht vergessen«, beschreibt sie die »zentrale Weichenstellung« ihres Lebens im Herbst 1974 – »sicher auch deshalb, weil dieser ausgemergelte Mensch so viel Ähnlichkeit mit KZ-Häftlingen, mit den Toten von Auschwitz hat.« Sie fängt an, sich mit »Isolationsfolter, toten Trakts, der systematischen Vernichtung von politischen Gefangenen auseinander zu setzen«.

Mit neunzehn – zum Wintersemester 1975 – beginnt sie mit dem Jurastudium an der Wolfgang-Goethe-Universität in Frankfurt – »nicht ohne innere Überwindung«, um »so die Situation dieser Gefangenen zu verbessern«: »Das, was damals Leute wie Croissant, Schily usw. gemacht haben«, blickt sie zurück, »fand ich sinnvoll, und darin habe ich eine Perspektive als Rechtsanwältin gesehen.« Sie engagiert sich in der »Roten Hilfe« in Wiesbaden, besucht RAF-Strafverfahren und RAF-Häftlinge. Nach einem Besuch bei Karl-Heinz Dellwo, Mitglied des Stockholm-Kommandos, weiß sie hinterher nicht mehr, »worüber wir geredet hatten – ich war nur von der Angst besetzt, dass er sterben könnte«. 1977 hängt sie das Jurastudium an den Nagel. Arbeitet als Orgellehrerin. Und bezieht Wohngeld vom Amt für Wohnungswesen der Stadt Frankfurt.

Spätestens im Sommer 1984 – nachdem sieben RAF-Mitglieder verhaftet worden waren[393] – schließt sich Birgit Hogefeld der RAF als »Illegale« an[394] – zusammen mit Wolfgang Grams. Ihrem Freund seit zwei Jahren. Seit 1982.

## Wolfgang Grams

Wolfgang Werner Grams ist drei Jahre älter als Birgit Hogefeld. Jahrgang 1953. Ein ruhiger, in sich gekehrter Mensch mit aufgeweckten blaugrauen Augen. Auch ein Wiesbadener. Er spielt Geige, Gitarre und als Statist am Wiesbadener Theater. Zum Ende der Schulzeit schließt er sich der »Sozialistischen Initiative Wiesbaden« an. Aus ihr geht die »Rote Hilfe« Wiesbaden hervor, zu der Birgit Hogefeld stößt. Nach dem Zivildienst studiert Grams Lehramt für Mathematik in Frankfurt. Von 1972 bis 1974. Bis er von der Uni exmatrikuliert wird. Grams betreut RAF-Häftlinge und ist 1974 mit dabei, als in Hamburg das Büro von Amnesty International besetzt wird. Ein Stelldichein von späteren Mitgliedern der zweiten RAF-»Generation«. Der »Talentschuppen«. Christian Klar, Adelheid Schulz, Lutz Taufer & Co. Und eben Wolfgang Grams.

Zum ersten Mal ins Visier der BKA-»Terrorismusbekämpfer« rückt Grams 1978. Anlass: Ein Notizbuch. Gefunden bei der Leiche von Willy-Peter Stoll. Nach dessen Tod im September 1978 in dem China-Restaurant in Düsseldorf. Aus den Eintragungen an Stolls Todestag – 6. September – ergibt sich, dass Stoll drei Stunden bevor ihn die Polizeikugeln trafen, einen »Telefontermin« hatte. Mit jemandem im Wiesbadener Café Kaiplinger. BKA-Beamte besuchen die Kellner des Cafés in Wiesba-

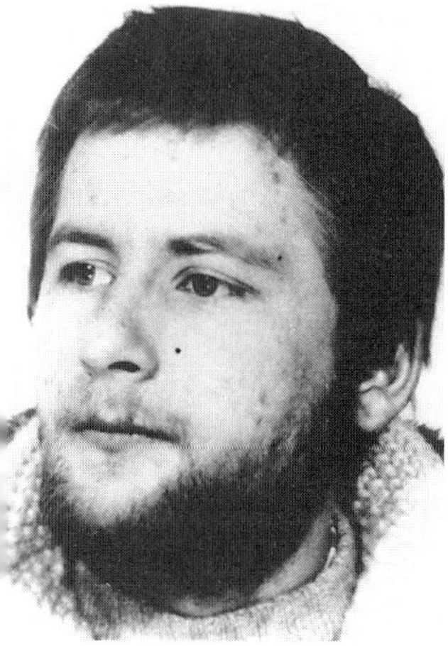
Wolfgang Grams

den mit Fotomappen. Die erkennen Wolfgang Grams wieder. So wird er am 9. September 1978 verhaftet. Der Vorwurf: »Mitgliedschaft in der terroristischen Vereinigung ›RAF‹«. Im Bundeskriminalamt läuft er als »RAF-Gehilfe«.

Alles »voller grauem Beton und Gitter«, teilt er aus der Zelle seiner späteren Freundin Birgit Hogefeld mit: »die Vernichtungsmaschine, der Menschenkäfig«. Seinen Eltern schreibt er am 1. Oktober 1978 von »weißer Folter«: »Hier gibt es nicht so viel physische Brutalitäten wie zum Beispiel in Ländern der 3. Welt.« Sein Wunsch an Vater und Mutter: »Schickt mir doch bitte das Buch ›Der SS-Staat‹ von Eugen Kogon. Ihr könnt es ja vorher selber lesen. Ist ja auch viel über eure Vergangenheit.«

Fünf Monate hockt Wolfgang Grams in U-Haft. Teilweise abgeschottet von anderen Häftlingen. Bis am 7. Februar 1979 der Haftbefehl außer Vollzug gesetzt wird. Mit Auflagen. Ein Jahr später, am 29. Februar 1980, wird das Ermittlungsverfahren gegen ihn eingestellt. Ihm ist nichts nachzuweisen. Für die 152 Tage Haft erhält er eine Entschädigung. Zehn Mark pro Tag. Die Zeit im Gefängnis gibt ihm innerlich einen »Kick«: »Jetzt ist Schluss, die können nicht alles mit mir machen«, sagt er sich – berichtet sein Vater Werner. Für Wolfgang ist »der Punkt erreicht«. Er lebt von Gelegenheitsjobs. Arbeitet unter anderem als Taxifahrer. Bis 1984. Bis er zur RAF geht.

Dort gehört er zu denen, »die im Sommer 1984 nach den Verhaftungen von sieben Genossinnen und Genossen[395] und als die RAF faktisch zerschlagen war, sie neu aufgebaut haben«, blickt Eva Haule, damals ebenfalls RAF-Mitglied, auf die Zeit zurück, in der Grams & Hogefeld händchenhaltend in den Untergrund gingen: »Wir waren wenige, hatten so gut wie nichts in der Hand, kaum Waffen, kein Geld, wenig Erfahrung in der Organisierung der Illegalität, und es gab niemanden, der uns Wissen vermitteln konnte. Wir hatten auch relativ wenig praktische Erfahrungen und vorher kaum Diskussionen mit Genossinnen und Genossen gehabt, die lange in der RAF organisiert waren. Aber wir waren entschlossen, zusammen diesen Weg zu gehen.«

Sie auf diesem Weg aufzustöbern: Darum geht es den Verfassungsschützern in Mainz. Mit Hilfe von Klaus Steinmetz. Ein halbes Jahr nach dem Treffen in Paris sieht er Birgit Hogefeld wieder – für einen Tag in Boppard am Rhein. August 1992. Hauptthema ist dieses Mal das RAF-Papier aus dem April 1992, in dem die RAF erklärt, sie werde »ANGRIFFE AUF FÜHRENDE REPRÄSENTANTEN AUS WIRTSCHAFT UND STAAT« einstellen. Steinmetz, der Mann im Solde des Staatsschutzes, spielt für die RAF überzeugend. Er gibt »sich fragend und unsicher«, blickt Hogefeld zurück: »Wir haben ihm die Nummer vom unsicheren und fragenden Typen abgenommen, und wir fanden ihn auch in dem wenigen, was wir bis dahin von ihm mitgekriegt hatten, nicht unangenehm.«

Acht Monate später: ein weiteres Treffen. Vier Tage in Cochem an der Mosel. Vom 14. bis 17. April 1993. Am dritten Tag stößt ein Mann hinzu. Er trägt eine Pistole. Wie Hogefeld. »Mit ziemlicher Sicherheit« Wolfgang Grams, berichtet Steinmetz anschließend seinem V-Mann-Führer. Birgit Hogefeld und Klaus Steinmetz verabreden sich für das nächste Wiedersehen: »im Rahmen eines Kurzurlaubs«. Vier Tage lang. Treffpunkt: 24. Juni 1993 auf dem Bahnhof von Bad Kleinen. Mecklenburg-Vorpommern.

Noch am selben Tag, an dem sich Steinmetz von Hogefeld verabschiedet hat, trifft er seinen Verfassungsschutz-Führer, berichtet ausführlich – und der weiß nun: Die »Treffpartnerin« ist »mit Sicherheit« Birgit Hogefeld. Geredet habe man an der Mosel, so die Zusammenfassung des Verfassungsschutzes von Steinmetz' Schilderung, »unter anderem über den Sprengstoffanschlag auf die Justizvollzugsanstalt in Weiterstadt, die Gefangenensituation, den Weltwirtschaftsgipfel in München im Sommer 1992, die Beschaffung von Papieren für die Kommandoebene und Perspektiven der RAF«. Birgit Hogefeld sei vor allem »an der Reaktion der Unterstützer und Sympathisantenszene sowie der Gefangenen auf den Anschlag in Weiterstadt interessiert gewesen« und »habe angedeutet, dass es im Kommandobereich Schwierigkeiten mit der Beschaffung des Sprengstoffs gegeben habe.«

## Die Hautevolee des Staatsschutzes konferiert

Zwei Monate Zeit für die Fahnder, sich auf das Rendezvous am Schweriner See vorzubereiten. Die Behördenchefs treffen sich am 13. Mai 1993 beim Generalbundesanwalt in Karlsruhe. Die Hautevolee des deutschen Staatsschutzes berät im holzgetäfelten Konferenzsaal – unter Leitung des Generalbundesanwalts Alexander von Stahl, dem, nach der Strafprozessordnung, »Herrn des Ermittlungsverfahrens«: Hans-Ludwig Zachert,

*Generalbundesanwalt Alexander von Stahl*

Präsident des Bundeskriminalamts, Eckart Werthebach, Leiter des Bundesamtes für Verfassungsschutz, Armin Dostmann, Leiter des Landesamtes für Verfassungsschutz in Rheinland-Pfalz. Mit am Tisch: Rainer Hofmeyer, Leiter der Abteilung »Terrorismusbekämpfung« des BKA. Eine historisch einmalige Chance: Erstmals ein V-Mann an der RAF-»Kommandoebene«. Was tun?, diskutieren die Staatsschützer. Weiter zuschauen, um noch mehr herauszubekommen? Am Ende entscheidet Alexander von Stahl: »Die bei dem Treffen erscheinenden Mitglieder der RAF-Kommandoebene sind zu verhaften.« Keine Frage für ihn, »dass mit Haftbefehl gesuchte Terroristen nicht entkommen dürfen«. Zumal für ihn nicht sicher ist, »ob es zu einem weiteren Treffen zwischen Steinmetz und Hogefeld kommt«.

Die Einzelheiten für den verdeckten Großeinsatz bespricht anschließend die »Koordinierungsgruppe Terrorismus«. Vier Sitzungen zwischen dem 18. Mai und dem 7. Juni 1993. Es besteht Einigkeit darüber, »dass der Zugriff wegen des zu hohen Risikos nicht bereits beim Erstkontakt am Bahnhof in Bad Kleinen, sondern während des darauf folgenden Urlaubsaufenthaltes stattfinden« soll. Der Verfassungsschutz möchte nicht, dass sein »Glücksfall« in Gestalt des V-Mannes »verbrennt«. Konsens ist deshalb, dass die »Maßnahmen« so weit wie möglich so erfolgen, »dass die Arbeit mit der V-Person weitergeführt werden kann«. Nach dieser Vorgabe der »Koordinierungsgruppe« erhält der Einsatzleiter vor Ort den »Auftrag«: »Durchführung der Festnahme« erst, wenn »sich die V-Person nicht mehr am Festnahmeort befindet«. Und einen Decknamen bekommt die Aktion in Bad Kleinen: »Weinlese«.

## »Kurzurlaub« mit der RAF

Der »Kurzurlaub« des V-Mannes mit der RAF-Frau beginnt planmäßig: Klaus Steinmetz kommt pünktlich in Bad Kleinen an. Mit dem Zug aus Lübeck. 24. Juni 1993, 11.57 Uhr. Donnerstag. Birgit Hogefeld ist eine Stunde später da. Bis Sonntag wollen sie die Zeit zusammen verbringen. Mit der Bahn fahren sie nach Wismar. Dort mieten sie am Abend eine Zwei-Zimmer-Ferienwohnung im Stadtteil Wendorf. Souterrain. Dreißig Mark pro Nase und Nacht. Bescheiden und feucht. Breite alte Sessel. Niedrige Zimmerdecken. Gehäkelte Deckchen auf der Kommode. An der Wand das Bild eines Eskimo. Er lächelt. Birgit Hogefeld nennt sich Doris Peters und eine Adresse in Kaarst bei Düsseldorf. Dort gibt es die Peters tatsächlich. Die ist ahnungslos. Klaus nennt sich Klaus.

Die Beamten haben ihn präpariert: Ein Peilsender strahlt ein Signal aus, mit dem der BKA-Technik-Trupp orten kann, wo er steckt. Davon weiß der V-Mann. Nicht aber von dem »Personenschutzsender« – sprich: Wanze. Den haben ihm die Beamten untergeschoben. So können sie mithören, worüber die beiden reden.

Birgit Hogefeld empfindet die Stimmung »von Anfang an ziemlich gespannt. Klaus Steinmetz war offensichtlich zum ersten Mal in der Ex-DDR, und er hatte an allem was auszusetzen«, berichtet sie später: »Er hat alles an West-Maßstäben gemessen, und selbst die Schließfächer vom Bahnhof waren ihm zu klapprig.« Das gefällt ihr nicht. Sie erzählt ihm, »dass ich zum Beispiel 1990/91 mit jemandem einfach ziellos in der Ex-DDR rumgerannt bin, weil das in der Zeit dort noch normal war und 'ne gute Möglichkeit, mit den unterschiedlichsten Menschen ins Gespräch zu kommen«. Sie fand das »sehr spannend und interessant, denn die Menschen waren anderen gegenüber noch aufgeschlossen, haben über sich und ihre Situation geredet«. Von Nörgel-Klaus fühlt sie sich in den vier Tagen »eher genervt«.

Das Ende des »Kurzurlaubs« naht. Sonntagvormittag. Vier Minuten nach elf verlassen die beiden die Wohnung in Wismar. Die Beamten sehen auf einem Monitor, wie sie aus der Tür herauskommen. Vor dem Haus steht ein Auto – mit einer versteckten, ferngesteuerten Videokamera. Birgit Hogefeld und Klaus Steinmetz machen sich auf den Weg zur Bushaltestelle. Ein Kilometer Fußmarsch. Ihnen folgt ein Lieferwagen. Voller GSG 9-Beamter. Die Männer sind hochkonzentriert – »Zugriff« ist angesagt. In etwas mehr als einer Minute. Ihr »Einsatzbefehl«: »Die Festnahme erfolgt am 27. Juni 1993 nach gemeinsamem Verlassen der Wohnung«, und zwar: »Auf dem Weg zur Bushaltestelle wird die mutmaßliche Hogefeld mit einem Fahrzeug der GSG 9 gestellt, sie wird ins Fahrzeug gezogen.«

Während der GSG 9-Greiftrupp dem Einsatz im Lieferwagen entgegenfiebert, hören die Beamten in der Einsatzzentrale, über die Steinmetz untergeschobene Wanze, wie Hogefeld von einem Treffen »mit Freunden« spricht – und sagt: »heute«. Und das ungefähr sechzig Sekunden vor dem geplanten Zugriff. Der Abschnittsleiter »Weinlese« in der »Befehlsstelle« in Wismar beratschlagt in Windeseile mit seinen Kollegen.

Dann bläst er den unmittelbar bevorstehenden »Zugriff« über Funk ab. Auch er möchte »die Freunde« Hogefelds kennen lernen – »heute«. Der Lieferwagen voller GSG 9-Männer dreht ab.

Observationsteams folgen dem Paar. Sie sehen, wie die beiden mit dem Bus zum Bahnhof in Wismar fahren und sich dort in einen Zug Richtung Schwerin setzen. Abfahrt: 12.36 Uhr. Zwanzig Minuten später steigen die beiden in Bad Kleinen aus. Ohne einen Schimmer, dass in der Gegend – »Einsatzabschnitt Weinlese« – insgesamt 97 Beamte ihretwegen Wochenenddienst haben: 38 BKA-Leute, 37 GSG 9-Männer und 22 weitere Beamte des Bundesgrenzschutzes. Der Verfassungsschutz hat V-Mann Klaus nichts von dem geplanten »Zugriff« verraten.

## Die Aktion »Weinlese«

Hogefeld und Steinmetz setzen sich in die Bahnhofsgaststätte »Billard-Café«. Sie liegt zwischen den Aufgängen zu den Gleisen 2 und 3. Beide plaudern über Unverfängliches – »auch über Boris Becker«, berichtet Klaus Steinmetz: »Birgit ist ein großer Fan von Boris.« Gegen 14 Uhr verlässt Hogefeld das Café, geht auf den Bahnsteig 1/2 und begrüßt dort einen Mann – es ist ihr Lebensgefährte Wolfgang Grams. Die beiden kommen ins Café zu Steinmetz. »Treffen mit männlicher Person«, flüstert ein als »Nahbeobachter« eingesetzter GSG 9-Mann in sein dezentes Funkmikro, »Beschreibung: braune Hose, Schnurrbart, Hornbrille, roter Pullunder, rotes T-Shirt mit Reißverschluss«. Eine Viertelstunde später funkt die Leitstelle des BKA in Wiesbaden den »Zugriffsauftrag«: »Festnahme der beiden Zielpersonen nach Verlassen des Lokals.«

Um Viertel nach drei brechen Hogefeld, Grams und Steinmetz im »Billard-Café« auf. Eine Frau, der sie keine Beachtung geschenkt hatten, als sie sich zuvor an einen Tisch setzte, gibt über Funk das Signal – eine unauffällige BKA-Beamtin. Nun wissen alle Einsatzkräfte: Gleich geht's los. Nichts ahnend schlendern die drei durch die Bahnhofsunterführung. Birgit Hogefeld bleibt vor einem Fahrplan stehen. Die Männer gehen einige Schritte voraus. Auf einmal lautes Gebrülle: Sieben junge Kerle stürmen auf sie zu, GSG 9-Beamte in »Räuberzivil« – in Turnschuhen, Jeans und Blousons. »Halt, stehen bleiben, Polizei.« Sie hatten hinter einem Treppenaufgang gelauert.

Ein »Reisender«, der an Birgit Hogefeld vorbeischlenderte – in Wahrheit: ein auf harmlos getrimmter GSG 9-Mann – hält ihr eine Pistole an den Hinterkopf: »Hände hoch!« Er drückt sie auf den Boden. Kommandiert: »Runter, runter!« Auch Klaus Steinmetz wird von einem Beamten überwältigt. Dem will er etwas sagen. Der aber will nichts hören: »Freundchen, Klappe halten«, knurrt er: »Sonst knallt es.«

Wolfgang Grams reagiert blitzschnell auf die heranstürmenden Männer: Er rennt die Treppe hoch. Zu den Bahngleisen 3 und 4. Mit einem Abstand von ungefähr zehn Metern jagen ihm die sieben Verfolger hinterher. Kommen immer näher. Oben, auf dem Bahnsteig, reißt Grams seine Pistole »Brünner«, Kaliber 9 mm, hervor. Auch ein Stück aus der Maxdorf-Beute. Er dreht sich nach links um und feuert auf die Beamten. Einige von ihnen haben schon ihre Pistolen gezogen. An der Spitze des Verfolgertrupps rennt Michael Newrzella, ein fünfundzwanzigjähriger GSG 9-Polizeikommissar. Seine Heckler & Koch steckt im Holster. Vier Grams-Kugeln treffen ihn. Der Elitepolizist stürzt auf den Bahnsteig. Eine Kugel steckt in seiner Brust. »Ich bin getroffen«, schreit Michael Newrzella verzweifelt, »ich sterbe!« Seine Kollegen feuern auf Grams. Die Schießerei dauert nicht länger als fünfzehn Sekunden: 33 Schüsse feuern die GSG 9-Männer ab. Grams 10. Er trifft einen zweiten GSG 9-Mann in Oberarm und Oberschenkel. Schwer verletzt bricht der hinter einem Pfeiler der Bahnsteigtreppe zusammen. Ein GSG 9-Geschoss triff eine Zugführerin, die auf dem Bahnsteig 5 mit dem Lokomotivführer spricht, in den linken Oberarm.

Von mehreren Kugeln verletzt, stürzt Grams vom Bahnsteig 4 auf das Gleis. Dort bleibt er liegen. Auf dem Rücken. Zwei GSG 9-Beamte bewachen ihn mit gezogenen Pistolen. Sanitäter kümmern sich um den Schwerverletzten. Ein Hubschrauber bringt ihn in die Medizinische Universität Lübeck. Dort stirbt Wolfgang Grams in der Notaufnahme. 17.30 Uhr. Eine halbe Stunde später, um 18.06 Uhr, stirbt auch GSG 9-Kommissar Michael Newrzella. Während einer Notoperation im Klinikum Schwerin.

Nach einer halben Stunde in der Bahnhofsunterführung holen Polizeibeamte Birgit Hogefeld ab. Die Hände mit Plastikfesseln auf dem Rücken. Sie soll zur Polizeiinspektion Wismar gebracht werden. Kurz nachdem der Wagen am Bahnhof Bad Kleinen losgefahren ist, tastet sie ein Beamter auf der Sitzbank ab. Ihn trifft fast der Schlag: In einem Holster im Hosenbund steckt eine geladene Browning. Auch ein Maxdorf-Stück. Im Eifer des Gefechts hatten seine Kollegen schlicht vergessen, die mutmaßliche RAF-Frau zu durchsuchen.

Klaus Steinmetz bringen BKA-Beamte zu einem Parkplatz in der Nähe. Noch eine Überraschung für ihn an diesem Tag: ein bekanntes Gesicht.

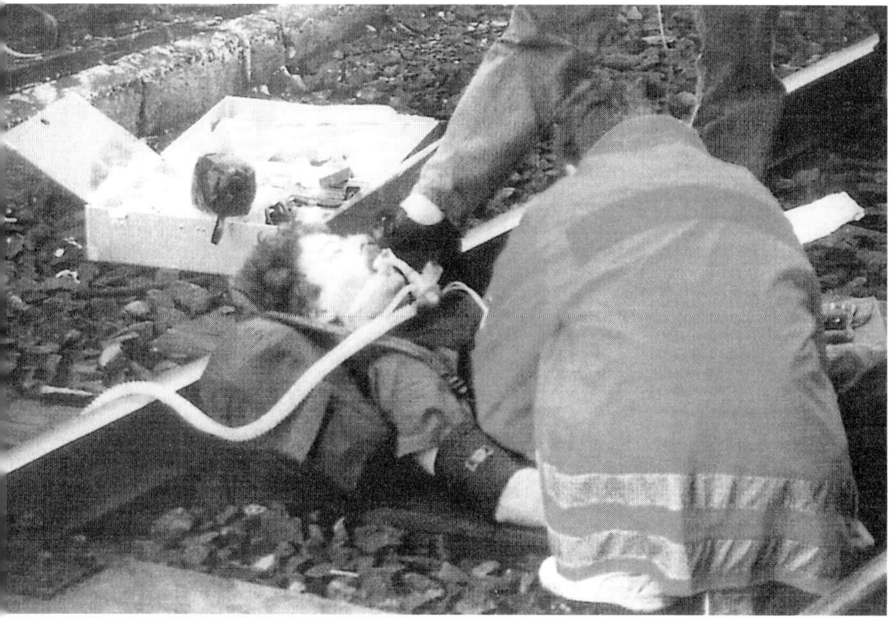

*Wolfgang Grams auf den Gleisen*

Sein V-Mann-Führer aus Mainz. Steinmetz ist baff, jetzt kapiert er … Die Polizei hat sich mit Hilfe des Verfassungsschutzes an seine Fersen geheftet. Er fühlt sich von den Behörden »gelinkt« und ist »emotional und psychisch völlig fertig«. Der Verfassungsschützer gibt den Polizisten Weisung, Steinmetz die Handschellen abzunehmen. Er fährt seinen V-Mann nach Lübeck. Zum Bahnhof. Für die nächsten drei Wochen taucht Klaus Steinmetz ab – auch für die Ämter. Er fährt, sagt er später, »ziellos durch Deutschland«.

Auch die Ermittlungsbehörden gehen in den nächsten Tagen auf Tauchstation. Journalisten, die herausfinden wollen, was genau in Bad Kleinen passierte, bekommen keine vernünftigen Auskünfte. So schießen Mutmaßungen und Spekulationen ins Kraut. Und bei nicht wenigen in der Republik wächst das Gefühl, dass etwas vertuscht wird.

Schließlich wabert ein böser Verdacht durchs Land – das Thema Nummer eins in den Medien für die nächsten Wochen. Grams starb durch einen Kopfschuss aus nächster Nähe, stellt sich schnell heraus: Könnte es nicht auch so gewesen sein, dass die GSG 9-Männer, nachdem sie gesehen hatten, wie ihr Kamerad Newrzella tödlich getroffen zusammenbrach, mit Grams kurzen Prozess machten und ihn auf den Gleisen erschossen? Genährt wird dieser Verdacht vor allem durch einen Bericht der ARD-Sendung »Monitor«, vier Tage nach dem Vorfall. Am 1. Juli 1993. Kronzeugin ist die Kioskverkäuferin Joanna Baron. Sie ist vierundvierzig und arbeitete in der Verkaufsstelle auf dem Bahnsteig der Gleise 3 und 4. Zwanzig Meter vom Geschehen entfernt. Der Beitrag stützt sich auf ihre »eidesstattliche Versicherung«, nach der zwei Polizeibeamte in Zivil an den reglos daliegenden Grams herangetreten seien: »Der Beamte zielte auf den Kopf und schoss aus nächster Nähe, wenige Zentimeter vom Kopf des Grams entfernt. Dann schoss auch der zweite Beamte auf Grams, aber mehr auf den Bauch oder die Beine. Auch der Beamte schoss mehrmals.«

Zwei Tage später, am Samstag, den 3. Juli, berichten die Medien breit vorab über den Artikel des *Spiegel* »Tötung wie eine Exekution« (Heft 27/1993). Das Nachrichtenmagazin zitiert einen angeblichen »Antiterror-Spezialisten«, der das Geschehen in Bad Kleinen beobachtet und gesehen habe, dass Grams von GSG 9-Beamten »zu Boden gerannt worden« sei. Anschließend habe »ein Kollege« auf ihm gekniet. Grams' Waffe hätte »etwa zwei Meter von ihm entfernt« gelegen, er »hat keine Möglichkeit mehr gehabt, das Schießgerät zu erreichen«: »Nach etwa ewig langen 20 Sekunden ist dann der tödliche Schuss gefallen. Ein Kollege von der GSG 9 hat aus einer Entfernung von Maximum fünf Zentimetern gefeuert.« Einen Tag später tritt Bundesinnenminister Seiters am 4. Juli 1993 zurück.[396]

Zwei Tage später behauptet auch die RAF: »wolfgang ist hingerichtet worden.« Sie spricht von einer »kaltblütigen ermordung«, vom »staatsterror vom 27. 6. 93« und erläutert den ideologischen Hintergrund: »der kapitalismus geht immer über leichen.«[397]

Die Folge: Ein Rätselraten in den Medien über den „Blut-Sonntag" von Bad Kleinen. Sogar die *Welt am Sonntag*[398] aus dem Hause Springer titelt in einer Schlagzeile: »Schweriner Staatsanwalt ermittelt gegen GSG 9: Mutmaßlicher RAF-Terrorist Grams wehrlos am Boden liegend erschossen?«[399]

## Fakten und Fiktionen zu Bad Kleinen

Um die überall in der Republik ins Kraut schießenden Mutmaßungen über den Gang der Dinge auf dem Kleinstadtbahnhof zu beenden, erklärt die Bundesregierung zwei Wochen nach dem Vorfall, sie werde einen umfassenden Bericht über die Vorgänge vorlegen.

Ende August erscheint der »Zwischenbericht der Bundesregierung zu der Polizeiaktion am 27. Juni 1993 in Bad Kleinen«. 120 Seiten dick. Vor allem die vorletzte Seite ist kein Ruhmesblatt für die beteiligten Ämter. Dort steht die »Zusammenfassung« der von der Bundesregierung festgestellten »Reihe von Schwachstellen«[400]: »Es besteht kein Zweifel, dass bei der Tatortarbeit und bei der Spurensicherung nach dem Schusswechsel erhebliche Fehler gemacht worden sind und ebenso die Informationsweitergabe – einschließlich der Unterrichtung des Parlaments und der Öffentlichkeit – nicht befriedigend verlaufen ist.«

Siebzehn »Schwachstellen« listet der Regierungsbericht auf. Panne um Panne. So verfolgte zum Beispiel der kurz darauf getötete Beamte Newrzella »GRAMS ohne gezogene Waffe«. Dadurch war er – so der Bericht – »den Schüssen von GRAMS ... wehrlos ausgeliefert«. »Schwachstelle« ebenso, dass im »Bahnhofsbereich Bad Kleinen ... kein Notarzt vorgesehen« war, sondern nur ein Rettungssanitäter, der eine – wie es in dem Papier heißt – »sachgerechte Notfallversorgung« nicht vornehmen konnte. Angesichts der schweren Verletzungen hätte »ein ausgebildeter Sanitätshelfer der Anleitung einer Fachkraft« bedurft, die nun eben nicht zur Stelle war. »Unzulängliche Tatortarbeit« bescheinigt der Bericht den Beamten der Tatortgruppe des BKA und der SOKO Schwerin.

Ebenso moniert die Bundesregierung, dass die Beamten gegen »Regeln und Leitfaden des BKA für die Tatortarbeit« verstießen. Danach ist jede Veränderung an »Spur oder Spurenlage« zu dokumentieren. Am Abend des Tattages wiesen zwei BKA-Beamte einen Arzt in der Medizinischen Universität Lübeck an, das Gesicht und die Finger der rechten Hand der Leiche Grams' zu reinigen – ohne dass sie die Leiche zuvor fotografiert hatten. »Damit waren die wichtigsten Spuren unwiederbringlich vernichtet«, kommentiert Professor Karl Sellier, einer der bekanntesten deutschen Rechtsmediziner.[401]

Auch die »Informationsweitergabe« beanstandet der Bericht aus Bonn: »Bei der Unterrichtung des Parlaments und der Öffentlichkeit wurden unvollständige und teilweise unzutreffende Informationen verbreitet«: »Eine Information durch die Behörden erfolgte insoweit erst mit erheblicher Verzögerung und zum Teil falsch.« Und noch eins von der Bundesregierung an die Bundesbeamten: »Angesichts der Tatsache, dass HOGEFELD als bewaffnet und äußerst gefährlich beschrieben wurde, ist die späte Sicherung der Waffe von HOGEFELD (erst im Fahrzeug) nicht zu erklären.«

Und Wolfgang Grams: könnte er von einem GSG 9-Beamten ermordet worden sein, wie RAF, ihr Umfeld – bis heute – und seine Eltern behaupten? Ist der Vorgang tatsächlich ungeklärt, wie noch immer Medien berichten?

Den Tod von Wolfgang Grams hat die Staatsanwaltschaft Schwerin aufzuklären. Sie leitet gegen die beiden GSG 9-Beamten *Bernd Müller* (30) und *Gerhard Sannwald* (26), die bei Grams am Gleis standen, ein Ermittlungsverfahren ein – »wegen Verdachts der vorsätzlichen Tötung zum Nachteil GRAMS'«. Die entscheidende Frage für die Staatsanwälte: Wer verpasste Grams den tödlichen Kopfschuss: ein GSG 9-Beamter, als Grams verletzt auf den Gleisen lag, oder er sich selbst? Die Staatsanwälte vernehmen 142 Zeugen und geben mehrere Gutachten in Auftrag. Nach den Feststellungen – unter anderem des Wissenschaftlichen Dienstes der Stadtpolizei Zürich und des Instituts für Rechtsmedizin Zürich – erfolgte der tödliche Kopfschuss aus nächster Nähe aus Grams' Pistole. Gleiches ergab sich für die Staatsanwaltschaft aus den »gesicherten Tatortspuren«. So kommt sie zu dem Ergebnis, dass Grams sich selbst in den Kopf schoss: »Nach seinem Sturz auf das Gleis hat sich Grams selbst in Suizidabsicht mit der von ihm mitgeführten Pistole den tödlichen Kopfdurchschuss zugefügt«, fasst Staatsanwalt Zacharias am 13. Januar 1994 das »Ergebnis der Ermittlungen« in seinem 218 Seiten dicken Abschlussvermerk[402] zusammen: »Sowohl unter Zugrundelegung der Angaben der Beschuldigten und der Zeugen als auch der Angaben der Sachverständigen scheidet eine rechtswidrige Tötung durch aus nächster Nähe abgegebene Schüsse auf Grams aus«, resümiert der Staatsanwalt: »Eine Vielzahl von Augenzeugen hat beobachtet, dass nur vom Treppenaufgang aus größter Entfernung geschossen worden ist, nach Annäherung des ersten Beamten nach Beendigung des heftigen Schusswechsels aber kein weiterer Schuss mehr gefallen ist.« Der von Joanna Baron unterzeichneten – und von einem »Monitor«-Mitarbeiter »schriftlich niedergelegten« – »eidesstattlichen Erklärung« käme, so das Fazit des Staatsanwalts, »keinerlei beweiserhebliche Bedeutung mehr zu«. Denn es handle sich »ersichtlich nicht um die wahrheitsgetreue Wiedergabe dessen, was die Zeugin gegenüber dem« Journalisten »erklärt hat, sondern um die Schilderung eines Ablaufs, den sich der« Journalist »zusammengereimt hat«.[403]

Ebenso wenig hielten die vom *Spiegel* verbreiteten Behauptungen des angeblichen »Antiterror-Spezialisten« einer Überprüfung stand. Die Preisgabe seiner Identität lehnte *Spiegel*-Redakteur Hans Leyendecker ab – unter Hinweis auf sein Zeugnisverweigerungsrecht als Journalist. Der Staatsanwalt stellte fest, dass die Abweichungen des *Spiegel*-Informanten »unüberbrückbar ... zu den übrigen Zeugenaussagen« seien.

Unter anderem, weil er behauptet hatte, »dass Hogefeld bei ihrer Festnahme geschossen habe«. Dies sei eindeutig »widerlegt«: »Darüber hinaus soll der Informant gegenüber dem Zeugen Leyendecker angegeben haben, er habe beobachtet, dass Grams auf dem Gleis niedergerannt worden sei, einer der Beamten Grams ›gehebelt‹ habe, der zweite sich auf ihn gekniet habe.« Jedoch habe »keiner der übrigen Augenzeugen« derartiges geschildert. Angesichts all dessen könnten »Verdachtsmomente auf diesen Informanten nicht gegründet werden.«

So stellt die Staatsanwaltschaft Schwerin am 13. Januar 1994 das Ermittlungsverfahren gegen die beiden GSG 9-Männer ein – mangels Tatverdachts.

Gegen diese Entscheidung nutzen Grams' Eltern alle rechtlichen Möglichkeiten: Fünfmal ließen sie sie von der Justiz überprüfen – stets wurde sie bestätigt[404]: Auf ihre Beschwerde hin stellte die Generalstaatsanwaltschaft Mecklenburg-Vorpommern am 23. August 1995 fest, dass die Entscheidung der Staatsanwaltschaft zutreffend sei. Ebenso kam das Oberlandesgericht Rostock am 29. März 1996 zu dem Ergebnis, dass es sich um eine »suizidale Selbsttötung« handle. Allerdings nahm das Gericht an – anders als die Staatsanwaltschaft, dass sich Grams den »Todesschuss« nicht erst »nach seinem Sturz auf das Gleis« gab, sondern kurz zuvor, nämlich »als er noch auf dem Bahnsteig stand oder – von einem Körperschuss getroffen – sich rücklings im Sturz auf die Gleise befand.« Die gegen diese Entscheidung eingelegte Verfassungsbeschwerde nahm das Bundesverfassungsgericht mit Beschluss vom 17. Juli 1996 nicht an. Ebenso entschied der Europäische Gerichtshof für Menschenrechte am 5. Oktober 1999. Die sieben Richter in Straßburg erklärten einstimmig »den Antrag für unzulässig«, unter anderem weil Staatsanwaltschaft und Oberlandesgericht ihre Entscheidung »umfassend und logisch begründet« hätten.

Auch verloren die Eltern von Wolfgang Grams den »Amtshaftungsprozess« vor dem Landgericht Bonn, mit dem sie die Bestattungskosten ihres Sohnes in Höhe von 12 305 Mark von der Bundesrepublik ersetzt verlangten: Am 29. September 1998 wies das Gericht die Klage ab.

Insgesamt also sieben Untersuchungen, die zum selben Ergebnis führten – zwei von Staatsanwaltschaften, zwei von »ordentlichen« Gerichten, zwei von Verfassungsgerichten und eine von der Bundesregierung.

Davon abgesehen: Dass es sich nur um einen Selbstmord von Grams gehandelt haben kann, ergibt sich aus einer einfachen Überlegung: Nach den Gutachten tötete ihn ein Nahschuss aus seiner Pistole in den Kopf.

Davon gingen die Gerichte, seine Eltern und auch deren Anwälte übereinstimmend aus. Aber kein einziger der über drei Dutzend vernommenen Tatzeugen – Reisende, Bahnhofsbesucher, Bahnbedienstete und Polizeibeamte – hat gesehen oder sonstwie mitbekommen, wie diese Waffe ein GSG 9-Beamter an sich nahm und mit ihr auf Grams schoss. Selbst die beiden für die Selbstmordthese ins Feld geführten Zeugen – Joanna Baron und der »Antiterror-Experte« des *Spiegel* – haben das nicht behauptet. Nicht vorstellbar ist, dass keiner der zahlreichen Tatzeugen mitbekam, wie – so beispielsweise die Darstellung von Grams' Eltern spater – ein Beamter Grams »mit einem Entwindungsgriff seine Waffe abgenommen und ihn damit mittels eines aufgesetzten Schläfenschusses getötet« habe.

*Birgit Hogefeld im Gerichtssaal*

## Zehn Männer verlieren ihren Job

Das Tatort- und Kommunikations-Desaster von Bad Kleinen hat Konsequenzen. Personelle. Neun Staatsdiener müssen ihren Stuhl räumen oder räumen ihn von sich aus: Außer Bundesinnenminister Rudolf Seiters tritt sein Pressesprecher Roland Bachmeier zurück. Generalbundesanwalt Alexander von Stahl wird entlassen, Wolfgang Schreiber, Polizeikoordinator im Innenministerium, in den Ruhestand geschickt. Im Bundeskriminalamt müssen gleich fünf Führungsbeamte ihre Schreibtische räumen: BKA-Vizepräsident Gerhard Köhler, der zum Zeitpunkt des Einsatzes den Präsidenten Hans-Ludwig Zachert vertrat, wird ebenso versetzt wie Terrorismusbekämpfungs-Chef Rainer Hofmeyer und drei Einsatzleiter. Die einzige Frau, deren Stuhl wackelt, überlebt politisch. Sabine Leutheuser-Schnarrenberger (FDP). Die Bundesjustizministerin.

»Gemessen an den Zielen der RAF, diesen Staat zu erschüttern, hat die RAF durch Bad Kleinen mehr erreicht als bislang in ihrer dreiundzwanzigjährigen Geschichte«, sagt ein langjähriger BKA-»Terrorismusbekämpfer« – »wenn auch unbeabsichtigt.«

Auch V-Mann Klaus Steinmetz verliert seinen Job beim Verfassungsschutz. Die Idee aus der Von-Stahl-Runde am 13. Mai 1993 hat nicht funktioniert, nämlich den Einsatz so zu gestalten, »dass die Arbeit mit der V-Person weitergeführt werden kann«.[405] Neun Tage nach der Schießerei, am 6. Juli 1993, bestätigt BKA-Präsident Hans-Ludwig Zachert das, was Journalisten zuvor schon vermutet hatten. Nämlich, dass es eine »dritte Person« in Bad Kleinen gab. Bis dahin hatten die Behörden von zwei Personen gesprochen. Nur von Grams und Hogefeld.[406]

Wer ist die »dritte Person«?, rätseln die Medien. »Freundinnen und Freunde« aus der Wiesbadener Szene schreiben Klaus Steinmetz einen offenen Brief – sie sind dem »Kreis der RAF-Unterstützer« zuzurechnen, meinen die Ermittler. »Die Freundinnen und Freunde« fordern Klaus auf, »Deine Situation offen zu legen« und zu erklären, »ob es vor den Ereignissen in Bad Kleinen einen Kontakt zwischen Dir und der Polizei/VS gab«: »Wenn Du nicht mithilfst, Deine Rolle in dieser Scheiße aufzuklären, müssen wir davon ausgehen, dass die Liquidation von Wolfgang und die Verhaftung von Birgit auch durch Dich gelaufen ist.«

Aus seinem Versteck antwortet Klaus Steinmetz. Er schreibt an das »Komitee zur Aufklärung des Todes von Wolfgang Grams« in Wiesbaden,[407] er sei kein Spitzel: »Fakt ist – ich war in Bad Kleinen. Ich habe Birgit und Wolfgang getroffen. Fakt ist auch, dass ich nicht festgenommen wurde, sondern entkam«: »Alle, die mich kennen, wissen, ich bin kein Bulle und würde solchen Mördersäuen noch nicht mal ein Kochrezept verraten, geschweige denn einen Genossen ans Messer liefern.« Das erklärt der Mann, der seit neun Jahren als V-Mann arbeitet.

Fünf Tage später wissen alle, die es wissen wollen, wer die »dritte Person« ist. Am 22. Juli 1993 erscheint ein Fünfspalter in der *taz*,[408] fast über eine ganze Seite. Große Überschrift: »Der Verrat des Klaus Steinmetz«. Autorin ist Birgit Hogefeld. »Klaus Steinmetz ist ein Polizeispitzel, er hat die Geheimdienste auf unsere Spur gebracht«, schreibt sie: »Ohne seine Spitzeldienste würde Wolfgang heute noch leben, und wir wären beide in Freiheit.«

»Lasst mich nicht im Stich«, hatte Klaus Steinmetz seine »Genossen« in Wiesbaden fünf Tage vor dem Hogefeld-Outing gebeten. Einige Wiesbadener beschließen, sich um ihn zu kümmern. Aber anders als von ihm erhofft. Sie verteilen einen »alternativen Steckbrief« von ihm in der Szene. Europaweit.

Klaus Steinmetz bekommt immer mehr Angst. »Ich fühle mich so beschissen wie noch nie in meinem Leben«, sagt er ein halbes Jahr nach Bad Kleinen: »Ständig muss ich aus Sicherheitsgründen den Ort wechseln.« Er lernt eine Fremdsprache, um sich ins Ausland abzusetzen.

»Bad Kleinen, das hätte so schön werden können«, sagt ein altgedienter »Terroristenfahnder« im BKA. Einen kurzen Augenblick schaut er wehmütig. Und fügt hinzu: »Es hätte.«

# 67. Kapitel: Dem Ende entgegen

## Zoff bei den RAFs: »Die Eigentumsfrage an der RAF«

Bei der RAF fliegen die Fetzen. Oktober 1993. »Wir machen jetzt eine Sache offen, die für uns der Bruch ist im Zusammenhang der Gefangenen und in der politischen Beziehung zur RAF«, schreibt Brigitte Mohnhaupt am 28. Oktober 1993 in der *Frankfurter Rundschau* – auch im Namen von zehn anderen RAF-Häftlingen, unter anderem von Christian Klar, Helmut Pohl und Rolf Klemens Wagner[409]: »Der Inhalt der Beziehung ist zerstört, eine andere Entscheidung als die Trennung nicht mehr möglich«, verkündet die mittlerweile Vierundvierzigjährige – so als ob sie dem Scheidungsrichter erklären wollte, dass ihre Ehe hoffnungslos zerrüttet ist. Sie fühlt sich betrogen: »Seit Mai haben die Gefangenen in Celle die Abwicklung von RAF und Gefangenen in Gang gesetzt, mit Einverständnis der Illegalen.«

Was bringt die Mutter der zweiten RAF-»Generation« so in Rage? Das Mordverzichts-Gelübde der RAF vom April 1992 – drei Monate nach Kinkels Initiative am Tag der Heiligen Drei Könige – hatte einige der Häftlinge zu weiteren Überlegungen veranlasst. Zum Beispiel das Celler Häftlings-Trio: Die beiden Stockholm-Attentäter Lutz Taufer und Karl-Heinz Dellwo sowie den Buback-Mörder Knut Folkerts. Gemeinsam geben sie *konkret* ein Interview, das im Juni/92-Heft erscheint und zeigt, dass es frischen Wind in den Gedanken hinter Gittern gibt. »Die Welt der 70er Jahre ist eine andere als die Welt der 90er Jahre«, setzt Lutz Taufer an: »Von dieser veränderten Weltlage spricht die Erklärung der RAF. Es ist keine Kapitulation, es ist eine konsequente Neubestimmung auf eine Situation, zu der die bewaffnete Aktion quer liegt.«[410] Das Wesentliche daran sei, »dass dieser Schritt gemacht wurde.« Er fügt hinzu – umgeben von seinen beiden Haftgenossen: »Dahinter gehen wir auch nicht zurück.« Auf die Frage, worin »die politische Antwort des Staates« bestehen solle, antwortet Karl-Heinz Dellwo: »Freiheit für alle Gefangenen. ... Die Form ist für mich zweitrangig, solange in einem überschaubaren Zeitraum alle Gefangenen freikommen.«

Der Celler Combo geht es um »die Suche nach einer Überwindungs-

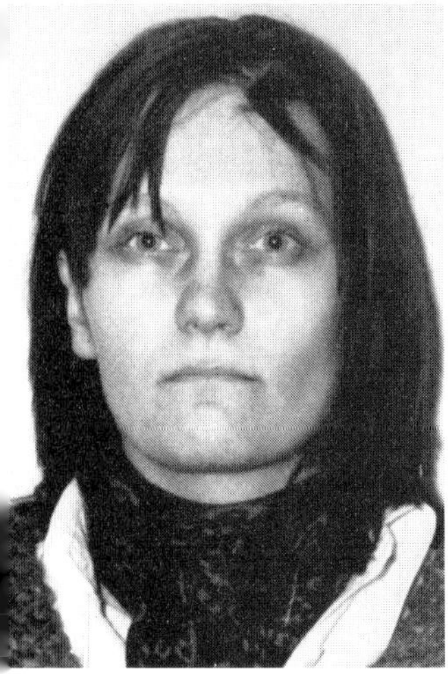

*Brigitte Mohnhaupt*

perspektive«,[411] wie Lutz Taufer später formuliert. Also: Die drei wollen aus dem Knast. Unter Gesichtswahrung. Beispielsweise dabei bleiben, dass sie sich »mit diesen Gesellschaftsverhältnissen nicht versöhnen«.

Der nächste Schritt, fünf Monate nach dem *konkret*-Interview: Karl-Heinz Dellwo erklärt Ende Oktober 1992 schriftlich für sich und sechs andere Häftlinge, unter anderem Taufer und Folkerts: »keiner von uns wird nach seiner freilassung zum bewaffneten kampf zurückkehren.«[412] Eine Kollektiv-Absage eines Teils der Häftlinge. Auch eine Premiere. »Ein hoffnungsvolles Zeichen«, urteilen Beamte des Kölner Bundesamtes für Verfassungsschutz.

Ein Dreivierteljahr später, im Frühjahr 1993, bittet Karl-Heinz Dellwo – in Absprache mit Knut Folkerts – Hans-Christian Ströbele, früherer RAF-Anwalt und mittlerweile Grünen-Politiker, mit zwei Männern zu sprechen[413]: Edzard Reuter, Daimler-Benz-Vorstandsvorsitzender, und Ignaz Bubis, Zentralratsvorsitzender der Juden in Deutschland. Sie sollen in Bonn ventilieren, ob eine politische Lösung der »Gefangenenfrage« möglich ist. Dazu gehört auch die Überlegung, dass sie mit Bundeskanzler Helmut Kohl sprechen könnten, um in der »Häftlingsfrage« einen Ruck durchs Land gehen zu lassen. Die beiden Männer erscheinen Dellwo ideal für seine Idee, »dass sich Leute von außerhalb einmischen«.

Die Ströbele-Mission hatte Dellwo auf eigene Faust angeleiert. Ohne Wissen von Brigitte Mohnhaupt. Anfang Oktober 1993 schreibt Karl-Heinz Dellwo ihr davon – aus seiner Zelle in Celle in ihre im bayerischen Aichach. Er erläutert ihr, warum er »Ströbele kommen lassen« hat und was bislang gelaufen ist. Er sei – stellt er klar – »für eine Gesamtlösung«, nicht »für ›abwickeln‹«: »wir stecken in einer Sackgasse und aus der müssen wir raus.« Die »alte Konzeption RAF« sei »nicht zu halten«. Als er den Brief tippt, scheint ihm klar zu sein, dass die resolute Mohnhaupt an die Zellendecke geht, wenn sie das Schreiben liest – weil er die Initiative ohne ihre Genehmigung gestartet hatte: »Aber was wäre passiert, wenn ich Dir oder Helmut[414] das zum Beispiel vorgeschlagen hätte?«, fragt Dellwo: »Ihr hättet es niedergemacht, wie jede Sache von hier! Die Absurdität dahinter ist der Besitzanspruch! Ihr stellt die Eigentumsfrage an der RAF!«

Dellwos Vorahnung ist richtig: Mohnhaupt ist stinksauer. Die Initiative aus der Vollzugsanstalt Celle treibt sie dazu, am 28. Oktober 1993 öffentlich die »Zerrüttung« bei der RAF zu verkünden und dass »eine andere Entscheidung als die Trennung nicht mehr möglich« ist. Für sie »das Ende der Politik, für die die RAF 20 Jahre gestanden hat, revolutionäre Intervention in der Metropole«.

*Karl-Heinz Dellwo*

Mit »Bitterkeit« erfüllt sie, wie sie in der *Frankfurter Rundschau* erklärt, die »Zäsur« der RAF im vergangenen Jahr – also auf Mordanschläge zu verzichten. Sie nennt das »blanke Entpolitisierung«. Ihr scheint klar zu sein, dass die RAF ohne die gefürchteten Morde politisch eine Bedeutung erlangen wird wie die marxistisch-leninistische Basisgruppe Göttingen-Weende, deren knappes Dutzend Mitglieder sich alle vierzehn Tage im Hinterzimmer einer Kneipe trifft, Marx, Lenin und die Weltlage diskutiert. Und dann mit großem Fleiß Flugblätter formuliert.

Am Tag nach dem Abdruck der Mohnhaupt-Erklärung antwortet Karl-Heinz Dellwo.[415] »Was Brigitte Mohnhaupt erzählt, ist die Simulation von Wirklichkeit«: »In diesem Abspaltungsprozess wird alles Negative auf uns und die RAF abgeladen, alles Positive für sich reklamiert.«

Die Front verläuft nun nicht mehr durch »Westeuropa«. Sondern zwischen den Gefängniszellen. Auf der einen Seite das knappe Dutzend »Hardliner« um Brigitte Mohnhaupt. Auf der anderen: unter anderem die drei Celleraner in – wie sie es formulieren – »Verbundenheit mit Birgit Hogefeld«. Die RAF-Häftlingsszene ist sich schon seit längerem nicht mehr grün: »Die Kritik unter uns war in der Zeit nach 1990 immer härter geworden«, blickt Karl-Heinz Dellwo zurück: »Eine verbissene, auch wütende Zeit. Irgendwie wurde jeder gegenüber dem anderen resistent.«

Einen Tag nach der Veröffentlichung der Dellwo-Antwort in der *taz* nimmt die RAF zu dem Streit unter ihren »Gefangenen« Stellung. Auf wessen Seite? Auf der Seite des Celler Trios: »es hat nie irgendwelche geheimverhandlungen zwischen uns und dem staat gegeben«, klärt sie die einstige RAF-Chefin auf: »es ging in unseren überlegungen nie darum, den bewaffneten kampf für die freiheit der politischen gefangenen zu ›verdealen‹. alle behauptungen, die das gegenteil suggerieren, sind

*Helmut Pohl*

dreck, unwahr. richtig ist, dass wir am 10. 4. 92 die eskalation zurückgenommen haben, da mit den globalen veränderungen ende der 80iger jahre die zentralperspektive der revolutionären linken zusammengebrochen war und damit auch die funktion des bewaffneten kampfes in der brd in der strategischen vorstellung der vergangenen epoche.« – »Vergangene Epoche«. »Funktion des bewaffneten Kampfes« zusammengebrochen: die jungen RAF-Leute haben wirklich keinen Respekt mehr vor der Grande RAF-Dame der siebziger Jahre.

Ein anderer Zellen-Zankapfel ist die »Gewalt«-Frage, die die Richter bei den Anhörungen für eine vorzeitige Entlassung stellen: Wie halten Sie es künftig mit der Gewalt? Wollen Sie ihr abschwören? Hier und heute – gleich im Gerichtssaal? Oder haben Sie etwa schon? Karl-Heinz Dellwo hatte sich für die Celler Truppe und vier andere klar geäußert, im Oktober 1992: Keine Rückkehr zum bewaffneten Kampf. Auch das passt den »Hardlinern« nicht. Nach einigen Diskussionen unter ihnen meldet sich im August 1993 Helmut Pohl für den Mohnhaupt-Clan in der *taz*[416] zu Wort: Er werde »einen Teufel tun, den bewaffneten Kampf ›abzusagen‹«.

Zwei Monate später erklärt Brigitte Mohnhaupt ausdrücklich den »Bruch« bei den Häftlingen in der *Frankfurter Rundschau*. Wie eine Art »Scheidungsanzeige«. Damit es auch wirklich alle wissen.

## Die letzten RAF-Kämpen

Wer ist zu dieser Zeit RAF – Anfang der Neunziger? Hogefeld und Grams, klar – Bad Kleinen ist eindeutig. Aber außer ihnen? Niemand weiß es definitiv. Außer den Akteuren selbst. Weder die Bundesanwaltschaft noch das Bundeskriminalamt noch das Bundesamt für Verfassungsschutz.

Unter der »unbekannten Menge« des letzten RAF-Trupps vermuten die Ermittler drei, die bis zum heutigen Tag spurlos verschwunden sind. Sie werden mit Haftbefehl des Bundesgerichtshofs gesucht: Ernst-Volker Staub, Daniela Klette und Burkhard Garweg.

Ernst-Volker Staub ist Jahrgang 1954. Geboren in Hamburg. Einer der sechs aus der Gruppe um Helmut Pohl, die 1984 in der Berger Straße in Frankfurt verhaftet wurden. Wegen »Mitgliedschaft in einer terroristischen Vereinigung« verurteilte ihn das Bayerische Oberste Landesgericht[417] 1986 zu vier Jahren Freiheitsstrafe.

*Ernst-Volker Staub*

So wie bei Birgit Hogefeld führt sein Weg in den Untergrund über ein Jurastudium: Nach dem Abitur am Hamburger Gymnasium Farmsen beginnt Ernst-Volker Staub im Wintersemester 1975/76 »Allgemeine Sprachwissenschaften« in Hamburg zu studieren. Ab Sommersemester 1976 außerdem »Rechtswissenschaften«. Seine Studien begeistern ihn nicht sonderlich. Nach dem dreizehnten Semester exmatrikuliert ihn die Universität. Zum Sommersemester 1982 hatte er sich nicht zurückgemeldet. Wovon er anschließend lebt, ist unbekannt: Eine andere Ausbildung oder eine Arbeit war bei ihm ebenso wenig festzustellen, wie dass er von Arbeitslosengeld oder Sozialhilfe lebte, urteilen die fünf Richter des Bayerischen Obersten Landesgerichts.[418]

Spätestens im Juni 1983 taucht er in den Untergrund ab.[419] Ernst-Volker Staub nennt sich jetzt »Peter Bollmann«, ist in Bremen unterwegs und mietet dort am 20. Juli 1983 eine Wohnung – entsprechend den Prinzipien des »neuen Wohnungswesens der RAF«: *Verena Steben*, in deren Wohnung er zieht, ist für seine Zwecke ideal: eine Lehrerin, die gerade in Berlin eine Stelle gefunden hat. Noch aber will sie ihre Zelte in Bremen nicht abbrechen. Und so freut sie sich, dass sie ihre Wohnung an »Peter« untervermieten kann. Der hat nur einen Wunsch: keine Ummeldung. Und das kommt *Steben* entgegen. Sie ist sich noch nicht sicher, ob die Insel-Stadt etwas auf Dauer für sie ist. So bleiben Wohnung und Telefon weiterhin auf ihren Namen angemeldet. Die Miete zahlt »Peter« per »Postanweisung«. Stets pünktlich. 732 Mark – einschließlich Nebenkosten. Nach einem halben Jahr entschließt sich die Lehrerin, in Berlin zu bleiben und ihre Bremer Räume einer Freundin als Nachmieterin zu überlassen. Diese Freundin fährt in die Wohnung, um die Einzelheiten für die Übergabe zu besprechen – und wundert sich über »Peter«: »Seine aggressive Sprache und der geringe Wortschatz passten nicht zu seiner gepflegten Kleidung«, erinnert sie sich.

Drei Monate später wird Staub von der Polizei in Frankfurt verhaftet. Berger Straße. Sein hellblauer Blouson hängt im Flurschrank. In ihm steckt ein Reisepass vom Bezirksamt Hamburg-Wandsbek. Mit dem Namen *Uwe Zahl*. Eingeklebt ist ein Foto von Ernst-Volker Staub. »Das ist mein Pass!«, sagt *Uwe Zahl* fassungslos, als er das Dokument später wieder sieht. Ein Jugendfreund Staubs. Zwischen Sommer 1983 und Februar 1984 besuchte Staub ihn viermal in Hamburg und übernachtete in dem Zimmer in *Zahls* Wohnung, in dem auch dessen Schreibtisch stand. Und in der Schublade lag sein Reisepass. *Zahl* war nicht aufgefallen, dass mit Staub auch sein Pass weg war.

Außerdem finden die Ermittler in Staubs Blouson ein DIN-A4-Blatt. Die Handlungsanleitung für einen Raub in Hannover: die Hauptkasse des Kaufhauses Horten. »Kaufhof und Karstadt können wir vergessen, weil man da nicht anders fahren kann als den Bullen direkt in die Arme«, baldowerte jemand aus – es ist nicht Staubs Handschrift. Deshalb: »Horten ist von der Lage her die einzige Möglichkeit.« Anschließend ist der genaue Fluchtweg beschrieben. Durch das Kaufhaus und Hannovers Innenstadt. Alles, was man für den Horten-Raub wissen muss. Nur noch das Geld ist abzuholen.

Ende Oktober 1985 beginnt das Strafverfahren gegen Staub vor dem Bayerischen Obersten Landesgericht. Er erzählt den Richtern vom »Krieg in den Metropolen gegen den Imperialismus« und dass man »Kriegführen … am besten im Krieg« lernt.

Die hören aufmerksam zu und verurteilen ihn am 5. Februar 1986 als »Mitglied der RAF«.[420] »Mehr als ein Jahr« habe Staub der RAF angehört, stellen sie in dem Urteil fest – mindestens dreizehn Monate. Er habe sich »an der Gewinnung und/oder Archivierung und Auswertung von Informationen und Erkenntnissen als Grundlage für mögliche Anschläge« beteiligt. In der Berger Straße fand die Polizei Unterlagen zum Anschlag in Oberammergau, auf Ernst Zimmermann und Karl Heinz Beckurts. Als die Richter Ernst-Volker Staub das Urteil verkünden, ist Zimmermann bereits seit einem Jahr durch RAF-Hand ermordet. Beckurts wird fünf Monate später von der RAF in die Luft gesprengt. Zusammen mit seinem Fahrer Eckhard Groppler.

Nach seiner Haftentlassung, so die Erkenntnisse der Ermittler, zog Ernst-Volker Staub am 1. Juli 1988 nach Hamburg »und unterhielt seither intensive Kontakte zu Personen des RAF-Umfeldes in Hamburg und Wiesbaden«. Er ist »dringend verdächtig«, so der Haftbefehl des Ermittlungsrichters des Bundesgerichtshofs,[421] sich im März 1990 wieder der RAF angeschlossen zu haben. In dem Rucksack, den Wolfgang

Grams in Bad Kleinen dabei hatte, entdeckten die Ermittler stapelweise Papiere, auf denen sich ein Fingerabdruck von Ernst-Volker Staub befand.

*Daniela Klette*

Seine Freundin ist – so vermuten die Fahnder – Daniela Klette. 1958 in Karlsruhe geboren. Ab 1978 gehört sie zur »Roten Hilfe« in Wiesbaden. Dort lernt sie Birgit Hogefeld und Wolfgang Grams kennen. Engagiert sich in Initiativen gegen die Startbahn-West und der Anti-NATO-Bewegung. Nach dem RAF-Anschlag auf die US-Botschaft in Bonn wird von ihr ein Haar in dem Fluchtwagen gefunden. Im Gepäck, das die Ermittler nach der Schießerei in Bad Kleinen sicherstellten, fanden sie auch wieder etwas von Daniela Klette. Einen Fingerabdruck.

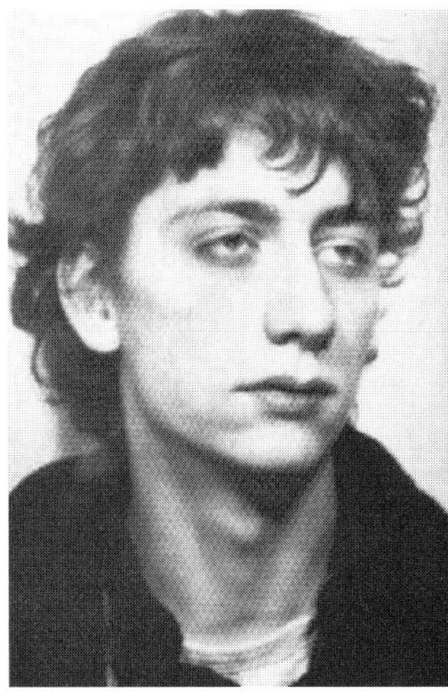

*Burkhard Garweg*

Burkhard Garweg ist ein echter »68er«: Am 1. September 1968 in Bonn geboren. Mit sechs zieht er mit seinen Eltern nach Hamburg. Die Schule schmeißt er in der elften Klasse. 1987. Anschließend taucht er in der Hafenstraße auf und in die linke Szene der Hansestadt ein. Einen Beruf lernt er nicht. Lebt von Sozialhilfe. Garweg ist der Jüngste, der jemals in die »RAF-Fahndung« kam.

Unterm Strich – die Erkenntnisse der Ermittler über die RAF in der Endphase: die drei »dringend Verdächtigen« – Staub, Klette und Garweg – und bis Juni 1993 Birgit Hogefeld sowie Wolfgang Grams. Ob noch andere zur letzten Garde der RAF gehörten, ist unbekannt. Der Mutmaßungen gibt es viele. Beweise keine.

## Die RAF versinkt in der Bedeutungslosigkeit

Nach den Schüssen von Bad Kleinen im Juni 1993 und dem folgenden politischen Gewitter wird es ruhig um die RAF. In den Jahren 1994 bis 1997 spielt sie keine nennenswerte Rolle mehr. Ohne Anschläge ist die

RAF kein Thema für die Medien. Auch nicht mehr für die Politik. Die drei Buchstaben des »Terrors« verschwinden von der politischen Bildfläche. Werden Archivgut. Die vier Erklärungen, die die RAF in diesen vier Jahren abgibt, registriert die Öffentlichkeit kaum mehr als die vor der Mensa einer Fachhochschule in Hildesheim verteilten Flugblätter eines linken Basisgrüppchens.

### ➤ Die RAF erklärt, kein »Phantom« zu sein, und beginnt, Leserbriefe zu schreiben

Ein Dreivierteljahr nach Bad Kleinen. 15. März 1994. Berlin-Mitte. Karl-Liebknecht-Straße 33. In der Nähe des Alexanderplatzes. Der Postbote trägt einen DIN-A4-Umschlag in die Redaktion der Berliner Tageszeitung *Junge Welt*. Ein Blättchen mit einer Auflage von 20 000 Exemplaren. Überwiegend in den neuen Bundesländern verkauft. In dem Umschlag stecken achtzehn Seiten. Eine RAF-Erklärung vom 6. März – Überschrift: »Zu Steinmetz, Aprilerklärung 1992 und ›soziale Gegenmacht‹«.[422] Ein selbstkritisches Papier aus dem deutschen Untergrund: »nach der ganzen katastrophe« – die Rede ist von Steinmetz und Bad Kleinen – stellt die RAF fest, sie sei »mit allem gescheitert ..., was wir in dieser phase erreichen wollten«. Statt »mit neuen überlegungen wieder fuß fassen zu können, haben wir uns seither im kreis bewegt«. Die RAF berichtet von ihrem Leben: »auf große resonanz sind wir mit unseren versuchen, in eine gemeinsame diskussion mit genossInnen zu kommen, nicht gestoßen. dementgegen war steinmetz einer von denen, die verstärktes interesse an einer direkten auseinandersetzung mit uns vermittelten. das war mitte/ende '91.«[423] Mit anderen Worten: Von den Linken wollte kaum noch jemand mit der RAF sprechen. Und dann kam halt der freie Mitarbeiter des Verfassungsschutzes. Und der sei immerhin – das ist kein Witz, sondern O-Ton RAF – »nett« gewesen. Wenigstens einer, der »nett« zur RAF war.

Die RAF befindet, zu lange gemordet zu haben: »heute sagen wir, dass die zäsur viel früher richtig und notwendig gewesen wäre.« Also vor 1992. Und: »unsere april-erklärung ließ die abwegigsten interpretationen zu. damit war sie politisch sehr schwach.« Niemand widerspricht.

Und dann wird wieder einmal Hungerstreik angesagt. Anders als zuvor – wie so vieles in dieser Zeit bei der RAF und ihren Häftlingen: Von vornherein kündigen die Häftlinge das Hungern für »eine begrenzte Zeit an«. Eine Woche. Vom 27. Juli bis 3. August 1994. Die Medien berichten so gut wie nicht. Ein paar Tage Fasten in ein paar Zellen. Ohne Anschläge draußen: Kein Thema für die Journalisten. Es gibt Spannenderes.

Zweieinhalb Jahre vergehen. Absolute Stille bei der RAF. Nichts passiert. Sie schreibt nicht einmal mehr Briefe. Aber dann, auf einmal, meldet sie sich wieder. In einer »Erklärung vom 29. 11. 1996« – mit Handlungsanweisungen für ehemalige RAF-Mitglieder: »Keine (scheinbar heute harmlosen) Infos über die Illegalität und wie diese zu organisieren möglich ist! Weder in Form von Aussagen von entpolitisiertem Gelaber in den Medien, ›Anekdoten aus früheren Zeiten‹ in Büchern oder am Tresen, oder egal in welcher Form der Selbstdarstellung!« Mittlerweile haben frühere RAF-Mitglieder angefangen, in den Medien zu plaudern – allen voran Peter-Jürgen Boock in Interviews mit dem *Spiegel* und der *Zeit* – und »ihre Geschichte« in Buchform zu erzählen. Andere gehen in Talkshows oder schreiben bereits an ihren Memoiren.

Von einem Buch, das sie offensichtlich ganz besonders erzürnt, nennt die RAF den Titel: »Das RAF-Phantom«. In dem Paperback aus dem Jahr 1992 erklären drei Journalisten – ein »Panorama«-Redakteur des Norddeutschen Rundfunks, ein »langjähriger Mitarbeiter« des Westdeutschen Rundfunks und ein freier Journalist – über 444 Seiten, »dass die RAF nicht mehr ist als eine unbewiesene Behauptung der Sicherheitsbehörden – ein Phantom, klug inszeniert als Staatsfeind Nr. 1«.[424] Die RAF beklagt sich darüber, dass »deren Verfasser mit Falschinformationen gefüttert« worden seien. Sie pocht darauf, dass es sie wirklich gebe. Sie sei kein »Phantom«. So weit ist es gekommen.

Und dann, auch in diesem Schreiben, die beiden mittlerweile legendäre Sätze der dritten RAF-»Generation« über den »Staatsschutz«: »Sie wissen nicht viel über uns. Sie haben noch nie wirklich durchgeblickt, wie unsere Strukturen aussehen oder wer in der RAF organisiert ist.« »Da ist einiges dran«, sagt der für die RAF zuständige Bundesanwalt, der namentlich nicht genannt werden möchte, »natürlich ist es etwas übertrieben. Aber es gibt in unserem Wissen viele Lücken.« Er nimmt es souverän-gelassen. Tatsächlich war zum Zeitpunkt der Erklärung erst ein Mitglied der dritten »RAF«-Generation rechtskräftig verurteilt worden, Eva Haule-Frimpong. Drei Jahre nach dieser Erklärung, 1999, kommt Birgit Hogefeld dazu. Das war's.

Ein anderer Satz in dieser RAF-Erklärung aber stimmt absolut: »BKA-Fahndungslisten sind keine ›Mitgliedslisten‹ der RAF.« Von den zehn Fotos und Namen, die auf einem BKA-Fahndungsplakat im Januar 1990 unter der fetten und fast dreißig Zentimeter breiten Überschrift »Terroristen« prangen – Unterzeile: »Im Zusammenhang mit den Straftaten der ›Rote Armee Fraktion‹ fahndet die Polizei unter anderem nach folgen-

*BKA-Fahndungsplakat von Januar 1990*

den Personen« –, wurde nur eine einzige für Taten der dritten »Generation« verurteilt: Birgit Hogefeld. Der Rest nicht. Drei der Gesuchten – Henning Beer, Sigrid Sternebeck und Inge Viett – waren hinterm »Eisernen Vorhang« sicher verwahrt. Zwei von ihnen sind inzwischen tot: Wolfgang Grams und Horst Meyer. Andrea Klump war zwar 1988 in Spanien mit Sprengstoff unterwegs, wie das Oberlandesgericht Stuttgart[425] feststellte, aber – so das Urteil – nicht für die RAF, sondern für »palästinensische Auftraggeber«. Die drei anderen vom Fahndungsplakat stellten sich. Keinem konnte nachgewiesen werden, dass er an einem RAF-Anschlag beteiligt war.

Und dann beginnt die RAF eine »neue Phase«: Sie schreibt Leserbriefe. Die, die einst als Guerilla in Sachen Weltrevolution[426] ausgezogen waren, bitten nun höflich, dass ihre politischen Erklärungen in Käseblättchen abgedruckt werden. Ein RAF-Schreiben vom 29. November 1996 druckt *Interim* – ein Untergrund-Heft der autonomen Szene Berlins[427]: »ihr habt in eurer nummer 387 einen brief von andrea wolf abgedruckt. wir fändens gut, wenn ihr dazu was kurzes von uns in die interim bringt«, bittet die RAF. Sie hat mal wieder eine Ansage zum Thema Steinmetz zu machen. Der scheint ihr noch immer – drei Jahre nach Bad Kleinen – mächtig an die Nieren zu gehen. Die RAF offenbart: »über steinmetz hatte der verfassungsschutz keinen einfluss auf politische entscheidungen, die die raf getroffen hat.« Alles schon ellenlang in der Steinmetz-Erklärung zweieinhalb Jahre zuvor ausgeführt. Im März 1994.[428]

Ein weiterer Leserbrief: An die *Junge Welt*.[429] Am 9. Dezember 1996. Die einstige – nach eigenem Verständnis – »Avantgarde« scheint schon wieder eins auf die Mütze bekommen zu haben. Von wem auch immer. Denn zu ihrem »Medienerlass« von neulich – von vor zehn Tagen – ergänzt sie: »Wir haben natürlich nichts dagegen, wenn GenossInnen in Filmen oder Veranstaltungen o. ä. einbringen, wie sie Früheres erlebten, wie sie das heute einschätzen und was daraus erlernt werden kann. Für uns ist es trotzdem eine problematische Situation, in der für einen großen Teil der GenossInnen die RAF und illegale Organisation schon Geschichte sind, während wir uns nicht in Luft auflösen können.« Die Zurückgebliebenen. Und die Riesenchance, in dem Blättchen etwas sagen zu dürfen, nutzt die RAF. Zum x-ten Mal erklärt sie: »Das RAF-Konzept ist überholt. Das ist objektiv so. Dabei bleibt es also auch.«

Zwei dieser RAF-Papiere aus dem November/Dezember 1996 finden die Verfassungsschützer in Nordrhein-Westfalen hochinteressant: Das Schreiben mit der Staatsschutz-Häme und der *Interim*-Leserbrief stammen vom selben Tag. Dem 29. November 1996. An ihnen finden die Verfassungsschützer zwei Dinge »bemerkenswert«: Nämlich dass nicht »in der einen auf die andere Erklärung verwiesen wird« und »außerdem die unterschiedliche Schreibweise auffällt«. Der *Interim*-Leserbrief ist in radikaler Kleinschreibung verfasst. Das Staatsschutz-Häme-Schreiben hingegen in üblicher Groß- und Kleinschreibung. Dies bestärkt die Beamten in ihrer Vermutung, »dass die RAF-Kommandoebene derzeit noch aus einer – oder gegebenenfalls mehreren – kleinen Restgruppen besteht und dass diese nun veröffentlichten Erklärungen von jeweils – teilweise unterschiedlichen – kleinen Autorenkreisen oder gar von Einzelpersonen stammen.«

**➤ RAF-Ehemaligentreffen**

Nur ein einziges Mal in diesen vier Jahren – von 1994 bis 1997 – berichten die Medien wieder groß über die RAF. Thema: Ein »RAF-Ehemaligentreffen«. Das erste öffentliche. Pfingsten 1997 in Zürich. Die »Rote Fabrik«. Auf dem Podium sitzen Knut Folkerts, Roland Mayer, Gabriele Rollnik und Karl-Heinz Dellwo. Adrett gekleidete Mitvierziger. Sie sehen aus wie Lehrer. Vielleicht wie Hochschullehrer. Im Publikum Fahndungsplakat-Gesichter aus den Siebzigern. Christine Kuby, Till Meyer und andere. Eine Art Schultreffen. Zwei Jahrzehnte sind vergangen. Und die meisten, die gekommen sind, waren in verschiedenen Klassen.

Als es oben auf dem Podium losgeht, wird es im Publikum mucksmäuschenstill. Deutsche Zeitgeschichte in Zürich. Fünfhundert gebannte Zuhörer. Die Stühle reichen nicht. »Ich habe dieses Land gehasst«, erklärt Karl-Heinz Dellwo, mittlerweile fünfundvierzig, warum er in den »bewaffneten Kampf« zog. »Wir wollten die Nervenknoten der Herrschenden treffen«, ergänzt Roland Mayer, dreiundvierzig und jetzt Weinhändler in Frankfurt. »Ich bin Mitglied in der langen Schlange der Arbeitslosen«, klagt Knut Folkerts, »das ist die zweite Niederlage in meinem Leben.« Folkerts legt »Wert auf den Hinweis«, berichtet der *Spiegel*, »er habe ›die Angriffe auf Buback, Ponto und Schleyer‹ mit vorbereitet.« Resümee des *Spiegel* über die Podiumsdiskussion beim RAF-Oldie-Treffen: »Auch nach zusammen 65 Jahren Knast gab es nur verhaltene Selbstkritik, wurde die Gewalt zu rechtfertigen gesucht. Von den Opfern sprach niemand.«

## Die »Auflösungserklärung«: »Heute beenden wir das Projekt«

Anderthalb Jahre sind seit den beiden RAF-Leserbriefen vergangen. Frühjahr 1998: Das letzte Halbjahr der Kanzlerära Kohl bricht an. Am 20. April bekommt die Nachrichtenagentur Reuters Post von der RAF. Die »Auflösungserklärung« der Rote Armee Fraktion. Acht Seiten lang. Sie beginnt:

> »Vor fast 28 Jahren am 14. Mai 1970 entstand in einer Befreiungsaktion die RAF. Heute beenden wir das Projekt. Die Stadtguerilla in der Form der RAF ist nun Geschichte.«

»Wir tragen diesen Schritt gemeinsam«, verabschiedet sich die Rote Armee Fraktion, nämlich »alle, die bis zuletzt in der RAF organisiert gewesen sind«: »Ab jetzt sind wir ... ehemalige Militante der RAF.« Wer »wir« sind, ist bis heute unbekannt.[430] »Das Ergebnis kritisiert uns«, vermelden die Autoren. Die RAF sei »nichts als ein Durchgangsstadium auf dem Weg zur Befreiung.« Die Enkel von Baader & Meinhof lassen die RAF-Geschichte auf fünf eng getippten Seiten Revue passieren: Entstanden sei die RAF mit »dem Mut im Rücken«, der von Guerilla-Organisationen anderer Länder »ausstrahlte« – als »Konsequenz aus den Diskussionen Tausender, die sich in der BRD am Ende der sechziger und der beginnenden siebziger Jahre mit dem bewaffneten Kampf als Weg zur Befreiung auseinander setzen.«

»Mit der Besetzung der deutschen Botschaft 1975 in Stockholm« habe eine »Etappe« begonnen, »in der die RAF alles einsetzte, um ihre Gefangenen aus den Knästen zu befreien«. Dann die »Offensive 1977«: »Die RAF stellte die Machtfrage.« Ein Versuch, »gegen die Macht eine offensive Position für die revolutionäre Linke durchzusetzen«. Fazit: »Die RAF hat alles in die Waagschale geworfen und eine große Niederlage erlitten.« Diese »Niederlage«, so die Abschlussanalyse, habe »die Grenzen des alten Konzepts Stadtguerilla der RAF« aufgezeigt. Soll wohl sagen: Die RAF kapierte, dass – anders als seinerzeit von den Vor-, Vorvor- und Vorvorvorgängern der Autoren erwartet – durch ihre »Aktionen« kein »revolutionäres Bewusstsein der Massen« geweckt wurde. Erst recht »keine Revolutionierung der Massen«.[431] Deswegen – so erzählt die RAF ihre Geschichte weiter – entwickelte sie ein »neues Befreiungskonzept«, die »Frontkonzeption der achtziger Jahre«[432]: »Die RAF wollte neue Verbindungen und die Grundlage für einen gemeinsamen Kampf mit radikalen Teilen der seit Ende der siebziger Jahre entstandenen Widerstandsbewegungen schaffen.« Das »Konzept« sei »von der Hoffnung getragen« gewesen, »dass sich militante Teile der verschiedenen Bewegungen in die gemeinsame Front stellen würden«. Aber die vielen, die mitmachen sollten, hätten »den Kampf ... nicht aufgenommen«.

Und auch der »Versuch«, »die RAF noch in den Neunzigern neu einzubinden«, sei ein »unrealistisches Vorhaben« gewesen, weil sich die Linke in einer »Krise« befunden habe. Die RAF der Neunziger hätte erkannt, dass »die Konzeption der RAF« nicht das enthalte, »woraus jetzt etwas Neues entstehen kann«. Deshalb der »Einschnitt in unserem Kampf 1992« – also die Erklärung, Repräsentanten des Staates nicht mehr anzugreifen. Die »Zäsurerklärung«.

Und dann, letzter Schritt der Entwicklung: die »für uns schmerzliche Spaltung eines Teils der Gefangenen von uns, in der wir zu Feinden erklärt worden waren«. Damit waren die beiden Grundpfeiler der RAF-Denke »Solidarität und Kampf um Kollektivität ... vollständig verraucht«.

Der »entscheidende Fehler« aus Sicht der RAF: Keine »politisch-soziale Organisation« aufgebaut zu haben – parallel zum Untergrundkampf: »Das Ausbleiben einer politischen Organisierung über mehr als zwanzig Jahre hinweg hatte zu jeder Zeit einen insgesamt schwachen politischen Prozess zum Ergebnis.« Die RAF habe die »Wirkung politisch-militärischer Aktionen« überschätzt. Deshalb habe sie »kein stärkeres Befreiungsprojekt aufbauen« und damit keinen »stärkeren Einfluss auf die gesellschaftliche Entwicklung« nehmen können. Das RAF-Abschiedsbekenntnis, über zwanzig Jahre in der Isolation gesteckt zu haben. Nicht in den Gefängnissen. Sondern draußen. Politisch. Alle Radikalität scheint verflogen. Selbst die der – über Jahrzehnte weitgehend praktizierten – Kleinschreibung.

Angesichts all dessen räumt das letzte Aufgebot der RAF ein, »zu sehen, dass wir uns in einer Sackgasse befinden«. Nun möchten die Autoren »ein umfassendes, ein antiautoritäres und dennoch verbindliches Projekt der Befreiung« aufbauen. Die Letzten unter RAF-Flagge verraten aber nicht, was sie sich darunter vorstellen.

Jedenfalls ein höflicher Abgang: »Wir möchten in diesem Moment unserer Geschichte alle grüßen und ihnen danken, von denen wir auf dem Weg der letzten 28 Jahre Solidarität bekommen haben.«

Die acht Seiten enden mit einer Totenehrung. Die RAF gedenkt 26 Personen, die »im bewaffneten Kampf ... gestorben sind«:

Petra Schelm
Georg von Rauch
Thomas Weißbecker
Holger Meins
Katharina Hammerschmidt
Ulrich Wessel
Siegfried Hausner
Werner Sauber
Brigitte Kuhlmann
Wilfried Böse
Ulrike Meinhof
Jan-Carl Raspe
Gudrun Ensslin
Andreas Baader
Ingrid Schubert
Willi-Peter Stoll
Michael Knoll
Elisabeth van Dyck
Juliane Plambeck
Wolfgang Beer
Sigurd Debus
Johannes Timme
Jürgen Peemöller
Ina Siepmann
Gerd Albartus
Wolfgang Grams

Die Revolution sagt:
ich war
ich bin
ich werde sein

»Nicht überraschend«, findet Generalbundesanwalt Kay Nehm das Papier angesichts der vorausgegangenen RAF-Schreiben. »Überraschend an der Erklärung ist lediglich, dass sie so spät kommt«, urteilt der RAF-Experte der *taz* Gerd Rosenkranz. Für ihn ein »erschreckend oberflächliches Schreiben«. »Der Schritt war überfällig«, sagt Horst Mahler. Der einzige noch Lebende aus dem RAF-Führungsquartett des Gründungsjahres 1970. Die anderen drei sind seit über zwanzig Jahren tot – Andreas Baader, Gudrun Ensslin und Ulrike Meinhof. Für Mahler ist das Papier eine unzureichende Abrechnung mit der Vergangenheit. Der einstige RAF-Vordenker vermisst die Feststellung, dass der militärische Kampf völlig untauglich sei – und findet das »traurig«.

Nicht anders geht es Klaus Jünschke, Mitglied der ersten RAF-»Generation«, zu »lebenslänglich« verurteilt, nach sechzehn Jahren Haft entlassen und mittlerweile einundfünfzig: »Dieses Schreiben ist theoretisch dürftig und menschlich arm. Das alte Tabu – kein Wort über die Opfer – wird nicht gebrochen.« Sein Fazit: »Es gibt keine Legitimation für Gewalt, wir waren blind.« Und Ex-BKA-Chef Horst Herold befindet aus dem Ruhestand: »Das Papier ist ein Grabstein, den sich die RAF selbst setzt.«

Das war's. Vorhang zu. Seither hat sich die RAF nie wieder gemeldet.

## Die Heiligen Drei Könige und das Ende der RAF

Der »Praxistest« der Rote Armee Fraktion dauerte über ein Vierteljahrhundert. Die RAF war wesentlich langlebiger als andere Gruppen, die in dieser Zeit – nach der Studentenrevolte im ausgehenden Jahrtausend – den »bewaffneten Kampf« in den »westeuropäischen Metropolen« aufnahmen. Beispielsweise ihre einstigen Bündnispartner Action Directe in Frankreich und die Brigate Rosse/PCC in Italien.

Und anders als die beiden Expartner wurde die RAF auch nicht von der Polizei »zerschlagen«. Sondern löste sich selbst auf. Aufgrund »intensiver Diskussionen in der Gruppe«, berichtet Birgit Hogefeld. Sie sagt, der von der RAF im April 1992 erklärte Verzicht auf Angriffe »auf führende Repräsentanten aus Wirtschaft und Staat«, also die Kehrtwende, gehe nicht auf die Kinkel-Initiative zurück. Vier Monate zuvor hatte der Politiker seinen Gedanken erstmals in der Öffentlichkeit erklärt.

In der Rückschau jedenfalls steht am Anfang des Endes der RAF die Initiative von Klaus Kinkel.[433] Sechs Jahre vor der »Abschiedserklärung« – und ein Dreivierteljahr nach dem Rohwedder-Mord. Das Wort von der Bereitschaft zur »Versöhnung«. Am Tag der Heiligen Drei Könige 1992. Verbunden mit dem schlichten Hinweis auf die Rechtslage: Die Möglichkeit einer vorzeitigen Haftentlassung besteht für alle – eine der wenigen »Wohltaten« des deutschen Strafgesetzbuches. Auch für ehemalige RAF-Mitglieder. Ein Stein kommt ins Rollen. Er wirbelt das bislang feststehende RAF-Gefüge durcheinander: Einige Häftlinge – voran die in Celle – greifen nach dieser Perspektive. Der Perspektive eines Lebens außerhalb der Zelle. Der Geschmack von Freiheit – und nicht mehr Abenteuer. Sie versuchen das Rad auf eigene Faust weiterzudrehen. Brigitte Mohnhaupt und andere RAF-»Hardliner« toben. In ihren Zellen. Die Häftlingsszene spaltet sich. Mohnhaupt verkündet den »Bruch«, dass der »Inhalt der Beziehungen« zerstört und nur noch eine Entscheidung möglich sei: »die Trennung«. So etwas hatte es noch nie in der RAF-Familie gegeben. Von den Hardlinern um Mohnhaupt wird die RAF draußen gar – wie sie es in der Auflösungserklärung formuliert – »zu Feinden erklärt«. Die über lange Jahre stets beschworene »einheit guerilla widerstand gefangene«[434]: Zerfallen. Zerstört. Nichts mehr zu retten. Aus und vorbei. Und auch die so oft und über Jahrzehnte gepriesene »Kollektivität«: perdu. Bislang unumstößlicher Grundpfeiler des RAF-Selbstverständnisses.

Und dann sieht die RAF auch noch, wie die Häftlinge tatsächlich nach und nach vorzeitig aus dem Gefängnis kommen. Gewiss nicht so schnell, wie sie es sich gewünscht hatten. Zum Zeitpunkt der Auflösungserklärung – März 1998 – sitzen nur noch neun ehemalige RAF-Mitglieder. Im Oktober 2004 sind es nur noch vier, alle »Lebenslängliche«: Brigitte Mohnhaupt und Christian Klar (beide seit 1982), Eva Haule (seit 1986) und Birgit Hogefeld (seit 1993).

Auch veränderte die Initiative Kinkels den Blick der Öffentlichkeit. Seit seinem Vorstoß trieb das »Schicksal der RAF-Gefangenen« kaum jemanden mehr auf die Straße. Das »Mobilisierungspotenzial« des Themas war futsch. Anders vor Kinkels Erklärung. Beispielsweise während des zehnten Hungerstreiks in der ersten Jahreshälfte 1989. Damals gab es mehrere Großdemonstrationen: In Bonn mit sieben- und in Hamburg mit fünftausend Teilnehmern.

Kurzum, die beiden zentralen Themen für die RAF seit fast zwei Jahrzehnten existierten nicht mehr: »Morden für die Revolution« – bringt nichts, hatte die RAF selbst herausgefunden. Und die »Häftlingssituation« entspannt sich zusehends. Für die RAF gab es kein Ziel mehr. Sie hatte sich überlebt.

## Die Schleier über der dritten »Generation«

Wer was bei der dritten »Generation« machte, liegt nach wie vor weitgehend im Dunkeln. »Es gibt mehr offene Fragen, als wir Antworten haben«, sagt der Oberstaatsanwalt, der beim Generalbundesanwalt in Karlsruhe für die RAF zuständig ist.

Von den zehn Morden der dritten »Generation« – Zimmermann, Pimental, Bristol, Scarton, Beckurts, Groppler, von Braunmühl, Herrhausen, Rohwedder, Newrzella – ist nur der letzte vollständig aufgeklärt: Todesschütze war Wolfgang Grams. Ansonsten liegt über Tätern der dritten »Generation« Finsternis – mit partiellen Lichteinfällen.

Nur zwei Mitglieder der dritten »Generation« wurden bislang verurteilt. Eva Haule für ihre Beteiligung an dem Überfall auf das Waffengeschäft 1984 in Maxdorf, der Autobombe in Oberammergau, ebenfalls 1984, dem Pimental-Mord und dem Anschlag auf die US-Airbase in Frankfurt 1985. Das Oberlandesgericht Frankfurt verurteilte sie zu »lebenslänglich«.[435] Nicht feststellen konnten die Richter die »Tatbeteiligungen« im Einzelnen. Also beispielsweise, wer am Tatort war.

Birgit Hogefeld wurde wegen des Pimental-Mordes, des Anschlags auf die US-Airbase in Frankfurt 1985 und der Schüsse auf Finanzstaatssekretär Tietmeyer 1988 ebenfalls zu »lebenslänglich« verurteilt.[436]

Zwei Männer, die im Verdacht standen, eine tragende Rolle in der dritten RAF-»Generation« gespielt zu haben, sind tot. Beide kamen bei Schusswechseln mit der Polizei ums Leben: Wolfgang Grams 1993 in Bad Kleinen und Horst Meyer 1999 in Wien.

Drei Verdächtige werden mit Haftbefehl gesucht: Ernst-Volker Staub, Daniela Klette und Burkhard Garweg.

Vier andere Personen, deren Bilder in den Neunzigern auf Fahndungsplakaten prangten, stellten sich den Ermittlern zwischen 1996 und 2003 – teilweise mit Unterstützung des »Aussteigerprogamms« des Bundesamtes für Verfassungsschutz. Keinem der »Selbstgesteller« konnte nachgewiesen werden, dass er an RAF-Anschlägen beteiligt war. Alle kamen auf freien Fuß. Die Verfahren wurden eingestellt – mit Ausnahme von zwei Sachverhalten, bei denen es aber nicht um RAF-Anschläge geht. Diese Ermittlungen laufen zurzeit noch.

Einer der vier ist Christoph Seidler. Nach dem Herrhausen-Anschlag 1989 nannte ihn *Bild* »Die Ratte«. Wegen seiner beiden vorstehenden oberen Schneidezähne. Zwölf Jahre nachdem er abgetaucht war, stellt er sich am 22. November 1996 der Bundesanwaltschaft in Begleitung eines Anwalts. »Mit Aktionen der RAF hatte ich konkret nie etwas zu tun«, sagt er. Aber er ist kein Unschuldslamm. War schon dicht an der RAF dran. Im »Sommer und Herbst 1984« sei er von Staatsschützern »ständig observiert worden«, erzählt er seine Geschichte. Weil er damit gerechnet hätte, verhaftet zu werden, sei er vor Beginn des neunten Hungerstreiks der RAF-Häftlinge im November 1984 abgetaucht – »nicht, um mich in der RAF zu organisieren, sondern um einer Verhaftung zuvorzukommen und der ständigen Überwachung zu entgehen. Manchmal hatte man damals bis zu sechs Begleiter, wenn man nur morgens Brötchen holte.« Unterwegs ist er mit falschen Papieren und hat Kontakts zur RAF – »dass das alles verboten war, wusste ich«. Unter dem Namen »Markus« zieht er in eine Wohngemeinschaft in Marburg. Seinen Mitbewohnern erzählt er, an einer wissenschaftlichen Arbeit zu schreiben. Er entschließt sich – wie er es nennt – »einen Weg ins Exil zu suchen«: Die RAF habe ihm »geholfen, einen solchen Weg zu finden«. »Wir von der RAF meinten«, bestätigt Eva Haule für die Rote Armee Fraktion, »die Lösung für Christoph sei ein anderes Land.« Seidlers »Exil« wird der Libanon. Ab Anfang 1987. Dort sei er »von einer palästinensischen Gruppe aufgenommen worden« und habe »bei einer militärischen Einheit als Fahrer gearbeitet«. In den Bergen südlich von Beirut sei er für die so genannte »Palästinensische Befreiungsarmee« (PLA) unterwegs gewesen. Als »Ali«.

Eine »Rückkehr in die Legalität« kommt über viele Jahre für ihn »nicht mehr in Frage, weil ich verdächtigt wurde, an allen Aktionen der RAF seit meinem Abtauchen beteiligt gewesen zu sein«. Hätte er sich gestellt, so sagt er, »hätte das Knast bedeutet«.

*Seit zehn Jahren mit internationalem Haftbefehl gesucht: Christoph Seidler stellt sich 1996*

Regierungsoberamtsrat »Hans Benz«, so sein Deckname, vom Bundesamt für Verfassungsschutz, zuständig für das »Aussteigerprogramm« als eine Art »staatliches Ein-Mann-Fluchthilfeunternehmen«, nimmt Kontakt zu Seidlers Familie auf. »Gestatten, mein Name ist Benz«, stellt er sich vor. Unter der Telefonnummer 0221/51 13 95 können sich aussteigewillige RAF-Mitglieder bei ihm melden. Er ventiliert bei den Strafverfolgern, was dem Betroffenen vorgeworfen wird und wie er möglichst milde davonkommen kann. Da sich bei ihm nur selten jemand meldet, meldet sich der Regierungsoberamtsrat selbst bei den Familien und Anwälten der Verschwundenen – auf der Suche nach Ausstiegskandidaten. Über den Familienkontakt kommt der »staatlich bestellte Konkursabwickler der RAF« mit Christoph Seidler ins Gespräch.

So stellt sich Seidler der Bundesanwaltschaft am 22. November 1996 – den Bundesanwälten angekündigt von seinem Anwalt. Sofort vernimmt ihn der Ermittlungsrichter des Bundesgerichtshofs. Ausführlichst. Nach dem Gespräch sieht der »keinen dringenden Tatverdacht« mehr und hebt den Haftbefehl auf.[437] Die Libanon-Geschichte ist Seidler nicht zu widerlegen. Anschließend ermittelt die Bundesanwaltschaft sieben Jahre lang weiter – die Unterstützung oder die Mitgliedschaft in einer »terroristischen Vereinigung« wäre verjährt. Im Juli 2003 stellt die Bundesanwaltschaft das Ermittlungsverfahren ein. »Nicht weil Seidler erwiesenermaßen unschuldig ist«, sagt ein Staatsschutz-Staatsanwalt der Bundesanwaltschaft, »sondern weil die Beweise nicht ausreichten.« Und so ist es auch in den anderen Fällen der einst über Jahre als »RAF-Terroristen« gesuchten »Selbststeller«: Keinem ist nachzuweisen, dass er an einem RAF-Anschlag beteiligt war. Den Ermittlern gehen die Verdächtigen aus.

Die Mörder von Ernst Zimmermann, Karl Heinz Beckurts und Eckhard Groppler, Gerold von Braunmühl, Alfred Herrhausen: Überhaupt keine Spur. Auch »völlig offen« sind die Anschläge auf Hans Neusel und die Justizvollzugsanstalt Weiterstadt. Ebenso der Banküberfall 1984 in Würzburg.

Etwas Licht ins Dunkel des Rohwedder-Mordes und des Anschlags auf die US-Botschaft brachten zwei Haare. Eines entdeckten die Ermittler nach dem Rohwedder-Mord neben dem Schützenplatz an einem Handtuch. Zehn Jahre später fanden Wissenschaftler des Bundeskriminalamts durch die von ihnen weiterentwickelte DNA-Technik heraus, dass es von Wolfgang Grams stammt. Wer sonst an dem Mord beteiligt war, ist nach wie vor unklar. Ebenfalls durch die DNA-Technik stellten die BKA-Kriminalwissenschaftler zehn Jahre nach dem Anschlag auf die US-Botschaft fest, wessen Haar auf dem Beifahrersitz des Fluchtfahrzeugs lag. Es fiel Daniela Klette aus.

Wie viele Personen mischten bei der Kommandoebene der dritten »Generation« mit? »Etwa 15 bis 20 Personen«, wie das Bundesamt für Verfassungsschutz[438] über viele Jahre vermutete? Auch unklar. Eher weniger dürften es gewesen sein.

Von »fünf plus x« geht die Bundesanwaltschaft aus – »x« ist die große Unbekannte. Die Überlegung: Die Aktion der dritten RAF-»Generation«, bei der die meisten Täter festgestellt wurden, war der Weiterstadt-Anschlag. Mindestens fünf: Vier überkletterten die Gefängnismauer. Einer fuhr anschließend mit dem Transporter aufs Gefängnisgelände. Deshalb: Minimum fünf auf der »Kommandoebene«. Das ist gesicherte Erkenntnis.[439] Alles andere – nach derzeitigem Erkenntnisstand – Spekulation.

Völlig unbekannt bis heute sind die Depots der dritten RAF-»Generation«, in denen sie ihre Waffen, Ausweise und Geld bunkerte. Ebenso unentdeckt die Wohnungen, in denen die dritte »Generation« lebte. Auf die letzte konspirative Wohnung der RAF stießen die Ermittler 1985 in Tübingen. Dreizehn Jahre vor dem »offiziellen« Ende der RAF. Selbst nach dem »Zugriff« in Bad Kleinen konnten die BKA-Ermittler nicht herausfinden, wo und wovon Birgit Hogefeld und Wolfgang Grams lebten, bevor sie nach Mecklenburg-Vorpommern reisten. Neun Jahre waren die beiden im Untergrund – ohne eine Spur ihres Aufenthalts zu hinterlassen.

Die Hoffnung ist gering, dass sich eines Tages die Schleier lichten, die heute noch immer über den Taten der dritten RAF-»Generation« liegen. Nur zwei Dinge können weiterhelfen, sagt der RAF-Bundesanwalt: »Zufall oder die DNA-Analyse«.

# NACH DEM ENDE DER RAF

# 68. Kapitel: Ereignisse

Nachdem die RAF das Auflösungsschreiben an die Agentur Reuters in den Postkasten geworfen hatte, löste sie sich in Luft auf. Nie wieder ließ sie etwas von sich hören. Nichts von ihr wurde entdeckt – bislang: Weder das »RAF-Siegel« noch Waffen, noch gefalschte Ausweise, noch sonstige Papiere. Von Anfang an hatten die Staatsschützer die Auflösungserklärung für glaubwürdig gehalten, weil sie von einleuchtender, fast zwingender Logik war: Der RAF fehlte es an Resonanz und Unterstützern. Die letzten fünf Jahre hatte sie nur noch ein einziges »Aktionsfeld«: das Briefeschreiben. Die Rote Armee Fraktion hatte sich überlebt, das erkannt – und konsequenterweise sich selbst liquidiert.

In den folgenden Jahren gab es vereinzelte Meldungen in den Medien über »Anzeichen für eine neue RAF«.[440] Diese »Anzeichen« ließen sich aber nicht erhärten. Auch die mittlerweile seit der Auflösungserklärung verstrichene Zeit zeigt, dass das Papier tatsächlich das ist, wofür es im April 1998 gehalten wurde: Ein Markstein der deutschen Nachkriegsgeschichte. Die RAF ist tot.

## Der Geldtransporter-Überfall mit der Panzerfaust – Altersversorgung für RAF-Mitglieder im Ruhestand?

Fünfzehn Monate nach der Auflösungserklärung: 30. Juli 1999. Freitagabend, Duisburg-Rheinhausen – 21.34 Uhr. Vor dem Einkaufszentrum in der Schauenstraße rollt ein Geldtransporter über den Parkplatz. Ein amerikanischer Jeep kommt angeschossen. Drängt ihn mit Schwung ab. Der Fahrer macht eine Vollbremsung. Von vorne ein zweites Auto: Ein Passat knallt frontal in den Geldtransporter – wie bei einer Stuntmen-Show der »Hell Drivers«. Für den Lenker des fahrbaren Tresors: keine Chance zu flüchten. Aber es ist keine Show. Die beiden Geldboten blicken in eine Panzerfaust, eine Maschinenpistole und ein Sturmgewehr. Drei mit Integralhelmen und Sturmhauben Vermummte zwingen sie, die Tür zu öffnen. Die Maskierten laden die Geldkoffer in den Jeep und verschwinden. Mit über einer Million Mark.

Beide Tatfahrzeuge – der Passat und der Jeep – sind gestohlen. Dublettenfahrzeuge. An den Helmen und Sturmhauben entdecken die Ermittler des Landeskriminalamts Nordrhein-Westfalen Speichel- und Hautabriebspuren. Kriminalwissenschaftler gewinnen aus ihnen im Labor »genetische Fingerabdrücke«. Im Februar 2000 kommen die Daten ins Bundeskriminalamt in Wiesbaden: In der Gendatei im Rechenzentrum werden sie mit den dort gespeicherten Spuren verglichen. Das Ergebnis können die Ermittler nicht glauben – zunächst nicht: Die Spuren vom Duisburger Millionenraub stammen unzweifelhaft von Ernst-Volker Staub und Daniela Klette. »Wir waren ganz schön baff«, sagt ein Ermittler, »als wir Staub plötzlich wieder am Werk sahen. Wir dachten, der haut ab und kommt nie wieder.« Der Ermittlungsrichter des Bundesgerichtshofs erlässt am 10. November 2000 gegen Staub und Klette einen neuen Haftbefehl. Nach wie vor sind die beiden spurlos verschwunden.

Was machen die mit einer Million Mark? Die Bundesanwaltschaft vermutet, dass eine »neue terroristische Gruppe« am Werk ist. »Für mich ist es eine lebensfremde Annahme«, sagt der für die RAF zuständige Bundesanwalt, dass Staub und Klette nun als »normale Schwerkriminelle ohne revolutionäre Ziele« weitermachen.

Oder vielleicht doch? Könnte es nicht auch so gewesen sein, dass sich die beiden in Duisburg ihre Altersversorgung abholten – die Nase gestrichen voll vom »revolutionären Leben« im Untergrund? Zum Zeitpunkt des Duisburg-Raubs sind Staub fünfundvierzig und Klette einundvierzig Jahre alt. »Nicht auszuschließen«, sagt der Ermittler. Jedenfalls ist bis zum heutigen Tag nicht klar, wofür sich die Räuber das Geld besorgten. Das »verbindlich organisierte Projekt der Befreiung«, das die RAF in ihrer Auflösungserklärung angekündigt hatte, ist für die Ermittler nicht sichtbar geworden. Sind die einstigen Politkriminellen im RAF-Ruhestand zu gewöhnlichen Schwerverbrechern geworden?

## Tod in der Wiener Vorstadt – Horst Ludwig Meyer

Keine drei Monate nach dem Millionenraub in Duisburg – anderthalb Jahre nach der RAF-Auflösungserklärung:

Wien. 15. September 1999. Ein Mittwoch. Der XXII. Bezirk: Donaustadt. An einer Straßenecke lehnt ein Pärchen. Wagramer Straße, Ecke Schrickgasse. Beide tragen Sonnenbrillen und tief ins Gesicht gezogene Baseballkappen. Stehen einfach da und gucken. Und das schon seit bald zwei Monaten, wundert sich *Anton Hirdlicek*, ein Geschäftsmann. Drei-

*»Wie Bonnie und Clyde«: Meyer und Klump an der Straßenecke – Aufnahme eines besorgten Nachbarn*

bis viermal die Woche lungern die beiden an der Ecke. Stehen dort. Morgens ab halb zehn. Auch andere Anwohner fragen sich: Was machen die dort? Worauf warten die? In der Nähe gibt es zwei Banken. Und ein Wettbüro. Die Wagramer Straße führt direkt zur UNO-City, etwas mehr als einen Kilometer entfernt – dem Wiener Standbein der Vereinten Nationen. Fortlaufend rollen Diplomatenlimousinen vorbei. Oder sind das Drogendealer?, rätseln Anwohner. »Höchstvorsorglich« macht *Anton Hirdlicek* Fotos von den beiden. Ganz vorsichtig – aus dreißig Metern Entfernung. Eine Frau alarmiert gleich die Polizei, weil »die wie Bonnie und Clyde herumstehen«.

Ein Streifenwagen kommt. Ausweiskontrolle. Statt eines Dokuments zieht der Mann eine Beretta, schlägt einer Polizistin ihre Waffe aus der Hand und rennt davon: mit seiner Begleiterin und der Polizeipistole. Die entwaffnete Polizistin stoppt einen Motorradfahrer. Springt auf den Soziussitz und braust so hinterher. Von unterwegs funkt sie nach Verstärkung. Die »Wega« kommt. Die »Wiener Einsatzgruppe Alarmleitung«. Als der Mann die »Wega«-Leute vor sich sieht, eröffnet er das Feuer – aus der Polizeidienstpistole und seiner eigenen Beretta, Kaliber 7,65.[441] Einen »Wega«-Beamten erwischt er im Knie und im Oberschenkel. Die »Wega«-Truppe schießt zurück. Ein Brustdurchschuss tötet den Mann.

Als das die Frau sieht, wirft sie ihr Klappmesser weg. Widerstandslos lässt sie sich festnehmen.

Ein Fall von »normaler Schwerkriminalität«, vermuten die Beamten. Das ändert sich, als sie feststellen, dass die italienischen Ausweise der beiden gefälscht sind. Und es ändert sich noch mehr, nachdem eine Kriminalbeamtin die Fingerabdrücke der Leiche genommen hat. Durch einen Computervergleich wird aus dem Fall »normaler Schwerkriminalität« im Wiener Außenbezirk »ein spektakulärer Fang« der Wiener Polizei: Der Tote ist Horst Ludwig Meyer. Ein bekanntes deutsches Fahndungsplakat-Gesicht. Ebenso das der festgenommenen Frau: Andrea Klump.

Seit fünfzehn Jahren suchen die Beamten des Bundeskriminalamts Horst Ludwig Meyer mit Haftbefehl. Sie vermuten, er habe bei einer Reihe von RAF-Taten der dritten »Generation« seine Finger im Spiel gehabt: Oberammergau, Zimmermann, Beckurts/Groppler und Walla.

»1 Million DM Belohnung«, lobte das Bayerische Landeskriminalamt auf einem Fahndungsplakat mit einem großen Meyer-Foto aus, nach dem gescheiterten Sprengstoffanschlag in Oberammergau und dem Zimmermann-Mord – »für Hinweise, die zur Aufklärung der beiden Verbrechen führen«. Trotz der gebotenen Million: kein »sachdienlicher Hinweis« auf Meyer. Er war wie vom Erdboden verschluckt.

Als »Ehepaar des Terrors« geisterte Horst Ludwig Meyer zusammen mit seiner Frau Barbara (»Bomben-Barbara«) durch die deutschen Boulevardblätter. Seit der zweiten Hälfte der achtziger Jahre – als das »fürchterlichste Terrorpaar, das je bei uns gewütet hat«. Die beiden »gelten als Führungsfiguren der RAF«, schreibt die *Süddeutsche Zeitung* 1990[442]: »Dass er der Mann war, der in Begleitung Barbara Meyers den MTU-Chef Ernst Zimmermann in dessen Haus in der bei München gelegenen Gemeinde Gauting erschoss, ist aus Zeugenaussagen zu schließen.« Für *Die Welt*[443] ist Meyer einer »der gefährlichsten … mutmaßlichen Topterroristen« der RAF.

Die letzte Spur, die die BKA-Beamten von Horst Ludwig Meyer in Deutschland gefunden hatten, ist vierzehn Jahre alt: Am 11. September 1985 entdeckten sie in Tübingen Fingerabdrücke von ihm, Friedrich-Zundel-Straße 2. Auch von seiner Frau Barbara, von Eva Haule-Frimpong, Wolfgang Grams und Christoph Seidler. In dem RAF-Quartier lag der Kundendienstpass für einen Audi 80, S-AX 4005. Der Fluchtwagen, mit dem RAF-Mitglieder nach dem Raubüberfall auf den Geldboten des »Esbella«-Markts in Kirchentellinsfurt getürmt waren. Drei Mo-

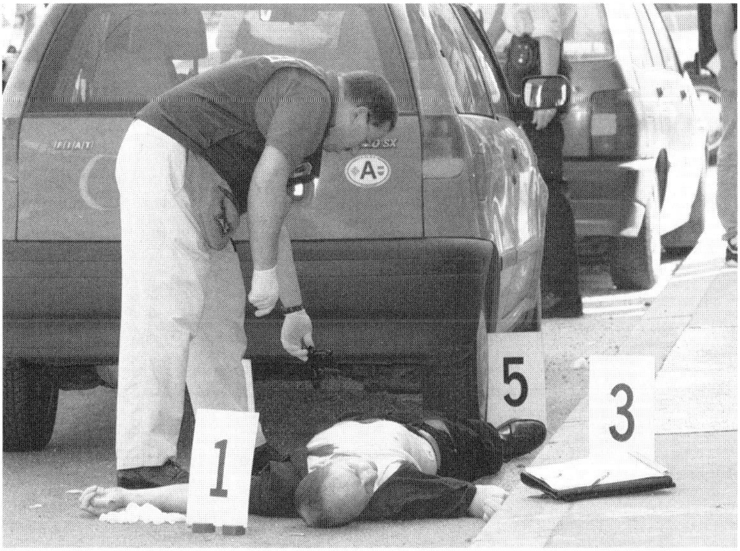


*Horst Ludwig Meyer: Tod in Wien*

nate zuvor. Die Unterkunft: gemietet nach den Regeln des »neuen Wohnungswesens« der RAF. Am schwarzen Brett der Uni Tübingen hatte eine Studentin für »August 1984 bis August 1985« ihr Zimmer angeboten, weil sie für ein Jahr an die Uni in Bologna ging.

Bei den Fahndern gilt Meyer als »unberechenbar, brutal und sehr gefährlich«. 1988 hatte er im andalusischen Rota auf zwei Polizisten ohne Vorwarnung geschossen. Anschließend schnappte er sich drei Geiseln: ein britisches Touristenehepaar und deren behinderten neunzehnjährigen Sohn. Dem Familienvater drohte Meyer, wenn dessen Familie seinen Anweisungen nicht folge, werde er sie erschießen. Alle drei.[444]

Horst Ludwig Meyer ist Jahrgang 1956. Gelernter Starkstromtechniker. Zuerst arbeitet er als Elektroinstallateur, 1975 bis 1977. Dann als Kioskverkäufer, bis 1981. Schließlich lebt er von Sozialhilfe, 1981 bis 1984. Er engagiert sich in der »Roten Hilfe«. Demonstriert für die »RAF-Häftlinge«. Mit sechsundzwanzig – 1982 – wohnt er mit seiner Frau und Eva Haule-Frimpong, ebenfalls spätere RAF-Aktivistin der dritten »Generation«, in einer Wohngemeinschaft in Gerlingen bei Stuttgart. Dort, im Bergheimer Weg 13, steht am 26. Oktober 1982 die Polizei morgens um sechs vor der Tür. Ihr Verdacht: »Begehung von Brandanschlägen auf deutsche und amerikanische Einrichtungen«. Wohnungsdurchsuchung.

*Andrea Klump*

Festnahme. Aber den Meyers und Eva Haule-Frimpong ist nichts nachzuweisen. So kommen sie alle wieder auf freien Fuß. Das Ermittlungsverfahren wird eingestellt.

Im September 1984 taucht Meyer zusammen mit seiner Frau Barbara ab. Zwei Monte nach der Verhaftung von Helmut Pohl und fünf Gesinnungsgenossen in der Frankfurter Berger Straße. Seine Ehefrau holt ihre Sachen aus der Wohnung ihrer Eltern. Nimmt alle Fotos von sich mit. »Frag mich nicht, was ich tue«, sagt die Achtundzwanzigjährige ihrem Vater: »Je weniger du weißt, desto weniger kannst du erzählen.« Der Abgang des Pärchens in den Untergrund. Fünfzehn Jahre später ist Horst Ludwig Meyer wieder da. Tot.

Auch Andrea Klumps Gesicht kennen die Bundesbürger aus Bahnhöfen, Flughäfen und Polizeirevieren. Für sie hat der Ermittlungsrichter des Bundesgerichtshofs ebenfalls vor fünfzehn Jahren einen Haftbefehl ausgestellt. Am 21. Dezember 1984. Gleich nach Oberammergau. Nach den »vorliegenden Erkenntnissen« des Bundeskriminalamts im Januar 1992 ist sie eine »von mindestens vier Personen«, die den Herrhausen-Mord verübten. In der BKA-Personenbeschreibung werden ihr für die Zeit der Anschlagsvorbereitungen im November 1989 chamäleonartige Fähigkeiten zugeschrieben: »sie trat sowohl mit dunklen Haaren (wobei sie älter wirkte) als auch mit hellen Haaren (wobei sie jünger wirkte) auf«. – Der Herrhausen-Verdacht bestätigte sich nach ihrer Festnahme nicht.[445]

Nach der Schießerei in Wien-Donaustadt strahlt das ORF-Fernsehen in den Nachrichten um Mitternacht Aufnahmen vom Tatort aus. Der tote Meyer erscheint im Bild. Einem vierunddreißigjährigen Jurastudenten in Wien-Leopoldstadt stockt der Atem: Der Tote im Rinnstein ist sein Untermieter. Jetzt kapiert er auch, warum »Jens« – so nannte sich der jetzt Tote ihm gegenüber – am Mittag nicht mit »Heidi«, seiner Lebensgefährtin, zurück in die WG gekommen war. Die beiden wollten kochen. Auch für ihn, *Thomas Ebert.*

Vor vier Jahren waren die beiden bei ihm in der Leopoldstadt eingezogen: Springergasse 11. Zweite Etage. Tür 10. Nicht weit weg vom Augarten. Alles begann damit, dass es bei *Thomas Ebert* an der Wohnungstür schellte. September 1995. Unangemeldet stand eine Frau im Treppenhaus. »Ich heiße Heidi Pieri«, stellt sie sich vor, »bin Bibliothekarin«. Sie ist hübsch, Anfang vierzig. Und wirkt entschlossen-souverän. Der Jurastudent freut sich. Am Tag zuvor hatte er ans schwarze Brett der Uni einen Zettel geheftet: »Zwei Zimmer in WG, 40 qm, separat begehbar, 5 500 ÖS, inkl. Betriebskosten«. Er besitzt eine 127-Quadratmeter-Wohnung, jobbt als Aushilfskellner und kann die Miete nicht allein bezahlen. »Die Zimmer gefallen mir«, sagt Heidi, »ich will sie noch meinem Freund zeigen.« Kurz darauf kommt sie mit einem Mann zurück. »Jens Jensen«, stellt er sich vor. Ein kühler, reservierter Typ. Am Abend ziehen die beiden bei *Thomas Ebert* ein – mit drei Koffern. Aus Griechenland kämen sie, sagt die Frau. Vom Hausbau. Einem Freund hätten sie dort geholfen. Nun Österreich. Ein Jahr wollten sie bleiben, strahlt Heidi: »Wir sind total kulturinteressiert, und in Wien gibt es so viele Museen und Theater.«

Dass sie nicht arbeiten, erläutert Heidi ganz einfach: eine Erbschaft. Ein Mietshaus. Jeden Monat bekäme Jens 2 000 Mark überwiesen – das reiche für sie zum Leben. Die beiden richten sich in den beiden Zimmern ein. Vierzig Quadratmeter. Jens baut ein Futonbett. Sie kaufen sich einen Fernseher, einen Computer mit Scanner und zwei gebrauchte Fahrräder. Der Tagesablauf ist fast immer der gleiche: Nach dem Frühstück gehen sie gegen neun aus dem Haus. Erzählen, dass sie Museen oder die Bibliothek besuchen. Gegen Mittag kommen sie zurück. Mit frischem Gemüse – und kochen. Anschließend eine halbe Stunde Mittagsschlaf. Dann geht es wieder los – Kino, Ausstellungen, Spaziergänge. Im Sommer auch oft an den FKK-Strand in der Lobau. Fast immer sind die beiden ab 19 Uhr zu Hause. Echte Abend-Stubenhocker: Jens sitzt am Computer. Heidi liest, »vor allem politische und philosophische Literatur«, beobachtet *Thomas Ebert*. Ihm fällt auf, dass die beiden kaum Freunde haben, ausgesprochen zurückgezogen leben: Briefe und Anrufe bekommen sie nur selten. Vier mal in den vier Jahren geht *Thomas Ebert* mit den beiden ins Wirtshaus: »Dabei haben sie sich immer ganz unwohl gefühlt«, bemerkt er. Im Laufe der Zeit verstehen sich die drei immer besser. Mittags wird gemeinsam gekocht. Geht es bei Tisch um Politik, hält sich Heidi zurück. »Jens dagegen bekannte sich offen als Linker«, berichtet *Thomas Ebert*. Einmal fragt der Jurastudent seinen Mitbewohner, ob er von der Auflösung der RAF in Deutschland gehört habe. »Ach ja?«, antwortet der. Mehr sagt er nicht.

In den ganzen vier Jahren bemerkt *Thomas Ebert* nicht, mit wem er am Küchentisch sitzt. »Jetzt wird mir einiges klar«, sagt er, nachdem herausgekommen ist, dass er die steckbrieflich Gesuchten Horst Ludwig Mey-

*Horst Ludwig Meyer, Fahndungsfoto*

er und Andrea Klump beherbergte: »Im Sommer 1996 waren die beiden mit der Miete zwei Monate im Rückstand. Plötzlich zahlten sie alles auf einmal.« Kurz zuvor war in Wien ein Supermarkt überfallen worden – eine Kassiererin wurde angeschossen. Mit Meyers Beretta, wie die Kriminalwissenschaftler nach dem Tod von Meyer alias Jensen feststellten.

Waffen hat *Thomas Ebert* bei den beiden nie gesehen. Auch als sie am Morgen vor der Schießerei nach dem Frühstück aufbrachen, waren sie bestimmt unbewaffnet, ist er sich sicher: »Sie trugen enge Jeans und T-Shirts. Da hätte ich was gemerkt.« *Thomas Ebert* kann sich die Dinge nur so erklären, dass die beiden irgendwo ein Depot gehabt haben müssen.

Wien – das waren die vier letzten Jahre im Leben des Horst Ludwig Meyer. Und davor? Die elf Jahre nach seinem Abtauchen? Seine Spur ist rudimentär. Bei Andrea Klump, die wie Meyer 1984 verschwand, stellte das Oberlandesgericht Stuttgart[446] fest: »Nach Zwischenaufenthalten in Norwegen und in Wien reiste die Angeklagte Anfang des Jahres 1987 gemeinsam mit Horst Ludwig Meyer, Barbara Meyer[447], Christoph Seidler und Thomas Simon nach Damaskus. Dort wurden sie von Palästinensern aufgenommen. Birgit Hogefeld und andere Mitglieder der ›RAF‹ hatten dies ermöglicht. Nach einer militärischen Grundausbildung lebte die Angeklagte in einem palästinensischen Lager im Libanon, bis sie im Januar 1988 nach Spanien reiste, um sich an den Vorbereitungen eines Sprengstoffanschlags zu beteiligen« – zusammen mit Horst Ludwig Meyer. Wo sich die beiden zwischen Rota 1988 und Wien 1995 aufhielten, konnte – so das Urteil – »nicht geklärt werden«.[448] Andrea Klump schweigt – aus Rücksicht auf die »Quartiergeber«. Deshalb geht der Film der gesicherten Erkenntnisse nach dem Urteil erst 1995 weiter: »Jedenfalls seit Herbst 1995 lebte sie zusammen mit Horst Ludwig Meyer in Wien.«

Die tatsächliche Rolle von Horst Ludwig Meyer in der dritten RAF-»Generation« liegt im Dunkeln – und wird dort wohl auch bleiben. Nach seinem Tod stellte die Bundesanwaltschaft das Ermittlungsverfahren gegen ihn ein. Wie bei jedem toten Beschuldigten. Könnte es sein, dass Horst Ludwig Meyer aus dem Ausland zu Anschlägen in die Bundesrepublik reiste? »Denkbar – ja«, sagt achselzuckend ein BKA-Beamter, »beweisen lässt sich das aber nicht.« »Ich will nicht ausschließen, dass Horst Meyer einer der Köpfe der dritten ›Generation‹ war«, erklärt ein Bundesanwalt: »Aber wir haben keine Beweise dafür.«

Fest steht nur, dass Horst Ludwig Meyer eine Nähe zur RAF hatte: Seine Fingerabdrücke waren in der RAF-Unterkunft in Tübingen. In ihr lagen auch Unterlagen aus dem Fluchtwagen nach dem RAF-Geldbotenüberfall in Kirchentellinsfurt. Der Umstand, dass seine Beretta-Pistole beim Überfall auf einen Supermarkt 1996 in Wien eingesetzt und anschließend die ausstehende Wohnungsmiete von ihm für die Springergasse beglichen wurde, legt die Vermutung nahe, dass die Geschichte vom geerbten Haus nicht stimmt – auch ansonsten gibt es für sie keinerlei Anhaltspunkte, sondern Meyer sich mit Raubüberfällen über Wasser hielt. Der Rest in den letzten fünfzehn Jahren des Horst Ludwig Meyer ist dichter Nebel – wie so vieles bei der dritten RAF-»Generation«.

# 69. Kapitel: Die RAF-Geschichte und ihre weissen Flecken

Blickt man heute auf die Geschichte der RAF zurück, so sieht sie ähnlich aus wie die Weltkarte in einem Schulatlas Mitte des neunzehnten Jahrhunderts. Vieles ist ergründet und deshalb genau zu sehen. Aber es gibt auch weiße Flecken. Unbekanntes Terrain.

Bei der ersten RAF-»Generation« (1970 bis 1972) sind die weißen Flecken vergleichsweise klein: Baader, Ensslin, Meinhof & Co. begannen den »bewaffneten Kampf«, um die Glut der Studentenrevolte nicht erlöschen zu lassen. Sie wollten die Flamme der Revolution neu entfachen. Es war der Versuch, Marighellas Idee von der »Stadtguerilla« nach Deutschland zu importieren: Der Gedanke, diese Stadtguerilla könne durch eine »Offensive« die Massen mobilisieren, die dann »Revolution« in Deutschland machen. Dies alles ist detailliert in den Kampfschriften der ersten »Generation« nachzulesen – nicht aber, was die RAF an die Stelle des bestehenden Systems setzen wollte. Angeleitet wurden die drei Dutzend Akteure von einem Trio infernal: dem ungestümen Andreas Baader und der ordnenden Hand Gudrun Ensslins – publizistisch begleitet von Ulrike Meinhof, der RAF-Öffentlichkeitsarbeiterin.

Die ersten zwei Jahre beschäftigt sich die erste »Generation« mit »Logistiktaten«. Nach einer Schießausbildung in Jordanien klaut sie Autos, Waffen und Munition, raubt Geld und mietet konspirative Wohnungen. Nachdem sie von allem genügend hat, hocken sich Baader, Ensslin, Raspe und Meins im Frühjahr 1972 in die »Bombenküche« in der Inheidener Straße in Frankfurt: Mit Schneebesen mischen sie den Sprengstoff für die geplante »Offensive«. Im Mai 1972 explodieren die Bomben bei sechs Anschlägen. Drei Wochen nach dem letzten Anschlag – auf das Hauptquartier der US-Landstreitkräfte in Heidelberg mit drei Toten – sind alle Köpfe der ersten »Generation« gefasst. Als Letzte Ulrike Meinhof am 15. Juni 1972 in Hannover.

Bei dieser ersten »Generation« sind die heute noch offenen Fragen letztlich marginaler Natur. Juristisch ist beispielsweise weitgehend ungeklärt, wer an welchen Anschlägen der »Mai-Offensive« beteiligt war. Aus Sicht des Oberlandesgerichts Stuttgart[449] kam es darauf nicht an, weil die Richter der Auffassung waren, dass die am Ende noch lebenden

Köpfe – Baader, Ensslin und Raspe – ohnehin als Mittäter an den Anschlägen zu verurteilen waren: Egal, wer welche Bombe an welchem Tatort versteckte.

Ungeklärt ist bis heute, wer von der RAF 1971 die Polizeibeamten Norbert Schmid in Hamburg und Herbert Schoner in Kaiserlautern erschoss. Auch aus der prähistorischen Zeit der RAF ist noch eine Frage offen: Wer trug die Brandbomben am 2. April 1968, kurz vor Geschäftsschluss, in den Kaufhof in Frankfurt? Baader, Ensslin, Proll und Söhnlein wurden nur wegen der Brandbomben im Kaufhaus Schneider verurteilt, die zur selben Zeit nebenan explodierten. Beim Kaufhof-Brand – Schaden: über 1,6 Millionen Mark – kam das Landgericht Frankfurt in dem Strafverfahren 1968 nicht weiter. Den Richtern fehlte »das letzte Mosaiksteinchen«.[450] Thorwald Proll, der die Antwort wissen dürfte, schweigt bis heute. Eisern.

Die zweite »Generation« (1973 bis 1982) trat an, um die RAF-Häftlinge aus den Gefängnissen zu holen und anschließend mit ihnen den »bewaffneten Kampf« in Sachen Revolution fortzusetzen. »Es ging immer um Andreas Baader«, sagt Astrid Proll, eine seiner einstigen Kampfgefährtinnen, in der Rückschau: »Die RAF war so betrachtet eine BBF, eine Befreit-Baader-Fraktion.« Im RAF-Power-Jahr 1977 ging es der Gruppe darum, nun endlich den »revolutionären Prozess in Gang zu setzen«, blickt Christian Klar zurück.[451] »Die Offensive wurde zu unserer härtesten Niederlage«, resümiert fünf Jahre nach dem »Deutschen Herbst« die zweite »Generation« – kurz vor ihrem Ende.[452]

Nach dem Tod von Baader, Ensslin und Raspe am 18. Oktober 1977 geht es der RAF nur noch um politische Morde mit dem Ziel einer Bewusstseinsveränderung der Bevölkerung. Sie erkennt ihre politische Isolation. Um aus ihr herauszukommen, entwickelt sie den »Front«-Gedanken, will Verbündete gewinnen, um nicht mehr allein zu kämpfen: Die neue »Aktionslinie« unterscheide sich – verkündet die RAF 1982[453] – von der »Aktionslinie bis '77« dadurch, »dass es jetzt darauf ankommt, dass Guerilla, militante und politische Kämpfe als integrale Komponenten« in »der zu entfaltenden Metropolenstrategie zusammenkommen«. Das aber schafft die zweite »Generation« nicht mehr. Die Polizei ist schneller: Im November 1982 verhaftet sie die führenden Köpfe – Brigitte Mohnhaupt, Adelheid Schulz und Christian Klar.

Auch bei der zweiten »Generation« lässt sich im Wesentlichen rekonstruieren, was passierte. Zunächst gab es drei Anläufe, Baader und Freunde aus dem Gefängnis zu holen: Die »Gruppe 4. 2.« (1973–1974), die Stockholmer-Botschaftsbesetzung (1975) und die Planungen des einstigen Baader-Anwalts Siegfried Haag (1976). Erst Brigitte Mohnhaupt – Baaders »Generalbevollmächtigte« – brachte nach ihrer Haftentlassung (Februar 1977) wieder richtigen Schwung in die RAF: Was danach passierte, berichteten die DDR-Aussteiger der RAF ausführlich. Nach ihrer Verhaftung sprudelten fast alle wie Wasserfälle, um ein möglichst großes Stück Kronzeugen-Strafnachlass zu bekommen. So sind bei »Baader-Meinhofs Kindern« alle wesentlichen Geschehnisse deutlich geworden – abgesehen von einigen wenigen. Zum Beispiel bei der Entführung von Hanns Martin Schleyer: Wo in Brüssel wurde er die letzten Wochen versteckt? Und wer erschoss ihn? Nicht anders beim Mord an Generalbundesanwalt Siegfried Buback: Nach den Feststellungen des Oberlandesgerichts Stuttgart[454] erfolgte die »unmittelbare Tatausführung« durch Christian Klar, Günther Sonnenberg und Knut Folkerts. Nicht geklärt ist bis zum heutigen Tag, wer von ihnen den Generalbundesanwalt und seine beiden Begleiter mit den fünfzehn Schüssen vom Motorrad tötete.

Die dritte »Generation« (1984 bis 1998) zog mit dem »Front«-Konzept ihrer Vorgänger in den »bewaffneten Kampf«. Organisierte nach dieser Idee ihre Verbündeten, den »Widerstand«: »Kämpfende Einheiten« und »politische Initiativen«. Aber auf Dauer führte das »Front«-Konzept auch die dritte »Generation« nicht aus der politischen Isolation heraus. Nach der »Offensive '86« sei es in manchen Städten »so weit« gegangen, »dass nicht einmal mehr die Forderung nach Zusammenlegung der politischen Gefangenen offen vertreten wurde«, bilanziert die RAF 1992[455]. Wieder ein – wie die RAF sagt – »Fehler«. Nämlich, »dass wir die Bestimmungen unserer GenossInnen bis 84 einfach in groben Zügen übernommen und nicht hinterfragt haben«.[456] Die RAF wiederholt ihre »Zäsurerklärung«, die sie schon drei Monate zuvor abgegeben hatte, im April 1992 – und verübt ein halbes Jahr später Deutschlands erste – und bislang einzige – »Knastsprengung« in Weiterstadt. 123 Millionen Mark Schaden. In einer Reihe von weiteren Erklärungen nach dem August 1992 macht die RAF deutlich, dass sie immer mehr an ihrer Funktion zweifelt. Bis hin zum Schlussstrich, der Auflösungserklärung 1998.

Durch diese seitenlangen Papiere kehrt die dritte »Generation« ab 1992 ihr Seelenleben nach außen wie keine ihrer Vorgänger: Sie erkennt, dass sie einerseits nicht aus der politischen Isolation herauskommt und andererseits, dass sie mit Morden das politische System in Deutschland nicht beseitigen kann. Ihre Lust am »bewaffneten Kampf« schwindet. Schleierhaft bleibt bei den Erklärungen der dritten »Generation«, woher sie nach den Erfahrungen ihrer Vorgänger so lange die Hoffnung schöpfte, durch weitere Politmorde eine Revolution in Deutschland ins Rollen bringen zu können. Im Gegensatz zum Seelenleben von »Baader-Meinhofs Enkeln« ist bis heute weitgehend ungeklärt, wer alles zu ihnen gehörte und wer welche Rolle spielte – anders als bei den beiden vorangegangenen »Generationen«. Große weiße Flecken in der »Topographie« des Terrors.

Fest steht lediglich: Drei Wiesbadener – Wolfgang Grams, Birgit Hogefeld und Daniela Klette, die sich dort in der »Roten Hilfe« kennen gelernt und für die »RAF-Häftlinge« demonstriert hatten – zogen mit einigen anderen in der zweiten Hälfte der achtziger Jahre in den »bewaffneten Kampf«. Kriminaltechnisch arbeiteten sie fast perfekt. An den Tatorten hinterließen sie keine Spuren. Nur in einem Punkt wurden sie von der kriminalwissenschaftlichen Entwicklung eingeholt: Damals gab es die DNA-Analyse noch nicht. Die gentechnische Analyse von ausgefallenen Haaren war kein Thema. Erst nachdem ein solches Verfahren von BKA-Wissenschaftlern entwickelt worden war – ein Jahrzehnt nach den Taten und nach der Jahrtausendwende – konnten die Ermittler anhand von zwei Haaren im Fall Rohwedder und US-Botschaft feststellen, dass Wolfgang Grams und Daniela Klette mit von der Partie gewesen sein müssen.

Keine der drei RAF-»Generationen« hat ihr Ziel erreicht: Durch politisch motivierte Morde eine Revolution in Deutschland in Gang zu bringen.

# 70. Kapitel: Dreizehn Rätsel

## Wer gehörte zur dritten »Generation«?

Am Ende der dritten »Generation« gab es »fünf Personen, die das BKA zur RAF zählt«, sagt Manfred Klink, ehemaliger Leiter des BKA-Staatsschutzes in Meckenheim: »Wolfgang Grams, Birgit Hogefeld, Ernst-Volker Staub, Daniela Klette und Burkhard Garweg.« Die ersten beiden wurden in Bad Kleinen gestellt, von den anderen im Gepäck von Hogefeld und Grams Spuren gefunden. Also auch wieder: »fünf plus x«. Dieselbe Sicht wie bei der Bundesanwaltschaft. Mit Ausnahme von Birgit Hogefeld ist unklar, was die fünf im Einzelnen taten.

Fest steht außerdem, dass am Anfang der dritten »Generation« Eva Haule zu ihr gehörte. Zweieinhalb Jahre lang, von 1984 bis 1986.[457] Das ist alles, was über die Akteure in den vierzehn Jahren von 1984 bis 1998 bekannt ist. Der Rest der dritten »Generation« liegt im Dunkeln. Bis hin zur Frage, wer alles an der RAF-Auflösungserklärung mit formulierte.

## Wer waren die RAF-Mörder der dritten »Generation«?

Von den 22[458] bekannten[459] Gewalttaten der dritten »Generation« gelten nur zwei als geklärt: Die beiden letzten Taten – der Mord an GSG 9-Kommissar Newrzella und der versuchte Mord an einem anderen GSG 9-Beamten in Bad Kleinen. Wolfgang Grams war der Schütze. Alle übrigen neun Morde und sonstigen Taten mit 29 zum Teil schwer Verletzten – versuchte Morde, Raubüberfälle und Sprengstoffanschläge – sind bis heute ungeklärt. Beispielsweise: Wer erschoss im Februar 1985 Ernst Zimmermann in Gauting? Wer ermordete Edward Pimental 1985? Wer zerbombte Frank Scarton und Becky Bristol auf dem Parkplatz der US-Airbase 1985? Wer sprengte Siemens-Vorstandsmitglied Karl Heinz Beckurts und seinen Fahrer Eckhard Groppler 1986 in Straßlach bei München in die Luft? Wer erschoss Gerold von Braunmühl 1986, als er vor seiner Wohnung aus einer Taxe stieg? Wer bombte Alfred Herrhausen, Vorstandssprecher der Deutschen Bank, 1989 auf dem Weg zur Arbeit in den Tod? Welcher Scharfschütze erschoss 1991 Treuhand-Chef

Detlev Karsten Rohwedder in seinem Arbeitszimmer in Düsseldorf?[460] Ebenso ungeklärt: Wer versuchte Finanzstaatssekretär Tietmeyer 1988 auf dem Weg zur Arbeit zu erschießen? Und wer wollte Innenstaatssekretär Neusel in Sichtweite des Bundesinnenministeriums 1991 in die Luft sprengen? Wer gehörte zu dem Kommando der RAF, das den Knast in Weiterstadt in die Luft jagte?

Lediglich über zwei Frauen gibt es gerichtliche Erkenntnisse, dass sie an RAF-Taten beteiligt waren – ohne dass ihr Tatbeitrag umfassend geklärt werden konnte, beispielsweise, ob sie am Tatort waren: Eva Haule wurde wegen des Anschlags auf die US-Airbase, den Pimental-Mord, die Autobombe und den Walla-Waffenraub vom Oberlandesgericht Frankfurt[461] zu »lebenslänglich« verurteilt. Birgit Hogefeld erhielt vom Oberlandesgericht Frankfurt[462] ebenfalls »lebenslänglich«: wegen ihrer Beteiligung am Pimental-Mord, am Anschlag auf die US-Airbase und an der versuchten Erschießung von Finanzstaatssekretär Tietmeyer und seinem Chauffeur. Bei ihr stellt das Gericht in zwei Fällen fest, was sie genau bei RAF-Verbrechen tat, eine »Rarität« bei der dritten »Generation«: Sie lockte GI Edward Pimental aus dem »Western Saloon« in Wiesbaden – kurz darauf wurde er von der RAF erschossen. Und sie mietete den Flucht-Ford-Fiesta für den Tietmeyer-Anschlag.[463] Das ist es an gerichtlichen Feststellungen über die dritte »Generation«. Mehr gibt es nicht.

Außerdem liegen, wie gesagt, kriminalwissenschaftliche Erkenntnisse vor – aufgrund von zwei Haaren: Nach dem Rohwedder-Mord wurde am Tatort an einem Handtuch ein Haar gefunden. Es stammt – wie BKA-Wissenschaftler zehn Jahre nach der Tat herausfanden – von Wolfgang Grams. Und im RAF-Fluchtfahrzeug nach der Beballerung der US-Botschaft fand die Polizei auf dem Beifahrersitz ebenfalls ein Haar: von Daniela Klette, wie die BKA-Wissenschaftler ebenfalls erst ein Jahrzehnt nach der Tat durch ein neues Untersuchungsverfahren feststellten.

Das ist alles an gesicherten Erkenntnissen – zu 22 bekannten RAF-Gewaltverbrechen der dritten »Generation«. Von den wenigen Ausnahmen abgesehen: Baader-Meinhofs Enkel sind für die Fahnder Phantome.

## Wo lebte die dritte »Generation«?

»Wir gehen davon aus, dass sie nicht in Erdlöchern lebte«, sagt ein Staatsschutz-Ermittler des Bundeskriminalamts über die letzte RAF-»Generation«. Das scheint die einzige gesicherte Erkenntnis zu sein. Auf die letzte konspirative Wohnung der RAF stieß die Polizei dreizehn Jahre vor deren Auflösung. In Tübingen. Friedrich-Zundel-Straße 2. Dort entdeckten die Ermittler Fingerabdrücke von Horst Ludwig Meyer, Wolfgang Grams, Eva Haule-Frimpong sowie von drei weiteren Personen, denen aber keine Beteiligung an RAF-Anschlägen nachzuweisen war.

Bei Birgit Hogefeld und Wolfgang Grams wurden in Bad Kleinen »Bahn-Cards« gefunden. Ausgestellt in Göttingen auf Falschnamen. Wo sie tatsächlich lebten, konnten die Ermittler nicht herausfinden. Auch bei der 1986 verhafteten Eva Haule war nicht festzustellen, wo sie wohnte. Wie und wo die dritte »Generation« seit Herbst 1985 lebte, liegt heute noch immer komplett im Dunkeln.

## Wo stecken die bislang nicht gefassten RAF-Mitglieder der dritten »Generation«?

Es gibt nur eine Möglichkeit, sagt ein Ermittler: »Mit guten Legenden. Irgendwo – in Deutschland oder im Ausland.« Er verweist auf Horst Ludwig Meyer: »Dass auch andere so leben, liegt nahe. Das haben wir schon immer vermutet. Also möglichst unauffällig, in Kiezen, in Milieus, in denen man es nicht so genau nimmt mit der polizeilichen Anmeldung.«

Wovon leben die einstigen Illegalen der dritten »Generation« heute? Mit ihren gefälschten Papieren könnten sie keine Lohnsteuerkarte beantragen oder sich gar selbständig machen. Denn dafür müssten sie sich beim Finanzamt melden. Der Panzerfaust-Überfall in Duisburg-Rheinhausen und der Supermarkt-Überfall in Wien legen die Vermutung nahe, dass sie – jedenfalls zum Teil – mit Raubüberfällen ihren Lebensunterhalt finanzieren.

Vielleicht leben einige ehemalige RAF-Mitglieder heute auch ganz bieder. Mit ihrem tatsächlichen Namen – polizeilich gemeldet und brav mit Lohnsteuerkarte. Denkbar für die Ermittler, weil sie vermuten, dass einige Mitglieder der dritten »Generation« nach »RZ-Mustern« handelten. Also – wie bei den Revolutionären Zellen üblich – nicht in den Untergrund abtauchten, sondern aus der »Legalität« heraus Anschläge verübten. Falls die Hypothese der Ermittler zuträfe, hätte es bei der dritten »Generation« nicht mehr – so wie bei den beiden ersten Generationen – die Schubladen »Illegale« und »Legale« gegeben. Sprich: die Illegalität als Voraussetzung für die RAF-Mitgliedschaft. Wäre es so, bräuchten sich diese ehemaligen RAF-Mitglieder heute gar nicht mit gefälschten Papieren zu verstecken. Weil sie eben niemals »abtauchten« – anders als Grams und Hogefeld.

## Welches »auffällige Pärchen« war am Bahnhof in Bad Kleinen?

Die Polizeitechniker scheuten keinen Aufwand, bevor sich Birgit Hogefeld und Klaus Steinmetz am 24. Juni 1993 in Bad Kleinen trafen: Auf dem Bahnhofsvorplatz hatten sie ferngesteuerte Videokameras versteckt, um die »erwartete Ankunft von Hogefeld festzustellen«, aber auch um »Gegenobservationen« zu erkennen.[464] Eine in einem Papierkorb. Eine andere in einem VW-Bus. Auf den Polizeivideos sind nicht nur Hogefeld und Steinmetz zu sehen, sondern auch ein weiteres »sich auffällig verhaltendes« Pärchen – auffällig – so ein Ermittler – durch »längeres Verweilen an verschiedenen Stellen des Bahnhofsvorplatzes, verbunden mit ständigem ›Sichern‹ nach allen Seiten«. Die Beamten ließen die beiden ziehen, weil ansonsten die gegen Hogefeld »laufende Operation gefährdet« worden wäre.

Mehrfach wurde seither in den Medien darüber spekuliert, wer auf den Videoaufnahmen zu sehen ist – Ernst-Volker Staub und Daniela Klette wurden genannt.[465] Auch war zu lesen, dass die beiden in Bad Kleinen der Polizei entwischt seien. Bis heute ist das Pärchen nicht identifiziert. Ein Bundesanwalt sagt: Definitiv waren es nicht Staub und Klette. »Die beiden standen vor dem Bahnhof herum und haben sich so verhalten, wie sich möglicherweise Leute konspirativ verhalten«, erläutert der Staatsschützer: »Es könnte sich aber auch um ein Liebespaar handeln, bei denen jeder mit einem anderen Partner verheiratet ist.« »Mit Sicherheit« sei es niemand, »den wir kennen«. Die Aufnahmen wurden noch nie öffentlich gezeigt. Seit 1993 ist die Polizei auf der Suche nach dem Pärchen – ohne es bislang gefunden zu haben.

## Wer erschoss Hanns Martin Schleyer?

Eine Frage, auf die vor allem die heute älteren »Terrorismusbekämpfer« noch die Antwort erfahren möchten. Kein Mord in der deutschen Nachkriegsgeschichte hat die Bundesrepublik dermaßen erschüttert wie der Schleyer-Mord – nach dem sechswöchigen Martyrium.

Fest steht, dass sich in den letzten Wochen der Entführung der größte Teil der RAF-Crew absetzte. Schleyer wurde – so der heutige Erkenntnisstand – von Den Haag nach Brüssel gebracht.[466] Vermutlich in eine konspirative Wohnung in einem Hochhaus. Die Unterkunft ist bis heute nicht gefunden. Zur letzten »Schleyer-Mannschaft« gehörten, wie ein ehemaliger Oberstaatsanwalt der Bundesanwaltschaft[467] berichtet, Rolf Klemens Wagner, Stefan Wisniewski, Rolf Heißler, Sieglinde Hofmann und Angelika Speitel. Vermutlich zwei aus dieser Truppe fuhren von dort in einem Audi 100 nach Mülhausen – den Wagen hatte Christian Klar gekauft. Dort stellten sie den Audi mit der Leiche ab. Irgendwo unterwegs ermordeten sie Hanns Martin Schleyer – mit drei Kopfschüssen aus einer Smith & Wesson. Zwischen dem 18. Oktober, dreizehn Uhr, und dem 19. Oktober 1977, ein Uhr. In einem Wald. Möglicherweise im Elsass. Darauf deuten Gras, Baumrinde und Fichtennadeln, die in Schleyers Mund gefunden wurden. Vermutlich im Todeskrampf auf dem Boden biss er darauf.

Mit derselben Waffe, einer Smith & Wesson, erschoss neun Jahre später ein – bislang unbekanntes – Mitglied der dritten »Generation« Gerold von Braunmühl in Bonn. Am 10. Oktober 1986. Bis heute ist die Waffe nicht gefunden.

Die Frage, wer Hanns Martin Schleyer erschoss, hat für viele historische Bedeutung: Sie möchten wissen, wer die Kaltblütigkeit besaß, Schleyer am Ende der für ihn furchtbaren sechs Wochen zu erschießen – obwohl nach den Selbstmorden in Stammheim und dem »Feuerzauber« in Mogadischu klar war, dass die RAF ihr Ziel nicht mehr erreichen konnte: die Gefangenen zu befreien. Der wehrlose Schleyer wurde einzig und allein ermordet, um die Macht der RAF zu demonstrieren. Andere Gründe gab es zu diesem Zeitpunkt nicht mehr. Juristisch hat die Antwort allerdings keine Bedeutung: Alle, die von den Ermittlern als Todesschütze in Betracht gezogen wurden, sind für ihre Beteiligung an dem Schleyer-Komplex bereits wegen Mordes zu »lebenslänglich« verurteilt worden. Eine erneute Anklage gegen den Schleyer-Schützen wäre deshalb nicht zulässig.[468]

## Woher hatte die dritte RAF-»Generation« ihr »High-Tech-Know-how?«

Unbekannt. Die Täter der Lichtschranken-Bombenanschläge auf Herrhausen und Neusel besaßen hohes technisches Wissen und Können. Die punktgenaue Sprengung der gepanzerten Herrhausen-Limousine mit der »Trichter«-Sprengladung: Eine »ballistische Meisterleistung«, urteilte ein Ermittler. »Die Tatmodalitäten zeugen von einem hohen technischen Know-how der Attentäter«, attestierte das BKA der RAF nach dem Herrhausen-Mord.

Die Ermittler stellten fest, dass die RAF Erfahrungen über die Mordtechnik mit den Roten Brigaden austauschte. So fand die italienische Polizei ein Schreiben der RAF in einer konspirativen Wohnung der Roten Brigaden in Mailand am 15. Juni 1988 – vor dem Herrhausen-Anschlag: »zur frage der panzerung – falls ihr den versuch nicht bis zum nächsten treffen gemacht habt, würden wir gern alle notwendigen informationen haben, um diesen versuch machen zu können.«

Anders als bei der ersten und zweiten »Generation« stellten die Ermittler bei der dritten »Generation« keine »Probesprengungen« oder »Trainingsschießen« in Deutschland fest. Wo und wann die RAF ihre Übungen in Sachen Tod machte, ist bis heute unbekannt. Ebenso, wer der Todes-Cheftechniker der RAF war. Denkbar, aber nicht bewiesen ist, dass die Täter der dritten »Generation« in Camps im Nahen Osten das Schießen und Sprengen übten – so wie teilweise ihre Vorgänger.

## Wie viele unentdeckte Erddepots der RAF gibt es noch?

»Eines der großen Rätsel ist für mich, ob noch Erddepots der RAF bestehen«, sagt BKA-Kriminalhauptkommissar Dirk Büchner. »Falls ja: Wie viele gibt es noch? Was ist drin?« 1991 hatte nach Hinweisen von Silke Maier-Witt die Polizei ein RAF-Depot in den Niederlanden entdeckt – mit einer Pistole, verfälschten Ausweisen und einer Reihe aufschlussreicher RAF-Utensilien. Vierzehn Jahre lang war es unentdeckt geblieben.

In Erddepots lagerte die RAF ihren »Hausrat«. Waffen, Munition, Ausweise, Dokumente aller Art. Und auch Geld. »Schatzkammern« und Archive der RAF zugleich. In solchen Depots wurden auch viele Dokumente von der Schleyer-Entführung Jahre später gefunden. Zum Beispiel Tonbänder, auf denen die Entführer Gespräche aufzeichneten, die sie mit dem gekidnappten Arbeitgeberpräsidenten führten.

Von der dritten »Generation« ist bislang kein einziges Depot entdeckt. Nachdem die Ermittler bei der zweiten »Generation« im Wald von Heusenstamm bei Frankfurt auf die Wegbeschreibungen zu den anderen Depots gestoßen waren, fanden sie in diesen Depots sechs Maschinenpistolen, fünf Gewehre, siebzehn Pistolen, über fünftausend Schuss Munition und zweitausend Ausweise. Sollte es noch RAF-Depots geben, dürften sie – ähnlich wie bei früher entdeckten – noch weitere Mosaiksteinchen zur Geschichte der RAF enthalten. In einer »Gefahrenanalyse« nach der RAF-Auflösungserklärung schreiben Beamte des Bundesamtes für Verfassungsschutz: »Die verbliebene RAF-Logistik (Waffen, Sprengstoff, Personalpapiere, Stempel etc.) ist möglicherweise weiterhin intakt und hat noch ›Gebrauchswert‹«.

Völlig unbekannt ist auch, was mit dem Erbe der RAF passierte, vor allem dem Geld und den Waffen. In der Anfangszeit der dritten »Generation« – im Jahr 1985 – berechnete das BKA, dass sich »im Bestand der RAF mindestens 44, möglicherweise sogar 128 Schusswaffen« befanden. Zum Ende der dritten »Generation« konnte niemand mehr Zahlen nennen. Es gab schlicht keine Erkenntnisse – über »Zu- und Abgänge«.

Ähnlich ist es beim Geld. Der »Barschaft« der RAF. Die Ermittler vermuten, dass mehrere »Geldbeschaffungsaktionen« von ihr nicht als RAF-Überfälle erkennbar waren. Der 157 000-Mark-Raub in Kirchentellinsfurt flog nur deswegen als RAF-Tat auf, weil in einer – der letzten entdeckten – konspirativen RAF-Wohnung das Wartungsheft des Fluchtwagens lag. Nach der RAF-Auflösungserklärung 1998 urteilte das Bundesamt für Verfassungsschutz: Es dürften »noch beachtliche Geldbeträge aus Beschaffungsaktionen vorhanden« sein.

## Wer entwarf das RAF-Logo?

Das »Signet des Schreckens« – die drei Buchstaben »RAF« mit einer Maschinenpistole und dem fünfzackigen Stern – kreierten RAF-Mitglieder selbst. Ende 1970, Anfang 1971. Wer alles mit dabei war, ist unbekannt. Wohl eine echte »Gruppenarbeit«. Erstmals verwendet wurde das Logo in der ersten RAF-Kampfschrift »Das Konzept Stadtguerilla«[469] im April 1971 am Ende des Textes. Auf Seite 15.

*Das erste RAF-Logo*

Die Vermutung liegt nahe, dass Holger Meins einen maßgeblichen Einfluss auf die Gestaltung des Logos hatte. Nicht nur, weil er damals als Einziger in der Gruppe eine graphische Ausbildung besaß und viel zeichnete – er hatte vier Semester Malen und Zeichnen an der Staatlichen Hochschule für bildende Künste Hamburg studiert (1962 bis

1964). Sondern, weil Holger Meins einige Monate zuvor, April 1970, auf seinem Plakat »Freiheit für alle politischen Gefangenen«, ein ganz ähnliches Motiv verwendet hatte: Ebenfalls einen Stern – gebildet aus Patronenhülsen. In der Mitte ebenfalls eine Waffe, eine Handgranate. Darunter – wie beim RAF-Ur-Logo – die Text-Message: »Freiheit für alle Gefangenen«.

Später fragte Andreas Baader den Hamburger Graphikdesigner Holm von Czettritz, einen Bekannten, ob er das Logo der RAF nicht überarbeiten könne. Der winkte ab. »In seiner Rustikalität hat das eine Originalität, die würde ich nicht verändern«, erklärte er Andreas Baader. »Das muss diesen rauen Ursprungscharakter behalten. Das sag ich dir als Markenartikler.«

So bekam das RAF-Logo keinen »Relaunch« durch den Designer. Wer es später überarbeitete, ist ebenfalls unbekannt.

## Warum verwendete die RAF ein anderes Logo in dem Tietmeyer-Selbstbezichtigungsschreiben?

Seit dem Mord an Gerold von Braunmühl (1986) benutzte die RAF bei den Selbstbezichtigungsschreiben unmittelbar nach der Tat immer ein und dasselbe Logo auf derselben Papiersorte, auch bei der Auflösungserklärung (1998): einen knapp acht Zentimeter großen roten Stern mit der Maschinenpistole in Schwarz. Davor in Weiß die drei Buchstaben »RAF«. Gedruckt auf dem Papier »Römerturm Klanghart« der Firma Poensgen und Heyer – der »Römerturm« steht auf dem Kopf. Eine Vorratsproduktion, wie die Kriminalwissenschaftler des BKA feststellten: Irgendwann vor dem 10. Oktober 1986 wurde ein Stapel gedruckt – und dann von ihm jeweils ein Blatt für die letzte Seite der RAF-Erklärung genommen. So endeten die Schreiben immer mit dem RAF-Logo auf rotem Stern. Dieser Stapel des »RAF-Briefpapiers« muss also über mindestens zwölf Jahre irgendwo gebunkert gewesen sein – gut möglich: in einem Erddepot. Vielleicht liegt er noch immer dort. Jedenfalls ist er bis heute nicht aufgetaucht.

*Das letzte RAF-Logo*

Nur ein einziges Mal verwendete die RAF in dieser Zeit nach einem Anschlag nicht ihr »Briefpapier«: Nach dem Mordversuch an Finanzstaatssekretär Tietmeyer. Am Ende der Tietmeyer-Erklärung befindet sich eine ältere Variante des Logos: Der Stern ist nur halb so breit und nicht rot, sondern weiß. Und draufgestempelt. Nicht gedruckt. Warum diese Ausnahme?, rätseln die Ermittler. Könnte der Grund sein, dass die Kommandomitglieder beim Tietmeyer-Anschlag nicht an den irgendwo versteckten Stapel »RAF-Briefpapier« herankamen – und deshalb auf das alte Logo zurückgriffen? Falls es so gewesen sein sollte, würden die Ermittler zu gerne wissen: Warum kam das Mordkommando nicht an das RAF-Papier? Wüssten sie das, wüssten sie vermutlich eine Menge über den Anschlag.

## Wie fidel war Stammheim?

Es ist gewiss nicht die wichtigste Frage in der RAF-Geschichte. Aber Causa colorandi wäre die Antwort schon interessant: Hat Andreas Baader in der Zelle für die Verteidigergespräche in Stammheim einer »jungen hübschen Anwältin« »ein Kind gezeugt«? So steht es in der »Geschichte des Vollzugsbeamten Horst Bubeck«.[470] Bubeck, der »Amtsinspektor von Stammheim«, ist sich dessen »ziemlich sicher« – er ist für seine gute Beobachtungsgabe und sachliche Nüchternheit bekannt.

Die »Indizien«, wie er es nennt, die er dafür habe: Seinen Kollegen sei Ende 1976, Anfang 1977 aufgefallen, dass die Anwältin »häufig mit gerötetem Gesicht und zerwühlter Frisur« nach den Baader-»Gesprächen« aus der Verteidigerzelle gekommen wäre. Eindeutige Geräusche seien aus der Zelle zu hören gewesen – völlig atypisch für ein Verteidigergespräch. Bubeck »schmunzelte« damals darüber, wie er berichtet. Kurz darauf hätten ihm Vollzugsbeamte einen Briefumschlag gebracht, mit dem, was sie nach einem »Verteidigeringespräch« in der Anwaltszelle auf dem Resopaltisch gefunden hätten: Schamhaare – so sah der Fund aus, berichtet der Amtsinspektor a. D. Ein Kollege aus der Bubeck-Mannschaft feixte schon, was er demnächst Andreas Baader erklären werde, wenn der ihn wieder einmal beschimpfe: »Des sag i fei d'r Gudrun.«

Horst Bubeck meint, wieder einmal mitbekommen zu haben, wie die RAF ihre Klientel betrog: »In der Propaganda der Terroristen war ja nur vom Kampf und vom Leiden die Rede«, blickt er zurück, »und vom Staat, der sie angeblich isolierte und vernichten wollte.«

Anfang 1977 beendete Andreas Baader – so Bubeck weiter – ein Gespräch mit der Anwältin vorzeitig im Streit, ließ sich zurück in seine Zelle bringen und entband die Frau umgehend vom Mandat. Nie wieder sei die Verteidigerin in der siebenten Etage erschienen. Aber noch in Stammheim, wo sie andere Mandanten gehabt hätte. »Lange konnte sie ihre Schwangerschaft nicht mehr verbergen«, berichtet Bubeck, »selbst wenn sie es gewollt hätte.« Er vermutet, dass Baader »peinlich berührt« oder gar »erschrocken« gewesen sei, als er davon erfuhr. Das Thema »Isolationshaft« hätte ihm wohl niemand abgenommen – wenn ein von ihm in der Haft gezeugtes Kindes bekannt geworden wäre. Und in seiner Beziehung mit Gudrun Ensslin – seiner Lebensgefährtin seit fast zehn Jahren – hätte gewiss der Zellensegen schief gehangen. Für lange Zeit. Wenn nicht für immer.

In der siebenten Stammheimer Etage war vieles anders als in jedem anderen deutschen Knast. Dort hatte die Justizverwaltung den eisernen Grundsatz der Untersuchungshaft aufgehoben – zum ersten und bislang einzigen Mal in der bundesdeutschen Justizgeschichte: dass Männer und Frauen strikt voneinander zu trennen sind. Außerdem galt für die Häftlinge im siebenten Stock nicht die Regel der U-Haft: Mittäter sind bis zum Ende der Gerichtsverhandlung zu trennen, damit sie sich nicht absprechen können. Vieles war in Stammheim möglich – einst als »sicherstes Gefängnis der Welt« vom Stuttgarter Justizminister Traugott Bender gepriesen: drei Pistolen, Sprengstoff und eine Menge anderer verbotener Gegenstände in den Zellen. Auch der ungewöhnliche »Verteidigerin-Verkehr« des Untersuchungshäftlings Andreas Baader?

Was lässt sich an der Geschichte verifizieren? Nach Unterlagen aus dem Stammheim-Verfahren kommt insbesondere eine Verteidigerin als »die werdende Mutter« in Betracht. Darauf angesprochen, sagt sie: »Ich kannte Andreas Baader nur äußerst flüchtig und war bestimmt nicht die ›werdende Mutter‹.« Sie hat nur eine Tochter – und die wurde fast ein Jahrzehnt vor der angeblichen Zellen-Befruchtung geboren. Auf den Namen dieser Rechtsanwältin angesprochen, erklärt Horst Bubeck, sie sei es nicht gewesen, sondern eine andere. »Den Namen wird niemand von mir erfahren«, fügt er gentlemanlike hinzu – und: »Es war genauso, wie berichtet.«

## Wo ist Friederike Krabbe?

Sie ist die letzte der 38 Aktivisten[471] der zweiten »Generation«[472] in der Mohnhaupt-Ära, die noch immer per Haftbefehl von der Bundesanwaltschaft gesucht wird. Alle anderen wurden verhaftet und verurteilt[473] oder

*Friederike Krabbe*

sind tot.[474] Bis auf zwei sind mittlerweile alle RAF-Mitglieder der zweiten »Generation« aus der Haft entlassen. Noch im Gefängnis sitzen Brigitte Mohnhaupt und Christian Klar. Als bislang Letzter wurde Rolf Klemens Wagner am 9. Dezember 2003 entlassen. Bundespräsident Rau begnadigte ihn nach vierundzwanzig Jahren Haft. Wagner ist neunundfünfzig.

Friederike Krabbe steht im Verdacht, an der Schleyer-Entführung beteiligt gewesen zu sein. Ihre Spur verliert sich für die Ermittler in Bagdad, im Herbst 1977.[475] Dorthin hatte sich ein Teil der Schleyer-Entführer abgesetzt, mit Unterstützung der PFLP. Die Ermittler vermuten, dass sich Friederike Krabbe noch immer im Irak aufhält. Nachforschungen nach Ende des Irak-Krieges blieben allerdings ergebnislos. Sollte es so sein, wie die Fahnder annehmen, würde Friederike Krabbe – Jahrgang 1950 – dort nun seit über einem Vierteljahrhundert leben.

## Warum hat die RAF niemals ein Wort des Mitleids für ihre Opfer gefunden – auch am Ende nicht?

Ungeklärt. Vermutlich weil sie meinte, dass dies ihre »revolutionäre« Ideologie verbot: Der Weg zum Umsturz in der Bundesrepublik führte für sie nun eben über Leichen. Die Mörder zeigten niemals auch nur einen Hauch von Mitleid mit ihren Opfern oder deren Hinterbliebenen.

Nicht gegenüber Waltrude Schleyer, der Witwe des ermordeten Arbeitgeberpräsidenten. Seit dem Tod ihres Ehemanns fragt sie sich: »Wie kann man nur einen unschuldigen Menschen opfern, um stark sein zu wollen?«

Kein RAF-Wort des Mitleis für Inge Buback. Die Witwe des ermordeten Generalbundesanwalts. Die Todesnachricht überbrachte ihr am 7. Mai 1977 Bundesanwalt Kaul. An dessen Worte kann sie sich nicht mehr erinnern. »Ich weiß nur noch«, blickt sie zurück, »dass ich mich später auf mein Fahrrad gesetzt habe und die sechs Kilometer zum Tatort gefahren bin.« Dort hielten sie Polizisten auf. Die Frau des Generalbundesanwalts brüllte die Beamten an: »Ich muss weiter, da liegt doch mein toter Mann.«

Kein Funken RAF-Mitleid gegenüber Traudl Herrhausen, der Witwe des Deutsche-Bank-Vorstandssprechers, und Hergard Rohwedder, der Witwe des Treuhand-Chefs. Sie versuchte die RAF auch noch zu erschießen, als sie zu ihrem sterbenden Mann eilte. Der RAF-Schütze traf sie im linken Arm.

Ebenso gab es nie ein RAF-Wort des Mitleids an die Ehefrauen ihrer nicht republikweit bekannten Opfer. Wie zum Beispiel Inge Schoner: Sie wurde am 21. Dezember 1971 Witwe, weil die RAF Polizeiobermeister Herbert Schoner in Kaiserslautern bei einem Bankraub erschoss. Zwei Stunden nachdem ihr Mann am Morgen aus dem Haus gegangen war, klingelte das Telefon: »Man sagte mir, mein Mann sei angeschossen worden. Als ich ins Krankenhaus kam, war er schon tot.« Knall auf Fall ist die glückliche Ehefrau Witwe. Sie muss die beiden kleinen Kinder allein aufziehen.

Elisabeth Göbel war siebenundzwanzig, als die RAF sie zur Witwe machte. Am 7. Mai 1977. Ihr Mann war an diesem Tag Fahrer von Generalbundesanwalt Siegfried Buback. Am Morgen verabschiedete er sich: »Ich bin zum Essen wieder da.« Gegen Mittag stand bei Elisabeth Göbel ein Oberregierungsrat vor der Tür – mit der Todesnachricht. Sie fragt ihn: »Kann ich meinen Mann noch einmal sehen?« Der schüttelte den Kopf. »Er hat mir abgeraten«, erinnert sie sich an die Worte des Rates, »weil Wolfgang so schwer zugerichtet worden sei.« Elisabeth Göbel blieb mit ihren drei Kindern allein – und das vierte war unterwegs.

Auch für die über vier Dutzend Kinder, die die RAF zu Halbwaisen machte, hat sie nie ein Wort des Bedauerns gefunden. Besonders schwer traf es Ralf Marcisz. Den Sohn von Schleyer-Chauffeur Heinz Marcisz. Sein Vater war einundvierzig, als er von dem RAF-Kommando um Peter-Jürgen Boock in der Kölner Vincenz-Statz-Straße ermordet wurde. Ralf war damals siebzehn. Keine halbe Stunde vor dem Kugelhagel hatte ihn sein Vater angerufen: »Ich muss den Herrn Schleyer nur noch nach Hause fahren. Dann komme ich.« Aber er kommt nicht heim. Um halb neun klingelt das Telefon: »Dein Papa ist tot«, hört der Jugendliche von einem Bekannten. Fassungslos lässt Ralf den Hörer fallen. Schreiend läuft er durch die Wohnung. Weint hemmungslos.

Seine Mutter muss starke Beruhigungsmittel nehmen. Zwei Jahre lang liegt sie auf dem Sofa im Wohnzimmer – sie habe »vor sich hin vegetiert«, berichtet er. Dann stirbt sie an einem Infarkt. »Aus Gram«, sagt Ralf Marcisz – über den Tod ihres Ehemanns. Ralf Marcisz ist voller Wut, nach dem Tod der Mutter völlig haltlos. Er bricht seine Bäckerlehre ab. Wird Hooligan beim 1. FC Köln. Prügelt mit Leidenschaft Fans anderer Mannschaften. Lebt im Suff. Nimmt Drogen – »außer Heroin alles«. Wird Kleindealer. Und häufiger Besucher des Amtsgerichts Köln: Zehnmal muss er sich wegen Körperverletzung auf die Anklagebank setzen. Als er sich halbwegs wieder gefangen hat, lebt er von Aushilfsjobs und Sozialhilfe. Schließlich – 1996 – wird er Fahrer im Großmarkt in Köln. Bringt Restaurants Obst und Gemüse. Morgens ab vier.

Hätte es diese »Verbrechertruppe«, wie Ralf Marcisz die RAF nennt, nicht gegeben, dann wäre er nicht auf die schiefe Bahn geraten, sagt er. Und dann hätte sich sein Leben auch nicht zu »einer einzigen Katastrophe« entwickelt. Denn in einem ist sich Ralf Marcisz sicher: »Mein Vater, der hätte mich schon hingekriegt.«

1995 bietet ihm das Bundeskriminalamt an, dass er die Kleidung seines Vaters haben könnte. Er will. Ralf Marcisz bekommt das völlig blutverschmierte Hemd seines Vaters. Als er das durchlöcherte Jackett in der Hand hält, bricht er zusammen: »Ich habe gekotzt, dass ich glaubte, gleich kommt die Lunge mit raus.«

Opfer der RAF sind aber auch die Kinder derer, die sich für den »bewaffneten Kampf« und gegen ihre Aufgabe als Vater oder Mutter entschieden. Ulrike Meinhof schickt ihre siebenjährigen Zwillinge Bettina und Regine – geboren am 21. September 1962 – kurz vor der Baader-Befreiung im Mai 1970 »zu dem befreundeten Schriftsteller Jürgen Holtkamp nach Bremen in die Pfingstferien«, blickt Bettina Röhl zurück – »von denen wir nie wieder nach Berlin zu unserer Mutter zurückkehrten.« Nach der Baader-Befreiung und dem Haftbefehl gegen Ulrike Meinhof erhält der Vater das Sorgerecht. Klaus Rainer Rohl. Erst zweieinhalb Jahre nach den »Pfingstferien« 1970 sehen die beiden Mädchen ihre Mutter wieder – in einer Besucherzelle der Justizvollzugsanstalt Köln-Ossendorf: »Sie war ganz aufgeregt«, erinnert sich Bettina Röhl, »freute sich wie verrückt.« Die beiden Kinder vermissen ihre Mutter. Der Vater hält sie von den Freunden der Mutter und den Sympathisanten der RAF fern. »Wir lebten völlig abgeschnitten von allem, was unsere Mutter betraf, angewiesen auf Erinnerungen jede für sich allein«, blickt Regine Röhl zurück: »Als sie dann plötzlich tot war, hatte ich schon lange nichts mehr gefühlt und konnte auch jetzt mit niemandem reden. Ich habe nicht einmal geweint.« Bettina und Regina Röhl wurden sogar von RAF-Mitgliedern verschleppt. Nachdem ihr Vater das Sorgerecht zugesprochen bekommen hatte, brachten drei Frauen die beiden Siebenjährigen im Mai 1970 nach Sizilien: zwei heute wieder in Freiheit lebende RAF-Mitglieder und eine bis heute unbekannte »Hanna«. Dort verlebten sie den heißen Sommer. Weitgehend in einem Barackenlager.

Eine Autostunde vom Strand entfernt. Betreut von »Hippies«. In der Gruppe ihrer Mutter, berichtet Bettina Röhl, habe Einigkeit bestanden, dass sie nicht zu ihrem Vater zurückkehren: »So überlegte man, uns in ein palästinensisches Waisenlager zu geben. Dort hätten wir zu Partisanen ausgebildet werden können.«

Befreit wurden die beiden von Stefan Aust, damals vierundzwanzig und Ex-*konkret*-Kollege von Ulrike Meinhof, und Peter Homann, einst ihr Geliebter. Vier Monate nach ihrer Verschleppung. Das Codewort für ihre Übergabe: »Professor Schnase« – nach einer Kinderpuppe. »Ich bin Professor Schnase«, stellt sich Stefan Aust, heute *Spiegel*-Chefredakteur, zwei Männern in Palermo vor. So bekommt er die beiden Mädchen und übergibt sie im September 1970 ihrem Vater. Später erfuhr Bettina Röhl, dass auch ihre Mutter auf dem Weg nach Sizilien war: »Sie kam einen Tag später.«

Heute arbeitet Bettina Röhl als freie Journalistin in Hamburg. Ihre Schwester Regine wurde Ärztin.

Auch Andreas Baader kümmerte sich nach seinem Abgang in den Untergrund nicht mehr um seine Tochter Suse, geboren am 17. März 1965. Am härtesten von den Kindern der ersten RAF-Köpfe traf es jedoch Felix Ensslin. Am 13. Mai 1967 kommt er auf die Welt. Elf Monate später wird seine Mutter Gudrun verhaftet. Nach der Frankfurter Kaufhausbrandstiftung. Vierzehn Monate danach wird sie aus dem Gefängnis entlassen. Das Oberlandesgericht Frankfurt hatte den Haftbefehl außer Vollzug gesetzt. Wieder in Freiheit, kümmert sich Gudrun Ensslin um hessische »Heimzöglinge«. Nicht aber um ihren eigenen Sohn. Kurz bevor sie auf die Flucht vor der drohenden Reststrafe geht, weil der Bundesgerichtshof die Revision gegen die Brandstifter-Entscheidung verworfen hatte, bringt sie im Oktober 1969 den zweijährigen Felix zu dem befreundeten Ehepaar *Teichmann* nach Undingen. In der Nähe von Reutlingen. Er ist Landarzt, sie Kirchenmusikerin. Die beiden ziehen Felix zusammen mit ihren eigenen drei Kindern auf – er ist der jüngste. »Nach ihrer Haftentlassung hat sich Gudrun nicht mehr um ihren Sohn gekümmert«, blickt *Charlotte Teichmann* zurück: »Eine Einladung zum Weihnachtsfest 1969 lehnte sie mit der Begründung ab, es sei ihr zwar schmerzlich, aber sie könne wegen der Arbeit an dem Buch nur wenig Zeit aufbringen.« Einen Tag nach Felix' viertem Geburtstag nimmt sich sein Vater Bernward Vesper das Leben. Drogenumnebelt. Am 14. Mai 1971 in Hamburg. Nach einer psychiatrischen Behandlung in der »Universitäts-Nervenklinik« Hamburg-Eppendorf.

Als Felix fünf ist, wird Gudrun Ensslin verhaftet. Juni 1972.

1976 radeln in Undingen Kinder um den neunjährigen Felix herum, schreien: »Deine Mutter ist im Gefängnis, deine Mutter ist im Gefängnis«. Er antwortet: »Ihr seid blöd, meine Mutter ist zu Hause in der Küche«. »Die Geschichte war im ganzen Dorf bekannt, nur mir nicht«, blickt Felix Ensslin zurück

Ein halbes Jahr nach Gudrun Ensslins Selbstmord – Felix ist mittlerweile elf: Im Frühjahr 1978 geht er mit einem Nachbarjungen in einen stillgelegten Steinbruch. Fossilien sammeln. Sie klopfen Steine. Felix schlägt auf einen Salzsäurebehälter. Ein Treibsatz aus einem Feuerlöscher. Der Behälter explodiert. Felix rennt schreiend nach Hause: »Ich hatte furchtbare Schmerzen. Mein Vater hielt gerade seine Sprechstunde ab, und ich ging durch die Tür, mein Gesicht ganz angeschwollen, rot, verätzt. Er ist fast in Ohnmacht gefallen, ich kam gleich ins Krankenhaus.« Felix Ensslins Gesicht ist entstellt – und bleibt es für immer. »Ich war ein schlechter Schüler, und nach dem Unfall wurde ich noch schlechter«, blickt er auf seine Jugend zurück. »Mein Selbstmitleid damals: Ich bin der Sohn von Gudrun Ensslin. Ich bin entstellt.« Er fühlt sich »schlecht«.

Mit sechzehn entdeckt Felix eine Anzeige in der *Frankfurter Allgemeinen Zeitung*: Schüleraustausch USA. Kurzentschlossen sagt er zu seiner »Mutter«: »Ich gehe jetzt nach Amerika.« Für ein Jahr ist er als Austauschschüler in den Vereinigten Staaten. Für ihn eine »existenzielle Entscheidung«: »Ich stieg aus dem Flugzeug aus und konnte meine Geschichte neu erfinden.«

Nach dem Abitur 1987 in Wiesbaden studiert Felix Ensslin in New York. An der »New School for Social Research«. Ökonomie und Theaterwissenschaft. 1988 heiratet er Tisha, eine schwarze Texanerin. In seinem Leben habe er Momente – so sagt er 1993 über seine Eltern –, in denen er »ziemlich sauer darüber« sei, »dass sie sich einfach aus dem Staub gemacht haben«. Gudrun Ensslin sei ihm in seinem Leben »mehr als Medienperson gegenübergetreten als als Mutter«: »Wenn ich mich davon losmache, kann ich traurig und zornig sein, zornig sowohl auf die Eltern als auch auf die Menschen, die ihnen geholfen haben.« Und auf die Frage »Wenn Gudrun heute noch leben würde, wo wäre sie?«, antwortet er mit sechsundzwanzig, 1993: »Tut mir leid, dass ich lache – ich nehme an, sie wäre noch im Knast.«

Später wird Felix Ensslin Büroleiter des GRÜNEN-Bundestagsabgeordneten Rezzo Schlauch. Im Jahr 2004 arbeitet er als Dramaturg und Regisseur am Deutschen Nationaltheater Weimar und als Kurator der 2005 in den Berliner »Kunst-Werken« eröffneten »RAF-Ausstellung«.

Paradox: Mit großem Engagement kümmerten sich Baader, Ensslin und Meinhof um das Schicksal der »benachteiligten Heimzöglinge«. Baader und Ensslin mit ihrer »praktischen Sozialarbeit« in Frankfurt und Umgebung. Meinhof in Radio-Features und einem Fernsehfilm. Ihre eigenen Kinder aber ließen sie im Stich.

Auf den vielen hundert Seiten Erklärungen der RAF aus den achtundzwanzig Jahren ist das Schicksal ihrer Opfer und Angehörigen kein Thema.[476] Erst nachdem die Akteure aus der RAF ausgeschieden waren, finden sie Worte der Nachdenklichkeit. Auch gegenüber ihren Opfern. »Wir haben uns maßlos überschätzt«, sagt Astrid Proll aus der ersten »Generation« in der Rückschau: »Ich habe die Katastrophe, in die wir hineingesteuert sind, lange verdrängt.« – »Es gibt keine Legitimation für Gewalt, wir waren blind«, blickt ihr Kampfgenosse aus der ersten »Generation« Klaus Jünschke zurück.

Susanne Albrecht aus der zweiten RAF-»Generation« setzte nach ihrer Verhaftung die »›Politik‹ der RAF mit dem Wesen des Stalinismus« gleich: »Wenn aber in den so genannten Kommandoerklärungen immer wieder von Menschenwürde die Rede ist, so ist dies ein eklatanter Widerspruch zur Hinrichtungspraxis der RAF. Menschenwürde hat zuallererst mit der Achtung aller Menschenleben zu tun.« Silke Maier-Witt, ebenfalls Kämpferin der zweiten »Generation«, kam nach ihrem Ausstieg aus der RAF die Erkenntnis, »dass die Politik der RAF sinnlos war, dass gesellschaftliche Veränderungen durch perfektioniertes Töten Einzelner nie zu erreichen ist«: »Gewalt kann nicht dazu beitragen, Probleme zu lösen, durch Unmenschlichkeit ist Menschlichkeit nicht zu erreichen.« Aus ihrer späten Einsicht »war es nicht zu rechtfertigen, dass sich die Gruppe anmaßte, über Leben und Tod zu entscheiden«.

Birgit Hogefeld aus der dritten »Generation« äußerte sich sehr nachdenklich, nachdem zwei Brüder und ein Sohn des von der RAF ermordeten Gerold von Braunmühl sie im Gefängnis besucht hatten. Für sie »war wichtig, ihnen zu signalisieren: Ich sehe, was euch da angetan worden ist«. Auch Birgit Hogefeld verlor ihren Lebensgefährten Wolfgang Grams im »bewaffneten Kampf« – nachdem er zuvor den GSG 9-Kommissar Michael Newrzella erschossen hatte: »Natürlich könnte ich auch sagen, es tut mir schrecklich Leid. Aber ein solches Wort wäre lächerlich angesichts dessen, womit die Familie von Braunmühl konfrontiert war und womit sie leben muss. Und nicht nur sie. Es wird niemand mehr lebendig.«

Angesichts dieser Erkenntnis von Mitgliedern aus allen RAF-»Generationen« – dass die »Hinrichtungspraxis der RAF« kein Mittel in der politischen Auseinandersetzung sein darf – ist es ein Rätsel, wieso dies kein Thema in der Abschlusserklärung der RAF ist. Ihrer letzten Wortmeldung. »Heute beenden wir dieses Projekt«, verkündet die RAF, weil »wir auf diesem Weg nicht durchkommen konnten.« Nichts spreche »gegen die Notwendigkeit und Legitimation der Revolte«: »Für uns ist diese Entscheidung richtig gewesen.« Am Ende des Acht-Seiten-Papiers erklärt die RAF, »alle zu grüßen und ihnen zu danken, von denen wir auf dem Weg der letzten 28 Jahre Solidarität bekommen haben«. Es folgt die RAF-Totenehrung der 26 namentlich Genannten, »die sich hier dafür entschieden, im bewaffneten Kampf alles zu geben, und in ihm gestorben sind.«

Aber kein einziges Wort der RAF in den über 510 Zeilen zu den 34 Menschen, die sie ermordete. Kein Wort an die Angehörigen. Und kein Wort an die von ihr Verstümmelten – von Georg Linke bis Hergard Rohwedder. Ein armseliger Abgang. Für die, die einst ausgezogen waren, um mit Morden für mehr Menschlichkeit in Deutschland zu sorgen. Ein tödlicher Irrtum.

*Waltrude Schleyer bei der Trauerfeier für ihren ermordeten Ehemann Hanns Martin am 25. Oktober 1977 – zwischen Bundeskanzler Helmut Schmidt und Bundespräsident Walter Scheel*

# Anmerkungen

1 TE/22–221 392/90.

2 Ulrich Wessel war sechzehn Jahre zuvor – 1975 – bei dem Überfall eines RAF-Kommandos auf die deutsche Botschaft in Stockholm ums Leben gekommen, als eine vom Kommando angebrachte Sprengladung explodierte.

3 Im Jahr nach der »Selbstauflösungserklärung« der RAF wurde Horst-Ludwig Meyer am 15. September 1999 in Wien erschossen. Dadurch erhöhte sich die Zahl der Toten auf siebenundzwanzig.

4 Baader wohnte damals in der Seestraße 14 in Schwabing, zwischen Englischem Garten und der Leopoldstraße. Am 28. Januar 1965, nachdem er bereits über ein Jahr in Berlin lebte, meldet er sich beim Münchner Einwohneramt ab, »nach Berlin 62, Badensche Str. 6«.

5 So schreibt beispielsweise auch Dorothea Hauser (»Baader und Herold« [1997], Seite 111) über Baader: »Sicher ist aber, dass er am 1. März 1964 ein Volontariat beim Berliner Boulevardblatt ›BZ‹ antritt.«

6 »Keiner der befragten Kollegen, die 1964 bei der *BZ* waren, kann sich an Baader erinnern«, berichtet Erik Lindner, Leiter des Unternehmensarchives, »es gibt auch keine Personalakte oder sonst etwas an schriftlichen Unterlagen.«

7 Ausführlich zum Tode Benno Ohnesorgs am 2. Juni 1967 unten, Seite 91 ff.

8 Sieben Jahre später, zu Zeiten der sozial-liberalen Koalition, wird Ahlers Leiter des Presse- und Informationsamtes der Bundesrepublik (1969–1972), 1980 stirbt er.

9 Drei Jahre später, am 14. Mai 1971, nimmt sich Bernward Vesper – drogenumnebelt und in psychiatrischer Behandlung – in Hamburg das Leben.

10 1965 war der Streifen in die Kinos gekommen. Originaltitel »Pierrot le fou«. Mit Jean-Paul Belmondo und Anna Karina in den Hauptrollen. Regie: Jean-Luc Godard.

11 Stefan Wisniewski, einer der Schleyer-Entführer, erklärte auf die Frage, warum die Wahl auf Schleyer fiel: »Er hatte selber öffentlich mit seiner NS-Geschichte und mit seinem ungebrochenen Wiederaufstieg bei Daimler-Benz geprotzt. … Wir wussten genug, um zu handeln.« Ähnlich die RAF in ihrer »Auflösungserklärung« vom März 1998, Seite 1 f.: »Schleyer, während des Naziregimes Mitglied der SS, war wie viele Nazis aller gesellschaftlicher Ebenen, wieder in Amt und Würden gekommen. Karrieren, die

von den Nazis bis in die Regierungsämter der BRD ... und in die Konzernspitzen führten. ... Die Kontinuität des Systems, die Schleyer verkörperte ... ist ein wesentliches Moment des Aufbaus und der Entwicklung der BRD.«

12 Der Sozialistische Deutsche Studentenbund – SDS – war 1946 als Sprachrohr der SPD an den Universitäten gegründet worden. Erster Bundesvorsitzender ist Helmut Schmidt, der spätere Bundeskanzler. 1959 kommt es zu einem Zerwürfnis zwischen SPD und SDS. Die SPD nimmt unter anderem Anstoß daran, dass sich der SDS an Kampagnen gegen die atomare Wiederbewaffnung beteiligte und zur »Kriegsdienstverweigerung« ermutigte. 1961 verabschiedet der SPD-Parteivorstand einen Unvereinbarkeitsbeschluss von Mitgliedschaft in SPD und SDS. Zur Studentenorganisation der SPD wird der neu gegründete Sozialdemokratische Hochschulbund (SHB). Trotz der relativ geringen Mitgliederzahl von rund zweitausend nimmt der SDS die zentrale Rolle in der Außerparlamentarischen Opposition ein. Am 21. März 1970 beschließt der SDS in Frankfurt, sich aufzulösen.

13 Der damals tonangebende SDS hielt die Kommunarden für zu aktionistisch. Wegen »Überschätzung« und »Realitätsflucht« werden einige Kommunarden kurze Zeit später – im Mai 1967 – aus dem SDS ausgeschlossen. Anlass: Die Kommunarden hatten fünf Flugblätter mit dem Kürzel »SDS« unterzeichnet – ohne Wissen des sozialistischen Studentenbundes. Massiv Anstoß hatten die studentischen Sozialisten aber auch an der Erklärung von Dieter Kunzelmann genommen: »Was geht mich denn Vietnam an – ich habe Orgasmusschwierigkeiten.« Der SDS vermisst bei den Kommunarden »die richtige politische Einstellung«.

14 Durch mehrere lange Operationen überlebt Rudi Dutschke das Attentat. Zwölf Jahre später, am 24. Dezember 1979, ertrinkt er in der Badewanne – nach einem epileptischen Anfall. Eine Folge des Bachmann-Attentats. Bachmann nahm sich in der Haft im Februar 1970 das Leben.

15 HHH= Hubert Horatio Humphrey, damals Vizepräsident der Vereinigten Staaten.

16 Genau genommen bedeutet »warehouse« Lagerhaus. Doch damals wurde es oft dem deutschen »Warenhaus« gleichgesetzt.

17 Landgericht Berlin – (506) 2 P Kls 3/67 (55/67), Seite 43.

18 Beschluss vom 28. Januar 1969 – 2 Ws 228/68, Seite 1.

19 Gemeint ist Zoebe.

20 Gemeint ist »UVollzO«: die Untersuchungshaftvollzugsordnung.

21 Das ist der Amtsrichter, der diesen Brief im Rahmen der Postkontrolle lesen muss.

22 Urteil vom 28. November 1986 –5 (2) – 1 StE 5/81, Seite 15.

23 Ein Jahr später – 1970 – wird Débray nach drei Jahren Haft entlassen.

24 Fußnote in dem Meinhof-Text: André Gorz, »Zur Strategie der Arbeiterbewegung im Neo-Kapitalismus«, Frankfurt/Main 1967.

25 Urteil vom 18. März 1926, Entscheidungen des Reichsgerichts in Strafsachen, Band 60, Seite 137; Eser in Schönke-Schröder, Strafgesetzbuch, Kommentar, § 306 Randzeichen 2.

26 Robert McNamara: Von 1961 bis 1968 US-Verteidigungsminister und damit für den Vietnam-Einsatz der Vereinigten Staaten zuständig (»Vietnam war ein Fehler«, räumt er 1995 ein). Von 1968 bis 1981 Präsident der Weltbank.

27 Klaus Rainer Röhl berichtet, Bernward Vesper – Gudrun Ensslins Freund, bis sie Andreas Baader kennen lernte – sei vor dem Haus als Erster des Trupps in seinem grauen Volvo eingetroffen – »gefolgt von Bussen und Privatwagen«. (Röhl, »Fünf Finger sind keine Faust«, Seite 372.)

28 Nach diesem Gesetz wird Straffreiheit gewährt »wegen Straftaten, die in der Zeit vom 1. Januar 1965 bis zum 31. Dezember 1969 durch Demonstrationen oder im Zusammenhang hiermit begangen worden sind«. Voraussetzung ist, dass die (etwaige) Freiheitsstrafe nicht »neun Monate« übersteigt.

29 Acht Jahre später schreibt Rieck zusammen mit Kai Hermann den Bestseller »Christiane F. – Wir Kinder vom Bahnhof Zoo«.

30 Immer wieder wird kolportiert, Linke hätte das Kommando daran hindern wollen, zu Baader vorzudringen. So zum Beispiel von Alois Prinz, »Lieber wütend als traurig« (2003, Seite 210): »Der Bibliotheksangestellte Georg Linke stellt sich ihnen in den Weg.« Auch die RAF selbst hat die Dinge ähnlich geschildert, nämlich »dass ein Ziviler sich dazwischen«geworfen habe (Das Konzept Stadtguerilla [April 1971], abgedruckt in: »Rote Armee Fraktion, Texte und Materialien zur Geschichte der RAF«, Seite 30). Das ist eine Mär, die sich seit der Tat durch die deutsche Nachkriegsgeschichte schleppt. Nach den Aussagen der Augenzeugen und den Feststellungen der mit diesem Fall befassten Schwurgerichtskammern wollte Georg Linke nichts anderes als flüchten, hat sich nicht in den Weg gestellt. So zum Beispiel Landgericht Berlin, Urteil vom 29. September 1974 (2 P KS 1/71 [2/73], [Mahler/Meinhof], Seite 37 – fast wortgleich Landgericht Berlin, Urteil vom 21. Mai 1973 [2 P Ks 1/71], [Schubert/Goergens], Seite 51): »Um den Zeugen Linke daran zu hindern, durch die Tür zu entkommen, ... richtete er *(= der Schütze)* erneut die Waffe auf den Oberkörper des Zeugen und gab dann auf ihn aus einer Entfernung von etwa 75 cm einen gezielten Schuss ab ...«

31 Wegen »gemeinschaftlich versuchten Mordes und Gefangenenbefreiung« – AG Berlin-Tiergarten – 348 Gs 85/70.

32 Dies ist natürlich eine wertende Betrachtung – wie die oben im Folgenden genannten Gründe zeigen. Ebenso beurteilt die RAF ihre eigene Geschichte. In ihrer »Abschiedserklärung« vom März 1998 schreibt sie: »... am 14. Mai 1970 entstand in einer Befreiungsorganisation die RAF.« Die Bundes-

anwaltschaft (Anklageschrift gegen Baader u. a. vom 26. September 1974 – 1 St/E, Seite 52) geht unter strafrechtlichen Gesichtspunkten davon aus, dass erst später, »nach ihrer Rückkehr aus dem Nahen Osten ... eine festgefügte Gruppe« geschmiedet wurde, also ab August 1970. Ebenso das Oberlandesgericht Stuttgart in dem Stammheim-Hauptverfahren (Urteil vom 28. April 1977 – 2 StE 1/74, Seite 88): »Die sogenannte ›Rote Armee Fraktion‹, die sich im Jahr 1970 nach ... der Flucht nach Jordanien und der Rückkehr der daran beteiligten Personen nach Berlin gebildet hatte.«

33 Ausgabe 62/1970, Seite 6. Bereits eine Ausgabe zuvor hatte *Agit 883* einen kurzen Text unter der Überschrift »Die Rote Armee aufbauen!« gedruckt. Dieser Einspalter enthielt aber keine »politischen« oder programmatischen Aussagen, sondern war eine wüste »Schweine«-Beschimpfung: »Glauben die Schweine wirklich, wir würden den Genossen Baader 2 oder 3 Jahre sitzen lassen? Glauben die Schweine wirklich, wir würden ewig mit Farbeiern gegen Knüppel, mit Steinen gegen Pistolen, mit Mollies gegen MG's kämpfen? ...«

34 Ausdrücklich als Kommunisten bezeichnen sich die RAF-Mitglieder in ihrer nächsten ideologischen Erklärung, dem »Konzept Stadtguerilla« (April 1971), »... weil wir Kommunisten sind ...« Weiter schreiben sie: Ob »Terror und Repression nur Angst und Resignation bewirken oder Widerstand und Klassenhass und Solidarität provozieren«, hänge davon ab, »ob sich die Kommunisten organisieren und kämpfen«. Zur RAF-Ideologie: Seite 266 ff.

35 Beispielsweise in der so genannten »Tonbanderklärung« (dazu oben im Folgenden) von Ulrike Meinhof: »Wir sind also der Meinung, die intellektuelle linke Kritik ignorieren zu können, weil wir uns an ganz andere Gruppen wenden.«

36 Ein knappes Jahr später erklärt die RAF in ihrem »Konzept Stadtguerilla« im April 1971, der »ersten Kampfschrift« (abgedruckt in: »Rote Armee Fraktion, Texte und Materialien zur Geschichte der RAF«, Seite 27), dazu: »das Tonband, das Michéle Ray hatte, ... war ohnehin nicht authentisch und stammte aus dem Zusammenhang privater Diskussionen«. Die RAF bestreitet aber nicht – in dieser unter Federführung von Ulrike Meinhof entstandenen Schrift –, dass sich Ulrike Meinhof tatsächlich so geäußert hat.

37 Einerseits besagen Quellen, dass Baader am 8. Juni 1970 tatsächlich in Beirut eintraf – so zum Beispiel der Vermerk der »Sicherungsgruppe/Soko des Bundeskriminalamts« vom 4. Februar 1972 (Tagebuchnummer 7002/71, Seite 2), wonach Hans-Jürgen Bäcker, einer aus der »Reisegruppe Mahler«, gegenüber der Polizei erklärte, »Gudrun ENSSLIN sei am 8. 6. 70 gemeinsam mit ... Andreas BAADER und Ulrike MEINHOF nach Beirut geflogen«. Nach anderer Darstellung ist Baader erst am 23. Juni 1970 in Amman angekommen (so zum Beispiel Stefan Aust, »Der Baader-Meinhof-Komplex«,

Seite 123 f.). Fest steht jedenfalls, dass Andreas Baader im Juni in dem El-Fatah-Ausbildungscamp in Jordanien war.

38 Landgericht Berlin, Urteil vom 21. Mai 1971 (2 P Ks 1/71 [50/70], Seite 65 f.): Seit dem 26. Mai 1970 suchte die Polizei nach Mahler. In seiner Kanzlei erhielten die Beamten die Auskunft, er hätte wegen »Überarbeitung Urlaub genommen«. In seiner Wohnung war er auch nicht – dort entdeckten die Polizisten in seinem Nachttisch die Ausweise von Baader und Ensslin. Zwei Tage nachdem der Haftbefehl gegen ihn erlassen worden war, meldete sich am 6. Juni 1970 Rechtsanwalt Otto Schily als Verteidiger bei der Justiz für den untergetauchten Rechtsanwalt Mahler.

39 Ingrid Schubert wird wegen der Baader-Befreiung und ihrer Beteiligung am »Dreierschlag«-Banküberfall vom Landgericht Berlin am 28. Juni 1974 (1 P KLs 5/72 [25/72]) zu dreizehn Jahren Gefängnis verurteilt. Drei Jahre später, am 12. November 1977, nimmt sie sich in der Justizvollzugsanstalt München-Stadelheim das Leben – knapp vier Wochen nach dem Selbstmord von Baader, Ensslin und Raspe in Stuttgart-Stammheim.

40 Später wird Abu Hassan wieder militanter: Er gilt unter anderem als mutmaßlicher Drahtzieher des Olympia-Attentats 1972 in München. 1979 wird er in Beirut mit einer Autobombe in die Luft gesprengt – zehn Menschen kommen bei dem Anschlag ums Leben. Die Tat wird dem israelischen Geheimdienst Mossad zugeschrieben.

41 Peter Homann wird im April 1973 vom Landgericht Berlin wegen Beihilfe zur Gefangenenbefreiung Baaders zu drei Monaten Freiheitsstrafe auf Bewährung verurteilt.

42 So die Feststellungen der Zweiten Großen Strafkammer des Landgerichts Berlin (Urteil vom 28. Juni 1974 – 1 P KLs 5/72, Seite 24) in dem Verfahren gegen Asdonk und fünf weitere Täter des »Dreierschlags« im September 1970. Ganz ähnlich der Erste Strafsenat des Kammergerichts Berlin in dem Verfahren gegen Horst Mahler (Urteil vom 26. Februar 1973 – 1 StE 1/72, Seite 6), der vom »Leitfaden für den Aufbau und die Ausstattung der Organisation« spricht.

43 Aussagen von RAF-Aussteigern über die genannten Anschlagsziele in dem »Vorläufigen Auswertungsbericht« des Bundeskriminalamts – TE 22–221 294/90 – vom 16. November 1990, Seite 3 ff., 9 ff., 17 f.

44 Anklageschrift gegen Baader u. a. vom 26. September 1974 (1 StE 1/74, Seite 67). Ebenso die Zweite Große Strafkammer des Landgerichts Berlin im Urteil vom 28. Juni 1974 (1 P KLs 5/72, Seite 31): »Die Qualität der Fälschungen war so gut, dass die Papiere den üblichen Kontrollen standhielten.«

45 Auch spätere Mitglieder der – erst zwei Jahre danach entstandenen – »Bewegung 2. Juni« beteiligten sich an dieser »Enteignungsaktion«, berichten die »2. Juni«-Mitglieder Ralf Reinders, Ronald Fritsch und Klaus Viehmann

(Dokumentation zu der angeblichen Auflösung der »Bewegung 2. Juni«, Seite 19). Wer von ihnen bei der »Enteignungsaktion« mitmachte, ist gerichtlich nicht geklärt.

46 Später werden verschiedene Mitglieder von der Gruppe verdächtigt, bei der Polizei angerufen zu haben. Wer es tatsächlich war, liegt auch heute noch im Dunkeln. Fest steht nur, dass es jemand aus der Gruppe war – in diesem Punkt sind sich Polizei und RAF einig: So erklärt auch die RAF in ihrer Kampfschrift »Das Konzept Stadtguerilla« sechs Monate später: »Die Wohnung in der Knesebeckstraße 89 ... ist nicht durch Schlamperei hochgegangen, sondern durch Verrat. Der Denunziant war einer von uns.« (Abgedruckt in: »Rote Armee Fraktion, Texte und Materialien zur Geschichte der RAF«, Seite 27 ff., 29.)

47 Horst Mahler – verteidigt von Otto Schily – wird wegen der Baader-Befreiung und des »Dreierschlags« zu einer »Gesamtstrafe« von vierzehn Jahren Gefängnis verurteilt (Landgericht Berlin, Urteil vom 29. November 1974 – ([500] 2 P KS 1/71). Nachdem er zehn Jahre abgesessen hat, kommt er 1980 auf Bewährung aus der Haft. 1988 erstreitet er mit Hilfe seines Anwalts – des späteren Bundeskanzlers – Gerhard Schröder seine Wiederzulassung als Rechtsanwalt in Berlin. Mahler wechselt ins rechtsextremistische Lager und vertritt die NPD in dem Verbotsverfahren vor dem Bundesverfassungsgericht. Dort sitzt Mahler auf der Gegenseite seines früheren Verteidigers Otto Schily, der Bundesinnenminister geworden ist. Das Bundesverfassungsgericht folgt Mahlers Argumentation und stellt das NPD-Verbotsverfahren am 18. März 2003 ein.
Für die Teilnahme am »Dreierschlag« verurteilt das Landgericht Berlin (Urteil vom 28. Juni 1974 – [502] 1 P KLs 5/72 [25/72]) Brigitte Asdonk zu zehn Jahren, Hans-Jürgen Bäcker zu neun Jahren, Monika Berberich zu zwölf Jahren und Eric Grusdat zu zehn Jahren Freiheitsstrafe. Unter Einbeziehung der Strafe für die Baader-Befreiung verurteilt das Gericht wegen des »Dreierschlags« Irene Goergens zu sieben Jahren Jugendstrafe und Ingrid Schubert zu dreizehn Jahren Freiheitsstrafe. Ingrid Schubert erhängt sich – vier Wochen nach den Stammheim-Selbstmorden – in ihrer Zelle in München-Stadelheim am 12. November 1977. Ulrike Meinhof wird wegen der Baader-Befreiung vom Landgericht Berlin (Urteil vom 29. November 1974 – [500] 2 P KS 1/71 [2/73]) zu acht Jahren Freiheitsstrafe verurteilt.

48 Anklageschrift der Bundesanwaltschaft gegen Baader und andere vom 26. September 1974 (1 StE 1/74), Seite 60 bis 62.

49 Silke Maier-Witt: Urteil des Oberlandesgerichts Stuttgart vom 8. Oktober 1991 (2–2 StE 1/91, Seite 9); Sigrid Sternebeck: Urteil des Oberlandesgerichts Stuttgart vom 22. Juni 1992 (5–2 StE 6/91, Seite 11); Ralf Baptist Friedrich: ebenda (Seite 7).

50 So die Angaben von Holger Meins in seiner »Anmeldung zum Studium in der Deutschen Film- und Fernsehakademie Berlin GmbH« vom 31. März 1966. Ebenso die Auskunft der Deutschen Film- und Fernsehakademie vom 29. Juli 1974 – aufgrund weiterer ihr vorliegender Unterlagen – an den Polizeipräsidenten von Berlin.

51 Der Film gilt heute als verschollen, (Conrad, »Starbuck Holger Meins«, Seite 78).

52 So Wilhelm Meins gegenüber BKA-Kriminaloberkommissar Alfred Klaus am 4. April 1971 (SG/Soko – 7002/71, Vermerk Holger Meins, Seite 3).

53 Uschi Obermeier. Damals begehrtes Fotomodell und Freundin von Rainer Langhans.

54 »Personagramm« des BKA (Soko 7002/71 – C 46) vom 29. 2. 1971.

55 Bericht der Sicherungsgruppe – »Soko B/M« – des Bundeskriminalamts vom 15. November 1972, Aktenzeichen 1 BJs 6/71, Seite 2 ff., 7.

56 Das Landgericht München I verurteilt Pohle am 1. März 1974 (2 KLs 5/72) zu sechs Jahren und fünf Monaten Gefängnis. Ein Jahr später presst ihn die »Bewegung 2. Juni« durch die Entführung des Berliner CDU-Vorsitzenden Peter Lorenz frei. Im Juli 1976 verhaftet ihn die Polizei in Athen. In Deutschland muss er seine Reststrafe absitzen. 1982 wird Pohle entlassen und zieht nach Athen, arbeitet dort als Deutschlehrer und Übersetzer. Am 7. Februar 2004 stirbt er – im Alter von zweiundsechzig – in Athen an Krebs.

57 Das Landgericht Hamburg verurteilt Hoppe am 26. Juli 1972 wegen versuchten Totschlags in drei Fällen zu zehn Jahren Freiheitsstrafe.

58 Es war Gerhard Müller, behauptet Margrit Schiller, sowohl als Zeugin vor Gericht (Oberlandesgericht Stuttgart, 2 StE 1/74, Seite 245; *FAZ* vom 31. Juli 1976: »Ich habe gesehen, wie Müller auf Schmid geschossen hat«) wie auch in ihrem 1999 erschienenen Buch (»Es war ein harter Kampf ...«, Seite 11 ff., 173). Auch die Bundesanwaltschaft nahm an, dass Müller geschossen hatte (Anklageschrift in dem Verfahren 1 StE 1/74 vom 26. September 1974 gegen Baader u. a., Seite 151). Müller wurde wegen dieses Vorwurfs jedoch nicht verurteilt: Nach Meinung des Landgerichts Hamburg ([91] 7/75) hatte die Beweisaufnahme zwar »den Verdacht der Täterschaft« erbracht, aber – so die Urteilsbegründung – »keine hinreichend sichere Überzeugung« des Gerichts. Es verurteilt ihn am 16. März 1976 wegen anderer Taten (Mitgliedschaft in einer kriminellen Vereinigung, Beihilfe zum Mord u. a.) zu zehn Jahren Freiheitsstrafe.

59 Das Landgericht Kaiserslautern verurteilt Jünschke zu lebenslänglicher Haft (Urteil vom 2. Juni 1977 – 2 Ks/2/75). Kurz nach dem Urteil löst er sich im Sommer 1977 von der RAF. 1988 wird er begnadigt und aus der Haft entlassen.

60 Carmen Roll stieß über das SPK zur RAF. Das Landgericht Karlsruhe ver-

urteilt sie am 19. Juli 1973 wegen Mitgliedschaft in einer kriminellen Vereinigung zu vier Jahren Freiheitsstrafe.

61 Die Formulierung »die politische in die militärische Situation umzuwandeln« geht auf Marighella zurück: Marighella schreibt, dass im Stadium fortschreitender Auseinandersetzungen die Guerilla durch ihre Aktionen die »Unterstützung des Volkes« gewinnt und das Volk sich deshalb weigert, »mit den Behörden zusammenzuarbeiten«: »Es gibt jetzt keine politische Situation mehr, sondern eine militärische Situation« (Marighella, »Mini-Handbuch des Stadtguerilla«, Seite 79).

62 *Bild* hatte Recht: Tatsächlich wurde dieser Überfalls von der »Baader-Meinhof-Gruppe« verübt. Siehe dazu Seite 256 f.

63 Zum Motiv für seinen Vorstoß erklärt Böll kurz darauf (*stern*, 9/1972): »Ich habe für Gnade plädiert, weil ich um mich herum nur Gnadenlosigkeit sehe. Zum Beispiel die Berichterstattung über die Gruppe in den meisten Zeitungen. Das war ein einziger Aufruf zur Treibjagd.« Am 1. Juli 1972 – acht Stunden nach der Verhaftung von Andreas Baader – durchsuchen Kriminalbeamte Bölls Haus in der Eifel. Empört schreibt Böll an Bundesinnenminister Genscher und verlangt »Aufklärung«. Danach verfasst Böll über die Fahndungsmethoden der Polizei und die Berichterstattung in einer Boulevardzeitung den Roman »Die verlorene Ehre der Katharina Blum«: die Geschichte einer attraktiven Haushälterin, die sich auf einer Karnevalsparty in einen Terroristen verliebt. Eine Zufallsbekanntschaft. Dadurch gerät sie in die Sensationsmaschinerie einer Boulevardzeitung, die sie als »Räuberliebchen« und »Mörderbraut« bezeichnet. Im Vorwort zu seinem Roman schreibt Böll: »Sollten sich bei der Schilderung gewisser journalistischer Praktiken Ähnlichkeiten mit den Praktiken der ›Bild‹-Zeitung ergeben haben, so sind diese Ähnlichkeiten weder beabsichtigt noch zufällig, sondern unvermeidlich.« Das Buch erscheint 1974, wird ein Bestseller und von Volker Schlöndorff verfilmt – mit Angela Winkler und Mario Adorf in den Hauptrollen.

63a So Thomas Groß in *taz* vom 8. April 1994: »Die Erfindung Kreuzbergs«. Ähnlich Thomas Lutz in der *Märkische Allgemeine* vom 8. Januar 2001: Den Titel habe »Rio Reiser auf Geheiß der RAF geschrieben«. Ebenso die Biographie »Rio Reiser (1950–1996)« von »Löpa« (einer autonomen Gruppe, dies sich definiert als »zwischen den Flower Power Hippies und der RAF«, www.geocities.com): »Auch die RAF ist auf die Scherben aufmerksam geworden und hat ein Lied bei Rio Reiser ›bestellt‹. Es sollte ein Lied sein, das die Leute schreiend aus den Häusern laufen lässt, um den Kampf gegen die imperialistischen Paläste zu wagen. Rio hat daraufhin das Lied ›Keine Macht für Niemand‹ geschrieben.«
Ob Reiser den Titel tatsächlich im Auftrag der RAF schrieb, lässt sich heute nicht mehr verifizieren – Reiser verstarb 1996. Zwei Jahre vor seinem Tod

schilderte er den Anstoß für den von ihm geschriebenen Text so: Eines Abends sei bei ihm in der Wohnung eine Frau erschienen, »ähnlich dem unbekannten Auftraggeber für Mozarts Requiem«: «Flüsternd und konspirativ bestellte sie eine Hymne für den bewaffneten Kampf, die dringendst gebraucht werde. Sie sollte die Wirkung haben, die Hörer schreiend hinaus aus den Hütten auf die Straßen und Gassen zu treiben, um den Sturm auf die Paläste zu wagen. Ich solle mich hurtig ans Werk machen. Sprach's und verschwand über die Hintertreppe im Winternebel ... Allerdings hinterließ sie keinen Beutel Gold-Dukaten, wie einst Mozarts ominöser Auftraggeber. ... Die Auftraggeber nahmen das Werk allerdings nicht ab. Wie aus zuverlässigen Quellen verlautete, wurde es auf der höchsten Kommandoebene der Firma RAF als Blödsinn, irrelevant und für den antiimperialistischen Kampf als unbrauchbar abgetan.«
Da Reiser nach seiner Schilderung keinen direkten Kontakt mit der RAF hatte, lässt sich nicht ausschließen, dass die Frau, die später der »Bewegung 2. Juni« angehörte, nicht im »Auftrag der RAF« handelte. Wie dem auch sei: Sicher ist jedenfalls, dass Reiser den Titel aufgrund einer Sympathie für Baaders »bewaffneten Kampf« texte. Diese Sympathie schwand bei Reiser aber später, nach mehreren blutigen RAF-Anschlägen.
Die Aufnahmen für die Doppel-LP »Keine Macht für Niemand« waren im Hamburger Alsterstudio am 30. April 1972 beendet (als letzter Titel wurde das Stück »Keine Macht für Niemand« aufgenommen, weil, so Reiser, es »am rockigsten und poppigsten von allen Songs« war) – also vor der »Mai-Offensive« der RAF.

64 Diese Behauptung ist falsch: Georg Linke hat sich nicht »dazwischen« geworfen, sondern wollte flüchten, als der Schütze ihn lebensgefährlich verletzte. Dies ergibt sich übereinstimmend aus allen Aussagen der unabhängigen Augenzeugen, ebenso aus den Feststellungen der beiden Strafurteile des Landgerichts Berlin vom 28. November 1974 (2 P Ks 171 Seite 37) und vom 21. Mai 1971 (2 P Kls 5/72, Seite 50 f.). Dazu oben Seite 180 ff.
In der 1977 erschienenen – maßgeblich von Baader und Ensslin zusammengestellten – RAF-Materialsammlung »texte: der RAF« wird »Linke« gar zu einem »Linken« – und damit der Sinn eines Satzes völlig entstellt: »Die Frage, ob die Gefangenenbefreiung auch dann gemacht worden wäre, wenn wir gewusst hätten, dass ein Linker dabei angeschossen wird – sie ist uns oft genug gestellt werden – kann nur mit Nein beantwortet werden.« (»texte: der RAF«, Seite 340 – richtig ist der Text wiedergegeben in: »Rote Armee Fraktion, Texte und Materialien zur Geschichte der RAF«, Seite 27, 30.)

65 Auch diese Behauptung ist falsch. Die ersten drei Schüsse wurden bei der Baader-Befreiung von dem Kommando abgegeben, wie alle Zeugen unabhängig voneinander erklärten. Auch dazu oben Seite 180 ff.

66 Inhaltlich ist es im Wesentlichen eine wortreiche Übertragung von Marighellas Theorie für einen Umsturz in Südamerika. Marighellas auf vier kleinformatigen Seiten im Kapitel »Die Unterstützung des Volkes« entwickelter Gedanke wird für die bundesdeutschen bzw. westeuropäischen Verhältnisse formuliert: Nach Marighella (»Mini-Handbuch des Stadtguerilla«, Seite 77 bis 81) muss die Guerilla durch ihre Aktionen die »Unterstützung des Volkes« gewinnen. Infolge weiterer Anschläge »weigert sich« das Volk, »mit den Behörden zusammenzuarbeiten«. Der »revolutionäre Krieg« schreite fort, durch »Guerilla-Aktionen« würden »die Massen für die Teilnahme am Kampf« gewonnen. Die »Rebellion« greife immer weiter um sich. Das bestehende System gehe unter.

67 Seit dem Rauswurf Mahlers aus der RAF ist die Meinung im RAF-Umfeld gespalten, ob es sich bei »Über den bewaffneten Kampf in Westeuropa« noch um eine Schrift der RAF handelt: In das 1977 erschienene – maßgeblich von Baader und Ensslin beeinflusste – Buch »texte: der RAF« wurde sie nicht aufgenommen. Auch in der 1987 erschienenen Dokumentation »Bundesrepublik Deutschland (BRD) Rote Armee Fraktion (RAF)« wurde sie von den Herausgebern verschwiegen. In dem 1997 veröffentlichten Quellenwerk »Rote Armee Fraktion: Texte und Materialien zur Geschichte der RAF« hingegen ist die Schrift abgedruckt – mit der Begründung (Seite 11), dass »der Text unter der Autorenschaft ›Kollektiv RAF‹ in der Öffentlichkeit lanciert« wurde. Wie dem auch sei: Jedenfalls dokumentiert diese Schrift, wie sich die RAF seinerzeit durch den von ihr betriebenen »bewaffneten Kampf« die Revolution in der Bundesrepublik vorstellte.

68 Gemeint sind die beiden RAF-Mitglieder Petra Schelm und Thomas Weisbecker sowie Georg von Rauch, ein Mitglied der »Blues«-Bewegung. Der vierundzwanzigjährige von Rauch war am 4. Dezember 1971 in Berlin von der Polizei gestellt worden, als er dabei war, ein »Dubletten«-Fahrzeug umzuparken. Ein Beamter forderte ihn auf, die Hände zu erheben. Von Rauch zog eine Pistole aus dem Hosenbund und schoss auf den Kriminalbeamten. Der schoss zurück – und traf von Rauch in den Kopf. Er war sofort tot. Alle drei kamen ums Leben, weil sie nach der von Ulrike Meinhof – keine zwei Jahre zuvor, im Juni 1970 – ausgegebenen Parole »Natürlich darf geschossen werden« zur Waffe griffen.

69 Zwei Verkäuferinnen in der Fleischabteilung des der Wohnung gegenüberliegenden »HL-Marktes« war Gudrun Ensslin in dieser Zeit deswegen aufgefallen, »weil sie besonders teure Wurst in großen Mengen kaufte« (Oberlandesgericht Stuttgart, Urteil vom 28. April 1977 – 2 StE 1/74, Seite 200).

70 Im »fragment über die struktur« (verfasst von ihr in der Stammheimer Haft, abgedruckt in: »texte: der RAF«, Seite 23 ff.). Das »fragment« richtet sich ge-

gen die »rädelsführertheorie«, wie Jan-Carl Raspe erklärt, nach der Andreas Baader Spiritus Rector der RAF ist (ebenda).

71 So die Feststellung des Oberlandesgerichts Stuttgart (Urteil vom 28. April 1977 – 2 StE 1/74, Seite 146).

72 Diese Erklärung schickte sie später – 1974 – über das »info I« (siehe dazu Seite 307 ff.) an alle in der Gruppe, die Baaders Vertrauen genießen. Der Text ist wiedergegeben in der Entscheidung des Oberlandesgerichts Stuttgart 2 StE 1/74 vom 28. April 1977, Seite 157.

73 Abgedruckt in: »texte: der RAF«, Seite 23 f. Jan-Carl Raspe erklärt zu dem Text zwei Tage nach Meinhofs Tod: »ulrike wollte das unbedingt in stammheim sagen.« Auszüge aus diesem Text enthält auch das Urteil des Oberlandesgerichts Stuttgart 2 StE 1/74 auf Seite 155 f.

74 Manfred Grashof hatte am 3. März 1972 in Hamburg den Polizeibeamten Hans Eckhardt niedergeschossen, der drei Wochen später an den Folgen starb. Die Beamten schossen zurück. Grashof wurde durch mehrere Schüsse verletzt.

75 Aussage am 13. April 1976 in einer Vernehmung durch Beamte des Bundeskriminalamts (Tagebuchnummer 110009/76, Seite 73): Der von Müller namentlich genannte Mann wurde später wegen eines RAF-Mordes verurteilt. Mittlerweile ist er aus der Haft entlassen, aufgrund der Begnadigung eines Ministerpräsidenten.

76 Das ist die Rufnummer der Zentrale des Springer Verlages in Hamburg.

77 Entgegen der Darstellung der RAF wird ihre Behauptung, der erste Anruf sei um 15.29 Uhr erfolgt, weder von den beiden Telefonistinnen noch von der Polizei bestätigt: Die beiden Telefonistinnen – Frau T. und Frau R. – erklärten, dass der erste Anruf sechs Minuten vor der Explosion einging, um 15.35 Uhr (»In einer Viertelstunde geht eine Bombe los«), und ein zweiter vier Minuten vor der Explosion, um 15.37 Uhr (»In fünfzehn Minuten geht eine Bombe hoch. Räumt sofort das Haus, ihr Schweine!« [Anklageschrift der Bundesanwaltschaft vom 26. September 1974 – 1 StE 1/74, Seite 268]). Auch die Polizei bestätigt – entgegen der Behauptung der RAF – deren Version nicht: Nach den Feststellungen der »Soko B/M« (Az. 1 BJs 6/71, Bericht vom 7. Mai 1973, Seite 11) erfolgten die beiden Anrufe vor der ersten Explosion um 15.36 Uhr« und »15.37 Uhr«.

78 Irmgard Möller in: Tolmein, »RAF – Das war für uns Befreiung« (Seite 66): »Deutlich machen wollten wir, dass es nirgendwo auf der Welt für diese Verbrechen ein ruhiges Hinterland gibt; wir wollten die Kräfte des Imperialismus zersplittern.«

79 So die Feststellungen des Oberlandesgerichts Stuttgart im Urteil vom 28. April 1977 (2 StE 1/74) zu Baader und zu Raspe (Seite 203–206). Für Meins – um den es in dem Urteil des Oberlandesgerichts Stuttgart nicht mehr

ging, weil er bereits verstorben war – ergibt sich das aus der Anklageschrift des Generalbundesanwalts vom 26. September 1974 (1 StE 1/74), Seite 323, unter Hinweis auf ein kriminalwissenschaftlich-chemisches Gutachten.

80 Hausner war am 21. Juli 1971 wegen seiner Zugehörigkeit zum »inneren Kreis« des SPK verhaftet worden. Ein halbes Jahr später – am 4. Februar 1972 – wurde sein Haftbefehl unter Auflagen außer Vollzug gesetzt. Am 18. März 1972 kam er zum letzten Mal seiner Meldeauflage nach. Anschließend ging er zur RAF in den Untergrund. Nach seiner Verhaftung am 19. Juni in Stuttgart wird er am 19. Dezember 1972 wegen seiner Beteiligung an Taten des SPK vom Landgericht Karlsruhe zu drei Jahren Jugendstrafe verurteilt. Nach Verbüßung der Haft schließt er sich der zweiten RAF-»Generation« an und überfällt am 24. April 1975 in einem RAF-Kommando die deutsche Botschaft in Stockholm. Dabei kommt es zu einer Sprengstoffexplosion, durch die Hausner schwer verletzt wird. An den Folgen stirbt er am 4. Mai 1975.

81 Bundesgerichtshof, Beschluss des Dritten Strafsenats vom 25. August 1972 (1 BJS 6/71), Seite 16.

82 Das Bundesverfassungsgericht (*Neue Juristische Wochenschrift* 1973, Seite 696, 698) fügt hinzu, es verkenne nicht, »dass mit diesem Ergebnis ein höchst unbefriedigender Rechtszustand aufgedeckt worden ist, dessen Aufrechterhaltung sich mit dem Interesse an einer geordneten Strafrechtspflege in keiner Weise vereinbaren lässt. Der Gesetzgeber wird daher die Voraussetzungen des Verteidigerausschlusses in naher Zukunft zu regeln haben.« Das tut der Bundestag, indem er ein entsprechendes Gesetz am 18. Dezember 1974 verabschiedet, das am 1. Januar 1975 in Kraft tritt. Siehe dazu Seite 338 f.

83 »4. Nachtragsbericht« zu dem »Ermittlungsverfahren gegen Baader, Meinhof u. a.« vom 7. Mai 1973 (Az. 1 BJs 6/71, Seite 123).

84 Gerhard Müller, der zusammen mit Ulrike Meinhof verhaftet wurde, erklärte gegenüber Beamten des Bundeskriminalamts (Aussage am 29. 4. 1976, Seite 141), Meinhof habe das Schreiben vom »kleinen Dicken« bei einem Treff in Hamburg kurz vor ihrer Verhaftung erhalten: »Der ›kleine Dicke‹ hatte das Schreiben aus Berlin mitgebracht und sagte, dass es von Gudrun Ensslin aus dem Knast stamme.« Wenige Tage später, am 3. Mai 1976, nach Vorlage von Lichtbildern, erklärte Gerhard Müller gegenüber BKA-Beamten, er sei sich »ziemlich sicher«, dass es sich bei dem »kleinen Dicken« um Wilfried Böse handle (Müller-Aussagen, Seite 157). Wilfried Böse kam am 4. Juli 1976 in Entebbe/Uganda ums Leben, als er zusammen mit einem palästinensischen Kommando ein Air-France-Flugzeug entführte und die Geiselnahme durch ein israelisches Kommando beendet wurde.

85 Am 20. 5. 1973 in einem Kassiber an Horst Mahler, abgedruckt in: Bakker Schut, »das info«, Seite 21.

86 Bundeskriminalamt – ST 31 –: »Bericht über die Auswertung des am 16. 7. bzw. 18. 7. 1973 in den Zellen von acht RAF-Gefangenen gefundenen Beweismaterials« vom April 1974, Seite 94.

87 Der Kassiber wurde am 4. Februar 1974 in einer konspirativen Wohnung der RAF-Nachfolgegruppe-Gruppe »4. 2.« in Frankfurt, Eleonore-Sterzing-Straße 56, gefunden (Urteil des Landgerichts Hamburg vom 28. September 1976 – (38) 42/75, Seite 51). Der Text ist abgedruckt in: Bundesministerium des Inneren, »Dokumentation über die Aktivitäten anarchistischer Gewalttäter in der Bundesrepublik Deutschland«, Seite 85 ff.

88 Handschriftliche Notiz von Jan-Carl Raspe vom Juli 1973, Alfred Klaus: »Zur Kampagne gegen die Justiz«, Seite 5.

89 Brief von Astrid Proll an Marianne Herzog, vom BKA 1972 beschlagnahmt, ebenda, Seite 6.

90 Ebenda, Seite 7.

91 Ulrike Meinhof an Horst Mahler am 20. Mai 1973. Das Schreiben ist abgedruckt bei Bakker Schut, »das info«, Seite 19 ff., 24. Das Schreiben ging als »Zellenzirkular« auch an andere Häftlinge (Klaus, a. a. O., Seite 7, Fußnote 4).

92 Der Text ist wiedergegeben in dem »Bericht über die Auswertung des am 16. 7. bzw. 18. 7. 1973 in den Zellen von acht RAF-Gefangenen gefundenen Beweismaterials« des Bundeskriminalamts – ST 31 – vom April 1974, Seite 73.

93 Abgedruckt in: Bundesministerium des Inneren, »Dokumentation über die Aktivitäten anarchistischer Gewalttäter in der Bundesrepublik Deutschland«, Seite 56 f.

94 Baaders Anweisungen wurden am 4. Februar 1974 in konspirativen Wohnungen der RAF in Hamburg und Frankfurt gefunden. Der gesamte Text – voller Hinweise von Andreas Baader an die RAF-Sympathisanten, wie Bomben herzustellen sind – ist abgedruckt in: Bundesministerium des Inneren, »Dokumentation über die Aktivitäten anarchistischer Gewalttäter in der Bundesrepublik Deutschland«, Seite 65 ff., 67.

95 »texte: der RAF«, Seite 546. Wer diesen Text verfasste, ist nicht bekannt.

96 Abgedruckt in: Bundesministerium des Inneren, »Dokumentation über die Aktivitäten anarchistischer Gewalttäter in der Bundesrepublik Deutschland«, Seite 36 ff., 45.

97 Rechtsanwalt Groenewold wird später für seine Mitwirkung am Info-System vom Landgericht Stuttgart (Urteil vom 10. Juli 1978 – 1 StE 2/76) wegen »Unterstützung einer kriminellen Vereinigung« zu zwei Jahren Gefängnis auf Bewährung und der Auflage verurteilt, 75 000 Mark an den Unterstützungsfonds der Hamburger Polizei zu zahlen. Rechtsanwalt Croissant, er war Anwalt von sechzehn RAF-Mitgliedern, verurteilt das Landgericht

Stuttgart (Urteil vom 16. Februar 1979 – XII KLs 97/76) – für seine Mitwirkung am »Funktionieren« des »info« in der Zeit »von Juni 1973 bis Ende 1974« (Seite 300, 347 des Urteils) – zu zweieinhalb Jahren Freiheitsstrafe und einem Berufsverbot von vier Jahren.

98 So die Feststellungen der Bundesanwaltschaft in dem Verfahren 1 BJs 105/77 (Anklage gegen Arndt Müller und Armin Neverla vom 4. August 1978, Seite 35).

99 Die von Pieter Bakker Shut herausgegebene Materialsammlung »das info« enthält als letzten Beitrag (Seite 319 ff.) ein »papier aus sthm« (sthm = Stammheim) vom »1. 9. 77« mit dem Verfasserkürzel »g«, dem von Gudrun Ensslin im »info« verwendeten Kürzel.

100 Schreiben vom 9. April 1973, Aktenzeichen: 2 Js 357/71.

101 Das bedeutet, dass sich Grashof vor und nach jedem Verteidigerbesuch ausziehen und durchsuchen lassen muss.

102 § 119 Absatz 1 Satz 1 Strafprozessordnung: »Der Verhaftete darf nicht mit anderen Gefangenen in demselben Raum untergebracht werden.«

103 Schreiben vom 6. Januar 1974, beschlagnahmt bei Rechtsanwalt Groenewold am 23. Juni 1975 (wiedergegeben in: Klaus, »Zur Kampagne gegen die Justiz« (1983), Seite 67).

104 Gefunden wurde das Schreiben am 16. Juli 1973 bei der Durchsuchung der Zellen von acht RAF-Mitgliedern; Klaus, »Zur Kampagne gegen die Justiz« (1983), Seite 68.

105 Müllers »Zellenzirkular« vom 5. März 1973 wurde am 16. Juli 1973 beschlagnahmt (Klaus, »Zur Kampagne gegen die Justiz«, Seite 127, 223).

106 Hungerstreikerklärung vom 8. Mai 1973. Abgedruckt in: »Rote Armee Fraktion, Texte und Materialien zur Geschichte der RAF«, Seite 187 ff., 190.

107 Das Schreiben vom 3. Juli 1973 wurde in den Zellen von sechs RAF-Häftlingen am 16. Juli 1973 gefunden (Klaus, »Zur Kampagne gegen die Justiz«, Seite 137).

108 Gefunden wurde das Schreiben in den Zellen mehrerer RAF-Häftlinge am 16. Juli 1973 (Klaus, »Zur Kampagne gegen die Justiz«, Seite 137; der vollständige Text ist abgedruckt in: Bundesministerium des Inneren, »Dokumentation über die Aktivitäten anarchistischer Gewalttäter in der Bundesrepublik Deutschland«, Seite 17 ff., 19).

109 Herausgegeben am 2. Juli 1973 (Klaus, »Zur Kampagne gegen die Justiz«, Seite 137 f.).

110 Gefunden wurde das Schreiben am 4. Februar 1974 in einer RAF-Wohnung in der Eleonore-Sterling-Straße 56 in Frankfurt. Der Text ist abgedruckt in: Bundesministerium des Inneren, »Dokumentationen über Aktivitäten anarchistischer Gewalttäter in der Bundesrepublik Deutschland«, Seite 99 ff.

111 Ensslin meint eine Erklärung, die Ulrike Meinhof als Angeklagte in dem Baader-Befreiungs-Prozess vor dem Landgericht Berlin abgeben soll. Meinhofs Rede ist abgedruckt in: »Rote Armee Fraktion, Texte und Materialien zur Geschichte der RAF«, Seite 190 ff.

112 Ulrike Meinhof am 11. Oktober 1974 an »pe« – »Peggy« ist der Deckname von Irene Goergens (der Text ist abgedruckt in: Bakker Shut, »das info«, Seite 178).

113 Handschriftliche Notiz von Ensslin vom 23. Oktober 1974 an Irene Goergens (wiedergegeben in: Klaus, »Zur Kampagne gegen die Justiz«, Seite 147).

114 Der gesamte Text ist abgedruckt in: »Rote Armee Fraktion, Texte und Materialien zur Geschichte der RAF«, Seite 192 f.

115 »info«-Beitrag vom 7. November 1974 (wiedergegeben in: Klaus, »Zur Kampagne gegen die Justiz«, Seite 148).

116 Holger Meins, Bericht zur Zwangsernährung, Wittlich, 11. Oktober 1974, Seite 1.

117 Holger Meins, Schreiben vom 1. November 1974 im »info« (abgedruckt in: Bakker Shut, »das info«, Seite 183 ff., 184).

118 Holger Meins am 9. März 1974, eine Kopie dieses Schreibens wurde am 24. März 1975 in der Zelle von Gudrun Ensslin gefunden (wiedergeben in: Klaus, »Zur Kampagne gegen die Justiz«, Seite 149).

119 Theodor Prinzing ist der Vorsitzende des Zweiten Strafsenats des Oberlandesgerichts Stuttgart. Dieser Senat wurde mit Erhebung der Anklage des Generalbundesanwalts im September 1974 für die Haftbedingungen von Baader, Meinhof, Ensslin, Raspe und Meins zuständig.

120 Der Zusammenhang, in dem Schily das erklärte: »Wenn sich jetzt die Öffentlichkeit … durch die Propaganda, die von verschiedensten Stellen betrieben wird, durch die Verschleierung der Isolation … irritieren lässt; wenn die Öffentlichkeit weiterhin bereit ist, hinzunehmen, dass die im Hungerstreik befindlichen Gefangenen in Raten hingerichtet werden, wäre das ein alarmierender Hinweis auf den Zustand unserer Gesellschaft.«

121 *Der Spiegel* vom 20. Januar 1975 (4/75), Seite 52 ff., 56.
Die »Bewegung 2. Juni« handelte bereits einen Tag nach dem Tod von Meins, weil sie die Entführung von Peter Lorenz und ein »Volksgefängnis« für ihn vorbereitet hatte. Nach der Nachricht von Meins' Tod sagten sich Mitglieder des »2. Juni«: »Man muss irgendetwas tun«, berichtet Gabriele Rollnik, damals beim »2. Juni«. »Das kann man nicht so einfach hinnehmen.« So entscheidet sich der »2. Juni«, Drenkmann zu entführen: »Da wir dieses Volksgefängnis schon eingerichtet hatten, konnten wir spontan, ohne langfristige Vorbereitung die Entführung in Angriff nehmen«, blickt Rollnik zurück. Die Entführung – statt Lorenz nun Drenkmann – scheitert durch den Tod des Kammergerichtspräsidenten.

122 Ausgangspunkt für diese Überlegung war ein Artikel, den der DDR-Anwalt in der April-Ausgabe von *dasda* 1974 – Röhls Nachfolgeblatt von *konkret* – über das anstehende Strafverfahren geschrieben hatte. Kaul erklärte, dass man »schon im Interesse der historischen Wahrheit« bei Ulrike Meinhof nicht unbeachtet lassen dürfe, dass sie »die menschliche Größe aufgebracht hat, für die Verwirklichung ihrer Idee alles zu opfern: Familie, Kinder, Beruf und darüber hinaus sogar dafür ihr Leben aufs Spiel setzte«. Daraufhin sprach Meinhofs Verteidiger Heinrich Hannover mit Kaul, der deutlich machte, bereit zu sein »mit zu verteidigen«. Nach diesem Gespräch schrieb Rechtsanwalt Hannover am 8. April 1974 an die Häftlinge und an seine Verteidiger-Kollegen: Für Kaul gehe es »darum, wie er sich ausdrückte, Ulrike ›Flankenschutz zu geben‹«: »Er äußerte sich auch mündlich sehr anerkennend über ihre politische Leistung.« Hannover erklärte weiter, er selbst würde »eine Beteiligung von Kaul am Stuttgarter Prozess ... für wichtig halten« und »daß ich mit ihm ungeheuer gern zusammenarbeiten würde«. Baader antwortete aus der Zelle am 17. April 1974 zurückhaltend: »Kaul muss man mal sehen ... voraussetzung ist, dass er sich auf unsere konzeption der verteidigung einlässt zu unseren bedingungen: blockverteidigung, die linie nach der diskussion der gefangenen, redaktion des pladoyers durch die gefangenen.«
Der Gedanke, Kaul mit in die Verteidigermannschaft zu holen, wurde in den nächsten Monaten weiterdiskutiert, aber schließlich nicht realisiert.

123 Dies alles wurde so vom Zweiten Strafsenat des Oberlandesgerichts Stuttgart angeordnet. Am 12. Dezember 1975 erklärte der Senat in einem Beschluss (2 StE 1/74, Seite 2) auf die Anträge Baaders und Ensslins, »die gegen sie bestehenden Haftbefehle außer Vollzug zu setzen«: »Die Angeklagten Baader und Ensslin haben, um über hinreichende soziale Kontakte zu verfügen, die Möglichkeit, täglich acht Stunden gemeinsam mit den Angeklagten Raspe beziehungsweise Meinhof zu verbringen und ... zu viert zusammen zu sein. Diese Möglichkeit wurde eingeräumt, obwohl die Angeklagten der Mittäterschaft dringend verdächtig sind und Mittäter sonst streng getrennt gehalten werden; obwohl ferner der Haftvollzug unter dem strengen Grundsatz der Trennung von Frauen und Männern steht.«

124 Beschluss des Zweiten Strafsenats des Oberlandesgerichts Stuttgart vom 12. Dezember 1975 (2 StE 1/74), Seite 2 – ergangen auf die Anträge von Baader und Ensslin, »die gegen sie bestehenden Haftbefehle außer Vollzug zu setzen«.

125 Die Beschwerde wurde im Juli 1976 erhoben. Die Entscheidung erging am 8. Juli 1978, also neun Monate nach dem Tod von Baader, Ensslin und Raspe (Europäische Grundrechte 1978, Seite 314).

126 Siehe dazu oben, Seite 301 ff.

127 Bei dem Zeitpunkt der Entscheidung hat sich der Abgeordnete um ein Jahr vertan: Der Beschluss des Bundesverfassungsgerichts erging nicht – wie Lenz behauptet – 1974, sondern tatsächlich bereits ein Jahr zuvor (Bundesverfassungsgericht, Beschluss vom 14. 2. 1973 – 2 BvR 667/72, abgedruckt in *Neue Juristische Wochenschrift* 1973, Seite 696).

128 »Gesetz zur Ergänzung des Ersten Gesetzes zur Reform des Strafverfahrens vom 20. Dezember 1974«.

129 Bundesgerichtshof, Urteil vom 3. 5. 1978 – 3 StR 91/78 (abgedruckt in: *Juristische Rundschau* 1979, Seite 32).

130 So beispielsweise auch die Feststellungen des Oberlandesgerichts Stuttgart im Urteil vom 14. Dezember 1978 (2 – 1 StE 2/78, Seite 18) in dem Strafverfahren gegen Volker Speitel und Hans-Joachim Dellwo: »Die Kontakte von und nach draußen liefen ... bis zum Inkrafttreten der Neufassung des § 148 Abs. 2 StPO und der Einführung des § 148 a StPO am 20. September 1976 über die Verteidigerpost, danach wurden solche Schriftstücke von ... den Rechtsanwälten ... unter Umgehung der Kontrollen von und zu den Häftlingen in die Justizvollzugsanstalt gebracht.« Um eine solche persönliche Übergabe zu verhindern, wird zwei Jahre später § 148 Absatz 2 der Strafprozessordnung abermals geändert: Danach »sind für das Gespräch zwischen dem Beschuldigten und dem Verteidiger Vorrichtungen vorzusehen, die die Übergabe von Schriftstücken und anderen Gegenständen ausschließen«. Seither gibt es die so genannte »Trennscheibe« bei Verteidigergesprächen in derartigen Verfahren.

131 Später wird von Plottnitz hessischer Justizminister, von April 1995 bis April 1999 – als Abgeordneter von Bündnis 90/Die Grünen.

132 Abschrift des Tonbandmitschnittes der Verhandlung, Band 102/Be, Seite 12 bis 15.

133 Brief von Andreas Baader an »rechtsanwalt claus croissant« vom 17. April 1974, geschickt als »Verteidigerpost«.

134 Dieses und die folgenden Zitate stammen aus acht Schreiben, die nach Meinhofs Tod in der RAF-Etage in Stammheim von der Polizei sichergestellt wurden. Die Papiere tragen kein Datum. Aus einzelnen Angaben ergibt sich, wie zum Beispiel durch den Hinweis auf ein Ruhland-Interview in *Der Spiegel* am 1. März 1976, dass die Papiere zwischen März und Mai 1976 verfasst wurden.

135 Bundesrichter Mayer und Chefredakteur Kremp kennen sich seit 15 Jahren. Eine Verbindungs-Verbindung zwischen »Cartellbrüdern«. So schließt Mayer seinen Brief auch mit den Worten: »Ich sah Dich im Übrigen kürzlich zu mitternächtlicher Stunde in Jahn's Keller nach dem Festkommers in München und wechselte, neben Dir stehend, mit Franz Josef Strauß ein paar Worte. Ich hätte Dich gerne begrüßt, wollte aber nach dieser Störung die er-

sichtlich angeregte Unterhaltung zwischen Dir und FJS nicht noch länger unterbrechen.
Mit herzlichen Grüßen bin ich Dein gez.
Albrecht Mayer.«

136 Wortlaut des § 34 StGB – »Rechtfertigender Notstand«: »Wer in einer gegenwärtigen, nicht anders abwendbaren Gefahr für Leben, Leib, Freiheit, Ehre, Eigentum oder ein anderes Rechtsgut eine Tat begeht, um die Gefahr von sich oder einem anderen abzuwenden, handelt nicht rechtswidrig, wenn bei Abwägung der widerstreitenden Interessen, namentlich der betroffenen Rechtsgüter und des Grades der ihnen drohenden Gefahren, das geschützte Interesse das beeinträchtigte wesentlich überwiegt. Das gilt jedoch nur, soweit die Tat ein angemessenes Mittel ist, die Gefahr abzuwenden.«

137 Ein Ermittlungsverfahren gegen die beiden baden-württembergischen Minister Bender und Schieß stellt die Staatsanwaltschaft Stuttgart ein. Die Beschwerde der Rechtsanwälte weist der Generalstaatsanwalt in Stuttgart im Oktober 1978 wegen einer »Notstandslage« als »unbegründet« zurück – angesichts der »außergewöhnlichen Gegebenheiten, in denen mit schwerwiegenden Straftaten zu rechnen war«. Wegen der »ganz besonderen Umstände des Falles« seien die Abhörmaßnahmen »ein angemessenes Mittel zur Gefahrenabwehr in einer Ausnahmesituation« gewesen.

138 »GUERILLA, WIDERSTAND UND ANTIIMPERIALISTISCHE FRONT« (Mai 1982, abgedruckt in: Marat, »widerstand heißt angriff!«, Seite 87 ff., 90).

139 Erklärung des RAF-»Kommando Sigurd Debus« nach dem Ramstein-Anschlag im August 1981 (abgedruckt in: Marat, »widerstand heißt angriff!«, Seite 70).

140 Das zwanzigseitige Papier »GUERILLA, WIDERSTAND UND ANTIIMPERIALISTISCHE FRONT« stammt vom Mai 1982.

141 Baaders Schreiben ist abgedruckt in: Bundesministerium des Inneren, »Dokumentation über die Aktivitäten anarchistischer Gewalttäter in der Bundesrepublik Deutschland«, Seite 85 ff., 90.

142 »baw« = Bundesanwaltschaft, »3 strafsenat« = Dritter Strafsenat des Bundesgerichtshofs in Karlsruhe. Er ist in zahlreichen Fällen zuständig für die Rechtsmittel gegen die Entscheidungen, die gegen die inhaftierten RAF-Mitglieder ergehen.

143 Baaders Schreiben ist abgedruckt in: Bundesministerium des Inneren, »Dokumentation über die Aktivitäten anarchistischer Gewalttäter in der Bundesrepublik Deutschland«, Seite 99 ff., 100.

144 Urteil der Großen Strafkammer 8 des Landgerichts Hamburg am 28. September 1976 ([38] 42/75), Seite 3. Die sieben anderen Mitglieder der »Gruppe 4. 2.« – so genannt nach dem Datum ihrer Verhaftung im Jahr 1974 – wer-

den von dem Gericht zu Freiheitsstrafen zwischen zwei und fünf Jahren verurteilt.

145 So die Feststellungen des Oberlandesgerichts Düsseldorf in der Strafsache gegen Taufer, Dellwo, Rößner und Krabbe (Urteil vom 20. Juli 1977 – IV 15/75, Seite 25).

146 Lorenz, Jahrgang 1922, war Spitzenkandidat der CDU für die drei Tage nach seiner Entführung stattfindende Wahl zum Berliner Abgeordnetenhaus. Während er im »Volksgefängnis« seiner Entführer im Keller eines Kreuzberger Secondhandladens in der Schenkendorffstraße 7 sitzt, wird die CDU mit 44 Prozent der Stimmen erstmals stärkste Partei im Abgeordnetenhaus – vier Jahre zuvor hatte sie 38 Prozent erreicht. Viele sprechen vom »Lorenz-Effekt«. Für einen Regierungswechsel aber reicht es nicht. Die SPD regiert weiter – in einer Koalition mit der FDP. Von 1982 bis 1987 wird Lorenz Parlamentarischer Staatssekretär im Bonner Kanzleramt bei Helmut Kohl. Er stirbt am 6. Dezember 1987.

147 Nach der Lorenz-Entführung ergibt eine Emnid-Meinungsumfrage, dass 61 Prozent der Bundesbürger die »Forderung nach Freilassung aller Baader-Meinhof-Mitglieder im Austausch gegen Politiker« ablehnen und 38 Prozent sie erfüllen würden. Außerdem sprechen sich nach dieser Entführung 57 Prozent der Befragten dafür aus, in Deutschland wieder die Todesstrafe einzuführen (*Der Spiegel* vom 10. März 1975, Seite 22).

148 Für Altkanzler Helmut Schmidt war es in der Rückschau »der größte Fehler, den ich mir vorwerfe, dass ich bei der Lorenz-Entführung gegen meinen inneren Instinkt nachgegeben habe«. Er lag damals mit der Tropenkrankheit und über vierzig Grad Fieber im Bett. An dem Abend, als im Kanzleramt die Entscheidung für einen Austausch gefällt wurde, machte ihn – wie Schmidt berichtet – ein Arzt »mit Spritzen künstlich vernehmungsfähig«: »Alle, die bei mir saßen, waren sich einig, dass sie austauschen wollten. Ich habe nicht dagegengeredet, sondern habe gesagt: ›Na gut, dann machen wir das so.‹ Das werfe ich mir noch heute vor. Es war ein schwerer Fehler, denn es hat die Terroristen ermutigt, erneut Geiseln zu nehmen. Und außerdem haben die damaligen Lorenz-Geiselnehmer anschließend wieder gemordet.«

149 Fest steht bis heute nur, dass tatsächlich die von den Tätern angebrachten Sprengladungen explodierten. Wer die Explosion auslöste, konnte das Oberlandesgericht Düsseldorf (Urteil vom 20. Juli 1977 – IV – 15/75) in dem Strafverfahren gegen Taufer, Dellwo, Rößner und Krabbe nicht klären. Nach den Feststellungen des Gerichts ist ausgeschlossen, dass die Explosion von den Tätern gemeinsam, der Polizei absichtlich oder einer Geisel verursacht wurde (Seite 81 f. des Urteils): »Als auslösende Faktoren der Sprengung kommen Unachtsamkeit der Täter, unbedachte Bewegungen der Geiseln, eigenmächtiges Zünden der vorbereiteten Sprengladungen durch einen Mit-

täter oder ein anlage- oder umweltbedingtes technisches Versagen in Betracht.« Mit dieser Feststellung wies das Gericht die in der Verhandlung von Rößners Anwalt Hans-Christian Ströbele erhobene Behauptung zurück, »die Explosion sei von einer Spezialeinheit der deutschen Staatsschutzbehörden ausgelöst worden« (Seite 137).

150 Das Oberlandesgericht Düsseldorf verurteilt Taufer, Dellwo, Rößner und Krabbe am 20. Juli 1977 (IV – 15/75) wegen Mordes in zwei Fällen zu lebenslanger Freiheitsstrafe. Siegfried Haag wird am 19. Dezember 1979 vom Oberlandesgericht Stuttgart (5–1 StE 3/77) wegen Beihilfe zum Mord in zwei Fällen und anderer Delikte zu fünfzehn Jahren Freiheitsstrafe verurteilt.

151 Das ist sein offizieller Todestag (Oberlandesgericht Düsseldorf IV – 15/75, Urteil vom 20. Juli 1977, Seite 84), auch wenn Sie gleich lesen werden, dass sein Komplize Karl-Heinz Dellwo meint, er sei bereits einen Tag eher verstorben.

152 Haag und Mayer verurteilt das Oberlandesgericht Stuttgart am 11. Juli 1979 zu vierzehn und zwölf Jahren Freiheitsstrafe, unter anderem wegen Rädelsführerschaft in einer terroristischen Vereinigung. Außerdem verurteilt das Oberlandesgericht Stuttgart Haag am 19. Dezember 1979 wegen seiner Beteiligung an dem Überfall auf die deutsche Botschaft in Stockholm zu fünfzehn Jahren Gefängnis, unter anderem wegen Beihilfe zum Mord in zwei Fällen und Beihilfe zur Geiselnahme.

153 Acht Jahre später, im Juni 1984, verabschiedet sich Siegfried Haag von der RAF – mit einem Schreiben an Brigitte Mohnhaupt und andere: »Ich mache da nicht mehr mit. Ich will nicht mehr. Es handelt sich um meine ganz persönliche Entscheidung.« Zwei weitere Jahre später – 1986 – bekennt er öffentlich, »die Handlungsweise der RAF hat sich als falsch herausgestellt«: »Es hat all die Jahre gebraucht, um zu dem Ergebnis zu kommen, diese Politik muss ich aufgeben, sie ist falsch.« (Interview in *Frankfurter Rundschau* vom 2. September 1986.)

154 Meinhof erhängte sich am 9. Mai 1976 in ihrer Zelle in Stuttgart-Stammheim.

155 1 P KLs 11/73 [13/73], Seite 2.

156 Der Begriff »Offensive '77« wird von RAF und Justiz übereinstimmend gebraucht: Von der RAF beispielsweise in dem Strategiepapier »Guerilla, Widerstand und antiimperialistische Front« (abgedruckt in: »Rote Armee Fraktion, Texte und Materialien zur Geschichte der RAF«, Seite 291 ff.), von der Justiz unter anderem im Urteil des Oberlandesgerichts Stuttgart in der Strafsache gegen Mohnhaupt und Klar (vom 2. April 1985 – 5–1 StE 1/83, Seite 38 ff.).

157 Das berichtete Brigitte Mohnhaupt vor dem Oberlandesgericht Stuttgart am 4. Dezember 1984 (ihre Erklärung ist abgedruckt in: »Rote Armee Frakti-

on, Texte und Materialien zur Geschichte der RAF«, Seite 312). Baader hatte in einem »info«-Beitrag am 20. Mai 1975 geschrieben: »sie (*die guerilla*) kommt eben nicht aus dem ›nichts‹. sie kommt aus der bewegung ... der schlüssel ist krieg – nicht die freuden des guerilladaseins« (Baaders Text ist abgedruckt in: Bakker Schut, »das info«, Seite 214 ff., 216).

158 Bereits die Gruppe »4. 2.« war von Baader aufgefordert worden: »angreifen: so weit oben wie möglich – an der spitze ... baw« (»angreifen« bedeutet in der Diktion der RAF einen Anschlag verüben, »baw« ist das Kürzel für »Bundesanwaltschaft«).
Aus den bei Haag und Mayer gefundenen Papieren schlossen die Ermittler (Anklageschrift gegen Mohnhaupt und Klar vom 14. März 1983 – 1 BJs 86/80–5, Seite 57 f.), dass die Ermordung des Generalbundesanwalts zunächst Anfang Dezember 1976 erfolgen sollte: Diesen Unterlagen entnahmen sie, dass »die Entscheidung (›Turning point‹) über den genauen Ablauf der Aktion auf den 3. Dezember 1976 festgelegt« worden war. Die Mitglieder hätten – so entschlüsselten die Beamten die Papiere weiter – bereits ein Treffen für »nach der Aktion« festgelegt, am 7. Dezember in Hannover, im »Wienerwald« in der Limmerstraße. Nach diesen Erkenntnissen waren Haag und Mayer bei ihrer Festnahme am 30. November 1976 auf dem Weg zur ab 1. Dezember angemieteten »Commandowohnung«. Wegen der Verhaftung von Haag und Mayer sei die Aktion »zunächst nicht durchgeführt« worden. Die »Commandowohnung« wurde nicht entdeckt. Jetzt – Frühjahr 1977 – sollte Baaders Idee endgültig in die Tat umgesetzt werden.

159 Heft 4/1975, Seite 52.

160 Nach den Feststellungen des Zweiten und des Fünften Strafsenats des Oberlandesgerichts Stuttgart (Urteile vom 31. Juli 1980 – 2–1 StE 5/79 [Folkerts], Seite 5, und vom 2. April 1985 – 5–1 StE 1/83 [Mohnhaupt/Klar], Seite 49, 217 f.) handelt es sich bei Klar, Sonnenberg und Folkerts um die drei, die im Fluchtwagen saßen. Wer von ihnen was tat, vermochten beide Senate nicht zu klären. Auch Brigitte Mohnhaupt wurde für diese Tat wegen »dreier in rechtlich einer Handlung begangenen Morde« verurteilt (Fünfter Senat a. a. O., Seite 4, 216–218). Das Gericht konnte aber nicht feststellen, dass »sich die Angeklagte Mohnhaupt am Tatort oder im Umfeld aufgehalten hätte« (a. a. O., Seite 49).

161 Tatsächlich verging eine Woche, bevor das Schreiben bei den elf Redaktionen einging, auch wenn es in der RAF-Quellensammlung, »Texte und Materialien zur Geschichte der RAF« (Seite 267) heißt, der Text sei eine »Erklärung vom 7. April 1977« (das Original enthielt dieses Datum nicht, auch kein anderes [eine Kopie von ihm befindet sich in dem Urteil des Oberlandesgerichts Stuttgart vom 2. April 1985 – 5–1 StE 1/83 – Mohnhaupt/Klar]). Ausweislich der Poststempel aller Umschläge wurden die Schreiben erst am

13. April 1977 in Düsseldorf und Duisburg aufgegeben. Nicht klar ist, warum die Schreiben erst nach fast einer Woche abgeschickt wurden. Dies ist – vermutet BKA-Mann Alfred Klaus (TE 13–130027/77, Bericht vom 28. April 1977, Seite 4) »möglicherweise auf die sofort angeordnete Isolierung der angeklagten Führungskader der RAF in der JVA Stuttgart-Stammheim zurückzuführen«. Mit anderen Worten: Das Kommando wartete möglicherweise so lange mit der Erklärung, weil es das Okay für den Text von der siebenten Etage bekommen wollte.

162 Heft 4/1975, Seite 52, 53.

163 Von einer »zusammengeschmolzenen Truppe der Terroristen« hätte Schmidt wohl kaum gesprochen, wenn er geahnt hätte, wie emsig Brigitte Mohnhaupt in dieser Zeit die Gruppe im Untergrund aufbaute und was er dadurch in den nächsten Monaten erleben würde.

164 Herold erfüllte sein Gelübde: Die drei unmittelbar an der Tat Beteiligten – Christian Klar, Günter Sonnenberg und Knut Folkerts – wurden gefasst und zu lebenslanger Haft verurteilt. Klar unter anderem wegen des Mordes an Buback und seinen Begleitern (Oberlandesgericht Stuttgart, Urteil vom 2. April 1985 – 5–1 StE 1/83 [Mohnhaupt/Klar] – die Revision des Angeklagten gegen diese Entscheidung wurde vom Bundesgerichtshof verworfen, Beschluss vom 16. Juli 1986 – 3 StR 120/86); Folkerts durch Urteil des Oberlandesgerichts Stuttgart vom 31. Juli 1980 (2–1 StE 5/79). Günter Sonnenberg verurteilte das Oberlandesgericht Stuttgart am 26. April 1978 zu lebenslanger Haft wegen versuchten Mordes – wegen einer Schießerei in Singen am 3. Mai 1977 und anderer Delikte. Das Verfahren gegen ihn wegen der Morde an Buback und seinen Begleitern wurde am 15. Januar 1982 in Anbetracht der verhängten lebenslangen Freiheitsstrafe eingestellt (§ 154 Strafprozessordnung). Auch Brigitte Mohnhaupt wurde zu lebenslanger Freiheitsstrafe verurteilt, unter anderem wegen der Morde an Buback und seinen beiden Begleitern (Oberlandesgericht Stuttgart, Urteil vom 2. April 1985, a. a. O.).

165 Brigitte Mohnhaupt, Christian Klar und Peter-Jürgen Boock wurden als Mittäter an der Ermordung und versuchten Entführung von Ponto zu lebenslangen Freiheitsstrafen verurteilt (Oberlandesgericht Stuttgart, Urteile vom 2. April 1985 – 5–1 StE 1/83 [Mohnhaupt/Klar] und vom 7. Mai 1984 – 2–1 – StE 5/81 [Boock]). Susanne Albrecht wurde wegen Mordes an Ponto und einer anderen Tat unter Anwendung der Kronzeugenregelung zu zwölf Jahren Freiheitsstrafe verurteilt (Oberlandesgericht Stuttgart, Urteil vom 3. Juni 1991 – 5–2 StE 4/90). Willy-Peter Stoll kam am 6. September 1978 ums Leben, als ihn Polizeibeamte festnehmen wollten und ihn ein Beamter in Notwehr erschoss.

166 Vor der Albrecht-Aussage im Jahr 1991 gingen auch die Gerichte von einem

Gerangel zwischen Ponto und dem damals noch unbekannten Mann aus: Der Zweite Strafsenat des Oberlandesgerichts Stuttgart (im Urteil vom 7. Mai 1984 – 2–1 – StE 5/81 [Boock], Seite 54) stellte fest: »Während sich Jürgen Ponto so heftig wehrte, löste sich aus dieser Waffe ein Schuss ...« Der Fünfte Strafsenat des Oberlandesgerichts Stuttgart (Urteil vom 2. April 1985 – 5–1 StE 1/83 [Mohnhaupt/Klar], Seite 63) schrieb: »Angesichts des entschlossenen Widerstandes von Ponto erkannten die Täter, dass die beabsichtigte Entführung unmöglich geworden und die ›Aktion‹ gescheitert war.«

167 Susanne Albrecht berichtet nach ihrer Festnahme 1990, dass es innerhalb der zweiten RAF-»Generation« (bis zum Jahr 1980) drei Geheimnisse gab, über die die Eingeweihten Stillschweigen bewahrten – gegenüber anderen Gruppenmitgliedern und Unterstützern. »Zweites Geheimnis« seien »die Selbstmorde in Stammheim« gewesen, da die Wahrheit »nicht in das politische Selbstverständnis der ›RAF‹ gepasst« hätte. »Drittes Geheimnis«: die »Drogensucht« von Peter-Jürgen Boock. Auch sie – so Albrecht – »durfte nicht nach draußen dringen«.

168 Urteil vom 3. Juni 1991 – 5 – StE 4/90, Seite 12.

169 Um welche RAF-Mitglieder es sich bei dem Ehepaar »Ellwanger« handelte, ist bis heute ungeklärt.

170 Sie wurde am 13. Dezember 1976 nach dem RAF-Bankraub in Wien festgenommen. Die anderen – mindestens zwei – Täter entkamen unerkannt. Waltraud Boock wird dafür in Wien zu zwölfeinhalb Jahren Gefängnis verurteilt.

171 Oberlandesgericht Stuttgart, Urteil vom 2. April 1985 – 5–1 StE 1/83 [Mohnhaupt/Klar], Seite 265.

172 So fuhr beispielsweise Knut Folkerts, der ebenfalls mit in Karlsruhe war, um 16.01 Uhr mit dem Zug vom Hauptbahnhof Karlsruhe ab, Richtung Basel (Urteil des Oberlandesgerichts Stuttgart vom 2. April 1985 – 5–1 StE 1/83, Seite 79, 261). Auch Peter-Jürgen Boock flüchtete in einem Zug aus Karlsruhe (Oberlandesgericht Stuttgart, Urteil vom 28. November 1986 – 1 St (StE) 5/81 [Boock], Seite 27).

173 Nach seiner Verhaftung – 1981 – behauptete Boock, er habe den Wecker bewusst nicht aufgezogen, um den Anschlag zu vereiteln, weil er im gegenüberliegenden Gebäude »Sekretärinnen, Justizbeamte, vielleicht Angestellte« gesehen habe. Das Oberlandesgericht Stuttgart (Urteil vom 7. Mai 1984 – 2–1 StE 5/81, Seite 256 ff.) nahm ihm dies nicht ab, sondern stellte fest, »dass ihm in der Hektik der Tatvorbereitungen lediglich ein Fehler unterlaufen ist«. Unter anderem deswegen, weil Boock auch nach diesem Anschlag – noch über Jahre – bei der RAF geblieben sei, entgegen Boocks Erklärung »sich Frauen in diesen Räumen seinerzeit nicht aufhielten« und er im August 1977

gegenüber Volker Speitel gesagt habe: »Es ist Scheiße, dass die Kiste in Karlsruhe nicht geklappt hat.« Es hätte – so Boock – an einem »winzigen Fehler« gelegen.

174 Gegen Croissant bestand seit 23. Juni 1975 Haftbefehl. Gegen Zahlung einer Kaution von 80 000 Mark wurde der Haftbefehl am 12. August 1975 außer Vollzug gesetzt. Am 11. Juli 1977 setzte sich Croissant nach Frankreich ab. Dadurch verfiel die Kaution an die Staatskasse. Am 30. September 1977 wird Croissant in Paris festgenommen, anschließend nach Deutschland ausgeliefert und vom Landgericht Stuttgart am 16. Februar 1979 wegen Unterstützung einer kriminellen Vereinigung zu zwei Jahren und sechs Monaten Freiheitsstrafe verurteilt (XII KLs 97/76).

175 Urteil vom 2. April 1985 – 5–1 StE 1/83 [Mohnhaupt/Klar], Seite 291.

176 In ihrer Vernehmung durch die Bundesanwaltschaft am 11. Oktober 1990 (Protokoll Seite 11 f.). Ebenso Peter-Jürgen Boock, »Die Entführung und Ermordung des Hanns-Martin Schleyer«, Seite 9.

177 Nach der Kontrollratsdirektive Nummer 38 vom Oktober 1946 werden die Betroffenen in den Zonen der Westmächte in fünf Kategorien eingestuft: Hauptschuldige, Belastete, Minderbelastete, Mitläufer und Entlastete.

178 Deutlich anders noch die Worte des Bundeskanzlers fünf Monate zuvor bei der Trauerrede für den ermordeten Generalbundesanwalt Buback: Schmidt sprach von der »zusammengeschmolzenen Truppe der Terroristen«.

179 Verfasserin dieses Schreibens ist – nach Angaben von Silke Maier-Witt und des ehemaligen Oberstaatsanwalts bei der Bundesanwaltschaft Klaus Pflieger – Brigitte Mohnhaupt.

180 Der evangelische Theologe Martin Niemöller, Jahrgang 1892, gehörte im Dritten Reich der »Bekennenden Kirche« an und kritisierte die Rechtsbrüche der Nationalsozialisten. 1937 wurde er verhaftet. Von 1938 bis 1945 saß er in verschiedenen KZ. Nach dem Krieg wird der überzeugte Pazifist und Gegner der deutschen Wiederbewaffnung Kirchenpräsident der Evangelischen Kirche von Hessen und Nassau.

181 Urteil vom 13. März 1985 – V 5/83 [Wagner/Schulz], Seite 410.

182 Dieser Dialog wurde von der RAF aufgezeichnet. Die Kassette fanden BKA-Beamte 1982 in einem RAF-Erddepot im Wald bei Heusenstamm in der Nähe von Frankfurt. Aufschrift: »Spindy-Gespräch«. Es ist die Kopie einer Tonbandaufnahme. Die Tonqualität ist schlecht, weil das Mikrophon mehrere Meter von den Gesprächspartnern entfernt stand (Oberlandesgericht Stuttgart, Urteil vom 7. Mai 1984 – 2–1 StE 5/81[Boock], Seite 368).

183 Schleyer bekam die *Stuttgarter Zeitung* nicht von der RAF, weil es seine Heimatzeitung war, sondern weil das Kommando die Ermittler auf eine falsche Fährte locken wollte. Am selben Tag, 7. September 1977, stellten zwei RAF-Mitglieder einen – von Knut Folkerts fünf Wochen zuvor unter

Falschnamen gekauften – VW-Bus in Lörrach ab. Dreihundert Meter von der Schweizer Grenze entfernt. In ihm ließen sie Schleyers Krawatte zurück, die er am Tag des Überfalls trug, sowie sein Schlüsseletui. Damit wollte die RAF bei den Fahndern den Eindruck erwecken, Schleyer werde in Süddeutschland oder der Schweiz gefangen gehalten.

184 Erst zwölf Jahre später, 1989, wird in Deutschland die »Kronzeugenregelung bei terroristischen Straftaten« eingeführt – befristet bis letztmalig 1999. Die Gerichte wendeten sie vor allem bei den in der DDR verhafteten RAF-Aussteigern und Mitgliedern der verbotenen Kurdischen Arbeiterpartei PKK an (durch die Aussagen des »Kronzeugen« Ali Cetiner konnten allein neun Morde aufgeklärt werden). Drei Jahre nach Auslaufen dieser Regelung erklärt der Vorsitzende des Staatsschutzsenates des Oberlandesgerichts Düsseldorf, Ottmar Breidling: »Viele wären in diesen Tagen froh, wenn sie eine Kronzeugenregelung einsetzen könnten.«

185 Alles deutet darauf hin, dass die Bänder und auch die Abschriften, die Silke Maier-Witt im Jahr 1979 tippte (Vernehmung von Silke Maier-Witt vom 18. September 1990 durch Beamte des Bundeskriminalamts, Seite 10), anschließend wieder in ein Erddepot gebracht wurden. Bis heute wurde es nicht gefunden.

186 TÜ = Abkürzung für Telefonüberwachung.

187 Das Landgericht Utrecht verurteilt Folkerts dafür am 20. Dezember 1977 wegen Mordes, versuchten Mordes und einigem mehr zu zwanzig Jahren Gefängnis. Anschließend wird er in die Bundesrepublik gebracht und am 31. Juli 1980 vom Oberlandesgericht Stuttgart (2–1 StE 5/79) zu lebenslanger Freiheitsstrafe verurteilt – wegen des Mordes an Generalbundesanwalt Buback und seinen Begleitern sowie eines Überfalls auf das Waffengeschäft Fischlein am 1. Juli 1977 in Frankfurt (eine »Beschaffungstat« der RAF, bei der Folkerts und Willy-Peter Stoll 19 Pistolen erbeuteten und das Opfer schwer verletzten: Mit einem 600-Gramm-Hartkunststoffhammer schlug Stoll dem Mann ein Loch in die Schädeldecke).

188 Urteil des Oberlandesgerichts Stuttgart vom 22. Juni 1992 (5–2 StE 6/91 [Sigrid Friedrich, geborene Sternebeck/Ralf Baptist Friedrich], Seite 18, 61).

189 Zur PFLP hatten sich im Jahr 1967 mehrere palästinensische Widerstandsgruppen zusammengeschlossen – unter Führung des Arztes George Habbash. Ziel der PFLP waren die Vernichtung des Staates Israel, der Kampf gegen den US-amerikanischen »Imperialismus« und die Aufmerksamkeit der Weltöffentlichkeit auf die Lage des palästinensischen Volkes zu lenken. 1974 gründete Wadi Haddad das Spezialkommando »Special Command« als Untergruppierung der PFLP, vor allem zuständig für Anschläge auf Flugzeuge. Im Januar 1976 wollten Mitglieder des »Special Command« eine Passagiermaschine der israelischen Fluggesellschaft El Al abschießen – sie wurden

zuvor verhaftet. Im Juni 1976 entführte das PFLP-»Special Command« unter Führung der Deutschen Wilfried Böse und Brigitte Kuhlmann eine Maschine der Air France nach Entebbe/Uganda. Bei der Befreiung durch ein israelisches Kommando wurden alle sieben Entführer erschossen. Nach dem Tod von Wadi Haddad im Frühjahr 1978 verlor die PFLP-SC an Bedeutung.

190 Haddad hatte bei einer Reihe von Terroranschlägen seine Finger mit im Spiel, beispielsweise beim Überfall auf die OPEC-Konferenz 1975 in Wien und bei der Entführung einer El-Al-Maschine 1976 nach Entebbe. Haddad war ein Mann mit einer großen persönlichen Ausstrahlung. »Er war ein Mann, der jedermann dazu bringen konnte, seinem Wunsch zu gehorchen«, berichtet die einzige Überlebende des Entführungskommandos der »Landshut«, Souhaila Andrawes Sayeh, nach ihrer Festnahme in Oslo über den »Paten des internationalen Terrors«. Ein halbes Jahr nach dem Gespräch mit Mohnhaupt und Boock im Herbst 1977 stirbt Haddad, im Frühjahr 1978.

191 Die Flugzeugentführung war »ausschließlich eine Aktion der Palästinenser«, so Brigitte Mohnhaupt (Oberlandesgericht Frankfurt, Urteil vom 16. November 1998 – 5–2 StE 4/95–8/95 [Haas], Seite 57 f.) – aber eben auf Wunsch der RAF, im Einverständnis aller RAF-Mitglieder, die sich damals in Bagdad aufhielten. Brigitte Mohnhaupt erklärte – so das Urteil: »Alle Mitglieder der RAF, die sich damals in Bagdad befunden hätten, seien in die Entscheidung eingebunden gewesen« (ebenda). Ähnlich Peter-Jürgen Boock, der sagte, »die RAF habe sich … für die von Wadi Haddad angebotene Flugzeugentführung entschieden« (Oberlandesgericht Frankfurt, a. a. O., Seite 58). Außerdem erklärte Peter-Jürgen Boock, dass für die Flugzeugentführung »das Okay vom Kommando in Brüssel gekommen« sei. Mit anderen Worten: Die Flugzeugentführung war eine Aktion der PFLP-SC, die die RAF bei ihr – auf deren Vorschlag hin – in Auftrag gegeben hatte, um ihr Ziel zu erreichen, die Freilassung der Gefangenen. Also eine »Auftragsentführung«.

192 Urteil vom 16. November 1998 – 5–2 StE 4/95–8/95, Seite 27.

193 Die Darstellung folgt der rechtskräftigen Entscheidung des Oberlandesgerichts Frankfurt (Urteil vom 16. November 1998 – 5–2 StE 4/95–8/95, Seite 22 bis 24 sowie 64 bis 193). Die von Monika Haas gegen das Urteil eingelegte Revision verwarf der Bundesgerichtshof (Urteil vom 11. Februar 2000 – 3 StR 377/99, Seite 3). Dagegen erhob Monika Haas Verfassungsbeschwerde. Sie wurde vom Bundesverfassungsgericht »nicht zur Entscheidung« angenommen, weil sie »keine hinreichende Aussicht auf Erfolg« habe (Beschluss vom 20. Dezember 2000 – 2 BvR 591/00). Monika Haas bestreitet nach wie vor – entgegen den Gerichtsentscheidungen – den Waffentransport: »Ich habe keine Waffen nach Mallorca gebracht.« Sie behauptet,

Aden vom »17. Juli 1977 bis Ende November/Anfang Dezember nicht verlassen« zu haben (Oberlandesgericht Frankfurt, a. a. O., Seite 141).

194 Das Landgericht Hamburg hatte Hoppe 1972 wegen versuchten Totschlags in drei Fällen zu zehn Jahren Freiheitsstrafe verurteilt: Er war am 15. Juli 1971 in Hamburg von der Polizei nach einer Schießerei verhaftet worden, bei der Petra Schelm ums Leben kam.

195 Monika Haas sagt, nachdem der Ex-Baader-Anwalt »Siegfried Haag schon längst nicht mehr in der BRD war, sehr oft auf die Söhne Haags aufgepasst« zu haben – aber: »Zu keinem Zeitpunkt war ich Mitglied der ›RAF‹ beziehungsweise der so genannten ›Haag-Gruppe‹ oder der ›PFLP-SC‹. Sympathisantin ja – Mitglied nein.«

196 Souhaila Andrawes Sayeh, die einzige Überlebende der »Landshut«-Entführer, schilderte den Sachverhalt später in Oslo anders – in einer polizeilichen Vernehmung am 4. November 1994 und einer richterlichen Vernehmung am 23. November 1994: Am 7. Oktober 1977 habe Monika Haas in ihrer Gegenwart in einem Hotelzimmer auf Mallorca die Waffen Zohair Akache übergeben. In ihrem Strafverfahren vor dem Hanseatischen Oberlandesgericht Hamburg wiederholte Andrawes diese Behauptungen allerdings nicht, sondern bestätigte lediglich, diese Aussagen in Oslo gemacht zu haben – nachdem sie sich dort in ihren ersten Vernehmungen nicht mehr an den Sachverhalt erinnern konnte (Oberlandesgericht Hamburg, Urteil vom 19. November 1996 – 2 StE/96, Seite 19, 52 bis 55). Angesichts dieser Aussagen über Monika Haas billigte das Oberlandesgericht Hamburg Andrawes eine Strafmilderung nach der Kronzeugenregelung zu (Urteil, Seite 56 bis 61): Wegen »Mordes in Tateinheit mit erpresserischem Menschenraub, Geiselnahme, Angriff auf den Luftverkehr, versuchtem Mord und Beihilfe zum versuchten Mord« verurteilte sie das Gericht nicht zu »lebenslänglich«, sondern zu einer Freiheitsstrafe von zwölf Jahren.

Zwei Jahre später hält das Oberlandesgericht Frankfurt diese Angaben der »Kronzeugin« Andrawes in dem Strafverfahren gegen Monika Haas für »nicht glaubhaft« (Urteil vom 16. November 1998 – 5–2 StE 4/95–8/95, Seite 132 ff., 60 – in diesem Verfahren verweigert die als Zeugin vorgeführte Andrawes jede Aussage zur Flugzeugentführung, obwohl das Gericht gegen sie »Erzwingungshaft« anordnete): Unter anderem deshalb, weil Andrawes behauptet hatte, die Waffenübergabe hätte im Hotel »Costa Azul« stattgefunden, während nach den Ermittlungen des Bundeskriminalamts Akache und Andrawes tatsächlich in einem anderen Hotel übernachteten, nämlich im Hotel »Saratoga«. Ebenso stellte das Oberlandesgericht Frankfurt fest, dass Andrawes' Behauptung, »sie sei am frühen Nachmittag des 7. Oktober 1977 im Hotel auf Mallorca angekommen, nicht richtig sein kann«. Denn sie landete in Palma »erst um 22.30 Uhr« (Urteil, Seite 131 f.). Angesichts

dessen erschien dem Gericht unmöglich, dass es die von Andrawes behauptete Waffenübergabe von Monika Haas an Akache gegeben haben kann: Denn die hätte angesichts der späten Ankunft »frühestens am 8. Oktober zwischen 1.00 Uhr und 2.00 Uhr nachts im Hotel Saratoga stattgefunden haben können« (Urteil Seite 134 f.). Dies hielt das Gericht »für ausgeschlossen«: Nach Angaben des Nachtportiers des Hotels »Saratoga«, Benito Arona-Garcia, konnte Monika Haas das kleine Hotel mit dem schmalen Eingangsbereich nicht – wie von Andrawes behauptet – mit einem »großen Kinderwagen« betreten haben, ohne dass er etwas davon mitbekommen hätte. Er aber hatte davon nichts mitbekommen (Urteil, Seite 133 bis 137).
Die juristische Komik der beiden Entscheidungen liegt darin, dass Andrawes für ihre – wie die Frankfurter Richter später meinten – unzutreffenden Behauptungen gegenüber Monika Haas einen Strafnachlass von den Hamburger Richtern durch die Kronzeugenregelung erhielt. Als in dem Strafverfahren in Frankfurt feststand (Urteil vom 16. November 1998), dass das, was Andrawes in Hamburg über Haas behauptet hatte, nicht wahr sein kann, war das Hamburger Urteil (vom 19. November 1996) gegen Andrawes schon längst rechtskräftig – sie behielt also den Strafnachlass durch die Kronzeugenregelung.
Ein typisches Problem bei der Kronzeugenregelung: Das Gericht, das über den »Kronzeugen« zu entscheiden hat, kann nur im Wege des so genannten »Freibeweises« feststellen, ob die Angaben »geeignet« sind, die Aufklärung anderer Straftaten zu fördern. Also Pi mal Daumen. Ob diese Behauptungen der Wahrheit entsprechen, kann erst abschließend in dem Strafverfahren gegen den durch die Aussage Belasteten im Wege des »Strengbeweises« geklärt werden, der erforderlich ist, um einen Angeklagten zu verurteilen (Oberlandesgericht Hamburg, a. a. O., Seite 55 bis 61).

197 Erst mehr als einundzwanzig Jahre nach der Tat wird Monika Haas für den Waffentransport vom Oberlandesgericht Frankfurt zu einer Freiheitsstrafe von fünf Jahren verurteilt, »wegen tateinheitlicher Beihilfe zum Angriff auf den Luftverkehr, zur Geiselnahme, zum erpresserischen Menschenraub und zum versuchten Mord in zwei Fällen« (Urteil vom 16. November 1998 – 5–2 StE 4/95–8/95).
Drei Jahre nach dem – später vom Oberlandesgericht Frankfurt festgestellten – Waffenschmuggel im Oktober 1977 reist sie 1980 in die Bundesrepublik zurück und taucht zunächst unter. Über einen Rechtsanwalt lässt sie klären, ob sie von den Strafverfolgern etwas zu befürchten habe. Als ihr Anwalt erfährt, dass keine Ermittlungen gegen sie laufen, zieht sie nach Hamburg und meldet sich dort im November 1980 polizeilich an. Zwölf Jahre lang lebt sie von den Strafverfolgern unbehelligt – von Sozialhilfe, als Taxifahrerin und schließlich als Verwaltungsangestellte beim Klinikum der Jo-

hann-Wolfgang-Goethe-Universität in Frankfurt, wo sie Frauenbeauftragte wird. Am 20. März 1992 nehmen sie Polizeibeamte wegen des Verdachts des Waffentransportes fest.
Die Ermittlungen gegen sie waren ins Rollen gekommen, nachdem aus den Hinterlassenschaften des Ministeriums für Staatssicherheit der »Operativvorgang Wolf« auftauchte. In ihm ist in einem Schreiben vom 22. Juli 1980 die Rede vom Waffentransport für die »Landshut« durch Monika Haas. Mitte 1990 erhält das Bundeskriminalamt die Akte zur Einsicht. Am 2. März 1992 berichtet *Der Spiegel* über den »Operativvorgang Wolf«, der *Spiegel TV* vorliege. In dem Artikel »Wolf in der Wüste« heißt es unter anderem, »Bade«, so der Quellenname, berichte, von ihr gehört zu haben, »sie selber habe die Waffen für die Aktion gegen die ›Landshut‹ nach Mallorca gebracht«. Die MfS-Quelle »Jürgen Bade« sei Werner Hoppe – ausgerechnet: Monika Haas' Exverlobter.
Zwei Tage nach dem *Spiegel*-Artikel leitet die Bundesanwaltschaft ein Ermittlungsverfahren gegen Monika Haas ein. Zwei Wochen später die Festnahme, 20. März 1992. Nach sechs Wochen in Untersuchungshaft kommt sie wieder auf freien Fuß, am 5. Mai 1992. Zweieinhalb Jahre später, am 7. November 1994, wird sie erneut festgenommen und sitzt knapp zweieinhalb Jahre in Untersuchungshaft. Bis zum 19. März 1997. Das Strafverfahren gegen sie dauert ebenfalls zweieinhalb Jahre. 103 Verhandlungstage. Vom 9. Mai 1996 bis zum 18. November 1998. Ergebnis: fünf Jahre Gefängnis. »Unter Anrechnung der erlittenen Untersuchungshaft von zwei Jahren und sechs Monaten« setzt das Gericht »die Vollstreckung der Reststrafe – angesichts des langen Zeitabstands zwischen Tat und Verurteilung – zur Bewährung« aus (Urteil des Oberlandesgerichts Frankfurt, a. a. O., Seite 219). Knapp anderthalb Jahre später, am 27. April 2000, bekommt Monika Haas eine »Teilkostenrechnung« der »Kosten des Verfahrens« von einem Rechtspfleger des Generalbundesanwalts geschickt: 180 690,15 Mark. Ein Jahr später, mit Schreiben vom 19. April 2000, pfändet der Generalbundesanwalt ihr Arbeitseinkommen. Monika Haas schreibt an den »Persönlichen Referenten der Bundesministerin der Justiz Frau Prof. Dr. Herta Däubler-Gmelin« und bittet darum, »dass ihr der Erlass der Verfahrenskosten gewährt wird« – 180 690,15 Mark: »Eine Summe, für die ich wahrscheinlich drei Leben bräuchte, um sie abbezahlen zu können.« Am 25. Juli 2001 erhält sie aus dem Bundesjustizministerium in Berlin Antwort: »Auch unter Berücksichtigung der in diesem Schreiben vorgetragenen Argumente ist mir zurzeit ein Erlass der Verfahrenskosten nicht möglich, da aufgrund Ihrer wirtschaftlichen Lage eine ›besondere Härte‹ im Sinne der Vorschriften der Bundeshaushaltsordnung über den Erlass von Forderungen (§ 59 BHO) nicht vorliegt.« Der Ministerielle aus Berlin erklärt, die »Zahlung in monatlichen Raten« sei –

wie vom Generalbundesanwalt »ermittelt« – »angemessen und zumutbar«. Monika Haas – mittlerweile dreiundfünfzig, Mutter von drei Kindern und mit drei verlorenen Verfahren in ihrer Strafsache – versteht nicht, warum man ihr nicht die Prozesskosten erlässt: »Hier wird mir ein Lebenslänglich hinterhergeworfen: lebenslange Armut.«

198 S. A. W. I. O. = »struggle against world imperialism organization«, zu Deutsch: »Organisation für den Kampf gegen den Weltimperialismus« – unter dieser Bezeichnung traten die »Landshut«-Entführer auf.

199 Das berichtete die einzige Überlebende der Entführer, Souhaila Andrawes Sayeh. PFLP-SC-Führer Zaki Helou – der Ehemann von Monika Haas – sagte Peter-Jürgen Boock, wie dieser berichtete, dass er in Aden gewesen sei, das jemenitische Militär ihn aber nicht an die Maschine herangelassen habe. Damit übereinstimmend berichtet Copilot Vietor, dass die Entführer »sehr betroffen und enttäuscht« gewesen seien, als sie in Aden wieder starten mussten. Das Oberlandesgericht Hamburg (Urteil vom 19. November 1996 – 2 StE 2/96, Seite 17, 36) und das Oberlandesgericht Frankfurt (Urteil vom 16. November 1998 – 5–2 StE 4/95–8/95, Seite 21, 61, 123, 187) kamen übereinstimmend zu dem Ergebnis, dass die Darstellung von Andrawes zutreffend ist. Das Oberlandesgericht Frankfurt stellte zudem fest, dass Haas-Ehemann Zaki Helou an der »Landshut«-Entführung »führend beteiligt« war, nicht nur aufgrund der Angaben von Boock, sondern auch, weil Helou in Aden »örtlicher Führer« der PFLP-SC gewesen sei (Urteil, Seite 187).

200 Bei dem Einsatz wurde ein GSG 9-Mann durch einen Halsdurchschuss verletzt. Ein zweiter GSG 9-Mann wurde von einer Kugel getroffen, aber nicht verletzt, da sie in seiner schusssicheren Weste stecken blieb, in Höhe der Hüfte (GSG 9-Chef Ulrich Wegener hatte kurz vor dem Einsatz noch sechzig »besonders gute« Schutzwesten aus England besorgt). Mehrere Geiseln erlitten leichte Verletzungen durch eine Handgranate, die Mahmud gezündet hatte. Sie explodierte unter einem Sitz, richtete aber keinen größeren Schaden an. Die Stewardess Gaby Dillmann und zwei ihrer Kolleginnen sind infolge der Erlebnisse »fluguntauglich« und müssen ihren Beruf aufgeben.

201 Für die Entführung verurteilt sie der »Staatsgerichtshof für Staatssicherheit« in Somalia am 25. April 1978 zu zwanzig Jahren Haft. Bereits ein halbes Jahr später, im Oktober 1978, wird sie aus dem Gefängnis entlassen und darf in den Irak ausfliegen. Die PFLP organisiert für sie in Prag eine Operation ihrer Schussverletzung im Bein. Schon im November 1978 ist sie in Prag. Anschließend studiert sie an der Universität Beirut englische Literatur. Weil sie Vergeltungsmaßnahmen des »Mossad« befürchtet, zieht sie nach Damaskus/Syrien. Dort lernt sie einen Schriftsteller und Professor für arabi-

sche Literatur kennen, den sie 1982 heiratet. Mit ihm und der 1985 geborenen Tochter fliegt sie am 17. Juli 1991 mit gefälschten brasilianischen Pässen nach Oslo und beantragt politisches Asyl. Sie lernt Norwegisch, wird Mitglied in einer Kirchengemeinde der norwegischen Staatskirche, zur Elternvertreterin in der Klasse ihrer Tochter gewählt und lebt von »staatlichen Zuwendungen«. Am 13. Oktober 1994 wird sie in Oslo verhaftet und am 25. November 1995 nach Deutschland ausgeliefert. Das Oberlandesgericht Hamburg (3 StE 2/96) verurteilt sie am 19. November 1996 – unter Anwendung der Kronzeugenregelung – zu zwölf Jahren Gefängnis. Sie erhält die Erlaubnis, ihre Haft in Norwegen zu verbüßen. Dort wird sie am 30. November 1999 aus dem Gefängnis entlassen und bekommt eine »permanente Aufenthaltsgenehmigung« für Norwegen.

202 Die Legende vom »Mord in Stammheim« wurde im RAF-Umfeld und im linksextremistischen Milieu bis in die neunziger Jahre gepflegt. So zogen beispielsweise am dreizehnten Todestag von Baader, Ensslin und Raspe im Jahr 1990 über fünfhundert RAF-Anhänger durch Berlin und riefen: »Nichts ist vergessen, nichts ist vergeben.«

Ausgangspunkt für die Mordthese sind Erklärungen von Irmgard Möller, die als einziger Häftling die Todesnacht von Stammheim überlebte: Es »war unter uns vollkommen klar, dass keiner die Absicht hatte, Selbstmord zu machen, dass es unserer Politik widerspricht. Ich weiß, dass wir weder Sprengstoff noch Pistolen ... hatten«, erklärte sie vor dem Untersuchungsausschuss des baden-württembergischen Landtags am 16. Januar 1978.

In dem 500-Seiten-Buch »Selbstmord oder Mord?« schreibt Karl-Heinz Weidenhammer – einer von Raspes Wahlverteidigern im Stammheim-Verfahren: »Die behauptete Selbsttötungsverabredung ist ... widerlegt. ... Der Möglichkeit, die Freilassung der Häftlinge über eine oder mehrere Folge-Entführungen zu verwirklichen, musste aus Sicherheitsgründen auch die Bundesregierung nahe treten. ... Demzufolge hat in dieser Situation die Bundesregierung ein Motiv, die Häftlinge während der Kontaktsperre zu beseitigen« (Seite 225, 279, 281).

Alle Untersuchungen führen zu dem Ergebnis, dass es sich eindeutig um Selbstmord gehandelt hat: Die Obduzenten (Prof. Joachim Rauschke [Stuttgart], Prof. Hans Joachim Mallach [Tübingen], Prof. Armand André [Lüttich] und Prof. Hans-Peter Hartmann [Zürich]) kommen übereinstimmend zu dem Ergebnis, dass es in keinem der drei Fälle Anhaltspunkte gibt, die einen Selbstmord in Zweifel ziehen könnten (Landtag Baden-Württemberg, Drucksache 7/3200, Seite 44). Die Staatsanwaltschaft Stuttgart stellt das »Ermittlungsverfahren wegen des Todes von Andreas Baader, Gudrun Ensslin und Jan-Carl Raspe« (9 Js 3627/77) am 7. November 1977 ein. Der Untersuchungsausschuss des baden-württembergischen Landtags gelangt 1978 –

nach der Vernehmung von 97 Zeugen und Sachverständigen – »einstimmig zu der Überzeugung …, dass sich die Gefangenen Baader, Ensslin und Raspe selbst getötet haben und die Gefangene Möller sich selbst verletzt hat« (Drucksache 7/3200, Seite 47). Auch der Zweite Strafsenat des Oberlandesgerichts Stuttgart kommt in zwei Strafverfahren gegen den »Waffenschmuggler« und seine Helfer (Urteil vom 14. Dezember 1978 – 2–1 StE 2/78, Seite 34 u. a. [Speitel/Dellwo], und Urteil vom 31. Januar 1980 – 2–1 StE 5 6/78, Seite 256 u. a. [Müller/Newerla]) zu dem Ergebnis, dass sich die Häftlinge selbst töteten.

Dessen ungeachtet erklärte Irmgard Möller auch noch im Jahr 2002 – acht Jahre nach ihrer Haftentlassung: »Sie wollten uns tot. … Ich war und bin davon überzeugt, dass es eine Geheimdienstaktion war. … Ich denke, die Bundesregierung war involviert. Und ich gehe davon aus, dass das auch innerhalb der NATO irgendwie abgesprochen war. … Und die USA hatten ein massives Interesse daran, dass es uns nicht mehr gibt. Gerade von der CIA ist die Methode bekannt, Morde als Selbstmorde darzustellen.« (Oliver Tolmein, »RAF – Das war für uns Befreiung«, Ein Gespräch mit Irmgard Möller …, Seite 133, 135 f.)

203 Da eine solche Anordnung im Gesetz nicht ausdrücklich vorgesehen war, begründete das Ministerium diese Maßnahme mit der Bestimmung über den »rechtfertigenden Notstand« (Paragraph 34 Strafprozessordnung). Dieses Vorgehen kritisieren mehrere Verfassungsrechtler, unter anderem der Freiburger Rechtsprofessor – und spätere Bundesverfassungsrichter – Ernst-Wolfgang Böckenförde »als Auflösung der Integrität der rechtsstaatlichen Verfassung und die Preisgabe des Prinzips des Verfassungsstaates« (*Neue Juristische Wochenschrift* 1978, Seite 1881, 1883 f.). Das Bundesverfassungsgericht erklärt am 4. Oktober 1977, die angeordnete »Kontaktsperre« auch gegenüber den Verteidigern für rechtmäßig: »Diese generalisierende Wirkung des einstweiligen Berufsverbots ist indessen, will man nicht seine Effizienz überhaupt in Frage stellen, nicht zu umgehen.«

Drei Wochen nach der Anordnung des Ministeriums verabschiedet der Bundestag das so genannte »Kontaktsperregesetz«. Danach kann »jedwede Verbindung von Gefangenen untereinander und mit der Außenwelt einschließlich des schriftlichen und mündlichen Verkehrs mit dem Verteidiger« unterbrochen werden (Paragraphen 31 bis 38 des Einführungsgesetzes zum Gerichtsverfassungsgesetz). Nach dem In-Kraft-Treten dieses Gesetzes am 2. Oktober 1977 ordnet das Bundesjustizministerium umgehend die Kontaktsperre für die RAF-Häftlinge wegen der Entführung Schleyers an.

204 Dieses Buch mit 600 Seiten erschien im Oktober 1977 im Verlag Bo Calvers in Lund/Schweden. Impressum: »Copyright RAF/BRD, c/o Internationales Komitee zur Verteidigung politischer Gefangener in Westeuropa – Sek-

tion BRD, Stuttgart«. Dieses »Komitee« hatte seinen »Sitz« in der Kanzlei von Müller und Newerla in der Langen Straße 3 in 7000 Stuttgart.

205 Auch der belichtete Film wird wieder aus der Haftanstalt geschmuggelt. Später werden Abzüge der Aufnahmen aus dem siebenten Stock von der Polizei in Müllers Kanzleizimmer gefunden und in dem Buch »texte : der RAF« gedruckt.

206 Urteil vom 31. Januar 1980 gegen die Rechtsanwälte Arndt Müller und Armin Newerla (2–1 StE 5–6/78, Seite 24).

207 So die Feststellungen des Oberlandesgerichts Stuttgart, Urteil vom 31. Januar 1980 – 2–1 StE 5–6/78, Seite 230.

208 Ebenda, Seite 217 ff. und Oberlandesgericht Stuttgart, Urteil vom 14. Dezember 1978 – 2–1 StE 2/78, Seite 21 [Speitel/Dellwo].

209 »So haben 17 der 34 als Zeugen vernommenen Beamten bekundet, die Metallsonde bei der körperlichen Durchsuchung nicht oder nicht stets eingesetzt zu haben«, vier Beamte hatten überhaupt nicht mitbekommen, »dass eine Metallsonde zur Verfügung stand« (Oberlandesgericht Stuttgart, Urteil vom 31. Januar 1980 – 2–1 StE 5–6/78, Seite 223).

210 Urteil des Oberlandesgerichts Stuttgart vom 31. Januar 1980 (2–1 StE 5–6/78), Seite 207.

211 Urteil des Oberlandesgerichts Stuttgart vom 31. Januar 1980 (2–1 StE 5–6/78), Seite 207.

212 So übereinstimmend die Feststellungen des Untersuchungsausschusses im baden-württembergischen Landtag (Drucksache 7/3200, Seite 73) und des Oberlandesgerichts Stuttgart im Urteil vom 31. Januar 1980 (2–1 StE 5–6/78, Seite 236 [Müller/Newerla]).

213 Der Leitende Regierungsdirektor Hans Nusser war damals Leiter der Justizvollzugsanstalt Stammheim. Nusser und Streitmüller werden am Tag nach den Selbstmorden versetzt.

214 Alles spricht dafür, dass sich in der Halterung in dem Plattenspieler die Pistole befand, da in der Zelle 719, in der sich Baader sechs Wochen später erschoss, kein Wandversteck gefunden wurde.

215 Landtag von Baden-Württemberg, Drucksache 7/3200, Seite 55 f.

216 Landtag von Baden-Württemberg, Drucksache 7/3200, Seite 96.

217 Irmgard Möller – die den kollektiven Selbstmord ebenso bestreitet wie auch, dass die Häftlinge im siebenten Stock Waffen hatten – bestreitet ebenso, dass es eine Wechselsprechanlage über die Anstaltsleitung gegeben habe: »Diese Angabe wird durch den festgestellten Zustand der Zellenleitungen und der Verstärkergeräte widerlegt«, stellte der Untersuchungsausschuss des baden-württembergischen Landtags fest (Drucksache 7/3200, Seite 98).

218 Landtag von Baden-Württemberg, Drucksache 7/3200, Seite 97.

219 »Mehrere Beamte haben das mitbekommen«, berichtete Horst Bubeck dem

Autor, »und sie mehrfach ermahnt, das zu unterlassen. Aber ohne Erfolg.« Auch BKA-Kommissar Alfred Klaus hatte bei seinem Besuch am 9. Oktober 1977 von Gudrun Ensslin zu seiner Überraschung erfahren, dass die Kontaktsperre nicht so funktionierte, wie sie funktionieren sollte. Ensslin erklärte ihm gegenüber, so notierte er in einem Vermerk, »von meinem gestrigen Gespräch mit Baader erfahren zu haben«. Klaus hielt in seinem Bericht über den Ensslin-Besuch ebenso fest: »Nach Mitteilung der Anstaltsbediensteten ist die gegenwärtige Isolation der betroffenen Gefangenen keineswegs total. Sie können zum Beispiel Radiosendungen aus den darunter liegenden Zellen durch die geöffneten Fenster mithören, wenn die Geräte laut genug eingestellt sind.«

220 Baader und auch den Wachbeamten in Stammheim ist ein Besuch von Kanzlerstaatssekretär Schüler angekündigt worden. Dass der Staatssekretär nicht gekommen ist, sagt Amtsinspektor Bubeck Andreas Baader, als er ihn aus seiner Zelle abholen will. »Machen Sie noch einmal zu, ich muss schiffen«, erklärt Baader daraufhin. Bubeck und seine Kollegen stehen fünf Minuten vor der Zellentür und wundern sich, dass Baader so lange braucht. Als am nächsten Tag in Baaders Zelle die Pistole gefunden wird, meint Bubeck zu verstehen, warum Baader fünf Minuten brauchte: »Aller Wahrscheinlichkeit nach hat Baader in den fünf Minuten seine Waffe wieder versteckt, mit der er Staatssekretär Schüler als Geisel nehmen wollte.« Plausibel jedenfalls ist diese Vermutung. Denn Baader ging stets davon aus, dass eine Erpressung des Staates nur gelingen könne, wenn man eine Person »an der Spitze« des Staates in der Gewalt habe, »gewöhnliche« Beamte bezeichnete er als »viel zu klein« für einen Austausch.

221 In der Kampfschrift »Stadtguerilla und Klassenkampf« vom April 1972, federführend von Ulrike Meinhof verfasst (abgedruckt in: »Rote Armee Fraktion, Texte und Materialien zur Geschichte der RAF«, Seite 112 f.).

222 Hungerstreikerklärung vom 8. Mai 1973 (abgedruckt ebenda, Seite 187, 189).

223 Prozesserklärung vom 11. Mai 1975 (abgedruckt in: »texte: der RAF«, Seite 21).

224 Zunächst hatten die Täter vor, den Wagen mit der Leiche Schleyers im Bonner Regierungsviertel abzustellen, ganz in der Nähe der Einfahrt zum Kanzleramt. Davon nahmen sie jedoch Abstand, weil ihnen dies wegen des dort mittlerweile großen Polizeiaufgebots zu riskant erschien.

225 So beispielsweise das Oberlandesgericht Stuttgart im Urteil gegen Silke Maier-Witt vom 8. Oktober 1991 (2–2 StE 1/91), Seite 106: »Wer Dr. Hanns Martin Schleyer tötete, blieb auch in dieser Hauptverhandlung offen.« Klaus Pflieger, Generalstaatsanwalt in Stuttgart, der als Oberstaatsanwalt bei der Bundesanwaltschaft mit einer ganzen Reihe RAF-Verfahren befasst war, er-

klärt, dass zwei RAF-Männer die letzte Reise mit Schleyer antraten: Der eine sei Wisniewski gewesen, hinsichtlich des anderen bestehe »Grund zu der Annahme«, dass es sich um Rolf Klemens Wagner handle (in: »Die Rote Armee Fraktion«, Seite 106).

226 »Lebenslänglich« erhielten: Brigitte Mohnhaupt, Christian Klar, Rolf Klemens Wagner, Adelheid Schulz, Stefan Wisniewski, Peter-Jürgen Boock und Sieglinde Hofmann. Unter Anwendung der Kronzeugenregelung wurden Silke Maier-Witt (zehn Jahre), Monika Helbing (sieben Jahre) und Sigrid Sternebeck (acht Jahre und sechs Monate) verurteilt.

227 »Lebenslänglich«: Knut Folkerts, Angelika Speitel, Christine Kuby, Rolf Heißler. Fünfzehn Jahre: Christof Wackernagel und Gert Schneider. Zwölf Jahre: Susanne Albrecht (unter Anwendung der Kronzeugenregelung: Ihr war keine unmittelbare Beteiligung an der Schleyer-Entführung vorgeworfen worden, sie hielt sich aber im September 1977 im Hauptstützpunkt der RAF in Amsterdam im Baden-Powell-Weg auf und machte dort Botengänge. Nach den Feststellungen des Oberlandesgerichts Stuttgart [Urteil vom 3. Juni 1991 – 5-2StE 4/90, Seite 12] gehörte sie auch während der Schleyer-Entführung der RAF an, nämlich »von Juni 1977 bis zum Jahr 1979«).

228 Mit demselben Revolver wird neun Jahre später – 1986 – von einem RAF-Kommando Gerold von Braunmühl in Bonn erschossen, Abteilungsleiter im Auswärtigen Amt. Ermittler vermuten, dass die Waffe in einem bislang nicht entdeckten Erddepot der RAF liegt.

229 Pios = Personen, Institutionen, Objekte, Sachen. Eines von drei Fahndungssystemen der Polizei. Auch die beiden anderen Programme (NADIS und INPOL) hätten bei Eingabe dieses Namens »positiv« gemeldet.

230 Die Genannte bestreitet, die RAF unterstützt zu haben. Sie erklärt, »dass es weder damals (1977) noch zu irgendeiner anderen Zeit Verbindungen zwischen mir und der ›RAF-Szene‹ gegeben hat«. Ihr Personalausweis sei ihr »im November 1976 abhanden gekommen«. Der Autor behauptet nicht, dass die damals in den Polizeidatensystemen gespeicherten Erkenntnisse über die Frau zutreffend sind. Entscheidend für den Entführungsfall Schleyer ist vielmehr, dass bei Eingabe dieses Namens in den Polizeicomputer mehrfach die Meldung »positiv« gekommen wäre und dies zu weiteren Ermittlungen zu der Wohnung umgehend Anlass gegeben hätte.

231 Landgericht Frankenthal, Urteil vom 27. September 1978 (140 Js 36626/79 – III KLs). Auch anschließend bleibt er in der Haft der »Fighter«: Am 28. März 1980 fällt er während der Freistunde über einen Vollzugsbeamten her, fesselt und knebelt ihn. Anschließend verdrischt er den Anstaltsleiter. Sein Ausbruchsversuch misslingt. Dafür wird er zu weiteren sechs Jahren Gefängnis verurteilt (Landgericht Frankenthal, Urteil vom 4. September 1980 (140 Js 4125/80 – III KLs). Im Dezember 1981 verurteilt ihn das Oberlandesge-

richt Düsseldorf (IV 12/79) unter anderem wegen des Schleyer-Mordes zu lebenslanger Freiheitsstrafe. Am 1. März 1999 wird er aus der Haft entlassen.

232 Beide werden für die Tat vom Oberlandesgericht Düsseldorf zu lebenslanger Haft verurteilt.

233 Nicht ganz klar lässt sich rekonstruieren, warum Belgrad so entschied. Eine Möglichkeit: Es war eine Retourkutsche, weil im September 1978 Bonn die Auslieferung von acht kroatischen Extremisten nach Jugoslawien abgelehnt hatte – mit ebenderselben Begründung: Die Beweislage für eine Auslieferung sei zu dünn. Ebenso denkbar ist, dass die Palästinenser durch ihren Einfluss Belgrad zu dieser Entscheidung bewegten.

234 Wolfgang Beer gehörte zu der »Gruppe 4. 2.« und schloss sich bald nach seiner Haftentlassung am 4. August 1978 wieder der RAF an.

235 Hinzu kommt, dass »die unteren Chargen« mitunter zu entscheidenden Besprechungen nicht eingeladen und auch anschließend nicht über die Ergebnisse unterrichtet wurden. So berichtet Susanne Albrecht, sie sei »vorher nicht darüber informiert« worden, »dass die Entführung von Herrn Schleyer geplant war«. Nicht anders ging es Silke Maier-Witt in diesem Fall: »Aus den Medien erfuhren wir, dass die Aktion stattgefunden hatte.« Im Fernsehen betrachtete sie mit »Stolz« die Bilder vom Tatort: »Die Aktion lief, es gab kein Zurück und ich war dabei.« Eingehend zu den psychologischen Aspekten der »Binnenstruktur und Gruppendynamik« der zweiten RAF-»Generation« unter Mohnhaupt: Tobias Wunschik, »Baader-Meinhofs Kinder«, Seite 341.

236 Durch die Rasterfahndung des Bundeskriminalamts werden zwei weitere konspirative Wohnungen der RAF entdeckt, in Frankfurt und in Mannheim. Gleich nachdem diese Methode bekannt geworden ist, schwenken die RAF-Mitglieder um und »schlüpfen« in bestehende Mietverhältnisse: Sie übernehmen Wohnungen, die nur für eine Weile vom Mieter untervermietet werden, beispielsweise wegen eines Auslandsaufenthaltes. Die schwarzen Bretter in den Universitäten sind voller derartiger Angebote. Die RAF lässt die Stromrechnung weiter auf den Namen des Mieters laufen – das vom BKA angewendete Raster greift nicht mehr. Nach dem Bekanntwerden der Raster bringt die Rasterfahndung nach konspirativen RAF-Wohnungen keine Ergebnisse mehr.

237 Wegen der Morde an den beiden Zöllnern in Kerkrade verurteilt ihn das Oberlandesgericht Düsseldorf am 10. November 1982 zu lebenslanger Freiheitsstrafe.

238 Haig war 1973/74 Stabschef im Weißen Haus unter US-Präsident Nixon. 1981 wird er Außenminister der Vereinigten Staaten.

239 Unzutreffend ist die weit verbreitete Darstellung, die Bombe sei unter dem Heck von Haigs Wagen explodiert und nur durch eine Bodenpanzerung des

Mercedes 600 sei Schlimmeres verhindert worden (so zum Beispiel die Urteile des Oberlandesgerichts Stuttgart, 5–2 StE 4/90 [Albrecht], Seite 49, und 2–2 StE 1/91 [Maier-Witt], Seite 85; des Oberlandesgerichts Koblenz 2 StE 2/91 [Beer], Seite 36, und des Bayerischen Obersten Landesgerichts, 3 St 15/90 [Lotze], Seite 42). Denn Haigs Wagen hatte keine Bodenpanzerung, wie der bei Daimler-Benz für das Fahrzeug zuständige Ingenieur Köbel berichtet – er untersuchte den Wagen einen Tag nach dem Anschlag. Er erklärt zudem, das 1,2 Millimeter dicke Unterbodenblech sei »wie durch einen Sandstrahl beseitigt worden«. Wäre der Wagen über dem Explosionsherd gewesen, wenn auch nur zum Teil, wäre das Blech nach innen eingedrückt gewesen. Dieser Sachverhalt wird auch durch die beiden belgischen Personenschützer Gobert und Leporcq bestätigt, die hinter Haig fuhren und die Explosion sahen. Beide sind sich völlig sicher, »dass die Explosion hinter dem Wagen des Generals« erfolgt ist (Urteil des Oberlandesgerichts Stuttgart, 5–2 StE 6/91 [Friedrich/Sternebeck], Seite 43, 133 f.).

240 Oberlandesgericht Stuttgart, Urteil vom 22. Juni 1992 – 5–2 StE 6/91 [Friedrich/Sternebeck], Seite 110, 126.

241 Dieter Bührle (Jahrgang 1921), bis 1988 Chef des Schweizer Rüstungskonzerns Oerlikon-Bührle. Er gilt als einer der reichsten Männer der Schweiz.

242 So die Aufstellung des Bundeskriminalamts (TE 11–4, 110 012/82) vom 13. Juni 1990. Nicht auszuschließen ist, dass es einige Banküberfälle mehr waren, die von der Polizei nicht der RAF zugeordnet werden konnten.

243 Ob Wagner, Klar oder Beer den tödlichen Schuss abgab, konnte nicht geklärt werden. Fest steht nur, dass er nicht von dem Polizeibeamten stammte (Oberlandesgericht Koblenz, Urteil vom 3. Juli 1991 – 2 StE 2/91 [Beer], Seite 66, 153, 155; Oberlandesgericht Stuttgart, Urteil vom 8. Oktober 1991 – 2–2 StE 1/91 [Maier-Witt], Seite 85).

244 Später stellt sich heraus, dass mit dieser Maschinenpistole PM 63 Willy-Peter Stoll beim Anschlag auf die Schleyer-Begleiter am 5. September 1977 schoss.

245 Erklärung der Rote Armee Fraktion vom 26. Juli 1980, abgedruckt in: Marat, »widerstand heißt angriff!«, Seite 53.

246 Anders war das noch in der Anfangsphase beider Gruppen. Damals unterstützten sie sich partiell, wie beispielsweise beim »Dreierschlag« am 29. September 1970: Für die drei Banküberfälle half der »2. Juni« der RAF mit Mitgliedern und Waffen aus. »Damals gingen noch beide Gruppen davon aus, dass schließlich die Zukunft zeigen werde, welche der politischen Vorstellungen sich langfristig durchsetzen werde«, erklären die »2. Juni«-Mitglieder Ralf Reinders, Klaus Viehmann und Ronald Fritzsch in der Rückschau (»Dokumentation zu der angeblichen Auflösung der Bewegung 2. Juni«, Seite 19).

247 Beim Namen »›Zentralrat der umherschweifenden Haschrebellen‹ ging's vor allem darum, die Studenten zu ärgern«, blickt Ralf Reinders zurück, Mitglied des »2. Juni«: »Weil die doch damals schon anfingen, Parteien zu gründen und lauter so hochtrabende Bezeichnungen erfanden. Es war eine Verkackeierung.«

248 »... und umgekehrt. Entscheidungen werden durch Würfeln oder Schlägereien getroffen, aber immer falsch. Unser Verhältnis zur RAF ist sehr erotisch und verwandtschaftlich«, erklärten im Jahr 1978 weiter Teufel, Ralf Reinders, Gerald Klöpper und Ronald Fritzsch (Reinders/Fritzsch, »Die Bewegung 2. Juni«, Seite 115, 120).

249 Das Programm sei »als solches aber nie diskutiert worden«, blickt der »2. Juni«-Mann Ronald Fritzsch zurück: »Das kannte auch kein Schwein.«

250 Stefan Wisniewski, der im Mai 1978 auf dem Flughafen Orly festgenommen wurde, war aufgrund seiner Handschrift auf einer »Einreisekarte« gefasst worden, nicht aber, weil man ihm in der Stadt auf die Schliche gekommen war. Was Wisniewski in der Woche zwischen Landung und dem geplanten Abflug machte, blieb für die Ermittler im Dunkeln.

251 Inge Viett, »Nie war ich furchtloser«, Seite 233 f. Auch das Oberlandesgericht Koblenz (Urteil vom 26. August 1992 – 2 StE 3/91 [Viett], Seite 32) kam zu dem Ergebnis, dass Inge Viett an der »Letzten Erklärung der Bewegung 2. 6.« nicht mitgearbeitet hat.

252 Im Juli 1980 nehmen drei Mitglieder des »2. Juni« in Berlin – Ralf Reinders, Klaus Viehmann und Ronald Fritzsch – zu dem »Auflösungspapier« Stellung: »Jawohl, die Fraktion, die seit 3 Jahren versucht, die Bewegung 2. Juni auf RAF-Linie zu bringen, ist zur RAF gegangen. In ihrem Übereifer haben diese Genossen gleich die gesamte Bewegung mit aufgelöst – in einem Meer von Phrasen«: »Sozialrevolutionäre Politik – für die u. a. auch die Bewegung 2. Juni steht – lässt sich nicht ›auflösen‹ wie ein kleinbürgerlicher Schrebergartenverein.« Sie sprechen sich dafür aus, weiterhin »durch militante Aktionen in die Kämpfe des Volkes« einzugreifen (abgedruckt in: »Dokumentation zu der angeblichen Auflösung der Bewegung 2. Juni«, Seite 19 ff.).

253 In der »politischen Terminologie« ausgedrückt: Innerhalb der »Bewegung 2. Juni« hatten sich Ende 1977 zwei Fraktionen gebildet. Eine »populistische« und eine »antiimperialistische«. Die »antiimperialistische Fraktion« schloss sich im Juni 1980 der RAF an.

254 Auch weitere Mitglieder der »Bewegung 2. Juni« erklären, zur RAF »übergetreten« zu sein, wie Gabriele Rollnik, Angelika Goder, Gudrun Stürmer und Ingrid Barabaß (Oberlandesgericht Stuttgart, Urteil vom 5. März 1987 – 1 StE 2/86 [Barabaß/Schmenger], Seite 17, 43). Sie alle aber sitzen im Gefängnis – nun nach ihrem Verständnis nicht mehr als »Gefangene aus der Bewegung 2. Juni«, sondern als »Gefangene aus der RAF«, und beteiligen sich

auch an deren Hungerstreiks. So schreibt beispielsweise Ingrid Barabaß 1986 – eine der am 5. Mai 1980 in der Rue Flatters verhafteten »2. Juni«-Frauen: »Die ›Bewegung 2. Juni‹ hat sich später, 1980, in der RAF organisiert. Das war etwa einen Monat nach unserer Verhaftung in Paris. … Es gab damals eine letzte Erklärung der Bewegung 2. Juni, in der sie ihre Auflösung erklärte und dass sie in der RAF weiterkämpft.«

255 Die 1979 für den Banküberfall in Zürich von Silke Maier-Witt unter falschem Namen als »Untermieterin« beschafften Wohnungen in Fribourg und Lausanne waren auf dieselbe Weise angemietet worden. Sie waren damals der Polizei aber noch nicht bekannt. Erst über zehn Jahre später, 1990, erfuhren die Beamten von ihnen.

256 »Zwerg« nennt die RAF Bundeskanzler Helmut Schmidt; »Wischn.« bedeutet Kanzleramtsminister Hans-Jürgen Wischnewski.

257 Schreiben von Andreas Baader (»hör ma«), gefunden in einer konspirativen RAF-Wohnung am 4. Februar 1974 in Frankfurt (abgedruckt in: Bundesministerium des Inneren, »Dokumentation über die Aktivitäten anarchistischer Gewalttäter in der Bundesrepublik Deutschland«, Seite 100).

258 Urteil des Oberlandesgerichts Koblenz vom 3. Juli 1991 – 2 StE 1/91 [Beer], Seite 87.

259 Wer in dem Wagen saß, ist ungeklärt (Urteile des Oberlandesgerichts Koblenz vom 3. Juli 1991 – 2 StE 1/91 [Beer], Seite 86; des Oberlandesgerichts Düsseldorf vom 16. März 1987 – IV – 11/86 [Wagner], Seite 25; des Oberlandesgerichts Düsseldorf, Urteil vom 23. Dezember 1986 – V 4/85 [Pohl/Frey], Seite 90).

Wegen einer Beteiligung an dem Ramstein-Anschlag wurden Helmut Pohl (Oberlandesgericht Düsseldorf, a. a. O., Seite 3) zu lebenslanger Freiheitsstrafe und Ingrid Jakobsmeier (Urteil des Oberlandesgerichts Stuttgart vom 2. Mai 1983) zu fünfzehn Jahren Freiheitsstrafe verurteilt, Henning Beer wegen Beihilfe. Auch für andere Taten mit erhielt er unter Anwendung von Jugendstrafrecht und Kronzeugenregelung sechs Jahre und sechs Monate Freiheitsstrafe (Oberlandesgericht Koblenz, Urteil vom 3. Juli 1991 – 2 StE 2/91, Seite 3, 193 ff.; Bundesgerichtshof, Urteil vom 15. Mai 1992 – 3 StR 535/91, Seite 3).

260 Sigurd Debus ist – nach Holger Meins – der zweite Tote bei einem RAF-Hungerstreik. Debus war 1975 wegen schweren Bankraubs in drei Fällen, Anstiftung zu Sprengstoffverbrechen und anderen Delikten zu zwölf Jahren Freiheitsstrafe verurteilt worden. Er schloss sich dem am 2. Februar 1981 begonnenen achten RAF-Hungerstreik an, durch den die Häftlinge bessere Haftbedingungen und vor allem eine Zusammenlegung erreichen wollten. Ausdrücklich lehnte er »jede medizinische Behandlung« ab. Trotz Zwangsernährung starb er am 16. April 1981.

261 In dem Strafverfahren gegen Christian Klar hatte das Oberlandesgericht Stuttgart (Urteil vom 2. April 1985 – 5–1 StE 1/83 [Mohnhaupt/Klar], Seite 136) noch erklärt: »nicht feststellbar war, welches ... ›RAF‹-Mitglied die Panzerfaust ... bedient« hat. Aufgrund neuer Erkenntnisse urteilte das Oberlandesgericht Koblenz (Urteil vom 3. Juli 1991 – 2 StE 2/91 [Beer], Seite 93): »... feuerte Christian Klar ... aus der Panzerfaust zwei Granaten auf das Fahrzeug des Generals ab.«

262 Ein Hinweis für die jüngeren Leser: Getränkedosen gab es damals tatsächlich. Jürgen Trittin war damals noch nicht Bundesumweltminister, sondern hatte gerade den »Kommunistischen Bund« verlassen (*Der Spiegel*, Heft 5/2001, Seite 84). Der forderte offen, »der Staat müsse ›zerschlagen‹ werden, weil noch nie ›durch eine parlamentarische Mehrheit der Weg zum Sozialismus geöffnet worden wäre (›Arbeiterkampf‹ vom 12. 6. 78)«, [Verfassungsschutzbericht 1978, Seite 102]. Trittin konvertierte zu den Grünen.

263 Urteil vom 2. Mai 1983 – 5–1 StE 2/82, Seite 99. Das Oberlandesgericht Stuttgart verurteilte die Frau wegen der Lebensmitteleinkäufe für die Kroesen-Attentäter sowie Kurierfahrten und sonstiger Hilfsdienste für die RAF zu insgesamt vier Jahren und sechs Monaten Gefängnis – wegen Unterstützung und Mitgliedschaft in einer terroristischen Vereinigung (Oberlandesgericht Stuttgart, a. a. O., Seite 3, 131, 133).

264 Anders als die Kampfschriften der ersten »Generation« lässt sich dieses Papier nicht einer Person zuordnen (so auch der »Auswertungsbericht« des Bundeskriminalamts zu diesem Papier vom 13. Juli 1982, Seite 9).

265 Seite 12 der Ausgabe. Vollständig und unverändert abgedruckt ist der Text in: Jean Paul Marat (Herausgeber), »widerstand heißt angriff!« Seite 87 ff. In orthographisch bereinigter Form befindet sich der Text in »Rote Armee Fraktion, Texte und Materialien zur Geschichte der RAF«, Seite 291 ff.

266 Derartige Anschläge hatte es bereits fast zeitgleich zum Ramstein-Anschlag gegeben. Am selben Tag lagen auf einem Zubringergleis des militärischen Teils des Frankfurter Flughafens zwei Bomben, mit denen ein Versorgungszug der Amerikaner in die Luft gesprengt werden sollte – sie konnten rechtzeitig entschärft werden. Am selben Tag wurde die Parteizentrale der SPD in Frankfurt durch einen Brandanschlag verwüstet. Sachschaden: fünfhunderttausend Mark. Auch in den folgenden Jahren gibt es, entsprechend dem »Mai-Papier« – parallel zu den Aktionen der RAF – Anschläge von Militanten. Sie handelten in enger Abstimmung mit der RAF.

267 Meinhof hatte 1972 in der dritten RAF-Kampfschrift »Dem Volke dienen – Stadtguerilla und Klassenkampf« die RAF als »avantgardistische Bewegung« definiert, die es verstehe, »die Gewalt des Volkes gegen die Unterdrückung technisch in die richtigen Bahnen zu lenken, damit das Ziel ... erreicht wird«. Ähnlich hatte die Rolle der ersten RAF-»Generation« Horst Mahler

in der zweiten RAF-Kampfschrift »Über den bewaffneten Kampf in Westeuropa« formuliert: »Der bewaffnete Kampf als höchste Form des Klassenkampfes ...« (beide Texte sind abgedruckt in: »Rote Armee Fraktion, Texte und Materialien zur Geschichte der RAF«, Seite 112, 144; 49 f.).

268 Brigitte Mohnhaupt wird als »Rädelsführerin« der »terroristischen Vereinigung« RAF verurteilt, Christian Klar wegen »Mitgliedschaft« in dieser Vereinigung. Beide erhalten »fünfmal lebenslange Haft« sowie eine »Gesamtfreiheitsstrafe von fünfzehn Jahren« – unter anderem wegen neun Morden und neun (Klar: elf) Mordversuchen – wegen der Tatkomplexe Buback, Ponto, Bundesanwaltschaft, Schleyer und Kroesen (Oberlandesgericht Stuttgart, Urteil vom 2. April 1985 – 5–1 StE 1/83, Seite 4 f., 346 ff.).

269 Als letzte »Nachzügler« der zweiten »Generation« werden am 2. Juni 1984 in der Berger Straße 344 in Frankfurt Helmut Pohl, Ingrid Jakobsmeier, Stefan Frey und drei weitere Personen verhaftet.

270 So die Aufstellung der Bundesanwaltschaft (Anklageschrift gegen Mohnhaupt und Klar vom 14. März 1983 – 1 BJs 86/80–5, Seite 37–39). Alle Mitglieder – sofern nicht verstorben – wurden für ihre Beteiligung an der RAF rechtskräftig verurteilt, mit Ausnahme von zwei mutmaßlichen Mitgliedern, bei deren Festnahme die »Mitgliedschaft in einer terroristischen Vereinigung« verjährt war, und Friederike Krabbe, die bis heute spurlos verschwunden ist.

271 Erklärung des RAF-»Kommando Gudrun Ensslin« vom 15. September 1981 (nach dem Kroesen-Anschlag), abgedruckt in: »Rote Armee Fraktion, Texte und Materialien zur Geschichte der RAF«, Seite 289 f.

272 *Die Welt* vom 17. Dezember 1981: »Susanne Albrecht stieg aus«.

273 *Hamburger Abendblatt* vom 9. Oktober 1978: »Susanne Albrecht in der Türkei?«

274 *Bild* vom 29. Oktober 1977: »Susanne Albrecht in Stockholm?«

275 Helmut Pohl, Erklärung vom August 1990, Seite 3.

276 *Der Spiegel* vom 14. April 1969, Seite 180 ff.: »Eine große Heuchelei«.

277 Brigitte Mohnhaupt und neun andere »Gefangene aus der Rote Armee Fraktion«, in: *konkret* 10/1988, Seite 16 f., »Boocks Lügen«.

278 So die Formulierung von Helmut Pohl, Erklärung vom August 1990, Seite 4. Auch aus den Schilderungen der acht Aussteiger ergibt sich übereinstimmend, dass Konsens zwischen ihnen und der RAF-Spitze darüber bestand, dass diese für sie eine Lösung findet. Ebenso Inge Viett, die in dieser Zeit zur RAF stieß: »Es gab die gemeinsame Vorstellung, in den jungen vom Kolonialismus befreiten afrikanischen Ländern einen Platz zu finden, der eine sinnvolle Zukunft möglich machte« (Viett, »Nie war ich furchtloser«, Seite 236).

279 Die RAF-Köpfe Brigitte Mohnhaupt, Christian Klar, Sieglinde Hofmann, Adelheid Schulz sowie sechs andere RAF-Mitglieder werfen Boock vor,

»dass er die gruppe monatelang bewusst täuschte, einen teil ihrer kräfte ausbeutete und – nachdem seine lügen offen waren – eine gute auflösung der sache verhinderte«. Er habe Einzelnen in der Gruppe erzählt, dass ein Arzt vor seinem Abtauchen Darmkrebs festgestellt und ihm mitgeteilt habe, dass er nur noch eine begrenzte Zeit zu leben hätte. Später habe Boock von schweren Schmerzen berichtet. Gruppenmitglieder besorgten ihm Schmerzmittel und Drogen. Eine Untersuchung Boocks hätte jedoch ergeben, dass er »völlig gesund« sei. Fazit: »die lüge, die die gruppe viel kraft und mehrere verhaftungen gekostet hatte, boocks weg in der lüge und seine weitere vorstellung und die der gruppe wurden in der diskussion immer klarer.« Boock sei »die ratte im labyrinth von konsum, droge, lüge und ausbeutung seiner genossen« geworden« (der Text ist abgedruckt in *konkret* 10/1988, Seite 16 f., »Boocks Lügen«).

280 Boock fährt nach Hamburg und hält sich dort mit Gelegenheitsarbeiten über Wasser: Er renoviert mit anderen ein Altenheim, arbeitet für eine Plakatwerbefirma und verkauft Trödelware auf einem Hamburger Flohmarkt. Mit seiner Freundin zusammen richtet er eine Tischlerei ein. Ein Jahr nach seiner Flucht von der RAF verhaftet ihn die Polizei am 22. Januar 1981 in Hamburg-Wilhelmsburg. Wegen seiner Beteiligung an den RAF-Taten Ponto, Bundesanwaltschaft und Schleyer verurteilt ihn das Oberlandesgericht Stuttgart (Urteil vom 28. November 1996 –5 [2] – 1 StE 5/81) zu lebenslanger Freiheitsstrafe. Während seines Strafverfahrens sitzt er in Stuttgart-Stammheim in der – mittlerweile halbierten – Zelle von Andreas Baader. »Das ist schon ein seltsames Gefühl«, blickt er zurück: »Da wollte ich sie rausholen. Stattdessen saß ich drin.«

281 Nach den Feststellungen des Oberlandesgerichts Koblenz (Urteil vom 26. August 1992 – 2 StE 3/91, Seite 24) flog die Gruppe vom Flughafen Schönefeld »über die Tschechoslowakei nach Bulgarien«. Viett (»Nie war ich furchtloser«, Seite 210) hingegen spricht von einer Zugfahrt »durch die DDR, ČSSR, Ungarn und Jugoslawien nach Bulgarien«.

282 Nach den Feststellungen des Oberlandesgerichts Koblenz (Urteil vom 26. August 1992 – 2 StE 3/91, Seite 30 [Viett]) »fanden spätestens seit Anfang des Jahres 1979 ausführliche Gespräche zwischen Angehörigen der ›Bewegung 2. Juni‹ und Mitgliedern der ›RAF‹ statt«.

283 1988 entsteht aus dieser Abteilung XXII die Hauptabteilung XXII, in der für die RAF-Aussteiger die Abteilung 8 zuständig ist. Die Aufwertung von der Abteilung zur Hauptabteilung, die im Rahmen einer Umorganisierung des MfS erfolgt, zeigt die Bedeutung, die die »Terrorabwehr« im Laufe der Jahre für die Staatssicherheit gewonnen hat.

284 In den folgenden neun Jahren – bis zum Ende des Ministeriums für Staatssicherheit 1989 – steigt die Zahl der Mitarbeiter auf 897 Hauptamtliche, ein-

schließlich von »Flugsicherheitsbegleitern«, die nach einer Umorganisierung des MfS ebenfalls zur Hauptabteilung XXII kamen. Praktisch bei jedem Flug der DDR-Fluglinie »Interflug« waren zwei dieser Stasi-Mitarbeiter in Zivil an Bord, um im Falle einer Entführung sofort eingreifen zu können (6. Durchführungsbestimmung zur Dienstanweisung 1/81 vom 8. 8. 1985 des MfS, Seite 6. Dazu auch: Wunschik, »MfS-Handbuch«, Die Hauptabteilung XXII: »Terrorabwehr«, Seite 24 f.).

285 Ebenso das Verständnis von Generalleutnant Gerhard Neiber, als Mielkes Stellvertreter für Abteilung – spätere Hauptabteilung – XXII zuständig: Die Aufgabe der »Terrorabwehr« habe darin bestanden, »vorbeugend terroristische Aktivitäten festzustellen, aufzuklären und zu verhindern. Im Falle terroristischer Aktivitäten sollten diese von ihr bekämpft werden. Im Zusammenhang mit der weltweiten Entwicklung des Terrorismus machte sich der Aufbau dieser Diensteinheit erforderlich« (*Neues Deutschland*, 23. Juni 1990).

286 Nachdem Inge Viett die »zukünftigen DDR-Staatsbürger« in Prag verabschiedet hat, fliegt sie über Karatschi und Moskau in den Südjemen. Angesichts der Instruktionen in Prag und ihres Gesprächs im Mai 1980 mit Dahl in der DDR, bei dem die Unterbringung der RAF-Aussteiger in der DDR eingefädelt wurde, kommt ihr die Rolle der Koordinatorin des »organisierten Aussteiger-Exils in der DDR« zu: Sie hat der RAF nicht nur diese Möglichkeit eröffnet, sondern auch für die Umsetzung auf Seiten der RAF gesorgt.

287 *taz* vom 3. September 1990, Gerd Rosenkranz, »Was tun nach den ›Siegen des Kapitalsystems‹? Helmut Pohl, Sprecher der Gefangenen aus der RAF, äußert sich zu Fragen der Zeit«.

288 Nach ihrer Enttarnung bleibt den beiden, die seit über zehn Jahren als das »Ehepaar Eildberg« in der DDR lebten, nichts anderes übrig, als »ordentlich« zu heiraten: Sie taten es am 12. März 1991 in Hamburg.

289 Wenige Tage vor dem Abschluss wird sie im Juni 1990 festgenommen.

290 Zehn Jahre später – im Jahr nach ihrer Verhaftung – schreibt sie am 7. Mai 1991 aus der Untersuchungshaft an Francis Violleau im Pflegeheim und erklärt sich für »moralisch verantwortlich für das, was geschehen ist«: »Ich vermute, dass Sie meine Entschuldigung weder annehmen können noch annehmen wollen, zumal sie nichts an Ihren Verletzungsfolgen ändern kann. Gleichwohl bitte ich Sie, mir zu glauben, dass ich das, was geschehen ist, zutiefst bedauere.« In ihrem Strafverfahren nennt Inge Viett – mehr als ein Jahrzehnt nach der Tat – den Schuss auf den Beamten ein »furchtbares Fehlverhalten« und »die Katastrophe« (Oberlandesgericht Koblenz, Urteil vom 26. August 1992 – 2 StE 3/91, Seite 69).

291 Ausgabe vom 13. August 1981.

292 EOS = Erweiterte Oberschule, POS = Polytechnische Oberschule,

NSW = Nichtsozialistisches Wirtschaftsgebiet (DDR-Begriff für die »kapitalistischen Länder« und viele Staaten der Dritten Welt), SW = Sozialistisches Wirtschaftsgebiet, AWG = Arbeiterwohnungsbaugenossenschaft, KWV = Kommunale Wohnungsverwaltung.

293 Nachdem die MfS-Unterstützung für die RAF-Aussteiger aufgeflogen war, erklärt Honecker, nichts davon gewusst zu haben: »Wie jeder andere Bürger habe ich von der Festnahme mutmaßlicher Terroristen und ihrem Unterschlupf in der DDR erst aus Presse, Rundfunk und Fernsehen erfahren.« Er, die Partei- und die Staatsführung hätten sich »nach Kräften auch an der Bekämpfung des internationalen Terrorismus« beteiligt. Den Vorwurf, er habe von der Eingliederung der ehemaligen RAF-Mitglieder gewusst, nennt er eine Kampagne, mit der der offensichtlich »gute Ruf der DDR als Hort des Friedens und der Entspannung in der Welt untergraben« werden solle (*Süddeutsche Zeitung* vom 21. Juni 1990, »Honecker: Nichts von Hilfe für RAF gewusst«). »Honecker lügt«, erklärt daraufhin DDR-Innenminister Peter-Michael Diestel. Mielkes Vertreter Gerhard Neiber geht davon aus, dass Mielke »die Entscheidungen nicht ohne Wissen Honeckers traf«, denn auch »weniger Wichtiges ließ er ›oben‹ absegnen«. Nicht vorstellbar ist, dass Mielke, der sich bei allen möglichen sensiblen Entscheidungen bei Honecker absicherte, indem er – DDR-üblich – seine Entscheidungen von Honecker zuvor »bestätigen« ließ, in diesem ganz besonders heiklen Fall, bei dem der internationale Ruf der DDR auf dem Spiel stand, dies nicht getan hat.

294 Erich Mielke (1907 bis 2000), 32 Jahre Minister für Staatssicherheit (1957 bis 1989), wurde für diese Schüsse 62 Jahre später vom Landgericht Berlin (Urteil vom 26. Oktober 1993 – [523] 1 Kap Js 1655/90 Ks [10/91]) wegen Mordes in zwei Fällen und eines versuchten Mordes zu einer Freiheitsstrafe von sechs Jahren verurteilt. Im August 1995 wird er aus gesundheitlichen Gründen vorzeitig aus der Haft auf Bewährung entlassen. Wegen des Gesundheitszustandes und des »hohen Alters« von 91 stellt die Strafjustiz im August 1998 alle gegen ihn laufenden Verfahren ein. Er lebt zurückgezogen in Berlin-Hohenschönhausen. Am 21. Mai 2000 stirbt Mielke in einem Altenpflegeheim in Berlin-Hohenschönhausen.

295 Karl Wilhelm Fricke, »MfS-intern, Macht, Strukturen, Auflösung der DDR-Staatssicherheit«, Seite 59.

296 Nicht klar ist, ob es sich um das Jahr 1981 oder 1982 handelt. Einzelheiten dazu im nächsten Kapitel, Seite 588 ff.

297 *Frankfurter Rundschau* vom 2. Juli 1991, Seite 7 f., »Ein Interview mit dem RAF-Gefangenen Helmut Pohl …«. Anders die Darstellung von MfS-Oberst Günter Jäckel, das MfS habe dem RAF-»Wunsch« entsprochen.

298 *Frankfurter Rundschau* vom 2. Juli 1991, Seite 7 f., »Ein Interview mit dem RAF-Gefangenen Helmut Pohl …«.

299 Insgesamt gab es bei der bundesdeutschen Polizei fünf Hinweise auf einzelne Ex-RAF-Mitglieder in der DDR, allesamt zutreffend – bei insgesamt 3 459 Hinweisen auf die angeblichen Aufenthaltsorte der zehn später in der DDR Verhafteten: Die drei – geschilderten – Hinweise auf Susanne Albrecht. Einen auf Silke Maier-Witt, wie oben dargestellt. Und ebenfalls einen Hinweis auf Inge Viett: Am 30. Mai 1986 berichtete ein DDR-Bürger bei der Kriminalpolizei in Peine, sie lebe unter dem Namen »Eva-Maria Sommer« in Dresden-Prohlis und arbeite in dem graphischen Großbetrieb »Völkerfreundschaft«. Die Informationen reichte das Bundeskriminalamt in allen Fällen an den Bundesnachrichtendienst mit der Bitte um Abklärung weiter, da BKA-Beamte nicht in der DDR ermitteln durften. Stets ohne Erfolg. So teilte beispielsweise im Fall Viett der Bundesnachrichtendienst am 22. August 1986 dem Bundeskriminalamt mit: Prohlis sei ein Stadtteil von Dresden, den graphischen Großbetrieb »Völkerfreundschaft« gebe es in der Stadt und eine Person mit dem Namen Eva-Maria Sommer sei im Fernsprechbuch Dresden, Ausgabe 1984, nicht verzeichnet. Ob es sich bei dem Namen Sommer um eine »Falschidentität« handle, sei anhand der »vorliegenden lückenhaften Angaben« nicht abschließend zu beurteilen. Die BKA-Beamten waren mit der »Unterstützung« aus Pullach nicht zufrieden. »In einem zwei Jahre alten Telefonbuch kann auch ich nachblättern«, sagt ein BKA-Ermittler, »ebenso einen Stadtplan aufschlagen – dafür brauchen wir nicht einen solchen Dienst.«

Nicht anders im Fall Maier-Witt, bei dem der Bundesnachrichtendienst – wie ein BKA-Mann notierte – »kein brauchbares Ergebnis erbrachte«. Auch im Fall Albrecht gelang den »Auslandsaufklärern« keine Aufklärung. Zu diesen Vorgängen möchte der Bundesnachrichtendienst offiziell keine Stellung nehmen. Ein BND-Mitarbeiter erklärte zu dem »zurückhaltenden Engagement« seines Dienstes: Zum einen sei die »Nachrichtenbeschaffungslage« in der DDR schwierig gewesen, stets mit einem großen Risiko für die BND-Mitarbeiter verbunden. Und zum anderen hätte der Hinweis, RAF-Mitglieder hielten sich in der DDR auf, damals nicht ins »Lagebild« gepasst. Denn mehrfach hatten Mitarbeiter des Bundesnachrichtendienstes gemeldet, die gesuchten RAF-Mitglieder hielten sich im Nahen Osten auf. So gab es beispielsweise auf Susanne Albrecht in der Zeit zwischen 1980 und 1987 acht derartige Hinweise: Nämlich sie sei im Libanon, im Jemen und in Syrien gesehen worden. Nicht zu klären ist, wie der Bundesnachrichtendienst zu diesen ganzen unzutreffenden Hinweisen kam.

300 Gesetz vom 9. Juni 1989: Diese Regelung war auf Betreiben des damaligen Generalbundesanwalts Kurt Rebmann Gesetz geworden. Danach kann das Gericht »die Strafe nach seinem Ermessen mildern«, bei Mord und Totschlag »bis zu einer Mindeststrafe von drei Jahren«. Die Kronzeugenregelung war

geschaffen worden, um Mitglieder von der aktiven RAF loszueisen (was nicht klappte). Sie galt aber – angesichts ihres eindeutigen Wortlauts – auch für RAF-Senioren wie die DDR-Aussteiger.

301 Ralf Baptist Friedrich befand sich zu diesem Zeitpunkt auf freiem Fuß, weil der Vorwurf der »Mitgliedschaft in einer terroristischen Vereinigung« verjährt war. Erst im Zuge weiterer Ermittlungen wurde er am 19. November 1990 wieder festgenommen, nachdem er in den Verdacht geraten war, am Haig-Anschlag beteiligt gewesen zu sein. Deswegen verurteilte ihn das Oberlandesgericht Stuttgart am 22. Juni 1992 zu sechs Jahren und sechs Monaten Freiheitsstrafe – unter Anwendung der Kronzeugenregelung.

302 Es folgen nur noch die beiden Strafverfahren gegen die »Landshut«-Entführerin Souhaila Andrawes Sayeh (zwölf Jahre Freiheitsstrafe – unter Anwendung der Kronzeugenregelung, Oberlandesgericht Hamburg, Urteil vom 19. November 1996) und gegen die Waffentransporteurin für die »Landshut«-Entführung Monika Haas (fünf Jahre Freiheitsstrafe, Oberlandesgericht Frankfurt, Urteil vom 16. November 1998).

303 Susanne Albrecht: zwölf Jahre Freiheitsstrafe (Urteil des Oberlandesgerichts Stuttgart vom 3. Juni 1991); Henning Beer: sechs Jahre Jugendstrafe (Urteil des Oberlandesgerichts Koblenz vom 3. Juli 1991 – Schuldspruch, nicht Strafmaß, geändert durch Urteil des Bundesgerichtshofs vom 15. Mai 1992); Silke Maier-Witt: zehn Jahre Freiheitsstrafe (Urteil des Oberlandesgerichts Stuttgart vom 8. Oktober 1991); Monika Helbing: sieben Jahre Freiheitsstrafe (Urteil des Oberlandesgerichts Stuttgart vom 24. Februar 1992); Werner Lotze: elf Jahre Freiheitsstrafe (Bayerisches Oberstes Landesgericht vom 10. März 1992 – nach Rückverweisung durch den Bundesgerichtshof, Urteil vom 23. Oktober 1991); Sigrid Sternebeck: acht Jahre, sechs Monate Freiheitsstrafe; Ralf Baptist Friedrich: sechs Jahre, sechs Monate Freiheitsstrafe (beide durch Urteil des Oberlandesgerichts Stuttgart vom 22. Juni 1992); Inge Viett: dreizehn Jahre Freiheitsstrafe (Urteil des Oberlandesgerichts Koblenz vom 26. August 1992).

304 Oberlandesgericht Koblenz, Urteil vom 26. August 1992 – 2 StE 3/91, Seite 134 f.

305 Landgericht Berlin, Urteil vom 7. Mai 1997 – (522) 29/2 Js 231/90 KLs (21/95), Seite 21.

306 Landgericht Berlin, Urteil vom 7. Mai 1997 – (522) 29/2 Js 231/90 KLs (21/95), Seite 33.

307 Urteil vom 5. März 1998–5 StR 494/97, abgedruckt in: *Neue Juristische Wochenschrift* 1998, Seite 2610 ff.

308 Das Oberlandesgericht Stuttgart verurteilt Manuela Happe am 20. März 1986 wegen zweier Mordversuche und Mitgliedschaft in der terroristi-

schen Vereinigung »Rote Armee Fraktion« zu fünfzehn Jahren Freiheitsstrafe.

309 Urteil vom 28. Juni 1988 – 5–1 StE 1/87 [Haule-Frimpong], Seite 41.

310 HS: Kürzel für Hungerstreik.

311 Sogar neun Jahre später, in Bad Kleinen 1993, haben Birgit Hogefeld und Wolfgang Grams jeder eine Pistole aus dem Walla-Waffenraub bei sich. Der GSG 9-Mann Michael Newrzella, das letzte RAF-Opfer, wird von Grams mit einer »Brünner« aus dem Walla-Raub erschossen (Oberlandesgericht Frankfurt, Urteil vom 5. November 1996 – 5–2 StE 2/94–7/94, Seite 83).

312 Eva Haule-Frimpong wird wegen Oberammergau sowie des Überfalls auf das Waffengeschäft Walla in Maxdorf vom Oberlandesgericht Stuttgart am 28. Juni 1988 (5–1 StE 1/87) zu fünfzehn Jahren Gefängnis verurteilt. Wegen des Verdachts, ebenfalls am Oberammergau-Anschlag beteiligt gewesen zu sein, leitete der Generalbundesanwalt ein Ermittlungsverfahren gegen Horst Meyer ein (Der Generalbundesanwalt, Pressemitteilung vom 12. Dezember 1989, Seite 39 f.). Meyer starb bei einer Schießerei mit der Polizei in Wien am 15. September 1999.

313 Von Dyck war RAF-Mitglied und wurde bei einem Polizeieinsatz in Nürnberg sechs Jahre zuvor – am 4. Mai 1979 – erschossen.

314 Die beiden Täter sind bis heute unbekannt.

315 Das Oberlandesgericht Stuttgart verurteilt Grosser – Jahrgang 1956 – am 3. November 1986 zu neun Jahren und sechs Monaten Freiheitsstrafe. Der Bundesgerichtshof verwirft Grossers Revision als »offensichtlich unbegründet«.

316 Oberlandesgericht Frankfurt, Urteil vom 5. November 1996 – 5–2 StE 2/94–7/94, Seite 34 f. (hinsichtlich dieser Feststellungen wurde die Revision der Angeklagten vom Bundesgerichtshof am 13. Februar 1998 [3 StR 448/97] verworfen. Nach den Feststellungen des Oberlandesgerichts Frankfurt wurde Pimental auf dem »Kurweg 6« »von einem oder mehreren Kommandomitgliedern niedergeschlagen. … Dann wurde er von einem Kommandomitglied durch einen Schuss in den Hinterkopf getötet (a. a. O., Seite 35).

317 Jackson, Führer der Black-Panther-Bewegung, war Idol militanter schwarzer US-Amerikaner. 1971 kam er bei einer Gefängnisrevolte im amerikanischen Zuchthaus St. Quentin bei San Francisco ums Leben.

318 Oberlandesgericht Frankfurt, Urteil vom 5. November 1996, a. a. O., Seite 625 bis 628.

319 Oberlandesgericht Frankfurt, Urteil vom 28. April 1994 – 5–2 StE 4/93–3/93, Seite 153 bis 155. In der Haft schreibt Eva Haule in einem Kassiber an Manuela Happe: »Der Punkt war die Air Base als Zentrum und die Typen dort, beide gleichgewichtig. … Es war keine Frage, daß es Tote gibt,

sondern es war das Ziel der Aktion, sie so anzugreifen.« (Urteil, Seite 132, 88.)

320 Urteil vom 5. November 1996, a. a. O. [Hogefeld], Seite 33 – Grams war zum Zeitpunkt der Entscheidung drei Jahre tot.

321 *taz* vom 15. August 1985, Seite 4.

322 Tscheka = deutsches Kürzel für »Außerordentliche Kommission zum Kampf gegen die Konterrevolution und Sabotage«. Die 1917 in der Sowjetunion geschaffene politische Polizei ging mit großer Härte rücksichtslos gegen Verdächtige und politisch Missliebige vor.

323 Erklärung vom Januar 1986 »An die, die mit uns kämpfen«, abgedruckt in: Marat, »widerstand heißt angriff!«, Seite 232.

324 Heft 2. Abgedruckt in authentischer Form unter der Überschrift »Interview mit Genossen aus der RAF« in: Marat, »widerstand heißt angriff!«, Seite 190 ff., 194; in stilistisch und orthographisch korrigierter Fassung unter der Überschrift »Interview mit der RAF« abgedruckt in: »Rote Armee Fraktion, Texte und Materialien zur Geschichte der RAF«, Seite 333 ff., 341.
Die erste Ausgabe von *Zusammen Kämpfen – Zeitung für die antiimperialistische Front in Westeuropa* tauchte im Januar 1985 auf. Herausgegeben von Personen aus dem RAF-Umfeld – Teil der Arbeit der, wie im »Mai-Papier« gefordert, »politische(n) initiativen zur vermittlung der politik« der RAF und des Widerstandes.

325 Erklärung »für die gefangenen aus der raf und dem widerstand« von »mitte februar 1985« (in orthographisch korrigierter Form abgedruckt in: »Rote Armee Fraktion, Texte und Materialien zur Geschichte der RAF«, Seite 331 ff.).

326 Diesen Personenkreis beziffert für das Jahr 1985 BKA-Abteilungspräsident Klaus-Herbert Becker auf »schätzungsweise 15 bis 20 Personen« und das Bundesamt für Verfassungsschutz auf »etwa 20 Personen« (Verfassungsschutzbericht 1985, Seite 120).

327 Die Sicht der Sicherheitsbehörden für diese RAF-Epoche ist zusammengefasst im Verfassungsschutzbericht 1985, Seite 123 ff.

328 Die Revolutionären Zellen (RZ) gehen auf das Jahr 1972 zurück. Nach den Sprengstoffanschlägen der ersten RAF-Generation im Mai kam es zu einer Diskussion innerhalb der Linken, ob derartige Anschläge »effizient« seien und ob es dabei hinzunehmen sei, dass Unbeteiligte gefährdet und verletzt werden. Es gründete sich eine Reihe kleiner Gruppen (so genannte »Zellen«) von drei bis fünf Personen, die in der Legalität lebten und nur kurzfristig für den Anschlag abtauchten. Sie verübten Brand- und Sprengstoffanschläge – über 150 – bei denen Sachschäden entstanden. Dabei nahmen sie sich Themen an, die in der Linken populär waren, wie die Kritik am Putsch in Chile (1973–1974), der Protest gegen den Paragraphen 218 StGB (1975–1977),

die »NATO-Nachrüstung« (1982–1984) und später die Ausländer- und Asylpolitik. Allein durch eine Anschlagsserie gegen die Bekleidungsfirma Adler verursachten die Revolutionären Zellen 1987 einen Schaden von über 35 Millionen Mark. Im Gegensatz zur RAF lehnten die Revolutionären Zellen Mord als Mittel des »bewaffneten Kampfes« ab. Nur in Ausnahmefällen begingen sie Körperverletzungen, wie zum Beispiel bei der »Knieschussaktion« an Günter Korbmacher am 1. September 1987: Korbmacher, Vorsitzender Richter des für Revisionen in Asylverfahren zuständigen Senats des Bundesverwaltungsgerichts, wurde in Berlin von einem Unbekannten in den linken Unterschenkel geschossen. Die Revolutionären Zellen bekannten sich zu der Tat.

Eine Zusammenarbeit von RAF und RZ stellte das Bundeskriminalamt nicht fest. Anders als die RAF tauchten die Mitglieder der Revolutionären Zellen nicht in die Illegalität ab, sondern sahen ihren strategischen Vorteil gerade darin, aus der »Legalität« heraus Anschläge zu verüben. Ihr Schlagwort: »Die Illegalität ist Beschränkung.«

Beispiel – »RZ West-Berlin, Juli 82«: »wenn ein Genosse/eine Genossin gekrallt wird beim missglückten Versuch ein Auto zu knacken, dann fährt er/sie ein als Autodieb«, und – zunächst – nicht als jemand, der »der systematischen Vernichtung anheim gegeben wird.« (*taz* vom 5. August 1982, Seite 10: »Gegen den Mythos von der RAF«.)

Aus Protokollen der »Häftlingsüberwachung« bei Besuchen von RAF-Mitgliedern erfuhren die Fahnder, dass »in der linken Szene die RZ-Struktur« als erfolgreichstes Modell des »bewaffneten Kampfes« anerkannt wurde, weil es die »Kämpfer« nicht dem »permanenten Druck der Illegalität« aussetze. Und so machten die Ermittler bei den »Militanten« bzw. den »Kämpfenden Einheiten«, wie sie sich später nannten, deutliche Parallelen zu den Revolutionären Zellen aus: Kein Abtauchen in die Illegalität. Und keine Tötungsdelikte.

329 Verfassungsschutzbericht 1985, Seite 125 f.

330 Verfassungsschutzbericht 1985, Seite 125.

331 Verfassungsschutzbericht 1985, Seite 125.

331a »Zusammen Kämpfen«, Ausgabe 2/1985 (abgedruckt in: »Rote Armee Fraktion, Texte und Materialien zur Geschichte der RAF«, Seite 333 ff., 341).

332 Die RAF versteht in dem Geschehen ab 1986 eine eigenständige Phase, die sie als »Offensive '86« bezeichnet, wie sie in dem Papier »Wir wollen eine offene Diskussion unter allen, die hier um Veränderung kämpfen« vom August 1992 erklärt (abgedruckt in: »Rote Armee Fraktion, Texte und Materialien zur Geschichte der RAF«, Seite 420 ff., 430). Ebenso sieht die Entwicklung das Oberlandesgericht Stuttgart (Urteil vom 28. Juli 1988 – 5-1 StE 1/87 [Haule-Frimpong und andere], Seite 29: »Am 9. Juli 1986 wurde

die ›Offensive‹ von ›Illegalen‹ der RAF eingeleitet« – also mit dem Beckurts-Mord). Etwas davon abweichend die Terminologie des Bundesamtes für Verfassungsschutz, nach der die RAF »ihre im Winter 1984 begonnene Offensive« fortsetzte (Verfassungsschutzbericht 1986, Seite 129), es also nicht eine eigene »Offensive '86« gab, sondern eine »Offensive 84–86«).

333 *stern* vom 17. Juli 1986.

334 So die Feststellungen des Oberlandesgerichts Stuttgart, Urteil vom 28. Juni 1988 – 5–1 StE 1/87 [Haule-Frimpong/Kluth/Hornstein], Seite 31, 77.

335 Urteil vom 28. Juni 1988 – 5–1 StE 1/87 [Haule-Frimpong/Kluth/Hornstein], Seite 18. Das Gericht verurteilte sie wegen des versuchten Anschlags in Oberammergau und des Überfalls auf das Waffengeschäft Walla in Maxdort zu fünfzehn Jahren Freiheitsstrafe.

336 Ebenda, Seite 8.

337 Urteil vom 20. Juli 1977 – IV – 15 –75, Seite 4.

338 Am 26. April 1995 wurde Lutz Taufer aus der Haft entlassen.

339 Oberlandesgericht Stuttgart, Urteil vom 28. Juni 1988 – 5–1 StE 1/87, Seite 54.

340 So findet die französische Polizei, als sie am 21. Februar 1987 auf den Hauptstützpunkt der Action Directe in Vitry-aux-Loges stößt und vier AD-Mitglieder verhaftet, drei Pistolen aus der Walla-Beute.

341 Oberlandesgericht Stuttgart, Urteil vom 28. Juni 1988, a. a.O., Seite 47.

342 Das Oberlandesgericht Stuttgart verurteilt Kluth zu zehn und Hornstein zu neun Jahren Freiheitsstrafe.

343 Programm für »Antiimperialistischer und antikapitalistischer Widerstand in Westeuropa«, abgedruckt in: Marat, »widerstand heißt angriff!«, Seite 264.

344 Der Text ist vollständig abgedruckt in: Marat, »widerstand heißt angriff!«, Seite 326.

345 Für ihre Initiative erhielten die Von-Braunmühl-Brüder 1987 den »Gustav-Heinemann-Bürgerpreis«. Die zwanzigtausend Mark stellten sie dem »Rechtshilfefonds« von Peter-Jürgen Boock zur Verfügung. Zur Begründung erklärte Carl Christian von Braunmühl, Boock habe sich vor seiner Verhaftung von der RAF gelöst, sei gleichwohl zur Enttäuschung vieler zu lebenslanger Freiheitsstrafe verurteilt worden. Mit dem Betrag wollten sie dazu »beitragen, dass das Verfahren weitergehen kann, und hoffen, dass ein Urteil gefunden wird, das als ein Signal zur Versöhnung zu verstehen ist …«.

346 So die Feststellungen des Oberlandesgerichts Stuttgart (Urteil vom 15. Mai 2001 – 5–2 StE 4/2000 [Klump], Seite 7 f.). Zuvor war die Bundesanwaltschaft davon ausgegangen, der Bombenanschlag sollte auf das Hotel »Playa de la Luz« und der darin untergebrachten Disco »April« in Rota erfolgen, in der sich in der Nacht von Freitag auf Sonnabend immer viele US-Soldaten vom Militärstützpunkt aufhielten (ausführlich dazu: Pflieger, »Die Rote

Armee Fraktion«, Seite 156 f.). Die Richter folgten jedoch nicht der »Disco-Version« der Bundesanwaltsschaft, sondern der »Stützpunkt-Version« der Angeklagten Andrea Klump (Urteil, Seite 15 f.).

347 Pflieger, »Die Rote Armee Fraktion«, Seite 156 f.; Verfassungsschutzbericht 1988, Seite 85; Pressemitteilung des Generalbundesanwalts vom 15. Dezember 1988, Seite 30 bis 32. Der Vorfall war von der Bundesanwaltschaft auch als RAF-Tat vor dem Oberlandesgericht Stuttgart angeklagt worden.

348 Urteil vom 15. Mai 2001 – 5 –2 StE 4/2000, Seite 7. Der Vorwurf der Anklage, Andrea Klump sei von August 1984 bis März 1998 Mitglied der RAF gewesen, war nach Auffassung des Gerichts in der Hauptverhandlung nicht zu beweisen. Das Verfahren wurde insoweit eingestellt (Urteil, Seite 16). Andrea Klump wurde zu neun Jahren Freiheitsstrafe verurteilt.

348a Es sollte eine Art »Dankeschön-Anschlag« werden – in der Entscheidung (Seite 7) heißt es über das Motiv von Andrea Klump: »Nach ihrer militärischen Ausbildung wurde die Angeklagte im Libanon von einer nicht bekannten palästinensischen Terrororganisation angesprochen, ob sie bereit sei, sich im Rahmen des ›Palästinensischen Widerstandes‹ gegen Israel und die als dessen ›Schutzmacht‹ angesehene USA an einer ›Aktion‹ gegen eine in Spanien gelegene amerikanische militärische Einrichtung zu beteiligen. Die Angeklagte willigte ein. Durch ihre Beteiligung an einer solchen Tat wollte sie auch der beengten und fremdbestimmten Situation im Libanon entkommen. Zudem beabsichtigte sie, gegenüber den Menschen ihre Dankbarkeit zu zeigen, die sie – wie sie meinte – selbstlos und großherzig aufgenommen hatten.«

349 Tietmeyer wird fünf Jahre später Präsident der Deutschen Bundesbank. Er leitet die »Zentralnotenbank« von 1993 bis 1999.

350 PFLP = Popular Front for the Liberation of Palestine = Volksfront für die Befreiung Palästinas.

351 Urteil des Oberlandesgerichts Frankfurt vom 5. November 1996 – 5–2 StE 2/94 –7/97, Seite 48 f.

352 Nummer 9/1987.

353 Pohl (damals 45) zählt zu den Vordenkern der RAF-Häftlinge – neben Brigitte Mohnhaupt und Christian Klar. Pohl hat zu diesem Zeitpunkt bereits insgesamt zwölf Jahre im Gefängnis gesessen, aufgrund von drei Urteilen: 1972 verurteilte ihn das Landgericht Stuttgart wegen eines Kfz-Diebstahls und einiger anderer Delikte im Zusammenhang mit der RAF zu zwei Jahren und sechs Monaten Freiheitsstrafe. 1976 verhängte das Landgericht Hamburg gegen Pohl fünf Jahre Freiheitsstrafe wegen seiner Beteiligung an der RAF-Formation »Gruppe 4. 2.«. 1987 – nach seiner Verhaftung in der Berger Straße in Frankfurt 1984 – verurteilte ihn das Oberlandesgericht

Düsseldorf zu lebenslanger Haft wegen seiner Beteiligung am Ramstein-Anschlag, unter anderem wegen »versuchten gemeinschaftlichen Mordes an mindestens siebzehn Menschen«. Neun Jahre nach der oben zitierten Hungerstreikerklärung Anfang 1989 wird Pohl aus der Haft entlassen, am 1. Juni 1998.

354 Holger Meins 1974 und Sigurd Debus 1981.

355 1981 waren durch dieses Vorgehen zehn IRA-Mitglieder in den Gefängnissen gestorben; in Großbritannien gibt es keine Zwangsernährung.

356 Abgedruckt ist diese Dokumentation in: *Rheinischer Merkur*, 14. April 1989, Seite 6, und in der *Frankfurter Rundschau*, 8. April 1989, Seite 12, und 10. April 1989, Seite 8.

357 Aufschluss: Die Zellentüren werden geöffnet, so dass sich die Häftlinge gegenseitig besuchen können.

358 Umschluss bedeutet, dass mehrere Gefangene, die in verschiedenen Zellen untergebracht sind, für eine Weile in eine Zelle geschlossen werden, damit sie ihre Freizeit miteinander verbringen können.

359 Über eine Stellungnahme von Christian Klars Anwalt zu diesen Zahlen berichtet die *Frankfurter Rundschau* am 8. April 1989: »Zwar seien die Zahlen über die Briefe und Besuche korrekt, verschwiegen worden seien aber die Bedingungen: Briefe würden zensiert oder nicht weitergeleitet, Besuche bewacht.«

360 Christian Klars Anwalt Elard Biskamp erklärt, Klar lehne die Gemeinschaftsveranstaltungen nicht nur deswegen ab, weil er nicht mit anderen RAF-Häftlingen zusammentreffen dürfe, sondern auch, weil er es als Zumutung empfände, jedes Mal »den Striptease vollführen« zu müssen. Nähme Klar alle Angebote wahr, wäre das »etwa fünfzehnmal im Monat, vorher und nachher«.

361 Heft 15/1989, Seite 31 ff.

362 Fünf Jahre später, im März 1994, wird Jutta Limbach Vizepräsidentin des Bundesverfassungsgerichts. Von 1994 bis 2002 ist sie Präsidentin des Bundesverfassungsgerichts, die erste Frau an der Spitze des höchsten deutschen Gerichts.

363 »HS«: Kürzel für Hungerstreik.

364 Die übrigen Hungerstreiker sitzen in Untersuchungshaft.

365 Kinkel ist einer der besten Kenner der RAF auf Staatsseite: Als Genscher Bundesinnenminister – und mit dem Thema RAF befasst – war, wurde Kinkel dessen persönlicher Referent und Leiter des Ministerialbüros. Von 1979 bis 1982 war Kinkel Präsident des Bundesnachrichtendienstes, anschließend – bis 1991 – Staatssekretär im Bundesjustizministerium. Im Januar 1991 tritt der bislang Parteilose in die F.D.P. ein und wird Bundesjustizminister. Von Mai 1992 bis Oktober 1998 ist er Bundesaußenminister und ab

1993 Stellvertreter von Bundeskanzler Helmut Kohl (»Vizekanzler«). In seiner Zeit im Bundesjustizministerium setzte er sich dafür ein, durch eine »politische Lösung« die RAF-Anschläge zu beenden.

366 »Herausgegeben von den Angehörigen der politischen Gefangenen in der BRD«, Ausgabe 27.

367 Siehe dazu Seite 506 ff. Die RAF lobte Beer neun Jahre zuvor in einem Nachruf: »Seine Klarheit in dem wie er war, seine Initative, seine Militanz und sein politisches Denken waren acht Jahre für uns – RAF – wichtig.« (Abgedruckt in: Marat, »widerstand heißt angriff!«, Seite 53; in orthographisch bereinigter Form in: »Rote Armee Fraktion, Texte und Materialien zur Geschichte der RAF«, Seite 285.)

368 Der Text ist in orthographisch überarbeiteter Form abgedruckt in: »Rote Armee Fraktion, Texte und Materialien zur Geschichte der RAF«, Seite 391 ff.

369 Heft 47/1989 vom 20. November 1989, Seite 28 ff., 29.

370 So beginnt zum Beispiel die Herrhausen-Erklärung mit einem Satz, den Eva Haule 1988 vor dem Fünften Strafsenat des Oberlandesgerichts Stuttgart in ihrer Prozesserklärung gesagt hatte: »DIE REVOLUTIONÄREN PROZESSE SIND DIE ERFAHRUNGEN, DIE AUS DER AGONIE ZWISCHEN LEBEN UND TOD HERAUS, HIN ZU EINEM ENTSCHLOSSENEN KAMPF FÜR DAS LEBEN GEFÜHRT WERDEN.«

371 Das passt zu der Erklärung der RAF in dem so genannten »August-Papier« drei Jahre später, 1992 – einer Rückschau: »Spätestens ab 88 wurde die bis dahin entwickelte Politik von einem immer kleiner werdenden Kreis von entschlossenen Genossen getragen ...« (veröffentlicht als *konkret*-Sonderdruck, »RAF: Wir müssen das Neue suchen«, Seite 4). Beides – BKA-Feststellung und RAF-Erklärung – legt die Vermutung nahe, dass sich vor dem Herrhausen-Anschlag – bis heute unbekannte – Mitglieder von der RAF absetzten und deshalb nun andere als zuvor die Kommando-Erklärung formulierten.

372 Die RAF-Frau Juliane Plambeck war zehn Jahre zuvor, am 15. Juli 1980, bei einem Autounfall in der Nähe von Bietigheim-Bissingen ums Leben gekommen.

373 Struktur- und Gefährdungsanalyse »Rote Armee Fraktion«, Juni 1990, Seite 9 ff., 15.

374 VS = Kürzel für Verfassungsschutz.

375 Am 25. Juli 1978 sprengte der Verfassungsschutz ein Loch in die Mauer der Justizvollzugsanstalt in Celle, in der Sigurd Debus einsaß, um dadurch eine Befreiungsaktion vorzutäuschen. Damit wollte der Verfassungsschutz – eine ebenso abenteuerliche wie wahre Geschichte – einem V-Mann eine »Legende« für den Einstieg in die »Terrorszene« verschaffen. Lange Zeit bestritt

der Verfassungsschutz, der Bombenleger gewesen zu sein. Bis nach Jahren die Wahrheit herauskam.

376 Auf Deutsch: Der Ausdruck bedeutet so viel wie »Gegen-Aufstandsstrategie«. In den Vereinigten Staaten versteht man darunter vor allem psychologische und militärische Handlungen, die von einer Regierung vorgenommen werden, um subversiven Widerstand zu unterdrücken. Dazu zählt auch gezielte Desinformation.

377 Antje Vollmer, Jahrgang 1943, ist von 1988 bis 1994 Mitglied im Präsidium des Deutschen Evangelischen Kirchentages. Seit 1994 ist sie Vizepräsidentin des Deutschen Bundestages.

378 Abgedruckt in: *taz*, 18. Juli 1990, Seite 10.

379 trevi: Terrorisme, Radicalisme, Extrémisme et Violence Internationale: Die 1976 gegründete europäische Ministerrunde zur Bekämpfung der politisch motivierten Kriminalität.

380 Die GRAPO, Kürzel für »Grupos de Resistencia Antifascista Primero de Octubre«, war aus der sektiererischen Linksgruppe PCE (r) (»Partido Comunista des Espaòa reconstituido« – »rekonstituierte spanische kommunistische Partei«) hervorgegangen. Diese »Gruppen des antifaschistischen Widerstandes 1. Oktober« nennen sich so nach ihrem ersten Blutbad, der Ermordung von drei Polizeibeamten im Oktober 1985. Ziel der GRAPO war der Aufbau einer bewaffneten kommunistischen Partei. In einem Papier (»Zwei unvereinbare Linien innerhalb der europäischen revolutionären Bewegung«) kritisierte die GRAPO die RAF: Sie vermisste bei ihr eine »Klassenposition« und warf ihr eine antikommunistische, kleinbürgerliche Haltung vor.

381 Siehe dazu oben, Seite 23 ff.

382 Prozesserklärung »Zur Existenz der RAF« vom 19. Juli 1996 (abgedruckt in: Birgit Hogefeld, »Ein ganz normales Verfahren …«, Seite 135 f.).

383 *Der Spiegel*, 42/1997, Seite 169 f.

384 Der Text ist auch abgedruckt in: »Rote Armee Fraktion, Texte und Materialien zur Geschichte der RAF«, Seite 420 ff., sowie in: Edition ID-Archiv, »wir haben mehr fragen als antworten. RAF-Diskussionen 1992–1994«, Seite 126 ff.

385 Ein kurzer und aufschlussreicher Satz zu der damals lebhaft diskutierten Frage, wer das Sagen bei der RAF hat, wenn es um Anschläge geht – sie selbst oder die Häftlinge (Schlagwort: »Zellensteuerung« der RAF): »… die Gefangenen haben es … anders bestimmt.« Deshalb keine Anschläge.

386 Nach »Das Konzept Stadtguerilla« (April 1971), »Über den bewaffneten Kampf in Westeuropa« (Mai 1971), »Stadtguerilla und Klassenkampf« (April 1972) und »Guerilla, Widerstand und antiimperialistische Front« (Mai 1982). Dazu oben, Seite 266 ff. und 528 ff. Nach ihrer Verhaftung verfasste Ulrike Meinhof in ihrer Zelle ein weiteres umfangreiches ideologisches Pa-

pier, das im November 1972 unter dem Titel »Die Aktion des Schwarzen September in München« erschien. Aber das war nun eben kein Papier mehr aus dem Untergrund, sondern aus der Gefängniszelle.

387 Katharina Hammerschmidt gilt als Randfigur der ersten RAF-»Generation«. Die Polizei verdächtigte »Cat«, Kurierin und Quartierbeschafferin der RAF gewesen zu sein. Persönlich gut bekannt war sie mit Ulrike Meinhof und Gudrun Ensslin. Nach einem Fahndungsaufruf stellte sie sich 1972 der Polizei in Berlin. Drei Jahre später starb sie an Krebs – im Alter von einunddreißig Jahren. Ein Arzt der Frauenhaftanstalt habe sich nicht ausreichend um ihre Krankheit gekümmert, urteilt später das Berliner Landgericht. Wegen dieser »schuldhaften Verletzung der Amtspflicht« verurteilt das Gericht nach ihrem Tod das Land Berlin, fünftausend Mark Schmerzensgeld an die Hinterbliebenen zu zahlen.

388 Von der »Richtigkeit dieser Äußerungen« ging das Oberlandesgericht Frankfurt aufgrund der Ausführungen eines Ermittlungsbeamten aus (Urteil vom 5. November 1996 – 5–2 StE 2/94–7/97, Seite 63, 576 f. – die Entscheidung wurde in diesem Punkt nicht rechtskräftig, da später das Verfahren gegen Birgit Hogefeld wegen einer Verurteilung für andere Straftaten eingestellt wurde, Oberlandesgericht Frankfurt, Urteil vom 29. Juni 1998 – 4–2 StE 2/94–1/98, Seite 8). Drei Jahre später schrieb die RAF in ihrer »Erklärung« vom 29. November 1996 (abgedruckt in: »Rote Armee Fraktion, Texte und Materialien zur Geschichte der RAF«, Seite 499 ff., 503), »Tatsache« sei, »dass unser Kommando gut 1 t Sprengstoff in Weiterstadt benutzte«. Also mehr als das Fünffache der vor Ort erklärten Menge.

389 Der Fünfte Strafsenat des Oberlandesgerichts Frankfurt (Urteil vom 5. November – 5–2 StE 2/94–7/97) verurteilt Birgit Hogefeld für den Weiterstadt-Anschlag wegen »des Herbeiführens einer Sprengstoffexplosion in Tateinheit mit Zerstörung von Bauwerken und mit Freiheitsberaubung«. Außerdem erklärt das Gericht, dass »Wolfgang Grams an dem Kommando« beteiligt gewesen sei (Seite 553 des Urteils). Der Bundesgerichtshof hebt am 13. Februar 1998 die in dieser Entscheidung zum Weiterstadt-Komplex getroffenen Feststellungen auf. Der Vierte Strafsenat des Oberlandesgerichts Frankfurt, bei dem der Fall schließlich landet, stellt das Verfahren gegen Birgit Hogefeld wegen Weiterstadt angesichts anderer Straftaten von ihr ein (Paragraphen 154, 154a Strafprozessordnung, Seite 8 des Urteils). Das Gericht verurteilt Hogefeld im »zweiten Durchlauf« wegen des Pimental-Mordes, des Anschlags auf die US-Airbase in Frankfurt und des Tietmeyer-Anschlags zu lebenslanger Freiheitsstrafe und stellt fest: »Die Schuld der Angeklagten ist besonders schwer« (Oberlandesgericht Frankfurt, Urteil vom 29. Juni 1998 – 4–2 StE 2/94–1/98, Seite 3).

Für den Weiterstadt-Anschlag bekommt Wolfgang Grams von seinem Vater die Leviten gelesen: Die Eltern kommunizieren mit ihrem Sohn im Untergrund über »die Feldpost« – wie es die Ermittler nennen: »Boten« in so genannten »Nahtstellenfunktionen« transportieren die Briefe. Nach Weiterstadt schreibt Vater Grams an seinen Sohn: »Nach nun wohl 9jährigem Abtauchen ... von Dir, nehme ich Deine Lebensentscheidung, nämlich Deinen Teil dazu beizutragen, dass das System aufhört zu existieren ... ernst. ... Allerdings sehe ich bei den Wiederaufbaukosten von Weiterstadt, dass da die Falschen zur Kasse gebeten werden. Die Brandschaden-Versicherungen werden nämlich allgemein die Beträge nicht unerheblich erhöhen.«

390 *Der Spiegel*, 42/1997, Seite 169 ff., 172.

391 Die RAF, in einer Phase der Orientierung, war »daran interessiert«, sagt »die Frau« in der Rückschau – es handelt sich um Birgit Hogefeld, wie sich erst später definitiv herausstellt –, »möglichst unmittelbar mitzukriegen, welche Diskussionen in anderen politischen Zusammenhängen geführt werden und welche Leute beziehungsweise Gruppen in dieselbe Richtung überlegen wie wir«. Und aus diesem Grund – so Hogefeld – fiel die »Entscheidung, zu Steinmetz Kontakt aufzunehmen«. Eine Rolle dabei hätten auch »seine vielen Kontakte zu verschiedensten Leuten und Gruppen« gespielt.

392 Birgit Hogefeld selbst bestreitet, sich bereits im Februar 1984 der RAF angeschlossen zu haben. »Hier in diesem Verfahren wurde ja immer wieder behauptet, Wolfgang Grams und ich seien im Februar 84 in die Illegalität gegangen, um uns in der RAF zu organisieren«, erklärte sie in ihrem Schlusswort im Oktober 1996 vor dem Oberlandesgericht Frankfurt »– das stimmt nicht. ... Es ging um ein geklautes Auto, das aufgeflogen war, ein Schwachsinnsprojekt .... Wann ich diese Entscheidung für mich getroffen habe, also ab wann ich RAF-Mitglied gewesen bin, das weiß von allen, die hier im Saal sitzen, nur ich – im Februar 84 war es jedenfalls nicht« (Schlusswort im Prozess, abgedruckt in: Birgit Hogefeld, »Ein ganz normales Verfahren ...«, Seite 147 ff., 176). Das Oberlandesgericht Frankfurt (Urteil vom 5. November 1996 – 5–2 StE 2/94–7/97, Seite 31) urteilte, dass sie sich im Februar 1984 »in den Untergrund« begab und sich »spätestens im Sommer 1984« der RAF anschloss, »als so genannte Illegale«.

393 Manuela Happe am 22. Juni 1984 und die so genannte »Pohl-Gruppe« am 2. Juli 1984 in der Berger Straße in Frankfurt.

394 Oberlandesgericht Frankfurt, Urteil vom 5. November 1996 – 5–2 StE 2/94–7/94, Seite 31.

395 Gemeint sind die Festnahmen von Manuela Happe und den sechs der »Pohl-Gruppe«.

396 In der Rückschau erscheint diese Amtsaufgabe zu diesem Zeitpunkt angesichts der späteren – im Folgenden geschilderten – Erkenntnisse kaum nachvollziehbar.

397 Erklärung vom 6. Juli 1993, eingegangen bei Agence France-Presse am 9. Juli 1993. Abgedruckt – orthographisch verändertet – in: »Rote Armee Fraktion, Texte und Materialien zur Geschichte der RAF«, Seite 464.

398 Ausgabe vom 4. Juli 1993.

399 Außerdem kommt heraus, dass die Pressemitteilung des Generalbundesanwalts über das Geschehen in Bad Kleinen in zwei Punkten definitiv falsch ist: Nämlich, die Verhaftung sei beim Verlassen der Gaststätte »Café Waldeck« auf dem Bahnhofsvorplatz erfolgt und Birgit Hogefeld hätte den Schusswechsel eröffnet – was sie nicht tat, weil sie ihre Waffe überhaupt nicht zog. Sogar noch drei Tage nach der Schießerei erklärt Generalbundesanwalt Alexander von Stahl gegenüber Journalisten in Bonn, dass beide Festgenommenen ihre Schusswaffen gezogen und ohne Rücksicht auf Menschenleben von ihr Gebrauch gemacht hätten. Ihm bleibt nichts anderes übrig, als gegenüber Birgit Hogefeld eine »Widerrufs- und Unterlassungserklärung« zu unterschreiben. Am 7. Juli verpflichtet er sich schriftlich gegenüber der RAF-Frau, nicht noch einmal zu behaupten, dass sie ihre Waffe gezogen und das Feuer eröffnet habe. Auch ein Novum. Eine schriftliche Erklärung des Generalbundesanwalts, nicht noch einmal offensichtliche Unwahrheiten über ein RAF-Mitglied zu verbreiten.

400 Zwischenbericht der Bundesregierung zu der Polizeiaktion am 27. Juni 1993 in Bad Kleinen, Seite 113 ff. Der Abschlussbericht erschien im März 1994.

401 Auch lief die Observation nicht so, wie sie laufen sollte: Hogefeld und Steinmetz verschwanden zwischenzeitlich aus dem Polizei-Blickfeld, ohne dass die Beamten davon etwas mitbekamen. Der Observationstrupp hatte den Eingang zur Ferienwohnung in Wismar über eine versteckte Videokamera im Blick. Auf ihrem Monitor sahen die Beamten am Sonnabendvormittag die beiden nicht aus der Haustür kommen. Und so waren sie der felsenfesten Überzeugung, dass sie in der Wohnung seien. Zumal der Peilsender aus der Wohnung sein Signal ausstrahlte.

Aber dann auf einmal trauten die Beamten vor dem Monitor ihren Augen nicht: Sie sahen, wie ihre »Zielpersonen« in die Wohnung zurückkehrten, obwohl sie – auf dem Bildschirm – gar nicht weggegangen waren. Später stellt sich heraus: Die Beamten hatten nicht mitbekommen, dass die Wohnung einen zweiten Ausgang besitzt. Durch den waren die beiden gegangen. Und Steinmetz hatte seinen Peilsender in der Wohnung liegen lassen.

402 »Abschlussvermerk« der Staatsanwaltschaft Schwerin vom 13. Januar 1994 zu dem Ermittlungsverfahren 141 Js 283/93 (Seite 24, die folgenden Zitate oben im Text stammen von den Seiten 208 und 209).

Bei den Angaben der beiden beschuldigten GSG 9-Männer in den Vernehmungen stieß die Staatsanwaltschaft Schwerin auf eine Reihe von Ungereimtheiten – sie änderten aber nichts an den Feststellungen der Ursache von Grams' Tod. So zum Beispiel stellte Staatsanwalt Zacharias fest: »Die Schilderung des Beschuldigten *Müller*, aus welchem Grund Grams seinem Blickfeld zeitweise entzogen gewesen sein soll, zeigt sich nach einer Inaugenscheinnahme des Ereignisortes als gänzlich abwegig und reines Phantasieprodukt« (Abschlussvermerk, Seite 125). »Die Erklärungen, die sowohl der Beschuldigte *Müller* insbesondere für seine ganz offensichtlich erdichtete Darstellung der Umstände seines Nachsetzens über den Bahnsteig zu Grams als auch beide Beschuldigte zu ihren jeweils wechselnden und einander widersprechenden Angaben abgegeben haben, überzeugen nur schwer« (Abschlussvermerk, Seite 126). *Müllers* »Schilderung der Annäherung an die Stelle, an der Grams ›verschwunden‹ gewesen sei und die Behauptung, Grams sei nach seinem Sturz außer Sichtweise gewesen, hat sich als erdichtet herausgestellt« (Abschussvermerk, Seite 127). Unter Bezugnahme auf die Feststellungen der Staatsanwaltschaft Schwerin stellt der »Abschlussbericht der Bundesregierung« (Seite 15) fest: »Teilweise hätten die Beamten offensichtlich auch ihr eigenes nicht schulmäßiges Verhalten während des Einsatzes zu beschönigen versucht.«

403 Am Tattag – 27. Juni 1993 – hatte die Frau gegenüber Polizeibeamten erklärt, ein stehender Mann habe auf den auf dem Gleis liegenden Grams geschossen. Ob auch ein später hinzugekommener Mann auf Grams geschossen habe, wisse sie nicht. Nach der Stellungnahme gegenüber »Monitor« schildert die Frau bei ihrer staatsanwaltschaftlichen Vernehmung am 5. Juli 1993 einen dritten Sachverhalt: Gegenüber »Monitor« habe sie nicht erklärt, dass auf den Kopf geschossen worden sei, sie habe die »eidesstattliche Versicherung« »zu schnell unterschrieben«. Ihr »sei so gewesen«, erklärt sie nunmehr, als habe der »erste« Mann zweimal geschossen. Ob der zweite Mann geschossen habe, könne sie nicht mehr sagen (Zwischenbericht der Bundesregierung zu der Polizeiaktion am 27. Juni 1993 in Bad Kleinen, Seite 92 bis 94).
Der »eidesstattlichen Erklärung« von Joanna Baron käme »keinerlei beweiserhebliche Bedeutung« zu, stellt die Staatsanwaltschaft Schwerin in ihrem Abschlussvermerk des Ermittlungsverfahrens gegen zwei GSG 9-Beamte am 13. Januar 1994 fest (Aktenzeichen 141 Js 283/93, Seite 29, 135 ff., 157). In Anbetracht der von dem »Monitor«-Mitarbeiter S. (einem Journalisten) für Joanna Baron aufgesetzten »eidesstattlichen Erklärung« und den tatsächlichen Schilderungen der Frau kommt Staatsanwalt Zacharias zu dem Ergebnis: »Es handelt sich – obwohl die Zeugin Baron die Erklärung unterschrieben hat – ersichtlich nicht um die wahrheitsgetreue Wiedergabe dessen, was die Zeugin gegenüber dem Zeugen S. erklärt hat, sondern um die Schilderung eines Ablaufs, den sich der Zeuge S. … zusammengereimt hat.«

404 Beschwerdebescheid der Generalstaatsanwaltschaft Mecklenburg-Vorpommern Zs 77/94; Beschluss des Oberlandesgerichts Rostock I Ws 242 und

243/95; Beschluss des Bundesverfassungsgerichts 2 BvR 981/96; Beschluss des Europäischen Gerichtshofs für Menschenrechte 33677/96. Außerdem: Landgericht Bonn 1 O 274/96.

405 Dass das nicht funktionieren würde, war den Führungsbeamten spätestens am Sonntagvormittag klar geworden – aufgrund der »besonderen örtlichen Gegebenheiten am Urlaubsort in Wismar«, wie der Zwischenbericht der Bundesregierung (Seite 34 f.) zeigt: »Eine getrennte Abreise aus der am Stadtrand von Wismar (Wendorf) gelegenen Ferienwohnung wurde wegen der bestehenden öffentlichen Verkehrsverbindung (die nächste Bushaltestelle war etwa 1 km entfernt) für sehr unwahrscheinlich gehalten.« BKA-Beamte und Vertreter der Bundesanwaltschaft verabredeten daraufhin, falls sich die Wege der beiden nicht trennen würden, »sollte die V-Person im Zuge der Maßnahme mitgenommen, sofort von HOGEFELD isoliert und anschließend der Landesbehörde für Verfassungsschutz Rheinland-Pfalz übergeben werden«.
Demgegenüber vertrat der Verfassungsschutzbeamte die Auffassung, »dass die Weiterarbeit mit der V-Person Priorität haben müsse«. Er konnte sich aber nicht durchsetzen und stimmte dann »trotz gewisser Bedenken« dem geänderten »Zugriffskonzept« zu. Demnach war also Konsens bei den beteiligten Behörden vor dem Zugriff um 15.15 Uhr, dass Hogefeld in Gegenwart von Steinmetz verhaftet werden kann. Durch die so erfolgten Festnahmen war es nur eine Frage der Zeit, wann Hogefeld dahinter kommt, dass Steinmetz – wie sie es bald formulierte – »die Geheimdienste auf unsere Spur gebracht« hat.

406 Noch acht Tage nach dem Vorfall, am 5. Juli 1993, sprach die BKA-Pressestelle in einer umfassenden Zehn-Seiten-Schilderung nur von zwei Personen. Beispiel: »Gegen 15.15 Uhr verließen GRAMS und HOGEFELD die Gaststätte und gingen in die Unterführung.«

407 Der handgeschriebene Brief ging am 17. Juli 1993 beim »Komitee zur Aufklärung des Todes von Wolfgang Grams« in Wiesbaden ein. Ein Zusammenschluss von Freunden und Bekannten Grams'. Abgedruckt in: *taz*, 19. Juli 1993, Seite 10. Die *taz* nennt Steinmetz' Nachnamen nicht, sondern spricht von »Klaus S. aus Wiesbaden«.

408 Seite 11.

409 Außerdem im Namen von Irmgard Möller, Hanna Krabbe, Christine Kuby, Sieglinde Hofmann, Rolf Heißler, Eva Haule und Adelheid Schulz. Alle elf sind zu lebenslanger Haft verurteilt worden.

410 Abgedruckt in: Edition ID-Archiv, »wir haben mehr fragen als antworten. RAF-Diskussionen 1992–1994«, Seite 88 f.

411 So Lutz Taufer im Januar 1994, ebenda, Seite 303 ff., 329.

412 Die »Erklärung von Karl-Heinz Dellwo« von »ende oktober« ist abge-

druckt in: *Angehörigen Info 106* vom 20. November 1992, Seite 2 f. Die Absage an die Rückkehr zum bewaffneten Kampf erklärt er auch für Irmgard Möller, Hanna Krabbe, Christine Kuby und Stefan Wisniewski. In der Rückschau berichtet Karl-Heinz Dellwo, dass dieser Erklärung auch die übrigen RAF-Häftlinge zugestimmt hätten – auch wenn er dies in ihr nicht erwähnt habe.

413 Es habe »nie Verhandlungen« gegeben, erklärt Karl-Heinz Dellwo über den Gang der Dinge: »Reuter ist nicht einmal in unserem Namen angesprochen worden. Ströbele hatte sich von den NRW-Grünen ein Mandat geben lassen, im RAF-Zusammenhang noch einmal zu versuchen, eine politische Lösung zu erreichen.« (*taz* vom 27. 6. 1998.)

414 Helmut Pohl, nach Mohnhaupt zu dieser Zeit zentrale Person bei den RAF-Häftlingen.

415 Schreiben vom 29. Oktober 1993, abgedruckt in *taz* vom 1. November 1993, Seite 12. Dellwo schrieb »auch im Namen von Lutz Taufer und Knut Folkerts und in Verbundenheit mit Birgit Hogefeld«.

416 *taz* vom 27. August 1993. Dass Helmut Pohl nicht für sich allein schreibt, sondern auch für andere RAF-Häftlinge, erklärt er am Anfang seines Dreispalters: »Es ist jetzt vielleicht noch einmal Gelegenheit, etwas für uns zu sagen. Jedenfalls wollen wir zu uns, ein großer Teil der Gefangenen aus der RAF, für jeden Klarheit schaffen. ...«

417 Urteil vom 5. Februar 1986 – 3 St 1/85.

418 Ebenda, Seite 4 f.

419 Ebenda, Seite 159, 166.

420 Ebenda, Seite 14.

421 Vom 18. April 1991.

422 Abgedruckt in: »Rote Armee Fraktion, Texte und Materialien zur Geschichte der RAF«, Seite 473 ff.

423 Gemeint ist damit offensichtlich ein Treffen in Metz im Herbst 1991: Klaus Steinmetz berichtete dem rheinland-pfälzischen Verfassungsschutz, dass er sich vor dem ersten Treffen mit Hogefeld in Paris im Februar 1992 »etwa im Oktober/November 1991« für zwei Tage in Metz mit zwei mutmaßlichen RAF-Mitgliedern getroffen habe. Den genauen Zeitpunkt wusste er nicht mehr, als er den Verfassungsschützern erstmals von diesem Treffen berichtete, nach Bad Kleinen, also knapp zwei Jahre später. Steinmetz gab an, dass dieses Treffen »lediglich dem persönlichen Kennenlernen sowie der Diskussion über Verhältnisse des Umfeldes der RAF-Kommandoebene gedient« habe. Einer seiner beiden Gesprächspartner in Metz sei, so Steinmetz, Daniela Klette gewesen. Der andere blieb unerkannt.

424 Gerhard Wisnewski/Wolfgang Landgraeber/Ekkehard Sieker, »Das RAF-Phantom«. Die Autoren schreiben, für die »Existenz« der RAF gebe es kei-

ne »handfeste(n) Beweise« (Seite 441): »Die Terrorisierung der Bevölkerung mit ›Fahndungsmaßnahmen‹, der Unterhalt eines gewaltigen Sicherheits- und Gesetzesapparats und schließlich die totale Bespitzelung kritischer Bürger mit dem Argument einer unbekannten Terrorgruppe namens ›RAF‹ sind Vorgänge, die die Bürger dieses Landes auf keinen Fall hinnehmen dürfen.« (Seite 443) Der Autoren Schlussfolgerung: »Riesige Behörden von kafkaesker Undurchsichtigkeit und notorischem Versagen wie Bundeskriminalamt, die Bundesanwaltschaft und die ›Verfassungsschutz‹-Ämter dürfen in dieser Form oder überhaupt nicht fortbestehen.« (Seite 444)

425 Urteil vom 15. Mai 2001 – 5–2 StE 4/2000, Seite 7, 16.

426 Beispielsweise in der Erklärung des RAF-»Kommando George Jackson« nach dem Anschlag auf die Rhein-Main-Airbase am 8. August 1985: »Einheit im Kampf Für die Weltrevolution!« (abgedruckt in: »Rote Armee Fraktion, Texte und Materialien zur Geschichte der RAF«, Seite 342 ff.).

427 Nummer 401 vom 12. Dezember 1996.

428 »Zu Steinmetz, Aprilerklärung 1992 und ›soziale Gegenmacht‹«, Erklärung vom 6. März 1994 (abgedruckt in: »Rote Armee Fraktion, Texte und Materialien zur Geschichte der RAF«, Seite 473).

429 Abgedruckt in der Ausgabe vom 14. Dezember 1996.

430 »Es ist für uns aus dem Text nicht herauszulesen, wer an dieser Erklärung mitgewirkt hat«, sagt ein Ermittler, »da wir kein Vergleichsmaterial haben. Anders war das noch bei Ulrike Meinhof. Da gab es jede Menge zum Vergleichen.«

431 So die Vorstellungen in der zweiten RAF-Kampfschrift »Über den bewaffneten Kampf in Westeuropa« vom Mai 1971 (abgedruckt in: »Rote Armee Fraktion, Texte und Materialien zur Geschichte der RAF«, Seite 49 ff., 99 f.).

432 Grundlegend für diese Überlegung ist das so genannte »Mai-Papier« – »Guerilla, Widerstand und antiimperialistische Front« – aus dem Jahr 1982 (siehe dazu Seite 528 ff., abgedruckt ist der Text in: »Rote Armee Fraktion, Texte und Materialien zur Geschichte der RAF«, Seite 291).

433 So auch die Bewertung der »Kinkel-Initiative« durch die nadir-Redaktionsgruppe (einem »Informationssystem zu linker Politik und sozialen Bewegungen im Internet« – www.nadir.org): »Das Kalkül der Kinkel-Initiative – Desorientierung, Spaltung, Neutralisierung – war ... aufgegangen. Im Weiteren konnte es seine Wirkung bedingt durch die Defensive der radikalen Linken voll entfalten bis hin zum Bruch der politischen Gefangenen untereinander und der Mehrheit der Gefangenen mit der RAF.«

434 Beispielsweise in der »Hungerstreikerklärung« »für die gefangenen aus der raf und dem widerstand« von »mitte februar 1985«, Seite 2 (abgedruckt in: »Rote Armee Fraktion, Texte und Materialien zur Geschichte der RAF«, Seite 331 ff. – orthographisch und inhaltlich korrigiert).

435 Urteil vom 28. April 1994 (5–2 StE 4/94 –3/93) unter Einbeziehung der Strafe aus dem Urteil des Oberlandesgerichts Stuttgart vom 28. Juni 1988 – 5–1 StE 1/87 [Maxdorf/Oberammergau]).

436 Oberlandesgericht Frankfurt (Urteil vom 29. Juni 1998 – 4–2 StE 2/94–1/98). Die gegen die Entscheidung eingelegte Revision verwarf der Bundesgerichtshof (Beschluss vom 5. Januar 1999 – 3 StR 580/98). Der Vierte Strafsenat des Oberlandesgerichts Frankfurt stellte das Verfahren wegen des Weiterstadt-Anschlags ein, weil eine etwaige Strafe dafür angesichts anderer Taten nicht erheblich ins Gewicht gefallen wäre (§ 154, 154a Strafprozessordnung, Seite 8 des Urteils). In dem vorangegangenen Verfahren hatte der Fünfte Strafsenat des Oberlandesgerichts Frankfurt Birgit Hogefeld wegen des Weiterstadt-Anschlags verurteilt (Urteil vom 5. November 1996 – 5–2 StE 2/94–7/97). Diese Entscheidung wurde am 13. Februar 1998 vom Bundesgerichtshof (3 StR 448/97) hinsichtlich des Weiterstadt-Komplexes aufgehoben und das Verfahren an das Oberlandesgericht Frankfurt zurückverwiesen.

437 Der Haftbefehl stützte sich auf die Angaben des V-Manns des hessischen Landesamtes für Verfassungsschutz, Siegfried Nonne. Später hatte er seine Aussagen widerrufen und anschließend diesen »Widerruf« widerrufen. Seit sechs Jahren – seit 1991 – befand sich Nonne in psychiatrischer Behandlung. Der Dritte Strafsenat des Bundesgerichtshofs bestätigt am 16. Januar 1997 die Entscheidung des Ermittlungsrichters, da er »einen für den Erlass eines Haftbefehls erforderlichen dringenden Tatverdacht nicht für gegeben« sieht, weil »erhebliche Zweifel an der Glaubwürdigkeit und Zuverlässigkeit des Zeugen aufgetreten sind«.

438 Beispielsweise im Verfassungsschutzbericht 1989, Seite 78.

439 Dass diese Betrachtung vom Ansatz her richtig ist, bestätigt die RAF in ihrer Erklärung vom 6. März 1994: »Weder steinmetz noch genossInnen aus dem widerstand waren in irgendeiner art an unserer aktion gegen den knast in weiterstadt (oder sonstigen aktionen) beteiligt.« (Abgedruckt in: »Rote Armee Fraktion, Texte und Materialien zur Geschichte der RAF«, Seite 473 ff., 476.) Ebenso Birgit Hogefeld, die erklärt, »es widerspräche ... der Arbeitsweise der RAF, die nie jemand an Aktionen beteiligt hat, der nicht der Gruppe angehörte« (*Spiegel* 42/1997, Seite 169 ff., 172). Also: Wer bei einem Anschlag mit dabei war, war RAF. Andere durften nicht mitmachen.

440 *Frankfurter Allgemeine Zeitung* vom 21. Mai 2001. Ähnlich *BZ* vom 30. Mai 2001: »Hat die neue RAF schon wieder zugeschlagen?« *Bild am Sonntag* vom 20. Mai 2001: »Bundesanwaltschaft befürchtet: Es gibt eine neue RAF!«

441 Woher die Beretta stammt, konnte das Bundeskriminalamt bislang nicht nachvollziehen, da bei ihr die Fabrikationsnummer ausgeschliffen wurde.

442 Ausgabe vom 16. Juni 1990. In dem Artikel über die gesamte »Seite drei« berichtet die *SZ* an diesem Tag sogar, »Barbara und Horst Meyer« seien »in Leipzig festgenommen« worden. Dem war nicht so. Die Meyers hatten sich schon Jahre zuvor getrennt.

443 Ausgabe vom 17. September 1999.

444 Das bestätigen später auch die Feststellungen des Oberlandesgericht Stuttgart, Urteil vom 15. Mai 2001 – 5–2 StE 4/2000 [Klump], Seite 10 bis 15.

445 Es erfolgte wegen dieser Vermutung keine Anklage, das Ermittlungsverfahren wurde eingestellt. Auch der Verdacht der Bundesanwaltschaft, Andrea Klump habe »der ›Rote Armee Fraktion (RAF)‹ von 1984 bis zu deren Auflösung 1998 angehört« (Anklageschrift des Generalbundesanwalts vom 2. Juni 2000), konnte »in der Hauptverhandlung nicht verdichtet werden« (Oberlandesgericht Stuttgart, Urteil vom 15. Mai 2001 – 5–2 StE 4/2000, Seite 16). Das Verfahren wurde in diesem Anklagepunkt eingestellt (§ 154a Strafprozessordnung). Das Gericht verurteilte Andrea Klump wegen der Vorfälle in Rota am 17. Juni 1988 (dazu oben, Seite 635 ff.) zu neun Jahren Freiheitsstrafe, unter anderem wegen »versuchten Mordes an zwei Menschen« und »der schweren räuberischen Erpressung«.

446 Urteil vom 15. Mai 2001 – 5–2 StE 4/2000, Seite 5.

447 Barbara Meyer stellte sich im Mai 1999 den deutschen Behörden in der deutschen Botschaft in Beirut. Den BKA-Beamten erzählt sie später, in der zweiten Hälfte der achtziger Jahre habe sie zeitweise mit Horst Meyer im Libanon gelebt – ein Kontakt über die PFLP. Dort hätten sich ihre Wege getrennt. Als sie sich stellte, brachte sie ihren mittlerweile achtjährigen Sohn mit. Vater ist ein PFLP-Kämpfer, der bald nach der Geburt des Kindes bei einer militärischen Aktion der PFLP starb. Der Verdacht der Bundesanwaltschaft, Barbara Meyer habe bei RAF-Anschlägen mitgemacht, kann ihr – so die Bundesanwaltschaft – »nicht mit der zur Anklageerhebung erforderlichen Sicherheit nachgewiesen werden«. Strafrechtlich blieb nur noch die »Unterstützung einer terroristischen Vereinigung«. Aber dieser Straftatbestand war 1999 verjährt. So stellt die Bundesanwaltschaft das Ermittlungsverfahren gegen sie am 27. November 2000 ein.

448 Die Bundesanwaltschaft geht davon aus, dass Horst Meyer am 23. Dezember 1991 in Budapest an einem Sprengstoffanschlag auf einen Bus mit 29 sowjetischen Juden beteiligt war: Als der Bus an einem Mietwagen vorbeifuhr, explodierte in ihm eine Bombe mit mindestens 25 Kilo Sprengstoff. Ausgelöst per Fernzündung. Die Juden wollten an diesem Tag – einen Tag vor Heiligabend – von Ungarn nach Israel weiterreisen, um sich dort anzusiedeln. Zwei Polizisten, die in einem Begleitfahrzeug vor dem Bus fuhren, wurden schwer verletzt, vier Businsassen leicht – die Bombe war eine Sekunde eher als beabsichtigt gezündet worden. Wenige Tage nach dem Anschlag

bekannte sich eine »Bewegung zur Befreiung Jerusalems« zu dem Anschlag. Nach den Erkenntnissen der Bundesanwaltschaft war Meyer an dem »Hit-Kommando« »mit hoher Wahrscheinlichkeit beteiligt, wie sich aus einer Reihe von Indizien ergibt, unter anderem eindeutigem Spurenmaterial«. Wegen Beihilfe zu dieser Tat verurteilte das Oberlandesgericht Stuttgart Andrea Klump am 28. September 2004 zu zwölf Jahren Freiheitsstrafe – dreizehn Jahre nach der Tat (unter Einbeziehung der neun Jahre Freiheitsstrafe aus dem Urteil vom 3. Juni 2001 wegen des gescheiterten Anschlags in Rota/Spanien). Nach Überzeugung der Richter hatte sie Meyer zu den Mordversuchen in Budapest unter anderem deshalb Beihilfe geleistet, weil sie Wohnungen angemietet und Meyer den Haushalt geführt hatte. Noch zu Beginn der Hauptverhandlung hatte Klump bestritten, an dem Anschlag beteiligt gewesen zu sein: »Mit dem furchtbaren Anschlag auf die sowjetischen Juden habe ich nichts zu tun.« Überführt wurde sie unter anderem durch eine – im Jahr 2001 – verfeinerte DNA-Analyse.

449 Urteil vom 28. April 1977 – 2 StE 1/74, Seite 297.

450 Landgericht Frankfurt, Urteil vom 31. Oktober 1968 – 4 KLs 1/68, Seite 21 f.: »Den Angeklagten ... konnte indessen nicht nachgewiesen werden, dass sie auch an der Brandstiftung im Kaufhof beteiligt waren; ihre Einlassung begegnet jedoch starkem Zweifel.« Das Gericht urteilte – nach dem Grundsatz »Im Zweifel für den Angeklagten« – »dass der Brand im Kaufhof den Angeklagten ... nicht angelastet werden kann«.

451 Erklärung vom 4. Dezember 1984, abgedruckt in: »Rote Armee Fraktion, Texte und Materialien zur Geschichte der RAF«, Seite 307.

452 *Guerilla, Widerstand und antiimperialistische Front* (auch »Mai-» oder »Front-Papier« genannt, abgedruckt in: »Rote Armee Fraktion, Texte und Materialien zur Geschichte der RAF«, Seite 291).

453 *Guerilla, Widerstand und antiimperialistische Front* (abgedruckt in: »Rote Armee Fraktion, Texte und Materialien zur Geschichte der RAF«, Seite 291, 293 f.).

454 Urteil vom 2. April 1985 – 5–1 StE 1/83, Seite 44: »Die unmittelbare Tatausführung übernahmen neben dem Angeklagten Klar die ... ›RAF‹-Mitglieder Sonnenberg und Folkerts ...«

455 Im so genannten »August-Papier«, »RAF: Wir müssen das Neue suchen«, *konkret*-Sonderdruck 1992, Seite 3.

456 Ebenda.

457 Eva Haule wurde für die RAF-Taten Maxdorf, Oberammergau, den Pimental-Mord und den Anschlag auf die US-Airbase verurteilt (Oberlandesgericht Frankfurt, Urteil vom 26. April 1994 – 5–2 StE 4/93–3/93). Ihre Tatbeteiligungen konnten die Richter nicht im Einzelnen feststellen. Unklar ist deshalb, ob sie mit an den Tatorten war.

458 Zehn Morde, fünf versuchte Morde (Hans Tietmeyer und dessen Fahrer, Hans Neusel, Hergard Rohwedder und der in Bad Kleinen schwer verletzte GSG 9-Beamte mit der »Legendierung« »Nummer 5«), drei Raubüberfälle (Banküberfall Würzburg, Waffenraub Walla in Maxdorf, Überfall auf den Geldboten in Kirchentellinsfurt), zwei Sprengstoffanschläge (Oberammergau – gescheitert – und US-Airbase), eine »Botschaftsbeschießung« und eine »Knastsprengung«. Die Zahl 22 ist eine wertende Betrachtung, man kann gewiss auch anders zählen. Beispielsweise bei dem Sprengstoffanschlag auf die US-Airbase: Dabei wurden – außer den beiden Getöteten – 23 Menschen verletzt. Hier wurden der Anschlag und die Verletzten als eine Tat gezählt.

459 Ermittler vermuten, dass es mehrere Raubüberfälle von RAF-Mitgliedern gab, die nicht als RAF-Taten erkannt wurden.

460 Hier steht durch die DNA-Analyse nur fest, dass ein Haar von Wolfgang Grams am Tatort gefunden wurde. Wer der Todesschütze war, ist ebenso ungeklärt wie, wer zu diesem Kommando gehörte.

461 Urteil vom 28. April 1994 – 5–2 StE 4/93–7/93, unter Einbeziehung der Strafe aus dem Urteil des Oberlandesgerichts Stuttgart vom 28. Juni 1988 – 5–1 StE 1/87.

462 Urteil vom 29. Juni 1998 – 4–2 StE 2/94–1/98. Im Ausgangsverfahren war sie auch wegen des Weiterstadt-Anschlags verurteilt worden. Nachdem der Bundesgerichtshof die Entscheidung in diesem Punkt aufgehoben hatte, stellte das Oberlandesgericht Frankfurt im »zweiten Durchgang« das Verfahren angesichts der Verurteilung Hogefelds wegen der anderen Straftaten ein (Paragraphen 154, 154a Strafprozessordnung, Seite 8 des Urteils).

463 Oberlandesgericht Frankfurt, Urteil vom 5. November 1996 – 5–2 StE 2/94–7/94 Seite 34, 48 f.

464 Zwischenbericht der Bundesregierung zu der Polizeiaktion am 27. Juni 1993 in Bad Kleinen, Seite 31, 77 f., Anlage 2, Seite 13.

465 So zum Beispiel *Focus* 14/1994: »Gefilmt in Bad Kleinen … Ernst Volker Staub« und »Daniela Klette«; ähnlich: *Die Welt*, 2. April 1994.

466 Oberlandesgericht Stuttgart, Urteil vom 22. Juni 1992 – 5–2 StE 6/91 [Friedrich], Seite 18, 61. Ebenso die Schilderung eines ehemaligen Oberstaatsanwalts bei der Bundesanwaltschaft. Diese Feststellung beruht unter anderem auf den Angaben von Peter-Jürgen Boock, einem der Schleyer-Entführer.

467 Pflieger, »Die Aktion ›Spindy‹«, Seite 70.

468 Aufgrund des so genannten »Strafklageverbrauchs«. Er ist eine Konsequenz aus der Rechtskraft des Strafurteils: Wer einmal für eine Tat rechtskräftig verurteilt worden ist, darf später nicht noch einmal für sie verurteilt werden, auch wenn sich andere Gesichtspunkte ergeben haben (»ne bis in idem«, Grundsatz der Einmaligkeit der Strafverfolgung). Das ergibt sich auch aus

Artikel 103 Absatz 3 des Grundgesetzes: »Niemand darf wegen derselben Tat aufgrund der allgemeinen Strafgesetze mehrmals bestraft werden.«

469 Das Papier tauchte Mitte April 1971 in mehreren Städten der Bundesrepublik auf. Es wurde unter der fiktiven Adresse »Werbezentrale, 53 Bonn, Am Markte 39« an Redaktionen und einzelne Personen verschickt – aus Siegburg am 15. April 1972, und auch in linken Buchläden vertrieben (zu einem Preis zwischen fünfzig Pfennigen und zwei Mark). Außerdem erschien es als Beilage zu *Agit 883* Nr. 80 vom 11. Mai 1971. Auf dem Titelblatt ist eine vierzehn Zentimeter lange Maschinenpistole mit dem davor gestellten Schriftzug »RAF« zu sehen – ohne Stern. Das fortan verwendete Logo befindet sich am Ende der Erklärung – mit dem Stern im Hintergrund.

470 Oesterle, »Stammheim«, Seite 139.

471 So die Zählweise der Bundesanwaltschaft (Anklageschrift gegen Mohnhaupt und Klar vom 14. März 1983 – 1 BJs 86/80–5, Seite 37–39).

472 Außerdem besteht auch noch ein Haftbefehl gegen das mutmaßliche Mitglied der ersten RAF-»Generation« Angela Luther (Jahrgang 1940), und zwar wegen des Anschlags auf das Hauptquartier der US-Landstreitkräfte in Europa in Heidelberg am 24. Mai 1972 (Amtsgericht Heidelberg, Beschluss vom 29. Mai 1983 – 41 Js 1064/83, Tatvorwurf: Mord). Angela Luther soll nach Polizeikenntnissen außerdem die konspirative Wohnung in der Budapester Straße 39 in Berlin im Oktober 1971 angemietet haben. Auch sie ist bis heute spurlos verschwunden.

Zwei Haftbefehle, mit denen die verschollenen mutmaßlichen RAF-Mitglieder Ingrid Siepmann und Ingeborg Barz gesucht wurden, wurden mittlerweile aufgehoben:

Ingrid Siepmann (Jahrgang 1940) wurde vom BKA verdächtigt, an dem Anschlag auf die Bundesanwaltschaft beteiligt gewesen zu sein. Sie »soll im Jahr 1982 verstorben sein«, heißt es in einem BKA-Bericht aus dem Jahr 1987.

Ingeborg Barz (Jahrgang 1948) stand im Verdacht, sich an der ersten RAF-»Generation« beteiligt zu haben, unter anderem an dem Banküberfall in Kaiserslautern 1971. Über sie berichtete Gerhard Müller später der Polizei, Baader und Meins hätten ihm erzählt, Baader habe sie »Ende Februar/Anfang März 1972« erschossen und sie »an einer Stelle am Rhein begraben«. Polizisten buddelten an dieser Stelle vergebens: keine Leiche. Das Oberlandesgericht Stuttgart (Urteil vom 28. April 1977 – 2 StE 1/74, Seite 260) urteilte, »die eingehende Beweisaufnahme dazu« habe »weder bestätigt, dass Ingeborg Barz tot ist, noch dass sie lebt.«

473 Mit Ausnahme von zwei mutmaßlichen RAF-Mitgliedern, denen am Ende der Ermittlungen »nur noch« die Mitgliedschaft in einer terroristischen Vereinigung vorgeworfen wurde. Das Delikt war zum Zeitpunkt ihrer Verhaftung verjährt. Die Verfahren wurden eingestellt.

474 Sieben mutmaßliche RAF-Mitglieder der zweiten »Generation« kamen ums Leben: Ulrich Wessel, Siegfried Hausner, Willy-Peter Stoll, Elisabeth von Dyck, Michael Knoll, Wolfgang Beer und Juliane Plambeck.

475 So beispielsweise auch die Feststellungen des Oberlandesgerichts Frankfurt am Main, Urteil vom 16. November 1998 – 5–2 StE 4/95–8/95 [Haas], Seite 15 f.

476 Auch nicht nach dem Mord an dem zwanzigjährigen US-Soldaten Edward Pimental: Nach massiver Kritik in der Linken wegen des Mordes »an dem kleinen GI« rechtfertigt die RAF etwas mehr als zwei Wochen nach der Tat, am 25. August 1985, den Kopfschuss: »Für uns sind die US-Soldaten in der BRD nicht Täter und Opfer zugleich, wir haben nicht diesen verklärten, sozialarbeiterischen Blick auf sie.« Nach weiterer nachhaltiger Kritik aus den linken Reihen erklärt die RAF im Januar 1986, dass »die Erschießung des GI in der konkreten Situation im Sommer ein Fehler war«. Aber nicht aus Mitleid, sondern aus strategischen Gründen, nämlich weil der Mord »die Wirkung des Angriffs gegen die Air Base und so die Auseinandersetzung um die politisch-militärische Bestimmung der Aktion, wie der Offensive überhaupt, blockiert hat«.

# Quellen

Grundlage für diese Darstellung sind über 220 Gerichtsentscheidungen in RAF-Verfahren. Außerdem die Schilderungen von Opfern, Tätern, Zeugen und Ermittlern. Ebenso über einhundert Erklärungen der RAF und einzelner Mitglieder über die RAF – beispielsweise bei Gerichtsverhandlungen. Ferner basiert dieses Buch auf einer Vielzahl von Unterlagen der Ermittlungsbehörden – wie Tatort-, Auswertungs- und Abschlussberichten des Bundeskriminalamts und Anklageschriften der Bundesanwaltschaft. Eine weitere Erkenntnisquelle sind Kassiber von RAF-Häftlingen.

Allen, die mir bei meinen Recherchen bereitwillig Auskunft gaben, danke ich. Ohne sie wäre dieses Buch nicht möglich gewesen.

Veröffentlichte Quellen:

**Bücher:**

Aust, Stefan: *Der Baader Meinhof Komplex*, Hamburg 1985; München, 1998.

Bäcker, Hans Jürgen/Mahler, Horst: »Die Linke und der Terrorismus, Gespräch mit Stefan Aust«, in: *Die Linke im Rechtsstaat, Band 2: Bedingungen und Perspektiven sozialistischer Politik von 1965 bis heute* (Rotbuch 175), Berlin 1979.

Von Baeyer-Katte, Wanda/Claessens, Dieter/Feger, Hubert/Neidhardt, Friedhelm: *Gruppenprozesse (Analysen zum Terrorismus, Band 3*), Opladen 1982.

Von Bagge, Erik/Houver, Roland/Preuss, Ulrich K./Zimmermann, Reinhard: *Plädoyers in der Strafsache gegen Rechtsanwalt Kurt Groenewold*, Göttingen 1978.

Bakker Shut, Pieter H. (Hrsg.): *das info, briefe von gefangenen aus der raf, aus der diskussion 73–77*, Kiel 1987.

Bakker Shut, Pieter H.: *Stammheim – Der Prozess gegen die Rote Armee Fraktion*, Kiel 1986.

Baum, Gerhart/Mahler, Horst: *Der Minister und der Terrorist, Gespräche zwischen Gerhart Baum und Horst Mahler*, Reinbek 1980.

Baumann, Bommi: *Wie alles anfing*, Duisburg 1988.
Bauß, Gerhard: *Die Studentenbewegung der sechziger Jahre in der Bundesrepublik und in Westberlin*, Köln 1977.
Becker, Jillian: *Hitlers Kinder? Der Baader-Meinhof-Terrorismus*, Frankfurt 1977, 2. Auflage 1978.
Binder, Sepp: *Terrorismus – Herausforderung und Antwort*, Bonn 1978.
Boock, Peter-Jürgen: *Die Entführung und Ermordung des Hanns-Martin Schleyer*, Frankfurt 2002.
Peter-Jürgen Boock: *»Mit dem Rücken zur Wand ...« – Ein Gespräch über die RAF, den Knast und die Gesellschaft*, Bamberg 1994.
Boeden, Gerhard: »Aktueller Stand terroristischer Bewegungen und ihre Bekämpfung in der Bundesrepublik Deutschland«, in: Der Bundesminister des Inneren (Hrsg.): *Der Terrorismus – eine akute Bedrohung der Menschenrechte (Texte zur Inneren Sicherheit)*, Bonn 1985.
Boeden, Gerhard: »Die Herausforderung unseres demokratischen Rechtsstaates durch den linksextremistischen Terrorismus«, in: Der Bundesminister des Inneren (Hrsg.): *Extremismus und Terrorismus*, Bonn 1989.
Boeden, Gerhard: »Wirksame Bekämpfung des Terrorismus durch die Polizei – Welche Voraussetzungen müssen geschaffen werden?«, in: Böhme, Wolfgang (Hrsg.): *Terrorismus und Freiheit*, Heidelberg 1978.
Böll, Heinrich: *Die verlorene Ehre der Katharina Blum*, Köln 1974.
Von Braunmühl, Brüder des Gerold: *»Ihr habt unseren Bruder ermordet«*, Reinbek 1987.
Von Braunmühl, Carl Christian/Hogefeld, Birgit/Janssen, Hubertus u. a.: *Versuche, die Geschichte der RAF zu verstehen. Das Beispiel Birgit Hogefeld*, Gießen, 3. Auflage 1997.
Brückner, Peter: *Die Mescalero-Affäre – Ein Lehrstück für Aufklärung und politische Kultur*, Hannover 1978.
Brückner, Peter: *Über die Gewalt – Sechs Aufsätze zur Rolle der Gewalt in der Entstehung und Zerstörung sozialer Systeme*, Berlin 1979.
Brückner, Peter: *Ulrike Meinhof und die deutschen Verhältnisse*, Berlin 2001.
Bundeskriminalamt: *Das Bundeskriminalamt*, Wiesbaden 1989.
Bundesminister des Inneren (Hrsg.): *Dokumentation über Aktivitäten anarchistischer Gewalttäter in der Bundesrepublik Deutschland*, Bonn (ohne Jahresangabe, vermutlich 1974).
Bundesminister des Inneren (Hrsg.): *Hat sich die Republik verändert? – Terrorismus im Spiegel der Presse*, Bonn 1978.
Bundesminister des Inneren (Hrsg.): *Verfassungsschutzbericht*, Bonn 1974 bis 1999.

Bundesministerium des Inneren (Hrsg.): *Verfassungsschutz und Rechtsstaat*, Köln, Berlin, München, Bonn 1981.
Busche, Jürgen: *Die 68er – Biographie einer Generation*, Berlin 2003.

Conrad, Gert: *Starbuck Holger Meins – Ein Porträt als Zeitbild*, Berlin 2001.
Carini, Marco: *Fritz Teufel – Wenn's der Wahrheitsfindung dient*, Hamburg 2003.

Damerow, Peter/Furth, Peter/von Greift, Otto/Jordan, Maria/d'Eaubonne, Francoise: *Feminismus und »Terror«*, München 1978.
Der Generalbundesanwalt: *Halbjahrespressekonferenzen*, Juli 1983 bis Mai 1990 (Manuskripte).
Dreher, Eduard/Tröndle, Herbert: *Strafgesetzbuch*, München 1995.

Eberhard: *Der nicht erklärte Notstand – Dokumentation und Analyse eines Berliner Sommers* (Kursbuch 12), Frankfurt 1968.
Edschmid, Ulrike: *Frau mit Waffe – Zwei Geschichten aus terroristischen Zeiten*, Frankfurt am Main 2001.
Ensslin, Gudrun/Vesper, Bernward: *Gegen den Tod – Stimmen deutscher Schriftsteller gegen die Atombombe*, Stuttgart 1964 (Reprint Stuttgart 1981).

Fetscher, Iring: *Terrorismus und Reaktion*, Köln, Frankfurt 1977.
Fetscher, Iring/Rohrmoser, Günter: *Ideologien und Strategien (Analysen zum Terrorismus Band 1)*, Opladen 1981.
Fichter, Tilmann/Lönnendonker, Siegward: *Kleine Geschichte des SDS. Der Sozialistische Deutsche Studentenbund von 1946 bis zu seiner Selbstauflösung*, Berlin 1977.
Fricke, Karl Wilhelm: *Die DDR-Staatssicherheit – Entwicklung, Struktur, Aktionsfelder*, Köln 1989.
Fricke, Karl Wilhelm: *MfS intern – Macht, Strukturen, Auflösung der DDR-Staatssicherheit. Analyse und Dokumentation*, Köln 1991.
Frisch, Peter: »Die Herausforderung unseres demokratischen Rechtsstaates durch Linksextremisten«, in: Der Bundesminister des Inneren (Hrsg.): *Extremismus und Terrorismus*, Bonn 1989.

Geißler, Heiner (Hrsg.): *Der Weg in die Gewalt – Geistige und gesellschaftliche Ursachen des Terrorismus und seine Folgen*, München–Wien 1978.

Gill, David/Schröter, Ulrich: *Das Ministerium für Staatssicherheit – Anatomie des Mielke-Imperiums*, Berlin 1991.

Groenewold, Kurt: *Angeklagt als Verteidiger*, Göttingen 1978.

Hachmeister, Lutz: *Schleyer – Eine deutsche Geschichte*, München 2004.

Hager, Jens: *Die Rebellen von Berlin – Studentenpolitik an der Freien Universität*, Köln, Berlin 1967.

Hannover, Heinrich: »Das Prinzip Kollektivität – oder wer wusste was in der RAF?«, in: Komitee für Grundrechte und Demokratie (Hrsg.): *Der Prozess – Justiz in der Bundesrepublik Deutschland am Beispiel Peter-Jürgen Boock 1984/1984 zu Stuttgart-Stammheim*, Sensbachtal 1985.

Hannover, Heinrich: *Terroristenprozesse – Erfahrungen und Erkenntnisse eines Strafverteidigers (Terroristen und Richter, Band 1)*, Hamburg 1991.

Hartung, Klaus u. a.: *Der blinde Fleck: Die Linke, die RAF und der Staat*, Frankfurt 1987.

Hauser, Dorothea: *Baader und Herold – Beschreibung eines Kampfes*, Berlin 1997.

Hein, Peter: *Stadtguerilla/bewaffneter Kampf in der BRD und Westberlin – Eine Bibliographie*, Berlin 1990.

Hermann, Kai/Koch, Peter: *Entscheidung in Mogadischu – Die 50 Tage nach Schleyers Entführung*, Hamburg 1977.

Hessler, Klaus: *Brief an einen Freund – den mutmaßlichen Terroristen D.*, Hamburg 1978.

Hobe, Konrad: *Zur ideologischen Begründung des Terrorismus – Ein Beitrag zur Auseinandersetzung mit der Gesellschaftskritik und der Revolutionstheorie des Terrorismus*, Bonn 1979.

Hogefeld, Birgit: *Ein ganz normales Verfahren … – Prozesserklärungen, Briefe & Texte zur Geschichte der RAF*, Berlin – Amsterdam 1996.

Horchern, Hans Josef: *Die verlorene Revolution – Terrorismus in Deutschland*, Herford 1988.

ID-Verlag (Hrsg.): *Rote Armee Fraktion, Texte und Materialien zur Geschichte der RAF*, Berlin 1997.

ID-Archiv im Internationalen Institut für Sozialgeschichte/Amsterdam (Hrsg.): *»wir haben mehr fragen als antworten« RAF-Diskussionen 1992–1994*, Berlin 1995.

Jäger, Herbert/Schmidtchen, Gerhard/Süllwold, Lieselotte: *Lebenslaufanalysen (Analysen zum Terrorismus, Band 2)*, Opladen 1981.

Kahl, Werner: *Vorsicht Schußwaffen! Von kommunistischem Extremismus, Terror und revolutionärer Gewalt*, München 1989.
Klaus, Alfred: *Verhalten und Aktivitäten inhaftierter links- und rechtsextremistischer Terroristen – Zur Kampagne gegen die Justiz* (Manuskript), 1983.
Koenen, Gerd: *Vesper, Ensslin, Baader – Urszenen des deutschen Terrorismus*, Köln 2003.
Krebs, Mario: *Ulrike Meinhof – Ein Leben im Widerspruch*, Reinbek 1988.
Kropotkin, Peter: *Worte eines Rebellen*, Reinbek 1972.
Kunzelmann, Dieter: *Leisten Sie keinen Widerstand! – Dieter Kunzelmann. Bilder aus meinem Leben*, Berlin 1998.

Landtag von Baden-Württemberg: *Bericht und Antrag des Untersuchungsausschusses Vorfälle in der Vollzugsanstalt Stuttgart-Stammheim*, 1977 (Landtags-Drucksache 7/3200).
Von Lang, Jochen: *Erich Mielke – Eine deutsche Karriere*, Berlin 1991.
Langguth, Gerd: *Die Entwicklung der Protestbewegung in der Bundesrepublik 1968–1975*, Bonn 1975.
Langguth, Gerd: »Protest von links – die Studentenbewegung in der Bundesrepublik Deutschland«, in: Manfred Funke (Hrsg.): *Extremismus im demokratischen Rechtsstaat (Schriftenreihe der Bundeszentrale für politische Bildung, Band 122)*, Düsseldorf 1978.
Laqueur, Walter: *Terrorismus*, Kronberg im Taunus 1977.
Laqueur, Walter: *Terrorismus – Die globale Herausforderung*, Frankfurt, Berlin 1987.

Marat, Jean Paul (Hrsg.): *widerstand heißt angriff! erklärungen, redebeiträge, flugblätter und briefe 1977–1987*, Amsterdam 1988.
Marighella, Carlos: *Mini-Handbuch des Stadtguerilla*, Berlin 1970.
Marenssin, Emile: *Stadtguerilla und soziale Revolution – Über den bewaffneten Kampf und die Rote Armee Fraktion*, Freiburg 1998.
Matz, Ulrich/Schmidtchen, Gerhard: *Gewalt und Legitimation (Analysen zum Terrorismus, Band 4/1)*, Opladen 1983.
Meinhof, Ulrike: *Dokumente einer Rebellion – 10 Jahre »konkret«-Kolumnen*, Hamburg 1972.
Meinhof, Ulrike Marie: *Bambule, Fürsorge – Sorge für wen?*, Berlin 1971, 2. Auflage 1987.
Meinhof, Ulrike Marie: *Die Würde des Menschen ist antastbar – Aufsätze und Polemiken*, Berlin 1980, 2004.

Meyer, Thomas: *Am Ende der Gewalt? Der deutsche Terrorismus – Protokoll eines Jahrzehnts*, Frankfurt/M., Berlin und Wien 1980.

Miermeister, Jürgen: *Rudi Dutschke*, Reinbek 1986, 6. Auflage 2003.

Mosler, Peter: *Was wir wollten, was wir wurden – Zeugnisse der Studentenrevolte*, Reinbek 1988.

Müller, Michael/Kanenberg, Andreas: *Die RAF-Stasi-Connection*, Berlin 1992.

Nevermann, Knut: *Der 2. Juni 1967 – Studenten zwischen Notstand und Demokratie, Dokumente zu den Ereignissen anläßlich des Schah-Besuchs*, Köln 1967.

Oesterle, Kurt: *Stammheim – Die Geschichte des Vollzugsbeamten Horst Bubeck*, Tübingen 2003.

Ohne Namen: *Der Baader-Meinhof-Report – Aus den Akten des Bundeskriminalamts, der »Sonderkommission Bonn« und des Bundesamts für Verfassungsschutz*, Main 1972.

Ohne Namen: *Juristische Unterlagen zum Prozess gegen Rechtsanwalt Kurt Groenewold*, (ohne Ort und Jahr).

Ohne Namen: *Zu der angeblichen Auflösung der Bewegung 2. Juni – Dokumentation*, Berlin 1980.

Peters, Butz: *RAF – Terrorismus in Deutschland*, Stuttgart 1991, aktualisierte Ausgabe: Stuttgart 1993.

Pflieger, Klaus: *Die Aktion »Spindy«*, Baden-Baden 1997.

Pflieger, Klaus: *Die Rote Armee Fraktion – RAF –*, Baden-Baden 2004.

Piegler, Hannelore: *Entführung – Hundert Stunden zwischen Angst und Hoffnung*, Wien, München, Zürich, Innsbruck 1978.

Presse- und Informationsamt der Bundesregierung: *Dokumentation zu den Ereignissen und Entscheidungen im Zusammenhang mit der Entführung von Hanns Martin Schleyer und der Lufthansa-Maschine »Landshut«*, Bonn 1977.

Prinz, Alois: *Lieber wütend als traurig – Die Lebensgeschichte der Ulrike Marie Meinhof*, Weinheim, Berlin, Basel 2003.

Proll, Astrid: *Hans und Grete, Die RAF 67–77*, Göttingen 1998.

Proll, Thorwald: *Mein 68 – Aufzeichnungen, Briefe, Interviews*, Hamburg (ohne Jahresangabe).

Proll, Thorwald/Dubbe, Daniel: *Wir kamen vom anderen Stern – Über 1968, Andreas Baader und ein Kaufhaus*, Hamburg 2003.

RAF: *texte: der RAF*, Lund/Schweden 1977.

Raubald, Reinhard: *Die Baader-Meinhof-Gruppe*, Berlin 1972.
Reinders, Ralf/Fritzsch, Ronald: *Die Bewegung 2. Juni*, Berlin 1995, 4. Auflage 2003.
Reiser, Rio: *König von Deutschland*, Köln 1994, 2001.
Rieß, Peter: »Die ›Anti-Terrorismusgesetzgebung‹ in der Bundesrepublik Deutschland«, in: Bundeszentrale für politische Bildung (Hrsg.): *Freiheit und Sicherheit. Die Demokratie wehrt sich gegen den Terrorismus*, Bonn 1979.
Röhl, Klaus Rainer: *Fünf Finger sind keine Faust*, Köln 1974.
Rollnik, Gabriele/Dubbe, Daniel: *Keine Angst vor niemand*, Hamburg 2004.
Rossi, Marisa Elena: *Untergrund und Revolution – Der ungelöste Widerspruch für Brigate Rosse und Rote Armee Fraktion*, Zürich 1993.
Russel, Bertrand: *Plädoyer für einen Kriegsverbrecherprozess*, Frankfurt 1968.

Sack, Fritz/Steiner, Heinz: *Protest und Reaktion (Analysen zum Terrorismus, Band 4/2)*, Opladen 1984.
Salewski, Wolfgang/Lanz, Peter: *Die neue Gewalt und wie man ihr begegnet*, Locarno und Zürich 1978.
Schiller, Margrit: *Es war ein harter Kampf um meine Erinnerung – Ein Lebensbericht aus der RAF*, München 2001.
Schneider, Christiane (Hrsg.): *Ausgewählte Dokumente der Zeitgeschichte: Bundesrepublik Deutschland (BRD) – Rote Armee Fraktion (RAF)*, Schkeuditz (ohne Jahresangabe).
Schwan, Heribert: *Erich Mielke – Der Mann, der Stasi war*, München 1997.
Schwind, Hans-Dieter (Hrsg.): *Ursachen für den Terrorismus in der Bundesrepublik Deutschland*, Berlin, New York 1978.
Sichtermann, Kai/Johler, Jens/Stahl, Christian: *Keine Macht für Niemand – Die Geschichte der Ton Steine Scherben*, Berlin 2001, 2003.
Straßner, Alexander: *Die dritte Generation der »Roten Armee Fraktion« – Entstehung, Struktur, Funktionslogik und Zerfall einer terroristischen Organisation*, Wiesbaden 2003.
Streithofen, Heinrich Basilius: *Briefe an die Familie Schleyer*, Stuttgart-Degerloch 1978.
Stuberger, Ulf G.: *»In der Strafsache gegen Andreas Baader, Ulrike Meinhof, Jan-Carl Raspe, Gudrun Ensslin wegen Mordes u.a.«*, Frankfurt 1977.

Teuns, Sief/Seifert, Jürgen u. a.: *Folter in der BRD – Zur Situation der Politischen Gefangenen (Kursbuch 32)*, Berlin 1973.

Tolmein, Oliver: *»RAF – Das war für uns Befreiung« – Ein Gespräch mit Irmgard Möller über bewaffneten Kampf, Knast und Linke*, Hamburg, 3. Auflage 2002.

Tolmein, Oliver: *Vom Deutschen Herbst zum 11. September – Die RAF, der Terrorismus und der Staat*, Hamburg 2002.

Veiel, Andreas: *Black Box BRD – Alfred Herrhausen, die Deutsche Bank, die RAF und Wolfgang Grams*, Stuttgart, München 2003.

Viett, Inge: *Nie war ich furchtloser – Autobiographie*, Reinbek 1999.

Vinke, Hermann: *Mit zweierlei Maß – Die deutsche Reaktion auf den Terror von rechts*, Reinbek 1978.

Vinke, Hermann/Witt, Gabriele: *Die Anti-Terror-Debatten im Parlament, Protokolle 1974–1978*, Reinbeck 1978.

Vogel, Hans-Joachim: »Möglichkeiten und Grenzen der strafrechtlichen Terrorismusbekämpfung«, in: Bundeszentrale für politische Bildung (Hrsg.): *Freiheit und Sicherheit. Die Demokratie wehrt sich gegen den Terrorismus*, Bonn 1979.

Wassermann, Rudolf (Hrsg.): *Terrorismus contra Rechtsstaat – Kritische Abhandlungen zur Rechtsstaatlichkeit in der Bundesrepublik*, Darmstadt und Neuwied 1976.

Weidenhammer, Karl-Heinz: *Selbstmord oder Mord? Das Todesermittlungsverfahren: Baader/Ensslin/Raspe*, Kiel 1988.

Werthebach, Eckhard: »Lehren aus der politischen Gewalt«, in: Der Bundesminister des Inneren (Hrsg.): *Demokratie und politisch motivierte Gewalt*, Bonn 1989.

Wisnewski, Gerhard/Landgraeber, Wolfgang/Sieker, Ekkehard: *Das RAF-Phantom – Wozu Politik und Wirtschaft Terroristen brauchen*, München 1992.

Wisniewski, Stefan: *Wir waren so unheimlich konsequent … – Ein Gespräch zur Geschichte der RAF*, Berlin, 3. Auflage 2003.

Wördemann, Franz: *Terrorismus – Motive, Täter, Strategien*, München, Zürich 1977.

Wunschik, Tobias: *Baader-Meinhofs Kinder – Die zweite Generation der RAF*, Opladen 1997.

Wunschik, Tobias: »Die Hauptabteilung XXII: ›Terrorabwehr‹«, in: *Anatomie der Staatssicherheit, Geschichte – Struktur – Methoden, MfS-Handbuch (Teil III/16)*, Berlin 1995.

Wunschik, Tobias: »Till Meyer – Ein biographisches Porträt«, in: *Jahrbuch Extremismus und Demokratie 10*, Baden-Baden 1998.

Zachert, Hans-Ludwig: »Die Gefährdung der verfassungsmäßigen Grundordnung durch den Terrorismus in der Bundesrepublik«, in: Der Bundesminister des Inneren (Hrsg.): *Gewalt und Terrorismus*, Bonn 1990.

Zahl, Peter-Paul, *Die Glücklichen*, Berlin 1979.

**Zeitungen, Zeitschriften und sonstige Druckwerke:**
*Angehörigen-Info, Berliner Morgenpost, Berliner Zeitung, Christ und Welt/Rheinischer Merkur, Das Parlament, Der Spiegel, Deutsches Allgemeines Sonntagsblatt, die tageszeitung, Die Welt, Die Zeit, dpa, Focus, Frankfurter Allgemeine Zeitung, Frankfurter Rundschau, Hamburger Abendblatt, Handelsblatt, Juristische Rundschau, Juristen-Zeitung, konkret, Kriminalistik, Kritische Justiz, Monatsschrift für Deutsches Recht, Neue Juristische Wochenschrift, Neue Zürcher Zeitung, Neues Deutschland, Pflasterstrand, stern, Süddeutsche Zeitung, Tagesspiegel, Tempo, Vorwärts, Welt am Sonntag, Zusammen Kämpfen.*

# Chronologie

| | |
|---|---|
| 2./3. April 1968 | In Frankfurt brennen die Kaufhäuser Schneider und Kaufhof. Zwei Tage später verhaften Kriminalbeamte Andreas Baader, Gudrun Ensslin, Thorwald Proll und Horst Söhnlein in Frankfurt-Bockenheim. |
| 14. Oktober 1968 | Vor dem Landgericht Frankfurt beginnt der Prozess gegen die Kaufhausbrandstifter. |
| 31. Oktober 1968 | Wegen des Brandes im Kaufhaus Schneider verurteilt das Landgericht Frankfurt Baader, Ensslin, Proll und Söhnlein zu jeweils drei Jahren Zuchthaus. |
| 27. Oktober 1969 | Der Bundesgerichtshof verwirft die Revision gegen das Brandstifter-Urteil des Landgerichts Frankfurt. Nur Söhnlein kommt der Ladung zum Strafantritt nach. |
| Februar 1970 | Andreas Baader und Gudrun Ensslin kommen zu Ulrike Meinhof nach Berlin in die Kufsteiner Straße 12. |
| 4. April 1970 | Andreas Baader wird in Berlin verhaftet. |
| 14. Mai 1970 | Ulrike Meinhof, Irene Goergens, Ingrid Schubert und andere befreien Andreas Baader bei einer Ausführung in die Bibliothek des »Deutschen Zentralinstituts für Soziale Fragen« in Berlin-Dahlem. Georg Linke, ein Institutsangestellter, wird durch einen Schuss in die Leber schwer verletzt. |
| 5. Juni 1970 | »Die Rote Armee aufbauen« erscheint in dem Berliner Szeneblatt *Agit 833* (Ausgabe 62). Die RAF erläutert die Baader-Befreiung und fordert: »Mit dem bewaffneten Widerstand beginnen«. |
| 15. Juni 1970 | Der *Spiegel* (Heft 25/1970) druckt Ulrike Meinhofs »Tonbanderklärung«: »Natürlich kann geschossen werden.« |
| Juni bis August 1970 | Horst Mahler, Andreas Baader, Gudrun Ensslin, Ulrike Meinhof, Peter Homann, Brigitte Asdonk und rund ein Dutzend Berliner Genossen lassen sich in einem Camp der El Fatah in Jordanien militärisch ausbilden. |
| 29. September 1970 | Der »Dreierschlag« in Berlin: Die Gruppe überfällt zur |

| | |
|---|---|
| | selben Zeit drei Banken. Mindestens 16 Personen sind an dem Raubzug beteiligt. Beute: Über 217 000 Mark. |
| 8. Oktober 1970 | In der Knesebeckstraße 89 in Berlin verhaftet die Polizei Horst Mahler, Ingrid Schubert, Monika Berberich, Brigitte Asdonk und Irene Goergens. |
| 15. Januar 1971 | In Kassel erbeutet die RAF bei zwei Überfällen zur selben Zeit 114 000 Mark. |
| 6. Mai 1971 | Astrid Proll wird in Hamburg verhaftet. |
| 15. Juli 1971 | Bei einem Schusswechsel mit der Polizei kommt in Hamburg Petra Schelm ums Leben. Werner Hoppe wird verhaftet. |
| 22. Oktober 1971 | Beim Versuch, drei Verdächtige zu überprüfen, wird in Hamburg der Zivilfahnder Norbert Schmid von einem RAF-Mitglied erschossen. |
| 22. Dezember 1971 | Überfall der RAF auf die Bayerische Hypotheken- und Wechselbank in Kaiserslautern. Sie erbeutet 134 000 Mark. Dabei erschießt ein RAF-Mitglied den Polizeibeamten Herbert Schoner. |
| 2. März 1972 | In Notwehr erschießt ein Polizeibeamter Thomas Weisbecker in Augsburg. |
| 3. März 1972 | Manfred Grashof erschießt in Hamburg den Kriminalhauptkommissar Hans Eckhardt. Grashof selbst wird schwer verletzt und zusammen mit Wolfgang Grundmann verhaftet. |
| 11. Mai 1972 | RAF-Bombenanschlag auf das US-Hauptquartier des V. Corps der US-Armee in Frankfurt *(Kommando Petra Schelm)*: Oberstleutnant Paul Bloomquist stirbt. Dreizehn Verletzte. |
| 12. Mai 1972 | Zwei Bomben explodieren in der Polizeidirektion Augsburg. Sieben Verletzte. Vor dem Landeskriminalamt in München fliegt eine Autobombe in die Luft (*Kommando Thomas Weisbecker)*. Zehn Menschen werden verletzt. 600 000 Mark Sachschaden. |
| 15. Mai 1972 | In Karlsruhe explodiert eine Bombe unter dem VW-Käfer von Bundesrichter Wolfgang Buddenberg, der für die Ermittlungen gegen die »Baader-Meinhof-Bande« zuständig ist *(Kommando Manfred Grashof)*. Buddenbergs Frau Gerta wird schwer verletzt. |
| 19. Mai 1972 | Im Verlagshaus Springer in Hamburg gehen zwei Bomben hoch und verletzen 38 Menschen *(Kommando 2. Juni* – 2. Juni 1967: Todestag von Benno Ohnesorg). |

| | |
|---|---|
| 24. Mai 1972 | Im Heidelberger Hauptquartier der US-Landstreitkräfte in Europa werden durch zwei Autobomben des *Kommando 15. Juli* (15. Juli 1971: Todestag von Petra Schelm) die US-Soldaten Clyde R. Bonner, Ronald A. Woodward und Charles L. Peck getötet sowie fünf Menschen verletzt. (Fünf Jahre später, am 28. April 1977, werden für diese sechs Anschläge im Mai 1972 Baader, Ensslin und Raspe vom Oberlandesgericht Stuttgart zu lebenslanger Haft verurteilt, Meinhof und Meins sind zu diesem Zeitpunkt schon tot.) |
| 1. Juni 1972 | In Frankfurt verhaftet die Polizei Baader, Meins und Raspe. |
| 7. Juni 1972 | Gudrun Ensslin wird in Hamburg gefasst. |
| 9. Juni 1972 | Brigitte Mohnhaupt und Bernhard Braun werden in Berlin verhaftet. |
| 15. Juni 1972 | Die Polizei überwältigt Ulrike Meinhof und Gerhard Müller in Hannover-Langenhagen. |
| 9. Juli 1972 | Festnahme von Klaus Jünschke und Irmgard Möller in Offenbach. |
| 17. Januar bis 16. Februar 1973 | Erster kollektiver RAF-Hungerstreik: Die »Hungerstreik-Erklärung« gibt Andreas Baader im Strafprozess gegen Horst Mahler in Berlin ab. Die Forderung: »Aufhebung der Isolation als Folter für die politischen Häftlinge in der BRD«. |
| 8. Mai bis 29. Juni 1973 | Insgesamt 40 Häftlinge beteiligen sich am zweiten kollektiven Hungerstreik. Forderung: »Gleichstellung der politischen Gefangenen mit allen anderen Gefangenen.« |
| 4. Februar 1974 | Die später nach dem Datum ihrer Verhaftung benannte Gruppe »4. 2.« wird von der Polizei im Schlaf überwältigt: In Hamburg Christa Eckes, Helmut Pohl, Ilse Stachowiak und Eberhard Becker, in Frankfurt Wolfgang Beer, Margrit Schiller und ein vierundzwanzigjähriger Exstudent. |
| 13. September 1974 bis 5. Februar 1975 | Mit großer Entschlossenheit beteiligen sich insgesamt 31 RAF-Häftlinge am dritten kollektiven RAF-Hungerstreik. |
| 9. November 1974 | Holger Meins stirbt an den Folgen des Hungerstreiks. Er ist der erste »Hungertote« der RAF. |
| 24. April 1975 | Das RAF-*Kommando Holger Meins* überfällt in Stockholm die bundesdeutsche Botschaft, fordert die Freilas- |

| | |
|---|---|
| | sung von 26 Gesinnungsgenossen und erschießt die beiden Botschaftsattachés Andreas von Mirbach und Heinz Hillegaart. Täter: Lutz Taufer, Karl-Heinz Dellwo, Bernhard Rößner, Hanna Krabbe, Siegfried Hausner und Ulrich Wessel. Wessel kommt bei der Explosion des vom Kommando ausgelegten Sprengstoffs ums Leben. Hausner stirbt am 4. Mai 1975 an den Folgen der Explosion. |
| 21. Mai 1975 | Beginn des Strafverfahrens in Stuttgart-Stammheim gegen Baader, Ensslin, Meinhof und Raspe. |
| 7. Mai 1976 | Polizeimeister Fritz Sippel wird in Sprendlingen (Kreis Offenbach) von einem RAF-Mitglied erschossen. |
| 9. Mai 1976 | Ulrike Meinhof begeht in ihrer Zelle in Stuttgart-Stammheim Selbstmord. |
| 30. November 1976 | Auf der Autobahn bei Butzbach/Hessen stellt die Polizei Siegfried Haag und Roland Mayer. Die Beamten finden bei ihnen die so genannten »Haag/Mayer-Papiere«. |
| 8. Februar 1977 | Brigitte Mohnhaupt wird aus der Haftanstalt Bühl entlassen. |
| 7. April 1977 | Das RAF-*Kommando Ulrike Meinhof* ermordet in Karlsruhe Generalbundesanwalt Siegfried Buback und seine beiden Begleiter Wolfgang Göbel und Georg Wurster. (Später werden wegen dieser Tat Knut Folkerts, Christian Klar und Brigitte Mohnhaupt verurteilt. Bei Günter Sonnenberg sieht die Bundesanwaltschaft von einer Strafverfolgung wegen dieses Anschlags ab, da Sonnenberg wegen anderer Taten bereits zu lebenslanger Haft verurteilt wurde.) |
| 28. April 1977 | Das Oberlandesgericht Stuttgart verurteilt Baader, Ensslin und Raspe zu lebenslanger Haft – wegen vier Morden und 34 versuchten Morden. |
| 3. Mai 1977 | Mordversuch an Polizeibeamten in der Nähe von Singen durch Günter Sonnenberg und Verena Becker. |
| 1. Juli 1977 | Bei einem Überfall auf das Waffengeschäft Fischlein in Frankfurt erbeuteten Willy-Peter Stoll und Knut Folkerts fünfzehn Revolver und drei Pistolen. |
| 30. Juli 1977 | Nach einem gescheiterten Entführungsversuch erschießt ein RAF-Kommando Jürgen Ponto, den Sprecher der Dresdner Bank, in seinem Haus in Oberursel. (Später werden deswegen verurteilt: Brigitte Mohnhaupt, Christian Klar, Peter-Jürgen Boock, Sieglinde Hofmann und Susanne Albrecht; das Verfahren gegen Adelheid Schulz |

| | |
|---|---|
| | hat der Bundesgerichtshof wegen der Verurteilung in anderen Fällen eingestellt.) |
| 25. August 1977 | Ein »Raketenwerfer-Anschlag« der RAF auf das Gebäude der Bundesanwaltschaft in Karlsruhe scheitert, weil Peter-Jürgen Boock vergisst, das »Läutwerk« des Weckers aufzuziehen. (Später werden wegen dieser Tat Peter-Jürgen Boock, Brigitte Mohnhaupt und Christian Klar verurteilt.) |
| 5. September 1977 | Das RAF-*Kommando Siegfried Hausner* entführt in Köln Arbeitgeberpräsident Hanns Martin Schleyer. Bei dem Überfall sterben im Kugelhagel sein Chauffeur Heinz Marcisz und seine Leibwächter Reinhold Brändle, Helmut Ulmer und Roland Pieler. Die RAF fordert die Freilassung von elf RAF-Häftlingen. |
| 22. September 1977 | In Utrecht (Niederlande) erschießt Knut Folkerts einen Polizeibeamten, der versuchte, ihn festzunehmen. Folkerts wird verhaftet. |
| 13. Oktober 1977 | Auf dem Flug von Mallorca nach Frankfurt entführt ein vierköpfiges PFLP-SC-Kommando die Lufthansamaschine »Landshut« und verlangt ebenfalls die Freilassung der inhaftierten RAF-Mitglieder *(Kommando Martyr Halimeh/»Organisation für den Kampf gegen den Weltimperialismus«).* Während der anschließenden Flugodyssee erschießt drei Tage später in Aden der Anführer des Kommandos, Zohair Youssif Akache, den »Landshut«-Kapitän Jürgen Schumann. |
| 18. Oktober 1977 | Ein GSG 9-Kommando stürmt die »Landshut« auf dem Flughafen von Mogadischu, befreit alle Geiseln und erschießt drei der Entführer. (Die überlebende Entführerin Souhaila Andrawes Sayeh verurteilt das Oberlandesgericht Hamburg 1996 zu zwölf Jahren Haft. Monika Haas wird vom Oberlandesgericht Frankfurt 1998 wegen des Transportes der Waffen für das Kommando von Algier nach Palma de Mallorca verurteilt.) |
| 18. Oktober 1977 | Baader, Ensslin und Raspe begehen Selbstmord in der Haftanstalt Stuttgart-Stammheim. |
| 19. Oktober 1977 | Die Leiche Hanns Martin Schleyers wird im Kofferraum eines Audi 100 in Mülhausen gefunden. (Später werden wegen des Schleyer-Mordes zehn Personen verurteilt: Brigitte Mohnhaupt, Christian Klar, Peter-Jürgen Boock, Rolf Klemens Wagner, Adelheid Schulz, Stefan |

| | |
|---|---|
| | Wisniewski, Sieglinde Hofmann, Silke Maier-Witt, Monika Helbing und Sigrid Sternebeck. Nach den Erkenntnissen der Bundesanwaltschaft waren an der Schleyer-Entführung noch zehn weitere Personen beteiligt. Sieben von ihnen wurden wegen anderer Taten verurteilt. Zwei sind tot: Willy-Peter Stoll und Elisabeth von Dyck. Nach Friederike Krabbe wird noch immer gefahndet.) |
| 12. November 1977 | Ingrid Schubert erhängt sich in ihrer Zelle in München-Stadelheim. |
| 11. Mai 1978 | Stefan Wisniewski wird in Paris-Orly festgenommen. |
| 11. Mai 1978 | Brigitte Mohnhaupt, Peter-Jürgen Boock, Sieglinde Hofmann und Rolf Klemens Wagner werden in Jugoslawien verhaftet. Im November 1978 lassen die jugoslawischen Behörden sie in den Südjemen ausreisen. |
| 6. September 1978 | Ein Polizeibeamter erschießt in Düsseldorf Willy-Peter Stoll in Notwehr. |
| 24. September 1978 | In einem Wald bei Dortmund kommt es zu einer Schießerei zwischen zwei Polizisten und drei RAF-Mitgliedern, nachdem die Beamten sie bei einem »Übungsschießen« überrascht hatten. Polizeimeister Hans-Wilhelm Hansen und Michael Knoll werden getötet, ein Polizeibeamter schwer verletzt und Angelika Speitel verhaftet. Werner Lotze entkommt. |
| 1. November 1978 | Rolf Heißler und Adelheid Schulz erschießen in Kerkrade (Niederlande) die beiden niederländischen Zollbeamten Dionysius de Jong und Johannes Goemans und verletzen einen Zöllner. |
| 19. März 1979 | Die RAF-Mitglieder Christian Klar, Adelheid Schulz, Elisabeth von Dyck und Werner Lotze überfallen die Bank für Gemeinwirtschaft in Darmstadt, Beute: 49 000 Mark. |
| 17. April 1979 | Die RAF-Mitglieder Adelheid Schulz, Rolf Heißler, Elisabeth von Dyck und Werner Lotze rauben in der Schmidt-Bank in Nürnberg 211 000 Mark. |
| 4. Mai 1979 | Elisabeth von Dyck wird, als sie in Nürnberg eine konspirative Wohnung der RAF betritt, von einem Polizeibeamten in Notwehr erschossen. |
| 9. Juni 1979 | Festnahme von Rolf Heißler in Frankfurt. |
| 25. Juni 1979 | Anschlag auf den NATO-Oberbefehlshaber General Alexander Haig in Obourg/Belgien *(Kommando Andreas Baader).* Haig entgeht der Zehn-Kilogramm- |

| | |
|---|---|
| | Sprengladung auf dem Weg ins NATO-Hauptquartier unverletzt, drei Leibwächter in einem Begleitfahrzeug werden verletzt. Täter unter anderem: Rolf Klemens Wagner, Werner Lotze, Ralf Baptist Friedrich, Sigrid Sternebeck, Henning Beer, Silke Maier-Witt und Susanne Albrecht. |
| 19. November 1979 | Rolf Klemens Wagner, Christian Klar, Peter-Jürgen Boock und Henning Beer überfallen eine Filiale der Schweizer Volksbank in Zürich. Beute: 548 000 Schweizer Franken (650 000 Mark). Auf der Flucht erschießt einer der Täter die Passantin Edith Kletzhändler. Beim anschließenden Raub eines Autos schießt Christian Klar einer Frau in die Brust. Zwei Polizeibeamte werden durch RAF-Schützen verletzt, Wagner wird verhaftet. |
| 5. Mai 1980 | In Paris werden Sieglinde Hofmann und vier Frauen vom »2. Juni« festgenommen. |
| 2. Juni 1980 | »Letzte Erklärung der Bewegung 2. Juni«: Sie löse sich auf und schließe sich der RAF an. Daraufhin erklären Mitglieder des »2. Juni«, dass dies nicht für den gesamten »2. Juni« gelte. |
| 25. Juli 1980 | Bei einem Verkehrsunfall in Bietigheim-Bissingen kommen die RAF-Mitglieder Juliane Plambeck und Wolfgang Beer ums Leben. |
| 2. Februar bis 18. April 1981 | An dem achten kollektiven Hungerstreik beteiligen sich 68 Gefangene in 16 Haftanstalten. Ihre Forderung: Zusammenlegung. |
| 16. April 1981 | Sigurd Debus stirbt in Hamburg an den Folgen des Hungerstreiks. |
| 31. August 1981 | Ein von der RAF als Bombenwagen präparierter VW 411 fliegt im Hauptquartier der US-Luftstreitkräfte Europa in Ramstein/Pfalz in die Luft (*Kommando Sigurd Debus).* 17 Menschen werden verletzt. Sachschaden: 7,2 Millionen Mark. (Später werden wegen dieses Anschlags Helmut Pohl, Ingrid Jakobsmeier und Henning Beer verurteilt.) |
| 15. September 1981 | In Heidelberg entgeht US-General Frederick Kroesen nur knapp einem Panzerfaustanschlag (*Kommando Gudrun Ensslin).* (Später deswegen verurteilt: Brigitte Mohnhaupt, Christian Klar, Ingrid Jakobsmeier und Henning Beer.) |
| Juni 1982 | Das mit dem Datum »Mai 1982« verfasste RAF-Grund- |

| | |
|---|---|
| | satzpapier »Guerilla, Widerstand und antiimperialistische Front« taucht auf (auch »Mai-» oder »Front-Papier« genannt). |
| 15. September 1982 | Die RAF überfällt eine Filiale der Bochumer Sparkasse in Bochum. |
| 26. Oktober 1982 | Das Zentraldepot der RAF (»Depot I«) entdecken Pilzsammler in Heusenstamm bei Frankfurt. |
| 11. November 1982 | Brigitte Mohnhaupt und Adelheid Schulz werden am »Depot 1« in Heusenstamm gefasst. |
| 16. November 1982 | Die Polizei stellt Christian Klar am Depot »Daphne« bei Aumühle/Sachsenwald in der Nähe Hamburgs. |
| 26. März 1984 | Bei einem Banküberfall in Würzburg erbeutet die RAF 171 000 Mark. |
| 2. Juli 1984 | In Frankfurt werden in der Berger Straße 344 Helmut Pohl, Christa Eckes, Stefan Frey, Ingrid Jakobsmeier, Barbara Ernst und Ernst-Volker Staub verhaftet. Die Beamten entdecken ein »Aktionspapier« an die Adresse des »Widerstandes«. |
| 5. November 1984 | Durch einen Überfall auf das Waffengeschäft Walla in Maxdorf bei Ludwigshafen beschafft sich die RAF 22 Handfeuerwaffen, zwei Gewehre sowie 2 800 Schuss Munition. (Später wird Eva Haule-Frimpong deswegen verurteilt). |
| 4. Dezember 1984 bis 5. Februar 1985 | Neunter kollektiver RAF-Hungerstreik: 39 Häftlinge beteiligen sich. |
| 18. Dezember 1984 | Ein RAF-Sprengstoffanschlag auf die NATO-Schule in Oberammergau scheitert durch einen technischen Defekt (*Kommando Jan Raspe).* (Später verurteilt: Eva Haule-Frimpong.) |
| 15. Januar 1985 | Gemeinsames Kommuniqué von RAF und Action Directe »POUR L'UNITÉ DES RÉVOLUTIONAIRES EN EUROPE DE L'OUEST«/»FÜR DIE EINHEIT DER REVOLUTIONÄRE IN WESTEUROPA«. |
| 25. Januar 1985 | Ein Kommando der Action Directe erschießt General René Audran, Direktor im französischen Verteidigungsministerium, in La Celle-Saint-Cloud bei Paris (*Kommando Elisabeth von Dyck).* |
| 1. Februar 1985 | Das RAF-*Kommando Patsy O'Hara* ermordet MTU-Chef Ernst Zimmermann in Gauting bei München. |
| 3. Juni 1985 | Bei einem bewaffneten Überfall auf einen Geldboten des »Esbella«-Marktes in Kirchentellinsfurt bei Tübin- |

| | |
|---|---|
| | gen erbeutet die RAF 157 000 Mark. Der Bote wird durch einen Schuss schwer verletzt. |
| 8. August 1985 | In Wiesbaden ermordet die RAF den US-Soldaten Edward Pimental, um in Besitz seines Ausweises (»ID-Card«) zu kommen. (Birgit Hogefeld lockte den GI aus dem »Western Saloon«. Verurteilt vom Oberlandesgericht Frankfurt: Birgit Hogefeld und Eva Haule.) |
| 8. August 1985 | Bombenanschlag des RAF-*Kommando George Jackson* auf die US-Airbase in Frankfurt. Zwei Tote: Becky Bristol, US-Zivilangestellte, und Frank Scarton, US-Soldat. 23 Verletzte. Eine Million Mark Sachschaden. Das Oberlandesgericht Frankfurt verurteilt deswegen Birgit Hogefeld und Eva Haule. |
| 31. Januar bis 4. Februar 1986 | In Frankfurt veranstaltet das RAF-Umfeld den Kongress »Antiimperialistischer und antikapitalistischer Widerstand in Westeuropa«. Rund eintausend Teilnehmer. |
| 9. Juli 1986 | Durch eine Sprengladung am Straßenrand ermordet die RAF in Straßlach bei München Siemens-Vorstandsmitglied Karl Heinz Beckurts und seinen Fahrer Eckhard Groppler auf dem Weg ins Büro *(Kommando Mara Cagol).* |
| 2. August 1986 | Verhaftung von Eva Haule-Frimpong, Luitgard Hornstein und Christian Kluth in einer Eisdiele in Rüsselsheim. |
| 10. Oktober 1986 | Die RAF ermordet Gerold von Braunmühl, Abteilungsleiter im Auswärtigen Amt, in Bonn-Ippendorf *(Kommando Ingrid Schubert).* |
| 17. November 1986 | Die Action Directe ermordet Renault-Chef Georges Besse in Paris. |
| 21. Februar 1987 | Führende Mitglieder der Action Directe werden in Vitry-aux-Loges, in der Nähe von Orléans, in Frankreich verhaftet. |
| 20. September 1988 | In Bonn scheitert ein Anschlag auf Finanzstaatssekretär Hans Tietmeyer *(Kommando Khaled Aker).* (Später verurteilt: Birgit Hogefeld.) |
| 1. Februar bis 12. Mai 1989 | Am zehnten kollektiven Hungerstreik beteiligen sich insgesamt 47 Häftlinge. |
| 30. November 1989 | In Bad Homburg ermordet das RAF-*Kommando Wolfgang Beer* den Deutsche Bank-Vorstandssprecher Alfred Herrhausen mit einer Hohlsprengladung. Sein Fahrer wird verletzt. |

| | |
|---|---|
| Juni 1990 | In der DDR werden zehn RAF-Aussteiger enttarnt und verhaftet: Susanne Albrecht (am 6. Juni in Berlin), Inge Viett (am 12. Juni in Magdeburg), Werner Lotze und Christine Dümlein (am 14. Juni in Senftenberg), Ekkehard von Seckendorff-Gudent und Monika Helbing (am 14. Juni in Frankfurt/Oder), Sigrid Sternebeck und Ralf Baptist Friedrich (am 15. Juni in Schwedt) sowie Silke Maier-Witt und Henning Beer (am 18. Juni 1990 in Neubrandenburg). |
| 27. Juli 1990 | Innenstaatssekretär Hans Neusel entgeht in Bonn um Haaresbreite einem Sprengstoffanschlag der RAF *(Kommando José Manuel Sevillano)*. Er kommt mit leichten Verletzungen davon. |
| 13. Februar 1991 | Ein RAF-Kommando feuert 250 Gewehrschüsse von der gegenüberliegenden Rheinseite auf die US-Botschaft in Bonn *(Kommando Vincenzo Spano,* am 24. Februar 1991 von der RAF korrigiert in »*Ciro Rizatto*«*)*. |
| 1. April 1991 | Ein Scharfschütze der RAF ermordet Treuhandchef Detlev Karsten Rohwedder in seinem Haus in Düsseldorf-Oberkassel *(Kommando Ulrich Wessel)*. |
| 5. Januar 1992 | »Kinkel-Initative« auf dem Dreikönigstreffen der FDP in Stuttgart: »Der Staat muss dort, wo es angebracht ist, zur Versöhnung bereit sein.« |
| 10. April 1992 | Die RAF erklärt, dass sie die »Eskalation zurücknimmt«, »Angriffe auf führende Repräsentanten aus Wirtschaft und Staat« vorerst nicht mehr erfolgten, da sie eine politische Diskussion führen wolle (so genannte »Zäsurerklärung«, auch als »April-Papier« bezeichnet). |
| August 1992 | In dem so genannten »August-Papier« (»Wir müssen das Neue suchen«) räumt die RAF ein, dass es ihr nicht gelungen sei, die Grundidee – den »Front«-Gedanken – des »Mai-Papiers« aus dem Jahr 1982 zu verwirklichen. |
| Ende Oktober 1992 | Karl-Heinz Dellwo erklärt, auch im Namen sechs anderer Häftlinge: »keiner von uns wird nach seiner freilassung zum bewaffneten kampf zurückkehren.« |
| 27. März 1993 | Die »Knastsprengung«: Das *Kommando Katharina Hammerschmidt* jagt mit rund 200 Kilo Sprengstoff die neu errichtete Justizvollzugsanstalt Weiterstadt bei Darmstadt in die Luft. 123 Millionen Mark Schaden. |
| 27. Juni 1993 | Bei einem Polizeieinsatz auf dem Bahnhof von Bad Kleinen (Mecklenburg-Vorpommern) kommen der GSG 9- |

| | |
|---|---|
| | Polizeikommissar Michael Newrzella und das RAF-Mitglied Wolfgang Grams ums Leben. Birgit Hogefeld wird verhaftet. V-Mann Klaus Steinmetz hatte die Polizei auf die Spur der beiden steckbrieflich gesuchten RAF-Mitglieder geführt. Infolge dieses Einsatzes tritt Bundesinnenminister Rudolf Seiters zurück. Generalbundesanwalt Alexander von Stahl wird entlassen. |
| 28. Oktober 1993 | »Spaltungserklärung« von Brigitte Mohnhaupt: Sie verkündet den »Bruch ... im Zusammenhang der Gefangenen und in der politischen Beziehung zur RAF« und »das Ende der Politik, für die die RAF über 20 Jahre gestanden hat, revolutionäre Intervention in der Metropole«. |
| 20. April 1998 | Die »Auflösungserklärung« der RAF vom »März 1998« geht bei der Nachrichtenagentur Reuters in Köln ein: »Die Stadtguerilla in Form der RAF ist nun Geschichte.« |
| 20. Juli 1999 | Überfall auf einen Geldtransporter mit einer Panzerfaust in Duisburg-Rheinhausen. Beute: Über eine Million Mark. Die Polizei findet »genetische Fingerabdrücke« (»DNA-Material«) von Ernst-Volker Staub und Daniela Klette. |
| 15. September 1999 | Horst-Ludwig Meyer wird bei einem Schusswechsel mit der Polizei in Wien getötet. Andrea Klump verhaftet. |

# Die Opfer der RAF

Norbert Schmid (33), † 22. Oktober 1971, Zivilfahnder der Hamburger Polizei. Erschossen in Hamburg bei einer Personenkontrolle von zwei RAF-Mitgliedern.

Herbert Schoner (32), † 22. Dezember 1971, Polizeiobermeister. Bei einem Bankraub in Kaiserslautern von einem RAF-Mitglied erschossen.

Hans Eckhardt (50), † 3. März 1972, Kriminalhauptkommissar. Bei der Festnahme der beiden RAF-Mitglieder Manfred Grashof und Wolfgang Grundmann in einer konspirativen Wohnung in Hamburg erschossen.

Paul A. Bloomquist, (39), † 11. Mai 1972, US-Oberstleutnant. Getötet beim RAF-Bombenanschlag auf das Hauptquartier des V. US-Corps in Frankfurt.

Clyde R. Bonner, † 24. Mai 1972, Captain der US-Armee. Getötet beim RAF-Bombenanschlag auf das europäische Hauptquartier der US-Streitkräfte in Heidelberg.

Ronald A. Woodward, † 24. Mai 1972, Specialist der US-Armee. Ebenfalls durch den Bombenanschlag auf das US-Hauptquartier in Heidelberg getötet.

Charles Peck, † 24. Mai 1972, Specialist der US-Armee. Ebenfalls bei dem Bombenanschlag in Heidelberg getötet.

Andreas von Mirbach (44), † 24. Mai 1975, Militärattaché an der deutschen Botschaft in Stockholm. Erschossen von dem RAF-*Kommando Holger Meins*, das 26 RAF-Häftlinge freipressen wollte.

Dr. Heinz Hillegaart (64), † 24. Mai 1975, Wirtschaftsattaché an der deutschen Botschaft in Stockholm. Ebenfalls von dem Kommando bei dem Gefangenenbefreiungsversuch erschossen.

Fritz Sippel (22), † 7. Mai 1976, Polizeimeister. Bei einer Personenkontrolle in Sprendlingen (Kreis Offenbach) von einem RAF-Mitglied mit einen Kopfschuss getötet.

Siegfried Buback (57), † 7. April 1977, Generalbundesanwalt (1974 bis 1977). Auf dem Weg ins Büro in seinem Dienstwagen von einem Motorradschützen der RAF erschossen.

Wolfgang Göbel (30), † 7. April 1977, Fahrer von Siegfried Buback.

Georg Wurster (33), † 13. April 1977, Leiter der Fahrbereitschaft der Bundesanwaltschaft. Saß bei dem Buback-Anschlag auf der Rückbank des Dienstwagens. Verstarb eine Woche nach der Tat an den Folgen der Schussverletzungen.

Jürgen Ponto (53), † 30. Juli 1977, Vorstandssprecher der Dresdner Bank. Erschossen von einem RAF-Kommando in seinem Haus bei Oberursel bei einem gescheiterten Entführungsversuch.

Heinz Marcisz (41), † 5. September 1977, Fahrer von Hanns Martin Schleyer. Erschossen von einem RAF-Kommando bei der Entführung von Arbeitgeberpräsident Schleyer.

Reinhold Brändle (41), † 5. September 1977, Polizeihauptmeister, Fahrer von Schleyers Leibwächterwagen. Ebenfalls bei der Schleyer-Entführung erschossen.

Helmut Ulmer (24), † 5. September 1977, Polizeimeister. Beifahrer im Leibwächterwagen bei der Schleyer-Entführung. Mit 24 Schüssen von der RAF ermordet.

Roland Pieler (20), † 5. September 1977, Polizeimeister. Saß auf der Rückbank des Leibwächterwagens bei der Schleyer-Entführung.

Arie Kranenburg (46), † 22. September 1977, Hauptwachtmeister der Polizei in Utrecht. Erschossen von Knut Folkerts im Büro einer Autovermietung in Utrecht.

Dr. Hanns Martin Schleyer (62), † 18. oder 19. Oktober 1977. Von RAF-Mitgliedern mit drei Kopfschüssen an einem bislang unbekannten Ort ermordet. Seine Leiche wurde – nach einem telefonischen Hinweis der RAF – im Kofferraum eines Audi 100 in Mülhausen gefunden.

Hans-Wilhelm Hansen (26), † 24. September 1978, Polizeimeister. Erschossen, als er zusammen mit einem Kollegen in einem Wald bei Dortmund-Löttringhausen Angelika Speitel, Michael Knoll und Werner Lotze nach Schießübungen überraschte.

Dionysius de Jong (19), † 1. November 1978, niederländischer Zöllner. In der Nähe von Kerkrade (NL) erschossen, nachdem er zusammen mit drei Kollegen Rolf Heißler bei einem illegalen Grenzübertritt von Deutschland in die Niederlande stellte.

Johannes Goemanns (24), † 14. November 1978, niederländischer Zöllner. Starb infolge der Schießerei bei Kerkrade am 1. November 1978, bei der auch sein Kollege de Jong das Leben verlor.

Edith Kletzhändler (56), † 19. November 1979, Hausfrau. Wurde in der Einkaufspassage »Shop Ville« in Zürich von einer RAF-Kugel in den Hals getroffen, als die RAF-Mitglieder Wagner, Klar und Beer auf einen Polizisten schossen.

Dr. Ernst Zimmermann (55), † 1. Februar 1985, Vorstandsvorsitzender der MTU (Maschinen- und Turbinen-Union). Mit einem Kopfschuss von einem RAF-Kommando in seinem Haus in Gauting ermordet.

Edward Pimental (20), † 8. August 1985, US-Soldat (»GI«). Wurde von Birgit Hogefeld aus dem »Western Saloon« in Wiesbaden gelotst und anschließend von RAF-Mitgliedern erschossen. Die RAF benutzte seine »ID-Card«, um mit einem Bombenauto den Kontrollposten der US-Airbase in Frankfurt passieren zu können.

Frank Scarton (20), † 8. August 1985, US-Soldat. Durch die Explosion der Autobombe auf der US-Airbase in Frankfurt getötet.

Becky Bristol (25), † 8. August 1985, US-Zivilangestellte. Beschäftigt im Personalbüro der US-Airbase in Frankfurt. Getötet durch den RAF-Bombenanschlag auf die US-Airbase in Frankfurt.

Prof. Dr. Karl Heinz Beckurts (56), † 9. Juli 1986, Siemens-Vorstandsmitglied, zuständig für »Forschung und Entwicklung«. Getötet durch eine Autobombe bei Straßlach/Bayern.

Eckhard Groppler (42), † 9. Juli 1986, Fahrer von Prof. Beckurts. Ebenfalls durch die Autobombe in Straßlach getötet.

Dr. Gerold von Braunmühl (51), † 10. Oktober 1986, Ministerialdirektor im Bundesaußenministerium, Vertrauter von Hans-Dietrich Genscher. Vor seinem Wohnhaus in Bonn-Ippendorf von einem RAF-Kommando erschossen.

Dr. Alfred Herrhausen (59), † 30. November 1989, Vorstandssprecher der Deutschen Bank. Auf dem Weg ins Büro durch eine Bombe der RAF in seinem gepanzerten Wagen ermordet.

Dr. Detlev Karsten Rohwedder (58), † 1. April 1991, Vorstandsvorsitzender der Treuhandanstalt. Von einem RAF-Scharfschützen in seinem Arbeitszimmer erschossen.

Michael Newrzella (25), † 27. Juni 1993, GSG 9-Polizeikommissar. Von Wolfgang Grams auf dem Bahnhof in Bad Kleinen erschossen.

# Register

# Bildnachweis

picture-alliance/dpa: Seite 24, 26, 175, 238, 255, 256, 257, 260, 263, 278, 283, 326, 336, 337, 346, 359, 375, 390, 399, 406, 414, 427, 429, 433, 436, 439, 479, 483, 547, 554, 585, 599, 606, 607, 628, 636, 637, 638, 705, 707, 709, 721, 727, 748
Picture Press, Reinartz: Seite 322
Astrid Proll: Seite 133
VG Bild-Kunst, Bonn: Seite 57
Klaus Mehner: Seite 182
Ullstein Bild: Seite 24, 25, 39, 51, 61, 62, 63, 66, 71, 73, 91, 99, 106, 111, 136, 144, 156, 160, 164, 181, 185, 191, 220, 221, 236, 253, 258, 286, 290, 291, 295, 296, 298, 302, 321, 324, 330, 331, 339, 341, 342, 367, 368, 369, 370, 372, 380, 381, 387, 395, 400, 404, 409, 426, 431, 446, 448, 468, 485, 497, 498, 507, 523, 524, 540, 610, 618, 622, 629, 645, 652, 662, 663, 671, 681, 683, 688, 690, 692, 696, 701, 704, 706, 729, 730, 732, 754
Metin Yilmaz: Seite 557